신경망과
심층학습

Neural
Networks
and
Deep
Learning
: A Textbook

1쇄 발행 2019년 9월 17일   **2쇄 발행** 2020년 6월 30일

지은이 차루 C. 아가르왈
옮긴이 류 광
펴낸이 장성두
펴낸곳 주식회사 제이펍

출판신고 2009년 11월 10일 제406-2009-000087호
주소 경기도 파주시 회동길 159 3층 3-B호
전화 070-8201-9010 / **팩스** 02-6280-0405
홈페이지 www.jpub.kr / **원고투고** jeipub@gmail.com
독자문의 readers.jpub@gmail.com / **교재문의** jeipubmarketer@gmail.com

편집부 이종무, 이민숙, 최병찬, 이주원 / **소통·기획팀** 민지환, 송찬수, 강민철 / **회계팀** 김유미
진행 장성두 / **교정·교열** 김경희 / **내지디자인** 김지영 / **표지디자인** 미디어픽스
용지 신승지류유통 / **인쇄** 해외정판사 / **제본** 광우제책사

ISBN 979-11-88621-66-8 (93000)
값 39,000원

※ 이 책은 저작권법에 따라 보호를 받는 저작물이므로 무단 전재와 무단 복제를 금지하며,
　이 책 내용의 전부 또는 일부를 이용하려면 반드시 저작권자와 제이펍의 서면동의를 받아야 합니다.
※ 잘못된 책은 구입하신 서점에서 바꾸어 드립니다.

제이펍은 독자 여러분의 아이디어와 원고 투고를 기다리고 있습니다. 책으로 펴내고자 하는 아이디어나 원고가 있는 분께서는
책의 간단한 개요와 차례, 구성과 저(역)자 약력 등을 메일로 보내주세요.　jeipub@gmail.com

신경망과 심층학습

Neural Networks and Deep Learning : A Textbook

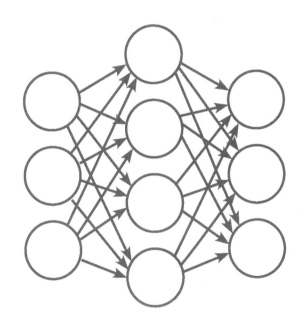

차루 C. 아가르왈 지음 | 류광 옮김

아내 라타,
딸 사야니,
돌아가신 부모님 프렘 사룹 박사와 푸시플라타 아가르왈 여사에게
이 책을 바친다.

차례

CHAPTER **1** 신경망 입문

CHAPTER **2** 얕은 신경망을 이용한 기계 학습

CHAPTER **4**   일반화 능력을 위한 심층 학습 모형의 훈련

CHAPTER **5**   방사상 기저 함수 신경망

CHAPTER **6**　제한 볼츠만 기계

옮긴이 머리말

이 번역서는 차루 C. 아가르왈의 *Neural Networks and Deep Learning: A Textbook*(2018, Springer)을 옮긴 것입니다. 2018년에 이안 굿펠로, 요슈아 벤지오, 에런 쿠빌의 《심층 학습》(2018년 10월, 제이펍. 원제는 *Deep Learning*)을 번역하면서 당분간 이 주제의 책은 더 번역할 필요가 없겠다고 생각했는데, 지금 돌이켜 보면 정말로 짧은 생각이었습니다. "한 권의 책만 읽은 사람을 경계하라"라는 토마스 아퀴나스의 격언은 참으로 옳습니다. 신경망과 심층 학습에서 중요한 여러 주제를 골고루 다루면서도 중요한 부분은 상당히 상세하게 파고 들어가는 이 책을 번역하면서 새로운 것을 많이 배웠을 뿐만 아니라, 잘못 알고 있었거나 수박 겉핥기식으로만 알고 있을 뿐이었던 내용도 많이 발견했습니다. 신경망과 심층 학습을 처음 배우는 독자는 물론이고 이 분야를 어느 정도 알고 있다고 자부하는 독자에게도 이 책을 권합니다.

원서의 부제 'A Textbook'이 말해 주듯이 이 책은 신경망과 심층 학습에 관한 '교과서'입니다. 친절하게도 저자는 이 책을 강의 교재뿐만 아니라 독학용으로도 사용할 수 있도록 각 장 끝에 연습 문제를 수록했습니다. 또한, 그림과 수식, 그리고 본문이 잘 어우러져 있어서 배경지식을 갖춘 독자라면 독학이 그다지 어렵지 않을 것입니다. 물론, 주된 대상이 대학원생과 연구자, 실무자인(머리말 참고) 책이라 내용이 쉽지는 않으며, 아마 바로 이해가 되지 않는 문장이나 수식을 만나게 될 것입니다. 그러나 문장에서 이해가 잘 안 되는 부분을 관련 수식이나 그림으로 보충하고, 그래서 얻은 통찰을 다시 수식이나 그림을 더 깊게 이해하는 데 사용하는 '나선형' 접근 방식을 적용한다면 넘지 못할 산은 없을 것입니다.

앞서 언급한 《심층 학습》과 마찬가지로, 용어 선택 시 주로 대한수학회의 수학용어
집[1]과 한국통계학회의 통계용어 자료실,[2] 한국정보통신기술협회의 정보통신용어사전[3]
등을 참고했습니다. 익히 알겠지만, 심층 학습과 신경망은 최근 들어 새로 생긴 어떤
것이 아니라 오래전부터 사람들이 연구해 온 여러 관련 분야의 응용인 만큼, 가능하면
기존 용어들을 사용하는 것이 학습에(이를테면 배경지식을 갖추기 위해 통계학 서적을 읽을
때) 도움이 될 것입니다. 기존 분야와의 연계가 뚜렷하지 않은 새 용어의 경우에는 한
국어 위키백과나 해당 분야 학술 논문(의 제목과 초록)을 참고했습니다.

제 홈페이지[4]에 이 책을 위한 페이지를 마련해 두었으니, 오타나 오역을 발견하셨다
면 꼭 알려 주세요. 홈페이지의 **번역서 정보** 링크를 클릭하면 나오는 번역서 정보 페이
지를 통해서 이 책의 페이지에 접근할 수 있습니다. 책에 대한 의견이나 토론도 환영하
며, 내용에 관한 질문도 제가 아는 한에서 답해 드리겠습니다. 또한, 독학이나 강의에 도
움이 될 만한 자료가 올라올 수도 있으니 딱히 질문이 없더라도 가끔은 방문해 주시길!

감사의 글로 옮긴이의 글을 마무리하겠습니다. 우선, 2015년의 《인공지능: 현대적
접근방식》과 2018년의 《심층 학습》에 이어 다시금 훌륭한 인공지능 교과서를 제게 맡
겨 주신 제이펍 장성두 대표님, 고맙습니다. 그리고 조판 디자이너 김지영 님을 비롯하
여 제작 진 과정에서 사신의 일을 훌륭하게 해내서 저의 졸역을 번듯한 책으로 탈바꿈
해 주신 모든 분께 감사드립니다. 일일이 이름을 언급하지 못해서 죄송합니다. 끝으로,
이번에도 책의 모든 글자를 읽고 오타와 오역을 무수히 잡아 준 아내 오현숙에게 사랑
과 감사의 마음을 전합니다.

옮긴이 **류광**

---

1) http://www.kms.or.kr/mathdict/list.html
2) http://www.kss.or.kr/bbs/board.php?bo_table=psd_sec
3) http://terms.tta.or.kr/main.do
4) http://occamsrazr.net

머리말

"튜링 검사를 통과할 정도로 똑똑한 인공지능이라면
튜링 검사에 실패할 정도로 똑똑할 것이다."
— 이안 맥도널드Ian McDonald

신경망은 사람의 신경계와 비슷한 방식으로 기계 학습 과제를 수행하기 위해 개발된 것이다. 신경망에 기초한 학습 모형은 계산 단위들을 마치 인간 두뇌의 뉴런처럼 취급한다. 신경망의 원대한 목표는 사람의 신경계에서 일어나는 계산을 모의 실행할 수 있는 기계를 구축함으로써 인공지능을 만들어 내는 것이다. 이것이 간단한 목표는 아니다. 오늘날 가장 빠른 컴퓨터의 계산 능력도 인간의 계산 능력에 비하면 새 발의 피 정도일 뿐이기 때문이다. 신경망은 5~60년대에 컴퓨터가 등장하자마자 개발되기 시작했다. 50년대 말에 로젠블랫이 개발한 퍼셉트론 알고리즘이 신경망의 초석으로 간주된다. 퍼셉트론은 신경망으로 인공지능을 창출할 수 있다는 전망을 촉발한 최초의 성과였다. 그러나 초기의 흥분이 가시자 신경망 분야는 침체기를 맞았는데, 신경망이 요구하는 자료량과 계산량이 당시 수준에서 감당할 수 없을 정도로 커서 실용적이지 못하다는 사실이 밝혀졌기 때문이다. 그러나 세기가 바뀌고 가용 자료량과 계산 능력이 급격히 커지면서 신경망이 다시금 부활했다. 현재는 '심층 학습'이라는 이름 아래에서 신경망(특히 심층 신경망)이 또 다른 전성기를 맞고 있다. 인공지능이 사람 수준으로 올라서기까지는 아직 갈 길이 멀지만, 이미지 인식이나 자율주행 자동차, 게임 플레이 같은 몇몇 분야에서는 인공지능이 사람만큼의 또는 사람보다 나은 성과를 내게 되었다. 미래에 인공지능이 어떤 일까지 할 수 있게 될지는 예측하기 어렵다. 예를 들어 불과 20년 전만 해도, 컴퓨터 시각 전문가 중에서 자동화된 시스템이 이미지 분류 같은 직관적인 과제를 사람보다 정확하게 수행하게 되리라고 예측한 사람은 별로 없었다.

이론적으로, 충분한 자료가 주어진다면 신경망은 그 어떤 수학 함수도 배울 수 있다. 그리고 순환 신경망 같은 특정 종류의 신경망들은 **튜링 완전**임이 밝혀졌다. 튜링 완전이란 신경망이 그 어떤 학습 알고리즘도 모의 실행할 수 있다는 뜻이다. 단, 여기에는 "충분한 훈련 자료가 주어진다면"이라는 단서가 붙는다. 현실적으로는, 신경망이 간단한 과제를 학습하는 데에도 놀랄 만큼 많은 양의 자료가 필요할 때가 많다. 필요한 자료의 양이 많으면 훈련에 걸리는 시간도 길어진다. 예를 들어 사람은 아주 쉽게 해내는 간단한 과제인 이미지 인식을 위해 신경망을 훈련하려면, 고성능 컴퓨터를 사용한다고 해도 몇 주가 걸린다. 더 나아가서, 신경망 훈련의 안정성과 관련된 기술적인 문제점들이 존재하며, 일부는 아직도 해결 중이다. 그렇긴 하지만, 시간이 흐르면서 컴퓨터의 속도가 점점 빨라진다는 점과 양자 컴퓨팅처럼 근본적으로 더욱 강력한 패러다임도 언젠가는 실현될 것이라는 점에서, 계산 능력 문제가 지금만큼 중요하지는 않은 시절이 올 것이다.

신경망의 생물학적 비유가 흥미롭긴 하지만(심지어는 과학소설 속의 세계를 연상케 할 정도로), 신경망의 수학적 이해는 좀 더 현실적이다. 신경망이라는 추상을, 입력과 출력 사이의 의존관계들을 반영한 계산 그래프에 대한 연속 최적화를 통해서 학습을 수행하는 하나의 모듈식 접근 방식이라고 볼 수 있다. 사실 이는 제어이론 분야의 기존 연구 성과에서 볼 수 있는 것과 그리 다르지 않다. 실제로, 제어이론 분야의 몇몇 최적화 방법은 신경망의 기본적인 학습 알고리즘들과 놀랄 만큼 비슷하다. 그리고 그런 방법들은 신경망의 해당 알고리즘들보다 일찍 등장했다. 그렇긴 하지만, 가용 자료와 계산 능력의 성장 덕분에 좀 더 "깊은" 계산 그래프 구조를 실험할 수 있게 된 것은 비교적 최근의 일이다. 더 깊은 구조로 얻은 성공은 심층 학습의 잠재력에 대한 사람들의 인식을 바꾸었다.

이 책의 주요 내용은 다음과 같다.

1. **신경망의 기초:** 제1장은 신경망 설계의 기초를 논의한다. 전통적인 기계 학습 모형 중에는 신경망의 특수 사례로 이해할 수 있는 것들이 많이 있다. 전통적인 기계 학습과 신경망의 관계를 이해하는 것은 신경망을 이해하는 첫걸음에 해당한다. 제2장에서는 여러 전통적인 기계 학습 모형을 신경망으로 흉내(모의 실행) 낸다. 이를 통해서 신경망이 전통적인 기계 학습 알고리즘의 한계를 어떻게 밀어붙였는지 감을 잡을 수 있을 것이다.

2. **기본적인 신경망 구조들과 학습 방법:** 제1장과 제2장에서도 신경망의 학습 방법들을 소개하지만, 학습과 관련된 어려움을 비롯한 좀 더 자세한 설명은 제3장과 제4장에 나온다. 제5장과 제6장은 방사상 기저 함수(RBF) 신경망과 제한 볼츠만 기계(RBM)를 소개한다.

3. **신경망의 고급 주제:** 현재 심층 학습의 성공은 여러 문제 영역에 특화된 구조들 덕분이다. 이를테면 제7장과 제8장에서 논의하는 순환 신경망과 합성곱 신경망이 그러한 예이다. 제9장과 제10장에서는 심층 강화 학습, 신경 튜링 기계, 생성 대립 신경망(GAN) 같은 여러 고급 주제를 논의한다.

이 책에서는 RBF 망이나 코호넨 자기조직화 지도 같은 "한물간" 구조들도 언급하는데, 이는 그런 구조들도 여러 응용 분야에서 여전히 잠재력을 가지고 있기 때문이다. 이 책의 주된 대상은 대학원생과 연구자, 실무자이다. 강의와 독학에 도움이 되도록 각 장 끝에 연습문제들을 수록했다. 그리고 신경망과 심층 학습이 실제로 어떻게 쓰이는지 독자가 감을 잡을 수 있도록, 가능하면 응용 사례를 중심으로 논의를 진행했다.

이 책 전반에 쓰인 수학 표기법을 간단히 소개하자면, 우선 벡터나 다차원 자료는 $\overline{X}$나 $\overline{y}$처럼 변수 위에 짧은 수평선(바ᵇᵃʳ)으로 표기한다. 중요한 것은 수평선이며, 변수 이름이 대문자인지 소문자인지는 벡터 여부와 무관하다. 벡터곱 또는 내적은 $\overline{X} \cdot \overline{Y}$처럼 가운뎃점 연산자로 표시한다. 행렬은 R처럼 수평선 없이 대문자로 표기한다. 이 책 전체에서, 전체 훈련 자료 집합에 해당하는 $n \times d$ 행렬을 D로 표기한다. 여기서 n은 자료점 개수이고 d는 한 자료점의 차원(성분 개수)이다. 다른 말로 하면, 훈련 집합의 한 자료점은 D의 한 행에 해당하는 d차원 행벡터이다. 한편, 자료점당 하나의 성분으로 이루어진 수량은 흔히 n차원 열벡터로 표현한다. n개의 자료점들의 분류명들을 담은 n차원 열벡터 $\overline{y}$가 그러한 예이다. 관측값과 그에 대한 예측값은 '모자(hat)' 기호로 구분한다. 모자 기호(^)가 있는 것이 예측값인데, 예를 들어 y_i는 관측값, $\hat{y}_i$는 예측값이다.

뉴욕 요크타운 하이츠에서

차루 C. 아가르왈

감사의 글

이 책을 쓰느라 바쁘게 지내는 동안 나를 사랑하고 지지해 준 가족에게 감사한다. 또한, 이 책을 쓰는 동안 IBM 왓슨 연구센터의 내 상급자로서 나를 지원해 준 Nagui Halim에게도 감사의 뜻을 표한다.

이 책의 여러 그림은 여러 개인과 기관이 관대하게 제공한 것이다. 스미스소니언 연구소는 마크 I 퍼셉트론의 이미지(그림 1.5)를 무료로 제공했다. 제7장의 작은 셰익스피어 자료 집합에 대한 출력([233, 580]의 코드에 기초한)은 Saket Sathe가 제공했다. 제8장의 합성곱 신경망 시각화와 관련한 그림 8.12와 그림 8.16은 Andrew Zisserman이 제공했다. 그림 8.15에 나온 또 다른 합성곱 신경망 특징 맵 시각화 예는 Matthew Zeiler가 제공했다. 제9장의 자율주행차를 위한 합성곱 신경망에 관한 그림 9.10은 NVIDIA가, 같은 장의 자기학습 로봇 이미지(그림 9.9)는 Sergey Levine이 제공했다. 제10장의 그림 10.8은 Alec Radford가 제공했고, *AlexNet*과 관련된 그림 8.9(b)는 Alex Krizhevsky가 제공했다.

여러 해 동안 많은 사람의 중요한 의견과 도움 덕분에 이 책을 개선할 수 있었다. 이 책의 여러 부분에 의견을 제공한 Quoc Le, Saket Sathe, Karthik Subbian, Jiliang Tang, Suhang Wang에게 감사한다. Shuai Zheng은 제4장의 정칙화된 자동부호기 절에 관해, Lei Cai와 Hao Yuan은 같은 장의 자동부호기 관련 절들에 관해 의견을 제공했다. Hongyang Gao, Shuiwang Ji, Zhengyang Wang은 합성곱 신경망에 관한 장에 의견을 제공했다. Shuiwang Ji, Lei Cai, Zhengyang Wang, Hao Yuan은 제3장과 제7장도 검토해서 몇 가지 수정 사항을 제시했다. 이들은 또한 합성곱/역합성곱 연산을 좀 더 명확하게 설명하기 위해 그림 8.6과 그림 8.7을 사용하자는 아이디어도 제공했다.

이 책의 저술에 도움을 준 Tarek F. Abdelzaher, Jinghui Chen, Jing Gao, Quanquan Gu, Manish Gupta, Jiawei Han, Alexander Hinneburg, Thomas Huang, Nan Li, Huan Liu, Ruoming Jin, Daniel Keim, Arijit Khan, Latifur Khan, Mohammad M. Masud, Jian Pei, Magda Procopiuc, Guojun Qi, Chandan Reddy, Saket Sathe, Jaideep Srivastava, Karthik Subbian, Yizhou Sun, Jiliang Tang, Min-Hsuan Tsai, Haixun Wang, Jianyong Wang, Min Wang, Suhang Wang, Joel Wolf, Xifeng Yan, Mohammed Zaki, ChengXiang Zhai, Peixiang Zhao에게 감사한다. 또한, 연구 경력 초기에 나를 이끌어 준 지도 교수 James B. Orlin에게도 감사의 마음을 전한다.

이 책에 쓰인 몇몇 그림을 파워포인트로 만들 때 나를 도와준 아내 라타 아가르왈 Lata Aggarwal에게 감사한다. 그리고 이 책의 여러 곳에 쓰인 여러 JPEG 이미지에 특수 효과(색조와 대비 변경, 흐리기 등등)를 추가하는 데 도움을 준 딸 사야니Sayani에게 감사한다.

저자 소개

차루 C. 아가르왈^{Charu C. Aggarwal}은 미국 뉴욕 요크타운 하이츠 소재 IBM T. J. 왓슨 연구센터의 저명 연구원(Distinguished Research Staff Member, DRSM)이다. 그는 1993년에 인도 칸푸르의 인도 공과대학교에서 컴퓨터 과학으로 학사를, 1996년에는 매사추세츠 공과대학(MIT)에서 박사 학위를 받았다.

아가르왈은 데이터 마이닝^{data mining}(자료 채굴) 분야에서 주로 일했다. 그는 주요 콘퍼런스와 학술지에 350편이 넘는 논문을 발표했으며, 80건이 넘는 특허를 가지고 있다. 그는 데이터 마이닝과 추천 시스템, 이상치 분석에 관한 교과서들을 비롯해 18권의 책을 저술 또는 편집했다. 보유한 특허들의 상업적 가치 덕분에 IBM에서 세 번이나 Master Inventor로 선정되었다. 그는 데이터 스트림에서 생물 테러 위협을 검출하는 문제에 관한 연구로 2003년 IBM Corporate Award를 받았으며, 개인정보 기술에 대한 과학적 기여로 2008년 IBM Outstanding Innovation Award를 받았다. 또한, 자료 스트림/고차원 자료에 관한 연구로 2009년과 2015년에 IBM Outstanding Technical Achievement Award를 받았다. 2014년에는 응축(condensation) 기반 개인정보 보존 데이터 마이닝에 관한 연구로 EDBT 2014 Test of Time Award를 받았다. 그는 또한 2015년 IEEE ICDM Research Contributions Award 수상자인데, 이 상은 데이터 마이닝 분야에 기여한 연구자에게 주는 가장 권위 있는 두 상 중 하나이다.

그는 IEEE Big Data Conference(2014)의 총괄 공동 의장과 ACM CIKM Conference

(2015), IEEE ICDM Conference(2015), ACM KDD Conference(2016)의 프로그램 공동 의장을 역임했으며, 2004년부터 2008년까지 IEEE Transactions on Knowledge and Data Engineering의 부편집장으로도 일했다. 현재 그는 IEEE Transactions on Big Data의 부편집장이자 Data Mining and Knowledge Discovery Journal의 실행 편집자, Knowledge and Information Systems Journal의 부편집장이며, ACM Transactions on Knowledge Discovery from Data와 ACM SIGKDD Explorations의 편집장도 맡고 있다. 또한, Springer의 간행물인 Lecture Notes on Social Networks의 자문위원이다. 그는 SIAM Activity Group on Data Mining의 부의장을 역임했으며, SIAM 산업 위원회의 일원이다. "지식 발견과 데이터 마이닝 알고리즘에 대한 기여"로 SIAM, ACM, IEEE의 특별회원(fellow) 자격을 얻었다.

베타리더 후기

🦇 강찬석(LG전자)

이 책은 이론과 수식을 통해서 딥러닝의 여러 알고리즘을 설명합니다. 약간의 기반 지식과 논문에 대한 이해가 필요하지만, 이런 것들이 뒷받침된다면 딥러닝과 관련된 일련의 질문에 조금이나마 답을 줄 수 있지 않을까 생각합니다. 코드나 예제가 없어서 실제로 알고리즘에 대한 결과를 확인해 보기는 어렵지만, 연필과 종이를 통해서 하나씩 직접 식을 유도해 보면서 배워나갈 수 있는 책이 아닐까 싶네요.

🦇 곽상영(NeuRobo)

딥러닝을 이제 막 시작하는 초보자뿐만 아니라 이론적으로 체계적인 토대를 마련하고자 하는 실무자에게도 필독서가 될 가능성이 높은 책이라 판단됩니다. 중간중간에 약간의 난해한 수식이 있긴 하지만, 그에 대한 완벽한 이해는 차치하더라도 딥러닝과 관련된 여러 알고리즘에 대한 상세한 설명은 개념을 이해하는 데 많은 도움이 될 것입니다. 개인적으로, 특히 합성곱 신경망에 대한 내용은 많은 도움이 되었습니다. 마지막으로, 번역서라고는 믿기지 않을 만큼 수준 있는 번역에 대해 감사의 말씀을 역자에게 전합니다.

🦋 권성환(라인플러스)

딥러닝 서비스 개발을 하다 보면 어느 순간 해당 기술에 대한 근간이나 기초 지식에 대한 목마름을 느낄 때가 있습니다. 당장 필요한 기술 위주로 익히고 활용하다 보니 해당 이론이 어떻게 도출되고 어떤 근간이 있는지를 파악하지 못했기 때문입니다. 이 책은 그 아쉬움을 채워주는 책입니다. 내용이 전공자 또는 모델을 구현하는 분들의 눈높이에 맞도록 구성되어 있어 완벽하게 이해하기에는 상당히 어려운 편이지만, 찬찬히 읽어본다면 분명 도움이 될 것 같습니다.

🦋 박기훈(한국생산성본부)

인공 신경망 기계학습법을 생물학적 신경망의 메커니즘으로 설명하면서 시작되는 이 책은 통계학이나 수학 전공이 아니면 이해하기가 쉽지 않습니다. 하지만 각론에서 해당 내용을 좀 더 깊이 있게 알 수 있도록 관련 논문과 사이트를 친절하게 알려주고 있으며, 신경망 기초부터 고급 신경망까지 깊이 있는 내용으로 구성되어 있어서 체계적인 신경망 기계학습법을 배우고자 하는 분들이 꼭 보면 좋은 책이라 여겨집니다. 책이 두꺼워 베타리딩하는 데도 어려운데 이 책을 쓴 저자에 대한 존경심과 그의 지식에 경외감마저 들었습니다. 전체적으로는 책의 총론과 각론이 점진적으로 그리고 최대한 상세하게 설명하려고 애쓴 점들이 느껴졌습니다.

🦋 이봉준(NAVER)

《심층 학습》보다 더 최신의 내용을 담고 있고 설명도 잘 되어 있어서 딥러닝 분야의 교과서와 같은 역할을 할 것으로 보입니다.

제이펍은 책에 대한 애정과 기술에 대한 열정이 뜨거운 베타리더들로 하여금
출간되는 모든 서적에 사전 검증을 시행하고 있습니다.

1

신경망 입문

"인간의 정신을 위조하는 기계를 만들지 말지어다."

— 프랭크 허버트^{Frank Herbert}

1.1 소개

인공 신경망(artificial neural network)은 생명체의 학습 메커니즘을 흉내 내는 인기 있는 기계 학습 기법이다. 인간의 신경계는 **뉴런**^{neuron}이라고 부르는 신경세포들로 이루어진다. 뉴런들은 **축삭돌기**(axon)와 **수상돌기**(dendrite; 또는 가지돌기)로 연결되어 있으며, 축삭돌기와 수상돌기가 접하는 부분을 **시냅스**^{synapses}(연접)라고 부른다. 이러한 연결 관계가 그림 1.1의 (a)에 나와 있다. 시냅스 연결의 강도는 종종 외부 자극에 반응해서 변한다. 생명체의 학습은 바로 그러한 변화 때문에 일어난다.

인공 신경망은 이러한 생물학적 메커니즘을 흉내 낸다. 인공 신경망은 뉴런을 본뜬 계산 단위(computation unit)들로 이루어진다. 이 책 전반에서 '신경망'이라는 용어는 생명체의 신경망이 아니라 인공 신경망을 가리킨다. 인공 신경망의 뉴런(계산 단위)들은 가중치를 통해서 연결되어 있는데, 가중치(weight)는 생명체의 시냅스 연결 강도와 같은 역할을 한다. 뉴런에 주어지는 각 입력에는 뉴런의 가중치가 곱해지므로, 가중치는

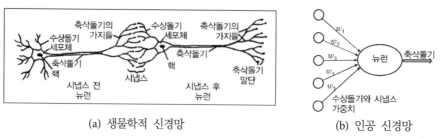

(a) 생물학적 신경망   (b) 인공 신경망

그림 1.1: 뉴런 사이의 시냅스 연결. (a)의 이미지는 *"The Brain: Understanding Neurobiology Through the Study of Addiction"*[598]에서 전재했다. 저작권 ⓒ 2000, BSCS & Videodiscovery. 판권 소유. 허락 하에 사용함.

해당 계산 단위가 계산하는 함수의 값에 영향을 미친다. 그림 1.1의 (b)에 이러한 구조가 나와 있다. 인공 신경망은 각 입력 뉴런의 계산 결과를 출력 뉴런(들)으로 전파함으로써 전체적으로 하나의 함수를 계산하는데, 그 계산 과정에서 가중치들이 중간 매개변수로 작용한다. 학습은 뉴런들을 연결하는 가중치들을 변경함으로써 일어난다. 생명체의 학습에 외부 자극이 필요한 것과 마찬가지로, 인공 신경망의 학습에도 외부 자극이 필요하다. 인공 신경망의 경우에는 학습하고자 하는 함수의 입력-출력 쌍에 해당하는 견본(example)들을 남은 훈련 자료(training data)가 그러한 외부 자극을 제공한다. 예를 들어 어떤 이미지의 픽셀 표현이 입력이고 그 이미지에 부착된 분류명(이를테면 바나나, 당근 등)이 출력인 훈련 자료를 생각할 수 있다. 이러한 훈련 자료 쌍들을, 주어진 입력 표현을 이용해서 해당 출력 분류명을 예측하는 신경망에 공급한다. 훈련 알고리즘은 특정 입력(이를테면 당근 이미지)에 대해 신경망이 예측한 결과가 훈련 자료에 있는 출력 분류명과 얼마나 잘 부합하는지에(이를테면 신경망이 그 이미지를 당근이라고 분류할 확률에) 기초해서 신경망의 가중치들의 정확성을 평가한다. 신경망의 함수 계산에서 발생한 오차는 생명체가 학습 과정에서 겪는 불쾌한 경험에 비유할 수 있다. 그러한 불쾌한 경험은 시냅스 연결 강도의 변화를 일으킨다. 그와 비슷하게, 신경망에서는 뉴런들 사이의 가중치가 예측 오차에 기초해서 변한다. 그러한 가중치 변경의 목표는 이후의 반복에서 예측 결과가 좀 더 정확해지도록 신경망의 함수를 수정하는 것이다. 이 때문에, 신경망 학습 알고리즘들은 주어진 견본의 계산에서 발생하는 오차가 줄어들도록 가중치를 수학적으로 근거가 있는 방식으로 변경한다. 수많은 입력-출력 쌍으로 뉴런들 사이의 가중치들을 계속 조정(조율)하다 보면 신경망이 계산하는 함수는 좀 더 정확한 예측값을 내도록 정련된다. 따라서, 서로 다른 다수의 바나나 이미지들로 신경망을 훈련하다 보면 결국에는 신경망이 미지의(이전에 본 적이 없는) 이미지 안에 있는 바나나를 제대로 인식하게 된다. 유한한 수의 입력-출력 쌍들로 훈련한 신경망이 미지의 입력을 정확하게 계산하는 능력을 가리켜 **모형 일반화**(model generalization)라고 부른다. 모든 기계 학습 모형의 유용함은 기본적으로 알려진 훈련 자료로부터 학습한 것을 아직 보지 못한 견본들로 일반화하는 이러한 능력에서 비롯된다.

이러한 생물학적 비유가, 사람의 뇌가 작동하는 방식과는 거리가 멀다는 비판도 많다. 그렇긴 하지만 신경망 구조를 설계할 때 신경과학의 원리들이 아주 유용할 때가 많았다. 신경망을 바라보는 또 다른 관점으로는, 기계 학습에 흔히 쓰이는 고전적 모형을 좀 더 높은 수준의 차원으로 구축한 것이 바로 신경망이라는 관점이 있다. 사실 신경망의 기본 계산 단위들은 대부분 **최소제곱 회귀**(least-squares regression)나 **로지스틱 회귀**(logistic regression) 같은 전통적인 기계 학습 알고리즘에서 영감을 얻은 것이다. 신경망의 능력은 그런 기본 단위들을 대량으로 연결하고, 서로 다른 단위들의 가중치들을 결합적으로(jointly) 학습해서 예측 오차를 최소화하는 데서 비롯된다. 이러한 관점에서 신경망은 일단의 기본 단위들로 이루어진 일종의 **계산 그래프**(computational graph)에 해당하는데, 그러한 단위들을 어떻게 연결하느냐에 따라 신경망의 능력이 달라진다. 다수의 단위를 함께 연결하지 않는 가장 기본적인 형태의 신경망에서 학습 알고리즘은 전통적인 기계 학습 모형들(제2장 참고)의 하나로 환원될 때가 많다. 고전적 방법들에 비한 신경망 모형의 진정한 위력은 그런 기본 계산 단위들이 결합될 때, 그리고 기본 모형들의 가중치들을 서로에 대한 의존관계를 이용해서 훈련할 때 비로소 발휘된다. 다수의 단위를 결합하면 신경망 모형은 기초적인 기계 학습의 기본 모형들이 배울 수 있는 것보다 더 복잡한 함수를 배우게 된다. 그런 단위들이 결합되는 방식 역시 신경망 구조의 능력에 영향을 미치는데, 능력이 높아지도록 단위들을 결합하기 위해서는 해당 응용 분야에 대한 이해와 분석가의 통찰이 어느 정도 필요하다. 더 나아가서, 그러한 확장된 계산 그래프에 있는 좀 더 많은 가중치를 학습하려면 충분한 양의 훈련 자료도 필요하다.

1.1.1 인간 대 컴퓨터: 인공지능의 한계 확장

인간과 컴퓨터는 각자 잘하는 작업이 다르다. 예를 들어 큰 수의 세제곱근 계산은 컴퓨터에게는 아주 쉽지만 사람에게는 몹시 어렵다. 반면, 사진 속의 물체를 식별하는 것은 사람에게는 식은 죽 먹기이지만 자동화된 학습 알고리즘에게는 예전부터 아주 어려운 과제였다. 그런 과제 중 일부를 컴퓨터가 사람만큼 정확하게 수행할 수 있게 된 것은 몇 년 전 심층 학습(deep learning딥 러닝)이 등장하고부터였다. 최근에는 이미지 인식 과제에서 심층 학습 알고리즘들이 사람보다 뛰어난 성과를 보였는데(적어도 일부 협소한 과제에서),[184] 사실 몇십 년 전은 물론이고 얼마 전까지도 대부분의 컴퓨터 시각 전문가들은 그런 결과가 나오리라고 생각지 못했다.

뛰어난 성과를 보인 심층 학습 구조 중에는, 계산 단위들을 아무렇게나 연결해서 만들어 낸 것이 아닌 것들이 많다. **심층(deep)** 신경망의 우월한 성과는 생물학적 신경망이 가진 능력 역시 '깊이(depth)'에서 비롯되었다는 사실을 반영한다. 더 나아가서, 생물학적 신경망의 연결 방식을 우리는 아직 완전히 파악하지 못한다. 생물학적 신경망의 구조가 어느 수준까지는 파악된 몇 안 되는 사례에서는, 그런 방향으로 인공 신경망을 설계함으로써 커다란 진전이 있었다. 그런 종류의 구조로 전형적인 예는 이미지 인식을 위한 **합성곱 신경망(convolutional neural network)**이다. 합성곱 신경망 구조는 고양이의 시각피질(visual cortex)에 있는 뉴런들의 조직화에 관한 1959년 허블Hubel과 비셀Wiesel의 실험[212]에서 영감을 받았다. 그 연구의 결과를 직접 채용해서 만들어 낸 구조가 **네오코그니트론**neocognitron이었고,[127] 합성곱 신경망은 네오코그니트론을 발전시킨 것이다.

인간 두뇌의 뉴런 연결 구조는 수백만 년에 걸쳐 인간의 생존 능력을 강화하는 방향으로 진화했다. 생존은 감각과 직관을 현재의 컴퓨터들은 하지 못하는 방식으로 결합하는 능력과 밀접히 관련이 있다. 생물학적 신경과학은 아직 걸음마 단계의 학문 분야이며,[232] 뇌의 작동 방식에 관해 확실하게 밝혀진 것은 아직 그리 많지 않다. 따라서, 인간 두뇌의 작동 방식이 좀 더 밝혀짐에 따라, 생물학에서 영감을 받은 합성곱 신경망의 성공 사례와 비슷한 일이 다른 인공 신경망 구조에서도 나타나리라 예측하는 것은 비합리적이지 않다.[176] 전통적인 기계 학습에 비한 신경망의 핵심 장점은, 자료 영역(data domain)에 관한 의미론적 통찰을 표현하는 고수준 추상이 가능하다는 것이다. 자료 영역에 관한 의미론적 통찰은 계산 그래프의 구조를 적절히 선택함으로

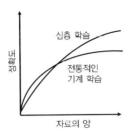

그림 1.2: 전통적인 기계 학습 알고리즘과 대규모 심층 신경망의 정확도를 비교한 그림. 심층 학습 모형들이 기본적으로 충분한 양의 자료와 계산 능력이 주어질 때 전통적인 방법들보다 나은 성과를 보인다. 최근 몇 년간 사용 가능한 자료와 계산 능력이 증가한 덕분에 심층 학습 기술에서 '캄브리아기 폭발'이 일어난다.

써 표현할 수 있다. 신경망의 또 다른 장점은, 신경망 구조에 뉴런들을 더 추가하거나 제거함으로써 모형의 복잡도를 주어진 훈련 자료의 양이나 계산 능력에 맞게 손쉽게 조정할 수 있다는 것이다. 최근 신경망이 거둔 성공의 상당 부분은 가용 자료(사용 가능한 자료)의 양과 현대적인 컴퓨터의 계산 능력이 전통적인 기계 학습 알고리즘의 한계를 넘어설 정도로 풍부해졌다는 점으로 설명할 수 있다. 예전에는 자료와 계산 능력의 부족 때문에 그런 알고리즘을 충분히 활용할 수 없었다. 이러한 상황이 그림 1.2에 나와 있다. 작은 크기의 자료 집합(data set데이터 셋)에 대해서는 전통적인 기계 학습이 여전히 신경망보다 더 나은 성과를 보이는데, 이는 전통적인 기계 학습에서는 알고리즘의 선택 폭이 더 넓고 모형을 해석하기도 훨씬 쉬우며, 사람이 문제 영역에 고유한 통찰을 활용해서 특징들을 직접 설정하여 훈련을 실행할 때가 많기 때문이다. 자료가 제한적일 때는 전통적인 기계 학습의 다종다양한 모형 중 최상의 것 하나가 신경망처럼 하나의 틀로 정의되는 한 부류의 모형들보다 더 나은 성과를 낼 때가 많다. 이는 신경망 초창기에 신경망의 잠재력이 발휘되지 않은 이유 중 하나이다.

자료 수집 기술이 발전하면서 소위 '빅데이터' 시대가 도래했다. 제품을 사거나, 전화를 사용하거나, 웹사이트에서 링크를 클릭하는 등 오늘날 우리가 하는 거의 모든 행위는 수집되고 어딘가에 저장된다. 더 나아가서, 강력한 GPU(그래픽 처리 장치)의 발전 덕분에 그런 대규모 자료 집합을 더욱 효율적으로 처리할 수 있게 되었다. 20년 전에 사용했던 버전을 아주 조금만 수정한 심층 학습 알고리즘들이 큰 성공을 거둔 것은 대부분 그러한 발전들 덕분이다. 더 나아가서, 최근 알고리즘들을 그런 식으로 수정할 수 있었던 것은 계산 속도 증가 때문에 실행 시간이 줄어들어서 효율적인 실험과 검사가 가능해진 덕분이다. 어떤 알고리즘을 실험해 보는 데 한 달이 걸린다면, 하나의 하드웨어 플랫폼에서 실험할 수 있는 버전은 많아야 12개이다. 예전에는 이 때문에 신경망 학습 알고리즘을 조율하는 데 필요한 상세한 실험을 진행하기가 어려웠다. 자료, 계산, 실험이라는 세 기둥이 빠르게 발전하면서 심층 학습의 미래에 관한 낙관도 커졌다. 이번 세기말에는 아마 컴퓨터가 인간의 두뇌에 있는 것만큼이나 많은 수의 뉴런들을 훈련할 수 있을 것으로 예상한다. 그런 때가 왔을 때 인공지능의 진정한 능력이 어느 정도일지 예측하기 어렵다. 컴퓨터 시각에 관해 우리가 경험한 바를 생각하면, 현재로서는 상상도 못 할 일이 가능할 것이라고 예상할 수 있다.

이번 장의 구성

이번 장의 구성은 다음과 같다. 다음 절에서는 단층 신경망과 다층 신경망을 소개하고, 다양한 종류의 활성화 함수와 출력 노드, 손실함수를 논의한다. §1.3에서는 역전파 알고리즘을 소개하고, §1.4에서는 신경망 훈련의 실질적인 문제들을 논의한다. §1.5에서는 특정 활성화 함수들을 사용하는 신경망의 능력 향상에 관해, §1.6에서는 신경망 설계에 흔히 쓰이는 공통적인 구조를 논의한다. §1.7에서는 심층 학습의 고급 주제들을 소개하고, §1.8에서는 심층 학습 공동체가 사용하는 몇 가지 주목할 만한 벤치마크들을 논의한다. 마지막으로, §1.9에서는 이번 장의 내용을 요약한다.

1.2 신경망의 기본 구조

이번 절에서는 단층(single-layer) 신경망과 다층(multi-layer) 신경망을 소개한다. 단층 신경망(줄여서 단층망)에서는 일단의 입력들이 선형 함수를 일반화한 함수를 통해서 하나의 출력에 직접 연결되어 있다. 이러한 단순한 신경망 구조를 퍼셉트론perceptron이라고 부르기도 한다. 다층 신경망에서는 뉴런들이 여러 층으로 배치되는데, 입력층과 출력층 사이에 하나 이상의 은닉층(hidden layer)들이 있다. 이러한 층별 신경망 구조를 순방향 신경망(feed-forward network)이라고 부르기도 한다. 이번 절에서는 먼저 단층 신경망을 살펴본 후 다층 신경망을 논의한다.

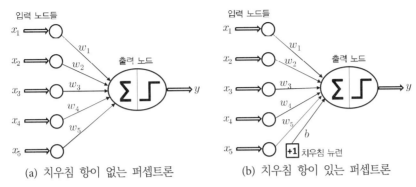

(a) 치우침 항이 없는 퍼셉트론   (b) 치우침 항이 있는 퍼셉트론

그림 1.3: 퍼셉트론의 기본 구조

1.2.1 단일 계산층: 퍼셉트론

가장 단순한 형태의 신경망을 퍼셉트론이라고 부른다. 이 신경망은 입력층 하나와 출력 노드 하나로 구성된다. 퍼셉트론의 기본 구조가 그림 1.3(a)에 나와 있다. 각 훈련 사례(견본)가 $(\overline{X}, y)$이고 각 $\overline{X} = [x_1, \dots x_d]$에는 d개의 특징(feature) 변수들이, 각 $y \in \{-1, +1\}$에는 해당 이진 부류 변수(binary class variable)의 **관측값**(observed value)이 들어 있다고 하자. 여기서 '관측값'이라는 용어는 그 값이 훈련 자료의 일부로 주어졌음을 반영한 것이며, 훈련의 목표는 아직 관측하지 않은 입력에 대한 부류 변수의 값을 퍼셉트론이 정확히 예측하게 하는 것이다. 예를 들어 신용카드 부정 사용 검출 응용 프로그램의 경우 특징 변수들은 일단의 신용카드 결제 행위들에 관한 여러 속성들(금액, 결제 빈도 등)을 대표하고, 부류 변수는 주어진 일단의 신용카드 결제들이 부정 사용에 해당하는지의 여부를 대표한다. 그런 종류의 응용 프로그램에는 당연히 기존 카드 결제 사례들의 특징들과 부류 변수 관측값들, 그리고 현재 사례의 특징들만 주어진다. 응용 프로그램은 주어진 자료에 기초해서 현재 사례의 부류 변수 값을 예측해야 한다.

입력층은 d개의 노드로 구성되며, d개의 특징들로 이루어진 벡터 $\overline{X} = [x_1 \dots x_d]$를 가중치들이 $\overline{W} = [w_1 \dots w_d]$인 간선(edge)들을 통해 출력 노드에 전달한다. 입력층 자체는 그 어떤 계산도 수행하지 않는다. 선형 함수 $\overline{W} \cdot \overline{X} = \sum_{i=1}^{d} w_i x_i$는 출력 노드에서 계산된다. 신경망은 이 함수가 산출한 실숫값의 부호를 이용해서 $\overline{X}$의 종속변수를 예측한다. 정리하자면, 예측값 $\hat{y}$는 다음과 같이 계산된다.

$$\hat{y} = \text{sign}\{\overline{W} \cdot \overline{X}\} = \text{sign}\left\{\sum_{j=1}^{d} w_j x_j\right\} \tag{1.1}$$

여기서 sign은 부호 함수(sign function)이다. 이 부호 함수는 실숫값을 +1 또는 −1로 사상하므로 이진 분류 과제에 적합하다. 변수 y 위의 악센트 기호는 이것이 관측값이 아니라 예측값임을 나타낸다. 따라서 예측의 오차는 $E(\overline{X}) = y - \hat{y}$인데, 지금 예에서 예측 오차가 될 수 있는 값들의 집합은 $\{-2, 0, +2\}$이다. 오차값 $E(\overline{X})$가 0이 아닌 경우에는 신경망의 가중치들을 오차 기울기(gradient)의 음의 방향으로 갱신할 필요가 있다. 차차 나오겠지만, 이러한 과정은 전부터 기계 학습에서 여러 종류의 선형 모형에 쓰였던 갱신 과정과 비슷하다. 이처럼 퍼셉트론이 전통적인 기계 학습 모형과 비슷하긴 하지만, 퍼셉트론을 하나의 계산 단위로 간주한다는 접근 방식은 다수의 단위들을 조합함으로써 전통적인 기계 학습에 쓰인 모형들보다 훨씬 더 강력한 모형을 만들어 낼 수 있다는 점에서 대단히 유용하다.

퍼셉트론의 구조가 그림 1.3(a)에 나와 있다. 이 구조에서 하나의 입력층은 특징들을 출력 노드에 전달한다. 입력에서 출력으로의 간선들에는 가중치 $w_1 \ldots w_d$들이 부여되어 있다. 퍼셉트론은 입력된 특징들에 가중치들을 곱해서 모두 합한 후, 그 합에 부호 함수를 적용해서 최종적인 분류명(class label; 또는 부류 이름표)을※ 산출한다. 이 부호 함수는 **활성화 함수**(activation function)의 역할을 한다. 이 활성화 함수를 어떻게 선택하느냐에 따라 기계 학습에 쓰여온 여러 종류의 기존 모형들을 흉내 낼 수 있다. 이를테면 **수치 목푯값 최소제곱 회귀**(least-squares regression with numeric targets) 모형이나 **지지 벡터 기계**(support vector machine서포트 벡터 머신, SVM), **로지스틱 회귀 분류기**(logistic regression classifier)를 흉내 내는 것이 가능하다. 대부분의 기초적인 기계 학습 모형들은 단순한 신경망 구조로 손쉽게 표현할 수 있다. 전통적인 기계 학습 기법들을 신경망 구조로 본떠 보는 것은 학습에 유용하다. 그러면 심층 학습이 전통적인 기계 학습을 어떤 식으로 일반화하는지 좀 더 명확하게 알 수 있기 때문이다. 이런 관점은 제2장에서 좀 더 자세히 살펴본다. 퍼셉트론이 두 개의 층으로 이루어지지만, 입력층은 그 어떤 계산도 수행하지 않고 그냥 특징 값들을 전달하기만 한다는 점에 주목하기 바란다. 그래

※ **역주** 개념적으로 분류명은 사람이 이해할 수 있는 어떤 단어나 문구이지만, 많은 경우 신경망이 출력하거나 조작하는 것은 것은 '바나나', '당근' 같은 분류명 문자열이 아니라 그런 문자열을 가리키는 수치, 즉 '부류 색인(class index)'이다. 하나의 분류명은 부류 색인으로 유일하게 결정되기 때문에, 이 문장에서처럼 분류명과 부류 색인을 굳이 구분하지 않을 때가 많다.

서 신경망의 층수('깊이')를 셀 때 입력층은 포함하지 않는다. 퍼셉트론은 **계산층**(computational layer)이 단 하나이므로 단층 신경망에 해당한다.

많은 경우, 예측에 변하지 않는 부분이 존재한다. 그런 '불변(invariant)' 부분을 **치우침**(bias) 항이라고 부른다. 예를 들어 특징 변수들이 평균(mean)을 중심으로 배치되어 있되, $\{-1, +1\}$ 범위의 이진 부류 예측값들의 평균이 0이 아닌 상황을 생각해 보자. 이진 부류의 분포가 한쪽으로 크게 치우쳐 있을 때 이런 상황이 흔히 발생한다. 이런 경우 앞에서 언급한 접근 방식은 예측에 충분치 않다. 예측의 그러한 불변(invariant) 부분을 반영하는 추가적인 치우침 변수 b를 도입할 필요가 있다.

$$\hat{y} = \mathrm{sign}\{\overline{W} \cdot \overline{X} + b\} = \mathrm{sign}\left\{\sum_{j=1}^{d} w_j x_j + b\right\} \tag{1.2}$$

이러한 치우침 항을 간선에 도입하는 한 가지 접근 방식은 **치우침 뉴런**(bias neuron)을 신경망에 추가하는 것이다. 여기서 치우침 뉴런은 항상 1이라는 값을 출력 노드에 전달하는 뉴런이다. 치우침 뉴런을 출력 노드에 연결하는 간선의 가중치는 식 1.2의 치우침 항 b의 역할을 한다. 그림 1.3(b)에 치우침 뉴런의 한 예가 나와 있다. 단층 구조에 잘 통하는 또 다른 접근 방식은 값이 1인 특징을 도입하는 **특징 공학 요령**(feature engineering trick)을 사용하는 것이다. 이 상수 특징의 계수가 치우침 항으로 작용하므로, 식 1.1을 그대로 사용할 수 있다. 이 책 전반에서는 치우침 항을 명시적으로 사용하지 않는다(구조 표현의 단순함을 위해). 그냥 치우침 뉴런들을 도입하면 되기 때문이다. 치우침 뉴런은 그냥 활성화 값이 1로 고정된다는 점만 다를 뿐 다른 뉴런들과 다를 바가 없으므로, 훈련 알고리즘들을 치우침 항을 고려해서 수정할 필요가 없다. 정리하자면, 치우침 항을 명시적으로 사용하지는 않는 식 1.1의 예측 가정들은 이후의 내용에서도 여전히 유효하다.

로젠블랫^{Rosenblatt}이 퍼셉트론 알고리즘[405]을 제안한 당시에는 이런 최적화들이 실제 하드웨어 회로에 일종의 발견법적인(heuristic) 방식으로 적용되고 있었을 뿐, 기계 학습의 엄밀한 최적화 개념(요즘 흔히 쓰이는)으로 정식화되지는 않았다. 즉, 당시 퍼셉트론 알고리즘은 오분류(분류 오류) 횟수를 최소화하기 위해 발견법적으로 설계된 것이었고, 단순화된 설정에서 학습 알고리즘의 정확성 보장에 관한 수렴 증명들이 제시되었다. 따라서, 지금도 퍼셉트론 알고리즘의 목표(발견법적인 동기를 가진)를 특징-분류명 쌍들을 담은 자료 집합 $\mathcal{D}$의 모든 훈련 견본에 관한 최소제곱의 형태로 표현할 수 있다.

$$\text{Minimize}_{\overline{W}} L = \sum_{(\overline{X}, y) \in \mathcal{D}} (y - \hat{y})^2 = \sum_{(\overline{X}, y) \in \mathcal{D}} (y - \text{sign}\{\overline{W} \cdot \overline{X}\})^2$$

이런 종류의 최소화 목적함수(objective function)를 손실함수(loss function)라고 부르기도 한다. 차차 알게 되겠지만, 거의 모든 신경망 학습 알고리즘은 손실함수를 사용하는 형태로 공식화된다. 제2장에서 배우겠지만, 이 손실함수는 최소제곱 회귀와 아주 비슷한 모습이다. 그러나 최소제곱 회귀는 연속값 목표변수에 대해 정의되며, 해당 손실함수는 매끄러운 연속 함수이다. 반면, 최소제곱 형태의 목적함수에 쓰이는 부호 함수는 특정 지점에서 마치 계단을 오르듯이 도약하는 형태의 미분불가능 함수이다. 더 나아가서, 부호 함수는 정의역의 대부분에 해당하는 상수 값들을 취하며, 따라서 미분 가능 점들에서 그 기울기는 정확히 0이다. 결과적으로 손실함수의 표면은 계단 형태이며, 그래서 경사 하강법(gradient descent)을 적용하기가 곤란하다. 퍼셉트론 알고리즘은 (암묵적으로) 이 목적함수의 각 견본에 대한 기울기를 평활화(smoothing; 매끄럽게 만드는 것), 다음과 같은 근사 기울기를 사용한다.

$$\nabla L_{\text{smooth}} = \sum_{(\overline{X}, y) \in \mathcal{D}} (y - \hat{y})\overline{X} \tag{1.3}$$

이 기울기가 (발견법적) 목적함수의 계단 형태 표면에서 취하는 진(true) 기울기가 아님을 주의하기 바란다. 계단 형태의 표면은 경사 하강법에 유용한 기울기들을 제공하지 못한다. 그래서 퍼셉트론 알고리즘은 계단 형태의 표면을 **퍼셉트론 판정기준**(perceptron criterion)으로 정의되는 기울어진 표면으로 평활화한다. 퍼셉트론 판정기준의 성질들은 §1.2.1.1에서 논의한다. '퍼셉트론 판정기준' 같은 개념들은 로젠블랫의 원래의 퍼셉트론 논문[405]이 나온 후에, 발견법적 경사 하강법 단계들을 설명하기 위해 제시된 것임을 알아두는 것도 좋을 것이다. 일단 지금은, 경사 하강법을 제대로 활용하기 위해 퍼셉트론 알고리즘이 어떤 알려지지 않은 평활화 함수를 이용해서 목적함수를 다듬는다고만 이해하면 될 것이다.

앞에서 본 목적함수가 전체 훈련 자료에 관해 정의되긴 하지만, 신경망 훈련 알고리즘은 각 자료 견본 $\overline{X}$를 한 번에 하나씩(또는 작은 일괄 단위, 즉 '배치batch'로 묶어서) 신경망에 공급해서 예측값 $\hat{y}$를 산출하는 식으로 작동한다. 예측값을 구한 후에는 오차값 $E(\overline{X}) = (y - \hat{y})$에 기초해서 가중치들을 갱신한다. 좀 더 구체적으로, 신경망에 공급된 하나의 자료점(data point)이 X라고 할 때, 가중치 벡터 $\overline{W}$는 다음과 같이 갱신된다.

$$\overline{W} \Leftarrow \overline{W} + \alpha (y - \hat{y})\overline{X} \tag{1.4}$$

매개변수 α는 신경망의 학습 속도(learning rate)를 제어하는 역할을 한다. 퍼셉트론 알고리즘은 모든 훈련 견본을 무작위 순으로 훑으면서 가중치들을 반복해서 조율하되, 학습이 수렴에 도달하면 반복을 멈춘다. 전체 과정에서 하나의 훈련 자료점(훈련점)이 여러 번 입력될 수 있다. 각 반복 주기를 세(epoch; 또는 세대, 시대)라고 부른다. 경사 하강법을 다음과 같이 오차 $E(\overline{X}) = (y - \hat{y})$를 이용해서 표현할 수도 있다.

$$\overline{W} \Leftarrow \overline{W} + \alpha E(\overline{X})\overline{X} \tag{1.5}$$

기본적인 퍼셉트론 알고리즘은 **확률적 경사 하강법**(stochastic gradient-descent)에 해당한다. 확률적 경사 하강법은 무작위로 선택된 훈련점들에 경사 하강법을 적용해서 예측값의 제곱오차를 암묵적으로 최소화한다. 여기에는 신경망 훈련 알고리즘의 반복 주기들이 자료점들을 무작위로 훑으면서 각 점의 예측 오차를 줄이는 것을 목적으로 가중치들을 변경한다는 가정이 깔려 있다. 식 1.5를 살펴보면 쉽게 알 수 있겠지만, 가중치 갱신량(변화량)이 0이 아닌 경우는 $y \neq \hat{y}$일 때뿐이며 그런 경우는 예측에 오차가 있을 때만 발생한다. **미니배치**mini-batch **확률적 경사 하강법**은 앞의 갱신 공식(식 1.5)을 무작위로 선택한 훈련 자료 부분집합 S의 훈련점들에 적용한다.

$$\overline{W} \Leftarrow \overline{W} + \alpha \sum_{\overline{X} \in S} E(\overline{X})\overline{X} \tag{1.6}$$

미니배치 확률적 경사 하강법을 사용하는 것의 장점은 제3장 §3.2.8에서 논의한다. 퍼셉트론의 흥미로운 특징 하나는 학습 속도 α를 1로 설정할 수 있다는 점이다. 이는 학습 속도가 가중치들을 비례하는 데만 쓰이기 때문에 가능한 일이다.

퍼셉트론이 제시하는 모형은 **선형 모형**(linear model)에 해당한다. 선형 모형에서 방정식 $\overline{W} \cdot \overline{X} = 0$은 하나의 선형 초평면(linear hyperplane)을 정의한다. 여기서 $\overline{W} = (w_1 \ldots w_d)$는 그 초평면에 수직인 d차원 벡터이다. 더 나아가서, $\overline{W} \cdot \overline{X}$의 값은 초평면의

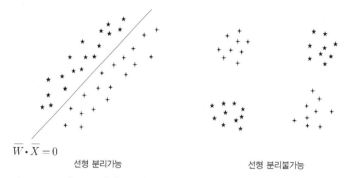

$$\overline{W} \cdot \overline{X} = 0$$

선형 분리가능   선형 분리불가능

그림 1.4: 두 부류로 선형 분리할 수 있는 자료와 그렇지 않은 자료의 예

한쪽에 있는 $\overline{X}$의 값들에 대해서는 양수이고 그 반대쪽에 있는 $\overline{X}$의 값들에 대해서는 음수이다. 이런 종류의 모형은 자료가 **선형 분리가능**(linearly separable)일 때 특히나 잘 작동한다. 선형 분리가능 자료와 선형 분리불가능 자료의 예가 그림 1.4에 나와 있다.

퍼셉트론 알고리즘은 그림 1.4의 왼쪽에 나온 형태의 선형 분리가능 자료 집합을 잘 분류한다. 그러나 그림 1.4의 오른쪽에 나온 형태의 자료 집합은 잘 분리하지 못한다. 이 예는 퍼셉트론이 가진 모형화 능력의 한계를 잘 보여준다. 이 한계 때문에 좀 더 복잡한 신경망 구조를 사용할 필요성이 제기되있다.

원래의 퍼셉트론 알고리즘은 분류 오차를 최소화하는 일종의 발견법적 알고리즘으로 제시되었기 때문에, 몇몇 특수 사례들에서 알고리즘이 합당한 해(solution)들로 수렴함을 보이는 것이 특히나 중요했다. 이와 관련해서 원래의 논문[405]이 증명했듯이, 훈련 자료가 선형 분리가능일 때 퍼셉트론 알고리즘은 항상 훈련 자료에 관해 오차 0을 제공하는 지점으로 수렴한다. 그러나 자료가 선형 분리가능이 아닌 경우에서 퍼셉트론은 수렴을 보장하지 않는다. 그런 경우 퍼셉트론은 아주 나쁜(다른 여러 학습 알고리즘들에 비해) 해에 도달할 수 있는데, 다음 절에 그 이유들이 나온다.

1.2.1.1 퍼셉트론이 최적화하는 목적함수

이번 장에서 말했듯이 로젠블랫의 원래의 퍼셉트론 논문[405]은 손실함수를 공식화해서 제시하지 않았다. 당시에는 퍼셉트론을 실제 하드웨어 회로 형태로 구현했다. 원래의 *Mark I* 퍼셉트론은 알고리즘이 아니라 하나의 기계로 고안된 것이었으며, 주문제작한 하드웨어를 이용해서 구현되었다(그림 1.5 참고). 이 기계의 전반적인 목표는 오차가

그림 1.5: 원래 퍼셉트론 알고리즘은 하드웨어 회로로 구현되었다. 그림은 1958년 제작된 Mark I 퍼셉트론 기계를 찍은 사진이다(스미스소니언 협회 제공).

발생할 때마다 "올바른" 방향으로 가중치를 변경하는 발견법적 갱신 과정(하드웨어로 실행되는)을 이용해서 오분류 횟수를 줄이는 것이었다. 그러한 발견법적 갱신 과정이 경사 하강과 아주 비슷하긴 했지만, 논문은 그것을 하나의 완결적인 경사 하강법 알고리즘으로 공식화하지 않았다. 경사 하강법은 알고리즘적 설정의 매끄러운 손실함수에 대해서만 정의되며, 당시의 하드웨어 중심적 구현들은 **이진 출력**을 사용하는 좀 더 발견법적인 방식으로 설계되었다. 그리고 이진 회로 중심적 원리들은 대부분 **매컬록-피츠**McCulloch-Pitts 뉴런 모형[321]을 따랐다. 안타깝게도, 이진 신호들에는 연속 최적화가 잘 적용되지 않는다.

기울기 퍼셉트론 갱신에 해당하는 매끄러운 손실함수가 있을까? 이진 분류 문제에서 오분류 횟수는 다음과 같이 훈련 자료점 $(\overline{X_i}, y_i)$에 대한 0/1 손실함수의 형태로 표현할 수 있다.

$$L_i^{(0/1)} = \frac{1}{2}(y_i - \text{sign}\{\overline{W} \cdot \overline{X_i}\})^2 = 1 - y_i \cdot \text{sign}\{\overline{W} \cdot \overline{X_i}\} \qquad (1.7)$$

이 목적함수의 제곱식을 전개하고 y_i^2과 $\text{sign}\{\overline{W} \cdot \overline{X_i}\}^2$을 둘 다 1로 두어서 정리하면 우변과 같이 단순한 공식이 나온다. 둘 다 $\{-1, +1\}$의 한 값을 제곱한 것이므로 결국은 1이다. 그런데 이 목적함수는 계단 형태라서 미분 가능 함수가 아니다(특히 이것을 다수의 점들에 더하는 경우). 이 0/1 손실함수의 값은 기본적으로 $-y_i \mathrm{sign}\{\overline{W} \cdot \overline{X_i}\}$ 항이 결정하는데, 이 항의 sign 함수가 미분 불가능과 관련된 대부분의 문제를 일으킨다. 신경망은 기울기 기반 최적화에 의존하므로, 퍼셉트론 갱신에 적합한 매끄러운 목적함수를 정의할 필요가 있다. 퍼셉트론의 갱신이 **퍼셉트론 판정기준**을 암묵적으로 갱신한다는 점을 증명하는 것이 가능하다.[41] 퍼셉트론 판정기준이라고 부르는 목적함수는 앞의 0/1 손실함수에서 sign 함수를 제거하고 음의 값들을 0으로 설정한 것인데, 이 덕분에 모든 정확한 예측이 단일한, 그리고 손실 없는 방식으로 처리된다. 다음이 퍼셉트론 판정기준의 정의이다.

$$L_i = \max\{-y_i(\overline{W} \cdot \overline{X_i}), 0\} \tag{1.8}$$

이 평활화된 목적함수의 기울기가 퍼셉트론 갱신에 해당함을 독자가 직접 계산해서 확인해 보길 권한다. 퍼셉트론의 갱신은 본질적으로 $\overline{W} \Leftarrow \overline{W} - \alpha \nabla_W L_i$이다. 미분 불가능 함수의 기울기 계산이 가능하도록 수정한 손실함수를 **평활화된 대리 손실함수** (smoothed surrogate loss function)라고 부르기도 한다. 출력이 이산값인 연속 최적화 기반 학습 방법들(신경망 등)은 거의 대부분 이런 평활화된 대리 손실함수를 사용한다.

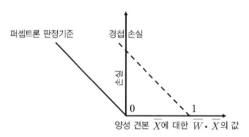

그림 1.6: 퍼셉트론 판정기준 대 경첩 손실함수

앞의 퍼셉트론 판정기준은 퍼셉트론 갱신에서 출발해서 역공학(reverse engineering)을 통해서 만들어 낸 것이긴 하지만, 본질적으로 이 목적함수는 원래의 알고리즘에 쓰이는 갱신 공식의 몇 가지 약점을 여전히 가지고 있다. 퍼셉트론 판정기준과 관련해서 흥미로운 점 하나는, **훈련 자료 집합과는 무관하게** $\overline{W}$를 영벡터로 설정함으로써 최적의 손실값 0을 얻을 수 있다는 점이다. 그런 인위적인 설정을 사용해도, 선형 분리가

능 자료에 대해서는 퍼셉트론 갱신이 여전히 두 부류 사이의 명확한 분리자(separator)로 수렴한다. 어차피 두 부류의 분리자 역시 손실값 0을 제공한다. 그러나 선형 분리 가능이 아닌 자료의 경우에는 신경망이 다소 임의적으로 행동하며, 그래서 해당 부류들을 제대로 분리하지 못하는 결과가 나오곤 한다. 손실값이 가중치 벡터의 크기(magnitude)에 민감하게 반응한다는 점 때문에 부류 분리의 목표가 희석될 수 있다. 퍼셉트론의 갱신이 반복되면서 손실값이 개선되긴 하지만 오히려 오분류 횟수가 크게 느는 현상도 발생할 수 있다. 이는 대리 손실함수가 원래 의도한 목표를 완전히 달성하지는 못할 수 있는 예 중 하나이다. 이 사실 때문에, 대리 손실함수 접근 방식은 안정적이지 못하다. 최종적인 해의 품질이 크게 들쭉날쭉할 수 있는 것이다.

그래서 학습 알고리즘을 분리가능이 아닌 자료를 위해 변형한 버전들이 다양하게 제안되었다. 한 가지 자연스러운 접근 방식은 오분류 횟수 면에서 지금까지 최상의 해를 기억해 두는 것이다.[128] 이 접근 방식을 주머니 알고리즘(pocket algorithm)이라고 부르는데, 이는 최상의 해를 '주머니'에 넣어 두는 것 같다고 해서 붙은 이름이다. 성과가 아주 좋은 또 다른 변형으로, 손실함수에 여유(margin)라는 개념을 도입한 알고리즘도 있다. 그런 식으로 변형한 알고리즘은 선형(linear) 지지 벡터 기계의 알고리즘과 사실상 동일하다. 이 때문에 선형 지지 벡터 기계를 최적 안전성 퍼셉트론(perceptron of optimal stability)이라고 부르기도 한다.

1.2.1.2 퍼셉트론 판정기준과 지지 벡터 기계의 관계

퍼셉트론 판정기준은 지지 벡터 기계에 쓰이는 경첩 손실(hinge-loss) 함수(제2장 참고)를 한쪽으로 이동한(shifted) 버전에 해당한다. 경첩 손실은 식 1.7에 나온 0/1 손실 판정기준과 더 비슷하다. 정의는 다음과 같다.

$$L_i^{svm} = \max\left\{1 - y_i(\overline{W} \cdot \overline{X_i}), 0\right\} \tag{1.9}$$

퍼셉트론은 식 1.7의 우변에 있는 상수항 1을 유지하지 않지만, 경첩 손실은 이 상수를 max 함수(최댓값 함수) 안에 유지함을 주목하기 바란다. 이러한 차이가 기울기의 수식 표현에 영향을 미치지는 않지만, 손실이 없어서 가중치 갱신을 유발하지 않는 자료점들이 어떤 것인지에는 영향을 미친다. 퍼셉트론 판정기준과 경첩 손실의 관계가 그림 1.6에 나와 있다. 퍼셉트론 갱신 공식(식 1.6)을 다음과 같이 표현해 보면 둘의 유사성이 더욱 명백해진다.

$$\overline{W} \Leftarrow \overline{W} + \alpha \sum_{(\overline{X},\, y) \in S^+} y \overline{X} \qquad (1.10)$$

여기서 S^+는 $y(\overline{W} \cdot \overline{X}) < 0$를 만족하는 모든 오분류된 훈련점 $\overline{X} \in S$의 집합이다. 이 갱신이 퍼셉트론과는 좀 달라 보일 것이다. 퍼셉트론은 갱신을 위해 오차 $E(\overline{X})$를 사용하지만, 이 갱신은 그 대신 y를 사용한다. 그러나 둘은 사실상 같은 것이다. 핵심은, S^+에 속하는 오분류 자료점에 대해서는 (정수) 오차값 $E(\overline{X}) = (y - \text{sign}\{\overline{W} \cdot \overline{X}\}) \in \{-2, +2\}$가 결코 0이 되지 않는다는 점이다. 즉, **오분류 자료점에 대해 항상** $E(\overline{X}) = 2y$가 성립하며, 계수 2를 학습 속도에 포함시킨다면 갱신 공식에서 $E(\overline{X})$를 y로 대체할 수 있다. 이 갱신 공식은 기본적인 지지 벡터 기계(SVM) 알고리즘[448]에 쓰이는 것과 동일하다. 둘의 차이는, 퍼셉트론에서는 오분류된 자료점들에만 갱신이 적용되지만 SVM에서는 결정 경계 근처의 정확한 점들도 갱신에 쓰인다는 것이다. 그리고 SVM은 $y(\overline{W} \cdot \overline{X}) < 1$이라는 조건을 이용해서 S^+를 정의한다($y(\overline{W} \cdot \overline{X}) < 0$이 아니라). 이는 두 알고리즘의 중요한 차이점 중 하나이다. 이상에서 보듯이 퍼셉트론은 지지 벡터 기계 같은 잘 알려진 기계 학습 알고리즘과 근본적으로 그리 다르지 않다(비록 그 기원은 서로 다르지만). 프로인트^{Freund}와 섀피어^{Schapire}의 [123]은 손실함수에 도입된 여유 개념이 퍼셉트론의 안정성 개선에서, 그리고 지지 벡터 기계와의 관계에서 어떤 역할을 하는지를 아주 훌륭하게 설명한다. 다수의 전통적인 기계 학습 모형들을 퍼셉트론 같은 얕은 신경망 구조의 사소한 변형으로 해석할 수 있음이 밝혀졌다. 고전적인 기계 학습 모형들과 얕은 신경망의 관계는 제2장에서 좀 더 자세하게 설명한다.

1.2.1.3 활성화 함수와 손실함수의 선택
활성화 함수의 선택은 신경망 설계에서 핵심적인 부분이다. 퍼셉트론의 경우 sign 함수를 활성화 함수로 사용하는 것은 신경망이 이진(binary) 분류명(class label)을 예측해야 한다는 사실에서 비롯된 것이다. 그러나 그와는 다른 종류의 목표변수를 예측해야 한다면 상황이 다를 수 있다. 예를 들어 예측할 목표변수가 실수^{實數}라면 항등함수를 활성화 함수로 사용하는 것이 합당하다. 그런 경우 학습 알고리즘은 최소제곱 회귀와 같아진다. 또 다른 예로, 만일 어떤 이진 부류의 확률을 예측해야 한다면 S자형 함수(sigmoid^{시그모이드})로 출력 노드를 활성화하는 것이 합당하다. 이 경우 예측값 $\hat{y}$는 종속변

수의 관측값 y가 1일 확률을 나타낸다. 그리고 손실함수로는, y가 가질 수 있는 값이 $\{-1, 1\}$이라는 가정하에서 $|y/2 - 0.5 + \hat{y}|$의 음의 로그(logarithm)를 사용한다. y가 1일 확률이 $\hat{y}$라고 할 때, $|y/2 - 0.5 + \hat{y}|$는 정확한 값이 예측될 확률이다. 이상의 단언은 y가 0일 때와 1일 때를 따로 조사해 보면 어렵지 않게 확인할 수 있다. 이 손실함수가 훈련 자료의 음의 로그가능도(negative log-likelihood)에 해당함을 증명하는 것이 가능하다(제2장 §2.2.3 참고).

단층 퍼셉트론을 벗어나서 이번 장에서 나중에 논의할 다층 구조로 넘어가면 비선형 활성화 함수가 아주 중요해진다. 부호 함수나 S자형 함수, 쌍곡탄젠트(hyperbolic tangent) 함수 같은 여러 가지 함수를 신경망의 다양한 층들에 사용할 수 있다. 이 책에서는 활성화 함수를 다음과 같이 $\Phi^{\text{피}}$로 표기한다.

$$\hat{y} = \Phi(\overline{W} \cdot \overline{X}) \tag{1.11}$$

이 활성화 함수는 하나의 뉴런이 노드 안에서 계산하는 두 개의 함수 중 하나이다. 그림 1.7은 뉴런의 계산을 개별적인 두 값으로 분리한 구조를 보여준다. 그림에서 보듯이, 하나의 뉴런 안에 합산 기호 Σ(손실함수에 쓰이는)뿐만 아니라 활성화 기호 Φ도 포함되어 있다. 활성화 함수 $\Phi(\cdot)$를 계산하기 전의 값을 **활성화 전 값**(pre-activation value)이라고 부르고 활성화 함수를 적용한 후에 계산한 값을 **활성화 후 값**(post-activation value)이라고 부른다. 한 뉴런의 출력은 항상 활성화 후 값이지만, 활성화 전 변수들도 다양한 종류의 분석에 흔히 쓰인다. 이를테면, 이번 장에서 나중에 논의할 **역전파 알고리즘**(backpropagation algorithm)은 활성화 전 값들을 활용한다. 그림 1.7에 뉴런 하나의 활성화 전 값과 활성화 후 값이 나와 있다.

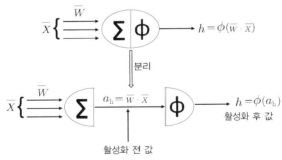

그림 1.7: 뉴런의 활성화 전 값과 활성화 후 값

가장 기본적인 활성화 함수 $\Phi(\cdot)$는 비선형성을 전혀 제공하지 않는 선형 활성화 함수, 즉 항등함수와 동일하다.

$$\Phi(v) = v$$

목표변수가 실수일 때는 선형 활성화 함수가 출력 노드에 흔히 쓰인다. 그리고 출력이 이산값이라고 해도, 평활화된 대리 손실함수를 설정해야 하는 경우에는 이런 선형 활성화 함수가 쓰인다.

신경망 초기에 쓰인 고전적인 활성화 함수로는 부호 함수, S자형 함수, 쌍곡탄젠트 (tanh) 함수가 있다.

$$\Phi(v) = \text{sign}(v) \qquad \text{(부호 함수)}$$

$$\Phi(v) = \frac{1}{1 + e^{-v}} \qquad \text{(S자형 함수)}$$

$$\Phi(v) = \frac{e^{2v} - 1}{e^{2v} + 1} \qquad \text{(tanh 함수)}$$

예측 시점에서 이진 출력을 산출하는 데 부호 활성화 함수를 사용할 수는 있지만, 미분이 불가능하므로 훈련 시점에서 손실함수로 사용할 수는 없다. 예를 들어, 퍼셉트론은 예측에 부호 함수를 사용하긴 하지만, 훈련 도중 퍼셉트론 판정기준에 필요한 것은 선형 활성화뿐이다. S자형 활성화 함수는 $(0, 1)$ 범위의 실숫값을 출력하므로 계산의 결과를 확률로 해석해야 할 때 좋다. 더 나아가서 S자형 함수는 확률적 출력을 생성하거나 최대가능도(maximum-likelihood) 모형에 기초해서 손실함수를 만들어 낼 때도 도움이 된다. tanh 함수는 그 형태가 S자형 함수와 비슷하나, 치역이 $[-1, 1]$이 되도록 수평·수직으로 비례·이동된 것이다. tanh 함수와 S자형 함수의 관계는 다음과 같다 (연습문제 3 참고).

$$\tanh(v) = 2 \cdot \text{sigmoid}(2v) - 1$$

계산의 결과가 음수일 수도 있는 경우에는 tanh 함수가 S자형 함수보다 좋다. 더 나아가서, 이 함수는 중심이 평균이고 S자형 함수에 비해 기울기가 크기 때문에(비례 덕분이다) 훈련에 적합하다. 예전부터 S자형 함수와 tanh 함수는 신경망에 비선형성을 도입하는 주된 수단으로 쓰였다. 그러나 최근에는 다음과 같은 몇 가지 조각별(piecewise)

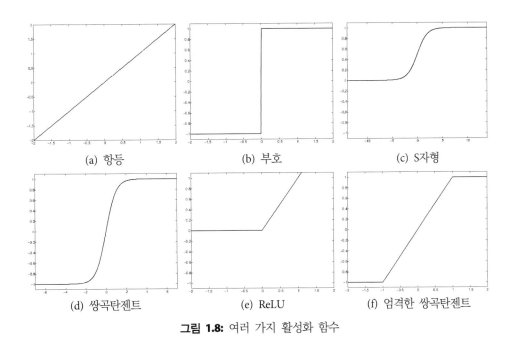

(a) 항등 (b) 부호 (c) S자형

(d) 쌍곡탄젠트 (e) ReLU (f) 엄격한 쌍곡탄젠트

그림 1.8: 여러 가지 활성화 함수

선형 활성화 함수가 인기를 끌고 있다.

$$\Phi(v) = \max\{v,\ 0\} \qquad \text{(정류 선형 단위[ReLU])}$$
$$\Phi(v) = \max\{\min[v,\ 1],\ -1\} \quad \text{(엄격한 쌍곡탄젠트)}$$

다층 신경망의 훈련이 쉽다는 이유로, 대부분의 현세대 신경망들에서는 S자형과 매끄러운(soft) tanh 대신 ReLU와 엄격한(hard) tanh 활성화 함수를 사용한다.

지금까지 언급한 활성화 함수들의 형태가 그림 1.8에 나와 있다. 이 활성화 함수들이 모두 단조(monotonic) 함수임을 주목하기 바란다. 더 나아가서, 항등함수를 제외한 모든 함수는 인수의 절댓값이 클 때 활성화 값이 거의 변하지 않는데, 이를 가리켜 함수가 **포화**(saturation)된다고 말한다.[1]

이후에 보겠지만, 이런 비선형 활성화 함수들은 여러 종류의 함수를 결합해서 좀 더 강력한 활성화 함수를 만드는 데 도움이 된다는 점에서 다층 신경망에도 대단히 유용하다. 이 함수들 중 다수를 **압착**(squashing) 함수라고 부르는데, 이는 이 함수들이 임의의 범위의 값들을 한정된 범위의 치역으로 사상하기 때문이다. 비선형 활성화 함

---

1) ReLU의 포화는 비대칭적이다.

수의 사용은 신경망의 모형화 능력 증가에서 핵심적인 역할을 한다. 선형 활성화 함수만 사용하는 신경망의 모형화 능력은 단층 신경망의 것보다 좋을 수 없다. 이 문제는 §1.5에서 논의한다.

1.2.1.4 출력 노드의 수와 종류 선택

출력 노드의 종류와 수 역시 활성화 함수와 연관되어 있으며, 활성화 함수의 종류 자체는 주어진 응용 과제의 성격에 의존한다. 예를 들어 k중 분류 과제(k가지 부류 중 하나를 예측해야 하는 분류 과제)를 위해서는 주어진 한 층에서 $\bar{v} = [v_1, ..., v_k]$를 출력하는 소프트맥스softmax 활성화 함수를 이용해서 k개의 값을 출력할 수 있다. 좀 더 구체적으로 말해서, i번째 출력의 활성화 함수는 다음과 같이 정의된다.

$$\Phi(\bar{v})_i = \frac{\exp(v_i)}{\displaystyle\sum_{j=1}^{k} \exp(v_j)} \qquad \forall i \in \{1, ..., k\} \tag{1.12}$$

이 k 값들을 k개의 노드가 출력한 값들이라고 생각하면 이해에 도움이 될 것이다. 그 노드들에 주어지는 입력은 $v_1 \, ... \, v_k$이다. 출력이 세 개인 소프트맥스 함수와 출력값 v_1, v_2, v_3의 예가 그림 1.9에 나와 있다. 그 세 출력은 세 부류의 확률에 해당하며, 소프트맥스 함수는 마지막 은닉층(이 예의 경우에는 유일한 은닉층)이 출력한 세 값을 확률값으로 변환하는 역할을 함을 주목하기 바란다. 다층 신경망의 마지막 은닉층은 흔히 선형(항등) 활성화 함수를 사용하며, 그 은닉층의 출력은 소프트맥스 층의 입력이

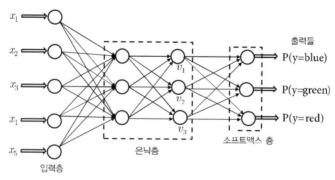

그림 1.9: 소프트맥스 층을 이용한 범주 분류의 다중 출력 예

된다. 더 나아가서, 소프트맥스 층에는 가중치들이 적용되지 않음도 주목하기 바란다. 이는 소프트맥스 층이 실숫값 출력을 확률값으로 변환하기만 하기 때문이다. 선형 활성화 함수를 사용하는 은닉층 하나에 소프트맥스 층을 연결한 신경망은 정확히 **다항로지스틱 회귀**(multinomial logistic regression)[6]라고 하는 모형을 구현한다. 다부류(multi-class) SVM 같은 여러 변형들도 이런 식으로 신경망을 이용해서 손쉽게 구현할 수 있다. 다수의 출력 노드가 쓰이는 또 다른 예로는 **자동부호기**(autoencoder오토인코더; 또는 자가부호기)가 있다. 자동부호기의 출력층은 각각의 입력 자료점을 온전하게 복원(재구축)한다. 자동부호기는 **특잇값 분해** 같은 행렬 인수분해 방법들을 구현하는 데 사용할 수 있다. 이 구조는 제2장에서 좀 더 자세히 논의하겠다. 기초적인 기계 학습 알고리즘을 흉내 내는 가장 단순한 형태의 신경망은 전통적인 기계 학습과 심층 신경망 사이의 연결선 중 한 지점에 놓여 있다는 점에서 독자의 학습에 도움이 된다. 이런 여러 신경망 구조들을 살펴보면 전통적인 기계 학습과 심층 학습의 관계를 좀 더 잘 파악할 수 있으며, 후자가 제공하는 추가적인 장점들도 좀 더 잘 이해할 수 있다.

1.2.1.5 손실함수의 선택

손실함수의 선택은 주어진 응용 과제에 적합한 방식으로 출력을 정의하는 데 있어 중요한 문제이다. 예를 들어 이진값이 아닌 수치를 출력하는 최소제곱 회귀를 위해서는 $(y - \hat{y})^2$ 형태의 단순한 제곱 손실함수가 필요하다. 여기서 y는 목푯값, $\hat{y}$는 예측값이고 그 둘은 하나의 훈련 견본(훈련 사례)을 구성한다. $y \in \{-1, +1\}$와 실수 예측값 $\hat{y}$의 경우에는 **경첩 손실함수** 같은 다른 종류의 손실함수를 사용할 수도 있다(이 경우 활성화 함수는 항등함수). 경첩 손실함수의 정의는 다음과 같다.

$$L = \max\{0, 1 - y \cdot \hat{y}\} \tag{1.13}$$

이러한 경첩 손실함수를 이용해서 학습을 구현하는 것이 가능한데, 그런 학습 모형을 가리켜 **지지 벡터 기계**라고 부른다.

다중 예측(단어 식별자들을 예측하거나 여러 가지 부류 중 하나를 예측하는 등의)에서는 소프트맥스 출력이 특히나 유용하다. 그러나 소프트맥스 출력은 확률값이기 때문에 방금 언급한 것들과는 다른 종류의 손실함수가 필요하다. 확률적 예측에서는 예측하고자 하는 목푯값이 이진이냐 다중이냐에 따라 다음 두 종류의 손실함수가 쓰인다.

1. **이진 목푯값(로지스틱 회귀):** 예측하고자 하는 값이 두 가지 값(예 또는 아니요 등) 중 하나인 경우이다. 이 경우 관측값 y가 $\{-1, +1\}$ 중 하나이고 예측값 $\hat{y}$는 임의의 수치이며 활성화 함수는 항등함수라고 가정한다. 하나의 관측값이 y이고 실수 예측값이 $\hat{y}$인 하나의 훈련 견본에 대해 손실함수는 다음과 같이 정의된다.

$$L = \log(1 + \exp(-y \cdot \hat{y})) \tag{1.14}$$

이런 종류의 손실함수는 **로지스틱 회귀**(logistic regression)라고 부르는 기초적인 기계 학습 방법을 구현한다. 아니면 S자형 함수를 활성화 함수로 사용해서 $\hat{y} \in (0, 1)$을 출력할 수도 있는데, 이 예측값은 관측값 y가 1일 확률을 뜻한다. 이 경우 y가 가질 수 있는 값이 $\{-1, 1\}$이라고 가정할 때 손실함수는 $|y/2 - 0.5 + \hat{y}|$의 음의 로그가능도이다. 이는 $|y/2 - 0.5 + \hat{y}|$가 예측이 정확할 확률을 나타내기 때문이다. 이상의 두 예는 활성화 함수와 손실함수의 서로 다른 조합이 동일한 결과를 낼 수 있음을 보여준다.

2. **범주 목푯값:** 여러 가지 '범주(category)' 또는 '부류(class)' 중 하나를 예측하는 경우이다. k가지 부류들의 확률들(식 1.9의 소프트맥스 활성화 함수로 계산한)이 $\hat{y}_1 \ldots \hat{y}_k$이고 r번째 부류가 실측 자료(ground-truth)에 해당하는 부류라고 할 때, 하나의 견본에 대한 손실함수는 다음과 같이 정의된다.

$$L = -\log(\hat{y}_r) \tag{1.15}$$

교차 엔트로피(cross-entropy) 손실함수라고 부르는 이런 종류의 손실함수는 다항 로지스틱 회귀를 구현한다. k가 2인 경우에는 다항 로지스틱 회귀가 이진(이항) 로지스틱 회귀와 동일하다.

여기서 기억해야 할 핵심은 출력 노드, 활성화 함수, 손실함수의 선택이 주어진 응용에 의존한다는 것이다. 더 나아가서, 이 선택들은 서로 의존한다. 단층 신경망이라고 하면 누구나 제일 먼저 퍼셉트론을 떠올리지만, 사실 퍼셉트론은 수많은 가능성 중 하나를 대표할 뿐이다. 실제 응용에서 퍼셉트론 판정기준을 손실함수로 사용하는 경우는 드물다. 출력이 이산값일 때는 흔히 소프트맥스 활성화 함수와 교차 엔트로피 손실함수를 사용하고, 출력이 실숫값일 때는 흔히 선형 활성

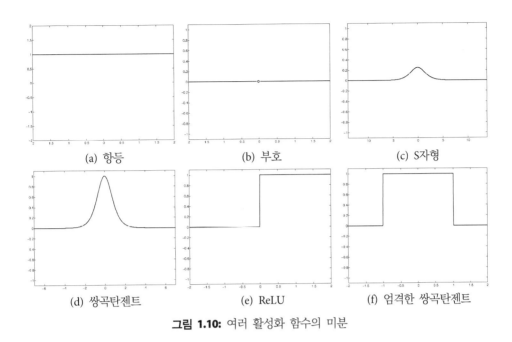

(a) 항등	(b) 부호	(c) S자형
(d) 쌍곡탄젠트	(e) ReLU	(f) 엄격한 쌍곡탄젠트

그림 1.10: 여러 활성화 함수의 미분

화 함수와 제곱 손실함수를 사용한다. 일반적으로 교차 엔트로피 손실함수가 제곱 손실함수보다 최적화하기 쉽다.

1.2.1.6 몇 가지 유용한 활성화 함수 미분

대부분의 신경망 학습은 기본적으로 활성화 함수의 기울기를 따라 내려가는 경사 하강법에 의존한다. 그래서 이 책에는 그런 활성화 함수들의 미분※이 거듭 등장한다. 그런 미분들을 여기에 정리해 두면 나중에 참고하기 편할 것이다. 이번 절은 다음과 같은 손실함수들의 미분을 상세히 설명한다. 이번 절에서 정리한 내용이 이후의 장들에서 자주 쓰일 것이므로 숙지하기 바란다.

1. **선형 활성화 함수와 부호 활성화 함수:** 선형 활성화 함수의 미분은 모든 점에서 1이다. $\text{sign}(v)$의 미분은 $v = 0$ 이외의 모든 v 값에 대해 0이다. $v = 0$인 경우 부호 함수는 연속이 아니며 미분불가능이다. 이처럼 부호 함수는 기울기가 0일 (그리고 미분이 불가능할) 수 있으므로, 훈련 도중 예측을 위한 손실함수로 부호 함

※ **역주** 가독성을 위해, 꼭 필요한 경우가 아닌 한 도함수(derivative)와 미분계수(differential coefficient; 도함수를 특정 인수로 평가한 값)를 굳이 구분하지 않고 '미분'으로 표현하기로 한다.

수를 사용하는 경우는 거의 없다. 선형 활성화 함수와 부호 함수의 미분이 그림 1.10의 (a)와 (b)에 나와 있다.

2. **S자형 활성화 함수**: S자형 활성화 함수의 미분은 입력이 아니라 출력의 관점에서 표현할 때 특히나 간단하다. 인수가 v일 때 S자형의 출력이 o라고 하자.

$$o = \frac{1}{1 + \exp(-v)} \tag{1.16}$$

그러면 S자형 활성화 함수의 미분을 다음과 같이 표현할 수 있다.

$$\frac{\partial o}{\partial v} = \frac{\exp(-v)}{(1 + \exp(-v))^2} \tag{1.17}$$

여기서 핵심은, 이 S자형 함수를 출력의 관점에서 다음과 같이 좀 더 편하게 표현할 수 있다는 점이다.

$$\frac{\partial o}{\partial v} = o(1 - o) \tag{1.18}$$

S자형 함수의 미분은 입력이 아니라 출력의 함수로 쓰일 때가 많다. S자형 활성화 함수의 미분이 그림 1.10(c)에 나와 있다.

3. **tanh 활성화 함수**: S자형 활성화 함수의 경우처럼 tanh 활성화 함수도 입력 v가 아니라 출력 o의 함수로 쓰일 때가 많다.

$$o = \frac{\exp(2v) - 1}{\exp(2v) + 1} \tag{1.19}$$

이 함수의 기울기를 다음과 같이 계산할 수 있다.

$$\frac{\partial o}{\partial v} = \frac{4 \cdot \exp(2v)}{(\exp(2v) + 1)^2} \tag{1.20}$$

그러나 출력 o를 기준으로 계산하는 것이 훨씬 간단하다.

$$\frac{\partial o}{\partial v} = 1 - o^2 \tag{1.21}$$

tanh 활성화 함수의 미분이 그림 1.10(d)에 나와 있다.

4. *ReLU*와 엄격한 *tanh* 활성화 함수: ReLU의 편미분은 인수가 음이 아닐 때는 1이고 그 외의 경우에는 0이다. 엄격한 tanh 함수의 편미분은 인수가 $[-1, +1]$일 때는 1이고 그 외의 경우에는 0이다. ReLU와 엄격한 tanh 활성화 함수의 미분들이 그림 1.10의 (e)와 (f)에 나와 있다.

1.2.2 다층 신경망

계산층이 둘 이상인 신경망을 다층(multilayer) 신경망(줄여서 다층망)이라고 부른다. 퍼셉트론은 입력층 하나와 출력층 하나로 구성되는데, 그 출력층이 유일한 계산층이다. 입력층은 그냥 자료를 출력층에 전달하는 역할만 하며, 사용자는 모든 계산 결과를 직접 볼 수 있다. 다층 신경망은 계산층이 여러 개이다. 추가적인 중간 계산층(입력과 출력 사이의)을 **은닉층**(hidden layer)이라고 부르는데, 계산층의 계산을 사용자가 볼 수 없기 때문에(즉, "숨겨져" 있기 때문에) 그런 이름이 붙었다. 모든 계산층이 자신의 계산 결과를 입력에서 출력으로의 순방향으로만 전달하는 구조를 따르는 다층 신경망을 **순방향 신경망**(feed-forward network)이라고 부른다. 기본적인 형태의 순방향 신경망에서, 한 층의 모든 노드는 그다음 층의 모든 노드와 연결된다. 따라서, 이런 종류의 신경망에서는 층의 수와 각 층의 노드 종류 및 수만 결정되면 신경망의 전체 구조가 완전히 정의된다. 유일하게 남은 세부 결정 사항은 출력층에서 최적화할 손실함수가 무엇인가이다. 퍼셉트론 알고리즘은 퍼셉트론 판정기준을 사용하지만, 그것이 유일한 선택은 아니다. 이산 예측의 경우에는 소프트맥스 출력과 교차 엔트로피 손실함수의 조합이, 실숫값 예측의 경우에는 선형 출력과 제곱 손실함수의 조합이 아주 흔히 쓰인다.

단층 신경망에서처럼 다층 신경망에서도 치우침 뉴런을 사용할 수 있는데, 출력층뿐만 아니라 은닉층에도 치우침 뉴런을 도입할 수 있다. 치우침 뉴런을 사용하는 다층 신경망과 그렇지 않은 다층망의 예가 그림 1.11의 (a)와 (b)에 나와 있다. 두 경우 모두 신경망은 총 세 개의 층으로 구성된다. 입력층은 그냥 자료를 전달하기만 할 뿐 그 어떤 계산도 수행하지 않으므로 층수에 포함하지 않을 때가 많음을 주의하기 바란다. 신경망의 층이 k개이고 한 층을 구성하는 계산 단위들이 $p_1 \dots p_k$라고 할 때, 신경망의 출력을 흔히 k개의 열벡터 $\overline{h}_1 \dots \overline{h}_k$로 표기한다. 이 벡터들의 **차원**은 $p_1 \dots p_k$이다. 입력층과 첫 은닉층 사이의 연결에 대한 가중치들은 $d \times p_1$ 크기의 **행렬** W_1에 들어 있고, r번째 은닉층과 $(r+1)$번째 은닉층 사이의 가중치들은 $p_r \times p_{r+1}$ 크기의 행렬

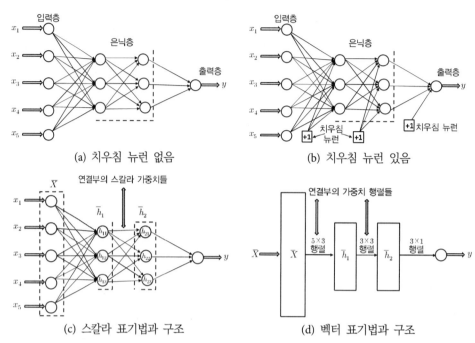

그림 1.11: 은닉층 두 개와 출력층 하나로 이루어진 순방향 신경망의 기본 구조. 각 단위가 하나의 스칼라 변수를 담긴 하지만, 한 층의 모든 단위를 하나의 벡터 단위로 표현할 때가 많다. 신경망 구조를 도식화할 때는 흔히 벡터 단위를 사각형으로 표시하며, 단위 사이의 연결은 행렬로 표시한다.

W_r에 들어 있다. 출력층의 노드가 o개라고 할 때, 마지막 행렬 W_{k+1}의 크기는 $p_k \times o$이다. d차원 입력 벡터 $\overline{x}$는 다음과 같은 점화식(재귀 관계식)을 통해서 출력들로 변환된다.

$$\overline{h}_1 = \Phi(W_1^T \overline{x}) \qquad\qquad\qquad \text{[입력에서 은닉층으로]}$$

$$\overline{h}_{p+1} = \Phi(W_{p+1}^T \overline{h}_p) \qquad \forall\, p \in \{1 \ldots k-1\} \qquad \text{[은닉층에서 은닉층으로]}$$

$$\overline{o} = \Phi(W_{k+1}^T \overline{h}_k) \qquad\qquad\qquad \text{[은닉층에서 출력층으로]}$$

이 과정에서 S자형 함수 같은 활성화 함수는 주어진 벡터 인수들에 대해 **성분별로**(element-wise) 적용된다. 그러나 소프트맥스 함수(출력층에 흔히 쓰이는)처럼 원래부터 벡터 형식의 인수를 처리하도록 만들어진 활성화 함수들도 있다. 비록 신경망의 각 단위가 하나의 변수를 담긴 하지만, 신경망 구조를 도식화할 때는 흔히 한 층의 계산 단위들을

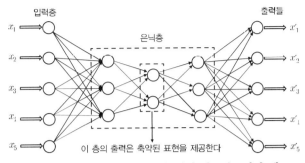

입력층

은닉층

출력들

이 층의 출력은 축약된 표현을 제공한다

그림 1.12: 출력 노드가 여러 개인 자동부호기의 예

하나의 벡터로 묶어서 표기한다. 그런 경우에는 단위를 원이 아니라 사각형으로 표기하는데, 그림 1.11의 (d)가 그러한 예이다. (c)의 스칼라 단위들(원)이 벡터 단위(사각형)로 묶였으며, 벡터 단위들 사이의 연결이 행렬이라는 점을 주목하기 바란다. 더 나아가서, 이런 벡터 기반 신경망 구조에서는 한 층의 모든 단위가 동일한 활성화 함수를 사용하며, 그 활성화 함수가 해당 층에 성분별로 적용된다고 암묵적으로 가정한다. 대부분의 신경망은 계산 파이프라인 전반에서 동일한 활성화 함수를 사용하므로, 이러한 제약이 문제가 되는 일은 드물다. 이 책 전반에서, 벡터 변수들을 담은 단위는 사각형으로 표시하고, 스칼라 변수들을 담은 단위는 원으로 표시한다.

앞에서 말한 점화식과 벡터 구조는 오직 층별 순방향 신경망에만 유효하며, 관례를 벗어나는 모든 종류의 구조 설계에 적용되는 것은 아님을 주의하기 바란다. 중간층에 자료가 직접 입력된다거나 인접하지 않은 층들 사이에 연결이 존재하는 등의 비관례적인 설계도 얼마든지 가능하다. 더 나아가서, 한 노드에서 계산하는 함수가 반드시 선형 함수 하나와 활성화 함수 하나의 결합이어야 하는 것도 아니다. 노드에서 임의의 함수를 계산하는 신경망 구조도 존재할 수 있다.

그림 1.11에 나온 것은 아주 전형적인 구조이며, 이를 다양한 방식으로 변형하는 것이 가능하다. 이를테면 출력 노드를 여러 개 둘 수도 있다. 그런 설계상의 선택들은 주어진 응용 과제의 성격(이를테면 분류나 차원 축소 등)에 따라 결정될 때가 많다. 차원 축소의 전형적인 예는 자동부호기이다. 자동부호기는 입력들로 출력들을 재구축하므로, 그림 1.12에서 보듯이 출력의 수가 입력의 수와 같다. 중간의 제한된 은닉층은 각 사례의 차원을 축소한 표현을 출력한다. 은닉층에 가해지는 제한 때문에 그 표현에는

손실이 생기는데, 보통의 경우 그 손실은 자료에 존재하는 잡음에 대응된다. 은닉층의 출력들은 주어진 입력 자료의 축소(축약)된 표현에 해당한다. 실제로, 이러한 구조의 얕은 버전은 **특잇값** 분해라고 하는 잘 알려진 차원 축소 방법과 수학적으로 동등한 것임을 증명할 수 있다. 제2장에서 배우겠지만, 신경망의 깊이를 늘리면 본질적으로 차원 축소 능력이 좀 더 강해진다.

　비록 인접한 두 층의 모든 단위가 서로 연결된 완전 연결(전결합) 구조가 좋은 성과를 내는 설정들이 많긴 하지만, 다수의 연결을 제거하거나 공유할 때 더 나은 성과가 나올 때도 많다. 일반적으로, 어떤 연결들을 어떻게 제거 또는 공유해야 하는지는 자료의 영역에 고유한 통찰에서 근거한다. 이런 가중치 제거 및 공유의 전형적인 예는 **합성곱 신경망**(convolutional neural network; 제8장 참고) 구조이다. 합성곱 신경망의 구조는 이미지 자료의 전형적인 성질들에 맞게 세심하게 설계된다. 이는 영역 고유 통찰(또는 **치우침 항**)을 도입함으로써 **과대적합**(overfitting)을 줄이는 접근 방식의 좋은 예이다. 제4장에서 논의하겠지만, 과대적합은 신경망 설계에서 흔히 발생하는 문제점이다. 과대적합이 발생하면, 신경망이 훈련 자료에 대해서는 잘 작동하지만 미지의 시험 자료(test data)에 대해서는 잘 **일반화**되지 않는다. 과대적합은 자유 매개변수의 개수(보통의 경우 가중치 연결 수와 같다)가 훈련 자료의 크기에 비해 너무 많을 때 발생한다. 그런 경우 많은 수의 매개변수들이 훈련 자료의 구체적인 뉘앙스를 기억하긴 하지만, 미지의 시험 자료의 분류를 위한 통계적으로 유의한 패턴들은 인식하지 못한다. 신경망의 노드 수를 늘리면 과대적합 가능성이 커지는 것은 확실하다. 과대적합을 줄이기 위한 최근 연구들은 대부분 신경망의 구조뿐만 아니라 각 노드에서 수행하는 계산에도 관심을 둔다. 더 나아가서, 신경망을 훈련하는 방식도 최종적인 해의 품질에 영향을 미친다. 지난 몇 년간, 학습된 해의 품질을 개선하기 위한 **사전훈련**(pretraining; 제4장 참고) 같은 교묘한 방법들이 제안되었다. 이 책은 그런 고급 훈련 방법들도 자세히 설명한다.

1.2.3 계산 그래프로서의 다층망

다층 신경망을 하나의 계산 그래프(computational graph)로 간주하는 것이 도움이 될 때가 많다. 계산 그래프는 다수의 기본 매개변수 모형(parametric model)들이 연결된 그래프이다. 전체로서의 신경망은 근본적으로 그 구축 요소들의 합보다 강력한데, 이는 모형의 매개변수들이 **결합적으로**(jointly) 학습함으로써 그 모형들을 고도로 최적화한 합성 함수를 생성하기 때문이다. 이러한 구조의 신경망의 기본 단위를 '퍼셉트론'이라고 부른 경우가 많은데, 다소 오해의 여지가 있다. 왜냐하면 설정에 따라서는 퍼셉트론(원래의 의미의)과는 다른 구조의 기본 단위들도 쓰이기 때문이다. 사실, 기본 매개변수 모형으로는 퍼셉트론보다 로지스틱 단위(활성화 함수가 S자형인)나 성분별/완전 선형 단위가 훨씬 흔하게 쓰인다.

다층망은 개별 노드에서 계산되는 함수들의 합성(composition) 함수들을 평가한다. 신경망에서 $g(\cdot)$ 다음에 $f(\cdot)$를 계산하는 길이가 2인 경로는 하나의 합성 함수 $f(g(\cdot))$로 간주할 수 있다. 일반화하자면, 층 m이 계산하는 함수들이 $g_1(\cdot)$, $g_2(\cdot)$ ... $g_k(\cdot)$이고 그 층의 결과를 입력받는 층 $(m+1)$의 한 노드가 $f(\cdot)$를 계산한다면, 그 노드는 $f(g_1(\cdot), ... g_k(\cdot))$라는 합성 함수를 계산하는 셈이 된다. 비선형 활성화 함수의 사용은 다층망의 능력 향상에 핵심적인 요인이다. 모든 층이 항등 활성화 함수를 사용한다면 다층망은 그냥 하나의 선형회귀를 수행할 뿐임을 증명할 수 있다. 그리고 비선형 단위(여기에는 S자형 함수 같은 다양한 압착 함수를 사용할 수 있다)들로 이루어진 은닉층 하나와 선형 출력층 하나로 구성된 다층망은 거의 모든 "합당한" 함수를 계산할 수 있음이 증명되었다.[208] 그래서 종종 신경망을 **보편적 함수 근사기**(universal function approximator; 또는 범용 근사 함수)라고 부른다. 그러나 그러한 이론적 결과를 실제로 유용하게 활용하기가 항상 쉬운 것은 아니다. 주된 문제점은, 신경망이 보편 근사기가 되려면 한 층의 은닉 단위(hidden unit)가 상당히 많아야 하는데, 그러면 학습할 매개변수도 늘어난다는 점이다. 그렇지만 현실에서 신경망의 훈련에 사용할 수 있는 자료의 양에는 한계가 있다. 실제 응용에서는 더 깊은, 즉 층이 더 많은 신경망이 더 선호된다. 그러면 한 층의 은닉 단위 수가 줄어들어서 전체적인 매개변수 개수가 줄어들기 때문이다.

앞에서 언급한 "전체는 부분(구축 요소)의 합보다 크다"라는 이야기는 다층 신경망에 특히나 잘 맞는다. 신경망 구축을 위한 기성 소프트웨어 패키지들은2) 그런 구축 요소들에 접근하는 수단을 제공한다. 소프트웨어를 사용하는 분석가(사람)는 각 층을 구성하는 단위의 수와 종류를 직접 지정할 수 있으며, 미리 준비된 손실함수는 물론이고 필요에 맞게 만든 손실함수도 지정할 수 있다. 덕분에 수십 개의 층으로 이루어진 심층 신경망을 단 수백 줄의 코드로 구축하는 것이 가능하다. 가중치들의 학습은 모두

---

2) 그런 소프트웨어로는 이를테면 Torch[572], Theano[573], Tensor-Flow[574]가 있다.

역전파 알고리즘이 자동으로 수행하는데, 간단히 말하자면 역전파 알고리즘은 동적 계획법을 이용해서 바탕 계산 그래프의 복잡한 매개변수 갱신 단계들을 처리한다. 분석가(사람)는 그런 단계들을 파악하느라 시간과 노력을 들일 필요가 없으며, 그 덕분에 분석가는 다양한 종류의 신경망 구조들을 큰 수고 없이 시험해 볼 수 있다. 기성 소프트웨어 패키지를 이용해서 신경망을 구축하는 것을 흔히 아이가 서로 딱 들어맞는 장난감 블록들을 이용해서 뭔가를 만드는 것에 비유하곤 한다. 이때 각 블록은 특정 종류의 활성화 함수를 사용하는 개별 계산 단위(또는 단위들의 층)에 해당한다. 신경망의 훈련이 쉬운 이유의 상당 부분은 역전파 알고리즘에 기인한다. 역전파 알고리즘을 사용하면 매개변수 갱신 단계들을 분석가가 명시적으로 설계할 필요가 없다. 사실 그러한 작업은 그 자체로 극도로 복잡한 최적화 문제이다. 대부분의 기계 학습 알고리즘에서 가장 어려운 부분이 바로 그러한 갱신 단계의 설계일 때가 많으며, 신경망 패러다임이 기계 학습에 기여한 중요한 점 하나는 바로 모듈식 사고(modular thinking)를 기계 학습에 도입했다는 것이다. 다른 말로 하면, 신경망 설계의 모듈성은 신경망 매개변수 학습의 모듈성으로 이어진다. 그리고 후자의 모듈성을 일컫는 이름이 바로 '역전파'이다. 결과적으로 신경망의 설계는 수학적인 실천이라기보다는 (숙련된) 기술자의 임무에 가깝다.

1.3 역전파를 이용한 신경망 훈련

단층 신경망은 훈련 과정이 비교적 간단하다. 이는 단층망의 오차(손실함수)를 가중치들의 직접적인 함수로 계산할 수 있어서 기울기 계산이 쉽기 때문이다. 다층 신경망에서는 손실함수가 이전 층들의 가중치들에 대한 복잡한 합성 함수라서 훈련이 쉽지 않다. 다층망 훈련에서는 합성 함수의 기울기를 역전파 알고리즘을 이용해서 계산한다. 역전파 알고리즘은 한 노드에서 출력으로의 다양한 경로들에 관한 국소 기울기 곱들의 합을 통해서 오차 기울기들을 계산하는데, 이때 미분의 연쇄법칙이 쓰인다. 그러한 합에서 구성요소(경로)의 수는 지수적(거듭제곱 규모)이지만, **동적 계획법**(dynamic programming)을 이용하면 합을 효율적으로 계산할 수 있다. 역전파 알고리즘은 동적 계획법의 직접적인 응용에 해당한다. 역전파 알고리즘은 두 단계(phase)로 구성되는데, 하나는 **순방향**

(forward; 또는 전방) 단계이고 다른 하나는 **역방향**(backward; 또는 후방) 단계이다. 순방향 단계에서는 출력값들과 여러 노드의 국소 미분들을 계산해야 하고 억방향 단계에서는 노드에서 출력으로의 모든 경로에 관해 그러한 국소 값들의 곱들을 합산해야 한다.

1. **순방향 단계**: 이 단계에서, 한 훈련 견본의 입력 성분들이 신경망에 공급된다. 그러면 알고리즘은 현재 가중치 집합을 이용해서 층들을 순방향으로, 즉 입력층에서 출력층 쪽으로 계산한다. 출력층에 도달하면 최종 출력(예측값)을 훈련 견본의 목푯값과 비교하고, 손실함수의 미분을 출력에 대해 계산한다. 이후 역방향 단계에서는 모든 층에서 이 손실함수의 미분을 해당 가중치들에 대해 계산한다.

2. **역방향 단계**: 역방향 단계의 주된 목표는 서로 다른 가중치들에 대한 손실함수의 기울기들을 미분의 연쇄법칙을 이용해서 학습하는 것이다. 그러한 기울기들은 가중치들의 갱신에 쓰인다. 이 가중치들이 역방향으로(즉, 출력에서 입력 쪽으로) 학습되기 때문에 이 단계를 역방향 단계라고 부른다. 신경망이 일련의 은닉 단위 h_1, $h_2, ..., h_k$ 다음에 출력 단위 o로 구성되며, 이들이 계산하는 손실함수가 L이라고 하자. 그리고 은닉 단위 h_r에서 h_{r+1}로의 연결(간선)에 대한 가중치가 $w_{(h_r, h_{r+1})}$이라고 하자. 그러면, h_1에서 o로의 단일한 경로의 경우에서 이 간선 가중치 중 임의의 것에 대한 손실함수의 기울기를 연쇄법칙을 이용해서 다음과 같이 유도할 수 있다.

$$\frac{\partial L}{\partial w_{(h_{r-1}, h_r)}} = \frac{\partial L}{\partial o} \cdot \left[\frac{\partial o}{\partial h_k} \prod_{i=r}^{k-1} \frac{\partial h_{i+1}}{\partial h_i} \right] \frac{\partial h_r}{\partial w_{(h_{r-1}, h_r)}} \qquad \forall \, r \in 1 \, ... \, k \quad (1.22)$$

이 수식은 신경망에 h_1에서 o로의 **경로가 단 하나**라고 가정한 것이지만, 실제로는 경로의 수가 지수적일 수 있다. 경로가 여러 개일 수 있는 계산 그래프에서 기울기를 계산할 때는 다변수 함수의 연쇄법칙, 줄여서 **다변수 연쇄법칙**(multivariable chain rule)이라고 부르는 일반화된 버전의 연쇄법칙을 사용한다. 계산은 h_1에서 o로의 각 경로에 대한 합성 함수를 더하는 식으로 진행된다. 경로가 둘인 계산 그래프에 연쇄법칙을 적용한 예가 그림 1.13에 나와 있다. 식 1.22를 h_r에서 o로의 경로들의 집합이 $\mathcal{P}$인 경우로 일반화하면 다음과 같다.

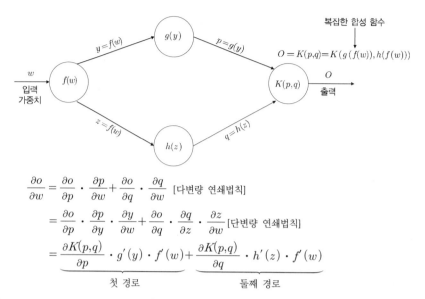

$$\frac{\partial o}{\partial w} = \frac{\partial o}{\partial p} \cdot \frac{\partial p}{\partial w} + \frac{\partial o}{\partial q} \cdot \frac{\partial q}{\partial w} \ \text{[다변량 연쇄법칙]}$$

$$= \frac{\partial o}{\partial p} \cdot \frac{\partial p}{\partial y} \cdot \frac{\partial y}{\partial w} + \frac{\partial o}{\partial q} \cdot \frac{\partial q}{\partial z} \cdot \frac{\partial z}{\partial w} \ \text{[단변량 연쇄법칙]}$$

$$= \underbrace{\frac{\partial K(p,q)}{\partial p} \cdot g'(y) \cdot f'(w)}_{\text{첫 경로}} + \underbrace{\frac{\partial K(p,q)}{\partial q} \cdot h'(z) \cdot f'(w)}_{\text{둘째 경로}}$$

그림 1.13: 계산 그래프의 연쇄법칙: 가중치 w에서 출력 o로의 경로를 따라 각 노드의 편미분들의 곱들을 취합(합산)한다. 그 결과는 출력 o의 가중치 w에 대한 미분이다. 이 그림은 단순화된 예로, 입력에서 출력으로의 경로가 둘뿐이다.

$$\frac{\partial L}{\partial w_{(h_{r-1}, h_r)}} = \frac{\partial L}{\partial o} \cdot \underbrace{\left[\sum_{[h_r, h_{r+1}, \dots h_k, o] \in \mathcal{P}} \frac{\partial o}{\partial h_k} \prod_{i=r}^{k-1} \frac{\partial h_{i+1}}{\partial h_i} \right]}_{\text{역전파는 } \Delta(h_r, o) = \frac{\partial L}{\partial h_r} \text{ 을 계산한다}} \frac{\partial h_r}{\partial w_{(h_{r-1}, h_r)}} \tag{1.23}$$

우변에서 $\dfrac{\partial h_r}{\partial w_{(h_{r-1}, h_r)}}$ 의 계산은 간단한데, 잠시 후에 식 1.27에서 논의하겠다. 그러나 그 앞에 있는 경로 합산 부분($\Delta(h_r, o) = \dfrac{\partial L}{\partial h_r}$ 로 지칭된 부분)은 지수적으로 많은(경로 길이의 거듭제곱 규모) 수의 경로들을 합산해야 한다. 언뜻 생각하면 이는 감당하기 어려운, 즉 처리 불가능한(intractable) 계산인 것 같지만, 꼭 그렇지는 않다. 신경망 계산 그래프의 중요한 특징 하나는 순환마디(cycle)가 없다는 것이다. 그래서 먼저 o에 가장 가까운 노드 h_k들에 대해 $\Delta(h_k, o)$를 계산하고, 이후 층 노드들의 값들을 이용해서 이전 층 노드들의 값들을 계산하는 재귀적인 과정을 통해서 원하는 합을 구하는 것이 가능하다. 더 나아가서, 각 출력 노드의 $\Delta(o, o)$ 값은 다음과 같이 초기화된다.

$$\Delta(o,o) = \frac{\partial L}{\partial o} \tag{1.24}$$

이런 종류의 동적 계획법 요령은 유향 비순환 그래프(directed acyclic graph, DAG)에 있는 모든 종류의 경로 중심적 함수들을 효율적으로 계산하는 데 흔히 쓰인다. 만일 이런 요령을 사용하지 않는다면, 계산에 필요한 연산의 수는 지수적으로 많을 것이다. $\Delta(h_r, o)$의 재귀를 다변수 연쇄법칙을 이용해서 유도하면 다음과 같다.

$$\Delta(h_r, o) = \frac{\partial L}{\partial h_r} = \sum_{h \,:\, h_r \Rightarrow h} \frac{\partial L}{\partial h} \frac{\partial h}{\partial h_r} = \sum_{h \,:\, h_r \Rightarrow h} \frac{\partial h}{\partial h_r} \Delta(h, o) \tag{1.25}$$

각 h가 h_r보다 이후 층에 있으므로, $\Delta(h_r, o)$를 평가하는 시점에서는 $\Delta(h, o)$가 이미 계산된 상태이다. 그렇긴 하지만 식 1.25를 계산하려면 $\frac{\partial h}{\partial h_r}$를 평가해야 한다. h_r와 h를 연결하는 간선의 가중치가 $w_{(h_r, h)}$이고 은닉 단위 h에서 활성화 함수 $\Phi(\cdot)$를 적용하기 전에 계산된 값이 a_h라고 하자. 즉, a_h가 h보다 이전에 있는 층의 단위들에서 온 입력들의 선형결합(일차결합)이라고 할 때, $h = \Phi(a_h)$이다. 그러면, 단변량 연쇄법칙(univariate chain rule)을 이용해서 $\frac{\partial h}{\partial h_r}$에 대한 다음과 같은 공식을 유도할 수 있다.

$$\frac{\partial h}{\partial h_r} = \frac{\partial h}{\partial a_h} \cdot \frac{\partial a_h}{\partial h_r} = \frac{\partial \Phi(a_h)}{\partial a_h} \cdot w_{(h_r, h)} = \Phi'(a_h) \cdot w_{(h_r, h)}$$

이 $\frac{\partial h}{\partial h_r}$의 값이 식 1.25에 쓰인다. 식 1.25는 출력 노드에서 시작해서 역방향으로 재귀적으로 반복 적용되는데, 그러한 재귀적 역방향 갱신 과정을 점화식 형태로 표현하면 다음과 같다.

$$\Delta(h_r, o) = \sum_{h \,:\, h_r \Rightarrow h} \Phi'(a_h) \cdot w_{(h_r, h)} \cdot \Delta(h, o) \tag{1.26}$$

즉, 역방향 단계에서 기울기들이 역방향으로 연달아 누적(합산)되며, 각 노드는 각각 딱 한 번씩만 처리된다. 모든 간선 가중치에 대한 기울기를 계산하기 위해서는 식 1.25의 계산(필요한 연산 횟수는 나가는 간선 개수에 비례한다)을 노드로 들어오는 간선마다 반복해야 함을 주의하기 바란다. 마지막으로, 식 1.23의 $\frac{\partial h_r}{\partial w_{(h_{r-1}, h_r)}}$ 부분은 다음과 같이 간단히 계산할 수 있다.

$$\frac{\partial h_r}{\partial w_{(h_{r-1}, h_r)}} = h_{r-1} \cdot \Phi'(a_{h_r}) \tag{1.27}$$

이상의 과정에서 역전파되는 핵심 기울기는 **층 활성화 값**(layer activation)들에 대한 미분이다. 간선 가중치들에 대한 기울기는, 해당 단위로 들어오는 그 어떤 간선에 대해서든, 간단히 계산할 수 있다.

식 1.26의 동적 계획법 점화식을 계산하는 방법은 중간 연쇄법칙에 어떤 변수들을 사용할 것인가에 따라 여러 가지로 나뉜다. 어떤 방법을 사용하든, 역전파의 최종 결과는 동등하다. 이후의 논의에서는 동적 계획법 점화식 대신 기계 학습 교과서들이 좀 더 흔하게 사용하는 다른 버전을 제시하겠다. 식 1.23이 은닉층의 변수들뿐만 아니라 동적 계획법의 재귀 과정을 위한 '연쇄(chain)' 변수들도 사용함을 주목하기 바란다. 또한, 연쇄법칙을 위한 변수들의 활성화 전 값을 사용할 수도 있다. 한 뉴런의 활성화 전 변수들은 선형변환을 적용한 후에(그러나 활성화 함수를 적용하기 전에) 얻은 중간 변수들이다. 은닉 변수 $h = \Phi(a_h)$의 활성화 전 값은 a_h이다. 한 뉴런의 활성화 전 값과 활성화 후 값의 차이가 그림 1.7에 나와 있다. 활성화 전 값을 사용하는 경우에는 식 1.23 대신 다음과 같이 연쇄법칙을 적용하면 된다.

$$\frac{\partial L}{\partial w_{(h_{r-1}, h_r)}} = \underbrace{\frac{\partial L}{\partial o} \cdot \Phi'(a_o) \cdot \left[\sum_{[h_r, h_{r+1}, \ldots h_k, o] \in \mathcal{P}} \frac{\partial a_o}{\partial a_{h_k}} \prod_{i=r}^{k-1} \frac{\partial a_{h_{i+1}}}{\partial a_{h_i}} \right]}_{\text{역전파는 } \delta(h_r, o) = \frac{\partial L}{\partial a_{h_r}} \text{을 계산한다.}} \underbrace{\frac{\partial a_{h_r}}{\partial w_{(h_{r-1}, h_r)}}}_{h_{r-1}} \tag{1.28}$$

이 경우 점화식 부분에 $\Delta(h_r, o) = \frac{\partial L}{\partial h_r}$ 대신 $\delta(h_r, o) = \frac{\partial L}{\partial a_{h_r}}$이 쓰였다. $\delta(o, o) = \frac{\partial L}{\partial a_o}$의 값은 다음과 같이 초기화한다.

$$\delta(o, o) = \frac{\partial L}{\partial a_o} = \Phi'(a_o) \cdot \frac{\partial L}{\partial o} \tag{1.29}$$

이제 다변수 연쇄법칙을 이용해서 이전과 비슷한 점화식을 세울 수 있다.

$$\delta(h_r, o) = \frac{\partial L}{\partial a_{h_r}} = \sum_{h : h_r \Rightarrow h} \overbrace{\frac{\partial L}{\partial a_h}}^{\delta(h, o)} \underbrace{\frac{\partial a_h}{\partial a_{h_r}}}_{\Phi'(a_{h_r}) w_{(h_r, h)}} = \Phi'(a_{h_r}) \sum_{h : h_r \Rightarrow h} w_{(h_r, h)} \cdot \delta(h, o) \tag{1.30}$$

역전파를 논의하는 교과서들에서는 식 1.26보다 이 점화식을 더 흔하게 볼 수 있다. 가중치에 대한 손실함수의 편미분은 $\delta(h_r, o)$를 이용해서 다음과 같이 계산한다.

$$\frac{\partial L}{\partial w_{(h_{r-1}, h_r)}} = \delta(h_r, o) \cdot h_{r-1} \tag{1.31}$$

단층망의 경우처럼, 여러 세(epoch)를 거쳐 훈련 자료를 반복해서 훑으면서 노드들을 갱신하는 과정을 신경망이 수렴할 때까지 반복한다. 서로 다른 노드들에서 가중치들이 학습되려면 훈련 자료를 수천 번 훑어야 할 수도 있다. 역전파 알고리즘과 관련 문제점들을 제3장에서 좀 더 자세히 설명하겠다. 다음 절에서는 그런 문제점들을 간략하게만 소개한다.

1.4 신경망 훈련의 실질적인 문제점들

신경망이 보편적 함수 근사기로서 명성이 높긴 하지만, 명성만큼의 성과를 올리기 위해 신경망을 실제로 훈련하려면 상당한 어려움을 극복해야 한다. 그런 어려움들은 기본적으로 훈련과 관련된 몇 가지 실질적인 문제점들과 관련이 있는데, 그중 가장 중요한 것은 바로 과대적합이다.

1.4.1 과대적합 문제점

과대적합 문제점이라는 것은 하나의 모형을 특정한 훈련 자료 집합에 적합시킨다고[※] 해도, 그래서 그 훈련 자료에 대해 모형이 목푯값들을 완벽하게 예측했다고 해도, 모형이 미지의 시험 자료에 대해 좋은 예측 성과를 내리라는 보장이 없다는 것이다. 다른 말로 하면, 훈련 자료에 대한 성과와 시험 자료의 성과 사이에는 항상 간극이 존재하며, 모형이 복잡하고 자료 집합이 작을 때는 그 간극이 특히나 크다.

이 문제점의 이해를 돕기 위해, 다섯 가지 특징들로 이루어진 훈련 견본들을 담은 자료 집합으로 단층 신경망을 훈련하는 예를 생각해 보자. 이 예의 신경망은 항등 활

성화 함수를 이용해서 하나의 실숫값 목표변수를 학습하려 한다. 이러한 신경망 구조는 그림 1.3에 나온 것과 거의 동일하지만, 항등 활성화 함수를 이용해서 실수 목푯값을 예측한다는 점이 다르다. 즉, 이 신경망은 다음과 같은 함수를 배우려 한다.

$$\hat{y} = \sum_{i=1}^{5} w_i \cdot x_i \tag{1.32}$$

관측된 실수 목푯값들이 항상 첫 특징의 두 배이며, 나머지 네 특징은 목푯값에 아무런 영향도 주지 않는다고 하자. 그리고, 신경망에 주어진 자료 집합에는 다음과 같이 훈련 견본이 특징(자유 매개변수) 개수보다 하나 적은 네 개뿐이라고 하자.

x_1	x_2	x_3	x_4	x_5	y
1	1	0	0	0	2
2	0	1	0	0	4
3	0	0	1	0	6
4	0	0	0	1	8

첫 특징과 목푯값의 관계에 근거할 때 정확한 매개변수 벡터는 $\overline{W} = [2,0,0,0,0]$이다. 또한, 훈련 자료와 이 해의 오차는 0이다. 그러나 신경망은 특징들과 목푯값의 관계를 주어진 견본들로부터 **배워야** 한다(그러한 관계가 미리 주어지지는 않으므로). 그런데 문제는, 매개변수 개수보다 훈련 자료점 개수가 작기 때문에 오차가 0인 해가 무한히 많을 수 있다는 것이다. 예를 들어 매개변수 집합 $[0,2,4,6,8]$ 역시 **주어진 훈련 자료에 한해** 서는 오차가 0이다. 이 해는 의심스러운 추론으로 나온 것일 뿐이므로, 이전에 보지 못한 자료(목푯값이 첫 특징의 두 배이고 나머지 특징들은 무작위인)로 **일반화될** 가능성은 별로 없다. 훈련 자료의 양이 부족하면 자료에 무작위로 존재하는 '뉘앙스'들이 모형에 반영되어서 이런 의심스러운 추론이 나오며, 그러면 산출된 해가 이전에 보지 못한 시험 자료로 잘 일반화되지 않는다. 이런 상황은 우리가 뭔가를 단순 암기로 공부하는 것과 거의 비슷하다(이미 답을 아는 시험 문제는 아주 잘 맞히지만 처음 본 시험 문제는 잘 맞히지 못한다는 점에서). 훈련 견본의 수를 늘리면 모형의 일반화 능력이 개선되는 반면, 모형의 복잡도를 높이면 일반화 능력이 줄어든다. 그렇긴 하지만 훈련 자료가 아

주 많다고 해도 모형이 너무 단순하면 특징들과 목표 사이의 복잡한 관계를 포착하지 못할 위험이 있다. 이에 대한 좋은 일반적인 법칙 하나는 전체 훈련 사료점 개수가 신경망 매개변수 개수의 적어도 두세 배는 되어야 한다는 것이다. 난, 물론 구체적인 훈련 견본 수는 주어진 구체적인 모형의 성격에 따라 다르다. 일반적으로, 매개변수가 많은 모형을 가리켜 "수용력이 높다"라고 말한다. 그러한 **고수용력**(high capacity) 모형이 이전에 보지 못한 시험 자료로 잘 일반화되려면 많은 양의 훈련 자료가 필요하다. 기계 학습에서는 과대적합이라는 개념을 **편향**(bias)과 **분산**(variance)의 절충(trade-off)으로 생각할 때가 많다. 이러한 편향-분산 절충 관점의 핵심은, 훈련 자료가 충분하지 않을 때는 좀 더 강력한(즉, 덜 **편향된**) 모형을 사용한다고 해도 항상 성과가 좋지는 않다는 것이다. 왜냐하면 그런 모형은 **분산**이 더 높기 때문이다. 예를 들어 앞의 표에 나온 것과는 다른 네 개의 훈련 견본들로 신경망을 훈련하면 신경망은 매개변수들을 이전과는 완전히 다르게(새 훈련 견본들에 존재하는 미묘한 뉘앙스들을 반영해서) 학습할 것이며, 그렇게 만들어진 새 모형은 같은 **시험 견본**에 대해 원래의 훈련 자료로 훈련한 모형과는 완전히 다른 예측값을 내놓을 것이다. 서로 다른 훈련 자료 집합으로 훈련한 모형들이 동일한 시험 견본에 대해 서로 다른 예측값을 산출하는 것은 **모형의 분산** 때문에 생기는 현상이다. 모형의 분산은 모형의 오차에도 반영된다. 어차피, 같은 시험 견본에 대한 두 모형의 예측들은 보정할 수 없다. 좀 더 복잡한 모형들은 무작위한 뉘앙스들에서 가짜 패턴을 발견한다는 단점을 가지고 있는데, 특히 훈련 자료가 부족할 때 그런 단점이 두드러진다. 모형의 복잡도를 결정할 때는 최적의 편향-분산 절충 지점을 세심하게 선택할 필요가 있다. 이런 개념들은 제4장에서 좀 더 자세히 설명하겠다.

신경망이 거의 모든 종류의 함수를 흉내 낼 수 있을 정도로 강력하다는 점이 이론적으로 증명된 것은 오래전의 일이다.[208] 그러나 자료가 부족하면 성과가 나쁠 수 있다. 이는 최근 들어서야 신경망이 크게 인기를 끌게 된 이유 중 하나이다. 가용 자료가 많아지면서 기존의 기계 학습에 비한 신경망의 장점이 두드러지기 시작했다(그림 1.2 참고). 그렇지만 가용 자료가 많다고 해도 신경망을 설계할 때는 과대적합의 유해한 효과를 최소화하는 데 신경을 써야 한다. 이번 절에서는 과대적합의 영향을 완화하는 데 쓰이는 몇 가지 설계 방법을 개괄한다.

1.4.1.1 정칙화

매개변수가 많으면 과대적합이 발생하므로, 모형에서 0이 아닌 매개변수의 개수를 줄이는 것은 자연스러운 접근 방식이다. 앞의 예에서 만일 벡터 $\overline{W}$의 다섯 매개변수 중 0이 아닌 것이 단 하나였다면 훈련에 의해 정확한 해 $[2,0,0,0,0]$이 나왔을 것이다. 매개변수의 절댓값이 작아도 과대적합이 완화되는 경향이 있다. 그러나 매개변수의 값을 직접적으로 제한하는 것은 어려우므로, 신경망이 사용하는 손실함수에 벌점 (penalty) 항 $\lambda \|\overline{W}\|^p$를 도입하는 좀 더 온건한 접근 방식이 쓰인다. 이때 p는 흔히 2로 설정하는데, 이는 **티코노프 정칙화**(Tikhonov regularization)에 해당한다. 간단히 말하면, 티코노프 정칙화에서는 각 매개변수(에 정칙화 매개변수 $\lambda > 0$를 곱한 값)를 제곱한 결과를 목적함수에 더한다. 그렇게 하면 결과적으로 λw_i에 비례하는 값이 매개변수 w_i의 갱신량에서 빠진다. 다음은 미니배치 S와 갱신 단계 크기 $\alpha > 0$에 대해 식 1.6을 그런 식으로 정칙화한 갱신 공식이다.

$$\overline{W} \Leftarrow \overline{W}(1 - \alpha\lambda) + \alpha \sum_{\overline{X} \in S} E(\overline{X})\overline{X} \tag{1.33}$$

여기서 $E[\overline{X}]$는 훈련 견본 $\overline{X}$의 관측값과 예측값의 현재 오차 $(y - \hat{y})$이다. 이런 종류의 벌점 부여 기법을, 갱신 도중에 일종의 가중치 감쇄(weight decay)를 적용하는 것이라고 생각해도 될 것이다. 정칙화는 가용 자료의 양이 제한적일 때 특히나 중요하다. 정칙화에는 그럴듯한 생물학적 비유가 존재한다. 정칙화의 효과는 생명체의 뇌에서 "덜 중요한" 패턴, 즉 잡음 섞인(noisy) 패턴이 제거되면서 발생하는 '점진적 망각'과 비슷하다. 일반적으로, 정칙화 없는 단순한 모형보다는 더 복잡한 모형과 정칙화의 조합을 사용하는 것이 더 낫다.

잠깐 부연하자면, 식 1.33의 일반식은 **최소제곱 회귀**(제2장) 같은 여러 정칙화 기계 학습 모형들에 쓰이는데, 물론 $E(\overline{X})$ 대신 해당 모형 고유의 오차함수가 들어간다. 흥미로운 점은 가중치 감쇄가 단층 퍼셉트론에서만 쓰인다는[3] 것인데, 이는 가중치 감쇄의 경우 최근 오분류된 적은 수의 훈련점들이 가중치 벡터에 너무 큰 영향을 미쳐서 망각이 너무 빨리 일어나는 경향이 있기 때문이다. 이런 경향의 주된 원인은 퍼셉트론 판정기준 자체가 이미 $\overline{W} = 0$에서 최솟값 0을 산출하는 퇴화(degenerate) 손실

---

[3] 가중치 감쇄는 단층 모형과 매개변수가 많은 모든 다층 모형에서 다른 종류의 손실함수와 함께 쓰인다.

함수이기 때문이다(경첩 손실이나 최소제곱에 쓰이는 손실함수와는 달리). 이런 특성은 단층 퍼셉트론이 원래 생물학에서 영감을 얻은(세심하게 만들어 낸 것이 아니라) 갱신 공식으로 정의된다는 사실에서 비롯된 것이다. 자료가 선형 분리가능이 아닌 한, 단층 퍼셉트론은 최적해로의 수렴을 보장하지 않는다. 단층 퍼셉트론의 경우에는 나중에 이야기할 다른 종류의 정칙화 기법들이 더 흔히 쓰인다.

1.4.1.2 신경망 구조와 매개변수 공유

신경망을 구축하는 가장 효과적인 방법은 바탕 자료 영역을 먼저 잘 분석한 후에 신경망의 구조를 짜는 것이다. 예를 들어 한 문장을 구성하는 일련의 단어들은 서로 연관되어 있을 때가 많고, 이미지의 인접 픽셀들도 연관되어 있는 것이 일반적이다. 이런 종류의 통찰을 활용하면 더 적은 수의 매개변수들로 텍스트와 이미지 자료에 특화된 신경망 구조를 만들어 낼 수 있다. 더 나아가서, 신경망의 단위들이 다수의 매개변수들을 공유할 수도 있다. 예를 들어 합성곱 신경망은 이미지의 한 국소 블록의 특성을 동일한 매개변수 집합을 이용해서 학습한다. **순환 신경망**(recurrent neural network)이나 **합성곱 신경망** 등, 최근 신경망 활용에서 이룩한 발전들은 그러한 기법에 힘을 입은 것이다.

1.4.1.3 조기 종료

흔히 쓰이는 또 다른 종류의 정칙화로 **조기 종료**(early stopping)가 있다. 조기 종료는 특정 조건이 만족되면 경사 하강법의 반복을 일찍 끝내는 기법이다. 종료 시점을 결정하는 한 가지 방법은 이렇다. 훈련 자료의 일부를 따로 빼 두고, 그것을 시험 자료로 사용해서 모형의 오차를 측정한다. 만일 그 오차가 커지는 경사 하강법을 끝낸다. 조기 종료는 본질적으로 매개변수 공간을 매개변수들의 초기치들 부근으로 국한된 더 작은 공간으로 줄이는 역할을 한다. 매개변수 공간을 제한한다는 점에서, 조기 종료는 하나의 정칙화 항으로 작용한다고 할 수 있다.

1.4.1.4 너비와 깊이의 절충

앞에서 논의했듯이, 은닉층 안에 충분히 많은 수의 은닉 단위가 있다면 층이 두 개인 다층 신경망도 보편적 함수 근사기가 될 수 있다.[208] 그리고 신경망의 층이 더 많을

수록(즉, 신경망이 더 **깊을수록**) 각 층에 필요한 은닉 단위의 수가 줄어드는 경향이 있는데, 이는 연속된 층들이 합성 함수를 형성함으로써 신경망이 좀 더 강력해지기 때문이다. 깊이가 증가하면 이후 층들의 특징들이 이전 층들이 제시하는 특정 종류의 구조에 집중하게 되므로, 깊이를 증가하는 것은 일종의 정칙화에 해당한다. 신경망의 제약을 증가하면 신경망의 수용력이 줄어드는데, 가용 자료의 양이 제한적일 때는 이것이 도움이 된다. 그런 현상이 생기는 이유를 §1.5에서 간단하게 설명하겠다. 신경망을 더 깊게 만들어서 층의 단위 개수를 줄이다 보면, 층 추가에 의한 전체적인 매개변수 증가보다 층 너비의 감소에 의한 전체적인 매개변수 감소가 더 커질 정도가 된다. 이 점은 **심층 학습** 연구가 폭발적으로 성장하게 만든 요인이다.

비록 과대적합에 비하면 문제점이 적지만, 심층 신경망은 훈련의 편의성 면에서 또 다른 종류의 문제점을 가지고 있다. 특히 신경망의 여러 층에서 가중치들에 대한 손실 함수 미분들의 변동이 큰 경향이 있다는 점 때문에 적절한 갱신 단계 크기를 결정하기가 어렵다. 그러한 바람직하지 않은 경향 때문에 **기울기 소실**(gradient vanishing)과 **기울기 폭발**(gradient explosion) 현상이 발생한다. 더 나아가서, 심층망은 수렴까지의 시간이 감당할 수 없을 정도로 길 때가 많다. 이런 문제들과 관련 설계 사항들을 이번 절에서 소개하고 이 책의 여러 곳에서 논의할 것이다.

1.4.1.5 앙상블 방법

모형의 일반화 능력을 증가하기 위해 **배깅**bagging 같은 다양한 앙상블 방법(ensemble method)들이 쓰인다. 이런 방법들은 신경망뿐만 아니라 모든 종류의 기계 학습 알고리즘에 적용할 수 있다. 그러나 최근 몇 년 사이에는 신경망에 특화된 앙상블 방법들도 여럿 제안되었다. 그런 방법 중 둘을 들자면 **드롭아웃**dropout과 **드롭커넥트**dropconnect가 있다. 이런 방법들을 다양한 신경망 구조와 조합하면, 여러 실질적인 설정에서 정확도를 추가적으로 약 2% 증가시키는 것이 가능하다. 그러나 구체적인 개선 정도는 자료의 종류와 바탕 훈련의 성격에 의존한다. 예를 들어 은닉층에서 활성화 값들을 정규화하면 드롭아웃 방법의 효과가 줄어들 수 있다. 물론 정규화 자체가 주는 이득은 존재한다. 앙상블 방법은 제4장에서 논의하겠다.

1.4.2 기울기 소실 및 폭발 문제

많은 경우 신경망의 깊이를 늘리면 매개변수 개수가 줄어들지만, 대신 다른 종류의 실천적 문제점들이 발생할 수 있다. 층이 많은 신경망에서는 연쇄법칙을 이용한 역전파의 갱신이 불안정해지는 문제가 생긴다. 좀 더 구체적으로 말하면, 특정 종류의 신경망 구조에서는 앞쪽 층(이전 층)들의 갱신량들이 무시할 수 있을 정도로 작아지거나 (기울기 소실) 너무 커질(기울기 폭발) 수 있다. 이런 현상은 기본적으로 식 1.23에 존재하는 일련의 곱셈들 때문에 생기는 것이다. 경로의 길이를 따라 곱셈이 연달아 일어나면 값이 지수적으로 커지거나 감소할 수 있다. 이해를 돕기 위한 예로, 각 층이 하나의 뉴런으로 이루어신 다층 신경망을 생자. 이 경우 한 경로의 각 국소 미분은 활성화 함수의 미분에 가중치를 곱한 것이고, 역전파된 전체적인 미분은 그 값들의 곱이다. 만일 이런 각 값이 무작위로 분포된다면, 그리고 기댓값이 1보다 작다면, 식 1.23에서 이 미분들의 곱은 경로의 길이에 지수적으로 감소한다. 반대로 경로의 각 값의 기댓값이 1보다 크다면 기울기 폭발이 일어날 가능성이 크다. 국소 미분이 무작위 분포를 따르고 그 기댓값이 정확히 1이라고 해도, 그 값들의 구체적인 분포에 따라서는 전체적인 미분이 불안정할 수 있다. 다른 말로 하면, 훈련 과정을 불안정하게 만드는 기울기 소실 및 폭발 문제는 심층 신경망 자체에 내재된 문제점이다.

이 문제의 다양한 해법이 제시된 바 있다. 예를 들어 S자형 활성화 함수는 그 미분이 인수의 모든 값에서 0.25 미만이고(연습문제 7 참고) 함수가 포화하면 미분이 극도로 작아질 수 있어서 기울기 소실 문제가 잘 발생한다. 한편 ReLU 활성화 단위는 인수가 양수이면 미분이 항상 1이기 때문에 기울기 소실 문제가 덜 발생한다고 알려져 있다. 이 문제에 관해서는 제3장에서 좀 더 논의하겠다. ReLU를 사용하는 방법 외에도 이 문제의 수렴 행동을 개선하기 위한 아주 다양한 경사 하강법 요령들이 존재한다. 특히 **적응적 학습 속도**(adaptive learning rate)나 **켤레기울기법**(conjugate gradient method)이 도움이 될 때가 많다. 더 나아가서 **배치 정규화**(batch normalization) 같은 최근 기법도 이런 문제점 중 일부를 해결하는 데 도움이 된다. 이런 기법들은 제3장에서 논의한다.

1.4.3 수렴의 어려움

아주 깊은 신경망에서는 최적화 과정이 충분히 빠르게 수렴하게 만들기가 쉽지 않다. 이는 신경망이 깊을수록 훈련 과정에 대한 신경망의 저항(기울기들이 신경망을 따라 매끄럽게 흐르게 하지 못하게 만드는)도 커지기 때문이다. 이 문제점은 기울기 소실 문제점과도 어느 정도 관련이 있지만, 이 문제점에 고유한 특성들도 존재한다. 그래서 여러 논문이 이런 경우들에 대한 몇 가지 '요령'을 제시했는데, 이를테면 **게이트 제어 신경망**(gating network)이나 **잔차 신경망**(residual network)[184] 등이 있는데, 이들은 각각 제7장과 제8장에서 논의한다.

1.4.4 국소 가짜 최적해

신경망의 최적화 함수는 고도로 비선형적이며, 국소 최적해(극소점 또는 극대점)가 아주 많다. 매개변수 공간이 크고 국소 최적해가 많으면 적당한 초기점(initialization point)을 고르기가 쉽지 않다. 신경망 초기화를 개선하는 여러 방법 중 하나로 **사전훈련**(pretraining)이 있다. 이 기법의 핵심은 원래의 신경망의 **얕은 부분망**에서 지도 학습(supervised learning) 또는 비지도 학습(unsupervised learning) 알고리즘으로 신경망을 훈련해서 초기 가중치들을 산출한다는 것이다. 이런 종류의 사전훈련은 **탐욕적**(greedy)으로, 그리고 **층별**(layerwise)로 수행한다. 즉, 신경망의 각 층을 한 번에 하나씩 따로 훈련해서 그 층의 초기점들을 산출한다. 이런 종류의 접근 방식으로 산출한 초기점들을 이용하면 훈련 과정에서 신경망은 매개변수 공간에서 검색할 필요가 없는 커다란 부분을 아예 무시하게 된다. 더 나아가서, 비지도 사전훈련을 적용하면 과대적합과 관련된 문제들도 사라지는 경향이 있다. 여기서 핵심은, 손실함수의 일부 극소점들이 훈련 자료에만 나타날 뿐 시험 자료에는 나타나지 않는다는 점에서 '가짜' 최적해에 해당한다는 것이다. 비지도 사전훈련을 적용하면, 초기점이 시험 자료의 '좋은' 최적해가 있는 계곡 바닥 쪽으로 이동하는 경향이 있다. 가짜 최적해 문제는 모형의 일반화와 관련된 문제이다. 구체적인 사전훈련 방법들은 제4장의 §4.7에서 논의한다.

흥미롭게도, 신경망 분야에서는 가짜 최적해 개념을 모형 일반화의 관점에서 볼 때가 많다. 이는 전통적인 최적화의 것과는 다른 관점이다. 전통적인 최적화에서는 훈련 자료 손실함수와 시험 자료 손실함수의 차이(오차)에 주목하지 않고 훈련 자료 손실함수의 모양에만 관심을 둔다. 놀랍게도, 신경망에서 국소 가짜 최적해 문제(전통적인 관점에서의)는 그런 비선형 함수에서 흔히 기대하는 수준보다는 작은 문제이다. 대부분의 경우 비선형성은 신경망을 훈련하는 과정 자체에서 이를테면 수렴에 실패하는 등의 문제를 발생한다(신경망 실행 시점에서 국소 최적해에 갇히는 것이 아니라).

1.4.5 계산의 어려움

신경망 설계의 주된 어려움 중 하나는 신경망 훈련에 필요한 실행 시간이 길다는 것이다. 텍스트나 이미지 관련 응용 영역에서 신경망을 훈련하는 데 수 주가 걸리는 일도 드물지 않다. 최근에는 GPU(그래픽 처리 장치) 같은 하드웨어 기술의 발전 덕분에 이 문제가 크게 개선되었다. GPU는 원래 3차원 그래픽 처리에 특화된 하드웨어이지만, 신경망에서 흔히 쓰이는 종류의 연산들의 속도를 크게 높이는 데도 도움이 된다. 이런 측면에서, *Torch*처럼 GPU 지원이 플랫폼과 밀접하게 통합된 알고리즘 프레임워크를 사용하면 특히나 편하다.

비록 최근 심층 학습의 인기 상승에 알고리즘의 발전이 나름의 역할을 하긴 했지만, 그보다는 같은 알고리즘이라도 현대적인 하드웨어에서는 더 많은 일을 할 수 있다는 점이 더 큰 영향을 미쳤다. 하드웨어의 개선은 알고리즘의 발전에도 영향을 미쳤는데, 빠른 하드웨어 덕분에 계산량이 많은 알고리즘을 여러 번 반복해서 실행하면서 알고리즘의 작동 방식을 확인하고 파악하는 것이 가능해졌기 때문이다. 예를 들어 장단기 기억망 같은 최근의 신경망 모형[150]은 1997년에 제안된 최초의 버전[204]과 그리 다르지 않다. 이 모형의 잠재력은 최근 컴퓨터의 계산 능력이 향상되어서야, 그리고 그 덕분에 실험이 편해져서 알고리즘을 좀 더 손쉽게 조율할 수 있게 되어서야 발휘되기 시작했다.

요즘 쓰이는 대부분의 신경망 모형들의 한 가지 편리한 성질은, 대량의 계산 작업을 훈련 단계에서 미리 **처리해 두고**, 예측 단계는 비교적 적은 수(층의 수에 의존)의 연산들로 결과를 산출할 수 있다는 것이다. 이 점은 많은 경우 훈련 단계보다 예측 단계가 시간 제약이 크다는 점에서 중요하다. 예를 들어 이미지를 분류하는 모형을 실제로 구축하는 데 수백만 장의 이미지와 여러 주(week)의 훈련 시간이 필요하다고 해도, 그보다는 그렇게 구축한 모형을 이용해서 이미지들을 실시간으로 분류하는 것이 훨씬 중요하다. 또한, 이동 환경이나 공간이 제약된 환경에서 활용할 수 있도록 신경망의 훈련 기간을 좀 더 압축하는 방법들도 제안되었다. 이 주제는 제3장에서 논의한다.

1.5 함수 합성이 강력한 이유

생물학적 비유가 신경망의 계산 능력을 직관적으로 이해하는 데 도움이 되긴 하지만, 신경망이 좋은 성과를 내는 설정들을 완전히 파악하는 데는 부족하다. 가장 기본적인 수준에서 하나의 신경망은 단순한 함수들로 이루어진 합성 함수를 계산함으로써 복잡한 함수의 결과를 산출하는 하나의 계산 그래프이다. 심층 학습의 위력은 상당 부분 다수의 비선형 함수들의 합성을 반복함으로써 모형의 표현력을 키울 수 있다는 점에서 비롯된다. 연구 결과에 따르면 다수의 압착 함수들을 합성한 하나의 합성 함수로도 거의 모든 함수를 근사할 수 있지만,[208] 실제로 그렇게 하려면 매개변수(그래프의 계산 단위)들이 엄청나게 많이 필요하다. 매개변수가 많으면 신경망의 수용력이 증가하지만, 자료 집합이 그에 걸맞게 크지 않다면 과대적합이 발생한다. 심층 학습의 위력의 상당 부분은 특정 종류의 함수들의 합성이 반복되면 신경망의 표현력이 커지고, 그러면 학습에 필요한 매개변수 공간이 줄어든다는 사실에서 비롯된다.

이러한 목표를 달성하는 데 모든 종류의 기초 함수가 똑같이 적합한 것은 아니다. 실제로 신경망에 쓰이는 비선형 압착 함수들은 설계자가 아무렇게나 선택한 것이 아니라 함수의 여러 성질을 고려해서 세심하게 고안한 것이다. 예를 들어 모든 층이 항등 활성화 함수를 사용하는 신경망은 선형 함수만 계산할 수 있다. 그런 다층 신경망은 단층 선형 신경망보다 강력할 수 없다.

정리 1.5.1 모든 층에서 항등 활성화 함수만 사용하는 다층 신경망은 선형회귀를 수행하는 단층 신경망으로 환원된다.

증명: 은닉층이 k개인 신경망을 생각해 보자. 출력층 하나까지 포함해서 이 신경망의 층은 총 $(k+1)$개이고, 층과 층 사이의 가중치 행렬도 총 $(k+1)$개이다. 이 가중치 행렬들을 $W_1 \dots W_{k+1}$로 표기하기로 하자. 그리고 $\bar{x}$가 입력 견본에 해당하는 d차원 열벡터이고 $\bar{h}_1 \dots \bar{h}_k$는 은닉층들에 해당하는 열벡터들, $\bar{o}$는 출력에 해당하는 m차원 열벡터라고 하자. 이러한 다층 신경망에 대해 다음과 같은 재귀 조건(점화식)이 성립한다.

$$\overline{h}_1 = \Phi(W_1^T\overline{x}) = W_1^T\overline{x}$$
$$\overline{h}_{p+1} = \Phi(W_{p+1}^T\overline{h}_p) = W_{p+1}^T\overline{h}_p \qquad \forall\, p \in \{1 \dots k-1\}$$
$$\overline{o} = \Phi(W_{k+1}^T\overline{h}_k) = W_{k+1}^T\overline{h}_k$$

이 모든 경우에서 활성화 함수 $\Phi(\cdot)$는 항등함수이다. 은닉층 변수들을 제거해서 출력의 공식을 정리하면 다음이 나온다.

$$\overline{o} = W_{k+1}^T\, W_k^T \dots W_1^T\overline{x}$$
$$= \underbrace{(W_1\, W_2\, \dots\, W_{k+1})^T}_{W_{xo}^T}\overline{x}$$

행렬 $W_1\, W_2\, \dots\, W_{k+1}$을 새로운 $d \times m$ 행렬 W_{xo}로 대체하고, 모든 행렬(W_1, W_2 ... W_{k+1})의 계수를 학습하는 대신 W_{xo}의 계수들을 학습한다고 해도 모형의 표현력이 손실되지는 않는다. 다른 말로 하면 다음이 성립한다.

$$\overline{o} = W_{xo}^T\overline{x}$$

그런데 이 공식은 출력이 여러 개인 선형회귀의 것과 정확히 동일하다.[6] 실제로, W_{xo} 대신 여분의 행렬들 $W_1 \dots W_{k+1}$을 학습하는 것은 바람직하지 않다. 그러면 학습해야 할 매개변수만 많아질 뿐 모형의 능력이 더 커지지는 않기 때문이다. 따라서 항등 활성화 함수를 사용하는 다층 신경망은 표현력 면에서 단층 신경망보다 나을 것이 없다. ∎

이상의 결과는 목표변수가 수치(numeric) 변수인 회귀 모형에 적용된다. 이진 목표 변수의 경우에도 비슷한 결과가 성립한다. 모든 층이 항등함수를 사용하되 마지막 층은 부호(sign) 활성화 함수를 이용해서 하나의 예측값을 출력하는 특수한 경우에서는 다층 신경망이 하나의 퍼셉트론으로 환원된다.

보조정리 1.5.1 모든 은닉층이 항등 활성화 함수를 사용하고 하나의 출력 노드가 퍼셉트론 판정기준을 손실함수로 사용하는, 그리고 부호 활성화 함수를 이용해서 예측값을 산출하는 다층 신경망은 단층 퍼셉트론으로 환원된다.

이 결과의 증명은 앞에 제시한 증명과 거의 동일하다. 사실, 은닉층들이 선형인 한, 은닉층을 더 추가한다고 해도 아무런 이득이 되지 않는다.

이러한 결과를 생각하면, 대체로 심층 신경망은 중간층들의 활성화 함수가 비선형 함수일 때만 말이 된다는 점을 이해할 수 있을 것이다. 보통의 경우 S자형 함수나 쌍곡탄젠트 함수(tanh) 같은 함수들은 특정 구간을 벗어나지 않는 출력을 산출한다는 점에서 **압착**(squashing) 함수에 해당한다. 이런 압착 함수들은 입력(인수)이 0 근처일 때 그 기울기가 가장 크다. 인수의 절댓값이 큰 경우 이 함수들은 소위 **포화**(saturation) 상태, 즉 인수의 절댓값이 더 커져도 함수의 값은 그리 변하지 않는 상태가 된다. 압착 함수 외에도 이처럼 인수의 절댓값이 클 때 함수의 값이 변하지 않는 성질을 보이는 것들이 있는데, 이를테면 비매개변수적 밀도 추정(non-parametric density estimation)에 흔히 쓰이는 다음과 같은 **가우스 핵**(Gaussian kernel) 함수가 그렇다.

$$\Phi(v) = \exp(-v^2/2) \tag{1.34}$$

앞에서 말한 함수들과 가우스 핵 함수의 유일한 차이는, 가우스 핵은 인수가 큰 값일 때 0으로 포화하는 반면 S자형이나 tanh 같은 함수들은 +1과 −1로도 포화할 수 있다는 것이다. 밀도 추정에 관한 문헌들에 따르면, 여러 작은 가우스 핵들을 이용해서 임의의 밀도 함수를 추정할 수 있다.[451] 밀도 함수에는 자료 분포의 극한값들이 항상 밀도 0으로 포화하는 특별한 비음수 구조(nonnegative structure)가 존재하며, 밀도 함수를 근사하는 작은 바탕 핵들 역시 같은 행동을 보인다. 압착 함수들에도 동일한 원리가 (좀 더 일반적으로) 성립한다. 즉, 여러 작은 활성화 함수들의 결합으로 임의의 함수를 근사할 수 있다. 그러나 압착 함수들은 극한값들에서의 임의의 행동을 처리하기 위해 0으로 포화하지 않는다. 신경망의 보편 근사 정리에 따르면,[208] 한 은닉층의 S자형 단위들의(그리고/또는 대부분의 다른 적절한 압착 함수들의) 선형결합으로 임의의 함수를 잘 근사할 수 있다. 그러한 선형결합을 하나의 출력 노드로 수행할 수 있음을 주의하기 바란다. 따라서, 은닉 단위들이 충분히 많기만 하다면 층이 단 두 개인 신경망으로도 임의의 함수를 근사할 수 있다. 단, 임의의 함수의 여러 독특한 특성을 충실하게 모형화하기 위해서는 활성화 함수에 일정한 종류의 기본적인 비선형성이 항상 필요하다. 이 점을 이해하는 데는 모든 1차원 함수를 비례·이동된 계단함수(step function)들의 합으로 근사할 수 있다는 점과 이번 장에서 논의한 대부분의 활성화 함수(이를테면 S자형 함수)가 계단함수와 아주 비슷한 모습(그림 1.8 참고)이라는 점이 도움이 될 것이다. 이상이 신경망의 보편 근사 정리의 핵심이다. 사실, 압착 함수들로 임의의 함수를 근사할 수 있다는 점의 증명은 핵들로 임의의 밀도 함수를 근사할 수 있다는 점의 증명과 적어도 직관적인 수준에서는 개념적으로 유사하다. 그러나 높은 수준의 근사에 도달하는 데 필요한 기초 함수들의 수는 두 경우 모두 대단히 크다. 그래서 자료 중심적 요구수준이 감당할 수 없는 수준으로 높아질 수 있다. 이 때문에 얕은 신경망들은 항상 과대적합 문제를 겪는다. 보편 근사 정리는 신경망이 훈련 자료에 기초해서 임의의 함수를 암묵적으로 잘 근사할 수 있음을 말해줄 뿐, 그 함수가 미지의 시험 자료에 대해 일반화되리라는 보장을 제공하지는 않는다.

1.5.1 비선형 활성화 함수의 중요성

앞의 절에서 명확하게 증명했듯이, 선형 활성화 함수만 사용하는 신경망은 그 층을 더 늘려도 이득이 없다. 예를 들어 그림 1.14에 나온 2부류 자료 집합을 생각해 보자. 그림 1.14는 그 자료 집합을 두 차원(x_1과 x_2)으로 표시한 것이다. 견본은 A, B, C 세 개이다. 좌표 $(-1,1)$과 $(1,1)$의 A와 C는 같은 부류(★로 표시)이고, $(0,1)$의 B는 그와는 다른 부류(+로 표시)이다. 이 훈련점들은 선형 분리가능이 아니기 때문에, 선형 활성화 함수만 사용하는 신경망은 훈련 자료를 결코 완벽하게 분류할 수 없다.

이와는 달리, 은닉층들의 활성화 함수가 ReLU이고 다음과 같은 두 특징 h_1과 h_2를 학습하는 경우를 생각해 보자.

$$h_1 = \max\{x_1, 0\}$$
$$h_2 = \max\{-x_1, 0\}$$

이러한 학습 목표들은 입력에서 은닉층으로의 가중치들을 적절하게 설정함으로써, 그리고 ReLU 활성화 단위를 적용함으로써 달성할 수 있다. ReLU 단위는 음수 값들을 0으로 고정하는 '문턱값(threshold)' 함수의 역할을 한다. 그림 1.14에 이 신경망의 가중치들이 나와 있다. 훈련 자료를 h_1과 h_2를 축으로 해서 그린 그래프를 주목하기 바란다. 2차원 은닉층에서 세 훈련점의 좌표는 $\{(1, 0), (0, 1), (0, 0)\}$이다. 새로운 은닉 표현에서는 두 부류가 선형으로 분리됨이 명백하다. 어떤 의미로, 첫 층의 임무는 문제의 해를 선형 분류기가 찾을 수 있게 하는 **표현 학습**(representation learning)을 수행하는 것이라 할 수 있다. 즉, 신경망에 하나의 선형 출력층을 추가함으로써 훈련 견본들을 완벽하게 분류할 수 있게 되었다. 여기서 핵심은, 이러한 선형 분리가능을 보장하는 데 비선형 ReLU 함수가 결정적인 역할을 한다는 것이다. **활성화 함수는 자료의 비선형 사상**(non-linear mapping)을 가능하게 하며, 이에 의해 내장된 점들이 선형 분리가능이 된다. 실제로, 은닉층에서 출력층으로의 두 가중치를 선형 활성화 함수가 모두 1로 설정하는 경우, 출력 O는 다음과 같이 정의된다.

$$O = h_1 + h_2 \tag{1.35}$$

이러한 간단한 선형 함수는 '★'로 표시된 두 점에 대해서는 항상 1을, '+'로 표시된 점에 대해서는 항상 0을 산출함으로써 두 부류를 명확히 분리한다. 이상에서 보듯이 신경망의 위력은 상당 부분 활성화 함수의 활용에 숨어 있다. 그림 1.14에 나온 가중치들은 자료 주도적(data-driven)인 방식으로 **학습**되어야 하는 것들이다. 단, 그림에 나온 가중치 값들 외에도 은닉 표현을 선형 분리가능으로 만드는 다른 여러 가중치 값들이 존재한다. 즉, 실제로 학습을 수행한다면 그림 1.14에 나온 것과는 다른 가중치 값들이 나올 수 있다. 그렇긴 하지만, 퍼셉트론의 경우에는 애초에 원래의 공간에서 사료 집

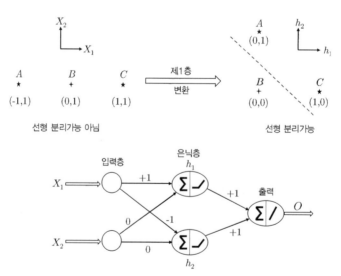

그림 1.14: 자료 집합을 선형 분리가능으로 만드는 비선형 활성화 함수의 위력

합이 선형 분리가능이 아니기 때문에 이 훈련 자료 집합을 명확하게 분류할 수 있는 가중치 값들이 존재하지 않는다. 다른 말로 하면, 비선형 활성화 함수는 자료의 비선형변환을 가능하게 하며, 그러한 변환의 위력은 층이 많을수록 더 강력해신다. 일련의 비선형 활성화 함수들은 구체적인 종류의 구조를 학습된 모형에 강제하며, 그러한 모형의 능력은 그러한 함수들의 깊이(즉, 신경망의 층수)에 비례해서 증가한다.

퍼셉트론이 배우지 못하는 또 다른 고전적인 예는 XOR 함수이다. 이 함수를 분류기로 사용하는 경우 두 점 $\{(0,0),(1,1)\}$이 한 부류로, 다른 두 점 $\{(1,0),(0,1)\}$이 또 다른 부류로 분류된다. ReLU를 활성화 함수로 사용하는 신경망은 이 두 부류를 분류할 수 있다. 단, 이를 위해서는 치우침 뉴런이 필요하다(연습문제 1 참고). 원래의 역전파 논문[409]은 바로 이 XOR 함수를 논의하는데, 이는 이 함수가 다층 신경망과 그 훈련 능력의 설계를 유발한 요인 중 하나이기 때문이다. XOR 함수는 특정 부류의 신경망들이 선형 분리가능이 아닌 부류들을 제대로 분류하는 데 적합한 기본적인 자질을 갖추고 있는지를 판정하는 일종의 리트머스지로 간주된다. 앞의 예에서는 단순함을 위해 ReLU 활성화 함수를 사용했지만, 다른 대부분의 비선형 활성화 함수로도 동일한 목표를 달성할 수 있다.

1.5.2 깊이를 이용한 매개변수 요구수준 감소

심층 학습의 핵심은 함수 합성이 반복되면 신경망에 필요한 기초 함수들의 수가 신경망 층수에 지수적으로(즉, 층수의 거듭제곱 규모로) 감소할 때가 많다는 것이다. 즉, 신경망의 층수가 늘어나도, 같은 함수를 근사하는 데 필요한 매개변수의 수는 크게 감소할 수 있다. 그러면 신경망의 일반화 능력이 증가한다.

심층 신경망 구조에는 심층 신경망이 자료 패턴에 존재하는 **반복된 규칙성**을 더 잘 활용함으로써 계산 단위의 수를 줄일 수 있다는, 그럼으로써 자료 공간 중 훈련 견본이 주어진 적이 없는 영역에 대해서도 학습을 **일반화**할 수 있다는 개념이 깔려 있다. 신경망이 그러한 반복된 규칙성을 가중치들 안에서 **위계적(hierarchical)** 특징들의 기저 벡터 형태로 학습할 때가 많다. 이 사실의 상세한 증명[340]은 이 책의 주제를 넘는 것이므로, 이 사실 자체의 이해에 도움이 되는 간단한 예 하나만 제공하겠다. 크기와 높이가 같은 계단(단계)이 1024번 반복된 형태의 1차원 함수가 있다고 하자. 은닉층 하나와 계단 활성화 함수를 사용하는 얕은 신경망으로 그러한 함수를 모형화하려면 적어도 1024개의 단위가 필요할 것이다. 그러나 다층 신경망이라면 제1층에서 하나의 계단을, 제2층에서는 두 개의 계단을, 제3층에서는 네 개의 계단을, 제 r 층에서는 2^r 개의 계단을 모형화할 수 있다. 그림 1.15는 이러한 상황을 표현한 것이다. 1계단 패턴은 1024번 반복된다는 점에서 가장 단순한 특징에 해당하고, 2계단 패턴은 그보다 복잡한 특징에 해당함을 주목하기 바란다. 즉, 일련의 층들에서 그 특징들(그리고 층들이 학습하는 함수들)은 위계적(계통적)으로 연관된다. 이 예의 경우 신경망에는 총 10개의 층이 필요하고, 각 층에는 이전 층의 두 패턴을 합치기 위한 적은 수의 상수 노드들이 필요하다.

이 점을 또 다른 방식으로 이해할 수도 있다. 값 1과 −1을 번갈아 산출하는 1차원 함수가 있으며, 주어진 정의역 안의 인수들에 대해 이 함수가 값을 1024번 교대한다고 하자. 계단 활성화 함수(값에 단 하나의 스위치만 담은)들을 선형으로 결합하는 신경망이라면 그런 활성화 함수가 1024개 필요할 것이다. 그러나 은닉층이 10개이고 각 층의 단위가 단 두 개인 신명망은 입력에서 출력으로의 경로가 $2^{10} = 1024$개이다. 학습할 함수에 어떤 방식으로든 규칙성이 존재한다면, 함수가 교대로 산출하는 서로 다른 1024개의 값의 복잡성을 신경망이 1024개의 경로로 포착하는 것이 가능하다. 이 경우 앞쪽 층들은 좀 더 세부적인 패턴들을 학습하고, 이후의 층들은 고수준 패턴들을 학습한다. 정리하자면, 다층 신경망에 필요한 노드 수는 단층 신경망에 필요한 것보다 **거듭제곱의 규모로** 적다. 이는 학습에 필요한 자료의 양 역시 거듭제곱의 규모로 적음을 뜻한다. 이러한 특성은 다층 신경망이 목표 함수의 모든 세부 특성을 명시적으로

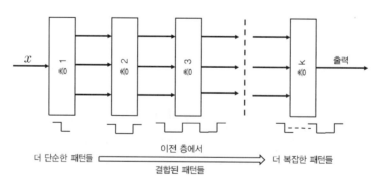

그림 1.15: 신경망이 깊을수록 층을 거치면서 더 많은 함수들이 합성되며, 따라서 좀 더 복잡한 함수를 배울 수 있게 된다.

학습하려는 대신 더 적은 자료를 이용해서 반복된 규칙성을 발견하고 그것을 암묵적으로 배우려 하기 때문에 생기는 것이다. 이 점은 이미지 자료에 대한 합성곱 신경망에서 직관적으로 파악할 수 있다. 그런 경우 앞쪽 층들은 직선 선분 같은 단순한 특징들을 모형화하고 중간층들은 기본 도형들을 모형화하며, 후반 층들은 얼굴 같은 복잡한 형태도 모형화할 수 있다. 반면 하나의 층으로 얼굴의 모든 특징을 일일이 모형화하는 것은 어려운 일이다. 이 점 때문에, 신경망이 깊을수록 일반화 능력이 증가할 뿐만 아니라 더 적은 자료로 목표 함수를 배우는 능력도 증가한다.

그러나 신경망의 깊이 증가에 아무런 단점도 없는 것은 아니다. 신경망이 깊으면 훈련이 어려울 때가 많으며, 기울기 소실 및 폭발 문제 같은 다양한 종류의 불안전성이 드러나게 된다. 심층 신경망은 또한 매개변수의 선택에 민감하게 반응해서 불안정해지기로 악명이 높다. 이런 문제들은 흔히 노드들에서 계산하는 함수를 세심하게 설계하거나 사전훈련 절차로 성과를 개선하는 식으로 완화한다.

1.5.3 통상적이지 않은 신경망 구조들

앞에서 우리는 전형적인 신경망 구조와 작동 방식을 개괄했다. 그런데 그러한 일반적인 형태에서 벗어난 변형들도 존재한다. 이번 절에서는 그런 변형 몇 가지를 살펴본다.

1.5.3.1 입력층, 은닉층, 출력층의 구분이 모호한 구조

일반적으로 신경망 분야에서는 입력층, 은닉층, 출력층이 차례로 연결된 형태의 층별 순방향 신경망이 크게 강조된다. 즉, 통상적인 신경망 구조에서는 먼저 모든 입력 노드가 첫 번째 은닉층에 공급되고, 각 은닉층의 결과가 그다음 은닉층으로 전달되는 순차적인 과정을 거쳐서 마지막 은닉층의 결과가 출력층에 공급된다. 이런 구조에서 계산 단위들은 입력의 선형결합들에 적용되는 압착 함수로 정의될 때가 많다. 일반적으로 입력이 중간 은닉층에 직접 공급되는 일은 없으며, 은닉층의 값들에 관해 손실함수가 계산되지도 않는다. 이런 통상적인 구조가 주로 강조되기 때문에, 그 어떤 종류의 매개변수화된 계산 그래프(앞의 제약들이 역전파 알고리즘이 작동하는 데 꼭 필요한 것은 아닌)로도 신경망을 정의할 수 있다는 점을 간과할 때가 많다. 흔치는 않지만, 중간층에 입력을 공급하고 손실함수를 계산하는 것이 애초에 불가능한 일은 아니다. 예를 들어 **무작위 숲**(random forest) 개념[49]에서 영감을 받은 논문 [515]가 제안한 신경망은 신경망의 여러 층에서 입력을 허용한다. 이런 종류의 신경망의 예가 그림 1.16에 나와 있다. 그림에서 보듯이 이런 신경망에서는 입력층과 은닉층의 구분이 모호하다.

기본 순방향 신경망 구조의 또 다른 변형으로, 손실함수를 출력 노드들뿐만 아니라 은닉 노드들에서도 계산하는 것이 있다. 그런 구조에서 은닉 노드의 기여는 **벌점**(penalty)의 형태로 주어져서 일종의 정칙화 항으로 쓰일 때가 많다. 그런 구조들은 예를 들어 은닉 노드들에 벌점을 가함으로써 희소한(sparse) 특징을 학습하는 데 쓰인다(제2장과 제4장 참고). 이는 은닉층과 출력층의 구분이 모호한 경우에 해당한다.

설계 변형의 또 다른 최근 예로는 **건너뛰기 연결**(skip connection)[184]을 사용하는 구조가 있다. 건너뛰기 연결은 한 층의 노드들을 바로 다음 층이 아닌 그 이후의 어떤 층의 노드들과 연결하는 것을 말한다. 이런 종류의 접근 방식은 진정으로 깊은 모형을 가능하게 한다. 예를 들어 *ResNet*[184]이라고 부르는 152층 구조는 이미지 인식 과제에서 인간 수준의 성과를 올렸다. 이런 구조가 입력층, 은닉층, 출력층의 경계를 흐리는 예는 아니지만, 인접한 층들만 연결되는 전통적인 순방향 신경망과는 다른 구조임이 확실하다. 이런 신경망의 특징 공학은 **반복적**(iterative)이다.[161] 즉, 이후 층들의 특징들은 그 이전 층들의 특징들을 반복해서 정련(refinement)한 결과이다. 반면 전통적인 특징 공학 접근 방식은 이후 층들이 이전 층들의 표현들을 점차 추상화한다는 점에서 **위계적**(hierarchical)이다.

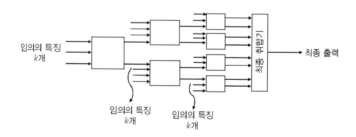

그림 1.16: 통상적이지 않은 신경망 구조의 예. 첫 은닉층 이외의 은닉층에도 입력이 공급된다. 신경망이 비순환(acyclic) 계산 그래프에 해당하는 한(또는 비순환 그래프로 변환할 수 있는 한), 바탕 계산 그래프의 가중치들을 동적 계획법(역전파)을 이용해서 학습할 수 있다.

1.5.3.2 통상적이지 않은 연산들과 합곱망

장단기 기억망(long short-term memory network, LSTM network)이나 합성곱 신경망 같은 신경망들은 변수들에 대해 다양한 종류의 곱셈석 '방각'과 합성곱, 풀링 연산들을 징 의한다. 그런 종류의 연산들은 이번 장에서 논의한 그 어떤 연산에도 속하지 않는다. 사실 그런 신경망들은 텍스트와 이미지 영역에서 대단히 많이 쓰이기 때문에 "통상적 이지 않다"라고 말하기 어렵다.

또 다른 독특한 종류의 구조로 합곱망(sum-product network)[383]이 있다. 합곱망의 노 드들은 합산(덧셈) 노드이거나 승산(곱셈) 노드이다. 합산 노드는 일단의 가중치 붙은 긴선들로 이루어진 전통적인 선형변환과 비슷하되, 가중치들이 반드시 양수라는 제한 이 있다는 점이 다르다. 승산 노드들은 그냥 입력들을 곱하기만 한다(가중치들은 사용 하지 않는다). 그런데 그러한 곱셈을 수행하는 구체적인 방식에 따라 다양한 종류의 승 산 노드가 존재한다. 예를 들어 입력들이 두 개의 스칼라값인 경우에는 그냥 두 값을 곱하면 된다. 입력들이 길이가 같은 두 벡터일 때는 둘을 성분별로 곱하는 것이 한 방법이다. 심층 학습 라이브러리 중에는 이런 종류의 곱 연산들을 지원하는 것들이 있다. 합곱망은 이러한 합산층들과 승산층들을 번갈아 배치하는데, 이는 표현력을 극 대화하려면 당연히 그런 구조가 합당하다.

합곱망은 표현력이 상당히 좋으며, 층을 더 추가함으로써 더 높은 수준의 표현력을 얻을 때가 많다.[30, 93] 합곱망의 핵심은 그 어떤 수학 함수라도 입력들의 다항식 함수 형태로 표현할 수 있다는 것이다. 따라서 거의 모든 함수를 합곱망 구조로 표현할 수 있다(비록 더 깊은 심층 신경망으로 더 큰 구조를 모형화할 수 있긴 하지만). 비선형성이 활 성화 함수들에 포함되는 전통적인 신경망과는 달리, 합곱망에서 비선형성을 제공하는 것은 승산 연산이다.

훈련 문제

잘 알려진 변환들과 활성화 함수들 이외의 연산을 노드들에서 실행해 보는 유연성이 훈련에 도움이 될 때가 많다. 더 나아가서, 노드들 사이의 연결 역시 반드시 층 대 층 방식이어야 하는 것은 아니며, 은닉 노드들이 손실함수를 계산하면 안 되는 것도 아니 다. 바탕 계산 그래프가 비순환이기만 하다면, 그 어떤 종류의 구조와 계산 연산에 대 해서도 역전파 알고리즘을 일반화할 수 있다. 어차피 동적 계획법 알고리즘(역전파 알고리즘 등)은 거의 모든 종류의 유향 비순환 그래프(다수의 노드를 동적 계획법 점화식의 초기화에 사용할 수 있는)에 적용이 가능하다. 중요한 점은, 적절한 영역 고유 지식을 반영해서 세심하게 설계한 구조가 완전 연결 순방향 신경망을 이용한 블랙박스적 접근 방식보다 더 나은 성과를 낼 때가 많다는 것이다.

1.6 흔히 쓰이는 신경망 구조들

다수의 기계 학습 응용에 흔히 쓰이는 신경망 구조가 몇 가지 있다. 이번 절에서는 그런 구조 몇 가지를 간략히 소개한다. 이후 장들에서 이들을 훨씬 더 자세히 논의하겠다.

1.6.1 얕은 모형으로 기본적인 기계 학습 흉내 내기

선형회귀나 분류, 지지 벡터 기계, 로지스틱 회귀, 특잇값 분해, 행렬 인수분해 같은 대부분의 기본적인 기계 학습 모형은 층이 하나나 둘밖에 되지 않는 얕은 신경망으로 흉내 낼 수 있다. 그런 기본적인 구조들을 살펴보면 신경망의 위력을 실감할 수 있다. 우리가 기계 학습에 관해 알고 있는 대부분을 비교적 단순한 모형으로 흉내 낼 수 있음을 알게 될 것이다. 더 나아가서, **위드로-호프 학습 모형**(Widrow-Hoff learning model) 같은 여러 기본적인 신경망 모형은 피셔의 판별 모형(Fisher's discriminant) 같은 전통적인 기계 학습 모형과 직접적으로 연관된다(비록 이들은 각자 따로 제안되었지만). 여기서 주목할 점은, 이런 단순한 모형들을 창의적으로 쌓아서 더 깊은 구조를 만들어 낼 때가 많다는 점이다. 기본적인 기계 학습 모형을 위한 신경망 구조들은 제2장에서 논의한다. 제2장에서는 텍스트 마이닝, 그래프, 추천 시스템 같은 여러 응용도 논의한다.

1.6.2 방사상 기저 함수(RBF) 신경망

방사상 기저 함수(radial basis function, RBF) 신경망, 줄여서 RBF 망은 신경망의 다채로운 역사에서 잊혀진 구조에 해당한다. 요즘은 RBF 망이 별로 쓰이지 않지만, 특정 종류의 문제에 대해서는 상당한 잠재력을 가지고 있다. 이 구조의 한계는 깊이가 부족하다는 것이다. 보통의 경우 방사상 기저 함수 신경망은 층이 단 두 개이다. 첫 층은 비지도 방식으로 구축되지만 둘째 층은 지도 학습 기법으로 훈련된다. RBF 망은 순방향 신경망과 근본적으로 다르다. RBF 망의 능력은 비지도층에 있는 더 많은 수의 노드들에서 온다. RBF 망의 기본 원리는 근본적으로 순방향 신경망의 것들과 아주 나르다. 무엇보다도, RBF 망은 깊이가 아니라 특징 공간의 크기를 늘림으로써 능력을 증가한다. 이 접근 방식은 패턴 분리성(separability of patterns)에 관한 커버^{Cover}의 정리[84]에 근거하는데, 그 정리는 비선형변환을 이용해서 자료 공간을 더 고차원의 공간으로 사상하면 패턴 분류 문제의 선형 분리가능성이 커진다는 것이다. RBF 망의 둘째 층에는 각 노드의 원형(prototype)이 들어 있고, 활성화 값은 그 원형과 입력 자료의 유사성에 따라 결정된다. 그 활성화 값들을 그다음 층의 훈련된 가중치들과 결합한 결과가 최종 예측값이다. 이 접근 방식은 최근접 이웃(nearest-neighbor) 분류기의 것과 아주 비슷하다. 단, 둘째 층의 가중치들이 또 다른 수준의 지도(supervision)를 수행한다는 점이 다르다. 다른 말로 하면, 이 접근 방식은 최근접 이웃 방법의 **지도** 버전에 해당한다.

최근접 이웃 분류기의 지도 버전으로 더 잘 알려진 것은 지지 벡터 기계이다. 지지 벡터 기계에서는 하나의 핵(kernel) 함수와 지도 학습된 가중치들의 결합이 최종 예측값의 이웃 점들에 대한 가중치로 쓰인다.[6] 방사상 기저 함수 신경망은 지지 벡터 기계 같은 핵 기반 방법을 흉내 낼 수 있다. 분류 같은 몇몇 종류의 과제에서는 이런 구조가 미리 만들어진 핵 기반 지지 벡터 기계보다 더 효과적이다. 이는 이런 모형들이 좀 더 일반적이라서 핵 기반 지지 벡터 기계보다 실험의 여지가 더 크기 때문이다. 더 나아가서, 이런 구조에서는 종종 지도 학습 층을 더 많이 두어서 이득을 얻을 여지가 있다. 연구 문헌들에서는 RBF 망의 완전한 잠재력이 아직 완전히 탐색되지 않았는데, 아마도 표준적인 순방향 신경망 방법으로 관심이 쏠리다 보니 연구자들이 이 구조의 존재를 잊었기 때문일 것이다. 방사상 기저 함수 신경망은 제5장에서 좀 더 자세히 논의한다.

1.6.3 제한 볼츠만 기계

제한된 볼츠만 기계(restricted Boltzmann machine), 줄여서 제한 볼츠만 기계(RBM)는 에너지 최소화라는 개념을 이용해서 비지도 방식으로 자료를 모형화하는 신경망 구조를 만들어 낸다. 이런 구축 방식은 자료를 생성하는 모형을 만들 때 특히나 유용하며, 그런 생성 모형들은 확률적 그래프 모형과 밀접한 관련이 있다.[251] 제한 볼츠만 기계는 기억을 저장할 수 있는 홉필드 망(Hopfield network)[207]에서 기원한다. 홉필드 망의 확률적 변형들을 일반화한 것이 **볼츠만 기계**인데, 볼츠만 기계의 은닉층들은 자료의 생성 측면을 반영한다.

제한 볼츠만 기계는 비지도 모형화와 차원 축소에 흔히 쓰이지만, 지도 모형화에도 사용할 수 있다. 그러나 제한 볼츠만 기계가 원래부터 지도 모형화에 적합한 것은 아니기 때문에, 개별적인 단계로 지도 학습을 수행한 후 비지도 단계를 수행하는 접근 방식이 흔히 쓰였다. 이는 자연스럽게 사전훈련이라는 개념의 발견으로 이어졌는데, 사전훈련은 지도 학습에 특히나 유용하다고 판명되었다. RBM은 심층 학습에 쓰인 최초의 모형 중 하나인데, 특히 비지도 설정에서 쓰였다. 이후 다른 종류의 모형들도 사전훈련 접근 방식을 채택하기 시작했다. 이처럼 심층 모형을 위한 몇몇 훈련 방법론을 유발했다는 점에서, RBM은 역사적으로도 중요한 구조이다.

제한 볼츠만 기계의 훈련 과정은 순방향 신경망의 것과 상당히 다르다. 좀 더 구체적으로 말하자면, RBM 모형들은 역전파로 훈련할 수 없으며, 훈련을 수행하려면 몬테카를로 표집을 이용해야 한다. RBM의 훈련에 흔히 쓰이는 알고리즘으로 **대조 발산** 알고리즘이 있다. 제한 볼츠만 기계는 제6장에서 논의한다.

1.6.4 순환 신경망

순환 신경망(recurrent neural network)은 텍스트 문장이나 시계열 자료, 생물학의 염기서열 등 이산적 순차열(sequence) 자료를 위해 고안된 것이다. 이 경우 입력은 $\overline{x}_1 \ldots \overline{x}_n$의 형태인데, 여기서 $\overline{x}_t$는 시간 t에서의 d차원 자료점이다. 예를 들어 서로 다른 d개의 시계열로 이루어진 다변량 시계열 자료를 다루는 과제에서 벡터 $\overline{x}_t$는 t번째 틱tick에서의 d가지 값으로 이루어진 벡터일 것이고, 텍스트 관련 과제라면 벡터 $\overline{x}_t$는 t번째 시간에서의, **원핫**one-hot 벡터 형태로 부호화된 단어를 담을 것이다. 원핫 부호화의 결과는 어휘(단어들의 집합)와 같은 길이의 벡터인데, 부호화하는 단어에 해당하는 성분만 1이고 나머지 성분은 모두 0이다.

순차열에서 중요한 점 하나는 연속된 구성요소들(텍스트 과제의 경우 인접한 단어들) 사이에 의존관계가 존재한다는 것이다. 따라서, 특정 입력 $\overline{x}_t$는 오직 그 이전 시간의 입력들이 이미 주어져서 하나의 은닉 상태로 변환된 이후에 주어질 때만 도움이 된다. 그러나 전통적인 순방향 신경망에서는 모든 입력이 동시에 첫 층에 공급되므로 그런 조건을 만족할 수 없다. 반면 순환 신경망에서는 입력 $\overline{x}_t$가 이전 시간들에서의 입력들로부터 만들어진 은닉 상태들과 직접 상호작용할 수 있다. 그림 1.17(a)는 순환 신경망의 기본적인 구조를 나타낸 것이다. 여기서 핵심은 각 시간에 하나의 입력 $\overline{x}_t$가 있다는 점과 각 은닉 상태(hidden state) h_t는 각 시간에서 새 자료점이 입력됨에 따라 변한다는 것이다. 각 시간에는 또한 출력값 $\overline{y}_t$도 있다. 예를 들어 시계열 자료의 예에서 출력 $\overline{y}_t$는 $\overline{x}_{t+1}$을 미리 예측한 값일 수 있다. 텍스트 자료에서 다음 단어를 예측하는 것을 가리켜 **언어 모형화**(language modeling)라고 부른다. 응용에 따라서는 매 시간에서 출력 $\overline{y}_t$를 산출하는 것이 아니라 순차열의 끝에서만 출력을 산출하는 경우도 있다. 예를 들어 주어진 문장에 담긴 정서가 '긍정적'인지 '부정적'인지 분류하는 응용의 경우 마지막 시간(문장의 끝 단어)에서만 분류 결과를 출력한다.

시간 t에서의 은닉 상태는 시간 t에서의 입력 벡터와 시간 $(t-1)$에서의 은닉 벡터의 함수이다.

$$\overline{h}_t = f(\overline{h}_{t-1}, \overline{x}_t) \tag{1.36}$$

은닉 상태들로부터 출력의 확률을 학습하는 데는 이와는 다른 함수 $\overline{y}_t = g(\overline{h}_t)$가 쓰인다. 각 시간에서 함수 $f(\cdot)$와 $g(\cdot)$가 동일하다는 점에 주목하기 바란다. 여기에 깔린 암묵적 가정은, 시계열 자료가 특정 수준의 **정상성**(stationarity)을 보인다는 것이다. 간단히 말해서 시간이 흘러도 자료의 바탕 특성은 그리 변하지 않는다. 그러한 가정이 실제 응용 환경에서 항상 성립하는 것은 아니지만, 정칙화에 사용하기에는 좋은 가정이다.

순환 신경망 구조의 핵심은 그림 1.17(a)에 존재하는 자기 순환 루프이다. 이 루프 덕분에 각 $\overline{x}_t$의 입력 이후에 신경망의 은닉 상태가 변하게 된다. 실제 응용에서 순방향 신경망에 항상 유한한 길이의 순차열이 입력되므로, 이러한 루프를 펼쳐서 층들이 시간순으로 배치된 구조(순방향 신경망과 비슷한 모습의)를 만드는 것도 가능하다. 그러한 구조가 그림 1.17(b)에 나와 있다. 이처럼 자기 루프를 펼쳐서 만든 순방향 구조에서는 각 시간의 은닉 상태를 각자 다른 노드가 담당한다. 이러한 구조는 그림 1.17(a)와 수학적으로 동등하지만, 전통적인 순방향 신경망과 비슷하기 때문에 사람이 이해하기가 쉽다. 전통적인 순방향 신경망과는 달리 이러한 펼쳐진 표현에서는 중간층들에도 자료가 입력됨을 주목하기 바란다. 시간순 층별 표현에서는 연결 가중치 행렬들을 **다수의 연결이 공유**하는데, 이는 매 시간에서 동일한 함수가 쓰이게 하기 위한 것이다. 이러한 공유는 신경망이 학습할 영역에 고유한 통찰을 신경망에 반영하는 데 핵심

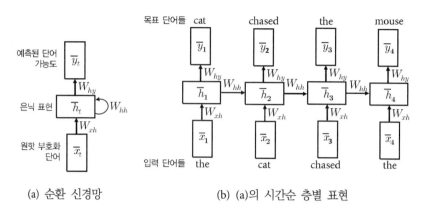

(a) 순환 신경망   (b) (a)의 시간순 층별 표현

그림 1.17: 순환 신경망과 시간순 층별 표현

적인 요소이다. 역전파 알고리즘은 학습 도중 이러한 공유와 시간 길이를 반영해서 가중치들을 갱신한다. 이런 특별한 종류의 역전파 알고리즘을 시간에 대한 역전파 (back-propagation through time), 줄여서 **시간 역전파(BPTT)**라고 부른다. 식 1.36의 재귀적 성질 덕분에 순방향 신경망은 **입력의 길이가 가변적인 함수를 계산하는 능력을 가진다.** 다른 말로 하면, 식 1.36의 점화식을 확장해서, 입력 인수 t에 대한 $\overline{h}_t$의 함수를 정의 하는 것이 가능하다. 예를 들어 $\overline{h}_0$(이 항은 흔히 어떤 상수 벡터로 고정된다)로 시작해서 $\overline{h}_1 = f(\overline{h}_0, \overline{x}_1)$과 $\overline{h}_2 = f(f(\overline{h}_0, \overline{x}_1), \overline{x}_2)$로 나아갈 수 있다. 여기서 $\overline{h}_1$는 오직 $\overline{x}_1$ 만의 함수이지만 $\overline{h}_2$는 $\overline{x}_1$과 $\overline{x}_2$ 모두의 함수임을 주목하기 바란다. 출력 $\overline{y}_t$는 $\overline{h}_t$의 함수이므로, 이러한 성질들은 $\overline{y}_t$에도 상속된다. 일반화하자면, 출력을 다음과 같이 표 현할 수 있다.

$$\overline{y}_t = F_t(\overline{x}_1, \overline{x}_2, \dots \overline{x}_t) \tag{1.37}$$

함수 $F_t(\cdot)$가 t의 값에 따라 달라짐을 주의하기 바란다. 이런 접근 방식은 텍스트 문 장 같은 가변 길이 입력들에 특히나 유용하다. 순환 신경망의 좀 더 자세한 사항은 제7장에서 제공한다. 제7장에서는 순환 신경망의 다양한 응용도 논의한다.

순환 신경망의 흥미로운 이론적 성질 하나는, 순환 신경망이 **튜링 완전(Turing complete)** 이라는 것이다.[444] 간단히 말하자면, **충분한 자료와 계산 자원이 주어진다면** 순환 신경 망으로 그 어떤 알고리즘도 흉내 낼 수 있다. 그러나 이 이론적 성질이 현실에서 유용 하지는 않은데, 왜냐하면 실제 응용에서 순환 신경망은 긴 순차열에 대해 잘 일반화되지 않는다는 문제점을 가지고 있기 때문이다. 순차열이 길수록 필요한 자료의 양과 은닉 상태의 수가 비현실적인 방식으로 증가한다. 더 나아가서, 실제 응용에서는 기울기 소실 및 폭발 문제 때문에 최적의 매개변수 값들을 선택하기가 쉽지 않다. 이 때문에 순환 신경망 구조를 좀 더 특화한 변형들이 제안되었는데, 이를테면 장단기 기억망이 그러한 예이다. 이런 고급 구조들도 제7장에서 논의한다. 그 외에, 신경 튜링 기계 같은 좀 더 진보된 몇몇 순환 신경망 변형들이 일부 응용 영역에서 보통의 순방향 신경망보다 나은 성과를 보인 바 있다.

1.6.5 합성곱 신경망

합성곱 신경망은 생물학에서 영감을 얻은 것으로, 컴퓨터 시각(computer vision) 분야에서 이미지 분류와 물체 검출에 쓰인다. 기본적으로 합성곱 신경망은 고양이의 시각피질이 작동하는 방식에 관한 허블^{Hubel}과 비셀^{Wiesel}의 연구[212]에, 특히 시야의 특정 부분이 특정 뉴런을 활성화하는 것으로 보인다는 연구 결과에 자극을 받아 만들어진 것이다. 이러한 생물학적 영감에 기초한 최초의 기본적인 구조는 네오코그니트론^{neocognitron}이었고, 이를 일반화한 것이 *LeNet-5* 구조이다.[279] 합성곱 신경망 구조에서 신경망의 각 층은 공간적 크기(너비 및 높이)와* 깊이를 가진 3차원 입체인데, 깊이는 특징의 수에 해당한다. 합성곱 신경망의 한 층의 깊이4)라는 개념은 신경망 자체의 깊이(층의 수로 결정되는)와는 다른 것이다. 합성곱 신경망의 입력층에서 입력의 특징들은 RGB(적, 녹, 청) 같은 색상 채널들에 해당하며, 은닉층에서 이 채널 특징들은 이미지에 존재하는 다양한 종류의 도형들을 부호화하는 은닉 특징 맵(hidden feature map)들을 대표한다. 입력이 회색조(grayscale)인 경우(*LeNet-5*가 이에 해당한다) 채널이 하나이므로 입력층의 깊이가 1이지만, 이후의 층들은 여전히 3차원일 수 있다. 합성곱 신경망은 **합성곱 층**과 **부표집**(subsampling; 또는 하위표집, 이단추출) 층이라는 두 종류의 층들로 구성된다.

합성곱 층은 **합성곱 연산**을 정의한다. 여기서 합성곱 연산은 한 층의 활성화 값들을 다른 층의 활성화 값들로 사상하는 일종의 필터^{filter}이다. 합성곱 연산은 현재 층과 깊이는 같지만 공간적 크기는 더 작은 3차원 가중치 필터를 사용한다. 필터의 모든 가중

※ 역주 합성곱 신경망과 관련해서 '공간적(spatial)'이라는 표현은 간단히 말해서 합성곱 연산의 대상이 되는 2차원 격자를 말한다. 이 점은 합성곱 신경망을 본격적으로 논의하는 제8장에서 좀 더 명확해질 것이다.
4) 이 '깊이(depth)'라는 용어는 합성곱 신경망 분야의 어법을 따른 것이다. 이하의 내용에서 '깊이'의 의미가 문맥에 따라(즉, 합성곱 신경망에 논의냐 아니냐에 따라) 다름을 주의하기 바란다.

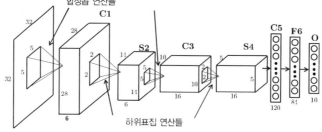

그림 1.18: 초창기 합성곱 신경망 중 하나인 LeNet-5의 구조

치 사이와 임의로 선택한 공간 영역(필터와 같은 크기의)의 내적은 다음 층의 은닉 상태의 값을 정의한다(그 층의 최종적인 은닉 상태는 ReLU 같은 활성화 함수까지 적용한 결과이다). 한 층에서 필터와 공간 영역 사이의 연산은 다음 층을 정의하는 데 필요한 모든 가능한 위치에서 수행된다(다음 층에서 활성화 값들은 이전 층의 공간적 관계들을 유지한다).

합성곱 신경망의 연결들은 대단히 희소하다. 이는 한 특정 층의 임의의 활성화 값이 이전 층의 작은 공간 영역으로만 결정되기 때문이다. 마지막 두 층 또는 세 층을 제외한 모든 층은 자신의 공간적 구조를 유지한다. 따라서, 이미지의 어떤 부분이 한 층의 어떤 활성화 값들에 영향을 미치는지를 시각화하는 것이 가능하다. 저수준(앞쪽) 층들의 특징들은 직선 같은 기본적인 도형들을 포착하는 반면 고수준(뒤쪽) 층들은 고리(여러 아라비아 숫자에 나타나는) 같은 좀 더 복잡한 도형을 포착한다. 뒤쪽 층들은 앞쪽 층들이 파악한 기본 도형들을 조합함으로써 아라비아 숫자 같은 형상을 생성할 수 있다. 이는 특정 자료 영역에 관한 의미론적 통찰을 똑똑한 구조의 설계에 활용하는 예이다. 그리고 부표집층은 층들이 차지하는 공간을 절반 크기로 압축한다. 그림 1.18은 *LeNet-5*의 구조를 나타낸 것이다. 기계 학습 초창기에 다수의 은행이 수표에 사람이 손으로 쓴 숫자들을 *LeNet-5*를 이용해서 인식했다.

기계 학습의 역사에서 합성곱 신경망은 모든 종류의 신경망 중 가장 성공적인 신경망이다. 합성곱 신경망은 이미지 인식과 물체 검출/국소화는 물론이고 텍스처 처리에 이르기까지 다양한 분야에 쓰였다. 최근 이미지 분류 문제에서 합성곱 신경망은 인간의 수준을 뛰어넘는 성과를 냈다.[184] 합성곱 신경망은 신경망의 구조를 설계할 때 주어진 자료 영역에 관한 의미론적 통찰을 반영하는 것이 중요하다는 점을 아주 잘 보여주는 예이다. 합성곱 신경망의 경우 의미론적 통찰은 고양이의 시각피질에 관한 생물학 연구에서 비롯된 것이며, 이미지를 구성하는 픽셀들 사이의 공간적 관계 역시 중요하게 쓰인다. 이 사실은 또한 신경과학(뇌과학)의 발전이 인공지능 기법의 발전에도 도움이 된다는 증거이기도 하다.

ImageNet 같은 공개된 자원들로 미리 훈련한 합성곱 신경망들을 다른 응용과 자료 집합에 그대로 사용할 수 있을 때가 많다. 즉, 미리 훈련된 합성곱 신경망의 가중치 대부분을 그대로 사용하고 최종 분류층의 가중치들만 적절히 변경해서 자신만의 응용 과제를 수행할 수 있는 것이다. 최종 분류층의 가중치들은 주어진 자료 집합에서 학습해야 한다. 최종층의 훈련이 꼭 필요한 이유는, 주어신 과세의 설정에 따라 분류명들이 *ImageNet*의 것들과 다를 수 있기 때문이다. 그런 경우에도 그 앞 층들의 가중치들은 여전히 유용할 수 있다. 그 가중치들은 거의 모든 종류의 분류 응용 과제에 사용할 수 있는 다양한 도형들을 학습한 결과이기 때문이다. 더 나아가서, 끝에서 두 번째 층(마지막 층 바로 앞 층)의 특징 활성화 값들을 비지도 응용에 활용하는 것도 가능하다. 예를 들어 임의의 이미지 자료 집합의 각 이미지를 합성곱 신경망에 공급해서 끝에서 두 번째 층의 활성화 값들을 추출함으로써 그 자료 집합의 다차원 표현을 생성할 수 있다. 그러한 표현이 있으면, 적절한 색인화 기법을 이용해서 특정 목표 이미지와 비슷한 이미지들을 검색하는 것이 가능하다. 이런 접근 방식은 이미지 조회 분야에서 놀랄 만큼 좋은 결과를 낼 때가 많은데, 이는 이런 접근 방식에서 신경망이 특징들의 의미론적 본질을 배우기 때문이다. 미리 훈련된 합성곱 신경망이 인기가 너무 좋은 나머지, 합성곱 신경망을 처음부터 훈련해서 사용하는 경우가 드물 정도이다. 합성곱 신경밍은 제8징에시 자세히 논의한다.

1.6.6 위계적 특징 공학과 미리 훈련된 모형

순방향 구조를 가진 여러 심층 신경망들은 다수의 층으로 이루어지며, 그 층들은 이전 층이 전달한 자료를 변환해서 다음 층에 넘겨준다. 그런 식으로 자료가 여러 층을 거치면서 자료의 표현이 점점 더 정교해진다. 특정 입력에 대한 각 은닉층의 값들에는 그때까지의 변환들에 의해 만들어진 입력의 표현이 들어 있으며, 출력 노드에 가까워질수록 그러한 표현은 신경망이 학습하고자 하는 특징에 관한 좀 더 많은 정보를 담게 된다. §1.5.1에서 보았듯이, 적절히 변환된 특징 표현들은 출력층이 산출하는 간단한 종류의 예측값들에 좀 더 적합하다. 이러한 정교한 결과는 중간층들의 비선형 활성화들이 누적된 결과이다. 전통적으로 은닉층들의 활성화 함수로는 S자형 함수와 tanh 함수가 가장 흔히 쓰였지만 최근에는 ReLU 활성화 함수가 점점 인기를 끌고 있는데, 이는 기울기 소실 및 폭발 문제가 덜하다는 장점 때문이다(제3장의 §3.4.2 참고). 분류 과제에서 마지막 층은 회귀의 경우에는 하나의 선형 뉴런, 이진 분류의 경우에는 S자형 함수와 부호 함수의 조합으로 이루어진 비교적 단순한 예측층이라 할 수 있다. 출력이 복잡하면 더 많은 수의 출력 노드가 필요하다. 전체 작업을 이처럼 은닉층들과 최종 예측층으로 분할하는 방식을, 앞쪽 층들은 주어진 과제를 수행하기에 좀 더 적합 특징 표현을 생성하는 임무를 맡고 있다는 것으로 이해하면 도움이 될 것이다. 이러한 작업 분담이 그림 1.19에 나와 있다. 여기서 핵심은, 은닉층들이 학습하는 특징들이 같은 응용 영역(텍스트, 이미지 등등)의 다른 자료 집합과 문제 설정들로도 일반화될 때가 많다는 것이다(항상 그렇지는 않더라도). 이러한 성질을, 특정 응용 영역에 대해 미리 훈련된 신경망의 출력 노드(들)를 주어진 문제에 대한 응용 영역 고유의 출력층으로 대체함으로써(이를테면 S자형 분류층 대신 선형회귀 층을 사용하는 등) 다양하게 활용할 수 있다. 이런 방식에서는 새로운 출력층의 가중치들만 새 자료 집합을 이용해서 학습하고, 그 외의 층들의 가중치들은 그대로 사용하면 된다.

각 은닉층의 출력은 자료의 변환된 특징 표현이다. 이 표현의 차원은 그 층의 단위 개수로 정의된다. 이러한 과정을, 앞쪽 층들의 특징들은 자료의 기초적인 특성을 대표하는 반면 뒤쪽 층들의 특징들은 분류명과 관련해서 의미가 있는 좀 더 복잡한 특성을 대표한다는 일종의 위계적 특징 공학 과정으로 볼 수 있다. 뒤쪽 층들의 특징들로 표현된 자료는 그 습성이 좋을(특히, 선형 분리가능일) 때가 많은데, 이는 변환들에 의해 특징들의 의미론적 본성이 학습되었기 때문이다. 이미지 자료에 대한 합성곱 신경망 같은 일부 분야에서는 이런 성질이 시각적으로 확연하게 드러난다. 합성곱 신경망에서 앞쪽 층들의 특징들은 일단의 이미지 자료에서 직선이나 외곽선 같은 상세하지만 기초적인 도형을 포착한다. 반면 뒤쪽 층들의 특징들은 훨씬 더 복잡한 형태(훈련 자료로 주어진 이미지의 종류에 따라서는 육각형이나 벌집 모양 등등)를 포착한다. 그런 의미 해석이 가능한 도형들은 해당 이미지 영역의 분류명들과 상관관계가 높을 때가 많다. 예를 들어 직선 선분은 거의 모든 이미지에 존재하지만, 육각형이나 벌집 모양은 특정 부류의 이미지들에서 좀 더 흔히 볼 수 있다. 그런 성질 덕분에 뒤쪽 층들은 선형 분류

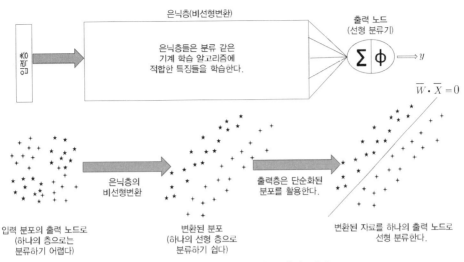

그림 1.19: 은닉층에서 특징 공학의 역할

기 같은 좀 더 단순한 모형보다 이미지들을 좀 더 잘 분류하게 된다. 이러한 과정이 그림 1.19에 나와 있다. 앞쪽 층들의 특징들은 좀 더 복잡한 특징들을 구축하기 위한 요소들로 반복해서 쓰인다. 이처럼 단순한 특징들을 "함께 조합해서" 좀 더 복잡한 특징을 만들어 낸다는 일반 원리는 신경망이 거둔 성공의 핵심에 해당한다. 이러한 조합 원리는 또한 세심하게 조율된 방식으로 미리 훈련된 모형을 활용할 때도 유용하다. 미리 훈련된 모형을 활용하는 학습 기법을 **전이 학습**(transfer learning; 또는 전달 학습)이라고 부르기도 한다.

신경망에서 흔히 쓰이는 전이 학습의 한 구체적인 방법에서는 주어진 자료 집합에 존재하는 자료와 구조를 이용해서 해당 영역 전체의 특징들을 학습한다. 텍스트나 이미지 자료에 관한 응용에서 이런 방식의 전형적인 예를 볼 수 있다. 텍스트 자료의 경우 *Wikipedia*[594] 같은 표준화된 벤치마크 자료 집합과 *word2vec* 같은 모형을 이용해서 텍스트 단어들의 표현들을 생성한다. 텍스트 자료의 본성은 응용 영역이 달라도 별로 다르지 않기 때문에, 그런 표현들은 거의 모든 텍스트 응용에 활용할 수 있다. 이미지 자료에 대해서도 비슷한 접근 방식이 많이 쓰이는데, 이 경우 대표적인 자료 집합은 *ImageNet*이다(§1.8.2 참고). 이 자료 집합의 이미지들로 합성곱 신경망을 미리 훈련해서 얻은 특징들을 다른 종류의 이미지들에 활용할 수 있다. 미리 훈련된 합성곱 신경망은 웹에서 내려받을 수 있으며, 임의의 이미지 자료 집합의 이미지들을 그 합성곱 신경망에 통과시키면 그 이미지 자료 집합의 다차원 표현을 얻게 된다. 더 나아가서, 응용 고유의 자료가 주어진 경우 가용 자료의 양에 맞게 전이 학습의 수준을 조정하는 것도 가능하다. 미리 훈련된 신경망의 일부 층들을 추가적인 자료를 이용해서 세밀하게 조율하면 된다. 응용 고유의 가용 자료가 많지 않은 경우에는 앞쪽 층들의 가중치들은 그냥 미리 훈련된 값들로 설정하고 신경망의 마지막 몇 층의 가중치들만 세부 조율하면 된다. 앞쪽 층들은 기초적인 특징들을 담을 때가 많으므로, 임의의 응용에 좀 더 잘 일반화된다. 예를 들어 합성곱 신경망에서 앞쪽 층들은 윤곽선 같은 기초적인 특징들을 학습하는데, 그런 단순한 특징들은 트럭이나 당근 같은 성격이 아주 다른 이미지들에서 공통으로 유용하다. 반면 이후의 층들은 주어진 이미지 자료 집합에 고유한 좀 더 복잡한 특징들(트럭의 바퀴 대 당근 꼬투리 등)을 담을 때가 많다. 이런 경우에는 이후 층들의 가중치만 세부 조율하는 것이 합리적이다. 응용 고유의 가용 자료가 많을 때는 더 많은 수의 층들을 세부 조율할 수 있다. 정리하자면, 심층 신경망에서는 미리 훈련된 신경망 모형을 이용해서 전이 학습을 훈련하는 방식을 상당히 유연하게 제어할 수 있다.

1.7 고급 주제

이번 절에서는 심층 학습에서 점점 더 관심을 끌고 있는, 그리고 의미 있는 성공을 거둔 몇 가지 주제를 살펴본다. 이번 절에서 소개하는 방법들이 현재 통용되는 계산상의 고려사항들에 제한을 받긴 하지만, 그 잠재력은 상당히 크다.

1.7.1 강화 학습

일반적인 형태의 인공지능에서 신경망은 계속해서 동적으로 변하는 상황에 맞게 행동하는 방법을 배워야 한다. 로봇과 자율주행차(무인 자동차)의 학습이 좋은 예이다. 그런 응용의 한 가지 핵심 가정은, 학습 시스템이 적절한 행동 과정을 미리 알고 있지는 않으며, 다양한 행동을 취했을 때 받는 보상에 기초한 **강화**(reinforcement)를 통해서 배워 나가야 한다는 것이다. 전통적인 기계 학습 방법들로는 이런 종류의 동적 행동 절차를 모형화하기 어렵다. 여기서 핵심은, 학습 시스템이 그런 행동을 명시적으로 모형화하려면 비용이 너무 크지만, 그런 행동을 평가하는 것은 대단히 간단하다는 것이다. 행동의 평가가 간단하다는 것은 학습자의 각 행동에 대한 **보상 가치**(reward value)을 계산하는 것이 간단하다는 뜻이기도 하다.

 학습 시스템이 아무런 사전 지식 없이 어떤 비디오 게임을 플레이하는 방법을 배워야 한다고 하자. 대체로 비디오 게임은 게임 속 세계에서 살아가는 인공적인 존재들로 이루어진 일종의 소우주에 해당하기 때문에, 비디오 게임은 강화 학습 방법들을 시험하는 용도로 아주 적합하다. 현실 세계에서처럼 게임에서도 게임이 가질 수 있는 **상태** (게임 안에서의 고유한 위치)는 일일이 나열하기에는 너무 많을 수 있으며, 최적의 수 (move)를 선택하는 것은 특정 상태로부터 무엇을 모형화하는 것이 정말로 중요한지에 관한 지식에 의존한다. 더 나아가서, 학습 시스템은 게임의 규칙을 전혀 모른 상태에서 출발하므로, 학습 시스템은 마치 실험용 쥐가 미로를 헤매면서 미로의 구조를 배워 나가듯이 다양한 행동을 취해서 자료를 수집해야 한다. 이 때문에 수집된 자료는 학습자의 행동에 의해 크게 편향되며, 결과적으로 학습이 어려워진다(일반화 능력의 관점에서). 강화 학습 기법들의 성공적인 훈련은 인공지능의 성배에 해당하는 **자기 학습 시스템**(self-learning system)으로 나아가는 필수적인 관문이다. 강화 학습 분야가 신경망 분야와는 독립적으로 발견하긴 했지만, 두 분야의 강한 상호보완성 때문에 결국은 두 분야가 함께 발전하게 되었다. 심층 학습 방법들은 고차원 감각 입력들(이를테면 비디오 게임 화면의 픽셀들 또는 로봇 '시각'의 픽셀들)로부터 특징 표현들을 배우는 데 유용하다. 더 나아가서, 강화 학습 방법들은 주의 메커니즘 같은 다양한 종류의 신경망 알고리즘들을 지원하는 데 흔히 쓰인다. 강화 학습 방법들은 제9장에서 논의한다.

1.7.2 자료 저장과 계산의 분리

신경망의 한 가지 중요한 측면은 자료의 저장과 계산이 밀접하게 통합되어 있다는 것이다. 예를 들어 신경망의 상태들은 컴퓨터의 CPU(중앙처리장치)에 있는, 값이 끊임없이 변하는 레지스터들과 비슷하다는 점에서 일종의 일시적 기억 장치라고 할 수 있다. 그런데 자료를 읽고 쓰는 장소를 신경망이 직접 제어할 수 있게 한다면 어떨까? 주의 (attention)와 **외부 메모리**(external memory)라는 개념을 이용하면 그런 신경망을 만들 수 있다. 주의 메커니즘은 이미지 처리에서 이미지의 작은 영역들에 주의를 집중해서 유용한 통찰을 얻는 등의 방식으로 다양하게 활용할 수 있다. 또한, 이런 기법들은 기계 번역에도 쓰인다. 외부 기억 장치를 임의로 읽고 쓸 수 있는 신경망을 가리켜 **신경 튜링 기계**(neural Turing machine)[158] 또는 **기억망**(memory network)[528]이라고 부른다. 이런 방법들은 순환 신경망의 고급 변형들에 해당하지만, 처리할 수 있는 문제의 다양성 면에서 순환 신경망보다 훨씬 큰 잠재력을 가지고 있음이 밝혀지고 있다. 이런 방법들은 제10장에서 논의한다.

1.7.3 생성 대립 신경망(GAN)

생성 대립 신경망(generative adversarial network; 또는 생성적 적대 신경망)은 하나의 자료 생성 모형으로, 두 플레이어가 서로에 대립해서 펼치는 게임의 비유를 이용해서 기반 자료 집합의 생성 모형을 만들어낸다. 이 게임에서 한 플레이어는 생성자(generator)의 역할을 맡고, 다른 한 플레이어는 판별자(discriminator)의 역할을 맡는다. 생성자는 가우스 잡음을 입력으로 삼아서 출력을 산출하는데, 그 출력은 기반 자료와 비슷하되 **새로이 생성된** 표본이다. 판별자는 생성자의 출력이 기반 자료에서 뽑은 진짜 표본인지 아니면 생성된 표본인지 판별하는 역할을 맡는데, 흔히 로지스틱 회귀 같은 확률적 분류기로 구현된다. 생성자는 최대한 진짜 같은 표본을 생성함으로써 판별자를 속이려 하고, 판별자는 생성자가 만들어 낸 가짜 표본을 최대한 잡아 내려 한다. 이를 생성자와 판별자 사이의 대립적 게임으로 이해할 수 있으며, 이에 대한 공식적인 최적화 모형은 최소최대 학습(minimax learning) 문제에 해당한다. 훈련된 최종 모형은 이 최소최대 게임의 내시 **균형**(Nash equilibrium; 또는 내시 평형)이다. 보통의 경우 이 균형점은 판질자가 진짜 표본과 가짜 표본을 구분하지 못하는 지점이다.

이런 방법들을 이용하면 기반 자료 집합을 이용해서 사실적인 가상의 표본을 만들어 낼 수 있다. 이런 방법들은 이미지 응용 분야에서 흔히 쓰이는데, 예를 들어 침실 사진들로 이루어진 자료 집합을 이용해서 이런 방법들로 훈련하면 GAN은 기반 자료 집합에는 없지만 진짜 침실처럼 보이는 사진을 생성한다. 따라서 이 접근 방식은 예술적 또는 창의적인 과제에 적용할 수 있다. 또한, 이런 방법들을 특정 문맥에 맞게 조건화할 수도 있는데, 분류명이나 텍스트 캡션, 세부 사항이 소실된 이미지 등 그 어떤 종류의 대상에 대해서도 그러한 조건화(conditioning)가 가능하다. 이 경우에는 연관된 훈련 목표들의 **쌍**(pair)들이 쓰이는데, 전형적인 예로는 캡션(문맥)과 이미지(기반 대상)의 쌍이 있다. 또한 어떤 물체의 스케치와 그 물체의 실제 사진으로 이루어진 쌍들을 사용할 수도 있다. 예를 들어 다양한 종류의 동물 사진에 캡션이 달린 기반 자료 집합으로 GAN을 훈련한다면, "날카로운 발톱이 있는 파랑새" 같은 문맥 캡션을 이용해서 기반 자료에는 없는 상상의 동물 이미지를 생성하는 것이 가능하다. 또 다른 예로, 지갑의 흑백 연필 스케치로부터 사실적인 총천연색 지갑 이미지를 생성할 수도 있다. 생성 대립 신경망은 제10장에서 논의한다.

1.8 주요 벤치마크 두 가지

신경망 문헌들에 자주 등장하는 벤치마크benchmark 자료 집합은 대부분 컴퓨터 시각 영역의 자료들이다. UCI 저장소[601] 같은 전통적인 기계 학습 자료 집합들을 신경망의 시험에 사용할 수도 있겠지만, 현재 주된 추세는 시각화하기 쉬운 지각 중심적 자료 영역의 자료 집합을 사용하는 것이다. 텍스트와 이미지 영역에는 다양한 자료 집합이 존재하나, 그중 두 가지가 특히 많이 쓰인다. 이는 그 두 벤치마크 자료 집합이 아주 많은 심층 학습 논문들에 등장하기 때문이다. 둘 다 컴퓨터 시각 분야에서 만들어진 자료 집합이긴 하지만, 하나는 아주 단순하기 때문에 컴퓨터 시각 이외의 일반적인 응용을 시험해 보는 데 사용할 수도 있다. 이번 절에서는 두 자료 집합을 간략하게 소개한다.

1.8.1 필기 숫자들을 담은 MNIST 데이터베이스

MNIST 데이터베이스는 필기(손으로 쓴) 숫자들의 이미지를 담은 데이터베이스이다. MNIST는 *Modified National Institute of Standards and Technology*의 약자인데, 이름이 암시하듯이 이 자료 집합은 NIST(미국 국립 표준 기술 연구소)가 수집한 원래의 필기 숫자 데이터베이스를 수정한 것이다. 이 자료 집합에는 6만 개의 훈련용 이미지와 10만 개의 시험용 이미지가 있다. 각 이미지는 손으로 쓴 0에서 9까지의 아라비아 숫자들을 스캔한 것인데, 사람마다 글씨체가 다르다 보니 숫자 이미지들도 제각각이다. 숫자를 쓴 사람들은 미국 인구조사국 직원들과 미국 고등학생들이다. MNIST 데이터베이스의 숫자 이미지들은 NIST 데이터베이스에 있던 원래의 흑백 숫자 이미지들을 원래의 종횡비를 유지하면서 20×20 픽셀 상자 안으로 정규화한 후, 그 상자의 중심이 28×28 픽셀 영역의 중심과 일치하도록 적절히 이동한 결과이다. 이 28×28 영역의

그림 1.20: MNIST 데이터베이스의 필기 숫자 예

각 픽셀은 그 값이 0에서 255 사이인데, 이 값은 회색조의 세기에 해당한다. 그리고 각 이미지에는 0에서 9까지의 해당 숫자 값이 분류명으로 부여되어 있다. 그림 1.20은 MNIST 데이터베이스에 담긴 숫자 이미지들의 예이다. 이 자료 집합은 크기가 비교적 작고, 숫자에 해당하는 단순한 객체들만 담고 있다. 따라서 MNIST 데이터베이스를 '장난감' 자료 집합이라고 부를 수도 있겠다. 그러나, 연구실에서 기계 학습 알고리즘을 빠르게 시험해 보기에 좋다는 점에서, 이 데이터베이스의 작은 크기와 단순함은 장점이기도 하다. 더 나아가서, 숫자들을 (대략) 이미지의 중심에 배치해서 자료 집합이 단순해진 덕분에 컴퓨터 시각 이외의 분야에서도 이 자료 집합을 활용하기 쉽다. 컴퓨터 시각 알고리즘은 이동 불변성(translation invariance) 같은 고유한 가정들을 두는데, 이 자료 집합은 단순하므로 그런 가정이 필요하지 않다. 제프리 힌턴Geoffrey Hinton 은 신경망 연구자들이 MNIST 데이터베이스를 사용하는 것은 생물학자들이 결과를 빨리, 일찍(좀 더 복잡한 생물에 대해 본격적인 검사를 하기 전에) 얻기 위해 초파리를 사용하는 것과 마찬가지라고 말한 적이 있다.[600]

각 이미지의 행렬 표현이 합성곱 신경망에 적합하긴 하지만, 이미지들을 28×28 = 784차원의 다차원 표현으로 변환하는 것도 가능하다. 그러면 이미지의 공간적 정

보가 일부 사라지긴 하지만, 애초에 자료가 비교적 단순하기 때문에 그러한 손실이 큰 문제가 되지는 않는다(적어도 MNIST 자료 집합에서는). 실제로, 784차원 표현에 대해 간단한 지지 벡터 기계를 적용해도 약 0.56%라는 인상적인 오류율을 얻을 수 있다. 다차원 표현(이미지의 공간 구조를 활용하지 않는)에 대한 간단한 2층 신경망은 다양한 매개변수 선택들에 대해 오히려 지지 벡터 기계보다 대체로 나쁜 성과를 낸다! 심층 신경망(그 어떤 특별한 합성곱 구조도 없는)으로는 0.35%의 오류율을 얻을 수 있다.[72] 그보다 깊은 심층 신경망과 합성곱 신경망(공간 구조를 활용하는)의 경우, 다섯 개의 합성곱 신경망들로 이루어진 앙상블을 이용해서 오류율을 0.21%까지 끌어내릴 수 있다.[402] 이처럼 이 단순한 자료 집합에 대해서도, 전통적인 기계 학습에 비한 신경망의 상대적인 성과는 신경망의 구체적인 구조에 따라 차이가 난다.

마지막으로, MNIST 자료 집합의 784차원 비공간적 표현이 컴퓨터 시각 분야 이외의 모든 종류의 신경망 알고리즘을 시험하는 데 쓰인다는 점을 알아두기 바란다. 784차원의 (펼쳐진) 표현이 컴퓨터 시각 과제에는 적합하지 않지만, 시각 지향적이 아닌 (즉, 일반적인) 신경망 알고리즘의 일반적인 유효성을 검사하기에는 여전히 유용하다. 예를 들어 MNIST 자료는 합성곱 기반 자동부호기뿐만 아니라 일반적인 자동부호기를 시험하는 데에도 흔히 쓰인다. 그리고 자동부호기를 이용해서 이미지의 비공간적 표현을 사용해서 원래의 이미지를 복원하는 경우에도, 복원된 픽셀들의 원래의 공간 위치들을 이용해서 결과를 시각화하는 것이 가능하다. 이러한 시각화를 이용하면 알고리즘이 자료를 어떤 식으로 처리하는지 눈으로 파악할 수 있기 때문에, 연구자는 UCI Machine Learning Repository[601]의 자료 집합 같은 임의적인 자료 집합에서는 얻을 수 없는 통찰을 얻을 수 있다. 이상의 이유로 MNIST 자료 집합이 다른 종류의 자료 집합보다 훨씬 널리 쓰인다.

1.8.2 ImageNet 데이터베이스

ImageNet 데이터베이스[581]는 천 가지 범주에서 뽑은 약 1천4백만 장의 이미지들로 이루어진 거대한 데이터베이스이다. 이미지 부류가 대단히 다양해서, 일상생활에서 만날 수 있는 대부분의 이미지를 발견할 수 있다. 이 데이터베이스는 명사들로 이루어진 *WordNet* 계통구조에 따라 조직화되어 있다.[329] *WordNet* 데이터베이스는 유의어 집합(synset)이라는 개념에 기초해서 결정된 영어 단어들 사이의 관계를 담은 자료 집

합이다. *WordNet* 계통구조는 자연어 처리 분야의 기계 학습에 성공적으로 활용된 성과가 있으므로, 이미지 자료 집합을 그런 관계들에 따라 조직화하는 것은 자연스러운 일이다.

ImageNet 데이터베이스가 유명해진 한 가지 이유는 연례 *ImageNet Large Scale Visual Recognition Challenge(ILSVRC)* 공모전이 이 자료 집합을 사용한다는 점이다.[582] 이 공모전은 컴퓨터 시각 공동체에서 권위가 아주 높다. 컴퓨터 시각 분야의 대부분의 주요 연구팀이 이 공모전에 출품한다. 오늘날 쓰이는 최신의 이미지 인식 알고리즘이나 구조 중에는 이 공모전의 출품작이었던 것이 많으며, 일부 방법들은 이미지 분류 같은 몇몇 협소한 과제에서 인간 수준을 뛰어넘는 성과를 내기까지 했다.[184] 이 자료 집합으로 얻은 연구 결과들이 널리 알려진 덕분에, 자신의 연구 결과를 벤치마킹하는 용도로 이 자료 집합이 널리 쓰이게 되었다. *ImageNet* 공모전에 제출된 최신 알고리즘 중 몇 가지를 합성곱 신경망에 관한 제8장에서 논의한다.

ImageNet 자료 집합의 또 다른 중요한 특징은, 이미지 응용 분야의 핵심적인 시각적 개념들을 모두 표현하기에 충분할 정도로 이미지들이 많고 다양하다는 점이다. 그래서 합성곱 신경망들은 흔히 이 자료 집합으로 훈련되며, 미리 훈련된 모형을 임의의 이미지에서 특징들을 추출하는 용도로 사용할 수 있다. 이러한 이미지 표현은 신경망의 끝에서 두 번째 층에 있는 은닉 활성화 값들로 정의된다. 이런 접근 방식을 이용해서, 전통적인 기계 학습 방법들에 사용하기 좋은 다차원 표현을 만들어 낼 수 있다. 이 접근 방식을, *ImageNet* 자료 집합의 시각적 개념들이 다른 응용 분야의 자료 객체들(아직 본 적이 없는)로 전달하는 일종의 전이 학습으로 볼 수도 있다.

1.9 요약

신경망을 생물체의 학습 과정을 흉내 내는 장치로 볼 수도 있지만, 그보다는 하나의 계산 그래프로 간주할 때 신경망을 좀 더 직접적으로 이해할 수 있다. 그러한 계산 그래프는 단순한 함수들을 재귀적으로 합성함으로써 좀 더 복잡한 함수를 학습한다. 신경망 계산 그래프는 매개변수화되므로, 신경망의 학습은 결국 손실함수가 최소화되는 매개변수들을 학습하는 문제로 환원된다. 가장 간단한 형태의 신경망은 최소제곱 회귀 같은 기본적인 기계 학습 모형과 동등할 때가 많다. 신경망의 진정한 위력은 바탕 함수들의 좀 더 복잡한 조합을 사용할 때 비로소 발휘된다. 그런 신경망의 매개변수들은 역전파 알고리즘이라고 하는 하나의 농적 계획법으로 학습한다. 신경망 모형의 학습에는 여러 가지 어려움이 따르는데, 이를테면 과대적합이나 훈련의 불안정성 같은 문제점이 있다. 최근 몇 년간 그런 문제점들을 완화하기 위해 알고리즘들이 다양하게 개선되었다. 텍스트나 이미지 등의 특정 영역에서 심층 학습 방법을 설계할 때는 신경망의 구조를 세심하게 짤 필요가 있다. 그런 구조로는 순환 신경망과 합성곱 신경망이 있다. 학습 시스템이 일련의 결정들을 배워야 하는 동적인 설정에서는 강화 학습 같은 방법들이 유용하다.

1.10 문헌 정보

신경망 설계를 제대로 이해하려면 기계 학습 알고리즘들을 확실하게 이해할 필요가 있다. 특히 경사 하강법에 기초한 선형 모형들을 잘 이해해야 한다. 기계 학습 방법들의 기초에 관해서는 [2, 3, 40, 177]을 추천한다. 여러 문맥에서 신경망들을 조사하고 개괄한 문헌들로는 [27, 28, 198, 277, 345, 431]이 있다. 패턴 인식을 위한 신경망에 관한 고전적인 교과서로는 [41, 182], 심층 학습에 관한 좀 더 최근의 관점을 제공하는 교과서로는 [147]을 들 수 있다. 최근 나온 텍스트 마이닝 관련 서적[6]은 텍스트 분석을 위한 심층 학습의 최근 발전상을 논의한다. [176, 239]는 심층 학습과 계산뇌과학(계산 신경과학)의 관계를 개괄한다.

퍼셉트론 알고리즘은 로젠블랫이 제안했다.[405] 안정성 문제를 해결하기 위해 주머니 알고리즘[128]과 맥스오버Maxover 알고리즘[523], 그리고 기타 여유 기반 방법들[123]이 제안되었다. 비슷한 성격의 초기 알고리즘으로는 위드로-호프Widrow-Hoff 알고리즘[531]과 키질 알고리즘[245]이 있다. 덧셈적(가산) 갱신 대신 곱셈적(승산) 갱신을 이용하는 키질 알고리즘(winnow algorithm)은 서로 무관할 특징들이 많은 상황에서 특히나 유용하다. 원래의 역전파 착안은 제어이론 분야에서 발전한, 합성 함수의 미분 개념에 기초한 것이었다.[54, 237] 계산 그래프를 통해 연관된 변수들의 기울기 기반 최적화를 동적 계획법을 이용해서 수행하는 것은 60년대부터 표준적인 관행이었다. 그러나 당시에는 그런 방법들을 신경망 훈련에 사용한 기록이 없다. 1969년에 민스키Minsky와 패퍼트^{Papert}가 퍼셉트론에 관한 책[330]을 출판했는데, 그들은 다층 신경망을 제대로 훈련할 수 있는 잠재력에 관해 대체로 부정적이었다. 그 책은 하나의 퍼셉트론은 표현력이 제한적임을 보였으며, 사실 당시 다수의 퍼셉트론으로 이루어진 다층 구조를 훈련하는 방법은 아무도 몰랐다. 민스키는 인공지능 분야에서 영향력을 가진 인물이었으며, 그의 책의 부정적인 어조는 신경망 분야가 첫 번째 겨울을 맞는 데 일조했다. 동적 계획법을 신경망의 역전파에 적용한다는 착안은 폴 웨어보스$^{Paul\ Werbos}$의 1974년 PhD 논문[524]에서 처음 제안되었다. 그러나 웨어보스의 연구는 당시 고착화된 신경망에 대한 강력한 반감을 극복하지 못했다. 이후 1986년에 루멜하트^{Rumelhart} 등이 역전파 알고리즘을 다시금 제안했다.[408, 409] 루멜하트 등의 논문은 그 표현의 아름다움 면에서 중요할 뿐만 아니라, 민스키와 패퍼트가 제기한 문제점들의 일부를 해결하기까지 했다. 이는 루멜하트 등의 논문이 비록 해당 방법을 처음으로 제안한 것은 아니었지만 역전파와 관련해서 아주 큰 영향력을 가진 이유의 하나이다. 역전파 알고리즘의 역사에 대한 논의가 폴 웨어보스의 책 [525]에 나온다.

그 논문이 나온 시점에서 신경망은 부분적으로만 부활한 상태였는데, 왜냐하면 신경망의 훈련과 관련된 문제점들이 여전히 해결되지 않았기 때문이다. 그렇긴 하지만 일단의 연구자가 계속해서 신경망을 연구했으며, 합성곱 신경망, 순환 신경망, LSTM 등 현재 잘 알려진 신경망 구조들의 대부분이 2000년이 되기 전에 이미 고안되었다. 그러나 가용 자료와 계산 능력의 한계 때문에, 이런 방법들의 정확도는 여전히 그리 높지 않았다. 더 나아가서, 기울기 소실 및 폭발 문제 때문에 역전파 알고리즘이 더 깊은 심층망의 훈련에는 덜 효과적임이 판명되었다. 그렇지만 당시에도 여러 주요 연구자는 자료와 계산 능력, 그리고 알고리즘 실험 여건이 개선되면 기존 알고리즘들의 성과가 크게 개선될 것임을 예측했다. 2000년대 후반에 소위 '빅데이터'가 GPU와 결합하면서 신경망 연구의 붐이 일어났다. 2000년대 후반에 컴퓨터의 계산 능력이 증가해서 실험 주기가 짧아진 덕분에 사전훈련 같은 요령들이 등장하기 시작했다.[198] 신경망의 부활은 2011년 이후에 이미지 분류를 위한 인공지능 공모전들에서 신경망들이 좋은 성과로 우승을 거둔 덕분에[255] 대중적으로도 알려졌다. 이런 공모전들에서 심층 학습 알고리즘들이 꾸준히 성과를 내면서, 오늘날 우리 모두 실감할 정도로 심층 신경망이 인기를 끌게 되었다. 한 가지 주목할 점은, 공모전들에서 우승한 신경망 구조들이 20년도 더 전에 개발된 것들과 크게 다르지 않다는(비록 핵심적인 차이가 있긴 하지만) 점이다.

폴 웨어보스는 순환 신경망의 신구자였으며, 시간에 대한 역전파 알고리즘의 원래 비전을 제안했다.[526] 합성곱 신경망의 기본 개념은 네오코그니트론neocognitron[127]의 맥락에서 제안되었으며, 이후 *LeNet-5*로 일반화되었다. *LeNet-5*는 최초의 합성곱 신경망 중 하나이다. [208]은 보편적 함수 근사기로서의 신경망의 능력을, [340]은 매개변수 개수의 감소에 대한 깊이 증가의 이로운 효과를 논의한다.

신경망의 이론적 표현력은 신경망 역사의 초기에 이미 인식되었다. 예를 들어 초기 연구 문헌 중에는 은닉층이 하나인 신경망으로 임의의 함수를 근사할 수 있음을 보인 것이 있다.[208] 이후 순환 신경망 같은 특정 종류의 신경망 구조가 튜링 완전이라는 점도 밝혀졌다.[444] 여기서 신경망이 튜링 완전이라는 것은, 그 어떤 알고리즘이라도 신경망으로 흉내 낼 수 있다는 뜻이다. 물론 신경망 훈련과 관련해서 다양한 실천적 문제점들이 있기 때문에, 그러한 흥미로운 이론적 결과가 항상 현실 세계의 실제 성과로 이어지지는 않는다. 그런 실천적인 문제점 중 가장 두드러진 것은, 얕은 신경망을 훈련하려면 엄청나게 많은 자료가 필요하다는 것이다. 깊이를 늘리면 이 문제가 완화된다. 깊이 증가는 신경망이 자료점들에서 반복해서 나타나는 패턴들을 식별하고 배우게 하는 일종의 정칙화라 할 수 있다. 그러나 깊이를 증가하면 신경망의 훈련이 어려워진다(최적화의 관점에서). 이런 몇몇 문제점에 관한 논의가 [41, 140, 147]에 나온다. [267]은 더 깊은 신경망이 제공하는 이득을 평가한 실험의 결과를 제시한다.

1.10.1 동영상 강의

유튜브YouTube나 *Coursera* 같은 곳에는 심층 학습에 관한 무료 동영상 강의가 넘쳐난다. 그중 가장 권위 있는 자료 두 가지 중 하나는 *Coursera*에 있는 제프리 힌턴의 강좌[600]이다. *Coursera*는 다양한 심층 학습 강좌를 제공하며, 관련 분야의 강좌도 두 개가 있다. 이 책을 쓰는 도중 앤드류 응Andrew Ng의 이해하기 쉬운 강좌도 추가되었다. 권위 있는 두 공개 자료 중 다른 하나는 유튜브에 있는 스탠퍼드 대학교 합성곱 신경망 강좌[236]이다. 카패시Karpathy, 존슨Johnson, 페이페이Fei-Fei의 이 강좌는 합성곱 신경망에 관한 것이긴 하지만, 신경망의 다른 여러 주제도 훌륭하게 다룬다. 강좌의 초반부는 보통의 신경망과 훈련 방법들을 소개한다.

또한, 난도 드 프레이타스Nando de Freitas의 기계 학습 강좌[89]와 심층 학습[90] 등 유튜브에는 기계 학습의 다양한 주제에 관한 동영상 강의들이 있다. 심층 학습에 관한 또 다른 흥미로운 강좌로는 셰르부르크 대학교의 위고 라로셸$^{Hugo\ Larochelle}$이 제공하는 신경망 강좌가 있다.[262] [137]은 워털루 대학교의 알리 고드시$^{Ali\ Ghodsi}$가 제공하는 심층 학습 강좌이다. 심층 학습을 위한 자연어 처리 방법들에 관한 크리스토퍼 매닝$^{Christopher\ Manning}$의 동영상 강의들[312]도 있다. 그리고 데이비드 실버$^{David\ Silver}$의 강화 학습 강의들을 [619]에서 볼 수 있다.

1.10.2 소프트웨어 정보

심층 학습을 지원하는 기계 학습 프레임워크는 *Caffe*[571], *Torch*[572], *Theano*[573], *TensorFlow*[574] 등으로 다양하다. 파이썬^{Python}과 MATLAB을 위한 *Caffe* 확장 버전도 있다. *Caffe*는 캘리포니아 대학교 버클리가 개발한 소프트웨어로, C++로 작성되었다. 이 프레임워크는 사용자가 신경망의 구조를 지정할 수 있는 고수준 인터페이스를 제공하며, 비교적 간단한 스크립팅 언어를 이용해서 코드를 아주 조금만 작성해도 신경망을 구축하는 것이 가능하다. *Caffe*의 주된 단점은 문서화가 비교적 제한적이라는 것이다. *Theano*[35]는 파이썬 기반으로, *Keras*[575]와 *Lasagne*[576] 같은 고수준 패키지들을 인터페이스로 제공한다. *Theano*는 계산 그래프 개념에 기초하며, 제공하는 대부분의 기능은 그러한 계산 그래프 추상을 명시적으로 사용한다. 구글^{Google}이 주도하는 프레임워크인 *TensorFlow*[574]도 대단히 계산 그래프 중심적이다. Lua라는 고수준 언어로 작성된* *Torch*[572]는 비교적 사용하기 쉽다. 최근 몇 년 사이에 *Torch*는 다른 프레임워크들에 비해 좀 더 튼튼한 기반을 구축했다. 특히 *Torch*에는 GPU 지원 기능이 밀접하게 통합되어 있기 때문에 *Torch* 기반 응용 프로그램을 GPU들에서 실행하기가 비교적 간단하다. 이상의 프레임워크들 중에는 컴퓨터 시각과 텍스트 마이닝 분야에서 미리 훈련된 모형(사용자가 가진 자료 집합에서 특징들을 추출하는 데 사용할 수 있는)을 제공하는 것들이 많다. **DeepLearning4j** 저장소[590]에는 심층 학습에 사용할 수 있는 미리 만들어진 도구들이 많이 있다. IBM의 *PowerAI* 플랫폼은 IBM Power Systems에서 돌아가는 여러 기계 학습 및 심층 학습 프레임워크들을 제공한다.[599] 특히, 이 책을 쓰는 현재, 이 플랫폼은 특정 용도에 무료로 사용할 수 있는 버전도 제공된다.

※ **역주** 엄밀히 말해서 Lua는 Torch의 기능을 손쉽게 활용하기 위한 스크립팅 언어이고, Torch의 핵심 기능 자체는 C 언어로 작성되었다.

연습문제

1. 두 점 $\{(0,0),(1,1)\}$이 한 부류에 속하고 다른 두 점 $\{(1,0),(0,1)\}$이 또 다른 부류에 속하는 XOR 함수를 신경망으로 모형화한다고 하자. ReLU 활성화 함수를 이용해서 두 부류를 그림 1.14에 나온 예와 비슷한 방식으로 분리하는 방법을 제시하라.

2. S자형 활성화 함수와 tanh 활성화 함수(각 경우에서 $\Phi(\cdot)$로 표기)의 다음 성질을 각각 증명하라.
   (a) S자형 활성화 함수: $\Phi(-v) = 1 - \Phi(v)$
   (b) tanh 활성화 함수: $\Phi(-v) = -\Phi(v)$
   (c) 엄격한 tanh 활성화 함수: $\Phi(-v) = -\Phi(v)$

3. tanh 함수가 S자형 함수를 다음과 같이 수직, 수평으로 비례하고 수직으로 이동한 것임을 보여라.

$$\tanh(v) = 2\sigma(2v) - 1$$

4. 두 점 $\{(-1,-1),(1,1)\}$이 한 부류에 속하고 다른 두 점 $\{(1,-1),(-1,1)\}$이 또 다른 부류에 속하는 자료 집합이 있다. $(0,0)$에서의 퍼셉트론 매개변수 값들로 시작해서, $\alpha = 1$로 두고 확률적 경사 하강법 갱신을 손으로 몇 번 직접 수행한다고 하자. 확률적 경사 하강법 갱신들을 수행할 때 자료점들을 임의의 순서로 순환해서 재사용한다.
   (a) 알고리즘이 수렴하는가? 갱신을 거듭해도 목적함수의 값이 거의 변하지 않으면 수렴한다고 간주할 것.
   (b) 수렴하는 이유 또는 수렴하지 않는 이유를 설명하라.

5. 연습문제 4를 이어서, 그 자료 집합의 두 특징을 (x_1, x_2)로 표기하자. 그리고 다음과 같이 새로운 1차원 표현 z를 정의한다.

$$z = x_1 \cdot x_2$$

자료 집합이 z에 해당하는 1차원 표현에 대해 선형 분리가능인지 밝히고, 분류 문제에서 비선형변환의 중요성을 설명하라.

6. 독자가 선호하는 프로그래밍 언어를 이용해서 퍼셉트론을 구현하라.

7. S자형 활성화 함수의 미분이 인수의 값과 무관하게 0.25를 넘지 않음을 보여라. S자형 활성화 함수의 미분이 최댓값 0.25가 되는 인수의 값은 무엇인가?

8. tanh 활성화 함수의 미분이 인수의 값과 무관하게 1을 넘지 않음을 보여라. tanh 활성화 함수의 미분이 최댓값 1이 되는 인수의 값은 무엇인가?

9. 두 입력 x_1과 x_2를 받는 신경망이 있다. 이 신경망의 은닉층은 둘이고, 한 은닉층의 은닉 단위는 둘이다. 각 층의 가중치들이, 그 층의 위쪽 단위는 주어진 입력들의 합에 S자형 활성화 함수를 적용하고 아래쪽 단위는 주어진 입력들의 합에 tanh 활성화 함수를 적용하도록 설정된다고 가정한다. 신경망의 끝에는 하나의 출력 노드가 두 입력의 합에 ReLU 활성화 함수를 적용한다. 이 신경망의 출력을 x_1과 x_2의 함수로서의 **닫힌 형식**으로 표현하라. 이 연습문제를 풀어 보면 신경망이 계산하는 함수들이 얼마나 복잡한지 감을 잡을 수 있을 것이다.

10. 연습문제 9의 닫힌 형식의 x_1에 대한 편미분을 구하라. 신경망에 대한 경사 하강법에서 닫힌 형식의 미분을 계산하는 것(전통적인 기계 학습에서처럼)이 현실적일까?

11. $x_1 > x_2$인 모든 점이 양성 부류(positive class)에 속하고 $x_1 \leq x_2$인 모든 점은 음성 부류(negative class)에 속하는 2차원 자료 집합을 생각해 보자. 이 경우 두 부류의 진정한 분리자는 $x_1 - x_2 = 0$으로 정의되는 하나의 선형 초평면(직선)이다. 양의 사분면의 단위 정사각형 안에서 무작위로 20개의 점들을 생성해서 훈련 자료 집합을 만들고, 각 점에 대해 첫 좌표성분 x_1이 둘째 좌표성분 x_2보다 큰지의 여부에 따라 양 또는 음에 해당하는 분류명을 부여했다고 하자.

(a) 정칙화가 없는 퍼셉트론 알고리즘을 구현하고, 앞의 훈련 자료점 20개로 훈련한 후 단위 정사각형 안에서 무작위로 생성한 1000개의 시험 자료점을 이

용해서 그 정확도를 검사하라. 시험 자료점들은 훈련 자료점들과 동일한 방식으로 생성할 것.

(b) 앞의 퍼셉트론 구현의 퍼셉트론 완성기준을 경첩 손실로 바꾸어서 다시 훈련한 후 앞에서와 동일한 시험 자료점들로 정확도를 측정하라. 정칙화는 사용하지 말 것.

(c) (a)와 (b) 중 어느 쪽이 더 정확한가?

(d) 이전과는 다른 훈련 자료 집합(훈련점 20개)을 사용해서 훈련해도 동일한 1000개의 시험 견본들에 대한 분류 정확도가 크게 변하지 않는 것은 어떤 경우일까?

2

얕은 신경망을 이용한 기계 학습

"단순함은 궁극의 정교함이다."
— 레오나르도 다 빈치

2.1 소개

대체로 전통적인 기계 학습은 최적화와 경사 하강법을 이용해서 매개변수화된 모형 (parameterized model)을 학습한다. 그런 모형의 예로는 선형회귀, 지지 벡터 기계(SVM), 로지스틱 회귀, 차원 축소, 행렬 인수분해 등이 있다. 신경망 역시 연속 최적화 방법으로 학습되는 매개변수화된 모형이다. 이번 장은 기계 학습의 아주 다양한 최적화 중심적 방법들을 층이 하나나 둘뿐인 **아주 단순한** 신경망 구조로 흉내 낼 수 있음을 보여준다. 실제로, 신경망은 그러한 단순한 모형들의 좀 더 강력한 버전이라고 할 수 있다. 신경망의 위력은 기본 모형들을 조합함으로써 좀 더 포괄적인 신경망 구조(즉, 계산 그래프)를 형성하는 것에서 비롯된다. 이 책에서 전통적인 기계 학습과 신경망의 이러한 대응 관계를 일찍 제시하는 것은, 이것이 기계 학습에 흔히 쓰이는 심층 신경망의 설계(기본 단위들을 조합함으로써 신경망을 구성하는)를 독자가 이해하는 데 도움이 되기 때문이다. 더 나아가서, 이러한 관계를 파악하면 전통적인 기계 학습과 신경망의 구체적인 차이점을 좀 더 잘 이해할 수 있으며, 특히 신경망이 더 잘 수행하는 응용 과제가 어떤 것인지 잘 알 수 있다. 많은 경우 이런 단순한 신경망 구조(전통적인 기계 학습 방법들에 대응되는)를 조금만 수정해도 이전에는 연구된 적이 없는 기계 학습의 유용한 변형이 나온다. 어떤 면에서, 한 계산 그래프의 여러 요소를 조합하는 방법의 수는 전통적인 기계 학습에서 연구된 것보다 훨씬 많다(심지어 얕은 모형을 사용할 때도).

가용 자료가 적으면 복잡한 또는 '깊은' 신경망 구조가 오히려 해가 될 수 있다. 또한, 가용 자료가 적은 설정에서는 전통적인 기계 학습 모형들을 최적화하기가 더 쉽다 (그런 모형들은 사람이 이해하기 쉬우므로). 반면 자료의 양이 증가하면 신경망의 이점이 두드러지는데, 이는 더 많은 수의 뉴런들로 이루어진 계산 그래프 덕분에 신경망이 좀 더 복잡한 함수들을 배울 수 있기 때문이다. 그림 2.1은 이 점을 나타낸 것이다.

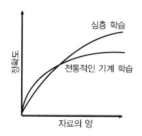

그림 2.1: 전통적인 기계 학습 알고리즘과 대규모 심층 신경망의 정확도를 비교한 그림(그림 1.2 를 다시 표시했음)

심층 학습 모형은 로지스틱 회귀나 선형회귀 같은 좀 더 단순한 모형들을 차곡차곡 쌓은 것으로 볼 수 있다. 이번 장에서 상세히 이야기하겠지만, 선형 뉴런과 S자형 활성화 함수를 조합하면 **로지스틱 회귀** 모형이 된다. 선형 단위와 S자형 활성화 함수의 조합은 좀 더 복잡한 신경망의 구축에도 광범위하게 쓰인다.[1] 이로부터 다음과 같은 질문이 자연스럽게 제기된다.[312]

심층 학습은 그냥 로지스틱 회귀나 선형회귀 같은 단순 모형들을 쌓은 것일 뿐일까?

실제로 이런 관점에서 볼 수 있는 신경망 구조가 많긴 하지만, 이 관점은 심층 학습 모형과 관련된 복잡성과 사고방식을 온전히 포착하지는 못한다. 예를 들어 심층 신경

---

1) 최근에는 S자형 단위 대신 ReLU(정류 선형 단위)가 많이 쓰인다.

망 구조 중에는 입력 자료의 **영역 고유 지식**에 근거해서 단순 모형들을 특정한 방식으로 쌓음으로써 성과를 내는 것들도 있다(순환 신경망이나 합성곱 신경망이 그러한 예이다). 더 나아가서, 서로 다른 단위들이 매개변수들을 공유함으로써 특정 종류의 성질을 따르는 해를 산출하게 하는 모형들도 있다. 기본 단위들을 독창적인 방식으로 조합하는 능력은 심층 학습 실무자에게 꼭 필요한 구조적 능력이다. 어쨌거나, 기계 학습의 기본 모형들은 심층 학습에서 계산의 기본 단위로 거듭 쓰인다는 점에서, 그런 기본 모형들의 성질을 파악하는 것은 독자에게 중요한 일이다. 그래서 이번 장에서는 그런 기본 모형들을 차례로 살펴본다.

초창기 몇몇 신경망(이를테면 피셉트론과 위드로-호프 학습 모형)과 전통적인 기계 학습 모형(이를테면 지지 벡터 기계와 피셔 판별 모형)이 밀접히 관련되어 있음을 아는 것이 중요하다. 관련된 모형들이 각자 다른 공동체에서 개별적으로 제안되었기 때문에 그런 관계들을 여러 해 동안 아무도 눈치채지 못한 경우도 있었다. 구체적인 예로, L_2 지지 벡터 기계의 손실함수는 제프리 힌턴이 1989년에 신경망 구조의 맥락에서 제안했다.[190] 이 손실함수와 정칙화를 사용하는 신경망은 L_2 지지 벡터 기계와 동일하게 작동한다. 반면 지지 벡터 기계에 관한 코르테스^{Cortes}와 바프닉^{Vapnik}의 논문[82]은 L_1 손실함수가 제안된 후 몇 년이 지나서 나왔다. 이런 관계가 놀라운 것은 아닌데, 왜냐하면 하나의 얕은 신경망을 정의하는 최상의 방법이 기존의 기계 학습 알고리즘들과 밀접한 관련이 있을 때가 많기 때문이다. 정리하자면, 독자가 신경망과 전통적인 기계 학습에 대한 통합된 관점을 가지려면 이런 기본적인 신경망 모형들을 잘 파악하는 것이 중요하다.

이번 장에서 살펴볼 기계 학습 모형들은 크게 두 범주로 나뉜다.

1. **지도 학습 모형**: 이번 장에서 논의하는 지도 학습 모형들은 기본적으로 전통적인 기계 학습의 선형 모형과 그 변형들에 대응된다. 여기에는 최소제곱 회귀, 지지 벡터 기계, 로지스틱 회귀 같은 방법들이 포함된다. 또한, 이런 모형들의 다부류(multiclass) 변형들도 살펴볼 것이다.

2. **비지도 학습 모형**: 이번 장에서 논의하는 비지도 학습 모형들은 기본적으로 전통적인 기계 학습의 차원 축소와 행렬 인수분해에 대응된다. 주성분분석 같은 전통적인 방법들도 간단한 신경망 구조로 표현할 수 있다. 이런 모형들을 조금 수정하

면 대단히 다양한 성질들의 축소를 구현할 수 있는데, 이에 관해서도 이번 장에서 논의할 것이다. 신경망의 관점은 선형 차원 축소, 비선형 차원 축소, 희소 특징 학습 같은 서로 아주 다른 여러 비지도 학습 방법들 사이의 관계를 이해하는 데에도 도움이 된다. 따라서 신경망은 전통적인 기계 학습 알고리즘들을 통합적으로 파악하는 틀을 제공한다고 할 수 있다.

이번 장은 독자가 전통적인 기계 학습 모형들을 기본적으로 이해하고 있다고 가정한다. 그렇긴 하지만, 충분한 경험이 없는 독자를 위해 각 모형의 간략한 개요도 제공한다.

이번 장의 구성

다음 절은 분류와 회귀를 위한 몇 가지 기본 모형(최소제곱 회귀, 이진 피셔 판별, 지지 벡터 기계, 로지스틱 회귀 등)을 논의한다. §2.3에서는 이 모형들의 다부류 변형들을 소개한다. 신경망을 위한 특징 선택 방법들은 §2.4에서 논의하고, 자동부호기를 이용한 행렬 인수분해는 §2.5에서 논의한다. 그다음 절인 §2.6에서는 단순 신경망 구조의 구체적인 응용 사례인 *word2vec* 방법을 논의하고, §2.7에서는 그래프 노드 내장을 생성하는 간단한 방법들을 소개한다. §2.8에서는 이번 장의 내용을 요약한다.

2.2 이진 분류 모형을 위한 신경망 구조

이번 절에서는 최소제곱 회귀와 분류 같은 기계 학습 모형들을 위한 기본적인 신경망 구조 몇 가지를 논의한다. 차차 보겠지만, 해당 신경망 구조들은 기계 학습의 퍼셉트론 모형을 조금 변형한 것들이다. 주된 차이는 마지막 층에 어떤 활성화 함수를 사용하느냐, 그리고 그 출력들에 어떤 손실함수를 적용하느냐에 있다. 이는 이번 장에서 거듭 등장하는 주제이다. 이번 장을 통해서, 신경망 구조의 그런 작은 차이가 전통적인 기계 학습의 서로 다른 여러 모형으로 이어짐을 보게 될 것이다. 전통적인 기계 학습 모형들을 이처럼 신경망 구조로 표현하는 것은 언뜻 달라 보이는 다양한 기계 학습 모형들이 사실은 아주 밀접하게 연관되어 있음을 이해하는 데에도 도움이 된다.

이번 절 전반에서는 입력 노드가 d개이고 출력 노드가 하나인 단층 신경망을 사용한다. d개의 입력 노드에서 하나의 출력 노드로의 연결들에 부여되는 계수(가중치)들

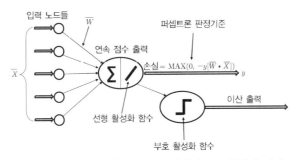

그림 2.2: 이산 예측과 연속 예측을 모두 지원하도록 확장된 퍼셉트론 구조

을 벡터 $\overline{W} = (w_1 \ldots w_d)$로 표기한다. 치우침 힝은 굳이 따로 두지 않는데, 그냥 힝상 값이 1인 가짜 입력 노드를 하나 추가하고 그 계수를 치우침 항으로 사용하면 되기 때문이다.

2.2.1 퍼셉트론 다시 보기

$(\overline{X_i}, y_i)$가 하나의 훈련 견본이고 $\overline{X_i}$는 특징 변수들의 벡터, y_i는 다음 관계식을 이용해서 특징들로부터 예측한 관측값이라고 하자.

$$\hat{y_i} = \text{sign}(\overline{W} \cdot \overline{X_i}) \tag{2.1}$$

여기서 $\overline{W}$는 퍼셉트론이 학습한 d차원 계수 벡터이다. $\hat{y_i}$ 위의 악센트 표시('모자')는 이것이 실제로 관측한 값이 아니라 예측한 값이라는 뜻이다. 일반적으로, 신경망 훈련의 목표는 예측값 $\hat{y_i}$가 관측값 y_i와 최대한 가까워지게 하는 것이다. 퍼셉트론의 경사 하강법 갱신 단계들은 오분류 횟수를 줄이는 데 초점을 두고 있으므로, 갱신은 관측값과 예측값의 차이 $(y_i - \hat{y_i})$에 비례한다. 다음은 제1장 식 1.33에 나온 퍼셉트론 갱신 공식을 지금 예에 맞게 표현한 것이다.

$$\overline{W} \Leftarrow \overline{W}(1 - \alpha\lambda) + \alpha(y_i - \hat{y_i})\overline{X_i} \tag{2.2}$$

경사 하강법의 갱신이 이처럼 관측값과 예측값의 차이에 비례하는 경우에는 $(y_i - \hat{y_i})^2$ 같은 제곱 손실함수를 사용하는 것이 자연스럽다. 그럼 관측값과 예측값의 차이('손실')의 제곱을 손실함수로 사용하는 신경망 구조를 살펴보자. 그림 2.3(a)가 그러한 구조를 나타낸 것이다. 이 구조에서 출력은 이산값이다. 문제는, 손실함수의 인수가

0 아니면 4이므로 손실함수의 값 역시 이산적이라는 것이다. 이산적인 손실함수는 함수의 값이 도약하는 지점들이 존재하는 계단 모양이기 때문에 미분할 수 없다.

역사적으로, 퍼셉트론은 손실함수가 제안되기도 전에 경사 하강법 갱신 공식이 제안된 몇 안 되는 학습 모형의 하나이다. 퍼셉트론이 실제로 최적화하는 **미분 가능 목적함수**는 어떤 것일까? 이 질문의 답을 제1장의 §1.2.1.1에서 찾을 수 있다. 그 절을 잘 읽어 보면 경사 하강법 갱신이 오분류된 훈련 견본(즉, $y_i \hat{y}_i < 0$인 견본)에 대해서만 일어난다는 점과 갱신 공식을 지시함수(indicator function; 인수로 주어진 조건이 성립하면 1, 그렇지 않으면 0인 함수) $I(\cdot) \in \{0,1\}$을 이용해서 다음과 같이 표현할 수 있음을 깨달을 수 있을 것이다.

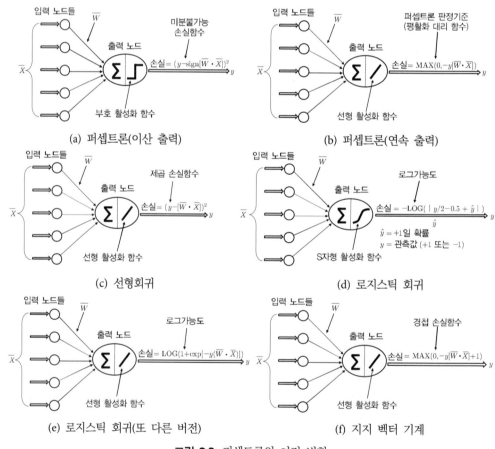

그림 2.3: 퍼셉트론의 여러 변형

$$\overline{W} \Leftarrow \overline{W}(1-\alpha\lambda) + \alpha y_i \overline{X_i} \big[I(y_i \hat{y}_i < 0) \big] \tag{2.3}$$

식 2.2를 이 식으로 다시 표현하는 과정에는 오분류된 견본의 경우 $y_i = (y_i - \hat{y}_i)/2$라는 사실과 상수 계수 2를 그냥 학습 속도에 포함시키면 된다는 점이 쓰였다. 이 갱신 공식이 다음과 같은 손실함수 L_i(i번째 훈련 견본에 대한 손실함수)와 부합함을 증명하는 것이 가능하다.

$$L_i = \max\big\{0, - y_i (\overline{W} \cdot \overline{X_i})\big\} \tag{2.4}$$

이 손실함수를 **퍼셉트론 판정기준**(perceptron criterion)이라고 부른다. 이 손실함수를 사용하는 구조가 그림 2.3(b)이다. 그림 2.3(b)의 구조에서 주목할 점은, 연속 손실함수를 계산할 때는 **선형 활성화** 값들이 쓰이지만 주어진 훈련 견본에 대한 이산 예측값을 계산할 때는 여전히 부호(sign) 활성화 함수가 쓰인다는 점이다. 여러 이산변수 예측 설정들에서 출력은 어떤 예측 점수값(이를테면 견본이 특정 부류에 속할 확률 또는 $\overline{W} \cdot \overline{X_i}$의 값)을 이산 예측값으로 변환한 것이다. 그렇지만 최종 예측값이 반드시 이산값이어야 하는 것은 아니다. 그냥 점수에 해당하는 연속값(실수)을 그대로 출력할 수도 있다(그런 점수가 어차피 손실함수 계산에 쓰일 때가 많다). 실제 신경망 구현에서는 부호 활성화 함수가 거의 쓰이지 않는다. 대부분의 구현에서 부류 변수 예측값은 연속값 점수이다. 실제로, 이산값과 연속값을 모두 출력하도록 퍼셉트론 구조를 확장하는 것이 가능하다(그림 2.2). 하지만 손실함수의 계산에는 이산 부분이 관여하지 않으며 어차피 대부분의 출력은 연속값 점수 형태이므로, 이런 종류의 확장된 구조를 사용하는 경우는 거의 없다. 따라서 이 책의 나머지 부분에서는 출력 노드가 시험 견본에 대한 예측 결과에 해당하는 이산값이 아니라 연속 점수값에(그리고 손실함수가 계산되는 방식에) 의존한다고 가정한다.

2.2.2 최소제곱 회귀

최소제곱 회귀(least-squares regression)에서 훈련 자료는 n개의 서로 다른 훈련 견본 $(\overline{X_1}, y_1) \dots (\overline{X_n}, y_n)$으로 이루어진다. 여기서 각 $\overline{X_i}$는 자료점의 d차원 표현이고 각 y_i는 **실수**(real) 목푯값(target)이다. 목푯값이 실수라는 점이 중요하다. 이 때문에 이런 모형이 푸는 바탕 문제는 **분류** 문제가 아니라 **회귀** 문제가 된다. 최소제곱 회귀는 가장 오래된 학습 문제이고, 1970년대에 티코노프^{Tikhonov}와 아르세닌^{Arsenin}이 제안한 경사 하강법들[499]은 퍼셉트론을 위한 로젠블랫의 경사 하강법 갱신[405]과 밀접한 관련이 있다. 실제로, 차차 보겠지만 이진 목푯값들이 마치 실숫값인 것처럼 "가장해서" 최소제곱 회귀를 이진 목푯값에도 적용할 수 있다. 그런 접근 방식으로 만든 학습 방법은 위드로-호프 학습 알고리즘(퍼셉트론 이후 제안된 두 번째 학습 알고리즘으로 신경망 문헌들에서 널리 언급되는)과 동등하다.

최소제곱 회귀에서 목표변수와 특징 변수들의 관계는 다음과 같다.

$$\hat{y}_i = \overline{W} \cdot \overline{X}_i \tag{2.5}$$

$\hat{y}_i$의 악센트 기호가 말해 주듯이, 이것은 예측값이다. 식 2.5에 치우침 항이 없음을 주목하기 바란다. 이번 절 전반에서는 훈련 자료의 특징 중 하나가 항상 값이 1이며, 그 특징의 계수가 치우침 값으로 작용한다고 가정한다. 이는 전통적인 기계 학습 분야에서 가져온 표준적인 특징 공학 요령이다. 신경망의 경우에는 치우침 항을 출력이 항상 1인 치우침 뉴런으로 대신할 때가 많다(제1장 §1.2.1 참고). 실제 응용에서는 거의 항상 이러한 치우침 뉴런이 쓰이지만, 이 책에서는 표현의 간결함을 위해 그런 뉴런을 생략하기로 한다.

예측 오차 e_i는 $e_i = (y_i - \hat{y}_i)$로 주어진다. 여기서 $\overline{W} = (w_1 \ldots w_d)$는 d차원 계수 벡터이다. 신경망은 훈련 자료 전체에 대한 총 제곱오차 $\sum_{i=1}^{n} e_i^2$이 최소가 되는 이 벡터의 성분들을 학습해야 한다. i번째 훈련 견본에 대한 손실함수는 다음과 같다.

$$L_i = e_i^2 = (y_i - \hat{y}_i)^2 \tag{2.6}$$

이 손실함수를, 퍼셉트론과 기본적으로 같되 제곱 손실함수와 항등 활성화 함수의 조합을 사용하는 구조로 흉내 낼 수 있다. 그림 2.3(c)가 그러한 구조이고, 원래의 퍼셉트론 구조는 그림 2.3(a)이다. 퍼셉트론과 최소제곱 회귀의 목표는 동일하다. 둘 다 예측 오차를 최소화하는 것이 목표이다. 그러나, 분류 문제에 대한 손실함수는 당연히 이산 함수이기 때문에 퍼셉트론 알고리즘은 원하는 목푯값의 매끄러운(평활화된) 근삿값을 사용해야 한다. 그것이 그림 2.3(b)에 나온 평활화된 **퍼셉트론 판정기준**이다. 잠시 후에 보겠지만, 최소제곱 회귀의 경사 하강법 갱신은 퍼셉트론의 것과 아주 비슷하다. 주된 차이점은, 최소제곱 회귀에서는 $\{-2, +2\}$에 속하는 이산 오차가 아니라 실숫값 오차가 쓰인다는 것이다.

퍼셉트론 알고리즘에서처럼, 확률적 경사 하강법의 갱신 단계는 e_i^2의 $\overline{W}$에 대한 기울기로 결정되는데, 신경망에 주어진 훈련 견본이 $(\overline{X_i}, y_i)$라고 할 때, 이 기울기는 다음과 같이 계산된다.

$$\frac{\partial e_i^2}{\partial \overline{W}} = -e_i \overline{X_i} \tag{2.7}$$

이러한 기울기들에 기초한, $\overline{W}$에 대한 경사 하강법 갱신 공식은 다음과 같다. α는 단계의 크기(학습 속도)이다.

$$\overline{W} \Leftarrow \overline{W} + \alpha e_i \overline{X}$$

이를 다음과 같이 표현할 수도 있다.

$$\overline{W} \Leftarrow \overline{W} + \alpha(y_i - \hat{y}_i)\overline{X} \tag{2.8}$$

최소제곱 회귀의 경사 하강법 갱신 공식에 망각 인수(forgetting factor)를 도입하는 것도 가능하다. 그러한 정칙화를 추가하는 것은 $\lambda \cdot \|\overline{W}\|^2$에 비례하는 정칙화 항(여기서 $\lambda > 0$은 정칙화 매개변수)을 최소제곱 회귀의 손실함수에 일종의 벌점으로서 가하는 것에 해당한다. 다음은 이를 반영한 갱신 공식이다.

$$\overline{W} \Leftarrow \overline{W}(1 - \alpha \cdot \lambda) + \alpha(y_i - \hat{y}_i)\overline{X} \tag{2.9}$$

이 갱신 공식이 식 2.2의 퍼셉트론 갱신 공식과 거의 비슷하다는 점에 주목하기 바란다. 그러나 두 갱신 공식이 정확히 같은 것은 아닌데, 이는 예측값 $\hat{y}_i$의 계산 방식이 다르기 때문이다. 퍼셉트론의 경우에는 이진값 $\hat{y}_i$를 계산하기 위해 $\overline{W} \cdot \overline{X_i}$에 부호 함수가 적용된다. 따라서 오차 $(y_i - \hat{y}_i)$로 가능한 값은 $\{-2, +2\}$뿐이다. 반면 최소제곱 회귀의 예측값 $\hat{y}_i$는 부호 함수가 적용되지 않은 실숫값이다.

이러한 관찰에서 자연스럽게 "이진 목표 관측값에 최소제곱 회귀를 직접 적용해서, 실수 예측값 $\hat{y}_i$와 이진 목표 관측값 $y_i \in \{-1, +1\}$ 사이의 제곱 거리를 최소화하면 어떨까?"라는 생각이 떠오를 것이다. 이진 목푯값에 최소제곱 회귀를 직접 적용하는 것을 **최소제곱 분류**(least-squares classification)라고 부른다. 이 경우 경사 하강법 갱신은 식 2.9의 것과 같다. 그리고 식 2.9는 퍼셉트론의 갱신 공식과 **겉보기**에 동일하다. 그러나 최소제곱 분류 방법의 결과가 퍼셉트론 알고리즘의 결과와 같지는 않은데, 이는 최소제곱 분류 **실숫값** 훈련 오차 $(y_i - \hat{y}_i)$와 퍼셉트론 **정수** 오차 $(y_i - \hat{y}_i)$의 계산 방식이 완전히 다르기 때문이다. 이러한 최소제곱 분류는 **위드로-호프 학습**(Widrow-Hoff learning)과 동등하다.

2.2.2.1 위드로–호프 학습

퍼셉트론에 이어 1960년에 위드로-호프 학습 규칙이 제안되었다. 그런데 위드로-호프 학습은 근본적으로 새로운 어떤 것이 아니라, 기존의 최소제곱 회귀를 이진 목푯값에 직접 적용하는 것이었다. 위드로-호프 학습에서는 **미지의 시험 견본**의 실수 예측값을 부호 함수를 이용해서 이진 예측값으로 변환하긴 하지만, 훈련 견본과의 오차는 실수 예측값을 직접 사용해서 계산한다(퍼셉트론과는 다른 점이다). 그래서 위드로-호프 학습을 **최소제곱 분류** 또는 **선형 최소제곱법**(linear least-squares method)이라고도 부른다.[6] 한 가지 놀라운 점은, 위드로-호프 학습 규칙과는 무관하게 1936년에 제안된 피셔 판별 (Fisher discriminant)이라고 하는 방법 역시 목푯값이 이진인 특수 경우에 대해 위드로-호프 학습으로 환원된다는 것이다.

공식적으로, 피셔 판별은 급간분산(interclass variance)과 급내분산(intraclass variance)의※ 비에 해당하는 하나의 방향 $\overline{W}$가 투영된 자료 안에서 최대가 되게 만드는 것이다. 적절한 스칼라 b를 선택해서 하나의 초평면 $\overline{W} \cdot \overline{X} = b$를 정의하면 모형이 두 부류를 잘 분리할 수 있다. 이 초평면은 분류의 기준으로 쓰인다. 언뜻 보면 피셔 판별 방법의 정의가 최소제곱 회귀/분류와 상당히 다른 것 같지만, 놀랍게도 이진 목푯값에 대한 피셔 판별은 최소제곱 회귀를 이진 목푯값에 직접 적용하는 것(즉, 최소제곱 분류)과 동등하다. 자료와 목푯값들이 모두 평균을 중심으로 한다면 편향 변수 b를 0으로 둘 수 있다. 이진 목푯값에 대한 피셔 판별과 최소제곱 분류가 동등하다는 점은 여러 문헌에서 증명되었다.[3, 6, 40, 41]

※ **역주** 급내분산과 급간분산은 통계학의 용어로, 신경망의 맥락에서는 부류 내 분산과 부류 간 분산에 해당한다.

위드로-호프 학습 규칙을 이용해서 분류를 수행하는 신경망의 구조가 그림 2.3(c)에 나와 있다. 퍼셉트론과 위드로-호프의 경사 하강법 갱신 공식은 식 2.8로 같지만, 오차 $(y_i - \hat{y_i})$를 계산하는 방법이 다르다. 퍼셉트론의 경우 오자는 항상 $\{-2, +2\}$에 속하지만 위드로-호프에서는 $\hat{y_i}$가 부호 함수 없이 $\overline{W} \cdot \overline{X_i}$로 결정되기 때문에 오차가 임의의 실숫값이다. 이 차이점이 중요한데, 왜냐하면 퍼셉트론에서는 양성(positive; 긍정적) 부류에 속하는 자료점이 "너무 정확하다"고 해서(즉, $\overline{W} \cdot \overline{X_i}$가 1보다 크다고 해서) 벌점이 가해지는 일이 없지만 실수 예측값으로 오차를 계산하는 경우에는 그런 점에 대해 벌점이 가해진다는 바람직하지 않은 현상이 발생하기 때문이다. 성과가 너무 좋은 점에 대해 이처럼 부당하게 벌점이 가해지는 것은 위드로-호프 학습과 피셔 판별의 아킬레스건이다.[6]

최소제곱 회귀/분류와 위드로-호프 학습, 피셔 판별이 각자 아주 다른 시기에 아주 다른 연구 분야에서 독립적으로 제안되었음을 주목하기 바란다. 실제로, 그중 가장 오래된(1936년) 피셔 판별은 분류기라기보다는 부류에 민감한 방향을 찾는 방법으로 간주될 때가 많다. 그러나 피셔 판별을 하나의 분류기로 사용하는 것도 가능하다(피셔 판별로 구한 방향 $\overline{W}$에 기초해서 선형 예측값을 산출하는 방식으로). 이런 방법들은 그 기원과 동기가 모두 완전히 다르게 보이지만 그 결과는 모두 동등하다는 점에서 주목할 만하다. 위드로-호프 학습 규칙을 *Adaline*이라고 부르기도 하는데, 이 단어는 *adaptive linear neuron*(적응적 선형 뉴런)을 줄인 것이다. 또 다른 이름으로는 델타 규칙(delta rule)이 있다. 정리하자면, 식 2.8의 학습 규칙을 $\{-1, +1\}$의 이진 목푯값들에 적용하는 것을 가리키는 이름은 최소제곱 분류, 최소평균제곱(LMS), 피셔 판별 분류기,[2] 위드로-호프 학습 규칙, 델타 규칙, Adaline 등으로 다양하다. 즉, 이런 최소제곱 분류 방법들은 관련 연구 문헌들에서 여러 가지 이름과 여러 가지 동기로 거듭 재발견되었다.

위드로-호프 방법의 손실함수는 다음과 같이 최소제곱 회귀의 것으로부터 손쉽게 유도할 수 있다. 유도 과정에는 목푯값이 이진이라는 점이 반영되었다.

---

2) 피셔 판별로 구하는 것과 정확히 같은 방향을 식 2.8로 구하려면 특징 변수들과 이진 목푯값들이 모두 평균을 중심으로 하는 자료이이야 한다는 점이 중요하다. 따라서 각 이진 목푯값은 부호가 다른 두 실숫값 중 하나이어야 한다. 이 경우 실숫값의 소수부는 주어진 견본이 다른 부류에 어느 정도나 속하는지를 나타내는 값이다. 또는, 상수 오프셋들을 치우침 뉴런에 흡수할 수도 있다.

$$L_i = (y_i - \hat{y}_i)^2 = \underbrace{y_i^2}_{1} (y_i - \hat{y}_i)^2$$

$$= (\underbrace{y_i^2}_{1} - \hat{y}_i y_i)^2 = (1 - \hat{y}_i y_i)^2$$

이런 종류의 부호화는 목표변수 y_i의 값이 $\{-1, +1\}$에 속할 때 가능하다. 그런 경우 $y_i^2 = 1$이기 때문이다. 위드로-호프 목적함수를 이런 형태로 변환하면 퍼셉트론이나 지지 벡터 기계 같은 다른 모형의 목적함수들과 연관시키기가 쉬워지므로 도움이된다. 예를 들어 위의 손실함수를 '너무 좋은 성과'에 대한 벌점이 가해지지 않도록 수정하면 지지 벡터 기계의 손실함수가 된다. 그렇게 수정하는 한 방법은 목적함수를 $[\max\{(1 - \hat{y}_i y_i), 0\}]^2$으로 바꾸는 것이다. 그러면 힌턴의 L_2 지지 벡터 기계[190]에 쓰이는 손실함수가 된다. 이번 장에서 논의하는 거의 모든 이진 분류 모형은 해당 손실함수를 적절히(너무 좋은 성과에 대한 벌점이 없도록) 수정함으로써 위드로-호프 학습 모형과 동등한 것으로 바꿀 수 있음을 증명하는 것이 가능하다.

위드로-호프 방법의 경사 하강법 갱신 공식 역시 이진 반응 변수(이진 목푯값)에 맞게 최소제곱 회귀의 것(식 2.9)으로부터 유도할 수 있다.

$$\overline{W} \Leftarrow \overline{W}(1 - \alpha \cdot \lambda) + \alpha(y_i - \hat{y}_i)\overline{X} \text{ [이진 반응뿐만 아니라 수치 반응에도 해당함]}$$

$$= \overline{W}(1 - \alpha \cdot \lambda) + \alpha y_i(1 - y_i\hat{y}_i)\overline{X} \text{ } [y_i^2 = 1\text{이므로 이진 반응에만 해당]}$$

두 번째 형태의 갱신 공식은 퍼셉트론과 SVM의 갱신 공식들에 연관시키기에 좋다. $(1 - y_i\hat{y}_i)$를 $y_i\hat{y}_i$의 함수인 하나의 지시변수로 대체하면 해당 갱신 공식들이 된다. 이점은 이번 장에서 나중에 다시 논의하겠다.

2.2.2.2 닫힌 형식의 해

최소제곱 회귀와 분류의 특수 경우로, 행들이 $\overline{X_1} ... \overline{X_n}$인 $n \times d$ 훈련 자료 행렬 D의 유사역행렬(pseudo-inverse matrix)을 이용해서 회귀 또는 분류 문제의 해를 닫힌 형식으로(경사 하강법을 사용하지 않고) 구할 수 있을 때가 있다. $\overline{y} = [y_1 ... y_n]^T$가 종속변수들의 n차원 열벡터라고 하자. 행렬 D의 유사역행렬은 다음과 같이 정의된다.

$$D^+ = (D^T D)^{-1} D^T \tag{2.10}$$

이 유사역행렬은 행벡터 $\overline{W}$와 다음과 같이 연관된다.

$$\overline{W}^T = D^+\overline{y} \tag{2.11}$$

정칙화를 도입한 경우, 계수 벡터 $\overline{W}$는 다음과 같이 주어진다.

$$\overline{W}^T = (D^TD + \lambda I)^{-1}D^T\overline{y} \tag{2.12}$$

여기서 $\lambda > 0$은 정칙화 매개변수이다. 그런데 $(D^TD + \lambda I)$ 같은 행렬의 역을 수치적으로 구하는 과정에서 어차피 경사 하강법이 쓰인다. 그런 이유로 D^TD 같은 커다란 행렬의 역을 실제로 구해서 문제를 푸는 경우는 별로 없다. 사실 위드로-호프 갱신 공식을 이용하면 닫힌 형식의 해 없이도 문제를 아주 효율적으로 풀 수 있다.

2.2.3 로지스틱 회귀

로지스틱 회귀(logistic regression)는 견본들을 확률에 근거해서 분류하는 하나의 확률 모형이다. 분류가 확률적이기 때문에, 각 훈련 견본이 관측된 부류에 속할 확률의 예측값이 최대한 커지도록 매개변수들을 최적화하는 것이 자연스러운 접근 방식이다. 그러한 최적화 목표는 **최대가능도 추정**(maximum-likelihood estimation)이라는 기법을 이용해서 모형의 매개변수들을 학습함으로써 달성할 수 있다. 훈련 자료의 가능도는 각 훈련 견본의 관측된 분류명들의 확률들의 곱으로 정의된다. 이 목적함수의 값이 클수록 좋은 것은 명백하다. 실제 구현에서는 이 값의 음의 로그를 손실함수로 두어서 그것을 최소화하는 방법이 쓰인다. 즉, 출력 노드의 손실함수는 음의 **로그가능도**(log-likelihood)이다. 위드로-호프 방법의 제곱오차 대신 이 손실함수를 사용하는 것이 바로 로지스틱 회귀 모형이다. 출력층의 활성화 함수로는 S자형 함수를 사용할 수 있는데, 이는 신경망 설계에서 아주 흔히 쓰이는 방식이다.

d차원 특징 벡터 $\overline{X_i}$와 목푯값 $y_i \in \{-1, +1\}$로 이루어진 훈련 견본 n개의 집합 $\{(\overline{X_1}, y_1), (\overline{X_2}, y_2), \dots (\overline{X_n}, y_n)\}$이 단층 신경망에 주어졌다고 하자. 퍼셉트론의 경우처럼 가중치들은 $\overline{W} = (w_1 \dots w_d)$이다. $\overline{W} \cdot \overline{X_i}$에 엄격한 부호 활성화 함수를 적용해서 y_i를 예측하는 대신, 로지스틱 회귀에서는 $\overline{W} \cdot \overline{X_i}$에 부드러운 S자형 함수를 적용해서 y_i가 1일 **확률**을 추정한다.

$$\hat{y}_i = P(y_i = 1) = \frac{1}{1 + \exp(-\overline{W} \cdot \overline{X_i})} \tag{2.13}$$

시험 견본이 주어진 경우 신경망은 해당 예측 확률이 0.5보다 큰 부류를 분류 결과(최종 예측값)로 출력한다. $\overline{W} \cdot \overline{X_i} = 0$일 때 $P(y_i = 1)$이 0.5임을, 그리고 $\overline{X_i}$는 분리 초평면에 있음을 주목하기 바란다. $\overline{X_i}$를 초평면에서 특정 방향으로 이동하면 $\overline{W} \cdot \overline{X_i}$의 부호가 달라지며, 그에 따라 확률값들이 이동한다. 따라서 $\overline{W} \cdot \overline{X_i}$의 부호에 기초한 예측은 0.5보다 큰지에 따른 예측과 동등하다.

그럼 로그가능도 예측에 해당하는 손실함수를 유도하는 방법을 살펴보자. 이 방법은 다른 여러 신경망 모형들에도 널리 쓰인다는 점에서 중요하다. 정확한 분류를 위해서는, 훈련 자료에 있는 양성(positive) 견본, 즉 + 부류에 속하는 견본에 대해서는 $P(y_i = 1)$을 최대화하고 음성(negative) 견본에 대해서는 $P(y_i = -1)$을 최소화해야 한다. 따라서, $y_i = 1$인 견본에 대해서는 $\hat{y}_i$를 최대화하고 $y_i = -1$인 견본에 대해서는 $1 - \hat{y}_i$를 최대화해야 한다. 이러한 경우별 최대화를, 항상 $|y_i/2 - 0.5 + \hat{y}_i|$를 최대화하는 통합된 수식의 형태로 표현할 수 있다. 모든 훈련 견본에 대한 이 확률들의 곱을 최대화하면 결과적으로 가능도 $\mathcal{L}$이 최대화된다.

$$\mathcal{L} = \prod_{i=1}^{n} |y_i/2 - 0.5 + \hat{y}_i| \tag{2.14}$$

이제 각 훈련 견본에 대한 손실함수를 $L_i = -\log(|y_i/2 - 0.5 + \hat{y}_i|)$로 설정한다. 음의 로그가 적용되었기 때문에, 훈련 견본들에 대한 곱셈적 최대화 문제가 가산적 최소화 문제로 변한다.

$$\mathcal{L} = -\log(\mathcal{L}) = \sum_{i=1}^{n} \underbrace{-\log(|y_i/2 - 0.5 + \hat{y}_i|)}_{L_i} \tag{2.15}$$

신경망에 흔히 쓰이는 종류의 확률적 경사 하강법 갱신에는 이런 가산적 목적함수가 더 편하다. 이상의 신경망의 전체적인 구조와 손실함수가 그림 2.3(d)에 나와 있다. 한 훈련 견본이 신경망을 통과하는 과정에 그 견본에 대한 예측 확률 $\hat{y}_i$가 계산되며, 손실함수를 통해서 그 훈련 견본의 기울기도 계산된다.

i번째 훈련 견본의 손실함수를 식 2.15에서처럼 L_i로 표기하자. $\overline{W}$의 가중치들에

대한 L_i의 기울기를 다음과 같이 계산할 수 있다.

$$\frac{\partial L_i}{\partial \overline{W}} = - \frac{\mathrm{sign}(y_i/2 - 0.5 + \hat{y}_i)}{|y_i/2 - 0.5 + \hat{y}_i|} \cdot \frac{\partial \hat{y}_i}{\partial \overline{W}}$$

$$= - \frac{\mathrm{sign}(y_i/2 - 0.5 + \hat{y}_i)}{|y_i/2 - 0.5 + \hat{y}_i|} \cdot \frac{\overline{X_i}}{1 + \exp(-\overline{W} \cdot \overline{X_i})} \cdot \frac{1}{1 + \exp(\overline{W} \cdot \overline{X_i})}$$

$$= \begin{cases} - \dfrac{\overline{X_i}}{1 + \exp(\overline{W} \cdot \overline{X_i})} & \text{만일 } y_i = 1 \text{이면} \\[2ex] \dfrac{\overline{X_i}}{1 + \exp(-\overline{W} \cdot \overline{X_i})} & \text{만일 } y_i = -1 \text{이면} \end{cases}$$

이 기울기를 다음과 같이 좀 더 간결하게 표현할 수도 있다.

$$\frac{\partial L_i}{\partial \overline{W}} = - \frac{y_i \overline{X_i}}{1 + \exp(y_i \overline{W} \cdot \overline{X_i})} = - \big[(\overline{X_i}, y_i)\text{를 오분류할 확률}\big](y_i \overline{X_i}) \quad (2.16)$$

이상에 기초해서 로지스틱 회귀의 경사 하강법 갱신 공식을 세우면 다음과 같다(정칙화도 포함되었다).

$$\overline{W} \Leftarrow \overline{W}(1 - \alpha \lambda) + \alpha \frac{y_i \overline{X_i}}{1 + \exp[y_i(\overline{W} \cdot \overline{X_i})]} \quad (2.17)$$

퍼셉트론과 위드로-호프 알고리즘이 착오(mistake)※의 **크기**(magnitude)를 이용해서 갱신을 수행하는 것과 마찬가지로, 로지스틱 회귀는 착오 **확률**을 이용해서 갱신을 수행한다. 이는 손실함수의 확률적 성격을 갱신으로 자연스럽게 확장하는 것이라 할 수 있다.

2.2.3.1 다른 종류의 활성화 함수와 손실함수를 이용한 구현
원래의 조합과 같은 결과를 내기만 한다면, 다른 종류의 활성화 함수와 손실함수의 조합을 이용해서 같은 모형을 구현하는 것이 가능하다. 예를 들어 S자형 활성화 함수

※ **역주** mistake에 대응되는 일반적인 용어는 '실수(失手)'이지만, 몇몇 문맥에서 실수(real number)와 혼동할 여지가 있어서 '착오'로 옮긴다. 분류 과제의 경우 착오는 오분류를 뜻한다.

를 이용해서 출력 $\hat{y}_i \in (0,1)$를 산출하는 대신 항등함수를 이용해서 출력 $\hat{y}_i \in (-\infty, +\infty)$를 얻고, 거기에 다음과 같은 손실함수를 적용할 수도 있다.

$$L_i = \log(1 + \exp(-y_i \cdot \hat{y}_i)) \tag{2.18}$$

로지스틱 회귀의 이러한 대안 모형이 그림 2.3(e)에 나와 있다. 이 모형에서 시험 자료 점의 최종 예측값은 $\hat{y}_i$에 부호 함수를 적용한 것인데, 이는 확률이 0.5보다 큰 부류에 대한 예측과 동등하다. 이 예는 다른 종류의 활성화 함수와 손실함수의 조합(원래의 조합과 같은 결과를 내는)을 이용해서 같은 모형을 구현하는 것이 가능함을 잘 보여준다.

항등함수로 $\hat{y}_i$를 구하는 방식의 한 가지 장점은, 이것이 퍼셉트론이나 위드로-호프 학습 모형 같은 다른 모형들의 손실함수를 정의하는 방식과 부합한다는 점이다. 더 나아가서, 식 2.18의 손실함수에는 다른 모형들의 것처럼 y_i와 $\hat{y}_i$의 곱이 포함되어 있다. 이 덕분에 서로 다른 여러 모형의 손실함수를 직접 비교하는 것이 가능한데, 이에 관해서는 이번 장에서 나중에 좀 더 이야기한다.

2.2.4 지지 벡터 기계

지지 벡터 기계의 손실함수는 로지스틱 회귀의 것과 밀접한 관련이 있다. 단, 지지 벡터 기계는 매끄러운 손실함수(식 2.18의 것 같은) 대신 **경첩 손실**(hinge-loss)을 사용한다.

n개의 훈련 견본 $(\overline{X_1}, y_1), (\overline{X_2}, y_2), \ldots (\overline{X_n}, y_n)$이 있다고 하자. 지지 벡터 기계의 신경망 구조는 최소제곱 분류(위드로-호프)의 구조와 동일하다. 주된 차이는 손실함수 이다. 최소제곱 분류의 경우처럼 훈련점 $\overline{X_i}$의 예측값 $\hat{y}_i$는 $\overline{W} \cdot \overline{X_i}$에 항등함수를 적용해서 구한다. 여기서 $\overline{W} = (w_1, \ldots w_d)$는 단층 신경망에 입력된 서로 다른 d개의 입력에 대한 d개의 가중치로 이루어진 벡터이다. 따라서 손실함수의 계산을 위한 신경망의 출력은 $\hat{y}_i = \overline{W} \cdot \overline{X_i}$이다. 시험 견본의 경우에는 이 출력의 부호가 최종 예측 결과를 결정한다.

지지 벡터 기계에서 i번째 훈련 견본에 대한 손실함수 L_i는 다음과 같이 정의된다.

$$L_i = \max\{0, 1 - y_i \hat{y}_i\} \tag{2.19}$$

이 손실함수를 **경첩 손실**이라고 부른다. 이 손실함수와 해당 신경망 구조가 그림 2.3(f)에 나와 있다. 이 손실함수의 핵심은, 양성 견본은 그 값이 1 미만일 때만 벌점이 가해지며, 음성 견본은 그 값이 −1보다 클 때만 벌점이 가해진다는 것이다. 두 경우 모두 벌점은 선형이되, 해당 문턱값(1 또는 −1)을 넘으면 즉시 평평해진다. 이 손실함수를 위드로-호프의 손실함수 $(1 - y_i\hat{y}_i)^2$과 비교해보면 도움이 될 것이다. 위드로-호프의 경우에는 예측값이 목푯값과 **다르면** 벌점이 가해진다. 이후에 보겠지만, 이러한 차이점은 위드로-호프 모형에 비한 지지 벡터 기계의 주된 장점으로 이어진다.

퍼셉트론과 위드로-호프, 로지스틱 회귀, 지지 벡터 기계의 손실함수의 차이점을 이해하는 데 도움이 되는 그래프가 그림 2.4에 나와 있다. 이 그래프는 여러 $\hat{y}_i = \overline{W} \cdot \overline{X}_i$ 값들에 대한, **양성** 훈련 견본 하나의 손실값을 표시한 것이다. 퍼셉트론의 경우에는 평활화된 **대리**(surrogate) 손실함수(제1장 §1.2.1.1 참고)만 표시했다. 목푯값이 +1이므로, 로지스틱 회귀의 경우 $\overline{W} \cdot \overline{X}_i$가 +1을 넘으면 손실함수는 점점 느리게 감소한다.

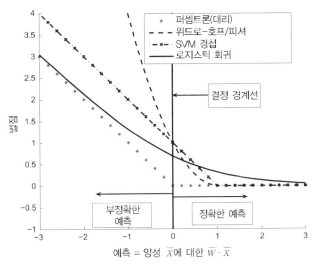

그림 2.4: 여러 퍼셉트론 변형들의 손실함수. 주목할 점: (i) SVM의 손실함수는 퍼셉트론의 (대리) 손실함수를 오른쪽으로 정확히 한 단위 이동한 것이다. (ii) 로지스틱 회귀 손실함수는 SVM의 것을 평활화한(매끄럽게 만든) 버전에 해당한다. (iii) 다른 손실함수들과는 달리 위드로-호프/피셔 판별 손실함수는 "너무 정확하게"(즉, 양성 $\overline{X}$에 대해 $\overline{W} \cdot \overline{X}$가 +1을 초과하는) 분류되는 점들에 대해 점점 큰 벌점을 부과한다. 이는 이 손실함수만의 특징이다. $\overline{W} \cdot \overline{X} > 1$에 대해 손실함수의 값이 0으로 고정되도록 수정하면 이차 손실(quadratic loss) SVM[190]이 된다.

지지 벡터 기계의 경첩 손실함수는 그 점을 넘으면 완전히 평평해진다. 다른 말로 하면, 지지 벡터 기계에서는 오분류된 점들이나 결정 경계선 $\overline{W} \cdot \overline{X} = 0$에 너무 가까운 점들만 벌점을 받는다. 퍼셉트론 판정기준은 경첩 손실과 모양이 같되 왼쪽으로 한 단위 이동했다. 위드로-호프 방법의 손실함수는 $\overline{W} \cdot \overline{X_i}$의 양의 값이 너무 클 때 벌점이 가해지는데, 이런 습성을 가진 것은 이 손실함수가 유일하다. 다른 말로 하면, 위드로-호프 방법은 너무 강력하게 잘 분류되는 자료점에 대해 벌점을 부과한다. 이처럼 잘 분리되는 점들이 오히려 훈련에 방해가 될 수 있다는 점은 위드로-호프 목적함수가 가진 잠재적인 문제점이다.

확률적 경사 하강법은 $\overline{W}$의 원소들에 대한 점별(개별 훈련 견본의) 손실함수 L_i의 편미분을 계산한다. 그 기울기를 계산하는 공식은 다음과 같다.

$$\frac{\partial L_i}{\partial \overline{W}} = \begin{cases} -y_i \overline{X_i} & \text{만일 } y_i \hat{y_i} < 1\text{이면} \\ 0 & \text{그렇지 않으면} \end{cases} \tag{2.20}$$

다른 말로 하면, 확률적 경사 하강법은 하나의 자료점을 추출해서 대해 $y_i \hat{y_i} < 1$인지 점검하고, 만일 그렇다면 $y_i \overline{X_i}$에 비례하는 크기로 갱신을 수행한다.

$$\overline{W} \Leftarrow \overline{W}(1 - \alpha\lambda) + \alpha y_i \overline{X_i} \left[I(y_i \hat{y_i} < 1) \right] \tag{2.21}$$

여기서 $I(\cdot) \in \{0,1\}$은 인수로 주어진 조건이 성립하면 1이 되는 지시함수이다. 이 접근 방식은 SVM의 기본 갱신 공식[448]의 가장 단순한 형태에 해당한다. 이 갱신 공식이 (정칙화된) 퍼셉트론의 것(식 2.3)과 사실상 **동일한** 것임을 독자가 직접 증명해 보기 바란다. 유일한 차이는, 갱신 수행 여부를 결정하는 조건이 퍼셉트론의 경우에는 $y_i \hat{y_i} < 0$이라는 것이다. 즉, 퍼셉트론은 주어진 점이 미분류된 경우에만 갱신을 수행하지만 지지 벡터 기계는 정확하게 분류된(그러나 분류가 정확하다는 확신이 그리 높지는 않은) 점들에 대해서도 갱신을 수행한다. 이러한 멋진 관계는 퍼셉트론 판정기준의 손실함수가 SVM의 경첩 손실과 형태가 같되 수평으로 한 단위 이동한 것이라는 점(그림 2.4 참고)에서 비롯한다.

서로 다른 여러 방법에 쓰이는 손실함수들의 유사성과 차이점을 파악하기 쉽도록, 손실함수들을 다음과 같이 표로 정리해 보았다.

모형	$(\overline{X_i}, y_i)$에 대한 손실함수 L_i
퍼셉트론(평활화된 대리)	$\max\{0, -y_i \cdot (\overline{W} \cdot \overline{X_i})\}$
위드로-호프/피셔	$(y_i - \overline{W} \cdot \overline{X_i})^2 = \{1 - y_i \cdot (\overline{W} \cdot \overline{X_i})\}^2$
로지스틱 회귀	$\log(1 + \exp[-y_i(\overline{W} \cdot \overline{X_i})])$
지지 벡터 기계(경첩)	$\max\{0, 1 - y_i \cdot (\overline{W} \cdot \overline{X_i})\}$
지지 벡터 기계(힌턴의 L_2 손실함수)[190]	$[\max\{0, 1 - y_i \cdot (\overline{W} \cdot \overline{X_i})\}]^2$

이번 절에서 유도하는 모든 갱신 공식이 전통적인 기계 학습과 신경망 모두에서 볼 수 있는 확률적 경사 하강법 갱신들과 대응된다는 점을 알아두기 바란다. 그런 알고리즘들을 신경망 구조로 표현하든 아니든 갱신 공식 자체는 동일하다. 특정 목적에 맞게 구체화한 신경망 구조들이 사실은 기존 기계 학습 문헌들에 나온 잘 알려진 알고리즘의 특수 사례들이라는 점을 기억하기 바란다. 여기서 핵심은, 그러나 가용 자료의 덩치가 커진 덕분에 더 많은 노드와 더 많은 층을 가진 신경망 구조를 사용할 수 있게 되었으며, 그럼으로써 모형의 수용력이 증가했다는 것이다. 이것이 대형 자료 집합으로 훈련한 신경망들이 우월한 성과를 보이는 이유이다(그림 2.1 참고).

2.3 다중 분류 모형을 위한 신경망 구조들

이번 장에서 지금까지 논의한 모형들은 모두 이진 분류를 위한 것이었다. 이번 절에서는 퍼셉트론의 기본 구조를 출력 노드가 여러 개가 되도록 조금만 변경해도 다중 분류 모형을 만들어 낼 수 있음을 배운다.

2.3.1 다부류 퍼셉트론

견본이 속할 수 있는 부류가 k개인 다부류(multiclass) 상황을 생각해 보자. 각 훈련 견본 $(\overline{X_i}, c(i))$는 d차원 특징 벡터 $\overline{X_i}$와 그 특징들이 속한 부류(관측된 부류)를 가리키는 색인* $c(i) \in \{1 \dots k\}$로 이루어진다. 목표는 각 $\overline{W}_{c(i)} \cdot \overline{X_i}$의 값이 $r \neq c(i)$에 대

※ **역주** 분류명(class label)은 부류 색인(class index)으로 유일하게 결정되므로, 분류명과 부류 색인은 사실상 같은 것이라고 할 수 있다. 예를 들어 {1='바나나', 2='사과', … }라고 할 때, "이 견본은 1번 부류에 속한다"와 "이 견본의 분류명은 '바나나'이다"와 같은 말이다. 이하의 논의에서 분류명과 부류 색인을 섞어서 사용한다.

해 $\overline{W_r} \cdot \overline{X_i}$보다 크다는 조건을 만족하는 k개의 서로 다른 선형 분리자(linear separator) $\overline{W_1} \dots \overline{W_k}$를 동시에 구하는 것이다. 이를 목표로 둔 것은, $\overline{W_r} \cdot \overline{X_i}$가 가장 큰 부류 r이 바로 자료점 $\overline{X_i}$가 속한 부류라고 예측할 수 있기 때문이다. 이에 따라, 다부류 퍼셉트론의 경우 i번째 훈련 견본에 대한 손실함수는 다음과 같이 정의된다.

$$L_i = \max_{r\,:\,r\neq c(i)}\max(\overline{W_r} \cdot \overline{X_i} - \overline{W_{c(i)}} \cdot \overline{X_i}, 0) \tag{2.22}$$

다부류 퍼셉트론의 구조가 그림 2.5(a)에 나와 있다. 다른 모든 신경망 모형처럼 갱신은 경사 하강법을 이용해서 구하면 된다. 정분류 견본(정확하게 분류된 견본)의 경우에는 기울기가 항상 0이므로 갱신은 없다. 오분류 견본의 경우 기울기는 다음과 같다.

$$\frac{\partial L_i}{\partial \overline{W_r}} = \begin{cases} -\overline{X_i} & \text{만일 } r=c(i)\text{이면} \\ \overline{X_i} & \text{만일 } r\neq c(i)\text{가 가장 잘못 분류된 예측이면} \\ 0 & \text{그 외의 경우} \end{cases} \tag{2.23}$$

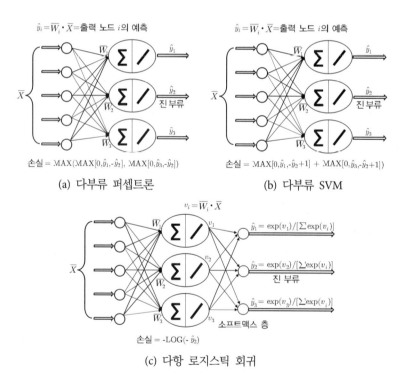

(a) 다부류 퍼셉트론

(b) 다부류 SVM

(c) 다항 로지스틱 회귀

그림 2.5: 다중 분류 모형: 각 경우에서 부류 2가 실측 부류(진 부류)라고 가정한다.

이상에 기초해서 확률적 경사 하강법은 다음과 같이 적용된다. 신경망에 입력된 각 훈련 견본에 대해, 만일 그 견본에 대해 예측한 부류가 신(true) 부류 $r = c(i)$와 같으면 $\overline{W_r} \cdot \overline{X_i}$가 최댓값이 되므로 갱신이 필요하지 않다. 그렇지 않은 경우에는 각 분리자 $\overline{W_r}$을 다음과 같이 갱신한다. 여기서 $\alpha > 0$은 학습 속도이다.

$$\overline{W_r} \Leftarrow \overline{W_r} + \begin{cases} \alpha \overline{X_i} & \text{만일 } r = c(i)\text{이면} \\ -\alpha \overline{X_i} & \text{만일 } r \neq c(i)\text{이 가장 잘못 분류된 예측이면} \\ 0 & \text{그 외의 경우} \end{cases} \quad (2.24)$$

주어진 한 견본에 대해 항상 분리자들 중 단 두 개만 갱신된다. $k = 2$인 특수 경우에서 기울기 갱신들은 퍼셉트론의 갱신으로 환원되는데, 왜냐하면 $\overline{W_1} = \overline{W_2} = 0$에서 하강을 시작하는 경우 두 분리자 $\overline{W_1}$과 $\overline{W_2}$가 $\overline{W_1} = -\overline{W_2}$를 만족하기 때문이다. 정칙화되지 않은 퍼셉트론에 고유한 또 다른 독특한 성질은, 학습 속도 $\alpha = 1$을 사용해도 학습에 영향을 미치지 않는다는 점이다. 이는, $\overline{W_j} = 0$으로 출발했을 때 α의 값이 가중치들을 비례하는 효과만 내기 때문이다(연습문제 2 참고). 그러나 다른 선형 모형들은 이런 성질이 없다. 다른 선형 모형들은 α의 값이 실제로 학습에 영향을 미친다.

2.3.2 웨스턴–왓킨스 SVM

웨스턴-왓킨스Weston-Watkins SVM[529]은 다부류 퍼셉트론을 다음 두 가지 방식으로 수정한 것이다.

1. 다부류 퍼셉트론은 진 부류의 선형 분리자를 따라 가장 잘못 분류된 한 부류의 선형 분리자만 갱신하지만, 웨스턴-왓킨스 SVM은 진 부류보다 견본에 더 적합하다고 예측된 임의의 부류의 분리자를 갱신한다. 두 경우 모두, 관측된 부류의 분리자는 오분류된 부류들의 갱신들을 합친 것만큼 갱신된다(단, 방향은 반대).
2. 웨스턴-왓킨스 SVM은 오분류된 부류에 대한 분리자를 갱신할 뿐만 아니라, 진 분류에 "불편할 정도로 가깝다"고 예측된 부류의 분리자들도 갱신한다. 이는 여유(margin) 개념에 기초한 것이다.

다부류 퍼셉트론에서처럼 i번째 훈련 견본이 $(\overline{X_i}, c(i))$이고 $\overline{X_i}$는 d차원 특징 변수들의 벡터, $c(i)$는 $\{1, ..., k\}$에 속하는 부류 색인이라고 하자. 이 경우 목표는 $\overline{W_r} \cdot \overline{X_i}$가 가장 큰 부류 색인 r이 진 부류 $c(i)$와 같다는 예측이 나오도록 k개의 선형 분리자들의 d차원 계수 $\overline{W_1} ... \overline{W_k}$의 값들을 학습하는 것이다. 웨스턴-왓킨스 SVM에서 i번째 훈련 견본 $(\overline{X_i}, c(i))$의 손실함수 L_i는 다음과 같다.

$$L_i = \sum_{r : r \neq c(i)} \max(\overline{W_r} \cdot \overline{X_i} - \overline{W_{c(i)}} \cdot \overline{X_i} + 1, 0) \tag{2.25}$$

웨스턴-왓킨스 SVM의 신경망 구조가 그림 2.5(b)에 나와 있다. 웨스턴-왓킨스 SVM의 목적함수(식 2.25)를 다부류 퍼셉트론의 목적함수(식 2.22)와 비교해 보면 배울 점이 있을 것이다. 첫째로, 각 부류 $r \neq c(i)$에 대해, 만일 예측값 $\overline{W_r} \cdot \overline{X_i}$가 진 부류의 색인 값에 못 미치되 그 차이('여유')가 1보다 작으면 그 부류에 대해서는 손실이 일어난다. 둘째로, 웨스턴-왓킨스 SVM은 $r \neq c(i)$인 모든 부류의 손실 중 최댓값을 취하는 것이 아니라 그 손실들의 합을 구한다. 이 두 특성 덕분에 앞에서 말한 두 가지 직관적인 목표가 달성된다.

경사 하강법 갱신 공식을 유도해 보자. 갱신을 위해서는 각 $\overline{W_r}$에 대한 손실함수의 기울기를 구해야 한다. 손실함수 L_i가 0이면 손실함수의 기울기도 0이다. 따라서, 훈련 견본에 대해 가장 적합하다고 예측된 부류와 그다음으로 적합하다고 예측된 부류가 충분한 여유를 두고 분리되었다면, 갱신은 필요하지 않다. 그러나 손실함수가 0이 아니면, 견본이 아예 잘못 분류되었거나, 아니면 1위 부류와 2위 부류 사이의 여유가 충분치 않은("가까스로 정확한") 것이다. 두 경우 모두 손실함수의 기울기는 0이 아니다. 식 2.25의 손실함수는 부정확한 부류들에 속하는 $(k-1)$개의 분리자들의 기여들을 합한다. i번째 견본에 대한 r번째 부류 분리자가 식 2.25의 손실함수에 양의 값을 기여하면 1이 되는 0/1 지시함수를 $\delta(r, \overline{X_i})$로 표기하기로 하자. 이제 손실함수의 기울기를 다음과 같이 표현할 수 있다.

$$\frac{\partial L_i}{\partial \overline{W_r}} = \begin{cases} -\overline{X_i}[\sum_{j \neq r} \delta(j, \overline{X_i})] & \text{만일 } r = c(i) \text{이면} \\ \overline{X_i}[\delta(r, \overline{X_i})] & \text{만일 } r \neq c(i) \text{이면} \end{cases} \tag{2.26}$$

이에 기초해서 r번째 분리자 $\overline{W_r}$에 대한 확률적 경사 하강법 갱신 공식을 표현하면 다음과 같다. α는 학습 속도이다.

$$\overline{W_r} \Leftarrow \overline{W_r}(1-\alpha\lambda) + \alpha \begin{cases} \overline{X_i}[\sum\limits_{j\neq r}\delta(j,\overline{X_i})] & \text{만일 } r = c(i)\text{이면} \\ -\overline{X_i}[\delta(r,\overline{X_i})] & \text{만일 } r \neq c(i)\text{이면} \end{cases} \quad (2.27)$$

손실 L_i가 0인 훈련 견본 $\overline{X_i}$의 경우 위의 갱신 공식을 다음과 같은 각 초평면 $\overline{W_r}$에 대한 정칙화 갱신 공식으로 단순화할 수 있다.

$$\overline{W_r} \Leftarrow \overline{W_r}(1-\alpha\lambda) \quad (2.28)$$

여기서 $\lambda > 0$은 정칙화 매개변수이다. 지지 벡터 기계가 제대로 작동하려면 이러한 정칙화가 꼭 필요하다고 간주된다.

2.3.3 다항 로지스틱 회귀(소프트맥스 분류기)

다항 로지스틱 회귀(multinomial logistic regression)는 로지스틱 회귀를 다중 분류 방식으로 일반화한 것이라 할 수 있다. 이는 웨스턴-왓킨스 SVM이 이진 SVM의 다중 분류 일반화인 것과 비슷하다. 다항 로지스틱 회귀는 음의 로그가능도 손실함수를 사용하므로 하나의 확률 모형에 해당한다. 다부류 퍼셉트론에서처럼 모형에 대한 입력은 $(\overline{X_i}, c(i))$ 형태의 훈련 견본들을 담은 훈련 집합인데, 여기서 $c(i) \in \{1 \dots k\}$는 d차원 자료점 $\overline{X_i}$가 속한 부류의 색인이다. 앞에서 살펴본 두 모형과 마찬가지로, $\overline{W_r} \cdot \overline{X_i}$가 가장 큰 부류 r이 자료점 $\overline{X_i}$의 분류명(최종 예측 결과)이 된다. 이전 두 모형과 다른 점은 $\overline{W_r} \cdot \overline{X_i}$를 자료점 $\overline{X_i}$의 분류명이 r일 사후확률 $P(r \mid \overline{X_i})$로 간주한다는 것이다. 그러한 사후확률을 추정하는 데는 다음과 같이 소프트맥스 활성화 함수가 적합하다.

$$P(r \mid \overline{X_i}) = \frac{\exp(\overline{W_r} \cdot \overline{X_i})}{\sum\limits_{j=1}^{k} \exp(\overline{W_j} \cdot \overline{X_i})} \quad (2.29)$$

정리하자면, 다항 로지스틱 회귀 모형은 부류에 대한 소속도(membership)를 확률값으로 예측한다. i번째 훈련 견본에 대한 손실함수 L_i는 교차 엔트로피(cross-entropy)로 정의되는데, 교차 엔트로피는 진 부류 확률(관측된 부류에 속할 확률)의 음의 로그이다. 이러한 소프트맥스 분류기의 신경망 구조가 그림 2.5(c)에 나와 있다.

교차 엔트로피 손실함수는 입력 특징들을 이용해서 표현할 수도 있지만, 다음처럼 소프트맥스 활성화 전 값 $v_r = \overline{W_r} \cdot \overline{X_i}$를 이용해서 표현하는 것도 가능하다.

$$L_i = -\log[P(c(i)|\overline{X_i})] \tag{2.30}$$

$$= -\overline{W_{c(i)}} \cdot \overline{X_i} + \log\left[\sum_{j=1}^{k} \exp(\overline{W_j} \cdot \overline{X_i})\right] \tag{2.31}$$

$$= -v_{c(i)} + \log\left[\sum_{j=1}^{k} \exp(v_j)\right] \tag{2.32}$$

이에 따라 L_i의 v_r에 대한 편미분을 다음과 같이 계산할 수 있다.

$$\frac{\partial L_i}{\partial v_r} = \begin{cases} -\left(1 - \dfrac{\exp(v_r)}{\sum_{j=1}^{k} \exp(v_j)}\right) & \text{만일 } r = c(i)\text{이면} \\[4mm] \left(\dfrac{\exp(v_r)}{\sum_{j=1}^{k} \exp(v_j)}\right) & \text{만일 } r \neq c(i)\text{이면} \end{cases} \tag{2.33}$$

$$= \begin{cases} -(1 - P(r \mid \overline{X_i})) & \text{만일 } r = c(i)\text{이면} \\ P(r \mid \overline{X_i}) & \text{만일 } r \neq c(i)\text{이면} \end{cases} \tag{2.34}$$

i번째 훈련 견본에 대한 손실함수의, r번째 부류의 분리자에 대한 기울기는 해당 활성화 전 값 $v_j = \overline{W_j} \cdot \overline{X_i}$와 미분의 연쇄법칙을 이용해서 다음과 같이 계산할 수 있다.

$$\frac{\partial L_i}{\partial \overline{W_r}} = \sum_j \left(\frac{\partial L_i}{\partial v_j}\right)\left(\frac{\partial v_j}{\partial \overline{W_r}}\right) = \frac{\partial L_i}{\partial v_r} \underbrace{\frac{\partial v_r}{\partial \overline{W_r}}}_{\overline{X_i}} \tag{2.35}$$

이 공식의 유도에는 $j \neq r$인 $\overline{W_r}$에 대한 v_j의 기울기가 0이라는 사실이 쓰였다. 식 2.35에 나온 $\dfrac{\partial L_i}{\partial v_r}$의 값을 식 2.34에 대입해서 정리하면 다음이 나온다.

$$\frac{\partial L_i}{\partial \overline{W_r}} = \begin{cases} -\overline{X_i}(1 - P(r \mid \overline{X_i})) & \text{만일 } r = c(i)\text{이면} \\ \overline{X_i}P(r \mid \overline{X_i}) & \text{만일 } r \neq c(i)\text{이면} \end{cases} \tag{2.36}$$

기울기를 확률들을 이용해서 간접적으로 표현한(식 2.29에 기초해서) 덕분에 공식이 간결해졌을 뿐만 아니라 서로 다른 종류의 착오를 저지를 확률과 기울기의 관계를 좀 더 직관적으로 이해할 수 있음을 주목하기 바란다. $[1 - P(r \mid \overline{X_i})]$와 $P(r \mid \overline{X_i})$는 실측 분류명이 $c(i)$인 견본 i가 r번째 부류에 속하지 않는다고/속한다고 잘못 분류할 확률이다. 다음은 r번째 부류의 갱신 공식으로, 다른 모형들에서처럼 적절한 정칙화 항도 포함시켰다.

$$\overline{W_r} \Leftarrow \overline{W_r}(1 - \alpha\lambda) + \alpha \begin{cases} \overline{X_i} \cdot (1 - P(r \mid \overline{X_i})) & \text{만일 } r = c(i)\text{이면} \\ -\overline{X_i} \cdot P(r \mid \overline{X_i}) & \text{만일 } r \neq c(i)\text{이면} \end{cases} \tag{2.37}$$

여기서 α는 학습 속도이고, λ는 정칙화 매개변수이다. 분리자 중 몇 개만 갱신하는(경우에 따라서는 하나도 갱신하지 않는) 다부류 퍼셉트론이나 웨스턴-왓킨스 SVM과는 달리 소프트맥스 분류기는 각 훈련 견본에 대해 k개의 분리자들을 모두 갱신한다. 이는 다항 로지스틱 회귀가 정확도가 유연한 방식으로 정의되는 확률 모형이기 때문에 생긴 성질이다.

2.3.4 다중 분류를 위한 위계적 소프트맥스

부류의 수가 엄청나게 많은 분류 문제를 생각해 보자. 그런 경우 훈련 견본마다 아주 많은 수의 분리자를 갱신해야 하므로 학습이 너무 느려진다. 목표 단어를 예측해야 하는 텍스트 마이닝text mining 응용 과제에서 그런 상황이 벌어질 수 있다. 목표 단어 예측은 이전에 나온 일련의 단어들에 기초해서 다음 단어를 예측해야 하는 신경망 언어 모형(neural language model)에서 특히나 흔한 과제이다. 그런 응용에서는 부류가 10^5개를 넘는 경우도 흔하다. 위계적(hierarchical) 소프트맥스는 분류 문제를 위계적으로 분해함으로써 학습 속도를 높인다. 이 방법의 핵심은 부류들을 위계적으로 묶어서 이진 트리 비슷한 계통구조를 만들고, 그 트리 구조의 뿌리(루트) 노드에서 잎(말단) 노드까지 $\log_2(k)$회의 이진 분류를 수행해서 k중 분류 결과를 얻는다는 것이다. 이러한 위계적 분류를 이용하면 분류의 정확도가 조금 떨어질 수 있지만, 대신 효율성이 크게 증가한다.

그렇다면 부류들을 위계적으로 묶는 방법은 무엇일까? 한 가지 간단한 접근 방식은 그냥 무작위로 위계구조를 생성하는 것이다. 그러나 부류들이 어떻게 묶였는가는 학습 성능에 영향을 미치며, 비슷한 부류들을 함께 묶으면 성능이 향상된다. 예를 들어 목표 단어 예측의 경우 *WordNet* 계통구조[329]에 따라 부류들을 묶는 것이 도움이 된다. 단, *WordNet* 계통구조가 딱 이진 트리 구조는 아니므로 추가적인 재조직화가 필요할 것이다.[344] 또는, 허프먼 부호화(Huffman encoding)를 이용해서 이진 트리를 생성하는 방법도 있다.[325, 327] 그 밖에 참고할 만한 정보가 이번 장 끝부분의 문헌 정보 절에 나온다.

2.4 해석성과 특징 선택을 위한 돌출 요인 역전파

신경망에 대한 흔한 비판 하나는 해석성(interpretability; 또는 해석 가능성, 해석 능력)이 부족하다는 것이다.[97] 그러나 역전파를 이용하면 특정 훈련 견본의 분류에 가장 크게 기여한 특징을 결정하는 것이 가능하다. 그러면 분석가는 각 특징이 분류에 어느 정도나 관련이 있는지 파악할 수 있다. 그리고 이러한 성질은 특징 선택(feature selection)에도 활용할 수 있다.[406]

훈련 견본 $\overline{X} = (x_1, \dots x_d)$에 대해 다중 분류 신경망이 k개의 출력 점수 $o_1 \dots o_k$를 산출한다고 하자. 그리고 그중 가장 큰 점수가 o_m이라고 하자(여기서 $m \in \{1 \dots k\}$). 최고 점수에 해당하는 부류를 우승 부류(winning class)라고 부르기로 하겠다. 목표는 주어진 훈련 견본의 분류에 가장 유관한(relevant), 즉 가장 영향력이 큰 특징('돌출 요인')을 식별하는 것이다. 일반화하자면, 각 특징 x_i에 대해 x_i에 대한 출력 o_m의 민감도(sensitivity)를 구하고자 한다. 이 민감도의 **절대 크기**가 클수록 그 특징은 해당 훈련 견본의 분류에 좀 더 유관하다. 그런 특징을 식별하기 위해, $\frac{\partial o_m}{\partial x_i}$의 절댓값을 구한다. 이 편미분의 절댓값이 가장 큰 특징은 우승 부류로의 분류에 가장 큰 영향을 미친다. 그리고 이 편미분의 부호는 x_i를 현재 값에서 조금 증가했을 때 우승 부류의 점수가 증가할 것인지 감소할 것인지를 말해 준다. 우승 부류 이외의 부류에서도 편미분은 민감도에 관한 유용한 정보를 제공하지만, 우승 부류의 경우에 비하면 덜 중요하다(특히 부류가 많을 때는). $\frac{\partial o_m}{\partial x_i}$의 값은 통상적인 역전파 알고리즘으로 계산할 수 있다. 단, 첫 은닉층에 도달했을 때 멈추는 것이 아니라 입력층까지 역전파를 진행해야 한다는 점이 다르다.

이 접근 방식으로 특징 선택을 수행할 수도 있다. 이 경우에는 모든 부류와 옳게 분류된 모든 훈련 견본에 관해 기울기 절댓값을 합산해서 각 특징의 민감도를 계산한다. 전체 훈련 자료에 대해 합산된 민감도가 가장 큰 특징들이 가장 유관한 특징들이다. 엄밀히 말해서 이 값을 모든 부류에 관해 합산할 필요는 없다. 그냥 정분류된 훈련 견본들에 대한 우승 부류 하나만 사용해도 된다. 그렇긴 하지만, 원래의 논문[406]에서는 이 값을 모든 부류와 모든 견본에 관해 합산한다.

합성곱 신경망을 이용한 컴퓨터 시각 응용에서는 입력 이미지의 서로 다른 부분들이 결과에 미치는 영향을 해석할 때 이와 비슷한 방법들을 사용한다.[466] 그런 방법 중 몇 가지를 제8장의 §8.5.1에서 논의할 것이다. 컴퓨터 시각의 경우 이런 종류의 돌출 요인 분석(saliency analysis)이 아주 훌륭한 시각적 효과를 제공할 때가 많다. 예를 들어 개 이미지의 경우, 주어진 이미지를 합성곱 신경망이 개로 분류하게 만드는 이미지 특징들(즉, 픽셀들)을 이러한 분석으로 파악할 수 있으며, 이를 통해서 개에 대응되는 부분은 밝은색으로, 그렇지 않은 부분은 검은 배경으로 강조된 흑백 돌출 요인 이미지를 생성할 수 있다(제8장의 그림 8.12 참고).

2.5 자동부호기를 이용한 행렬 인수분해

자동부호기(autoencoder; 또는 자가부호기)는※ 행렬 인수분해, 주성분분석, 차원 축소 같은 다양한 지도 학습 과제에 쓰이는 기본적인 구조이다. 또한, 자동부호기를 변형해서 이를테면 불완전한 자료의 행렬 인수분해를 수행할 수도 있는데, 추천 시스템을 구축할 때 그런 기법이 쓰인다. 더 나아가서, 자연어 처리 분야의 최근 몇몇 특징 공학 방법들도 자동부호기의 변형으로 볼 수 있다. 단어-문맥 행렬의 비선형 행렬 인수분해를

※ **역주** 기본적으로 입력을 출력으로 복사한다는 점과 부호기와 복호기가 함께 있다는 점을 생각할 때, autoencoder의 auto-는 "저절로"보다는 "스스로" 또는 "자기 자신의"에 가깝다. 따라서 autoencoder의 번역 어로는 '자동'부호기보다는 '자가'부호기 또는 '자기'부호가 더 어울린다. 그렇지만 의미의 차이가 관련 문헌들의 기존 용례를 뒤집을 정도로 크지는 않다고 판단해서 그냥 '자동부호기'를 사용한다.

수행하는 *word2vec*이 그러한 예이다. 이런 모형들의 비선형성(전통적인 행렬 인수분해 방법에서는 볼 수 없는)은 출력층의 활성화 함수가 제공한다. 자동부호기와 여러 변형은 이 책에서 거듭 강조하는, 신경망의 기본 구축 요소들을 적절히 변경, 조합함으로써 일단의 기계 학습 방법들의 정교한 변형들을 구현할 수 있다는 점을 잘 보여준다. 이런 접근 방식은 신경망 구조의 작은 변형들로 서로 다른 종류의 여러 모형을 실험해 보아야 하는 분석가에게 특히나 편리하다. 역전파 같은 학습 추상들의 혜택을 받지 못하는 전통적인 기계 학습에서는 그런 변형들을 만들어 내는 것이 훨씬 까다롭다. 이번 절에서는 먼저 얕은 신경망 구조를 이용해서 전통적인 행렬 인수분해 방법을 흉내 내고, 그런 다음에는 층들과 비선형 활성화 함수들을 추가함으로써 그러한 기본 구조를 비선형 차원 축소 방법으로 일반화하는 방법을 논의한다. 이를 통해서 다음 두 가지 요점을 독자에게 전달하고자 한다.

1. 특잇값 분해와 주성분분석 같은 전통적인 차원 축소 방법들이 신경망 구조의 특수 경우에 해당한다.
2. 기본 구조에 다양한 종류의 복잡성을 추가함으로써 자료의 복잡한 비선형 내장 (embedding임베딩)을 만들어 낼 수 있다. 비선형 내장은 전통적인 기계 학습에서도 사용할 수 있지만, 신경망의 경우에는 다양한 종류의 구조 변경을 통해서(그리고 바탕 학습 알고리즘의 변경들을 역전파 알고리즘에 맡김으로써) 내장의 성질들을 훨씬 더 유연하게 제어할 수 있다.

또한, 이번 장에서는 추천 시스템과 이상치 검출 같은 몇 가지 응용들도 논의한다.

2.5.1 자동부호기의 기본 원리

자동부호기의 가장 핵심적인 특성은 출력층의 차원이 입력층의 차원과 같다는 것이다. 자동부호기는 입력의 각 차원(각 특징)이 신경망을 통과한 후 해당 출력 노드에서 정확히 재구축되게 하려 한다. 즉, 자동부호기는 입력된 자료를 출력에서 복제(replication)하려 한다. 그래서 자동부호기를 복제자 신경망(replicator neural network)이라고 부르기도 한다. 그냥 한 층에서 다음 층으로 자료를 복사하기만 하면 입력을 출력으로 간단하게 복제할 수 있을 것 같지만, 자동부호기에서 입력층과 출력층 사이의 은닉층들은 그 차원이 제한되기 때문에 복제가 그리 간단하지가 않다. 다른 말로 하면, 중간의 은닉층들은 입력층이나 출력층보다 적은 수의 단위들로 구성된다. 따라서 그 단위들은 자료의 '축소된 표현'을 담게 되며, 결과적으로 최종 출력층은 원래의 자료를 온전하게 복원(재구축)할 수 없다. 간단히 말해서 자동부호기는 본질적으로 **유손실**(lossy) 재구축을 수행한다. 입력과 최대한 비슷한 자료를 출력하기 위해, 자동부호기의 손실함수로는 입력과 출력의 차이의 제곱들을 합하는 함수를 사용한다. 일반적인 자동부호기의 예가 그림 2.6(a)에 나와 있다. 그림의 예에서, 입력층과 출력층 사이에는 세 개의 제한된 은닉층이 있다. 제일 안쪽 은닉층이 담는 표현은 그 바깥 두 은닉층의 표현들과 위계적으로 연관됨을 주목하기 바란다. 이 덕분에 자동부호기는 위계적 자료 축소를 수행할 수 있다.

M층 자동부호기에서 입력과 출력 사이의 층들이 대칭 구조를 가질 때가 많다(꼭 그래야 하는 것은 아니다). 여기서 대칭 구조란, k번째 층과 $(M-k+1)$번째 층의 단위 수가 같다는 뜻이다. 또한 M의 값이 홀수이고 $(M+1)/2$번째 층이 가장 제한된 층일 때가 많다. 이러한 자동부호기 구조의 대칭성 때문에, 여러 자동부호기 변형들에서는 k번째 층에서 나가는 가중치들이 $(M-k)$번째 층으로 들어오는 가중치들과 밀접하게 연관된다. 일단 지금은 표현의 간결함을 위해 그런 가정은 두지 않기로 한다. 더 나아가서, 비선형 활성화 함수 때문에 이러한 대칭성은 결코 절대적이지 않다. 예를 들어 출력층에서는 비선형 활성화 함수를 사용할 수 있지만, 그와 대칭을 이루도록 입력층에서도 비선형 활성화 함수를 사용할 수는 없다(애초에 입력층에서는 아무런 계산도 수행하지 않는다).

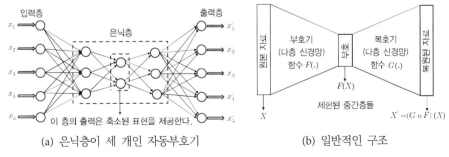

(a) 은닉층이 세 개인 자동부호기   (b) 일반적인 구조

그림 2.6: 자동부호기의 예와 일반적인 구조

자료의 축소된 표현을 **부호**(code)라고도 부르며, 중간층의 단위 개수가 곧 축소된 차원 수이다. 자동부호기 구조에서 차원이 축소되는 병목 이전의 부분을 **부호기**(encoder 인코더)라고 부르고(축소된 부호를 생성하는 역할을 하므로), 그 이후의 부분을 **복호기**(decoder 디코더)라고 부른다(부호를 다시 자료로 복원하므로). 그림 2.6(b)에 자동부호기의 이러한 일반적인 구조가 나와 있다.

2.5.1.1 은닉층이 하나인 자동부호기

이제부터는 가장 간단한 형태의 자동부호기를 소개하고 그것으로 행렬 인수분해를 수행하는 방법을 설명하겠다. 이 자동부호기에서 입력층과 출력층 사이에는 단위가 $k \ll d$개인 은닉층 하나만 있다. 입력층과 출력층은 단위가 각각 d개이다. 그리고 자동부호기를 이용해서 $n \times d$차원 행렬 D를 $n \times k$차원 행렬 U와 $d \times k$차원 행렬 V로 인수분해하고자 한다.

$$D \approx UV^T \tag{2.38}$$

여기서 k를 인수분해의 계수(rank; 또는 위수)라고 부른다. 행렬 U는 자료의 축소된 표현을 담으며, 행렬 V는 기저 벡터(basis vector)들을 담는다. 행렬 인수분해는 지도 학습에서 가장 널리 연구된 문제로, 차원 축소와 군집화(clustering), 그리고 추천 시스템의 예측 모형에 쓰인다.

전통적인 기계 학습에서는 이 문제를 $(D - UV^T)$로 표기하는 **잔차 행렬**(residual matrix)의 **프로베니우스 노름**Frobenius norm을 최소화해서 푼다. 행렬의 프로베니우스 노름의 제곱은 행렬 성분들의 제곱들의 합과 같다. 따라서 이 행렬 인수분해는 다음과 같은 목적함수를 최적화하는 문제에 해당한다.

$$J = \|D - UV^T\|_F^2$$

여기서 $\|\cdot\|_F$라는 표기는 프로베니우스 노름을 뜻한다. 이를 최적화하려면 신경망은 매개변수 행렬 U와 V를 학습해야 한다. 이 목적함수에는 무한히 많은 최적해가 있으며, 그중에는 기저 벡터들이 서로 직교인 해가 하나 있다. 그 특정한 해를 **절단된 특잇값 분해**(truncated singular value decomposition)라고 부른다. 이 최적화 문제를 위한 경사하강법 갱신 단계[6]를 유도하기는 비교적 쉽지만, 지금 논의의 목표는 이 최적화 문제

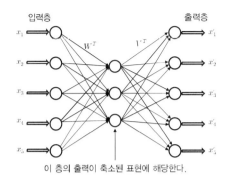

입력층   출력층

이 층의 출력이 축소된 표현에 해당한다.

그림 2.7: 은닉층이 하나인 기본적인 자동부호기

를 신경망 구조 안에 포착하는 것이다. 그러면 특잇값 분해(SVD)가 자동부호기 구조의 한 특수 경우라는 점을 확실히 이해할 수 있을 것이며, 그러한 이해는 더 복잡한 자동부호기들도 좀 더 잘 이해할 수 있는 기반이 된다.

SVD를 위한 이 신경망 구조가 그림 2.7에 나와 있다. 이 구조에서 은닉층의 단위는 k개이다. 행렬 D의 행들이 이 자동부호기의 입력 자료에 해당하고, 행렬 U의 k차원 행들은 은닉층의 활성화 값들에 해당한다. 복호기의 V^T는 가중치들로 이루어진 $k \times d$ 행렬이다. 제1장에서 다층 신경망을 소개할 때 논의했듯이, 신경망 특정 층의 값들을 담은 벡터는 그 이전 층의 벡터에 그 두 층을 연결하는 가중치들의 행렬을 곱한 것이다(선형 활성화 함수의 경우). 은닉층의 활성화 값들이 U이고 복호기 가중치들이 V^T에 들어 있으므로, 재구축된 출력은 UV^T의 행들로 이루어진다. 자동부호기는 입력과 출력의 차이의 제곱들의 합을 최소화하려 하는데, 이는 $\|D - UV^T\|^2$의 최소화와 동등한 문제이다. 따라서 자동부호기가 풀고자 하는 문제는 특잇값 분해 문제와 같다.

이러한 접근 방식을 이용해서 **표본 외**(out-of-sample) 견본, 즉 원래의 행렬 D에는 없는 견본들의 축소된 표현을 구하는 것도 가능하다. 그냥 그런 표본 외 행들을 입력으로 공급하면 은닉층이 축소된 표현을 제공한다. 표본 외 견본의 축소는 비선형 차원 축소 방법들에서 특히나 유용한데, 이는 전통적인 기계 학습 방법들로는 그런 새 견본들을 처리하기 어렵기 때문이다.

부호기 가중치

그림 2.7에서 보듯이 부호기 가중치들은 $k \times d$ 행렬 W에 들어 있다. 이 행렬과 U 및 V의 관계는 어떤 것일까? 자동부호기는 원래의 자료 행렬을 재구축한 표현인 DW^TV^T를 생성함을 기억할 것이다. 이를 위해 자동부호기는 $\|DW^TV^T - D\|^2$을 최소화하는 최적화 문제를 풀려고 한다. 이 문제의 최적해는 행렬 W가 다음과 같이 정의되는 V의 유사역행렬일 때 나온다.

$$W = (V^TV)^{-1}V^T \tag{2.39}$$

적어도 행렬 D가 d차원 최대 계수(full rank) 행렬인 비퇴화(degenerate) 경우에서는 이러한 결과를 증명하는 것이 어렵지 않다(연습문제 14). 물론 자동부호기의 훈련 알고리즘이 구한 최종적인 해가 반드시 이 조건을 만족한다는 보장은 없다. 자동부호기가 문제를 정확하게 풀지 못했거나, 행렬 D의 계수가 최대 계수가 아닌 경우에는 그럴 수 있다.

유사역행렬의 정의에 의해, I가 $k \times k$ 단위행렬이라고 할 때, $WV = I$이고 $V^TW^T = I$이다. 식 2.38의 양변에 W^T를 곱하면 다음이 나온다.

$$DW^T \approx U\underbrace{(V^TW^T)}_{I} = U \tag{2.40}$$

다른 말로 하면, 행렬 D에 $d \times k$ 행렬 W^T를 곱해서 나온 행렬 U의 각 행이 곧 각 견본의 축소된 표현이다. 더 나아가서, U에 다시 V^T를 곱하면 원래의 자료 행렬 D를 재구축한 버전이 나온다.

W와 V에 대한 최적해는 언급한 것 외에도 여러 개가 있지만, 자료의 재구축(즉, 손실함수의 최소화)이 목적일 때는 학습된 행렬 W가 항상 V와 (근사적으로) 연관된다. 이는 유사역행렬과 V의 열들이 항상 SVD 최적화 문제로 정의되는 특정 k차원 부분공간에 대응되기 때문이다.[3]

---

3) 이 부분공간은 특잇값 분해의 상위 k개의 특이벡터들로 정의된다. 그러나 이 최적화 문제가 직교성 제한을 요구하지는 않기 때문에, V의 열들이 그와는 다른 비직교 좌표계를 이용해서 이 부분공간을 표현할 수도 있다.

2.5.1.2 특잇값 분해와의 관계

단층 자동부호기 구조는 특잇값 분해(SVD)와 밀접한 관련이 있다. 특잇값 분해는 V의 열들이 정규직교(orthonormal)라는 조건을 만족하는 인수분해 UV^T를 구한다. 이 신경망 구조의 손실함수는 특잇값 분해 문제를 위한 손실함수와 동일하며, 열들이 정규직교인 해 V는 항상 신경망의 훈련으로 얻을 수 있는 최적해 중 하나이다. 그러한 최적해가 단 하나가 아니기 때문에, 신경망을 훈련해서 얻은 최적해 V의 열들이 직교가 아니거나 단위 크기가 아닐 수도 있다. SVD는 정규직교기저 좌표계로 정의된다. 그렇긴 하지만, V의 k개의 열이 차지하는 부분공간은 SVD의 상위 k개의 기저 벡터가 차지하는 부분공간과 동일하다. 주성분분석(PCA)은 평균 중심(mean-centered) 행렬 D에 적용된다는 점만 빼면 특잇값 분해와 동일하다. 따라서 이 접근 방식으로 상위 주성분 k개가 차지하는 부분공간을 찾는 것도 가능하다. 그러나 그러려면 먼저 D의 각 열에서 그 평균을 빼서 평균 중심이 되게 해야 한다. 부호기와 복호기가 일부 가중치들을 공유함으로써 SVD와 PCA에 좀 더 가까운 정규직교기저를 얻는 것도 가능하다. 그럼 그 방법을 좀 더 자세히 살펴보자.

2.5.1.3 부호기와 복호기의 가중치 공유

앞에서도 언급했듯이, W와 V에 대한 최적해(여기서 W는 V의 유사역행렬)는 여러 개이다. 이 점을 이용하면 재구축의 정확도를 크게 잃지 않고도[4] 매개변수 요구량(매개변수 개수와 그에 따른 처리 부담)을 줄이는 것이 가능하다. 자동부호기를 설계할 때 흔히 쓰이는 방법은 일부 가중치들을 부호기와 복호기가 공유하는 것이다. 이를 두고 **가중치들을 묶는다**(tie)라고 말한다. 구조가 대칭적인 자동부호기는 서로 대응되는 부호기와 복호기가 가중치들을 공유하는 것이 자연스럽다. 얕은 자동부호기의 경우 부호기와 복호기가 공유하는 가중치들의 관계는 다음과 같다.

$$W = V^T \tag{2.41}$$

이 자동부호기 구조가 그림 2.8에 나와 있다. 이 구조는 가중치들이 묶였다는 점만 빼고는 그림 2.7의 것과 같다. 이 자동부호기는 먼저 $d \times k$ 행렬 V에 담긴 가중치들을

---

4) 지금 이야기하는 단층 구조를 비롯한 몇몇 특수 경우에는 정확도 손실이 전혀 없다(심지어 훈련 자료에 대해서도). 그 외의 경우들에서 정확도는 훈련 자료에 대해서만 손실되지만, 자동부호기는 표본 외 자료를 좀 더 잘 재구축하는 경향이 있다(이는 정칙화에 의해 매개변수 요구량이 감소하는 덕분이다).

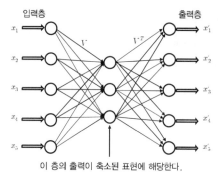

입력층   출력층

이 층의 출력이 축소된 표현에 해당한다.

그림 2.8: 층이 하나인 기본적인 자동부호기. 그림 2.7의 것과는 달리 가중치들이 묶였음을 주목할 것.

이용해서 d차원 자료점 $\overline{X}$를 k차원으로 표현하고(부호기), 나중에는 그 전치행렬 V^T를 이용해서 축소된 표현으로부터 원래의 자료를 재구축한다(복호기).

이처럼 가중치들을 묶는다는 것은 V^T를 V의 유사역행렬로 간주한다는 뜻이다(연습문제 14). 다른 말로 하면 이는 $V^T V = I$가 성립하며, 따라서 V의 열들이 서로 직교라고 가정하는 것에 해당한다. 결과적으로, 가중치들을 묶음으로서 이 자동부호기는 SVD를 **정확하게**(근사적이 아니라) 흉내 낼 수 있다(SVD 문제를 풀려면 서로 다른 기저 벡터들이 반드시 직교이어야 한다).

이러한 단층 자동부호기 구조에서는 한 쌍의 가중치 행렬들만으로 가중치들을 묶을 수 있다. 일반적인 경우에는 홀수 개의 은닉층들과 짝수 개의 가중치 행렬들이 필요하다. 자동부호기를 구현할 때는 가중치 행렬들을 자동부호기의 중심을 기준으로 대칭적으로 묶는 방법이 흔히 쓰인다. 그런 경우 서로 대응되는 대칭 은닉층들은 그 단위의 개수가 동일해야 한다. 자동부호기의 부호기와 복호기가 가중치들을 반드시 공유해야 하는 것은 아니지만, 가중치들을 공유하면 매개변수 개수가 절반으로 줄어든다. 이는 과대적합 문제를 줄이는 데 도움이 된다. 다른 말로 하면, 이러한 접근 방식은 표본 외 자료를 좀 더 잘 복원할 수 있다. 부호기와 복호기의 가중치 공유가 주는 또 다른 장점은 개별적인 정규화 과정 없이도 V의 열들이 비슷한 값들로 정규화된다는 것이다. 부호기와 복호기의 가중치 행렬들을 묶지 않으면 V의 서로 다른 열들의 크기(노름)가 크게 다를 수 있다. 적어도 선형 활성화 함수의 경우에서, 가중치 공유는 V의 모든 열의 크기가 비슷해지는 효과를 낸다. 이는 내장된 표현을 좀 더 잘 정규화할 수 있다는 측면에서도 장점으로 작용한다. 계산층들에서 비선형 활성화 함수를 사용하는 경우에는 이러한 정규화와 직교성 성질이 성립하지 않는다. 그러나 그런 경우에도 가중치들을 묶는 것은 해의 조건화 개선 측면에서 장점이 있다.

가중치를 공유하는 자동부호기의 훈련을 위해서는 기존의 역전파 알고리즘을 수정할 필요가 있다. 그러나 그러한 수정이 아주 어렵지는 않다. 그냥 가중치들을 공유하지 않을 때와 같은 방식으로 역전파를 적용해서 기울기들을 계산하되, 경사 하강법 갱신 단계에서 같은 기울기의 서로 다른 버전들에 대한 기울기들을 더한 결과를 적용한다는 점이 다를 뿐이다. 이런 식으로 공유 가중치들을 처리하는 방법을 제3장의 §3.2.9에서 논의한다.

2.5.1.4 그 밖의 행렬 인수분해 방법들

간단한 3층 자동부호기를 조금 수정해서 음이 아닌 행렬의 인수분해나 확률적 잠재 의미 분석, 로그(로지스틱) 행렬 인수분해 같은 다른 종류의 행렬 인수분해 방법들을 흉내 내는 것이 가능하다. 여러 가지 로그 행렬 인수분해 방법은 다음 절(§2.6.3)과 연습문제 8에서 논의한다. 비음수 행렬 인수분해와 확률적 잠재 의미 분석을 위한 방법들은 연습문제 9와 10에서 다룬다. 간단한 신경망 구조를 변형함으로써 아주 다른 성질들을 얻을 수 있음을 깨달을 수 있다는 점에서, 이런 여러 변형 사이의 관계를 조사해 보면 공부에 도움이 될 것이다.

2.5.2 비선형 활성화 함수

지금까지의 논의는 자동부호기 신경망 구조를 이용해서 특잇값 분해를 수행하는 방법에 초점을 두었다. 그런데 특잇값 분해 기능을 제공하는 소프트웨어 패키지들이 많이 있으므로, 자동부호기로 특잇값 분해를 수행한다는 것이 그리 대단한 일은 아닐 것이다. 자동부호기의 진정한 위력은 비선형 활성화 함수들과 다수의 층을 사용할 때 발휘된다. 예를 들어 행렬 D가 이진 성분들을 담고 있다고 하자. 그런 경우 그림 2.7과 같은 신경망 구조를 사용할 수도 있지만, 그것을 조금 수정해서 마지막 층에서 S자형 함수를 이용해서 출력을 예측할 수도 있다. 그러한 S자형 출력층에 음의 로그 손실함수를 결합한다면, 모형은 다음과 같은 이진 행렬 $B = [b_{ij}]$를 산출한다.

$$B \sim \text{sigmoid}(UV^T) \qquad\qquad (2.42)$$

여기서 S자형 함수는 인수로 주어진 행렬에 성분별로 적용된다. 이 공식에서 $\approx$ 기호 대신 $\sim$ 기호를 사용했음을 주목하기 바란다. 이는 이진 행렬 B가 $\text{sigmoid}(UV^T)$에 담긴 매개변수들을 가진 베르누이 분포로부터 무작위로 추출한 하나의 표본임을 의미한다. 이러한 자동부호기로 수행하는 행렬 인수분해가 로그 행렬 인수분해(logistic matrix factorization; 또는 로지스틱 행렬 인수분해)와 동등함을 증명할 수 있다. 기본적인 착안은 UV^T의 (i,j)번째 성분이 베르누이 분포의 한 매개변수이고 이진 성분 b_{ij}는 그러한 매개변수들을 가진 베르누이 분포로부터 생성(추출)된다는 것이다. 결과적으로 자동부호기는 이러한 **생성 모형**(generative model)의 로그가능도 손실함수를 이용해서 U와 V를 학습한다. 암묵적으로 로그가능도 손실함수는 행렬 B가 생성될 확률이 최대가 되는 매개변수 행렬 U와 V 쪽으로 학습을 이끄는 역할을 한다.

로그 행렬 인수분해는 비교적 최근에 이진 자료를 위한 정교한 행렬 인수분해 방법으로 제안되었다.[224] 이진 행렬 인수분해는 **암묵적 피드백**(implicit feedback; 또는 내재적 피드백) 평점(rating)들에 기초한 추천 시스템에 유용하다. 여기서 암묵적 피드백이란 특정 상품을 구매하느냐 아니냐 같은 어떤 이분법적인 사용자 행동을 말한다. 로그 행렬 인수분해에 관해 해당 논문 [224]가 제시한 해법은 SVD 접근 방식과는 아주 다른 모습이며, 신경망 접근 방식에 기초한 것도 아니다. 그러나 신경망 실무자의 관점에서 볼 때 SVD 모형과 로그 행렬 인수분해 모형의 차이는 비교적 작다. 그냥 신경망의 마지막 층만 변경하면 된다. 이러한 신경망의 모듈식 특성은 다양한 실험을 가능하게 한다는 점에서 실무 기술자들에게 아주 매력적이다. 실제로, 텍스트 특징 공학에 널리 쓰이는 *word2vec* 신경망 접근 방식의 변형 중 하나를 자세히 살펴보면 다름 아닌 로그 행렬 인수분해 방법에 해당함을 알 수 있다.[325, 327] 흥미롭게도, 전통적인 기계 학습에서 *word2vec*은 로그 행렬 인수분해보다 먼저 제안되었지만,[224] 두 방법의 동등함은 원래의 논문에서 언급되지 않았다. 동등함은 [6]에서 처음 증명되었는데, 이번 장에서 그 증명을 살펴볼 것이다. 사실 전통적인 기계 학습에는 다층 자동부호기에 정확히 대응되는 방법이 존재하지 않는다. 이런 점들은 다층 신경망을 모듈식으로 다루다 보면 정교한 기계 학습 알고리즘을 발견하게 될 때가 많은 이유를 설명해준다. 심지어 이런 접근 방식을 이용해서 성분들이 $[0,1]$에 속하는 실숫값인 행렬을 인수분

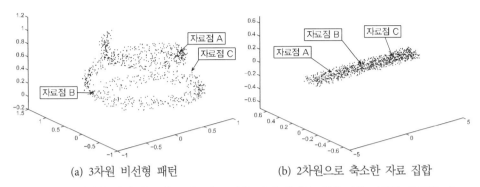

(a) 3차원 비선형 패턴   (b) 2차원으로 축소한 자료 집합

그림 2.9: 비선형 차원 축소의 효과. 이 그림은 단지 설명을 위해 만든 것임을 주의할 것.

해하는 것도 가능함을 주목하기 바란다. 소수부를 적절히 다룰 수 있도록 로그 손실함수를 수정하기만 하면 된다(연습문제 8 참고). 로그 행렬 인수분해는 핵 행렬 인수분해(kernel matrix factorization)의 일종이다.

비선형 활성화 함수를 출력층 대신 은닉층에서(또는 출력층과 은닉층 모두에서) 사용할 수도 있다. 은닉층에서 비선형 활성화 함수를 사용해서 비음수성(non-negativity)을 강제하면 비음수 행렬 인수분해를 흉내 낼 수 있다(연습문제 9와 10 참고). 더 나아가서, 은닉층이 하나이고 은닉층에서 S자형 활성화 함수를, 출력층에서는 선형 활성화 함수를 사용하는 자동부호기를 생각해 보자. 입력층에서 은닉층으로의 가중치 행렬이 W^T이고 은닉층에서 출력층으로의 가중치 행렬이 V^T라고 할 때, 은닉층이 비선형 활성화 함수를 사용하기 때문에 행렬 W는 더 이상 V의 유사역행렬이 아니다.

은닉층의 출력이 U이고 은닉층이 사용하는 비선형 활성화 함수가 $\Phi(\cdot)$라고 할 때, 그 둘의 관계는 다음과 같다.

$$U = \Phi(DW^T) \tag{2.43}$$

출력층이 선형이면 전체적인 인수분해는 여전히 다음과 같은 형태이다.

$$D \approx UV^T \tag{2.44}$$

여기서 행렬 D의 선형 투영(linear projection; 또는 선형 사영)인 $U' = DW^T$를 도입한다. 그러면 전체적인 인수분해를 다음과 같이 표현할 수 있다.

$$D \approx \Phi(U')V^T \tag{2.45}$$

이것은 앞에서 본 것과는 다른 종류의 비선형 행렬 인수분해이다.[521, 558] 비록 지금
예의 비선형 활성화 함수(S자형 함수)가 핵 방법들에서 흔히 쓰이는 것들에 비하면 단
순해 보이지만, 실제 응용에서는 신경망이 더 많은 수의 은닉층들을 이용해서 좀 더
복잡한 형태의 비선형 차원 축소를 학습한다. 더 나아가서, 여러 개의 비선형 함수들
을 은닉층들과 출력층에서 결합하는 것도 가능하다. 이러한 비선형 차원 축소 방법들
을 이용하면 주어진 입력 자료를 주성분분석(PCA) 같은 전통적인 방법들에 비해 훨씬
낮은 차원의 공간(재구축 특성들이 좋은)으로 사상할 수 있다. 그림 2.9(a)는 그러한 입력
자료의 예로, 3차원 공간에서 나선 구조를 가진다. PCA로는 이런 자료 집합의 차원을
축소할 수 없다(억지로 축소하면 재구축 오류가 상당히 커진다). 그러나 비선형 차원 축소
방법들을 이용하면 비선형 나선을 2차원 표현으로 축소하는 것이 가능하다. 그림
2.9(b)가 그러한 예이다.

비선형 차원 축소 방법들에는 좀 더 깊은 신경망이 필요할 때가 많은데, 이는 그래
야 비선형 단위들의 조합을 통해서 좀 더 복잡한 변환을 수행할 수 있기 때문이다.
그럼 깊이가 주는 장점을 살펴보자.

2.5.3 심층 자동부호기

신경망 분야에서 자동부호기의 진정한 위력은 중간 은닉층이 더 많을 때 비로소 발휘
된다. 은닉층이 세 개인 자동부호기의 예가 그림 2.10에 나와 있다. 중간 은닉층 개수

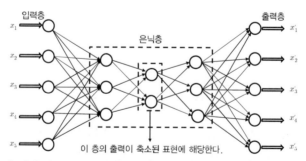

그림 2.10: 층이 세 개인 자동부호기의 예. 비선형 활성화 함수와 다중 은닉층의 조합으로 신경망
의 표현력이 증가한다.

를 늘리면 신경망의 표현력이 증가한다. 표현력 증가를 위해서는 (일부) 중간층들에서 반드시 비선형 함수를 사용해야 함을 기억하기 바란다. 제1장의 보조정리 1.5.1이 말해 주듯이, 선형 활성화 함수만 사용하는 경우에는 층을 늘려도 신경망의 능력이 증가하지 않는다. 제1장에서는 이 보조정리를 분류 문제에 관해서 증명했지만, 이 보조정리는 자동부호기를 비롯해 모든 종류의 다층 신경망에 관해서도 참이다.

층이 여러 개인 심층 구조는 놀랄 만큼 큰 표현력을 제공한다. 자동부호기의 경우 다층 구조 덕분에 자료의 표현이 **위계적으로** 축소된다. 이미지 같은 자료 영역의 경우에는 위계적으로 축소된 표현이 특히나 자연스럽다. 전통적인 기계 학습에는 이에 대응되는 모형이 없음을 주목하기 바란다. 그리고 복잡한 경사 하강법 단계의 계산과 연관된 어려움들은 역전파 알고리즘으로 해소할 수 있다. 비선형 차원 축소는 임의의 형태의 다양체(manifold)를 그보다 차원이 낮은 표현으로 사상한다. 전통적인 기계 학습 분야에도 몇 가지 비선형 차원 축소 방법들이 있지만, 그런 방법들에 비해 신경망은 다음과 같은 여러 장점을 갖추고 있다.

1. 여러 비선형 차원 축소 방법은 표본 외 자료점을 축소된 표현으로 사상하는 데 어려움이 많다(훈련 자료에 이미 들어 있던 자료점들이 아닌 한). 반면, 표본 외 자료점을 신경망에 넣어서 축소된 표현을 계산하는 것은 비교적 간단하다.
2. 신경망에서는 중간에 있는 층들의 수와 종류를 다양하게 둠으로써 비선형 자료 축소 문제를 좀 더 강력하고 유연하게 풀 수 있다. 더 나아가서, 특정 층에 특정 종류의 활성화 함수를 사용함으로써 자료 축소의 성격을 제어하는 것도 가능하다. 예를 들어 이진 자료 집합에 대해서는 로지스틱 출력층에서 로그 손실함수를 사용하는 것이 바람직하다.

이러한 접근 방식을 이용해서 자료를 엄청나게 간결하게 축소하는 것이 가능하다. 예를 들어 [198]은 이미지의 픽셀들로 이루어진 784차원 표현을 심층 자동부호기를 이용해서 6차원 표현으로 축소한 예를 제시한다. 비선형 단위들을 사용하면 항상 자료를 더 잘 축소할 수 있는데, 이때 비선형 단위들은 왜곡된 다양체들을 암묵적으로 선형 초평면들로 사상한다. 축소가 더 잘되는 이유는, 왜곡된 다양체를 다수의 점을 통해서 연결하는 것이 선형 평면들을 연결하는 것보다 더 쉽기 때문이다. 비선형 자동부호기의 이러한 성질은 2차원 시각화에 자주 쓰인다. 가장 간결한 은닉층이 단 2차

 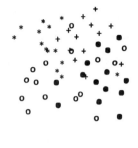

비선형 자동부호기의 2차원 시각화   PCA의 2차원 시각화

그림 2.11: 비선형 자동부호기와 주성분분석(PCA)이 생성한 내장들 사이의 전형적인 차이점을 보여주는 그림. 비선형 심층 자동부호기는 바탕 자료에 있는 복잡한 부류 구조들을 잘 분리할 수 있지만, PCA 같은 선형변환의 제약들이 있으면 잘 분리하지 못할 때가 많다. 개별 부류들이 원래의 공간에서 곡면 다양체들에 분포되어 있을 때 그런 일이 발생한다. 그런 경우 자료의 2차원 단면만 봐서는 복잡하게 뒤섞여 있지만, 공간 자체를 적절히 왜곡(warp)하면 부류들이 잘 분리될 가능성이 있다. 이 그림은 단지 설명의 목적으로 만들어 낸 것일 뿐, 실제의 어떤 자료 집합을 표현한 것은 아니다.

원인 심층 자동부호기를 이용해서 고차원 자료를 2차원으로 축소하고, 그 2차원 표현의 점들을 2차원 평면에 사상해서 시각화하면 된다. 이런 식으로 자료를 2차원화하면, 자료의 부류 구조가 잘 분리된 군집(cluster)들의 형태로 드러날 때가 많다.

그림 2.11은 실제 자료 분포의 전형적인 습성을 보여주는 예이다. 그림의 왼쪽은 심층 자동부호기를 이용해서 자료를 2차원으로 사상한 것인데, 서로 다른 부류들이 각각의 군집을 이루어서 잘 분리되어 있다. 반면 PCA로 얻은 결과(오른쪽)에서는 부류들이 그리 잘 분리되어 있지 않다. 비선형 나선 구조를 선형 초평면에 사상한 결과를 나타낸 그림 2.9를 보면 이런 습성의 이유를 알 수 있다. 많은 경우 자료 공간에 서로 다른 부류에 속하는 나선(또는 다른 형태의 도형)들이 복잡하게 얽혀 있는데, 전통적인 선형 차원 축소 방법들로는 그런 나선들을 깔끔하게 분리할 수 없다(애초에 뒤얽힌 비선형 도형들은 선형 분리가능이 아니기 때문이다). 반면 비선형성을 사용하는 좀 더 강력한 심층 자동부호기는 그런 도형들도 풀어헤칠 수 있다. 심층 자동부호기는 종종 t-SNE(t-distributed stochastic neighbor embedding; t-분포 확률적 이웃 내장)[305] 같은 다른 강건한(robust) 시각화 방법의 대안으로도 쓰인다. 시각화에 대해서는 t-SNE가 더 나은

성과를 낼 때가 많긴 하지만[5](애초에 차원 축소가 아니라 시각화를 위해 고안된 것이기 때문이다), t-SNE에 비해 사동부호기는 표본 외 자료로 일반화하기 쉽다는 장점이 있다. 처음 보는 자료점이라도, 그냥 자동부호기의 부호기 부분을 통과시킨 후 그 결과를 현재의 시각화된 점들의 집합에 추가하기만 하면 된다. 고차원 문서 컬렉션을 자동부호기를 이용해서 시각화한 예가 [198]에 나온다.

그렇지만 축소가 너무 과해서 그리 유용하지 않은 표현이 만들어질 수도 있다. 예를 들어 아주 높은 차원의 훈련 자료점을 1차원 값으로 축소하고 다시 원래의 훈련 자료를 재구축하는 것이 가능하다고 해도, 그런 신경망으로 시험 자료를 축소하고 재구축하면 재구축 오차가 대단히 클 것이다. 이 경우 신경망은 주어진 훈련 자료 집합을 기억하는 방법을 발견한 것일 뿐, 미지의 자료점의 축소된 표현을 생성하기에 충분한 능력을 배우지는 못한 것이라 할 수 있다. 따라서 차원 축소 같은 비지도 문제의 경우에도 일부 자료점들을 따로 빼서 **검증 집합**(validation set)을 만들어 두는 것이 중요하다. 검증 집합의 자료점들은 훈련에 사용하지 않는다. 훈련을 마친 후에 훈련 자료 집합에 대한 재구축 오차와 검증 집합에 대한 재구축 오차를 비교해 본다. 만일 그 차이가 크다면, 과대적합이 일어난 것일 가능성이 있다. 심층 신경망의 또 다른 문제점은 훈련이 어렵다는 것인데, 그래서 **사전훈련**(pretraining) 같은 요령들이 중요하다. 이런 요령들은 제3장과 제4장에서 논의한다.

2.5.4 이상치 검출에 응용

차원 축소는 이상치(outlier; 또는 바깥점, 이상점) 검출과도 밀접한 관련이 있다. 이는 이상치에 해당하는 점(이상점)들을 부호화하고 복호화하면 정보가 상당히 소실되기 때문이다. 행렬 D를 $D \approx D' = UV^T$로 분해한다고 할 때, 저계수 행렬 D'은 자료에서 잡음을 제거한 표현에 해당한다는 점이 잘 알려져 있다. 사실 압축된 표현 U는 오직 자료에 존재하는 정칙성(regularity)들, 간단히 말해서 어떤 규칙적인 패턴들만 포착할

---

5) t-SNE 방법은 저차원 내장에서는 모든 쌍별(pairwise) 유사성과 비유사성을 동일한 수준의 정확도로 보존하는 것이 불가능하다는 원리에 기초한다. 그래서, 대칭적인 구조를 통해서 자료를 최대한 충실하게 복원하고자 하는 차원 축소나 자동부호기와는 달리 t-SNE 방법에서는 유사성에 대한 손실함수와 비유사성에 대한 손실함수가 대칭적이지 않다. 이런 종류의 비대칭적 손실함수는 시각화 도중 여러 다양체를 분리하는 데 특히나 유용하다. 시각화에 대해서는 t-SNE가 자동부호기보다 좋은 성과를 낼 수 있는 것은 바로 이 때문이다.

뿐이며, 특정한 점들에 존재하는 비정상적인 변동들은 포착하지 못한다. 따라서 D'으로 재구축하면 그런 모든 비정상 변동들이 사라진다.

$(D - D')$의 각 성분의 절댓값은 원래의 해당 성분의 이상치 점수(outlier score)에 해당한다. 이 점수에 기초해서 이상치에 해당하는 성분을 찾아낼 수 있다. 더 나아가서, D의 각 행의 성분들의 제곱 점수들을 모두 합한 것을 그 행의 이상치 점수로 두어서 이상치 자료점을 찾을 수 있다. 또는, D의 각 열에 대해 그런 식으로 제곱 점수들을 합해서 이상치에 해당하는 특징을 찾을 수도 있다. 이는 군집 특징 선택 같은 응용에 유용하다. 그런 경우 이상치 점수가 큰 특징을 제거함으로써 군집에서 잡음을 제거할 수 있다. 여기서는 행렬 인수분해를 기준으로 설명했지만, 그와는 다른 임의의 종류의 자동부호기도 이런 용도로 사용할 수 있다. 사실 잡음 제거 자동부호기의 구축은 그 자체로 활발한 연구가 진행되는 분야인데, 이번 장 끝의 문헌 정보 절에 관련 문헌들이 나온다.

2.5.5 은닉층이 입력층보다 넓은 경우

지금까지는 은닉층의 단위가 입력층보다 적은 경우만 논의했다. 자료의 축소 표현을 구하고자 할 때는 은닉층들의 단위가 입력층보다 적은 것이 합당하다. 제한된(더 좁은) 은닉층을 사용하면 신경망은 차원 축소를 수행하게 되며, 이 경우 손실함수로는 정보의 손실을 피하기 위한 함수를 사용한다. 이런 신경망이 산출하는 표현을 **과소완비(과소완전) 표현**(undercomplete representation)이라고 부르는데, 보통의 경우 자동부호기의 용도는 바로 이 과소완비 표현을 얻는 것이다.

그런데 입력층보다 은닉층의 단위가 더 많으면 어떻게 될까? 이는 **과대완비 표현**(over-complete representation)에 해당한다. 은닉층의 단위들이 입력 단위들보다 많으면 은닉층은 그냥 항등함수를 배우게 된다(손실은 0). 입력을 그대로 출력으로 복사하는 것은 사실 별 쓸모가 없다. 그러나 실제 응용에서는 입력이 반드시 그대로 복사되지는 않는다. 특히 특정 종류의 정칙화와 **희소성(희박성) 제약**이 은닉층들에 가해지는 경우 더욱 그렇다. 그리고 희소성 제약을 전혀 가하지 않더라도, 학습에 확률적 경사 하강법을 사용하는 경우에는 확률적 경사 하강법에 의한 확률적 정칙화 항의 효과가 충분히 크기 때문에 출력을 재구축하기 전에 은닉층들이 입력을 항상 무작위로(확률적으로) 뒤섞는다. 이는 확률적 경사 하강법이 학습 과정에 일종의 잡음을 추가하기 때문에 생기는 현상이다. 결과적으로 신경망이 학습하는 가중치들은 그냥 입력을 그대로 출력으로 복사하는 하나의 항등함수와는 다른 어떤 함수에 해당한다. 더 나아가서, 학습 과정의 몇몇 특이 사항들 때문에 신경망이 자신의 모형화 능력을 완전히 발휘하는 일은 거의 일어나지 않으며, 이 때문에 가중치들 사이에 의존관계가 생긴다.[94] 결과적으로 신경망은 입력의 완전한 복사본이 아니라 하나의 과대완비 표현을 산출하게 된다. 그런데 그러한 표현이 반드시 희소한 것은 아니다. 신경망 응용을 위해서는 표현의 희소성을 명시적으로 키울 필요가 있다. 그럼 희소성을 개선하는 방법을 살펴보자.

2.5.5.1 희소 특징 학습

희소성 제약들을 명시적으로 가한 자동부호기를 **희소 자동부호기**(sparse autoencoder)라고 부른다. 하나의 d차원 점의 희소 표현은 $k \gg d$인 하나의 k차원 점인데, 좌표성분 (특징)들이 대부분 0이다(즉, 0이 아닌 의미 있는 성분이 '희소'하다). 희소 특징 학습은 학습된 특징들을 응용에 고유한 관점에서 좀 더 직관적으로 해석할 수 있는 여러 응용 분야(특히 이미지 처리 분야)에서 대단히 쓸모가 많다. 더 나아가서, 정보의 양이 가변적인 자료점들은 0이 아닌 특징 값들로 자연스럽게 표현할 수 있다. 이 점은 예를 들어 **입력**이 텍스트 문서의 표현일 때 잘 드러난다. 대체로, 문서를 다차원 형식으로 표현하는 경우 정보가 많이 담긴 문서일수록 0이 아닌 특징들(단어 도수들)이 더 많다. 그러나 애초에 희소하지 않은 입력이 주어질 수도 있는데, 그런 경우에는 표현의 유연성이 생기도록 입력을 희소한 버전으로 변환하는 것이 도움이 될 때가 많다. 그리고 입력을 희소하게 만들면, 자료의 희소성에 크게 의존하는 특정 종류의 효율적인 알고리즘들을 사용할 수 있게 된다. 희소성이 증가하도록 입력층에 제약을 가하는 방법은 여러 가지인데, 그중 하나는 은닉층에 치우침 항을 추가함으로써 다수의 단위가 0이 되게 만드는 것이다. 구체적인 방법을 몇 가지 들면 다음과 같다.

1. 은닉층의 활성화 함수에 L_1 벌점을 가해서 활성화 값들을 희소하게 만든다. L_1 벌점을 이용해서 희소한 해(가중치 또는 은닉 단위 기준으로)를 만든다는 개념은 제4장의 §4.4.2와 §4.4.4에서 논의한다.

2. $r \le k$에 대해, 은닉층의 상위 활성화 값 r개 이외의 활성화 값들은 0으로 만든다. 이런 경우 역전파는 오직 활성화된 단위들을 통해서만 진행된다. 이 접근 방

식을 r-희소 자동부호기[309]라고 부른다.

3. 승자독식(winner-take-all) 자동부호기[310]라고 하는 접근 방식도 있다. 이 경우에는 전체 훈련 자료에 대한 각 은닉 단위의 활성화 값들 중 일정 비율만 0이 아닐 수 있게 한다. 2번의 방법은 하나의 훈련 견본에 대해 은닉층이 계산한 활성화 값들 중 상위 일부만 활성화하는 것이고, 이 방법은 모든 훈련 견본에 대한 모든 활성화 값 중 상위 일부만 활성화하는 것임을 주의하기 바란다. 따라서 이 경우에는 미니배치mini-batch(작은 크기의 일괄 처리 단위)의 통계량들에 기초해서 노드 고유의 문턱값을 추정할 필요가 있다. 역전파 알고리즘은 활성화된 단위들로만 기울기를 전파해야 한다.

이런 경쟁적인 메커니즘들의 구현이 적응적(adaptive) 문턱값들을 사용하는 ReLU 활성화와 거의 비슷함을 주목하기 바란다. 이 알고리즘에 관한 좀 더 자세한 정보를 얻을 수 있는 문헌들이 이번 장 끝의 문헌 정보 절에 나온다.

2.5.6 기타 응용

신경망 분야에서 자동부호기는 비지도 학습 방법으로 널리 쓰인다. 응용 분야는 아주 다양한데, 이후에 이 책에서 좀 더 살펴볼 것이다. 일단 자동부호기를 훈련했다면, 부호기 부분과 복호기 부분을 둘 다 남겨둘 필요는 없다. 예를 들어 자동부호기를 차원 축소에 사용하는 경우에는 자료의 축소 표현을 얻는 데는 부호기 부분만 있으면 된다 (복호기로 자료를 다시 복원할 필요가 별로 없으므로).

대체로 자동부호기는 자료의 잡음을 저절로 제거하지만(다른 거의 모든 차원 축소 방법도 마찬가지이다), 특정 종류의 잡음을 좀 더 잘 제거하도록 잡음 제거 능력을 명시적으로 개선할 때도 있다. 그런 자동부호기를 잡음 제거 자동부호기(de-noising autoencoder)라고 부른다. 잡음 제거 자동부호기는 특별한 방법으로 훈련한다. 우선, 훈련 자료에 인위적으로 어느 정도의 잡음을 추가해서 신경망에 공급한다. 이때 그 잡음의 분포는 특정 자료 영역에 존재하는 자연스러운 잡음에 관한 분석가의 이해와 통찰을 반영한 것이어야 한다. 훈련 과정에서 신경망의 손실함수는 손상된(잡음이 추가된) 자료점이 아니라 원본 훈련 자료의 자료점을 이용해서 손실값을 계산한다. 원본 훈련 자료는 비교적 깨끗하고 입력된 훈련 자료는 어느 정도 손상되었기 때문에, 결과적으로 자동부호기는 손상된 자료로부터 깨끗한 표현을 재구축하는 방법을 배우게 된다. 잡음 추가에 흔히 쓰이는 접근 방식은 일정 비율 f(무작위로 선택)의 입력 특징들을 0으로 설정하는 것이다.[506] 이 접근 방식은 입력들이 이진값들일 때 특히나 효과적이다. f의 값은 입력의 손상 정도를 결정한다. 이 f의 값을 전체 훈련 자료에 대해 고정할 수도 있고, 훈련 견본마다 매번 무작위로 선택할 수도 있다. 입력이 실숫값일 때는 가우스 잡음을 사용하기도 한다. 잡음 제거 자동부호기는 제4장의 §4.10.2에서 좀 더 자세히 살펴본다. 이와 밀접한 관련이 있는 자동부호기로는 **축약**(수축) **자동부호기**(contractive autoencoder)를 들 수 있는데, 이에 관해서는 §4.10.3에서 논의한다.

자동부호기의 또 다른 흥미로운 응용 방법은, 자동부호기의 **복호기** 부분만 사용해서 인위적인 자료를 생성하는 것이다. 이는 **변분 자동부호기**(variational autoencoder)[242, 399]라는 개념에 기초한 것인데, 변분 자동부호기는 은닉층이 특정한 구조를 따르는 효과를 내도록 수정된 손실함수를 사용한다. 예를 들어 손실함수에 적절한 항을 추가함으로써 은닉 변수들이 가우스 분포에서 추출되게 만들 수 있다. 가우스 분포에서 값들을 거듭 추출한 후 그것을 신경망의 복호기 부분에만 사용해서 원본 자료의 표본을 생성하는 것이 가능하다. 그런 식으로 생성한 표본들은 원래의 자료 분포에서 뽑은 표본들을 사실적으로 표현할 때가 많다.

이러한 방법은 최근 크게 인기를 끌고 있는 **생성 대립 신경망**(generative adversarial network, GAN; 또는 생성적 적대 신경망)과도 연관이 깊다. GAN은 생성자 망(복호기에 해당)을 그에 대립하는 판별자 망(부호기)과 짝을 지어 훈련함으로써 자료 집합의 사실적인 표본들을 생성한다. GAN은 이미지, 동영상, 텍스트 자료에 흔히 쓰이는데, 인공지능이 마치 "꿈속에서 만들어 낸" 듯한 느낌의 이미지나 동영상, 텍스트를 생성할 때가 많다. 이런 방법들을 이미지 대 이미지 변환에도 사용할 수 있다. 변분 자동부호기는 제4장의 §4.10.4에서, 생성 대립망은 제10장의 §10.4에서 좀 더 자세히 논의한다.

다중 모드(multimodal; 또는 다봉분포) 자료를 결합 잠재 공간(joint latent space)에 내장하는 용도로 자동부호기를 사용할 수도 있다. 다중 모드 자료는 간단히 말해서 입력에 서로 다른 종류의 특징들이 섞여 있는 자료를 말한다. 예를 들어 이미지와 그 이미지를 설명하는 분류명으로 이루어진 자료는 다중 모드 자료라고 할 수 있다. 이런 다중 모드 자료는 채굴(마이닝)하기가 어려운데, 특징의 종류에 따라 다른 방식의 처리 과정이 필요하기 때문이다. 그러나 이질적인 특징들을 하나의 통합된 공간에 내장하면 채

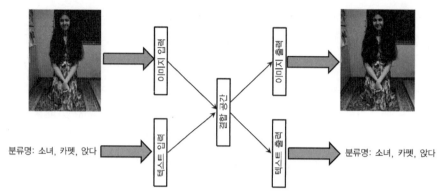

그림 2.12: 자동부호기를 이용한 다중 모드 내장

굴의 그러한 어려움이 사라진다. 이질적인 자료를 하나의 결합 공간으로 내장하는 데 자동부호기를 사용할 수 있다. 그림 2.12에 그러한 예가 나온다. 이 그림은 은닉층이 하나인 자동부호기를 보여주지만, 일반적으로는 다층 자동부호기도 가능하다.[357, 468] 이런 자동부호기가 만들어 내는 결합 공간은 다양한 응용에 아주 유용할 수 있다.

마지막으로, 자동부호기는 신경망의 학습 과정을 개선하는 데에도 쓰인다. 구체적인 예로, **사전훈련**에서는 자동부호기를 이용해서 신경망의 가중치들을 초기화한다. 여기에 깔린 기본 착안은, 자료 집합의 다양체 구조를 학습하는 것이 분류 같은 지도 학습 응용에도 유용하다는 것이다. 이는 자료 집합의 다양체를 정의하는 특징들이 서로 다른 부류들의 관계와 관련해서 좀 더 많은 정보를 담고 있을 때가 많기 때문이다. 사전훈련 방법들은 제4장의 §4.7에서 논의한다.

2.5.7 추천 시스템: 행 색인과 행 가치 예측

행렬 인수분해의 아주 흥미로운 응용 방법 중 하나는 추천 시스템(recommender system) 용 신경망 구조의 설계이다. n명의 사용자가 d개의 항목(판매하는 상품 등)에 매긴 평점들을 담은 $n \times d$ 평점(rating) 행렬 D를 생각해 보자. 이 행렬의 (i, j)번째 성분은 사용자 i가 항목 j에 매긴 평점이다. 그런데 이 행렬은 희소하다. 즉, 대부분의 성분은 평점을 담고 있지 않다. 자동부호기는 모든 성분이 값을 가진 완전 지정(fully specified) 행렬의 각 **행**을 하나의 입력 자료로 받으므로, 이 행렬을 자동부호기의 입력으로 사용할 수는 없다. 한편 추천 시스템에는 **성분별** 학습이 자연스러우며, 그런 경우 한 행에서

의미 있는 값을 가진 성분들은 극히 일부일 수 있다. 추천 시스템을 실제로 구현할 때는 하나의 입력을 다음과 같은 세값쌍(세 가지 값으로 이루어진 쌍)으로 간주할 수 있다.

〈행 색인〉, 〈열 색인〉, 〈평점〉

전통적인 형태의 행렬 인수분해에서처럼, 평점 행렬 D는 UV^T로 분해된다. 전통적인 방법과의 차이는, 추천 시스템에서는 D의 모든 성분이 주어지지 않으므로 U와 V를 반드시 세값쌍 형태의 입력을 이용해서 학습해야 한다는 것이다. 따라서 자연스러운 접근 방식은 빠진 성분(결측값)들이 입력에 영향을 주지 않는, 그리고 입력을 고유하게 지정할 수 있는 구조를 만드는 것이다. 그러한 구조에서 입력층은 n개의 입력 단위로 구성되는데, n은 행(사용자) 수와 같다. 입력 자체는 특정 행을 가리키는 행 색인 또는 행 식별자를 원핫 벡터 형태로 부호화한 것이다. 여기서 원핫one-hot 벡터는 단 하나의 성분만 1이고 다른 모든 성분은 0인 벡터를 말한다. 은닉층은 k개의 단위로 구성되는데, 여기서 k는 행렬 인수분해의 계수(rank)이다. 마지막으로, 출력층은 d개의 단위로 구성되는데, 여기서 d는 열(항목) 수와 같다. 출력은 d개의 평점을 담은 벡터이다(단, 그 평점들 중 일부만 관측된, 즉 실제로 사용자가 매긴 평점이다). 목표는 불완전한 자료 행렬 D로 신경망을 훈련해서, 신경망이 입력된 원핫 벡터(행 색인)에 대해 모든 평점을 담은 벡터를 출력하게 하는 것이다. 이 목표를 위해, 각 행 색인에 연관된 평점들로 신경망을 훈련해서 신경망이 자료를 재구축하는 방법을 배우게 한다.

입력층에서 은닉층으로의 $n \times k$ 행렬 U와 은닉층에서 출력층으로의 $k \times d$ 행렬 V^T를 생각해 보자. 행렬 U의 성분은 u_{iq}로 표기하고, V의 성분은 v_{jq}로 표기하기로 한다. 모든 활성화 함수는 선형이라 가정하자. 또한, r번째 사용자에 해당하는 행을 가리키는 벡터가 $\overline{e}_r$이라고 하자. 이 n차원 행벡터는 r번째 성분만 1이고 나머지는 모두 0인 원핫 벡터이다. 손실함수는 출력층의 오차 제곱들의 합이다. 그런데 이 경우에는 결측 성분들이 존재하므로, 모든 출력 노드가 관측된 출력값을 갖지는 않는다. 그리고 갱신 과정은 오직 값이 실제로 결정된 성분들에 대해서만 진행된다. 이러한 신경망의 전체적인 구조가 그림 2.13에 나와 있다. 특정한 행별 입력에 대해, 훈련은 이러한 전체 신경망의 한 부분집합(어떤 성분들이 지정되었느냐에 따라 결정되는)에서만 일어난다. 그렇지만 신경망의 모든 출력에 대해 **예측값**을 산출하는 것이 가능하다(결측 성분에 대해 손실함수를 계산할 수 없다고 해도). 선형 활성화 함수를 사용하는 신경망은 행렬 곱

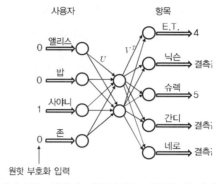

그림 2.13: 결측값이 있는 행렬의 인수분해를 이용한 행 색인 대 평점 부호기

셈을 수행하므로, r번째 사용자에 대한 출력 벡터(d개의 성분으로 이루어진)는 $\overline{e}_r U V^T$로 주어진다. 이 곱의 첫 인수 $\overline{e}_r$은 행렬 UV^T 중 r번째 행을 추출하는 역할을 한다. 그 행의 값들이 출력층에 나타나는데, 이 값들은 r번째 사용자의 항목별 평점 예측값들에 해당한다. 결과적으로 모든 특징 값이 단번에 재구축되었다.

그렇다면 훈련은 어떤 식으로 진행해야 할까? 이 구조의 주된 매력은 훈련을 행별로도, 성분별로도 수행할 수 있다는 것이다. 행별로 훈련을 수행하는 경우 입력은 행 색인 원핫 벡터이고, 해당 행의 **값이 지정된** 모든 성분이 손실 계산에 쓰인다. 역전파 알고리즘은 값이 지정된 출력 노드들에서만 시작한다. 출력 노드들의 부분집합이 행마다 다르므로(어떤 성분들이 관측되었는가에 따라), 이론적으로 말하면 행마다 서로 약간 다른 신경망이 훈련된다고 할 수 있다. 그러나 그러한 가중치들은 서로 다른 신경망들이 공유한다. 이러한 상황이 그림 2.14에 나와 있다. 그림은 두 사용자 밥과 사야니의 영화 평점들에 대한 서로 약간 다른 두 신경망을 보여준다. 오른쪽 신경망을 보면 밥은 **슈렉**을 평가하지 않았기 때문에 해당 노드가 빠져 있다. 반면 *E.T.*에 대해서는 두 사용자 모두 평점을 매겼다. 따라서 밥과 사야니의 두 신경망 모두, 역전파 과정에서 행렬 V에 있는 이 영화에 관한 k차원 은닉 가중치들이 갱신된다. 이처럼 출력 노드들의 한 부분집합만으로 훈련을 수행하는 능력을 훈련 시간 최적화에 활용할 수 있는데, 심지어는 모든 출력이 지정된 경우에서도 이를 통해서 훈련 시간을 효율적으로 줄일 수 있다. 그런 상황은 출력의 성분들이 대부분 0인 이진 추천 자료 집합에서 흔히 발생한다(그런 자료 집합을 **암묵적 피드백 자료 집합**(implicit feedback data set)이라고 부른

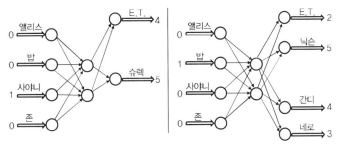

관측된 평점(사야니): E.T., 슈렉   관측된 평점(밥): E.T., 닉슨, 간디, 네로

그림 2.14: 결측값에 기초한 출력 노드 생략(드롭아웃). 출력 노드들은 훈련 시점에서만 생략된다. 예측 시점에서는 모든 출력 노드를 평가한다. RBM(제한 볼츠만 기계) 구조로도 이와 비슷한 결과를 얻을 수 있다(제6장 그림 6.5 참고).

다). 그런 경우 그 0들의 일부만 추출(표집)해서 행렬 인수분해를 위한 훈련에 사용한다.[4] 이런 기법을 **부정 표집**(negative sampling; 또는 음의 표집)이라고 부른다. *word2vec* 같은 자연어 처리용 신경망 모형이 이 기법의 구체적인 예이다.

성분별로 훈련을 수행할 때는 하나의 세값쌍이 입력이다. 그런 경우 손실함수는 세값쌍에 지정된 하나의 열 색인으로만 계산된다. 행 색인이 i이고 열 색인이 j라고 하자. 그러면 출력층에서 계산하는 하나의 오차값은 $y - \hat{y} = e_{ij}$이다. 역전파 알고리즘은 본질적으로 출력층의 노드 j에서 입력층의 노드 i로 가는 모든 경로(총 k개)의 가중치들을 갱신한다. 이 k개의 경로는 은닉층에 있는 k개의 노드를 거쳐 간다. 그러한 q번째 경로를 따라 진행되는 갱신 공식을 유도하면 다음과 같다.

$$u_{iq} \Leftarrow u_{iq}(1 - \alpha\lambda) + \alpha e_{ij}v_{jq}$$
$$v_{jq} \Leftarrow v_{jq}(1 - \alpha\lambda) + \alpha e_{ij}u_{iq}$$

여기서 α는 갱신 단계의 크기이고 λ는 정칙화 매개변수이다. 이 갱신 공식들은 추천 시스템에서 행렬 인수분해를 위한 확률적 경사 하강법에 쓰이는 것들과 동일하다. 그러나 신경망 구조를 사용하는 것의 중요한 장점(전통적인 행렬 인수분해에 비한) 하나는, 구조를 유연하게 변경함으로써 다양한 결과를 얻을 수 있다는 것이다. 예를 들어 이진 자료에 대한 행렬의 경우 출력 단위들에서 로그 함수들을 사용할 수 있다. 그러면 **로그 행렬 인수분해**(logistic matrix factorization)가 된다. 또는, 은닉층을 더 집어넣어서 좀 더 강력한 모형을 만들 수도 있다. 범주형 성분들(그리고 성분들에 부여된 개수 중심의 가중치들)을 담은 행렬의 경우에는 신경망의 제일 마지막 층에서 소프트맥스 함수를 사용하는 것도 한 방법이다. 그러면 **다항 행렬 인수분해**(multinomial matrix factorization)가 된다. 현재, 전통적인 기계 학습에서 이러한 다항 행렬 인수분해를 공식적으로 서술하는 방법은 밝혀지지 않았다. 그렇긴 하지만 추천 시스템에 (암묵적으로 쓰이는) 신경망 구조를 조금만 수정하면 다항 행렬 인수분해를 구현할 수 있다. 신경망 구조들은 모듈식이기 때문에, 구조를 이리저리 조작해서 정교한 모형을 얻을 수 있을 때가 많다. 사실, 강건함(robustness)에 관한 실험적 결과가 확립되기만 한다면, 신경망 구조들을 굳이 전통적인 기계 학습 모형과 연관시킬 필요는 없다. 예를 들어 *word2vec*의 스킵그램 모형의 (아주 성공적인) 두 변형[325, 327]은 각각 단어-문맥 행렬의 로그 행렬 인수분해와 다항 행렬 인수분해에 해당한다. 그렇지만 두 경우 모두, *word2vec*의 원저자들이나 관련 분야 연구자들이 그 사실을 지적하지는 않은 것으로 보인다.6) 전통적인 기계 학습에서 로그 행렬 인수분해 같은 모형들은 최근에야 제안된 비교적 난해한 기법으로 간주된다.[224] 그렇긴 하지만 신경망 분야에서는 그런 정교한 모형들을 비교적 간단한 신경망 구조로 표현할 수 있다. 일반화하자면, 실무자(수학적으로 아주 잘 훈련되지는 않은)는 신경망의 추상 덕분에 기계 학습의 정교한 방법들을 좀 더 가까이할 수 있으며, 역선파의 틀 넉분에 최적화의 세부 사항을 일일이 일 필요가 없다.

2.5.8 논의

이번 절의 주된 목표는 비지도 학습에서 신경망의 모듈식 성질이 주는 장점을 독자에게 보여주는 것이다. 이번 설에서는 특잇값 분해를 흉내 내는 간단한 신경망 구조의 예로 시작해서, 그러한 신경망 구조를 조금만 수정함으로써 아주 다른 목표를 구현할 수 있음을 알기 쉬운 예를 통해서 제시했다. 구현 측면에서, 분석가가 한 구조를 다른 구조로 바꾸는 데는 단 몇 줄의 코드로 충분할 때가 많다. 이는 신경망 구축을 위한 현대적인 소프트웨어 패키지들이 신경망 구조를 서술하는 템플릿들을 제공하며, 분석가는 그런 템플릿들을 이용해서 각 층을 개별적으로 지정할 수 있는 덕분이다. 어떤 의미에서 분석가는 어린이가 장난감 블록으로 뭔가를 만드는 것과 비슷한 방식으로 잘 알려진 기계 학습 단위들을 "끼워 맞추어서" 신경망을 구축한다. 최적화의 세부 사

---

6) [287]이 행렬 인수분해와의 여러 암묵적 관계를 지적한 바 있지만, 이 책에서 지적한 좀 더 직접적인 관계는 언급하지 않았다. 몇몇 암묵적 관계들은 [6]도 지적했다.

항은 역전파가 알아서 처리하므로 사용자는 갱신 단계들의 복잡한 사정을 알 필요가 없다. 예를 들어 특잇값 분해와 로그 행렬 인수분해의 구체적인 세부 사항을 비교해 보면, 요구되는 수학 지식의 차이가 대단히 큼을 알 수 있다. 선형 출력층을 S자형 출력층으로(또한, 손실함수도 그에 맞게) 바꾸려면 그냥 코드 몇 줄만 고치면 되며, 나머지 대부분의 코드는 그대로 사용할 수 있다(그리고 보통의 경우 나머지 코드 역시 양이 그리 많지 않다). 이런 종류의 모듈성은 응용에 중심을 둔 환경에서 엄청나게 유용하다. 자동부호기는 또한 제6장에서 논의하는 제한 볼츠만 기계(RBM)라고 부르는 또 다른 종류의 비지도 학습 방법과도 연관된다. RBM 역시 추천 시스템에 사용할 수 있는데, 이에 관해서는 §6.5.2에서 논의한다.

2.6 word2vec: 단순 신경망 구조의 한 응용

텍스트 자료의 단어 내장들을 학습하는 데에도 신경망 방법들이 쓰인다. 개괄하자면, 특잇값 분해(SVD) 같은 방법들을 이용해서 문서의 내장(embedding)들과 단어의 내장들을 함께 생성할 수 있다. SVD를 이용하는 경우, 문서·단어 도수들을 담은 $n \times d$ 행렬을 만들고, 그것을 $D \approx UV$로 분해한다. 여기서 U와 V는 각각 $n \times k$ 행렬과 $k \times d$ 행렬이다. U의 행들은 문서 내장들을, V의 열들은 단어 내장들을 담는다. 이전 절에서는 인수분해를 UV^T로 표기했지만, 이번에는 UV로 표기함을 주의하기 바란다. 이번 절에서는 이 표기가 더 편하다.

  SVD 방법에서는 문서를 단어 모음(bag of words)으로 취급한다. 우리가 관심을 두는 것은 내장들을 생성한 단어들 사이의 순서 관계이며, 따라서 초점은 문서 내장들이 아니라 단어 내장들의 생성이다. 단어 내장들의 생성에는 *word2vec*와 그 변형들이 적합하다. 특히 다음 두 *word2vec* 변형 모형에 주목하기로 한다.

1. **문맥에서 목표 단어를 예측하는 모형**: 이 모형은 한 문장의 i번째 단어 w_i를, 그 주변의 t개의 단어들(문맥)로부터 예측하려 한다. 즉, $w_{i-t} w_{i-t+1} \ldots w_{i-1} w_{i+1} \ldots w_{i+t-1} w_{i+t}$로부터 목표 단어 w_i를 예측하는 것이다. 이 모형을 연속 단어 모음(continuous bag-of-words, CBOW) 모형이라고도 부른다.

2. **목표 단어에서 문맥을 예측하는 모형**: 이 모형은 문장의 i번째 단어 w_i로부터 그

주변의 문맥 $w_{i-t}w_{i-t+1} \ldots w_{i-1}w_{i+1} \ldots w_{i+t-1}w_{i+t}$를 예측하려 한다. 이런 모형을 스킵그램 모형이라고 부른다. 그런데 이 예측을 수행하는 방법은 두 가지 이다. 하나는 d개의 후보 중 하나의 단어를 예측하는 방식의 **다중 모드** 모형이고, 다른 하나는 각 문맥이 주어진 특정 단어에 대해 존재하는지의 여부를 예측하는 베르누이 모형이다. 후자는 효율성과 정확성을 높이기 위해 **부정 표집**(negative sampling)을 사용한다.

그럼 두 방법을 차례로 살펴보자.

2.6.1 연속 단어 모음을 이용한 신경망 단어 내장

연속 단어 모음(CBOW) 모형은 입력된 문맥(주변 단어들)으로부터 하나의 목표 단어를 예측한다. 훈련에 쓰이는 훈련 견본들은 그러한 문맥과 목표 단어의 쌍으로 구성된다. 문맥은 목표 단어 앞의 단어 t개와 목표 단어 뒤의 단어 t개, 합해서 총 $2t$개의 단어로 구성된다. 표기의 편의를 위해 문맥의 길이를 $m = 2t$로 표기하기로 하자. 정리하자면, 신경망의 입력은 m개의 단어로 이루어진 단어 집합이다. 이 단어들을 번호(색인)로 지칭해도 일반성이 훼손되지는 않으므로, 이들을 $w_1 \ldots w_m$으로 표기하기로 하자. 그리고 문맥 구간(context window)의 중앙에 해당하는 목표 단어(출력)는 w로 표기하기로 한다. 여기서 w를, d가지 값을 가질 수 있는 하나의 범주형변수로 볼 수 있음을 주목하기 바란다. 여기서 d는 어휘의 크기에 해당한다. 신경망 내장의 목표는 각 훈련 견본에 대해 확률 $P(w \mid w_1 w_2 \ldots w_m)$을 계산하고, 그러한 모든 확률의 곱을 최대화하는 것이다.

이러한 모형의 전체 구조가 그림 2.15에 나와 있다. 이 구조에서 입력층은 $m \times d$개의 노드로 구성되고 은닉층(단 하나)은 p개, 출력층은 d개로 구성된다. 입력층의 노드들은 서로 다른 m개의 그룹으로 묶이는데, 각 그룹은 단위가 d개이다. 입력 단위 d개로 이루어진 각 그룹은 CBOW가 모형화하는 m개의 문맥 중 하나를 원핫 벡터로 부호화한 것에 해당한다. 그러한 d개의 입력 노드 중 하나만 1이고 나머지는 모두 0이다. 따라서 하나의 입력을, 해당 문맥을 가리키는 색인 하나와 해당 단어를 가리키는 색인 하나로 지칭할 수 있다. 구체적으로 말하자면, 입력 $x_{ij} \in \{0, 1\}$에서 색인 $i \in \{1 \ldots m\}$는 해당 문맥을 가리키고 색인 $j \in \{1 \ldots d\}$는 그 문맥 안에서의 해당 단어를 가리킨다.

word2vec CBOW 모형에서 은닉층에는 p개의 단위가 있는데, p는 은닉층의 차원에 해당한다. h_1, h_2, ... h_p가 은닉층 노드들의 출력들이라고 하자. 어휘에 있는 d개의 단어들 각각이 입력층에서 m개의 서로 다른 문맥에 따라 m가지 서로 다른 표현으로 존재하게 됨을 주목하기 바란다. 그러나 입력에서 은닉층으로의 연결 m개의 가중치들은 모두 같다. 즉, 각 단어는 가중치들을 공유한다. 가중치 공유는 신경망 정칙화에 흔히 쓰이는 요령인데, 어떤 가중치들을 어떻게 공유하는가는 주어진 응용 영역에 관한 지식과 통찰을 반영해서 결정한다. 어휘의 j번째 단어에서 q번째 은닉 단위로의 공유 가중치를 u_{jq}라고 표기하기로 하자. 입력층의 m개의 그룹 각각은 동일한 $d \times p$ 가중치 행렬을 통해서 은닉층과 연결된다. 이상의 구조가 그림 2.15에 나와 있다.

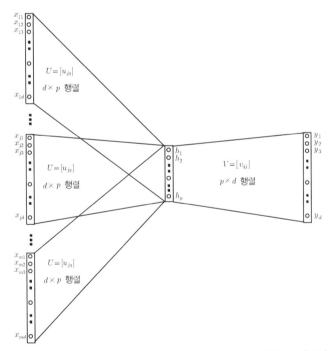

그림 2.15: word2vec: CBOW 모형. 한 종류의 입력 집합과 선형 출력층을 사용하는 그림 2.13과 같은 점 및 다른 점을 잘 살펴보기 바란다. 이렇게 하는 대신, d개의 입력 노드들로 이루어진 m개의 입력 집합들을 입력 노드 d개의 단일한 입력 집합으로 축약하고, m개의 입력 원핫 벡터들을 하나의 문맥 집합으로 합쳐도 같은 결과를 얻을 수 있다. 그런 경우 입력은 더 이상 원핫 벡터로 부호화된 형태가 아니다.

$\bar{u}_j = (u_{j1}, u_{j2}, \ldots u_{jp})$를 전체 말뭉치(corpus)에 관한 j번째 입력의 p차원 내장으로 볼 수 있으며, $\bar{h} = (h_1 \ldots h_p)$는 입력 문맥의 한 구체적인 사례의 내장에 해당함을 주목하기 바란다. 그러면 은닉층의 출력은 문맥에 존재하는 단어 내장들의 평균에 해당한다. 이를 수식으로 표현하면 다음과 같다.

$$h_q = \sum_{i=1}^{m}\left[\sum_{j=1}^{d} u_{jq}x_{ij}\right] \qquad \forall\, q \in \{1 \ldots p\} \tag{2.46}$$

실제 응용에서는 우변의 합산 대상 항에 추가적인 계수 m을 둘 때가 많다(비록 그런 종류의 곱셈적 상수 비례에 어떤 수학적 근거가 있는 것은 아니지만). 이 관계식을 다음과 같이 벡터 형태로 표현할 수도 있다.

$$\bar{h} = \sum_{i=1}^{m}\sum_{j=1}^{d} \bar{u}_j x_{ij} \tag{2.47}$$

간단히 말해서 내장은 입력 단어들의 원핫 부호화들을 모두 합한 것인데, 이는 m개의 단어로 이루어진 문맥 구간 안에서 단어들의 순서는 모형의 출력에 영향을 미치지 않음을 뜻한다. 이 모형을 연속 단어 모음 모형이라고 부르는 것은 바로 이 때문이다.※ 그렇지만 순서 정보는 문맥 구간의 예측에 대한 제한으로 여전히 작용한다.

내장 $(h_1 \ldots h_p)$는 목표 단어가 d개의 출력 중 하나일 확률을 소프트맥스 함수를 이용해서 계산하는 데 쓰인다. 출력층의 가중치들은 $p \times d$ 행렬 $V = [v_{qj}]$로 매개변수화된다. 행렬 V의 j번째 열을 $\bar{v}_j$로 표기하자. 출력층에서 소프트맥스를 적용하면 d개의 출력값 $\hat{y}_1 \ldots \hat{y}_d$가 나오는데, 이들은 각각 $(0,1)$ 구간의 실수이다. 이 실숫값들을 앞에서 언급한 확률값들로 간주하는데, 실제로 이들을 모두 더하면 1이다. 훈련 자료의 경우, 한 훈련 견본의 출력 $y_1 \ldots y_d$ 중 **실측 자료**(ground-truth)에 해당하는 출력 하나만 1이고 나머지는 모두 0이다. 이 조건을 다음과 같이 표현할 수 있다.

$$y_j = \begin{cases} 1 & \text{만일 대상 단어 } w \text{가 } j \text{번째 단어이면} \\ 0 & \text{그렇지 않으면} \end{cases} \tag{2.48}$$

※ **역주** '단어 모음'의 원문 bag of words에서 bag(자루, 가방)은 물건들이 특정한 순서 없이 섞여 있음을 암시한다. 반면 list(목록) 같은 단어는 어떤 나름의 순서가 존재함을 암시하며, stack(더미)이나 queue(대기열)는 순서의 존재를 아주 강하게 암시한다.

소프트맥스 함수는 실측 출력 y_j를 부호화한 원핫 벡터의 확률 $P(w \mid w_1 \dots w_m)$를 다음과 같이 계산한다.

$$\hat{y}_j = P(y_j = 1 \mid w_1 \dots w_m) = \frac{\exp\left(\sum_{q=1}^{p} h_q v_{qj}\right)}{\sum_{k=1}^{d} \exp\left(\sum_{q=1}^{p} h_q v_{qk}\right)} \tag{2.49}$$

이런 확률 형태의 예측값을 산출하는 소프트맥스 층을 제1장의 §1.2.1.4에서 소개했었다. 특정 목표 단어 $w = r \in \{1 \dots d\}$에 대한 손실함수는 $L = -\log[P(y_r = 1 \mid w_1 \dots w_m)] = -\log(\hat{y}_r)$이다. 음의 로그를 사용한 덕분에, 서로 다른 훈련 견본들에 관한 곱셈적 가능도들이 로그가능도를 사용하는 하나의 덧셈적(가산적) 손실함수로 바뀌었다.

가중치들은 역전파 알고리즘으로 갱신한다. 신경망에 주어진 각 훈련 견본에 대해 역전파 알고리즘은 먼저 앞에서 말한 손실함수의 미분을 이용해서 출력층의 가중치 행렬 V에 담긴 기울기들을 갱신하고, 그런 다음 입력층과 은닉층 사이의 가중치 행렬 U를 갱신한다. 갱신 공식은 다음과 같다(α는 학습 속도).

$$\overline{u}_i \Leftarrow \overline{u}_i - \alpha \frac{\partial L}{\partial \overline{u}_i} \qquad \forall i$$

$$\overline{v}_j \Leftarrow \overline{v}_j - \alpha \frac{\partial L}{\partial \overline{v}_j} \qquad \forall j$$

이 공식들의 편미분들을 계산하는 것은 어렵지 않다. [325, 327, 404]를 참고하기 바란다.

어휘의 j번째 단어에 대한 예측이 틀릴 확률은 $|y_j - \hat{y}_j|$로 정의된다. 그런데 이 확률 대신 부호 있는 오차 ϵ_j를 사용한다. 이 오차는 앞의 확률에서 절댓값 기호를 제거한 것으로, $y_j = 1$인 정확한 단어에 대해서는 양수이고 어휘의 다른 나머지 단어들에 대해서는 음수이다.

$$\epsilon_j = y_j - \hat{y}_j \tag{2.50}$$

ϵ_j가 소프트맥스 층의 j번째 입력($\overline{h} \cdot \overline{v}_j$)에 대한 교차 엔트로피 손실함수의 미분의 부정(부호를 반대로 한 것)과 같은 것임을 증명하는 것이 가능하다. 역전파 갱신 공식을 유도하는 데 유용한 이 점은 제3장에서 §3.2.5.1에서 살펴볼 것이다. 특정 입력 문맥과

출력 단어에 대한 갱신 공식은 다음과 같다.[7]

$$\bar{u}_i \Leftarrow \bar{u}_i + \alpha \sum_{j=1}^{d} \epsilon_j \bar{v}_j \qquad [\text{문맥 구간에 있는 모든 단어 } i \text{에 대해}]$$

$$\bar{v}_j \Leftarrow \bar{v}_j + \alpha \epsilon_j \bar{h} \qquad\qquad [\text{어휘의 모든 } j \text{에 대해}]$$

여기서 $\alpha > 0$은 학습 속도이다. 문맥 구간에 같은 단어 i가 중복해서 나오면 $\bar{u}_i$가 여러 번 갱신된다. $\bar{h}$가 입력 내장들을 식 2.47에 따라 취합(aggregation; 합산)한다는 점을 생각하면, 두 갱신 모두에서 문맥 단어들의 입력 내장들이 취합된다는 점을 알아챌 수 있을 것이다. 이런 종류의 취합은 CBOW 모형을 매끄럽게 만드는 효과(평활화)를 내는데, 이 효과는 자료 집합의 크기가 작을 때 특히나 유용하다.

훈련 시점에서는 훈련 자료의 훈련 견본(문맥-목표 단어 쌍)을 한 번에 하나씩 신경망에 공급해서 가중치들을 갱신하는 과정을 모형이 수렴에 도달할 때까지 반복한다. *word2vec* 모형이 한 종류가 아니라 두 종류의 내장을 제공함을 주목하기 바란다. 하나는 행렬 U의 p차원 행들에 대한 내장들이고, 다른 하나는 행렬 V의 p차원 열들에 대한 것이다. 전자의 단어 내장들을 **입력 내장**이라고 부르고 후자는 **출력** 내장이라고 부른다. CBOW 모형에서 입력 내장은 문맥을 나타낸다. 따라서 단어 내장들을 얻는 것이 목적이라면 출력 내장들을 사용해야 한다. 그러나 입력 내장(또는 입력 내장과 출력 내장의 합 또는 연결)이 유용한 과제들도 많이 있다.

2.6.2 스킵그램 모형을 이용한 신경망 내장

스킵그램 모형은 목표 단어들을 이용해서 m개의 문맥 단어들을 예측한다. 따라서 이 모형에서 입력은 단어 하나이고 출력은 m개이다. CBOW 모형의 한 가지 문제점은, 문맥 구간에 있는 입력 단어들로부터 은닉 표현을 만들 때 쓰이는 취합 및 평균 연산에 의한 평활화 효과가 작은 자료 집합에는 유용하지만, 더 큰 자료 집합의 장점을 온전히 발휘하는 데에는 도움이 되지 않는다는 것이다. 가용 자료의 양이 클 때는 CBOW 대신 스킵그램 모형을 사용하는 것이 바람직하다.

---

7) 갱신 공식에서 $\bar{u}_i$와 $\bar{v}_j$를 더하는 부분은 표기법을 조금 남용한 것이라 할 수 있다. $\bar{u}_i$는 행벡터인 반면 $\bar{v}_j$는 열벡터이기 때문이다. 갱신 공식들에 오해의 소지가 별로 없으므로, 이번 절에서는 간결한 표기를 위해 벡터의 전치 표시를 생략한다.

스킵그램 모형은 하나의 목표 단어 w를 입력받고 m개의 문맥 단어들을 출력한다. 문맥 단어들을 $w_1 \ldots w_m$으로 표기하기로 하자. 이 모형의 목표는 $P(w_1, w_2 \ldots w_m | w)$를 추정하는 것인데, 이는 CBOW 모형이 추정하는 수량 $P(w | w_1 \ldots w_m)$과는 다르다. 연속 단어 모음 모형처럼 스킵그램 모형에서도 입력(범주형 자료)과 출력을 원핫 벡터로 부호화할 수 있다. 스킵그램 모형의 경우 입력 원핫 벡터는 하나의 입력 단어가 가질 수 있는 d가지 값들에 해당하는 d개의 성분 $x_1 \ldots x_d$로 구성된다. 마찬가지로, 각 훈련 견본의 출력은 $m \times d$개의 값 $y_{ij} \in \{0, 1\}$로 부호화할 수 있는데, 여기서 i는 1에서 m(문맥 구간의 크기)까지의 정수이고 j는 1에서 d(어휘 크기)까지이다.

각 $y_{ij} \in \{0, 1\}$는 문맥의 i번째 단어가 주어진 훈련 견본이 가질 수 있는 값들 중 j번째 값(즉, 어휘의 j번째 단어)에 해당하는지의 여부를 나타낸다. 그런데 (i, j)번째 출력 노드는 느슨한(soft) 확률값 $\hat{y}_{ij} = P(y_{ij} = 1 | w)$만 계산한다. i번째 문맥 단어는 d개의 단어 중 정확히 하나에 대응되므로, 고정된 한 i와 모든 j에 대한 출력층 확률 $\hat{y}_{ij}$들의 합은 1이다. p개의 단위들로 구성된 은닉층의 출력들을 $h_1 \ldots h_p$로 표기하자. 각 입력 x_j는 $d \times p$ 행렬 U를 통해서 모든 은닉 단위와 연결된다. p개의 은닉 노드들은 출력 노드 d개로 이루어진 그룹 m개와 모두 연결되는데, 각 그룹과의 연결에 적용되는 가중치 집합은 동일하다(가중치 공유). 은닉 단위 p개와 각 문맥 단어에 대한 출력 노드 d개 사이의 이 공유 가중치 집합은 $p \times d$ 행렬 V로 정의된다. 이러한 스킵그램 모형의 신경망 구조가 그림 2.16(a)에 나와 있다. 스킵그램 모형의 입출력 구조가 CBOW 모형의 입출력 구조를 뒤집은 것에 해당함을 주목하기 바란다. 단, 스킵그램 모형의 경우에는 m개의 동일한 출력들을 하나의 출력으로 축약해서 구조를 좀 더 단순화하는 것이 가능하다. 이 경우 확률적 경사 하강법에 **미니배치를 특정한 방식으로** 적용하면 다중 출력 모형에서와 동일한 결과를 얻을 수 있다. 특정한 방식이란, 하나의 문맥 구간의 모든 성분이 항상 같은 미니배치에 속하게 하는 것이다. 그림 2.16(b)에 그런 방식이 나와 있다. m의 값이 작기 때문에 이런 미니배치 방식은 아주 제한된 효과를 내며, 그림 2.16(b)에 나온 단순화된 구조는 특정 종류의 미니배치를 사용하든 아니든 모형을 서술하기에 충분하다. 그러나 이 책의 이후 논의에서는 그림 2.16(a)의 구조를 사용한다.

은닉층의 출력은 주어진 입력층과 은닉층 사이의 $d \times p$ 가중치 행렬 $U = [u_{jq}]$와 주어진 입력을 이용해서 다음과 같이 계산한다.

$$h_q = \sum_{j=1}^{d} u_{jq} x_j \qquad \forall\, q \in \{1 \,...\, p\} \tag{2.51}$$

은닉층의 입력이 단어 w를 성분들이 $x_1 \,...\, x_d$인 원핫 벡터로 부호화한 것이라는 점을 생각하면 이 공식을 쉽게 이해할 수 있다. 입력 단어 w가 어휘의 r번째 단어라고 할 때, 이 공식은 그냥 각 $q \in \{1 \,...\, p\}$에 대해 u_{rq}를 은닉층의 q번째 노드에 복사할 뿐이다. 다른 말로 하면, 이 공식은 U의 r번째 행 $\overline{u}_r$을 은닉층에 복사한다. 앞에서 언급했듯이 은닉층은 각각 d개의 출력 노드로 이루어진 출력 그룹 m개와 연결되며, 각 연결의 가중치들은 $p \times d$ 행렬 $V = [v_{qj}]$에 들어 있다. 이 d 노드 출력 그룹 m개 각각은 주어진 특정 문맥 단어에 대한 여러 단어의 확률값들을 계산한다. V의 j번째 열 $\overline{v}_j$는 j번째 단어의 출력 내장에 해당한다. 출력 $\hat{y}_{ij}$는 문맥의 i번째 단어가 어휘의 j번째 단어일 확률이다. 그런데 모든 그룹이 같은 행렬 V를 공유하므로, 신경망은 각각의 문맥 단어에 대해 동일한 다항분포를 예측한다. 즉, 다음이 성립한다.

$$\hat{y}_{ij} = P(y_{ij} = 1 \mid w) = \frac{\exp\left(\sum\limits_{q=1}^{p} h_q v_{qj}\right)}{\underbrace{\sum\limits_{k=1}^{d} \exp\left(\sum\limits_{q=1}^{p} h_q v_{qk}\right)}_{\text{문맥 색인 } i \text{와는 독립적}}} \qquad \forall\, i \in \{1 \,...\, m\} \tag{2.52}$$

이 공식의 우변이 문맥 구간의 정확한 색인 i에 의존하지 않음을 주목하기 바란다. 이는 고정된 한 j와 모든 i에 대한 확률 $\hat{y}_{ij}$들이 모두 같다는 뜻이다.

역전파 알고리즘에서는 훈련 견본의 관측값 $y_{ij} \in \{0,1\}$의 음의 로그가능도를 손실함수로 사용한다. 이 손실함수 L의 정의는 다음과 같다.

$$L = -\sum_{i=1}^{m} \sum_{j=1}^{d} y_{ij} \log(\hat{y}_{ij}) \tag{2.53}$$

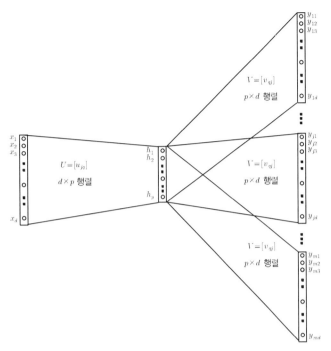

(a) 문맥 구간의 모든 요소를 명시적으로 표시한 도식

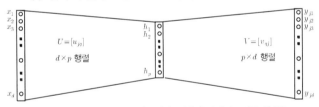

확률적 경사 하강법에서 각 문맥 구간의 d차원 출력 벡터 m개를 하나의
미니배치로 사용한다. 출력 y_{jk}들은 m개의 출력 그룹 중 j번째 그룹에 해당한다.

(b) 문맥 구간의 모든 요소를 명시적으로 표시하지 않은 도식

그림 2.16: word2vec: 스킵그램 모형. 선형 출력 그룹 하나만 사용하는 그림 2.13과 비교해 보기
바란다. (a)에 나온, 출력 노드 d개짜리 출력 그룹 m개를 출력 노드 d개짜리 출력 집합 하나로
축약하는 것도 가능하다. 그런 경우 한 문맥 구간의 견본 m개를 미니배치로 묶어서 확률적 경사
하강법을 적용하면 같은 결과를 얻을 수 있다. (a)는 미니배치의 모든 성분을 명시적으로 표시한
것이고 (b)는 모든 성분을 명시적으로 표시하지는 않은 것이다. 그러나 언급한 미니배치 방식을
따르는 한, 둘은 동등하다.

식 2.53의 우변에서 로그 앞의 값은 관측된 이진값이고 로그 안쪽의 값은 예측된 값(확률)임을 주의하기 바란다. y_{ij}는 고정된 i와 모든 j에 대해 원핫 벡터로 부호화되므로, 이 손실함수에서 0이 아닌 항은 m개뿐이다. 역전파 알고리즘은 각 훈련 견본에 대해 이 손실함수를 계산해서 노드들 사이의 연결 가중치들을 갱신한다. 학습 속도가 α라고 할 때 갱신 공식은 다음과 같다.

$$\overline{u}_i \Leftarrow \overline{u}_i - \alpha \frac{\partial L}{\partial \overline{u}_i}, \qquad \forall i$$

$$\overline{v}_j \Leftarrow \overline{v}_j - \alpha \frac{\partial L}{\partial \overline{v}_j}, \qquad \forall j$$

그럼 새로운 오차를 도입해서 이 공식들의 세부 사항을 설명해 보겠다.

i번째 문맥에 대해 어휘의 j번째 단어를 잘못 예측할 확률은 $|y_{ij} - \hat{y}_{ij}|$이다. 그런데 이 확률 대신 **부호 있는 오차** ϵ_{ij}를 사용한다. 이 오차는 앞의 확률에서 절댓값 기호를 제거한 것으로, 정확히 예측된 단어에 대해서만 양수가 된다.

$$\epsilon_{ij} = y_{ij} - \hat{y}_{ij} \tag{2.54}$$

이 오차를 이용해서 특정 입력 단어 r과 해당 출력 문맥에 대한 갱신 공식들을 다음과 같이 표현할 수 있다.

$$\overline{u}_r \Leftarrow \overline{u}_r + \alpha \sum_{j=1}^{d} \left[\sum_{i=1}^{m} \epsilon_{ij} \right] \overline{v}_j \quad \text{[입력 단어 } r \text{에 대해서만]}$$

$$\overline{v}_j \Leftarrow \overline{v}_j + \alpha \left[\sum_{i=1}^{m} \epsilon_{ij} \right] \overline{h} \qquad \text{[어휘의 모든 단어 } j \text{에 대해]}$$

여기서 $\alpha > 0$은 학습 속도이다. 행렬 U의 p차원 행들이 바로 단어 내장들에 해당한다. V의 열들에 있는 출력 내장들이 아니라 U의 행들에 있는 입력 내장들을 사용하는 것이 관례이다. [228]에 따르면, 일부 응용 과제들에서는 입력 내장들과 출력 내장들을 더하는 것이 도움이 될 수 있다(그러나 그 외의 과제들에서는 오히려 해가 된다). 두 내장들을 연결(concatenation)하는 것도 도움이 될 수 있다.

현실적인 문제점들

word2vec 프레임워크의 정확성 및 효율성과 관련해서 몇 가지 현실적인 문제점이 있다. 내장의 차원(은닉층의 노드 개수)은 편향과 분산의 절충점을 결정하는 요소이다. 내장 차원을 늘리면 판별력이 증가하지만 대신 훈련에 필요한 자료가 많아진다. 흔히 쓰이는 내장들은 차원이 수백 단위이지만, 아주 큰 자료 집합의 경우에는 수천일 수도 있다. 문맥 구간의 크기로는 5에서 10 정도가 흔히 쓰이는데, 대체로 CBOW 모형보다 스킵그램 모형의 문맥 구간이 더 크다. 문맥 크기를 난수로 결정하는 변형도 있는데, 그러면 서로 가까이 있는 단어들의 가중치가 커지는 효과가 생긴다. 스킵그램 모형이 CBOW보다 느리지만, 빈도(도수)가 낮은 단어들에 대해서나 더 큰 자료 집합에 대해서는 더 잘 작동한다.

또 다른 문제점은 판별하기는 어렵지만 빈도가 높은 단어들(이를테면 정관사 '*the*')이 결과에 너무 큰 영향을 미칠 수 있다는 것이다. 흔히 쓰이는 해결책은 고빈도 단어들을 하향표집(downsampling)하는 것인데, 그러면 정확도와 효율성이 모두 개선된다. 고빈도 단어들의 하향표집이 암묵적으로 문맥 구간을 키우는 효과를 낸다는 점을 주목하기 바란다. 무의미한 단어들을 생략함으로써, 같은 크기의 구간에 의미 있는 단어들이 더 많이 포함되기 때문이다. 한편, 아주 드물게 나오는 단어들은 대체로 철자가 틀린 단어들인데, 그런 단어들에 대해 의미 있는 내장을 생성하려면 과대적합이 발생하기 쉽다. 따라서 그런 단어들은 무시하는 것이 바람직하다.

계산 측면의 문제점들을 보자면, 우선 출력 내장들의 갱신은 계산 비용이 비싸다. 갱신 과정에서 어휘의 단어 d개에 대해 소프트맥스를 적용해야 하는데, 그러려면 모든 $\overline{v}_j$를 갱신해야 한다. 이 때문에 소프트맥스를 **허프만 부호화**(huffman encoding)를 이용해서 위계적으로 구현해서 효율성을 개선하기도 한다. 이에 관한 자세한 사항은 [325, 327, 404]를 보기 바란다.

부정 표집 스킵그램

방금 언급한 위계적 소프트맥스 기법의 효율적인 대안으로 **부정 표집 스킵그램**(skip-gram with negative sampling, SGNS)[327]이라고 하는 방법이 있다. 이 방법에서는 단어-문맥 쌍의 존재와 부재 모두 훈련에 쓰인다. 이름에서 짐작하겠지만, 이 방법은 단어들을 말뭉치 안에서의 도수에 비례해서(즉, 유니그램^{unigram} 분포에 따라) 표집(표본추출)함으로써 음의 문맥을 인위적으로 생성한다. 이 접근 방식은 스킵그램 모형과는 다른 목적함수를 최적화하는데, 그 목적함수는 **잡음 대조 추정**(noise contrastive estimation)[166, 333, 334]과 관련이 있다.

부정 표집 스킵그램의 기본 착안은, 문맥 구간에 있는 m개의 단어를 각각 직접 예측하는 대신, 어휘의 단어 d개 각각이 해당 문맥 구간에 존재하는지의 여부를 예측한다는 것이다. 다른 말로 하면, 그림 2.16의 마지막 층에서 소프트맥스 함수로 예측값을 산출하는 대신 S자형 함수와 베르누이 분포를 이용해서 예측값을 산출한다. 그림 2.16에서 문맥의 각 단어에 대한 출력 단위는 S자형 함수를 이용해서 해당 단어가 문맥 안의 그 위치에 있을 확률을 계산한다. 그리고 훈련 견본을 통해서 관측값들도 주어지므로, 모든 단어에 대해 로그 손실함수를 사용하는 것도 가능하다. 이러한 관점의 차이 때문에, 부정 표집 방식에서는 예측 문제조차도 보통의 스킵그램 모형과는 다르게 정의된다. 물론 d개의 단어 모두에 대해 이진 예측값을 구하는 것은 계산상으로 비효율적이다. 그래서 부정 표집 스킵그램 접근 방식은 한 문맥 구간의 양의 단어들은 모두 사용하되, 음의 단어들은 그중 일부만 뽑아서 **표본**(sample)을 만들어서 사용한다. 음성 표본의 크기(추출할 음의 단어 개수)는 양성 견본 개수에 k를 곱한 것인데, 여기서 k는 학습 속도를 제어하는 하나의 매개변수이다. 수정된 예측 문제에서 모든 시험 견본에 대해 1을 예측하는 자명한 가중치들이 학습되는 일을 방지하려면 이러한 부정 표집이 꼭 필요하다. 다른 말로 하면, 음의 단어들이 전혀 포함되지 않게 해서는(즉, $k = 0$으로 두어서는) 안 된다.

음성 표본을 생성하는 방법은 무엇일까? 통상적인 유니그램 분포 표집에서는 단어들을 말뭉치 안에서의 상대적 도수 $f_1 \ldots f_d$에 비례하는 확률로 추출한다. 그러나 [327]은 f_j 대신 $f_j^{3/4}$에 비례해서 단어들을 추출하면 더 나은 결과를 얻을 수 있음을 보여주었다. 다른 모든 *word2vec* 모형들에서처럼, U가 입력 내장들에 해당하는 $d \times p$ 행렬이고 V가 출력 내장들에 해당하는 $p \times d$ 행렬이라고 하자. 그러면 $\overline{u_i}$는 U의 한 p차원 행(i번째 단어의 입력 내장)이고 $\overline{v_j}$는 V의 한 p차원 열(j번째 단어의 출력 내장)이다. 문맥 구간 안의 양의 목표-문맥 단어 쌍들의 집합을 $\mathcal{P}$로, 표본추출로 얻은 음의 목표-문맥 단어 쌍들의 집합을 $\mathcal{N}$으로 표기하기로 하자. $\mathcal{P}$의 크기는 문맥 구간의 크기 m과 같고 $\mathcal{N}$의 크기는 $m \cdot k$이다. 이러한 설정에서, 각 문맥 구간의 목적함수(훈련을 통해서 최소화할)는 다음처럼 m개의 양성 견본들과 $m \cdot k$개의 음성 견본들에 관해 로그 손실함수를 합하는 것이다.

$$O = - \sum_{(i,j)\in \mathcal{P}} \log(P[\mathrm{Predict}(i,j)\mathrm{가}\ 1] - \sum_{(i,j)\in \mathcal{P}} \log(P[\mathrm{Predict}(i,j)\mathrm{가}\ 0] \qquad (2.55)$$

$$= - \sum_{(i,j)\in \mathcal{P}} \log\left(\frac{1}{1+\exp(-\overline{u}_i \cdot \overline{v}_j)}\right) - \sum_{(i,j)\in \mathcal{P}} \log\left(\frac{1}{1+\exp(\overline{u}_i \cdot \overline{v}_j)}\right) \qquad (2.56)$$

부정 표집 스킵그램(SGNS) 모형은 이렇게 수정된 목적함수를 이용해서 U와 V의 가중치들을 갱신한다. SGNS는 앞에서 논의한 기본적인 스킵그램 모형과는 수학적으로 다르다. SGNS는 기본 스킵그램보다 더 효율적일 뿐만 아니라, 스킵그램의 여러 변형 중에서 가장 좋은 성과를 낸다.

SGNS의 실제 신경망 구조

원래의 *word2vec* 논문은 SGNS를 스킵그램 모형의 한 효율성 최적화 방법으로 취급했지만, 최종층의 활성화 함수 측면에서 SGNS는 보통의 스킵그램과는 근본적으로 다른 구조를 가진다. 안타깝게도 원래의 *word2vec* 논문이 이 점을 명시적으로 지적하지 않았기 때문에(그냥 수정된 목적함수만 제시했다) 이 점을 혼동하는 사람들이 생겼다.

SGNS의 수정된 신경망 구조는 이렇다. SGNS 구현에서는 소프트맥스 층을 사용하지 않는다. 대신, 그림 2.16의 관측값 y_{ij}들 각각을 하나의 **이진** 결과로서 **독립적으로** 취급한다(문맥 안의 위치에 따라 서로 다른 결과의 예측 확률값들 사이에 의존관계가 존재하는 다항 결과로 취급하는 것이 아니라). SGNS는 소프트맥스로 예측값 $\hat{y}_{ij}$를 산출하는 대신 S자형 활성화 함수를 이용해서 예측 확률 $\hat{y}_{ij}$를 산출하는데, 이 경우 각 y_{ij}는 0이거나 1이다. (i,j)가 가질 수 있는 모든 가능한 $m \cdot d$가지 값에 관해 관측값 y_{ij}에 대한 $\hat{y}_{ij}$의 로그 손실값을 구해서 모두 더하면 주어진 한 문맥 구간에 대한 전체 손실값이 나온다. 그런데 y_{ij}에 0들이 너무 많기 때문에 이러한 계산 방식은 비현실적이다. 그리고 어차피 0들은 잡음에 해당한다. 그래서 SGNS는 이 수정된 목적함수를 부정 표집을 이용해서 근사한다. 간단히 말해서 SGNS는 각 문맥 구간에 대해, 그림 2.16의 $m \cdot d$가지 출력 중 한 부분집합만 역전파한다. 이 부분집합의 크기는 $m \cdot d$보다 작은 $m + m \cdot k$이며, 이 덕분에 효율성이 생긴다. 그리고 SGNS의 최종층은 이진 예측값들(S자형)을 다루기 때문에, 보통의 스킵그램 모형의 신경망과 근본적으로 다르다(구체적으로 말하면, 소프트맥스 대신 로그 활성화 함수를 사용한다). SGNS 모형과 보통의 스킵그램 모형의 차이는 단순 베이즈 분류(naïve Bayes classification)에 쓰이는 베르누이 모형과 다항 모형의 차이와 비슷하다(베르누이 모형은 부정 표집을 사용한다). 이러한 근본적인 차이 때문에, 하나를 단지 다른 하나의 효율성 최적화 방법으로 간주하는 것은 합당하지 않다.

2.6.3 word2vec(SGNS)은 로그 행렬 인수분해이다

[287]이 *word2vec*과 행렬 인수분해의 관계를 제시하긴 했지만, 그것은 **암묵적** 관계였다. 여기서는 좀 더 직접적인 관계를 설명하고자 한다. 스킵그램 모형의 구조들은 추천 시스템의 평점 예측을 위해 행 색인에 쓰이는 것들(§2.5.7 참고)과 수상쩍을 정도로 비슷하다. 추천 시스템에서 관측된 출력들의 한 부분집합만 역전파하는 것은 부정 표집 착안과 비슷하다. 단, 부정 표집에서 일부 출력 노드들을 생략하는 것은 효율성을 위해서이다. 그리고 추천 시스템에서는 선형 출력 단위들을 사용하지만(§2.5.7의 그림 2.13), SGNS는 로그 출력 단위들을 이용해서 이진 예측을 모형화한다. *word2vec*의 SGNS 모형을 로그 행렬 인수분해를 이용해서 흉내 낼 수 있다. §2.5.7의 문제 설정과 비교하기 쉽도록, 특정 단어-문맥 구간의 예측값을 다음과 같이 세값쌍으로 표현하기로 하자.

$$\langle 단어\ 색인 \rangle, \langle 문맥\ 단어\ 색인 \rangle, \langle 0/1 \rangle$$

각 문맥 구간에 대해 이런 세값쌍들이 $m \cdot d$개 만들어지지만, 부정 표집은 그중 $m \cdot k + m$개만 사용하며, 훈련 과정에서는 그것들을 하나의 **미니배치**로 사용한다. 이러한 미니배치 방식은 그림 2.13의 구조와 그림 2.16의 구조의 또 다른 차이로 이어진다. 후자의 경우 m개의 양성 견본들을 처리하기 위해 m개의 출력 그룹이 쓰인다. 그러나 이런 차이들은 그냥 피상적인 차이일 뿐이며, 로그 행렬 인수분해를 이용해서 SGNS 모형을 표현하는 데 문제가 되지는 않는다.

$B = [b_{ij}]$가 하나의 이진 행렬이고, 이 행렬의 (i, j) 성분은 만일 j번째 단어가 자료 집합에서 단어 i의 문맥에 한 번이라도 등장하면 1, 그렇지 않으면 0이라고 하자. 말뭉치에 있는 임의의 단어 (i, j)에 대한 가중치 c_{ij}는 단어 j가 단어 i의 문맥에 등

장한 횟수로 정의된다. 그리고 값이 0인 B의 성분들에 대한 가중치들은 다음과 같이 정의된다. B의 각 행 i에 대해, $b_{ij} = 0$인 $k \sum_j b_{ij}$개의 서로 다른 성분을 행 i에서 추출하되, j번째 단어가 추출될 확률이 $f_j^{3/4}$에 비례하게 한다. 이 단어들이 음성 표본을 형성한다. 음성 표본에 속하는 각 성분(즉, $b_{ij} = 0$인 단어)의 가중치 c_{ij}는 그 성분이 추출된 횟수로 설정한다. *word2vec*에서처럼, i번째 단어와 j번째 문맥의 p차원 내장들을 각각 $\overline{u}_i$와 $\overline{v}_j$로 표기한다. 이러한 이진 행렬을 인수분해하는 가장 쉬운 방법은 다음과 같은 B의 **가중**(weighted) 행렬 인수분해와 프로베니우스 노름을 사용하는 것이다.

$$\text{Minimize}_{U,V} \sum_{i,j} c_{ij}(b_{ij} - \overline{u}_i \cdot \overline{v}_j)^2 \tag{2.57}$$

행렬 B의 크기가 $O(d^2)$이긴 하지만, 이 행렬 인수분해에서 목적함수가 0이 아닌, 그래서 $c_{ij} > 0$인 성분은 그보다 적다. 그런 성분들의 가중치는 공동 출현 횟수에 의존하지만, 일부 0 성분들도 양의 가중치를 가진다. 따라서 확률적 경사 하강법 갱신 단계에서는 $c_{ij} > 0$인 성분들에만 집중하면 된다. 경사 하강법의 각 반복 주기는 *word2vec*의 SGNS 구현에서처럼 0이 아닌 성분의 개수에 대해 선형이다.

그런데 이 목적함수는 *word2vec*의 것(로그 형태)과는 좀 다른 모습이다. 목푯값이 이진인 지도 학습에서 선형회귀 대신 로지스틱 회귀를 사용하는 것이 바람직한 것처럼, 이진 행렬의 인수분해에서도 로그를 도입하는 것이 도움이 된다.[224] 좀 더 구체적으로, 제곱오차 항을 눈에 익은(로지스틱 회귀에 쓰이는) 가능도 항 L_{ij}로 바꾸어 보자.

$$L_{ij} = \left| b_{ij} - \frac{1}{1 + \exp(\overline{u}_i \cdot \overline{v}_j)} \right| \tag{2.58}$$

L_{ij}의 값은 항상 $(0,1)$ 구간에 속하며, 이 값이 크다는 것은 가능도(likelihood)가 더 크다는 뜻이다(결과적으로 이 문제는 목적함수를 최대화하는 최적화 문제가 된다). 이 공식에서 절댓값 기호는 $b_{ij} = 0$인 성분들(음성 표본)에 대해서만 작용해서 해당 성분의 부호(sign)를 뒤집는다. 이 목적함수를 조금 변형하면 문제를 다시 최소화 문제로 되돌릴 수 있다.

$$\text{Minimize}_{U,V} \, J = -\sum_{i,j} c_{ij} \log(L_{ij}) \tag{2.59}$$

*word2vec*의 목적함수(식 2.56)는 특정 문맥 구간에 관한 국소 목적함수이지만, 이 목적 함수는 행렬의 모든 성분에 관한 전역 목적함수이다. 행렬 인수분해에 미니배치 확률적 경사 하강법을 적용하면, 이 접근 방식은 *word2vec*의 역전파 갱신들과 거의 같아진다.

이런 종류의 인수분해를 어떻게 해석해야 할까? 이런 인수분해에서는 $B \approx UV$가 아니라 $B \approx f(UV)$인데, 여기서 $f(\cdot)$는 S자형 함수이다. 구체적으로 말하면, 이는 먼저 행렬 U와 V의 곱을 계산한 후 거기에 S자형 함수를 적용해서 베르누이 분포의 매개변수들을 얻고 그 분포로부터 B를 생성하는 하나의 **확률적** 인수분해이다. 이를 수식으로 표현하면 다음과 같다.

$$P(b_{ij} = 1) = \frac{1}{1 + \exp(-\overline{u}_i \cdot \overline{v}_j)} \quad \text{[로지스틱 회귀의 행렬 인수분해 버전에 해당]}$$

L_{ij}가 양성 표본에 대해서는 $P(b_{ij} = 1)$과 같고 음성 표본에 대해서는 $P(b_{ij} = 0)$과 같음을 식 2.58로부터 유도하는 것도 가능하다. 따라서 이 인수분해의 목적함수를 최적화하는 것은 로그가능도를 최대화하는 것에 해당한다. 이런 종류의 로그 행렬 인수분해는 이진 자료(이를테면 사용자의 클릭 역사)에 대한 추천 시스템에 흔히 쓰인다.[224]

경사 하강법
인수분해의 경사 하강법 단계들을 살펴봐도 배울 점들이 있다. 입력 내장과 출력 내장에 대한 J의 미분은 다음과 같이 주어진다.

$$\frac{\partial J}{\partial \overline{u}_i} = -\sum_{j:b_{ij}=1} \frac{c_{ij}\overline{v}_j}{1 + \exp(\overline{u}_i \cdot \overline{v}_j)} + \sum_{j:b_{ij}=0} \frac{c_{ij}\overline{v}_j}{1 + \exp(-\overline{u}_i \cdot \overline{v}_j)}$$

$$= -\underbrace{\sum_{j:b_{ij}=1} c_{ij}P(b_{ij}=0)\overline{v}_j}_{\text{양성 착오}} + \underbrace{\sum_{j:b_{ij}=0} c_{ij}P(b_{ij}=1)\overline{v}_j}_{\text{음성 착오}}$$

$$\frac{\partial J}{\partial \overline{v}_j} = -\sum_{j:b_{ij}=1} \frac{c_{ij}\overline{u}_i}{1 + \exp(\overline{u}_i \cdot \overline{v}_j)} + \sum_{j:b_{ij}=0} \frac{c_{ij}\overline{u}_i}{1 + \exp(-\overline{u}_i \cdot \overline{v}_j)}$$

$$= -\underbrace{\sum_{j:b_{ij}=1} c_{ij}P(b_{ij}=0)\overline{u}_i}_{\text{양성 착오}} + \underbrace{\sum_{j:b_{ij}=0} c_{ij}P(b_{ij}=1)\overline{u}_i}_{\text{음성 착오}}$$

최적화 과정의 경사 하강법은 다음 갱신 공식들을 이용해서 가중치들을 갱신한다(수렴할 때까지).

$$\bar{u}_i \Leftarrow \bar{u}_i - \alpha \frac{\partial J}{\partial \bar{u}_i} \qquad \forall i$$

$$\bar{v}_j \Leftarrow \bar{v}_j - \alpha \frac{\partial J}{\partial \bar{v}_j} \qquad \forall j$$

앞의 미분들을 b_{ij} 예측에 착오가 있을 확률들로 표현하는 것도 가능하다. 로그가능도 최적화 문제의 경사 하강법에서는 그런 방식이 흔히 쓰인다. 또한, SGNS 목적함수(식 2.56)의 미분으로도 이와 비슷한 경사 하강법 갱신 공식들을 얻을 수 있다는 점도 알아두기 바란다. 유일한 차이는, SGNS 목적함수의 미분은 더 작은 견본 배치(문맥 구간으로 정의되는)에 관해 표현된다는 것이다. 확률적 행렬 인수분해를 그런 미니배치 확률적 경사 하강법으로 풀 수도 있다. 미니배치를 적절히 선택한다면, 행렬 인수분해의 확률적 경사 하강법이 SGNS의 역전파 갱신과 같아진다. 유일한 차이는, SGNS는 각 갱신 집합에 대해 음의 성분들을 즉석에서(on-the-fly) 표집하는 반면 행렬 인수분해는 미리 음성 표본들을 고정해 두고 갱신을 진행한다는 것이다. 물론 행렬 인수분해의 갱신에서도 그런 즉석 표집을 사용할 수 있다. SGNS와 행렬 인수분해의 유사성은 그 신경망 구조에서도 드러난다. 그림 2.16(b)의 구조는 그림 2.13에 나온 추천 시스템 행렬 인수분해 구조와 거의 같다. 추천 시스템의 경우처럼 SGNS에는 결측값(음의 성분)들이 있다. 이는 부정 표집이 값이 0인 성분들의 부분집합만 사용하기 때문에 생기는 현상이다. 두 구조의 유일한 차이점은, SGNS의 출력층은 S자형 단위들을 사용하지만 추천 시스템의 출력층은 선형 단위들을 사용한다는 것이다. 단, 암묵적 피드백에 기초한 추천 시스템은 *word2vec*의 것과 비슷한 로그 행렬 인수분해를 사용한다.[224]

2.6.4 보통의 스킵그램은 다항 행렬 인수분해이다

앞에서 보았듯이 SGNS로 보강한 스킵그램 모형은 하나의 로그 행렬 인수분해에 해당한다. 그렇다면, 보통의 스킵그램 모형을 행렬 인수분해의 형태로 표현하는 것은 가능할까 하는 의문이 자연스럽게 들 것이다. 실제로 보통의 스킵그램 모형을 하나의 **다항 행렬 인수분해** 모형으로 표현하는 것이 가능한데, 이것이 가능한 이유는 보통의 스킵그램 모형의 제일 마지막 층이 소프트맥스 함수를 사용하기 때문이다.

$C = [c_{ij}]$가 단어-문맥 공동 출현 횟수를 담은 $d \times d$ 행렬이라고 하자. 즉, 이 행렬의 각 성분 c_{ij}는 단어 문맥 i에 단어 j가 등장하는 횟수(도수)이다. 행렬 U가 그 행들이 입력 내장들인 $d \times p$ 행렬이고 행렬 V는 그 열들이 출력 내장들인 $p \times d$ 행렬이라고 할 때, 스킵그램 모형은 C의 r번째 행에 담긴 도수 벡터가 소프트맥스를 UV의 r번째 행에 적용해서 얻은 확률들로 이루어진 실험적 견본에 해당하는 하나의 모형과 대략 같다.

$\overline{u}_i$가 U의 i번째 행에 해당하는 p차원 벡터이고 $\overline{v}_j$가 V의 j번째 열에 해당하는 p차원 벡터라고 할 때, 앞에서 말한 인수분해의 손실함수는 다음과 같이 주어진다.

$$O = -\sum_{i=1}^{d}\sum_{j=1}^{d} c_{ij}\log\underbrace{\left(\frac{\exp(\overline{u}_i \cdot \overline{v}_j)}{\sum_{q=1}^{d}\exp(\overline{u}_i \cdot \overline{v}_q)}\right)}_{P(\text{단어 } j\,|\,\text{단어 } i)} \tag{2.60}$$

이 손실함수는 최소화의 형태로 표현된 것이다. 이 손실함수가 보통의 스킵그램 모형에 쓰이는 것과 같은 형태임을 주목하기 바란다. 둘의 유일한 차이는, 후자의 경우에는 주어진 문맥의 단어 m개를 함께 묶은 미니배치가 확률적 경사 하강법에 쓰인다는 것이다. 그런 특정한 미니배치를 사용한다는 것이 아주 의미 있는 차이는 아니다.

2.7 그래프 내장을 위한 간단한 신경망 구조

인기 있는 여러 SNS 서비스나 웹 중심의 응용 프로그램들 덕분에, 커다란 그래프 형태의 자료가 아주 흔해졌다. 그래프graph는 노드node들이 간선들로 연결된 자료 구조이다. 예를 들어 하나의 사회관계망(인맥)에서 각 사람은 하나의 노드이고, 서로 아는 두 사람이 하나의 간선으로 연결된다. 이번 절에서는 웹이나 SNS, 통신망 같은 아주 큰 네트워크를 고려한다. 목표는, 그러한 네트워크의 노드들을 특징 벡터로 내장함으로써 그 노드들 사이의 관계를 반영한 하나의 그래프를 만들어 내는 것이다. 논의의 간결함을 위해 무향(undirect) 그래프만 고찰하겠지만, 이번 절의 내용을 조금만 수정하면 각 간선에 가중치가 부여된 유향 그래프에도 적용된다.

노드가 n개인 그래프의 인접성(연결 관계) 정보를 담은 $n \times n$ 행렬 $B = [b_{ij}]$가 있다고 하자. 이 행렬의 각 성분 b_{ij}는 만일 노드 i와 j 사이에 무향 간선이 존재하면 1이다. 무향 그래프에서는 항상 $b_{ij} = b_{ji}$이므로, 이 행렬 B는 대칭행렬이다. 내장을 계산하기 위해서는 두 $n \times p$ 인수 행렬 U와 V를 구해야 한다. 그러면 B를 UV^T의 함수로 유도할 수 있다. 가장 간단한 경우는 B를 그냥 UV^T로 두는 것인데, 이는 그래프의 인수분해에 대한 전통적인 행렬 분해 방법과 다르지 않다.[4] 그러나 이진 행렬의 경우에는 로그 행렬 인수분해를 이용해서 더 나은 결과를 얻을 수 있다. 그런 경우 B의 각 성분은 행렬 $f(UV^T)$의 성분들을 매개변수로 한 베르누이 분포에서 추출하는데, 여기서 $f(\cdot)$는 성분별 S자형 함수, 즉 주어진 행렬의 각 성분에 각각 S자형 함수를 적용하는 함수이다.

$$f(x) = \frac{1}{1 + \exp(-x)} \tag{2.61}$$

정리하자면, $\overline{u}_i$가 U의 i번째 행이고 $\overline{v}_j$가 V의 j번째 행이라고 할 때 다음이 성립한다.

$$b_{ij} \sim \quad \text{매개변수가 } f(\overline{u}_i \cdot \overline{v}_j)\text{인 베르누이 분포} \tag{2.62}$$

이런 종류의 생성 문제를 푸는 데는 로그가능도 모형이 흔히 쓰인다. 더 나아가서, 이러한 문제 형식화는 *word2vec* SGNS 모형의 로그 행렬 인수분해 버전과 동일하다.

*word2vec*의 모든 변형 모형은 결국 그림 2.13에 나온 모형(행 색인들을 선형 활성화 값들로 사상하는)을 로그 또는 다항분포를 이용해서 변형한 것임을 주목하기 바란다. 그림 2.17이 이 점을 이해하는 데 도움이 될 것이다. 그림 2.17의 왼쪽은 노드 다섯 개짜리 '장난감' 그래프이고 오른쪽은 그에 해당하는 신경망이다. 이 신경망의 입력은 B의 한 행(즉, 하나의 노드)의 색인을 원핫 벡터로 부호화한 것이고, 출력은 그래프의 모든 노드의 이웃 여부(0 또는 1) 값들이다. 그림의 신경망은 노드 3에 대한 입력과 해당 출력을 보여준다. 노드 3에는 이웃 노드가 세 개 있으므로, 출력 벡터에 1이 세 개이다. 이 구조가 그림 2.13의 것과 크게 다르지 않음을 주목하기 바란다. 차이점은, 이 구조는 출력에 S자형 활성화 함수를 사용한다는 것이다(선형 활성화 함수가 아니라).

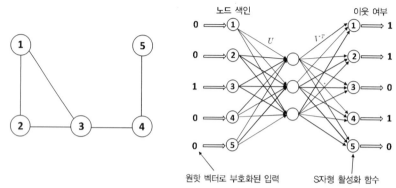

기반 그래프 　　　　　　　　　　　　　노드 특징들을 학습하기 위한 신경망

노드 색인　　　　　　　　　　　이웃 여부

원핫 벡터로 부호화된 입력　　　　　S자형 활성화 함수

그림 2.17: 왼쪽은 노드가 다섯 개인 그래프이고 오른쪽은 그에 해당하는, 행 색인을 이웃 여부 값들로 사상하는 신경망이다. 신경망은 노드 3과 그 이웃 노드들에 대한 입력과 출력을 보여준다. 이 신경망의 구조가 그림 2.13의 구조와 비슷함을 주목하기 바란다. 그 구조와의 주된 차이는 결 측값들이 없다는 점과 정방행렬의 경우 입력 노드 개수가 출력 노드 개수와 같다는 것이다. 입력 과 출력은 둘 다 이진 벡터들이다. 그러나 부정 표집을 S자형 활성화 함수와 함께 사용하는 경우, 값이 0인 출력 노드들(대부분 그렇다)이 생략된다.

더 나아가서, 보통의 경우 출력에 0들이 1들보다 훨씬 많으므로,[8] 부정 표집을 사용 해서 다수의 0들을 생략(드롭아웃)하는 것도 가능하다. 이런 종류의 부정 표집을 적용 하면 그림 2.14의 것과 비슷한 구조가 된다. 이 신경망 구조에 대한 경사 하강법 갱신 은 *word2vec* SGNS 모형의 것과 동일하다. 주된 차이는, 이 경우에는 한 노드가 다른 노드의 이웃으로 단 한 번만 출현할 수 있지만, 단어 내장의 경우에는 한 단어가 다른 단어의 문맥에 여러 번 출현할 수 있는 것이다. 그래프 간선의 가중치가 이진값이라는 제약을 제거하면 이러한 구별이 사라진다.

2.7.1 임의의 간선 횟수 처리

앞의 논의에서는 각 간선의 가중치가 이진값이라고 가정했다. 이번에는 간선 (i, j)에 0과 1뿐만 아니라 임의의 횟수 c_{ij}를 부여할 수 있는 경우를 생각해 보자. 이런 경우 에는 부정 표집뿐만 아니라 양의 표집도 필요하다. 첫 단계는 그래프에서 하나의 간선

---

8) 그림 2.17의 장난감 예에서는 이 점이 잘 드러나지 않지만, 실제 응용에서 한 노드의 차수(이웃 개수)는 전체 노드 개수에 비하면 아주 작을 때가 많다. 예를 들어 전체 사용자(노드)가 수백, 수천만인 SNS 서비 스에서 한 사용자의 친구가 100명인 경우를 생각하면 이 점을 실감할 수 있을 것이다.

(i, j)를 c_{ij}에 비례하는 확률로 추출하는 것이다. 그러면 입력은 그 간선의 한쪽 끝(이를테면 i)에 있는 노드를 원핫 벡터로 부호화한 것이고, 출력은 다른 쪽 노드(j)의 원핫 벡터이다. 기본적으로 입력과 출력 모두 n차원 벡터들이다. 그러나 부정 표집을 적용해서 출력 벡터를 $(k + 1)$차원 벡터로 줄일 수 있다. 여기서 $k \ll n$은 표집 비율을 결정하는 매개변수이다. 신경망은 총 k개의 음의 노드(이웃이 아닌 노드)들을 해당 차수(가중 차수)[9]에 비례하는 확률로 추출해서, 그 노드들에 대해 0을 출력한다. 이를 위한 로그가능도 손실함수는 각 출력을 베르누이 시행(trial)의 결과로 취급해서 계산하면 된다. 이때 베르누이 시행의 매개변수는 S자형 활성화 함수의 출력이다. 그러한 손실함수에 기초해서 경사 하강법을 수행한다. 이러한 변형은 *word2vec* 모형의 SGNS 변형을 거의 정확하게 흉내 낸다.

2.7.2 다항 모형

보통의 *word2vec* 스킵그램 모형은 하나의 다항 모형이다. 그런데 다항 모형을 이용해서 내장을 생성하는 것도 가능하다. 주된 차이는, 그림 2.17에 나온 신경망의 마지막 층에서 S자형 활성화 함수 대신 소프트맥스 활성화 함수를 사용한다는 것이다. 또한, 다항 모형에서는 부정 표집을 사용하지 않으며, 입력층과 출력층 모두 정확히 n개의 노드로 구성된다. SGNS 모형에서처럼 간선 (i, j)를 해당 c_{ij}에 비례하는 확률로 추출해서 입력-출력 쌍을 생성한다. 여기서 입력은 i의 원핫 부호화 벡터이고 출력은 j의 원핫 부호화 벡터이다. 간선들에 미니배치를 적용해서 성능을 향상할 수 있다. 이 모형의 확률적 경사 하강법 갱신 단계는 보통의 *word2vec* 스킵그램 모형의 것과 거의 같다.

2.7.3 DeepWalk 및 node2vec의 관계

최근 제안된 *DeepWalk* 모형[372]과 *node2vec* 모형[164]은 앞에서 논의한 다항 모형의 변형들(특화된 전처리 단계들을 가진)에 해당한다. 주된 차이는, *DeepWalk* 및 *node2vec* 모형은 각각 깊이 우선(depth-first) 방식과 너비 우선(breadth-first) 방식으로 그래프 노드들을 훑으면서('걷기') c_{ij}들을 (간접적으로) 생성한다는 것이다. 그러한 무작위 걷기(random

---

9) 노드 j의 가중 차수는 $\sum_r c_{rj}$이다.

walk)의 수행 방식 면에서, *DeepWalk* 자체는 *node2vec*의 전신前身에(그리고 한 특수 경우에) 해당한다. 이 경우 c_{ij}는 노드 j가 노드 i의 이웃으로 출현한(노드 j가 노드 i에서 시작하는 너비 우선 걷기 또는 깊이 우선 걷기에 포함되었으므로) 횟수로 해석할 수 있다. 이러한 걷기 기반 모형들에서 c_{ij} 값이 노드 i와 j 사이의 친화도(affinity)를 원래의 그래프에 있는 가중치보다 좀 더 강건하게 반영한다고 보는 견해도 있다. 물론 c_{ij}의 강건성을 향상하기 위해 무작위 걷기를 사용한다는 것이 문제가 되지는 않는다. 사실, 이런 종류의 친화도 값을 생성하는 방법은 무수히 많다. 모든 **링크 예측 방법**(link prediction method)은 그런 친화도 값을 생성한다.[295] 예를 들어 한 쌍의 노드들 사이의 무작위 걷기 횟수와 밀접한 관련이 있는 **카츠 측도**(Katz measure)[295]는 노드 i와 j 사이의 친화도에 대한 강건한 측도의 하나이다.

2.8 요약

이번 장은 지도 학습과 비지도 학습을 위한 여러 신경망 모형을 논의했다. 이번 장의 목표 중 하나는 기계 학습에 쓰이는 여러 전통적인 모형들이 비교적 간단한 신경망 모형의 변형임을 보여주는 것이었다. 이번 장에서는 이진 분류와 다부류 분류, 행렬 인수분해를 위한 모형들을 논의했다. 또한, 그런 모형들을 추천 시스템과 단어 내장에 응용하는 방법들도 소개했다. 특잇값 분해 같은 전통적인 기계 학습 기법을 신경망 모형으로 일반화한 경우, 신경망 모형이 전통적인 기계 학습의 것에 비해 덜 효율적일 때가 많다. 그러나 많은 경우 신경망 모형은 좀 더 강력한 비선형 모형으로 일반화할 수 있다는 장점이 있다. 더 나아가서, 전통적인 기계 학습 모형의 비선형 버전은 신경망의 모듈성 덕분에 실험하기가 비교적 쉽다. 이번 장에서는 또한 추천 시스템, 텍스트 내장, 그래프 내장 같은 여러 실제 응용들도 논의했다.

2.9 문헌 정보

퍼셉트론 알고리즘은 로젠블랫이 [405]에서 제안했다. [405]에서는 퍼셉트론에 관한 상세한 논의를 볼 수 있다. [531]에서 제안된 위드로-호프 알고리즘은 티코노프-아르세닌의 연구[499]와 밀접한 관련이 있다. 로널드 피셔가 1936년에 [120]에서 제안한 피셔 판별은 일단의 선형 판별 분석 방법들[322]의 하나이다. 피셔 판별 모형이 사용하는 목적함수가 최소제곱 회귀에 쓰이는 목적함수와는 달라 보이지만, 실제로는 최소제곱 회귀의 한 특수 사례(이진 반응 변수를 피회귀변수로 사용하는)이다.[40] [320]은 일반화된 선형 모형들을 상세히 논의한다. [178]은 **일반화된 반복 비례**(generalized iterative scaling)나 **반복 재가중 최소제곱**(iteratively reweighted least-square), 다항 로지스틱 회귀를 위한 경사 하강법 등 다양한 알고리즘을 논의한다. 일반적으로 지지 벡터 기계는 코르테스Cortes와 바프닉Vapnik이 고안한[82] 것으로 알려져 있다. 단, L_2 손실함수 SVM을 위한 기본적인 방법은 그보다 몇 년 전에 힌턴이 제안했다.[190] 이 접근 방식은 최소제곱 분류의 손실함수 대신, 제곱 손실 곡선의 절반만 유지하고 나머지 부분은 0으로 설정하도록 수정한 손실함수를 사용한다. 그렇게 수정한 손실함수는 경첩 손실함수를 평활화한 모습과 비슷하다(그림 2.4의 곡선들로 시험해 보기 바란다). 그러나 신경망에 관한 여러 문헌은 이러한 기여의 구체적인 의미를 제대로 지적하지 못한다. 신경망의 경사 하강법 단계들에 축소량(shrinkage)을 추가한다는 일반적인 개념이 당시 널리 알려져 있었음에도, 힌턴의 논문 역시 SVM에서 정칙화의 중요성에는 초점을 두지 않았다. [82]는 경첩 손실 SVM을 주로 쌍대성과 최대 여유 해석의 관점에서 제시했기 때문에 정칙화된 최소제곱 분류와의 관계는 그리 명확하게 드러나지 못했다. SVM과 최소제곱 분류의 관계는 다른 관련 연구들[400, 442]에서 좀 더 명확하게 표현되었다. 둘의 관계는 제곱 손실 SVM과 경첩 손실 SVM이 정칙화된 L_2 손실(즉, 피셔 판별)과 L_1 손실 분류(이진 부류 변수를 피회귀 반응 변수로 사용하는)의 자연스러운 변형이라는 점에서 확실해진다.[139] 웨스턴-왓킨스의 다부류 일반화 접근 방식은 [529]가 소개했다. 이후 [401]은 다부류 일반화에 대한 일대다(one-against-all) 접근 방식이 밀접히 통합된 다부류 변형들만큼이나 효율적인 것으로 보인다는 결과를 제시했다. 여러 위계적 소프트 맥스 방법들에 관한 논의로는 [325, 327, 332, 344]가 있다.

[198]은 신경망을 이용해서 자료의 차원을 줄이는 여러 방법을 훌륭하게 개괄한다.

단, 이 개괄 논문은 이번 장에서 다루지 않은 관련 모형인 제한 볼츠만 기계(RBM)에 초점을 두고 있다. 자동부호기의 좀 더 일반적인 초기 형태를 역전파 논문 [408]에서 볼 수 있다. 이 논문은 입력 패턴과 출력 패턴 사이의 재부호화(recoding) 문제를 다룬다. 분류와 자동부호기 모두, 이 논문의 구조를 적절한 입력, 출력 패턴들을 선택해서 특수화한 것이라 할 수 있다. 역전파 논문[408]은 또한 입력의 재부호화가 항등 사상인 특수 경우도 논의하는데, 그 경우는 정확히 자동부호기에 해당한다. 초창기의 자동부호기 좀 더 자세한 논의는 [48, 275]에서 볼 수 있다. [77]은 단층 비지도 학습을 논의한다. 자동부호기의 표준적인 정칙화 방법은 가중치 감쇄를 사용하는 것인데, 이 가중치 감쇄는 L_2 정칙화에 해당한다. 희소 자동부호기에 관한 논의로는 [67, 273, 274, 284, 354]가 있다. 자동부호기의 또 다른 정칙화 방법은 경사 하강법 도중에 미분들에 벌점을 가하는 것이다. 그런 방법을 사용하는 자동부호기를 **축약 자동부호기**(contractive autoencoder)[397]라고 부른다. 변분 자동부호기는 복잡한 확률분포들을 부호화할 수 있는데, [106, 242, 399]가 이를 논의한다. 잡음 제거 자동부호기에 관한 논의로는 [506]이 있다. 이상의 여러 모형은 이 책의 제4장에서 자세히 논의한다. [64, 181, 564]는 자동부호기를 이상치 검출에 응용하는 방법을 살펴보고, [8]은 자동부호기를 군집화에 사용하는 방법들을 개괄한다.

추천 시스템을 위한 차원 축소 응용 방법은 [414]에 나온다. 그러나 이 논문의 접근 방식은 제한 볼츠만 기계를 사용하는데, 이는 이번 장에서 논의한 행렬 인수분해 방법과는 다르다. [436]은 항목 기반(item-based) 자동부호기를 논의하는데, 이 논문의 접근 방식은 항목 기반 이웃 회귀[253]를 신경망으로 일반화한 것에 해당한다. 주된 차이점은 회귀 가중치들을 제한된 은닉층으로 정칙화한다는 것이다. 다른 여러 종류의 잡음 제거 자동부호기 기반 항목 대 항목 모형들에 관한 논의는 [472, 535]에서 볼 수 있다. [186]은 행렬 인수분해의 좀 더 직접적인 일반화 방법을 제시하는데, 이 논문의 접근 방식은 이번 장에서 소개한 좀 더 간단한 접근 방식과는 조금 다르다. 추천 시스템 구축 시 심층 학습을 위해 항목을 설명하는 내용(content)을 도입하는 문제는 [513]에서 논의한다. [110]은 다중 관점(multiview) 심층 학습 접근 방식을 제시한다. 이후에 나온 [465]는 이 접근 방식을 시간적(temporal) 추천 시스템으로 확장했다. 추천 시스템을 위한 여러 심층 학습 방법의 개괄한 논문으로는 [560]이 있다.

word2vec 모형은 [325, 327]에서 제안되었으며, 상세한 설명은 [404]에서 볼 수 있다.

이 모형의 기본 착안을 문장 및 문단 수준의 내장으로 확장한 모형을 *doc2vec*[272]이라고 부른다. *word2vec*과는 다른 종류의 행렬 인수분해를 사용하는 단어 내장 모형으로 GloVe[371]가 있다. [9]는 다언어 단어 내장을 설명한다. *DeepWalk*[372] 모형과 *node2vec*[164] 모형은 *word2vec*을 노드 수준 내장들을 이용해서 그래프로 확장한 것이다. 다양한 종류의 네트워크(그래프) 내장들에 관한 논의로는 [62, 512, 547, 548]이 있다.

2.9.1 소프트웨어 정보

scikit-learn[587]은 선형회귀나 SVM, 로지스틱 회귀 같은 여러 기계 학습 모형을 지원한다. DISSECT(Distributional Semantics Composition Toolkit; 분산 의미 합성 도구모음)[588]은 단어 공동 출현 횟수를 이용해서 내장들을 생성하는 도구들을 제공한다. GloVe 방법들을 지원하는 소프트웨어로는 Stanford NLP 라이브러리[589]와 **gensim** 라이브러리[394]가 있다. *word2vec* 도구는 아파치 사용권[591]하에서 배포되며, **TensorFlow** 버전[592]도 있다. **gensim** 라이브러리 역시 *word2vec*과 *doc2vec*의 파이썬 구현을 제공한다.[394] 그리고 **DeepLearning4j** 저장소[590]에서 *doc2vec*과 *word2vec*, GloVe의 자바 버전들을 찾을 수 있다. 많은 경우, 해당 표현의 미리 훈련된 버전(일반적인 텍스트를 잘 대표한다고 간주되는 커다란 말뭉치를 이용해서 훈련한)을 내려받아서 바로 사용할 수 있다. 특정 말뭉치를 이용해서 신경망을 직접 훈련하는 것보다 이쪽이 더 편할 것이다. *node2vec*의 원저자가 작성한 소프트웨어를 [593]에서 구할 수 있다.

연습문제

1. 개별 훈련 쌍 $(\overline{X}, y)$를 위한 손실함수가 다음과 같다고 하자.

$$L = \max\{0, a - y(\overline{W} \cdot \overline{X})\}$$

그리고 시험 자료의 목푯값은 $\hat{y} = \text{sign}\{\overline{W} \cdot \overline{X}\}$로 예측한다. $a = 0$이면 이 손실함수는 퍼셉트론 판정기준에 해당하고, $a = 1$이면 SVM의 손실함수에 해당한다. 이 손실함수를 사용하는 SVM에 정칙화를 적용하지 않는다고 할 때, 0보다 큰 그 어떤 a 값에 대해서도 이 SVM의 최적해가 달라지지 않음을 보여라. 그리고 정칙화를 적용하는 경우에는 a 값에 따라 무엇이 어떻게 달라지는지도 설명하라.

2. 연습문제 1에 기초해서, 웨스턴-왓킨스 SVM을 위한 일반화된 목적함수를 유도하라.

3. 이진 분류를 위한 정칙화 없는 퍼셉트론의 갱신 공식을 생각해 보자. 학습 속도가 α라고 할 때, α를 어떤 값으로 설정하든 학습 결과에는 영향을 미치지 않음(α는 그냥 가중치 벡터를 그 값에 비례해서 커지게 할 뿐이므로)을 보여라. 그리고 다중 분류의 경우에도 이것이 참임을 증명하라. 정칙화를 사용할 때도 이것이 참일까?

4. 웨스턴-왓킨스 SVM을 부류가 $k = 2$개인 자료 집합에 적용한다고 하자. 해당 갱신 공식이 이번 장에서 논의한 이진 SVM의 갱신 공식과 동등함을 보여라.

5. 다항 로지스틱 회귀를 부류가 $k = 2$개인 자료 집합에 적용한다고 하자. 해당 갱신 공식이 로지스틱 회귀의 갱신 공식과 동등함을 보여라.

6. 소프트맥스 분류기를 독자가 선택한 심층 학습 라이브러리를 이용해서 구현하라.

7. 선형회귀 기반 이웃 모형에서 한 항목의 평점 예측값은 같은 사용자의 다른 항목들에 대한 평점들의 가중 결합이며, 각 항목의 가중치들은 선형회귀로 학습된 것들이다. 이런 종류의 모형을 자동부호기로 구현할 수 있음을 보여라. 그리고 이 구조와 행렬 인수분해 구조의 관계를 논하라.

8. **로그 행렬 인수분해**: 입력층 하나와 축소된 표현을 담은 은닉층 하나, 그리고 S자형 단위들을 사용하는 출력층으로 구성된 자동부호기를 생각해 보자. 은닉층은 선형 활성화 함수를 사용한다.

   (a) 입력 자료 행렬이 $\{0,1\}$에 속하는 이진값들로만 구성된 경우에 맞는 음의 로그가능도 손실함수를 유도하라.

   (b) 입력 자료 행렬이 $[0,1]$ 구간의 실숫값들로 구성된 경우에 맞는 음의 로그가능도 손실함수를 유도하라.

9. **자동부호기를 이용한 비음수 행렬 인수분해**: D가 음이 아닌 성분들로 이루어진 $n \times d$ 행렬이라고 하자. 행렬 U와 V가 둘 다 음이 아닌 행렬들이라 할 때, 입력 노드들과 출력 노드들이 각각 d개인 자동부호기 구조를 이용해서 D를 $D \approx UV^T$로 분해할 수 있음을 보여라. [힌트: 은닉층에서 사용할 활성화 함수를 잘 선택하고, 경사 하강법 갱신 공식을 적절히 수정해 볼 것.]

10. **확률적 잠재 의미 분석**: 확률적 잠재 의미 분석(probabilistic latent semantic analysis)의 정의는 [99, 206]을 참고하기 바란다. 연습문제 9의 접근 방식을 잠재 의미 분석에 맞게 수정하라. [힌트: 비음수 행렬 인수분해와 확률적 잠재 의미 분석의 관계는 무엇일까?]

11. **모형 조합 앙상블 구현**: 기계 학습의 모형 조합 앙상블(model combination ensemble) 방법은 여러 모형의 점수들의 평균을 이용해서 좀 더 강건한 분류 점수를 산출한다. Adaline 모형과 로지스틱 회귀 모형의 평균을 2층 신경망으로 근사하는 방법을 논하라. 역전파로 그러한 2층 신경망을 훈련한다고 할 때, 그 신경망과 실제 모형 조합 앙상블의 유사점 및 차이점을 논하라. 그리고 모형 조합 앙상블의 결과를 세밀하게 조율한 것에 해당하는 결과가 나오도록 훈련 과정을 수정하는 방법을 제시하라.

12. **스태킹 앙상블 구현**: 기계 학습의 스태킹 앙상블stacking ensemble 방법은 1수준 분류기들이 학습한 특징들에 기초해서 더 높은 수준의 분류 모형을 형성한다. 연습문제 11의 구조를 수정해서 스태킹 앙상블을 구현하는 방법을 제시하라. 구체적

으로 말하면, Adaline 분류기와 로지스틱 회귀 분류기를 1수준 분류기들로 사용해서 SVM에 해당하는 고수준 분류기를 생성하는 방법을 설명할 것. 역전파로 그러한 분류기를 훈련한다고 할 때, 그러한 분류기와 실제 스태킹 앙상블 모형의 유사점 및 차이점을 논하라. 그리고 스태킹 앙상블의 결과를 세밀하게 조율한 것에 해당하는 결과가 나오도록 훈련 과정을 수정하는 방법을 제시하라.

13. 퍼셉트론, 위드로-호프 학습 모형, SVM, 로지스틱 회귀의 확률적 경사 하강법의 갱신 공식들이 모두 $\overline{W} \Leftarrow \overline{W}(1 - \alpha\lambda) + \alpha y[\delta(\overline{X}, y)]\overline{X}$의 형태임을 보여라. 착오 여부 또는 착오의 정도에 해당하는 오차 $\delta(\overline{X}, y)$는 최소제곱 분류의 경우에는 함수 $1 - y(\overline{W} \cdot \overline{X})$이고 퍼셉트론과 SVM에서는 지시변수, 로지스틱 회귀에서는 확률값이다. α는 학습 속도이고 y가 가질 수 있는 값들은 $\{-1, +1\}$이라고 가정한다. 각 모형에서 $\delta(\overline{X}, y)$의 구체적인 공식을 제시하라.

14. 이번 장에서 논의한 선형 자동부호기는 $n \times d$ 자료 집합 D의 각 d차원 행으로부터 k차원 표현을 생성한다. 부호기의 가중치들은 $k \times d$ 행렬 W에, 복호기의 가중치들은 $d \times k$ 행렬 V에 담긴다. 즉, 복호기가 재구축하는 표현은 DW^TV^T이다. 훈련 과정에서는, 각 견본에 대해 취합한 손실값 $\|DW^TV^T - D\|^2$을 전체 훈련 집합에 관해 최소화한다.

(a) 고정된 V에 대해, 최적의 행렬 W가 반드시 $D^TD(W^TV^TV - V) = 0$을 만족함을 보여라.

(b) 부문제 (a)의 결과를 이용해서, 만일 $n \times d$ 행렬 D의 차수가 d이면 $W^TV^TV = V$가 성립함을 보여라.

(c) 부문제 (b)의 결과를 이용해서 $W = (V^TV)^{-1}V^T$임을 보여라. V^TV는 비가역행렬이라고 가정할 것.

(d) 부문제 (a), (b), (c)를 부호기-복호기 가중치들이 $W = V^T$라는 관계로 묶였다는 가정하에서 반복하라. V의 열들이 반드시 정규직교이어야 함을 보여라.

CHAPTER

3

심층 신경망의 훈련

> "나는 훈련의 매 순간이 괴로웠다. 그러나 나는 '포기하지 말자.
> 지금의 고통을 견디면 남은 인생을 챔피언으로 살 수 있다'라고 되뇌었다."
> — 무하마드 알리

3.1 소개

역전파 알고리즘을 이용해서 신경망을 훈련하는 절차를 제1장에서 간략히 소개했었다. 이번 장에서는 제1장의 설명을 다음과 같은 여러 방식으로 확장한다.

1. 역전파 알고리즘을 그 구현 세부 사항과 함께 훨씬 상세하게 설명한다. 설명의 완전함을 위해 제1장의 일부 세부 사항을 다시 반복할 것이므로, 독자가 제1장을 여러 번 다시 뒤적일 필요는 없을 것이다.

2. 특징 처리와 초기화에 관련된 중요한 문제들을 논의한다.

3. 경사 하강법과 관련된 계산 절차들을 소개한다. 신경망의 깊이가 훈련의 안정성에 미치는 효과를 논의하고, 관련 문제점들을 해결하는 방법들도 제시한다.

4. 훈련과 관련된 효율성 문제들을 논의한다. 훈련된 신경망 모형을 압축하는 방법

들을 제시한다. 그런 방법들은 미리 훈련된 신경망을 이동기기에 배치해서 활용할 때 유용하다.

신경망의 초창기에는 다층 신경망을 훈련하는 방법들이 알려지지 않았다. 민스키와 패퍼트의 영향력 있는 서적 [330]은 다층 신경망의 훈련이 불가능하다는 이유로 신경망의 전망이 밝지 않다고 강력하게 주장했다. 이 때문에 1980년대까지는 기계 학습 연구자들이 신경망을 연구의 초점에서 제외했다. 최초의 의미 있는 돌파구는 루멜하트 등이 [408, 409]에서 제안한 역전파 알고리즘이었다.[1] 이 알고리즘 덕분에 신경망에 관한 관심이 되살아났다. 그러나 이 알고리즘이 계산, 안정성, 과대적합과 관련한 여러 문제점을 가지고 있음이 밝혀져서, 신경망 연구는 다시 침체기를 맞았다.

세기가 바뀌면서 여러 개선 사항들 덕분에 신경망의 인기가 다시 높아졌다. 그런 개선들이 모두 알고리즘에 관한 것은 아니었다. 사실 신경망의 부활에는 가용 자료 증가와 계산 능력 향상이 주된 역할을 했다. 그렇지만 기본 역전파 알고리즘의 몇 가지 변경 방법과 교묘한 초기화 방법들(사전훈련 등)도 도움이 되었다. 또한, 최근에는 시험 반복 시간이 줄어든 덕분에 알고리즘들을 조정하기가 쉬워졌으며, 그래서 좀 더 상세하고 다양한 실험이 가능해졌다. 이러한 가용 자료 및 계산 능력의 증가와 실험 (알고리즘 조정을 위한) 시간의 감소의 조합은 신경망 연구에 큰 도움이 되었다. 비록 가용 자료와 계산 능력의 증가가 큰 역할을 하긴 했지만, 알고리즘의 작은 '조정'들 역시 아주 중요하다. 이번 장과 다음 장에서는 알고리즘의 주요 개선 사항들 대부분을 살펴본다.

역전파 알고리즘의 개선에서 한 가지 중요한 점은, 역전파 알고리즘이 알고리즘 설정의 작은 변화에 상당히 **불안정**하다는 것이다. 이를테면 역전파 알고리즘의 성과는 초기점의 선택에 크게 좌우된다. 이러한 불안정성은 아주 깊은 신경망을 다룰 때 특히나 두드러진다. 여기서 주목할 것은, 신경망의 최적화가 하나의 **다변수 최적화 문제** (multivariable optimization problem)라는 것이다. 다변수 최적화 문제의 여러 변수는 신경

---

1) 비록 역전파 알고리즘이 루멜하트 등의 논문들[408, 409] 덕분에 대중화되었지만, 제어이론 분야에서는 그전에도 이 알고리즘을 연구한 바 있다. 특히, 폴 웨어보스의 잊힌(그리고 후에 재발견된) 1974년 학위논문은 이 역전파 방법들을 신경망에 적용하는 방법을 논의한다. 웨어보스의 논문은 루멜하트 등의 논문들이 나온 1986년보다 훨씬 먼저 나왔다. 그렇긴 하지만, 루멜하트 등의 논문들은 역전파 알고리즘의 작동 방식을 좀 더 이해하기 쉽게 설명했다는 점에서 의미가 있다.

망의 여러 층을 연결하는 가중치들에 대응된다. 다변수 최적화 문제에서는 각 방향으로의 갱신 단계를 "적절한" 비율로 수행해야 하며, 그렇지 않으면 안정성에 문제가 생길 때가 많다. 이 문제는 신경망 분야에서 두드러지는데, 특히 경사 하강법의 갱신이 예상과는 다른 효과를 낼 수 있다. 한 가지 문제점은, 실제 갱신 단계는 그 크기가 무한소(infinitesimal)가 아니지만, 기울기는 각 방향에서의 한 무한소 수평선에 관한 변화율만 제공한다는 것이다. 그래서 최적화를 실제로 진전시키려면 단계들의 크기를 적절히 선택할 필요가 있다. 그러나 기울기는 유한한 길이의 단계에 대해 변화하며, 경우에 따라서는 극적으로 변할 수 있다. 신경망 훈련에 대응되는 복잡한 최적화 표면은 이런 측면에서 특히나 문제의 여지가 많으며, 설정들(초기점이나 입력 특징들의 정규화 등)을 잘못 설정하면 문제가 아주 심각해진다. 가장 가파른 기울기 방향(쉽게 계산할 수 있는)으로 내려가는 방식은 단계가 클 때 문제를 일으킨다. 단계 크기를 줄이면 학습이 느려지고, 단계 크기를 키우면 최적화 공간이 예측할 수 없는 방식으로 변할 수 있다. 이런 여러 문제점 때문에 신경망 최적화는 생각보다 어렵다. 그렇지만 이런 여러 문제점은 최적화 공간의 성질에 대해 좀 더 강건하게 반응하도록 경사 하강법 단계들을 세심하게 조율함으로써 피할 수 있다. 이번 장에서는 그런 방향으로 개선, 조율한 여러 알고리즘을 논의한다.

이번 장의 구성

이번 장의 구성은 다음과 같다. 다음 절(§3.2)에서는 제1장에서 소개한 역전파 알고리즘을 다시 살펴보는데, 제1장보다는 자세하게 설명한다. 또한, 이 알고리즘의 여러 변형도 논의한다. 완결성을 위해, 제1장에서 이미 논의한 사항들도 다시 반복할 것이다. §3.3에서는 특징 처리와 초기화 문제를 논의한다. §3.4에서는 심층망에서 흔히 볼 수 있는 기울기 소실 및 폭발 문제 및 흔히 쓰이는 해결책을 논의한다. §3.5에서는 심층 학습을 위한 경사 하강 전략들을 논의하고, §3.6에서는 배치 정규화 방법들을 소개한다. §3.7에서는 신경망 학습의 속도를 높이는 구현 방법들을 논의하고, §3.8은 이번 장의 내용을 요약한다.

3.2 아주 상세한 역전파 알고리즘

이번 절에서는 제1장에서 소개한 역전파 알고리즘을 훨씬 더 자세히 살펴본다. 이번 절의 좀 더 상세한 설명의 한 가지 목표는, 연쇄법칙을 여러 가지 방식으로 활용할 수 있음을 독자에게 보여주는 것이다. 이를 위해 우선 대부분의 교과서에 흔히 나오는 (그리고 제1장에서도 제시한) 표준적인 역전파 갱신 공식을 개괄한다. 그런 다음에는 선형 행렬 곱셈들을 활성화 층들에서 분리한 형태의, 좀 더 단순화되고 분리된 관점에서 역전파 알고리즘을 살펴본다. 대부분의 기존 소프트웨어 패키지들이 구현, 제공하는 것은 바로 이러한 분리된 관점의 역전파 알고리즘이다.

3.2.1 역전파와 계산 그래프 추상

신경망은 본질적으로 하나의 **계산 그래프**이다. 신경망의 뉴런들은 계산 그래프의 계산 단위들에 해당한다. 전체로서의 신경망은 그 구성요소들의 합보다 근본적으로 강력하다. 이는 신경망이 개별 구성요소(노드)들의 매개변수들을 **결합적으로** 학습함으로써, 고도로 최적화된 합성 함수(개별 노드가 계산하는 함수들이 합성된)가 만들어지기 때문이다. 더 나아가서, 서로 다른 층들 사이의 비선형 활성화 함수들은 신경망의 표현력을 증가하는 효과를 낸다.

다층 신경망은 개별 노드들이 계산하는 함수들의 합성 함수를 평가한다. 신경망에서 $g(\cdot)$ 노드 다음에 $f(\cdot)$ 노드가 있는 길이 2 경로는 하나의 합성 함수 $f(g(\cdot))$에 해당한다. 이해를 돕기 위해, 노드가 두 개인 아주 간단한 계산 그래프를 살펴보자. 각 노드에서 입력 가중치 w에 S자형 함수가 적용된다면, 계산 그래프 전체가 계산하는 함수(즉, 두 노드를 합성한 함수)는 다음과 같다.

$$f(g(w)) = \frac{1}{1 + \exp\left[-\dfrac{1}{1 + \exp(-w)}\right]} \tag{3.1}$$

이 함수의 w에 대한 미분을 구하는 것이 얼마나 까다로울지는 충분히 짐작할 수 있을 것이다. 그리고 층 m이 함수 $g_1(\cdot)$, $g_2(\cdot)$ ... $g_k(\cdot)$를 계산하고 그다음 층인 층 $(m+1)$이 $f(\cdot)$를 계산한다고 할 때, 한 층은 그 이전 층의 결과를 인수로 사용하므로, 층 $(m+1)$은 사실상 하나의 합성 함수 $f(g_1(\cdot), ... g_k(\cdot))$를 계산한다. 수식에서 보듯이 이것은 하나의 다변량 합성 함수이며, 그 형태가 상당히 복잡하다. 손실함수는 출력(들)을 인수(들)로 사용하므로, 손실함수를 흔히 이전 층들의 가중치들이 관여하는 재귀적으로 중첩된 형태로 표기한다. 그러한 수식은 엄청나게 길고 복잡해질 수 있다. 예를 들어 층이 10개이고 각 층이 단 두 개의 노드로 구성된 신경망의 경우, 재귀적으로 10회 중첩된 합성 함수는 재귀적으로 중첩된 2^{10}개의 항들을 합산해야 한다. 그런 함수의 편미분을 실제로 계산하기란 현실적으로 거의 불가능하다. 대신 어떤 반복적인 접근 방식을 이용해서 미분들을 계산해야 한다. 그런 반복적 접근 방식이 바로 **동적 계획법**(dynamic programming)이며, 이를 이용한 갱신은 **미분의 연쇄법칙**(chain rule of differential calculus)에 해당한다.

계산 그래프에서 연쇄법칙이 어떻게 작동하는지 이해하는 데 도움이 되도록, 여기서는 연쇄법칙의 기본적인 변형 두 가지를 논의한다. 이들을 잘 기억하기 바란다. 첫 번째 변형은 다음과 같다. 이것은 함수들의 직접적인 합성에 대한, 가장 단순한 형태의 연쇄법칙이다.

$$\frac{\partial f(g(w))}{\partial w} = \frac{\partial f(g(w))}{\partial g(w)} \cdot \frac{\partial g(w)}{\partial w} \tag{3.2}$$

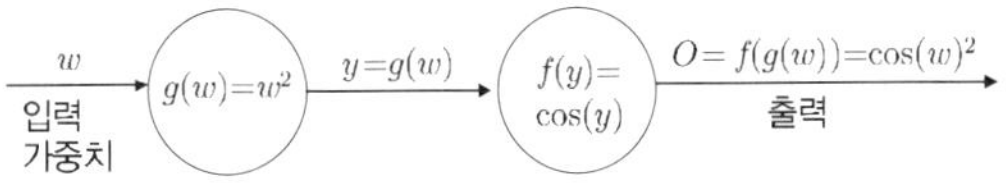

그림 3.1: 노드가 두 개인 간단한 계산 그래프

이 변형을 **단변량 연쇄법칙**(univariate chain rule)이라고 부른다. 우변의 두 미분은 주어진 직접적인 인자에 대한(재귀적으로 유도된 인자에 대한 것이 아니라) 기울기임을 주목하기 바란다. 즉, 이들은 **국소 기울기**(local gradient)들이다. 정리하자면, 계산 그래프의 최종 출력은 함수들의 합성을 가중치 w에 적용한 것이고, 그 최종 출력의 기울기는 그 경로 방향의 국소 기울기들의 곱이다. 각 국소 기울기의 계산에는 그 기울기에 국한된 특정한 입력과 출력만 관여하므로 전체적인 계산이 간단해진다. 이에 관한 예가 그림 3.1에 나와 있다. 그림의 함수 $f(y)$는 $\cos(y)$이고 $g(w) = w^2$이다. 따라서 합성 함수는 $\cos(w^2)$이다. 여기에 단변량 연쇄법칙을 적용하면 다음이 나온다.

$$\frac{\partial f(g(w))}{\partial w} = \underbrace{\frac{\partial f(g(w))}{\partial g(w)}}_{-\sin(g(w))} \cdot \underbrace{\frac{\partial g(w)}{\partial w}}_{2w} = -2w \cdot \sin(w^2)$$

그런데 신경망의 계산 그래프는 경로(path)가 아니다. 역전파가 필요한 주된 원인이 바로 이것이다. 일반적으로 하나의 은닉층은 이전 층의 여러 단위들이 제공한 값들을 입력받는다. 결과적으로, 한 변수 w에서 하나의 출력으로 여러 개의 경로가 존재한다. 한 층의 k개의 단위들이 $g_1(w) \dots g_k(w)$를 계산하고 그다음 층의 단위가 **다변량**(다변수) 함수 $f(\cdot)$를 계산한다면, 후자는 합성 함수 $f(g_1(w), \dots g_k(w))$를 계산하는 것이다. 이런 경우에는 다음과 같은 **다변수 연쇄법칙**이 적용된다.

$$\frac{\partial f(g_1(w), \dots g_k(w))}{\partial w} = \sum_{i=1}^{k} \frac{\partial f(g_1(w), \dots g_k(w))}{\partial g_i(w)} \cdot \frac{\partial g_i(w)}{\partial w} \tag{3.3}$$

식 3.3의 다변수 연쇄법칙이 식 3.2의 연쇄법칙을 간단히 일반화한 것임을 쉽게 알 수 있을 것이다. 다변수 연쇄법칙으로부터 다음과 같은 중요한 결과를 끌어낼 수 있다.

보조정리 3.2.1 (경로별 취합 보조정리) i번째 노드가 변수 $y(i)$를 담고 있는 하나의 유향 비순환 계산 그래프를 생각해 보자. 이 그래프에서 유향 간선 (i,j)의 국소 미분 $z(i,j)$는 $z(i,j) = \frac{\partial y(j)}{\partial y(i)}$로 정의된다. 변수 w를 담은 노드에서 변수 o를 담은 출력 노드로의 경로들로 이루어진 공집합이 아닌 집합 $\mathcal{P}$에 대해, $\frac{\partial o}{\partial w}$의 값은 $\mathcal{P}$의 각 경로를 따르는 국소 기울기들의 곱을 계산하고 모든 경로에 대한 그러한 곱들을 모두 합한 것이다.

$$\frac{\partial o}{\partial w} = \sum_{P \in \mathcal{P}} \prod_{(i,j) \in P} z(i,j) \tag{3.4}$$

식 3.3을 재귀적으로 적용해 보면 이 경로별 취합(pathwise aggregation) 보조정리를 손쉽게 증명할 수 있다. 이 보조정리가 역전파 알고리즘에는 전혀 쓰이지 않지만, 잠시 후 살펴볼 또 다른 지수 시간 미분 계산 알고리즘을 유도하는 데 도움이 된다. 이상의 논의에서 보듯이, 다변수 연쇄법칙은 직접 계산하기에는 계산 비용이 너무 큰 어떤 수량을 동적 계획법 재귀를 이용해서 계산하는 데 필요한 수단이라고 할 수 있다. 그림 3.2의 예를 보자. 이 그림은 두 개의 경로를 보여준다. 최종 결과가 각 경로의 국소 기울기들을 곱한 것을 더한 것임을 쉽게 알 수 있을 것이다. 그림 3.3은 좀 더 구체적인 예인데, 이 그림의 계산 그래프는 다음과 같은 함수를 계산한다.

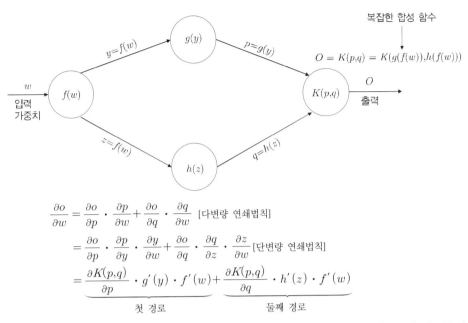

$$\frac{\partial o}{\partial w} = \frac{\partial o}{\partial p} \cdot \frac{\partial p}{\partial w} + \frac{\partial o}{\partial q} \cdot \frac{\partial q}{\partial w} \quad \text{[다변량 연쇄법칙]}$$

$$= \frac{\partial o}{\partial p} \cdot \frac{\partial p}{\partial y} \cdot \frac{\partial y}{\partial w} + \frac{\partial o}{\partial q} \cdot \frac{\partial q}{\partial z} \cdot \frac{\partial z}{\partial w} \quad \text{[단변량 연쇄법칙]}$$

$$= \underbrace{\frac{\partial K(p,q)}{\partial p} \cdot g'(y) \cdot f'(w)}_{\text{첫 경로}} + \underbrace{\frac{\partial K(p,q)}{\partial q} \cdot h'(z) \cdot f'(w)}_{\text{둘째 경로}}$$

그림 3.2: 계산 그래프에 대한 **연쇄법칙**(그림 1.13과 같음): 가중치 w에서 출력 o로의 경로를 따라 각 노드의 편미분들의 곱들을 취합(합산)한다. 그 결과는 출력 o의 가중치 w에 대한 미분이다. 이 그림은 단순화된 예로, 입력에서 출력으로의 경로가 둘뿐이다.

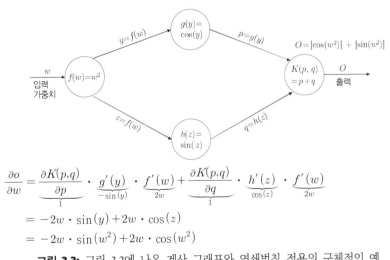

$$\frac{\partial o}{\partial w} = \underbrace{\frac{\partial K(p,q)}{\partial p}}_{1} \cdot \underbrace{g'(y)}_{-\sin(y)} \cdot \underbrace{f'(w)}_{2w} + \underbrace{\frac{\partial K(p,q)}{\partial q}}_{1} \cdot \underbrace{h'(z)}_{\cos(z)} \cdot \underbrace{f'(w)}_{2w}$$

$$= -2w \cdot \sin(y) + 2w \cdot \cos(z)$$

$$= -2w \cdot \sin(w^2) + 2w \cdot \cos(w^2)$$

그림 3.3: 그림 3.2에 나온 계산 그래프와 연쇄법칙 적용의 구체적인 예.

$$o = \sin\left(w^2\right) + \cos\left(w^2\right) \tag{3.5}$$

그림 3.3의 아래쪽 부분은 이 계산 그래프에 연쇄법칙을 적용해서 해당 합성 함수의 정확한 미분을 구하는 과정도 보여준다. 그 미분은 $-2w \cdot \sin\left(w^2\right) + 2w \cdot \cos\left(w^2\right)$ 이다.

지수 시간 알고리즘

다음은 합성 함수의 미분을 계산 그래프의 모든 경로에 대한 국소 미분들의 곱들의 합으로 구할 수 있다는 사실로부터 유도한 하나의 지수 시간(exponential-time) 미분 계산 알고리즘이다.

1. 계산 그래프를 이용해서 각 노드 i의 값 $y(i)$를 계산한다(순방향 단계).
2. 계산 그래프의 각 간선에서 국소 편미분 $z(i,j) = \dfrac{\partial y(j)}{\partial y(i)}$를 계산한다.
3. $\mathcal{P}$가 한 입력 w에 대한 모든 경로의 집합이라고 하자. $\mathcal{P}$의 각 경로 P에 대해, 그 경로의 국소 미분 $z(i,j)$들을 모두 곱한다.
4. $\mathcal{P}$의 모든 경로의 국소 미분 곱들을 모두 합한다.

일반적으로 계산 그래프에 존재하는 경로의 수는 그래프의 깊이에 지수적으로 증가한다. 그리고 미분을 계산하려면 그러한 모든 경로에 대해 국소 미분들을 구해서 곱하고 합해야 한다. 그림 3.4의 예를 보자. 층은 총 5개이고, 각 층은 단 두 개의 단위로 구성된다. 너비가 2이고 깊이가 5이므로, 입력에서 출력으로의 경로는 총 $2^5 = 32$개이다. i번째 층의 j번째 은닉 단위를 $h(i,j)$로 표기할 때, 각 은닉 단위는 주어진 입력들(이전 층의 단위들)의 곱으로 정의된다.

$$h(i,j) = h(i-1,1) \cdot h(i-1,2) \qquad \forall j \in \{1,2\} \tag{3.6}$$

그리고 출력은 w^{32}이다. 이 예에서는 출력을 닫힌 형식으로 표현하고 w에 대한 출력의 미분을 쉽게 구할 수 있다. 그러나 지금 우리의 목표는 지수 시간 알고리즘을 설명하는 것이므로, 출력의 미분을 지수 시간 알고리즘을 이용해서 구해보기로 하자. 각 $h(i,j)$의 주어진 두 입력에 대한 미분은 각각 다른 한 입력의 값과 같다.

$$\frac{\partial h(i,j)}{\partial h(i-1,1)} = h(i-1,2), \qquad \frac{\partial h(i,j)}{\partial h(i-1,2)} = h(i-1,1)$$

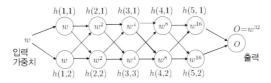

각 노드는 주어진 입력들의 곱을 계산한다.

그림 3.4: 계산 그래프의 경로 수는 깊이에 지수적으로 증가한다. 이 경우 연쇄법칙은 $2^5 = 32$개의 경로를 따라 국소 미분들의 곱을 합한다.

경로별 취합 보조정리에 의해, $\frac{\partial o}{\partial w}$의 값은 입력에서 출력으로의 경로 32개 모두에 대한 국소 미분(지금 예에서 이는 다른 한 입력의 값과 같다)들의 곱들의 합이다.

$$\frac{\partial o}{\partial w} = \sum_{j_1, j_2, j_3, j_4, j_5 \in \{1,2\}^5} \prod \underbrace{h(1,j_1)}_{w}\underbrace{h(2,j_2)}_{w^2}\underbrace{h(3,j_3)}_{w^4}\underbrace{h(4,j_4)}_{w^8}\underbrace{h(5,j_5)}_{w^{16}}$$

$$= \sum_{32\,\text{개의 모든 경로}} w^{31} = 32w^{31}$$

이렇게 구한 값은 w^{32}을 w에 대해 직접 미분해서 구한 값과 당연히 같다. 그러나 여기서 중요한 점은, 이처럼 비교적 간단한 그래프에서도 지수 시간 알고리즘으로 미분을 구하려면 2^5회의 취합 연산이 필요하다는 것이다. 좀 더 중요하게는, 그러한 취합 과정에서 한 노드가 계산하는 동일한 함수를 여러 번 반복해서 미분해야 한다.

이것이 기울기를 효율적으로 계산하는 접근 방식이 아님은 분명하다. 노드 100개짜리 층이 세 개인 신경망은 경로가 무려 1백만 개이다. 그런데도 전통적인 기계 학습에서는 예측 함수가 복잡한 합성 함수일 때 기울기를 딱 이런 식으로 계산한다. 대부분의 전통적인 기계 학습 방법이 얕은 신경망 모형에 해당하는(제2장 참고) 이유가 바로 이 것이다. 복잡한 합성 함수의 미분 공식을 사람이 직접 유도하는 것은 지루할 뿐만 아니라, 신경망이 일정 수준 이상으로 복잡한 경우에는 사실상 불가능하다. 이런 어려움들을 깔끔하게 해결해 주는 것이 바로 아름다운 동적 계획법 개념에 기초한 역전파 알고리즘이다. 역전파 알고리즘은 이전에는 불가능했던 모형들을 가능하게 한다.

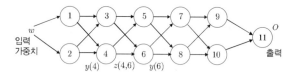

각 노드 i의 값은 $y(i)$이고 노드 i와 노드 j의 간선에 부여된 값은 $z(i,j)$이다.
예: $z(4,6) = y(6)$의 $y(4)$에 대한 편미분

그림 3.5: 간선의 값이 국소 편미분에 해당하는 계산 그래프의 예

3.2.2 해결책은 동적 계획법

앞에서 이야기한 합산은 항(경로)들의 개수가 지수적(거듭제곱 규모)이라서 계산이 아주 어렵다. 그러나 동적 계획법을 이용하면 이 합을 효율적으로 계산할 수 있다. 그래프 이론에서, 동적 계획법은 유향 비순환 그래프의 경로별 값들에 관한 모든 종류의 취합 계산에 쓰인다. 한 유향 비순환 그래프에서, 노드 i에서 노드 j로 가는 간선 (i,j)에 부여된 값이 $z(i,j)$라고 하자. 그리고 이 값이 노드 j에 담긴 변수의, 노드 i에 담긴 변수에 대한 국소 편미분에 해당한다고 하자. 그림 3.5에 이런 계산 그래프의 예가 나와 있다. 입력 노드 w에서 출력 노드 o로의 각 경로 $P \in \mathcal{P}$에 관한 $z(i,j)$들의 곱을 계산하고, 그러한 곱들을 모두 더하고자 한다. 이를 수식으로 표현하면 다음과 같다.

$$S(w,o) = \sum_{P \in \mathcal{P}} \prod_{(i,j) \in P} z(i,j) \tag{3.7}$$

$A(i)$가 노드 i에서 나가는 간선들의 끝에 있는 노드들의 집합이라고 하자. 각 중간 노드 i(w와 o 사이에 있는 노드)에 대한 취합 값 $S(i,o)$를, 다음과 같이 잘 알려진 동적 계획법 갱신 공식으로 계산할 수 있다.

$$S(i,o) \Leftarrow \sum_{j \in A(i)} S(j,o) z(i,j) \tag{3.8}$$

$S(o,o)$가 1이라는 점은 이미 알고 있으므로, 이러한 계산을 o와 직접 연결된 노드들에서 시작해서 역방향으로 진행할 수 있다. 이상이 기본적인 동적 계획법 알고리즘이다. 이러한 알고리즘은 유향 비순환 그래프에 대한 모든 종류의 경로 중심적 함수(이 알고리즘을 사용하지 않는다면 그 계산 시간이 지수적인)의 계산에 널리 쓰인다. 예를 들어 이 알고리즘의 한 변형을 이용하면 유향 비순환 그래프의 최장 경로를 구하는 것도

가능하다(순환마디가 있는 일반적인 그래프에서 이 문제는 NP-난해 문제로 알려져 있다).[7] 유향 비순환 그래프 문제들에는 이러한 일반적인 동적 계획법 접근 방식이 아주 많이 쓰인다.

실제로, 앞에 나온 언급한 동적 계획법 갱신 공식은 식 3.3의 다변수 연쇄법칙과 정확히 동일하다. 단, 동적 계획법에서는 이 갱신 공식을 국소 기울기가 이미 알려진 출력 노드에서 시작해서 역방향으로 반복한다. 둘의 그러한 관계는 손실함수 기울기의 경로 중심적 갱신(보조정리 3.2.1)을 애초에 이 연쇄법칙을 이용해서 유도했기 때문에 생긴 것이다. 주된 차이는, 계산량을 최소화하기 위해 갱신 규칙을 특정한 순서로 적용한다는 것뿐이다. 정리하자면,

> 동적 계획법을 이용해서 계산 그래프의 지수적으로 많은 경로에 대한 국소 기울기 곱들을 효율적으로 취합하는 것은 미분의 다변수 연쇄법칙과 동일한 동적 계획법 갱신으로 귀결된다.

이상의 논의는 일반적인 계산 그래프에 관한 것이었다. 이를 신경망에 어떻게 적용하면 될까? 신경망의 경우 알려진 o 값(입력이 신경망을 통과한 결과)을 이용해서 $\frac{\partial L}{\partial o}$ 을 어렵지 않게 계산할 수 있다. 이 미분을 국소 미분 $z(i,j)$들(신경망의 어떤 변수들이 중간 변수들로 쓰였냐에 의존하는)을 이용해서 역방향으로 전파하면 된다. 예를 들어 노드의 활성화 후 값들을 계산 그래프의 노드들로 사용한다면, $z(i,j)$의 값은 간선 (i,j)의 값(가중치)을 노드 j의 활성화 값의 국소 미분에 곱한 것이다. 한편, 노드의 활성화 전 변수들을 계산 그래프의 노드들로 사용하는 경우 $z(i,j)$의 값은 노드 i의 활성화 값의 국소 미분에 간선 (i,j)의 가중치를 곱한 것이다. 신경망의 활성화 전 변수와 활성화 후 변수의 개념은 잠시 후에(그림 3.6) 좀 더 이야기하겠다. 활성화 전 변수들과 활성화 후 변수들을 모두 담은 계산 그래프를 사용할 수도 있는데, 그러면 활성화 함수들에서 선형 연산들이 분리되는(decouple) 효과가 난다. 이후의 절들에서 밝혀지겠지만, 이런 방법들은 모두 동등하다.

3.2.3 활성화 후 변수를 이용한 역전파

그럼 앞에서 논의한 역전파 알고리즘의 작동 방식을 좀 더 구체적으로 살펴보자. 이번 절에서는 우선 계산 그래프의 노드들이 신경망의 활성화 후 변수들에 해당하는 경우를 논의한다. 이 변수들은 서로 다른 은닉층들의 은닉 변수들과 같다.

역전파에 기초한 훈련 알고리즘은 우선 **순방향 단계**(forward phase)를 통해서 출력과 그 손실값을 계산한다. 즉, 순방향 단계는 동적 계획법 재귀 과정을 초기화하며, 역방향 단계(backward phase)에 필요한 중간 변수들도 초기화한다. 이전 절에서 논의했듯이, 역방향 단계에서는 미분의 다변수 연쇄법칙에 기초한 동적 계획법 점화식을 이용한다. 순방향 단계와 역방향 단계를 정리하자면 다음과 같다.

순방향 단계: 순방향 단계에서는 주어진 한 입력 벡터에 대한 각 은닉층의 값들을 현재 가중치들을 이용해서 계산한다. '순방향 단계'라는 이름은 이 단계가 층들을 순방향으로(입력에서 출력 쪽으로) 차례로 거치면서 계산을 수행하기 때문에 붙은 것이다. 순방향 단계의 목표는 주어진 입력에 대한 모든 중간 은닉 변수와 최종 출력 변수를 계산하는 것이다. 역방향 단계를 수행하려면 이 값들이 필요하다. 순방향 단계의 계산이 끝나면 출력 노드 o의 값과 그 값에 대한 손실함수 L의 미분이 계산된 상태이다. 출력 노드가 여러 개인 경우 이 손실함수는 여러 출력값의 함수이며, 따라서 순방향 단계에서는 모든 출력값들에 대한 미분들을 계산해야 한다. 그러나 지금 논의에서는 단순함을 위해 신경망의 출력 노드가 o 하나뿐이라고 가정한다. 이후 이 논의를 다중 출력의 경우로 어렵지 않게 일반화하는 방법도 이야기하겠다.

역방향 단계: 역방향 단계는 여러 가중치에 대한 손실함수의 기울기를 계산한다. 우선 이 단계는 미분 $\frac{\partial L}{\partial o}$ 을 계산한다. 신경망의 출력 노드가 여러 개인 경우에는 각 출력에 대해 이 값을 계산한다. 이 미분을 동적 계획법 재귀 과정의 출발점으로 삼아서, 식 3.3에 나온 다변수 연쇄법칙을 이용해서 역방향으로 미분들을 전파한다.

일련의 은닉 단위 $h_1, h_2, ..., h_k$를 거쳐서 출력 o에 도달하는 경로를 생각해 보자. 은닉 단위 h_r에서 h_{r+1}로의 연결에 부여된 가중치를 $w_{(h_r, h_{r+1})}$로 표기하겠다. 만일 신경망에 그러한 경로가 하나뿐이라면, 이 경로의 가중치들에 대한 손실함수 L의 미분을 역전파하는 것은 간단한 문제이다. 그러나 대부분의 신경망에서 임의의 노드 h_r에서 출력 노드 o로의 경로의 수는 지수적으로 많다. 다행히, 보조정리 3.2.1이 말해 주듯이 이 국소 미분은 h_r에서 o로의 모든 경로에 관한 편미분들의 곱들을 취합해서 효율적으로 계산할 수 있다.

$$\frac{\partial L}{\partial w_{(h_{r-1}, h_r)}} = \frac{\partial L}{\partial o} \cdot \underbrace{\left[\sum_{[h_r, h_{r+1}, \dots h_k, o] \in \mathcal{P}} \frac{\partial o}{\partial h_k} \prod_{i=r}^{k-1} \frac{\partial h_{i+1}}{\partial h_i} \right]}_{\text{역전파는 } \Delta(h_r, o) = \frac{\partial L}{\partial h_r} \text{ 을 계산한다.}} \frac{\partial h_r}{\partial w_{(h_{r-1}, h_r)}} \tag{3.9}$$

우변의 $\dfrac{\partial h_r}{\partial w_{(h_{r-1}, h_r)}}$ 은 재귀적으로 계산된, **층 활성화 값**들에 대한 편미분을 **가중치들**에 대한 편미분으로 변환하는 역할을 한다. 경로별 취합 값(수식 하단에 $\Delta(h_r, o) = \dfrac{\partial L}{\partial h_r}$ 관련 주석으로 표시한)은 §3.2.2에서 논의한 수량 $S(i, o) = \dfrac{\partial o}{\partial y_i}$ 와 아주 비슷하다. 그 절에서는 먼저 o에 인접한 노드 h_k들에 대해 $\Delta(h_k, o)$를 계산하고, 그 이전 층에 있는 노드들의 값을 그 이후 층들의 노드들의 값을 이용해서 재귀적으로 계산하는 방법을 논의했다. $\Delta(o, o) = \dfrac{\partial L}{\partial o}$ 의 값은 재귀적 갱신 공식(점화식)의 초기치로 쓰인다. 이 값을 출발점으로 삼아서, 동적 계획법 점화식(식 3.8과 비슷한)를 재귀적으로 적용해서 계산을 역방향으로 전파한다. $\Delta(h_r, o)$의 점화식은 다변수 연쇄법칙을 이용해서 바로 유도할 수 있다.

$$\Delta(h_r, o) = \frac{\partial L}{\partial h_r} = \sum_{h \,:\, h_r \Rightarrow h} \frac{\partial L}{\partial h} \frac{\partial h}{\partial h_r} = \sum_{h \,:\, h_r \Rightarrow h} \frac{\partial h}{\partial h_r} \Delta(h, o) \tag{3.10}$$

각 h는 h_r보다 이후 층에 있으므로, $\Delta(h_r, o)$를 평가하는 시점은 $\Delta(h, o)$가 이미 계산된 후이다. 그렇지만 식 3.10을 계산하려면 여전히 $\dfrac{\partial h}{\partial h_r}$를 평가해야 한다. h_r에서 h로의 간선에 부여된 가중치가 $w_{(h_r, h)}$이고 은닉 단위 h의 활성화 전 값, 즉 활성화 함수 $\Phi(\cdot)$를 적용하기 전의 값이 a_h라고 하자. 즉, a_h가 h가 있는 층의 바로 이전 층이 넘겨준 값들을 선형결합이라고 할 때, $h = \Phi(a_h)$이다. 그러면, 단변량 연쇄법칙을 이용해서 편미분 $\dfrac{\partial h}{\partial h_r}$를 다음과 같이 유도할 수 있다.

$$\frac{\partial h}{\partial h_r} = \frac{\partial h}{\partial a_h} \cdot \frac{\partial a_h}{\partial h_r} = \frac{\partial \Phi(a_h)}{\partial a_h} \cdot w_{(h_r, h)} = \Phi'(a_h) \cdot w_{(h_r, h)} \tag{3.11}$$

이 $\dfrac{\partial h}{\partial h_r}$를 식 3.10에 대입하면 다음이 나온다.

$$\Delta(h_r, o) = \sum_{h \, : \, h_r \Rightarrow h} \Phi'(a_h) \cdot w_{(h_r, h)} \cdot \Delta(h, o) \tag{3.12}$$

이 점화식을 출력 노드에서 시작해서 역방향으로 반복한다. 전체적인 반복 횟수는 신경망에 있는 간선 개수에 선형적이다. 식 3.12를 §3.2.2에서 설명한 일반적 계산 그래프 알고리즘의 활성화 후 값들을 이용해서 유도할 수도 있음을 주목하기 바란다. 그런 경우 식 3.8에서 $z(i, j)$를 i와 j 사이의 가중치와 노드 j의 활성화 값 미분의 곱으로 설정하기만 하면 된다.

역전파 알고리즘의 절차를 요약하자면 다음과 같다.

1. 주어진 한 입력-출력 쌍 $(\overline{X}, y)$에 대해 모든 은닉 단위와 출력 o, 손실함수 L의 값을 순방향으로 계산한다.
2. $\Delta(o, o)$를 $\dfrac{\partial L}{\partial o}$로 초기화한다.
3. 식 3.12의 점화식을 이용해서 각 $\Delta(h_r, o)$를 역방향으로 계산한다. $\Delta(h_r, o)$를 계산할 때마다, 들어오는 간선의 가중치에 대한 기울기도 다음과 같이 계산한다.

$$\frac{\partial L}{\partial w_{(h_{r-1}, h_r)}} = \Delta(h_r, o) \cdot h_{r-1} \cdot \Phi'(a_{h_r}) \tag{3.13}$$

   들어오는 치우침(bias) 값에 대한 편미분들은 치우침 뉴런의 활성화 값이 항상 $+1$이라는 사실을 이용해서 계산할 수 있다. 즉, 노드 h_r의 치우침 값에 대한 손실함수의 미분을 계산할 때는 그냥 식 3.13 우변의 h_{r-1}에 1을 대입하면 된다.
4. 계산된 손실함수 편미분들(가중치들에 대한)을 이용해서 입력-출력 쌍 $(\overline{X}, y)$에 대한 확률적 경사 하강법을 수행한다.

이상의 역전파 알고리즘 설명은 아주 단순화한 것이며, 실제 구현 시 안정성과 효율성을 위해서는 여러 부분을 고쳐야 한다. 예를 들어 실제 구현에서는 하나의 훈련 견본이 아니라 다수의 훈련 견본들에 대해 기울기들을 계산한다. 그런 훈련 견본들을 흔히 **미니배치**라고 부른다. 다수의 훈련 견본에 대한 기울기들을 동시에 역전파해서 해당 국소 기울기들을 취합한 후에는 미니배치용 확률적 경사 하강법을 수행한다. 이런 개선안은 §3.2.8에서 논의한다. 또한, 이 논의에서는 신경망의 출력이 하나라고 가정했지만, 다부류 퍼셉트론을 비롯한 여러 신경망 모형에서는 출력 노드가 여러 개이다. 다행히, 이번 절의 설명을 다중 출력으로 일반화하는 것은 간단하다. 서로 다른 출력들의 기여도를 손실함수 미분에 더하면 되는데, 이에 관해서는 §3.2.7에서 논의한다.

　마지막으로 몇 가지 주목할 점들을 언급하겠다. 식 3.13에서 보듯이, h_{r-1}에서 h_r로의 간선에 대한 손실함수의 편미분에는 항상 h_{r-1}이 인수(곱해지는 수량)로 포함된다. 식 3.13 우변의 나머지 부분은 역전파의 '오차'로 볼 수 있다. 즉, 어떤 면에서 역전파 알고리즘은 오차를 역방향으로 전파하면서 가중치 행렬이 갱신되기 직전에 오차를 은닉층의 값들에 곱하는 것이라고 할 수 있다. 이 때문에 종종 역전파를 오차 전파 (error propagation)의 관점에서 설명하기도 한다.

3.2.4 활성화 전 값을 이용한 역전파

앞의 논의에서는 연쇄법칙으로 미분을 계산할 때 경로의 값 $h_1 \dots h_k$를 사용했다. 그런데 활성화 함수 $\Phi(\cdot)$를 적용하기 전의 값들을 연쇄법칙에 적용할 수도 있다. 즉, 은닉 단위의 활성화 전 값들에 대한 기울기를 계산해서 역방향으로 전파하는 것이다. 대부분의 교과서에 나오는 역전파 알고리즘은 이런 접근 방식에 해당한다.

　은닉 단위 h_r의 활성화 전 값을 a_{h_r}로 표기하자. 여기서

$$h_r = \Phi(a_{h_r}) \tag{3.14}$$

이다. 그림 3.6은 활성화 전 값과 활성화 후 값이 어떻게 다른지 보여준다. 다음은 식 3.9를 이 접근 방식에 맞게 수정한 공식이다.

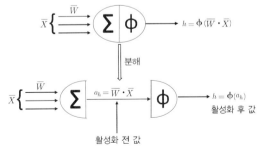

그림 3.6: 한 뉴런의 활성화 전 값과 활성화 후 값

$$\frac{\partial L}{\partial w_{(h_{r-1}, h_r)}} = \frac{\partial L}{\partial o} \cdot \Phi'(a_o) \cdot \underbrace{\left[\sum_{[h_r, h_{r+1}, \dots h_k, o] \in \mathcal{P}} \frac{\partial a_o}{\partial a_{h_k}} \prod_{i=r}^{k-1} \frac{\partial a_{h_{i+1}}}{\partial a_{h_i}} \right]}_{\text{역전파는 } \delta(h_r, o) = \frac{\partial L}{\partial a_{h_r}} \text{ 을 계산한다.}} h_{r-1} \quad (3.15)$$

재귀 관계를 가능하게 만들기 위해 $\delta()$라는 표기법을 도입했다. 이전의 $\Delta(h_r, o) = \frac{\partial L}{\partial h_r}$에 대한 점화식은 활성화 이후의 은닉 값들을 연쇄법칙의 중간 변수들로 사용했지만, 이 $\delta(h_r, o) = \frac{\partial L}{\partial a_{h_r}}$의 점화식은 활성화 이전의 은닉 값들을 사용함을 주목하기 바란다. 식 3.10을 유도한 것과 마찬가지 방식으로 이 미분의 점화식을 유도하면 다음과 같다.

$$\delta(h_r, o) = \frac{\partial L}{\partial a_{h_r}} = \sum_{h : h_r \Rightarrow h} \frac{\partial L}{\partial a_h} \frac{\partial a_h}{\partial a_{h_r}} = \sum_{h : h_r \Rightarrow h} \frac{\partial a_h}{\partial a_{h_r}} \delta(h, o) \quad (3.16)$$

식 3.16의 우변에 있는 $\frac{\partial a_h}{\partial a_{h_r}}$는 다음과 같이 연쇄법칙으로 계산할 수 있다.

$$\frac{\partial a_h}{\partial a_{h_r}} = \frac{\partial a_h}{\partial h_r} \cdot \frac{\partial h_r}{\partial a_{h_r}} = w_{(h_r, h)} \cdot \frac{\partial \Phi(a_{h_r})}{\partial a_{h_r}} = \Phi'(a_{h_r}) \cdot w_{(h_r, h)} \quad (3.17)$$

이 공식을 식 3.16 우변의 $\frac{\partial a_h}{\partial a_{h_r}}$에 대입해서 정리하면 다음이 나온다.

$$\delta(h_r, o) = \Phi'(a_{h_r}) \sum_{h : h_r \Rightarrow h} w_{(h_r, h)} \cdot \delta(h, o) \quad (3.18)$$

식 3.18을 §3.2.2에서 설명한 일반적 계산 그래프 알고리즘의 활성화 전 값들을 이용해서 유도할 수도 있음을 주목하기 바란다. 그런 경우 식 3.8에서 $z(i, j)$를 i와 j 사이의 가중치와 노드 i의 활성화 값 미분의 곱으로 설정하기만 하면 된다.

이전 점화식에 비한 이 점화식의 한 가지 장점은 활성화 기울기가 합산(시그마)의 바깥에 있다는 점이다. 따라서 노드 h_r의 활성화 함수가 어떤 종류이든 점화식을 좀 더 쉽게 계산할 수 있다. 더 나아가서, 활성화 기울기가 합산의 바깥에 있는 덕분에, 활성화 함수의 효과와 역전파 갱신 공식의 선형변환의 효과를 분리함으로써 역전파 계산을 단순화할 수 있다. §3.2.6에서 좀 더 자세히 논의하겠지만, 이러한 단순화되고 분리된 접근 방식의 동적 계획법 갱신 공식은 활성화 전 변수와 활성화 후 변수를 함께 사용한다. 실제 응용에 쓰이는 역전파는 바로 이러한 단순화된 접근 방식을 따른다. 선형변환과 활성화 함수의 분리는 구현에 도움이 된다. 선형 부분이 단순한 행렬 곱셈이고 활성화 부분은 성분별 곱셈인데, 둘 다 행렬 연산을 잘 지원하는 다양한 하드웨어(이를테면 GPU)에서 효율적으로 구현할 수 있기 때문이다.

활성화 전 값을 이용하는 역전파 알고리즘의 절차를 요약하자면 다음과 같다.

1. 주어진 한 입력-출력 쌍 $(\overline{X}, y)$에 대해 모든 은닉 단위와 출력 o, 손실함수 L의 값을 순방향으로 계산한다.
2. $\frac{\partial L}{\partial a_o} = \delta(o, o)$를 $\frac{\partial L}{\partial o} \cdot \Phi'(a_o)$로 초기화한다.
3. 식 3.18의 점화식을 이용해서 각 $\delta(h_r, o)$를 역방향으로 계산한다. $\delta(h_r, o)$를 계산할 때마다, 들어오는 간선의 가중치에 대한 기울기도 다음과 같이 계산한다.

$$\frac{\partial L}{\partial w_{(h_{r-1}, h_r)}} = \delta(h_r, o) \cdot h_{r-1} \tag{3.19}$$

들어오는 치우침 값에 대한 편미분들은 치우침 뉴런의 활성화 값이 항상 $+1$이라는 사실을 이용해서 계산할 수 있다. 즉, 노드 h_r의 치우침 값에 대한 손실함수의 미분을 계산할 때는 그냥 식 3.19 우변의 h_{r-1}에 1을 대입하면 된다.
4. 계산된 손실함수 편미분들(가중치들에 대한)을 이용해서 입력-출력 쌍 $(\overline{X}, y)$에 대한 확률적 경사 하강법을 수행한다.

역전파 알고리즘의 이러한 변형(좀 더 흔히 쓰이는)과 이전 절에서 설명한 변형의 주된 차이는 점화식의 형태에 있다. 이러한 차이는 이 변형이 동적 계획법 갱신에 활성화 전 변수들을(활성화후 변수들이 아니라) 사용하기 때문에 생긴 것이다. 수학적으로는 활성화 전 변형과 활성화 후 변형이 동등하다(연습문제 9). 이번 장에서 두 변형을 모두 보여준 이유는, 동적 계획법을 다양한 방식으로 적용해서 동등한 공식을 유도할 수 있음을 강조하기 위한 것이었다. §3.2.6에서는 활성화 전 변수들과 활성화 후 변수들을 함께 사용하는 더욱 단순화된 역전파 접근 방식을 소개한다.

3.2.5 여러 활성화 함수의 갱신 공식

식 3.18은 여러 종류의 활성화 함수에 대한 미분 점화식을 만들어 내는 일종의 틀이라고 할 수 있다. 다음은 자주 언급한 세 활성화 함수의 미분 점화식을 식 3.18의 형태로 표현한 것이다.

$$\delta(h_r, o) = \sum_{h\,:\,h_r \Rightarrow h} w_{(h_r, h)} \delta(h, o) \qquad \text{[선형]}$$

$$\delta(h_r, o) = h_r(1 - h_r) \sum_{h\,:\,h_r \Rightarrow h} w_{(h_r, h)} \delta(h, o) \qquad \text{[S자형]}$$

$$\delta(h_r, o) = (1 - h_r^2) \sum_{h\,:\,h_r \Rightarrow h} w_{(h_r, h)} \delta(h, o) \qquad \text{[tanh]}$$

세 경우 모두 합산 바깥의 활성화 함수 부분이 **출력값** h_r로 표현되었음을 주목하기 바란다. S자형(sigmoid) 함수 미분의 경우 활성화 함수 부분은 $h_r(1 - h_r)$이고 tanh(쌍곡탄젠트)의 미분은 $(1 - h_r^2)$이다. 여러 활성화 함수의 미분을 제1장의 §1.2.1.6에서 논의했다. ReLU 활성화 함수의 경우에는 $\delta(h_r, o)$를 다음과 같이 조건부 공식으로 표현할 수 있다.

$$\delta(h_r, o) = \begin{cases} \sum_{h\,:\,h_r \Rightarrow h} w_{(h_r, h)} \delta(h, o) & \text{만일 } 0 < a_{h_r} \text{이면} \\ 0 & \text{그렇지 않으면} \end{cases}$$

엄격한(hard) tanh의 미분 점화식도 비슷한 형태이되, 갱신 조건이 조금 다르다.

$$\delta(h_r, o) = \begin{cases} \sum_{h\,:\,h_r \Rightarrow h} w_{(h_r, h)} \delta(h, o) & \text{만일 } -1 < a_{h_r} < 1 \text{이면} \\ 0 & \text{그렇지 않으면} \end{cases}$$

ReLU와 tanh가 조건의 경계에 해당하는 점들에서는 미분불가능임을 주의하기 바란다. 그렇지만 실제 구현에서는 어차피 수치들을 유한한 정밀도로 다루므로, 이것이 문제가 되는 일은 별로 없다.

3.2.5.1 소프트맥스의 특수한 경우

소프트맥스 활성화 함수는 하나의 입력에 대해 계산할 수 없다는 점에서 특수 사례에 해당한다. 이 때문에 다른 활성화 함수들과는 다른 형태의 갱신 공식이 필요하다. 제1

장의 식 1.12에서 논의했듯이, 소프트맥스는 k개의 실수 예측값 $v_1 \dots v_k$를 다음 관계식을 이용해서 같은 개수의 출력 확률값 $o_1 \dots o_k$로 변환한다.

$$o_i = \frac{\exp(v_i)}{\displaystyle\sum_{j=1}^{k} \exp(v_j)} \qquad \forall\, i \in \{1, \dots, k\} \tag{3.20}$$

만일 손실함수 L의 $v_1 \dots v_k$에 대한 미분을 연쇄법칙을 이용해서 역전파한다면, 각 $\frac{\partial L}{\partial o_i}$뿐만 아니라 각 $\frac{\partial o_i}{\partial v_j}$도 계산해야 한다. 다행히, 다음 두 사실을 이용하면 소프트맥스의 역전파를 크게 단순화할 수 있다.

1. 소프트맥스 활성화 함수는 거의 항상 출력층에 쓰인다.
2. 소프트맥스 활성화 함수는 거의 항상 **교차 엔트로피** 손실함수와 함께 쓰인다. 상호배제적인 k개의 부류들에 대한 출력(관측값)을 부호화한 원핫 벡터의 성분들이 $y_1 \dots y_k \in \{0,1\}$이라고 할 때, 교차 엔트로피 손실함수는 다음과 같이 정의된다.

$$L = -\sum_{i=1}^{k} y_i \log(o_i) \tag{3.21}$$

여기서 핵심은, 소프트맥스의 경우 $\frac{\partial L}{\partial v_i}$이 다음과 같이 아주 간단하다는 것이다.

$$\frac{\partial L}{\partial v_i} = \sum_{j=1}^{k} \frac{\partial L}{\partial o_j} \cdot \frac{\partial o_j}{\partial v_i} = o_i - y_i \tag{3.22}$$

이러한 결과를 독자가 직접 유도해 보길 권한다. 지루하긴 하겠지만, 그냥 대수 법칙들을 이용해서 비교적 쉽게 유도할 수 있다. 이 유도 과정에는 $i = j$일 때 식 3.22의 $\frac{\partial o_j}{\partial v_i}$가 $o_i(1 - o_i)$이고(이는 S자형 함수와 같다) 그 외의 경우에는 $-o_i o_j$라는 사실이 쓰인다(연습문제 10 참고).

정리하자면, 소프트맥스의 경우 먼저 출력에서 그 이전 층($v_1 \dots v_k$를 담은 층)으로 기울기를 역전파한 후 나머지 부분에 대해서는 이번 절의 앞에서 논의한 규칙에 따라 역전파를 진행하면 된다. 즉, 소프트맥스 활성화의 역전파 갱신과 신경망 나머지 부분의 역전파를 분리해서 수행한다. 나머지 부분의 역전파 갱신 과정에는 항상 행렬 곱셈들이 포함된다. 일반적으로 역전파 알고리즘을 다룰 때는 선형 행렬 곱셈들과 활성화 층들을 분리해서 고찰하는 것이 도움이 된다. 그러면 갱신 공식들이 크게 단순해지기 때문이다. 그럼 이러한 분리 관점을 좀 더 자세히 살펴보자.

3.2.6 벡터 중심적 역전파의 분리 관점

지금까지 우리는 역전파 갱신을 계산하는 서로 동등한 두 가지 방법(식 3.12와 식 3.18)을 살펴보았다. 두 경우 모두, 실제로는 선형 행렬 곱셈에 대한 역전파 계산과 활성화 함수 계산이 동시에 일어난다. 결합된 두 계산을 어떤 순서로 수행하느냐에 따라 식 3.12 또는 식 3.18이 나온다. 안타깝게도, 초창기부터 논문과 교과서들은 이러한 필요 이상으로 복잡한 역전파 관점을 주로 사용했다. 부분적으로 이는, 전통적으로 신경망을 구성하는 층을 선형변환과 활성화 함수라는 서로 분리된 두 연산을 결합한 형태로 정의해 왔기 때문이다.

그러나 여러 실제 구현들에서는 선형 계산과 활성화 계산은 개별적인 '층'들로 분리되어 있으며, 그러한 두 종류의 층들에 대한 역전파 역시 분리되어서 시행된다. 더 나아가서, 실제 구현에서는 흔히 신경망을 벡터의 관점에서 표현한다. 다른 말로 하면, 신경망 층에 대한 연산들이 선형층의 행렬 곱셈 같은 벡터 내 벡터 연산이 되는 벡터 중심 표현이 흔히 쓰인다(제1장의 그림 1.11(d) 참고). 이런 관점에서는 계산이 아주 간단해진다. 이런 관점에서 구축한 신경망은 그림 3.7처럼 활성화 층들과 선형층들이 교대로 배치된 형태이다. 필요하다면 활성화 층들에 항등 활성화 함수를 사용할 수 있음을 기억하기 바란다. 보통의 경우 활성화 층은 활성화 함수 $\Phi(\cdot)$를 벡터 성분들 각각에 적용하는 일대일 성분별 활성화 계산을 수행하고, 선형층들은 계수 행렬 W를 벡터 전체에 곱하는 전체 대 전체 계산을 수행한다. 인접한 선형(행렬 곱셈) 층과 활성화 함수 층으로 이루어진 쌍들 각각에 대해, 순방향 단계와 역방향 단계를 다음과 같이 수행한다.

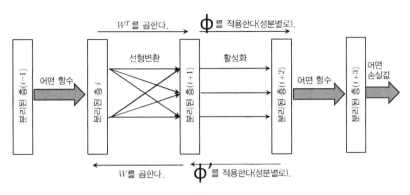

그림 3.7: 역전파의 분리 관점

표 3.1: 여러 활성화 함수의 순전파 및 역전파 공식. 층 i와 $(i+1)$ 사이의 순전파와 역전파 갱신 공식을 정리한 것으로, $\bar{z}_i$는 층 i의 은닉 값이고 $\bar{g}_i$는 기울기이다. 일부 공식에 쓰인 $I(\cdot)$는 이진 지시함수이다.

함수	종류	순방향	역방향
선형	다대다	$\bar{z}_{i+1} = W^T \bar{z}_i$	$\bar{g}_i = W\bar{g}_{i+1}$
S자형	일대일	$\bar{z}_{i+1} = \mathrm{sigmoid}(\bar{z}_i)$	$\bar{g}_i = \bar{g}_{i+1} \odot \bar{z}_{i+1} \odot (1 - \bar{z}_{i+1})$
than	일대일	$\bar{z}_{i+1} = \tanh(\bar{z}_i)$	$\bar{g}_i = \bar{g}_{i+1} \odot (1 - \bar{z}_{i+1} \odot \bar{z}_{i+1})$
ReLU	일대일	$\bar{z}_{i+1} = \bar{z}_i \odot I(\bar{z}_i > 0)$	$\bar{g}_i = \bar{g}_{i+1} \odot I(\bar{z}_i > 0)$
엄격한 tanh	일대일	$\notin [-1, +1]$이면 ± 1로 설정 $\in [-1, +1]$이면 복사	$\notin [-1, +1]$이면 0으로 설정 $\in [-1, +1]$이면 복사
최댓값	다대일	입력 중 가장 큰 값	최댓값이 아닌 입력이면 0으로 설정 최댓값이면 복사
임의의 함수 $f_k(\cdot)$	모두	$\bar{z}_{i+1}^{(k)} = f_k(\bar{z}_i)$	$\bar{g}_i = J^T \bar{g}_{i+1}$ J는 야코비 행렬(식 3.23)

1. $\bar{z}_i$와 $\bar{z}_{i+1}$이 순방향 활성화 값들의 열벡터들이고, W가 i번째 층에서 $(i+1)$번째 층으로의 선형변환들의 행렬이라고 하자. 더 나아가서, $\bar{g}_i$와 $\bar{g}_{i+1}$이 두 층의 기울기들을 역전파한 벡터들이라고 하자. $\bar{g}_i$의 각 성분은 i번째 층의 한 은닉 변수에 대한 손실함수의 편미분이다. 이들에 대해 다음이 성립한다.

$$\bar{z}_{i+1} = W^T \bar{z}_i \quad [\text{순전파}]$$
$$\bar{g}_i = W\bar{g}_{i+1} \quad [\text{역전파}]$$

2. 이번에는 활성화 함수 $\Phi(\cdot)$를 층 $(i+1)$의 각 노드에 적용해서 $(i+2)$의 활성화 값들을 얻는 상황을 생각해 보자. 이때 다음이 성립한다.

$$\overline{z}_{i+2} = \Phi(\overline{z}_{i+1}) \qquad \text{[순전파]}$$

$$\overline{g}_{i+1} = \overline{g}_{i+2} \odot \Phi'(\overline{z}_{i+1}) \qquad \text{[역전파]}$$

여기서 $\Phi(\cdot)$와 그 미분 $\Phi'(\cdot)$은 주어진 벡터 인수에 성분별로 적용된다. 기호 $\odot$은 성분별 곱셈을 뜻한다.

한 층에서 활성화를 행렬 곱셈과 분리했더니 수식들이 엄청나게 간단해졌음을 주목하기 바란다. 이러한 분리된 순전파 및 역전파 계산 구조가 그림 3.7에 나와 있다. 더나아가서, $\Phi(\overline{z}_{i+1})$의 미분을 그다음 층의 출력들을 이용해서 계산할 수도 있다. S자형 활성화 함수에 대해 다음이 성립한다($\S 3.2.5$의 논의에 기초해서 증명할 수 있다).

$$\Phi'(\overline{z}_{i+1}) = \Phi(\overline{z}_{i+1}) \odot (1 - \Phi(\overline{z}_{i+1}))$$

$$= \overline{z}_{i+2} \odot (1 - \overline{z}_{i+2})$$

표 3.1은 여러 활성화 함수의 순전파 및 역전파 공식을 정리한 것이다. 표에서 층 색인 i와 $(i+1)$은 선형변환 층과 활성화 층 모두에 쓰인다(활성화 층에 대해 $(i+2)$를 사용하는 것이 아니라). 표의 끝에서 두 번째 행은 최댓값 함수인데, 이런 종류의 함수는 합성곱 신경망의 최댓값 풀링(max-pooling) 연산에 유용하다. 이 경우에는 역전파와 순전파가 같다. 한 층의 기울기들의 벡터가 주어졌을 때, 표 3.1의 마지막 열에 나온 공식을 적용하면 그 이전 층에 대한 기울기들이 나온다.

신경망 모형 중에는 단순한 행렬 곱셈보다 복잡한 다대다 함수를 사용하는 것들이 있다. 그런 경우를 포함한 일반적인 경우에서, 층 $(i+1)$의 k번째 활성화 값은 층 i의 활성화 값들의 벡터에 임의의 함수 $f_k(\cdot)$를 적용한 결과이다. 그리고 역전파를 위한 야코비 행렬 J의 성분들은 다음과 같이 정의된다.

$$J_{kr} = \frac{\partial f_k(\overline{z}_i)}{\partial \overline{z}_i^{(r)}} \qquad (3.23)$$

여기서 $\overline{z}_i^{(r)}$은 $\overline{z}_i$의 r번째 성분이다. 이제 층에서 층으로의 역전파 갱신을 다음과 같이 표현할 수 있다.

$$\overline{g}_i = J^T \overline{g}_{i+1} \tag{3.24}$$

역전파 공식을 이처럼 행렬 곱셈으로 표현하면 GPU 가속 등을 활용할 수 있으므로 구현에 도움이 된다(§3.7.1 참고). $\overline{g}_i$의 성분들은 i번째 층의 **활성화 값**들에 대한 손실함수의 기울기들에 해당함을 주의하기 바란다. 따라서, 신경망 학습을 위해서는 이를 가중치들에 대한 기울기들로 변환해야 한다. $(i-1)$번째 층의 p번째 단위와 i번째 층의 q번째 단위 사이의 가중치에 대한 손실함수의 기울기는 $\overline{z}_{i-1}$의 p번째 성분과 $\overline{g}_i$의 q번째 성분을 곱한 것이다.

3.2.7 다중 출력 노드 및 은닉 노드의 손실함수

앞에서는 간결함을 위해 단 하나의 출력 노드에 대해 손실함수를 계산하는 경우를 논의했다. 그런데 대부분의 응용에서는 다수의 출력 노드 O에 대해 손실함수를 계산한다. 앞의 경우와 유일한 차이는, 각 $o \in O$에 대해 $\frac{\partial L}{\partial a_o} = \delta(o, O)$를 $\frac{\partial L}{\partial o} \Phi'(o)$로 초기화한다는 것이다. 이후 역전파 과정에서는 각 은닉 단위 h에 대해 $\frac{\partial L}{\partial a_h} = \delta(h, O)$를 계산한다.

희소 특징 학습 방법 중에는 은닉 노드의 출력에도 손실함수를 적용하는 것들이 있다. 신경망 모형이 특정한 성질을 가지게 하려는 목적으로 그런 접근 방식을 사용하는 경우가 많은데, 예를 들어 희소 자동부호기는 은닉층을 희소하게 만들기 위해, 그리고 수축 자동부호기는 특정 종류의 정칙화 벌점을 은닉층에 부여하기 위해 그런 접근 방식을 사용한다. 희소성 벌점을 부여하는 경우는 제4장의 §4.4.4에서, 수축 자동부호기는 §4.10.3에서 논의한다. 이런 경우들에서 역전파 알고리즘을, 기울기들이 전파되는 역방향을 해당 은닉 노드들의 손실값들을 고려해서 계산하도록 조금 수정해야 한다 (그냥 여러 손실값들에서 비롯된 기울기 흐름들을 취합하면 된다). 이런 신경망을, 은닉 노드들이 출력 노드들이기도 하며 출력 노드가 반드시 신경망의 마지막 층에 있어야 한다는 제약이 없는 특별한 형태의 신경망으로 간주할 수 있다. 이런 신경망에 대해서도 역전파 방법론은 근본적으로 동일하다.

은닉 노드 h_r의 손실함수가 L_{h_r}이고 모든 노드에 대한 전체적인 손실함수가 L이라고 하자. 그리고 $\dfrac{\partial L}{\partial a_{h_r}} = \delta(h_r, N(h_r))$은 h_r에서 도달할 수 있는 모든 노드의 집합 $N(h_r)$에서 비롯된 기울기 흐름(gradient flow)이라고 하자. 이 경우 노드 집합 $N(h_r)$에는 출력층의 노드들뿐만 아니라 은닉층의 노드들(손실함수를 계산하는)도 포함될 수 있다. 물론 그 노드들은 h_r에서 도달할 수 있는 노드들이어야 하며, $N(h_r)$ 표기에서 인수가 h_r인 것은 그 때문이다. 집합 $N(h_r)$에 h_r 자체도 포함됨을 주의하기 바란다. 그럼 식 3.18을 이상의 경우에 맞게 특수화해보자. 다음은 그 첫 시도이다.

$$\delta(h_r, N(h_r)) \Leftarrow \Phi'(a_{h_r}) \sum_{h \, : \, h_r \Rightarrow h} w_{(h_r, h)} \delta(h, N(h)) \tag{3.25}$$

표준적인 역전파 갱신 공식과 비슷한 모습이지만, $\delta(h_r, N(h_r))$의 현재 값에 h_r의 기여가 포함되지 않았으므로 아직 완전하지 않다. 따라서 손실함수에 대한 h_r의 기여에 기초해서 $\delta(h_r, N(h_r))$을 조정하는 **추가적인 단계**를 도입할 필요가 있다. 다음이 그러한 공식이다.

$$\delta(h_r, N(h_r)) \Leftarrow \delta(h_r, N(h_r)) + \Phi'(h_r) \frac{\partial L_{h_r}}{\partial h_r} \tag{3.26}$$

전체 손실함수 L이 h_r에 국한된 L_{h_r}과는 다른 것임을 꼭 명심해야 한다. 그리고 식 3.26에 더해진 기울기 흐름은 출력 노드의 초기화 값과 수식의 형태가 비슷하다. 다른 말로 하면, 은닉 노드들에 의한 기울기 흐름들은 출력 노드들의 기울기 흐름들과 비슷하다. 유일한 차이는, 은닉 노드에서는 그 노드에서 계산한 값을 기존의 기울기 흐름에 더한다는 것뿐이다. 이 덕분에 역전파의 전체적인 틀은 보통의 경우와 거의 같다. 주된 차이점은 역전파를 진행할 때 은닉 노드 손실값들의 추가적인 기여를 반영한다는 것이다.

3.2.8 미니배치 확률적 경사 하강법

이 책의 제1장에서부터 지금까지의 논의에서, 가중치 갱신은 기본적으로 개별 자료점 단위로 진행했다. 이런 접근 방식은 기계 학습 알고리즘들에서 흔히 쓰이는 **확률적** 경사 하강법에 해당한다. 이번 절에서는 점 단위 방식의 근거를 논의하고, 관련 변형인 미니배치 확률적 경사 하강법도 소개한다. 또한, 두 접근 방식의 장단점도 살펴본다.

대부분의 기계 학습 문제는 특정한 목적함수에 대한 최적화 문제로 환원할 수 있다. 예를 들어 신경망의 목적함수는 손실함수 L의 최적화 관점에서 정의할 수 있는데, 그러한 목적함수는 개별 훈련점(훈련 자료점)에 대한 손실값들의 **선형 분리가능 합**(linearly separable sum)일 때가 많다. 한 예로 **선형회귀** 문제는 훈련점들에 대한 예측 오차 제곱들의 합을 최소화하는 최적화 문제에 해당하고, **차원 축소** 문제는 재구축된 훈련점들의 표현 오차 제곱들의 합을 최소화하는 최적화 문제에 해당한다. 일반화하자면, 신경망의 손실함수를 다음과 같이 표현할 수 있다.

$$L = \sum_{i=1}^{n} L_i \tag{3.27}$$

여기서 L_i는 i번째 훈련점의 손실값이다. 제2장에서는 대부분의 알고리즘에 대해 이러한 취합된 손실이 아니라 훈련점 손실함수를 논의했다.

경사 하강법은 매개변수들을 기울기의 반대 방향으로 이동함으로써 신경망의 손실함수를 최소화한다. 예를 들어 퍼셉트론의 경우 매개변수들은 $\overline{W} = (w_1 \dots w_d)$이다. 따라서, 퍼셉트론을 훈련할 때는 모든 점에 관해 바탕 목적함수의 손실값을 동시에 계산해서 경사 하강법을 수행하는 것이 바람직하다. 퍼셉트론에 대한 전통적인 점 단위 경사 하강법의 한 갱신 단계를 다음과 같이 표현할 수 있다.

$$\overline{W} \Leftarrow \overline{W} - \alpha \left(\frac{\partial L}{\partial w_1}, \ \frac{\partial L}{\partial w_2} \dots \ \frac{\partial L}{\partial w_d} \right) \tag{3.28}$$

우변을 벡터 표기법(즉, 행렬 산술 표기법)을 이용해서 다음과 같이 표현할 수도 있다.

$$\overline{W} \Leftarrow \overline{W} - \alpha \frac{\partial L}{\partial \overline{W}} \tag{3.29}$$

퍼셉트론 같은 단층 신경망에서 경사 하강법은 오직 $\overline{W}$에 대해서만 수행되지만, 더 큰 신경망에서는 신경망의 모든 매개변수를 역전파로 갱신해야 한다. 대규모 응용에서는 매개변수가 수백만 개인 것도 흔하며, 역전파 갱신을 계산하려면 모든 치환을 앞, 뒤로 **동시에** 전파해야 한다. 그런데 **전체 자료 집합**에 대한 기울기를 단번에 계산하기 위해 모든 견본을 동시에 신경망을 통과시키는 것은 계산량의 측면에서 비현실적이다. 게다가, 경사 하강법 도중 **개별 훈련 견본**에 대한 모든 중간/최종 예측값을 저장하는 데에도 엄청난 양의 메모리가 필요하다. 정리하자면, 대규모 신경망 응용 프로그램에서는 계산 요구량과 메모리 요구량 모두 대부분의 현실적인 실행 환경이 감당할 수 있는 수준을 넘을 수 있다. 다행히 학습 과정의 시작에서는 가중치들이 부정확할 때가 많으므로, 적은 수의 자료점들로 이루어진 작은 표본으로도 기울기의 방향을 아주 잘 추정할 수 있다. 그리고 갱신을 거듭해서 그 효과가 누적되면 정확한 이동 방향이 나온다. 이 점이 신경망 학습에서 확률적 경사 하강법과 그 변형들이 성공적으로 자리 잡는 데 실질적인 기반을 제공했다.

대부분의 최적화 문제에서 손실함수를 개별 점에 대한 손실값들의 선형 합으로 표현할 수 있으므로(식 3.27 참고), 손실함수의 미분을 다음과 같이 정의할 수 있다.

$$\frac{\partial L}{\partial W} = \sum_{i=1}^{n} \frac{\partial L_i}{\partial W} \tag{3.30}$$

따라서, 모든 점에 대한 전체적인 기울기의 갱신은 개별 점에 대한 기울기 갱신의 합과 같다. 대체로 기계 학습 문제들에서는 서로 다른 훈련점들이 포착한 지식의 중복성이 높으며, 따라서 다음과 같은 점 단위의 확률적 경사 하강법 갱신을 이용하면 갱신으로 학습 과정이 좀 더 효율적으로 진행될 때가 많다.

$$\overline{W} \Leftarrow \overline{W} - \alpha \frac{\partial L_i}{\partial W} \tag{3.31}$$

이런 종류의 경사 하강법을 **확률적**(stochastic)이라고 부르는 이유는, 훈련 자료의 점들을 다소 부작위한 순서로 훑기 때문이다. 따라서 확률적 경사 하강법의 각 갱신은 확률적인 근사로 보아야 마땅하지만, 그래도 반복된 갱신들의 장기적인 효과는 대략 동일하다. 각 국소 기울기를 효율적으로 계산할 수 있기 때문에(정확성은 다소 소실되지만) 확률적 경사 하강법은 빠르다. 그리고 확률적 경사 하강법의 흥미로운 성질 하나는, 훈련 자료에 대해서는 보통의 경사 하강법보다 성과가 나쁠 수 있지만, 시험 자료에 대해서는 같은 수준의(때로는 더 나은) 성과를 낼 때가 많다는 것이다.[171] 제4장에서 보겠지만, 확률적 경사 하강법은 간접적으로 정칙화의 효과도 낸다. 그렇긴 하지만 훈련점들의 순서에 따라서는 아주 나쁜 결과를 내기도 한다.

미니배치 확률적 경사 하강법은 일단의 훈련점들을 하나의 일괄 단위로 묶은 배치batch $B = \{j_1 \dots j_m\}$을 갱신에 사용한다.

$$\overline{W} \Leftarrow \overline{W} - \alpha \sum_{i \in B} \frac{\partial L_i}{\partial \overline{W}} \qquad (3.32)$$

이러한 미니배치 확률적 경사 하강법이 안정성, 속도, 메모리 요구량을 가장 잘 절충하는 선택일 때가 많다. 미니배치 확률적 경사 하강법을 사용할 때는 한 층의 출력들이 벡터가 아니라 행렬이며, 순전파에서는 가중치 행렬과 활성화 값 행렬을 곱한다. 가중치들의 행렬을 갱신하는 역전파에서도 마찬가지로 행렬 곱셈이 필요하다. 따라서 미니배치 확률적 경사 하강법 구현은 보통의 확률적 경사 하강법 구현보다 메모리를 더 많이 소비하며, 이러한 높은 메모리 요구수준은 미니배치의 크기를 제한하는 요소이다.

미니배치의 크기는 주어진 특정 하드웨어 아키텍처에서 사용할 수 있는 메모리의 양에 제약을 받는다. 배치를 너무 작게 하면 자료 구조의 관리와 관련된 구현상의 고정된 추가부담(overhead)이 증가하는데, 이는 계산 측면에서도 비효율적이다. 한편, 배치 크기가 특정 수준(흔히 점 수백 개 정도)을 넘으면, 배치를 더 키워도 기울기 계산의 정확도가 그리 개선되지 않는다. 미니배치의 크기로는 흔히 2의 제곱수를 사용하는데, 이는 대부분의 하드웨어 아키텍처가 그런 크기의 배치를 가장 효율적으로 처리하기 때문이다. 흔히 쓰이는 값은 32, 64, 128, 256이다. 미니배치 확률적 경사 하강법이 신경망 학습에 널리 쓰이긴 하지만, 이 책에서는 표현의 간결함을 위해 개별 자료점을 갱신하는 접근 방식(즉, 순수한 확률적 경사 하강법)을 사용한다.

3.2.9 역전파에서 가중치 공유를 처리하는 요령

신경망을 정칙화하려고 할 때 아주 흔히 쓰이는 접근 방식은 **가중치 공유**이다. 이 접근 방식은 주어진 응용 문제에서 신경망의 서로 다른 노드들이 비슷한 함수를 계산하는 경우 그런 노드들의 가중치들의 값이 같다는 점을 활용하기 한 것이다. 다음은 가중치 공유의 예이다.

1. 주성분분석을 위한 자동부호기(§2.5.1.3)에서는 입력층과 출력층이 가중치들을 공유한다.
2. 텍스트 응용에 대한 순환 신경망(제7장)에서는 서로 다른 시간층들이 가중치들을 공유한다. 이는 서로 다른 시점들의 언어 모형이 서로 같다는 가정에 근거한 것이다.

3. 합성곱 신경망(제8장)은 뉴런들이 차지하는 전체 공간에 대해 하나의 가중치 격자 (시야에 대응되는)를 사용한다.

주어진 문제에 대한 분석가의 통찰에 기초해서 이런 식으로 가중치를 공유하는 것은 성공적인 신경망 설계의 관건 중 하나이다. 두 노드가 계산하는 함수들이 서로 비슷하다는 점을 깨달았다면, 그 두 노드가 같은 가중치 집합을 사용하게 하는 것이 합당하다.

신경망의 서로 다른 부분이 공유하는 가중치들에 대한 손실함수의 기울기를 계산한다는 것이 다소 복잡하게 느껴질 수도 있다. 서로 다른 부분에서 같은 가중치들을 사용하면 해당 계산 그래프에 예기치 못한 영향이 미칠 수 있기 때문이다. 그러나 공유 가중치들에 대한 역전파는 수학적으로 생각보다 간단하다.

하나의 가중치 w를 신경망의 서로 다른 T개의 노드가 공유한다고 하자. 그리고 그 노드들의 가중치 복사본들을 $w_1 \dots w_T$로 표기하자. 손실함수가 L이라고 할 때, 다음이 성립한다.

$$\frac{\partial L}{\partial w} = \sum_{i=1}^{T} \frac{\partial L}{\partial w_i} \cdot \underbrace{\frac{\partial w_i}{\partial w}}_{=1}$$

$$= \sum_{i=1}^{T} \frac{\partial L}{\partial w_i}$$

다른 말로 하면, 그냥 공유된 가중치들을 독립적으로 취급해서 해당 미분을 구하고 더하기만 하면 된다. 즉, 기존의 역전파 알고리즘을 수정 없이 그대로 적용해서 공유 가중치들의 서로 다른 복사본들의 기울기들을 구하고 합하면 되는 것이다. 이러한 간단한 결과는 신경망 학습의 다양한 지점에서 쓰인다. 또한 이는 순환 신경망 학습 알고리즘의 토대가 된다.

3.2.10 기울기 계산의 정확성 확인
역전파 알고리즘은 상당히 복잡하기 때문에, 역전파 알고리즘의 구현이 기울기를 정확하게 계산하는지 종종 점검할 필요가 있다. 기울기 계산의 정확성은 수치적 방법들로 손쉽게 점검할 수 있다. 신경망에 대한 계산 그래프에서 무작위로 선택한 한 간선의 가중치가 w이고 해당 손실함수의 현재 값이 $L(w)$라고 하자. 이 간선의 가중치(기울기)에 작은 값 $\epsilon > 0$을 더해서 방향을 살짝 바꾼다. 이를 두고 "가중치를 섭동한다 (perturb)"라고 말한다. 이 섭동된 가중치로 순방향 단계를 실행해서 손실값 $L(w + \epsilon)$ 을 구한다. 그러면 손실함수의 w에 대한 편미분은 다음과 같이 주어진다.

$$\frac{\partial L(w)}{\partial w} \approx \frac{L(w + \epsilon) - L(w)}{\epsilon} \tag{3.33}$$

이 편미분이 역전파 알고리즘으로 구한 편미분과 충분히 가깝지 않다면 계산 과정에서 뭔가 오차가 생긴 것이다. 이러한 점검을 훈련 과정의 두세 지점에서만 수행해도 충분하므로 정확성 확인에 많은 시간이 걸리지는 않는다. 그렇긴 하지만, 그런 점검 지점들에서 다수의 매개변수를 점검하는 것이 바람직하다. 한 가지 문제는, 기울기들이 "충분히 가깝다"라는 것이 어느 정도나 가까운 것인지를 결정해야 한다는 것이다. 기울기 값들의 절댓값이 어느 정도인지 미리 파악하지 못한 경우에는 제대로 결정하기 어렵다. 그래서 대신 둘의 비(ratio)를 사용한다.

역전파로 구한 편미분이 G_e 이고 앞에서 말한 방법으로 추정한 편미분이 G_a 라고 하자. 둘의 비 ρ를 다음과 같이 정의한다.

$$\rho = \frac{|G_e - G_a|}{|G_e + G_a|} \tag{3.34}$$

일반적으로는 이 비가 10^{-6} 보다 작아야 하지만, 특정 지점에서 미분이 급격히 변하는 ReLU 같은 활성화 함수들에서는 수치적 방법으로 구한 기울기와 역전파로 계산한 기울기의 차이가 더 클 수 있다. 그런 경우라도 둘의 비는 10^{-3} 보다 작아야 한다. 이 수치 근사 방법으로 다양한 간선들을 점검해서 기울기 정확성을 확인함으로써 역전파 알고리즘의 정확성을 평가할 수 있다. 매개변수가 수백만 개 규모인 경우에는 일부 미분들만 점검해서 정확성을 빠르게 확인하면 된다. 그리고 이러한 점검을 훈련 과정의 두세 지점에서 수행하는 것이 바람직하다. 초기화 지점의 점검은 매개변수 공간의 임의의 점들로는 일반화되지 않는 특별한 경우에 해당하기 때문이다.

3.3 설정과 초기화 문제

신경망의 설정과 전처리, 초기화와 관련해서 중요한 사항이 몇 가지 있다. 첫째로, 학습 속도와 정칙화 매개변수 같은 신경망의 **초매개변수**(hyperparameter)들을 설정해야 한다. 특징 전처리와 초기화도 상당히 중요하다. 대체로 신경망의 매개변수 공간은 다른 기계 학습 알고리즘의 매개변수 공간보다 크기 때문에 전처리와 초기화의 효과가 여러 방식으로 증폭된다. 이번 절에서는 특징 전처리와 초기화에 쓰이는 기본적인 방법들을 논의한다. 엄밀히 말하면 **사전훈련**(pretraining) 같은 고급 기법들도 초기화 기법에 해당하지만, 그런 기법들을 이해하려면 신경망 훈련과 연관된 모형 일반화 문제들을 좀 더 깊게 알 필요가 있다. 그래서 그런 고급 기법들은 다음 장에서 논의하기로 한다.

3.3.1 초매개변수 조정

신경망에는 학습 속도나 정칙화 매개변수 같은 여러 **초매개변수**가 있다. '초매개변수'는 신경망 모형의 설계를 규정하는 매개변수(학습 속도, 정칙화 등)를 가리키며, 신경망 연결의 가중치를 나타내는 좀 더 근본적인 매개변수와는 다른 것이다. 베이즈 통계학에서는 초매개변수 개념을 사전확률분포를 제어하는 데 사용하지만, 여기서는 그보다 다소 느슨한 의미로 쓰인다. 신경망의 매개변수들은 두 부류로 나눌 수 있는데, 하나는 가중치 같은 기본적인 모형 매개변수들이고 다른 하나는 초매개변수들이다. 기본 모형 매개변수들은 역전파를 통해서 최적화되며, 그러한 역전파 과정은 오직 초매개변수들을 사람이 직접 설정하거나 일종의 **조정**(tuning; 또는 조율) 단계를 통해서 설정한 후에야 실행할 수 있다. 제4장의 §4.3에서 논의하겠지만, 초매개변수들을 경사 하강법에 사용하는 것과 같은 자료를 사용해서 조정해서는 안 된다. 대신 자료의 일부를 따로 떼어서 검증 자료 집합을 마련하고, 초매개변수들을 바꾸어 가면서 그 검증 집합에 대한 모형의 성과를 측정한다. 이런 과정을 적용하면, 신경망이 훈련 자료 집합에 과대적합되는(그러면 시험 자료에 대한 성과가 나빠진다) 일을 피할 수 있다.

초매개변수들을 조정하는 방법으로 가장 잘 알려진 것은 **격자 검색**(grid search)이다. 격자 검색에서는 각 초매개변수에 대해 일단의 값들을 선택한다. 가장 간단한 형태의 격자 검색 구성에서는 초매개변수들에 대해 선택된 값들의 모든 조합을 평가해서 최적의 선택을 결정한다. 그런데 이러한 절차의 문제점은, 격자를 구성하는 점들의 수가 초매개변수의 개수에 **지수적으로** 증가한다는 것이다. 따라서 초매개변수가 많으면 격자 검색에 많은 시간이 소비된다. 예를 들어 초매개변수가 5개이고 각 초매개변수에 대해 10개의 값을 시험한다고 할 때, 신경망의 정확도를 검사하려면 훈련 과정을 $10^5 = 100000$번 수행해야 한다. 실제 응용 시 정말로 그렇게 모든 조합을 시험해 보지는 않지만, 비교적 적당한 크기의 초매개변수 값 집합에 대해서도 실행 횟수가 대단히 클 때가 많다. 이 때문에 일단은 좀 더 성긴 격자로 시작하는 요령이 흔히 쓰인다. 즉, 성긴 격자에 대한 결과를 분석해서 최적의 선택이 있을 만한 특정 영역을 식별한 후, 그 영역에 대한 좀 더 조밀한 격자로 나아가는 방식이다. 그런데 최적의 초매개변수 값이 격자의 가장자리에서 선택된 경우에는 가장자리 너머의 영역에 더 나은 값이 있는지 추가로 확인할 필요가 있다.

그러나 때에 따라서는 그런 성긴 격자 대 조밀한 격자 접근 방식을 사용해도 조정 비용이 너무 클 수 있다. [37]에 따르면, 격자 기반 초매개변수 검색이 반드시 최적의 선택을 제공하는 것은 아니다. 어떨 때는 그냥 격자 범위 안에서 초매개변수 값들을 균등하게 무작위로 추출하는 것이 나을 수 있다. 이를 수행하는 한 가지 방법은 다해상도 표집(multi-resolution sampling)이다. 다해상도 표집(또는 다해상도 표본추출)에서는 먼저 전체 격자 범위에서 표본을 추출하고, 그 표본에서 얻은 최적의 매개변수를 중심으로 한 더 작은 영역에 대한 격자에서 다시 표본을 추출하는 과정을 반복해서 좀 더 나은 초매개변수 값을 구한다.

초매개변수 자체가 아니라 초매개변수의 **로그값**을 추출하는 것이 나은 경우도 많다. 정칙화 매개변수와 학습 속도가 그런 초매개변수의 예이다. 예를 들어 학습 속도의 경우 0.1에서 0.001 사이의 α 값을 직접 추출하는 대신 -1과 -3 사이의 $\log(\alpha)$를 추출하고, 이후 그 값을 지수로 10을 거듭제곱해서 원래의 값을 복원한다. 그냥 균등한 축척에서 검색해야 하는 초매개변수들도 있긴 하지만, 이처럼 로그 공간에서 초매개변수를 검색하는 경우가 훨씬 많다.

마지막으로, 대규모 문제에서는 시간 문제로 이런 알고리즘들을 끝까지 실행하는 것이 불가능할 수 있다는 점도 명심하기 바란다. 예를 들어 이미지 처리 분야에서 합성곱 신경망을 한 번 실행하려면 몇 주(week)가 걸린다. 따라서 초매개변수들을 선택하기 위해 서로 다른 여러 초매개변수 조합에 대해 알고리즘을 실행하는 것은 사실상 불가능하다. 그렇지만 알고리즘을 끝까지 실행하지 않고도 알고리즘의 전반적인 습성을 어느 정도 추정하는 것이 가능할 때가 많다. 즉, 특정 초매개변수 조합으로 알고리즘을 몇 세(epoch) 정도 실행해서 진전이 있는지 살펴보고, 명확히 나쁜 성과가 나오거나 수렴에서 멀어질 때에는 즉시 그 조합을 폐기하는 식으로 나아가는 것이다. 많은 경우 한 프로세스의 여러 스레드로 여러 초매개변수 조합을 동시에 실행하는 것이 가능하며, 필요에 따라 특정 스레드를 중지하거나 새로운 표본으로 스레드를 실행할 수 있다. 그런 과정에서 살아남은 마지막 한 조합이 최종적인 초매개변수 집합이다. 때에 따라서는 여러 개의 조합이 끝까지 살아남기도 하는데, 그런 경우에는 그것들의 평균을 취한다.

수학적인 근거를 갖춘 초매개변수 선택 방법으로는 베이즈 최적화(Bayesian optimization)[42, 306]가 있다. 그러나 이 최적화 방법은 대규모 신경망에서 실제로 사용하기에는 너무 느릴 때가 많기 때문에, 아직은 연구자들을 위한 지적 호기심의 영역에 남아 있다. 더 작은 신경망의 경우에는 *Hyperopt*[614]나 *Spearmint*[616], *SMAC*[615] 같은 라이브러리를 사용할 수도 있다.

3.3.2 특징 전처리

신경망 훈련에 쓰이는 특징 처리 방법은 다른 기계 학습 알고리즘에 쓰이는 것과 그리 다르지 않다. 기계 학습 알고리즘들에 쓰이는 특징 전처리 방법들은 다음 두 형태에 속한다.

1. 평균중심화(mean-centering)와 가산적 전처리: 자료를 평균이 중심이 되도록 이동하면 특정 종류의 편향 효과가 사라지므로 학습에 도움이 될 수 있다. 또한, 전통적인 기계 학습의 여러 알고리즘(주성분분석 등)은 자료가 평균을 중심으로 한다고 가정한다. 그런 경우 열 범위 평균들의 벡터를 각 자료점에서 뺀다. 평균중심화는 아래의 특징 정규화 항목에서 설명하는 표준화(standardization)와 함께 쓰일 때가 많다.

   모든 특징 값이 음수가 아닌 것이 바람직할 때는 이와는 다른 방식의 가산적 전처리(additive preprocessing)가 흔히 쓰인다. 그런 경우 한 특징의 여러 값 중 절댓값이 가장 큰 음의 값을 각 자료점의 해당 특징 성분에 더한다. 이 방법은 다음에 설명하는 최소최대 정규화와 함께 쓰인다.

2. **특징 정규화**(feature normalization): 흔히 쓰이는 정규화 방법은 각 특징 값을 해당 표준편차로 나누는 것이다. 이런 종류의 특징 비례 방법과 평균중심화의 조합으로 처리한 자료를 가리켜 **표준화되었다**고 말한다. 여기에 깔린 기본 착안은, 각 특징을 평균 0이고 분산(variance)이 1인[※] 표준 정규분포에서 추출한 값으로 간주한다는 것이다.

자료를 $(0,1)$ 범위로 비례해야 하는 경우에는 이와는 다른 종류의 특징 정규화가 유용하다. $\min_j$와 $\max_j$가 j번째 특징의 최솟값과 최댓값이라고 하자. 이 최소최대 특징 정규화에서는 i번째 자료점의 j번째 차원에 해당하는 각 특징 값 x_{ij}를 다음과 같이 비례해서 정규화한다.

$$x_{ij} \Longleftarrow \frac{x_{ij} - \min_j}{\max_j - \min_j} \tag{3.35}$$

특징 정규화를 적용하면 성과가 개선될 때가 많다. 이는, 원래의 특징들이 수십 배의 규모로 차이가 날 때가 많기 때문이다. 그러면 매개변수 학습 시 조건화(conditioning)가 나빠서 학습이 잘 되지 않는다. 조건화가 나쁘면 손실함수는 특정 매개변수들에 대해 좀 더 민감하게 반응하게 된다. 이번 장에서 살펴보겠지만, 이런 종류의 불량조건(ill-conditiong; 조건화 나쁨) 문제는 경사 하강법에 영향을 미친다. 따라서 미리 특징들을 적절히 비례해 두는 것이 바람직하다.

백화

또 다른 형태의 특징 전처리로 **백화**(whitening; 또는 표백)가 있다. 백화는 특징 공간의 좌표계를 적절히 회전하고 각 분산이 1이 되도록 적절히 특징들을 비례해서 새로운 **역상관**(de-correlated) 특징 집합을 만든다. 이를 위해 흔히 주성분분석(PCA)이 쓰인다.

주성분분석은 자료 행렬에 평균중심화를 적용한 **후에**(즉, 각 열의 성분들에서 그 열의 평균을 뺀 후에) 특잇값 분해를 수행하는 것으로 생각할 수 있다. D가 평균중심화를 이미 거친 $n \times d$ 자료 행렬이고 C가 D의 $d \times d$ 공분산행렬이라고 하자. 즉, 이 공분산행렬의 (i,j) 성분은 차원 i와 j 사이의 공분산이다. 행렬 D는 평균 중심이므로 다

음이 성립한다.

$$C = \frac{D^T D}{n} \propto D^T D \tag{3.36}$$

공분산행렬의 고유벡터(eigenvector)들은 주어진 자료의 역상관 방향들을 나타낸다. 그리고 고윳값(eigenvalue)은 해당 고유벡터 방향의 분산에 해당한다. 따라서, 공분산행렬에서 고윳값 크기순으로 상위 k개의 고유벡터들을 사용하면 자료의 분산(변동)을 대부분 유지하면서 잡음을 제거할 수 있다. 또한 $k = d$로 둘 수도 있지만, 그러면 0에 가까운 고유벡터 방향의 변동들이 계산의 수치 오차에 지배받을 때가 많다. 어떤 차원에 존재하는 변동이 주로 계산 오차에 때문에 생긴 것이라면, 그런 차원에는 학습 대상에 고유한 어떤 지식을 학습하는 데 필요한 정보가 별로 없는 것이다. 따라서 그런 차원은 포함하지 않는 것이 좋다. 더 나아가서, 백화 과정은 각각의 변환된 특징을 분산이 1이 되도록 비례하므로, 그 방향으로의 오차가 증폭될 수 있다. 따라서, 꼭 $k = d$로 두어야 한다면, 고윳값의 크기에 10^{-5} 같은 문턱값(threshold)을 적용하는 최소한의 대책은 마련하는 것이 바람직하다. 이러한 이유로, 실제 응용에서 k를 d와 같게 두는 경우는 별로 없다. 아니면, 각 고윳값을 해당 방향으로 비례하기 전에 고윳값에 10^{-5}을 더해서 정칙화하는 방법도 있다.

P가 상위 k개의 고유벡터를 열들에 담은 담긴 $d \times k$ 행렬이라고 하자. 자료 행렬 D에 행렬 P를 곱하면 D를 k차원 좌표계로 변환하는 효과가 난다. 변환된 자료 $n \times k$ 행렬 U는 다음과 같이 주어진다.

$$U = DP \tag{3.37}$$

이 행렬의 행은 변환된 k차원 자료점이다. 그리고 주성분분석의 역상관 변환과 관련된 성질에 의해, 이 행렬의 열의 분산은 해당 고윳값이다. 백화 과정에서는 U의 각 열의 성분들을 해당 표준편차(해당 고윳값의 제곱근)로 나눈다. 그러면 그 열의 분산이 1이 된다. 이런 식으로 변환된 특징들을 신경망에 입력한다. 백화에 의해 특징의 수가 줄어들 수 있다. 이는 신경망 입력의 수가 줄어든다는 뜻이므로, 이런 종류의 전처리는 신경망의 구조에도 영향을 미친다.

백화 과정에서 주의할 점 하나는 커다란 자료 집합의 공분산행렬을 구하는 비용이 클 수 있다는 점이다. 그런 경우 자료 집합의 한 표본을 이용해서 공분산행렬과 열별 평균들을 구하는 요령이 있다. 우선 상위 k개의 고유벡터를 열들에 담은 $d \times k$ 고유벡터 행렬 P를 만들고, 표본의 각 자료점에 대해 다음 단계들을 실행한다. (i) 각 열의 평균을 해당 특징에서 뺀다. (ii) 각 훈련 자료점(또는 시험 자료점)에 해당하는 각 d차원 행벡터에 P를 곱해서 k차원 행벡터를 구한다. (iii) 이 k차원 표현의 각 특징을 해당 고윳값의 제곱근으로 나눈다.

백화는 자료점들이 각 주성분 방향으로의 독립 가우스 분포로부터 생성한 것이라는 가정을 깔고 있다. 백화 과정을 적용한다는 것은 그러한 분포가 **표준** 정규분포라고 가정하고 모든 특징을 동일하게 중요하게 취급하는 것에 해당한다. 원본 자료의 산점도 (scatter plot)가 임의의 방향으로 길쭉한 타원체 형태인 경우에도, 백화를 거치고 나면 산점도는 구(sphere)에 가까운 모습이 된다. 여기서 핵심은, 백화에 의해 자료에 있던 서로 무관한 개념들이 동일한 중요도를 가지도록 비례되며(하나의 사전분포 기저상에서), 학습 과정에 의해 그중 어떤 것들을 강조할 것인지를 신경망이 결정한다는 것이다. 또 다른 문제로, 서로 다른 특징들이 아주 다른 비율로 비례된 경우 학습 초기의 '커다란' 특징들이 활성화 값들과 기울기들을 지배한다(가중치들을 비슷한 크기의 무작위한 값들로 초기화한다고 할 때). 그러면 신경망에서 중요한 가중치들 일부가 너무 느리게 학습될 수 있다. 다양한 특징 전처리와 정규화 방법들의 실질적인 장점들이 [278, 532]에 나오니 참고하기 바란다.

3.3.3 초기화

신경망의 초기화는 신경망 훈련의 안정성 문제들과 관련이 있기 때문에 아주 중요하다. §3.4에서 배우겠지만, 신경망 훈련에서는 층들을 거치면서 활성화가 점점 약해지거나 점점 강해지는 형태의 안정성 문제가 발생하곤 한다. 이러한 문제가 미치는 영향은 신경망 깊이에 지수적으로 비례하므로, 심층 신경망에서 특히나 심각하다. 기울기들이 여러 층에 걸쳐 안정적으로 유지되도록 초기치들을 잘 선택하면 이런 문제를 어느 정도 완화할 수 있다.

가중치들을 초기화하는 한 가지 접근 방식은, 평균이 0이고 표준편차가 작은(이를테면 10^{-2}) 가우스 분포에서 무작위로 초기치들을 추출하는 것이다. 그러면 보통의 경우 크기(절댓값)가 작은 양수들과 음수들이 모두 선택된다. 이러한 초기화 방법의 한 가지 문제점은 뉴런들의 입력 개수를 고려하지 않는다는 것이다. 예를 들어 한 뉴런은 입력이 단 두 개이고 다른 뉴런은 100개라면, 전자의 출력이 평균 가중치에 대해 훨씬 더 민감하다. 입력이 많으면 가산 효과가 크고, 그러면 기울기도 훨씬 크기 때문이다. 일반적으로 출력들의 분산은 입력 개수에 선형으로 비례하며, 따라서 표준편차는 입력 개수의 제곱근에 비례한다. 입력 개수의 영향을 반영하는 한 가지 방법은 뉴런의 입력 개수가 r이라 할 때 표준편차가 $\sqrt{1/r}$인 가우스 분포에서 초기치를 추출하는 것이다. 한편, 치우침 뉴런의 가중치는 항상 0으로 설정한다. 아니면 $[-1/\sqrt{r},\ 1/\sqrt{r}]$ 범위의 균등분포에서 가중치를 추출할 수도 있다.

그림 3.8: 기울기 소실 및 폭발 문제

서로 다른 층들의 노드들이 상호작용해서 출력의 민감도에 기여한다는 사실에 기초한 좀 더 정교한 초기화 방법도 있다. r_{in}과 r_{out}이 각각 한 뉴런의 입력 개수(fan-in)와 출력 개수(fan-out)라고 하자. **자비에 초기화**(Xavier initialization) 또는 **글로로 초기화**(Glorot initialization)라고※ 하는 초기화 방법은 표준편차가 $\sqrt{2/(r_{입력}+r_{출력})}$인 가우스 분포를 사용한다.

무작위 방법을 사용할 때는 **대칭 깨짐**(symmetry breaking)이라는 현상을 주의할 필요가 있다. 모든 가중치가 같은 값(이를테면 0)으로 초기화되면, 한 층에서 모든 갱신은 잠금 단계(lock-step)로 이동한다. 결과적으로 그 층의 뉴런들은 모두 동일한 특징들을 산출한다. 따라서, 애초에 뉴런들 사이에 비대칭성이 생기게 하는 어떤 원천을 마련하는 것이 중요하다.

※ **역주** 참고로 이 둘은 자비에 글로로[Xavier Glorot]라는 한 사람의 연구자가 고안한 같은 방법의 두 이름이다.

3.4 기울기 소실 및 폭발 문제

심층 신경망의 훈련에는 여러 가지 안정성 문제가 존재한다. 특히, 층이 많은 신경망에서 앞쪽 층들과 뒤쪽 층들의 가중치들이 특정한 방식으로 연관된 경우 학습이 어려울 수 있다.

이해를 돕기 위해, 각 층의 노드가 하나뿐인 심층망의 예를 살펴보자. 이 예에서 전체 층수는 입력층을 포함해서 $(m+1)$개이고, 층과 층 사이의 간선들에 부여된 가중치들은 $w_1, w_2, ... w_m$이다. 또한, 각 층에 S자형 활성화 함수 $\Phi(\cdot)$가 적용되며, 입력은 x이고 여러 층의 은닉 값들은 $h_1 ... h_{m-1}$, 최종 출력은 o이다. 그리고 은닉층 t의 활성화 함수의 미분을 $\Phi'(h_t)$로 표기하고 은닉 활성화 값 h_t에 대한 손실함수의 미분은 $\frac{\partial L}{\partial h_t}$로 표기한다. 이러한 신경망의 구조가 그림 3.8에 나와 있다. 이러한 신경망의 역전파 갱신 공식은 어렵지 않게 유도할 수 있다.

$$\frac{\partial L}{\partial h_t} = \Phi'(h_{t+1}) \cdot w_{t+1} \cdot \frac{\partial L}{\partial h_{t+1}} \tag{3.38}$$

각 노드의 입력 개수가 1이므로, 초기 가중치들은 표준적인 정규분포에서 추출한다. 즉, w_t의 평균 크기 기댓값은 1이다.

S자형 활성화 함수의 경우에 이 점화식이 어떻게 작동하는지 살펴보자. 출력이 $f \in (0,1)$인 S자형 함수의 미분은 $f(1-f)$이다. 이 미분은 $f=0.5$일 때 최대가 되며, 따라서 $\Phi'(h_t)$의 최댓값은 0.25를 넘지 않는다. w_{t+1}의 기대 최댓값이 1이므로, 각각의 가중치 갱신에서 $\frac{\partial L}{\partial h_t}$은 평균적으로 $\frac{\partial L}{\partial h_{t+1}}$보다 0.25만큼 작다. 따라서, r개의 층들을 거친 후에는 이 값이 평균적으로 0.25^r만큼 작다. $r=10$인 경우의 수치를 구체적으로 계산해 보면 이러한 감소가 얼마나 빠른지 알 수 있을 것이다. 그런 경우 가중치는 원래의 10^{-6}, 즉 1백만 분의 1이 된다! 따라서, 역전파를 적용하면 앞쪽(입력 쪽) 층들의 갱신 크기는 뒤쪽 층들보다 훨씬 작다. 이 문제를 **기울기 소실 문제**(vanishing gradient problem)라고 부른다. 이 문제를 해결하는 한 가지 방법은 기울기가 더 큰 활성화 함수를 사용하고 애초에 기울기의 초기치들도 더 크게 설정하는 것인지만, 그 정도가 심하면 반대의 문제, 즉 역방향으로 기울기가 소실하는 것이 아니라 폭발하는 문제가 발생할 수 있다. 일반적으로, 각 가중치와 각 활성화 값의 미분의 곱이 정확히 1이 되도록 모든 간선의 가중치를 초기화하지 않는 한, 편미분의 크기에는 상

당한 불안정성이 존재할 수밖에 없다. 실제 응용에 쓰이는 대부분의 활성화 함수의 경우 활성화 함수의 미분이 역전파 알고리즘의 반복마다 다르므로, 가중치들을 그런 식으로 초기화하는 것은 사실상 불가능하다.

앞의 논의에서는 각 층의 노드가 단 하나인 과도하게 단순화된 예를 사용했지만, 논의를 각 층의 노드가 여러 개인 경우로 일반화하는 것은 어렵지 않다. 노드가 여러 개인 일반적인 경우에서는 층대층 역전파 갱신에 행렬 곱셈이 관여한다(스칼라 곱셈이 아니라). 스칼라 곱셈을 반복할 때와 마찬가지로, 행렬 곱셈을 반복해도 본질적으로 수치들이 불안정해진다. 좀 더 구체적으로, $(i+1)$번째 층의 손실함수 미분에는 야코비 행렬(Jacobian matrix)이라고 부르는 행렬(식 3.23 참고)이 곱해진다. 야코비 행렬에는 층 $(i+1)$의 활성화 값들의, i의 해당 활성화 값들에 대한 미분들이 들어 있다. 순환 신경망처럼 야코비 행렬이 하나의 정방행렬인 경우에는 야코비 행렬의 최대 고윳값에 대한 안전성 조건들을 실제로 강제할 수 있다. 그러나 이러한 안전성 조건들이 정확하게 만족되는 경우는 드물며, 따라서 신경망 모형은 본질적으로 기울기 소실 및 폭발 문제를 겪을 수밖에 없다. 더 나아가서, S자형 함수 같은 활성화 함수는 기울기 소실 문제를 가중하는 경향이 있다. 이 문제를 다음과 요약할 수 있다.

관찰 3.4.1 신경망 여러 부분의 매개변수들에 대한 편미분의 상대적 크기들은 서로 아주 다른 경향이 있으며, 이 때문에 경사 하강법에서 문제가 발생한다.

다음 절에서는 대부분의 다변량 최적화 문제에서(심지어 비교적 단순한 설정에서도) 불안정한 기울기 비들이 문제를 일으키는 이유를 기하학의 관점에서 설명한다.

3.4.1 기하학으로 살펴본 기울기 비의 효과

기울기 소실 및 폭발 문제는 다변량 최적화가 본래부터 가지고 있는 문제로, 심지어 국소 최적해가 없는 경우에도 발생한다. 사실 거의 모든 볼록함수 최적화에서는 이 문제가 축소된 형태로라도 발생한다. 그래서 이번 절에서는 가장 간단한 최적화 문제에 해당하는, 최소점이 하나이고 사발(bowl) 모양의 볼록 2차 목적함수 최적화의 예를 살펴본다. 단변수 문제에서 최대 경사 하강 경로(기울기가 가장 큰 하강 경로; 단변수의 경우에는 유일한 하강 경로이다)는 항상 사발의 최소점(목적함수의 최적해)을 통과한다. 그러나 최적화 문제의 변수가 하나에서 둘로 증가하면 그런 성질이 사라진다. 여기서 핵심은, 극히 소수의 예외를 제외할 때, 대부분의 손실함수에서 최대 경사 하강 경로는 최선의 이동 경로의 한 지점에서의 순간적인 방향을 가리킬 뿐이며, 그것이 장기적으로 정확한 하강 방향이라는 보장은 없다는 것이다. 다른 말로 하면, 작은 크기의 단계들에 대해 "경로를 보정하는" 과정이 항상 필요하다. 최적화 문제에서 기울기 소실 문제가 발생하는 경우 최대 경사 하강 갱신을 통해서 최적해에 도달하는 유일한 방법은 엄청나게 많은 수의 작은 갱신 단계들을 통해서 경로를 보정하는 것인데, 이것이 대한히 비효율적임은 말할 것도 없다.

그림 3.9의 두 2변량 손실함수를 통해서 이 점을 좀 더 살펴보자. 이 그림은 두 손실함수의 등고선 그래프를 보여준다. 각 등고선은 손실함수의 값이 동일한 XY 평면의 점들을 나타낸다. 최대 경사 하강 방향은 항상 이 등고선과 수직이다. 왼쪽의 손실함수는 $L = x^2 + y^2$으로, 함수의 값을 높이로 해석하는 경우 완전한 원형 사발 모양이다. 이 손실함수는 x와 y를 대칭적으로 취급한다. 오른쪽의 손실함수는 $L = x^2 + 4y^2$으로, 타원 사발 모양이다. 이 손실함수가 x 값의 변화보다 y 값의 변화에 더 민감함을 주목하기 바란다(얼마나 더 민감한지는 자료점의 위치에 따라 다르다).

그림 3.9(a)의 원형 사발 손실함수의 경우 기울기는 최적해를 직접 가리키며, 따라서 단계 크기를 적절히 설정한다면 하나의 단계로 최적해에 도달할 수 있다. 그러나 그림 3.9(b)는 사정이 다르다. 이 경우 기울기는 x방향보다 y방향으로 더 급하다. 게다가

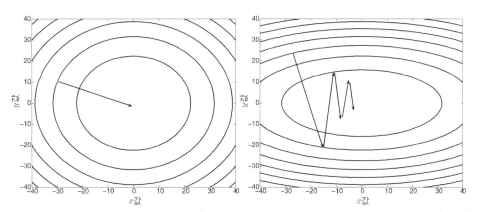

(a) 손실함수는 원형 사발 모양의 $L = x^2 + y^2$ (b) 손실함수는 타원 사발 형태의 $L = x^2 + 4y^2$

그림 3.9: 손실함수의 형태가 최대 경사 하강에 미치는 영향

기울기가 최적해를 가리키는 방향도 아니다. 따라서 하강 과정에서 여러 번의 경로 보정이 필요하다. 그림은 y 방향으로 크게 나았다가 다시 반대쪽으로 되돌아가는 모습을 보여준다. 반면 x 방향의 변화는 비교적 작다. 최대 경사 하강법을 이용하는 모든 최적화 문제에서 그림 3.9(b)와 같은 상황이 벌어지지만, 그림 3.9(b)의 경우는 기울기 소실 문제가 특히나 심각하다.[2] 사발 형태의 간단한 2차 함수(심층망에 흔히 쓰이는 손실함수에 비하면 너무나 단순한)조차도 최대 경사 하강 시 이토록 크게 진동한다는 점은 시사하는 바가 크다. 사실 함수 합성을 반복해서(바탕 계산 그래프에 따라) 만들어진 복잡한 함수는 신경망의 여러 부분의 매개변수들에 대한 출력의 민감도 면에서 대단히 불안정하다. 매개변수가 수백만 개이고 기울기 비가 지수적인 규모로 차이가 나는 실제 신경망에서는 편미분들의 상대적 차이에 의한 문제가 극히 크다. 게다가 활성화 함수 중에는 그 미분이 작은 것들이 많으며, 그러면 역전파 과정에서 기울기 소실 문제가 더 심해진다. 그러면 뒤쪽 층들의 하강 성분이 큰 매개변수들은 큰 폭으로 진동하는 방면 앞쪽 층들은 작지만 꾸준하게 갱신되는 현상이 벌어지며, 앞쪽 층들이나 뒤쪽 층들이나 최적해에는 별로 가까워지지 않는다. 결과적으로, 훈련을 오래 해도 진척이 별로 없는 상황에 빠진다.

3.4.2 활성화 함수의 선택을 이용한 부분적인 해법

활성화 함수를 잘 선택하면 기울기 소실 문제가 상당히 줄어든다. S자형 활성화 함수와 tanh 활성화 함수의 미분이 각각 그림 3.10의 (a)와 (b)에 나와 있다. S자형 활성화 함수의 기울기는 절대로 0.25를 넘지 않으므로 기울기 소실 문제가 아주 잘 발생한다. 게다가 이 함수는 인수의 절댓값이 클 때 포화한다. 포화(saturation)란 인수가 변해도 함수의 값이 거의 변하지 않는, 따라서 기울기가 거의 0인 상태를 말한다. 이런 경우 뉴런의 가중치들은 아주 느리게 변한다. 따라서 신경망에 있는 그리 많지 않은 수의 활성화 값들이 기울기 계산에 큰 영향을 미친다. tanh 함수는 원점 부근에서 기울기가

---

[2] 앞쪽 층들과 뒤쪽 층들이 매개변수들을 공유하면 이 문제가 다른 형태로 나타난다. 그런 경우 서로 다른 층들의 영향이 결합하기 때문에 각 갱신이 예상과는 아주 다른 효과를 낼 수 있다. 뒤쪽 시간층들이 앞쪽 시간층들과 묶인 순환 신경망에서 그런 일이 벌어진다. 이 경우, 아주 국소화된(기울기를 따라 이웃 영역으로 나아갈 만한 단서가 거의 없는) 영역에서는 매개변수가 조금만 변해도 손실함수가 크게 변한다. 손실함수 공간에서 그런 위상학적 특징을 가진 영역을 절벽이라고 부른다(§3.5.4 참고). 경사 하강법 갱신이 목표를 크게 지나치거나 크게 못 미치게 한다는 점에서, 이런 영역은 최적화 문제를 푸는 데 해가 된다.

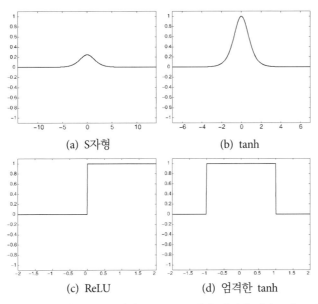

(a) S자형   (b) tanh

(c) ReLU   (d) 엄격한 tanh

그림 3.10: 여러 활성화 함수의 미분. 조각별(piecewise) 선형 활성화 함수(c와 d)의 국소 기울기들은 1이다.

1에 가까우므로 S자형 함수보다 낮지만, 인수의 절댓값이 큰 경우 급격히 포화한다. 따라서 tanh 함수 역시 기울기 소실 문제를 일으킬 가능성이 크다.

최근에는 S자형 함수나 tanh 함수 대신 ReLU와 엄격한 tanh 함수를 활성화 함수로 사용하는 경우가 많다. ReLU는 기울기를 계산하기 쉽다는, 그래서 훈련에 필요한 시간이 줄어든다는 장점도 있다. ReLU와 엄격한 tanh의 미분들이 그림 3.10의 (c)와 (d)에 나와 있다. 그림을 보면, 이 함수들의 경우 특정 인수 구간에서는 미분이 1이고 그 외의 구간에서는 0이다. 따라서, 대부분의 단위가 기울기가 1인 구간 안에서 작동하는 한 기울기 소실 문제가 잘 발생하지 않는다. 최근에는 이런 조각별 선형 함수들이 원래의 매끄러운 버전들보다 훨씬 더 많이 쓰인다. 그러나 활성화 함수를 교체하는 것은 부분적인 해결책일 뿐임을 주의하기 바란다. 층들 사이의 행렬 곱셈들도 일정 수준으로 불안정성을 유발하기 때문이다. 더 나아가서, 조각별 선형 활성화 함수들은 **죽은 뉴런**이라는 또 다른 문제를 일으킨다.

3.4.3 뉴런의 죽음과 '뇌손상'

그림 3.10의 (c)를 보면 확실히 알 수 있듯이, 인수가 음수일 때 ReLU의 기울기는 항상 0이다. 활성화 함수의 인수가 음수인 상황은 다양한 이유로 발생한다. 예를 들어 뉴런의 입력 자체는 항상 음이 아닌 값이지만, 어떠한 이유로 모든 가중치가 음수로 설정되었을 수도 있다. 그런 경우 뉴런의 출력(활성화 값)은 0이다. 또 다른 예로, 학습 속도가 높으면 입력과는 무관하게 ReLU의 활성화 전 값이 기울기가 0인 구간으로 가버릴 수 있다. 다른 말로 하면, 학습 속도가 높으면 ReLU 단위가 "죽어 버릴" 수 있는 것이다. 그런 경우 해당 뉴런은 어떤 자료가 입력되어도 활성화되지 않는다. ReLU 뉴런이 일단 그런 상태가 되면, 그 직전의 가중치들에 대한 손실함수의 기울기는 항상 0이 된다. 즉, 훈련이 계속 되어도 이 뉴런은 전혀 갱신되지 않는다. 게다가 이 뉴런은 서로 다른 입력에 대해 항상 같은 값을 출력하므로, 서로 다른 훈련 견본을 구별하는 데 아무런 도움도 주지 않는다. 이런 뉴런을 **죽은 뉴런**(dead neuron)이라고 부른다. 죽은 뉴런들이 생긴다는 것은 생물학의 어법으로 '뇌손상(brain damage)'에 해당한다. 뉴런들이 죽는 문제는 학습 속도를 적당히 낮추어서 어느 정도 완화할 수 있다. 또 다른 해결책은 보통의 ReLU 대신 **누출 $ReLU$**(leaky ReLU)를 사용하는 것이다. 그러면 활성화 구간 밖의 뉴런이 기울기를 어느 정도 회복할 수 있다.

3.4.3.1 누출 ReLU

누출 ReLU는 기존의 ReLU에 또 다른 매개변수 $\alpha \in (0,1)$을 도입한 것이다.

$$\Phi(v) = \begin{cases} \alpha \cdot v & \text{만일 } v \leq 0\text{이면} \\ v & \text{그렇지 않으면} \end{cases} \tag{3.39}$$

α는 기본적으로 사용자가 선택하는 초매개변수이지만, 학습을 통해서 결정할 수도 있다. 정의에서 보듯이, v가 음수라도 누출 ReLU는 어느 정도의 기울기를 제공한다. 물론 그 기울기는 $\alpha < 1$의 비율로 축소된 것이다.

누출 ReLU에 의한 이득이 반드시 보장되는 것은 아니므로, 이 해결책을 완전히 신뢰할 수는 없다. 그러나 죽은 뉴런이 항상 문제인 것은 아니라는 점도 중요하다. 뉴런들이 죽는 것은 신경망의 구체적인 구조를 제어하기 위한 일종의 가지치기(pruning)를 나타낸다고도 볼 수 있기 때문이다. 즉, 일정 수준의 뉴런 생략을 학습 과정의 일부로 간주할 수도 있다. 어차피 사람이 각 층의 뉴런 개수를 조정하는 데는 한계가 있다. 뉴런의 죽음은 그러한 조정을 어느 정도는 신경망이 대신 수행해 주는 것이다. 실제로, 연결들을 의도적으로 가지치기하는 것이 하나의 정칙화 전략으로 쓰이기도 한다.[282] 물론 신경망의 뉴런들이 큰 비율이 죽었다면 신경망의 상당 부분이 비활성화된 것이므로 문제로 보아야 한다. 더 나아가서, 훈련의 초기 단계에 너무 많은 뉴런이 죽는 것도 바람직하지 않다(이는 애초에 모형이 아주 나쁘다는 증거이다).

3.4.3.2 맥스아웃

최근에는 **맥스아웃 망**(maxout network)을 이용한 해결책이 제안되었다.[148] 맥스아웃 단위는 계수(가중치) 벡터를 하나가 아니라 두 개 사용한다. 두 벡터를 $\overline{W_1}$과 $\overline{W_2}$라고 할때, 치우침 뉴런을 사용하지 않는 경우 맥스아웃 단위의 출력은 $\max\{\overline{W_1} \cdot \overline{X}, \overline{W_2} \cdot \overline{X}\}$이고 사용하는 경우에는 $\max\{\overline{W_1} \cdot \overline{X} + b_1, \overline{W_2} \cdot \overline{X} + b_2\}$이다. 이 맥스아웃을 ReLU의 일반화로 볼 수 있다. 두 계수 벡터 중 하나가 0(영벡터)이면 맥스아웃이 ReLU와같아지기 때문이다. 또한 누출 ReLU도 맥스아웃의 한 특수 경우로 볼 수 있는데, $\alpha \in (0,1)$에 대해 $\overline{W_2} = \alpha\overline{W_1}$로 두면 맥스아웃이 누출 ReLU와 같아진다. ReLU처럼맥스아웃 함수도 조각별 선형 함수이다. 그러나 맥스아웃 함수는 전혀 포화하지 않으며, 거의 모든 점에서(almost everywhere) 선형이다. 선형 활성화 함수를 사용함에도 맥스아웃 망이 보편적 함수 근사기임이 증명되었다.[148] 맥스아웃은 ReLU에 비해 여러가지 장점이 있으며, **드롭아웃**(제4장의 §4.5.4 참고) 같은 앙상블 방법들의 성과를 개선하는 효과도 있다. 맥스아웃의 유일한 단점은 필요한 매개변수 개수가 두 배가 된다는것이다.

3.5 경사 하강 전략들

신경망의 매개변수 학습에 가장 흔히 쓰이는 방법은 **경사 하강법**(gradient descent)이라고도 부르는 **최대 경사법**(steepest-descent method)이다. 이 방법은 손실함수의 기울기를이용해서 매개변수의 갱신량을 계산한다. 사실 이전 장들의 모든 논의는 이 방법에기초한 것이었다. 이번 장의 앞에서 논의했듯이, 유한한 크기의 갱신 단계를 고려하는경우 손실함수의 기울기가 항상 최상의 개선 방향을 가리키는 것은 아니기 때문에,

최대 경사법이 가끔 예상과는 다르게 행동할 수 있다. 최대 경사 방향은 단계의 크기가 무한소인 경우에만 최적의 방향에 해당한다. 매개변수들을 조금 갱신한 후에는 최대 경사 하강 방향이 오히려 상승 방향이 될 수도 있다. 따라서 경로를 여러 번 보정할 필요가 있다. 서로 다른 특징들에 대한 사소한 민감도 차이 때문에 최대 경사법 알고리즘이 진동하는 현상의 구체적인 예를 §3.4.1에서 논의했다. 갱신들이 진동하거나 지그재그 형태로 나아가는 현상은 손실함수의 **고곡률**(high curvature) 방향으로 이동하는 식으로 최대 경사법을 적용할 때 보편적으로 나타나는 문제이다. 이 문제는 조건화가 극도로 나쁜 경우, 즉 서로 다른 최적화 변수들에 대한 손실함수의 편미분들의 차이 (변동)가 대단히 큰 경우에 특히나 극단적으로 나타난다. 이번 절에서는 그런 불량조건 상태에서도 잘 작동하는 몇 가지 현명한 학습 전략을 논의한다.

3.5.1 학습 속도 감쇄

신경망을 훈련하는 내내 학습 속도를 고정하는 것은 분석가를 일종의 딜레마에 빠지게 한다는 점에서 바람직하지 않다. 딜레마란 이런 것이다. 학습 초기에 학습 속도가 느리면 알고리즘이 최적해에 도달하기까지의 시간이 너무 길어진다. 반면, 초기 학습 속도가 너무 높으면 알고리즘이 좋은 해 근처에 빠르게 도달하긴 하지만, 이후 아주 오랫동안 그 해 주변을 진동하기만 하거나(해에 도달하지는 못하고) 불안정한 방식으로 해에서 멀어질 수 있다. 상수 학습 속도는 두 경우 모두에서 도움이 되지 않는다. 그 대신 시간이 지남에 따라 학습 속도를 점차 줄여서(감쇄) 바람직한 학습 속도가 되게 하면 이런 문제들을 피할 수 있다.

학습 속도 감쇄에는 **지수 감쇄**(exponential decay; 또는 지수적 소멸) 함수와 **역 감쇄** (inverse decay) 함수가 흔히 쓰인다. 초기 학습 속도가 α_0이라고 할 때, 두 함수를 이용해서 t번째 세(epoch; 또는 세대, 시대)에서의 학습 속도 α_t를 표현하면 다음과 같다.

$$\alpha_t = \alpha_0 \exp(-k \cdot t) \quad \text{[지수 감쇄]}$$

$$\alpha_t = \frac{\alpha_0}{1 + k \cdot t} \quad \text{[역 감쇄]}$$

여기서 k는 감쇄의 속도를 제어하는 매개변수이다. 또 다른 접근 방식은 학습 속도를 일정 세마다 한 번씩 특정 비율로 감쇄하는 것이다. 예를 들어 다섯 세(5세대)마다 학습 속도에 0.5를 곱하는 방식을 생각해 볼 수 있다. 또한, 훈련 자료 집합의 일부를 따로 떼어 학습 알고리즘을 돌리면서 손실함수들의 변화를 추적하다가 손실값이 더 이상 나아지지 않으면 학습 속도를 줄이는 방식도 흔히 쓰인다. 더 나아가서, 분석가가 학습 과정을 주시하다가 학습 진척 상황에 따라 직접 학습 속도를 조정하는 경우도 있다. 경사 하강법을 간단한 형태로 구현한 경우에는 이런 접근 방식을 사용할 수 있지만, 이런 접근 방식으로 학습의 다른 여러 문제점까지 해결하지는 못한다.

3.5.2 운동량 기반 학습

운동량 기빈 기법들은 지그재그 모양의 이동 경로가 다수의 상호모순적인 생신 단계들의 경쟁 때문에 올바른(장기적으로) 방향으로의 **유효 단계 크기**가 줄어들기 때문에 생긴다고 가정한다. 그림 3.9(b)가 그런 지그재그 상황의 예이다. 이런 경우, 올바른 방향으로 더 많이 이동하기 위해 그냥 단계 크기를 늘리면 실제로는 최적해에서 더 멀리 이동할 수 있다. 이런 관점에서는 이전 몇 단계의 '평균' 방향으로 이동함으로써 지그재그 경로를 좀 더 평평하게 만드는 방법이 훨씬 타당하다.

매개변수 벡터 $\overline{W}$에 대한 경사 하강법의 예를 통해서 이 점을 좀 더 살펴보자. 손실함수 L(한 미니배치에 속한 일단의 견본들에 대해 정의된)에 대한 보통의 경사 하강법 갱신 공식은 다음과 같다.

$$\overline{V} \Leftarrow -\alpha \frac{\partial L}{\partial \overline{W}}; \qquad \overline{W} \Leftarrow \overline{W} + \overline{V}$$

여기서 α는 학습 속도이다. 운동량 기반 경사 하강법에서는 다음처럼 $\overline{V}$를 지수적으로 병활화한다. 여기서 $\beta \in (0,1)$은 평활화(smoothing) 매개변수이다.

$$\overline{V} \Leftarrow \beta \overline{V} - \alpha \frac{\partial L}{\partial \overline{W}}; \qquad \overline{W} \Leftarrow \overline{W} + \overline{V}$$

β 값이 클수록 올바른 방향으로의 일관된 속도 $\overline{V}$가 나온다. $\beta = 0$으로 두면 보통의 미니배치 경사 하강법이 된다. 이 매개변수 β를 **운동량(momentum)** 매개변수 또는 마찰(friction) 매개변수라고 부르는데, '마찰'이라는 이름은 작은 β 값이 마치 '브레이크'를 밟았을 때 마찰 때문에 차가 멈추는 것을 연상케 하는 효과를 내기 때문에 붙은 것이다.

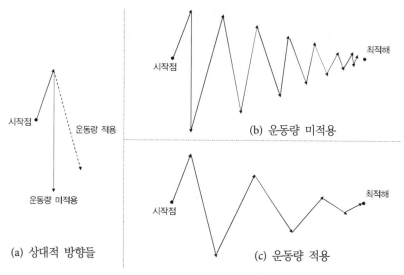

그림 3.11: 운동량이 지그재그 갱신의 평활화에 미치는 효과

이러한 운동량 기반 경사 하강법을 이용하면 학습이 더 빨라지는데, 이는 운동량 덕분에 최적화 과정의 전반적인 이동 방향이 최적해에 좀 더 가까운 점들로 가는 방향이 되기 때문이다. 즉, 쓸모없이 '옆길'로 빠져서 진동하는 경우가 줄어든다. 아주 간단히 말하자면, 이러한 운동량 기반 접근 방식은 최적화 과정이 다수의 단계에서 **일관된** 방향(최적해로의 하강에 좀 더 중요한 방향)을 더 선호하게 만든다. 이 덕분에 올바른 방향으로 더 큰 단계들을 사용해도 옆쪽으로의 넘침 또는 '폭발'이 발생하지 않으며, 결과적으로 학습이 빨라진다. 그림 3.11은 운동량의 효과를 보여준다. 그림 3.11(a)에서 보듯이, 운동량은 올바른 방향에 해당하는 기울기의 성분을 증가한다. 이것이 전체적인 갱신 과정에 미치는 효과가 그림 3.11의 (b)와 (c)에 나와 있다. 그림을 보면 운동량 기반 갱신이 더 적은 수의 단계로 최적화에 도달했음을 알 수 있다.

운동량을 적용하면 갱신 과정이 최적해를 지나쳐서 조금 더 올라가는 현상이 자주 발생한다. 이는 사발 가장자리에서 구슬을 굴렸을 때 구슬이 사발의 밑바닥을 지나서 조금 더 올라가는 것과 같은 현상이다. 그러나 β 값을 적절히 선택한다면, 운동량을 사용하지 않을 때보다 여전히 나은 성과를 낸다. 운동량 기반 방법이 대체로 좋은 성과를 내는 것은, 사발을 따라 구슬이 내려가면서 속도가 붙기 때문이다. 최적해에 더 빨리 도달하는 것의 이득이 최적화를 지나쳤다가 다시 돌아오는 손해를 능가한다. 오

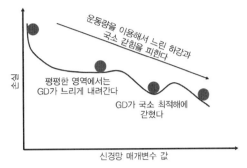

평평한 영역에서는
GD가 느리게 내려간다

운동량을 이용해서 느린 하강과
국소 갇힘을 피한다

GD가 국소 최적해에
갇혔다

손실

신경망 매개변수 값

그림 3.12: 복잡한 손실 표면을 따라 내려갈 때 운동량의 효과. 'GD'는 운동량을 사용하지 않는 순수한 경사 하강법을 뜻한다. 반면 운동량을 적용한 최적화 과정은 손실 표면의 평평한 영역에서도 속도를 유지하며, 국소 최적해에 갇히지도 않는다.

히려, 이러한 '지나침(overshooting)'은 국소 최적해를 피하는 데 도움이 된다는 점에서 어느 정도는 바람직하다. 그림 3.12는 구슬이 복잡한 손실 표면(손실함수 표면)을 따라 내려가는 모습을 보여준다. 구슬이 하강하면서 속도가 붙은 덕분에 손실 표면의 평평한 영역을 좀 더 빨리 통과할 수 있다. 매개변수 β의 값은 손실 표면을 내려가면서 구슬이 받는 마찰의 정도를 결정한다. β 값을 키우면 국소 최적해를 넘기는 데 도움이 된다. 대신, 최적해 근처에서 진동이 더 심해질 수 있다. 이상의 논의에서 보듯이, 운동량 기반 방법은 복잡한 표면(곡면)을 따라 내려가는 구슬의 물리학의 관점에서 깔끔하게 해석할 수 있다.

3.5.2.1 네스테로프 운동량

네스테로프 운동량(Nesterov momentum) 방법[353]은 앞에서 말한 보통의 운동량 방법을 수정한 것으로, 이전 단계 기울기의 β 감쇄 버전(즉, 현재 단계의 운동량)을 적용했다면 도달했을 점에서 기울기를 계산한다. 다시 말하면, 이전 단계의 보통의 갱신 벡터 $\overline{V}$에 마찰 매개변수 β를 곱한 결과를 이용해서 구한 점 $\overline{W} + \beta\overline{V}$에서 현재 단계의 기울기를 계산한다. 여기에 깔린 착안은, 갱신의 운동량 부분을 이용해서 수정한 기울기가 기울기의 변화 방식을 좀 더 잘 반영하므로, 그러한 정보를 갱신의 기울기 부분에 포함하자는 것이다. 간단히 말해서 이는 이후의 상황을 미리 살펴보고(lookahead; 예견) 갱신들을 계산하는 것에 해당한다. 현재 해 $\overline{W}$에서의 손실함수를 $L(\overline{W})$로 표기하자. 네스테로프 운동량 방법에서는 기울기 갱신 방식이 좀 복잡하므로, 이처럼 손실함수의 인수를 명시적으로 표시하는 것이 중요하다. 갱신 공식은 다음과 같다.

$$\overline{V} \Leftarrow \beta \overline{V} - \alpha \frac{\partial L(\overline{W} + \beta \overline{V})}{\partial \overline{W}}; \quad \overline{W} \Leftarrow \overline{W} + \overline{V}$$

보통의 운동량 방법과 다른 점은 기울기가 어디에서 계산되느냐는 것뿐이다. 이 방법은 이전 갱신 단계의 방향으로 조금 더 나아간 점에서 기울기를 계산하며, 그러면 좀 더 일찍 수렴에 도달할 수 있다. 사발과 구슬로 비유하자면, 이 방법에서는 구슬이 사발의 밑바닥으로 접근하면 예견 기능이 잠시 후 기울기의 방향이 뒤집힐 것임을 "경고"하며, 결과적으로 구슬에 '브레이크'가 걸리기 시작한다.

　네스테로프 방법은 적절한 크기의 미니배치를 사용할 때만 잘 작동한다. 배치의 크기나 너무 작으면 좋지 않다. 보통의 운동량 방법은 오차가 $O(1/t)$ 규모이지만, 적절한 크기의 미니배치로 네스테로프 방법을 사용하면 t단계 이후의 오차가 $O(1/t^2)$으로로 줄어든다는 점을 증명할 수 있다.

3.5.3 매개변수 고유 학습 속도

앞에서 설명한 운동량 방법의 기본 착안은 특정 매개변수들의 기울기 방향이 비교적 일정하다는 사실을 활용해서 갱신 속도를 높인다는 것이다. 매개변수 기울기 방향의 그러한 일관성(consistency)을 활용하는 또 다른 방법이 있다. 바로, 서로 다른 매개변수에 대해 명시적으로 학습 속도를 다르게 두는 것이다. 편미분이 큰 매개변수는 진동과 지그재그 현상이 심하지만 편미분이 작은 매개변수는 비교적 일관된 방향을 유지할 때가 많다. 이런 착안에 기초한 초기 방법으로 델타-바-델타delta-bar-delta 방법[217]이 있다. 이 접근 방식은 각 편미분의 부호(sign) 변화를 주시한다. 만일 편미분의 부호가 일정하게 유지되면, 그 방향이 옳은 방향이라고 간주하고 그 방향으로의 편미분을 증가시킨다. 반대로 편미분의 부호가 계속 바뀐다면 편미분을 줄인다. 그러나 이런 종류의 접근 방식은 보통의 경사 하강법을 위한 것일 뿐, 확률적 경사 하강법에는 잘 맞지 않는다. 확률적 경사 하강법에서는 오차가 증폭될 수 있기 때문이다. 그래서 미니배치 방법을 사용할 때도 잘 작동하는 매개변수 학습 속도 조정 방법들이 여럿 제안되었다.

3.5.3.1 AdaGrad

AdaGrad 알고리즘[108]에서는 알고리즘 실행 과정 동안 각 매개변수에 대한 편미분의 제곱 크기를 취합한다. 그 값의 제곱근은 매개변수의 제곱평균제곱근(root-mean-square, RMS) 기울기에 비례한다(그 절댓값은 계속된 취합에 의해 세대의 횟수에 비례해서 증가하지만).

i번째 매개변수에 대한 취합 값을 A_i로 표기하자. 각 반복에서 이 값은 다음과 같이 갱신된다.

$$A_i \Leftarrow A_i + \left(\frac{\partial L}{\partial w_i}\right)^2 \qquad \forall i \tag{3.40}$$

i번째 매개변수 w_i에 대한 갱신 공식은 다음과 같다.

$$w_i \Leftarrow w_i - \frac{\alpha}{\sqrt{A_i}}\left(\frac{\partial L}{\partial w_i}\right) \qquad \forall i$$

불량조건을 피하는 데 도움이 된다면 분모에 $\sqrt{A_i}$ 대신 $\sqrt{A_i + \epsilon}$ 을 사용할 수도 있다. 여기서 ϵ은 10^{-8} 같은 작은 양수이다.

편미분을 $\sqrt{A_i}$ 의 역수로 비례하는 것은 일종의 '신호대잡음(signal-to-noise)' 정규화에 해당한다. 비례 계수 A_i는 기울기의 부호가 아니라 역사적인 크기를 측정할 뿐이기 때문이다. 따라서 A_i는 해당 매개변수의 갱신이 부호가 일관된, 그리고 경사가 그리 급하지 않은 기울기 방향을 따라 **상대적으로** 빠르게 이동하게 만든다. i번째 방향으로의 기울기 성분이 크게 요동친다면(예를 들어 $+100$과 -100이 교대로 나온다면), 그런 성분에 대해 이런 크기 중심적 정규화는 작은 값(이를테면 0.1) 부근에서 별로 변하지 않는 성분보다 훨씬 더 큰 벌점을 가한다. 예를 들어 그림 3.11의 진동 방향 이동들은 덜 강조되고 일관된 방향으로의 이동은 강조된다. 그러나 모든 성분을 고려한 전체적인 이동은 시간이 흐르면서 점차 느려지는 경향이 있다. 이는 이 접근 방식의 주된 단점이다. 이러한 감속은 비례 계수 A_i가 편미분의 전체 역사를 **취합한**(aggregate) 값이라는 사실에서 비롯한다. 이 때문에 비례된 편미분의 값이 줄어든다. AdaGrad는 점차 느려져서 결국에는 갱신이 (거의) 멈추는 지점에 도달한다. 이 접근 방식의 또 다른 문제점은, 비례 계수들의 취합이 지난 과거에 의존하기 때문에 결국에는 오래된 비례 계수들의 효과가 사라진다는(이를 '상한다(stale)'라고 말한다) 점이다. 그런 상한 비례 계수들을 사용하면 정확도가 떨어질 수 있다. 이후에 보겠지만 다른 대부분의 학습 방법은 이 두 문제를 모두 해결한 지수적 평균 접근 방식을 사용한다.

3.5.3.2 RMSProp

RMSProp 알고리즘[194]은 AdaGrad와 비슷한 동기로 $\sqrt{A_i}$의 절대 크기에 기초한 '신호대잡음' 정규화를 적용한다. 단, A_i를 기울기 제곱들을 취합해서 갱신하는 대신 지수적 평균(exponential averaging)을 사용한다는 점이 다르다. 취합이 아니라 평균을 이용해서 정규화하므로, 비례 계수 A_i의 일관된 증가 때문에 학습이 너무 일찍 느려지는 현상이 없다. 이 방법의 기본 착안은 t번째 갱신에서의 제곱 편미분에 가중치 ρ^t(여기서 $\rho \in (0,1)$는 하나의 감쇄 계수)을 적용한다는 것이다. 이를 그냥 현재의 제곱 취합값, 즉, 이동(running) 추정치에 ρ를 곱하고 거기에 현재 편미분(의 제곱)을 $(1-\rho)$번 더해서 수행할 수 있음을 주목하기 바란다. 이동 추정치는 초기에는 0으로 초기화된다. 이렇게 하면 초기 반복에서 (바람직하지 않은) 편향(치우침)이 생길 수 있지만, 장기적으로는 그런 편향이 사라진다. 정리하자면, i번째 매개변수 w_i의 지수적 평균값 A_i를 갱신하는 공식은 다음과 같다.

$$A_i \Leftarrow \rho A_i + (1-\rho)\left(\frac{\partial L}{\partial w_i}\right)^2 \qquad \forall i \qquad (3.41)$$

각 매개변수에 대한 이 값의 제곱근은 그 매개변수의 기울기를 정규화하는 데 사용한다. 그러한 기울기를 이용해서 각 매개변수를 갱신하는 공식은 다음과 같다. α는 전역 학습 속도이다.

$$w_i \Leftarrow w_i - \frac{\alpha}{\sqrt{A_i}}\left(\frac{\partial L}{\partial w_i}\right) \qquad \forall i$$

불량조건을 피하는 데 도움이 된다면 분모에 $\sqrt{A_i}$ 대신 $\sqrt{A_i + \epsilon}$을 사용할 수도 있다. 여기서 ϵ은 10^{-8} 같은 작은 양수이다. AdaGrad에 비한 RMSProp의 또 다른 장점은 아주 오래된(즉, 상한) 기울기 감쇄값들의 중요도가 시간에 따라 지수적으로 감소한다는 것이다. 더 나아가서, 계산 알고리즘에 운동량 개념을 도입해서 이득을 얻을 수도 있다(§3.5.3.3과 §3.5.3.5 참고). RMSProp의 단점은 초기 반복들에서는 2차 적률(second-order moment)의 이동 추정치 A_i가 편향된다는 점이다(이는 그 이동 추정치가 0으로 초기화되기 때문이다).

3.5.3.3 RMSProp과 네스테로프 운동량

RMSProp을 네스테로프 운동량과 결합할 수도 있다. A_i가 i번째 가중치의 제곱 취합 값이라고 하자. 운동량 방법을 결합하기 위해, 운동량 매개변수 $\beta \in (0,1)$를 도입해서 갱신 공식들을 다음과 같이 수정한다.

$$v_i \Leftarrow \beta v_i - \frac{\alpha}{\sqrt{A_i}} \left(\frac{\partial L(\overline{W} + \beta \overline{V})}{\partial w_i} \right) \quad w_i \Leftarrow w_i + v_i \quad \forall i$$

이제는 손실함수의 편미분을 네스테로프 운동량 방법에서처럼 좀 더 이동된 점에서 계산함을 주목하기 바란다. 손실함수의 편미분 계산 시 $\beta \overline{V}$만큼 이동된 가중치 $\overline{W}$가 쓰인다. A_i의 갱신 역시 이동된 기울기들을 사용한다.

$$A_i \Leftarrow \rho A_i + (1 - \rho) \left(\frac{\partial L(\overline{W} + \beta \overline{V})}{\partial w_i} \right)^2 \quad \forall i \tag{3.42}$$

이 접근 방식이 RMSProp에 운동량의 효과를 추가하긴 하지만, 초기화 편향 문제까지 해결해 주지는 않는다.

3.5.3.4 AdaDelta

AdaDelta 알고리즘[553]은 RMSProp과 비슷한 갱신 공식들을 사용하지만, 전역 학습 속도 매개변수를 따로 두지 않는다는 점이 다르다. 대신 이 방법은 이전 반복들의 점진적 갱신들의 함수로 전역 학습 속도를 계산한다. §3.5.3.2에서 보았듯이, RMSProp은 다음 갱신을 반복한다.

$$w_i \Leftarrow w_i - \underbrace{\frac{\alpha}{\sqrt{A_i}} \left(\frac{\partial L}{\partial w_i} \right)}_{\Delta w_i} \quad \forall i$$

AdaDelta 알고리즘은 이 공식의 α 대신 이전의 점진적 갱신들에 의존하는 함수를 사용한다. 이를 구체적으로 살펴보자. 각 갱신에서 w_i는 Δw_i만큼 증가한다. 이전에 기울기 A_i들을 지수적으로 평활화했던 것과 마찬가지로, 이 알고리즘은 이전 반복들에 쓰인 Δw_i 값들을 지수적으로 평활화한 값 δ_i를 갱신한다. 이전처럼 ρ는 감쇄 매개변수이다.

$$\delta_i \Leftarrow \rho \delta_i + (1-\rho)(\Delta w_i)^2 \qquad \forall\, i \qquad (3.43)$$

주어진 한 반복에서 Δw_i는 아직 주어지지 않았으므로, δ_i는 그 이전 반복들의 값들로만 계산할 수 있다. 반면 A_i를 계산할 때는 현재 반복의 편미분도 사용할 수 있다. 이는 A_i와 δ_i의 계산 방식의 미묘한 차이점이다. δ_i를 이용한 AdaDelta의 갱신 공식은 다음과 같다.

$$w_i \Leftarrow w_i - \underbrace{\sqrt{\frac{\delta_i}{A_i}}\left(\frac{\partial L}{\partial w_i}\right)}_{\Delta w_i} \qquad \forall\, i$$

이 갱신 공식에는 학습 속도 매개변수 α가 아예 없음을 주목하기 바란다. AdaDelta 방법은 갱신 공식의 비 $\sqrt{\dfrac{\delta_i}{A_i}}$ 가 w_i에 대한 손실함수의 2차 미분의 역수에 대한 발견법적 근사치라는 점에서 2차 근사 방법들과 비슷한 면이 있다.[553] 이후에 논의하겠지만, 뉴턴법 같은 여러 2차 근사 방법들도 학습 속도 매개변수를 사용하지 않는다.

3.5.3.5 Adam

Adam※ 알고리즘은 AdaGrad나 RMSProp처럼 '신호대잡음' 정규화를 사용한다. 그러나 둘과는 달리 이 알고리즘은 1차 기울기를 지수적으로 평활화해서 운동량을 갱신에 도입하는 기법도 사용한다. 또한, 이 알고리즘은 지수적 평활화 방법의 고질적인 초기 편향 문제(평활화된 값의 이동 추정치가 비현실적으로 0으로 초기화되는)도 해결한다.

RMSProp의 경우처럼, A_i가 i번째 매개변수 w_i의 지수적 평균값이라고 하자. 이 값의 갱신은 RMSProp에서와 같다. $\rho \in (0,1)$은 감쇄 매개변수이다.

$$A_i \Leftarrow \rho A_i + (1-\rho)\left(\frac{\partial L}{\partial w_i}\right)^2 \qquad \forall\, i \qquad (3.44)$$

이와 동시에, 기울기를 지수적으로 평활화한 값도 갱신한다. i번째 성분의 해당 값을 F_i로 표기하기로 하자. 다음은 이 평활화를 수행하는 공식인데, ρ_f는 앞의 것과는 다

※ **역주** 참고로 'Adam'이라는 이름은 'adaptive moments(적응적 직률)'를 줄인 것이다.

른 감쇄 매개변수이다.

$$F_i \Leftarrow \rho_f F_i + (1 - \rho_f)\left(\frac{\partial L}{\partial w_i}\right) \qquad \forall i \tag{3.45}$$

ρ_f를 이용한 이런 지수적 기울기 평활화는 §3.5.2에서 논의한 운동량 방법(ρ_f 대신 마찰 매개변수 β를 매개변수로 사용한다)의 한 변형이다. 이에 기초한 갱신 공식은 다음과 같다. α_t는 t번째 반복에서의 학습 속도이다.

$$w_i \Leftarrow w_i - \frac{\alpha_t}{\sqrt{A_i}} F_i \qquad \forall i$$

RMSProp과의 핵심적인 차이점은 두 가지이다. 첫째로, 운동량을 도입하기 위해 Adam은 기울기를 지수적으로 평활화한 값을 사용한다. 둘째로, 학습 속도가 다음과 같이 반복 색인 t에 의존한다.

$$\alpha_t = \alpha \underbrace{\left(\frac{\sqrt{1 - \rho^t}}{1 - \rho_f^t}\right)}_{\text{편향 보정 계수}} \tag{3.46}$$

이 공식은 하나의 편향 보정 계수(bias correction factor)를 이용해서 학습 속도를 조정한다. 이 계수는 두 지수적 평활화 메커니즘에 의한 비현실적인 초기화를 바로잡는 역할을 하며, 따라서 초기 반복들에서 특히나 중요하다. F_i와 A_i 둘 다 0으로 초기화되기 때문에 초기 반복들에서 편향이 발생한다. 이 두 수량은 그러한 편향에 직접 영향을 받는데, 그러한 영향을 식 3.46의 계수가 완화한다. $\rho, \rho_f \in (0, 1)$이므로 큰 t에 대해 ρ^t과 ρ_f^t 둘 다 0으로 수렴한다는 점도 주목하기 바란다. 그 결과, 식 3.46의 초기화 편향 보정 계수는 1로 수렴하며, α_t는 α로 수렴한다. Adam을 제안한 원논문 [241]은 ρ_f와 ρ의 기본값으로 각각 0.9와 0.999를 제시했다. [241]은 ρ와 ρ_f를 선택하는 데 쓰이는 다른 기준들(매개변수 희소성 등)도 논의한다. 다른 여러 방법처럼 Adam은 조건화를 개선하기 위해 갱신 공식의 분모에 $\sqrt{A_i + \epsilon}$ 을($\sqrt{A_i}$ 가 아니라) 사용한다. Adam 알고리즘은 다른 여러 알고리즘의 장점들을 대부분 가지고 있고 다른 방법들의 최고 성과에 준하는 성과를 낼 때가 많다는[241] 점 때문에 인기가 아주 높다.

3.5.4 절벽과 고차 불안정성

이번 장의 논의에서는 1차 미분(일계도함수)만 사용했다. 1차 미분을 이용한 최적화는 일부 오차 표면(error surface)에서 속도가 느려질 수 있다. 부분적인 원인은 1차 미분이 제공하는 오차 표면에 관한 정보가 그리 많지 않다는 것이다. 이 때문에 갱신이 목표를 지나칠 수 있다. 신경망 손실 표면이 복잡하면 기울기 기반 갱신들이 예기치 못한 방식으로 수행될 때가 많다.

손실 표면의 예가 그림 3.13에 나와 있다. 그림은 완만하게 기울어진 영역 다음에 기울기가 급한 절벽(cliff; 또는 벼랑)이 있는 표면을 보여준다. 최적화 알고리즘이 변수 x에 대한 1차 편미분만 이용해서 표면을 따라 내려간다면, 알고리즘은 완만한 경사밖에 보지 못할 것이다. 따라서, 학습 속도 매개변수가 작으면 학습이 매우 느리고, 반대로 학습 속도롤 높이면 최적해(표면의 최저점)를 훨씬 지나친(overshoot) 점에 도달하게 된다. 이 문제의 원인은 1차 기울기가 갱신의 크기에 조절하는 데 필요한 정보를 담고 있지 않다는 것인데, 이는 곡률(기울기의 변화)의 본질적인 성격에서 비롯된 것이다. 많은 경우 기울기 변화율을 2차 미분(이계도함수)을 이용해서 계산할 수 있다. 기울기 변화율은 유용한(추가적인) 정보를 제공한다. 일반적으로 2차 미분을 이용한 방법(이하 2차 방법)들은 국소 손실 표면을 사발 모양의 2차 곡선으로 근사한다. 그러한 2차 근사가 선형(1차) 근사보다 정확하다. 2차 표면의 경우 **뉴턴법**(Newton method) 같은 2차 방법을 이용하면 단 한 번의 반복으로 국소 최적해를 구할 수 있다. 물론, 대부분의 신경망 모형 손실 표면은 2차 표면이 아니다. 그렇긴 하지만, 2차 방법들을 이용하면

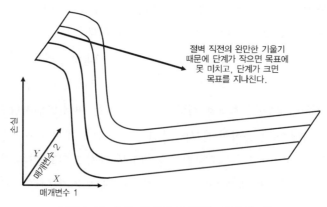

절벽 직전의 완만한 기울기 때문에 단계가 작으면 목표에 못 미치고, 단계가 크면 목표를 지나친다.

손실

Y, 매개변수 2

X

매개변수 1

그림 3.13: 손실 표면에 존재히는 절벽의 예

적어도 기울기가 너무 급하게 변하지는 않는 경우에서 경사 하강법의 속도를 크게 높이는 데에는 충분한 근사해를 얻을 수 있다.

절벽은 손실함수에 일정 수준의 불안정성을 일으킨다는 점에서 바람직하지 않다. 즉, 절벽 부근에서는 기울기의 작은 변화가 손실함수의 훨씬 더 작은 변화 또는 훨씬 더 큰 변화로 이어질 수 있으며, 그러면 갱신 결과가 실제 최적해에서 훨씬 더 멀어지게 된다. 제7장에서 배우겠지만, 순환 신경망의 모든 시간층은 같은 매개변수들을 공유한다. 그런 경우, 기울기가 소실하거나 폭발한다는 것은 앞쪽 층들과 뒤쪽 층들(서로 묶인) 모두에서 매개변수에 대한 손실함수의 민감도가 변한다는 뜻이다. 따라서, 잘 선택된 매개변수의 작은 변화가 여러 층에 거쳐서 불안정한 방식으로 중첩되어서 손실함수의 값이 필요 이상으로 커지거나 무시할 수 있을 정도로 작아질 수 있다. 안타깝게도 이런 소실과 폭발이 일어나지 않도록 단계 크기를 제어하기란 쉽지 않다. 이상은 절벽 근처에서 흔히 발생하는 상황이다. 이런 상황에서는 하나의 경사 하강법 갱신 단계에서 최적해를 놓치기 쉽다. 층들이 매개변수들을 공유하면 손실함수에 고차 가중치 섭동 효과(여러 층의 공유 가중치들이 신경망 예측 과정에서 서로 곱해져서 생기는)가 가해진다는 점을 생각하면 이런 현상을 이해하는 데 도움이 될 것이다. 정리하자면, 1차 기울기로는 손실함수에서 **곡률**(curvature)의 효과를 충분히 모형화할 수 없다. 여기서 곡률은 특정 방향으로의 기울기의 변화를 측정한 수량이다. 이런 현상은 기울기를 잘라내거나(절단) 명시적으로 손실함수의 곡률(즉, 2차 미분)을 이용해서 갱신을 수행함으로써 해결할 수 있을 때가 많다.

3.5.5 기울기 절단

기울기 절단(gradient clipping)은 서로 다른 방향의 편미분들의 크기 차이가 심할 때 생기는 바람직하지 않은 현상을 해소하기 위한 기법이다. 몇몇 형태의 기울기 절단 방법들은 학습 속도 적응 기법에 쓰이는 것과 비슷한 원리를 이용해서 편미분의 서로 다른 성분들을 좀 더 균등하게 만든다. 단, 지금까지의 기울기 값들이 아니라 현재 기울기 값만 이용해서 절단을 수행한다는 점이 다르다. 흔히 쓰이는 기울기 절단 방법들은 크게 두 부류로 나뉜다.

1. **값 기반 절단**: 값 기반 절단 방법들은 기울기 값의 상한(최대 문턱값)과 하한(최소 문턱값)을 정해 두고, 하한보다 작은 모든 편미분은 하한으로, 상한보다 큰 모든 편미분은 상한으로 설정한다.

2. **노름 기반 절단**: 이 방법들은 전체 기울기 벡터를 L_2-노름으로 정규화한다. 이런 종류의 절단은 서로 다른 방향으로의 상대적 갱신 크기를 변경하지 않음을 주의하기 바란다. 그러나, 여러 층이 매개변수들을 공유하는 신경망(순환 신경망 등)에서는 두 종류의 절단이 아주 비슷한 결과를 낸다. 절단을 적용하면 값들의 조건화가 좋아지기 때문에 서로 다른 미니배치들에 대한 갱신들이 어느 정도 비슷해진다. 결과적으로, 특정 미니배치의 비정상적인 기울기 폭발이 최종 결과에 너무 큰 영향을 미치는 일이 방지된다.

일반적으로 기울기 절단은 다른 여러 방법에 비해 그 효과가 상당히 제한적이지만, 순환 신경망의 기울기 폭발 문제를 피하는 데는 아주 효과적이다. 순환 신경망(제7장)은 다수의 층이 매개변수들을 공유하며, 갱신 과정에서 공유 매개변수의 각 복사본을 개별적인 변수로 취급해서 미분을 계산한다. 그런 미분들은 전체적인 기울기의 시간적 성분들인데, 미분들을 미리 절단한 결과로 전체적인 기울기를 형성한다. [369]는 기울기 폭발 문제의 기하학적 해석을 제시하고, [368]은 기울기 절단의 작동 방식을 상세히 설명한다.

3.5.6 2차 미분

최근 몇 년간 2차 미분을 최적화에 활용하는 여러 방법이 제안되었다. 그런 방법들은 손실함수의 곡률 때문에 생기는 몇 가지 문제를 부분적으로나마 완화한다.

열벡터[3] 형태의 매개변수 벡터 $\overline{W} = (w_1 \ldots w_d)^T$를 생각해 보자. 이에 대한 손실함수 $L(\overline{W})$의 2차 미분은 다음과 같은 형태이다.

$$H_{ij} = \frac{\partial^2 L(\overline{W})}{\partial w_i \partial w_j}$$

---

3) 지금까지는 대체로 $\overline{W}$를 행벡터로 취급했다. 그러나 이 논의에서는 표기의 편의상 $\overline{W}$를 열벡터로 둔다.

이 2차 미분의 분모에 쌍별(pairwise) 매개변수들이 있음을 주목하기 바란다. 다른 말로 하면, 매개변수가 d개인 신경망의 편미분들은 (i,j)번째 성분이 H_{ij}인 하나의 $d \times d$ 헤세 행렬(Hessian matrix) H를 형성한다. 손실함수의 이러한 2차 미분들을 역전파로 계산할 수도 있지만,[315] 실제 응용에서 그런 방법은 거의 쓰이지 않는다. 헤세 행렬은 기울기의 야코비 행렬이라 할 수 있다.

매개변수 벡터 $\overline{W}_0$ 부근에서의 손실함수의 2차 근사를 다음과 같이 테일러 전개를 이용해서 표현할 수 있다.

$$L(\overline{W}) \approx L(\overline{W}_0) + (\overline{W} - \overline{W}_0)^T[\nabla L(\overline{W}_0)] + \frac{1}{2}(\overline{W} - \overline{W}_0)^T H(\overline{W} - \overline{W}_0) \quad (3.47)$$

헤세 행렬 H가 $\overline{W}_0$에서 계산됨을 주목하기 바란다. 여기서 매개변수 벡터 $\overline{W}$와 $\overline{W}_0$은 d차원 열벡터이고, 손실함수의 기울기 역시 d차원 열벡터이다. 이것은 하나의 2차 근사이며, 기울기를 0벡터로 두어서 정리하면 다음과 같은 2차 근사의 최적성 조건이 나온다.

$$\nabla L(\overline{W}) = 0 \qquad \text{[손실함수의 기울기]}$$
$$\nabla L(\overline{W}_0) + H(\overline{W} - \overline{W}_0) = 0 \quad \text{[테일러 근사의 기울기]}$$

이 최적성 조건을 적절히 정리해서 다음과 같은 뉴턴법 갱신 공식을 얻을 수 있다.

$$\overline{W}^* \Leftarrow \overline{W}_0 - H^{-1}[\nabla L(\overline{W}_0)] \qquad (3.48)$$

이 갱신 공식의 한 가지 흥미로운 특성은, 이것이 최적성 조건에서 직접 유도한 것이므로 학습 속도가 관여하지 않는다는 것이다. 다른 말로 하면, 이 갱신 공식으로 2차 사발 모양의 손실함수를 근사하는 경우 **단 한 번의 단계로** 사발의 최저점에 **정확히** 도달한다. 학습 속도는 암묵적으로 공식에 내장되어 있다. 그림 3.9에서 보았듯이 1차 방법은 곡률이 높은 방향들을 따라 지그재그로 나아간다. 물론 2차 근사의 최저점이 진(true) 손실함수의 최저점은 아니므로, 뉴턴법 갱신을 여러 번 적용할 필요가 있다.

식 3.48과 최대 경사법 갱신 공식의 주된 차이는, 식 3.48은 최대 경사 방향($[\nabla L(\overline{W}_0)]$) 앞에 헤세 행렬의 역행렬(이하 헤세 역행렬)을 곱한다는 점이다. 헤세 역행렬 곱셈은 최대 경사 하강 방향을 조정하는 데 핵심적인 역할을 한다. 이 곱셈은 하강 방향으로의

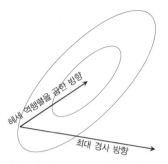

그림 3.14: 헤세 역행렬을 최대 경사 방향에 곱한 효과

순간변화율(instantaneous rate of change)이 최대 경사 방향의 것만큼 크지 않은 경우에도 최적화 알고리즘이 그 방향으로 좀 더 크게 이동하는 효과를 낸다. 이는 헤세 행렬이 각 방향으로의 기울기 변화율에 관한 정보를 담고 있기 때문이다. 갱신 단계의 크기가 클 때는 기울기 변경이 바람직하지 않은데, 왜냐하면 갱신에 의해 기울기의 여러 성분의 부호가 변하는 경우 의도치 않게 목적함수의 값이 나빠질 수 있기 때문이다. 기울기 대 기울기 변화율의 비가 큰 방향으로 이동하는 것이 바람직하다. 그러면 최적화에 해를 끼치지 않고도 더 큰 단계를 취할 수 있다. 헤세 역행렬을 곱하면 그런 효과가 생긴다. 최대 경사 방향에 헤세 역행렬을 곱하는 것의 효과가 그림 3.14에 나와 있다. 그림 3.9에 나온 2차 사발의 예와 비교해 보기 바란다. 어떤 면에서, 헤세 역행렬을 곱하는 것은 학습 단계들을 곡률이 낮은 방향으로 치우치게 만드는 것이라 할 수 있다. 1차원에서 뉴턴법 갱신은 그냥 1차 미분(변화율) 대 2차 미분(곡률)의 비에 해당한다. 다차원에서는 헤세 역행렬 곱셈 때문에 저곡률 방향들이 선호되는 경향이 생긴다.

곡률의 효과는 손실함수 표면이 경사진 계곡 형태일 때 특히나 두드러진다. 경사진 계곡의 예가 그림 3.15에 나와 있다. 계곡(valley)은 경사 하강법에서 문제를 일으킬 여지가 많다. 특히 계곡이 좁고 바닥의 경사가 급하면 더욱 그렇다. 물론 그림 3.15의 계곡은 그런 형태가 아니다. 그림의 계곡은 비교적 쉬운 경우에 해당한다. 그렇지만 이런 경우에도, 단계 크기를 잘 선택하지 못하면 최대 경사법이 계곡 양쪽 면을 지그재그로 오가면서 막상 계곡 아래쪽으로는 느리게 나아가는 행동을 보일 수 있다. 계곡이 좁으면 경사 하강법이 계곡 양쪽 면을 더욱 심하게 오가면서 완만한 경사 방향으로는 거의 나아가지 못하게 된다. 즉, 장기(long-term) 이득이 가장 큰 완만한 경사 방향

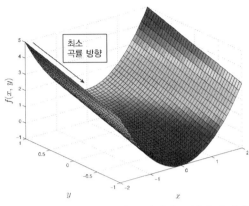

그림 3.15: 계곡 형태의 표면에서 곡률의 효과

대신 이득이 별로 없는 좌우 방향에서 시간을 허비하게 되는 것이다. 이런 경우 장기적으로 올바른 방향으로 이동 방향을 조정하는 유일한 방법은 기울기 정보를 곡률을 이용해서 정규화하는 것뿐이다. 이런 종류의 정규화는 그림 3.15에 나온 저곡률 방향들을 선호하는 경향이 있다. 헤세 역행렬을 최대 경사 하강 방향에 곱하면 바로 그러한 효과가 생긴다.

대부분의 대규모 신경망 설정에서는 헤세 행렬이 너무 크기 때문에 명시적으로 저장하거나 계산하는 것이 비현실적이다. 매개변수가 수백만 개인 신경망도 드물지 않다. 오늘날의 계산 능력으로 $10^6 \times 10^6$ 헤세 행렬의 역행렬을 구하는 것은 사실상 불가능하다. 사실 역행렬은커녕 헤세 행렬 자체를 계산하기도 쉽지 않은 일이다. 그래서 뉴턴법의 여러 변형을 비롯해 여러 근사 방법이 개발되었다. 이를테면 기존의 켤레기울기법(conjugate gradient method)과 사실상 같은 기법인 헤세 비의존 최적화(Hessian-free optimization, HFO)[41, 189, 313, 314]가 있고, 또 헤세 행렬을 근사적으로 계산하는 준 뉴턴법도 있다. 이런 방법들의 기본적인 목표는 헤세 행렬을 명시적으로 계산하지 않고도 2차 갱신을 수행하는 것이다.

3.5.6.1 켤레기울기법과 헤세 비의존 최적화

켤레기울기법(conjugate gradient method; 또는 공액기울기법)[189]은 여러 단계를 반복해서 2차 손실함수의 최적해에 도달한다(뉴턴법처럼 단 한 번의 단계로 도달하는 것이 아니라). 이 방법은 초기 신경망 연구자들도 잘 알고 있었으며,[41, 443] 최근에는 '헤세 비의존 최적화'라는 이름으로 재탄생했다. 이 이름은 헤세 행렬을 명시적으로 계산하지 않고도 검색 방향을 계산할 수 있다는 점을 강조한 것이다.

1차 방법들의 핵심적인 문제점은 최적화 과정의 지그재그 이동 경로이다. 이 때문에 이전 반복들이 이룬 성과가 대부분 무산된다. 그러나 켤레기울기법에서는 이동 방향들이 이전 반복의 성과를 절대로 무산하지 않는 방식으로 서로 연관된다. 좀 더 구체적으로 말하면, 한 단계의 기울기 변화를 임의의 다른 이동 방향을 가리키는 벡터를 따라 투영했을 때 항상 0이 나온다. 더 나아가서, 켤레기울기법에서는 서로 다른 단계 크기들에 대해 직선 검색(line search; 또는 선 찾기)을 적용해서 최적의 단계 크기를 구한다. 최적의 단계는 각 방향을 따라 진행되며, 그 방향으로의 성과를 이후 단계들이 무산하지 않으므로, d차원 함수의 최적해에 도달하는 데에는 d회의 선형 독립 단계가 필요하다. 그런 방향들은 오직 2차 손실함수에 대해서만 구할 수 있으므로, 먼저 손실함수 $L(\overline{W})$가 2차 함수라는 가정을 두고 켤레기울기법을 살펴보기로 하자.

2차 볼록 손실함수 $L(\overline{W})$의 등고선은 그림 3.16처럼 타원 형태이다. 대칭 헤세 행렬의 정규직교 고유벡터 $\overline{q}_0 \dots \overline{q}_{d-1}$은 그러한 타원 등고선 형태의 축 방향들에 해당한다. 손실함수를 그러한 고유벡터들로 정의되는 새로운 좌표계에서 표현할 수 있다. 고유벡터들로 정의된 좌표계에서 타원 손실 등고선이 좌표계 축들에 정렬되어 있기 때문에, 손실함수의 (변환된) 변수들은 서로 독립이다. 이는 **변환된 변수들로 표현된 손실함수로 구한 새 헤세 행렬 $H_q = Q^T H Q$가 대각행렬이기 때문이다**(Q는 고유벡터들이 열들인 $d \times d$ 행렬). 변환된 변수들 사이에 의존관계가 없으므로, 각각을 독립적으로 최적화할 수 있다. 또는, 원래의 변수들에 대해 연달아 각 고유벡터 방향으로 최적의(투영된) 경사 하강 단계를 적용해서 손실함수를 최소화할 수도 있다. 각 방향으로의 최적의 이동에는 직선 검색으로 구한 단계 크기가 쓰인다. 그림 3.16(a)는 그러한 이동의 성격을 보여준다. j번째 고유벡터 방향으로의 이동이 그 이전 고유벡터 방향으로의 이동들을 방해하지 않으므로, 각 최적해를 얻는 데는 d회의 단계로 충분하다.

헤세 행렬의 고유벡터들을 직접 계산하는 것은 비현실적이지만, 이들과 비슷한 성질들을 만족하면서도 효율적으로 계산할 수 있는 다른 방향들이 존재한다. 여기서 핵심적인 성질은 벡터들의 **상호 켤레성(mutual conjugacy)**이라는 것이다. 헤세 행렬의 두 고유벡터 $\overline{q}_i$와 $\overline{q}_j$는 서로 직교이므로 $\overline{q}_i^T \overline{q}_j = 0$을 만족함을 주목하기 바란다. 더 나

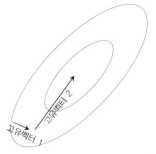

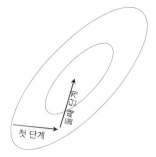

(a) 서로 직교인 헤세 행렬 고유벡터들:
$$\bar{q}_i^T \bar{q}_j = 0$$

(b) 직교가 아닌 임의의 켤레 쌍:
$$\bar{q}_i^T H \bar{q}_j = 0$$

그림 3.16: 2차 함수의 헤세 행렬의 고유벡터들은 서로 직교이다. 2차 타원체의 직교 좌표축들에 해당하는 이 고유벡터들은 직교 켤레 방향들을 가리킨다. 켤레성의 정의를 일반화하면 비직교 방향들이 나올 수도 있다.

아가서, $\bar{q}_j$가 H의 고유벡터이므로, $H\bar{q}_j = \lambda_j \bar{q}_j$인 어떤 스칼라 고윳값 λ_j가 존재한다. 양변에 $\bar{q}_i^T$를 곱하면 헤세 행렬의 고유벡터들이 쌍별로 $\bar{q}_i^T H \bar{q}_j = 0$을 만족함을 쉽게 증명할 수 있다. 이런 조건을 가리켜 **상호 켤레성** 조건이라고 부른다. 이 조건을 만족한다는 것은, $\bar{q}_0 \dots \bar{q}_{d-1}$이 축들인 좌표계로 변환된 헤세 행렬 $H_q = Q^T H Q$가 대각행렬이라는 말과 같은 뜻이다. 지금 논의에서 주목할 점은, 만일 임의의(반드시 직교인 것은 아닌) 벡터 집합 $\bar{q}_0 \dots \bar{q}_{d-1}$이 상호 켤레성 조건을 만족한다면, 그 집합에 있는 임의의 한 벡터 방향으로의 이동은 다른 벡터 방향으로의 투영된 이동을 방해하지 않는다는 것이다. 헤세 고유벡터 이외의 켤레 방향들은 상호 직교가 아닐 수 있다. 그림 3.16의 (b)가 그러한 예이다. 2차 손실함수를 켤레 방향들의 비직교 좌표계를 기준으로 다시 표현하면, 변수들이 대각 헤세 행렬 $H_q = Q^T H Q$에 의해 깔끔하게 분리된다. 그러나 이 경우 $Q^T Q \neq I$이므로, H_q는 H를 실제로 대각화한 것이 아니다. 그렇긴 하지만, 이런 독립적인 방향들은 지그재그 현상을 피하는 데 효과적이다.

$\bar{q}_t$ 방향으로의 이동 이전과 이후의 매개변수 벡터가 각각 $\overline{W}_t$와 $\overline{W}_{t+1}$이라고 하자. $\bar{q}_t$ 방향으로의 이동에 의한 기울기 변화량 $\nabla L(\overline{W}_{t+1}) - \nabla L(\overline{W}_t)$는 $H\bar{q}_t$와 같은 방향을 가리킨다. 이는 2차 미분 행렬(헤세 행렬)과 그 방향의 곱이 그 방향으로의 이동에 의한 1차 미분(기울기)의 변화량에 비례하기 때문이다. 이러한 관계는 비2차 함수의 유한차분(finite-difference) 근사에 해당하며, 2차 함수의 경우에는 참값에 해당

한다. 따라서, 다른 단계 벡터 $(\overline{W_{i+1}} - \overline{W_i}) \propto \overline{q_i}$에 대한 이 변화 벡터의 투영(즉, 내적)은 다음과 같이 주어진다.

$$\underbrace{[\overline{W_{i+1}} - \overline{W_i}]^T}_{\text{이전 단계}}\underbrace{[\nabla L(\overline{W_{t+1}}) - \nabla L(\overline{W_t})]}_{\text{현재 기울기 변화량}} \propto \overline{q_i}^T H \overline{q_t} = 0$$

이는, (전체 학습 과정에서) 특정 방향 $\overline{q_i}$로의 기울기 변화는 오직 그 방향으로의 갱신 단계에서만 일어난다는 뜻이다. 직선 검색 덕분에, 그 방향으로의 최종 기울기는 0이다. 볼록 손실함수에는 선형독립(일차독립) 켤레 방향들이 존재한다(연습문제 7). 각 켤레 방향으로 최적의 단계를 취하면, 최종적인 기울기와 d개의 선형독립 방향들과의 내적은 0이다. 이런 결과는 최종 기울기가 0(영벡터)일 때만 가능하다(연습문제 8). 최종 기울기가 영벡터라는 것은 볼록 함수에 대한 최적해에 도달했음을 뜻한다. 실제로는 d보다 훨씬 적은 횟수로 갱신을 반복해도 최적해에 가까운 해에 도달할 수 있다.

켤레 방향들을 반복해서 생성하는 방법은 무엇일까? 자명한 접근 방식은 이전의 모든 $O(d)$개의 켤레 방향들의 벡터 성분 $O(d^2)$개를 점검해서 이전 모든 방향에 대한 다음 방향의 켤레성을 보장하는 것이다(연습문제 11). 그러나 놀랍게도, 반복 생성 시 최대 경사 하강 방향을 사용한다면 가장 최근의 켤레 방향만으로도 다음 방향을 만들 수 있음이 밝혀졌다.[359, 443] 이는 자명하지 않은 결과이다(연습문제 12). 정리하자면, 방향 $\overline{q_{t+1}}$은 그냥 이전 켤레 방향 $\overline{q_t}$와 현재의 최대 경사 하강 방향 $\nabla L(\overline{W_{t+1}})$을 다음과 같이 선형으로 결합해서 만들 수 있다.

$$\overline{q_{t+1}} = -\nabla L(\overline{W_{t+1}}) + \beta_t \overline{q_t} \tag{3.49}$$

여기서 β_t는 결합 매개변수이다. 양변에 $\overline{q_t}^T H$를 앞에서 곱하고 켤레성 조건에 근거해서 좌변을 0으로 두면 이 β_t을 구할 수 있다.

$$\beta_t = \frac{\overline{q_t}^T H[\nabla L(\overline{W_{t+1}})]}{\overline{q_t}^T H \overline{q_t}} \tag{3.50}$$

다음은 이로부터 유도한 반복 갱신 과정이다. 초기에는 $\overline{q_0} = -\nabla L(\overline{W_0})$이고, $t = 0$, 1, 2,... T에 대해 $\overline{q_{t+1}}$을 반복해서 계산한다.

1. $\overline{W}_{t+1} \Leftarrow \overline{W}_t + \alpha_t \overline{q}_t$로 갱신한다. 여기서 단계 크기 α_t는 손실함수가 최소화되는 최적의 단계 크기를 직선 검색으로 구한 것이다.

2. $\overline{q}_{t+1} = -\nabla L(\overline{W}_{t+1}) + \left(\dfrac{\overline{q}_t^T H [\nabla L(\overline{W}_{t+1})]}{\overline{q}_t^T H \overline{q}_t} \right) \overline{q}_t$로 설정한다. t를 1 증가한다.

$\overline{q}_{t+1}$이 이전의 **모든** $\overline{q}_i$에 대해 켤레성을 만족함이 증명되었다.[359, 443] 연습문제 12에서 이를 체계적으로 증명해 볼 것이다.

앞의 갱신 공식에 행렬 H가 포함되어 있으므로, 이러한 방법이 '헤세 비의존적'은 아닌 것 같다고 생각하는 독자도 있을 것이다. 그러나 갱신 공식을 계산할 때 필요한 것은 헤세 행렬 자체가 아니라 특정 방향으로의 헤세 행렬의 **투영**(projection; 또는 사영) 뿐이다. 그러한 투영을, 헤세 행렬의 개별 성분을 명시적으로 계산하지 않고 유한차분법을 이용해서 간접적으로 구할 수 있다. 방향 $\overline{v}$에 대한 투영 $H\overline{v}$를 계산한다고 하자. 유한차분법은 현재 매개변수 벡터 $\overline{W}$에서와 $\overline{W} + \delta\overline{v}$에서의 손실함수 기울기를 계산한다. 여기서 δ는 근사를 위한 작은 값이다.

$$H\overline{v} \approx \frac{\nabla L(\overline{W} + \delta\overline{v}) - \nabla L(\overline{W})}{\delta} \propto \nabla L(\overline{W} + \delta\overline{v}) - \nabla L(\overline{W}) \tag{3.51}$$

우변에 헤세 행렬이 없음을 주목하기 바란다. 2차 함수의 경우 이 공식은 참값을 제공한다. 다른 여러 헤세 비의존적 갱신 방법들이 [41]에 나온다.

지금까지는 손실함수가 2차 함수인 단순한 경우를 논의했다. 2차 손실함수의 경우 2차 미분 행렬(헤세 행렬)은 하나의 상수 행렬이다(즉, 현재 매개변수 벡터와는 무관하게 일정하다). 그러나 실제로 신경망에 쓰이는 손실함수들은 2차 함수가 아니며, 따라서 헤세 행렬은 $\overline{W}_t$의 현재 값에 의존적이다. 그런 경우 먼저 한 점에서의 2차 근사를 만든 후 그 점에 고정된 헤세 행렬(2차 근사)을 여러 번의 갱신 반복에 공통으로 사용해서 해를 구해야 할까? 아니면 반복마다 헤세 행렬을 바꾸는 것이 좋을까? 전자를 **선형 켤레기울기법**(linear conjugate gradient method)이라고 부르고 후자를 **비선형 켤레기울기법**(nonlinear conjugate gradient method)이라고 부른다. 2차 손실함수의 경우에는 두 방법이 동등하지만, 실제 신경망에서는 2차 손실함수가 쓰이는 일이 거의 없다.

신경망과 기계 학습의 고전적 문헌들은 주로 비선형 켤레기울기법의 활용을 탐구했지만,[41] 최근 연구 결과는 선형 켤레기울기법을 옹호한다.[313, 314] 비선형 켤레기울기법에서는 방향들의 상호 켤레성이 시간이 지나면서 나빠진다. 그러면 전체적인 진척에 예기치 못한 영향이 미칠 수 있다(심지어 갱신이 아주 많이 반복된 후에도). 따라서 상호 켤레성이 나빠짐에 따라 몇 단계마다 켤레 방향들을 계산하는 과정을 다시 시작해야 한다는 부담이 생긴다. 켤레성 감소가 너무 빠르게 진행되면 켤레성에서 얻는 이득이 크지 않다. 반면 선형 켤레기울기법에서는 각 2차 근사를 정확하게(참값으로) 풀 수 있으며, 거의 항상 d보다 훨씬 적은 수의 반복으로도 해가 나온다. 비록 그런 근사가 여러 번 필요하긴 하지만, 근사마다 최적화의 진척이 보장되며, 필요한 근사 횟수는 대체로 그리 많지 않다. [313]은 선형 켤레기울기법의 우월함을 보여주는 실험 결과를 제시한다.

3.5.6.2 준 뉴턴법과 BFGS

BFGS는 Broyden-Fletcher-Goldfarb-Shanno^{브로이던·플레처·골드파브·섀너}를 줄인 것이다. BFGS 알고리즘은 하나의 근사적 뉴턴법으로 고안되었다. 기억을 되살리는 의미로, 뉴턴법의 전형적인 갱신 공식은 다음과 같다.

$$\overline{W}^* \Leftarrow \overline{W}_0 - H^{-1}[\nabla L(\overline{W}_0)] \tag{3.52}$$

준俊 뉴턴법(quasi-Newton method)은 여러 단계에 걸쳐 헤세 행렬의 역행렬을 거듭해서 근사한다. t번째 단계에서의 헤세 역행렬의 근사를 G_t로 표기하자. 첫 반복에서는 G_t를 하나의 단위행렬(항등행렬)로 초기화하는데, 이는 최대 경사 방향으로의 이동에 해당한다. 이 G_t를 저계수 갱신을 통해서 G_{t+1}로 갱신하는 과정을 반복한다. 근사 헤세 역행렬 $G_t \approx H_t^{-1}$을 이용해서 표현한 뉴턴법 갱신 공식은 다음과 같다.

$$\overline{W}_{t+1} \Leftarrow \overline{W}_t - G_t[\nabla L(\overline{W}_t)] \tag{3.53}$$

이 갱신 공식을, G_t 같은 근사 헤세 역행렬과 작동하는 비2차 손실함수를 위한 최적의 학습 속도 α_t를 도입해서 다음과 같이 개선할 수 있다.

$$\overline{W}_{t+1} \Leftarrow \overline{W}_t - \alpha_t G_t[\nabla L(\overline{W}_t)] \tag{3.54}$$

최적의 학습 속도 α_t는 직선 검색으로 구한다. 켤레기울기법과는 달리 이 방법에서는 켤레성을 유지하는 것이 중요하지 않으므로, 이 직선 검색을 정확하게(참값이 나오도록) 수행할 필요는 없다. 그렇게 해도, 단위행렬로 시작한 경우 이 방법은 초기 방향들의 근사 켤레성을 유지한다. 필요하다면 d회 반복마다 G_t를 다시 단위행렬로 초기화할 수도 있다(실제로 그렇게 하는 경우는 드물다).

이제 행렬 G_t로부터 행렬 G_{t+1}을 근사하는 방법만 설명하면 된다. 이를 위해서는 할선(시컨트) 조건(secant condition)이라고도 하는 준準 뉴턴 조건(quasi-Newton condition)이 필요하다.

$$\underbrace{\overline{W_{t+1}} - \overline{W_t}}_{\text{매개변수 변화량}} = G_{t+1}\underbrace{[\nabla L(\overline{W_{t+1}}) - \nabla L(\overline{W_t})]}_{\text{1차 미분 변화량}} \tag{3.55}$$

이 공식은 그냥 하나의 유한차분 근사 공식이다. 직관적으로, 2차 미분 행렬(즉, 헤세 행렬)과 매개변수 변화량(벡터)의 곱은 기울기 변화량의 근삿값이다. 따라서 근사 헤세 역행렬 G_{t+1}을 기울기 변화량에 곱하면 매개변수 변화량이 나온다. 이제 목표는 식 3.55를 만족하는 대칭행렬 G_{t+1}을 구하는 것인데, 그 대칭행렬은 해가 무한히 많은 과소결정(under-determined) 연립방정식을 나타낸다. 그런 무한히 많은 해 중 BFGS는 현재 G_t에 가장 가까운 대칭행렬 G_{t+1}을, 가중 프로베니우스 노름 형태의 목적함수 $\|G_{t+1} - G_t\|_F$를 최소화해서 선택한다. 그렇게 구한 해는 다음과 같다.

$$G_{t+1} \Leftarrow (I - \Delta_t \overline{q}_t \overline{v}_t^T)G_t(I - \Delta_t \overline{v}_t \overline{q}_t^T) + \Delta_t \overline{q}_t \overline{q}_t^T \tag{3.56}$$

여기서 벡터(열벡터) $\overline{q}_t$와 $\overline{v}_t$는 각각 매개변수 변화량과 기울기 변화량이고 스칼라 $\Delta_t = 1/(\overline{q}_t^T \overline{v}_t)$는 그 두 벡터의 내적의 역이다.

$$\overline{q}_t = \overline{W_{t+1}} - \overline{W_t}; \qquad \overline{v}_t = \nabla L(\overline{W_{t+1}}) - \nabla L(\overline{W_t})$$

식 3.56의 갱신 공식을 적절히 전개, 정리하면 구현의 공간 효율성을 높일 수 있는(유지해야 할 임시 행렬들을 줄임으로써) 갱신 공식이 나온다. 그러한 구현 세부 사항과 갱신 공식 유도에 관심이 있는 독자는 [300, 359, 376]을 보기 바란다.

헤세 역행렬의 근사 덕분에 BFGS가 빠르긴 하지만, 한 반복에서 다음 반복으로 $O(d^2)$ 크기의 G_t 행렬을 넘겨주어야 한다는 부담은 여전히 존재한다. *L-BFGS*(limited memory BFGS; 메모리 제한 BFGS)는 행렬 G_t를 넘겨주지 않음으로써 메모리 요구량을 $O(d^2)$에서 $O(d)$로 극적으로 감소한다. 가장 기본적인 형태의 L-BFGS 방법은 식 3.56에서 G_t가 단위행렬로 대체된 공식을 이용해서 G_{t+1}을 계산한다. 좀 더 정교한 형태의 L-BFGS 방법은 가장 최근 $m \approx 30$개의 벡터 $\overline{q}_t$와 $\overline{v}_t$를 저장해 두고, G_{t-m+1}을 단위행렬로 초기화한 후 식 3.56을 재귀적으로 m회 반복해서 G_{t+1}을 유도한다. 실제 응용에는 G_{t-m+1}에서 G_t까지의 커다란 중간 행렬들을 명시적으로 저장하지 않고 벡터들로부터 이동 방향을 직접 계산하도록 최적화된 구현이 쓰인다. L-BFGS로 구한 방향들은 근사 직선 검색을 사용하는 경우에도 상호 켤레성을 어느 정도 만족한다.

3.5.6.3 2차 방법의 안장점 문제

2차 방법들에서는 안장점(saddle point)이 생기기 쉽다. 경사 하강법에서, 안장점은 기울기가 0이라는 점에서 정류점(stationary point; 또는 정상점)이지만 그렇다고 최적점(최소점 또는 최대점)은 아닌 점을 말한다. 안장점은 하나의 **변곡점**(inflection point)인데, 접근 방향에 따라서는 최소점 또는 최대점으로 보인다. 따라서 2차 근사 뉴턴법은 안장점에 접근하는 방향에 따라 아주 다른 결과를 낸다. 다음은 안장점이 존재하는 1차원(단변수) 함수의 예이다.

$$f(x) = x^3$$

그림 3.17(a)는 이 함수의 그래프인데, 변곡점은 $x = 0$에 있다. $x > 0$ 영역에서의 2차 근사는 위를 향한 사발 보양이시만 $x < 0$ 영역에서는 아래를 향한 사빌 모양임을 주목하기 바란다. 더 나아가서, $x = 0$에 도달한다고 해도 2차 미분과 1차 미분이 0이므로 뉴턴 갱신 공식은 $0/0$의 형태가 되어서 해가 정의되지 않는다. 수치 최적화의 관점에서 이런 점은 퇴화점(degenerate point)에 해당한다. 그런데 모든 안장점이 퇴화점은 아니며, 모든 퇴화점이 안장점인 것도 아니다. 다변량 문제에서는 목적함수의 최솟값이 아닌 이런 퇴화점들이 넓고 평평한 영역을 차지할 때가 많다. 따라서 이런 퇴화점들은 수치 최적화에 심각한 문제를 일으킨다. 그런 함수의 예로 $h(x, y) = x^3 + y^3$이 있다. 이 함수는 $(0,0)$에서 퇴화한다. 더 나아가서, $(0,0)$ 부근의 영역은 평평한 대지(고원) 같은 모습이다. 이런 종류의 대지(plateau)들은 학습 알고리즘에 문제가 된다. 이런 영역에서 1차 알고리즘들은 진도가 느려지고, 2차 알고리즘 역시 이들을 문제가

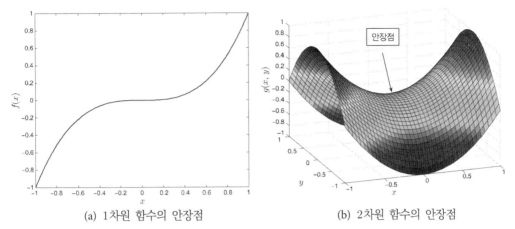

| (a) 1차원 함수의 안장점 | (b) 2차원 함수의 안장점 |

그림 **3.17:** 안장점의 예

있는 영역으로 인식하지 못한다. 이런 안장점들은 오직 3차 이상의 고차 대수(algebraic) 함수들에서만 발생함을 기억하기 바란다. 안타깝게도 신경망 최적화에는 그런 고차 함수들이 많이 쓰인다.

퇴화점이 아닌 안장점의 예를 조사해 보는 것도 독자의 학습에 도움이 될 것이다. 다음은 안장점이 존재하는 2차원 함수의 예이다.

$$g(x,y) = x^2 - y^2$$

이 함수의 표면이 그림 3.17(b)에 나와 있다. 안장점은 $(0,0)$이다. 그림에서 보듯이, 이 함수는 형태가 실제로 말 안장과 비슷하다. 이 경우, x 방향에서 접근하느냐 y 방향에서 접근하느냐에 따라 2차 근사 결과가 아주 달라진다. 한 방향에서는 함수가 최솟값인 것처럼 보이고, 다른 한 방향에서는 최댓값인 것 같다. 더 나아가서, 뉴턴 갱신 공식의 관점에서 안장점 $(0,0)$은 극점이 아니면서도 하나의 정류점이다. 안장점은 손실함수의 두 언덕 사이 영역에 자주 발생하며, 그런 영역의 위상구조(topology)는 2차 방법에서 문제를 일으킨다. 흥미로운 점은, 1차 방법들은 이런 안장점들에서 잘 빠져나온다는 것이다.[146] 이는 1차 방법의 궤적이 그런 점들에 끌려가지 않기 때문이다. 반면 뉴턴법은 안장점으로 직접 뛰어 들어간다.

안타깝게도, 신경망 손실함수 중에는 안장점이 대단히 많은 것들이 있다. 따라서 2차 방법이 항상 1차 방법보다 나은 것은 아니다. 1차냐 2차냐를 결정할 때는 해당 손실함수의 구체적인 위상구조를 따져보는 것이 중요하다. 손실함수의 곡률들이 복잡하게 변하거나 손실 표면에 절벽이 존재하면 2차 방법이 낫고, 손실함수에 안장점이 존재한다면 1차 방법이 낫다. Adam 같은 계산 알고리즘과 1차 경사 하강법을 조합하면 암묵적으로 2차 방법의 여러 장점이 생긴다는 점도 주목하기 바란다. 이 때문에, 실제 응용에서는 1차 방법들을 Adam 같은 계산 알고리즘과 조합해서 사용하는 방법이 쓰일 때가 많다. 최근에는 2차 방법의 안장점 문제를 해결하는 몇 가지 방법이 제안되었다.[88]

3.5.7 폴리액 평균

2차 방법의 동기 중 하나는 곡률이 높은 영역들에서 발생하는 왕복(bouncing) 행동을 피하자는 것이다. 계곡에서 보이는 지그재그 경로(그림 3.15)도 그러한 왕복 행동의 한 예이다. 임의의 학습 알고리즘에서 어느 정도의 안정성을 보장하는 한 가지 방법은 매개변수들의 평균이 시간에 따라 지수적으로 감쇄하게 하는 것이다. 그러면 왕복 행동을 피할 수 있다. 임의의 학습 방법이 총 T개의 단계를 통해서 구한 일련의 매개변수들이 $\overline{W}_1 \dots \overline{W}_T$라고 하자. 가장 간단한 형태의 폴리액 평균법(Polyak averaging)은 그냥 그러한 모든 매개변수의 평균을 최종 매개변수 $\overline{W}_T^f$로 사용한다.

$$\overline{W}_T^f = \frac{\sum_{i=1}^{T} \overline{W}_i}{T} \tag{3.57}$$

이러한 단순 평균법에서는 $1 \dots T-1$에 대해 관련 값들을 계산할 필요 없이 그냥 학습 과정의 끝에서 한 번만 $\overline{W}_T^f$를 계산하면 된다.

그러나 감쇄 매개변수 $\beta < 1$을 이용한 지수적 평균화에서는 학습 과정에서 그러한 값들을 반복적으로 계산해서 이동 평균(running average)을 갱신하는 것이 낫다.

$$\overline{W}_t^f = \frac{\sum_{i=1}^{t} \beta^{t-i} \overline{W}_i}{\sum_{i=1}^{t} \beta^{t-i}} \qquad \text{[명시적 공식]}$$

$$\overline{W}_t^f = (1-\beta)\overline{W}_t + \beta\overline{W}_{t-1}^f \quad \text{[점화식]}$$

큰 t에 대해 두 공식은 근사적으로 동등하다. 실제 응용에서는 두 번째 공식이 편한데, 학습 알고리즘을 실행하는 과정에서 매개변수들의 전체 역사를 유지할 필요 없이 반복적으로 적용할 수 있기 때문이다. 퇴화점들의 효과를 피하는 데는 지수적 감쇄 평균이 단순 평균보다 유용하다. 단순 평균법에서는 최종 결과가 초기(early) 점들(정확한 해의 나쁜 근사에 해당하는)에 너무 큰 영향을 미칠 수 있다.

3.5.8 극소점과 가짜 최소점

앞의 여러 절에서 살펴본 2차 사발 형태의 함수들은 전역 최적해가 하나뿐이라는 점에서 비교적 간단한 최적화 문제에 해당한다. 그런 문제를 **볼록함수 최적화 문제**, 줄여서 볼록 최적화 문제라고 부른다. 볼록 최적화 문제는 가장 단순한 형태의 최적화 문제에 해당한다. 그러나 일반적으로 신경망에 쓰이는 목적함수는 볼록함수가 아니며, 극소점(국소 최소점)들이 여러 개일 때가 많다. 그런 경우에는 학습이 최적이 아닌 해로 수렴할 수 있다. 그렇긴 하지만, 초기점(initialization point)들을 잘 잡는다면 신경망의 극소점은 생각보다 문제를 덜 일으킨다.

극소점은 그 점에서의 목적함수 값이 최소점(전역 최소점)에서의 목적함수 값보다 훨씬 클 때만 문제가 된다. 그러나 실제 신경망 응용에서 그런 경우는 별로 없는 것으로 보인다. 여러 연구 결과[88, 426]에 따르면, 실제로 쓰이는 신경망들에서 극소점의 목적함수 값은 최소점의 목적함수 값과 아주 비슷하다. 따라서 극소점은 생각보다 별 문제가 되지 않는 것으로 보인다.

그러나 가용 자료가 제한된 경우 극소점은 **모형 일반화**(model generalization)와 관련해서 문제를 일으킬 때가 많다. 여기서 명심할 점은, 손실함수는 항상 훈련 자료(모든 가능한 자료의 제한된 표본에 해당하는)에 대해 정의된다는 것이다. 그렇게 정의된 손실함수는 미지의(아직 본 적이 없는) 시험 자료의 진 분포에 대한 손실함수의 형태를 대충 근사한 것일 뿐이다. 훈련 자료가 충분하지 않으면 다수의 '가짜' 최소점 또는 극소점이 생긴다. 그런 극소점들은 아직 본 적이 없는 미지의 시험 자료(무한히 큰)의 분포에서는 나타나지 않지만, 특정 훈련 집합에서는 일종의 무작위한 결함(artifact)으로 나타나게 된다. 적은 수의 훈련 견본들로 구축된 손실함수에 대해서는 이런 가짜 최소점들이 더 두드러지고 더 매력적일 때가 많다. 이 경우에는 가짜 최소점들이 실제로 문제가 된다. 그러면 신경망이 미지의 시험 견본들로 잘 일반화되지 않기 때문이다. 이 문제는 전통적인 최적화에서 극소점을 문제 삼는 방식과는 좀 다르다. 신경망에서 문제가 되는 것은, **훈련 자료에 대한 극소점이 시험 자료로 잘 일반화되지 않는다는 것**이다. 다른 말로 하면, 훈련 자료와 시험 자료에서 손실함수의 형태가 서로 다르기 때문에 두 경우의 극소점들이 일치하지 않는다는 것이 문제이다. 이처럼 전통적인 최적화와 제한된 자료 집합에 대한 손실함수를 미지의 방대한 시험 자료로 일반화하려 하는 기계 학습 방법에는 근본적인 차이가 존재함을 명심하기 바란다. 기계 학습에서는 **경험적 위험도 최소화**(empirical risk minimization)라는 개념이 중요하다. 자료의 진 분포를 알지 못하므로, 학습 알고리즘의 (근사) **경험적 위험도**를 계산할 필요가 있다. 무작위로 초기화한 점들로 시작한 경우에는 학습 알고리즘이 가짜 최소점들 중 하나에 빠질 때가 많다. 그렇지 않으려면 진정한(모형 일반화의 관점에서) 최적점들이 있는 계곡 바닥에 좀 더 가까운 위치로 초기점들을 세심하게 이동해야 한다. 제4장에서 논의하는 **비지도 사전훈련**(unsupervised pretraining)이 이런 접근 방식을 사용하는 학습 알고리즘의 하나이다.

신경망 학습에서 가짜 최소점이 일으키는 문제점(제한된 훈련 자료로 얻은 결과를 미지의 시험 자료로 일반화하지 못하는 것)은 전통적인 최적화에서 극소점이 일으키는 문제보다 훨씬 크다. 이 문제의 본성은 극소점 문제에 관한 기존의 관점과 상당히 다르기 때문에, 모형 일반화를 다루는 제4장에서 좀 더 논의하겠다.

3.6 배치 정규화

배치 정규화(batch normalization)는 기울기 소실 및 폭발 문제(활성화 값 기울기들이 층들을 거치면서 점점 작아지거나 커지는 문제)의 해결책으로 비교적 최근 제안된 방법이다. 심층 신경망의 훈련에서 또 다른 중요한 문제는 **내부 공변량 이동**(internal covariate shift)이다. 내부 공변량 이동은 훈련 도중 매개변수들이 변함에 따라 은닉 단위들의 활성화 값도 변하는 것을 말한다. 다른 말로 하면, 앞쪽 층들에서 뒤쪽 층들로의 은닉 단위 입력이 계속해서 변한다. 층에서 층으로의 입력들이 계속 변하면 뒤쪽 층들에 대한 훈련 자료가 불안정해져서 학습의 수렴이 느려진다. 배치 정규화를 이용하면 그런 현상을 줄일 수 있다.

배치 정규화의 기본 착안은 은닉층들 사이에 '정규화층(normalization layer)'을 추가한다는 것이다. 정규화층은 분산이 대체로 비슷한 특징들을 생성함으로써 내부 공변량 이동의 효과를 상쇄한다. 또한, 정규화층의 각 단위에는 추가적인 매개변수가 두 개 있다. i번째 단위의 매개변수 β_i와 γ_i는 그 단위의 구체적인 정규화 수준을 제어한다. 이 매개변수들은 자료를 통해서 학습된다. 배치 정규화의 핵심은, 각 미니배치의 모든 견본에 대해 정규화층의 i번째 단위가 평균이 β_i, 표준편차가 γ_i인 값들을 출력하게 한다는 것이다. 그냥 각 β_i를 0으로, 각 γ_i를 1로 설정하면 되지 않을까 생각하는 독자도 있겠지만, 그러면 신경망의 표현력이 감소한다. 그렇게 설정하면, 예를 들어 S자형 단위들은 자신의 선형 영역 안에서 작동하게 된다. 만일 정규화를 활성화 전에 수행한다면 특히나 더 그렇다(그림 3.18에 관한 아래의 논의 참고). 제1장에서 보았듯이, 비선형 활성화 함수를 사용하지 않는 다층망은 깊이를 증가해도 표현력이 증가하지 않는다. 따라서 이 매개변수들을 어느 정도 '유동적'으로 만들고 자료를 통해서 매개변수들을 학습하는 것이 합당하다. 매개변수 β_i는 또한 학습된 치우침 변수의 역할도 한다. 따라서 정규화층에는 치우침 단위를 추가할 필요가 없다.

한 은닉층의 i번째 단위가 특별한 종류의 노드 BN_i에 연결되어 있다고 가정하자. 여기서 BN은 batch normalization(배치 정규화)을 줄인 것이다. 이 단위에는 두 매개변수 β_i와 γ_i가 있다. 이들의 값은 훈련을 통해서 학습한다. BN_i는 입력이 하나뿐이며, 정규화와 비례를 수행한다. 이 노드는 신경망의 다음 층에 연결된다(신경망에서 한 층을 다음 층에 연결하는 통상적인 방식에 따라). 배치 정규화는 중간층을 연결하는 방식에 따라 두 가지로 나뉜다.

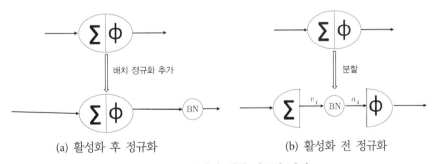

(a) 활성화 후 정규화   (b) 활성화 전 정규화

그림 3.18: 두 가지 배치 정규화 방법

1. 활성화 후 정규화: 선형으로 변환된 입력에 활성화 함수를 적용한 직후에 정규화를 수행한다. 그림 3.18의 (a)가 이에 해당한다. 즉, 정규화는 **활성화 후 값**에 대해 수행된다.

2. 활성화 전 정규화: 입력에 선형변환을 적용한 후에, 그러나 활성화 함수를 적용하기 전에 정규화를 수행한다. 그림 3.18의 (b)가 이에 해당한다. 즉, 정규화는 **활성화 전 값**에 대해 수행된다.

[214]에 따르면 두 번째 방식이 더 낫다. 따라서 이 논의에서도 두 번째 방식을 살펴보기로 한다. 그림 3.18(b)의 BN 노드는 여타의 계산 노드와 다를 바가 없다(특별한 성질이 몇 가지 있긴 하지만). 훈련 시 다른 모든 계산 노드와 마찬가지 방식으로 역전파를 적용하면 된다.

그림 BN_i가 적용하는 변환(정규화)을 구체적으로 살펴보자. i번째 은닉 단위에 입력된 미니배치의 r번째 견본에 대응되는 이 정규화 노드의 입력이 $v_i^{(r)}$라고 하자. 각 $v_i^{(r)}$는 계수 벡터 $\overline{W_i}$로(그리고 치우침 단위들이 있다면 해당 치우침 값들로) 정의되는 선형변환을 거친 값이다. 배치가 m개의 견본으로 이루어졌다고 할 때, m개의 활성화 값들을 $v_i^{(1)}, v_i^{(2)}, \dots v_i^{(m)}$로 표기하자. 정규화의 첫 단계는 i번째 은닉 단위에 대한 평균 μ_i와 표준편차 σ_i를 계산하는 것이다. 그런 다음에는 매개변수 β_i와 γ_i로 비례하고, 그 결과들을 이용해서 최종적인 정규화 출력(다음 층에 입력되는)을 계산한다.

$$\mu_i = \frac{\sum_{r=1}^{m} v_i^{(r)}}{m} \qquad \forall\, i \tag{3.58}$$

$$\sigma_i^2 = \frac{\sum_{r=1}^{m} (v_i^{(r)} - \mu_i)^2}{m} + \epsilon \qquad \forall\, i \tag{3.59}$$

$$\hat{v}_i^{(r)} = \frac{v_i^{(r)} - \mu_i}{\sigma_i} \qquad \forall\, i,\, r \tag{3.60}$$

$$a_i^{(r)} = \gamma_i \cdot \hat{v}_i^{(r)} + \beta_i \qquad \forall\, i,\, r \tag{3.61}$$

σ_i^2 계산 시 작은 값 ϵ을 더한 것은 모든 활성화 값이 같은 경우 분산이 0이 되는 일을 피하기 위해서이다. $a_i^{(r)}$은 배치의 r번째 견본에 대한 i번째 노드의 활성화 전 값이다. 만일 배치 정규화를 적용하지 않는다면 이 값은 그냥 $v_i^{(r)}$이 되었을 것이다. 실제로는 그냥 하나의 노드에서 이 모든 계산을 수행하지만, 개념적으로는 그림 3.18(b)처럼 이러한 정규화 처리를 BN_i라는 특별한 노드가 수행하는 것으로 표현한다. 역전파를 수행할 때는 층의 손실함수 미분 계산 시 이러한 정규화를 고려하도록 알고리즘을 적절히 수정할 필요가 있다. 이러한 특별한 BN 노드에서 적용하는 함수가 주어진 **배치**에 고유함을 기억하기 바란다. 이는 신경망에서 흔치 않은 계산 방식이다. 신경망의 기울기들은 개별 훈련 견본에 대한 기울기들의 선형 분리 합이지만, 그와는 달리 배치 정규화 층은 배치의 비선형 측도(이를테면 표준편차)를 계산한다. 따라서 활성화 값들은 배치의 견본들 사이의 관계에 영향을 받는다. 대부분의 신경망 계산에서는 그런 경우가 별로 없다. BN 노드가 이러한 특별한 성질을 가지고 있지만, 그렇다고 BN 노드들의 계산을 역전파할 수 없는 것은 아니다.

그럼 정규화층에 맞게 수정한 역전파 알고리즘을 살펴보자. 이 논의에서 주된 초점은 새로 추가된 정규화층의 노드들을 통해서 역전파가 진행되는 방식이다. 그리고 매개변수 β_i와 γ_i의 최적화 방식도 또 다른 초점이다. β_i와 γ_i의 학습을 위한 경사 하강법 갱신 단계에서는 그 매개변수들에 대한 기울기들을 구해야 한다. 역전파가 BN 노드의 출력까지 진행되어서 각 $\dfrac{\partial L}{\partial a_i^{(r)}}$이 계산되었다고 하자. 그러면, 두 매개변수에 대한 미분들은 다음과 같이 계산할 수 있다.

$$\frac{\partial L}{\partial \beta_i} = \sum_{r=1}^{m} \frac{\partial L}{\partial a_i^{(r)}} \cdot \frac{\partial a_i^{(r)}}{\partial \beta_i} = \sum_{r=1}^{m} \frac{\partial L}{\partial a_i^{(r)}}$$

$$\frac{\partial L}{\partial \gamma_i} = \sum_{r=1}^{m} \frac{\partial L}{\partial a_i^{(r)}} \cdot \frac{\partial a_i^{(r)}}{\partial \gamma_i} = \sum_{r=1}^{m} \frac{\partial L}{\partial a_i^{(r)}} \cdot \hat{v}_i^{(r)}$$

또한 $\dfrac{\partial L}{\partial v_i^r}$도 계산해야 한다. 그 값을 계산한 후에는 이전 층의 모든 노드 j에 대한 활성화 전 값 $\dfrac{\partial L}{\partial a_j^r}$들을 이번 장에서 설명한 보통의 역전파 갱신 공식을 이용해서 역전파한다. 그 $\dfrac{\partial L}{\partial a_j^r}$ 값들이 있으면 동적 계획법의 재귀 과정이 완료된다. $v_i^{(r)}$을 $\hat{v}_i^{(r)}$과

평균 μ_i, 분산 σ_i^2만의 함수(정규화 함수)로 표현할 수 있다는 점에 근거해서, $\dfrac{\partial L}{\partial v_i^{(r)}}$ 의 값을 $\hat{v}_i^{(r)}$과 μ_i, σ_i를 통해서 계산할 수 있다. 여기서 μ_i와 σ_i는 상수가 아니라 변수임을(주어진 배치에 의존적인 값들이므로) 주의하기 바란다. 정리하자면,

$$\frac{\partial L}{\partial v_i^{(r)}} = \frac{\partial L}{\partial \hat{v}_i^{(r)}} \frac{\partial \hat{v}_i^{(r)}}{\partial v_i^{(r)}} + \frac{\partial L}{\partial \mu_i} \frac{\partial \mu_i}{\partial v_i^{(r)}} + \frac{\partial L}{\partial \sigma_i^2} \frac{\partial \sigma_i^2}{\partial v_i^{(r)}} \tag{3.62}$$

$$= \frac{\partial L}{\partial \hat{v}_i^{(r)}}\left(\frac{1}{\sigma_i}\right) + \frac{\partial L}{\partial \mu_i}\left(\frac{1}{m}\right) + \frac{\partial L}{\partial \sigma_i^2}\left(\frac{2\left(v_i^{(r)} - \mu_i\right)}{m}\right) \tag{3.63}$$

이다. 우변의 세 편미분을 이미 완료된 역전파 동적 계획법 갱신 과정에서 계산된 수량들을 이용해서 각각 구해야 한다. 거기까지 마치면 정규화층의 점화식이 완성된다. 우선 $\dfrac{\partial L}{\partial \hat{v}_i^{(r)}}$을 보자. $a_i^{(r)}$과 $\hat{v}_i^{(r)}$이 상수 계수 γ_i로 비례 관계라는 점을 이용하면 이 값을 다음과 같이 다음 층의 손실함수 미분으로 표현할 수 있다.

$$\frac{\partial L}{\partial \hat{v}_i^{(r)}} = \gamma_i \frac{\partial L}{\partial a_i^{(r)}} \qquad [a_i^{(r)} = \gamma_i \cdot \hat{v}_i^{(r)} + \beta_i \text{이므로}] \tag{3.64}$$

이 $\dfrac{\partial L}{\partial \hat{v}_i^{(r)}}$ 값을 식 3.63에 대입하면 다음이 나온다.

$$\frac{\partial L}{\partial v_i^{(r)}} = \frac{\partial L}{\partial a_i^{(r)}}\left(\frac{\gamma_i}{\sigma_i}\right) + \frac{\partial L}{\partial \mu_i}\left(\frac{1}{m}\right) + \frac{\partial L}{\partial \sigma_i^2}\left(\frac{2\left(v_i^{(r)} - \mu_i\right)}{m}\right) \tag{3.65}$$

이제 평균과 분산에 대한 손실함수의 편미분 공식들만 유도하면 된다. 분산에 대한 손실함수의 편미분은 다음과 같다.

$$\frac{\partial L}{\partial \sigma_i^2} = \underbrace{\sum_{q=1}^{m} \frac{\partial L}{\partial \hat{v}_i^{(q)}} \cdot \frac{\partial \hat{v}_i^{(q)}}{\partial \sigma_i^2}}_{\text{연쇄법칙}} = \underbrace{-\frac{1}{2\sigma_i^3}\sum_{q=1}^{m} \frac{\partial L}{\partial \hat{v}_i^{(q)}}\left(v_i^{(q)} - \mu_i\right)}_{\text{식 3.60 적용}} = \underbrace{-\frac{1}{2\sigma_i^3}\sum_{q=1}^{m} \frac{\partial L}{\partial a_i^{(q)}}\gamma_i \cdot \left(v_i^{(q)} - \mu_i\right)}_{\text{식 3.64 대입}}$$

그리고 평균에 대한 손실함수의 편미분은 다음과 같다.

$$\frac{\partial L}{\partial \mu_i} = \underbrace{\sum_{q=1}^{m} \frac{\partial L}{\partial \hat{v}_i^{(q)}} \cdot \frac{\partial \hat{v}_i^{(q)}}{\partial \mu_i} + \frac{\partial L}{\partial \sigma_i^2} \cdot \frac{\partial \sigma_i^2}{\partial \mu_i}}_{\text{연쇄법칙}} = \underbrace{-\frac{1}{\sigma_i} \sum_{q=1}^{m} \frac{\partial L}{\partial \hat{v}_i^{(q)}} - 2 \frac{\partial L}{\partial \sigma_i^2} \cdot \frac{\sum_{q=1}^{m}(v_i^{(q)} - \mu_i)}{m}}_{\text{식 3.59, 식 3.60}}$$

$$= \underbrace{-\frac{\gamma_i}{\sigma_i} \sum_{q=1}^{m} \frac{\partial L}{\partial a_i^{(q)}}}_{\text{식 3.64}} + \underbrace{\left(\frac{1}{\sigma_i^3}\right) \cdot \left(\sum_{q=1}^{m} \frac{\partial L}{\partial a_i^{(q)}} \gamma_i \cdot (v_i^{(q)} - \mu_i)\right) \cdot \left(\frac{\sum_{q=1}^{m}(v_i^{(q)} - \mu_i)}{m}\right)}_{\frac{\partial L}{\partial \sigma_i^2} \text{의 공식 대입}}$$

평균과 분산에 대한 손실함수의 편미분들을 식 3.65에 대입하면 $\frac{\partial L}{\partial v_i^{(r)}}$(배치 정규화층 이전의 값)을 $\frac{\partial L}{\partial a_i^{(r)}}$(배치 정규화층 **이후**의 값)로 표현한 점화식이 완성된다. 이상이 BN 노드에 해당하는 배치 정규화층을 통한 손실값의 역전파 과정이다. 역전파의 다른 측면들은 전통적인 경우와 별로 다를 바 없다. 배치 정규화를 적용하면 학습을 느리게 만드는 기울기 소실과 폭발 같은 문제들이 방지되어서 학습이 빨라진다.

신경망을 이용한 추론(예측)에는 배치 정규화를 어떻게 적용할까? 정규화 매개변수 μ_i와 σ_i는 다수의 견본으로 이루어진 배치에 의존하는데, 추론 시에는 **하나**의 시험 견본만 주어지므로 두 값을 어떻게 계산해야 할지 궁금할 것이다. 답은 간단하다. 추론 시에는 훈련 자료 **전체**(즉, 훈련 모집단)를 이용해서 미리 계산해 둔 μ_i 값과 σ_i 값을 그냥 상수로 사용한다. 또한, 훈련 도중 이 값들의 지수적 가중 평균을 기억해 둘 수도 있다. 정리하자면, 추론 과정에서는 정규화가 그냥 하나의 간단한 선형변환이다.

배치 정규화의 한 가지 흥미로운 성질은, 이것이 **하나의 정칙화로도 작용한다**는 것이다. 같은 자료점이라도 어떤 배치에 포함되었느냐에 따라 해당 갱신이 다소 달라질 수 있음을 주목하기 바란다. 이러한 효과를, 갱신 과정에 일종의 잡음을 추가하는 것으로 간주할 수 있다. 훈련 자료에 적은 양의 잡음을 추가해서 정칙화 효과를 얻을 때가 많다. 모두가 동의하는 것은 아니지만, 배치 정규화를 적용하는 경우에는 **드롭아 웃**Dropout(제4장 §4.5.4 참고) 같은 정칙화 방법이 성과를 그리 개선하지 못한다는 실험 결과가 있다.[184] **층 정규화**(layer normalization)라고 하는 배치 정규화의 한 변형은 순환 신경망과 아주 잘 맞는데, 이 접근 방식은 제7장의 §7.3.1에서 논의한다.

3.7 가속과 압축을 위한 실질적인 요령들

신경망 학습 알고리즘은 모형의 매개변수 개수에서나 처리해야 할 자료의 양에서나 그 비용이 대단히 클 수 있다. 그래서 학습 알고리즘 구현을 가속하고 압축하는 여러 가지 전략이 제안되었다. 다음은 흔히 쓰이는 몇 가지 전략이다.

1. **GPU 가속**: 반복된 행렬 연산들(이를테면 그래픽 픽셀들에 대한)을 효율적으로 처리할 수 있는 능력 덕분에 GPU(그래픽 처리 장치)는 그래픽 처리량이 많은 비디오 게임의 렌더링에 주로 쓰였다. 기계 학습 공동체는 행렬 연산이 많이 필요한 신경망에서도 GPU의 효율적인 연산 능력을 활용할 수 있음을 깨달았다. GPU의 높은 메모리 대역폭과 다중 코어 아키텍처의 다중 스레드 능력 덕분에, GPU를 하나만 사용해도 구현의 속도를 크게 높일 수 있다.

2. **병렬 구현**: 신경망 구현을 다수의 GPU 또는 다수의 CPU를 이용해서 병렬화할 수 있다. 신경망 모형 자체를 여러 프로세서에 분할할 수도 있고, 신경망의 자료를 분할할 수도 있다. 그런 구현들을 각각 **모형 병렬**(model-parallel) 구현과 **자료 병렬**(data-parallel) 구현이라고 부른다.

3. **모형 실행 시 압축을 위한 알고리즘 요령들**: 신경망의 실세 활용에서 중요한 짐 하나는, 신경망을 훈련할 때와 실행할 때의 계산 요구수준이 다르다는 것이다. 훈련은 대량의 메모리를 갖춘 시스템에서 몇 주씩 진행하는 것이 허용되지만, 실행은 메모리와 계산 능력이 모두 제한적인 이동전화에서 해야 할 수도 있다. 그래서 실행(예측, 추론) 시점에서 모형을 압축하는 여러 요령이 제안되었다. 이런 종류의 압축 방법을 이용하면 캐시 성능이 좋아져서 전체적인 효율성이 증가할 때도 많다.

그럼 이 세 가지 가속 및 압축 전략을 좀 더 자세히 살펴보자.

3.7.1 GPU 가속

GPU는 원래 일련의 3차원 좌표들을 이용해서 그래픽 장면을 화면에 렌더링하기 위해 개발된 것이다. 렌더링 속도를 높이기 위해 GPU는 다수의 행렬 곱셈을 병렬로 수행하도록 설계되었다. 시간이 지나면서 GPU는 그래픽 렌더링 이외의 용도로 사용할 수 있을 정도로 크게 발전했다. 그래픽 응용 프로그램처럼 신경망 구현은 많은 횟수의 행렬 곱셈을 수행해야 하므로, GPU의 좋은 활용 대상이 된다. 전통적인 신경망에서 각 순전파(순방향 단계)는 행렬과 벡터의 곱셈 1회로 이루어지지만, 합성곱 신경망에서는 행렬 대 행렬 곱셈이 필요하다. 미니배치 접근 방식을 사용하는 경우 활성화 값들은 하나의 행렬을 형성한다(전통적인 신경망에서는 벡터이다). 따라서 순전파를 위해서는 행렬 대 행렬 곱셈이 필요하다. 역전파의 경우에도 마찬가지이다. 미분들을 역방향으로 전파하는 과정에서 많은 수의 행렬 대 행렬 곱셈이 수행된다. 다른 말로 하면, 신경망에서 일어나는 주요 계산들은 대부분 벡터, 행렬, 텐서 곱셈들이다. GPU 하나만 사용해도 그런 연산들을 여러 코어에 분산해서 병렬화할 수 있다.[203] 즉, 같은 코드를 사용하는 일단의 스레드들이 동시에 연산들을 수행하게 만들 수 있는 것이다. 이런 방식을 단일 **명령 다중 스레드**(single instruction multiple threads, SIMT)라고 부른다. CPU는 단일 **명령 다중 자료**(single instruction multiple data, SIMD) 명령어 집합을 이용해서 짧은 벡터 자료 병렬화를 지원하지만, 그러한 병렬화의 수준은 GPU에 비하면 훨씬 낮다. GPU를 사용할 때의 절충 사항(trade-off)들은 전통적인 CPU를 사용할 때의 것들과 다르다. GPU는 반복적인 연산에 아주 강하지만 *if-then* 같은 조건 분기 연산은 상대적으로 비효율적이다. 다행히 신경망 학습에서 일어나는 주요 연산들은 대부분 서로 다른 훈련 견본들에 대한 행렬 곱셈들이므로 GPU의 약점이 문제가 되지 않는다. 명령 하나의 클록 속도는 GPU가 전통적인 CPU보다 느리지만, 병렬화 능력은 GPU가 CPU보다 훨씬 뛰어나기 때문에 전체적인 이득은 훨씬 크다.

GPU의 스레드들은 **워프**warp(날실)라고 부르는 작은 단위로 묶인다. 한 워프의 스레드thread(실 가닥)들은 각 클록 주기(cycle)에서 같은 코드를 공유한다. 이 덕분에 스레드들을 동시에 실행할 수 있는 것이다. 신경망을 구현할 때는 스레드들이 메모리 대역폭 사용량을 줄이는 데 신경 써야 한다. 메모리 사용량을 줄이는 한 가지 방법은 서로 다른 스레드들의 메모리 읽기들과 쓰기들을 **병합**해서 서로 다른 스레드들의 읽기과 쓰기를 하나의 메모리 트랜잭션으로 처리하는 것이다. 신경망의 전형적인 행렬 곱셈 연산을 GPU로 구현하는 경우, 곱 행렬(곱셈의 결과)의 각 성분을 각각 하나의 스레드가 산출한다. 예를 들어 100×50 행렬과 50×200 행렬을 곱한다면 총 $100 \times 200 = 20000$ 개의 스레드가 실행되어야 한다. 보통의 경우 이 스레드들은 다수의 워프들로 분할되며, 그러한 GPU는 워프들을 고도로 병렬화해서 실행한다. 결과적으로 행렬 곱셈 연산이 크게 가속된다. GPU의 행렬 곱셈에 관한 논의가 [203]에 나온다.

GPU 구현에서는 고도의 병렬화 때문에 메모리 대역폭이 주된 제한 요소가 될 때가 많다. 여기서 메모리 대역폭(memory bandwidth)은 간단히 말해서 GPU가 자신의 메모리에서 관련 매개변수들을 가져오는 속도를 뜻한다. 전통적인 CPU에 비해 GPU는 병렬성 수준이 높고 대역폭이 크다. 만일 메모리에서 관련 매개변수들을 충분히 빠르게 가져오지 못한다면, 스레드들의 연산 자체가 아무리 빨라도 전체적인 계산 속도는 빨라지지 않는다. 메모리 전송 속도가 CPU나 GPU의 처리 속도를 따라잡지 못한다면 CPU나 GPU의 코어는 유휴 상태(idle), 즉 할 일이 없어서 클록 주기를 그냥 낭비하는 상태가 된다. GPU는 캐시 접근, 계산, 메모리 접근 사이의 절충점들이 CPU의 것들과 다르다. CPU는 GPU보다 캐시가 훨씬 크고, 두 수를 곱한 결과 같은 중간 결과를 저장하는 데 캐시를 적극적으로 활용한다. 캐시에 저장된 결과를 가져오는 것이 두 수를 다시 곱하는 것보다 훨씬 빠르며, 이 부분에서는 CPU가 GPU보다 우월하다. 그러나 신경망에서는 그러한 장점이 무산되는데, 왜냐하면 어차피 필요한 매개변수들과 활성화 값들이 너무 많아서 캐시에 다 담아 두지 못하기 때문이다. CPU의 캐시가 GPU의 캐시보다 크긴 하지만, 신경망 연산들이 수행되는 규모를 감당할 수 있을 정도로 크지는 않다. 그런 경우에는 메모리 대역폭이 큰 것이(즉, 메모리 접근이 빠른 것이) 더 중요한데, 이 부분에서는 GPU가 CPU보다 우월하다. 더 나아가서, GPU에서는 메모리에 저장된 중간 결과를 가져오는 것보다 그냥 계산을 다시 수행해서 값을 구하는 게 더 빠를 때가 많다(그 결과가 캐시에 없다고 할 때). 이 때문에 GPU 구현은 전통적인 CPU 구현과는 다소 다른 방식으로 만들어진다. 또한, GPU 구현의 이득이 신경망 구조에 따라 다를 수 있다는 점도 주의하기 바란다. 신경망 구조에 따라 메모리 대역폭 요구 수준과 다중 스레드를 통한 가속 정도가 다르다.

앞의 설명에서, GPU를 활용하려면 저수준 프로그래밍이 많이 필요할 것 같다는 인상을 받은 독자도 있을 것이다. 실제로, 구체적인 신경망 구조에 맞는 GPU 코드를 직접 작성하는 것은 상당히 어려운 일이다. 다행히 NVIDIA 같은 제조사들이 이런 점을 염두에 두고 프로그래머와 GPU 구현 사이의 인터페이스를 모듈화해 두었다. 그런 인터페이스를 이용해서 GPU를 활용하는 코드를 미리 구현해둔 라이브러리를 사용하면, 행렬 곱셈이나 합성곱 같은 기본적인 연산의 구체적인 가속 방법을 몰라도 GPU를 활용할 수 있다. Caffe나 Torch 같은 심층 학습 프레임워크는 그런 GPU 가속 라이브러리를 잘 지원한다. GPU 가속 라이브러리의 좋은 예로 *NVIDIA*의 *CUDA Deep Neural*

Network Library,[643] 줄여서 *cuDNN*이 있다. CUDA는 CUDA 대응 GPU들에서 작동하는 병렬 컴퓨팅 플랫폼이자 프로그래밍 모형이다. CUDA가 제공하는 추상과 프로그래밍 인터페이스를 이용하면 기존 구현 코드를 조금만 수정해도 GPU를 활용할 수 있다. cuDNN은 Caffe, TensorFlow, Theano, Torch 등 다양한 심층 학습 프레임워크들이 지원한다. 많은 경우, 특정 신경망의 훈련을 위한 CPU용 구현의 코드를 조금만 수정해도 GPU용 구현으로 변환할 수 있다. 예를 들어 Torch의 경우 코드의 시작 부분에서 CUDA Torch 패키지를 불러오기만 하면 텐서 자료 구조가 보통의 텐서가 아니라 CUDA의 텐서로 초기화된다. 이 정도로 코드를 조금만 수정해도 나머지 코드는 CPU가 아니라 GPU에서 실행된다. 다른 심층 학습 프레임워크도 대체로 비슷하다. 이런 종류의 접근 방식에서는 개발자가 GPU 프레임워크이 요구하는 저수준 성능 조율에 시간을 쏟을 필요가 없다. 이미 라이브러리의 기본 연산 수단들이 GPU 병렬화의 저수준 세부 사항을 처리하는 코드를 갖추고 있기 때문이다.

3.7.2 병렬 및 분산 구현

다수의 CPU 또는 GPU를 이용해서 훈련을 더욱 가속할 수 있다. 다수의 GPU를 활용하는 방식이 흔히 쓰이므로, 여기서도 그런 설정에 초점을 두겠다. 여러 GPU 사이의 통신과 관련된 추가부담 때문에, 다중 GPU 병렬성이 쉬운 문제는 아니다. 다행히 최근에는 그런 추가부담에 의한 지연을 GPU 대 GPU 전송에 특화된 네트워크 카드들을 이용해서 크게 줄일 수 있다. 더 나아가서, 기울기 값을 8비트로 근사하는[98] 등의 알고리즘 요령을 이용하면 통신 속도를 더욱 높일 수 있다. 필요한 작업을 여러 프로세서에 분산하는 방식은 크게 세 가지로 나뉘는데, 초매개변수 병렬성(hyperparameter parallelism), 모형 병렬성(model parallelism), 자료 병렬성(data parallelism)이다. 그럼 이들을 차례로 살펴보자.

초매개변수 병렬성

훈련 과정을 큰 추가부담 없이 병렬화하는 가장 간단한 방법은 신경망의 서로 다른 매개변수들을 서로 다른 프로세서에서 훈련하는 것이다. 이 경우에는 프로세서들 사이의 통신이 필요 없으므로 추가부담에 의한 낭비도 없다. 이번 장에서 최적에 못 미치는 초매개변수들을 일찍 탈락시키는 식으로 초매개변수들을 선택하는 방법을 이야기했었다. 여러 모형으로 앙상블을 형성할 때는 살아남은 소수의 초매개변수 집합들을 이용해서 서로 다른 모형을 훈련하는 방법이 흔히 쓰이는데, 그런 여러 모형의 훈련을 각각 다른 프로세서에서 독립적으로 실행할 수 있다.

모형 병렬성

모형 병렬성은 신경망 모형이 너무 커서 하나의 GPU에 담을 수 없을 때 특히 유용하다. 그런 경우 신경망의 은닉층들을 여러 GPU에 분산한다. 각 GPU는 정확히 같은 훈련 견본들로 이루어진 배치를 입력받되, 활성화 값들과 기울기들 중 각자 다른 부분을 계산한다. 각 GPU에는 전체 가중치 행렬 중 그 GPU에 존재하는 은닉 활성화 값들이 곱해지는 부분만 저장된다. 이런 종류의 병렬성에서는 GPU들이 활성화 결과들을 서로 통신해야 할 수 있다. 또한, 자신이 담당한 기울기들을 계산하기 위해서는 다른 GPU의 은닉 단위들에 대한 미분들을 가져와야 할 수도 있다. 이를 위해 GPU 간 상호연결이 필요하며, 그런 상호연결에 걸친 계산들은 일정한 추가부담을 발생한다. 그러한 통신 추가부담을 줄이기 위해 일부 층들에서 상호연결을 제거하는 경우도 있다(그런 모형도 순차적 모형과는 상당히 다르다). 신경망의 매개변수들이 그리 많지 않을 때는 모형 병렬성이 도움이 되지 않는다. 모형 병렬성은 큰 신경망에만 사용하는 것이 좋다. 모형 병렬성의 좋은 예로 합성곱 신경망(제8장 §8.4.1)의 하나인 *AlexNet*의 설계를 들 수 있다. 제8장의 그림 8.9에는 *AlexNet*의 순차 버전과 GPU 분할 버전이 나온다. 그림 8.9의 순차 버전이 GPU 분할 버전과 정확히 동등한 것은 아님을 주의하기 바란다(일부 층들의 상호연결이 생략되었기 때문이다). 모형 병렬성에 대한 논의를 [74]에서 볼 수 있다.

자료 병렬성

자료 병렬성은 한 GPU에 담을 수 있을 정도로 모형이 작지만 가용 훈련 자료는 클 때 가장 적합하다. 이 경우에는 매개변수들을 여러 GPU에 분산하고, 각 GPU에서 각자 다른 훈련점들로 갱신을 수행함으로써 훈련 속도를 높인다. 이때 갱신들을 완벽하게 동기화하려 하면 훈련 과정이 느려질 수 있다. 갱신들을 동기화하려면 잠금(locking) 메커니즘이 필요하다. 간단히 말하자면, 각 프로세서는 다른 프로세서들의 갱신이 완료되길 기다려야 할 수 있으며, 결과적으로 가장 느린 프로세서가 병목이 된다. 이에 대한 해결책으로 비동기(asynchronous) 확률적 경사 하강법을 사용하는 방법이 제안되었다.[91] 이 방법의 핵심은 하나의 매개변수 서버를 두어서 여러 GPU가 매개변수들을 공유하게 하는 것이다. 그러면 잠금 메커니즘을 전혀 사용하지 않고 갱신들을 진행할 수 있다. 좀 더 구체적으로 말하면, 각 GPU는 잠금을 걱정하지 않고 언제라도 매개변수 서버에서 공유 매개변수들을 읽어서 계산을 수행한 후 결과를 매개변수 서버에 기록할 수 있다. 물론 한 GPU의 결과가 다른 GPU들의 결과를 덮어서서 진척 성과를 무산시키는 비효율성이 발생하긴 하지만, 결과를 기록하기 위해 기다리는 시간은 없다는 점이 중요하다. 결과적으로, 전체적인 진척 속도는 동기화 접근 방식보다 빠르다. 분산 비동기 경사 하강법은 대규모 기업 환경에서 상당히 인기 있는 병렬성 접근 방식이다.

여러 병렬성을 조합한 혼성 병렬성

앞에서 보았듯이 모형 병렬성은 매개변수가 많은 모형에 적합하고 자료 병렬성은 작은 모형에 적합하다. 그런데 신경망의 서로 다른 부분에 서로 다른 병렬성 방식을 적용하는 것도 가능하다. 완전히 연결된 층들이 있는 합성곱 신경망에서 대부분의 매개변수는 완전히 연결된 층들에 존재한다. 그러나 계산은 앞쪽 층들에서 더 많이 일어난다. 이런 경우 신경망의 앞부분에는 자료 병렬성을, 뒷부분에는 모형 병렬성을 적용하는 것이 바람직하다. 이런 종류의 접근 방식을 혼성 병렬성(hybrid parallelism)이라고 부른다. 혼성 병렬성에 관한 논의를 [254]에서 볼 수 있다.

3.7.3 모형 압축을 위한 알고리즘 요령

일반적으로, 신경망을 훈련할 때의 메모리 및 효율성 요구조건은 신경망을 설치해서 실행할 때의 요구조건들과 다르다. 예를 들어 사진들에서 사람 얼굴을 인식하도록 신경망을 훈련하는 데는 1주일도 길지 않은 시간이지만, 최종 사용자가 훈련된 신경망을 이용해서 얼굴을 인식하는 데는 단 몇 초도 길다. 더 나아가서, 훈련된 모형을 메모리와 계산 능력이 제한적인 이동기기에 설치해야 할 수도 있다. 그런 경우 훈련된 모형을 최대한 효율적으로 실행할 수 있어야 하며, 또한 메모리를 가능하면 적게 사용할 수 있어야 한다. 모형의 실행에서 효율성은 큰 문제가 되지 않는데, 왜냐하면 하나의 시험 견본에 대한 예측값을 산출하는 데는 많지 않은 층들에서의 직접적인 행렬 곱셈

몇 번만 필요하기 때문이다. 그보다는 저장 요구조건이 더 큰 문제일 때가 많다. 대체로 다층 신경망에는 매개변수들이 아주 많기 때문이다. 그래서 모형을 압축하기 위한 몇 가지 요령이 제안되었다. 이런 요령들은 대부분 훈련된 대형 신경망의 일부분을 실제로 저장하는 대신 근사적으로 생성함으로써 메모리 요구량을 줄인다. 이런 식으로 모형을 압축하면 캐시 성능이 좋아지고 경우에 따라서는 연산 횟수도 줄기 때문에 효율성까지 높아질 여지가 있지만, 효율성 개선이 주된 목표는 아니다. 흥미롭게도, 이러한 근사 방법들이 종종 표본 외(out-of-sample) 견본에 대한 예측의 정확도를 개선하기도 한다. 이는 정칙화 효과 때문인데, 특히 원래의 모형이 훈련 자료의 크기에 비해 필요 이상으로 클 때 이런 효과가 두드러진다.

훈련 시점의 가중치 희소화

신경망의 연결들에는 가중치가 부여된다. 절댓값이 작은 가중치는 모형에 큰 영향을 미치지 않는다. 그런 가중치들을 생략하고 신경망을 생략되지 않은 가중치들로 시작해서 세부 조정하는 식으로 모형의 크기를 줄이는 것이 가능하다. 이러한 가중치 희소화(sparsification)의 정도는 가중치 생략의 기준으로 사용하는 문턱값에 의해 결정된다. 문딕값을 크게 잡으면 모형이 그게 줄어든다. 그런 경우, 생략되지 않은 가중치 값들을 이후 훈련 세대들에서 세부 조정하는 것이 특히나 중요하다. 또한, L_1 정칙화(제4장)를 이용해서 연결들을 생략하는 방법도 있다. 훈련 시 L_1 정칙화를 사용하는 경우, 이 정칙화의 몇 가지 수학적 성질 때문에 다수의 가중치들이 0이 된다. 그러나, [169]는 L_2 정칙화가 더 정확한 결과를 낸다는 점을 입증했다. [169]의 모형은 L_2 정칙화를 사용하며, 특정 문턱값보다 작은 가중치들을 잘라낸다.

[168]은 이 접근 방식을 허프만 부호화 및 양자화와 결합해서 압축 효율을 더욱 높인 성과를 보고했다. 양자화(quantization)의 목표는 각 연결을 나타내는 값의 비트수를 줄이는 것이다. [168]은 *AlexNet*[255]에 필요한 저장 공간을 약 240MB에서 6.9MB로 줄였다(35분의 1 수준). 그러면서도 정확도는 줄지 않았다. 그 정도면 칩 바깥의 DRAM 메모리가 아니라 칩 내의 SRAM 캐시에 모형을 저장하는 것이 가능하므로, 메모리 절약은 물론 예측 시간이 감소하는 효과도 생긴다.

가중치들의 중복성 활용

[94]는 신경망의 가중치들이 상당 부분 중복됨을 보였다. W가 단위가 각각 m_1개와 m_2개인 두 층 사이의 가중치들을 담은 임의의 $m \times n$ 행렬이라고 하자. 이 가중치 행렬을 각각 $m_1 \times k$ 행렬과 $m_2 \times k$ 행렬인 U와 V를 이용해서 $W \approx UV^T$로 근사할 수 있다. 여기서 중요한 것은, 가중치 중복 덕분에 $k \ll \min\{m_1, m_2\}$일 수 있다는 점이다. 이런 현상은 훈련 과정의 여러 특이한 성질 때문에 발생한다. 예를 들어 신경망 훈련의 서로 다른 부분이 서로 다른 속도로 학습을 진행하는 성질 때문에 한 신경망의 특징들과 가중치들은 **공적응**(co-adaptation; 또는 상호적응, 동화)하는 경향이 생긴다. 간단히 말하면, 신경망의 더 **빠른** 부분이 더 느린 부분에 맞추어 적응할 때가 많다. 그러면 특징들과 가중치들이 상당히 많이 중복되어서 신경망의 표현력이 완전하게 발휘되지 못한다. 이런 경우 인접한 두 층(가중치 행렬 W로 연결된)을 각각 크기(단위 개수)가 m_1, k, m_2인 세 층으로 대체하는 것이 도움이 된다. 이 세 층 중 처음 두 층의 가중치 행렬이 U이고 그다음 두 층의 가중치 행렬이 V^T이다. 이렇게 하면 신경망이 더 깊어지긴 하지만, $W - UV^T$에 잡음만 담겨 있는 한 신경망이 더 잘 정칙화된다. 더 나아가서, k가 m_1과 m_2의 조화평균(harmonic mean)의 절반보다 작은 한, U와 V의 매개변수 개수 $(m_1 + m_2) \cdot k$는 W의 매개변수 개수보다 작다.

$$\frac{W\text{의 매개변수 개수}}{U\text{와 } V\text{의 매개변수 개수}} = \frac{m_1 \cdot m_2}{k(m_1 + m_2)} = \frac{\text{조화평균 } (m_1, m_2)}{2k}$$

[94]는 신경망 매개변수들의 95% 이상이 중복이며, 따라서 작은 차수(행렬의 계수) k로도 원래의 가중치 행렬을 잘 근사할 수 있음을 보였다.

여기서 중요한 점은, W의 학습을 완료한 이후에 W를 U와 V로 대체해야 한다는 것이다. 먼저 W로 연결된 두 층을 U와 V^T로 연결된 세 층으로 대체한 후 처음부터 학습을 진행하면 좋은 결과를 얻지 못할 수 있다. 그런 경우 훈련 과정에서 공적응이 다시 발생해서 U와 V의 차수가 k보다도 작아지며, 결과적으로 과소적합이 발생할 수 있기 때문이다.

마지막으로, U와 V가 서로 중복되므로 둘 다 학습할 필요는 없다는 점을 이용하면 모형을 더욱 압축할 수 있다. 임의의 k차 행렬 U에 대해, 곱 UV^T가 같은 값이 되도록 V를 학습하는 것이 가능하다. 이와 관련해서 [94]는 U를 고정하고 대신 V를 학습하는 방법들을 제시했다.

해시 기반 압축

가중치 행렬에서 성분들을 무작위로 선택해서 매개변수 값을 공유하게 함으로써 매개변수 개수를 줄이는 방법도 있다. 성분들을 무작위로 선택할 때는 행렬 안에서의 성분 위치 (i,j)에 대한 해시 함수를 이용한다. 예를 들어 가중치(성분)가 10^4개인 100×100 가중치 행렬을 생각해 보자. 각 가중치의 위치에 적절한 해시 함수를 적용해서$\{1, \dots 1000\}$ 범위의 한 값을 얻는다면, 모든 가중치를 가중치 10개짜리 그룹 1000개로 분류할 수 있다. 한 그룹의 가중치들이 같은 값을 공유하게 함으로써 매개변수 개수를 줄이는 것이 해시 기반 압축이다. 역전파에서는 공유된 가중치들을 §3.2.9에서 논의한 방식으로 처리하면 된다. 이 접근 방식을 이용하면 행렬을 저장하는 데 필요한 메모리가 원래의 10%가 된다(즉, 가중치 1000개만 저장하면 된다). 100×10 행렬을 이용해서도 같은 수준의 압축률을 얻을 수 있지만, 이 가중치 공유 방법은 가중치 행렬의 크기를 미리(학습 이전에) 줄였을 때 생기는 표현력 감소 문제가 덜하다는 장점이 있다. [66]은 이 접근 방식을 좀 더 자세히 논의한다.

모방 모형 활용

[13, 55]는 이미 훈련된 모형으로 새로운 훈련 자료 집합을 생성함으로써 모형을 높은 수준으로 압축하는 것이 가능하다는 흥미로운 결과를 제시했다. 훈련된 모형으로 생성한 훈련 자료는 원래의 훈련 자료보다 모형화하기가 더 쉽다. 이 '더 쉬운' 훈련 자료로 신경망을 훈련하면 정확도를 크게 잃지 않고도 훨씬 더 작은 신경망을 얻을 수 있다. 그러한 더 작은 모형을 **모방 모형**(mimic model)이라고 부른다. 모방 모형을 만드는 과정은 다음과 같다.

1. 원래의 훈련 자료를 이용해서 모형을 만든다. 이 모형은 아주 클 수 있으며, 만일 서로 다른 모형들의 앙상블로 만든 것이라면 매개변수가 더욱 많을 수 있다. 이런 모형은 저장 공간이 제한된 환경에서 사용하기에 적합하지 않다. 이 모형은 서로 다른 부류들의 소프트맥스 확률들을 출력한다고 가정한다. 이 모형을 교사 모형(teacher model)이라고 부르기도 한다.

2. 분류명(목푯값)이 없는 훈련 견본들을 1의 모형에 입력해서 모형을 실행한다. 모

형이 출력한 소프트맥스 확률들을 해당 입력에 대한 분류명으로 삼아서 새로운 (분류명 붙은) 훈련 자료 집합을 만든다. 분류명 없는 자료는 비교적 쉽게 구할 수 있으므로, 이런 방식으로 상당히 많은 양의 훈련 자료를 만들어 낼 수 있다. 새 훈련 자료는 원래의 훈련 자료의 이산적인 목푯값이 아니라 연속적인(확률) 목푯 값들을 담고 있음을 주의하기 바란다. 이 점이 모형의 압축에 큰 역할을 한다.

3. 새 훈련 자료(인위적으로 생성한 분류명들이 부여된)를 이용해서 신경망을 훈련해서 좀 더 작고 얕은 모형을 얻는다. 원래의 훈련 자료는 전혀 사용하지 않는다. 이렇게 얻은 더 작고 얕은 모형을 모방 모형 또는 **학생** 모형(student model)이라고 부른다. 이 모형을 저장 공간이 제한된 환경에 설치하면 된다. 모방 모형이 원래의 자료로 훈련한 모형보다 훨씬 작지만, 그래도 정확도가 크게 떨어지지는 않음을 증명하는 것이 가능하다.

모방 모형이 더 얕고 매개변수가 훨씬 적음에도 원래의 모형만큼이나 잘 작동하는지가 궁금할 것이다. 원래의 자료로 직접 더 얕은 모형을 만든 경우에는 원래의 심층 모형만큼의 성과를 얻을 수 없다. 모방 모형이 좋은 성과를 내는 이유에 관해 다음과 같은 몇 가지 가설이 제시되었다.[13]

1. 원래의 훈련 자료에 분류명들이 잘못 붙어 있어서 훈련된 모형이 필요 이상으로 복잡해졌다. 반면 새 훈련 자료는 그런 오류들이 대부분 제거된 결과이다.

2. 결정 공간에 복잡한 형태의 영역이 존재하는 경우 교사 모형은 확률적으로 더 느슨한 분류명들을 제공함으로써 그런 영역을 단순화한다. 다른 말로 하면, 교사 모형으로 목푯값들을 걸러냄으로써 결정 공간의 복잡성이 감소한다.

3. 원래의 훈련 자료는 이산적 목푯값(0 또는 1 등)들을 담고 있지만 새로 생성된 훈련 자료는 그보다 정보를 더 많이 포함한 연속값들을 담고 있다. 이는 다부류 목 푯값이 원핫 벡터로 부호화된(즉, 서로 다른 부류 사이에 명확한 상관관계가 존재하는) 경우에 특히나 유용하다.

4. 원 훈련 자료의 목푯값들은 훈련 자료에 없는 입력들에 의존할 수도 있지만, 교사 모형으로 생성한 분류명들은 오직 주어진 입력들에만 의존한다. 이 덕분에 모형은 설명되지 않은(unexplained) 복잡성들을 제외하고 학습을 좀 더 간단하게 진행할 수 있다. 설명되지 않은 복잡성이 존재하면 종종 매개변수와 깊이가 불필요하

게 증가한다.

모방 모형이 제공하는 이점을 정칙화 효과의 일종으로 생각할 수도 있다. [13]은 **이론적으로** 더 깊은 신경망이 꼭 필요한 것은 아니지만, 실질적으로는 원래의 훈련 자료를 다룰 때 깊이에 의한 정칙화 효과가 꼭 필요하다는 고무적인 결과를 제시했다. 모방 모형은 신경망을 더 깊게 만드는 것이 아니라 인위적으로 생성한 목푯값들을 이용함으로써 그러한 정칙화 효과의 이득을 누린다.

3.8 요약

이번 장은 심층 신경망의 훈련과 관련된 여러 문제점을 논의했다. 우선 역전파 알고리즘을 다시 상세히 설명하고, 관련 어려움들을 논의했다. 특히 기울기 소실 및 폭발 문제를 소개하고, 서로 다른 최적화 변수들에 대한 손실함수의 민감성 차이와 관련된 어려움들을 논의했다. ReLU를 비롯한 몇몇 활성화 함수들은 이런 문제를 덜 겪는다. 그러나 ReLU에는 학습 속도가 적당치 않으면 뉴런들이 죽어버린다는 또 다른 문제점이 있다. 이번 장에서는 학습 시간을 줄이기 위한 경사 하강법의 여러 변형도 이야기했다. 학습 과정의 가속을 위한 경사 하강법들은 실행의 효율성을 높이는 데도 중요하다. 네스테로프 운동량, AdaGrad, AdaDelta, RMSProp, Adam을 이용하는 확률적 경사 하강법들을 이야기했는데, 이들은 모두 좀 더 나은 갱신 단계 크기를 선택함으로써 학습 과정을 가속한다.

이번 장에서는 또한 손실함수 표면에 존재하는 절벽이 일으키는 문제를 해결하기 위한 2차 최적화 방법들도 소개했다. 특히 헤세 비의존 최적화는 여러 바탕 최적화 문제들을 효과적으로 해결하는 접근 방식이다. 최근 학습 속도를 개선하는 데 쓰이는 주목할 만한 방법은 배치 정규화이다. 배치 정규화는 서로 다른 변수들의 비례가 최적의 방식으로 일어나도록 층별로 자료를 변환한다. 배치 정규화는 다양한 종류의 신경망에 널리 쓰이고 있다. 이번 장의 끝에서는 신경망 알고리즘을 가속하고 모형을 압축하는 여러 방법을 소개했다. 가속은 주로 하드웨어의 개선에 의존지만, 압축은 알고리즘적인 요령으로 가능하다.

3.9 문헌 정보

역전파의 착안은 원래 **자동 미분**(automatic differentiation)이라고 부르는, 제어이론 분야에서 발전한 합성 함수의 미분 방법에 기초한 것이다.[54, 237] 폴 웨어보스는 1974년 자신의 PhD 학위논문 [524]에서 이 방법들을 신경망에 적용할 것을 제안했다. 그러나 좀 더 현대적인 알고리즘 형태의 역전파는 1986년에 루멜하트 등이 [408]에서 제안했다. 역전파 알고리즘의 역사에 관한 논의가 폴 웨어보스의 책 [525]에 나온다.

신경망과 기타 기계 학습 알고리즘에서의 초매개변수 최적화 알고리즘에 관한 논의를 [36, 38, 490]에서 볼 수 있다. [37]은 초매개변수 최적화를 위한 무작위 검색 방법을 논의한다. **베이즈 최적화**를 이용한 초매개변수 조정 방법을 논의한 문헌으로는 [42, 306, 458]이 있다. 베이즈 조정을 지원하는 라이브러리로는 *Hyperopt*[614], *Spearmint*[616], *SMAC*[615]이 있다.

초기 가중치가 한 노드의 입력 개수와 출력 개수에 의존해야 한다는, 구체적으로 말하면 $\sqrt{2/(r_{입력} + r_{출력})}$에 비례해야 한다는 규칙은 [140]에 나온다. [183]은 정류 신경망(rectifier neural network)을 위한 초기화 방법들을 분석한다. [278, 532]는 신경망의 특징 전처리 효과를 평가하고 분석한다. 훈련의 몇몇 어려움들을 ReLU를 이용해서 해결하는 방법이 [141]에 나온다.

네스테로프의 경사 하강법 개선 알고리즘은 [353]에서 볼 수 있다. 델타-바-델타 방법은 [217]이 제안했다. AdaGrad 알고리즘은 [108]이 제안했다. [194]는 RMSProp 알고리즘을 논의한다. [553]은 확률적 경사 하강법을 이용하는 또 다른 적응 알고리즘인 *AdaDelta*를 논의한다. 이 알고리즘은 2차 방법들과 몇 가지 비슷한 점이 있는데, 특히 [429]의 방법과 비슷하다. 해당 착안들을 좀 더 발전시킨 Adam 알고리즘에 관한 논의가 [241]에 있다. [478]은 심층 학습의 실제 응용에서 초기화와 운동량의 중요성을 논의한다. [273]은 확률적 경사 하강법을 넘어서 좌표 하강법을 사용할 것을 제안한다. **폴리액 평균화** 전략은 [380]에서 논의한다.

[140, 205, 368]은 기울기 소실 및 폭발 문제와 관련된 여러 어려움을 논의한다. 그런 몇 가지 문제점들을 피하기 위한 매개변수 초기화 방법들에 관한 논의가 [140]에 나온다. 기울기 절단 규칙은 미콜로프[Mikolov]의 PhD 학위논문 [324]에서 논의되었다. [368]은 순환 신경망의 기울기 절단 방법을 논의한다. ReLU 활성화 함수는 [167]이 소개했

으며, [141, 221]은 이 함수의 여러 흥미로운 성질을 조사한다.

여러 2차 기울기 최적화 방법들(뉴턴법)의 설명이 [41, 545, 300]에 나온다. 켤레기울기법의 기본 원리들은 여러 고전적 교과서들과 논문들[41, 189, 443]에 설명되어 있다. 그리고 [313, 314]는 켤레기울기법을 신경망에 응용하는 방법을 논의한다. [316]은 크로네커 정리에 기초해서 인수분해한 곡률 행렬을 이용해서 경사 하강법을 가속하는 방법을 제시한다. [273, 300]은 또 다른 뉴턴법 근사 방법인 준 뉴턴법을 논의하고, [24]는 가장 단순한 형태의 근사인 대각 헤세 행렬을 설명한다. BFGS는 Broyden-Fletcher-Goldfarb-Shanno브로이던-플레처-골드파브-섀너를 줄인 것이다. 메모리 제한 BFGS 또는 L-BFGS[273, 300]라고 부르는 BFGS 알고리즘의 한 변형은 메모리를 그리 많이 요구하지 않는다. 또 다른 인기 있는 2차 방법으로 리번버그-마쿼트Levenberg-Marquardt 알고리즘이 있다. 그러나 이 접근 방식은 제곱 손실에 대해 정의된 것이기 때문에 신경망에 흔히 쓰이는 여러 형태의 교차 엔트로피 손실함수나 로그 손실함수에는 사용할 수 없다. [133, 300]은 이 접근 방식을 개괄한다. 다양한 종류의 비선형 계획법들에 대한 전반적인 논의를 [23, 39]에서 볼 수 있다.

[88, 426]은 극소점에 대한 신경망의 안정성 문제를 논의한다. 배치 정규화 방법은 최근 [214]가 제안했다. [96]은 백화(whitening)를 배치 정규화에 사용하는 방법을 논의하는데, 이 접근 방식은 그리 실용적이지 않은 것으로 보인다. 사소한 수정을 거치면 순환 신경망에도 배치 정규화를 적용할 수 있다.[81] 그러나 순환 신경망에는 **층 정규화**가 더 효과적이다.[14] 층 정규화(§7.3.1)에서는 하나의 훈련 견본으로 한 층의 모든 단위를 정규화한다(배치의 모든 견본이 아니라). [419]는 배치 정규화의 착안을 가중지들에 적용한 가중치 정규화를 논의하는데, 가중치 정규화에서는 학습 과정에서 가중치 벡터의 크기와 방향을 분리한다. 관련 훈련 요령들에 관한 논의를 [362]에서 볼 수 있다.

GPU를 이용한 기계 학습 알고리즘의 가속에 관한 전반적인 논의가 [644]에 나온다. [74, 91, 254]는 GPU를 위한 다양한 병렬화 방법을 논의하고, [541]은 합성곱 신경망에 특화된 방법을 논의한다. 정칙화를 통한 모형 압축은 [168, 169]에서 논의한다. [213]은 관련 모형 압축 방법을 제안한다. 모방 모형을 이용한 압축은 [55, 13]에서 논의하고, [202]는 그와 관련된 접근 방식 하나를 논의한다. [94]는 매개변수 중복성을 활용한 신경망 압축 방법을 논의하고, [66]은 해싱 요령을 이용한 신경망 압축 방법을 논의한다.

3.9.1 소프트웨어 정보

Caffe[571], *Torch*[572], *Theano*[573], *TensorFlow*[574] 등 다양한 심층 학습 프레임워크가 이번 장에서 논의한 모든 훈련 알고리즘을 지원한다. *Caffe*는 파이썬 및 MATLAB 확장들도 제공한다. 이 프레임워크들은 이번 장에서 논의한 알고리즘들의 다양한 변형들도 제공한다. 이들은 배치 정규화 역시 확장 기능의 형태로 지원한다. 초매개변수들의 베이즈 최적화 기능을 제공하는 소프트웨어 라이브러리로는 *Hyperopt*[614], *Spearmint*[616], *SMAC*[615] 등이 있다. 이들은 더 작은 기계 학습 문제들을 위해 설계된 것이지만, 경우에 따라서는 심층 학습 문제에도 사용할 수 있다. NVIDIA와 cuDNN에 대한 정보는 [643]에서 찾을 수 있다. [645]는 cuDNN을 지원하는 여러 프레임워크를 소개한다.

연습문제

1. 다음 점화식을 생각해 보자.

$$(x_{t+1}, y_{t+1}) = (f(x_t, y_t), g(x_t, y_t)) \tag{3.66}$$

여기서 $f()$와 $g()$는 다변량 함수이다.

(a) $\dfrac{\partial x_{t+2}}{\partial x_t}$를 x_t와 y_t로만 표현하는 공식을 유도하라.

(b) 1에서 5까지 변하는 t에 대해, 위의 점화식에 해당하는 신경망 구조를 그려 보라. 뉴런들이 독자가 원하는 그 어떤 함수도 계산할 수 있다고 가정할 것.

2. 두 입력 x_1과 x_2를 곱해서 출력 o를 산출하는 뉴런이 있다. o에서 계산되는 손실함수가 L이고, $\dfrac{\partial L}{\partial o} = 5$, $x_1 = 2$, $x_2 = 3$이라고 할 때, $\dfrac{\partial L}{\partial x_1}$과 $\dfrac{\partial L}{\partial x_2}$의 값을 각각 구하라.

3. 입력층을 포함해서 층이 총 세 개인 신경망을 생각해 보자. 첫 층(입력층)은 네 개의 입력 x_1, x_2, x_3, x_4를 받는다. 둘째 층은 네 입력의 모든 가능한 쌍 여섯 개에 대응되는 여섯 개의 은닉 단위로 이루어진다. 출력 노드 o는 그냥 여섯 은닉 단위의 값들을 더한다. 출력 노드에서의 손실함수가 L이고 $\dfrac{\partial L}{\partial o} = 2$, $x_1 = 1$, $x_2 = 2$, $x_3 = 3$, $x_4 = 4$라고 할 때, 1에서 4까지의 i에 대한 $\dfrac{\partial L}{\partial x_i}$을 각각 계산하라.

4. 출력 o가 여섯 입력의 합이 아니라 그 최댓값이라고 가정하고 연습문제 3을 다시 풀어라.

5. 본문에서는 야코비 행렬 곱셈을 이용해서 임의의 함수의 역전파를 수행하는 방법을 논의했다(표 3.1 참고). 이러한 행렬 중심적 접근 방식을 조심해서 사용해야 하는 이유를 논하라. [힌트: S자형 함수에 대한 야코비 행렬을 계산해 볼 것.]

6. 손실함수 $L = x^2 + y^{10}$이 있다. 독자가 할 일은 최대 경사법 알고리즘을 구현하고, 초기점에서 시작해서 최적값 0에 해당하는 점에 도달할 때까지의 점들을 그래프로 그려 보는 것이다. 학습 속도를 고정하고, 두 초기점 $(0.5, 0.5)$와 $(2, 2)$에 대한 두 경로를 각각 그려볼 것. 두 경우에서 알고리즘의 행동에 어떤 차이가 있는가?

7. 강하게 볼록한 2차 함수의 헤세 행렬 H는 임의의 0이 아닌 벡터 $\overline{x}$에 대해 항상 $\overline{x}^T H \overline{x} > 0$을 만족한다. 그런 경우 모든 켤레 방향이 선형 독립임을 보여라.

8. 만일 한 d차원 벡터 $\overline{v}$와 d개의 선형 독립 벡터들의 내적이 0이면 그 $\overline{v}$는 반드시 영벡터임을 보여라.

9. 본문에서는 동적 계획법 점화식에 활성화 전 변수들을 사용하는 역전파 알고리즘과 활성화 후 변수들을 사용하는 역전파 알고리즘을 논의했다. 그 두 방식이 수학적으로 동등(equivalent)함을 보여라.

10. 신경망의 출력층이 소프트맥스 활성화 함수를 이용해서 k개의 실숫값 $v_1 \dots v_k$를 다음과 같이 확률값들로 변환한다고 하자(식 3.20과 같다).

$$o_i = \frac{\exp(v_i)}{\sum_{j=1}^{k} \exp(v_j)} \qquad \forall\, i \in \{1, \dots, k\}$$

(a) $i = j$일 때 $\dfrac{\partial o_i}{\partial v_j}$의 값이 $o_i(1 - o_i)$임을 보여라. 그리고 $i \neq j$일 때는 이 값이 $-o_i o_j$임을 보여라.

(b) 위의 결과를 이용해서 아래의 등식(식 3.22)이 성립함을 보여라.

$$\frac{\partial L}{\partial v_i} = o_i - y_i$$

여기서 $L = -\sum_{i=1}^{k} y_i \log(o_i)$(교차 엔트로피 손실함수)이고 $y_i \in \{0, 1\}$은 분류명 $i \in \{1 \dots k\}$를 원핫 부호화한 벡터의 성분들이라고 가정할 것.

11. 본문에서는 최대 경사 하강 방향을 이용해서 반복적으로 켤레 방향들을 생성했다. 서로 독립인 d개의 **임의의** 방향 $\bar{v}_0 \ldots \bar{v}_{d-1}$을 선택한다고 할 때, $\bar{q}_0 = \bar{v}_0$으로 시작해서 다음 공식으로 일련의 켤레 방향들을 생성할 수 있음을 보여라(적절한 β_{ti} 값을 선택했다고 가정할 것).

$$\bar{q}_{t+1} = \bar{v}_{t+1} + \sum_{i=0}^{t} \beta_{ti} \bar{q}_i$$

이 접근 방식이 본문에서 논의한 방법보다 비용이 큰 이유를 논하라.

12. §3.5.6.1의 β_t의 정의에 의해 $\bar{q}_t$는 $\bar{q}_{t+1}$의 켤레 방향이 된다. $i \leq t$인 임의의 방향 $\bar{q}_i$가 $\bar{q}_i^T H \bar{q}_{t+1} = 0$을 만족함을 보여라. [**힌트**: (a)를 살펴보면서, (b)와 (c), (d)를 t에 대한 수학적 귀납법을 이용해서 **동시에** 증명해 볼 것.]

(a) 식 3.51에 의해, 2차 손실함수에 대해 $H\bar{q}_i = [\nabla L(\overline{W}_{i+1}) - \nabla L(\overline{W}_i)]/\delta_i$이다. 여기서 δ_i는 i번째 단계 크기에 의존한다. 이 조건을 식 3.49와 결합해서, 모든 $i \leq t$에 대해 다음이 성립함을 보여라.

$$\delta_i [\bar{q}_i^T H \bar{q}_{t+1}] = -[\nabla L(\overline{W}_{i+1}) - \nabla L(\overline{W}_i)]^T [\nabla L(\overline{W}_{t+1})] + \delta_i \beta_t (\bar{q}_i^T H \bar{q}_t)$$

또한 $[\nabla L(\overline{W}_{t+1}) - \nabla L(\overline{W}_t)] \cdot \bar{q}_i = \Delta_t \bar{q}_i^T H \bar{q}_t$ 임도 보여라.

(b) $\nabla L(\overline{W}_{t+1})$이 $i \leq t$에 대한 각 $\bar{q}_i$와 직교임을 보여라. [직선 검색이 끝났을 때의 기울기는 항상 검색 방향과 직교이므로, $i = t$일 때의 승명은 자명하다.]

(c) $\overline{W}_0 \ldots \overline{W}_{t+1}$에서의 손실 기울기들이 서로 직교임을 보여라.

(d) $i \leq t$에 대해 $\bar{q}_i^T H \bar{q}_{t+1} = 0$임을 보여라. [$i = t$인 경우는 자명하다.]

4

일반화 능력을 위한
심층 학습 모형의 훈련

"모든 일반화는 위험하다 ─심지어 이 문장도."

─ 알렉상드르 뒤마

4.1 소개

신경망이 복잡한 함수를 배울 수 있음이 여러 응용 영역에서 거듭 증명된 만큼, 신경망
은 강력한 학습 모형임이 틀림없다. 그러나 신경망의 그러한 강력한 능력은 신경망의
가장 큰 약점이기도 하다. 학습 과정을 세심하게 설계하지 않으면 신경망이 훈련 자료
에 그냥 과대적합할 때가 많다. 실용적인 관점에서 설명하자면, 과대적합(overfitting)이
란 신경망이 훈련 자료(애초에 신경망을 구축하는 데 사용한)에 대해서는 훌륭한 예측 성
과를 제공하지만 미지의(본 적이 없는) 시험 자료에 대해서는 나쁜 성과를 내는 것을
말한다. 흔히 이런 현상은 학습 과정에서 신경망이 훈련 자료의 무작위한 결함들(시험
자료로는 잘 일반화되지 않는)을 기억하기 때문에 발생한다. 극단적인 형태의 과대적합
을 **암기**(memorization)라고 부르기도 한다. 이는 해법을 이미 알고 있는 수학 문제는 잘

풀지만 처음 보는 문제는 잘 풀지 못하는 학생에 비유할 수 있다. 만일 학생이 좀 더 많은, 그리고 좀 더 다양한 형태의 문제들을 풀어 보았다면, 처음 보는 문제라도 이전에 경험했던 여러 문제와 해법들에서 반복해서 나왔던 패턴들의 정수를 뽑아서 그럴 듯한 해법을 찾아낼 수 있을 것이다. 그와 비슷하게, 기계 학습도 예측에 유용한 패턴들을 식별하는 방식으로 진행된다. 예를 들어 스팸 검출 응용 프로그램은 수천 건의 스팸 메일에 나오는 "공짜!"라는 문구를 인식해서, 만일 메일에 그 문구가 있으면 스팸 메일이라는 규칙을 학습하고, 그 규칙을 이전에 본 적이 없는 이메일들로 일반화한다. 그러나 만일 단 두 건의 이메일로 이루어진 아주 작은 훈련 집합에서 추출한 패턴에 기초해서 예측을 수행한다면, 바로 그 두 이메일에 대해서는 좋은 성과를 내겠지만 그 외의 새로운 이메일들에 대해서는 그렇지 않을 것이다. 학습 모형이 미지의(이전에 본 적이 없는) 사례들에 대해서도 유용한 예측을 제공하는 능력을 가리켜 **일반화**(generalization) 능력이라고 부른다.

일반화는 실제 응용에 아주 유용한 성질이다. 그래서 모든 기계 학습 응용 프로그램은 일반화 능력을 일종의 성배로 간주한다. 어차피 모든 훈련 견본에는 이미 분류명이 붙어 있으므로(적어도 지도 학습에서), 훈련 견본의 분류명을 예측하는 것은 별 쓸모가 없다. 예를 들어 이미지에 캡션을 다는 응용 프로그램을 개발할 때 분류명 붙은 이미지들로 신경망을 훈련하는 것은 신경망으로 그 이미지들의 캡션을 예측하려는 것이 아니라 미지의 이미지에 대해서도 신경망이 적절한 분류명(캡션)을 예측할 수 있게 만들기 위한 것이다.

과대적합의 정도는 모형의 복잡도와 가용 자료의 양 모두에 의존한다. 신경망으로 정의된 학습 모형의 복잡도는 바탕 매개변수들의 개수에 의존한다. 매개변수가 많으면 자유도가 높아지며, 그러한 여분의 자유도는 특정 훈련 자료점들로 훈련한 모형이 미지의 자료점들로 잘 일반화되지 않는 이유가 된다. 예를 들어 다음과 같은 다항 회귀 공식을 이용해서 x로부터 변수 y를 예측한다고 하자.

$$\hat{y} = \sum_{i=0}^{d} w_i x^i \tag{4.1}$$

이 다항 회귀 모형은 주어진 훈련 견본 (x, y)들을 $(d+1)$개의 매개변수 $w_0 \dots w_d$를 이용해서 설명하려 한다. 이러한 회귀 모형을 $x, x^2 \dots x^d$에 해당하는 d개의 입력을

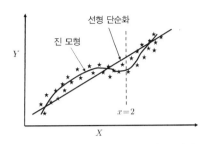

그림 4.1: $d=3$인 모형이 $d=1$인 선형 모형보다 더 나은 성과를 내는 비선형 분포의 예

받는 입력 단위들과 계수가 w_0인 하나의 치우침 뉴런으로 구성된 신경망으로 구현할 수 있다. 손실함수로는 제곱오차함수, 즉 관측값 y와 예측값 $\hat{y}$의 차이의 제곱을 사용하면 된다. 일반적으로 d가 클수록 모형은 비선형성을 더 잘 포착한다. 예를 들어 그림 4.1의 경우 $d=3$인 비선형 모형이 $d=1$인 선형 모형보다 자료에 더 잘 적합한다. 단, 이는 **가용 자료가 무한할 때**(또는 대단히 많을 때)의 이야기이다. 작고 유한한 가용 자료에 대해서는 앞의 단언이 참이 아닐 수 있다.

훈련 견본 (x,y)가 $(d+1)$개 이하일 때는 **훈련 견본들이 진**(true) **분포를 얼마나 잘 반영하느냐와는 무관하게** 모형이 자료에 정확하게(즉, 예측값과 목푯값의 오차가 0이 되도록) 적합할 수 있다. 예를 들어 훈련 자료점들이 다섯 개인 경우, 5차 다항식을 이용해서 그 훈련 자료점들에 정확히, 오차 0으로 적합하는 것이 이론적으로 가능하다. 그러나 미지의 시험 자료에 대해서도 오차가 0이 된다는 보장은 없다. 그림 4.2에 구체적인 예가 나와 있다. 그림은 무작위로 선택한 자료점 다섯 개로 구성된 자료 집합 세 개로 각각 훈련한 선형 모형과 다항식 모형을 보여준다. 그림을 보면, 선형 모형(선형 회귀에 해당)은 진 자료 분포의 곡선 형태를 제대로 모형화하지는 못하지만, 그래도 안정적이다. 반면 다항식 모형(다항 회귀에 해당)은 진 자료 분포의 곡선 형태와 좀 더 가깝지만, 자료 집합에 따라 그 차이가 아주 심하다. $x=2$인 미지의 시험 견본에 대해 선형 모형은 비슷한 예측값들을 산출하지만, 다항식 모형은 훈련 집합에 따라 아주 다른 예측값을 산출한다. 모형을 서로 다른 훈련 자료 집합으로 훈련했다고 해도, 한 시험 견본에 대해 비슷한 예측값이 나오길 기대하는 실무자의 관점에서 다항식 모형의 이러한 행동은 전혀 바람직하지 않다. 같은 시험 견본에 대한(그러나 훈련 자료 집합은 다른) 예측값들의 이러한 차이는 모형의 **분산**(variance)으로 나타난다. 그림 4.2에서

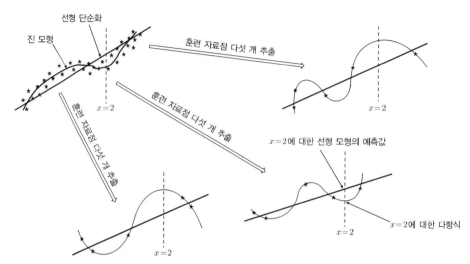

그림 4.2: 모형의 복잡도 증가에 의한 과대적합: 선형 모형의 예측값은 훈련 자료가 달라도 크게 다르지 않지만, 다항식 모형의 것은 아주 다르다. $x = 2$에 대한 다항식 모형의 예측값들은 일관되지 않을 뿐만 아니라, 선형 모형의 것보다 부정확할 때도 많다. 그러나 다항식 모형은 훈련 자료가 충분히 주어진다면 선형 모형을 능가할 잠재력을 가지고 있다.

보듯이, 분산이 큰 모형은 훈련 자료의 무작위한 결함들을 암기함으로써 미지의 시험 견본에 대해 일관적이지 못하고 부정확한 예측값을 산출하는 경향이 있다. 본질적으로 다항식 모형은 다항식의 차수가 높을수록 선형 모형보다 더 강력함을 주목하기 바란다. 그런 모형에서는 고차 계수들을 항상 0으로 둘 수 있기 때문이다. 그러나 가용 자료가 제한적일 때는 고차 다항식이 자신의 잠재력을 완전하게 발휘하지 못한다. 간단하게 말하면, 자료 집합이 유한하면 분산이 커지고, 그러면 모형의 복잡도가 증가해도 득보다 실이 더 커진다. 모형의 능력과 제한된 자료에 대한 성과의 이러한 절충 관계를 가리켜 **편향 대 분산 절충**(bias-variance trade-off)이라고 부른다.

다음은 과대적합의 확실한 징표 두 가지이다.

1. 모형을 서로 다른 자료 집합들로 훈련하는 경우, 동일한 시험 견본에 대해 아주 다른 예측값들을 산출한다. 이는 훈련 과정에서 모형이 미지의 시험 자료로 일반화되는 패턴을 배운 것이 아니라 특정 훈련 자료 집합 고유의 어떤 미묘한 특징을 암기했다는 징표이다. 그림 4.2에서 $x = 2$에 대한 다항식 모형의 세 예측값이

서로 상당히 다름을 주목하기 바란다. 선형 모형에서는 그런 현상을 볼 수 없다.

2. 훈련 견본들에 대한 예측 오차와 미지의 시험 견본들에 대한 예측 오차의 차이가 상당히 크다. 그림 4.2의 경우 $x = 2$에서의 미지의 자료점에 대한 다항식 모형의 예측값들이 선형 모형의 것들보다 대체로 더 부정확하다. 반면 훈련 자료에 대한 다항식 모형의 오차는 항상 0이고, 선형 모형의 훈련 오차는 항상 0이 아니다.

훈련 오차와 시험 오차가 크게 다를 수 있다는 점 때문에, 훈련 자료 중 아직 학습에 사용하지 않은(즉, 미지의) 일부분을 시험 자료로 사용해서 모형을 시험하는 방법이 흔히 쓰인다. 모형을 시험하는 데 사용하기 위해 훈련 자료의 일부를 미리 떼어 둔 것을 검증 집합(validation set)이라고 부른다. 이 검증 집합은 매개변수 조정 등의 여러 알고리즘적 선택사항을 달리해서 모형을 실험해 보는 데 사용한다. 모형의 최종적인 정확도는 모형 구축이나 매개변수 조정에 사용하지 않은 완전히 새로운 표본 외(out-of-sample) 자료점들로 이루어진 미지의 시험 자료 집합으로 측정한다. 그러한 표본 외 시험 자료에 대한 모형의 오차를 일반화 오차(generalization error)라고 부르기도 한다.

실제 응용에 쓰이는 신경망은 크다. 복잡한 응용의 경우 매개변수가 수백만 개일 수 있다. 그런 가혹한 상황에서도 과대적합 문제가 발생하지 않게 하는 몇 가지 요령이 존재한다. 어떤 방법을 사용할 것인가는 주어진 구체적인 설정과 신경망의 종류에 따라 다르다. 신경망의 과대적합을 피하는 데 쓰이는 주요 방법들은 다음과 같다.

1. 벌점 기반 정칙화: 벌점 기반 정칙화(penalty-based regularization)는 신경망의 과대적합을 방지하기 위해 가장 흔히 사용하는 기법이다. 이 정칙화 기법의 핵심은 신경망 학습 알고리즘이 더 간단한 모형을 선택하게 만드는 어떠한 벌점 또는 제약을 매개변수들에 가하는 것이다. 예를 들어 다항 회귀의 경우 w_i들 중 최대 k개가 0이 아니어야 한다는 제약을 가함으로써 모형을 단순화할 수 있다. 그런데 실제 구현에서 그런 제약을 명시적으로 가하는 것은 쉽지 않다. 그보다는 $\lambda \sum_{i=0}^{d} w_i^2$ 같은 좀 더 느슨한 벌점을 손실함수에 더하는 것이 더 간단하다. 이는 각 갱신 직전에 각 매개변수 w_i에 승산적(곱셈적) 감쇄 계수 $(1 - \alpha\lambda)$를 곱하는 것에 해당한다(α는 학습 속도). 신경망의 매개변수들뿐만 아니라 은닉 단위의 활성화 값에 벌점을 가하는 것도 가능하다. 그러면 종종 은닉 표현이 희소해지는 효과가 난다.

2. **일반 및 맞춤형 앙상블 방법:** 앙상블 방법(ensemble method) 중에는 신경망에 국한된 것이 아니라 다른 여러 기계 학습 문제에도 적용할 수 있는 것들이 많다. 이번 장에서는 거의 모든 모형 또는 학습 문제에 적용할 수 있는 가장 간단한 형태의 두 가지 앙상블 방법인 배깅과 부표집을 설명한다. 이 방법들은 전통적인 기계 학습 분야에서 비롯된 것이다.

   또한, 신경망에 특화된 앙상블 방법들도 여러 가지가 있다. 한 가지 간단한 접근 방식은 빠르고 간단한 초매개변수 최적화 기법으로 얻은 서로 다른 여러 신경망 모형의 예측값들의 평균을 최종 예측값으로 사용하는 것이다. 신경망을 위해 설계된 또 다른 앙상블 기법으로는 **드롭아웃**Dropout이 있는데, 이 경우는 여러 신경망의 예측값들을 결합해서 최종 결과를 만든다. 드롭아웃은 정칙화 효과도 내기 때문에 결과적으로 과대적합이 줄어든다.

3. **조기 종료:** 이름이 말해 주듯이 조기 종료(early stopping)는 반복적 초기화 방법을 보다 '일찍'(훈련 자료에 대한 최적해로 수렴하기 전에) 끝내는 것을 말한다. 종료 시점은 모형 구축에 사용하지 않은 훈련 자료의 일부를 이용해서 결정한다. 그러한 검증 자료에 대한 모형의 오차가 일정 수준 이상이 되면 반복을 일찍 끝내 버린다. 이 접근 방식에서 모형이 훈련 자료에 대해 최적해로 수렴하지는 않았지만, 종료 시점을 검증 자료에 근거해서 결정한 덕분에 시험 자료에 대해서는 잘 작동하는 것으로 보인다.

4. **사전훈련:** 사전훈련(pretraining)은 탐욕적(greedy) 알고리즘을 이용해서 좋은 초기점을 찾는 형태의 학습이다. 사전훈련 기법은 신경망 층들의 가중치들을 차례로, 탐욕적인 방식으로 훈련한다. 그런 식으로 훈련한 가중치들을 전체적인 학습 과정의 좋은 출발점으로 사용한다. 사전훈련은 간접적인 형태의 정칙화라 할 수 있다.

5. **연속법과 커리큘럼 학습:** 이 두 방법은 먼저 간단한 모형을 훈련하고 그것을 좀 더 복잡한 모형으로 개선해 나간다. 여기에는 모형이 간단하면 과대적합 없이 훈련하기 쉽다는 착안이 깔려 있다. 더 나아가서, 간단한 모형이 찾아낸 최적점은 그 모형과 밀접한 관련이 있는 좀 더 복잡한 모형을 훈련하는 초기점으로 유용하다. 이런 착안에 기초한 일부 방법은 사전훈련과도 비슷함을 주목하기 바란다. 사전훈련 역시 간단한 해에서 복잡한 해로 나아간다(심층망을 일단의 얕은 층들로 분할해 훈련함으로써).

6. 문제 영역 고유의 통찰에 기초한 매개변수 공유: 텍스트나 이미지 같은 특정 종류의 자료를 처리하는 일부 문제 영역에서는 분석가가 매개변수 공간의 구조에 관해 뭔가 알고 있을 때가 많다. 그런 경우, 신경망의 서로 다른 부분의 매개변수들을 같은 값으로 둠으로써 문제 영역에 관한 지식을 모형에 반영할 수 있다. 그런 식으로 매개변수들을 공유하면 신경망의 자유도가 줄어든다. 순환 신경망(순차 자료를 위한)과 합성곱 신경망(이미지 자료를 위한)이 이런 접근 방식을 사용한다. 단, 매개변수 공유를 사용하는 경우에는 그러한 공유를 고려해서 역전파 알고리즘을 적절히 수정할 필요가 있다.

이번 장에서는 먼저 편향 대 분산 절충 관계와 관련된 몇 가지 이론적 결과들을 통해서 모형 일반화 문제를 개괄한다. 그런 다음에는 다양한 과대적합 완화 방법들을 논의한다.

한 가지 흥미로운 점은, 다양한 정칙화 방법들이 입력 자료나 은닉 변수들에 잡음을 추가하는 것과 대략 동등하다는 것이다. 예를 들어 여러 벌점 기반 정칙화 방법들이 잡음 추가와 동등함이 밝혀졌다.[44] 더 나아가서, 보통의 경사 하강법이 아니라 **확률적** 경사 하강법을 사용하는 것도 알고리즘의 단계들에 일종의 잡음을 추가하는 것으로 간주할 수 있다. 그러한 잡음 추가 덕분에, 확률적 경사 하강법은 훈련 자료에 대해서는 보통의 경사 하강법보다 못한 성과를 낼 수 있지만 시험 자료에 대해서는 아주 훌륭한 정확도를 보일 때가 많다. 더 나아가서, 드롭아웃과 자료 섭동 같은 몇몇 앙상블 기법들도 잡음 주입(추가)과 동등하다. 이번 장의 여러 지점에서 이러한 자료 주입과 정칙화의 유사성을 언급하겠다.

과대적합을 피하는 가장 간단한 방법은 더 작은(즉, 단위와 매개변수가 적은) 신경망을 구축하는 것이지만, 그보다는 큰 신경망에 정칙화를 가해서 과대적합을 피하는 것이 더 낫다는 연구 결과가 많이 있다. 이는 큰 신경망이 적절한 여건이 주어진다면 좀 더 복잡한 모형을 구축할 수 있는 **잠재력**을 가지고 있기 때문이다. 게다가, 정칙화는 불충분한 가용 자료의 무작위한 결함들을 평활화하는 효과를 낸다. 큰 신경망과 정칙화를 조합함으로써, 주어진 과제를 해결하는 데 필요한 복잡도 수준을 사람이 미리 결정하는(그러면 과대적합은 물론 과소적합이 일어날 수도 있다) 대신 모형이 직접 선택하게 만들 수 있다.

지도 학습은 비지도 학습보다 과대적합을 더 잘 일으키는 경향이 있다. 그래서 일반화에 관한 문헌들은 주로 지도 학습 문제를 다룬다. 이해를 돕는 예로, 수백 개의 입력 변수(설명변수)들로 이루어진 견본들로부터 하나의 목표변수를 학습하는 지도 학습 응용을 생각해 보자. 이 경우 각 훈련 견본이 학습 모형에게 제공하는 지도 정보가 아주 제한적이므로(예를 들어 이진 분류의 경우 0 또는 1뿐이다), 학습 모형이 아주 협소한 목표점으로 과대적합하기 쉽다. 반면, 비지도 학습에서는 목표변수와 설명변수의 수가 같다. 어차피 학습의 목표는 주어진 훈련 자료 전체를 이용해서 그 자료 전체를 모형화하는 것이다. 비지도 학습의 경우에는 하나의 훈련 견본이 제공하는 정보의 비트수가 많기 때문에 과대적합이 덜 일어난다(전혀 안 생기지는 않는다고 해도). 그렇긴 하지만 비지도 학습에도 여전히 정칙화를 사용할 수 있다. 특히, 학습된 표현이 특정한 구조를 따르게 만드는 경우 정칙화가 유용하다.

이번 장의 구성

이번 장의 구성은 다음과 같다. 다음 절(§4.2)은 편향 대 분산 절충 관계를 소개한다. §4.3에서는 모형 훈련에서 편향 대 분산 절충이 실제로 뜻하는 바를 논의한다. §4.4에서는 벌점 기반 정칙화를 이용해서 과대적합을 줄이는 방법을 제시한다. 그다음 절인 §4.5에서는 앙상블 방법들을 설명한다. 배깅 같은 일반적인 앙상블 방법도 있고 드롭아웃 같은 신경망에 특화된 앙상블 방법도 있다. §4.6에서는 조기 종료 방법을 논의한다. §4.7에서는 비지도 사전훈련 방법을 논의한다 §4.8에서는 연속법과 커리큘럼 학습 방법을 소개한다. §4.9에서는 매개변수 공유 방법을 논의한다. §4.10에서는 비지도 학습을 위한 정칙화 방법을 논의한다. 마지막으로, §4.11은 이번 장의 내용을 요약한다.

4.2 편향 대 분산 절충 관계

앞에서 우리는 작은 훈련 자료 집합에 적합된 다항식 모형이 그보다 단순한 선형 모형보다 미지의 시험 자료에 대해 더 큰 오차를 보이는 예를 살펴보았다. 그런 현상은 가용 훈련 자료가 충분하지 않은 경우 훈련 자료의 무작위한 결함들이 다항식 모형을 잘못된 쪽으로 최적화하기 때문에 생긴 것이다. 자료 집합이 유한한 경우 더 강력한 모형의 예측 정확도가 오히려 단순한 모형보다 못할 수 있다는 사실이 바로 이번 절에서 이야기할 편향 대 분산 절충 관계의 핵심이다.

편향 대 분산 절충 관계에 따르면, 한 학습 알고리즘의 제곱오차는 다음 세 요소로 구성된다.

1. **편향:** 편향(bias)은 모형의 가정들을 단순화한 결과로 생긴 어떤 오류를 뜻한다. 이러한 오류 때문에 특정 시험 견본들은 훈련 자료 집합이 달라도 시험 오차가 일정하게 나온다. 무한히 많은 훈련 자료로 모형을 훈련한다고 해도 편향을 완전히 제거할 수는 없다. 예를 들어 그림 4.2의 선형(직선) 모형은 아무리 많은 자료가 있어도 자료의 진 분포(곡선 형태의)에 적합하지 못하기 때문에 다항식 모형보다 편향이 크다. 선형 모형을 사용하는 경우, 그 어떤 훈련 견본을 사용한다고 해도 $x = 2$에서의 특정 표본 외 시험 견본에 대한 선형 모형의 예측은 항상 특정 방향으로 오차를 보이게 된다. 그림 4.2 왼쪽 위 그래프의 직선과 곡선을 무한한 자료로 추정했다고 가정할 때, 임의의 x 값에서 직선과 곡선의 차이가 바로 편향이다. 그림 4.2에는 $x = 2$에서의 편향들이 나와 있다.

2. **분산:** 분산(variance)은 모형이 모든 매개변수를 통계학적으로 강건한(statistically robust) 방식으로 학습하지는 못한다는 점에서 생긴 현상이다. 특히 자료가 제한적이고 모형의 매개변수가 많은 경우 그러한 학습 불가능성이 커진다. 분산이 큰 모형은 주어진 특정 자료 집합에 과대적합하는 행동을 보인다. 따라서, 서로 다른 훈련 자료 집합으로 훈련한 모형은 같은 시험 견본에 대해서 서로 다른 예측값을 산출한다. 그림 4.2의 예에서, 세 가지 훈련 자료 집합에서 선형 모형은 $x = 2$ 시험 자료점에 대해 비슷한 예측값들을 산출하지만 다항식 모형의 예측값들은 차이가 크다는 점을 주목하기 바란다. 게다가, $x = 2$에서의 예측값과 관측값의 오차가 다항식 모형 쪽이 더 크다. 이는 모형의 분산이 클 때 나타나는 현상이므로, 그림 4.2의 경우 다항식 모형의 분산이 선형 모형의 분산보다 크다고 할 수 있다.

3. **잡음:** 잡음은 자료에 본질적으로 존재하는 오류 때문에 발생한다. 예를 들어 그림 4.2의 산점도들에 나온 모든 자료점은 진 모형(왼쪽 위의 곡선)과 일치하지 않는다. 만일 자료에 잡음이 없다면 산점도의 모든 자료점이 진 모형의 곡선에 정확히 놓였을 것이다.

지금까지 편향 대 분산 절충 관계를 개념적으로 설명했다. 그럼 이 절충 관계를 좀 더 공식적인 관점에서, 간단히 말해서 수식을 통해서 살펴보자.

4.2.1 공식적인 관점

기반 분포(base distribution), 즉 훈련 자료 집합을 추출한 진(true) 자료 집합(또는 '모집단')의 자료 분포를 $\mathcal{B}$로 표기하자. 이 분포로부터 하나의 자료 집합 $\mathcal{D}$를 생성(추출)하는 것을 다음처럼 ~ 기호로 표현한다.

$$\mathcal{D} \sim \mathcal{B} \tag{4.2}$$

기반 분포에서 훈련 자료를 추출하는 구체적인 방법은 여러 가지인데, 이를테면 특정 크기의 자료 집합들만 선택할 수도 있다. 지금 논의에서는 그냥 $\mathcal{B}$에서 훈련 자료 집합을 추출하는 생성 과정이 이미 잘 갖추어져 있다고 가정한다. 아래의 분석은 $\mathcal{B}$에서 훈련 자료 집합을 추출하는 구체적인 메커니즘과는 무관하다.

기반 분포 $\mathcal{B}$에서 훈련 자료 집합을 추출하는 횟수에는 제한이 없으므로, 기반 분포 $\mathcal{B}$에 접근한다는 것은 훈련 자료의 무한한 원천에 접근하는 것에 해당한다. 그러나 실제 응용에서 그런 무한한 자료원으로서의 기반 분포가 주어지는 경우는 드물다. 실제 응용에서 분석가는 어떤 자료 수집 메커니즘을 이용해서 **유한한 하나의 자료 집합 $\mathcal{D}$**를 얻을 수 있을 뿐이다. 그렇긴 하지만, 훈련 자료 집합을 생성할 수 있는 기반 분포가 개념적으로 존재한다고 생각하는 것은 그러한 유한한 자료 집합에 대한 훈련 오차의 근원을 이론적으로 수량화하는 데 도움이 된다.

분석가에게 t개의 d차원 시험 견본 $\overline{Z_1} \ldots \overline{Z_t}$로 이루어진 시험 자료 집합이 주어졌다고 하자. 이 시험 견본들의 종속변수들은 $y_1 \ldots y_t$로 표기한다. 논의의 간결함을 위해, 이 시험 견본들과 해당 종속변수들을 다른 누군가가 기반 분포 $\mathcal{B}$로부터 생성했으며, 분석가는 해당 특징 표현 $\overline{Z_1} \ldots \overline{Z_t}$에만 접근할 수 있을 뿐 종속변수 $y_1 \ldots y_t$에는 접근할 수 없다고 가정하겠다. 따라서 분석가의 과제는 유한한 하나의 훈련 자료 집합 $\mathcal{D}$를 이용해서 종속변수 $\overline{Z_1} \ldots \overline{Z_t}$의 값들을 예측하는 것이다.

종속변수 y_i와 해당 특징 표현 $\overline{Z_i}$의 관계가 다음과 같이 어떤 **미지의 함수** $f(\cdot)$로 정의된다고 하자.

$$y_i = f(\overline{Z_i}) + \epsilon_i \tag{4.3}$$

여기서 ϵ_i는 자료에 본질적으로 존재하는 내재적 잡음으로, 학습 모형과는 무관하다. ϵ_i의 값은 양수일 수도 있고 음수일 수도 있지만, 그 기댓값은 0이라고 가정하겠다. 즉, $E[\epsilon_i] = 0$이다. 만일 이 관계를 정의하는 함수 $f(\cdot)$를 분석가가 이미 알고 있다면, 그냥 그 함수를 시험 자료점 $\overline{Z_i}$에 적용해서 종속변수 y_i를 근사하기만 하면 된다. 그러면 예측에 남아 있는 유일한 불확실성은 내재적인 잡음에 의한 것뿐이다.

그러나 실제 응용에서 분석가가 그러한 함수를 미리 알고 있는 경우는 드물다. 이 함수가 기반 분포 $\mathcal{B}$에서 자료 집합을 생성하는 과정에 쓰이지만, 분석가의 관점에서 생성 과정 전체는 하나의 블랙박스와 같다는 점을 주의하기 바란다. 분석가가 알고 있는 것은 이 함수의 입력과 출력으로 이루어진 견본들뿐이다. 따라서 분석가는 훈련 자료를 이용해서 $g(\overline{Z_i}, \mathcal{D})$ 형태의 모형을 개발함으로써 이 함수를 자료 주도적인 방식으로 근사하는 수밖에 없다.

$$\hat{y_i} = g(\overline{Z_i}, \mathcal{D}) \tag{4.4}$$

변수 $\hat{y_i}$의 곡절 악센트 기호(ˆ, 모자 기호)는 이 변수가 y_i의 실제 관측값이 아니라 특정 알고리즘을 이용해서 **예측한** 값임을 뜻한다.

학습 모형(신경망을 포함한)의 모든 예측 함수는 이 추정 대상 함수 $g(\cdot, \cdot)$의 특수 사례들이다. 선형회귀나 퍼셉트론 같은 알고리즘들의 경우에는 이 함수를 다음과 같이 간결하고 이해하기 쉬운 방식으로 표현할 수 있다.

$$g(\overline{Z_i}, \mathcal{D}) = \underbrace{\overline{W} \cdot \overline{Z_i}}_{\mathcal{D}\text{로 } \overline{W}\text{를 배운다.}} \qquad \text{[선형회귀]}$$

$$g(\overline{Z_i}, \mathcal{D}) = \underbrace{\text{sign}\{\overline{W} \cdot \overline{Z_i}\}}_{\mathcal{D}\text{로 } \overline{W}\text{를 배운다.}} \qquad \text{[퍼셉트론]}$$

알고리즘의 관점에서, 대부분의 신경망은 서로 다른 노드들이 계산하는 여러 함수의 합성으로 표현된다. 노드들에서 어떤 함수를 계산하느냐에 따라 해당 매개변수들(이를테면 퍼셉트론의 계수 벡터 $\overline{W}$)의 효과가 달라진다. 신경망의 단위가 많을수록, 대상 함수를 완전히 학습하려면 더 많은 매개변수가 필요하다. 그리고 매개변수가 많으면, 같은 시험 자료점에 대한 모형의 예측값들에 분산이 생긴다. 매개변수 집합 $\overline{W}$가 큰 모형은 어떤 훈련 자료 집합으로 훈련하느냐에 따라 그 매개변수들의 값이 크게 달라진다. 따라서, 같은 시험 견본으로 예측을 수행해도 훈련 자료 집합에 따라 아주 다른 결과가 나온다. 그림 4.2에서 보듯이, 이러한 비일관성은 오차를 더 크게 만든다.

편향 대 분산 절충의 목표는 학습 알고리즘의 기대 오차를 해당 편향과 분산, 잡음(자료에 고유한)으로 수량화하는 것이다. 논의의 일반성을 위해 목표변수가 범주형 변수가 아니라 수치 변수라고 가정한다. 그러면 모형의 오차를 예측값 $\hat{y}_i$와 관측값 y_i의 평균제곱오차(mean-squared error, MSE)로 수량화함으로써 모형의 오차를 직관적으로 고찰할 수 있다. 원래 평균제곱오차는 회귀분석에 흔히 쓰이는 측도이지만, 분류 과제에서도 시험 견본에 대한 예측 확률값을 사용해서 평균제곱오차를 측정할 수 있다. 시험 견본 $\overline{Z}_1 \ldots \overline{Z}_t$로 이루어진 시험 자료 집합에 대한 학습 알고리즘 $g(\cdot, \mathcal{D})$의 평균제곱오차 MSE는 다음과 같이 주어진다.

$$MSE = \frac{1}{t}\sum_{i=1}^{t}(\hat{y}_i - y_i)^2 = \frac{1}{t}\sum_{i=1}^{t}(g(\overline{Z}_i, \mathcal{D}) - f(\overline{Z}_i) - \epsilon_i)^2$$

오차를 훈련 자료 집합의 선택과는 독립적으로 추정하는 가장 좋은 방법은 서로 다른 훈련 자료 집합들에 대한 기대 오차(expected error)를 계산하는 것이다.

$$E[MSE] = \frac{1}{t}\sum_{i=1}^{t}E[(g(\overline{Z}_i, \mathcal{D}) - f(\overline{Z}_i) - \epsilon_i)^2]$$

$$= \frac{1}{t}\sum_{i=1}^{t}E[(g(\overline{Z}_i, \mathcal{D}) - f(\overline{Z}_i))]^2 + \frac{\sum_{i=1}^{t}E[\epsilon_i^2]}{t}$$

둘째 행의 우변은 첫 행의 우변에 있는 제곱을 전개하고 많은 수의 시험 견본에 대한 ϵ_i의 평균값이 0이라는 사실을 이용해서 정리한 결과이다.

둘째 행 우변을, 제곱 항 안에 $E[g(\overline{Z}_i, \mathcal{D})]$를 적절히 더하고 빼서 좀 더 분해할 수 있다.

$$E[MSE] = \frac{1}{t}\sum_{i=1}^{t}E[\{(f(\overline{Z}_i) - E[g(\overline{Z}_i, \mathcal{D})]) + (E[g(\overline{Z}_i, \mathcal{D})] - g(\overline{Z}_i, \mathcal{D})\}^2] + \frac{\sum_{i=1}^{t}E[\epsilon_i^2]}{t}$$

우변의 제곱 항을 전개해서 정리하면 다음이 나온다.

$$E[MSE] = \frac{1}{t}\sum_{i=1}^{t} E\left[\left\{f(\overline{Z_i}) - E[g(\overline{Z_i}, \mathcal{D})]\right\}^2\right]$$

$$+ \frac{2}{t}\sum_{i=1}^{t}\left\{f(\overline{Z_i}) - E[g(\overline{Z_i}, \mathcal{D})]\right\}\left\{E[g(\overline{Z_i}, \mathcal{D})] - E[g(\overline{Z_i}, \mathcal{D})]\right\}$$

$$+ \frac{1}{t}\sum_{i=1}^{t} E\left[\left\{E[g(\overline{Z_i}, \mathcal{D})] - g(\overline{Z_i}, \mathcal{D})\right\}^2\right] + \frac{\sum_{i=1}^{t} E[\epsilon_i^2]}{t}$$

이 수식에서 우변의 둘째 항(둘째 줄)을 잘 보면 $E[g(\overline{Z_i}, \mathcal{D})] - E[g(\overline{Z_i}, \mathcal{D})]$라는 인수가 있다. 이것은 0이므로, 둘째 항 전체가 0이다. 다음은 이를 이용해서 수식을 좀 더 정리한 결과이다.

$$E[MSE] = \underbrace{\frac{1}{t}\sum_{i=1}^{t}\left\{f(\overline{Z_i}) - E[g(\overline{Z_i}, \mathcal{D})]\right\}^2}_{\text{편향}^2} + \underbrace{\frac{1}{t}\sum_{i=1}^{t} E\left[\left\{g(\overline{Z_i}, \mathcal{D}) - E[g(\overline{Z_i}, \mathcal{D})]\right\}^2\right]}_{\text{분산}} + \underbrace{\frac{\sum_{i=1}^{t} E[\epsilon_i^2]}{t}}_{\text{잡음}}$$

정리하자면, 평균제곱오차(의 기댓값)를 편향의 제곱과 분산, 잡음의 합으로 분해할 수 있다. 여기서 분산은 신경망의 일반화를 방해하는 주된 요인이다. 일반적으로, 신경망의 매개변수가 많을수록 분산이 크다. 반대로 매개변수가 너무 적으면 진 자료 분포의 복잡성을 모형화할 수 있을 정도의 자유도가 부족해서 편향이 커진다. 모형 복잡도 증가에 따른 편향과 분산의 이러한 절충 관계가 그림 4.3에 나와 있다. 그림에서 보듯이, 모형이 최적의 성과를 내는 최적 복잡도가 존재한다. 그리고 그림에는 잘 나와 있지 않지만, 훈련 자료가 부족하면 분산이 증가한다. 그렇지만 신경망을 세심하게 설계

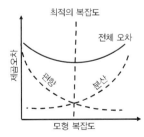

그림 4.3: 편향과 분산의 절충 지점이 최적의 모형 복잡도에 해당할 때가 많다.

하면 그런 경우에도 과대적합을 줄일 수 있다. 이번 장에서는 신경망 설계상의 선택사항을 논의한다.

4.3 모형의 조정 및 평가와 관련된 일반화 문제점

신경망을 실제로 훈련할 때는 편향 대 분산 절충 관계에서 비롯된 몇 가지 문제점을 조심할 필요가 있다. 그런 문제점 중 하나는 모형의 조정(tuning; 조율) 및 초매개변수 선택과 관련이 있다. 신경망의 훈련에 사용한 자료로 신경망을 조정하면 과대적합 때문에 별로 좋은 결과를 얻지 못한다. 이 때문에 초매개변수(이를테면 정칙화 매개변수)를 조정할 때는 신경망의 가중치 매개변수들을 학습하는 데 사용한 것과는 다른 개별적인 자료 집합을 사용한다.

분류명 붙은 자료 집합이 주어졌다고 할 때, 분석가는 그 자료 집합을 훈련과 조율, 그리고 모형의 정확도 시험에 나누어 사용해야 한다. 따라서 분류명 붙은 자료 집합 전체를 모형 구축(즉, 가중치 매개변수 학습)에 사용하지는 말아야 한다. 모형 구축과 시험에 같은 자료 집합을 사용하면 모형의 정확도가 과대평가된다. 분류를 위한 신경망의 주된 목표는 분류명 붙은 자료에 대한 모형을 미지의 시험 자료로 일반화하는 것이므로, 그런 과대평가는 바람직하지 않다. 더 나아가서, **모형 선택**과 **매개변수 조정** 역시 모형 구축에 사용한 것과는 다른 자료 집합으로 수행해야 한다. 사람들은 매개변수 조정과 최종 평가(시험)에 같은 자료 집합을 사용하는 실수를 흔히 저지른다. 그러면 훈련 자료와 시험 자료가 부분적으로 섞이기 때문에 역시 정확도가 과대평가된다. 정리하자면, 주어진 가용 자료 집합을 다음과 같이 세 가지 용도에 맞게 세 부분으로 나누어서 사용해야 한다.

1. **훈련 자료(training data):** 가용 자료의 이 부분집합은 학습 모형을 구축하는 데(즉, 신경망의 가중치들을 학습하는 과정에) 쓰인다. 모형 구축 과정과 관련해서 설계상의 선택사항이 여럿 있다. 신경망의 구체적인 특성은 학습 속도나 정칙화 매개변수 같은 초매개변수들의 값에 따라 달라진다. 그러한 여러 초매개변수 선택들에 대해 같은 훈련 자료 집합을 여러 번 사용해서 신경망을 훈련할 수도 있고, 아니면 완전히 다른 알고리즘들을 이용해서 모형을 여러 방식으로 구축할 수도 있다. 그

러면 서로 다른 알고리즘 설정들의 상대적인 정확도를 추정할 수 있다. **모형 선택**은 그런 정확도 추정치들에 기초해서 최선의 모형을 선택하는 과정을 말한다. 그런데 최선의 모형을 선택하기 위해 알고리즘들을 실제로 **평가**할 때는 훈련 자료 집합이 아니라 그와는 개별적인 검증 자료 집합을 사용해야 과대적합을 줄일 수 있다.

2. **검증 자료**(validation data): 가용 자료의 이 부분집합은 모형 선택과 매개변수 조정에 쓰인다. 예를 들어 학습 속도를 조정하는 경우, 자료 집합의 첫 부분집합(훈련 자료)을 이용해서 여러 가지 모형을 구축하고, 검증 자료 집합을 이용해서 그 모형들의 정확도를 추정해서 최적의 학습 속도를 선택하면 된다. 제3장의 §3.3.1에서 논의하겠지만, 이 방법에서는 특정 구간 안에서 추출한 매개변수 값들의 서로 다른 여러 조합으로 모형들을 만들고, 검증 집합을 이용해서 모형들의 정확도를 측정한다. 어떤 의미에서 검증 자료는 초매개변수(즉, 학습 속도나 층의 수, 각 층의 단위 개수 같은 알고리즘 차원의 매개변수) 또는 설계상의 최선의 선택(S자형 활성화 함수 대 tanh 활성화 함수 등)을 위한 일종의 시험 자료라고 할 수 있다.

3. **시험 자료**(testing data): 가용 자료의 이 부분집합은 최종 모형(조율된 모형)의 정확도를 시험하는 데 쓰인다. 과대적합을 피하려면 매개변수 조정과 모형 선택 과정에서 이 시험 자료를 전혀 사용하지 않아야 한다는 점을 기억하기 바란다. 시험 자료는 오직 **전체 과정의 맨 끝에서만 사용해야 한다.** 더 나아가서, 만일 분석가가 시험 자료에 대해 얻은 정보를 어떤 방식으로든 모형의 조정에 사용한다면, 그 결과는 시험 자료에서 비롯된 지식으로 오염된다는 점을 주의해야 한다. 시험 자료를 단 한 번만 사용해야 한다는 것은 대단히 엄중한(그리고 중요한) 요구조건이다. 그렇지만 실제 벤치마크들에서는 이 조건을 위반할 때가 많다. 최종 정확도 평가에서 배운 것을 활용하고 싶은 유혹이 대단히 크다.

그림 4.4: 평가 설계를 위한 분류명 붙은 자료 집합의 분할

그림 4.4는 분류명 붙은 자료 집합을 훈련 자료, 검증 자료, 시험 자료로 분할한 모습을 보여준다. 엄밀히 말하면 검증 자료도 훈련 자료의 일부이다. 왜냐하면, 검증 자료도 훈련 자료처럼 최종 모형에 영향을 미치기 때문이다. 그러나 훈련 구축에 쓰이는 부분만 훈련 자료라고 부르는 것이 관례이다. 그림에 나온 2 : 1 : 1 분할비는 1990년대부터 이어진 일종의 관례일 뿐, 어떤 엄격한 규칙은 아니다. 분류명 붙은 가용 자료 집합이 아주 큰 경우, 25%나 시험 자료로 사용할 필요는 없다. 그냥 적당한 개수의 견본들로 충분하다. 아주 큰 자료 집합이 주어졌을 때 가능한 많은 부분을 모형 구축에 사용하는 것이 바람직하다. 검증과 평가 단계에서 생기는 분산이 상당히 낮을 때가 많기 때문이다. 가용 자료가 크다면 검증 자료 집합과 시험 자료 집합을 일정 비율로 분할하는 대신 그냥 고정된 견본 개수(수천 개 이하)로 분할해도 된다. 다시 말하지만, 2 : 1 : 1 비율은 자료 집합이 크지 않던 시절에서 이어온 하나의 관례일 뿐이다. 요즘처럼 큰 자료 집합을 사용할 수 있는 시대에는 그냥 대부분의 자료점을 훈련에 사용하고 시험에는 적당한(그리고 고정된) 개수의 자료점만 사용하면 된다. 실제로, 98 : 1 : 1 같은 분할비도 드물지 않다.

4.3.1 예비와 교차 검증을 이용한 모형 평가

앞에서 설명한, 분류명 붙은 자료를 세 부분으로 나누는 방식은 예비(hold-out)라고 하는 일반적인 분류명 붙은 자료 분할 방식에 해당한다. 그런데 자료를 단번에 세 부분

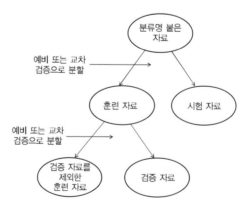

그림 4.5: 훈련, 검증, 시험 부분집합으로의 위계적 분할

으로 나누지는 않는다. 그보다는 먼저 가용 자료를 훈련 자료와 시험 자료라는 두 부분으로 나누고, 훈련 자료를 다시 훈련 자료와 검증 자료로 나누는 방법이 흔히 쓰인다. 첫 분할에서 나온 시험 자료는 **과정의 끝에서만 사용하도록** 따로 떼어서 잘 보관해 둔다. 이런 종류의 위계적 분할 방식이 그림 4.5에 나와 있다.

한 가지 주목할 점은, 분할 위계의 두 수준에서 수행하는 분할 방식이 개념적으로 동일하다는 것이다. 이후의 논의에서는 그림 4.5의 첫 수준의 분할, 즉 주어진 자료를 '훈련' 자료와 '시험' 자료로 나누는 것을 기준으로 하지만, 논의의 대부분은 둘째 수준의 분할(모형 구축용 자료와 검증용 자료)에 대해서도 유용하다. 즉, 다음에서 이야기하는 분할 방법들은 두 수준의 분할 모두에 적용된다.

예비

예비 방법에서는 자료 견본들의 일부를 이용해서 훈련 모형을 구축한다. 훈련에 사용하지 않은 견본들은 **예비 견본들**이라고 부르는데, 이들은 시험(모형 평가)에 쓰인다. 시험 과정에서는 예비 견본들에 대한 분류명 예측 정확도를 측정하며, 그 정확도를 모형의 전반적인 정확도로 간주한다. 그런데 이러한 접근 방식은 진 정확도(실제 정확도)를 과소평가한다. 예를 들어 분류명 붙은 자료 집합 전체에 비해 예비 견본들이 특정 부류에 좀 더 많이 속해 있을 수 있다. 그러면 훈련 견본들은 그 부류에 덜 속하게 된다. 즉, 훈련 자료와 시험 자료 사이에 불일치가 발생하는 것이다. 더 나아가서, 훈련 견본들의 부류별 도수(빈도)는 항상 예비 견본들의 해당 도수와 역수 관계이다. 이는 평가시 일관된 비관적 편향으로 이어진다. 이런 약점이 있긴 하지만, 간단하고 효율적이라는 장점 때문에 대규모 신경망에서는 예비 방법이 즐겨 쓰인다. 심층 학습에서는 자료 집합이 클 때가 많으므로 간단하고 효율적인 방법이 중요하다.

교차 검증

교차 검증(cross-validation) 방법에서는 분류명 붙은 자료를 같은 크기의 조각(segment) q개로 분할한다. 그러한 q개의 조각 중 하나를 시험에 사용하고, 나머지 $(q-1)$개는 훈련에 사용한다. 그러한 훈련 및 시험 과정을, q개의 조각들 각각을 하나씩 시험 조각으로 사용해서 q번 반복한다. 그리고 q번의 시행에서 얻은 정확도들의 평균을 모형의 최종 정확도로 간주한다. q의 값이 크면 이 방법은 진 정확도를 잘 추정한다. 한 특별한 경우로, q를 분류명 붙은 자료점들의 개수와 같게 둘 수 있다. 그러면 각 반복에서 하나의 자료점이 시험 견본으로 쓰인다. 전체 자료 중 자료점 하나만 훈련 자료에서 제외된다는 점에서, 이런 접근 방식을 하나 뺀 교차 검증(leave-one-out cross-validation)이라고 부른다. 이런 접근 방식으로 정확도를 잘 근사할 수 있긴 하지만, 모형을 여러 번 훈련해야 하므로 시간이 너무 오래 걸릴 수 있다. 이러한 효율성 문제 때문에 신경망에서는 교차 검증이 잘 쓰이지 않는다.

4.3.2 자료 집합의 규모에 따른 훈련상의 문제점

현대적인 신경망 응용에서는 훈련 자료 집합이 커서 생기는 문제점들을 극복해야 한다. 예를 들어 전통적인 기계 학습에서는 교차 검증 방법이 예비 방법보다 낫지만, 신경망 분야에서는 교차 검증의 기술적인 장점보다 예비 방법의 효율성을 우선시한다. 일반적으로 신경망 모형화에서는 훈련 시간이 대단히 중요하기 때문에, 실용적인 구현을 위해 여러 사항을 타협할 때가 많다.

한 예로, 초매개변수 최적화를 위한 격자 검색(제3장의 §3.3.1 참고)에서 자주 발생하는 계산상의 문제를 생각해 보자. 격자 검색을 위해서는 수많은 가능성을 고려해야 하므로, 큰 신경망에서는 초매개변수 하나를 선택하는 데에도 며칠이 걸릴 수 있다. 그래서 각각의 초매개변수 설정에 대해 훈련 알고리즘을 일정 횟수로만 반복하는(수렴이 일어날 때까지 반복하는 것이 아니라) 전략이 흔히 쓰인다. 이 경우 서로 다른 초매개변수 설정들을 서로 다른 스레드들에서 병렬로 실행함으로써 계산 속도를 더욱 높일 수 있다. 고정된 반복 횟수 이후에도 학습이 그리 잘 진척되지 않는 초매개변수 설정에 대해서는 해당 학습을 종료한다. 결국에는 몇 개의 초매개변수 설정들만 남는데, 그것들로 앙상블을 형성해서 하나의 최종 모형을 결정한다. 이런 접근 방식이 잘 작동하는 한 가지 이유는, 학습 진척의 상당 부분이 훈련의 초기에 이루어질 때가 많다는 것이다. 이 접근 방식은 제3장의 §3.3.1에서 설명했다.

4.3.3 자료 추가 수집 필요성 판정

신경망의 일반화 오차가 높게 나오는 이유는 여러 가지이다. 첫째로, 자료 자체에 잡음이 많을 수 있다. 그러면 정확도를 높이기 위해 할 수 있는 일이 별로 없다. 둘째로, 신경망을 훈련하기가 어려워서 알고리즘이 잘 수렴하지 않기 때문에 일반화 오차가 클 수 있다. 또한, 편향이 큰 것이 원인일 수도 있는데, 이를 두고 **과소적합**(underfitting) 이라고 부른다. 마지막으로, 일반화 오차의 상당 부분이 과대적합(높은 분산) 때문에 생긴 것일 수 있다. 대부분의 경우 오차는 이런 여러 요인의 조합에서 비롯된다. 그러 나 주어진 구체적인 훈련 자료 집합의 과대적합은 훈련 정확도와 시험 정확도의 격차 를 통해서 검출할 수 있다. 과대적합이 발생하면 훈련 정확도와 시험 정확도의 격차가 커진다. 훈련 자료 집합이 작으면 시험 정확도가 아주 낮아도 훈련 정확도는 100%에 가깝게 나오는 경우가 드물지 않다. 이런 문제에 대한 첫 번째 해결책은 자료를 더 수집하는 것이다. 훈련 자료가 많으면 훈련 정확도는 떨어져도 시험/검증 정확도는 올 라간다. 그러나 자료를 더 수집할 수 없는 상황이라면 정칙화 같은 다른 기법들을 이 용해서 일반화 성능을 개선해야 한다.

4.4 벌점 기반 정칙화

벌점 기반 정칙화는 과대적합을 줄이는 데 가장 흔히 쓰이는 접근 방식이다. 이해를 돕기 위해 d차 다항식의 예를 다시 생각해 보자. 이 경우 주어진 x에 대한 예측값 $\hat{y}$는 다음과 같이 주어진다.

$$\hat{y} = \sum_{i=0}^{d} w_i x^i \tag{4.5}$$

입력이 d개이고 가중치가 w_0인 치우침 뉴런이 하나 있는 단층 신경망으로 이 예측값 을 모형화하는 것이 가능하다. 이 신경망의 i번째 입력은 x^i이고, 활성화 함수는 선형 함수이다. 자료 집합 $\mathcal{D}$의 훈련 견본 (x, y)에 대한 제곱 손실함수는 다음과 같이 정의 된다.

$$L = \sum_{(x,y) \in \mathcal{D}} (y - \hat{y})^2$$

그림 4.2의 예에서 논의했듯이, d 값이 크면 과대적합이 증가하는 경향이 있다. 따라 서 d를 줄이는 것이 하나의 해결책이 된다. 다른 말로 하면, **매개변수 절약**(economy in parameters)을 통해서 더 간단한 모형을 만들 수 있다. 예를 들어 d를 1로 줄이면 자유

도가 더 적은 선형 모형이 되며, 그런 모형은 서로 다른 훈련 자료 집합에 대해 비슷한 방식으로 적합한다. 그러나 그런 모형은 표현력이 낮기 때문에 자료에 존재하는 복잡한 패턴을 제대로 포착하지 못한다. 다른 말로 하면, 모형을 너무 단순화하면 신경망의 표현력이 감소해서 서로 다른 종류의 자료 집합들의 서로 다른 요구에 충분히 잘 적응하지 못한다.

신경망의 표현력을 유지하면서도 과대적합을 억제하려면 어떻게 해야 할까? 명시적으로 매개변수 개수를 줄여서 그런 목표를 달성하기란 어렵다. 그보다는 매개변수들에 일종의 벌점(penalty)을 가함으로써 매개변수들의 영향을 줄이는 것이 더 유연한 방법이다. 이때, 크기(절댓값)가 작은 매개변수는 예측값에 미치는 영향도 적으므로, 매개변수의 크기가 클수록 큰 벌점을 가하는 것이 기본이다. 그런데 구체적으로 어떤 종류의 벌점을 가해야 할까? 가장 흔히 쓰이는 것은 **티코노프 정칙화**(Tikhonov regularization)라고도 부르는 L_2 정칙화이다. 이 경우 벌점은 매개변수 값 제곱들의 합으로 정의된다. 이 벌점을 가한 목적함수는 다음과 같다.

$$L = \sum_{(x,y) \in \mathcal{D}} (y - \hat{y})^2 + \lambda \cdot \sum_{i=0}^{d} w_i^2$$

여기서 $\lambda > 0$는 벌점의 정도를 결정하는 정칙화 매개변수이다. 이런 종류의 매개변수화된 벌점의 한 가지 장점은, 훈련 자료 집합의 한 부분(신경망 매개변수들의 학습에는 사용하지 않는)에 대해 신경망이 최적의 성과를 내도록 이 매개변수 값을 조정함으로써 벌점의 영향을 최적화할 수 있다는 것이다. 이런 접근 방식을 **모형 검증**(model validation)이라고 부른다. 이런 접근 방식을 사용하는 것이 미리 매개변수 개수를 명시적으로 줄이는 것보다 훨씬 유연하다. 앞에서 논의한 다항 회귀의 예를 생각해 보자. 매개변수 개수를 미리 줄이면, 학습된 다항식은 특정 형태의 곡선(앞의 예에서는 선형 모형에 해당하는 직선)에만 국한된다. 그러나 유연한 벌점 기반 방법에서는 학습된 곡선의 형태를 좀 더 자료 주도적인 방식으로 제어할 수 있다. 실험과 관찰에 따르면 일반적으로 복잡한 모형(이를테면 더 큰 신경망)과 정칙화의 조합이 정칙화 없는 단순한 모형보다 더 낫다. 전자는 자료 주도적인 방식으로 최적화할 수 있는 조율 수단(즉, 정칙화 매개변수)을 제공하므로 유연성도 크다. 그러한 조율 수단의 값은 자료 집합에서 따로 떼어 낸 예비 자료를 이용해서 학습할 수 있다.

정칙화가 신경망의 갱신에는 어떤 영향을 미칠까? 신경망의 임의의 가중치 w_i에 대한 경사 하강법(또는 미니배치 경사 하강법)의 갱신 공식은 다음과 같이 정의된다.

$$w_i \Leftarrow w_i - \alpha \frac{\partial L}{\partial w_i}$$

여기서 α는 학습 속도이다. L_2 정칙화를 사용한다는 것은 다음과 같이 가중치에 일종의 감쇄를 적용하는 것에 해당한다.

$$w_i \Leftarrow w_i(1 - \alpha\lambda) - \alpha \frac{\partial L}{\partial w_i}$$

이 갱신 공식은 가중치에 먼저 감쇄 계수 $(1 - \alpha\lambda)$를 곱한 후에 경사 하강법 갱신량을 더한다는 점을 주목하기 바란다. 가중치 감쇄를 생물학적으로(즉, 생명체의 뇌에 비유해서) 해석할 수도 있다. 가중치들의 초기치가 0에 가깝다고 가정할 때, 가중치 감쇄는 가중치들을 초기치에 가깝게 만드는 효과를 낸다. 이는 생명체의 '망각(forgetting)' 메커니즘과 비슷하다. 망각 메커니즘은 오직 반복된 갱신들만 가중치의 절대 크기에 유의한(significant) 영향을 미치게 하는 효과를 낸다. 갱신들만 가중치들에 반영되므로, 결과적으로 망각 메커니즘은 모형이 훈련 자료를 암기하지 못하게 만드는 역할을 한다.

4.4.1 잡음 주입과의 관계

벌점 기반 정칙화는 입력에 잡음을 추가하는 것과 관련이 있다. 각 입력에 같은 양의 가우스 잡음을 추가하는 것은 항등 활성화 함수를 사용하는 단층 신경망(선형회귀를 위한)의 티코노프 정칙화와 동등함이 증명되었다.

이해를 돕기 위해 개별 훈련 견본 $(\overline{X}, y)$가 처리되는 과정을 살펴보자. 분산이 λ인 가우스 잡음을 여기에 추가하면 이 견본은 $(\overline{X} + \sqrt{\lambda}\,\overline{\epsilon}, y)$가 된다. 여기서 $\overline{\epsilon}$은 하나의 무작위 벡터(확률 벡터)인데, 이 벡터의 각 성분 ϵ_i는 평균 0이고 분산이 1인 표준정규분포에서 독립적으로 추출한 것이다. 이러한 잡음 섞인 입력 $\overline{X} + \sqrt{\lambda}\,\overline{\epsilon}$에 대한 잡음 섞인 예측값 $\hat{y}$는 다음과 같이 주어진다.

$$\hat{y} = \overline{W} \cdot (\overline{X} + \sqrt{\lambda}\,\epsilon) = \overline{W} \cdot \overline{X} + \sqrt{\lambda}\,\overline{W} \cdot \overline{\epsilon} \tag{4.6}$$

이제 개별 훈련 견본에 대한 제곱 손실함수 $L = (y - \hat{y})^2$을 살펴보자. 훈련을 위해서는 이 손실함수의 **기댓값**을 구해야 한다. 그 기댓값은 다음과 같이 주어진다.

$$E[L] = E[(y - \hat{y})^2]$$
$$= E[(y - \overline{W} \cdot \overline{X} - \sqrt{\lambda}\,\overline{W} \cdot \overline{\epsilon})^2]$$

우변을 전개해서 정리하면 다음이 나온다.

$$E[L] = (y - \overline{W} \cdot \overline{X})^2 - 2\sqrt{\lambda}\,(y - \overline{W} \cdot \overline{X})\underbrace{E[\overline{W} \cdot \overline{\epsilon}]}_{0} + \lambda E[(\overline{W} \cdot \overline{\epsilon})^2]$$
$$= (y - \overline{W} \cdot \overline{X})^2 + \lambda E[(\overline{W} \cdot \overline{\epsilon})^2]$$

수식의 둘째 줄에 $\overline{\epsilon} = (\epsilon_1 \dots \epsilon_d)$와 $\overline{W} = (w_1 \dots w_d)$를 대입해서 더 전개하고, $E[\epsilon_i \epsilon_j]$ 형태의 항을 $E[\epsilon_i] \cdot E[\epsilon_j] = 0$(확률변수 ϵ_i와 ϵ_j가 독립이므로)으로 대체하면 공식이 훨씬 간단해진다. 또한, $E[\epsilon_i^2]$ 형태의 항은 모두 1로 대체할 수 있다(각 ϵ_i를 표준 정규분포에서 뽑았으므로). 다음은 위 수식의 $E[(\overline{W} \cdot \overline{\epsilon})^2]$을 그런 식으로 전개, 정리한 결과이다.

$$E[L] = (y - \overline{W} \cdot \overline{X})^2 + \lambda \left(\sum_{i=1}^{d} w_i^2 \right) \tag{4.7}$$

하나의 견본에 대해 이 손실함수가 L_2 정칙화와 정확히 동일함을 주목하기 바란다.

그런데 가중치 감쇄와 잡음 주입의 이러한 동등함은 선형회귀에는 성립하지만 비선형 활성화 함수를 사용하는 신경망에는 성립하지 않는다. 그렇긴 하지만 그런 경우에도 벌점 기반 정칙화는 개념적으로 잡음 주입과 비슷하기 때문에 이해하기 쉽다(비록 정량적으로는 다른 결과가 나온다고 해도). 이러한 유사성 때문에, 정칙화 항을 두는 대신 잡음을 직접 주입함으로써 정칙화를 수행하기도 한다. 그런 접근 방식을 **자료 섭동**(data perturbation)이라고 부른다. 자료 섭동 방법에서는 몬테카를로 방식으로 각자 다른 잡음을 추가해서 여러 훈련 자료 집합을 만들고, 그것들로 신경망을 훈련한 결과들로 하나의 앙상블을 구축한다. 그런 다음, 같은 시험 자료점에 대한 여러 앙상블 구성요소의 예측값들의 평균으로 최종 예측 결과를 산출함으로써 정확도를 개선한다. 이처럼 잡음을 명시적으로 추가하는 경우에는 여러 앙상블 구성요소의 예측값들을 평균하는 것이 중요하다. 그래야 최종 결과가 손실함수의 **기댓값**(잡음에 의한 분산이 더해지지 않은)을 제대로 대표할 수 있다. §4.5.5에서 이 접근 방식을 좀 더 논의하겠다.

4.4.2 L_1 정칙화

정칙화에 가장 흔히 쓰이는 것은 앞에서 설명한, 제곱 크기 벌점을 사용하는 L_2 정칙화이다. 그런데 그와는 다른 종류의 벌점을 매개변수들에 가할 수도 있다. L_2 정칙화 이외에 흔히 쓰이는 접근 방식으로는 L_1 정칙화가 있는데, 이 정칙화는 계수들을 제곱해서 합하는 대신 그냥 계수의 크기(절댓값)들을 합해서 벌점을 구한다. 즉, 이러한 정칙화를 적용한 목적함수는 다음과 같은 형태이다.

$$L = \sum_{(x,y)\in\mathcal{D}} (y - \hat{y})^2 + \lambda \cdot \sum_{i=0}^{d} |w_i|_1$$

그런데 이 목적함수에는 한 가지 문제점이 있다. 이 목적함수에는 $|w_i|$ 항이 있기 때문에, w_i가 정확히 0일 때는 목적함수를 미분할 수 없다. 따라서 경사 하강법을 적용하려면 w_i가 0일 때 특별한 처리가 필요하다. w_i가 0이 아닐 때는 그냥 편미분을 계산해서 보통의 방식대로 갱신을 수행하면 된다. 다음은 w_i가 0이 아닐 때의 갱신 공식이다.

$$w_i \Leftarrow w_i - \alpha\lambda s_i - \alpha\frac{\partial L}{\partial w_i}$$

여기서 s_i는 절댓값 $|w_i|$의 편미분(w_i에 대한)으로, 정의는 다음과 같다.

$$s_i = \begin{cases} -1 & w_i < 0 \\ +1 & w_i > 0 \end{cases}$$

경사 하강법을 위해서는 w_i가 정확히 0일 때의 $|w_i|$의 편미분도 정의해야 한다. 한 가지 방법은 $\{-1, +1\}$ 중 하나를 무작위로(확률적으로) 선택해서 w_i의 값으로 설정하는 것인데, 이를 **부분기울기**(subgradient) 방법이라고 부른다. 그러나 실제 응용에서는 굳이 이렇게 할 필요가 없다. 컴퓨터의 수치 계산은 그 정밀도가 유한하며, 수치 계산의 오차 때문에 w_i가 **정확히** 0이 되는 경우는 드물다. 다른 말로 하면, 계산 오차가 암묵적으로 확률적 표집의 역할을 하는 것이다. 더 나아가서, w_i가 정말로 딱 0인 드문 경우에는 그냥 s_i를 0으로 두고 정칙화를 생략하면 된다. 실제 응용에서는 이런 식으로 부분기울기 방법을 대신하는 것이 상당히 잘 작동할 때가 많다.

L_1 정칙화를 고려한 갱신 공식과 L_2 정칙화를 고려한 갱신 공식의 차이점 하나는, L_2 정칙화는 승산적(곱셈) 감쇄를 일종의 망각 메커니즘으로 사용하지만 L_1 정칙화는 가산적(덧셈) 감쇄를 망각 메커니즘으로 사용한다는 것이다. 두 경우 모두, 갱신 공식의 정칙화 항은 계수들을 0에 가까운 쪽으로 옮기는 역할을 한다. 그러나 그러한 갱신들로 구하는 해의 종류는 두 경우가 좀 다른데, 그럼 그러한 차이를 좀 더 살펴보자.

4.4.3 L_1 정칙화 대 L_2 정칙화

여기서 자연스럽게 제기되는 질문은 L_1 정칙화와 L_2 정칙화 중 어떤 것을 사용하는 것이 바람직한가이다. 정확도 측면에서는 L_2 정칙화가 L_1 정칙화를 능가할 때가 많다(비록 입력들이 적고 단위들이 많을 때는 둘의 성과 차이가 크지 않지만). 대부분의 구현이 항상 L_1보다 L_2 정칙화를 더 선호하는 것은 이 때문이다.

그러나 해석성(해석 가능성) 면에서는 L_1 정칙화도 나름의 용도가 있다. L_1 정칙화의 한 가지 흥미로운 성질은 대부분의 w_i가 0인(계산 오차를 무시할 때[1]) 희소한(sparse) 해를 산출한다는 것이다. 입력층에서 나가는 연결의 w_i 값이 0이면 해당 입력은 최종 예측값에 아무런 영향도 미치지 않는다. 다른 말로 하면 그런 입력은 **생략**(dropped; 또는 탈락)되며, 이 경우 L_1 정칙화는 일종의 특징 선택기로 작용한다. 따라서 L_1 정칙화를 이용해서 주어진 응용에 대해 예측력을 가진 특징들이 어떤 것인지 추정할 수 있다.

은닉층들 사이의 연결의 가중치가 0인 경우는 어떨까? 그런 연결들은 생략되며, 결과적으로 희소한 신경망이 만들어진다. 그런 희소 신경망은 같은 종류의 자료 집합으로 훈련을 반복하되, 자료 집합의 본성과 좀 더 광범위한 특성들은 시간에 따라 그리 크게 변하지 않을 때 유용하다. 희소 신경망은 원래의 신경망의 모든 연결 중 작은 부분집합만 담고 있으므로, 여러 자료 집합으로 훈련을 반복해도 시간이 덜 걸린다.

---

1) 계산 오차를 무시하는 한 가지 방법은 $|w_i|$가 적어도 10^{-6}은 되어야 w_i가 정말로 0이 아니라고 간주한다는 요구조건을 강제하는 것이다.

4.4.4 은닉 단위에 대한 벌점: 희소 표현 학습

지금까지 논의한 벌점 기반 방법들은 신경망의 **매개변수들**에 벌점을 가한다. 이와는 달리 신경망의 **활성화 값들**에 벌점을 가함으로써 주어진 자료점에 대해 신경망의 일부 뉴런들만 활성화되게 하는 접근 방식도 있다. 즉, 이 방법은 신경망이 크고 복잡하다고 해도 그중 작은 부분만으로 예측값을 산출하게 만든다.

이러한 희소성을 달성하는 가장 간단한 방법은 은닉 단위들에 L_1 벌점을 가하는 것이다. 원래의 손실함수가 L이라 할 때, 이런 식으로 정칙화된 손실함수 L'은 다음과 같이 정의된다.

$$L' = L + \lambda \sum_{i=1}^{M} |h_i| \tag{4.8}$$

여기서 M은 신경망의 전체 단위 개수이고 h_i는 i번째 은닉 단위의 값, λ는 정칙화 매개변수이다. 많은 경우, 신경망의 한 은닉층에만 이러한 정칙화를 적용한다. 그러면 그 층의 값들을 추출해서 희소 특징 표현(sparse feature representation)을 얻을 수 있다.

이러한 목적함수의 변화가 역전파 알고리즘에 어떤 영향을 미칠까? 주된 변화는, 손실함수를 출력층의 노드들뿐만 아니라 은닉층의 노드들에 대해서도 취합한다는 것이다. 근본적인 수준에서 이러한 변화가 역전파의 전체적인 작동 방식과 원리에는 영향을 미치지 않는다. 이에 관해서는 제3장의 §3.2.7에서 논의했다.

역전파 알고리즘을 수정하는 방법을 좀 더 자세히 살펴보자. 필요한 것은, 한 은닉 노드로 들어가는 모든 연결의 역방향 기울기 흐름에 그 노드의 정칙화 벌점을 반영해야 한다는 것이다. 계산 그래프의 임의의 한 노드 h에서 도달할 수 있는 모든 노드의 집합(그 노드 자신도 포함)이 $N(h)$라고 하자. 은닉층 정칙화에서 손실함수 L의 기울기 $\frac{\partial L}{\partial a_h}$은 $N(h)$의 노드들의 벌점에도 의존한다. 좀 더 구체적으로, 임의의 노드 h_r의 활성화 전 값이 a_{h_r}이라고 할 때, 그 노드의 출력 노드로의 기울기 흐름 $\frac{\partial L}{\partial a_{h_r}} = \delta(h_r, N(h_r))$은 $\lambda \Phi'(a_{h_r}) \mathrm{sign}(h_r)$만큼 증가한다. 여기서 기울기 흐름 $\frac{\partial L}{\partial a_{h_r}} = \delta(h_r, N(h_r))$은 제3장의 §3.2.7에 나온 정의를 따른다. 역방향 기울기 흐름에 대한 제3장의 식 3.25를 다시 보자.

$$\delta(h_r, N(h_r)) = \Phi'(a_{h_r}) \sum_{h \,:\, h_r \Rightarrow h} w_{(h_r, h)} \delta(h, N(h)) \tag{4.9}$$

여기서 $w_{(h_r,h)}$는 h_r에서 h로의 간선에 부여된 가중치이다. 이 갱신을 수행한 직후에는 $\delta(h_r, N(h_r))$의 값에 해당 노드의 정칙화 항을 반영한다.

$$\delta(h_r, N(h_r)) \Leftarrow \delta(h_r, N(h_r)) + \lambda \, \Phi'(a_{h_r}) \cdot \text{sign}(h_r)$$

이 갱신 공식이 제3장의 식 3.26에 기초한 것임을 주목하기 바란다. 주어진 노드 h_r에서 $\delta(h_r, N(h_r))$의 값이 변하고 나면, 그러한 변화는 자동으로 h_r에 도달하는 모든 노드로 역전파된다. 이상이 은닉 단위들에 L_1 정칙화를 강제하는 데 필요한 알고리즘 변경 사항의 전부이다. 이상에서 보듯이, 중간층 노드들에 벌점을 도입해도 역전파 알고리즘이 근본적으로 달라지지는 않는다. 차이점이라면 기울기 흐름에 대한 기여의 측면에서 은닉 노드들을 출력 노드들처럼 취급한다는 것뿐이다.

4.5 앙상블 방법

앙상블 방법(ensemble method)들은 편향 대 분산 절충 관계에서 영감을 얻어서 개발된 것이다. 분류기의 오차를 줄이는 한 방법은 편향과 분산 중 하나를 다른 하나에 영향을 미치지 않는 방식으로 감소하는 것이다. 기계 학습에는 앙상블 방법에 속하는 방법들이 흔히 쓰이는데, 대표적인 예가 **배깅**bagging*과 **부양법**(boosting)이다. 전자는 분산을 줄이려 하고 후자는 편향을 줄이려 한다.

신경망에 쓰이는 대부분의 앙상블 방법은 분산 감소에 초점을 둔다. 이는 신경망의 경우 편향이 비교적 낮은 복잡한 모형을 구축할 수 있는 능력이 중요하기 때문이다. 크고 복잡한 신경망은 편향 대 분산 절충 관계에서 항상 분산이 높은 쪽으로 이동하는 경향이 있으며, 그러면 과대적합이 발생한다. 그래서 신경망에 쓰이는 대부분의 앙상블 방법은 분산을 줄이는(즉, 일반화 능력을 높이는) 것을 목표로 한다. 이번 절에서도 그런 방법들을 살펴본다.

※ **역주** bagging의 어근 bag은 공식적으로(?) bootstrap aggregation(부트스트랩 취합)을 줄인 것이다. 그러나 전산학에서 여러 항목(지금 예에서는 다수의 부분 신경망)을 특정 순서나 구조 없이 담아 두는 자료 구조를 bag(자루, 가방)라고 부르기도 한다는 점과 아주 무관하지는 않을 것이다.

4.5.1 배깅과 부표집

어떤 기반 분포에서 훈련 자료점들을 무한히 많이 생성할 수 있다고 하자. 이처럼 훈련 자료가 무한한(그러나 현실에서는 보기 드문) 경우에는 분산을 아예 없앨 수 있다. 충분한 크기의 표본이 주어진다면, 대부분의 통계량의 분산은 점근적으로 0으로 감소한다.

이런 경우 분산을 줄이는 자연스러운 접근 방식 하나는, 서로 다른 훈련 자료 집합을 계속 생성하고 그 자료 집합들을 이용해서 같은 시험 견본에 대해 예측을 수행해서 여러 개의 예측값을 구한 후 그것들의 평균을 최종 예측값으로 삼는 것이다. 충분한 수의 훈련 자료 집합들을 사용한다면, 그러한 예측값의 분산은 0이 된다(편향은 모형의 종류에 따라 여전히 존재할 수 있지만).

이러한 접근 방식은 가용 자료가 무한할 때만 적용할 수 있다. 그러나 실제 응용에서는 단 하나의 유한한 자료 집합만 주어질 때가 많다. 그런 경우에는 앞에서 말한 방법을 구현할 수 없다. 그렇지만 앞의 방법을 불완전하게 흉내 내는 것으로도 전체 훈련 자료 집합에 대해 모형을 단 한 번만 실행할 때보다 분산을 더 줄일 수 있다. 그 방법을 간단히 설명하자면 이렇다. 하나의 유한한 기반 자료 집합에서 훈련점들을 추출해서 새로운 훈련 자료 집합들을 생성한다. 훈련 자료 집합을 생성할 때 복원추출 (sampling with replacement)을 사용할 수도 있고 비복원추출(sampling without replacement)을 사용할 수도 있다. 다수의 훈련 자료 집합들로 신경망을 각각 훈련해서 다수의 모형을 구축한 후, 특정한 하나의 시험 견본에 대해 각 모형을 실행해서 다수의 예측값을 산출하고, 그것들의 평균을 최종 예측값으로 선택한다. 이러한 평균화 방법은 실수 예측값(이를테면 주어진 시험 견본이 특정 부류에 속할 확률)은 물론 이산 예측값에도 적용할 수 있다. 실수(연속) 예측값의 경우, 예측값들의 평균 대신 중앙값을 사용해서 더 나은 성과를 얻을 때도 종종 있다.

이산 출력의 확률적 예측값을 구할 때는 흔히 소프트맥스 함수가 쓰인다. 그리고 확률적 예측값들의 평균을 구할 때는 그 값들의 로그값들의 평균을 사용하는 것이 일반적이다. 그러한 평균은 확률들의 기하평균에 해당한다. 반면 이산 예측값의 경우에는 산술평균이 쓰인다. 이산 예측값과 확률적 예측값의 이러한 처리 방식 차이는 예측값들의 평균에 기초한 다른 종류의 앙상블 방법들에도 적용된다. 확률적 예측값들의 평균에 로그가 쓰이는 이유는 확률의 로그는 로그가능도(log-likelihood)에 해당하며, 로

그 가능도는 덧셈으로 다룰 수 있기 때문이다.

배깅과 부표집(subsampling^{서브샘플링})은 기반 자료 집합에서 훈련 자료 집합을 생성할 때 복원추출을 사용하느냐 아니냐에서 차이가 난다. 이 두 방법을 요약하면 다음과 같다.

1. 배깅: 배깅에서는 복원추출을 이용해서 훈련 자료 집합을 생성한다. 표본 크기 s 를 훈련 자료 집합 크기 n과 다르게 둘 수도 있지만, 보통은 s를 n과 같게 설정한다. 후자의 경우 재표집된 자료에는 중복된 견본들이 존재하며, 원래의 자료 집합의 약 $(1-1/n)^n \approx 1/e$은 재표집된 자료에 포함되지 않는다. 여기서 e는 자연로그의 밑이다. 재표집된 훈련 자료 집합으로 모형을 구축하고, 각 시험 견본을 재표집된 자료에 기초해서 예측한다. 그러한 재표집과 모형 구축 과정을 m번 반복해서 m개의 모형을 만들고, 각 시험 견본에 대해 m개의 모형 각각을 실행해서 예측값들을 구한다. 그런 다음 그 예측값들의 평균을 최종적인 하나의 강건한 (robust) 예측값으로 채택한다. 배깅에서는 $s = n$으로 두는 것이 관례이지만, s를 n보다 훨씬 작게 잡았을 때 최고의 결과가 나올 때가 많다.

2. **부표집**은 배깅과 비슷하되, **비복원추출**로 훈련 자료 집합들을 생성한다는 점이 다르다. 배깅에서처럼 여러 모형의 예측값들의 평균을 구한다. 부표집에서는 반드시 $s < n$으로 두어야 한다. $s = n$으로 두면 매번 같은 훈련 자료 집합이 생성되어서, 앙상블의 모든 구성요소가 같은 결과를 산출한다.

충분히 많은 훈련 자료 집합이 주어지는 경우에는 부표집이 배깅보다 낫다. 그러나 가용 자료의 양이 제한적일 때는 배깅이 합리적인 선택이다.

배깅이나 부표집으로 분산을 완전히 제거할 수는 없음을 주의하기 바란다. 이는 서로 다른 훈련 집합이 담은 견본들이 어느 정도 겹치기 때문이다. 그래서 서로 다른 표본에 대한 시험 견본의 예측값들이 어느 정도 양의 상관관계를 가진다. 양의 상관관계인 일단의 확률변수들의 평균의 분산은 상관관계의 정도에 비례한다. 결과적으로 예측값들에는 항상 어느 정도의 분산이 남는다. 이러한 잔여 분산은 배깅과 부표집이 기반 분포로부터의 진정한 훈련 자료 표본추출을 근사적으로 흉내 낸 것일 뿐이라는 사실에서 비롯된 결과이다. 그렇긴 하지만, 이 접근 방식의 분산이 전체 훈련 자료 집합으로 구축한 하나의 모형으로 얻은 분산보다는 낮다. 신경망에 배킹을 직접 적용할 때 주된 어려움은 다수의 학습 모형을 구축해야 한다는 것인데, 신경망이 크면 대단히 많은 시간이 걸린다. 그러나 서로 다른 모형들의 구축을 완전히 병렬화하는 것이 가능하며, 따라서 이런 종류의 설정에는 다수의 GPU를 이용한 병렬적 신경망 학습이 아주 적합하다.

4.5.2 매개변수 기반 모형 선택과 평균화

신경망 구축에서 한 가지 어려운 점은 여러 초매개변수(신경망의 깊이나 각 층의 뉴런 개수 등)들을 적절히 선택하는 것이다. 또한, 주어진 응용 과제의 성격에 따라서는 활성화 함수의 선택도 신경망의 성과에 영향을 미친다. 선택해야 할 초매개변수가 많은 경우, 신경망의 성과가 특정한 초매개변수 구성에 민감하게 영향을 받을 수 있다. 이를 극복하는 한 가지 방법은 여러 초매개변수 구성 각각을 사용하는 모형들을 예비 자료 집합(훈련 자료 집합의 일부분을 따로 떼어서 만든)으로 훈련해서 정확도를 측정하고, 가장 정확한 모형의 초매개변수들로 최종적인 모형을 만드는 것이다. **모형 선택**이라고 부르는 이러한 접근 방식은 모든 종류의 기계 학습 모형에서 초매개변수 조정에 표준적으로 쓰이는 기법이다. 어떤 의미에서 **모형 선택**은 본질적으로 일단의 모형들에서 최고의 것을 선택하는 앙상블 중심적 접근 방식이라고 할 수 있다. 이를 버킷(양동이)에 가득 담긴 모형 중 하나를 뽑는 것에 비유해서 **모형 버킷**(bucket-of-models) 기법이라고 부르기도 한다.

이와 관련해서 심층 학습의 주된 난제 중 하나는 초매개변수들의 가능한 조합들이 상당히 많다는 것이다. 예를 들어 신경망의 깊이(층의 수)와 각 층의 단위 개수, 활성화 함수라는 세 초매개변수를 선택해야 하는 경우 가능한 구성(조합)의 수는 선택의 가짓수들을 모두 곱한 것이다. 따라서, 실제 응용을 위해서는 가능한 구성의 수를 최대한 줄일 필요가 있다. 분산을 줄이는 데 사용할 수 있는 추가적인 접근 방식은 상위 k개의 구성들을 선택하고 그 구성들로 얻은 예측값들의 평균을 구하는 것이다. 그런 접근 방식을 사용하면 좀 더 강건한 예측값을 얻을 수 있는데, 선택된 구성들이 서로 아주 다를 때 더욱더 그렇다. 개별 구성은 각각 최적에 못 미칠 수 있지만, 최종적인 예측값은 상당히 강건하다. 그렇지만 이런 접근 방식은 아주 큰 규모의 대규모 신경망에서는 사용할 수 없다(개별 구성을 평가하는 데 몇 주씩 걸릴 수 있으므로). 그래서 제3장의

§3.3.1에 나온 접근 방식에 기초해서 최고의 구성 하나만 사용하는 방법이 흔히 쓰인다. 배깅의 경우처럼, 여러 구성을 사용하는 것은 다수의 GPU를 이용해서 훈련을 병렬화할 수 있을 때만 현실적이다.

4.5.3 무작위 연결 생략

서로 다른 특징들의 조합으로 은닉층을 형성해서 다양한 모형을 구축하는 또 다른 방법은 다층 신경망에서 층들 사이의 연결들을 무작위로 생략(drop; 제거)하는 것이다. 층들 사이의 연결들을 생략하면 모형 구축 과정에서 제약들이 추가되므로 표현력이 덜한 모형이 만들어진다. 그렇지만 그런 식으로 만들어진 모형들은 각자 다른 연결들이 생략된 결과이므로, 그런 모형들의 예측값들은 차이가 크게 난다. 그런 예측값들의 평균을 최종 예측값으로 사용함으로써 앙상블 모형의 정확도를 크게 높일 수 있을 때가 많다. 이 접근 방식에서 서로 다른 모형들이 가중치들을 공유하지는 않음을 주목하기 바란다. 이는 이와 비슷한 기법인 드롭아웃과의 차이점이다.

무작위 연결 생략은 분류뿐만 아니라 다른 종류의 예측 문제에도 적용할 수 있다. 예를 들어 이 접근 방식은 자동부호기 앙상블을 이용한 이상치 검출에 쓰인 바 있다.[64] 제2장의 §2.5.4에서 논의했듯이, 각 자료점의 재구축 오차(복원 오차)를 추정함으로써 자동부호기로 이상치를 검출할 수 있다. [64]가 제시한 방법은 무작위 연결 생략으로 여러 자동부호기 모형을 생성하고, 그것들이 산출한 이상치 점수를 취합해서 한 자료점에 대한 이상치 점수를 결정한다. 이때 평균이 아니라 중앙값을 사용했다는 점도 주목할 만하다. [64]는 그러한 접근 방식으로 이상치 검출의 전반적인 정확도를 개선한 결과를 제시했다. 이 접근 방식이 드롭아웃이나 드롭아웃의 일종인 **드롭커넥트** DropConnect 기법과 비슷해 보이지만, 실제로는 상당히 다르다. 드롭아웃과 드롭커넥트 같은 방법들은 앙상블의 여러 구성요소가 가중치들을 공유하지만, 이 접근 방식에서는 앙상블 구성요소들이 가중치를 전혀 공유하지 않는다.

4.5.4 드롭아웃

드롭아웃은 간선들이 아니라 노드들을 일부 생략함으로써(뒤집어 말하면 일부 노드들만 추출함으로써) 신경망 앙상블을 생성하는 방법이다. 드롭아웃에서 하나의 노드가 생략되면 그 노드로 들어오는 모든 연결과 그 노드에서 나가는 모든 연결도 생략된다. 이러한 노드 생략은 입력층과 은닉층의 노드들에만 적용된다. 출력 노드를 생략하면 손실함수를 계산하고 예측값을 산출하는 것이 불가능해짐을 주의하기 바란다. 경우에 따라서는 입력 노드들을 은닉 노드들과는 다른 확률로 생략하기도 한다. 완전한 신경망의 노드가 M개라고 할 때 노드 생략(노드 선택)으로 만들어 낼 수 있는 모든 가능한 부분 신경망의 수는 2^M이다.

드롭아웃 방법과 앞 절에서 말한 무작위 연결 생략 접근 방식의 핵심적인 차이는, 드롭아웃 방법에서는 노드들을 생략해서 만든 **서로 다른 모형들이 가중치들을 공유한** 다는 것이다. 따라서 드롭아웃은 노드 생략과 가중치 공유를 결합한 것이라 할 수 있다. 훈련 과정에서는 각 모형의 가중치들을 역전파 알고리즘을 이용해서 갱신한다. 하나의 훈련 견본(또는 미니배치)에 대한 훈련 과정은 다음과 같다.

1. 기반 신경망(전체 신경망)에서 하나의 부분 신경망을 추출한다. 입력 노드들은 각각 p_i의 확률로 추출하고, 은닉 노드들은 각각 p_h의 확률로 추출한다. 이런 식으로 추출한 모든 부분 신경망은 서로 독립이다. 신경망에서 노드 하나를 제거할 때는 그 노드의 모든 간선도 제거한다.
2. 훈련 자료 집합에서 훈련 견본 하나 또는 훈련 견본 미니배치 하나를 뽑는다.
3. 훈련 견본 또는 미니배치로 역전파를 수행해서, 남아 있는 연결들의 가중치를 갱신한다.

노드를 생략할 확률로는 20%에서 50% 사이의 값이 흔히 쓰인다. 학습 속도가 높은 경우에는 운동량 방법을 함께 사용하는 경우가 많은데, 이때 운동량에 가중치들의 최대 노름(max-norm) 제약을 가한다. 다른 말로 하면, 각 노드에 들어오는 연결의 가중치의 L_2 노름이 3이나 4 같은 작은 상수를 넘지 않게 만든다.

각각의 작은 훈련 견본 미니배치에 대해 서로 다른 부분 신경망을 사용함을 주의하기 바란다. 즉, 훈련 자료 집합의 크기에 따라서는 부분 신경망들을 아주 아주 많이 생성해야 할 수 있다. 이 점은 배깅 같은 다른 대부분의 앙상블 방법과 다른 점이다. 다른 방법들에서는 앙상블 구성요소가 25개를 넘는 경우가 드물다. 드롭아웃 방법에서는 가중치들을 공유하는 수천 개의 부분 신경망을 작은 훈련 자료 집합으로 훈련해서 가중치들을 갱신한다. 원래의 신경망이 아주 크다고 해도, 기반 신경망이 가진 모든 가능한 조합의 **일부**로 만든 부분 신경망은 아주 작다. 이런 종류의 신경망에서는 또한 출력이 확률의 형태라고 가정한다. 이 가정은 서로 다른 부분 신경망들의 예측값들을 결합하는 방식에 영향을 미친다.

다음으로, 부분 신경망들의 앙상블로 미지의 시험 자료에 대한 예측값을 구하는 방법을 살펴보자. 한 가지 방법은 생성된 모든 부분 신경망으로 구한 예측값(확률)들의 기하평균을 최종 예측값으로 사용하는 것이다. 신경망의 출력이 확률값이므로 산술평균보다 기하평균이 낫다. 확률값들의 기하평균은 로그가능도들의 평균과 동등하기 때문이다. 예를 들어 신경망이 k개의 부류에 대응되는 k개의 확률값을 산출하며 j번째 앙상블 구성요소가 산출한 부류 i에 대한 확률이 $p_i^{(j)}$라고 할 때, i번째 부류에 대한 앙상블 전체의 추정치는 다음과 같이 주어진다.

$$p_i^{앙상블} = \left[\prod_{j=1}^{m} p_i^{(j)} \right]^{1/m} \tag{4.10}$$

여기서 m은 앙상블 구성요소 전체 개수인데, 드롭아웃의 경우에는 이 값이 상당히 클 수 있다. 이러한 추정치의 한 가지 문제점은, 기하평균 때문에 서로 다른 부류들에 대한 확률들의 합이 1이 아닐 수 있다는 것이다. 그래서 다음처럼 합이 1이 되도록 확률값들을 정규화할 필요가 있다.

$$p_i^{앙상블} \Leftarrow \frac{p_i^{앙상블}}{\sum_{i=1}^{k} p_i^{앙상블}} \tag{4.11}$$

그러나 앙상블 구성요소가 아주 많은 경우 이 접근 방식은 계산 효율성 면에서 문제가 된다.

드롭아웃 방법에 깔린 핵심 착안은 모든 앙상블 구성요소의 예측값을 평가할 필요는 없다는 것이다. 그 대신, 가중치들을 재비례(rescaling)한 후에 기반 신경망(연결들을 생략하지 않은)에 대해서만 순전파를 실행해도 된다. 기본적인 가중치 재비례 방법은 각 단위에서 나가는 연결들의 가중치들에 그 단위가 선택(추출)될 확률을 곱하는 것이다. 이러한 접근 방식을 사용하면 추출된 부분 신경망에서의 그 단위의 기대 출력값을 얻을 수 있다. 이를 **가중치 비례 추론 규칙**(weight scaling inference rule)이라고 부르는데,

이 규칙을 적용하면 한 단위로 들어가는 입력값이 추출된 부분 신경망에서 그 단위에 들어갔을 기대 입력값과 같다는 점도 보장된다.

가중치 비례 추론 규칙은 선형 활성화 함수를 사용하는 여러 종류의 신경망에는 정확하지만, 비선형성이 있는 신경망에서는 정확하지 않다. 그러나 실제 응용에서 이 규칙은 다양한 종류의 신경망에서 대체로 잘 작동한다. 실제로 쓰이는 신경망들은 대부분 비선형 활성화 함수를 사용하므로, 드롭아웃의 가중치 비례 추론 규칙은 이론적으로 증명된 결과라기보다는 하나의 발견법적 법칙으로 보는 것이 타당하다. 드롭아웃은 분산 표현을 사용하는 다양한 학습 모형에 쓰였다. 순방향 신경망, 제한 볼츠만 기계, 순환 신경망 등에 드롭아웃이 적용되었다.

드롭아웃의 주된 효과는 학습 절차에 정칙화를 도입하는 것이다. 입력 단위들과 은닉 단위들을 생략하면 결과적으로 입력 자료와 은닉 표현에 잡음이 추가되는 효과가 생긴다. 이 잡음은 일부 입력 단위와 은닉 단위를 0으로 설정하는 일종의 마스킹 masking 잡음이라 할 수 있다. 드롭아웃에 관한 원논문 [467]은 이 접근 방식이 가중치 감쇄 같은 다른 정칙화 방법보다 더 나은 성과를 낸다는 점을 보여주었다. 드롭아웃은 은닉 단위들 사이에 발생하는 **특징 공적응**(feature co-adaptation)이라는 현상을 방지한다. 드롭아웃은 일부 은닉 단위를 제거하는 마스킹 잡음으로 작용하므로, 이 접근 방식은 서로 다른 은닉 단위들이 특징들을 어느 정도 중복해서 학습하게 만든다. 이런 종류의 중복성은 모형의 강건함을 증가하는 효과를 낸다.

효율성을 위해 드롭아웃은 추출된 부분망을 원래 자료 집합의 일부분만으로 훈련한다. 따라서 전체적인 비용에는 은닉 단위들의 추출에 필요한 계산만 추가된다. 그러나 드롭아웃은 하나의 정칙화 방법이기 때문에 신경망의 표현력이 낮아진다. 따라서 드롭아웃을 최대한 활용하려면 더 많은 단위를 가진 더 큰 모형을 사용할 필요가 있다. 그러면 은닉 단위 계산의 추가부담이 증가한다. 더 나아가서, 원래의 훈련 자료 집합이 충분히 커서 과대적합의 가능성이 그리 높지 않다면, 드롭아웃이 주는 추가적인 계산상의 장점이 그리 두드러지지 않을 수 있다. 그렇지만 그런 경우에도 드롭아웃은 이득이 된다. 연구 결과에 따르면, *ImageNet*[255] 같은 큰 자료 집합으로 훈련한 여러 합성곱 신경망에 드롭아웃을 적용한 경우 성과가 2% 정도 개선되었다. 드롭아웃의 한 변형인 드롭커넥트는 드롭아웃과 비슷한 접근 방식을 신경망 노드들이 아니라 가중치들에 적용한다.[511]

특징 공적응에 관해

특징 공적응(feature co-adaptation) 개념을 알아 두면 드롭아웃이 왜 이득이 되는지 이해하는 데 도움이 된다. 이상적으로는 신경망의 은닉 단위들이 입력의 중요한 분류 특성들을 반영한 특징들을 학습하되, 그 특징들과 다른 특징들 사이에 복잡한 의존관계가 만들어지는 것은 피해야 한다(다른 특징들이 실제로 유용한 것이 아닌 한). 이해를 돕는 예로, 한 층의 노드 중 50%의 입력 간선들이 초기의 난수값으로 고정된다고 하자. 즉, 한 층의 절반은 역전파로 **갱신되지 않는다**고 하자(단, 모든 기울기 계산은 보통의 방식으로 수행한다). 그런 경우에도 신경망이 잘 작동하는 것처럼 보일 수 있는데, 이는 학습 과정에서 다른(역전파로 갱신되는) 가중치들이 고정된 무작위 가중치들의 효과에 적응했기 때문이다. 물론 이는 바람직한 상황이 아니다. 특징들이 함께 작동하게 만드는 것은 중요한 특징들이 가진 능력을 결합하기 위한 것이지 중요한 특징들이 중요하지 않은 특징들의 해로운 효과에 적응하게 만들기 위한 것이 아니기 때문이다. 신경망을 보통의 방식으로(즉, 모든 가중치를 갱신해서) 훈련할 때도 이런 공적응이 발생할 수 있다. 예를 들어 신경망의 일부가 다른 부분들보다 느리게 갱신된다면 일부 특징들이 유용하지 않게 되며, 다른 특징들은 그러한 덜 유용한 특징들에 적응하게 된다. 신경망 훈련에서는 신경망의 여러 부분이 각자 다른 속도로 학습되는 경향이 있으므로 이런 공적응이 발생하기가 아주 쉽다. 더욱 나쁜 상황은, 공적응된 특징들이 훈련 자료점들의 복잡한 의존관계를 잘 반영한 덕분에 신경망이 훈련 자료점에 대해서는 정확한 예측값을 산출하지만, 표본 외 시험 자료점에는 잘 일반화되지 않는 것이다. 드롭아웃은 신경망이 입력늘과 활성화 값들의 한 부분집합만 이용해서 예측값을 산출하게 함으로써 이러한 공적응을 방지한다. 이 덕분에 학습된 특징들로 이루어진 더 작은 부분집합들이 예측력을 갖추게 되고, 신경망은 일정 수준의 중복성을 가지고 예측을 수행할 수 있게 된다. 다른 말로 하면, 드롭아웃에서 공적응은 훈련 자료에 존재하는 무작위한 뉘앙스가 아니라 모형화에 진정으로 중요한 특성들을 신경망이 모형화할 때만 발생한다. 이는 물론 일종의 정칙화이다. 그리고 드롭아웃은 중복된 특징들을 학습하므로, 배깅에서처럼 앙상블 구성요소들의 예측값들의 평균으로 산출한 최종 예측값은 중복된 특징들에 대한 평균 예측값에 해당한다.

4.5.5 자료 섭동 앙상블

지금까지 논의한 대부분의 앙상블 기법들은 추출 기반 앙상블 아니면 모형 중심적 앙상블이었다. 드롭아웃은 자료에 간접적으로 잡음을 추가하는 앙상블 방법으로 간주할수 있는데, 이번 절에서 이야기할 자료 섭동(data pertubation) 앙상블 방법 역시 잡음추가 방식이다.

가장 간단한 형태의 자료 섭동 방법은 그냥 입력 자료에 소량의 잡음을 추가한다. 이를 두고 "자료를 섭동한다"라고 말한다. 자료에 잡음을 추가하고 그러한 섭동된 자료로 가중치들을 갱신하는 학습 과정을 여러 번 반복해서 앙상블 구성요소들을 만들고, 시험 자료점에 대한 여러 앙상블 구성요소들의 예측값들을 평균해서 최종 예측값을 구한다. 이런 종류의 접근 방식은 신경망에만 국한되지는 않는 일반적인 앙상블 방법이다. §4.10에서 논의하겠지만, 이 접근 방식은 **잡음 제거 자동부호기**(de-noising autoencoder)를이용한 비지도 학습에 흔히 쓰인다.

입력 자료 대신 은닉층에 잡음을 주입할 수도 있다. 그러나 이 경우에는 잡음을 세심하게 조정해야 한다.[382] 드롭아웃은 은닉층의 노드들을 무작위로 생략함으로써 간접적으로 잡음을 주입한다는 점을 기억하기 바란다. 한 노드를 생략하는 것은 잡음때문에 그 노드의 활성화 값이 0이 되는 것과 같다.

자료 집합을 이와는 다른 방식으로 증강(augmentation)할 수도 있다. 이미지의 방향이나 크기를 미리 조정해서 자료 집합에 추가하는 것이 그러한 예이다. 세심하게 설계된 자료 증강 방식을 적용하면 학습 모형의 일반화 능력이 커져서 정확도가 크게 개선될 때가 많다. 그러나 이런 방법은 사람이 주어진 문제 영역에 관한 지식에 근거해서 잘 설정한 절차를 통해 자료를 증강하는 것이므로, 엄밀히 말해서 지금 이야기하는자료 섭동 방법에 속하지는 않는다. 이런 자료 증강 방법은 합성곱 신경망(제8장의§8.3.4 참고)에 흔히 쓰인다.

4.6 조기 종료

신경망의 훈련에는 경사 하강법 알고리즘 또는 그것을 적절히 변형한 알고리즘들이 쓰인다. 대부분의 최적화 모형에서는 경사 하강법을 수렴이 발생할 때까지 실행한다. 그런데 경사 하강법을 수렴이 발생할 때까지 실행하면 손실함수가 훈련 자료에 대해 최적화되지만, 반드시 표본 외 시험 자료에 대해서도 최적화된다는 보장은 없다. 이는 마지막 몇 단계의 갱신에서 모형이 시험 자료에는 잘 일반화되지 않는 훈련 자료의 특정한 뉘앙스에 과대적합할 때가 많기 때문이다.

마지막 몇 단계에서 문제가 생긴다면 그 전에 훈련을 끝내는 것이 자연스러운 해결책인데, **조기 종료**(early stopping)가 바로 그러한 착안에 기초한 것이다. 조기 종료 방법에서는 훈련 자료 집합의 한 부분을 떼어서 검증 집합을 만든다. 그리고 검증 집합을 제외한 훈련 자료만으로 역전파 알고리즘을 이용해서 신경망을 훈련한다. 그 과정에서 검증 집합에 대한 신경망의 오차를 계속 주시한다. 훈련을 진행하다 보면 훈련 집합에 대한 오차는 계속 줄어들어도 검증 집합에 대한 오차는 올라가는 지점에 도달하는데, 그 지점이 바로 신경망이 과대적합하기 시작하는 지점이다. 따라서 그 지점에서 훈련을 종료하면 과대적합을 피할 수 있다. 이 방법에서는 학습 과정에서 지금까지 달성한 최선의 해(검증 집합에 대해 계산한)를 기억해 두는 것이 중요하다. 검증 집합에 대한 표본 외 오차가 약간 올라갔다고 해서 그 즉시 훈련을 일찍 끝내면 잡음이 많이 섞인 모형이 만들어진다. 그보다는, 오차가 계속 증가하는 것이 어느 정도 확실해질 때까지는 훈련을 계속하는 것이 바람직하다. 다른 말로 하면, 검증 집합에 대한 오차가 줄어들 기미 없이 계속해서 증가하는 것이 어느 정도 확실해졌을 때가 종료 시점이다.

검증 집합을 따로 떼면 훈련 자료 집합이 작아지지만, 일반적으로 그러한 자료 손실의 효과는 별로 크지 않다. 왜냐하면, 대체로 실제 응용에 쓰이는 훈련 자료 집합은 대단히 크지만(자료점 수천, 수억 개 규모), 검증 집합은 그렇게 클 필요가 없기 때문이다. 자료점 10,000개짜리 검증 집합도 자료점 수억 개 규모의 훈련 자료 집합에 비하면 아주 작은 수준이다. 조기 종료 이후에 검증 집합을 훈련 자료에 포함해서 같은 단계 수로(즉, 이전의 조기 종료 지점에 이를 때까지) 신경망을 다시 훈련할 수도 있지만, 그러한 접근 방식의 효과는 다소 예측 불허이다. 또한, 신경망을 다시 한번 훈련해야 하므로 계산 비용이 두 배가 된다는 문제도 있다.

조기 종료의 한 가지 장점은 기존의 훈련 절차를 크게 변경하지 않고도 신경망 훈련에 적용할 수 있다는 것이다. 가중치 감쇄 같은 방법에서는 정칙화 매개변수 λ의 값을 여러 가지로 바꾸어서 시험해야 하는데, 그러면 훈련 비용이 아주 커질 수 있다. 그러나 조기 종료 방법은 기존 알고리즘에 쉽게 결합할 수 있으므로, 다른 정칙화 방법들과의 조합도 비교적 쉽다. 이런 장점 때문에 조기 종료는 거의 항상 쓰인다.

조기 종료를 최적화 과정에 대한 일종의 제약으로 볼 수 있다. 경사 하강법의 단계수를 제한하는 것은 결과적으로 초기점과 최종 해 사이의 거리를 제한하는 것에 해당한다. 기계 학습 문제의 모형에 제약을 가하는 것은 일종의 정칙화에 해당할 때가 많다.

4.6.1 분산의 관점에서 본 조기 종료

편향 대 분산 절충 관계를 이해하는 데 중요한 점 하나는, 최적화 문제의 진(true) 손실함수는 오직 무한한 자료가 있을 때만 구축할 수 있다는 것이다. 유한한 훈련 자료로 구축한 손실함수는 진 손실함수를 온전하게 반영하지 못한다. 진 손실함수와 유한한 자료로 학습된 손실함수의 예가 그림 4.6에 나와 있다. 학습된 손실함수가 진 손실함

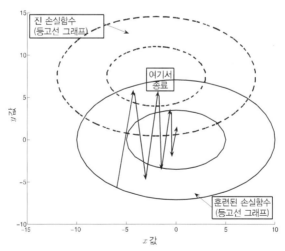

그림 4.6: 분산에 의한 손실함수의 이동과 조기 종료의 효과. 진 손실함수와 훈련된 손실함수의 차이 때문에, 경사 하강법이 특정 지점을 지나치면서부터 오차가 증가한다. 논의의 단순함을 위해 진 손실함수와 훈련된 손실함수의 형태를 비슷하게 표시했지만, 실제로는 형태가 아주 다를 수도 있다.

수를 한 방향으로 이동한 형태임을 주목하기 바란다. 이러한 이동은 예측값들의 분산에 의한 것이며, 그러한 분산은 주어진 특정한 훈련 자료 집합에 의한 것이다. 훈련 집합이 달라지면 분산이 달라져서, 학습된 손실함수가 이와는 다른, 예측할 수 없는 방식으로 이동한다.

진 손실함수는 알 수 없으므로, 안타깝지만 훈련 자료 집합에 대해 정의된 손실함수에 대해서만 경사 하강법을 수행할 수 있다. 그러나 훈련 자료가 진 손실함수를 잘 대표한다면, 두 경우의 최적해들이 그림 4.6에서처럼 충분히 가까울 것이다. 제3장에서 논의했듯이 대부분의 경사 하강법 절차들은 지그재그로 진동하는 형태의 경로를 따라 최적해에 도달한다. 훈련의 마지막 단계들에서 경사 하강법이 진 손실함수를 기준으로 더 나은 해들을 지나쳐서 훈련 자료에 대한 최적해로 수렴할 때가 많다. 조기 종료 방법은 검증 자료에 대한 오차를 측정함으로써 그런 더 나은 해들을 검출해서 조기 종료 지점을 결정한다. 좋은 조기 종료 지점의 예가 그림 4.6에 나와 있다.

4.7 비지도 사전훈련

심층 학습의 훈련을 어렵게 만드는 여러 본질적인 문제점을 제3장에서 논의했었다. 그중 하나는 신경망의 여러 층이 서로 다른 속도로 훈련되면서 생기는 기울기 소실 및 폭발 문제이다. 신경망의 여러 층 때문에 기울기들이 왜곡되는 현상이 발생하는데, 그러면 신경망을 훈련하기가 어려워진다.

신경망의 깊이 역시 여러 문제점을 제기하는데, 그런 문제점들은 신경망의 초기화 방식에도 크게 의존한다. 초기점들을 잘 잡으면 좋은 해에 도달하는 것에 관련된 여러 문제점이 해결될 때가 많다. 신경망의 역사에서, 이 주제에 관해서는 비지도 사전훈련 (unsupervised pretraining)을 이용해서 좋은 초기점들을 선택하는 기법이 돌파구가 되었다.[196] 비지도 사전훈련은 신경망을 층별로 탐욕적으로 훈련함으로써 좋은 초기점들을 선택한다. 이 접근 방식은 원래 심층 믿음망(deep belief network)의 맥락에서 제안되었는데 이후 자동부호기 같은 다른 종류의 모형들로도 확장되었다.[386, 506] 자동부호기를 위한 비지도 사전훈련이 더 간단하므로, 자동부호기 접근 방식을 먼저 설명하겠다. 조금만 수정하면 분류를 위한 지도 학습에도 비지도 사전훈련을 적용할 수 있다.

사전훈련은 신경망의 각 층을 한 번에 하나씩 훈련하는 탐욕적(greedy) 접근 방식을 사용한다. 좀 더 구체적으로는 먼저 바깥쪽 은닉층 가중치들을 먼저 학습한 후 안쪽 은닉층 가중치들을 학습한다. 가중치들을 다 학습한 후에는 그것들을 출발점으로 삼아 보통의 신경망 역전파 알고리즘을 수행해서 신경망의 가중치들을 갱신한다.

그림 4.7의 자동부호기와 분류기를 생각해 보자. 이 신경망 구조들은 다수의 층으로 구성되어 있기 때문에 초기점들을 그냥 무작위로 선택하면 학습이 어려워질 수 있다. 그 대신 초기 가중치들을 탐욕적인 방식으로 층별로 설정하면 더 나은 초기점을 구할 수 있다. 여기서는 그림 4.7(a)의 자동부호기를 기준으로 그러한 사전훈련 절차를 설명하겠지만, 그림 4.7(b)의 분류기에 대한 사전훈련 절차도 그와 거의 동일하다. 그림에 나온 두 구조는 대응되는 은닉층들의 노드 개수가 같은데, 일부러 그렇게 선택한 것임을 염두에 두기 바란다.

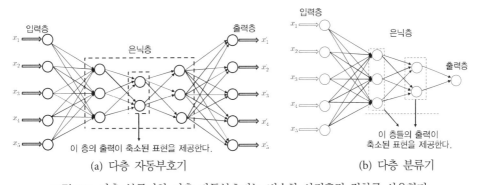

(a) 다층 자동부호기 (b) 다층 분류기

그림 4.7: 다층 분류기와 다층 자동부호기는 비슷한 사전훈련 절차를 사용한다.

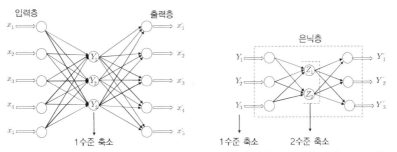

(a) 사전훈련 1수준 축소와 바깥쪽 가중치들 (b) 사전훈련 2수준 축소와 안쪽 가중치들

그림 4.8: 신경망 사전훈련

그림 4.8은 그림 4.7(a)의 자동부호기에 대한 사전훈련 절차를 보여준다. 여기서 핵심은, (대칭적인) 두 바깥쪽 은닉층들은 차원을 한 수준 축소한 표현을 담고 있고, 안쪽 은닉층은 차원을 두 수준 축소한(따라서 바깥쪽보다 저차원의) 표현을 담고 있다는 것이다. 그러므로, 사전훈련 과정에서는 우선 바깥쪽 은닉층들의 1수준 축소 표현 및 해당 가중치들을 학습한다. 이 신경망에서는 중간 은닉층이 없고, 바깥쪽 두 은닉층이 하나의 은닉층으로 축소된다. 이 자동부호기는 두 바깥쪽 은닉층들이 마치 더 작은 자동부호기에서처럼 대칭적인 방식으로 연관되어 있다고 가정한다. 둘째 단계에서는 첫 단계의 축소 표현을 이용해서 안쪽 은닉층의 2수준 축소 표현과 가중치들을 학습하는 것이다. 이때 신경망의 안쪽 은닉층을 그 자체로 하나의 더 작은 자동부호기로 취급한다. 이런 식으로 미리 훈련한 부분망들은 각각 원래의 신경망보다 훨씬 작으로 가중치들을 좀 더 쉽게 학습할 수 있다. 이러한 절차로 얻은 가중치들을 초기 가중치 집합으로 두어서 전체 신경망을 역전파로 훈련한다. 은닉층들이 더 많은 심층 신경망에 대해서는 이러한 절차를 바깥쪽에서 안쪽으로, 층별로 수행하면 된다.

지금까지의 논의는 비지도 학습 응용을 위한 비지도 사전훈련에 대한 것이었다. 그렇다면, 지도 학습에는 사전훈련을 어떻게 적용해야 할까? 출력층 하나와 k개의 은닉층을 가진 다층 분류 신경망을 생각해 보자. 사전훈련 과정에서 출력층은 제외된다. 나머지 은닉층들의 표현을 비지도 방식으로 학습한다. 이를 위해 $2 \cdot k - 1$개의 은닉층을 가진 자동부호기를 만드는데, 원 신경망의 마지막 은닉층이 자동부호기의 제일 가운데 층이 되고 그 좌우에 나머지 은닉층들과 그 복사본들을 대칭으로 배치한다. 예를 들어 그림 4.7(b)는 그림 4.6(b)을 위한 자동부호기이다. 그림에서 보듯이 원래 신경망에 비해 $(k-1)$개의 은닉층이 대칭 형태로 추가되었다. 이러한 자동부호기를 앞에서 설명한 것과 정확히 동일하게 층별로 훈련한다. 훈련을 마친 후에는, 이 자동부호기의 부호기 부분(앞쪽 부분)에 있는 가중치들을 출발점으로 삼아서 원 신경망을 훈련한다. 원 신경망의 마지막 은닉층과 출력층 사이의 가중치들은 마지막 은닉층과 출력 노드들을 하나의 단층 신경망으로 취급해서 초기화하면 된다. 그러한 단층망에는 마지막 은닉층의 축소된 표현(사전훈련에서 학습한 자동부호기에 기초한)을 입력한다. 모든 층의 가중치를 학습한 후에는 출력 노드들을 다시 마지막 은닉층에서 떼어낸다. 그러면 초기화가 끝난 것이다. 이제 초기화된 신경망에 역전파 알고리즘을 실행해서 가중치들을 갱신한다. 이러한 접근 방식에서 모든 은닉 표현이 비지도 방식으로 학습되며, 출력층에 들어가는 가중치들만 지도 학습 방식으로(즉, 훈련 견본의 분류명들을 이용해서) 초기화됨을 주목하기 바란다. 즉, 비지도 사전훈련을 이용한 학습도 전체적으로는 지도 학습에 속한다.

예전에는 사전훈련을, 서로 다른 층들이 동등한 수준으로 잘 초기화될 확률을 높이는 심층 신경망을 좀 더 안정적으로 훈련하는 수단으로 간주할 때가 많았다. 그런 관점이 사전훈련의 효과들을 설명하는 데 도움이 되긴 하지만, 그보다는 좀 더 직접적인 문제점인 과대적합을 통해서 사전훈련을 설명하는 것이 더 낫다. 제3장에서 논의했듯이, 신경망이 기울기 소실 문제를 보이는 경우, 앞쪽 층들의 가중치들(최종적으로 수렴된)은 무작위 초기화에 따른 변동이 크지 않을 수 있다. 처음 몇 층의 연결 가중치들이 무작위하다고 해도(훈련이 잘 안 되어서), 뒤쪽 층들의 가중치들이 무작위한 가중치들에 충분히 적응한 탓에 **훈련** 자료에 대해서는 오차가 0이 나올 수 있다. 이 경우 앞쪽 층들의 무작위한 연결 가중치들은 뒤쪽 층들에 무작위에 가까운 변환들을 제공하지만, 그래도 뒤쪽 층들은 여전히 그 특징들에 과대적합할 수 있다. 그러면 훈련 오차가 아주 낮게 나온다. 다른 말로 하면, 훈련이 효과적이지 못해서 뒤쪽 층들의 특징들이 앞쪽 층들의 특징들에 **적응**하게 되는 것이다. 비효과적인 훈련에 의한 모든 종류의 특징 공적응은 거의 항상 과대적합으로 이어진다. 특징 공적응이 발생한 모형을 미지의 시점 자료에 적용하면 과대적합이 명백해지는데, 이는 신경망의 여러 층이 미지의 시험 자료에 맞게 적응되지는 않았기 때문이다. 그런 면에서 사전훈련은 독특한 형태의 정칙화라고 할 수 있다.

더 나아가서, 비지도 사전훈련은 훈련 자료가 아주 많은 경우에도 도움이 된다. 이는 사전훈련이 모형 일반화 이외의 문제에도 도움이 되기 때문으로 보인다. 그 증거 하나는, 큰 훈련 자료 집합의 경우에도 사전훈련 같은 방법을 적용하지 않으면 훈련 자료에 대한 오차가 크게 나오는 경향이 있다는 것이다. 그런 경우 앞쪽 층 가중치들은 원래의 초기치들에서 그리 크게 변하지 않을 때가 많으며, 신경망은 적은 수의 뒤쪽 층들만으로 자료를 무작위로 변환하게 된다(앞쪽 층들의 무작위 초기치들에 기초해서). 그 결과로 신경망의 일부만 제대로 훈련되며, 무작위 변환에 의해 손실이 더욱 커진다. 이런 경우 사전훈련은 신경망이 모든 층을 골고루 활용하게 만드는 데 도움이 되며, 그러면 더 큰 자료 집합에 대한 정확도가 높아진다.

훈련 자료에 존재하는 반복 패턴을 훈련 자료점들로부터 배우게 한다는 측면에서

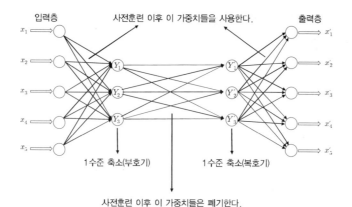

입력층　　　　　사전훈련 이후 이 가중치들을 사용한다.　　　　출력층

x_1　　　　　　　　　　　　　　　　　　　　　　　　　x_1'

x_2　　　　　　Y_1　　　　　　Y_1'　　　　　　x_2'

x_3　　　　　　Y_2　　　　　　Y_2'　　　　　　x_3'

x_4　　　　　　Y_3　　　　　　Y_3'　　　　　　x_4'

x_5　　　　　　　　　　　　　　　　　　　　　　　　　x_5'

1수준 축소(부호기)　　　　1수준 축소(복호기)

사전훈련 이후 이 가중치들은 폐기한다.

그림 4.9: 이 구조에서는 부호기(encoder)와 복호기(decoder)의 1수준 축소 표현이 크게 다를 수 있다. 이 구조를 그림 4.8(a)의 것과 비교해 보기 바란다.

사전훈련을 이해할 수도 있다. 예를 들어 숫자 이미지들에 대한 자동부호기는 어떤 숫자들에는 고리가 있고 어떤 숫자들에는 특정한 형태의 획이 있음을 배우게 된다. 자동부호기의 복호기 부분은 그런 자주 나타나는 형태들을 조합해서 원래의 숫자를 복원한다. 그런데 그런 형태들은 숫자 인식을 위한 변별력도 가지고 있다. 즉, 자료를 몇 가지 특징들로 표현하는 것은 그런 특징들이 분류명들과 어떻게 관련되는지를 인식하는 데 도움이 된다. 이미지 분류와 관련해서 제프리 힌턴은 이러한 원리를 다음과 같이 요약했다:[192] "형태를 식별하려면 먼저 이미지를 생성하는 방법을 배워야 한다." 이런 종류의 정칙화는 훈련 과정을 매개변수 공간의 유의미한 영역(여러 주요 특징들이 이미 학습된, 그리고 이후의 훈련을 통해서 그것들을 세부 조정하고 결합해서 최종 예측값을 산출할 수 있는)에 맞게 미리 조정하는 효과를 낸다.

4.7.1 비지도 사전학습의 변형들

비지도 사전훈련 절차를 변형하는 방법은 다양하다. 예를 들어 신경망의 층들을 한 번에 하나씩 사전훈련하는 대신 다수의 층을 한꺼번에 사전훈련할 수 있다. 좋은 예가 *VGG*(제8장 §8.4.3 참고)이다. VGG는 많은 수의 층들로 이루어진 신경망에서 최대 8개의 층을 함께 사전훈련한다. 사전훈련에서 최대한 많은 층을 묶어서 처리하는 것에는 장점이 있다. 신경망의 좀 더 큰 부분을 성공적으로 사전훈련하면 초기화가 더욱 강력해지기 때문이다. 그러나 너무 많은 층을 묶으면 각 사전훈련에서 기울기 소실 및 폭발 같은 문제가 발생할 수 있다.

사전훈련의 대칭성 역시 변형의 대상이다. 그림 4.8의 사전훈련 절차는 자동부호기가 완전히 대칭적인 방식으로 작동한다고 가정한다. 즉, 부호기의 한 층의 축소가 그에 대응되는 복호기의 한 층의 축소와 대략 같다고 가정하는 것이다. 그런데 실제 응용에서는 이러한 가정이 걸림돌이 될 수 있다. 예를 들어 부호기의 한 층의 S자형 활성화 함수는 항상 음이 아닌 값을 산출하지만, 그에 대응되는 복호기의 층의 tanh 활성화 함수는 양수와 음수 모두를 산출할 수 있다. 따라서, 부호기의 축소와 그에 대응되는 복호기의 축소를 개별적으로 취급함으로써 부호기와 복호기가 서로 다른 축소 표현을 산출할 수 있게 하는 것도 사전훈련의 한 변형이다. 이처럼 두 층의 축소가 다르게 하려면, 두 층 사이에 가중치들의 층을 추가로 도입할 필요가 있다. 축소 이후에는 그러한 추가 가중치 층을 폐기하고 부호기와 복호기의 가중치들만 사용한다. 단, 가장 안쪽 축소의 사전훈련에서는 그런 추가 가중치 층을 사용하지 않는다. 가장 안쪽 층에 대해서는 그냥 앞에서 이야기한 방식(그림 4.8(b) 참고)을 사용하면 된다. 그림 4.9는 그림 4.8(a)의 1수준 축소를 비대칭적으로 처리하는 예를 보여준다. 이 경우 부호기 층과 복호기 층의 1수준 표현이 상당히 다를 수 있으며, 이에 의해 사전훈련 과정에 어느 정도의 유연성이 생긴다. 이런 접근 방식을 분류에 적용할 때는 부호기의 가중치들만 사용하고, 최종적으로 축소된 부호를 하나의 분류층에서 적절히 제한(capping)해서 훈련에 사용하면 된다.

4.7.2 지도 사전훈련은 어떨까?

지금까지는 적용 대상이 지도 학습 응용이든 비지도 학습 응용이든 비지도 방식으로 사전훈련을 수행하는 방법을 논의했다. 대상이 지도 학습을 위한 신경망이라도, 사전훈련 자체는 비지도 학습 방식의 자동부호기 구조를 사용한다. 지도 학습 방식의 사전훈련이 가능하긴 하지만, 적어도 일부 설정에 한해서는 지도 사전훈련이 비지도 사전훈련보다 효과가 떨어진다는 흥미로운 연구 결과가 있다.[113, 31] 그렇다고 지도 사전훈련이 절대로 도움이 되지 않는다는 말은 아니다. 너무 깊은 신경망은 통째로 훈련하기가 어려울 수 있다. 예를 들어 층이 수백 개인 신경망은 수렴과 연관된 문제를 비롯한 여러 문제 때문에 훈련하기가 극도로 어렵다. 그런 경우에는 **훈련 자료에 대한 오차**조차도 높게 나온다. 이는 훈련 알고리즘이 제대로 작동하지 않는다는 뜻이다. 이 문제가 모형 일반화와는 다른 문제임을 주의하기 바란다. 지도 사전훈련 외에도 고속도로망(highway network),[161, 470] 게이트 제어망(gaing network),[204] 잔차망(residual network)[184] 같은 기법들로 이런 여러 문제를 해결할 수 있지만, 그런 해법들이 과대적합 문제를 특별히 처리해 주지는 않는다. 반면 지도 사전학습은 적어도 특정 종류의 신경망 구조들에서는 두 종류의 문제를 모두 해결한다는 장점이 있다.

지도 사전훈련에서는 은닉층에 연결된 가중치들의 학습에 자동부호기를 사용하지 않는다.[31] 지도 사전훈련의 첫 반복에서는 원래의 신경망의 첫 은닉층을 출력층의 모든 노드에 직접 연결한 신경망으로 훈련을 실행한다. 이를 통해서 입력층에서 은닉층으로의 연결들에 부여된 가중치들을 학습하되, 출력층의 가중치들은 폐기한다. 그다음으로는 첫 은닉층의 출력을 새로운 훈련 자료점들로 삼아서 첫 은닉층과 둘째 은닉층, 그리고 출력층으로 구성된 신경망을 훈련한다. 이때 첫 은닉층은 입력층의 역할을 한다. 둘째 은닉층에는 이전 반복에서 학습한 훈련점 변환 표현이 입력된다. 이런 식으로 층들을 점차 늘려서 훈련하는 과정을 마지막 층이 포함될 때까지 반복한다. 이러한 접근 방식이 사전훈련을 아예 사용하지 않을 때보다는 나은 결과를 제공하지만, 적어도 일부 설정에서는 비지도 사전훈련만큼 좋은 결과를 제공하지는 않는 것으로 보인다. 두 접근 방식이 차이를 보이는 지점은 미지 시험 자료에 대한 **일반화 오차**이다. 훈련 자료에 대한 오차는 비슷할 때가 많다.[31] 이는 어떤 방법을 사용하느냐에 따라 과대적합의 수준이 달라진다는 점을 보여주는 거의 확실한 증거이다.

여러 응용에서 지도 사전훈련이 비지도 사전훈련보다 나쁜 성과를 내는 이유는 무엇일까? 지도 사전훈련의 핵심 문제점은 너무 탐욕적이라는 것이다. 앞쪽 층들이 출력에 아주 직접적으로 연결된 표현들로 초기화되며, 그래서 신경망의 깊이가 충분히 활용되지 못한다. 이는 일종의 과대적합이다. 비지도 사전훈련이 성공적인 이유를 말해주는 중요한 설명 하나는, 학습된 표현들이 덜 직접적인 방식으로 분류명들과 연관될 때가 많다는 것이다. 그 덕분에 이후 학습이 그 표현들의 중요한 특성을 격려하고 세부적으로 조정할 수 있다. 정리하자면, 사전훈련은 은닉층들의 초기 표현들이 자료 집합의 저차원 다양체에 놓이게 만드는 일종의 **준지도 학습**(semi-supervised learning)이기도 하다. 사전훈련의 성공 비결은, 그런 다양체들에 있는 다수의 특징이 자료 공간의 무작위한 영역들에 대응되는 특징들에 비해 분류의 예측 정확도가 높다는 것이다. 어차피 부류들은 바탕 자료 다양체 상에서 매끄럽게 변한다. 따라서 그런 다양체 상의 자료점의 위치는 부류 분포의 예측에 도움이 되는 특징이다. 결과적으로, 최종 학습 과정에서는 그런 특징들을 세부 조정하고 개선하기만 하면 된다.

비지도 사전학습이 도움이 되지 않는 경우도 있을까? [31]은 자료 분포에 대응되는 다양체가 목푯값과의 관계를 그리 많이 제공하지 않는 사례들을 제시한다. 대체로 분류보다는 회귀에서 그런 경우가 더 많다. [31]은 그런 경우 사전훈련에 지도 학습 요소를 어느 정도 도입하는 것이 실제로 도움이 될 수 있음을 보여주었다. [31]의 접근 방식은 우선 첫 가중치 집합(입력과 첫 은닉층 사이의)을 자동부호기 비슷한 재구축으로부터의 기울기 갱신과 탐욕적 지도 사전훈련의 조합을 이용해서 학습한다. 즉, 첫 층의 가중치 학습은 부분적으로 지도 학습 방식이다. 이후의 층들은 자동부호기 접근 방식만 사용해서 훈련한다. 1 수준 축소에 지도를 도입하면 더 안쪽 층들에도 어느 정도의 지도가 가해진다. 이런 식으로 학습한 가중치들로 원 신경망을 초기화하고, 이후 완전한 지도 역전파를 이용해서 세부 조정한다.

4.8 연속법과 커리큘럼 학습

여러 번 언급했지만, 신경망 매개변수들의 학습은 본질적으로 하나의 복잡한 최적화 문제이다. 그러한 최적화 문제의 손실함수는 그 위상학적 형태가 복잡할 뿐만 아니라, 훈련 자료 집합에 대한 손실함수의 형태가 진 손실함수의 것과 동일하지도 않다. 그래서 가짜 최소점들이 많다. 그런 가짜 최소점 또는 극소점들은 훈련 자료에서는 최적해에 가깝지만 모든 미지 시험 자료에 대해서도 그러리라는 보장이 없다는 점에서 문제가 된다. 많은 경우 그런 복잡한 손실함수를 최적화하면 일반화 능력이 떨어지는 해가 나온다.

사전훈련에 관한 실험 결과에 따르면, 최적화 문제를 단순화하면(또는 과도한 최적화 없이 단순한 탐욕적 모형을 사용하면) 해가 시험 자료에 대해 더 나은 최적해들이 존재하는 바닥 영역 쪽으로 이동할 때가 많다. 다른 말로 하면, 복잡한 문제를 단번에 풀려고 하는 대신 더 단순한 문제들을 풀어 보면서 점차 복잡한 해로 나아가는 것이 낫다. 이러한 착안에 기초한 방법으로 **연속법**(continuation method)과 **커리큘럼 학습**(curriculum learning)이 있다.

1. **연속법**: 연속법 학습은 주어진 최적화 문제를 단순화한 버전을 풀고, 그 해에서 출발해서 좀 더 복잡한 버전을 풀어서 해를 갱신한다. 그러한 과정을 원래의 복잡한 문제의 해가 나올 때까지 반복한다. 즉, 연속법은 단순함에서 복잡함으로 나아간다는 원리를 모형 중심적인 관점에서 적용하는 것에 해당한다. 예를 들어 손실함수에 국소 최적해들이 많이 있다면, 그 손실함수를 평활화해서 전역 최적해가 하나인 손실함수를 만들어서 그 최적해를 구하고, 그에 기초해서 좀 더 복잡한 형태의 손실함수를 풀어서 더 나은(더 복잡한) 근사를 얻는 과정을 원래의 손실함수에 도달할 때까지 반복한다.

2. **커리큘럼 학습**: 커리큘럼 학습에서는 좀 더 단순한 자료 견본들로 모형을 훈련하고 점차 더 어려운 견본들을 훈련 자료 집합에 추가하는 식으로 나아간다. 즉, 모형 중심적인 연속법과는 대조적으로 커리큘럼 학습은 단순함에서 복잡함으로 나아간다는 원리를 자료 중심적인 관점에서 적용한다.

연속법과 커리큘럼 학습은 사람이 뭔가를 배우는 과정과도 잘 맞는다. 사람들은 먼저 간단한 개념을 배우고 더 복잡한 개념으로 나아갈 때가 많다. 그러한 원리에 기초해서 학습 주제들을 적절히 배치한 것을 흔히 **커리큘럼** 또는 교육과정이라고 부르는데, 잘 정의된 커리큘럼은 학습 성과를 높이는 데 도움이 된다. 이러한 원리는 기계 학습에서도 잘 작동하는 것으로 보인다. 그럼 연속법과 커리큘럼 학습을 좀 더 자세히 살펴보자.

4.8.1 연속법

연속법 학습에서는 최적화가 쉬운 것에서 어려운 것의 순서로 일련의 손실함수 $L_1 \ldots L_r$을 정의한다. 다른 말로 하면, L_i보다 L_{i+1}이 최적화하기 어렵다. 손실함수들은 모두 동일한 신경망에 대해 정의되는 것이므로, 해당 최적화 문제들은 모두 동일한 매개변수 집합에 대해 정의된다. 손실함수를 평활화하는 것은 일종의 정칙화에 해당한다. 각 L_i는 L_{i+1}을 평활화한 버전에 해당한다고 할 수 있다. L_i들을 차례로 최적화함에 따라, 일반화 오차의 관점에서 좀 더 최적의 해들이 있는 바닥 영역으로 이동하게 된다.

연속법을 위해 일련의 손실함수들을 정의할 때는 흔히 **흐리기**(blurring) 기법이 쓰인다. 흐리기 기법을 간단히 설명하자면 이렇다. 우선, 주어진 한 점 근처에서 여러 개의 점을 추출해서 손실함수를 계산하고, 그 값들의 평균으로 새 손실함수를 만든다. 이를테면 표준편차가 σ_i인 정규분포에 따라 이웃 점들을 추출해서 i번째 손실함수 L_i를 만드는 식으로 나아간다. 이러한 접근 방식을 손실함수에 잡음을 주입하는 것으로 볼 수도 있는데, 이 역시 일종의 정칙화이다. 흐리기의 정도는 주어진 점 근처에서 점들을 추출하는 영역의 크기로 제어할 수 있는데, 정규분포를 사용하는 경우 그 크기는 표준편차 σ_i에 의존한다. σ_i를 너무 크게 잡으면 추출된 모든 점에서 손실값이 아주 비슷하게 나오므로 손실함수가 목적함수(원래의 손실함수)의 세부 사항을 충분히 유지하지 못한다. 대신 손실함수를 최적화하기는 아주 쉬울 때가 많다. 반대로 σ_i를 0으로 설정하면 목적함수의 모든 세부 사항이 유지된다. 따라서 자연스러운 해법은 큰 σ_i로 시작해서 점차 줄여나가면서 손실함수들을 만드는 것이다. 이러한 접근 방식을, 초기 반복들에서는 정칙화를 위한 잡음의 양을 늘려나가다가 알고리즘이 그럴듯한 해에 가까워지면 정칙화의 정도를 줄여나가는 것으로 이해해도 될 것이다. 이처럼 국소 최적해를 피하기 위해 잡음의 양을 조정하는 요령은 모의 정련(simulated annealing)[244] 같은 여러 최적화 기법에서 자주 볼 수 있는 주제이다. 연속법의 주된 문제점은 일련의 손실함수를 최적화해야 하기 때문에 비용이 크다는 것이다.

4.8.2 커리큘럼 학습

커리큘럼 학습은 연속법과 목표가 같다. 그러나 연속법은 **모형 중심적인** 관점에서 목표를 달성하지만, 커리큘럼 학습은 **자료 중심적인** 관점에서 목표를 달성하려 한다. 커리큘럼 학습에 깔린 주된 가설은 훈련 자료 집합에 따라 학습의 난이도가 다르다는 것이다. 커리큘럼 학습에서는 먼저 학습하기 쉬운 훈련 견본들을 학습 모형에 공급한다. 훈련 견본의 학습 난이도를 평가하는 한 가지 방법은 훈련 견본에 대해 퍼셉트론이나 SVM을 실행했을 때 그것이 결정 경계선의 틀린 쪽으로 넘어가는지 보는 것이다. 또는 베이즈 분류기 같은 다른 방법을 사용해서 난이도를 평가할 수도 있다. 기본 착안은, 어려운 훈련 자료에는 잡음이 많거나 예외적인 패턴(학습을 어지럽히는)이 존재한다는 것이다. 그런 훈련 견본들로는 훈련을 시작하지 않는 것이 낫다.

커리큘럼 학습에서는 먼저 쉬운 견본들로만 확률적 경사 하강법을 실행해서 학습 모형을 훈련한다. 이러한 일종의 "사전훈련"으로 구한 매개변수들에 기초해서 좀 더 어려운 견본들을 학습하는 식으로 나아간다. 이후의 훈련에 이전 사전훈련의 쉬운 견본들도 어려운 견본들과 함께 사용한다는 점이 중요하다. 그렇게 하지 않으면 학습 모형은 어려운 견본들에만 과대적합할 위험이 있다. 어려운 견본들의 경우 자료 공간의 특정 영역에 예외적인 패턴들이 존재할 때가 많다. 이후 훈련에 어려운 견본들만 학습 모형에 제공하면 전반적인 정확도가 나빠진다. 이후 훈련들에서 쉬운 견본들과 어려운 견본들을 무작위로 섞어서 사용할 때 대체로 좋은 결과가 나온다. 단, 어려운 견본들의 비율을 점차 늘려나가야 한다. 그러한 과정을 최종적인 훈련 자료가 진 자료 분포를 대표하게 될 때까지 반복한다. 이런 종류의 **확률적 커리큘럼**(stochastic curriculum)이 실제로 효과적인 접근 방식임이 입증되었다.

4.9 매개변수 공유

모형의 매개변수 요구량(실제로 갱신해야 할 매개변수 개수)을 줄이는 자연스러운 정칙화 방법은 여러 연결이 매개변수를 공유하게 하는 것이다. 대체로 이런 종류의 매개변수 공유가 가능하려면 주어진 문제 영역에 고유한 어떤 통찰이 필요하다. 특히, 두 노드가 계산하는 함수들이 어떤 식으로든 연관된다는 점을 알아차리는 것이 중요하다. 특정 계산 노드가 입력 자료와 어떻게 연관되는지 잘 파악하는 경우 이런 종류의 통찰을 얻을 때가 많다. 다음은 이러한 매개변수 공유의 몇 가지 활용 예이다.

1. **자동부호기의 가중치 공유:** 자동부호기에서는 부호기 부분과 복호기 부분이 대칭적인 가중치들을 공유할 때가 많다. 가중치들을 공유하지 않고 자동부호기를 실행하는 것도 가능하지만, 가중치들을 공유하면 알고리즘의 정칙화 성질이 개선된다. 선형 활성화 함수를 사용하는 단층 자동부호기의 경우 가중치 공유는 가중치 행렬의 서로 다른 은닉 성분들 사이에 직교성을 강제한다. 그러면 특잇값 분해에서와 같은 차원 축소가 일어난다.

2. **순환 신경망:** 순환 신경망은 시계열 자료나 유전자 염기서열, 텍스트 같은 순차적 자료의 모형화에 흔히 쓰인다. 특히 텍스트 모형화는 순환 신경망의 가장 흔한 용도이다. 순환 신경망은 시각(timestamp)들에 따른 시간층들을 통해서 순차적 자료를 표현한다. 이때 각 시간층이 동일한 모형을 사용한다는 가정하에서 서로 다

른 시간층들이 매개변수들을 공유한다. 순환 신경망은 제7장에서 자세히 논의한다.

3. **합성곱 신경망:** 합성곱 신경망은 이미지 인식과 예측에 쓰인다. 그런 만큼 신경망의 입력은 직사각 격자 패턴으로 배치되며, 신경망의 모든 층 역시 격자 형태이다. 합성곱 신경망에서는 신경망의 인접한 패치patch들에서 가중치들이 공유될 때가 많다. 여기에 깔린 기본 착안은, 이미지의 한 직사각형 패치가 시야(사람의)의 한 부분에 대응되며, 그것이 전체 이미지 중 어디에 위치하든 같은 방식으로 해석해야 한다는 것이다. 예를 들어 당근은 이미지의 왼쪽 위에 있든 오른쪽 아래에 있든 당근이다. 본질적으로 이런 방법들은 자료에 관한 의미론적 통찰을 이용해서 매개변수 요구량을 줄이고 가중치들을 공유하고 연결들을 희소화한다. 합성곱 신경망은 제8장에 논의한다.

이런 여러 예에서 보듯이, 매개변수 공유는 훈련 자료에 관한, 그리고 한 노드가 계산하는 함수가 훈련 자료와 어떤 관계가 있는지에 관한 문제 영역 고유의 통찰에 의존함이 명백하다. 가중치 공유에 맞게 역전파 알고리즘을 수정하는 방법은 제3장의 §3.2.9에서 논의했다.

또 다른 종류의 가중치 공유로 **유연한(soft) 가중치 공유**[360]가 있다. 유연한(또는 약한) 가중치 공유는 대응되는 매개변수들을 명시적으로 묶는 것이 아니라, 둘의 차이가 클수록 더 큰 벌점을 가함으로써 둘을 비슷하게 만든다. 예를 들어 문제 영역 고유의 통찰에 근거해서 가중치 w_i와 w_j가 비슷할 것이라고 기대하는 경우, 손실함수에 벌점 $\lambda(w_i - w_j)^2/2$를 더한다. 그러면 w_i의 갱신량에는 $\alpha\lambda(w_j - w_i)$가 추가되고 w_j의 갱신량에는 $\alpha\lambda(w_i - w_j)$가 추가된다. 여기서 α는 학습 속도이다. 갱신량을 이런 식으로 조정하면 가중치들이 서로 가까워지는 효과가 생긴다.

4.10 비지도 학습의 정칙화

비지도 학습에서도 과대적합이 발생하긴 하지만 지도 학습에 비하면 문제가 덜할 때가 많다. 지도 학습의 응용 중 하나인 분류에서는 각 견본과 연관된 1비트의 정보를 신경망이 학습해야 한다. 따라서 매개변수가 견본보다 많으면 과대적합이 발생할 수 있다. 그러나 하나의 훈련 견본이 서로 다른 차원들에 대응하는 더 많은 정보 비트들을 담을 수 있는 비지도 학습에서는 사정이 다르다. 일반적으로 정보의 비트수는 자료 집합의 차원 크기에 의존한다. 그래서 비지도 학습에서는 과대적합이 문제가 되는 일이 적다.

그렇긴 하지만 비지도 학습에서도 정칙화가 도움이 될 때가 많다. 흔한 예는 **과대완전**(overcomplete) 자동부호기, 즉 은닉 단위가 입력 단위보다 많은 자동부호기이다. 비지도 학습 응용에서 정칙화의 중요한 목표 하나는 학습된 표현이 특정한 구조를 따르게 만드는 것이다. 정칙화의 이러한 접근 방식은 응용 영역에 따라 다른 목적으로 쓰이는데, 이를테면 희소 표현을 생성하기 위해 이런 정칙화를 사용할 수도 있고 손상된 자료를 정리하는 능력을 갖추기 위해 사용할 수도 있다. 지도 학습 모형에서처럼 비지도 학습에서도 분석가가 문제 영역에 대한 의미론적 통찰을 가지고 있으면 정칙화를 통해서 학습 모형이 특정한 좋은 성질을 가지도록 강제하는 것이 가능하다. 이번 절에서는 유용한 성질을 가진 은닉 표현 또는 재구축 표현을 생성하기 위해 은닉 단위들에 가하는 여러 종류의 벌점과 제약을 소개한다.

4.10.1 값 기반 벌점: 희소 자동부호기

비지도 학습 응용에서 벌점을 이용해서 은닉 단위들을 희소하게 만드는 예로 **희소 자동부호기**(sparse autoencoder)가 있다. 희소 자동부호기는 각 층의 은닉 단위가 입력 단위보다 훨씬 많다. 그러나 학습 과정에서 은닉 단위들이 명시적인 벌점 또는 제약에 의해 0으로 설정된다. 수렴 시 대부분의 은닉 단위가 0이 되며, 결과적으로 학습 모형은 희소한 표현을 제공하게 된다. 이를 위해 은닉 단위들에 가할 수 있는 벌점으로 L_1 벌점이 있다. 은닉 단위들에 L_1 벌점을 가하기 위해 경사 하강법을 수정하는 방법을 §4.4.4에서 논의했다. 그런데 자동부호기에 관한 문헌에서는 L_1 정칙화 사용에 관한 언급이 드물다는 점도 알아 두기 바란다(사용하지 않을 이유가 없음에도). 그 밖에 상위

k개의 은닉 단위만 활성화를 허용하는 등의 제약 기반 방법들도 있다. 제약 기반 방법들은 대부분 역전파 접근 방식을 수정하기가 그리 어렵지 않은 제약을 사용한다. 예를 들어 상위 k개의 단위만 활성화하는 제약의 경우 기울기 흐름들은 그 단위들을 통해서만 역전파된다. 제약 기반 기법들은 벌점 기반 방법의 '엄격한(또는 명시적인)' 버전이라 할 수 있다. 이런 학습 방법 중 몇 가지를 제2장의 §2.5.5.1에서 좀 더 자세히 논의했다.

4.10.2 잡음 주입: 잡음 제거 자동부호기

§4.4.1에서 논의했듯이 잡음 주입은 가중치들에 대한 벌점 기반 정칙화의 하나이다. 입력에 가우스 잡음을 추가하는 것은 선형 활성화 함수를 사용하는 단층망에 L_2 정칙화를 가하는 것과 대략 같다. 잡음 제거 자동부호기(de-noising autoencoder)는 가중치나 은닉 단위에 대한 벌점 대신 잡음 주입을 이용해서 자동부호기를 정칙화한다. 그런데 잡음 제거 자동부호기의 목표는 손상된 훈련 자료로부터 쓸만한 견본들을 재구축(복원)하는 것이다. 따라서 입력의 성격에 맞게 적절한 종류의 잡음을 추가할 필요가 있다. 다음은 잡음 제거 자동부호기에 쓰이는 몇 가지 잡음이다.

1. 가우스 잡음: 이런 종류의 잡음은 실숫값 입력에 적합하다. 이 경우 각 입력에 평균이 0이고 분산이 $\lambda > 0$인 잡음을 추가한다. 여기서 λ는 정칙화 매개변수이다.
2. 마스킹 잡음: 이 잡음을 사용하는 목적은 입력 견본 중 일부를 0으로 설정해서 입력 자료를 손상하는 것이다. 이런 종류의 접근 방식은 이진 입력 자료를 다룰 때 특히나 유용하다.
3. 점잡음: 소금과 후추 잡음(salt-and-pepper noise)이라고도 부르는 점잡음을 적용한다는 것은 입력 견본 중 일부를 1/2의 확률로 가능한 최댓값 또는 최솟값으로 설정하는 것을 말한다. 이 접근 방식은 최댓값과 최솟값이 각각 1과 0인 이진 입력에 흔히 쓰인다.

잡음 제거 자동부호기는 손상된 자료를 다룰 때 유용하다. 따라서 잡음 제거 자동부호기의 주된 용도는 손상된 자료를 복원하는 것이다. 자동부호기에는 손상된 훈련 견본들이 주어지며, 자동부호기의 출력은 손상되지 않은 자료이다. 결과적으로 자동부호기는 입력이 손상되었다는 사실과 재구축해야 할 입력의 진짜 표현을 배우게 된다.

그런 식으로 학습된 모형은 손상(응용 고유의 이유로 생긴)이 있는 시험 자료로부터 그 시험 자료의 깨끗한 버전을 복원할 수 있다. 훈련 자료의 잡음은 인위적으로 주입된 것이지만 시험 자료의 잡음은 응용 영역 고유의 여러 이유로 이미 자료에 존재하는 것임을 주의하기 바란다. 예를 들어 그림 4.10의 윗부분은 초점이 맞지 않아 흐릿한 사진을 잡음 제거 자동부호기를 이용해서 선명한 사진으로 재구축한 예를 보여준다. 이런 응용에서는 흐리기(blurring)를 이용해서 잡음을 추가해야 할 것이다. 즉, 훈련 자료에 추가할 잡음의 종류는 시험 자료에 존재하는 손상의 성격에 관한 통찰에 기초해서 결정해야 한다. 이런 접근 방식으로 최고의 성과를 얻으려면 손상되지 않은 훈련 견본들이 많이 필요한데, 대부분의 문제 영역에서 그러한 자료를 모으는 것은 그리 어렵지 않다. 예를 들어 이미지의 잡음을 제거하는 것이 목표라면 잡음 없는 고화질 이미지들을 수집하고 그 이미지들에 인위적으로 잡음을 추가해서(이를테면 이미지를 흐릿하게 만들어서) 훈련 자료 집합을 만들면 되는데, 고화질 이미지들은 그리 어렵지 않게 구할 수 있다. 손상된 자료를 재구축하는 용도로 잡음 제거 자동부호기를 사용하는 경우 잡음 제거 자동부호기가 과대완전되기 쉽다. 그러나 과대완전 여부는 입력의 성격과 잡음의 양에도 영향을 받는다. 이미지 재구축 외에, 잡음 추가는 훌륭한 정칙화 수단이기도 하다. 잡음 추가 접근 방식을 이용하면 심지어 자동부호기가 과소완전(undercomplete)인 자동부호기도 표본 외 입력에 대해 더 나은 성과를 내는 경향이 있다.

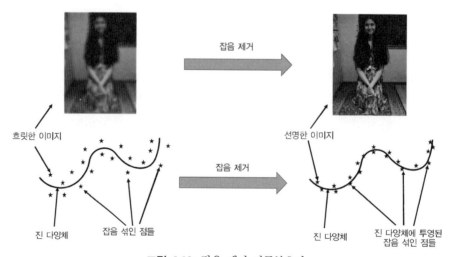

그림 4.10: 잡음 제거 자동부호기

잡음 제거 자동부호기는 입력 자료가 내장된 진(true) 다양체를 입력 자료에 존재하는 잡음을 이용해서 학습한다. 잡음 제거 자동부호기는 각각의 손상된 자료점을 그에 대응되는, 자료 분포의 진 다양체 상의 '가장 가까운' 점으로 투영한다. 그러한 가장 가까운 점은 모형이 잡음 섞인 자료점의 원래 위치(진 다양체 상의)라고 예측한 점으로, 이는 일종의 기댓값에 해당한다. 이러한 투영이 그림 4.10의 하단에 나와 있다. 진 다양체는 잡음 섞인 자료에 비해 자료를 좀 더 간결하게 표현한다. 이러한 간결함은 입력에 잡음을 추가해서 생긴 정칙화의 결과이다. 모든 종류의 정칙화는 바탕 모형의 간결함을 증가하는 경향이 있다.

4.10.3 기울기 기반 벌점: 축약 자동부호기

잡음 제거 자동부호기처럼 축약 자동부호기(contractive autoencoder)도 은닉 단위가 입력 단위보다 많다. 따라서 과대완전이 되기 쉽다. 축약 자동부호기는 고도로 정칙화된 부호기로, 입력값들이 조금 변해도 은닉 표현은 그리 변하지 않게 하고 싶을 때 쓰인다. 그러면 출력이 입력에 덜 민감해짐은 물론이다. 출력이 입력의 변화에 덜 민감한 자동부호기를 만든다는 것이 무슨 의미가 있는지 궁금할 수도 있겠다. 원래 자동부호기는 자료를 정확하게 재구축하는 것이 목표이므로, 축약 자동부호기의 정칙화 목표는 자동부호기의 원래 목표와 잘 맞지 않는다.

축약 자동부호기의 핵심은 입력 자료의 **작은** 변화에 대해서만 출력이 둔감하게 반응하게 만든다는 것이다. 또한, 축약 자동부호기의 출력은 자료의 다양체 구조에서 벗어난 변경에 대해서도 둔감한 경향이 있다. 다른 말로 하면, 입력 자료점이 조금 변해서 더 이상 입력 자료의 다양체 구조 위에 놓이지 않게 되면 축약 자동부호기는 그러한 변경의 폭을 줄여서 자료를 재구축하는 경향이 있다. 여기서 중요한 점은, 고차원 입력 자료(해당 다양체의 차원은 그보다 훨씬 낮다)에서 대부분의 방향(무작위로 선택된)은 다양체 구조의 표면과 근사적으로 수직(직교)이라는 것이다. 그런 방향은 다양체 구조 상의 변화량의 해당 성분을 변경하는 효과를 낸다. 국소 다양체 구조에 기초해서 재구축 표현에서의 변화량을 줄이는 것을 자동부호기의 **축약**(contractive) 성질이라고 부른다. 이러한 축약 덕분에 축약 자동부호기는 입력 자료에서 잡음을 제거하는 효과를 내는 경향이 있다. 이는 잡음 제거 자동부호기와 비슷한 능력이나, 그 메커니즘은 다르다. 차차 설명하겠지만 축약 자동부호기는 은닉 값들의 입력에 대한 기울기에 벌점을 가한다. 입력에 대한 은닉 값의 기울기가 작다는 것은 입력의 작은 차이에 대해 은닉 값이 그리 민감하지 않다는 뜻이다(단, 더 큰 변경들 또는 다양체 구조에 평행인 변경들은 기울기를 유의미하게 변경하는 경향이 있지만).

편의상 여기서는 축약 자동부호기의 은닉층이 하나인 경우를 논의한다. 이번 절의 논의를 은닉층이 여러 개인 구조로 일반화하는 것은 어렵지 않다. 한 은닉층의 k개의 은닉 단위들의 값이 $h_1 \ldots h_k$이고 입력 변수들이 $x_1 \ldots x_d$, 출력층에서 재구축된 값들이 $\hat{x}_1 \ldots \hat{x}_d$라고 하자. 목적함수는 재구축 손실값들의 가중합과 하나의 정칙화 항으로 정의된다. 하나의 훈련 견본에 대한 손실함수 L은 다음과 같이 주어진다.

$$L = \sum_{i=1}^{d} (x_i - \hat{x}_i)^2 \tag{4.12}$$

정칙화 항은 모든 은닉 변수의 모든 입력 차원에 대한 편미분들의 제곱합으로 정의된다. k개의 은닉 값들이 $h_1 \ldots h_k$라고 할 때, 정칙화 항 R은 다음과 같다.

$$R = \frac{1}{2} \sum_{i=1}^{d} \sum_{j=1}^{k} \left(\frac{\partial h_j}{\partial x_i} \right)^2 \tag{4.13}$$

축약 자동부호기를 소개한 원논문 [397]에서는 은닉층에 S자형 비선형 함수를 사용했다. 이 경우 다음이 성립한다(증명은 제3장의 §3.2.5 참고).

$$\frac{\partial h_j}{\partial x_i} = w_{ij} h_j (1 - h_j) \qquad \forall i, j \tag{4.14}$$

여기서 w_{ij}는 입력 단위 i에서 은닉 단위 j로의 가중치이다.

하나의 훈련 견본에 대한 전체적인 목적함수는 다음과 같이 손실값들의 가중합과 정칙화 항으로 정의된다.

$$J = L + \lambda \cdot R$$
$$= \sum_{i=1}^{d} (x_i - \hat{x}_i)^2 + \frac{\lambda}{2} \sum_{j=1}^{k} h_j^2 (1 - h_j)^2 \sum_{i=1}^{d} w_{ij}^2$$

이 목적함수에는 가중치와 은닉 단위 정칙화의 결합이 담겨 있다. 은닉 단위들에 대한 벌점은 제3장의 §3.2.7에서 논의한 것과 같은 방식으로 처리하면 된다. a_{h_j}가 노드 h_j

의 활성화 전 값이라고 하자. 보통의 경우 역전파 갱신 공식은 활성화 전 값을 기준으로 정의되며, $\frac{\partial J}{\partial a_{h_j}}$의 값을 역방향으로 전파한다. 역전파의 동적 계획법 갱신을 이용해서 출력층으로부터 $\frac{\partial J}{\partial a_{h_j}}$를 계산한 후에는 다음과 같이 h_j의 은닉층 정칙화 효과를 고려한 갱신 공식을 이용해서 나머지 갱신을 수행한다.

$$\frac{\partial J}{\partial a_{h_j}} \Leftarrow \frac{\partial J}{\partial a_{h_j}} + \frac{\lambda}{2} \frac{\partial [h_j^2(1-h_j)^2]}{\partial a_{h_j}} \sum_{i=1}^{d} w_{ij}^2$$

$$= \frac{\partial J}{\partial a_{h_j}} + \lambda h_j(1-h_j)(1-2h_j) \underbrace{\frac{\partial h_j}{\partial a_{h_j}}}_{h_j(1-h_j)} \sum_{i=1}^{d} w_{ij}^2$$

$$= \frac{\partial J}{\partial a_{h_j}} + \lambda h_j^2(1-h_j)^2(1-2h_j) \sum_{i=1}^{d} w_{ij}^2$$

$\frac{\partial h_j}{\partial a_{h_j}}$의 값을 $h_j(1-h_j)$로 설정하는 것은 활성화 함수가 S자형 함수라는 가정 때문이다. 다른 활성화 함수를 사용하는 경우에는 이와는 다른 값으로 설정해야 할 것이다. 연쇄법칙에 의해, $\frac{\partial J}{\partial a_{h_j}}$에 $\frac{\partial a_{h_j}}{\partial w_{ij}} = x_i$를 곱하면 w_{ij}에 대한 손실함수의 기울기가 나온다. 그런데 **다변수 연쇄법칙**에 따르면, 전체 기울기를 구하려면 w_{ij}에 대한 정칙화 항의 미분을 직접 더해야 한다. 정리하자면, 가중치에 대한 은닉층 정칙화 항 R의 편미분을 다음과 같이 추가해야 한다.

$$\frac{\partial J}{\partial w_{ij}} \Leftarrow \frac{\partial J}{\partial a_{h_j}} \frac{\partial a_{h_j}}{\partial w_{ij}} + \lambda \frac{\partial R}{\partial w_{ij}}$$

$$= x_i \frac{\partial J}{\partial a_{h_j}} + \lambda w_{ij} h_j^2(1-h_j)^2$$

흥미롭게도 은닉 단위들에서 S자형 함수 대신 선형 함수를 사용하는 경우에는 목적함수가 L_2 정칙화 자동부호기의 것과 같아진다. 선형 은닉층에는 그냥 L_2 정칙화를 사용하는 것이 더 훨씬 쉬우므로, 이 접근 방식은 비선형 은닉층에만 사용하는 것이 바람직하다. 부호기 부분과 복호기 부분이 가중치들을 공유할 수도 있고 그렇지 않을 수도 있다. 가중치들을 공유하는 경우에는 한 가중치의 두 복사본 모두에 관해 기울기를 더해 주어야 한다. 지금까지의 논의는 은닉층이 하나인 경우에 관한 것이지만, 은닉층이 여러 개인 경우로 일반화하기도 쉽다. [397]은 층이 더 많은 수축 자동부호기를 이용해서 더 나은 압축(수축) 효율을 얻을 수 있음을 보여준다.

잡음 제거 자동부호기와 축약 자동부호기 사이에는 몇 가지 흥미로운 관계가 있다. 잡음 제거 자동부호기는 강건함이라는 목표를 잡음을 추가해서 확률적으로 달성하는 반면, 축약 자동부호기는 정칙화 항을 추가해서 해석적으로 달성한다. 은닉층들에 선형 활성화 함수를 사용하는 경우, 잡음 제거 자동부호기에서 적은 양의 가우스 잡음을 추가하는 것은 축약 자동부호기와 비슷한 효과를 낸다. 선형 은닉층의 경우 입력에 대한 은닉 단위의 편미분은 그냥 해당 연결의 가중치이며, 따라서 축약 자동부호기의 목적함수는 다음으로 단순화된다.

$$J_{\text{선형}} = \sum_{i=1}^{d} (x_i - \hat{x}_i)^2 + \frac{\lambda}{2} \sum_{i=1}^{d} \sum_{j=1}^{k} w_{ij}^2 \qquad (4.15)$$

이 경우 축약 자동부호기와 잡음 제거 자동부호기 모두 L_2 정칙화를 사용하는 특잇값 분해와 비슷해진다. 그림 4.11은 잡음 제거 자동부호기와 축약 자동부호기의 차이를 보여준다. 왼쪽의 잡음 제거 자동부호기는 손상되지 않은 자료의 진 다양체 구조를 따르는 방향들을 출력의 손상된 자료와 입력의 진 자료 사이의 관계를 이용해서 학습한다. 반면 오른쪽의 축약 자동부호기는 그러한 방향들을 해석적으로 학습한다. 이것이 가능한 이유는, 다양체의 차원이 입력 자료의 차원보다 훨씬 낮을 때 무작위 섭동들의 거의 대부분이 다양체에 대략 수지이기 때문이다. 그런 경우 자료점을 약간 섭동

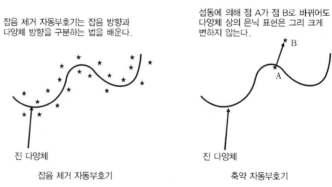

잡음 제거 자동부호기는 잡음 방향과 다양체 방향을 구분하는 법을 배운다.

섭동에 의해 점 A가 점 B로 바뀌어도 다양체 상의 은닉 표현은 그리 크게 변하지 않는다.

진 다양체

진 다양체

잡음 제거 자동부호기

축약 자동부호기

그림 4.11: 잡음 제거 자동부호기와 축약 자동부호기의 차이

해도 다양체 상의 은닉 표현은 그리 변하지 않는다. 모든 방향에서 은닉층의 편미분에 같은 크기의 벌점을 가했을 때 편미분은 진 다양체의 표면과 평행에 가까운 소수의 방향들로만 유의미하게 변한다. 그리고 대다수를 차지하는 직교 방향들로의 편미분들은 0에 가깝다. 다른 말로 하면, 축약 자동부호기는 주어진 특정 자료 집합의 분포에 그리 유의미하지 않은 변동들을 감쇄하고 유의미한 변동들만 유지한다.

두 방법의 또 다른 차이는, 잡음 제거 자동부호기에서는 정칙화 부담을 부호기와 복호기가 분담하지만 축약 자동부호기에서는 부호기가 모든 정칙화를 담당한다는 것이다. 부호기와 복호기 중 부호기 부분만 특징 추출에 쓰이므로, 축약 자동부호기는 특징 공학에 좀 더 유용하다.

축약 자동부호기에서는 기울기들이 결정론적이다. 따라서 잡음 제거 자동부호기에 비해 2차 학습 방법을 적용하기 쉽다. 반면, 1차 학습 방법을 사용하는 경우에는 잡음 제거 자동부호기가 더 구축하기 쉽다(정칙화 없는 자동부호기의 코드를 조금만 수정하면 된다).

4.10.4 은닉 확률 구조: 변분 자동부호기

희소 자동부호기가 은닉 단위들에 희소성 제약을 가하듯이, 변분 자동부호기(variational autoencoder)는 은닉 단위들에 구체적인 확률 구조를 강제한다. 가장 간단한 형태의 제약은 전체 자료에 대한 은닉 단위들의 활성화 값들을 표준 가우스 분포(즉, 각 방향에서 평균이 0이고 분산이 1인 가우스 분포)에서 추출하는 것이다. 이런 종류의 제약을 가하는 것의 한 가지 장점은 훈련을 마친 후 부호기 부분을 제거하고 표준 정규분포에서 뽑은 자료점들을 복호기에 직접 입력해서 훈련 자료 견본들을 생성할 수 있다는 것이다. 그러나 모든 견본을 동일한 분포에서 생성하면 신경망이 서로 다른 견본들을 구별하지 못하게 되거나 주어진 입력으로부터 견본을 복원하지 못하게 된다. 따라서 은닉층 활성화 값들에 표준 정규분포와는 다른 어떤 **조건부**(conditional) 분포(주어진 입력 견본에 대한)를 강제할 필요가 있다. 조건부 분포조차도 정칙화 항 때문에 표준 정규분포와 비슷해지긴 하겠지만, 은닉층의 표현에 특정한 확률 구조를 부여하는 것은 하나의 견본에서 추출한 은닉 활성화 값들이 아니라 전체 자료에서 추출한 은닉 활성화 값들의 분포에 관해서만 달성할 수 있다.

은닉 단위들의 확률분포에 제약을 가하는 방법은 지금까지 논의한 다른 정칙화 방법보다 복잡하다. 이 방법의 핵심은 재매개변수화(re-parameterization)라고 부르는 기법을 이용해서 조건부 가우스 분포의 k차원 평균과 표준편차 벡터를 부호기에서 산출하고, 그 분포로부터 은닉 활성화 값들의 벡터를 추출하는 것이다. 그림 4.12(a)에 이러한 방법을 사용하는 변분 자동부호기의 구조가 나와 있다. 그런데 안타깝게도 이 신경망에는 여전히 표집(표본추출) 구성요소가 남아 있다. 그런 확률적 계산 부분은 미분이 불가능하기 때문에, 이 신경망의 가중치들은 역전파 알고리즘으로 학습할 수 없다. 역전파를 가능하게 하는 한 가지 방법은 확률적 계산 대신 표준 정규분포에서 명시적으로 성분들을 추출해서 k차원 입력 견본을 생성하는 것이다. 이를 위해 변분 자동부호기는 가우스 분포에서 뽑은 입력 견본을 부호기가 산출한 평균과 표준편차를 이용해서 적절히 비례, 이동한다. 이러한 구조가 그림 4.12(b)에 나와 있다. 확률적 부분을 입력의 일부로 생성하는 덕분에 이 구조는 완전히 결정론적이며, 따라서 역전파로 가중치들을 학습할 수 있다. 역전파 갱신에서는 표준 정규분포에서 뽑은 값들을 사용해야 한다.

각 견본 $\overline{X}$에 대해 부호기는 개별적인 평균 및 표준편차를 산출한다. 주어진 평균과 표준편차에 대한 k차원 활성화 값들을 각각 $\overline{\mu(X)}$와 $\overline{\sigma(X)}$로 표기하자. 사용자는 $\mathcal{N}(0, I)$로부터(여기서 I는 단위행렬) 생성한 k차원 견본 $\overline{z}$를 은닉층에 입력한다. 은닉층은 그러한 무작위(확률) 입력 벡터 $\overline{z}$를 평균과 표준편차를 이용해서 비례, 이동해서 은닉 표현 $\overline{h(X)}$를 산출한다. 해당 공식은 다음과 같다.

$$\overline{h(X)} = \overline{z} \odot \overline{\sigma(X)} + \overline{\mu(X)} \tag{4.16}$$

여기서 $\odot$는 성분별 곱셈 연산자이다. 식 4.16의 연산이 그림 4.12(b)에 나와 있다. 그림에서 동그라미가 쳐진 곱셈 연산자와 덧셈 연산자는 각각 성분별 곱셈과 성분별 덧셈을 나타낸다. 벡터 $\overline{\mu(X)}$와 $\overline{\sigma(X)}$에 각각 0과 1만 들어 있는 것이 아닌 한, 주어진 한 견본에 대한 $\overline{h(X)}$ 벡터는 표준 정규분포에서 멀어진다. 그러나 손실함수의 재구축 성분 때문에 두 벡터가 각각 0들과 1들로만 구성되는 일은 드물다. 결과적으로 특정 자료점에 대한 은닉 표현의 조건부 분포는 표준 정규분포와는 다른 평균과 표준편차를 가지게 된다. 표준 정규분포는 사전(prior) 확률분포와 비슷하지만, 특정 자료점에 대한 은닉 표현의 분포는 사후(posterior) 확률분포이다. 따라서 은닉 표현은 표준 정규분포(가우스 사전확률분포)와는 다르다. 전체적인 손실함수는 재구축 손실값들의 가중

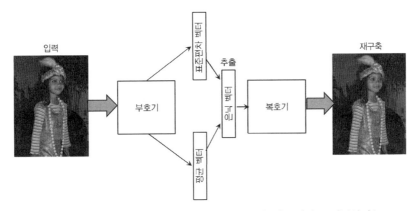

(a) 개별 자료점에 대한 가우스 분포(손실함수가 확률적이고 미분불가능)

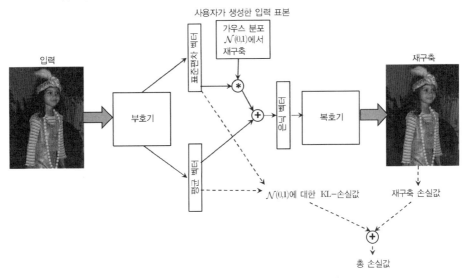

그림 4.12: 변분 자동부호기의 재매개변수화

합과 정칙화 항으로 정의된다. 재구축 오차(손실값)를 구하는 데 사용할 수 있는 함수는 많지만, 간결한 논의를 위해 여기서는 다음과 같이 정의되는 제곱 손실함수를 사용하기로 한다.

$$L = \|\overline{X} - \overline{X'}\|^2 \tag{4.17}$$

여기서 $\overline{X'}$은 입력 자료점 $\overline{X}$를 복호기가 복원한 자료점이다. 정칙화 항 R은 매개변수가 0과 I인 k차원 가우스 분포에 대한, 매개변수가 $\overline{\mu}(\overline{X})$와 $\overline{\sigma}(\overline{X})$인 조건부 은닉

분포의 쿨백-라이블러(Kullback-Leibler, KL) 발산이다. 이 값은 다음과 같이 정의된다.

$$R = \frac{1}{2} \left(\underbrace{\|\overline{\mu(\overline{X})}\|^2}_{\overline{\mu(\overline{X})}_i \Rightarrow 0} + \underbrace{\|\overline{\sigma(\overline{X})}\|^2 - 2\sum_{i=1}^{k} \ln\left(\overline{\sigma(\overline{X})}_i\right) - k}_{\overline{\sigma(\overline{X})}_i \Rightarrow 1} \right) \tag{4.18}$$

수식의 일부 항 아래의 주석은 매개변수들을 특정 방향으로 이동했을 때 그 항들에 미치는 영향을 나타낸 것이다. 상수항은 KL 발산 함수의 일부인데, 딱히 하는 일은 없다. 그러나 이처럼 상수항을 포함하면, 매개변수 $(\overline{\mu(\overline{X})}, \overline{\sigma(\overline{X})})$가 0 평균 단위 분산 등방성(isotropic) 가우스 분포의 것들과 같을 때 목적함수의 정칙화 항이 0이 되어서 소거되므로 수식이 깔끔해진다. 그렇긴 하지만, 목적함수의 재구축 부분의 효과 때문에 실제 자료점에 대해 그런 일이 생기지는 않는다. 이 정칙화 항은 모든 훈련 자료점에 대한 은닉 표현의 분포를 표준 가우스 분포에 가깝게 이동하는 효과를 낸다. 자료점 $\overline{X}$에 대한 전체적인 목적함수 J는 다음과 같이 재구축 손실값들의 가중합과 정칙화 항으로 정의된다.

$$J = L + \lambda R \tag{4.19}$$

여기서 $\lambda > 0$는 정칙화 매개변수이다. λ의 값이 작으면 재구축이 정확해지며, 따라서 변분 자동부호기는 보통의 자동부호기와 비슷하게 행동한다. 정칙화 항은 은닉 표현을 확률적으로 만드는 효과를 내며, 따라서 서로 다른 자료점으로 얻은 은닉 표현들이 거의 비슷한 자료점을 생성하게 된다. 그러면 일반화 능력이 증가하는데, 왜냐하면 훈련 자료 집합에 있는 한 이미지와 비슷한(정확히 같지는 않은, 그러나 은닉 값들이 확률적 범위 안에 속하는) 새 이미지를 모형화하기가 쉬워지기 때문이다. 그렇지만 비슷한 점들에 대한 은닉 표현 분포들이 어느 정도 겹치기 때문에 몇 가지 바람직하지 않은 효과도 생긴다. 예를 들어 이 접근 방식을 이미지 재구축에 사용하는 경우 원래의 이미지에 비해 흐릿한 이미지가 재구축되는 경향이 있다. 이는 다소 비슷한 점들에 대한 평균화 효과 때문에 생기는 현상이다. 극단적인 경우에는 λ의 값을 아주 크게 잡는데, 그러면 모든 점의 은닉 분포가 같아진다(그러한 은닉 분포는 평균이 0이고 분산이 1인 등방성 가우스 분포에 해당한다). 이 경우 재구축 결과는 다수의 훈련점을 그리 잘 평균화하지는 못한, 별 의미 없는 자료일 수 있다. 변분 자동부호기에서 재구축이 흐릿한 것은 이런 종류의 모형들이 가진 바람직하지 않은 성질이다(다른 여러 생성 모형에 비해).

변분 자동부호기의 훈련

확률 계산 부분을 추가적인 입력으로 대체한 덕분에 변분 자동부호기의 훈련은 비교적 간단하다. 변분 자동부호기를 위한 역전파 알고리즘은 보통의 신경망에 적용하는 역전파 알고리즘과 거의 비슷하다. 주된 차이는 식 4.16과 같은 통상적이지 않은 형태의 은닉 표현에 대해 역전파를 수행해야 한다는 것이다. 또한, 역전파 도중 은닉층들의 벌점들도 반영해야 한다.

변분 자동부호기의 역전파에서는 먼저 보통의 방법으로 손실값 L을 은닉 상태 $\overline{h}(\overline{X}) = (h_1 \dots h_k)$까지 역전파한다. $\overline{z} = (z_1 \dots z_k)$가 $\mathcal{N}(0,1)$에서 무작위로 추출한 k번째 견본이라고 하자. $\overline{h}(\overline{X})$에서 $\overline{\mu}(\overline{X}) = (\mu_1 \dots \mu_k)$와 $\overline{\sigma}(\overline{X}) = (\sigma_1 \dots \sigma_k)$로 역전파할 때는 다음과 같은 관계식을 사용한다.

$$J = L + \lambda R \tag{4.20}$$

$$\frac{\partial J}{\partial \mu_i} = \frac{\partial L}{\partial h_i} \underbrace{\frac{\partial h_i}{\partial \mu_i}}_{=1} + \lambda \frac{\partial R}{\partial \mu_i} \tag{4.21}$$

$$\frac{\partial J}{\partial \sigma_i} = \frac{\partial L}{\partial h_i} \underbrace{\frac{\partial h_i}{\partial \sigma_i}}_{= z_i} + \lambda \frac{\partial R}{\partial \sigma_i} \tag{4.22}$$

수식 아래 주석은 각각 μ_i와 σ_i에 대한 h_i의 편미분을 보여준다. $\frac{\partial h_i}{\partial \mu_i} = 1$과 $\frac{\partial h_i}{\partial \sigma_i} = z_i$는 식 4.16을 각각 μ_i와 σ_i에 대해 미분해서 구한 것이다. 우변의 $\frac{\partial L}{\partial h_i}$은 역전파에 의해 산출된다. $\frac{\partial R}{\partial \mu_i}$과 $\frac{\partial R}{\partial \sigma_i}$의 값들은 식 4.18의 KL 분산값에서 직접 유도할 수 있다. 이후 $\overline{\mu}(\overline{X})$와 $\overline{\sigma}(\overline{X})$에 대한 활성화 값들로부터의 오차 전파는 그냥 보통의 역전파 알고리즘에서와 동일한 방식으로 진행하면 된다.

은닉 변수들을 확률적인 방식으로 모형화한다는 점에서 변분 자동부호기는 그 구조가 다른 종류의 자동부호기와 근본적으로 다르다고 할 수 있다. 그래도 변분 자동부호기와 다른 자동부호기들 사이에는 흥미로운 연관 관계가 존재한다. 잡음 제거 자동부호기에서는 입력에 잡음을 추가하지만, 은닉 분포의 형태에는 아무런 제약도 가하지 않는다. 변분 자동부호기는 확률적인 은닉 표현을 다루지만, 은닉층의 확률성은 훈련 도중의 추가 입력으로 대체된다. 다른 말로 하면, 변분 자동부호기는 입력이 아니라 은닉 표현에 잡음을 추가하는 것이라 할 수 있다. 이러한 변분 접근 방식은 각 입력이 은닉 표현 공간의 자신만의 확률적 영역으로 사상되게 한다. 입력이 하나의 점이 아니라 일정 범위의 영역으로 사상되는 덕분에 은닉 표현이 조금 변해도 재구축은 크게 변하지 않으며, 결과적으로 일반화 능력이 높아진다. 이런 성질은 축약 자동부호기도 가지고 있다. 그러나 은닉 분포의 형태를 가우스 분포로 제한하는 것은 다른 종류의 변환들에 비한 변분 자동부호기의 좀 더 근본적인 차이점이다.

4.10.4.1 재구축과 생성 표집

변분 자동부호기의 접근 방식을 표현 축소뿐만 아니라 표본 생성에도 적용할 수 있다. 자료 축소의 경우 은닉층의 표현은 평균이 $\overline{\mu}(\overline{X})$이고 분산이 $\overline{\sigma}(\overline{X})$인 가우스 분포를 따르게 된다.

그러나 변분 자동부호기의 특히나 흥미로운 응용 방식은 바탕 자료 분포로부터 표본을 생성하는 것이다. 특징 공학 방법들이 자동부호기의 부호기 부분만 활용하는(훈련이 끝난 후에) 것과 비슷하게, 표본 생성에서는 변분 자동부호기의 복호기 부분만 활용한다. 기존 착안은 가우스 분포에서 한 점을 추출해서 복호기의 은닉 단위들에 입력하는 과정을 반복해서 재구축 견본들을 얻는다는 것이다. 복호기의 그러한 '재구축' 출력은 원래의 자료와 비슷한 분포를 따르는 하나의 자료점이다. 따라서, 생성된 자료점들로 이루어진 자료 집합(이미지)은 원래의 자료 집합을 사실적으로 모방한 표본에 해당한다. 이러한 표본 생성의 구조가 그림 4.13에 나와 있다. 그림의 이미지는 예시를 위한 것일 뿐, 변분 자동부호기의 실제 출력을 반영한 것은 아니다(일반적으로 실제 출력은 다소 저화질이다). 변분 자동부호기의 이미지 생성 방식을 이해하는 데에는 변분 자동부호기의 내장(embedding)을 전형적인, 정칙화 없는 자동부호기가 산출하는 내장과 비교해 보는 것이 도움이 된다. 그림 4.14의 왼쪽은 4부류 분류(이를테면 MNIST의 숫자 네 개를 식별하는 등)를 위한 정칙화 없는 자동부호기가 생성한, 훈련 자료에 대한 2차원 내장들이다. 각 범주(부류)의 군집들이 서로 떨어져 있음을, 즉 잠재 공간(latent space)에 큰 불연속 공간들이 존재함을 주목하기 바란다. 군집 사이의 희소한 영역들은

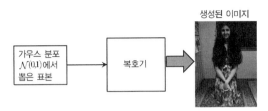

생성된 이미지

가우스 분포 $\mathcal{N}(0,1)$에서 뽑은 표본 → 복호기 → [생성된 이미지]

그림 4.13: 변분 자동부호기를 이용한 견본 생성. 사진 이미지는 단지 예시용일 뿐임을 주의하기 바란다.

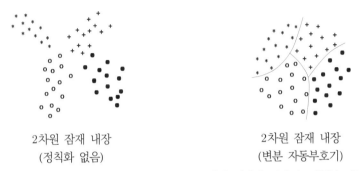

2차원 잠재 내장
(정칙화 없음)

2차원 잠재 내장
(변분 자동부호기)

그림 4.14: 변분 자동부호기와 정칙화 없는 자동부호기가 생성한 내장들. 정칙화 없는 버전은 잠재 공간에 큰 불연속 영역들이 존재한다. 그런 영역들은 의미 있는 자료점과 대응되지 않을 수 있다. 변분 자동부호기의 내장은 가우스 분포를 따르기 때문에 사실적인 표본 생성이 가능하다.

유의미한 자료점에 대응되지 않을 수 있다. 반면 변분 자동부호기의 경우에는 정칙화 항 덕분에 훈련 자료점들이 (대략) 가우스 분포에 따라 분포되어서 불연속성이 훨씬 덜하다. 그림 4.14의 오른쪽 그림에서 이를 확인할 수 있다. 결과적으로, 잠재 공간의 임의의 점에서 표본을 생성해도 네 부류 중 하나(MNIST의 네 숫자 중 하나)가 유의미하게 재구축된다. 더 나아가서, 잠재 공간의 한 점에서 직선을 따라 다른 점으로 "걸어가는" 경우, 변분 자동부호기에서는 부류들이 매끄럽게 변환된다. 예를 들어 MNIST 자료 집합의 잠재 공간에서 숫자 4에 해당하는 견본을 담은 영역에서 숫자 7에 해당하는 견본을 담은 영역으로 걸어가면 숫자 4의 필체가 천천히 변하다가 4 같기도 하고 7 같기도 한 전이점에 도달하고, 그 후에는 7의 다양한 필체를 만나게 된다. 이런 상황을 실제 응용에서도 만날 수 있다. MNIST 자료 집합에는 그런 헷갈리는 필기체 숫자 이미지들이 실제로 존재한다. 더 나아가서, 내장 안에서의 서로 다른 숫자들의 위치에 따라서는 매끄러운 전이 시 혼동이 발생하는 지점들이 서로 가까이 있을 수도 있다(이를테면 [4, 7]의 전이점과 [5, 6]의 전이점이 한 점에서 만나는 등).

변분 자동부호기가 생성한 표본이 훈련 자료에서 뽑은 표본과 비슷하긴 하지만 정확히 같지는 않다는 점을 이해하는 것이 중요하다. 변분 자동부호기는 확률적이기 때문에 생성 과정에서 다양한 모드mode를 탐색할 수 있으며, 이에 의해 어느 정도의 창의성(creativity)이 생긴다(대신 중의성(ambiguity)도 생기긴 하지만). 그럼 조건화를 이용해서 이러한 성질을 활용하는 방법을 살펴보자.

4.10.4.2 조건부 변분 자동부호기

조건화(conditioning)를 변분 자동부호기에 적용해서 흥미로운 결과를 얻을 수 있다.[510, 463] 조건부 변분 자동부호기의 기본 착안은 변분 자동부호기에 조건부 입력을 추가한다는 것이다. 보통의 경우 그러한 조건부 입력은 문제 영역과 관련된 문맥(context)을 제공한다. 예를 들어 일부가 찢어지거나 구멍 난 사진 같은 손상된 이미지를 자동부호기로 재구축하는 경우에는 손상된 이미지가 문맥으로 쓰인다. 그러나 이런 설정에서는 중의성이 너무 크기 때문에, 예측 모형들의 성과가 대체로 나쁘다. 그리고 모든 이미지의 평균에 해당하는 이미지를 재구축하는 것은 별로 유용하지 않다. 훈련 과정에서는 손상된 이미지들과 해당 원본 이미지들이 필요하다. 그런 자료를 통해서 자동부호기의 부호기와 복호기는 문맥들과 훈련 자료로부터 생성되는 이미지들의 관계를 배우게 된다. 훈련 과정의 구조가 그림 4.15의 윗부분에 나와 있다. 훈련은 조건 없는 변분 자동부호기와 비슷하다. 시험 과정에서는 문맥을 추가적인 입력으로 제공한다. 그러면 자동부호기는 훈련 과정에서 배운 모형에 기초해서 이미지의 누락 부분을 어느 정도 그럴듯하게 재구축한다. 그림 4.15의 아랫부분이 이에 해당한다. 이러한 구조의 단순함에 주목하기 바란다. 그림의 이미지는 예시를 위한 것일 뿐이다. 이미지 자료에 대해 실제로 조건부 변분 자동부호기를 실행하면 흐릿한 이미지가 생성될 때가 많다. 누락된 부분이 특히나 흐릿하다. 이러한 조건부 변분 자동부호기는 이미지 대 이미지 변환 접근 방식의 하나인데, 제10장에서 **생성 대립 신경망**을 이야기할 때 이 접근 방식을 다시 고찰할 것이다.

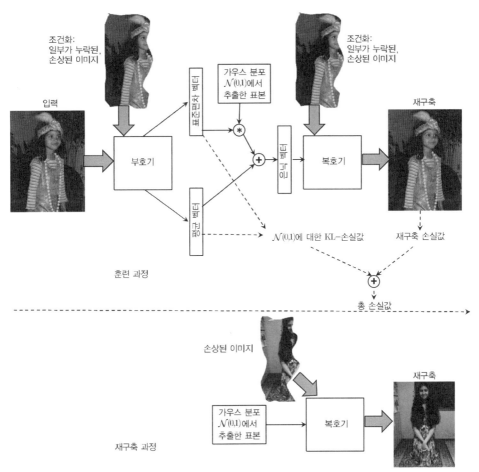

그림 4.15: 조건부 자동부호기를 이용해서 손상된 이미지를 재구축하는 신경망 구조. 사진 이미지는 단지 예시용일 뿐임을 주의하기 바란다.

4.10.4.3 생성 대립 신경망과의 관계

변분 자동부호기는 생성 대립 신경망(generative adversarial network, GAN; 또는 생성적 적대 신경망)이라고 부르는 부류의 자동부호기 기반 모형과 밀접하게 관련되어 있다. 둘이 비슷하긴 하지만, 중요한 차이가 존재한다. 변분 자동부호기처럼 생성 대립 신경망으로도 훈련 자료 집합의 것과 비슷한 이미지를 생성할 수 있다. 더 나아가서, 두 모형모두 조건화를 이용해서 누락 자료를 복원할 수 있으며, 중의성이 너무 크기 때문에생성 과정에서 어느 정도의 창의성이 필요한 경우에 특히나 유용하다는 점도 둘이 같다. 그러나 생성 대립 신경망의 결과가 더 사실적일 때가 많은데, 이는 애초에 생성 대립 신경망의 복호기 부분이 훈련 자료와 최대한 비슷한 견본을 생성하도록 훈련되기 때문이다. 간단히 설명하자면, 생성 대립 신경망에는 하나의 '판별자'가 있어서 복호기의 생성 결과가 원본만큼이나 진짜 같은지 평가한다. 그렇다고 복호기가 훈련 자료 집합에 있는 원본을 그대로 복제하지는 않는다. 복호기는 원본을 보지 못하며, 오직 판별자를 속일 수 있는 결과를 생성하는 데 도움이 되는 지침만 제공받을 뿐이다. 결과적으로 생성 대립 신경망은 창의적인 위조품을 생성하는 방법을 배우게 된다. 이미지나 동영상 자료 같은 특정 응용 영역에서 이 접근 방식은 주목할 만한 성과를 낼 수 있다. 변분 자동부호기와는 달리 생성 대립 신경망의 출력 이미지는 흐릿하지 않다. 생성 대립 신경망은 예술적 향취를 가진 생생한 이미지와 동영상을 생성할 수 있다. 실제로 생성 대립 신경망은 꿈속 광경 같은 이미지를 생성해서 사람들을 놀라게 했다. 이런 접근 방식을 텍스트-이미지 변환이나 이미지-이미지 변환 같은 다른 여러 방식으로도 응용할 수 있다. 예를 들어 [392]는 어떤 대상이나 장면을 설명한 글을 입력하면 그에 해당하는 가상의 이미지를 생성하는 생성 대립 신경망의 사례를 소개했다. 생성 대립 신경망은 제10장의 §10.4에서 좀 더 논의한다.

4.11 요약

신경망의 매개변수가 많으면(그런 경우가 흔하다) 과대적합이 일어날 수 있다. 한 가지 해결책은 명시적으로 신경망의 크기를 제한하는 것이지만, 그러면 모형이 복잡하고 가용 자료가 충분치 않을 경우 최적에 못 미치는 성과를 얻게 된다. 좀 더 유연한 접근 방식은 조율 가능한 정칙화를 사용하는 것이다. 그러면 매개변수들이 많아도 과대적합 문제를 피할 수 있다. 이때 정칙화는 매개변수 공간의 크기를 유연한 방식으로 제한하는 역할을 한다. 가장 흔히 쓰이는 형태의 정칙화는 벌점 기반 정칙화이다. 매개변수들에 벌점을 가하는 경우가 많지만, 은닉 단위의 활성화 값들에 벌점을 가하는 것도 가능하다. 후자의 경우 은닉 단위들의 표현이 희소해진다. 분산을 줄이는 데는 앙상블 학습이 흔히 쓰이는데, 드롭아웃처럼 신경망에 특화된 앙상블 방법들도 있다. 또 다른 흔히 쓰이는 정칙화 방법 두 가지는 조기 종료와 사전훈련이다. 사전훈련은 일종의 준지도 학습 기법처럼 작용함으로써 정칙화 효과를 낸다. 사전훈련은 간단한 발견법으로 초기점들을 결정하고 역전파를 이용해서 해를 정련하는 식으로 간단한 해에서 복잡한 해로 나아간다. 관련된 기법으로는 커리큘럼 학습과 연속법이 있는데, 둘다 간단한 것에서 복잡한 것으로 나아가면서 일반화 오차가 낮은 학습 모형을 구축한다. 비지도 학습에서는 과대적합이 별문제가 아닐 때가 많지만, 정칙화는 비지도 학습에서도 유용하다. 비지도 학습에서 정칙화는 학습된 모형에 특정한 구조를 강제하는데 쓰인다.

4.12 문헌 정보

편향 대 분산 절충 관계에 대한 상세한 논의를 [177]에서 볼 수 있다. 편향 대 분산 절충 개념은 통계학에서 비롯된 것으로, 원래는 회귀 문제의 문맥에서 제안되었다. 분류 문제에서 이진 손실함수를 사용하는 경우로의 일반화는 [247, 252]가 제안했다. [175, 282]는 과대적합을 줄이는 초기 방법들을 설명한다. 이 방법들은 신경망에서 중요하지 않은 가중치들을 제거함으로써 매개변수 요구량을 줄인다. 이런 종류의 가지치기(pruning)가 일반화를 크게 개선함이 증명되었다. [450] 같은 초기 연구 결과는 깊고 좁은 신경망이 얇고 넓은 신경망보다 일반화 능력이 더 좋다는 점도 보여주었다. 기본적으로 이는 깊이가 자료에 특정한 구조를 부여하며, 그 덕분에 자료를 더 적은 수의 매개변수로 표현할 수 있기 때문이다. [557]은 신경망의 모형 일반화에 관한 최근 연구 성과를 제시한다.

회귀 문제에 L_2 정칙화를 사용하는 것은 티코노프-아르세닌의 독창적 논문 [499]로 거슬러 올라간다. 티코노프 정칙화와 잡음 섞인 입력을 이용한 훈련의 동등성은 비숍Bishop이 증명했다.[44] [179]는 L_1 정칙화 활용을 상세하게 논의한다. 신경망 구조에 특화된 정칙화 방법들도 여럿 제안되었다. 예를 들어 [201]은 신경망 각 층의 크기 (norm)를 제한하는 정칙화 기법을 제안한다. 희소 표현에 관한 문헌들로는 [67, 273, 274, 284, 354]가 있다.

[438, 566]은 분류를 위한 앙상블 방법들을 상세히 논의한다. [50, 56]은 배깅과 부표집 방법을 논의한다. [515]는 무작위 숲에서 영감을 얻은 앙상블 구조 하나를 제안한

다. 제1장의 그림 1.16에 나온 구조가 바로 이 구조이다. 이런 종류의 앙상블은 자료 집합이 작은 문제에 특히 잘 맞는데, 그런 경우 무작위 숲이 잘 작동한다는 점이 잘 알려져 있다. 무작위 간선 생략 접근 방식은 [64]가 이상치 검출의 맥락에서 소개했고, 드롭아웃 접근 방식은 [467]이 제안했다. [567]은 앙상블의 모든 구성요소를 결합하는 것보다 성과가 좋은 상위 몇 개만 결합하는 것이 더 나은 성과를 낸다는 개념을 논의했다. 대부분의 앙상블 방법은 분산 감소를 목적으로 설계되었지만, **부양법**(boosting 부스팅)[122]처럼 편향 감소를 목적으로 한 앙상블 방법도 있다. 부양법은 신경망 학습의 맥락에서도 쓰인 바 있다.[435] 그러나 일반적으로 신경망에서 부양법은 오차의 특징에 따라 은닉 단위들을 점차 추가하는 목적으로만 쓰인다. 부양법과 관련해서 기억할 점은, 부양법을 사용하면 과대적합이 생기기 쉬우므로 편향이 큰 학습 모형에는 적합하지만 분산이 큰 학습 모형에는 적합하지 않다는 것이다. 그리고 신경망은 본질적으로 분산이 큰 학습 모형이다. [32]는 부양법과 몇몇 신경망 구조의 관계를 지적한다. [63]은 분류를 위한 자료 섭동 방법을 논의한다. 단, 기본적으로 그 방법은 소수 (minority)에 속하는 가용 자료의 양을 증가하기 위한 것이다. 논문은 분산 감소 방법에 대해서는 논의하지 않는다. 이후에 나온 책 [5]는 이러한 접근 방식을 분산 감소 방법과 결합하는 방법을 논의한다. [170]은 신경망을 위한 앙상블 방법들을 제안한다.

신경망의 맥락에서 여러 종류의 사전훈련에 대한 논의를 [31, 113, 196, 386, 506]에서 볼 수 있다. 비지도 사전훈련 방법을 처음 제안한 것은 [196]이다. [196]의 사전훈련 방법은 확률적 그래프 모형(§6.7 참고)에 기초한 것이었는데, 이후 [386, 506]이 이를 통상적인 자동부호기로 확장했다. 비지도 사전훈련에 비해 지도 사전훈련의 효과는 제한적이다.[31] [113]은 비지도 학습이 심층 학습에 도움이 되는 이유를 상세히 논의한다. 이 논문은 비지도 사전훈련이 암묵적으로 정칙화 효과를 내며, 그래서 미지의 시험 견본에 대한 일반화 능력이 개선된다고 주장한다. 이 주장이 사실임을 뒷받침하는 실험 결과가 [31]에 나온다. [31]은 지도 방식의 사전훈련 변형들이 비지도 사전훈련 변형들만큼 도움이 되지는 않음을 보여준다. 그런 면에서 비지도 사전훈련은 매개변수 검색을 매개변수 공간의 특정 영역(주어진 기반 자료 분포에 의존하는)으로 제한하는 일종의 준지도 학습에 해당한다. 한편 [303]은 사전훈련이 도움이 되지 않는 몇몇 응용 과제들을 제시한다. 자동부호기 비슷한 구조에 연결 건너뛰기(skip-connection)를 적용한 형태의 **사다리망**(ladder network) 역시 일종의 준지도 학습으로 간주할 수 있다.[388, 502]

커리큘럼 학습과 연속법은 간단한 모형에서 복잡한 모형으로 나아간다는 원리를 응용한 것이다. 커리큘럼 학습은 [339, 536]이 논의한다. 초창기에 제안된 여러 방법은 [112, 422, 464] 커리큘럼 학습의 장점을 보여준다. [238]은 커리큘럼 학습의 기본 원리를 논의한다. [33]은 커리큘럼 학습과 연속법의 관계를 살펴본다.

정칙화를 위한 비지도 방법이 여러 제안된 바 있다. [354]는 희소 자동부호기를 논의한다. [506]은 잡음 제거 자동부호기를 논의한다. [397]은 축약 자동부호기를 논의한다. [472, 535]는 잡음 제거 자동부호기를 이용한 추천 시스템을 논의한다. 축약 자동부호기의 착안들은 이중 역전파(double backpropagation)[107]를 떠올리게 한다. 이중 역전파에서는 입력이 조금 변해도 출력은 변하지 않는다. 접선 분류기(tangent classifier)에 관한 [398]도 이와 관련된 착안들을 논의한다.

변분 자동부호기는 [242, 399]가 소개했다. [58]은 변분 자동부호기가 학습한 표현을 개선하기 위한 중요도 가중(importance weighting) 방법을 논의한다. [463, 510]은 조건부 변분 자동부호기를 논의한다. 변분 자동부호기에 관한 튜토리얼로는 [106]이 있다. [34]는 자료 생성을 위한 잡음 제거 자동부호기 변형을 논의한다. 변분 자동부호기는 제10장에서 논의하는 생성 대립 신경망과 밀접한 관련이 있다. [311]은 생성 대립 신경망과 관련이 깊은 대립 자동부호기의 설계 방법을 논의한다.

4.12.1 소프트웨어 정보

scikit-learn[587] 같은 기계 학습 라이브러리는 다양한 앙상블 방법을 지원한다. 대부분의 가중치 감쇠 및 벌점 기반 방법들은 여러 심층 학습 라이브러리들이 기본 기능으로 지원한다. 그러나 드롭아웃 같은 기법은 주어진 응용 과제에 크게 의존하기 때문에 직접 구현해야 한다. [595]에서 몇 가지 종류의 자동부호기 구현들을 찾을 수 있다. 변분 자동부호기의 구현들은 [596, 597, 640]에서 구할 수 있다.

연습문제

1. 회귀 문제를 위한 두 신경망을 생각해 보자. 둘 다 입력층 하나와 은닉층 10개로 구성되며, 각 은닉층의 단위 개수는 100이다. 둘 다 출력층은 선형 활성화 함수를 사용하는 출력 단위 하나로 구성된다. 둘의 유일한 차이는, 하나는 은닉층들에서 선형 활성화 함수를 사용하고 다른 하나는 S자형 활성화 함수를 사용한다는 것이다. 두 모형 중 예측값들의 분산이 더 큰 것은 무엇인가?

2. 하나의 입력 견본이 네 특성 $x_1 \ldots x_4$로 구성되며, 입력과 종속변수 y의 관계가 $y = 2x_1$로 정의된다고 하자. 정칙화 없는 회귀 모형이 $w_1 = 0$인 무한히 많은 계수 해를 가지게 만드는, 서로 다른 다섯 개의 견본으로 이루어진 작은 훈련 자료 집합을 고안하라. 그러한 모형의 표본 외 자료에 대한 성능을 논하고, 정칙화가 도움이 되는 이유를 설명하라.

3. 정칙화를 적용하는 퍼셉트론과 적용하지 않는 퍼셉트론을 각각 구현하고, *UCI Machine Learning Repository*의 *Ionosphere* 자료 집합[601]에 있는 훈련 자료와 표본 외 자료로 두 퍼셉트론의 정확도를 측정하라. 정칙화가 어떤 효과를 내는가? *Ionosphere* 훈련 자료의 더 작은 표본들로 실험을 반복하고 관찰 결과를 보고하라.

4. 은닉층이 하나인 자동부호기를 구현하고, 연습문제 3의 *Ionosphere* 자료 집합으로 자동부호기의 재구축 성과를 관찰하되, (a) 입력에 잡음을 추가하지 않고 가중치 정칙화는 사용하는 경우와 (b) 입력에 잡음을 추가하고 가중치 정칙화는 사용하지 않는 경우의 성과를 비교하라.

5. 본문에서는 S자형 활성화 함수를 사용하는 축약 자동부호기의 예를 논의했다. ReLU 활성화 함수를 사용하는 은닉층이 하나인 축약 자동부호기에서는 갱신 공식이 어떻게 달라져야 하는지 논의하라.

6. 훈련 자료뿐만 아니라 표본 외 시험 자료에 대해서도 80% 정도의 정확도를 보이는 모형이 있다고 하자. 정확도를 올리기 위해 자료의 양을 늘리는 것이 좋을까, 아니면 모형을 더 조정하는 것이 좋을까?

7. 본문에서는 선형회귀의 입력 특징들에 가우스 잡음을 추가하는 것이 선형회귀에 L_2 정칙화를 가하는 것과 동등함을 증명했다. 선형 단위들로 이루어진 은닉층 하나를 가진 잡음 제거 자동부호기의 입력 자료에 가우스 잡음을 추가하는 것이 L_2 정칙화를 가한 특잇값 분해와 대략 동등한 이유를 논하라.

8. 입력층 하나, 은닉층 두 개, 그리고 이진 분류명을 예측하는 출력층 하나로 이루어진 신경망을 생각해 보자. 두 은닉층은 모두 S자형 활성화 함수를 사용하며, 정칙화는 전혀 적용하지 않는다. 입력층의 단위 개수는 d이고 각 은닉층의 단위 개수는 p이다. 현재의 두 은닉층 사이에 선형 은닉 단위 q개로 이루어진 새로운 은닉층 하나를 추가한다고 하자.

   (a) 은닉층이 추가되어서 매개변수가 늘어난다고 해도, $q < p$일 때는 이 모형의 수용력(capacity)이 오히려 줄어드는 이유를 논하라.

   (b) $q > p$일 때는 모형의 수용력이 증가할까?

9. 앨리스는 분류명 붙은 분류용 자료 집합을 모형 구축에 사용할 부분과 검증에 사용할 부분으로 분할했다. 그런 다음 앨리스는 모형 구축 자료로 매개변수들을 학습하고(역전파로) 검증 자료를 이용해서 정확도를 측정하는 식으로 1000개의 신경망 구조를 시험해 보았다. 그런데 1000개 중 가장 정확한 모형을 사용한 경우에도 시험 자료에 대한 정확도가 검증 자료에 대한 정확도보다 낮았다(검증 자료를 매개변수 학습에 사용하지 않았어도). 그 이유를 논하라. 1000가지 신경망 구조에 대한 검증 결과를 어떻게 활용하면 좋을까?

10. 일반적으로 훈련 자료 집합이 커질수록 훈련 자료에 대한 분류 정확도가 개선될까? 훈련 견본 손실값들의 점별(point-wise) 평균은 어떨까? 훈련 자료 집합의 크기가 어느 정도일 때 훈련 정확도와 시험 정확도가 비슷해질까? 독자의 답을 설명하라.

11. 정칙화 매개변수를 증가하면 훈련 정확도와 시험 정확도에 어떤 영향이 미칠까? 정칙화 매개변수의 크기가 어느 정도일 때 훈련 정확도와 시험 정확도가 비슷해질까?

CHAPTER

5

방사상 기저 함수 신경망

"새 두 마리가 씨앗 하나를 두고 싸우면 다른 새가 날아와서 씨앗을 채간다."

— 아프리카 속담

5.1 소개

방사상 기저 함수(radial basis function) 신경망, 줄여서 RBF 망은 이전 장들에서 본 것들과 근본적으로 다른 구조를 가진 신경망이다. 이전 장들에 나온 모형들은 입력이 순방향으로 층들을 차례로 거친 후에 최종 출력이 산출되는 형태의 순방향 신경망에 속한다. 순방향 신경망은 다수의 층을 가질 수 있으며, 비선형성은 활성화 함수들의 반복된 합성을 통해서 발생한다. 반면 RBF 망은 입력층 하나와 은닉층 하나(방사상 기저 함수로 정의되는 특별한 종류의 행동을 보이는), 그리고 출력층 하나로만 구성된다. 하나의 출력층을 여러 개의 순방향 신경망 층(통상적인 신경망과 같은)들로 대체할 수는 있지만, 그런 경우에도 최종적인 신경망 구조는 상당히 얕으며, 그 행동 방식은 특별한 은닉층의 성격에 크게 좌우된다. 논의의 간결함을 위해 이번 장에서는 출력층이 하나인 경우를 기준으로 한다. 순방향 신경망에서처럼 입력층은 계산을 전혀 수행하지 않고 그냥 입력을 앞쪽으로 전달하는 역할만 한다. RBF 망의 은닉층이 계산하는 함수는 지금까지 본 순방향 신경망의 것들과는 성격이 아주 다르다. 좀 더 구체적으로 말하면 은닉층은 하나의 **원형 벡터**(prototype vector)와의 비교에 기초한 계산을 수행하는데, 순 방향 신경망에는 이 원형 벡터에 대응되는 요소가 없다. RBF 망의 위력은 특별한 은 닉층의 구조와 그 계산에서 비롯된다.

RBF 망의 은닉층과 출력층의 기능을 요약하면 다음과 같다.

1. 은닉층은 입력 자료점을 받아서 새로운 공간으로 변환한다. 원래의 입력 자료 공 간의 부류(class) 구조는 선형 분리가능이 아닐 수 있지만, 새 공간에서는 선형 분 리가능이다(대부분의 경우). 대체로 은닉층은 입력층보다 차원이 높은데, 이는 선 형 분리가능성을 보장하려면 고차원 공간으로 변환이 필요할 때가 많기 때문이 다. 이는 **패턴들의 분리가능성에 대한 커버의 정리**[84]에 근거한 것인데, 간단히 말 해서 그 정리는 비선형 변환을 통해서 고차원 공간으로 변환하면 패턴 분류 문제 의 선형 분리가능성이 높아진다는 것이다. 더 나아가서, 특징들이 공간의 작은 국 소 영역들을 대표하게 만드는 특정한 종류의 변환들을 사용하면 선형 분리가능 성이 더욱 높아진다. 은닉층의 차원이 입력층보다 높을 때가 많긴 하지만, 훈련 자료점 개수보다 큰 경우는 없다. 은닉층의 차원이 훈련 자료점 개수와 동일한 극단적인 경우 RBF 망은 **핵**(kernel) 기반 학습 모형과 동등하다. 그런 모형의 예로 는 핵 회귀 모형과 핵 지지 벡터 기계가 있다.

2. 출력층은 은닉층이 넘겨준 입력들에 대해 선형 분류 또는 회귀 모형을 적용한다. 은닉층에서 출력층으로의 연결들에는 가중치가 부여되어 있다. 출력층이 하는 계 산은 보통의 순방향 신경망의 것과 동일하다. 출력층을 여러 개의 순방향 신경망 층들로 대체하는 것이 가능하긴 하지만, 여기서는 간결함을 위해 출력층이 하나 인 경우만 논의한다.

퍼셉트론이 선형 지지 벡터 기계의 한 변형인 것과 비슷하게, RBF 망은 핵 분류 및 회귀 모형의 한 변형이다. 특화된 RBF 망으로 핵 회귀, 최소제곱 핵 분류, 핵 지지 벡 터 기계를 구현할 수 있다. 그런 특화된 버전들은 출력층과 손실함수의 구조에서 차이 가 난다. 순방향 신경망에서는 깊이를 증가함으로써 비선형성을 증가한다. 그러나 RBF 망은 그 특별한 구조 덕분에 은닉층 하나만으로도 충분한 수준의 비선형성을 얻 을 수 있다. 순방향 신경망처럼 RBF 망도 보편적 함수 근사기(범용 근사 함수)이다.

RBF 망의 구조는 다음과 같다.

1. 입력층은 그냥 입력 특징들을 은닉층에 전달하는 역할만 한다. 따라서 입력 단위의 개수는 입력 자료점(견본)의 차원 d와 같다. 순방향 신경망에서처럼 입력층은 아무런 계산도 수행하지 않는다. 모든 종류의 순방향 신경망과 마찬가지로 모든 입력 단위는 모든 은닉 단위와 연결되어 있다. 즉, 한 입력 견본의 모든 특징이 모든 은닉 단위에 전달된다.

2. 은닉층은 **원형 벡터**와의 비교에 기초해서 계산을 수행한다. 각 은닉 단위에는 하나의 d차원 원형 벡터와 대역폭(bandwidth) 매개변수가 있다. i번째 은닉 단위의 원형 벡터와 대역폭을 각각 $\overline{\mu}_i$와 σ_i로 표기하자. 각 원형 벡터는 항상 해당 특정 단위에 고유하지만, 대역폭 σ_i들은 모두 하나의 σ 값으로 설정할 때가 많다. 일반적으로 이 원형 벡터들과 대역폭(들)을 비지도 방식으로 학습하거나, 과하지 않은 수준의 지도를 가해서 학습한다.

    임의의 훈련 자료점 $\overline{X}$에 대해, i번째 은닉 단위의 활성화 값 $\Phi_i(\overline{X})$는 다음과 같이 정의된다.

$$h_i = \Phi_i(\overline{X}) = \exp\left(-\frac{\|\overline{X} - \overline{\mu}_i\|^2}{2 \cdot \sigma_i^2}\right) \qquad \forall i \in \{1, \dots, m\} \tag{5.1}$$

여기서 m은 전체 은닉 단위 개수이다. 이 m개의 단위들 각각은 자신이 가진 원형 벡터에 가장 가까운 특정 자료점 군집(cluster)에 높은 수준의 영향을 미치도록 설계된다. 따라서 m을 모형화에 쓰이는 군집들의 개수로 볼 수 있는데, 이 군집 개수는 알고리즘의 조정에 중요한 하나의 초매개변수에 해당한다. 저차원 입력의 경우에는 m의 값을 입력 차원 d보다 크게, 그러나 훈련 자료점 개수 n보다는 작게 잡는 것이 보통이다.

3. h_i가 임의의 훈련 자료점 $\overline{X}$에 대한 i번째 은닉 단위의 출력(식 5.1로 정의되는)이라고 하자. 그리고 은닉 노드에서 출력 노드로의 연결에 부여된 가중치가 w_i라고 하자. 그러면, RBF 망의 예측값 $\hat{y}$는 다음과 같이 정의된다.

$$\hat{y} = \sum_{i=1}^{m} w_i h_i = \sum_{i=1}^{m} w_i \Phi_i(\overline{X}) = \sum_{i=1}^{m} w_i \exp\left(-\frac{\|\overline{X} - \overline{\mu_i}\|^2}{2 \cdot \sigma_i^2}\right)$$

변수 $\hat{y}$ 위의 악센트 표시는 이것이 실제로 관측한 값이 아니라 예측한 값이라는 뜻이다. 관측 대상이 실숫값일 때는 순방향 신경망에서처럼 최소제곱 손실함수를 사용하면 된다. 가중치 $w_1 \dots w_m$의 값들은 지도 학습 방식으로 배워야 한다.

한 가지 추가적인 세부 사항으로, RBF 망의 은닉층에는 치우침 뉴런들도 포함되어 있다. 치우침 뉴런을 그냥 항상 활성화되는 은닉 단위 하나를 출력층에 두어서 구현하는 것도 가능함을 기억하기 바란다. 또는, σ_i의 값이 ∞인 은닉 단위를 은닉층에 두어서 치우침 뉴런을 구현할 수도 있다. 어떤 방식을 사용하든, 이번 장의 논의에서는 이 특별한 은닉 단위가 m개의 은닉 단위들 사이에 흡수된다고 가정한다. 즉, 이 은닉 단위를 특별한 방식으로 취급하지는 않는다. RBF 망의 예가 그림 5.1에 나와 있다.

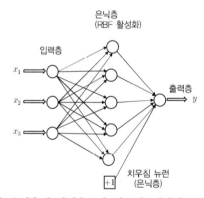

그림 5.1: RBF 망의 예. 은닉층이 입력층보다 넓은데, 이것이 보통이다(필수는 아니지만).

RBF 망이 수행하는 계산은 은닉층의 계산과 출력층의 계산으로 나뉜다. 은닉층의 매개변수 $\overline{\mu_i}$와 σ_i는 비지도 학습 방식으로 학습되지만, 출력층의 것들은 순방향 신경망의 경우와 비슷하게 지도 학습 방식의 경사 하강법으로 학습된다. 원형 벡터 $\overline{\mu_i}$들은 자료에서 추출할 수도 있고 m중 군집화 알고리즘으로 구한 m개의 군집들의 무게중심(centroid)들로 설정할 수도 있다. 후자가 더 자주 쓰인다. RBF 망을 훈련하는 여러 방법을 §5.2에서 논의할 것이다.

RBF 망이 핵 기반 방법들의 직접적인 일반화임을 증명하는 것이 가능하다. 기본적으로, 출력 노드의 예측값은 가중 최근접 이웃 추정량(weighted nearest neighbor estimator)에 해당한다. 이때 가중치는 계수 w_i에 가우스 RBF와 원형 벡터의 유사성 측도를 곱한 것이다. 거의 모든 핵 기반 방법의 예측 함수도 가중 최근접 이웃 추정량과 동등함을 증명할 수 있는데, 이 경우 가중치들은 지도 학습 방식으로 학습된다. 정리하자면, 핵 기반 방법들은 은닉 단위 개수가 훈련 자료점 개수와 같고, 원형 벡터가 훈련 자료점과 같고, 모든 σ_i가 같은 값인 특수한 경우의 RBF 망에 해당한다. 따라서 RBF 망의 능력과 유연성이 핵 방법들보다 우월하다. 이러한 관계를 §5.4에서 좀 더 자세히 논의한다.

RBF 망의 장단점

RBF 망의 핵심은 은닉층이 비지도 방식으로 학습된다는 것이다. 이 덕분에 모형이 모든 종류의 잡음(대립 잡음을 포함해서)에 대해 강건하게 반응하는 경향이 생긴다. RBF 망의 이러한 특성은 지지 벡터 기계도 가지고 있다. 한편, RBF 망이 자료의 구조를 어느 정도나 배울 수 있는가에 관해 어느 정도의 제약이 존재한다. 심층 순방향 신경망은 풍부한 구조를 가진 자료의 학습에 효과적인데, 이는 비선형 활성화 함수들을 가진 다수의 층 때문에 자료가 특정한 패턴을 따르게 되기 때문이다. 또한, 순방향 신경망에서는 연결들의 구조를 조정함으로써 문제 영역에 고유한 통찰을 신경망에 반영할 수 있다. 순환 신경망이나 합성곱 신경망이 그러한 예이다. 반면 RBF 망은 은닉층이 하나뿐이기 때문에 배울 수 있는 구조의 양에 한계가 있다. 비록 RBF 망과 심층 순방향 신경망 모두 보편적 함수 근사기임이 증명되었지만, 여러 종류의 자료 집합에 대한 일반화 성능 면에서는 차이를 보인다.

이번 장의 구성

다음 절은 여러 RBF 망 훈련 방법을 논의한다. §5.3에서는 분류와 보간에 RBF 망을 활용하는 방법을 논의한다. §5.4에서는 RBF 기반 방법들과 핵 회귀 및 분류의 관계를 논의한다. §5.5에서는 이번 장의 내용을 요약한다.

5.2 RBF 망의 훈련

RBF 망의 훈련은 순방향 신경망의 훈련(다수의 층을 완전히 결합해서 학습하는 방식의)과 크게 다르다. 일반적으로 RBF 망의 은닉층은 비지도 방식으로 훈련한다. 원형 벡터들과 대역폭들을 역전파를 이용해서 훈련하는 것이 원칙적으로 가능하긴 하지만, 문제는 RBF 망의 손실함수 표면에 극소점들이 많이(순방향 신경망보다) 있다는 것이다. 그래서 은닉층은 지도 학습 방식으로 훈련한다고 해도 비교적 온건한 수준으로만 지도를 가한다. 또는, 이미 학습된 가중치들을 세부 조정하는 목적으로만 지도를 가하기도 한다. 어떤 경우이든, 은닉층의 지도 학습에서는 과대적합 문제가 많이 발생하는 것으로 보인다. 이번 절에서는 먼저 RBF 망의 은닉층을 훈련하는 방법을 논의한 후 출력층의 훈련으로 넘어간다.

5.2.1 은닉층의 훈련

RBF 망의 은닉층에는 원형 벡터 $\overline{\mu}_1 \dots \overline{\mu}_m$ 과 대역폭 $\sigma_1 \dots \sigma_m$ 을 비롯한 여러 종류의 매개변수들이 있다. 여기서 m은 은닉 단위 개수에 해당하는 초매개변수이다. 실제 응용에서는 σ_i들의 값을 은닉 단위마다 다르게 두는 대신 그냥 하나의 대역폭 σ로 두는 경우가 많다. 반면 평균값 $\overline{\mu}_i$들은 은닉 단위마다 다른데, 이는 이들이 각 은닉 단위에 고유한 원형 벡터들이기 때문이다. 모형의 복잡도는 은닉 단위 개수와 대역폭의 조합으로 결정된다. 은닉 단위가 많고 대역폭이 작으면 모형이 복잡하다. 이 조합은 자료가 많을 때 유용하다. 자료 집합이 작을 때는 단위 개수를 줄이고 대역폭을 키워야 과대적합을 방지할 수 있다. 보통의 경우 m은 입력 자료의 차원보다 크지만 훈련 자료점 개수보다는 작은 값으로 설정한다. m을 훈련 자료점 개수와 같게 설정하고 각 자료점을 각 은닉 단위의 원형 벡터로 사용하면 전통적인 핵 기반 방법과 동등한 모형이 된다.

　대역폭은 선택된 원형 벡터 $\overline{\mu}_1 \dots \overline{\mu}_m$ 에도 의존한다. 이상적으로 각 단위의 대역폭은 각 자료점이 속한 가장 가까운 군집에 해당하는 적은 수의 원형 벡터들만 그 자료점에 (의미 있는) 영향을 주도록 설정해야 한다. 원형 벡터 간 거리에 비해 대역폭이 너무 크거나 너무 작으면 각각 과소적합 또는 과대적합이 발생한다. $d_{최대}$가 두 원형 벡터 중심 사이의 최대 거리이고 $d_{평균}$이 둘의 평균 거리라고 하자. 다음은 이들에 기초해서 대역폭 값을 설정하는 두 종류의 발견법적 공식이다.

$$\sigma = \frac{d_{최대}}{\sqrt{m}}$$

$$\sigma = 2 \cdot d_{평균}$$

이런 σ 설정 방법의 한 가지 문제점은, 대역폭의 최적값이 입력 공간의 영역에 따라 다를 수 있다는 점을 제대로 반영하지 못한다는 것이다. 예를 들어 자료점들이 빽빽하게 몰려 있는 영역의 대역폭은 드문드문 있는 영역의 대역폭보다 작아야 한다. 대역폭은 공간에 원형 벡터들이 분산되어 있는 방식에도 의존한다. 따라서 한 가지 해법은 i번째 원형 벡터의 대역폭 σ_i를 r번째로 가장 가까운 이웃 원형 벡터와의 거리와 같게 두는 것이다. 여기서 r은 5나 10 같은 작은 값이다.

그러나 이들은 발견법적인 규칙일 뿐이다. 자료 집합에서 떼어 낸 검증 집합을 이용해서 이 값들을 세부 조정하는 것도 가능하다. 그 방법을 간단히 말하자면, 우선 앞에서 추천한 σ 값(초기 기준값에 해당) 근처에서 여러 개의 후보 값들을 생성한다. 그런 다음 후보 값들로 여러 개의 모형을 구축한다(출력층도 훈련한다). 그 모형 중 검증 집합에 대한 오차가 가장 낮은 모형의 σ 값을 최종 모형의 σ 값으로 사용한다. 이런 접근 방식은 대역폭 선택 시 어느 정도의 지도가 가해진다(극소점에 빠지지 않기 위해). 그러나 지도의 수준은 상당히 온건한데, 이 점은 RBF 망의 첫 층의 매개변수들을 다룰 때 특히나 중요하다. 이런 종류의 대역폭 조정이 가우스 핵을 사용하는 핵 지지 벡터 기계에서도 쓰임을 주목하기 바란다. 이러한 유사성은 우연이 아니다. §5.4에서 보겠지만, 핵 지지 벡터 기계는 RBF 망의 한 특수 사례이다.

원형 벡터를 선택하는 방법은 다소 복잡하다. 다음은 흔히 쓰이는 몇 가지 방법이다.

1. 훈련 집합에 있는 n개의 훈련 자료점 중 $m < n$개를 무작위로 추출해서 원형 벡터들로 사용한다. 이 접근 방식의 주된 문제점은 자료점이 밀집된 영역에 좌우된다는 것이다(희소한 영역에서는 원형 벡터가 전혀 선택되지 않거나 적게만 선택될 것이므로). 그래서 희소 영역에 대한 정확도가 떨어진다.

2. k-평균 군집화(k-means clustering) 알고리즘을 이용해서 m개의 군집을 생성하고, 각 군집의 무게중심을 하나의 원형 벡터로 사용한다. 이것이 원형 벡터 선택

에 가장 흔히 쓰이는 방법이다.

3. 자료 **공간**(자료점들이 아니라)을 분할하는 군집화 알고리즘 변형들도 쓰인다. 결정 트리(의사결정 트리)를 이용해서 원형 벡터를 생성하는 기법이 그러한 예이다.

4. **직교 최소제곱 알고리즘**(orthogonal least-squares algorithm)을 사용하는 방법도 있다. 이 접근 방식은 어느 정도의 지도를 사용한다. 이 접근 방식에서는 훈련 자료에서 원형 벡터들을 하나씩 선택함으로써 표본 외 시험 집합에 대한 예측 오차를 최소화한다. 이 접근 방식을 이해하려면 출력층의 훈련 방식을 이해할 필요가 있으므로, 출력층의 훈련을 설명한 후에 다시 논의하기로 한다.

여기서는 실제 구현에서 가장 흔히 쓰이는 방법인 k-평균 군집화 알고리즘을 이용한 원형 벡터 생성 방법을 간략히 소개한다. k-평균 군집화 알고리즘은 군집화 관련 문헌들에 자주 등장하는 고전적인 기법이다. 이 방법은 군집의 원형 벡터들을 RBF 망의 은닉층 원형 벡터들로 사용한다. k-평균 군집화 알고리즘의 전반적인 과정은 이렇다. 먼저 m개의 군집 원형 벡터들을 무작위로 선택한 m개의 훈련 자료점들로 초기화한다. 그런 다음 n개의 자료점 각각에 대해, 유클리드 거리가 가장 작은 원형 벡터를 찾아서 그 자료점을 그 원형 벡터에 연관시킨다(이에 의해 각 원형 벡터에 대해 자료점들의 군집이 만들어진다). 이제 각 원형 벡터를 그에 연관된 자료점들의 평균으로 갱신한다. 다른 말로 하면, 각 군집의 무게중심이 새로운 원형 벡터가 되는 것이다. 이러한 과정을 수렴이 일어날 때까지 반복한다. 수렴 조건은 과정을 반복해도 군집의 구성이 유의미하게 변하지 않는 것이다.

5.2.2 출력층의 훈련

은닉층을 훈련한 후에는 출력층을 훈련한다. 출력층은 그냥 선형 활성화 함수를 사용하는 단일층이므로 훈련이 상당히 간단하다. 편의상 일단은 출력층의 목푯값이 실수라고 가정한다. 그 외의 경우들은 나중에 논의하겠다. 출력층에는 가중치들로 이루어진 m차원 벡터 $\overline{W} = [w_1 \dots w_m]$이 있다. 훈련을 통해서 이 가중치들을 학습해야 한다. 이하의 논의에서 벡터 $\overline{W}$를 행벡터로 간주한다.

훈련 자료 집합이 n개의 자료점 $\overline{X_1} \dots \overline{X_n}$으로 구성되며, 이에 의해 은닉층에 만들어지는 표현이 $\overline{H_1} \dots \overline{H_n}$이라고 하자. 각 $\overline{H_i}$는 m차원 행벡터이다. 이 n개의 행벡터

를 차례로 쌓은 $n \times m$ 행렬을 H라고 표기하자. 그리고 n개의 훈련 자료점에 대한 관측 목푯값 $y_1, y_2, \ldots y_n$을 하나의 n차원 열벡터 $\overline{y} = [y_1 \ldots y_n]^T$로 표기하기로 하자.

표현 행렬에 목푯값 열벡터를 곱한 n차원 열벡터 $H\overline{W}^T$의 성분들은 n개의 훈련점에 대한 예측값들이다. 이상적으로는 이 예측값 벡터가 관측값 벡터 $\overline{y}$와 최대한 가까워야 한다. 따라서 출력층 가중치들의 학습을 위한 손실함수 L은 다음과 같은 형태이다.

$$L = \frac{1}{2} \| H\overline{W}^T - \overline{y} \|^2$$

과대적합을 피하기 위해 이 목적함수에 티코노프 정칙화 항을 추가한다.

$$L = \frac{1}{2} \| H\overline{W}^T - \overline{y} \|^2 + \frac{\lambda}{2} \| \overline{W} \|^2 \tag{5.2}$$

여기서 $\lambda > 0$은 정칙화 매개변수이다. 가중치 벡터의 성분들에 대한 L의 편미분을 계산해 보면 다음이 나온다.

$$\frac{\partial L}{\partial \overline{W}} = H^T(H\overline{W}^T - \overline{y}) + \lambda \overline{W}^T = 0$$

이 편미분 공식은 행렬 산술 표기법으로 표현된 것이다. 특히, $\dfrac{\partial L}{\partial \overline{W}}$은 다음을 뜻한다.

$$\frac{\partial L}{\partial \overline{W}} = \left(\frac{\partial L}{\partial w_1} \ldots \frac{\partial L}{\partial w_d} \right)^T \tag{5.3}$$

앞의 등식을 적절히 정리하면 다음과 같은 관계식이 나온다.

$$(H^T H + \lambda I)\overline{W}^T = H^T \overline{y}$$

$\lambda > 0$일 때 행렬 $H^T H + \lambda I$는 양의 정부호(positive-definite)이다. 이는 이 행렬이 가역적이라는, 즉 역행렬을 구할 수 있다는 뜻이다. 따라서 다음과 같은 가중치 벡터의 간단한 닫힌 형식 해를 구할 수 있다.

$$\overline{W}^T = (H^T H + \lambda I)^{-1} H^T \overline{y} \tag{5.4}$$

즉, 가중치 벡터를 구하는 데는 그냥 간단한 역행렬 연산으로 충분하며, 역전파는 전혀 필요하지 않다.

그러나 실제 응용에서는 $H^T H$의 크기 $m \times m$이 대단히 커서 이런 닫힌 형식의 해를 사용하기가 여의치 않을 때가 많다. 예를 들어 핵 방법들에서는 $m = n$으로 두는데, 그러면 이 행렬이 너무 커서 역행렬 계산은커녕 행렬 자체를 그냥 메모리에 저장하는 것조차도 문제가 된다. 그래서 실제 응용에서는 확률적 경사 하강법을 이용해서 가중치 벡터를 갱신하는 방법이 흔히 쓰인다. 이 경우 경사 하강법(모든 훈련 자료점에 대한)의 갱신 공식은 다음과 같다.

$$\overline{W}^T \Leftarrow \overline{W}^T - \alpha \frac{\partial L}{\partial \overline{W}}$$

$$= \overline{W}^T (1 - \alpha \lambda) - \alpha H^T \underbrace{(H \overline{W}^T - \overline{y})}_{\text{현재 오차들}}$$

미니배치 경사 하강법을 사용할 수도 있는데, 그런 경우 행렬 H를 그대로 사용하는 대신 H의 일부 행들을 무작위로 추출해서 만든, 미니배치에 대응되는 행렬을 사용하면 된다. 그러한 접근 방식은 미니배치 확률적 경사 하강법을 사용하는 전통적인 신경망 훈련 방식과 기본적으로 같되, 출력층으로 들어오는 연결들의 가중치들에만 적용한다는 점이 다르다.

5.2.2.1 유사역행렬을 이용한 공식

정칙화 매개변수 λ를 0으로 설정하는 경우에는 $\overline{W}$가 다음과 같이 정의된다.

$$\overline{W}^T = (H^T H)^{-1} H^T \overline{y} \tag{5.5}$$

행렬 $(H^T H)^{-1} H^T$를 행렬 H의 유사역행렬(pseudo-inverse)이라고 부르고, 간결하게 H^+로 표기한다. 이제 가중치 벡터 $\overline{W}^T$를 다음과 같이 표현할 수 있다.

$$\overline{W}^T = H^+ \overline{y} \tag{5.6}$$

유사역행렬은 가역행렬(비특이행렬 또는 정칙행렬이라고도 한다)의 역행렬 개념을 일반화한 것이다. 지금 예에서는 $H^T H$가 가역행렬이지만, $H^T H$가 가역행렬이 아닐 때도 H의 유사역행렬을 구할 수 있다. H가 가역행렬일 경우 그 유사역행렬은 보통의 역행렬과 같다.

5.2.3 직교 최소제곱 알고리즘

은닉층의 훈련 단계를 다시 살펴보자. 이번 절에서 논의하는 훈련 방법은 출력층의 예측값을 은닉층의 원형 벡터 선택에 활용한다. 따라서 이 은닉층 훈련 방법은 지도 학습에 속한다. 단, 지도는 원래의 훈련점들을 반복적으로 선택하는 것으로만 제한되므로, 지도의 수준은 높지 않다. 이 방법은 훈련 자료점들로부터 원형 벡터를 한 번에 하나씩만 선택함으로써 예측 오차를 최소화한다.

이 훈련 방법의 첫 반복에서는 은닉 단위가 단 하나인 RBF 망을 만들고, 모든 훈련 자료점을 차례로 원형 벡터로 사용해서 예측 오차를 측정하고, 예측 오차가 가장 낮은 훈련 자료점을 원형 벡터로 선택한다. 그다음 반복에서는 신경망에 앞에서 사용한 훈련 자료점을 제외한 $(n-1)$개의 훈련 자료점으로 예측 오차를 측정해서 오차가 가장 낮은 원형 벡터를 선택해서 원형 벡터 집합에 추가하고, 그 원형 벡터 집합(현재는 원형 벡터 두 개)으로 RBF 망을 구축한다. 일반화하자면, $(r+1)$번째 반복에서는 $(n-r)$개의 나머지 훈련 자료점 중 예측 오차가 가장 낮은 것을 원형 벡터 집합에 추가한다. 이러한 과정을 시작하기 전에 훈련 자료점들의 일부를 따로 떼어 둔다. 이 예비 자료 집합은 예측값 계산과 원형 선택에는 사용하지 않는다. 이 예비 자료를 원형 벡터 추가가 오차에 미치는 영향을 측정하기 위한 표본 외 시험 자료로 사용한다. 원형 벡터들을 추가하다 보면 어느 지점에서는 이 예비 시험 집합에 대한 오차가 올라가기 시작한다. 예비 시험 집합에 대한 오차가 증가한다는 것은 원형 벡터를 더 추가하면 과대적합이 발생할 수 있다는 뜻이다. 이 지점에 도달하면 훈련을 종료한다.

이러한 접근 방식의 주된 문제점은 실행이 엄청나게 비효율적이라는 것이다. 각 반복에서 훈련 절차를 n회 실행해야 하는데, 큰 훈련 자료 집합의 경우 이는 계산 비용 면에서 비현실적이다. 다행히 **직교 최소제곱 알고리즘**(orthogonal least-squares algorithm)[65] 을 이용하면 효율성을 높일 수 있다. 이 알고리즘을 이용하는 방법도 원래의 훈련 자료 집합에서 반복적으로 원형 벡터들을 뽑아서 추가한다는 면에서 앞에서 설명한 방법과 비슷하다. 그러나 원형 벡터를 선택하는 절차가 앞의 방법보다 훨씬 효율적이다. 이 방법은 훈련 자료 집합에 대해 산출한 은닉 단위 활성화 값들이 차지한 공간에 일단의 직교 벡터들을 생성한다. 이 직교 벡터들을 이용하면 훈련 자료 집합에서 선택할 원형 벡터를 직접 구할 수 있다.

5.2.4 완전 지도 학습

직교 최소제곱 알고리즘을 이용한 방법은 훈련 자료점들 중 하나를 원형 벡터로 선택할 때 그 원형 벡터가 전체적인 예측 오차에 미치는 영향을 고려한다. 이는 일종의 지도 학습에 해당하나, 지도의 수준은 높지 않다. 지도의 수준을 훨씬 높여서, 원형 벡터들과 대역폭 갱신 시 역전파를 이용할 수도 있다. 훈련 자료점들에 대한 다음과 같은 손실함수 L을 생각해 보자.

$$L = \frac{1}{2} \sum_{i=1}^{n} (\overline{H_i} \cdot \overline{W} - y_i)^2 \tag{5.7}$$

여기서 $\overline{H_i}$는 i번째 훈련 자료점 $\overline{X_i}$에 대한 은닉층 활성화 값들로 이루어진 m차원 벡터이다.

각 대역폭 σ_j에 대한 이 손실함수의 편미분은 다음과 같이 계산된다.

$$\begin{aligned}
\frac{\partial L}{\partial \sigma_j} &= \sum_{i=1}^{n} (\overline{H_i} \cdot \overline{W} - y_i) w_j \frac{\partial \Phi_j(\overline{X_i})}{\partial \sigma_j} \\
&= \sum_{i=1}^{n} (\overline{H_i} \cdot \overline{W} - y_i) w_j \Phi_j(\overline{X_i}) \frac{\|\overline{X_i} - \overline{\mu_j}\|^2}{\sigma_j^3}
\end{aligned}$$

대역폭 σ_j들을 모두 하나의 값 σ로 고정하는 경우(RBF 망에서 흔히 쓰이는 방식이다), 이 편미분을 공유 가중치들에 흔히 쓰이는 요령을 이용해서 다음과 같이 계산할 수 있다.

$$\begin{aligned}
\frac{\partial L}{\partial \sigma} &= \sum_{j=1}^{m} \frac{\partial L}{\partial \sigma_j} \cdot \underbrace{\frac{\partial \sigma_j}{\partial \sigma}}_{=1} \\
&= \sum_{j=1}^{m} \frac{\partial L}{\partial \sigma_j} \\
&= \sum_{j=1}^{m} \sum_{i=1}^{n} (\overline{H_i} \cdot \overline{W} - y_i) w_j \Phi_j(\overline{X_i}) \frac{\|\overline{X_i} - \overline{\mu_j}\|^2}{\sigma^3}
\end{aligned}$$

원형 벡터의 각 성분에 대한 편미분을 계산할 수도 있다. μ_{jk}가 $\overline{\mu_j}$의 k번째 성분이고 x_{ik}가 i번째 훈련 자료점 $\overline{X_i}$의 k번째 성분이라고 하자. μ_{jk}에 대한 편미분은 다음과 같이 정의된다.

$$\frac{\partial L}{\partial \mu_{jk}} = \sum_{i=1}^{n} (\overline{H_i} \cdot \overline{W} - y_i) w_j \Phi_j(\overline{X_i}) \frac{(x_{ik} - \mu_{jk})}{\sigma_j^2} \tag{5.8}$$

가중치들을 갱신할 때 이 편미분들을 이용해서 대역폭을 원형 벡터들도 갱신하면 된다. 그러나 이러한 강한 지도 접근 방식이 그리 잘 작동하지는 않는 것으로 보인다. 이 접근 방식의 주된 단점은 다음 두 가지이다.

1. RBF 망의 한 가지 매력적인 특징은 비지도 학습 방법을 이용해서 효율적으로 훈련할 수 있다는 것이다. 심지어 직교 최소제곱 방법도 감당할 수 있는 수준의 시간으로 실행된다. 그러나 완전한 역전파를 사용해야 하는 지도 학습 접근 방식에서는 이러한 장점이 사라진다. 일반적으로 RBF 망의 효율성은 2단계 훈련 방식(은닉층을 비지도 방식으로 훈련하는)에 기인한다.

2. RBF 망의 손실함수 표면에는 극소점이 많다. 이런 종류의 접근 방식은 일반화 오차의 관점에서 극소점을 벗어나지 못하는 경향이 있다.

RBF 망의 이러한 특성 때문에 지도 학습은 거의 쓰이지 않는다. 실제로 [342]는 지도 학습 방식으로 RBF 망을 훈련하면 대역폭이 커지고 일반화된 반응이 촉진되는 경향이 있음을 보였다. 지도를 사용하는 경우에는 표본 외 자료에 대한 성과를 계속 주시하면서 아주 제한적인 방식으로만 사용해야 과대적합을 줄일 수 있다.

5.3 RBF 망의 변형 및 특수화

지금까지의 논의에서는 RBF 망의 목푯값이 수치라고 가정했다. 그런데 목표변수가 이진인 RBF 망을 구축하는 것도 가능하다. 한 가지 방법은 이진 분류명 $\{-1, +1\}$을 수치 반응으로 취급하는 것이다. 그러면 가중치를 그냥 식 5.4를 그대로 사용해서 설정할 수 있다.

$$\overline{W}^T = (H^T H + \lambda I)^{-1} H^T \overline{y}$$

제2장의 §2.2.2.1에서 논의했듯이 이러한 모형은 피셔 판별 및 위드로-호프 방법과 동

등하다. 주된 차이는, 그 두 방법은 차원이 증가된 은닉층에 적용된다는 것이다(은닉 표현이 좀 더 복잡한 분포를 따르게 하기 위해). 또한, 분류를 위한 순방향 신경망에 흔히 쓰이는 다른 손실함수들을 조사해 보는 것도 RBF 망의 용도를 넓히는 데 도움이 된다.

5.3.1 퍼셉트론 판정기준을 이용한 분류

이전 절에서 사용한 표기법을 그대로 이어서, i번째 훈련 견본에 대한 예측값이 $\overline{W} \cdot \overline{H_i}$라고 하자. 여기서 $\overline{H_i}$는 i번째 훈련 견본 $\overline{X_i}$에 대한 은닉층의 활성화 값들로 이루어진 m차원 벡터이다. 이 경우 제1장의 §1.2.1.1에서 논의한 퍼셉트론 판정기준에 대응되는 손실함수는 다음과 같은 모습이다.

$$L = \max\{-y_i(\overline{W} \cdot \overline{H_i}), 0\} \tag{5.9}$$

여기에 티코노프 정칙화 항을 추가할 때도 많다.

주어진 미니배치 S에 속한 훈련 견본 중 신경망이 오분류한 것들의 집합을 S^+라고 표기하자. 이 오분류된 견본들은 손실함수 L의 값이 0이 아닌 견본들이다. 오분류된 견본의 경우 $\overline{H_i} \cdot \overline{W}$에 부호(sign) 함수를 적용해서 이진 분류를 위한 관측값(분류명) y_i를 얻는다.

정리하자면, 각 훈련 견본 미니배치 S에 대해, S^+의 오분류 견본들에 대한 가중치 갱신 공식은 다음과 같다.

$$\overline{W} \Leftarrow \overline{W}(1 - \alpha\lambda) + \alpha \sum_{(\overline{H_i}, y_i) \in S^+} y_i \overline{H_i} \tag{5.10}$$

여기서 $\alpha > 0$은 학습 속도이다.

5.3.2 경첩 손실함수를 이용한 분류

경첩 손실함수는 지지 벡터 기계에 흔히 쓰인다. 사실 가우스 RBF 망에 경첩 손실함수를 사용하는 것은 지지 벡터 기계의 일반화에 해당한다고 할 수 있다. 경첩 손실함수는 퍼셉트론 판정기준을 이동한 버전에 해당한다.

$$L = \max\{1 - y_i(\overline{W} \cdot \overline{H_i}), 0\} \tag{5.11}$$

경첩 손실함수와 퍼셉트론 판정기준이 아주 비슷하기 때문에, 갱신 공식 역시 아주 비슷하다. 주된 차이는, 퍼셉트론 판정기준에서는 S^+에 오분류된 견본들만 포함되지만 경첩 손실함수에서는 오분류된 견본뿐만 아니라 오분류 경계선에 가까운 견본들도 포함된다는 것이다. 이는, S^+는 손실함수가 0이 아닌 자료점들의 집합인데, (퍼셉트론 판정기준과는 달리) 경첩 손실함수는 오분류에 가까운 점들에 대해서도 0이 아니기 때문이다. 다음은 S^+의 그러한 특성에 맞게 수정된 갱신 공식이다.

$$\overline{W} \Leftarrow \overline{W}(1 - \alpha\lambda) + \alpha \sum_{(\overline{H_i}, y_i) \in S^+} y_i \overline{H_i} \tag{5.12}$$

여기서 $\alpha > 0$은 학습 속도이고 $\lambda > 0$은 정칙화 매개변수이다. 로지스틱 회귀 손실함수에 대해서도 이와 비슷한 방식으로 갱신 공식을 유도할 수 있다(연습문제 2 참고).

5.3.3 RBF 망의 선형 분리가능성 개선

은닉층의 주목표는 선형 분리기로도 자료점들이 잘 분류되도록 선형 분리가능성을 개선하는 변환을 수행하는 것이다. 잘 알려져 있듯이, 퍼셉트론과 경첩 손실함수를 사용하는 선형 지지 벡터 기계는 선형 분리가능이 아닌 부류들을 잘 다루지 못한다. 반면 퍼셉트론 판정기준이나 경첩 손실함수를 손실함수로 사용한 가우스 RBF 망 분류기는 입력 공간에서 선형 분리가능이 아닌 부류들도 분리할 수 있다. 이러한 분리가능성의 핵심이 바로 은닉층의 국소 변환이다. 여기서 중요한 점은, 대역폭이 작은 가우스 핵을 사용하는 경우 특정 국소 영역의 적은 수의 은닉 단위들만 활성화되고(즉, 0이 아닌 유의미한 활성화 값이 나오고) 그 외의 은닉 단위는 활성화 값이 거의 0일 때가 많다는 것이다. 이처럼 특정 국소 영역 바깥에서 0에 가까운 값이 산출되는 것은 가우스 함수의 지수적 감쇄 성질 때문이다. 군집 무게중심을 이용한 원형 벡터 선택 방법에서는 흔히 공간을 국소 영역들로 분할하는데, 그 영역 중 일부에서만 0이 아닌 유의미한 활성화 값들이 나온다. 원형 벡터 선택 방법에서는 그러한 공간의 각 국소 영역에, 그 영역에서 가장 강하게 활성화된 은닉 단위에 대응되는 특징을 연관시킨다.

두 자료 집합의 예가 그림 5.2에 나와 있다. 이 자료 집합들은 제1장에서 (전통적인) 퍼셉트론이 해결할 수 있는 사례와 그렇지 않은 사례를 설명할 때 소개한 것이다. 제1장의 전통적인 퍼셉트론은 왼쪽 그림의 자료 집합에 대해서는 해를 찾아내지만, 오른

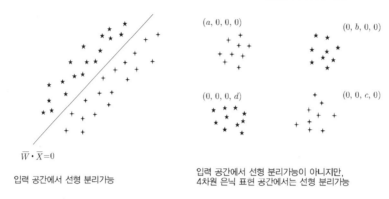

그림 5.2: 가우스 RBF 망은 은닉층의 변환을 통해서 분리가능성을 개선한다(그림 1.4와 본질적으로 같은 그림임).

쪽 그림의 자료 집합에 대해서는 잘 작동하지 않는다. 가우스 RBF 망은 하나의 직선으로는 분리할 수 없는 두 부류(별표와 더하기)의 자료점들을 여러 군집으로 변환해서 분리가능성을 개선한다. 그림 5.2 오른쪽 그림의 네 군집의 무게중심들을 각각 하나의 원형 벡터로 사용한다고 하자. 그러면 은닉층은 자료의 4차원 은닉 표현을 생성한다. 은닉 표현의 차원이 입력 차원보다 높음을 주목하기 바란다. 이런 설정에서는 이것이 흔한 일이다. 공통의 대역폭을 적절히 선택했다면, 하나의 자료점이 은닉층에 입력되었을 때 그 자료점이 속한 군집에 대응되는 은닉 단위 하나만 강하게 활성화되고 다른 은닉 단위들은 0에 가까운 값으로 상당히 약하게 활성화된다. 결과적으로 은닉층은 상당히 희소한 표현을 생성하게 된다. 그림 5.2의 오른쪽 그림은 각 군집에 속한 점들의 근사적인 4차원 표현을 보여준다. 그림의 a, b c, d의 값은 해당 군집의 서로 다른 점들에 따라 달라지지만, 다른 성분들에 비해 훨씬 강한, 0이 아닌 값이라는 점은 동일하다. 한 부류(더하기)는 첫째 성분이나 셋째 성분이 강한 활성화 값인 은닉 표현으로 정의되고 다른 한 부류(별표)는 둘째 성분이나 넷째 성분이 강한 활성화 값인 은닉 표현으로 정의됨을 주목하기 바란다. 결과적으로 가중치 벡터 $\overline{W} = [1, -1, 1, -1]$을 적용하면 두 부류가 비선형적으로 잘 분리된다. 정리하자면, 가우스 RBF 망은 **국소** 특징들을 생성함으로써 부류들을 분리가능한 방식으로 분포시킨다. 이는 핵 기반 지지 벡터 기계가 선형 분리가능성을 제공하는 방식과 정확히 동일하다.

5.3.4 RBF 망을 이용한 보간

가우스 RBF 망의 초창기 응용 대상은 함수의 값을 일단의 점들에 대해 보간(interpolation) 하는 것이었다. 여기서 목표는 주어진 점들에 대해 **정확한**(근사가 아닌) 보간을 수행하는 것, 그럼으로써 함수가 그 입력 자료점들을 모두 통과하게 만드는 것이다. 이러한 보간을, 각 훈련 자료점이 하나의 원형 벡터인, 따라서 $\overline{W}$의 크기(가중치 개수) m이 훈련 견본 개수 n과 일치하는 경우의 회귀의 한 특수 사례로 볼 수 있다. 이 경우에는 오차가 0인 하나의 n차원 가중치 벡터 $\overline{W}$를 구하는 것이 가능하다. 활성화 값 $\overline{H_1}$ ... $\overline{H_n}$을 각각 하나의 n차원 행벡터로 취급하고 차례로 쌓아서 $n \times n$ 행렬 H를 만들었다고 하자. 그리고 $\overline{y} = [y_1, y_2, \dots y_n]^T$가 관측값들로 이루어진 n차원 열벡터라고 하자.

선형회귀에서는 손실함수 $\|H\overline{W}^T - \overline{y}\|^2$을 최소화해서 $\overline{W}$를 구한다. 이는 행렬 H가 정방행렬이 아니며, $H\overline{W}^T = \overline{y}$로 표현되는 연립방정식이 과대완비(over-complete) 방정식계이기 때문이다. 그러나 선형 보간의 경우에는 행렬 H가 정방행렬이라서 연립방정식이 더 이상 과대완비가 아니다. 따라서 다음 연립방정식을 만족하는 하나의 정확한 해(손실값이 0인)를 구하는 것이 가능하다.

$$H\overline{W}^T = \overline{y} \tag{5.13}$$

훈련 자료점들이 서로 구별될 때 이 연립방정식에 유일한 해가 존재함이 증명되었다.[323] 이제 가중치 벡터 $\overline{W}^T$를 다음과 같이 계산할 수 있다.

$$\overline{W}^T = H^{-1}\overline{y} \tag{5.14}$$

여기서 주목할 것은 이 공식이 식 5.6의 한 특수 사례라는 점이다. 이는 정방 비특이행렬의 유사역행렬은 보통의 역행렬이기 때문이다. H가 비특이행렬일 때 유사역행렬은 그냥 보통의 역행렬로 단순화된다.

$$
\begin{aligned}
H^+ &= (H^T H)^{-1} H^T \\
&= H^{-1} \underbrace{(H^T)^{-1} H^T}_{I} \\
&= H^{-1}
\end{aligned}
$$

따라서 선형 보간은 최소제곱 회귀의 한 특수 사례이다. 다른 말로 하면, 최소제곱 회귀는 일종의 잡음 섞인(noisy) 보간이며, 여기서 잡음이 섞였다는 것은 은닉층의 자유도 제한 때문에 보간된 함수가 모든 훈련 자료점을 정확하게 통과하지는 않는다는 뜻이다. 은닉층의 크기를 훈련 자료 집합의 크기로 키우면 정확한 보간이 가능해진다. 그러나 표본 외 자료점들의 함숫값을 계산하는 데 정확한 보간이 꼭 필요한 것은 아니다. 정확한 보간은 과대적합을 일으킬 수 있다.

5.4 핵 방법들과의 관계

RBF 망은 입력 점들을 고차원 은닉 공간으로 사상함으로써 선형 모형이 비선형성들을 충분히 모형화할 수 있게 만든다. 이는 핵 회귀나 핵 SVM(지지 벡터 기계) 같은 핵 기반 방법들이 사용하는 원리와 같다. 사실 RBF 망의 특정한 특수 사례는 핵 회귀와 핵 SVM으로 환원됨이 증명되었다.

5.4.1 특수한 RBF 망으로서의 핵 회귀

RBF 망의 가중치 벡터 $\overline{W}$는 다음과 같은 예측 함수(목적함수)의 제곱 손실이 최소가 되도록 훈련된다.

$$\hat{y}_i = \overline{H_i}\,\overline{W}^T = \sum_{j=1}^{m} w_j \Phi_j(\overline{X_i}) \tag{5.15}$$

이제 원형 벡터들이 훈련 자료점들과 같은 경우, 다시 말해 각 $j \in \{1 \ldots n\}$에 대해 $\overline{\mu_j} = \overline{X_j}$인 경우를 생각해 보자. 이는 모든 훈련 자료점을 각각 원형 벡터로 설정하는 함수 보간과 같은 접근 방식이다. 그리고 대역폭들은 모두 하나의 σ 값으로 설정한다고 하자. 그러면 앞의 예측 함수를 다음과 같이 표현할 수 있다.

$$\hat{y}_i = \sum_{j=1}^{n} w_j \exp\left(-\frac{\|\overline{X_i} - \overline{X_j}\|^2}{2\sigma^2}\right) \tag{5.16}$$

식 5.16 우변의 지수(exp) 인수를 점 $\overline{X_i}$와 $\overline{X_j}$ 사이의 가우스 핵 유사도(Gaussian kernel similarity)로 대체할 수 있다. 이 유사도를 $K(\overline{X_i}, \overline{X_j})$로 표기하면 예측 함수는 다음과

같은 모습이 된다.

$$\hat{y_i} = \sum_{j=1}^{n} w_j K(\overline{X_i}, \overline{X_j}) \tag{5.17}$$

이러한 예측 함수는 대역폭이 σ인 핵 회귀에 쓰이는 예측 함수와 동일하다. 그 예측 함수 $\hat{y_i}^{핵}$는 가중치 w_j 대신 라그랑주 승수(Lagrange multiplier) λ_j로 정의된다.[1]

$$\hat{y_i}^{핵} = \sum_{j=1}^{n} \lambda_j y_j K(\overline{X_i}, \overline{X_j}) \tag{5.18}$$

더 나아가서, (제곱) 손실함수는 두 경우에서 동일하다. 따라서 가우스 RBF 망의 해들과 핵 회귀의 해들 사이에는 일대일 관계가 존재한다. 좀 더 구체적으로, $w_j = \lambda_j y_j$로 두면 같은 손실값이 산출된다. 따라서 둘의 최적값들도 동일하다. 다른 말로 하면, 원형 벡터들이 훈련 자료점들과 같은 특수 경우에서 가우스 RBF 망은 핵 회귀와 같은 결과를 제공한다. 그러나 RBF 망은 서로 다른 원형 벡터들을 선택할 수 있다는 점에서 더 강력하고 일반적이다. 그래서 RBF 망은 핵 회귀로는 모형화할 수 없는 사례들도 모형화할 수 있다. 그런 면에서, RBF 망을 핵 방법들의 유연한 신경망 버전이라고 보는 것이 도움이 된다.

5.4.2 특수한 RBF 망으로서의 핵 SVM

핵 회귀처럼 핵 SVM(지지 벡터 기계) 역시 RBF 망의 한 특수 사례이다. 핵 회귀에서처럼 이 경우도 원형 벡터들이 훈련 자료점들과 같으며, 모든 은닉 단위의 대역폭을 하나의 σ 값으로 설정한다. 핵 회귀와 다른 점은 가중치 w_j들을 예측 함수의 경첩 손실이(제곱 손실이 아니라) 최소가 되도록 훈련한다는 것이다.

이러한 설정에서 RBF 망의 예측 함수는 다음과 같은 모습이다.

$$\hat{y_i} = \text{sign} \left\{ \sum_{j=1}^{n} w_j \exp\left(-\frac{\|\overline{X_i} - \overline{X_j}\|^2}{2\sigma^2} \right) \right\} \tag{5.19}$$

---

[1] 식 5.18의 핵 회귀 예측 함수를 완전하게 설명하는 것은 이 책의 범위를 넘는 일이므로, [6] 같은 책을 보기 바란다.

$$\hat{y}_i = \text{sign}\left\{\sum_{j=1}^{n} w_j K(\overline{X_i}, \overline{X_j})\right\} \tag{5.20}$$

이 예측 함수를 핵 SVM에 쓰이는 예측 함수(이를테면 [6] 참고)와 비교하면 배울 점이 있을 것이다. 다음이 그러한 예측 함수이다.

$$\hat{y}_i^{\text{핵}} = \text{sign}\left\{\sum_{j=1}^{n} \lambda_j y_j K(\overline{X_i}, \overline{X_j})\right\} \tag{5.21}$$

여기서 λ_j는 라그랑주 승수들이다. 이 예측 함수는 핵 SVM에 쓰이는 것과 같은 형태이되, 변수 이름들은 지금 맥락에 맞게 조금 바꾸었다. 두 경우 모두 손실함수로는 경첩 손실함수가 쓰인다. $w_j = \lambda_j y_j$로 두면 두 경우의 손실함수 값이 같아진다. 따라서 핵 SVM과 RBF 망의 최적해들은 $w_j = \lambda_j y_j$라는 관계식으로도 연관된다. 다른 말로 하면, 핵 SVM 역시 RBF 망의 한 특수 사례이다. 핵 방법들에서 **표현 정리**(representer theorem)를 사용하는 경우, 가중치 w_j를 각 자료점의 계수로도 간주할 수 있음을[6] 주목하기 바란다.

5.4.3 관찰

앞의 논의를, 적절한 손실함수를 이용해서 핵 피셔 판별 모형이나 핵 로지스틱 회귀 모형으로 확장하는 것도 가능하다. 핵 피셔 판별은 그냥 목푯값을 이진 변수로 두고 핵 회귀 기법을 적용하면 된다. 그러나 피셔 판별은 자료가 중심화되었다는 가정하에서 작동하므로, 중심화되지 않은 자료에서 발생하는 임의의 오프셋들을 흡수하기 위한 치우침 항을 추가할 필요가 있다. 어쨌든 핵심은, 적절한 손실함수를 선택하기만 하면 거의 모든 핵 방법을 RBF 망으로 구현할 수 있다는 것이다. 더욱 중요한 점은, RBF 망이 핵 기반 회귀나 핵 기반 분류보다 유연성이 더 좋다는 것이다. 예를 들어 RBF 망은 은닉층의 노드 개수나 원형 벡터 개수의 선택 면에서 훨씬 더 유연하다. 원형 벡터들을 좀 더 경제적인 방식으로 현명하게 선택하면 정확도와 효율성이 모두 개선된다. 이러한 선택과 관련해서 다음과 같은 몇 가지 중요한 절충 관계가 존재한다.

1. 은닉 단위 개수를 늘리면 모형화된 함수의 복잡도가 증가한다. 은닉 단위가 많으면 어려운 함수의 모형화에 도움이 되지만, 모형화할 함수가 실제로는 그리 복잡하지 않은 경우 과대적합이 발생할 수 있다.
2. 은닉 단위 개수를 늘리면 훈련의 복잡도가 증가한다.

은닉 단위 개수를 선택하는 한 가지 방법은 자료의 일부를 따로 떼어서 예비 집합을 만들고 여러 가지 은닉 단위 개수로 그 예비 집합에 대한 정확도를 측정해 보는 것이다. 정확도가 가장 좋은 모형의 은닉 단위 개수를 선택하면 된다.

5.5 요약

이번 장에서는 신경망 구조를 이전에 나온 것과는 근본적으로 다른 방식으로 사용하는 방사상 기저 함수(RBF) 신경망을 소개했다. 순방향 신경망과는 달리 RBF 망에서는 은닉층과 출력층을 각자 다소 다른 방식으로 훈련한다. 은닉층의 훈련은 비지도 학습 방식이지만 출력층은 지도 학습 방식이다. RBF 망의 핵심은 은닉층이 국소 변환을 통해서 입력 자료점들을 선형 분리가능한 고차원 공간으로 변환하는 것이다. 이러한 접근 방식을, 손실함수를 적절히 변경함으로써 분류는 물론 회귀와 선형 보간에도 적용할 수 있다. 분류에는 위드로-호프 손실함수나 경첩 손실함수, 로지스틱 손실함수 등을 사용할 수 있다. 핵 SVM이나 핵 회귀 같은 잘 알려진 핵 기반 방법들에 특화된 손실함수를 사용해서 RBF 망을 좀 더 특수화하는 것도 가능하다. 최근에는 RBF 망이 거의 쓰이지 않는다. 사실 RBF 망은 신경망 분야에서 잊힌 구조에 해당한다. 그러나 핵 방법을 사용할 수 있는 곳이면 그 어떤 곳에서도 사용할 수 있는 의미 있는 잠재력을 가지고 있다. 게다가, 첫 은닉층 다음에 다층 표현을 도입함으로써 RBF 망의 이 접근 방식을 순방향 신경망과 결합하는 것도 가능하다.

5.6 문헌 정보

RBF 망은 함수 보간의 맥락에서 브룸헤드^{Broomhead}와 로우^{Lowe}가 제안했다.[51] 고차원 변환의 분리가능성은 커버의 논문 [84]에 나온다. [363]은 RBF 망들을 개괄한다. 비숍의 책 [41]과 헤이킨의 책 [182] 역시 이 주제를 잘 설명한다. [57]은 방사상 기저 함수를 개괄한다. RBF 망이 보편적 함수 근사기임을 증명한 논문으로는 [173, 365]가 있다. [366]은 RBF 망의 근사 성질을 분석한다.

[347, 423]은 RBF 망을 위한 효율적인 알고리즘들을 설명한다. RBF 망의 중심 위치들의 학습을 위한 알고리즘이 [530]에 나온다. [256]은 결정 트리를 이용해서 RBF 망을 초기화하는 방법을 논의한다. 직교 최소제곱 알고리즘은 [65]가 제안했다. [342]는 RBF 망의 지도 훈련과 비지도 훈련을 비교한 초기 논문이다. 이 분석에 따르면, 완전 지도 방식을 적용하면 RBF 망이 극소점에 갇힐 가능성이 높아진다. [43]은 RBF 망의 일반화 능력을 개선하는 착안 몇 가지를 제시한다. [125]는 점진적(incremental) RBF 망을 논의한다. [430]은 RBF 망과 핵 방법들의 관계를 상세히 논의한다.

연습문제

일부 연습문제는 이 책에서 논의하지 않는 기계 학습 지식을 요구한다. 구체적으로, 연습문제 5, 7, 8을 풀려면 핵 방법, 스펙트럼 군집화(spectral clustering), 이상치 검출에 관한 추가적인 지식이 필요하다.

1. 각 은닉 단위의 활성화 값이 0 아니면 1인 RBF 망의 한 변형을 생각해 보자. 각 은닉 단위의 활성화 값은 만일 연관된 원형 벡터와의 거리가 σ보다 작으면 1, 그렇지 않으면 0이다. 이러한 변형과 보통의 RBF 망의 관계 및 상대적인 장단점을 논하라.

2. RBF 망의 출력층(마지막 층)에서 S자형 활성화 함수를 이용해서 주어진 입력이 한 이진 분류명에 속할 확률을 출력한다고 하자. 이를 위한 음의 로그가능도(negative log-likelihood) 손실함수를 만들고, 출력층에 대한 경사 하강법 갱신 공식을 유도하라. 이 접근 방식과 제2장에서 논의한 로지스틱 회귀 방법은 어떤 관계일까? 이 접근 방식이 로지스틱 회귀보다 나은 성과를 내는 때는 언제일까?

3. RBF 망이 최근접 이웃 분류기(nearest-neighbor classifier)의 지도 학습 버전에 해당하는 이유를 논하라.

4. 제2장에서 논의한 다부류 모형 세 가지를 RBF 망으로 확장하는 방법을 논하라. 구체적으로, (a) 다부류 퍼셉트론, (b) 웨스턴-왓킨스 SVM, (c) 소프트맥스 분류기에 해당하는 RBF 신경망 모형을 구축하는 방법을 제시하라. 그러한 RBF 망 모형들이 제2장에서 논의한 모형들에 비해 어떤 면에서 더 강력한지 논하라.

5. RBF 망을 자동부호기를 이용한 비지도 학습으로 확장하는 방법을 제안하라. 출력층에서 무엇이 재구축될까? 독자의 접근 방식의 한 특수 사례로 핵 기반 특잇값 분해를 대략 흉내 낼 수 있어야 한다.

6. 은닉층에서 상위 k개의 활성화 값들만 유지하고 나머지는 모두 0으로 설정한다는 제약을 RBF 망에 가한다고 하자. 훈련 자료가 제한된 경우 이런 접근 방식이 분류의 정확도를 높여주는 이유를 설명하라.

7. 연습문제 6의 접근 방식(상위 k개의 활성화 값들로만 RBF 망의 은닉층을 구축하는)을 연습문제 5의 RBF 자동부호기와 결합해서 비지도 학습을 수행하는 접근 방식을 생각해 보자. 이 접근 방식이 군집화에 좀 더 적합한 표현을 생성하는 이유를 논하라. 이 방법과 스펙트럼 군집화의 관계를 논하라.

8. 다양체(manifold) 관점에서 이상치(outlier)란 훈련 자료의 비선형 다양체에 자연스럽게 부합하지 않는 자료점을 말한다. RBF 망을 이용해서 비지도 학습 방식으로 이상치를 검출하는 방법을 논하라.

9. 은닉층의 활성화 값을 RBF(방사상 기저 함수)가 아니라 원형 벡터와 자료점의 내적으로 계산한다고 하자. 이러한 설정의 한 특수 사례가 선형 퍼셉트론으로 환원됨을 보여라.

10. 분류명 없는 대량의 자료와 분류명 붙은 소량의 자료를 이용해서 준지도 분류를 수행하도록 연습문제 5의 RBF 자동부호기를 수정하는 방법을 논하라.

6

제한 볼츠만 기계

"가용 에너지는 생존과 진화를 위한 주된 경쟁 대상이다."
— 루트비히 볼츠만Ludwig Boltzmann

6.1 소개

제한 볼츠만 기계(restricted Boltzmann machine, RBM)는 순방향 신경망과는 근본적으로 다른 구조의 신경망이다. 통상적인 신경망은 일단의 입력들을 일단의 출력들에 사상 (mapping)하는 하나의 입력-출력 사상망이다. 반면 RBM은 일단의 입력들로부터 확률 상태(probabilistic state)들을 학습하는 신경망으로, 이는 **비지도** 학습 방식의 모형화에 유용하다. 순방향 신경망은 **관측된** 출력에 대한 예측값(관측된 입력들로 계산한)의 손실 함수를 최소화하지만, 제한 볼츠만 기계는 관측된 특성들과 일부 숨겨진 특성들의 결 합확률분포(joint probability distribution)를 모형화한다. 전통적인 순방향 신경망의 계산 그래프는 입력에서 출력으로의 계산 흐름에 대응되는 **유향**(directed) 간선들이 있는 유 향 그래프이지만, RBM은 **무향**(undirected) 그래프에 해당한다. 이는 RBM이 입력-출력 사상이 아니라 확률적인 **관계**들을 학습하도록 설계된 것이기 때문이다. 제한 볼츠만 기계는 바탕(underlying) 자료점들의 잠재 표현(latent representation)을 생성하는 확률 모형이다. 자동부호기로도 잠재 표현을 생성할 수 있지만, 대부분의 자동부호기(변분 자동부호기를 제외한)는 각 자료점의 **결정론적**(deterministic) 은닉 표현을 생성한다. 반면 볼츠만 기계는 각 자료점의 **확률적**(stochastic) 은닉 표현을 생성한다. 따라서 RBM은 그 훈련 및 활용 방법이 순방향 신경망 구조들과는 근본적으로 다르다.

기본적으로 RBM은 자료점들의 잠재 특징 표현을 생성하는 비지도 학습 모형이다. 그러나, 하나의 RBM이 학습한 표현을 그 RBM과 밀접히 관련된 순방향 신경망의 역전파와 결합해서 지도 학습을 수행하는 것도 가능하다. 비지도 학습과 지도 학습의 이러한 결합은 전통적인 자동부호기 구조에 쓰이는 사전훈련(제4장의 $4.7 참고)과 비슷하다. 실제로, RBM은 초기에 사전훈련이 대중화되는 데 한몫을 했다. 이러한 사전훈련 개념은 이후 자동부호기에 채용되었다. 자동부호기는 은닉 상태들이 결정론적이라서 훈련하기가 더 쉽다.

6.1.1 역사적 관점

제한 볼츠만 기계는 **홉필드 망**(Hopfield network)이라고 하는, 신경망 관련 문헌들에 나오는 한 고전적인 모형에서 진화했다. 홉필드 망은 이진 상태를 담는 노드들로 구성되는데, 이 이진 상태들은 훈련 자료의 이진 특성값들을 대표한다. 홉필드 망은 노드들 사이의 가중 간선들을 이용해서 서로 다른 특성(attribute)들 사이의 관계에 대한 하나의 **결정론적** 모형을 생성한다. 시간이 지나면서 홉필드 망은 볼츠만 기계(Boltzmann machine)라는 개념으로 진화했다. 볼츠만 기계는 **확률적인** 상태들을 이용해서 이진 특성들의 베르누이 분포를 표현한다. 볼츠만 기계에는 은닉 상태들뿐만 아니라 가시 상태(visible state)들도 있다. 가시 상태들은 관측된 자료점들의 분포를 모형화하고, 은닉 상태들은 잠재(은닉) 변수들의 분포를 모형화한다. 여러 상태의 결합분포는 상태들 사이의 연결 매개변수들로 규정된다. 볼츠만 기계의 목표는 모형의 가능도(likelihood; 또는 우도)가 최대가 되는 모형 매개변수들을 학습하는 것이다. 볼츠만 기계는 (무향) 확률 그래프 모형에 속한다. 이후 볼츠만 기계는 **제한된** 볼츠만 기계, 즉 이번 장에서 말하는 RBM으로 진화했다. 볼츠만 기계와 제한 볼츠만 기계의 주된 차이는, 후자는 은닉 단위와 가시 단위 사이의 연결만 허용한다는 것이다. 좀 더 효율적인 훈련 알고리즘의 설계가 가능하다는 점에서, 이러한 단순화는 실용적인 관점에서 대단히 유용하다. RBM은 **마르코프 무작위장**(Markov random field)이라고 부르는 확률 그래프 모형의 한 특수 사례에 해당한다.

　초창기 RBM은 훈련이 너무 느리다는 평 때문에 인기가 별로 없었다. 그러나 세기가 바뀌면서 이런 부류의 모형에 대해 더 빠른 알고리즘들이 등장했다. 더 나아가서, RBM은 Netflix Prize 공모전[577]의 우승작에서 앙상블 구성요소로 쓰이면서[414] 어느 정도 주목을 받았다. RBM은 행렬 인수분해, 잠재 모형화, 차원 축소 같은 비지도 학습 응용에 주로 쓰이지만, 지도 학습 응용으로 확장하는 방법도 많이 있다. 이진 자료 이외의 자료를 다루는 것이 가능하긴 하지만, RBM의 가장 자연스러운 형태는 이진 자료를 다루는 것임을 기억하기 바란다. 이번 장의 대부분의 논의는 이진 상태를 가진 단위들에 국한된다. RBM을 이용한 심층 신경망의 성공적인 훈련에 관한 연구 성과가 전통적인 신경망의 성공적인 훈련에 관한 연구 성과보다 먼저 나왔다. 즉, 여러 개의 RBM을 쌓아서 심층 신경망을 만들고 그것을 효과적으로 훈련하는 방법이 먼저 제안되었고, 이후 비슷한 착안들이 전통적인 신경망으로 일반화되었다.

이번 장의 구성

이번 장의 구성은 다음과 같다. 다음 절인 §6.2에서는 RBM을 포함한 볼츠만 기계들의 전신이라 할 수 있는 홉필드 망을 소개한다. §6.3에서는 볼츠만 기계를, §6.4에서는 제한 볼츠만 기계를 소개한다. §6.5에서는 제한 볼츠만 기계의 응용 방법을 논의한다. §6.6에서는 이진 자료 이외의 일반적인 자료 형식에 RBM을 적용하는 방법을 논의한다. §6.7에서는 다수의 RBM을 겹쳐 쌓아서 심층 신경망을 구성하는 방법을 논의한다. 마지막으로, §6.8은 이번 장의 내용을 요약한다.

6.2 홉필드 망

홉필드 망은 1982년에 기억(memory)을 저장하는 하나의 모형으로 제안되었다.[207] 홉필드 망은 일종의 무향 신경망으로, d개의 단위(뉴런)들에 $\{1 \dots d\}$의 번호가 부여되어 있다. $\{1 \dots d\}$의 두 단위 i와 j 사이의 연결을 (i, j)로 표기한다. 이러한 각 연결 (i, j)에는 방향이 없으며, 하나의 가중치 $w_{ij} = w_{ji}$가 부여된다. 홉필드 망의 모든 노드 쌍에 연결이 존재한다고 가정하지만, w_{ij}를 0으로 둠으로써 해당 연결 (i, j)를 사실상 생략(제거)할 수 있다. 가중치 w_{ii}는 항상 0으로 설정한다. 즉, 한 단위가 자기 자신으로 연결되는 경우는 없다. 각 뉴런 i에는 상태 s_i가 연관된다. 홉필드 망의 중요한 가정은, 각 s_i가 이진값이라는 것이다. 이 상태가 가질 수 있는 값으로는 흔히 $\{0,1\}$이 쓰이지만, 필요하다면 $\{-1,+1\}$ 같은 다른 관례를 사용할 수 있다. i번째 노드에는 또한 치우침(편향) 항 b_i도 연관된다. b_i의 값이 크면 i의 상태가 1이 될 확률이 높아진다. 홉필드 망은 특성들의 관계가 대칭적인 무향 모형이므로, 가중치들은 항상 $w_{ij} = w_{ji}$를 만족한다.

홉필드 망의 각 이진 상태는 (이진) 훈련 자료 집합의 한 차원(성분)에 대응된다. 즉, d차원 훈련 자료 집합을 홉필드 망이 기억하려면 d개의 단위가 필요하다. 홉필드 망의 i번째 상태는 주어진 한 훈련 견본의 i번째 비트 성분에 대응된다. 이 상태값들은 한 훈련 견본의 이진 특성값들을 표현한다. 홉필드 망의 가중치들은 학습해야 할 매개변수들이다. 두 상태의 연결에 대한 가중치가 큰 양수라는 것은 그 두 상태가 높은 수준으로 양의 상관관계라는 뜻이고, 큰 음수라는 것은 높은 수준으로 음의 상관관계라는 뜻이다. 간단한 훈련 자료 집합과 그에 대한 홉필드 망의 예가 그림 6.1에 나와 있다. 이 예에서 홉필드 망은 완전히 연결되어 있으며, 여섯 개의 가시 상태들은 훈련 자료의 여섯 가지 이진 특성에 대응된다.

홉필드 망은 하나의 최적화 모형을 통해서 가중치 매개변수들을 학습한다. 이때 학습의 목표는 훈련 자료 집합 특성들 사이의 양의 상관관계들과 음의 상관관계들을 포착하는 것이다. 홉필드 망의 목적함수를 에너지 함수(energy function)라고 부르기도 하는데, 이는 전통적인 순방향 신경망에서 목적함수를 손실함수에 비유하는 것과 비슷한 관례이다. 홉필드 망의 에너지 함수는 양의 상관관계가 높은 노드 쌍의 두 상태가 비슷한 값이 되게 하고, 음의 상관관계가 높은 노드 쌍의 상태들은 서로 다른 값이 되게 하는 식으로 정의된다. 따라서, 홉필드 망의 훈련 과정에서는 홉필드 망의 상태들이 개별 훈련 자료점의 이진 특성값들로 고정되었을 때 에너지 함수가 최소화되는 연결 가중치들을 학습한다. 즉, 홉필드 망의 가중치 학습에 의해 훈련 자료 집합의 비지도 모형이 암묵적으로 생성된다. 홉필드 망에서 상태들의 특정한 조합 $\bar{s} = (s_1, \ldots s_d)$에 대한 에너지 함수 E는 다음과 같이 정의된다.

$$E = -\sum_i b_i s_i - \sum_{i,j:i<j} w_{ij} s_i s_j \qquad (6.1)$$

여기서 항 $-b_i s_i$는 치우침이 큰 단위가 활성화되기 쉽게 만드는 역할을 한다. 그와 비슷하게, $-w_{ij}s_i s_j$ 항은 $w_{ij}>0$일 때 s_i와 s_j가 비슷한 값이 되게 만든다. 다른 말로 하면, 양의 가중치들은 상태를 "끌어당기는" 역할을 하고 음의 가중치는 상태를 "밀어내는" 역할을 한다. 작은 훈련 자료 집합의 경우 이런 종류의 모형화 방식은 암기(memorization)로 이어진다. 즉, 모형은 비슷하거나, 불완전하거나, 손상된 질의 점 부근에 있는 에너지 함수의 극소점들을 탐색함으로써 그런 질의 점으로부터 훈련 자료점을 조회하는 능력을 갖추게 된다. 다른 말로 하면, 홉필드 망의 가중치들을 학습함으로써 모형은 암묵적으로 훈련 견본들을 외우게 되는 것이다. 단, 유한한 개수의 단위들로 이루어진 홉필드 망이 암기할 수 있는 견본의 개수에는 비교적 보수적인 (conservative) 한계가 존재한다. 그러한 한계를 모형의 **수용력**(capacity; 또는 용량)이라고 부른다.

6.2.1 훈련된 홉필드 망의 최적 상태 구성

훈련된 홉필드 망은 다수의 국소 최적해(극소점)를 포함하며, 각 국소 최적해는 훈련 자료에서 외운 자료점에 대응되거나 훈련 자료점들이 밀집된 한 영역을 대표하는 하나의 자료점에 대응된다. 홉필드 망 가중치 학습을 논의하기 전에, 훈련이 끝나서 가중치들을 배운 홉필드 망의 국소 에너지 최솟값을 구하는 방법을 먼저 살펴보기로 하자. 훈련 과정에 의해 가중치들은 훈련 견본들이 홉필드 망의 국소 최적해들이 되게

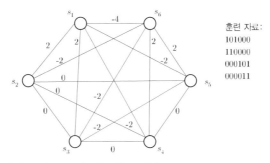

그림 6.1: 6차원 훈련 자료에 대응되는 여섯 개의 가시 상태를 가진 홉필드 망

하는 경향이 있는 값들로 설정된다.

최적의 상태 구성(optimal state configuration)을 찾아내면 홉필드 망이 기억을 떠올리는 데 도움이 된다. 학습에 의해 홉필드 망은 본질적으로 **연상 기억**(associative memory) 능력을 갖추게 된다. 학습 과정에서 홉필드 망은 주어진 입력 상태(즉, 입력 비트 패턴)의 비트들을 적절히 뒤집어서 목적함수를 개선하는 과정을, 목적함수가 더 이상 개선되지 않는 비트 패턴이 나올 때까지 반복한다. 훈련 과정에서 찾아낸 최종적인 비트 패턴, 즉 최적의 상태 조합은 하나의 국소 최적해에 해당한다. 그러한 비트 패턴이 시작 패턴(초기 상태 집합)과 비트 몇 개만 다를 때가 많으며, 결과적으로 홉필드 망은 찾아낸 국소 최적해와 아주 비슷한 패턴을 떠올리게(연상) 된다. 더 나아가서, 최종 패턴이 훈련 자료 집합의 한 견본과 일치할 때도 많다(어차피 훈련 자료를 이용해서 가중치들을 학습했으므로). 그런 측면에서 홉필드 망은 **내용 기반 주소 접근 메모리**(content-addressable memory, CAM)를 구현하는 실마리를 제공한다고 할 수 있다.

가중치들의 학습이 끝났다고 할 때, 주어진 초기 상태 조합으로부터 그에 가장 가까운 국소 최적해를 찾는 방법은 무엇일까? 한 가지 방법은 상태 조합이 전역 에너지 최소점 쪽으로 이동하도록 각 상태를 문턱값(threshold) 갱신 규칙을 이용해서 갱신하는 것이다. 이해를 돕기 위해 상태 s_i가 1로 설정된 홉필드 망과 s_i가 0으로 설정된 홉필드 망의 에너지를 비교해 보자. 식 6.1의 s_i에 각각 1과 0을 대입해서 빼면 둘의 **에너지 격차**(energy gap)가 나온다.

$$\Delta E_i = E_{s_i = 0} - E_{s_i = 1} = b_i + \sum_{j\,:\,j \neq i} w_{ij} s_j \qquad (6.2)$$

상태 s_i를 0에서 1로 뒤집는 것이 유용하려면 이 에너지 격차 값이 0보다 커야 한다. 이러한 착안에 기초해서 다음과 같은 상태 s_i의 갱신 규칙을 유도할 수 있다.

$$s_i = \begin{cases} 1 & \text{만일 } \sum_{j\,:\,j \neq i} w_{ij} s_j + b_i \geq 0 \text{이면} \\ 0 & \text{그렇지 않으면} \end{cases} \qquad (6.3)$$

이 규칙을 반복 적용해서 각 s_i를 조건에 따라 뒤집는다. 임의의 시점(time)에서의 가중치들과 치우침 항들이 주어졌을 때, 이 갱신 규칙을 반복해서 적용함으로써 상태 값들로부터 국소 에너지 최소점을 구할 수 있다.

홉필드 망의 국소 최소점은 훈련된 가중치들에 의존한다. 홉필드 망이 저장된 어떤 기억을 "떠올리게" 하려면 그 기억과 비슷한 d차원 벡터를 입력해야 한다. 그러면 홉필드 망은 그 입력을 시작 상태 조합으로 사용해서 그 입력과 비슷한 극소점을 찾는다. 이런 종류의 연상 기억 능력은 인간도 갖추고 있다. 독자도 어떤 단어를 듣고 그와 연관된 기억을 떠올린 경험이 있을 텐데, 그때 뇌 속에서 일어나는 일은 홉필드 망의 작동과 그리 다르지 않다. 초기 상태들의 일부만 있는 벡터를 입력했을 때 홉필드 망이 나머지 상태들을 복원하는 것도 가능하다. 그림 6.1에 나온 홉필드 망을 생각해 보자. 그림에 나온 가중치들은 네 훈련 벡터가 낮은 에너지로 이어지도록 설정된 것이다. 그러나 111000 같은 가짜 최소점들도 존재한다. 따라서 극소점이라고 해서 반드시 훈련 자료의 한 자료점에 대응되리라는 보장은 없다. 예를 들어 111000에 해당하는 가짜 최소점을 생각해 보자. 처음 세 비트는 양의 상관관계이고, 나머지 세 비트도 양의 상관관계임을 주목하기 바란다. 따라서 111000이라는 최소점은, 비록 훈련 자료에 명시적으로 표현되지는 않았지만, 바탕 자료에 존재하는 여러 조합을 대표하는 하나의 넓은 패턴에 해당한다. 또한, 이 홉필드 망의 가중치들이 훈련 자료의 패턴들과 밀접하게 연관되어 있음도 주목하기 바란다. 예를 들어 처음 세 비트와 나머지 세 비트는 각각 해당 비트 그룹 안에서 양의 상관관계를 가진다. 더 나아가서, 두 상태 조합 사이(101000과 000101 사이, 11000과 00011 사이)에는 음의 상관관계가 존재한다. 즉, 한 상태 조합 안의 두 그룹 $\{s_1, s_2, s_3\}$과 $\{s_4, s_5, s_6\}$ 사이의 간선들은 양의 상관관계인 경향이 있고 두 상태 조합 사이의 간선들은 음의 상관관계인 경향이 있다. 가중치들을 이러한 자료의 특성에 맞게 설정하는 것이 바로 훈련 과정(§6.2.2)의 임무이다.

상태 갱신 규칙을 반복해서 적용하면 홉필드 망에 있는 여러 극소점 중 하나에 도달하게 된다. 어떤 극소점에 도달하는지는 초기 상태 벡터에 따라 달라진다. 각각의 극소점은 훈련 자료 집합에서 배운 '기억' 중 하나일 수 있으며, 홉필드 망은 초기 상태 벡터에 가장 가까운 극소점에 도달한다. 이러한 기억들은 학습 과정에서 배운 가중치들 안에 암묵적으로 저장되어 있다. 그러나 홉필드 망이 실수를 저지를 수도 있는데, 아주 비슷한 훈련 패턴들이 하나의 (더 깊은) 최소점으로 병합되면 그런 일이 생긴다. 예를 들어 훈련 자료에 1110111101과 1110111110이 있다고 할 때, 훈련 과정에서 홉필드 망이 111011111을 하나의 극소점으로 배울 수도 있다. 그러면 이후 홉필드 망은 훈련 자료에 실제로 존재하는 비트 패턴과 비슷하지만 몇 비트 다른 패턴을 떠올리게 된다. 이 경우 홉필드 망은 개별 훈련 자료점이 아니라 다수의 훈련 자료점을 대표하는 '군집'의 중심을 기억한 것이며, 이는 암기가 아니라 일반화 능력에 해당한다. 즉, 자료의 양이 모형의 수용력을 넘어서면 홉필드 망은 암기 대신 일반화를 시작하게 된다. 어차피 홉필드 망은 훈련 자료로부터 비지도 학습 방식으로 구축된 모형이므로 당연한 일이라 할 수 있다.

홉필드 망을 연상 기억을 떠올리거나, 손상된 자료를 복원하거나, 일부가 누락된 특성을 완성하는 용도로 사용할 수 있다. 연상 기억 과제와 손상 자료 복원 과제는 비슷하다. 두 경우 모두, 시작 상태 조합은 손상된 입력(또는, 기억 연상의 단서가 되는 입력)이고 최종 상태 조합은 복원된(또는 기억해 낸) 출력이다. 특성 완성(attribute completion)의 경우에는 관측된 상태 값들은 그대로 사용하고 관측되지 않은 상태(결측값)들은 무작위로 설정해서 시작 상태 조합을 초기화한다. 그런 다음 관측되지 않은 상태들만 갱신해서 수렴에 도달한다. 그 상태들의 비트값들을 초기 상태 조합의 해당 비트들에 채워 넣으면 특성이 완성된다.

6.2.2 홉필드 망의 훈련

홉필드 망의 훈련 목표는 홉필드 망의 가중치들을, 홉필드 망의 각 극소점이 주어진 훈련 자료 집합의 각 견본(또는 견본들이 밀집된 영역)에 대응되게 하는 값들로 설정하는 것이다. 홉필드 망의 훈련에는 헵 학습 규칙(Hebbian learning rule)이 쓰인다. 생명체의 학습에 관한 규칙인 헵 학습 규칙에 따르면, 두 뉴런을 연결하는 시냅스는 그 뉴런 출력들의 상관관계가 높을 때 강화된다. $x_{ij} \in \{0,1\}$이 i번째 훈련 자료점의 j번째 비트라고 하자. 훈련 자료점의 개수는 n이라고 가정한다. 헵 학습 규칙에 기초한 가중치 갱신 공식은 다음과 같다.

$$w_{ij} = 4 \frac{\sum_{k=1}^{n} (x_{ki} - 0.5) \cdot (x_{kj} - 0.5)}{n} \tag{6.4}$$

이 갱신 공식을 이해하는 데 핵심은, 일반적으로 i번째 비트와 j번째 비트가 양의 상관관계이면 $(x_{ki}-0.5) \cdot (x_{kj}-0.5)$도 양수라는 것이다. 즉, 양의 상관관계인 두 비트를 연결하는 가중치 역시 양수가 된다. 반면 두 비트의 값이 다르면 가중치는 음수가 된다. 다음과 같이 분모를 정규화하지 않는 갱신 공식을 사용할 수도 있다.

$$w_{ij} = 4 \sum_{k=1}^{n} (x_{ki}-0.5) \cdot (x_{kj}-0.5) \tag{6.5}$$

실제 응용에서는 점진적인 학습 알고리즘으로 개별 자료점을 갱신할 때가 많다. 다음은 w_{ij}를 k번째 훈련 자료점만으로 갱신하는 공식이다.

$$w_{ij} \Leftarrow w_{ij} + 4(x_{ki}-0.5) \cdot (x_{kj}-0.5) \qquad \forall i,j$$

치우침 항 b_i는 항상 1인 가짜 상태 하나를 두어서 갱신하면 된다. 이 치우침 항은 그 가짜 상태와 i번째 상태 사이의 가중치에 해당한다.

$$b_i \Leftarrow b_i + 2(x_{ki}-0.5) \qquad \forall i$$

상태 값이 $\{0,1\}$이 아니라 $\{-1,+1\}$인 경우에는 위의 갱신 공식들이 다음과 같이 간단해진다.

$$w_{ij} \Leftarrow w_{ij} + x_{ki}x_{kj} \qquad \forall i,j$$
$$b_i \Leftarrow b_i + x_{ki} \qquad \forall i$$

이 외에 **스토키 학습 규칙**(Storkey learning rule) 같은 다른 학습 규칙들도 흔히 쓰인다. 이에 관해서는 이번 장 끝의 문헌 정보를 보기 바란다.

홉필드 망의 수용력

가시 단위가 d개인 홉필드 망이 실수 없이 연상 기억을 떠올릴 수 있으려면 어느 정도의 훈련 자료가 필요할까? 단위가 d개인 홉필드 망의 수용력 또는 **저장 용량**(storage capacity)이 훈련 견본 $0.15 \cdot d$개 정도임을 증명할 수 있다. 각 훈련 견본은 d개의 비트로 구성되므로, 홉필드 망은 약 $0.15d^2$개의 비트만 저장할 수 있다. 홉필드 망의 가중치 개수가 $d(d-1)/2 = O(d^2)$임을 생각하면 홉필드 망의 저장 효율성이 좋다고는 말할 수 없다. 더 나아가서, 각 가중치는 이진 비트값이 아니다. 하나의 가중치를 저장하는 데 $O(\log(d))$개의 비트가 필요하다. 따라서 훈련 견본이 많으면 연상 기억 시

오류가 많이 발생한다. 홉필드 망이 잘못 떠올린 기억은 더 많은 자료를 **일반화한** 예측값들에 해당한다. 이런 종류의 일반화가 기계 학습에 유용하긴 하지만, 일반화의 관점에서 홉필드 망에는 몇 가지 한계가 존재한다.

6.2.3 간단한 영화 추천 시스템의 구축과 그 한계

홉필드 망은 일반화 능력을 요구하는 전형적인 기계 학습 응용 분야보다는 암기에 특화된 응용 분야에 자주 쓰인다. 홉필드 망의 한계를 이해하는 데 도움이 되도록, 이진 협업 필터링(collaborative filtering)과 연관된 응용 사례 하나를 살펴보자. 홉필드 망은 이진 자료를 다루므로, 여기서는 각 비트가 특정 영화의 관람 여부를 뜻하는 비트 패턴을 다루는 홉필드 망의 예를 논의하기로 한다. 예를 들어 사용자 밥은 슈렉과 알라딘을 보았고 사용자 앨리스는 간디와 네로, 터미네이터를 보았다면, 둘은 서로 다른 비트 패턴을 가지게 된다. 일단의 영화들에 대해, 각 영화를 보았으면 상태가 1이고 그렇지 않으면 0인 상태 조합들을 표현하는 완전 연결 홉필드 망을 설계하는 것 자체와 그런 조합들을 이용해서 가중치들을 훈련하는 알고리즘을 고안하는 것 자체는 그리 어렵지 않다. 그러나 기반 상태들의 수, 즉 영화 개수가 많으면 이러한 홉필드 망을 구현하는 비용이 극히 커진다. 예를 들어 영화 데이터베이스에 10^6개의 영화가 들어 있다면, 홉필드 망에는 10^{12}개의 연결(간선)이 필요하다. 게다가 대부분의 사용자는 100만 개의 영화 중 극히 일부만 보았을 것이므로, 대부분의 상태는 값이 0이다. 즉, 홉필드 망은 대단히 희소한 상태 조합들을 담게 된다.

이런 효율성 문제를 해결하는 한 가지 방법은 **부정 표집**(negative sampling; 또는 부정표집)을 사용하는 것이다. 이 접근 방식에서는 사용자마다 그 사용자가 본 영화들을 담은, 그리고 사용자가 보지 않은 수많은 영화의 작은 표본을 담은 개별적인 홉필드 망을 둔다. 예를 들어 세 편의 영화를 본 앨리스에 대해서는 무작위로 뽑은 20편의 보지 않은 영화를 포함해서 $20 + 3 = 23$개의 상태를 가진 홉필드 망을 만들고, 두 편의 영화를 본 밥에 대해서도 마찬가지 방식으로 안 본 영화 20편을 무작위로 뽑아서 총 $20 + 2 = 22$개의 상태를 가진 홉필드 망을 만든다. 밥의 무작위 20편과 앨리스의 무작위 20편은 상당히 다르겠지만, 겹치는 것도 있을 것이다. 겹치는 것이 있다면 두 홉필드 망이 해당 가중치들을 공유한다. 훈련 과정에서는 먼저 모든 간선 가중치를

0으로 초기화하고, 각 홉필드 망을 각각 훈련해서(앞에서 설명한 알고리즘을 이용해서) 공유 가중치들을 학습한다. 이런 식으로 사용자들의 홉필드 망을 각각 훈련하면 서로 다른 홉필드 망이 만들어지는데, 각 홉필드 망은 전체 홉필드 망의 한 부분집합에 해당한다. 일반적으로 각 사용자 홉필드 망은 전체 홉필드 망의 모든 간선 10^{12}개 중 아주 작은 일부분만 포함하며, 대부분의 간선은 그 어떤 사용자 홉필드 망에도 포함되지 않는다. 그런 간선들은 가중치가 0이라고 간주한다.

이제, *E.T.*와 슈렉을 본 사용자 메리에게 영화를 추천해야 한다고 하자. 이를 위해, 0이 아닌 간선들로만 이루어진 전체 홉필드 망을 사용한다. 우선 *E.T.*와 슈렉에 대한 상태를 각각 1로 설정하고 나머지 상태는 모두 0으로 설정한다. 그런 다음, *E.T.*와 슈렉을 제외한 나머지 상태들을 반복 갱신해서 홉필드 망의 최소 에너지 상태 조합을 구한다. 그 상태 조합에서 값이 1인 상태에 해당하는 영화들을 메리에게 추천하면 된다. 그런데 실용적인 추천 시스템이라면 추천작들에 어떠한 순서를 부여할 필요가 있다. 한 가지 방법은 추천작 상태들 사이의 **에너지 격차**를 기준으로 순서를 매기는 것이다. 에너지 격차는 최소 에너지 상태 조합을 구한 후에 계산할 수 있다. 그러나 이런 접근 방식은, 홉필드 망의 최종 상태 구성은 이진값들을 담은 결정론적인 구성인 반면 추천을 위해 외삽(extrapolation)된 값들은 오직 **확률**에 따라 추정할 수만 있다는 점에서 너무 단순하다. 그보다는, 예를 들어 에너지 격차를 다른 어떤 함수(이를테면 S자형 함수)로 계산해서 확률적 추정을 산출하는 것이 더 자연스러울 것이다. 더 나아가서, 일종의 잠재(은닉) 상태 개념을 이용해서 서로 연관된 일단의 영화들을 추천 시스템이 포착할 수 있으면 더욱 좋을 것이다. 이를 위해서는 홉필드 망의 표현력을 좀 더 키워야 한다. 그럼 그런 기법들을 살펴보자.

6.2.4 홉필드 망의 표현력 증가

표준적인 관행은 아니지만, 은닉 단위들을 추가해서 홉필드 망의 표현력을 높이는 것이 가능하다. 은닉 상태들은 자료의 잠재 구조를 포착하는 역할을 한다. 은닉 단위와 가시 단위 사이의 연결 가중치들은 잠재 구조와 훈련 자료 사이의 관계를 반영한다. 경우에 따라서는 적은 수의 은닉 상태들만으로도 자료를 근사적으로 표현할 수 있다. 예를 들어 자료에 서로 밀접하게 얽힌 두 군집이 있을 때, 단 두 개의 은닉 상태로 그러한 자료 구조를 반영할 수 있다. 그림 6.2는 표현력 증가를 위해 그림 6.1의 홉필

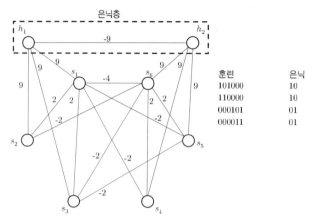

그림 6.2: 은닉 단위 두 개가 추가된 홉필드 망

드 망에 은닉 단위 두 개를 추가해서 만든 홉필드 망을 나타낸 것이다. 간결함을 위해 0에 가까운 가중치들은 생략했다. 원래의 자료가 각각 6비트의 자료점으로 정의되었지만, 두 은닉 단위의 은닉 자료 표현은 2비트이다. 즉, 은닉 표현은 원래의 자료를 압축한 버전으로, 자료에 존재하는 패턴에 관한 정보를 제공한다. 은닉 단위들은 본질적으로 모든 6비트 패턴을 두 가지 2비트 패턴 10 또는 01로 압축한다. 좀 더 구체적으로 말하면, 은닉 단위들은 처음 세 비트가 지배적인 6비트 패턴을 10으로, 나머지 세 비트가 지배적인 6비트 패턴을 01로 압축한다. 홉필드 망의 은닉 상태들을 10으로 고정하고 가시 상태들을 무작위로 초기화한 경우, 식 6.3의 상태별 갱신 공식을 반복 적용하면 111000이라는 비트 패턴이 자주 산출된다. 반대로, 은닉 상태들을 01로 고정하는 경우에는 000111이 자주 산출된다. 패턴 000111과 111000이 자료에 실제로 존재하는 두 부류의 패턴들에 가까운 근사 패턴들임을 주목하기 바란다. 이들은 주어진 훈련 자료에 압축 기법을 적용했을 때 나올 만한 두 패턴이다. 일부 가시 상태가 누락된 불완전한 상태 조합에 대해 식 6.3의 갱신 공식을 반복 적용한 경우에도 불완전한 상태 조합의 비트 구성에 따라 000111 또는 111000이 나온다. 홉필드 망에 은닉 단위들을 추가할 **뿐만 아니라** 상태들을 확률적으로(결정론적이 아니라) 갱신하도록 변경하면 볼츠만 기계가 된다. 이 때문에 흔히 볼츠만 기계를 은닉 단위가 있는 **확률적 홉필드 망**으로 간주한다.

6.3 볼츠만 기계

이번 절에서는 볼츠만 기계가 총 $q = (m + d)$개의 상태를 포함한다고 가정한다. 여기서 d는 가시 상태 개수이고 m은 은닉 상태 개수이다. 하나의 구체적인 상태 구성(상태 조합)은 상태 벡터 $\overline{s} = (s_1 \dots s_q)$로 정의된다. $\overline{s}$의 가시 상태들과 은닉 상태들을 명시적으로 구분하는 경우에는 상태 벡터 $\overline{s}$를 벡터 쌍 $(\overline{v}, \overline{h})$로 표기한다. 여기서 $\overline{v}$는 가시 상태들의 벡터이고 $\overline{h}$는 은닉 상태들의 벡터이다. $(\overline{v}, \overline{h})$가 나타내는 상태 조합은 $\overline{s} = \{s_1 \dots s_q\}$와 정확히 같은 상태 조합이다. 이 표기는 단지 가시 상태와 은닉 상태를 명확히 구분하기 위한 것일 뿐이다.

볼츠만 기계는 홉필드 망의 확률적 일반화이다. 홉필드 망은 각 상태 s_i를 해당 에너지 격차 ΔE_i가 양수냐 음수냐에 따라 **결정론적으로** 1 또는 0으로 설정한다. 이전에 언급했듯이, i번째 단위의 에너지 격차는 해당 상태가 가질 수 있는 두 가지 값으로 정의되는 두 상태 조합(다른 상태들은 미리 정의된 값들로 고정한)의 에너지 차이로 정의된다.

$$\Delta E_i = E_{s_i = 0} - E_{s_i = 1} = b_i + \sum_{j : j \neq i} w_{ij} s_j \tag{6.6}$$

홉필드 망은 만일 에너지 격차가 양수이면 s_i의 값을 1로 설정한다. 이러한 설정은 결정론적이다. 반면 볼츠만 기계는 에너지 격차에 따라 s_i에 하나의 **확률**을 배정한다. 에너지 격차가 양수이면 0.5보다 큰 확률이 설정된다. 구체적으로, 상태 s_i의 확률은 다음과 같이 에너지 격차에 대한 S자형 함수로 정의된다.

$$P(s_i = 1 | s_1, \dots s_{i-1}, s_{i+1}, s_q) = \frac{1}{1 + \exp(-\Delta E_i)} \tag{6.7}$$

이제는 상태 s_i가 베르누이 분포를 따르는 하나의 확률변수임을 주목하기 바란다. 에너지 격차가 0이면 상태의 두 값 모두 해당 확률이 0.5로 같다.

구체적인 매개변수 w_{ij}들과 b_i에 대해, 볼츠만 기계는 여러 상태 구성에 대한 하나의 확률분포를 정의한다. 특정 구성 $\overline{s} = (\overline{v}, \overline{h})$의 에너지를 $E(\overline{s}) = E([\overline{v}, \overline{h}])$로 표기한다. 이 에너지의 정의는 홉필드 망의 것과 비슷하다.

$$E(\overline{s}) = -\sum_i b_i s_i - \sum_{i,j\,:\,i<j} w_{ij} s_i s_j \tag{6.8}$$

에너지 정의가 비슷하긴 하지만, 볼츠만 기계의 상태는 오직 확률적으로만 결정된다 (식 6.7에 따라). 식 6.7의 조건부 분포는 특정 구성 $\overline{s}$의 비조건부 분포 $P(\overline{s})$에 대한 다음과 같은 좀 더 근본적인 정의를 따른다.

$$P(\overline{s}) \propto \exp(-E(\overline{s})) = \frac{1}{Z} \exp(-E(\overline{s})) \tag{6.9}$$

여기서 Z는 모든 가능한 구성의 확률들의 합이 1이 되게 만드는 정규화 계수이다.

$$Z = \sum_s \exp(-E(\overline{s})) \tag{6.10}$$

정규화 계수 Z를 **분할 함수**(partition function; 또는 가름 함수)라고 부르기도 한다. 일반적으로 이러한 분할 함수를 명시적으로 계산하기는 어렵다. 모든 가능한 상태 구성에 대응되는 지수적으로 많은 수의 항들을 더해야 하기 때문이다. 분할 함수의 이러한 처리 불가능성(intractability) 때문에 $P(\overline{s}) = P(\overline{v}, \overline{h})$의 참값을 구하는 것은 불가능하다. 그렇긴 하지만 여러 종류의 조건부 확률들(이를테면 $P(\overline{v}\,|\,\overline{h})$)을 계산하는 것은 가능하다. 그런 조건부 확률들은 비율의 형태로 정의되는데, 분자와 분모의 처리 불가능한 정규화 계수들이 소거되어서 계산할 필요가 없어지기 때문이다. 예를 들어 상태 구성의 좀 더 근본적인 확률 정의(식 6.9)로부터 식 6.7의 조건부 확률을 다음과 같이 유도할 수 있다.

$$P(s_i = 1 \,|\, s_1, \ldots s_{i-1}, s_{i+1}, s_q) = \frac{P(s_1, \ldots s_{i-1}, \overset{s_i}{\overbrace{1}}, s_{i+1}, s_q)}{P(s_1, \ldots s_{i-1}, \underset{s_i}{\underbrace{1}}, s_{i+1}, s_q) + P(s_1, \ldots s_{i-1}, \underset{s_i}{\underbrace{0}}, s_{i+1}, s_q)}$$

$$= \frac{\exp(-E_{s_i=1})}{\exp(-E_{s_i=1}) + \exp(-E_{s_i=0})} = \frac{1}{1 + \exp(E_{s_i=1} - E_{s_i=0})}$$

$$= \frac{1}{1 + \exp(-\Delta E_i)} = \text{Sigmoid}(\Delta E_i)$$

이 등식이 나타내는 조건은 식 6.9가 나타내는 조건과 동일하다. 또한 이 등식은 로그 S자형 함수가 통계역학(통계물리학)의 에너지 개념에서 비롯된 것이라는 점도 보여준다.

이상에서 보았듯이 볼츠만 기계는 결정론적 모형이 아니라 확률 모형이다. 상태들을 확률적으로 설정하는 것의 한 가지 장점은, 적절한 확률분포로부터 상태들을 추출(표집)함으로써 원본 자료점들과 비슷해 보이는 새 자료점을 생성할 수 있다는 것이다. 기계 학습의 여러 생성 모형(이를테면 군집화를 위한 가우스 혼합 모형 등)은 먼저 사전확률분포에서 은닉 단위들을 추출하고 그 은닉 상태들을 조건으로 하여 조건부 확률분포로부터 가시 상태(관측값)들을 추출하는 절차를 사용한다. 볼츠만 기계에서는 사정이 다르다. 볼츠만 기계에서는 모든 상태 쌍의 연결 관계에 **방향이 없다**. 즉, 가시 상태들은 은닉 상태들에 의존하며, 마찬가지로 은닉 상태들은 가시 상태들에 의존한다. 그래서 볼츠만 기계로 자료를 생성하는 것은 다른 여러 생성 모형의 경우보다 어려울 수 있다.

6.3.1 볼츠만 기계의 자료 생성

볼츠만 기계에서는 상태들이 식 6.7에 따라 순환적으로 의존하기 때문에 자료 생성이 좀 더 복잡하다. 이 때문에, 모든 상태에 대해 식 6.7의 등식이 만족될 때까지 자료점들을 반복해서 추출해야 한다. 볼츠만 기계는 이전 반복에서 산출한 상태 값들로 정의되는 조건부 분포를 이용해서 새 상태 값들을 추출하는 과정을 **열평형**(thermal equilibrium)에 도달할 때까지 반복한다. 좀 더 구체적으로 말하면, 무작위로 초기화한 상태 집합으로 출발해서 식 6.7을 이용해서 해당 조건부 확률들을 계산하고, 그 확률들을 이용해서 다시 상태 값들을 추출한다. 식 6.7의 $P(s_i | s_1 \dots s_{i-1}, s_{i+1}, \dots s_q)$를 이용해서 s_i를 반복 생성할 수 있음을 주목하기 바란다. 이러한 과정을 열평형에 도달할 때까지 반복하고 나면, 그때의 가시 상태 값들로 구성된 벡터가 바로 생성된 자료점에 해당한다. 열평형에 도달하기까지의 시간을 **연소 시간**(burn-in time; 또는 소진 시간)이라고 부른다. 이러한 접근 방식을 **기브스 표집**(Gibbs sampling) 또는 **마르코프 연쇄 몬테카를로**(Markov Chain Monte Carlo, MCMC) 표집이라고 부른다.

열평형에 도달했을 때, 생성된 자료점은 볼츠만 기계가 포착한 모형을 나타낸다. 생성된 자료점들의 차원들은 여러 상태 사이의 가중치들에 따라 상관관계를 가짐을 주의하기 바란다. 두 상태의 연결 가중치가 크면 두 상태의 상관관계도 높은 경향이 있다. 예를 들어 각 상태가 특정 단어의 출현 여부에 해당하는 텍스트 마이닝 응용 프로그램에서는 한 주제에 속하는 단어들 사이에 상관관계가 존재한다. 따라서 텍스트 자료 집합으로 잘 훈련한 볼츠만 기계는 열평형 시점에서 그런 종류의 단어 상관관계를 반영한 벡터들을 생성하게 된다(심지어 상태들을 무작위로 초기화한 경우에도). 그러나 볼츠만 기계로 일단의 자료점들을 생성하는 과정은 다른 여러 확률 모형들에 비하면 훨씬 복잡하다는 점을 기억하기 바란다. 예를 들어 가우스 혼합 모형으로 자료점들을 생성할 때는 그냥 선택된 혼합 확률 구성요소의 확률분포에서 직접 자료점을 추출하면 된다. 반면 볼츠만 기계에서는 연결에 방향이 없기 때문에 열평형에 도달할 때까지 갱신을 반복한 후에야 표본을 추출할 수 있다. 그래서 주어진 한 자료 집합에 대한 상태들 사이의 가중치들을 학습하기가 더욱 어려워진다.

6.3.2 볼츠만 기계의 가중치 학습

볼츠만 기계에서는 주어진 훈련 자료 집합의 로그가능도가 최대가 되게 하는 가중치들을 학습해야 한다. 개별 상태의 로그가능도(log-likelihood)는 식 6.9로 구한 확률의 로그이다. 식 6.9의 양변에 로그를 취해서 정리하면 다음과 같은 로그가능도 공식이 나온다.

$$\log[P(\bar{s})] = -E(\bar{s}) - \log(Z) \tag{6.11}$$

이 공식에서 보듯이, 로그가능도의 미분 $\dfrac{\partial \log[P(\bar{s})]}{\partial w_{ij}}$ 를 계산하려면 에너지의 음의 미분을 계산해야 한다. 또한 분할 함수와 관련된 항도 계산해야 한다. 식 6.8의 에너지 함수는 계수 $-s_i s_j$가 곱해진 가중치 w_{ij}의 선형 함수이다. 따라서 가중치 w_{ij}에 대한 에너지의 편미분은 $-s_i s_j$이다. 이로부터 다음과 같은 편미분 공식을 유도할 수 있다.

$$\frac{\partial \log[P(\bar{s})]}{\partial w_{ij}} = \langle s_i, s_j \rangle_{\text{자료}} - \langle s_i, s_j \rangle_{\text{모형}} \tag{6.12}$$

여기서 $\langle s_i, s_j \rangle_{\text{자료}}$는 §6.3.1의 생성 과정으로 구한 $s_i s_j$ 값들의 평균인데, 상태들을 한 훈련 자료점의 특성값들로 고정해서 얻은 것이다. $\langle s_i, s_j \rangle_{\text{모형}}$은 그와 비슷하되 가시 상태들을 훈련 자료점들로 고정하지 않고 §6.3.1의 생성 과정을 실행해서 얻은, 열평형 시점에서의 $s_i s_j$ 값들의 평균이다. 이 경우 평균은 생성 과정을 열평형에 도달할 때까지 여러 번 실행해서 얻은 값들로 구한다. 학습을 위해서는 상태들을 잇는 간선의 가중치들을 강화해야 한다. 가시 상태들을 훈련 자료점들로 고정한 경우, 가중치들은 미분적으로(differentially) 함께 방향을 바꾸는(turn on) 경향이 있다(가시 상태들을 특별히 제한하지 않는 경우에 비해). 이는 $\langle s_i, s_j \rangle$의 자료 중심적 값과 모형 중심적 값의 차이를 이용하는 앞의 갱신 공식이 내는 효과이다. 이상의 논의에서 짐작하겠지만, 갱신을 수행하려면 다음 두 종류의 표본들을 생성해야 한다.

1. **자료 중심적 표본**: 이 표본을 생성할 때는, 가시 상태들을 훈련 자료 집합에서 무작위로 추출한 견본의 해당 성분들로 고정하고, 은닉 상태들은 베르누이 분포를 따라 0.5의 확률로 무작위로 초기화한다. 그런 다음에는 식 6.7을 이용해서 각 은닉 상태의 확률을 다시 계산하고, 그 확률들로 은닉 상태들을 갱신한다. 이러한 과정을 열평형에 도달할 때까지 반복한다. 열평형 지점에서 은닉 상태 값들로 하나의 견본을 만든다. 가시 상태들은 훈련 자료점의 해당 성분들로 고정되므로 따로 추출할 필요가 없음을 주의하기 바란다.

2. **모형 중심적 표본**: 이 표본은 상태들에 아무런 제약도 가하지 않고 그냥 생성 과정을 열평형에 도달할 때까지 반복해서 생성한다. 가시 상태들과 은닉 상태들 모두를 무작위로 초기화한다는 점만 제외하면 §6.3.1에서 설명한 방법과 같다.

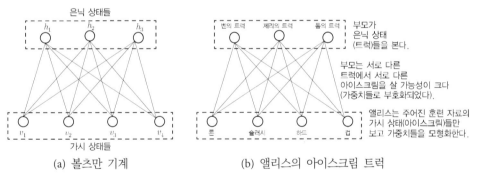

(a) 볼츠만 기계   (b) 앨리스의 아이스크림 트럭

그림 6.3: 제한 볼츠만 기계. 여기서 제한은 가시 단위와 가시 단위 또는 은닉 단위와 은닉 단위 사이의 상호작용이 허용되지 않음을 뜻한다.

이러한 표본들은 가중치들을 갱신하는 데 쓰인다. 자료 중심적 표본, 즉 가시 상태들을 훈련 자료 집합 $\mathcal{D}$의 한 벡터로 고정하고 은닉 상태들만 갱신해서 생성한 견본들로는 $\langle s_i, s_j \rangle_{\text{자료}}$를 계산하는데, 이 값은 상태 i와 j의 상관관계를 나타낸다. 다수의 훈련 자료점들로 이루어진 미니배치를 훈련에 사용하는 경우에는 여러 개의 상태 조합을 얻게 된다. 그런 경우 $\langle s_i, s_j \rangle$의 값은 기브스 표집으로 얻은 여러 상태 조합들의 평균으로 구한다. 기브스 표집으로 얻은 모형 중심적 표본에 대해서도 비슷한 방식으로 s_i와 s_j의 평균 곱(average product)을 이용해서 $\langle s_i, s_j \rangle$모형 값을 추정한다. 이 값들을 구한 후에는 다음과 같은 갱신 공식으로 가중치들을 갱신한다.

$$w_{ij} \Leftarrow w_{ij} + \alpha \underbrace{\left(\langle s_i, s_j \rangle_{\text{자료}} - \langle s_i, s_j \rangle_{\text{모형}} \right)}_{\text{로그가능도의 편미분}} \tag{6.13}$$

치우침 항의 갱신 공식도 이와 비슷하되, 상태 s_j를 1로 설정한다는 점이 다르다. 치우침 항은 가짜 치우침 단위를 모든 상태와 연결된 하나의 가시 단위로 두어서 처리할 수 있다.

$$b_i \Leftarrow b_i + \alpha \left(\langle s_i, 1 \rangle_{\text{자료}} - \langle s_i, 1 \rangle_{\text{모형}} \right) \tag{6.14}$$

$\langle s_i, 1 \rangle$의 값은 그냥 미니배치(자료 중심적 표본 또는 모형 중심적 표본에서 뽑은)로 얻은 s_i 값들의 평균임을 주의하기 바란다.

이상의 접근 방식은 홉필드 망의 헵 학습 갱신 규칙과 비슷하다. 차이점은, 갱신 시 모형 중심적 상관관계의 효과를 제거한다는 것이다. 모형 중심적 상관관계의 제거는 로그가능도 공식(식 6.11)에 있는 분할 함수의 효과를 위한 것이다. 이 접근 방식은 실제로 사용하기에는 너무 느리다는 문제점을 가지고 있다. 이는, 마르코프 연쇄 몬테카를로 표집(이하 줄여서 그냥 몬테카를로 표집)으로 열평형에 도달하려면 많은 수의 상태들을 처리해야 하기 때문이다. 다행히 이보다 빠른 근사 방법이 존재한다. 다음 절에서는 제한 볼츠만 기계라고 부르는 단순화된 볼츠만 기계의 맥락에서 그런 근사 접근 방식을 살펴본다.

6.4 제한 볼츠만 기계

볼츠만 기계에서는 은닉 단위들과 가시 단위들의 연결에 아무런 제약이 없다. 은닉 단위와 가시 단위가 연결될 수 있을 뿐만 아니라, 두 은닉 단위 또는 두 가시 단위가 서로 연결될 수도 있다. 그러나 관대한 가정 때문에 필요 이상으로 복잡한 구조가 만들어질 수 있다. 제한된(restricted) 볼츠만 기계, 줄여서 제한 볼츠만 기계(RBM)는 볼츠만 기계의 자연스러운 특수화로, 은닉 단위와 가시 단위 사이의 연결만 허용한다. 결과적으로 단위들은 이분할(bipartite) 구조를 가진다. 그림 6.3(a)에 제한 볼츠만 기계의 예가 나와 있다. 이 예의 RBM은 은닉 노드가 세 개, 가시 노드가 네 개이다. 모든 은닉 단위는 하나 이상의 가시 단위와 연결되지만, 은닉 단위와 은닉 단위의 연결이나 가시 단위와 가시 단위의 연결은 없다. 이런 제한 볼츠만 기계를 하모니엄harmonium이라고[457] 부르기도 한다.

은닉 단위들이 $h_1 \ldots h_m$이고 가시 단위들이 $v_1 \ldots v_d$라고 하자. 가시 단위 v_i에 연관된 치우침 항을 $b_i^{(v)}$로 표기하고, 은닉 단위 h_j에 연관된 치우침 항은 $b_j^{(h)}$로 표기하겠다. 위 첨자는 가시 단위(v)와 은닉 단위(h)를 구분하기 위한 것이다. 가시 노드 v_i와 은닉 노드 h_j를 연결하는 간선의 가중치는 w_{ij}로 표기한다. 제한 볼츠만 기계의 가중치 표기는 볼츠만 기계의 것과 다름을 주의하기 바란다. 제한 볼츠만 기계에서는 은닉 단위들과 가시 단위들의 색인(아래 첨자)이 개별적이다. 가중치 표기의 첫 색인은 가시 단위 중 하나를, 둘째 색인은 은닉 단위 중 하나를 가리킨다. 따라서 $w_{ij} = w_{ji}$는 성립하지 않는다. 좌변의 i는 i번째 가시 단위를 뜻하지만, 우변의 i는 i번째 은닉 단위를 뜻한다. 이번 절의 논의에서 이전 절의 공식들을 참조할 때 이러한 표기법 차이를 염두에 두기 바란다.

이해를 돕기 위해 이번 절의 논의에서는 그림 6.3(b)의 RBM에 기초한 '앨리스의 아이스크림 트럭' 예제를 사용한다. 하나의 훈련 견본이, 앨리스의 부모가 매일 앨리스에게 사준 아이스크림들을 나타내는 네 개의 비트로 구성된다고 하자. 즉, 앨리스는 매일 아이스크림 종류(0에서 4)에 대응되는 4차원 훈련 자료점을 수집한다. 그런데 앨리스의 부모는 세 종류의 아이스크림 트럭 중 하나 또는 여럿에서 아이스크림을 산다.1)

---

1) 부모가 아무런 트럭도 선택하지 않은 경우에는 이 예제에 깔린 비유가 다소 어색해진다. 그런 경우에도, 치우침 항에 따라서는 여러 아이스크림의 선택 확률이 0이 아닐 수 있다. 이런 예외적인 경우를, 세 트럭이 선택되지 않으면 항상 가짜(dummy) 트럭이 선택된다는 규칙을 추가해서 설명할 수도 있다.

앨리스는 부모가 어떤 트럭들에서 아이스크림을 샀는지 알지 못한다. 즉, 트럭 종류는 이 RBM의 은닉 상태에 해당한다. 단, 부모가 아이스크림을 사는 트럭이 세 가지라는 점과 하루에 둘 이상의 트럭에서 아이스크림들을 살 수 있다는 점은 앨리스도 알고 있다. 앨리스의 부모는 그리 계획적인 사람들이 아니라서, 트럭을 먼저 선택한 후 거기서 아이스크림을 선택하기도 하고 아이스크림을 선택하고 그 아이스크림을 파는 트럭을 선택하기도 한다. 특정 아이스크림이 선택될 확률(가능도)은 먼저 선택한 트럭의 종류와 그 트럭이 파는 아이스크림들에 부여된 가중치들에 의존한다. 마찬가지로, 특정 트럭이 선택될 확률은 먼저 선택한 아이스크림 종류과 해당 가중치들에 의존한다. 아이스크림 구입 과정에서 앨리스의 부모는 트럭 우선 방식과 아이스크림 우선 방식을 계속 바꾸어 가면서 그날의 최종 결정에 도달한다. 차차 보겠지만, 이러한 **순환** (circular) 관계는 무향 모형의 특성이며, 앨리스의 부모가 사용하는 절차는 기브스 표집과 비슷하다.

이분할 제약 덕분에 RBM에 대한 추론 알고리즘이 아주 단순해지며, 그럼에도 이 접근 방식의 응용 능력은 감소되지 않는다. 일반적으로 훈련 자료점들이 주어졌다는 것은 가시 단위들의 값을 모두 알고 있다는 뜻이므로, 지루한 기브스 표집의 전 과정을 거치지 않고도 은닉 단위들의 확률들을 한 단계로 계산할 수 있다. 예를 들어 한 은닉 단위가 1이 될 확률을 가시 단위 값들의 로그 함수로 직접 표현하는 것이 가능하다. 구체적으로 말하면, 식 6.7을 제한 볼츠만 기계에 적용해서 다음과 같은 공식을 얻을 수 있다.

$$P(h_j = 1 \mid \overline{v}) = \frac{1}{1 + \exp(-b_j^{(h)} - \sum_{i=1}^{d} v_i w_{ij})} \tag{6.15}$$

이 공식은 상태 확률들과 $h_j = 0$과 $h_j = 1$ 사이의 에너지 격차 ΔE_j 사이의 관계를 나타낸 식 6.7에서 직접 유도한 것이다. 가시 상태들이 주어진 경우 ΔE_j의 값은 $b_j + \sum_i v_i w_{ij}$이다. 제한 없는 볼츠만 기계의 경우와는 달리 이 공식의 우변에는 가시 변수들만 있을 뿐, (미지의) 은닉 변수는 없다. 이 공식은 또한 가중치들을 학습한 후 각 훈련 견본(상태 벡터)의 축소 표현을 생성할 때도 유용하다. 좀 더 구체적으로 말하면, 제한 볼츠만 기계로 축소 표현을 생성할 때는 각 은닉 단위 값을 식 6.15로 계산한 확률로 설정하면 된다. 이런 접근 방식은 이진 자료의 실숫값 축소 표현을 제공함을 주목하기 바란다. 앞의 공식을 다음과 같이 S자형 함수로 표현할 수도 있다.

$$P(h_j = 1 \mid \overline{v}) = \text{Sigmoid}\left(b_j^{(h)} + \sum_{i=1}^{d} v_i w_{ij}\right) \tag{6.16}$$

또한, 은닉 상태들로 이루어진 하나의 표본을 이용해서 한 단계로 자료점을 생성할 수도 있다. 이것이 가능한 이유는 RBM의 무향 이분할 구조에서 가시 단위들과 은닉 단위들의 관계가 비슷하기 때문이다. 간단히 말하면, 식 6.7로부터 다음을 유도할 수 있다.

$$P(v_i = 1 \mid \overline{h}) = \frac{1}{1 + \exp\left(- b_i^{(v)} - \sum_{j=1}^{m} h_j w_{ij}\right)} \tag{6.17}$$

이 확률 역시 S자형 함수로 표현할 수 있다.

$$P(v_i = 1 \mid \overline{h}) = \text{Sigmoid}\left(b_i^{(v)} + \sum_{j=1}^{m} h_j w_{ij}\right) \tag{6.18}$$

S자형 함수를 사용하면 좋은 점 하나는 RBM과 밀접히 연관된, S자형 활성화 함수를 사용하는 순방향 신경망을 활용할 수 있다는 것이다. 그 순방향 신경망은 RBM으로 학습한 가중치들을 이용해서 입력-출력 사상을 직접 계산하고, 역전파를 이용해서 가중치들을 좀 더 조정한다. 이러한 접근 방식의 예를 RBM의 응용 방법을 다루는 §6.5에서 제시하겠다.

    RBM의 가중치가 가시 상태와 은닉 상태의 친화도(affinity)를 부호화한다는 점에 주목하기 바란다. 가중치의 값이 큰 양수라는 것은 두 상태가 함께 활성화될 가능성이 크다는 뜻이다. 예를 들어 그림 6.3(b)의 경우 벤의 트럭에서는 앨리스의 부모가 아이스크림 콘과 슬러시를 함께 구입할 가능성이 크고 톰의 트럭에서는 하드와 컵을 함께 구입할 가능성이 크다. 이러한 경향성들이 가중치들에 부호화되어 있으며, 가중치들은 가시 상태의 선택과 은닉 상태의 선택을 순환적으로 제어한다. 이러한 순환적 관계 때문에 아이스크림 우선 선택과 트럭 우선 선택을 동시에 고려해야 한다는 어려움이 생긴다. 이런 문제를 위해 고안된 것이 바로 기브스 표집이다. 앨리스는 부모가 어떤 트럭에서 아이스크림을 샀는지 알지 못하지만, 훈련 자료의 비트들 사이에 존재하는 일정한 상관관계(트럭 및 아이스크림 선택 방식이 반영된)를 알아챌 수 있다. 실제로, 앨리스가 RBM의 가중치들을 볼 수 있다면, 앨리스는 깁스 표집을 이용해서 자신이 받게 될 '전형적인' 아이스크림 조합을 나타내는 4비트 표현을 생성할 수 있다. 심지어, 앨리스가 모형의 가중치들을 훈련 견본들을 통해서 배울 수도 있다. 이것이 비지도 생성 모형의 본질이다. 은닉 상태(트럭 종류)가 세 개라는 사실과 충분한 개수의 4차원 훈련 견본들이 주어지면, 앨리스는 가시 상태(아이스크림)와 은닉 상태(트럭) 사이의 관련 가중치와 치우침 항을 배울 수 있다. 다음 절에서는 그러한 학습을 가능하게 하는 알고리즘을 논의한다.

6.4.1 RBM의 훈련

RBM의 가중치 계산에는 볼츠만 기계의 학습 규칙과 비슷한 종류의 규칙이 쓰인다. RBM에서는 미니배치를 이용한 효율적인 훈련 알고리즘이 가능하다. RBM의 가중치 갱신 알고리즘을 간단히 설명하면 이렇다. 우선 가중치 w_{ij}들을 모두 작은 값으로 초기화한다. 그리고 다음 과정을 반복해서 가중치 w_{ij}들을 갱신한다.

- 양의 단계(positive phase): 이 단계에서 알고리즘은 주어진 훈련 견본 미니배치에 대해 각 은닉 단위의 상태의 확률을 식 6.15를 이용해서 단번에 계산한다. 그런 다음 그 확률에 기초해서 은닉 단위의 상태 값을 생성한다. 이러한 절차를 미니배치에 있는 각 훈련 견본에 대해 반복한다. 각 가시 상태 v_i(훈련 견본)와 생성된 은닉 상태 h_j 사이의 상관계수를 계산한다. $\langle v_i, h_j \rangle_{양}$으로 표기하는 이 상관계수는 본질적으로 해당 가시 단위와 은닉 단위 쌍들의 평균 곱이다.
- 음의 단계(negative phase): 이 단계에서 알고리즘은 은닉 상태들을 모두 무작위로 초기화하고, 미니배치의 각 훈련 견본으로 기브스 표집을 수행한다. 즉, 식 6.15와 식 6.17을 적용해서 가시 단위 확률과 은닉 단위 확률을 계산하고, 그 확률들로 표본을 추출한다. 열평형에 도달하면 v_i 값과 h_j 값을 이용해서 양의 단계에서와 마찬가지 방식으로 상관계수 $\langle v_i, h_j \rangle_{음}$을 계산한다.
- 두 단계를 마친 후에는 볼츠만 기계에서와 같은 방식으로 가중치들과 치우침 항들을 갱신한다.

$$w_{ij} \Leftarrow w_{ij} + \alpha \left(\langle v_i, h_j \rangle_{\text{양}} - \langle v_i, h_j \rangle_{\text{음}} \right)$$

$$b_i^{(v)} \Leftarrow b_i^{(v)} + \alpha \left(\langle v_i, 1 \rangle_{\text{양}} - \langle v_i, 1 \rangle_{\text{음}} \right)$$

$$b_j^{(h)} \Leftarrow b_j^{(h)} + \alpha \left(\langle 1, h_j \rangle_{\text{양}} - \langle 1, h_j \rangle_{\text{음}} \right)$$

여기서 $\alpha > 0$은 학습 속도이다. 각 $\langle v_i, h_j \rangle$는 미니배치에 관한 v_i와 h_j의 평균 곱으로 추정한다(비록 v_i 값과 h_j 값이 각각 양의 단계와 음의 단계에서 서로 다른 방식으로 계산되었긴 하지만). $\langle v_i, 1 \rangle$은 미니배치의 v_i 값들의 평균이고 $\langle 1, h_j \rangle$는 미니배치의 h_j 값들의 평균이다.

이해를 돕기 위해, 이러한 훈련 알고리즘을 그림 6.3(b)에 나온 앨리스의 아이스크림 트럭 예제에 적용해 보자. 특정 가시 비트들(이를테면 콘과 슬러시)의 가중치들은 상관관계가 강하다. 따라서 위의 갱신 공식들은 그 가중치들을, 해당 상관관계를 트럭들과 아이스크림들 사이의 가중치들로 설명할 수 있는 방향으로 이동하는 효과를 낸다. 예를 들어 콘과 슬러시의 상관관계가 강하지만 다른 모든 상관관계는 약하다는 사실은 그 두 아이스크림 종류 각각과 하나의 트럭 사이의 상관계수가 크다는 점으로 설명된다. 실제 응용에서는 상관관계들이 이보다 훨씬 복잡하며, 바탕 가중치들의 패턴 역시 훨씬 복잡하다.

이상의 접근 방식이 가진 한 가지 문제점은, 열평형에 도달해서 음성 표본을 생성하게 될 때까지 몬테카를로 표집을 꽤 오랫동안 실행해야 한다는 점이다. 다행히, 가시 상태들을 미니배치의 한 훈련 자료점으로 고정해서 시작하면 몬테카를로 표집을 오래 실행하지 않아도 기울기를 잘 근사할 수 있음이 판명되었다.

6.4.2 대조 발산 알고리즘

대조 발산(contrastive divergence, CD) 알고리즘의 여러 변형 중 가장 빠른 것은 몬테카를로 표집을 한 번만 더(양의 단계에서 수행한 것 외에) 반복해서 은닉 상태들과 가시 상태들의 표본을 생성한다. 우선 가시 단위들을 하나의 훈련 자료점으로 고정해서 은닉 상태들을 생성한다(이 부분은 양의 단계에서 이미 수행한 것이다). 그런 다음에는 몬테카를로 표집을 이용해서 그 은닉 상태들로부터 가시 상태들을 다시(단 한 번만) 생성한다. 이 가시 상태들을, 이전에는 음의 단계에서 열평형까지 가서 얻어야 했을 가시 상태들 대신 사용해서 은닉 상태들을 다시 생성한다. 이 알고리즘의 음의 단계는 기브스 표집을 열평형에 도달할 때까지 실행하지 않으므로, 양의 단계와 음의 단계가 거의 비슷하다. 둘 다 가시 상태들을 훈련 자료점으로 초기화하는 것으로 시작한다. 차이는, 양의 단계에서는 그냥 은닉 상태들만 계산하지만, 음의 단계에서는 계산 과정을 적어도 한 번 더 반복한다는 것이다(은닉 상태들로부터 가시 상태들을 계산하고 그것으로 은닉 상태들을 다시 계산하기 위해). 이러한 반복 횟수의 차이 때문에 두 경우의 상태 분포 사이에 대조 발산이 일어난다. 직관적으로 말하자면, 반복 횟수가 증가하면 분포가 자료를 조건으로 한 상태들에서 현재 가중치 벡터가 제시하는 상태들로 이동하게 된다('발산'에 해당). 이때 갱신 공식에 나오는 $(\langle v_i, h_j \rangle_\text{양} - \langle v_i, h_j \rangle_\text{음})$의 값이 대조 발산의 정도에 해당한다. 이상이 가장 빠른 형태의 대조 발산 알고리즘인데, 이를 CD_1로 표기한다. 아래 첨자 1은 음성 표본을 생성하기 위해 반복을 한 번 더 수행한다는 뜻이다. 추가 반복 횟수 k를 증가함으로써, 즉 자료를 k번 재구축함으로써 대조 발산 알고리즘의 정확도를 개선할 수 있다. 그런 접근 방식을 CD_k 알고리즘이라고 칭한다. k를 증가하면 기울기들이 개선되지만, 훈련 시간이 길어진다.

훈련의 초기 반복들에서는 CD_1을 사용하는 것으로 충분하지만, 이후의 반복들에서는 그렇지 않을 수 있다. 따라서 k의 값을 점차 증가하면서 CD_k를 적용하는 식으로 훈련을 진행하는 것이 자연스러운 접근 방식이다. 이러한 과정을 정리하자면 다음과 같다.

1. 가중치들을 작은 값들로 초기화하고 경사 하강법을 반복 적용한다. 초기 반복에서는 CD_1(추가 반복이 1회인 대조 발산)을 적용한다. 초기 반복에서는 가중치들의 차이가 아주 부정확해서 하강 방향이 그리 정확하지 않아도 상관이 없기 때문에 추가 반복 1회로도 충분하다. 즉, 대부분의 경우 초기 반복에서는 CD_1을 사용한다고 해도 경사 하강법이 그리 나쁘지 않은 방향으로 나아가게 된다.

2. 반복을 거듭해서 경사 하강법이 더 나은 해에 가까워질수록 더 높은 정확도가 요구된다. 따라서 추가 반복 2, 3회 대조 발산(즉, CD_2 또는 CD_3)을 적용할 필요가 있다. 흔히 쓰이는 방법은 경사 하강법을 일정 횟수로 반복할 때마다 마르코프 표집 횟수를 두 배로 하는 것이다. 또는 매 $10,000$회 반복마다 CD_k의 k를 최댓값을 넘지 않는 한에서 1씩 증가하는 방법도 있다.[469] [469]는 k의 최댓값으로 20

을 사용했다.

이러한 대조 발산 알고리즘을 다양한 형태의 RBM들에 적용할 수 있다. 제한 볼츠만 기계의 훈련에 대한 훌륭한 실천 지침을 [193]에서 볼 수 있다. 이 문헌은 초기화, 세부 조정, 갱신 등에 관련된 여러 실천상의 문제들을 논의한다. 그럼 그런 실질적인 문제 몇 가지를 간략히 살펴보자.

6.4.3 실천상의 문제와 알고리즘 수정

대조 발산 알고리즘으로 RBM을 훈련할 때 몇 가지 실천적인 문제점에 마주칠 수 있다. 이번 장의 논의에서는 항상 몬테카를로 표집을 이용해서 이진 표본을 생성한다고 가정했지만, 실제 응용에서 항상 그런 것은 아니다. 실제 응용에서는 몬테카를로 표집의 일부 반복에서 **추출된** 이진값들이 아니라 **계산된** 확률들(식 6.15와 식 6.17)을 직접 사용한다. 확률값들이 이진 표본보다 더 많은 정보를 유지하고 있기 때문에, 확률을 직접 사용하면 훈련의 잡음이 줄어든다. 이 경우에는 은닉 상태들과 가시 상태들을 이전과는 조금 다르게 취급한다.

- 은닉 상태 표집의 수정: CD_k의 마지막 반복에서는 양성 표본과 음성 표본에 대해 은닉 상태의 확률값들을 식 6.15에 따라 계산한다. 즉, $(\langle v_i, h_j \rangle_{\text{양}} - \langle v_i, h_j \rangle_{\text{음}})$ 을 계산하는 데 쓰이는 h_j 값은 양성 표본과 음성 표본 모두에 대해 항상 실숫값이다. 식 6.15의 S자형 함수 때문에, 이 실숫값은 하나의 분수(fraction), 즉 크기가 1보다 작은 소수이다.
- 가시 상태 표집의 수정: 가시 상태들은 항상 훈련 자료로 고정되므로, 가시 상태들의 몬테카를로 표집에는 항상 $\langle v_i, h_j \rangle_{\text{양}}$의 계산이 아니라 $\langle v_i, h_j \rangle_{\text{음}}$의 계산이 관여한다. 음성 표본에 대한 몬테카를로 절차는 **모든** 반복에서 항상 가시 상태들의 확률값들(0 또는 1이 아니라)을 식 6.17을 이용해서 계산한다. 그러나 은닉 상태들은 마지막 반복 전까지는 항상 이진값이다.

추출된 이진값들이 아니라 확률값들을 반복적으로 사용하는 것은 수학적으로 정확한 방법이 아니며, 진정한 열평형에 도달하지도 못한다. 그러나 대조 발산 알고리즘은 어차피 하나의 근사 기법이며, 이런 종류의 접근 방식은 비록 이론적으로는 부정확하지만, 대신 잡음이 크게 줄어드는 장점이 있다. 잡음 감소는 확률 출력들이 기댓값들에 좀 더 가깝다는 사실에서 비롯된다.

가중치들은 평균이 0이고 표준편차가 0.01인 가우스 분포로 초기화하면 된다. 초기 가중치들을 크게 잡으면 학습이 빨라지긴 하지만, 최종적으로는 성과가 다소 나쁜 모형이 만들어질 수 있다. 가시 단위의 치우침 항들은 $\log(p_i/(1 - p_i))$로 초기화하는데, 여기서 p_i는 i번째 성분이 1인 자료점들의 비율이다. 은닉 치우침 항들은 0으로 초기화한다.

미니배치의 크기는 10에서 100 사이여야 한다. 그리고 훈련 견본들의 순서를 반드시 무작위화해야 한다. 훈련 견본들에 분류명들이 부여되어 있는 경우에는 한 미니배치의 분류명들의 비율이 전체 자료의 해당 비율과 대략 같도록 미니배치의 견본들을 선택해야 한다.

6.5 제한 볼츠만 기계의 응용

이번 절에서는 제한 볼츠만 기계의 여러 응용 방법을 살펴본다. 이 방법들은 지도 학습 응용 프로그램늘에도 쓰이긴 했지만, 아주 좋은 성과를 낸 것은 비지도 학습 응용 프로그램들이다. RBM을 이용하는 실제 응용 프로그램은 입력에서 출력으로의 사상도 요구할 때가 많다. 그러나 보통의 RBM은 확률분포만 배우도록 되어 있다. 그래서 학습된 RBM의 가중치들로 순방향 신경망을 구축해서 입력 대 출력 사상을 수행하는 방법이 흔히 쓰인다. 다른 말로 하면, 원래의 RBM과 **연관된** 전통적인 신경망을 유도해서 사용할 때가 많다.

그런 응용 방법을 논의하려면, RBM에서 말하는 노드 **상태**와 전통적인 신경망에서 말하는 노드 **활성화** 값의 개념적 차이에 주목할 필요가 있다. 한 노드의 상태는 식 6.15와 식 6.17로 정의되는 베르누이 확률분포에서 뽑은 이진값이고, 연관된 신경망의 노드의 활성화 값은 식 6.15와 식 6.17의 S자형 함수로부터 유도한 확률값이다. RBM 응용 프로그램 중에는 훈련을 마친 RBM의 상태가 아니라 RBM과 연관된 신경망의 노드 활성화 값들을 사용하는 것들이 많다. 대조 발산 알고리즘도 마지막 반복에서 가중치들을 갱신할 때 상태가 아니라 노드 활성화 값을 사용한다는 점을 주의하기 바란다. 실제 응용에서는 활성화 값들이 더 많은 정보를 담고 있어서 더 유용하다. 활성화 값을 사용하는 것은 역전파를 적용할 수 있는 전통적인 신경망 구조의 방식과 일치한다. 이 접근 방식을 지도 학습에 적용하려면 역전파의 마지막 단계를 사용하는 것이 꼭 필요하다. 대부분의 경우 RBM의 핵심 역할은 비지도 특징 학습이다. 따라서 지도 학습 응용의 경우 RBM은 사전학습 수단으로만 쓰일 때가 많다. 실제로, 사전학습은 심층 학습의 역사에서 RBM의 중요한 기여 중 하나이다.

6.5.1 RBM을 이용한 차원 축소와 자료 재구축

RBM의 가장 기본적인 기능은 차원 축소와 비지도 특징 공학이다. RBM의 은닉 단위들은 자료의 축소 표현을 담고 있다. 그런데 RBM에서 그런 축소 표현으로부터 원래의 자료를 재구축하는 방법은 아직 논의하지 않았다. 재구축 방법은 자동부호기의 경우와 상당히 비슷하다. RBM의 재구축 과정을 이해하려면 먼저 무향 RBM과 유향(계산이 특정한 방향으로 진행되는) 그래프 모형[251] 사이의 대응 관계를 이해해야 한다. RBM의 무향 그래프와 동등한 유향 확률 그래프를 구하는 것은 RBM과 연관된 순방향 신경망을 유도하는 첫 단계이다. 그래야 S자형 함수를 이용한 이산적인 확률 표집을 실숫값 S자형 활성화 함수로 대체할 수 있다.

RBM은 무향 그래프 모형이지만, RBM을 "펼쳐서(unfold)" 무향 모형과 동등한 계산을 수행하는 유향(추론이 특정한 방향으로 진행되는) 모형을 만들어 낼 수 있다. 일반적으로, 하나의 무향 RBM이 층이 무한히 많은 유향 그래프 모형과 동등함을 증명하는 것이 가능하다. 무향 그래프를 펼쳐서 만든 유향 모형은 층의 개수가 원래의 RBM의 두 배이기 때문에, 무향 그래프 펼치기는 가시 단위들이 특정 값들로 고정된 경우에 특히나 유용하다. 또한 이산 확률 표집이 연속 S자형 단위들로 대체된 유향 모형은 부호기 부분과 복호기 부분을 모두 가진 하나의 가상 자동부호기로 작용한다. RBM의 가중치들은 이산 확률 표집으로 학습된 것이지만, 그 가중치들을 연관된 신경망에서 세부 조정하는 것도 가능하다. 이는 볼츠만 기계로 학습한 가중치들을 S자형 단위들을 가진 전통적인 신경망의 초기 가중치들로 변환하는 하나의 발견법적 접근 방식이다.

RBM은 학습에 방향이 없는, 즉 $\overline{v}$에서 $\overline{h}$를 배울 때의 가중치들과 $\overline{h}$에서 $\overline{v}$를 배울 때의 가중치들이 동일한 무향 그래프로 간주할 수 있다. 식 6.15와 식 6.17을 잘 살펴보면 둘이 아주 비슷함을 알 수 있다. 주된 차이점은, 치우침 항들이 다르고 가중치 행렬들이 서로의 전치행렬이라는 점이다. 어떤 함수 $f(\cdot)$를 도입해서 식 6.15와 식

6.17를 다음과 같이 표현하면 둘의 유사성이 뚜렷해진다.

$$\overline{h} \sim f(\overline{v}, \overline{b}^{(h)}, W)$$
$$\overline{v} \sim f(\overline{h}, \overline{b}^{(v)}, W^T)$$

이진 RBM에서는 함수 $f(\cdot)$로 흔히 S자형 함수를 사용한다. 그것이 이 부류의 모형에서 가장 흔히 쓰이는 변형이다. 치우침 항을 무시한다면, 그림 6.4(a)처럼 RBM의 무향 연결을 두 개의 유향 연결로 대체할 수 있다. 두 방향의 가중치 행렬이 각각 W와 W^T임을 주목하기 바란다. 그런데 가시 상태들을 훈련 자료점들로 고정하면 이 연산들을 단 두 번만 반복해서 가시 상태들의 **실숫값** 근사를 구축할 수 있다. 다른 말로 하면, 이산 표집을 사용하는 훈련된(가중치들을 모두 배운) RBM을 연속값 S자형 활성화 함수를 가진 전통적인 신경망으로 근사할 수 있는 것이다. 그림 6.4(b)가 RBM을 전통적인 신경망으로 변환하는 과정을 보여준다. 핵심은 앞의 두 공식의 '∼' 연산, 즉 확률적 표집(표본추출) 연산을 다음과 같이 확률값 계산으로 대체하는 것이다.

$$\overline{h} = f(\overline{v}, \overline{b}^{(h)}, W)$$
$$\overline{v}' = f(\overline{h}, \overline{b}^{(v)}, W^T)$$

$\overline{v}'$이 $\overline{v}$의 재구축 버전임을 주목하기 바란다. $\overline{v}$는 이진 상태들로 구성되지만 이 재구

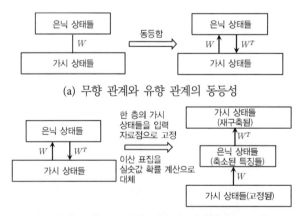

(a) 무향 관계와 유향 관계의 동등성

(b) 이산 그래프 모형을 실숫값 신경망으로 근사

그림 6.4: 훈련된 RBM을 훈련된 가상 자동부호기로 변환

축 버전은 실숫값들로 구성된다. 즉, 연관된 신경망은 이산 표본이 아니라 실수 활성화 값들을 다룬다. 표집을 더 이상 사용하지 않고 모든 계산이 기댓값들로 수행되므로, 식 6.15를 한 번만 반복해서 축소 표현을 생성할 수 있다. 마찬가지로, 자료를 재구축하는 데는 식 6.17을 한 번만 반복하면 된다. 예측 단계는 그림 6.4(b)에서 보듯이 입력 자료점에서 재구축된 자료로의 한 방향으로만 작동한다. 다음은 식 6.15와 6.17을 이러한 전통적인 신경망의 실숫값 상태에 맞게 수정한 공식이다.

$$\hat{h}_j = \frac{1}{1 + \exp\left(-b_j^{(h)} - \sum_{i=1}^{d} v_i w_{ij}\right)} \tag{6.19}$$

은닉 상태가 총 $m \ll d$개라고 할 때, 실숫값 축소 표현은 $(\hat{h}_1 \ldots \hat{h}_m)$으로 주어진다. 이러한 은닉 상태들을 생성하는 첫 단계는 자동부호기의 부호기 부분과 동등하며, 이 값들은 이진 상태들의 기댓값들이다. 식 6.17을, 이 **확률값**들을 이용해서 (몬테카를로 표집은 사용하지 않고) 가시 상태들을 재구축하도록 수정하면 다음과 같은 공식이 된다.

$$\hat{v}_i = \frac{1}{1 + \exp\left(-b_i^{(v)} - \sum_{j} \hat{h}_j w_{ij}\right)} \tag{6.20}$$

비록 $\hat{h}_j$가 j번째 은닉 단위의 기댓값에 해당하긴 하지만, $\hat{h}_j$의 이 실숫값 버전에 S자형 함수를 다시 적용하면 v_i의 기댓값에 대한 그리 정확하지 않은 근삿값이 나온다. 그렇긴 하지만 실수 예측값 $\hat{v}_i$가 v_i의 근사적인 재구축 값이라는 점은 변함이 없다. 이러한 재구축 과정을, 확률 그래프 모형의 비효율적인 이산 표집 대신 S자형 단위들을 가진 전통적인 신경망으로 수행한다는 점에 주목하기 바란다. 따라서, 이제는 이 연관된 신경망에 전통적인 역전파 알고리즘을 적용해서 가중치들을 좀 더 조정할 수 있다. 이런 종류의 재구축은 제2장에서 논의한 자동부호기 구조에 쓰이는 재구축과 비슷하다.

전통적인 자동부호기로도 가능한 일을 굳이 RBM으로 한다는 것이 말이 되지 않는다고 느끼는 독자도 있을 것이다. 그러나 훈련된 RBM으로부터 전통적인 신경망을 유도한다는 이러한 접근 방식은 다수의 RBM을 겹쳐 쌓아서 심층 신경망을 구성할 때 특히나 유용하다(§6.7 참고). 그런 중첩된(stacked) RBM은 보통의 심층 신경망에서 흔히 볼 수 있는 어려움을 겪지 않는다. 특히, 기울기 소실 및 폭발 문제와 관련된 어려움이 없다. 단순한 하나의 RBM이 얕은 자동부호기의 좋은 초기화 출발점이 되듯이, 중첩된 RBM은 심층 자동부호기의 훌륭한 출발점이 된다.[198] 이러한 원리로부터 RBM을 사전훈련에 사용한다는 착안이 제시되었는데, 이는 통상적인(RBM을 사용하지 않는) 사전훈련 방법들이 등장하기 전의 일이다. 차원 축소와 자료 재구축은 이 정도로 마무리하고, 다음으로는 협업 필터링(이번 장의 아이스크림 예제에서 언급한)과 주제 모형화에 RBM을 사용하는 방법을 차례로 살펴보겠다.

6.5.2 RBM을 이용한 협업 필터링

앞에서는 자동부호기 대신 제한 볼츠만 기계를 이용해서 비지도 모형화와 차원 축소를 수행하는 방법을 논의했다. 그런데 제2장의 §2.5.7에서도 언급했듯이, 차원 축소 방법들은 협업 필터링 같은 다양한 관련 응용 분야에도 쓰인다. 이번 절에서는 §2.5.7에서 논의한 추천 시스템을 RBM을 중심으로 구현하는 방법을 살펴본다. 이번 절의 접근 방식은 [414]에 나온 기법에 기초한다. [414]의 기법은 Netflix Prize 공모전 우승작의 앙상블 구성요소들에 쓰였다.

평점(rating) 행렬을 다룰 때 한 가지 어려운 점은 평점 행렬이 완전하지 않게, 즉 일부 성분들이 누락되어서 정의된다는 것이다. 이 때문에 협업 필터링을 위한 신경망을 설계하기가 전통적인 차원 축소 방법을 사용할 때보다 어려워진다. §2.5.7에서는 그런 불완비 행렬(incomplete matrix; 또는 불완전 행렬)을 전통적인 신경망으로 모형화할 때 겪는 여러 어려움을 설명하고, 각 이용자가 제공한 평점들에 기초해서 이용자마다 서로 다른 훈련 견본과 서로 다른 신경망을 만들어서 그러한 어려움을 해결하는 방법을 제시했다. 그러한 서로 다른 신경망들은 모두 가중치를 공유한다. 제한 볼츠만 기계에도 이와 아주 비슷한 접근 방식을 적용할 수 있다. 즉, 이용자마다 하나의 훈련 견본과 하나의 RBM을 구축하는 것이다. 그러나 RBM의 경우에는, 평점은 1에서 5까지의 값이지만 단위의 상태는 이진값이라는 문제가 있다. RBM으로 협업 필터링을 구현하려면 이 문제를 해결해야 한다.

이 문제를 해결하는 방법은 RBM의 은닉 단위들이 1에서 5까지의 평점 값에 대응되는 5중 소프트맥스 함수를 사용하게 하는 것이다. 다른 말로 하면, 각 은닉 단위는 평점을 일종의 원핫 벡터로 부호화해야 한다. 이러한 원핫 부호화는 가능한 각 위치의 확률을 정의하는 소프트맥스 함수로 처리하는 것이 자연스럽다. 은닉층의 i번째 소프트맥스 단위는 i번째 영화에 해당하며, 그 영화에 특정한 평점이 부여될 확률은 소프트맥스 확률들의 분포에 따라 정의된다. 즉, 영화가 총 d가지이면 그런 원핫 부호화 평점들은 총 d개이다. 그러한 원핫 부호화 가시 단위들의 해당 이진 비트들을 $v_i^{(1)}, \dots v_i^{(5)}$로 표기한다고 하자. 이들은 원핫 벡터의 성분들이므로, 고정된 i와 여러 k 값들에 대해 $v_i^{(k)}$ 중 하나만 값이 1일 수 있다. 은닉층의 단위 개수가 m이라고 하자. 가중치 행렬은 소프트맥스 단위가 산출할 수 있는 결과값(평점)들 각각에 대해 개별적인 가중치를 담는다. 결과값 k에 대한 가시 단위 i와 은닉 단위 j 사이의 가중치를 $w_{ij}^{(k)}$로 표기하자. 그리고 가시 단위 i에는 다섯 개의 치우침 항이 있는데, 이들은 $k \in \{1, \dots, 5\}$에 대해 $b_i^{(k)}$로 표기한다. 은닉 단위의 치우침 항은 하나뿐이다. j번째 은닉 단위의 치우침 항을 b_j로 표기한다(위 첨자는 없다). 협업 필터링을 위한 RBM의 구조가 그림 6.5에 나와 있다. 그림에서 보듯이 영화는 총 $d = 5$가지이고 은닉 단위는 $m = 2$개, 이용자는 사야니와 밥 두 명이다. 사야니는 단 두 편의 영화에만 평점을 제공했다. 따라서 사야니를 위한 RBM에는 총 $2 \times 2 \times 5 = 20$개의 연결이 있는데, 간결함을 위해 그림에는 그중 일부만 표시했다. 밥은 네 편의 영화에 평점을 제공했으므로 밥을 위한 RBM의 연결 수는 $4 \times 2 \times 5 = 40$개이다. 사야니와 밥 모두 영화 *E.T.*에 평점을 매겼으므로, 두 RBM은 이 영화에서 은닉 단위들로의 연결들에 있는 가중치들을 공유한다.

은닉 단위의 상태(이진값)는 다음과 같이 S자형 함수로 정의된다.

$$P\big(h_j = 1 \mid \bar{v}^{(1)} \dots \bar{v}^{(5)}\big) = \frac{1}{1 + \exp\Big(-b_j - \sum_{i,k} v_i^{(k)} w_{ij}^k\Big)} \tag{6.21}$$

식 6.15와는 달리 이 공식의 가시 단위에는 서로 다른 평점 결과에 대응되는 위 첨자가 붙어 있다. 그 점 말고는 식 6.15와 거의 같다. 그러나 가시 단위의 확률값은 전통적인 RBM 모형과 다른 방식으로 정의된다. 협업 필터링을 위한 RBM의 가시 단위 확률에는 다음과 같이 소프트맥스 함수가 쓰인다.

$$P\big(v_i^{(k)} = 1 \mid \bar{h}\big) = \frac{\exp\Big(b_i^{(k)} + \sum_j h_j w_{ij}^{(k)}\Big)}{\sum_{r=1}^{5} \exp\Big(b_i^{(r)} + \sum_j h_j w_{ij}^{(r)}\Big)} \tag{6.22}$$

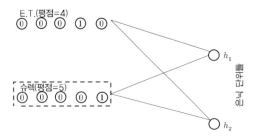

(a) 이용자 사야니의 RBM 구조(관측된 평점: E.T와 슈렉)

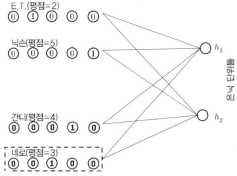

(b) 이용자 밥의 RBM 구조(관측된 평점: E.T, 닉슨, 간디, 네로)

그림 6.5: 두 이용자의 RBM 구조. 두 이용자의 관측된 평점들도 표시했다. 이 그림을 제2장의 그림 2.14에 나온 전통적인 신경망 구조와 비교해 보면 좋을 것이다. 두 경우 모두, 사용자 고유의 신경망들이 일부 가중치들을 공유한다.

이 RBM을 훈련하는 방법은 몬테카를로 표집으로 제한 없는 볼츠만 기계를 훈련하는 것과 비슷하다. 주된 차이점은 가시 상태들을 하나의 다항 모형에서 생성한다는 것이다. 즉, 몬테카를로 표집으로 식 6.22의 다항 모형에서 음성 표본도 추출해서 각 $v_i^{(k)}$를 생성해야 한다. 훈련을 위한 가중치 갱신 공식은 다음과 같다.

$$w_{ij}^{(k)} \Leftarrow w_{ij}^{(k)} + \alpha\big(\langle v_i^{(k)}, h_j \rangle_{\text{양}} - \langle v_i^{(k)}, h_j \rangle_{\text{음}}\big) \qquad \forall\, k \tag{6.23}$$

하나의 훈련 견본(즉, 한 이용자)에 대해 모든 은닉 단위와 **관측된** 가시 단위들 사이의 가중치들만 갱신함을 주의하기 바란다. 다른 말로 하면, RBM은 이용자마다 다르지만, 가중치들은 여러 이용자 RBM이 공유한다. 그림 6.5에 두 이용자 훈련 견본에 대한 서로 다른 RBM의 예가 나와 있다. 밥의 RBM과 사야니의 RBM은 구조가 다르지만, *E.T.*

에 해당하는 단위들의 가중치들을 공유함을 주목하기 바란다. 이처럼 훈련 견본마다 서로 다른 신경망을 사용하는 접근 방식은 §2.5.7에서 설명한, 행렬 인수분해에 해당하는 전통적인 신경망 구조에도 쓰인다. RBM은 행렬 인수분해 모형과는 다소 다른 평점들을 산출하는 경향이 있지만, 정확도는 둘이 비슷하다.

예측 실행

가중치들을 모두 학습했다면, RBM으로 예측을 실행할 수 있다. 그런데 예측 과정에서는 이진 상태들 대신 실수 활성화 값들이 쓰인다. 이는 S자형 단위와 소프트맥스 단위로 이루어진 전통적인 신경망과 비슷한 방식이다. 학습 과정에서는 식 6.21을 이용해서 은닉 단위들의 확률값들을 학습한다. j번째 은닉 단위가 1일 확률을 $\hat{p}_j$로 표기하자. 예측 과정에서는 **관측되지 않은** 가시 단위들의 확률값들을 식 6.22를 이용해서 계산한다. 이때 문제점은, 식 6.22는 은닉 단위 값들로 정의되어 있으며, 은닉 단위 값은 식 6.21에 의해 확률값의 형태로만 주어진다는 것이다. 다행히 그냥 식 6.22의 각 h_j에 $\hat{p}_j$를 대입해서 계산하면 가시 단위의 확률값이 나온다. 결과적으로 RBM은 각 평점(1에서 5까지)이 주어진 항목에 부여될 확률들을 예측값으로 산출한다. 필요하다면 이러한 확률들로부터 기대 평점을 구할 수도 있다. 이론의 관점에서 이러한 접근 방식은 근사 예측값을 제공할 뿐이지만, 실제 응용에서 잘 작동할 뿐만 아니라 대단히 빠르다. 이런 실숫값 계산들을 적용하면 RBM은 은닉층에 로그 단위들이 있고 입력층과 출력층에는 소프트맥스 단위들이 있는 전통적인 신경망 구조에 해당하는 모형으로 변한다. 원논문 [414]가 언급하지는 않았지만, 그러한 모형의 가중치들을 역전파를 이용해서 더욱 조정하는 것도 가능하다(연습문제 1).

이러한 RBM 접근 방식은 전통적인 행렬 인수분해 접근 방식만큼이나 잘 작동한다. 단, 예측값의 형태는 전통적인 접근 방식과 다르다. 그러나 앙상블 구성의 관점에서는 그러한 차이가 장점에 해당한다. 실숫값 계산 RBM을 행렬 인수분해 접근 방식과 결합함으로써 앙상블 방법에서 흔히 볼 수 있는 성능 향상을 꾀할 수 있다. 대체로 앙상블 방법들은 서로 다르지만 정확도는 비슷한 모형들을 조합할 때 더 나은 성과를 보인다.

조건부 인수분해: 교묘한 정칙화 요령 하나

[414]의 RBM 기반 협업 필터링 방법에는 교묘한 정칙화 요령이 하나 숨어 있다. 이 요령은 협업 필터링뿐만 아니라 RBM의 그 어떤 응용에도 적용할 수 있다. 이 요령은 RBM에는 아주 유용하지만, 전통적인 신경망에서는 굳이 필요하지 않다(전통적인 신경망에서는 그냥 은닉층을 더 추가하면 된다). 협업 필터링에 국한되지 않고 좀 더 일반적인 형태로 이 요령을 설명하겠다. RBM의 은닉 단위와 가시 단위가 많으면 매개변수 행렬 $W = [w_{ij}]$의 크기가 상당히 커질 수 있다. 예를 들어 가시 단위가 $d = 10^5$개이고 은닉 단위가 $m = 100$개이면 매개변수는 1천만 개이다. 그러면, 과대적합을 피하기 위해서는 훈련 자료점이 1천만 개가 필요하며, 그러면 RBM을 훈련하는 데 엄청난 시간이 걸린다. 한 가지 자연스러운 해결책은 가중치 행렬의 저계수(low-rank; 계수가 작은) 매개변수 구조를 활용하는 것이다. 이는 일종의 정칙화이다. 이 요령은 행렬 W를 다음과 같이 크기가 각각 $d \times k$와 $m \times k$인 두 저계수 인수 행렬 U와 V의 곱으로 표현할 수 있다고 가정한다.

$$W = UV^T \tag{6.24}$$

여기서 k는 인수분해 계수(rank)인데, 보통의 경우 d와 m보다 훨씬 작다. 이러한 가정 하에서, W의 모든 매개변수를 학습하는 대신 U와 V의 매개변수들을 각각 학습함으로써 RBM의 훈련 시간을 단축한다. 매개변수들을 행렬로 표현할 수 있는 다양한 기계 학습 응용에서 이 요령이 흔히 쓰인다. 구체적인 예로 인수분해 기계(factorization machine, FM)[396]가 이런 요령을 사용한다(인수분해 기계는 협업 필터링에도 쓰인다). 전통적인 신경망에서는 이런 요령이 필요하지 않다. 가중치 행렬이 W인 두 층 사이에 단위가 k개인 선형층 하나를 끼워 넣어서, W 대신 세 층 사이의 두 가중치 행렬 U와 V^T를 학습하면 된다.

6.5.3 RBM을 이용한 분류

분류 과제에서는 RBM이 분류 자체보다는 분류를 위한 사전훈련의 수단으로 쓰일 때가 많다. 간단히 설명하자면, 먼저 RBM으로 비지도 특징 공학 과정을 수행하고, §6.5.1에서 설명한 방식으로 RBM을 펼쳐서 하나의 부호기-복호기 구조를 만든다. 그러한 구조의 부호기 부분은 S자형 단위들을 사용하는 전통적인 신경망에 해당한다. 단, 가중치들을 무작위로 초기화하는 대신 미리 비지도 학습으로 얻은 RBM의 가중치들을 사용한다는 점이 다르다. 부호기 부분의 마지막 층은 분류명 예측값을 출력하는 하나의 출력층이다. 이제 이 부호기 부분의 가중치들을 역전파를 이용해서 좀 더 조정한다. 이런 접근 방식을 **중첩된** *RBM*(§6.7)에 사용해서 더 깊은 분류기를 만드는 것도 가능하다. 이처럼 RBM을 이용해서 (전통적인) 심층 신경망을 초기화하는 방법은 심층 신경망 사전훈련에 대한 최초의 접근 방식 중 하나였다.

그런데 RBM을 사전훈련에만 사용하는 것이 아니라, RBM의 훈련과 추론을 분류 과정에 좀 더 밀접하게 결합해서 RBM 자체로 분류를 수행하는 것도 가능하다. 이 접근 방식은 이전 절에서 논의한 협업 필터링의 접근 방식과 다소 비슷하다. 불완비 행렬의 결측 성분들을 예측한다는 점에서, 협업 필터링 문제를 **행렬 완성**(matrix completion) 문제라고도 부른다. RBM으로 추천 시스템을 구현하는 방식을 생각해 보면 RBM을 분류에 사용하는 방법에 관한 유용한 힌트를 얻을 수 있다. 이는 분류 문제라는 것을 훈련 견본들과 시험 견본들을 행렬의 행들로 간주해서 하나의 행렬을 재구축하는, 행렬 완성의 단순화된 버전으로 생각할 수 있기 때문이다. 이 경우 결측값들은 행렬의 특정한 하나의 열에 해당하며, 분류의 관점에서 그 열은 분류명 변수에 해당한다. 추천 시스템의 경우에는 결측값들이 행렬의 어디에나 있을 수 있지만, 분류의 경우에는 모든 결측값이 시험 견본 행들에 있다. 그림 6.6은 분류 문제와 일반적인 행렬 완성 문제의 이러한 관계를 보여준다. 분류에서는 훈련 자료점들에 해당하는 행들에서 모든 특징을 관측할 수 있으므로(즉, 그런 행들에는 결측값이 전혀 없으므로) 모형화가 쉽다(반면 협업 필터링에서는 모든 특징을 관측할 수 있는 행이 거의 없다).

하나의 입력 자료점이 d개의 이진 특징들로 구성되고, 분류명 변수가 k개의 서로 다른 값을 가진다고 하자. 그러면 따라서 이는 다중 분류 문제에 해당한다. RBM으로 이러한 분류 문제를 모형화할 때는 은닉 특징들과 가시 특징들을 다음과 같이 정의한다.

1. 가시층은 두 종류의 노드, 즉 특징들에 해당하는 노드들과 분류명에 해당하는 노드들로 구성된다. 특징들에 해당하는 이진 단위가 d개이고 분류명에 해당하는 이진 단위가 k라고 하자. 그런데 k개의 분류명 이진 단위 중 하나만 1이 될 수 있다. 즉, 이 단위들은 특정 분류명에 대한 원핫 벡터를 형성한다. 이러한 분류명 부호화 방식은 협업 필터링 응용에서 평점을 부호화하는 방식과 비슷하다. 특징

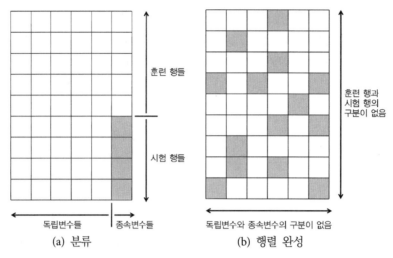

훈련 행들

시험 행들

훈련 행과
시험 행의
구분이 없음

독립변수들   종속변수들

독립변수와 종속변수의 구분이 없음

(a) 분류

(b) 행렬 완성

그림 6.6: 분류 문제는 행렬 완성의 한 특수 사례이다. 회색 바탕은 누락된, 따라서 RBM이 예측해야 하는 성분들이다.

들에 해당하는 가시 단위들을 $v_1^{(f)} \dots v_d^{(f)}$로, 분류명에 해당하는 가시 단위들을 $v_1^{(c)} \dots v_k^{(c)}$로 표기한다. 위 첨자 (*f*)와 (*c*)는 가시 단위가 각각 특징에 대한 단위 또는 분류명에 대한 단위임을 나타낸다.

2. 은닉층은 m개의 이진 단위로 구성된다. 은닉 단위들을 $h_1 \dots h_m$으로 표기한다.

i번째 특징 가시 단위 $v_i^{(f)}$와 j번째 은닉 단위 h_j 사이의 연결에 부여된 가중치를 w_{ij}로 표기한다. 이 가중치들은 하나의 $d \times m$ 가중치 행렬 $W = [w_{ij}]$를 형성한다. i번째 분류명 가시 단위 $v_i^{(c)}$와 j번째 은닉 단위 h_j 사이의 연결에 부여된 가중치를 u_{ij}로 표기한다. 이 가중치들은 하나의 $k \times m$ 가중치 행렬 $U = [u_{ij}]$를 형성한다. 그림 6.7은 특징이 $d = 6$개, 분류명이 $k = 3$개, 그리고 은닉 단위가 $m = 5$개인 RBM의 여러 종류의 노드들과 행렬들의 관계를 나타낸 것이다. i번째 특징 가시 노드의 치우침 항을 $b_i^{(f)}$로 표기하고, i번째 분류명 가시 노드의 치우침 항을 $b_i^{(c)}$로 표기한다. j번째 은닉 노드의 치우침 항은 b_j로 표기한다(위 첨자 없음). 이러한 설정에서, 은닉 단위 상태들은 모든 가시 노드에 대한 S자형 함수로 정의된다.

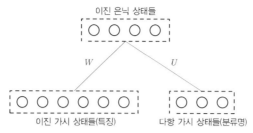

이진 은닉 상태들

W U

이진 가시 상태들(특징)   다항 가시 상태들(분류명)

그림 6.7: 분류를 위한 RBM 구조

$$P(h_j = 1 \mid \overline{v}^{(f)}, \overline{v}^{(c)}) = \frac{1}{1 + \exp\left(- b_j - \sum_{i=1}^{d} v_i^{(f)} w_{ij} - \sum_{i=1}^{k} v_i^{(c)} u_{ij}\right)} \tag{6.25}$$

이것이 볼츠만 기계에서 은닉 단위의 확률을 정의하는 표준적인 방식임을 주의하기 바란다. 그러나 특징 가시 단위의 확률을 정의하는 방법과 분류명 가시 단위의 확률을 정의하는 방법에는 어느 정도 차이가 있다. 특징 가시 단위의 확률은 표준적인 볼츠만 기계의 경우와 그리 다르지 않다.

$$P(v_i^{(f)} = 1 \mid \overline{h}) = \frac{1}{1 + \exp\left(- b_i^{(f)} - \sum_{j=1}^{m} h_j w_{ij}\right)} \tag{6.26}$$

그러나 분류명 가시 단위의 확률 계산은 S자형 함수 대신 소프트맥스를 사용한다는 차이가 있다. 분류명을 원핫 벡터 형태로 부호화하므로 소프트맥스가 필요하다. 분류명 가시 단위들의 확률은 다음과 같이 정의된다.

$$P(v_i^{(c)} = 1 \mid \overline{h}) = \frac{\exp\left(b_i^{(c)} + \sum_j h_j u_{ij}\right)}{\sum_{l=1}^{k} \exp\left(b_l^{(c)} + \sum_j h_j u_{lj}\right)} \tag{6.27}$$

이러한 RBM을, 이전 절들에서 말한 것과 비슷한 생성 모형 접근 방식을 이용해서 훈련할 수도 있다. 이 경우 분류명 가시 상태 $v_i^{(c)}$들은 다항 모형으로 생성한다. 다음은 이에 해당하는 대조 발산 알고리즘의 갱신 공식이다.

$$w_{ij} \Leftarrow w_{ij} + \alpha\left(\left\langle v_i^{(f)}, h_j \right\rangle_{\text{양}} - \left\langle v_i^{(f)}, h_j \right\rangle_{\text{음}}\right) \quad \text{만일 } i \text{가 특징 단위이면}$$

$$u_{ij} \Leftarrow u_{ij} + \alpha\left(\left\langle v_i^{(c)}, h_j \right\rangle_{\text{양}} - \left\langle v_i^{(c)}, h_j \right\rangle_{\text{음}}\right) \quad \text{만일 } i \text{가 분류명 단위이면}$$

이러한 접근 방식은 협업 필터링의 것을 그대로 확장한 것이라고 할 수 있다. 그러나 이러한 **생성적** 접근 방식으로는 최적의 분류 정확도를 얻지 못한다. 자동부호기에 비유하자면, 그냥 입력에 분류명 변수를 포함하는 것만으로는 차원 축소가 크게 나아지지 않는다(지도 학습의 관점에서). 차원 축소는 특징들 사이의 비지도 관계들에 지배될 때가 많다. 그보다는, **전적으로 분류의 정확도를 최적화**하는 데 학습의 초점을 두는 것이 낫다. 그래서 분류를 위한 RBM의 훈련에는 진(true) 분류명의 조건부 분류 가능도를 최대화하도록 가중치들을 학습하는 **판별적** 접근 방식이 자주 쓰인다. 가시 상태들이 주어졌을 때의 분류명 변수의 조건부 확률을 구하는 것은 그리 어렵지 않다. 은닉 상태들과 분류명/특징 가시 상태들 사이의 확률적 의존관계를 활용하면 된다. 예를 들어 보통의 RBM에서는 특징 변수 $v_i^{(f)}$들과 분류명 변수 v_i^c들의 **결합** 확률을 최대화한다. 그러나 판별적 접근 방식에서는 분류명 변수 $y \in \{1 \dots k\}$에 대한 조건부 확률 $P(v_y^{(c)} = 1 \mid \overline{v}^{(f)})$를 최대화하도록 목적함수를 설정한다. 이런 접근 방식은 분류 정확도의 최대화에 좀 더 중점을 둔 것이다. 판별적 RBM을 대조 발산 알고리즘으로 훈련하는 것이 가능하긴 하지만, $P(v_y^{(c)} = 1 \mid \overline{v}^{(f)})$를 닫힌 형식으로 추정할 수 있다는 점을 이용하면 반복이 없는 좀 더 간단한 방식으로 훈련을 수행할 수 있다. [263, 414]에 따르면 이 조건부 확률의 닫힌 형식은 다음과 같다.

$$P(v_y^{(c)} = 1 \mid \overline{v^{(f)}}) = \frac{\exp\left(b_y^{(c)}\right) \prod\limits_{j=1}^{m}\left[1 + \exp\left(b_j^{(h)} + u_{yj} + \sum\limits_i w_{ij} v^{(f)}{}_i\right)\right]}{\sum\limits_{l=1}^{k} \exp\left(b_l^{(c)}\right) \prod\limits_{j=1}^{m}\left[1 + \exp\left(b_j^{(h)} + u_{lj} + \sum\limits_i w_{ij} v_i^{(f)}\right)\right]} \tag{6.28}$$

이러한 미분 가능 닫힌 형식 덕분에, 확률적 경사 하강법에서 음의 로그가능도를 미분하는 것이 간단한 문제가 된다. $\mathcal{L}$이 조건부 확률의 음의 로그가능도이고 θ가 RBM의 한 매개변수(가중치 또는 치우침 항)라고 할 때, 다음이 성립한다.

$$\frac{\partial \mathcal{L}}{\partial \theta} = \sum_{j=1}^{m} \text{Sigmoid}(o_{yj}) \frac{\partial o_{yj}}{\partial \theta} - \sum_{l=1}^{k} \sum_{j=1}^{m} \text{Sigmoid}(o_{lj}) \frac{\partial o_{lj}}{\partial \theta} \tag{6.29}$$

여기서 $o_{yj} = b_j^{(h)} + u_{yj} + \sum_i w_{ij} v_i^{(f)}$ 이다. 확률적 경사 하강법 과정에서 이 공식을 각 훈련 자료점과 각 매개변수에 대해 계산하는 것은 어렵지 않다. 식 6.28을 이용해서 미지의 시험 견본에 대한 확률적 예측값을 산출하는 것은 비교적 간단한 문제이다. 이러한 모형의 세부 사항과 확장 방법이 [263]에 나온다.

6.5.4 RBM을 이용한 주제 모형화

주제 모형화(topic modeling)는 텍스트 자료에 국한된 일종의 차원 축소이다. 최초의 주제 모형은 [206]이 제안한, PLSA(probabilistic latent semantic analysis; 확률적 잠재 의미 분석)에 해당하는 모형이다. SVD에서처럼 PLSA에서는 기저 벡터들이 서로 직교가 아니다. 한편 기저 벡터들과 변환된 표현들은 음이 아닌 값들로 제한된다. 변환된 각 특징이 음수가 아니라는 제약은 그 특징들이 특정 문서의 주제의 강도(세기)를 나타낸다는 점에서 의미론적으로 유용하다. RBM의 맥락에서 이 강도는 관측된 문서의 단어들을 조건으로 하여 은닉 단위의 값이 1일 확률에 해당한다. 이는 가시 상태들을 문서의 단어들로 고정하고 은닉 상태들의 조건부 확률들을 계산함으로써 문서의 축소 표현을 생성할 수 있다는 뜻이다. 이하의 논의에서 어휘 크기(출현 가능한 단어들의 개수)가 d 이고 은닉 단위 개수는 $m \ll d$ 라고 가정한다.

이 접근 방식은 이용자(행렬의 한 행)마다 하나의 RBM을 생성하는 협업 필터링과 비슷하다. 주제 모형화에서는 문서마다 하나의 RBM을 만든다. 이 RBM의 각 가시 단위는 문서의 각 단어에 대응된다. 따라서 가시 단위 개수는 문서의 단어 개수와 같다. 주제 모형화를 위한 RBM의 가시 상태와 은닉 상태 구성은 다음과 같다.

1. n_t 개의 단어를 담은 t 번째 문서에 대한 RBM에는 총 n_t 개의 소프트맥스 그룹이 있다. 각 소프트맥스 그룹은 어휘의 단어 d개에 대응되는 d개의 가시 노드로 구성된다. 문서마다 단어 구성이 다르므로, 문서마다 다른 RBM이 만들어진다. 그러나 한 문서의 모든 소프트맥스 그룹은 물론 서로 다른 문서의 소프트맥스 그룹들이 은닉 단위들과의 연결 가중치들을 공유한다. 문서의 i번째 단어는 i번째 가시 소프트맥스 그룹에 대응된다. i번째 가시 단위 그룹을 $v_i^{(1)} \dots v_i^{(d)}$ 로 표기하고, 각 가시 단위 $v_i^{(k)}$에 연관된 치우침 항을 $b^{(k)}$로 표기한다. i번째 가시 노드의 치우침 항은 i(문서 안에서의 단어의 위치)가 아니라 k(단어의 종류)에만 의존함을 주목하기 바

란다. 이는 이 주제 모형이 단어의 위치가 중요하지 않은 '단어 모음(bag-of-words)'
접근 방식을 사용하기 때문이다.

2. 은닉 단위는 총 m개이다. 이들을 $h_1 \ldots h_m$으로 표기한다. j번째 은닉 단위의 치
   우침 항은 b_j이다.

3. 각 은닉 단위는 $n_t \times d$개의 가시 단위들과 각각 연결된다. 한 RBM의 모든 소프
   트맥스 그룹뿐만 아니라 서로 다른 RBM들(각 문서에 대응되는)의 소프트맥스 그룹
   들도 동일한 d개의 가중치를 공유한다. k번째 은닉 단위와 한 그룹의 d개의 소프
   트맥스 단위들 사이의 연결 가중치 d개로 이루어진 벡터를 $\overline{W}^{(k)} = (w_1^{(k)} \ldots w_d^{(k)})$
   로 표기한다. 다른 말로 하면, k번째 은닉 단위는 각각 소프트맥스 단위 d개로 이루
   어진 n_t개의 그룹 모두와 동일한 가중치 집합 $\overline{W}^{(k)}$를 통해서 연결된다.

이러한 RBM의 구조가 그림 6.8에 나와 있다. 이 RBM의 은닉 상태, 즉 은닉 단위에
연관된 확률을 다음과 같이 S자형 함수를 이용해서 표현할 수 있다.

$$P(h_j = 1 \mid \overline{v}^{(1)}, \ldots \overline{v}^{(d)}) = \cfrac{1}{1 + \exp\left(-b_j - \sum_{i=1}^{n_t} \sum_{k=1}^{d} v_i^{(k)} w_j^{(k)}\right)} \tag{6.30}$$

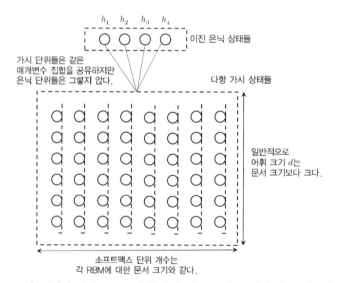

그림 6.8: 각 문서에 대한 RBM. 가시 단위 개수는 각 문서의 단어 개수와 같다.

그리고 가시 상태는 다음과 같이 다항 모형을 이용해서 표현할 수 있다.

$$P(v_i^{(k)} = 1 \mid \overline{h}) = \frac{\exp\left(b^{(k)} + \sum_{j=1}^{m} w_j^{(k)} h_j\right)}{\sum_{l=1}^{d} \exp\left(b^{(l)} + \sum_{j=1}^{m} w_j^{(l)} h_j\right)} \tag{6.31}$$

분모의 정규화 계수는 모든 단어에 관한 가시 단위 확률들의 합이 항상 1이 되게 만드는 역할을 한다. 그리고 우변이 가시 단위 색인 i와는 무관함을 주목하기 바란다. 즉, 이 모형은 문서 안에서의 단어의 위치에는 의존하지 않으며 문서를 하나의 단어 모음으로 취급한다.

이러한 관계식들에 기초해서 MCMC(마르코프 연쇄 몬테카를로) 표집과 대조 발산 알고리즘으로 은닉 상태들과 가시 상태들의 표본을 생성한다. 문서마다 다른 RBM을 사용한다는(비록 RBM들이 가중치들을 공유하긴 하지만) 점을 기억하기 바란다. 협업 필터링에서처럼 각 RBM은 오직 하나의 훈련 견본(이 경우 하나의 문서)에만 연관된다. 경사 하강법을 위한 가중치 갱신 공식은 보통의 RBM에 쓰이는 것과 기본적으로 같다. 유일한 차이점은 서로 다른 가시 단위들이 가중치들을 공유한다는 것이다. 이 역시 협업 필터링을 위한 RBM과 비슷한 점이다. 가중치 갱신 공식의 유도는 독자의 숙제로 남기겠다(연습문제 5를 볼 것).

경사 하강법으로 RBM을 훈련한 후에는 식 6.30을 이용해서 주어진 문서의 축소 표현을 얻는다. 은닉 단위들의 실숫값 확률들은 문서의 m차원 축소 표현에 해당한다. 이상의 주제 모형화 접근 방식은 원논문 [469]가 설명한 다층 접근 방식을 단순화한 것이다.

6.5.5 RBM을 이용한 다중 모드 자료 기계 학습

RBM을 다중 모드(multimodal; 또는 다봉분포) 자료에 대한 기계 학습에 사용할 수도 있다. 다중 모드 자료 기계 학습은 모드(modality)가 여러 개인 자료점들에서 정보를 추출하는 것을 말한다. 예를 들어 캡션(텍스트 설명)이 있는 이미지는 하나의 자료 객체에 이미지 모드(modality)와 텍스트 모드가 있다는 점에서 다중 모드 자료에 해당한다.

다중 모드 자료를 처리할 때 주된 어려움은, 이질적인 특징 조합을 기계 학습 알고

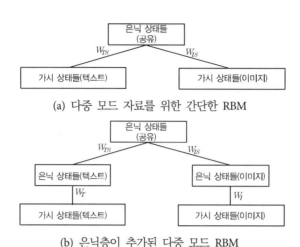

(a) 다중 모드 자료를 위한 간단한 RBM

(b) 은닉층이 추가된 다중 모드 RBM

그림 6.9: 다중 모드 자료의 처리를 위한 RBM 구조

리즘들이 잘 포착하지 못할 때가 많다는 것이다. 다중 모드 자료를 처리할 때는 두 모드를 하나의 결합 공간으로 사상해서 만든 공유 표현을 사용하는 방법이 흔히 쓰인다. 이를 위해 **공유** 행렬 인수분해 접근 방식을 사용할 때가 많다. 텍스트와 이미지 자료에 공유 행렬 인수분해를 적용하는 다양한 방법이 [6]에 나온다. 그런데 전통적인 행렬 인수분해를 RBM으로 대신할 수 있는 경우가 많으므로, 자료의 공유 잠재 표현을 생성하는 데 RBM을 사용해 보려 하는 것은 자연스러운 시도이다.

그림 6.9의 (a)는 [468]에 나온 다중 모드 모형화 구조의 예를 보여준다. 이 예는 텍스트 모드와 이미지 모드를 가진 다중 모드 자료에 대한 RBM이다. 이미지 자료와 텍스트 자료는 각각 이미지 모드와 텍스트 모드에 대응되는 은닉 상태들을 생성하는 데 쓰인다. 이 구조가 그림 6.7에 나온 분류기 구조와 놀랄 만큼 비슷함을 주목하기 바란다. 이러한 유사성은 두 구조 모두 두 종류의 특징들을 하나의 공유 은닉 상태 집합으로 사상하려 한다는 점에서 비롯된 것이다. 생성된 은닉 상태들의 집합(공유 표현)으로 분류를 비롯한 여러 가지 추론을 수행할 수 있다. §6.7에서 보겠지만, 이러한 비지도 표현을 역전파를 통해서 더욱 개선하는 것도 가능하다. 또한 이 모형으로 결측 자료의 모드들도 생성할 수 있다.

모형의 깊이를 늘려서 모형의 표현력을 개선하는 것도 가능하다. 그림 6.9(b)는 가시 상태들과 공유 표현 사이에 은닉층을 하나 추가한 구조를 보여준다. 은닉층들을 더 추가해서 심층 신경망을 구성할 수도 있다. 그러한 다층 RBM의 훈련 방법은 §6.7에서 논의한다.

다중 모드 자료를 처리할 때 한 가지 추가적인 어려움은 특징들이 이진값이 아닐 때가 많다는 것이다. 이 문제에 대한 해결책은 여러 가지이다. 텍스트 자료, 또는 이산적인 특성들의 개수가 그리 많지 않은 자료의 경우에는 주제 모형화 RBM에 쓰인 것과 비슷한 접근 방식을 사용할 수 있다. 즉, 서로 다른 특성들이 c개라고 할 때 c개의 원핫 부호화 특성들을 만드는 것이다. 그러나 임의의 실숫값 특징들을 가진 자료에서는 그런 접근 방식을 사용할 수 없으므로 문제가 어려워진다. 한 가지 해법은 자료를 이산화하는 것이지만, 그러면 자료에 관한 유용한 정보가 사라질 수 있다. 또 다른 해법은 볼츠만 기계의 에너지 함수를 적절히 수정하는 것인데, 다음 절에서는 이를 비롯해서 이진 자료 이외의 자료에 RBM을 적용할 때 생기는 몇 가지 문제점을 논의한다.

6.6 RBM을 이진 자료 이외의 자료에 적용

이번 장에서 지금까지의 논의는 RBM을 이진 자료에 적용하는 것에 초점을 두었다. 실제로 대부분의 RBM은 이진 자료에 맞게 설계된 것이다. 범주형 자료나 순서 자료(평점 등) 같은 일부 자료 형식에 대해서는 §6.5.2에서 설명한 소프트맥스 접근 방식을 사용하면 된다. 예를 들어 §6.5.4에서는 단어 개수 자료에 소프트맥스 단위를 사용하는 방법을 설명했다. 순서 있는 특성에도, 특성의 서로 다른 값들이 그리 많지 않다면 소프트맥스 접근 방식을 적용할 수 있다. 그러나 실숫값 자료에는 이런 방법들이 그리 효과적이지 않다. 한 가지 방법은 이산화(discretization) 기법을 이용해서 실숫값 자료를 이산 자료로 변환하는 것이다. 그러면 소프트맥스 단위들로 이산 자료를 처리할 수 있다. 그러나 이러한 이산화 접근 방식에는 표현 정확도가 어느 정도 소실된다는 단점이 있다.

§6.5.2에서 설명한 접근 방식을 살펴보면 다양한 자료 형식을 처리하는 방법에 관한 힌트를 얻을 수 있다. 예를 들어 범주형 자료나 순서 자료는 가시 단위들의 **확률분포를 주어진 문제에 좀 더 적합한 분포로 변경**해서 처리할 수 있다. 일반적으로는 가시 단위들의 분포뿐만 아니라 은닉 단위들의 분포도 변경해야 할 수 있다. 이는 은닉 단위들

이 본질적으로 가시 단위들에 의존하기 때문이다.

실숫값 자료에 대한 자연스러운 해결책은 가우스 분포를 따르는 가시 단위들을 사용하는 것이다. 이 방법에서는 은닉 단위들도 실숫값이며, 활성화 함수로 ReLU를 사용한다고 가정한다. 이러한 가정하에서, 특정 가시 단위와 은닉 단위의 조합 $(\overline{v}, \overline{h})$의 에너지는 다음과 같이 주어진다.

$$E(\overline{v}, \overline{h}) = \underbrace{\sum_i \frac{(v_i - b_i)^2}{2\sigma_i^2}}_{\text{포함 함수}} - \sum_j b_j h_j - \sum_{i,j} \frac{v_i}{\sigma_i} h_j w_{ij} \tag{6.32}$$

에너지에 대한 가시 단위들의 치우침 항의 기여가 하나의 **포물면 포함 함수**(parabolic containment function)로 주어짐을 주목하기 바란다. 이 포함 함수는 i번째 가시 단위의 값이 b_i에서 멀어지지 않게 하는 역할을 한다. 다른 종류의 볼츠만 기계에서처럼, 서로 다른 변수들에 대한 에너지 함수의 미분들로부터 로그가능도 미분들도 구할 수 있다. 이는 확률들이 항상 에너지 함수의 거듭제곱으로 정의되기 때문이다.

이 접근 방식을 실제로 구현할 때 주의해야 할 점이 몇 가지 있다. 무엇보다도, 이 접근 방식은 분산 매개변수 σ를 어떻게 두느냐에 따라 상당히 불안정해질 수 있다. 특히 가시층의 갱신량은 너무 작아지는 반면 은닉층의 갱신량은 너무 커지는 경향이 있다. 이러한 딜레마에 대한 한 가지 자연스러운 해결책은 은닉 단위들을 가시 단위들보다 더 많이 두는 것이다. 또한, 분산이 1이 되도록 입력 자료를 정규화하는 방법도 흔히 쓰인다. 그러면 가시 단위들의 표준편차 σ를 1로 설정할 수 있다. 은닉 단위들은 잡음이 섞이도록 수정된 ReLU 함수를 사용한다. 구체적으로 말하면, 먼저 평균이 0이고 분산이 $\log(1 + \exp(v))$인 가우스 잡음을 은닉 단위의 입력에 추가한 후 ReLU의 문턱값을 적용해서 음이 아닌 활성화 값을 산출한다. 이러한 독특한 활성화 함수를 사용하는 이유는, [348, 495]가 증명하듯이 이러한 은닉 단위가 하나의 **이항 단위**(binomial unit)에 해당하기 때문이다. 이항 단위는 흔히 쓰이는 이진 단위보다 더 많은 정보를 부호화한다. 실숫값 자료를 다룰 때는 그러한 능력을 활용하는 것이 중요하다. 실숫값 RBM의 기브스 표집은 이진 RBM의 기브스 표집과 비슷하다. 또한 MCMC 표집을 수행한 후 가중치들을 갱신하는 방법 역시 이진 RBM의 것과 비슷하다. 학습이 불안정해지지 않게 하려면 학습 속도를 낮게 유지하는 것이 중요하다.

6.7 중첩된 RBM

전통적인 신경망 구조가 가진 능력은 대부분 신경망이 깊다는 점, 즉 계산층이 여러 개라는 점에서 비롯된다. 신경망이 깊을수록 더 강력하다는 점이 밝혀졌다. 더 깊은 신경망은 매개변수들을 크게 늘리지 않고도 더 복잡한 함수를 모형화할 수 있다. 그렇다면 RBM으로도 그러한 깊이의 혜택을 받을 수 있을까? 실제로 RBM이 심층 신경망의 구축에 적합하다는 사실이 판명되었다. 게다가 RBM은 전통적인 신경망보다도 먼저 심층 모형의 사전훈련에 쓰였다. 간단히 말하면, 먼저 RBM을 기브스 표집으로 훈련해서 가중치들을 학습하고, 그 가중치들로 연속값 S자형 활성화 함수를(S자형 함수 기반 이산 표집 대신) 사용하는 전통적인 신경망을 구축한다. 그런데 이처럼 굳이 RBM을 먼저 훈련해서 전통적인 신경망을 구축하는 이유가 무엇일까? 그 이유는, RBM의 훈련 방식이 역전파를 이용한 전통적인 신경망의 훈련 방식과는 근본적으로 다르다는 것이다. RBM의 훈련에 쓰이는 대조 발산 알고리즘은 모든 층을 결합적으로 훈련하는 경향이 있다. 그 덕분에 전통적인 신경망에서 볼 수 있는 가중치 소멸 및 폭발 문제가 잘 발생하지 않는다.

언뜻 생각하면 RBM들로 심층 신경망을 구축하는 것이 다소 어렵게 느껴질 것이다. 무엇보다도, RBM은 계산이 특정 방향으로 진행되는 순방향 신경망과는 구조가 다르다. RBM은 가시 단위들과 은닉 단위들이 무향 그래프 모형의 형태로 연결된 대칭 구조를 가진다. 따라서, 심층망을 구성하려면 다수의 RBM들이 서로 상호작용하는 방식을 구체적으로 정의할 필요가 있다. 이 맥락에서 주목할 점은, 비록 RBM이 대칭적인 이산 모형이긴 하지만, 학습한 가중치들을 이용해서 전통적인 신경망, 구체적으로는 연속 활성화 값들의 공간 안에서 방향 있는 계산을 수행하는 신경망을 정의할 수 있다는 것이다. 이산 표집을 통해 학습된 가중치들은 이미 최종적인 해에 상당히 가깝다. 따라서 비교적 적은 노력으로 보통의 역전파를 이용해서 가중치들을 세부 조정해서 해를 더욱 개선할 수 있다. 이해를 돕기 위해, 그림 6.4에 나온 단층 RBM을 생각해 보자. 은닉 상태들과 가시 상태들이 서로 연결되어 있기 때문에, 층이 하나뿐임에도 이 RBM을 펼치면 깊이가 무한한 유향 그래프 모형이 된다. 그러나 가시 상태들을 고정한다면 층이 세 개인 유향 그래프로 이 RBM을 표현할 수 있으며, S자형 활성화 함수로부터 유도한 연속값들로 계산을 수행할 수 있다. 이러한 접근 방식으로도 쓸 만한

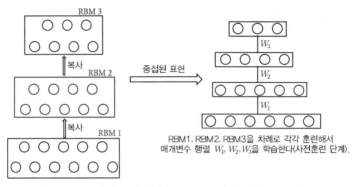

RBM1, RBM2, RBM3을 차례로 각각 훈련해서
매개변수 행렬 W_1, W_2, W_3을 학습한다(사전훈련 단계).

(a) 사전훈련 단계에서 중첩된 RBM들을 각각 차례로 훈련한다.

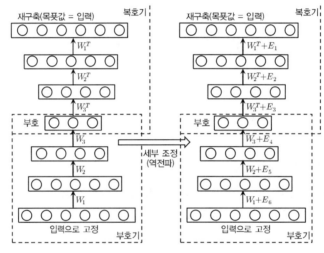

(b) 사전훈련 이후에는 역전파로 가중치들을 세부 조정한다.

그림 6.10: 다층 RBM의 훈련

근사해가 나온다. RBM을 펼쳐서 만든 신경망은 전통적인 자동부호기이지만, 가중치들을 RBM을 이용해서 미리 (근사적으로) 학습했다는 점이 다르다. 이러한 접근 방식을 중첩된 RBM에도 적용할 수 있다.

RBM들을 쌓아서(중첩해서) 심층 신경망을 구축한다는 것이 어떤 것일까? d차원 자료점들로 이루어진 하나의 자료 집합을 이용해서, 그보다 낮은 m_1차원의 축소된 표현을 생성한다고 하자. 가시 단위 d개와 은닉 단위 m_1개로 이루어진 하나의 RBM으로 그러한 차원 축소를 수행할 수 있다. 이 RBM을 훈련하면 자료 집합의 m_1차원 표현을 얻게 된다. 이제 가시 단위가 m_1개이고 은닉 단위가 m_2개인 또 다른 RBM을 만든다. 이 RBM의 가중치는 $m_1 \times m_2$개이다. 이제 첫 RBM의 출력 m_1개를 둘째 RBM의 입력으로 그대로 복사해서 둘째 RBM을 훈련한다. 그러면 둘째 RBM은 첫 RBM이 넘겨준 입력 자료의 m_2차원 축소 표현을 생성하게 된다. 이러한 과정을 여러 번 반복할 수 있다. 이 과정을 k번 반복한다고 할 때, 마지막 RBM의 크기는 $m_{k-1} \times m_k$이다. 정리하자면, 중첩된 RBM 접근 방식에서는 한 RBM의 출력을 그다음 RBM에 입력하는 식으로 RBM들을 차례로 하나씩 훈련한다.

중첩된 RBM의 예가 그림 6.10(a)의 왼쪽에 나와 있다. 그림 6.10(a)의 오른쪽 도식은 왼쪽 것을 좀 더 간결하게 표시한 것인데, 이런 간결한 형태의 도식이 더 자주 쓰인다. 한 RBM에서 그다음 RBM으로의 복사가 그냥 일대일로 진행됨을 주목하기 바란다. 이는 r번째 RBM의 출력층 단위 개수는 항상 $(r+1)$번째 RBM의 입력층 단위 개수와 같기 때문에 가능한 일이다. 이러한 중첩된 RBM의 훈련은 특정한 목푯값에 의존하지 않는다는 점에서 비지도 학습에 해당한다. 또한 주목할 점은, 개별 RBM은(좀 더 일반적으로는 볼츠만 기계는) 무향 모형이지만 중첩된 RBM은 더 이상 무향 모형이 아니라는 점이다. 중첩된 RBM에서는 자료가 한 방향으로(그림 6.10의 도식을 기준으로 하위 RBM에서 상위 RBM 쪽으로) 흘러간다. 사실 각 RBM을 다수의 입력과 출력을 가진 하나의 계산 단위로 간주하고, 한 RBM에서 그다음 RBM으로의 복사를 한 계산 단위에서 그다음 계산 단위로의 자료 전송으로 간주할 수 있다. 중첩된 RBM을 하나의 계산 그래프로 보는 이러한 관점을 좀 더 연장해서, 단위들이 이진 표본을 추출하는 데 필요한 매개변수들을 산출하는 대신 S자형 활성화 함수로 실수 활성화 값들을 산출하도록 RBM들을 수정해서 역전파를 수행하는 것도 가능하다. 그런 실숫값들을 사용하는 것은 하나의 근사일 뿐이지만, RBM의 훈련 방식 덕분에 근사의 품질이 아주 좋다. 그런 식으로 얻은 가중치들을 역전파를 이용해서 더욱 세부 조정할 수 있다. 어차피 역전파는 그래프가 계산하는 것이 연속 함수이기만 하면 그 어떤 계산 그래프에도 적용할 수 있다. RBM으로는 항상 비지도 학습 방식으로 가중치들을 학습하므로, 역전파를 이용한 세부 조정 접근 방식은 지도 학습 과제에 아주 유용하다.

6.7.1 비지도 학습

비지도 학습의 경우에도 중첩된 RBM의 차원 축소 품질이 단일 RBM의 것보다 대체로 우월하다. 그런데 그냥 중첩된 RBM의 모든 RBM을 함께 훈련해서는 그런 고품질의 결과를 얻을 수 없다. 더 나은 결과를 얻으려면 사전훈련 접근 방식을 이용한 좀 더 세심한 훈련 방법이 필요하다. 그림 6.10(a)의 예로 중첩된 RBM의 훈련 방법을 설명해 보겠다. 핵심은 세 RBM을 차례로 훈련한다는 것이다. 먼저, 주어진 훈련 자료 집합의 자료점들을 가시 단위 값들로 두어서 RBM 1을 훈련한다. 그런 다음에는 RBM 1의 출력을 RBM 2의 가시 단위 값들로 두어서 RBM 2를 훈련한다. 마지막으로, 마찬가지 방식으로 RBM 2의 출력으로 RBM 3을 훈련한다. RBM들이 더 많다고 해도, 이런 식으로 한 번에 하나씩 '탐욕적'인 방식으로 훈련하면 된다. 훈련된 세 RBM의 가중치 행렬들이 각각 W_1, W_2, W_3이라고 하자. 그림 6.10(b)의 왼쪽은 이 학습된 세 가중치 행렬을 이용해서 하나의 자동부호기를 구축한 모습이다. 복호기 부분의 세 층은 부호기의 역연산을 수행하므로, 가중치 행렬들이 원래의 전치행렬들인 W_1^T, W_2^T, W_3^T이다. 이제 이 자동부호기에 역전파를 적용해서 가중치들을 좀 더 조정한다. 그림 6.10(b)의 오른쪽은 역전파에 의해 가중치 행렬들이 조정된 자동부호기를 나타낸 것이다. 세부 조정 때문에 이제는 부호기와 복호기의 가중치 행렬들이 전치 관계로 대칭이 아님을 주목하기 바란다. 이상의 중첩된 RBM 접근 방식은 단일 RBM보다 더 나은 품질의 차원 축소 결과를 제공한다.[414] 참고로, 단일 RBM의 품질은 전통적인 신경망의 것과 비슷하다.

6.7.2 지도 학습

중첩된 RBM이 분류명 같은 특정 종류의 출력을 산출하도록 가중치들을 학습하려면 어떻게 해야 할까? 중첩된 RBM으로 k중 분류를 수행한다고 하자. 단층 RBM으로 분류를 수행하는 방법은 §6.5.3에서 논의했으며, 해당 구조가 그림 6.7에 나와 있다. 그 구조에 있는 하나의 은닉층을 다수의 RBM들로 대체하고, 마지막 은닉층(RBM)의 출력을 서로 다른 분류명에 대한 k개의 확률값들을 출력하는 하나의 가시 소프트맥스 출력층으로 연결하면 분류를 위한 중첩된 RBM 구조가 나온다. 차원 축소에서처럼 이 경우에도 사전훈련이 도움이 된다. 즉, 우선은 훈련 자료의 분류명들을 사용하지 않고 완전히 비지도 학습 방식으로 은닉층들을 하나씩 차례로 훈련한다. 그런 다음에는, 그 훈련 과정에서 얻은 은닉층 가중치들에 기초해서 마지막 은닉층과 소프트맥스 단위들로 이루어진 가시 출력층 사이의 가중치들을 학습한다. 이제 모든 가중치를 이용해서 앞의 비지도 학습 예에서처럼 유향 계산 그래프를 만들고, 역전파를 이용해서 가중치들을 더욱 세부 조정한다.

6.7.3 심층 볼츠만 기계와 심층 믿음망

RBM들을 앞에서와는 다른 방식으로 쌓고 연결해서 분류나 차원 축소 이외의 문제를 풀 수도 있다. 특히 주목할 방식은 인접한 두 RBM을 양방향으로 연결해서 RBM들을 쌓는 것인데, 그런 식으로 만든 중첩된 RBM을 **심층 볼츠만 기계**(deep Boltzmann machine)라고 부른다. 또한 단방향 연결과 양방향 연결을 혼합할 수도 있는데, **심층 믿음망**(deep belief network)이※ 그러한 예이다. 심층 믿음망에서는 제일 위 RBM과의 연결만 양방향이고, 그 아래의 모든 RBM들은 단방향으로 연결된다. 이런 방법 중 몇몇은 **S자형 믿음망**(sigmoid belief network) 같은 여러 종류의 확률 그래프 모형과 동등함이 증명되었다.[350]

심층 볼츠만 기계는 두 층의 대응되는 단위들이 양방향으로 연결된다는 점에서 특히나 주목할 만하다. 복사가 양방향으로 일어난다는 것은, 두 RBM 층의 인접 노드들을 병합해서 두 층을 하나로 합칠 수 있음을 뜻한다. 더 나아가서, 심층 볼츠만 기계의 모든 홀수 층과 모든 짝수 층을 따로 묶어서 하나의 이분할 그래프를 구성할 수 있음을 주목하기 바란다. 이러한 관점에서는 심층 RBM이 단일 RBM과 동등하다. 단일 RBM과의 차이는 가시 단위들이 한 층의 일부만 차지한다는 점과 모든 노드 쌍이 연결되지는 않는다는 점이다. 모든 노드 쌍이 연결되지는 않으므로, 상위 층의 노드들은 하위 층의 노드들보다 더 작은 가중치들을 받게 된다. 따라서 이 경우에도 하위 층들을 먼저 훈련하고 상위 층들을 탐욕적인 방식으로 훈련하는 사전훈련 접근 방식이 필요하다. 사전훈련을 마친 후에는 모든 층을 함께 훈련해서 가중치들을 세부 조정한다. 이런 고급 모형들에 관해서는 이번 장 끝의 문헌 정보에 제시된 문헌들을 보기 바란다.

※ **역주** belief network를 신뢰망 또는 신뢰 네트워크로 번역하기도 하지만, 신뢰는 belief network의 바탕인 베이즈 확률론의 'belief' 개념(확률을 불확실한 대상에 대한 믿음의 정도로 간주하는 것)보다는 보안이나 신용과 관련된 'trust' 개념과 더 가깝다고 판단해서 이 책에서는 '믿음망'으로 옮긴다.

6.8 요약

볼츠만 기계의 범주에 속하는 최초의 학습 모형은 홉필드 망이었다. 홉필드 망은 에너지 기반 모형으로, 훈련 자료 견본들을 자신의 극소점들에 저장한다. 홉필드 망의 훈련에는 헵 학습 규칙이 쓰인다. 볼츠만 기계는 홉필드 망의 확률 버전이다. 볼츠만 기계는 확률 모형을 이용해서 일반화 능력을 높인다. 더 나아가서, 볼츠만 기계의 은닉 상태들은 자료의 축소 표현을 담고 있다. 볼츠만 기계의 학습에는 헵 학습 규칙의 확률 버전이 쓰인다. 볼츠만 기계의 학습에서 주된 어려움은, 학습 과정에 필요한 기브스 표집이 실제 응용에 사용하기에는 너무 느리다는 것이다. 제한 볼츠만 기계는 은닉 단위와 가시 단위만 연결할 수 있도록 볼츠만 기계를 제한한 것이다. 이 덕분에 좀 더 효율적인 훈련 알고리즘이 가능해졌다. 제한 볼츠만 기계는 차원 축소에 사용할 수 있으며, 불완전한 자료에 기초한 추천 시스템을 구현하는 데에도 사용할 수 있다. 또한 제한 볼츠만 기계를 빈도 자료, 순서 자료, 실숫값 자료로 일반화한 변형들도 존재한다. 그러나 실제 응용에서 대부분의 RBM은 단위들이 이진값을 다룬다는 가정을 둔다. 최근에는 제한 볼츠만 기계의 여러 심층 버전이 제안되었다. 그런 심층 볼츠만 기계들은 분류 같은 전통적인 기계 학습 응용 과제에 사용할 수 있다.

6.9 문헌 정보

볼츠만 기계의 범주에 속하는 최초의 학습 모형인 홉필드 망은 [207]이 제안했다. 스토키 학습 규칙은 [471]이 제안했다. 마르코프 연쇄 몬테카를로 표집을 이용한 최초의 볼츠만 기계 학습 알고리즘은 [1, 197]에 나온다. [138, 351]은 마르코프 연쇄 몬테카를로 방법과 볼츠만 기계의 훈련에 유용한 여러 방법을 논의한다. RBM은 원래 스몰렌스키Smolensky가 고안했는데, 그는 그것을 하모니엄이라고 불렀다. 에너지 기반 모형에 관한 튜토리얼로는 [280]이 있다. 볼츠만 기계는 단위들의 상호의존적, 확률적 성격 때문에 훈련하기 어렵다. 분할 함수의 처리불가능성 역시 볼츠만 기계의 학습을 어렵게 만드는 요인이다. 그러나 분할 함수를 **정련된 중요도 표집**(annealed importance sampling)[352]으로 근사하는 것이 가능하다. 볼츠만 기계의 한 변형으로 **평균장 볼츠만 기계**(mean-field Boltzmann machine)[373]가 있다. 평균장 볼츠만 기계는 확률적 단위 대신 결정론적 실숫값 단위를 사용한다. 그러나 평균장 볼츠만 기계의 접근 방식은 발견법의 성격을 가지고 있어서 수학적으로 증명하기가 어렵다. 그렇긴 하지만, 추론을 실행할 때는 이처럼 실숫값 근사를 사용하는 경우가 많다. 좀 더 구체적으로 말하면, 먼저 볼츠만 기계를 훈련해서 학습한 가중치들로 실수 활성화 값들을 가진 전통적인 신경망을 구성하고 그것으로 예측을 수행하는 방법이 흔히 쓰인다. 신경망 자기회귀 분포 추정기(neural autoregressive distribution estimator)[265] 같은 RBM의 변형들은 자동부호기로 간주할 수 있다.

[491]은 제한 볼츠만 기계를 위한 효율적인 미니배치 알고리즘을 설명한다. [61, 191]은 RBM의 훈련에 유용한 대조 발산 알고리즘을 설명한다. [491]은 대조 발산의 한 변형인 **지속 대조 발산**(persistent contrastive divergence) 알고리즘을 제시한다. 훈련을 진행하면서 CD_k의 k를 점차 증가한다는 착안은 [61]에 나온다. [61]은 기브스 표집 접근 방식을 한 번만 반복해도(여러 번 반복할 때보다 연소 시간이 크게 줄어든다) 최종 결과가 조금만 편향됨을 보였다. 그러한 편향은 훈련 과정에서 CD_k의 k를 점차 증가함으로써 더 줄일 수 있다. 이는 효율적인 RBM 구현을 가능하게 한 핵심적인 통찰이었다. [29]는 대조 발산 알고리즘의 편향을 분석한다. [479]는 RBM의 수렴성을 분석한다. 또한 이 논문은 대조 발산 알고리즘이 하나의 발견법적 접근 방식이며, 그 어떤 목적함수도 실제로 최적화하지는 않음을 보였다. [119, 193]은 RBM 훈련을 논의하고 실용적인 제안들을 제공한다. [341]은 RBM의 보편적 근사 성질을 논의한다.

RBM은 차원 축소, 협업 필터링, 주제 모형화, 분류 등의 다양한 응용 분야에 쓰였다. [414]는 협업 필터링에 RBM을 사용하는 방법을 논의한다. 이 논문이 제시하는 접근 방식은 그리 많지 않은 범주들을 가진 범주형 자료에 RBM을 적용하는 방법도 보여준다는 점에서 학습에 유익하다. [263, 264]는 판별적 RBM을 분류에 사용하는 방법을 논의한다. 소프트맥스 단위들을 가진 RBM을 이용한 문서 주제 모형화는 [469]에 기초한다. [134, 538]은 푸아송 분포를 이용한 고급 RBM 주제 모형화를 논의한다. 이런 주제 모형화 방법들의 주된 문제점들은 길이가 서로 다른 문서들에는 잘 통하지 않는다는 것이다. [199]는 복제된 소프트맥스 단위를 사용하는 방법을 논의한다. 이 접근 방식은 **의미 해싱**(semantic hashing)[415] 개념과 밀접한 관련이 있다.

이상의 RBM들은 대부분 이진 자료를 위한 것이다. 그러나 최근에는 RBM이 다른 여러 자료 형식으로 일반화되었다. [469]는 소프트맥스 단위를 이용한 도수(횟수) 자료의 모형화를 주제 모형화의 맥락에서 논의한다. [86]은 이런 종류의 모형화와 관련된 어려움들을 논의한다. [522]는 지수적 분포를 따르는 자료에 RBM을 적용하는 문제를 논의하고, [348]은 실숫값 자료에 RBM을 적용하는 문제를 논의한다. 이항 단위들을 이용해서 이진 단위보다 더 많은 정보를 부호화하는 방법은 [495]가 소개했다. [348]은 그러한 접근 방식이 ReLU의 잡음 섞인 버전에 해당함을 보였다. 이진 단위들을 가우스 잡음을 포함한 선형 단위들로 대체하는 방법은 [124]가 처음으로 제안했다. [469]는 심층 볼츠만 기계를 이용한 문서 모형화를 논의한다. 볼츠만 기계는 이미지와 텍스트를 위한 다중 모드 학습에도 쓰였다.[357, 468]

심층 볼츠만 기계를 위해 고안된 훈련 알고리즘들은 기계 학습의 역사에서 최초로 좋은 성과를 낸 심층 학습 알고리즘에 해당한다.[196] 이 알고리즘들은 최초의 사전훈련 방법들이었는데, 이후 다른 종류의 신경망들로도 일반화되었다. 사전훈련은 이 책의 제4장 §4.7에서 좀 더 상세하게 논의한다. [417]은 심층 볼츠만 기계를 논의하고, [200, 418]은 심층 볼츠만 기계를 위한 효율적인 알고리즘들을 논의한다.

볼츠만 기계와 연관된 여러 구조도 참고할 만하다. 이들은 서로 다른 모형화 능력을 제공한다. [195]는 헬름홀츠 기계(Helmholtz machine)와 각성-수면(wake-sleep) 알고리즘을 제안한다. [350]은 RBM과 그 다층 변형들이 S자형 믿음망 같은 여러 확률 그래프 모형과 동등함을 보여준다. [251]은 확률 그래프 모형을 상세히 논의한다. 고차 볼츠만 기계에서는 에너지 함수가 $k > 2$인 k개의 노드들에 대해 정의된다. 예를 들어 3차 볼츠만 기계에는 $w_{ijk}s_i s_j s_k$ 형태의 항들이 있다. [437]은 그런 고차 볼츠만 기계를 논의한다. 이런 방법들이 전통적인 볼츠만 기계보다 잠재적으로 더 강력하긴 하지만, 훈련에 대량의 자료가 필요하기 때문에 아직 널리 쓰이지는 않는다.

연습문제

1. 본문에서는 RBM을 협업 필터링에 사용하는 방법을 논의했다. 그러한 RBM의 훈련에는 대조 발산 알고리즘과 이산적 표본추출이 쓰이지만, 추론의 마지막 단계에서는 실숫값 S자형 활성화 함수와 소프트맥스 함수가 쓰인다. 학습된 모형을 역전파를 이용해서 세부 조정하는 데 이 사실을 활용하는 방안을 논하라.

2. 파이썬 등 독자가 선호하는 프로그래밍 언어를 사용해서 제한 볼츠만 기계의 대조 발산 알고리즘을 구현하라. 또한, 주어진 시험 견본에 대한 은닉 단위들의 확률분포를 유도하는 추론 알고리즘도 구현하라.

3. 이분할 제한(RBM의)은 없지만 모든 단위가 가시 단위라는 제한은 있는 볼츠만 기계를 생각해 보자. 그러한 제한이 볼츠만 기계의 훈련 과정을 어떻게 단순화하는지 논하라.

4. RBM으로 이상치 검출을 수행하는 방법을 제안하라.

5. 본문에서 논의한 RBM 기반 주제 모형화의 가중치 갱신 공식을 유도하라. 본문에서와 동일한 표기법을 사용할 것.

6. 협업 필터링을 위한 RBM(§6.5.2)에 층들을 더 추가해서 필터링 능력을 강화하는 방법을 제시하라.

7. §6.5.3의 끝에서 분류 과제를 위한 판별 볼츠만 기계를 소개했다. 그 접근 방식을 다중 분류로 확장하는 방법을 제시하라.

8. 본문에서 논의한 주제 모형화 RBM을 수정해서 크고 희소한 그래프(이를테면 SNS의 인맥 그래프 등)에서 뽑은 각 노드의 은닉 표현을 생성하는 방법을 제시하라.

9. 연습문제 8의 모형을, 각 노드와 연관된 키워드들의 순서 없는 목록에 관한 자료를 포함하도록 개선하는 방법을 논하라(예를 들어 SNS의 노드들에는 게시글 및 쪽지(사용자 간 메시지)가 연관된다).

10. 본문에서 논의한 주제 모형화 RBM을 다수의 층으로 개선하는 방법을 논의하라.

CHAPTER

7

순환 신경망

"민주주의는 과반수의 사람이 과반수의 경우에 옳다는 것에 대해 거듭 제기되는 의혹이다."
— 1944년 6월 3일자 《뉴요커》

7.1 소개

이 책에서 지금까지 살펴본 모든 신경망 구조는 특성들이 대체로 서로 독립적인 다차원 자료를 위한 것이었다. 그런데 시계열 자료나 텍스트, 생물학 자료 등에는 특성들 사이에 순서 있는 의존관계가 존재한다. 다음은 그런 의존관계의 예이다.

1. 시계열 자료에서 인접한 시각(timestamp)의 값들은 서로 밀접하게 연관된다. 만일 그런 시각 값들을 그냥 서로 독립적인 특징들로 취급하면 그런 값들 사이의 관계에 관한 중요한 정보를 잃게 된다. 예를 들어 시간 t에서의 시계열 값은 그 이전 시간 구간의 시계열 값들과 밀접하게 관련되어 있다. 개별 시각에서의 값들을 서로 독립적으로 취급하면 그러한 관계 정보가 사라진다.

2. 텍스트를 특정한 순서가 없는 단어들의 모음으로 처리할 때가 많긴 하지만, 단어들의 순서를 고려하면 텍스트의 의미에 관해 더 나은 통찰을 얻을 수 있다. 그런

경우 그러한 순서 정보를 고려하는 모형을 구축하는 것이 중요하다. 텍스트 자료는 순환 신경망의 가장 흔한 적용 대상이다.

3. 생물학 자료에는 순서에 민감한 정보가 들어 있을 때가 많다. DNA를 구성하는 아미노산들과 핵염기들을 일련의 문자들로 표현한 염기서열 자료가 그러한 예이다.

하나의 순차열(sequence)의 개별 값은 수치일 수도 있고 기호일 수도 있다. 실숫값 순차열을 시계열(time-series)이라고 부르기도 한다. 순환 신경망(recurrent neural network, RNN)은 수치 순차열과 기호 순차열 모두에 사용할 수 있다. 실제 응용에서는 기호 순차열이 더 흔히 쓰인다. 그래서 이번 장에서도 주로 기호 순차열 자료, 특히 텍스트 자료에 초점을 둔다. 이번 장 전반에서는 순환 신경망의 입력이 하나의 텍스트 조각이고 순차열의 기호들은 어휘에 있는 단어들을 가리키는 식별자들이라고 가정한다. 그러나 이번 장에서는 개별 요소가 문자이거나 실숫값인 경우들도 살펴본다.

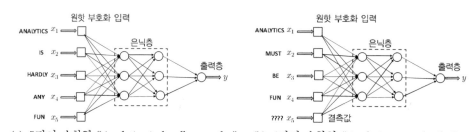

(a) 5단어 순차열 "*Analytics is hardly any fun*"   (b) 4단어 순차열 "*Analytics must be fun*"

그림 7.1: 전통적인 신경망으로 감정 분석을 수행할 때는 입력의 길이가 가변적이라는 점이 문제가 된다. 또한, 전통적인 신경망 구조는 인접한 단어들 사이의 순서 의존관계에 관한 유용한 정보를 포착하지 못한다.

텍스트 처리 등의 순차열 중심적 응용에서는 단어 모음 같은 순서 없는 자료 구조를 사용할 때가 많다. 즉, 그런 접근 방식은 문서 안에 있는 단어들의 순서를 무시한다. 그런 접근 방식은 적당히 긴 문서들에 대해서는 잘 작동하지만, 문장의 의미 해석이 중요하거나 텍스트 조각의 크기가 비교적 작은(이를테면 문장 하나) 경우에는 부적합하다. 이해를 돕는 예로, 다음 두 문장을 생각해 보자.

The cat chased the mouse. (고양이가 쥐를 쫓았다.)
The mouse chased the cat. (쥐가 고양이를 쫓았다.)

이 두 문장은 아주 다르다(그리고 둘째 문장은 좀 이상하다). 그러나 이 두 문장을 단어 모음으로 표현하면 둘이 같아진다. 그래서 이런 종류의 표현은 분류 같은 단순한 응용에는 잘 통하지만 **감정 분석**(sentiment analysis; 또는 정서 분석)이나 **기계 번역**(machine translation), **정보 추출**(information extraction)처럼 정교한 응용에는 잘 통하지 않는다. 그런 응용에는 좀 더 높은 수준의 언어적 인공지능이 필요하다.

이를 위한 한 가지 가능한 해법은 단어 모음을 사용하지 말고 순차열의 위치마다 하나의 입력 특성을 생성하는 것이다. 문장에 있는 단어마다 하나의 입력 특성을 생성해서 문장에 담긴 정서를 분석하는 접근 방식을 전통적인 신경망으로 구현한다고 하자. 정서는 문장이 긍정적인지 부정적인지를 뜻하는 하나의 이진 분류명이라고 하겠다. 이를 전통적인 신경망으로 구현하려면, 우선 문장마다 길이(단어 개수)가 다를 수 있다는 문제를 해결해야 한다. 예를 들어 원핫 벡터로 부호화된 단어 입력 5개를 하나의 입력 견본으로 사용하도록 구축한 신경망(그림 7.1의 (a))은 단어가 6개 이상인 문장을 처리하지 못한다. 더 나아가서, 단어가 5개 미만인 모든 문장에는 결측값이 존재하게 된다(그림 7.1의 (b)가 이를 나타낸 것이다). 웹 로그web log 순차열 같은 경우는 입력 순차열의 길이가 수십만 규모일 수 있다. 더욱 중요하게는, 순차열에서 단어들의 순서가 조금만 변해도 의미가 크게 변할 수 있으므로, **단어 순서에 관한 정보를 신경망 구조 안에 좀 더 직접적으로 부호화할 수 있어야 한다.** 그러면서도, 순차열이 길어짐에 따라 매개변수 개수가 폭발적으로 증가해서도 안 된다. 영역 고유의 통찰에 기초해서 매개변수 요구량을 크게 줄인 **절약형 신경망 구조 설계**(frugal architectural design)의 아주 좋은 예가 바로 이번 장의 주제인 순환 신경망이다. 정리하자면, 순차열 자료를 처리하는 신경망의 두 가지 요건은 (i) 원래의 순차열에서와 동일한 순서로 입력 성분들을 입력받고 처리하는 능력과 (ii) 모든 성분을 이전 입력 역사와 연관해서 비슷한 방법으로 처리하는 능력이다. 더 나아가서, 고정된 개수의 매개변수들로 가변적인 개수의 입력들을 처리할 수 있어야 한다.

순환 신경망(RNN)은 이런 요건들을 자연스럽게 충족한다. 순환 신경망의 층들은 순차열의 특정 위치들과 일대일로 대응된다. 순차열 안의 한 위치를 **시각**(timestamp)이라고 부르기도 한다. 고정된 개수의 입력 노드들로 이루어진 하나의 입력층으로는 길이가 가변적인 입력들을 처리할 수 없다. 대신 순차열 길이 만큼의 층들을 두고 순차열 성분(입력 자료점)들이 각 층에 직접 입력되게 한다. 즉, 각 입력 자료점은 순차열 안에서 자신의 위치에 대응되는 은닉층과 직접 상호작용한다(그림 7.2의 (b) 참고). 모든 시간 단계에서 모형화가 비슷하게 일어나도록, 모든 층은 동일한 매개변수 집합을 사용한다. 따라서 층의 개수가 가변적이어도 매개변수 개수는 고정된다. 층들이 매개변수들을 공유하는 덕분에 하나의 은닉층을 여러 번 되풀이해서(recurrent), 즉 **순환적으로** 사용할 수 있다. 그래서 순환 신경망이라는 이름이 붙은 것이다. 순환 신경망은 순방향 신경망의 일종으로, **시간 계층화**(time layering)라는 개념에 기초해서 입력들의 **순차열**을 받아서 출력들의 순차열을 산출할 수 있도록 순방향 신경망을 특수화한 것이다. 각 시간층(temporal layer)은 하나의 입력 자료점(하나의 특성 또는 다수의 특성으로 구성된)을 입력받으며, 필요한 경우에는 하나의 다차원 출력을 산출한다. 이러한 모형은 기계 번역 같은 순차열 대 순차열 학습 응용이나 순차열의 다음 성분을 예측하는 응용에 특히나 유용하다. 다음은 순환 신경망의 몇 가지 응용 방법이다.

1. 단어들의 순차열을 입력받고 같은 순차열을 한 자리 이동한 출력을 산출함으로써 임의의 주어진 시각에서의 다음 단어를 예측할 수 있다. 이러한 모형은 단어들의 순차적인 역사에 기초해서 다음 단어를 예측하는 데 쓰이는 전통적인 **언어 모형**(language model)의 일종이다. 언어 모형은 텍스트 마이닝과 정보 검색 분야에서 다양한 방식으로 쓰인다.[6]

2. 실숫값 시계열 자료의 다음 성분을 예측하는 문제는 **자기회귀 분석**(autoregressive analysis)과 동등하다. 그러나 순환 신경망은 전통적인 시계열 모형화 기법에 비해 훨씬 복잡한 모형들을 배울 수 있다.

3. 한 언어의 단어들로 이루어진 문장을 입력받고 다른 언어의 단어들로 이루어진 문장을 출력할 수 있다. 이 경우 두 순환 신경망을 연결해서 두 언어 사이의 번역 모형을 학습하게 하는 것도 가능하다. 심지어는 순환 신경망을 다른 종류의 신경망(이를테면 합성곱 신경망)과 연결해서 이미지의 캡션을 학습할 수도 있다.

4. 어떤 순차열(이를테면 하나의 문장)을 입력받고 그 순차열의 끝에서 분류명 확률들의 벡터를 출력할 수도 있다. 이는 감정 분석 같은 문장 중심적 분류 응용에 유용하다.

이러한 예들에서 짐작하겠지만, 순환 신경망이라는 하나의 광범위한 틀 안에서 아주 다양한 구조와 응용 방법이 연구, 실천되었다.

그런데 순환 신경망 매개변수들의 학습에는 몇 가지 중요한 문제점들이 제기된다. 그중 하나는 기울기 소실 및 폭발 문제이다. 이 문제는 순환 신경망 같은 심층 신경망에서 특히나 두드러진다. 그래서 장단기 기억(long short-term memory, LSTM)이나 게이트 제어 순환 단위(gated recurrent unit, GRU) 같은 여러 순환 신경망 변형이 제안되었다. 순환 신경망과 그 변형들은 순차열 대 순차열 학습, 이미지 캡션 생성, 기계 번역, 정서 분석 등 다양한 분야에 쓰이고 있다. 이번 장에서 순환 신경망의 그러한 여러 응용 방법들도 살펴볼 것이다.

7.1.1 순환 신경망의 표현력

[444]가 증명했듯이 순환 신경망은 **튜링 완전**(Turing complete)이다. 순환 신경망이 튜링 완전이라는 것은 충분한 자료와 계산 자원이 주어진다면 순환 신경망으로 그 어떤 알고리즘도 실행할 수 있다는 뜻이다. 그러나 실제 응용에서 이러한 튜링 완전성이 그리 유용한 것은 아니다. 왜냐하면, 임의의 설정에서 그러한 튜링 완전성을 달성하는 데 필요한 자료와 계산 자원의 양이 비현실적으로 크기 때문이다. 게다가 순환 신경망의 훈련에는 기울기 소실 및 폭발 문제 같은 실천적인 문제들이 뒤따른다. 순차열이 길수록 이런 문제들이 더 심각해지며, 장단기 기억 같은 좀 더 안정적인 변형들을 사용한다고 해도 이런 문제들이 완전히 해결되지는 않는다. 제10장에서 논의하는 신경 튜링 기계는 외부 기억 장치를 이용해서 신경망 학습의 안정성을 개선한다. 신경 튜링 기계가 순환 신경망과 동등함이 증명되었다. 신경 튜링 기계를 활용할 때는 좀 더 전통적인 신경망을 일종의 **제어기**(controller)로 삼아서 중요한 동작의 결정을 맡길 때가 많다. 이에 관한 좀 더 자세한 사항은 제10장의 §10.3에서 논의하겠다.

이번 장의 구성

이번 장의 구성은 다음과 같다. 다음 절인 §7.2에서는 순환 신경망의 기본 구조와 훈련 알고리즘을 소개한다. §7.3에서는 순환 신경망의 훈련과 연관된 어려움들을 논의한다. 이러한 어려움들 때문에 순환 신경망의 다양한 변형들이 제안되었다. 이번 장에서는 그런 변형들 몇 가지를 살펴본다. §7.4에서는 반향 상태 신경망을 소개하고 §7.5에서는 장단기 기억망을, §7.6에서는 게이트 제어 순환 단위를 논의한다. §7.7에서는 순환 신경망의 응용을 논의하고, §7.8에서는 이번 장의 내용을 요약한다.

7.2 순환 신경망의 구조

이번 절에서는 순환 신경망의 기본적인 구조를 설명한다. 순환 신경망을 거의 모든 종류의 순차열 자료에 적용할 수 있지만, 현재 가장 흔한, 그리고 가장 자연스러운 적용 대상은 이산적인 텍스트 자료이다. 그래서 이번 절에서도 주로 텍스트 자료에 초점을 둔다. 그러면 여러 개념을 좀 더 쉽고 직관적으로 설명할 수 있다. 이번 절에서 설명하는 RNN 구조가 단어 수준 RNN과 문자 수준 RNN에 정확히 동일한 방식으로 적용됨을 기억하기 바란다. 둘의 차이는 순차열을 정의하는 데 쓰이는 기반 기호들뿐이다. 일관성을 위해, 표기법들과 정의들을 소개할 때 단어 수준 RNN을 기준으로 한다. 그러나 이러한 설정의 여러 변형도 이번 장에서 논의한다.

그림 7.2(a)는 가장 간단한 형태의 순환 신경망이다. 여기서 핵심은 은닉 단위에 있는 자기 자신으로의 루프(순환 고리)이다. 이 루프 덕분에, 순차열의 각 입력 단어에 대해 순환 신경망의 은닉 상태가 거듭 변하게 된다. 실제 응용에서 순환 신경망은 유한한 길이의 순차열들을 다루므로, 이 루프를 펼쳐서 다수의 시간층으로 이루어진, 순방향 신경망과 비슷한 구조의 신경망을 구성할 수 있다. 그림 7.2(b)가 그러한 신경망을 표시한 것이다. 이 구조에서는 순환 고리가 사라지고 순차열의 위치(시각)마다 다른 은닉 노드가 존재한다. 이러한 구조는 그림 7.2(a)의 순환 신경망 구조와 수학적으로

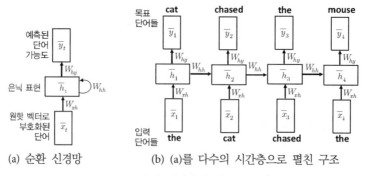

(a) 순환 신경망 (b) (a)를 다수의 시간층으로 펼친 구조

그림 7.2: 순환 신경망과 시간층 표현

동등하지만, 전통적인 순방향 신경망과 비슷하기 때문에 이해하기가 더 쉽다. 서로 다른 시간층들이 동일한 가중치 행렬들을 **공유**함을 주의하기 바란다. 이는 각 시각에 대해 같은 함수를 계산하기 위해서이다. 실제로 그림 7.2의 (b)를 보면 W_{xh}, W_{hh}, W_{hy} 표기가 여러 번 쓰였다.

그림 7.2의 구조에서는 시각마다 입력, 출력, 은닉 단위가 하나씩 있다. 그러나 실제 응용에서는 특정 시각에서 입력 단위나 출력 단위를 생략할 수도 있다. 입력 단위와 출력 단위가 생략된 예들이 그림 7.3에 나온다. 어떤 입력 단위와 출력 단위를 생략하느냐는 주어진 응용 과제에 따라 다르다. 예를 들어 시계열 예측 응용, 즉 시계열 자료의 다음 값을 예측하는 경우에는 각 시각에서 출력을 산출하는 것이 합당하다. 반면 문장 분류 응용에서는 순차열의 끝에서 그 문장의 범주에 해당하는 하나의 분류명만 출력하면 된다. 일반적으로, 주어진 응용에 맞게 입력들과 출력들을 생략하는 데에는 특별한 제한이 없다. 이하의 논의에서는 모든 입력과 출력이 존재한다고 가정하지만, 이하의 논의를 일부 입력들과 출력들이 생략된 경우로 일반화하는 것도 어렵지 않다 (그냥 관련 항들이나 공식을 제거하면 된다).

그림 7.2에 나온 구조는 언어 모형에 적합하다. 언어 모형은 자연어 처리 분야에서 잘 알려진 개념으로, 주어진 이전 단어들의 역사에 기초해서 다음 단어를 예측하는

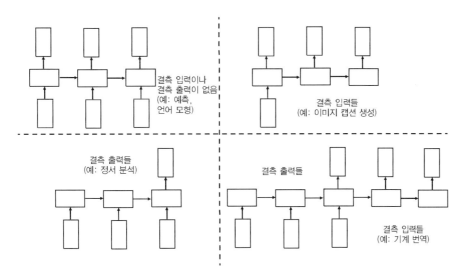

그림 7.3: 결측 입력과 결측 출력의 존재 여부에 따른 다양한 순환 신경망 변형들

데 쓰인다. 그림 7.2(a)의 경우에는 주어진 순차열의 단어들을 부호화한 원핫 벡터들이 한 번에 하나씩 입력된다. 반면 그림 7.2(b)의 경우에는 순차열의 단어들이 자신의 위치에 해당하는 시간층에 직접 입력된다. 수학적으로는 두 방식이 동등하다. 언어 모형화의 경우 신경망의 출력은 각 단어가 순차열의 다음 단어일 확률들로 이루어진 벡터이다. 예를 들어 다음과 같은 문장을 생각해 보자.

The cat chased the mouse.

입력이 단어 '*The*'일 때 출력은 단어 '*cat*'을 포함한 전체 어휘의 각 단어가 다음 단어일 확률들의 벡터이고, 입력이 '*cat*'일 때 출력은 역시 그러한 다음 단어 확률들의 벡터이다. 물론 이는 이전 단어들의 직접적인 역사에 의존해서 단어의 확률을 추정하는 전형적인 언어 모형의 정의이다. 일반화해서, 시간 t에서의 입력 벡터(지금 예에서는 t번째 단어의 원핫 부호화 벡터)가 $\overline{x}_t$이고 시간 t에서의 은닉 상태가 $\overline{h}_t$, 시간 t에서의 출력 벡터(지금 예에서는 $(t+1)$번째 단어의 확률 예측값들)가 $\overline{y}_t$라고 하자. $\overline{x}_t$와 $\overline{y}_t$는 d차원 벡터인데, d는 어휘 크기이다. 은닉 벡터 $\overline{h}_t$는 p차원 벡터로, p는 내장(embedding)의 복잡도를 제어하는 매개변수이다. 지금 논의에서는 세 벡터 모두 열벡터라고 가정한다. 분류 같은 여러 응용에서는 출력을 한 번에 한 성분씩 산출하는 것이 아니라 순차열의 마지막 위치의 처리를 마치고 몰아서 산출한다. 실제 응용에서는 출력 단위들과 입력 단위들이 순차열 위치(시각)들의 한 부분집합에만 대응되지만, 여기서는 모든 위치에 대응되는 단순한 경우를 살펴보기로 하겠다. 이상의 가정에서, 시간 t에서의 은닉 상태는 다음과 같이 시간 t에서의 입력 벡터와 시간 $(t-1)$에서의 은닉 벡터의 함수로 정의된다.

$$\overline{h}_t = f(\overline{h}_{t-1}, \overline{x}_t) \tag{7.1}$$

이 함수의 계산에는 가중치 행렬들과 활성화 함수들이 쓰인다(다른 모든 종류의 신경망 학습에서처럼). 그리고 모든 시각에서 동일한 가중치들이 계산에 사용된다. 따라서, 비록 은닉 상태는 시간에 따라 진화하지만, 신경망의 훈련이 끝난 후에는 가중치들과 바탕 함수 $f(\cdot, \cdot)$가 모든 시각(즉, 순차열의 모든 성분)에 대해 동일하다. 은닉 상태들로부터 출력 확률들을 구하는 과정에는 이와는 개별적인 함수 $\overline{y}_t = g(\overline{h}_t)$가 쓰인다.

그럼 함수 $f(\cdot,\cdot)$와 $g(\cdot)$를 좀 더 자세히 살펴보자. 입력층과 은닉층 사이의 $p \times d$ 가중치 행렬을 W_{xh}로 표기하고 은닉층과 은닉층 사이의 $p \times p$ 가중치 행렬을 W_{hh}로, 은닉층과 출력층 사이의 $d \times p$ 가중치 행렬은 W_{hy}로 표기하겠다. 이들을 이용해서 은닉 상태 벡터(식 7.1)와 출력 확률 벡터를 다음과 같이 표현할 수 있다.

$$\overline{h}_t = \tanh\left(W_{xh}\overline{x}_t + W_{hh}\overline{h}_{t-1}\right)$$

$$\overline{y}_t = W_{hy}\overline{h}_t$$

첫 행 우변은 p차원 열벡터의 각 성분에 대한 쌍곡탄젠트(tanh) 값들로 하나의 p차원 벡터(모든 성분이 [1,1] 범위인)를 만든다는 것을 간결하게 표기한 것이다. 이번 절 전체에서 tanh나 S자형 함수 같은 여러 활성화 함수에 대해 이런 성분별 연산 단축 표기법을 사용한다. 제일 첫 시각의 경우에는 이전 단어라는 것이 없으므로, $\overline{h}_{t-1}$을 어떤 기본 상수 벡터(영벡터 등)로 둔다. 필요하다면 그러한 벡터를 학습으로 구할 수도 있다. 비록 은닉 상태들은 시각마다 바뀌지만, 가중치 행렬들은 여러 시각에 대해 동일하다. 출력 벡터 $\overline{y}_t$는 어휘 크기와 같은 개수의 연속값 성분들로 이루어짐을 기억하기 바란다. 이 성분들을 확률값으로 해석할 수 있도록, 출력 단위는 $\overline{y}_t$에 소프트맥스 함수를 적용한다. t개의 단어로 이루어진 텍스트 문장의 마지막 단어를 처리하고 나면, 은닉층의 p차원 출력 벡터 $\overline{h}_t$는 그 문장의 내장이고 W_{xh}의 p차원 열들은 각 단어의 내장이다. 후자는 *word2vec* 내장(제2장 참고)들 대신 사용할 수 있다.

식 7.1이 점화식의 형태임을 주목하기 바란다. 이 덕분에 순환 신경망은 **입력의 길이가 가변적인 함수**를 계산할 수 있다. 다른 말로 하면, 식 7.1의 점화식을 전개해서 $\overline{h}_t$를 입력이 t개인 함수로 정의할 수 있다. 예를 들어 $\overline{h}_0$(일반적으로 이 벡터는 영벡터 같은 어떤 상수 벡터로 미리 정의된다)으로 시작해서 $\overline{h}_1 = f(\overline{h}_0, \overline{x}_1)$이고 $\overline{h}_2 = f(f(\overline{h}_0, \overline{x}_1), \overline{x}_2)$이다. $\overline{h}_1$은 $\overline{x}_1$만의 함수지만 $\overline{h}_2$는 $\overline{x}_1$과 $\overline{x}_2$의 함수임을 주목하기 바란다. 일반화하면, $\overline{h}_t$는 $\overline{x}_1 \ldots \overline{x}_t$의 함수이다. 출력 $\overline{y}_t$가 $\overline{h}_t$의 함수이므로, 이러한 원리는 $\overline{y}_t$에도 적용된다. 즉, $\overline{y}_t$를 다음과 같이 표현할 수 있다.

$$\overline{y}_t = F_t(\overline{x}_1, \overline{x}_2, \ldots \overline{x}_t) \tag{7.2}$$

함수 $F_t(\cdot)$가 t의 값에 따라 변함을 주목하기 바란다(비록 직전 상태와의 관계는 식 7.1에 따라 항상 일정하지만). 이런 접근 방식은 가변 길이 입력에 특히나 유용하다. 입력의 길이가 가변적인 상황은 문장들의 길이가 제각각인 텍스트 처리 분야를 비롯해 여러 분야에서 흔히 발생한다. 예를 들어 언어 모형 응용에서 $F_t(\cdot)$는 문장의 모든 이전 단어를 고려해서 예측한 다음 단어의 확률에 해당한다.

7.2.1 RNN을 이용한 언어 모형 예제

순환 신경망의 작동 방식을 이해하는 데 도움이 되도록, 네 종류의 단어로 이루어진 짧은 문장에 대한 장난감 수준의 예제를 하나 살펴보기로 한다. 다음 문장을 생각해 보자.

The cat chased the mouse.

대소문자를 구분하지 않는다고 할 때, 어휘의 단어는 총 네 개이다. 즉, 이 문장은 어휘 {the, cat, chased, mouse}로 만들어 낼 수 있는 문장 중 하나이다. 그림 7.4는 1에서 4까지의 각 시각에서 다음 단어의 예측 확률값을 보여준다. 이상적으로는, 이전 단어 확률로부터 다음 단어의 확률의 참값을 구할 수 있으면 좋을 것이다. 각 원핫 부호화 입력 벡터 $\overline{x}_t$의 길이는 4이다. 원핫 부호화에 의해, 각 입력 벡터에서 비트 하나만 1이고 나머지는 모두 0이다. 이 구조에서 유연한 부분은 은닉 표현의 차원 p이다. 지금 예에서는 p를 2로 두었다. 따라서 가중치 행렬 W_{xh}의 크기는 2×4이다. 이 행렬은 원핫 부호화 입력 벡터를 크기가 2인 은닉 벡터 $\overline{h}_t$로 사상하는 데 쓰인다. W_{xh}의 열들은 각각 어휘의 네 단어 중 하나에 대응된다. 입력이 원핫 벡터이므로, $W_{xh}\overline{x}_t$에 의해 네 열 중 하나만 복사되고 나머지는 사라진다. 이 $W_{xh}\overline{x}_t$를 $W_{hh}\overline{h}_t$에 더하고 그 결과에 tanh 함수를 적용한 것이 은닉 벡터 $\overline{h}_t$이다. 최종 출력 $\overline{y}_t$는 $W_{hy}\overline{h}_t$로 정의된다. W_{hh} 행렬과 W_{hy} 행렬의 크기가 각각 2×2와 4×2임을 주목하기 바란다.

이 예에서 출력 벡터의 성분들은 확률이 아닌 연속값인데, 성분의 값이 클수록 다음에 해당 단어가 다음에 나올 가능성이 크다는 뜻이다. 이러한 연속값들을 소프트맥스를 이용해서 확률값들로 변환한다. 그러면 그 값들을 로그가능도로 취급할 수 있다. 첫 시각에서 단어 'cat'에 대한 출력 성분은 1.3이고 'mouse'에 대한 출력 성분은 1.7이다. 즉, 이 RNN은 The 다음에 cat이 아니라 mouse가 나올 가능성이 더 크다고 잘못 추정한 것이다. 반면 그다음 시각에서는 'chased'의 가능성을 높게 추정했다. 모든 학습 알고리즘이 그렇듯이, 신경망이 모든 값을 정확하게 예측하리라고 기대할 수는 없다. 역전파 알고리즘의 초기 반복들에서는 이런 오류가 발생하기 쉽다. 그렇지만 신경망의 훈련을 더욱 반복하면 훈련 자료에 대한 오류가 점차 줄어든다.

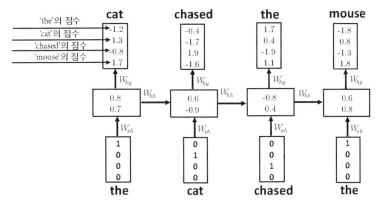

그림 7.4: 순환 신경망을 이용한 언어 모형화 예제

7.2.1.1 언어 표본 생성

이런 접근 방식을 이용해서, 훈련을 마친 모형으로 임의의 언어 표본을 생성할 수도 있다. 그런데 언어 모형 RNN의 각 상태에는 입력 단어가 필요하다. 훈련 시에는 훈련 자료의 문장들을 입력하면 되지만, 언어 표본(새로운 문장)을 생성할 때는 딱히 입력할 것이 없다. 이에 대한 해법은, 실제 단어에는 해당하지 않는 특별한 시작 토큰token(이를테면 <START>로 표기하는)을 첫 입력으로 사용한다는 것이다. 훈련 자료의 각 견본 순차열(개별 문장) 역시 이 시작 토큰으로 시작하는 형태로 만들어 두면, 모형이 문장의 첫 단어로 흔히 쓰이는 단어를 제일 먼저 생성할 가능성이 커진다. 이런 식으로 첫 단어를 생성한 다음에는, 그것을 다음 시각의 입력으로 사용해서 다음 단어를 생성하는 과정을 또 다른 특별한 토큰인 종료 토큰(<END>)이 생성될 때까지 반복한다. 종료 토큰이 나오면 그때까지의 단어들을 순서대로 연결해서 하나의 문장을 만들면 된다. 순차적인 예측 토큰들의 정확도를 개선하는 한 방법으로, 빔 검색(beam search) 기법을 이용해서 상위 접두 순차열(특정 개수의 단어들로 이루어진) b개를 갱신하고 그에 기초해서 다음 단어의 가능도를 평가할 수도 있다. 이상의 접근 방식이 문법이 올바른

문장을 산출할 때가 많긴 하지만, 의미가 통하지 않는 문장일 수 있다. 예를 들어 카페시, 존슨, 페이페이는 윌리엄 셰익스피어의 희곡들로 문자 수준 RNN을[1] 훈련했다.[233, 580] 문자 수준 RNN은 문법(구문)과 철자를 모두 배워야 한다. 전체 훈련 자료 집합에 대해 학습을 다섯 번만 반복한 후 다음과 같은 출력 표본을 얻을 수 있었다.

KING RICHARD II:
Do cantant,-'for neight here be with hand her,-
Eptar the home that Valy is thee.

NORONCES:
Most ma-wrow, let himself my hispeasures;
An exmorbackion, gault, do we to do you comforr,
Laughter's leave: mire sucintracce shall have theref-Helt.

철자가 틀린 단어가 많이 있음을 주목하기 바란다. 또한, 뜻이 통하지 않는 문장도 많다. 그렇지만 훈련을 50회 반복한 후에는 다음과 같이 그럴듯한 문장들이 생성되었다.

KING RICHARD II:
Though they good extremit if you damed;
Made it all their fripts and look of love;
Prince of forces to uncertained in conserve
To thou his power kindless. A brives my knees
In penitence and till away with redoom.

GLOUCESTER:
Between I must abide.

명백한 오류들이 있긴 하지만, 이 문장들은 셰익스피어 희곡들에 쓰인 중세 영어의 문법과 철자를 대체로 잘 지킨다. 게다가 줄 바꿈과 문단 나눔 같은 서식화가 희곡에서 흔히 볼 수 있는 것과 비슷하다. 훈련을 더욱 반복하면 오류가 거의 없는 출력이 나온다. [235]에서 몇몇 인상적인 표본들을 볼 수 있다.

물론 텍스트의 의미는 제한적이며, 기계 학습 응용의 관점에서 볼 때 이런 엉터리 문장들을 생성한다는 것이 무슨 쓸모가 있나 하는 생각도 들 것이다. 그러나 이 예의

---

1) 저자들은 여기서 논의하는 보통의 RNN의 한 변형인 장단기 기억망(LSTM)을 사용했다.

핵심은 추가적인 **문맥** 입력(지금 예에서는 시작 토큰)을 제공함으로써 신경망이 그 문맥에 어울리는 출력을 산출할 수 있다는 것이다. 좋은 예가 입력된 이미지를 설명하는 캡션을 출력하는 것이다. 다른 말로 하면, 언어 모형의 가장 좋은 용도는 **조건부** 출력을 생성하는 것이다.

언어 모형화 RNN의 주된 목표는 주어진 언어로부터 임의의 문장을 생성하는 것이 아니라, 특정 문맥의 효과에 맞게 다양한 방식으로 변형할 수 있는 하나의 기반구조를 제공하는 것이다. 예를 들어 기계 번역이나 이미지 캡션 생성 같은 응용에서 RNN은 원본 언어로 된 문장 또는 캡션을 달 이미지를 **조건으로** 하여 예측을 수행하는 언어 모형을 학습한다. 일반화하자면, 특정 응용을 위한 RNN을 설계할 때는 이번 절에서 말한 언어 모형화 RNN과 동일한 원리를 사용하되, 그 기본 구조를 주어진 특정 문맥에 맞게 변형하는 접근 방식을 사용한다. 어떤 응용이든, 핵심은 출력 오차들을 역전파하고, 가중치들을 응용의 성격에 맞는 방식으로 학습할 수 있도록 순환 단위들의 입력값들과 출력값들을 적절히 선택하는 것이다.

7.2.2 시간에 따른 역전파

RNN의 손실함수는 여러 시각(순차열 위치)에서의 정확한 단어들의 소프트맥스 확률의 음의 로그값들을 모두 더한 것이다. 소프트맥스 함수가 잘 기억이 나지 않는다면 제3장의 §3.2.5.1을 다시 보기 바란다. 출력 벡터 $\overline{y_t}$를 $[\hat{y_t^1} \dots \hat{y_t^d}]$로 표기한다고 할 때, 우선 소프트맥스 함수를 이용해서 이를 d개의 확률값으로 이루어진 벡터로 변환한다.

$$[\hat{p_t^1} \dots \hat{p_t^d}] = \mathrm{Softmax}([\hat{y_t^1} \dots \hat{y_t^d}])$$

이 공식에 쓰인 소프트맥스 함수의 정의는 제3장의 식 3.20에 나온다. 시각 t에서의 관측값이 훈련 자료의 j_t번째 값이라고 할 때, T개의 시각 전체에 대한 손실함수 L은 다음과 같이 정의된다.

$$L = -\sum_{t=1}^{T} \log(\hat{p_t^{j_t}}) \tag{7.3}$$

이 손실함수는 제3장의 식 3.21에서 직접 유도한 것이다. 가공되지 않은 출력에 대한 손실함수의 편미분은 다음과 같이 계산할 수 있다(제3장의 식 3.22 참고).

$$\frac{\partial L}{\partial \hat{y}_t^k} = \hat{p}_t^k - I(k, j_t) \tag{7.4}$$

여기서 $I(k, j_t)$는 k와 j_t가 같으면 1, 그렇지 않으면 0인 지시함수이다. 이 편미분으로 시작해서, 제3장에 나온 역전파 과정을 수행해서 여러 시간층의 가중치들에 대한 기울기들을 계산한다. 이때 한 가지 문제점은, 여러 시간층이 가중치들을 공유한다는 점이 영향을 미친다는 것이다. 역전파 과정에서 연쇄법칙이 정확하게 적용되려면 서로 다른 층들의 가중치들이 서로 구별된다는 가정이 필요하다(제3장 참고). 그런 가정이 있어야 갱신 과정이 좀 더 간단해진다. 그러나 §3.2.9에서 논의했듯이, 가중치 공유에 맞게 역전파 알고리즘을 수정하는 것은 그리 어렵지 않다.

가중치 공유의 처리에서 핵심은, 일단은 서로 다른 시간층의 매개변수가 서로 독립이라고 '가장'하는 것이다. 시각 t에서의 가중치 행렬들이 $W_{xh}^{(t)}$, $W_{hh}^{(t)}$, $W_{hy}^{(t)}$라고 하자. 먼저, 이 가중치들이 서로 구별된다고 가정하고 보통의 역전파를 수행한다. 그런 다음에는 세 가중치가 기울기에 기여하는 정도를 더해서 하나의 최종적인 가중치 갱신량을 구한다. 이런 식으로 변형된 역전파 알고리즘을 시간에 따른 역전파(backpropagation through time), 줄여서 **시간 역전파**(BPTT) 알고리즘이라고 부른다. BPTT 알고리즘의 과정을 요약하면 다음과 같다.

(i) 입력을 시간에 따라 순방향으로 실행하고 각 시각에서의 오차(소프트맥스 층의 음의 로그 손실값)들을 계산한다.

(ii) 서로 다른 시간층들이 가중치들을 공유한다는 사실을 고려하지 않고 보통의 방식으로 가중치들의 기울기들을 역방향으로 계산한다. 즉, 시각 t에서의 가중치 행렬 $W_{xh}^{(t)}$, $W_{hh}^{(t)}$, $W_{hy}^{(t)}$가 다른 시각의 것들과는 다르다고 가정('가장')하고 보통의 역전파를 이용해서 $\dfrac{\partial L}{\partial W_{xh}^{(t)}}$과 $\dfrac{\partial L}{\partial W_{hh}^{(t)}}$, $\dfrac{\partial L}{\partial W_{hy}^{(t)}}$을 계산한다. 여기에 성분별 행렬 산술 표기법이 쓰였음을 주의하기 바란다. 한 행렬에 대한 편미분은 그 행렬의 성분들에 대한 개별 편미분들로 구성된 행렬이다.

(iii) 각 연결에 대해, 모든 시각에 대한 가중치들(공유되는)을 더해서 해당 편미분을 계산한다.

$$\frac{\partial L}{\partial W_{xh}} = \sum_{t=1}^{T} \frac{\partial L}{\partial W_{xh}^{(t)}}$$

$$\frac{\partial L}{\partial W_{hh}} = \sum_{t=1}^{T} \frac{\partial L}{\partial W_{hh}^{(t)}}$$

$$\frac{\partial L}{\partial W_{hy}} = \sum_{t=1}^{T} \frac{\partial L}{\partial W_{hy}^{(t)}}$$

이상의 공식들은 그냥 다변량 연쇄법칙을 그대로 적용해서 유도한 것이다. 공유 가중치를 고려한 모든 역전파 방법(제3장의 §3.2.9 참고)처럼, 이 역전파도 한 매개변수의 원본(이를테면 W_{xh}의 성분)에 대한 특정 시각에서의 매개변수(이를테면 $W_{xh}^{(t)}$의 해당 성분)의 편미분을 1로 설정할 수 있다는 사실에 기초한다. 특정 시각에서의 가중치의 편미분 계산 방식이 전통적인 역전파의 것과 다르지 않음을 주목하기 바란다. 따라서 이 갱신 공식들을 계산하려면 그냥 전통적인 역전파 계산을 시각별 가중치 취합으로 감싸면 된다. 최초의 시간 역전파 알고리즘은 1990년에 나온 웨어보스의 독창적인 연구 결과 [526]에 기인한다. 이는 순환 신경망이 인기를 끌기 훨씬 전의 일이다.

절단된 시간 역전파
순환 신경망의 훈련에서 제기되는 문제점 하나는, 입력 순차열이 길면 순환 신경망의 시간층이 많아지며, 그러면 계산과 수렴 시간, 메모리 측면에서 비용이 커질 수 있다는 것이다. 이에 대한 한 가지 해결책이 절단된 시간 역전파(truncated backpropagation through time)이다. 이 기법을 순환 신경망을 위한 확률적 경사 하강법에 비유할 수 있다. 이 기법의 특징은, 순전파 과정에서는 상태값들을 모두 정확히 계산하지만, 역전파 과정에서는 순차열에서 적당한 길이(100 등)의 조각을 잘라내서 그 조각에 대해서만 가중치들을 갱신한다는 것이다. 다른 말로 하면, 전체 순차열 중 학습에 중요한 부분만으로 기울기들을 계산해서 가중치들을 갱신한다. 순전파 역시 한 번에 전체 순차열에 대해 수행할 필요 없이 조각별로(즉, 한 조각의 마지막 시간층의 상태값들을 그다음 조각의 상태값들로 사용하는 식으로) 수행할 수 있다. 이렇게 하면 역전파에서는 일부 손실값들만 사용하되 순전파는 항상 상태값들을 정확하게 유지할 수 있다. 이상의 논의에서는 설명의 단순함을 위해 입력 순차열 조각들이 겹치지 않는다고 가정했지만, 실제 응용 시에는 조각들이 서로 겹치게 할 수도 있다.

실천상의 문제점

가중치 행렬의 각 성분은 $[-1/\sqrt{r}, 1/\sqrt{r}]$ 구간의 작은 값으로 초기화한다. 여기서 r은 가중치 행렬의 열 개수이다. 입력-은닉 가중치 행렬 W_{xh}의 d개의 열들 각각을 해당 단어의 *word2vec* 내장(제2장 참고)으로 초기화할 수도 있다. 이는 일종의 사전훈련에 해당한다. 이런 종류의 사전훈련으로 얻을 수 있는 구체적인 이득은 주어진 자료의 양에 따라 다르다. 이런 초기화 방법은 가용 훈련 자료의 양이 작을 때 유용하다. 어차피 사전훈련은 일종의 정칙화이다(제4장).

구현과 관련된 또 다른 세부 사항은, 훈련 자료의 각 훈련 문장의 시작과 끝에 특별한 토큰 <START>와 <END>를 두는 경우가 많다는 것이다. 이런 종류의 특수 토큰들은 문장이나 문단 같은 특정한 텍스트 조각의 시작과 끝을 모형이 인식하는 데 도움이 된다. 문장(또는 문단, 절 등의 텍스트 조각)의 첫 단어로 등장하는 단어들의 분포가 전체 단어 분포와는 아주 다를 때가 많다. 따라서, <START>를 만난 모형은 문장의 시작에 흔히 쓰이는 단어를 그다음 단어로 선택할 가능성이 크다.

순차열의 한 조각이 끝났는지의 여부를 특별한 토큰 없이 판단하는 방법들도 존재한다. 예를 들어, 응용 고유의 출력들에 순차열 조각의 종료 여부를 뜻하는 하나의 이진 출력 단위를 추가할 수도 있다. 그런 종류의 출력 단위는 흔히 S자형 함수로 예측값을 산출하고 교차 엔트로피 함수로 손실값을 계산한다. 이런 접근 방식은 실숫값 순차열에 유용하다(반면, 앞에서 말한 <START>, <END> 토큰 접근 방식은 애초에 기호 순차열을 염두에 두고 고안된 것이라서 실숫값 순차열에는 그리 적합하지 않다). 그러나 이 접근 방식은 응용 고유의 요구에 맞는 손실함수를 조각 끝 식별 요구와 응용 고유의 요구를 절충하는 손실함수로 대체해야 한다는 단점을 가지고 있다. 즉, 손실함수의 서로 다른 구성요소들의 중요도들을 또 다른 초매개변수로 취급해서 선택, 조정해야 하는 부담이 생긴다.

RNN의 훈련에도 여러 가지 실천적인 어려움이 존재하기 때문에, 상황에 맞게 RNN의 구조를 적절히 개선할 필요가 있다. 실제 응용에서는 거의 항상 은닉층들을 여러 개 두는(장단기 기억을 개선하기 위해) 접근 방식이 쓰인다는 점도 기억하기 바란다. 이에 관해서는 §7.2.4에서 논의한다. 그러나 이번 장에서 RNN의 여러 응용 방법을 설명할 때는 명확함을 위해 좀 더 단순한 단층 모형의 예를 사용한다. 다행히, 그런 응용 방법들을 좀 더 복잡한 모형들로 일반화하는 것이 어렵지 않다.

7.2.3 양방향 순환 신경망

순환 신경망의 한 가지 단점은 특정 시각에서의 상태가 그때까지의 입력들에 관한 지식만 반영할 뿐 미래의 상태들에 관한 지식은 전혀 반영하지 않는 것이다. 언어 모형화 같은 응용들에서는, 과거뿐만 아니라 미래의 상태들까지 고려하면 모형의 성과가 크게 개선된다. 좋은 예가 필기 인식이다. 이전의 기호들뿐만 아니라 이후의 기호들에 관한 정보가 있으면 전체적인 문맥을 좀 더 잘 파악할 수 있으므로 필기 인식의 정확도가 높아진다.

과거뿐만 아니라 미래까지 내다보는 양방향 순환 신경망(bidirectional recurrent network)은 순방향과 역방향의 은닉 상태들이 따로 있다. 전자를 forward의 f를 위 첨자로 해서 $\overline{h}_t^{(f)}$, 후자를 backward의 b를 위 첨자로 해서 $\overline{h}_t^{(b)}$로 표기하기로 한다. 순방향(전방) 은닉 상태들과 역방향(후방) 은닉 상태들은 둘 다 자신들끼리만 상호작용한다. 둘의 차이는, 순방향 상태들은 순방향으로 상호작용하지만 역방향 상태들은 역방향으로 상호작용한다는 것이다. 단, $\overline{h}_t^{(f)}$와 $\overline{h}_t^{(b)}$ 둘 다 동일한 벡터 $\overline{x}_t$(예를 들어 텍스트의 경우 하나의 단어를 부호화한 원핫 벡터)를 입력받으며, 동일한 출력 벡터 $\hat{y}_t$와 상호작용한다. 그림 7.5에 시간층이 세 개인 양방향 RNN의 예가 나와 있다.

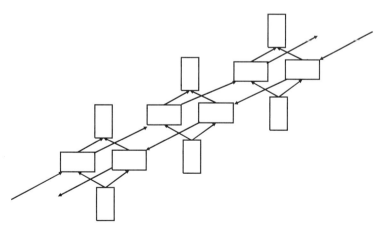

그림 7.5: 시간층이 세 개인 양방향 순환 신경망의 예

이러한 양방향 RNN을, 현재 토큰의 성질들을 예측하는 형태의 여러 응용 분야에 적용할 수 있다. 이를테면 필기(손글씨) 이미지에서 문자들을 인식하거나, 자연어 문장의 품사를 분석하거나, 문장을 구성하는 각 토큰을 분류하는 등이 그러한 예이다. 일반적으로, 현재 단어의 그 어떤 성질이라도, 양방향 접근 방식으로 이전과 이후 모두의 문맥을 고려함으로써 좀 더 효과적으로 예측할 수 있다. 예를 들어 자연어 중에는 문장 안에서의 단어의 위치에 따라 그 단어의 품사가 달라지는 것들이 많이 있다. 순방향 상태와 역방향 상태를 모두 활용하는 양방향 RNN은 문장의 특정 지점에서의 은닉 상태들을 해당 언어 문법의 구체적인 특성과는 무관하게 좀 더 안정적인 방식으로 모형화할 때가 많다. 실제로, 음성 인식 같은 여러 언어 중심적 응용들에서 양방향 순환 신경망이 점점 더 많이 쓰이고 있다.

양방향 RNN에서는 순방향 매개변수 행렬과 역방향 매개변수 행렬이 따로 있다. 입력층-은닉층, 은닉층-은닉층, 은닉층-출력층 상호작용에 대한 순방향 행렬들을 각각 $W_{xh}^{(f)}$, $W_{hh}^{(f)}$, $W_{hy}^{(f)}$로 표기하고, 해당 역방향 행렬들은 각각 $W_{xh}^{(b)}$, $W_{hh}^{(b)}$, $W_{hy}^{(b)}$로 표기하자.

두 가지 은닉 상태와 출력을 계산하는 공식들은 다음과 같다.

$$\overline{h}_t^{(f)} = \tanh\left(W_{xh}^{(f)}\overline{x}_t + W_{hh}^{(f)}\overline{h}_{t-1}^{(f)}\right)$$

$$\overline{h}_t^{(b)} = \tanh\left(W_{xh}^{(b)}\overline{x}_t + W_{hh}^{(b)}\overline{h}_{t+1}^{(b)}\right)$$

$$\overline{y}_t = W_{hy}^{(f)}\overline{h}_t^{(f)} + W_{hy}^{(b)}\overline{h}_t^{(b)}$$

이 양방향 공식들이 단방향 RNN에 쓰이는 공식들을 간단하게 일반화한 것임을 알아챌 수 있을 것이다. 입력 순차열의 길이가 T라고 할 때, 이 RNN에는 총 T개의 시각이 있다. 그런데 경계 조건들에 해당하는 $t = 1$에서의 순방향 상태와 $t = T$에서의 역방향 상태는 각각 그 이전 상태와 이후 상태가 존재하지 않는다. 첫 순방향 상태와 마지막 역방향 상태를 계산하는 한 가지 방법은, 해당 이전, 이후 상태를 그냥 상숫값 0.5로 두는 것이다. 필요하다면 이 상숫값을 훈련을 통해서 결정할 수도 있다.

순방향 은닉 상태와 역방향 은닉 상태의 점화식들을 잘 살펴보면 한 종류의 은닉 상태가 다른 종류의 은닉 상태들과는 전혀 상호작용하지 않음을 알 수 있다. 따라서 먼저 순방향 은닉 상태들을 모두 계산한 후에 역방향 은닉 상태들을 계산하는 것이

가능하다. 두 종류의 은닉 상태들을 모두 구한 다음에는 그들을 이용해서 출력 상태들을 계산한다.

출력들을 계산한 후에는 역전파 알고리즘을 실행해서 여러 매개변수에 대한 손실함수 편미분들을 계산한다. 우선, 순방향 상태들과 역방향 상태들이 모두 출력 노드들로 이어지므로, 출력 상태들에 대한 편미분들부터 계산한다. 그런 다음에는 $t = T$에서 $t = 1$로 가면서 순방향 은닉 상태들에 대해서만 역전파 과정을 실행한다. 마지막으로, $t = 1$에서 $t = T$로 가면서 역방향 은닉 상태들에 대해 역전파 과정을 수행한다. 정리하자면, 다음은 양방향 RNN에 맞게 수정된 BPTT 알고리즘의 단계들이다.

1. 순환 은닉 상태들과 역방향 은닉 상태들을 각각 따로 계산한다.
2. 순방향 은닉 상태들과 역방향 은닉 상태들로 출력 상태들을 계산한다.
3. 출력 상태들과 출력 매개변수의 각 복사본에 대한 손실함수의 편미분들을 계산한다.
4. 순방향 상태들과 역방향 상태들에 대한 손실함수 편미분들을 각각 개별적인 역전파 과정을 통해서 계산한다. 그 결과들을 이용해서 순방향 매개변수들과 역방향 매개변수들의 각 복사본에 대한 편미분들을 구한다.
5. 공유 매개변수들에 대한 편미분들을 취합한다.

양방향 순환 신경망은 예측이 한 역사 구간에 기초해서 인과관계를 따르는 것이 아닌 응용에 적합하다. 인과관계가 있는 예측의 좋은 예는 주어진 기호 순차열에 대해 이전 기호들의 역사에 기초해서 하나의 사건을 예측하는 것이다. 원칙적으로 언어 모형화는 인과적인(즉, 이전 단어들의 역사에만 기초한) 응용에 해당하지만, 실제 응용에서는 현재 위치의 양쪽에 있는 문맥 단어들을 고려해서 예측을 수행할 때 정확도가 훨씬 높다. 일반화해서 말하면, 양방향 RNN은 예측이 양방향 문맥에 기초하는 응용 분야에서 잘 작동한다. 그런 응용의 예로는 필기 인식과 음성 인식이 있는데, 둘 다 순차열 안의 개별 요소의 성질이 양쪽 요소들에 의존한다. 예를 들어 획(stroke)들로 표현된 필기 이미지를 인식할 때, 특정 위치의 양쪽에 있는 획들을 고려하는 것이 그 획들로 이루어진 문자의 인식에 도움이 된다. 문자 단위의 인식에서도, 양방향 RNN은 특정 문자들이 연달아 나올 가능성이 높다는 지식을 활용할 수 있다.

양방향 RNN은 서로 다른 두 순환 신경망의 앙상블(한 RNN에는 원래의 순차열을, 다른 한 RNN에는 순차열을 뒤집은 것을 입력하는 형태의)과 거의 같은 수준의 성과를 낸다고 알려져 있다. 그러한 앙상블은 순방향 상태들과 역방향 상태들을 결합적으로 훈련한다는 점이 양방향 RNN과 다르다. 그러나 그러한 통합은 두 종류의 상태들이 직접 상호작용하지 않는다는 점에서 상당히 약하다.

7.2.4 다층 순환 신경망

지금까지는 설명의 편의를 위해 은닉층이 하나인 단층 RNN을 기준으로 RNN을 논의했다. 그러나 실제 응용에서는 좀 더 복잡한 응용 대상을 모형화하기 위해 다층 구조를 사용한다. 그리고 그러한 다층 구조를 LSTM이나 게이트 제어 순환 단위 같은 좀 더 진보된 RNN의 변형들과 조합해서 사용할 수도 있다. 그런 고급 RNN들은 다음 절들에서 논의한다.

은닉층이 세 개인 심층 RNN의 예가 그림 7.6에 나와 있다. 아래쪽 은닉층들의 출력이 위쪽 층들로 입력됨을 주의하기 바란다. 은닉 상태들 사이의 관계는 단층 RNN의 것을 직접 일반화해서 유도할 수 있다. 다음은 단층 RNN 은닉층 점화식을 다층 구조에 맞게 변형한 것이다.

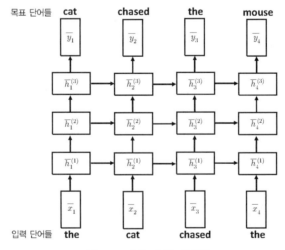

그림 **7.6**: 다층 순환 신경망

$$\overline{h}_t = \tanh\left(W_{xh}\overline{x}_t + W_{hh}\overline{h}_{t-1}\right)$$

$$= \tanh W\begin{bmatrix} \overline{x}_t \\ \overline{h}_{t-1} \end{bmatrix}$$

여기서 $W = [W_{xh}, W_{hh}]$는 W_{xh}의 열들과 W_{hh}의 열들로 이루어진 더 큰 행렬이다. 또한, 그 행렬에 시간 $t-1$에서의 첫 은닉층의 상태 벡터와 시간 t에서의 입력 벡터를 쌓아서 만든 더 큰 열벡터를 곱한다. 이 구조에서는 은닉층이 여러 개이므로, 서로 다른 층의 은닉 상태들을 구별할 필요가 있다. 시각 t에서의 k번째 은닉층의 은닉 상태들을 $\overline{h}_t^{(k)}$로 표기하겠다. 비슷한 방식으로, k번째 은닉층의 가중치 행렬은 $W^{(k)}$로 표기한다. $W^{(k)}$라는 표기에 위 첨자 k만 있음을 주목하기 바란다. 이는 가중치들이 서로 다른 시각들에서 공유되지만(단층 RNN에서처럼), 서로 다른 층들에서 공유되지는 않기 때문이다. 첫 은닉층은 이전 시각에서의 인접 은닉 상태들과 함께 현재 시각의 입력 상태들도 받는다는 점에서 특별하다. 즉, d가 입력 벡터 $\overline{x}_t$의 크기이고 p가 은닉 벡터 $\overline{h}_t$의 크기라고 할 때, 첫 은닉층($k=1$)에서만큼은 해당 행렬 $W^{(k)}$의 크기가 $p \times (d+p)$이다. 일반적으로 d는 p와 같지 않다. 첫 은닉층에 대한 점화식은 그냥 앞의 공식에서 $W^{(1)} = W$로 둔 것이므로, 따로 제시하지 않겠다. 그럼 $k \geq 2$인 k번째 은닉층의 점화식을 살펴보자. 이 역시 앞의 공식과 거의 비슷하다.

$$\overline{h}_t^{(k)} = \tanh W^{(k)}\begin{bmatrix} \overline{h}_t^{(k-1)} \\ \overline{h}_{t-1}^{(k)} \end{bmatrix}$$

이 경우 $W^{(k)}$의 크기는 $p \times (p+p) = p \times 2p$이다. 은닉층에서 출력층으로의 변환은 단층 RNN의 경우와 같다. 이상의 논의에서 보듯이, 다층 RNN은 단층 RNN을 아주 간단한 방식으로 확장한 것일 뿐이다. 실제 응용에서는 흔히 두 개 또는 세 개의 은닉층을 사용한다. 은닉층을 더 많이 사용하는 경우에는 훈련 자료가 더 많아야 과대적합을 피할 수 있다는 점도 기억하기 바란다.

7.3 순환 신경망 훈련의 어려움과 그 해법

순환 신경망은 펼쳐진 시간층들이 아주 깊은 심층망을 구성한다는 점 때문에 훈련하기가 아주 어렵다. 입력 순차열이 길면 특히나 더 그렇다. 다른 말로 하면, 시간층들의 깊이는 입력에 의존한다. 다른 모든 심층 신경망처럼 손실함수의 민감도(즉, 기울기)는 시간층마다 크게 다를 수 있다. 그런데 손실함수의 기울기는 서로 다른 층의 변수들에 따라 크게 다르지만, 매개변수 행렬은 서로 다른 층들이 공유한다. 이러한 층에 따른 가변적인 민감도와 매개변수 공유의 어색한 조합 때문에 학습이 아주 불안정해질 수 있다.

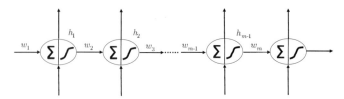

그림 7.7: 기울기 소실 및 폭발 문제

순환 신경망의 훈련과 관련된 주된 어려움은 **기울기 소실 및 폭발 문제**이다. 이 문제는 제3장의 §3.4에서 자세히 논의했다. 이번 절에서는 이 문제를 순환 신경망의 맥락에서 다시 살펴본다. 이해를 돕기 위해, 각 층의 단위가 하나뿐인 간단한 순환 신경망의 예로 이 문제를 설명하겠다.

이 예의 순환 신경망에는 tanh 활성화 함수를 사용하는 시간층들이 T개 있고, 인접한 두 시간층 사이에 함수 $\Phi(\cdot)$가 적용된다. 각 층의 은닉 단위 활성화 값들이 $h_1 \dots h_T$이고, 한 쌍의 은닉 노드 사이의 연결 가중치(공유되는)는 w이다. 은닉층 t의 활성화 함수의 미분은 $\Phi'(h_t)$이다. 역전파 과정의 효과를 논의하기 위해, t번째 층에서의 공유 가중치 w를 w_t로 표기하겠다. 그리고 은닉 단위 활성화 값 h_t에 대한 손실함수의 미분을 $\frac{\partial L}{\partial h_t}$로 표기한다. 이상의 순환 신경망이 그림 7.7에 나와 있다. 역전파는 기울기(편미분)를 다음과 같이 갱신한다.

$$\frac{\partial L}{\partial h_t} = \Phi'(h_{t+1}) \cdot w_{t+1} \cdot \frac{\partial L}{\partial h_{t+1}} \tag{7.5}$$

가중치들을 모든 시간층이 공유하므로, 층마다 기울기에 동일한 가중치 $w_t = w$가 곱해진다. 따라서, $w < 1$일 때는 곱셈이 거듭됨에 따라 기울기가 점점 작아지고(소실), $w > 1$일 때는 기울기가 점점 커진다(폭발). 또한, 갱신 공식에 미분 $\Phi'(h_{t+1})$이 포함되어 있으므로, 활성화 함수의 선택도 기울기 소실 및 폭발 문제에 영향을 미친다. 예를 들어 tanh 활성화 함수의 미분 $\Phi'(\cdot)$은 거의 모든 점에서 1보다 작으므로, 기울기 소실 문제가 발생할 가능성이 높다.

이상의 논의는 은닉층의 단위가 하나인 RNN에 대한 것이지만, 이를 은닉 단위가 여러 개인 경우로 일반화하는 것도 가능하다.[220] 그런 경우 기울기 갱신 공식은 동일한 행렬 A를 여러 번 곱하는 것에 해당함을 증명할 수 있다. 특히, 다음이 성립한다.

보조정리 7.3.1 A가 정방행렬이고 가장 큰 고윳값의 **크기**(magnitude)가 λ라고 하자. 그러면, $\lambda < 1$일 때 A^t의 성분들은 t의 증가에 따라 0으로 수렴하고, $\lambda > 1$일 때는 큰 값으로 발산한다.

이 보조정리는 $A = P\Delta P^{-1}$을 대각화해 보면 쉽게 증명할 수 있다. Δ가 하나의 대각행렬이라 할 때 $A^t = P\Delta^t P^{-1}$이다. t의 증가에 따라, Δ^t의 가장 큰 대각 성분의 크기는 고윳값이 1 미만이면 0으로 수렴하고 1보다 크면 큰 값(절댓값이 큰 값)으로 발산한다. 전자의 경우 행렬 A^t는 영행렬로 수렴하므로 기울기 소실이 발생하고, 후자의 경우에는 기울기 폭발이 발생한다. 여기에는 활성화 함수의 종류도 영향을 미친다. 활성화 함수가 다르면 기울기 소실 또는 폭발을 가르는 최대 고윳값의 기준(지금은 1)이 달라진다. 예를 들어 S자형 활성화 함수의 미분은 0.25를 넘지 않으므로, 최대 고윳값이 $1/0.25 = 4$ 미만이면 반드시 기울기 소실 문제가 발생한다. 물론 행렬 곱셈과 활성화 함수의 효과를 하나의 야코비 행렬로 통합하고(제3장 표 3.1 참고) 그 행렬의 고윳값들로 소실과 폭발을 판단할 수도 있다.

순환 신경망의 경우, 기울기 소실 및 폭발 문제와 서로 다른 층들이 매개변수들을 공유한다는 특성의 조합 때문에 경사 하강법 갱신 단계의 크기에 따라 학습이 불안정해지는 현상이 생긴다. 단계 크기가 너무 작으면 일부 층들 때문에 알고리즘이 최적점에 너무 느리게 접근하고, 단계 크기가 너무 크면 일부 층들 때문에 알고리즘이 최적점을 아예 지나치게 된다. 여기서 중요한 점은, 기울기는 무한히 작은 단계에 대한 최선의 이동 방향만을 말해줄 뿐이라는 것이다. 현실적으로 갱신 단계의 크기는 유한하며, 훈련 알

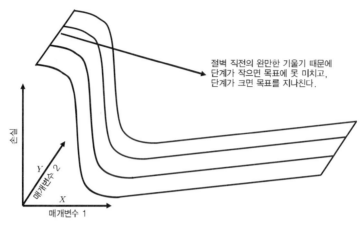

절벽 직전의 완만한 기울기 때문에
단계가 작으면 목표에 못 미치고,
단계가 크면 목표를 지나친다.

매개변수 1

그림 7.8: 손실 표면에 존재하는 절벽의 예(제3장 그림 3.13과 같음)

고리즘의 행동은 그 크기에 크게 좌우될 수 있다. 순환 신경망에서 최적점들이 절벽 근처 또는 손실함수의 기울기로는 잘 예측할 수 없는 영역에 숨어 있을 때가 많다. 그런 경우 최선의 유한 변화 방향이 최선의 **순간** 변화 방향과는 전혀 동떨어진 방향일 수 있다. 실제 응용에 쓰이는 모든 학습 알고리즘에서 단계 크기는 유한하며, 훈련이 잘 진행되려면 단계 크기가 적절해야 하는데, 이 점이 바로 신경망의 훈련을 어렵게 만드는 요인이다. 학습을 어렵게 하는 절벽의 예가 그림 7.8에 나와 있다. 절벽과 관련 된 어려움들은 제3장의 §3.5.4에서 논의했다. 기울기 폭발 문제와 기하학적 해석에 관 한 상세한 논의를 [369]에서 볼 수 있다.

기울기 소실 및 폭발 문제에 대한 해결책은 여러 가지가 있으며, 그 효과는 다양하 다. 예를 들어 가장 간단한 해결책은 매개변수들에 강력한 정칙화를 가하는 것이다. 정칙화는 기울기 소실 및 폭발에 의한 골치 아픈 불안정성을 꽤 줄여준다. 그러나 정 칙화가 너무 강하면 모형이 해당 신경망 구조가 가진 잠재력을 완전하게 발휘하지 못 하게 된다. 또 다른 해결책은 제3장의 §3.5.5에서 논의한 **기울기 절단**(gradient clipping)이 다. 기울기 절단은 기울기 폭발 문제에 적합하다. 흔히 쓰이는 절단 방식은 크게 두 가지로, 하나는 값 기반 절단이고 다른 하나는 노름norm 기반 절단이다. 값 기반 절단 에서는 기울기 성분들을 더하기 전에, 특정 상한과 하한을 벗어난 기울기들을 해당 상한과 하한으로 한정한다. 이것이 미콜로프가 Ph.D. 학위논문 [324]에서 제안한 원래 형태의 기울기 절단이다. 노름 기반 절단에서는, 전체 기울기 벡터의 노름이 특정 문턱값보다 크면 노름이 문턱값과 같아지도록 벡터를 다시 정규화한다. [368]의 분석에 따르면 두 종류의 절단은 비슷한 결과를 낸다.

절벽처럼 곡률이 갑자기 변하는 영역에 관해 주목할 점 하나는, 일반적으로 1차 기울기로는 그런 국소 오차 표면을 완전하게 모형화하기 힘들다는 것이다. 따라서 자연스러운 해법은 더 고차의 기울기를 사용하는 것이다. 그러나 고차 기울기를 사용하면 계산량이 증가한다. 예를 들어 §3.5.6에서 설명한 이차 방법들에서는 헤세 행렬의 역행렬을 구해야 한다. 매개변수가 10^6개인 신경망의 경우에는 $10^6 \times 10^6$ 행렬의 역행렬을 구해야 하는데, 오늘날의 계산 능력으로도 그런 계산은 비현실적이다. 다행히 헤세 역행렬 계산에 의존하지 않고 2차 방법을 구현하는 교묘한 요령들이 최근 제안되었다.[313, 314] 그런 방법들을 제3장의 §3.5.6에서 간단히 개괄했다. 순환 신경망에서도 이 방법들이 성공을 거둔 사례가 있다.

최적화 과정이 겪는 불안정성의 정도는 현재 해가 손실함수 표면의 어디에 놓여 있는가에 의존한다. 따라서 훈련의 초기점을 잘 잡는 것이 대단히 중요하다. [140]은 기울기 갱신의 불안정성을 피할 수 이는 몇 가지 초기화 방법을 논의한다. 제3장의 운동량 기반 기법도 불안정성 감소에 도움이 된다. [478]은 불안정성을 비롯한 몇몇 문제점에 대한 초기화와 운동량의 위력을 논의한다. 반향 상태 신경망(echo-state network) 같은 단순화된 RNN 변형을 이용해서 RNN을 초기화함으로써 안정성을 높이는 방법도 자주 쓰인다.

기울기 소실 및 폭발 문제의 해결에 흔히 쓰이는 또 다른 유용한 요령은 제3장의 §3.6에서 논의한 배치 정규화이다. 제3장에서 논의한 배치 정규화 방법을 RNN에 적용하려면 조금 수정할 필요가 있다.[81] 사실 순환 신경망에는 **층 정규화**(layer normalization)라고 하는 배치 정규화의 한 변형이 더 효과적이다. 층 정규화는 큰 성공을 거두었기 때문에, 현재 RNN이나 그 변형을 사용할 때 거의 항상 적용하는 표준적인 기법으로 자리 잡았다.

마지막으로, 기울기 소실 및 폭발 문제를 해결하기 위해 RNN을 여러 방식으로 변형하기도 한다. 첫 번째 변형은 RNN을 단순화한 반향 상태 신경망, 줄여서 반향 상태망이다. 반향 상태망에서는 은닉 대 은닉 가중치들을 무작위로 초기화하고 출력층들만 훈련한다. 예전에 RNN의 훈련이 너무 어렵다고 간주하던 시절에는 반향 상태망이

RNN의 유의미한 대안으로 쓰였다. 그러나 반향 상태망은 너무 단순하기 때문에 아주 복잡한 설정에는 사용할 수 없다. 그렇긴 하지만, 반향 상태망을 RNN의 안정적인 초기화에 사용하는 것은 여전히 의미가 있다.[478] 기울기 소실 및 폭발 문제를 다루는 좀 더 효과적인 접근 방식은 RNN에 내부 기억 장소를 두어서 신경망의 상태들을 좀 더 안정화하는 것이다. 특히, 장단기 기억(LSTM)이 기울기 소실 및 폭발 문제의 효과적인 해결책으로 자리 잡고 있다. 이 접근 방식은 일종의 장기 기억으로 간주할 수 있는 추가적인 상태들을 신경망에 도입한다. 장단기 기억 접근 방식을 이용하면 상태들이 시간에 대해 좀 더 안정적으로 행동하며, 경사 하강법 과정도 훨씬 더 안정적이다. 이 접근 방식은 §7.5에서 논의한다.

7.3.1 층 정규화

제3장의 §3.6에서 논의한 배치 정규화 기법은 심층 신경망의 기울기 소실 및 폭발 문제를 해결하기 위해 고안된 것이다. 이 기법은 대부분의 신경망에 유용하지만, 순환 신경망에서는 몇 가지 단점을 노출한다. 첫째로, 배치의 통계량들이 RNN의 서로 다른 시간층마다 다르므로, 시각마다 개별적인 통계량들을 유지해야 한다. 더 나아가서, 순환 신경망의 층 개수는 **입력에 의존적**이다. 층 개수는 입력 순차열의 길이에 비례한다. 따라서 만일 훈련에 쓰인 모든 순차열보다 긴 시험 순차열이 주어지면 일부 시각들의 미니배치 통계량들이 마련되지 않은 상황이 벌어진다. 일반적으로 미니배치 통계량 계산의 신뢰성은 시간층마다 다를 수 있다(미니배치의 크기와는 무관하게). 마지막으로, 배치 정규화는 온라인(스트림 기반) 학습 과제에는 적용할 수 없다. 본질적인 문제점 하나는, 배치 정규화가 전통적인 신경망 연산들에 비해 다소 통상적이지 않은(단위들의 활성화 값들이 주어진 배치에 있는 훈련 견본들뿐만 아니라 배치에 속하지 않은 다른 훈련 견본들에도 의존한다는 면에서) 신경망 연산이라는 것이다. 비록 배치 정규화를 RNN에 적응시키는 것이 가능하긴 하지만,[81] 그보다는 **층 정규화**를 사용하는 것이 더 효과적이다.

층 정규화에서는 개별 훈련 견본에 대해 정규화를 수행한다. 단, 정규화 계수는 현재 견본이 있는 층의 **모든 현재 활성화 값**으로 구한다. 이 접근 방식은 통상적인 신경망 연산에 좀 더 가까우며, 미니배치 통계량들을 시각별로 유지할 필요가 없다. 한 견본의 활성화 값들을 계산하는 데 필요한 모든 정보를 그 견본 자체에서 구할 수 있다.

그럼 층 정규화의 작동 방식을 좀 더 구체적으로 살펴보자. 우선, RNN의 은닉 상태 공식은 다음과 같다.

$$\overline{h}_t = \tanh\left(W_{xh}\overline{x}_t + W_{hh}\overline{h}_{t-1}\right)$$

시간층들에 따른 곱셈 효과 때문에 이 점화식은 불안정하게 행동하기 쉽다. 층 정규화에서는 이를 수정한 갱신 공식을 사용한다. 제3장에서 논의한 보통의 배치 정규화에서처럼, 정규화는 **활성화 전 값**, 즉 tanh 활성화 함수를 적용하기 전의 값에 적용된다. 시각 t에서의 활성화 전 값은 다음과 같다.

$$\overline{a}_t = W_{xh}\overline{x}_t + W_{hh}\overline{h}_{t-1}$$

여기서 $\overline{a}_t$는 은닉층의 단위 개수와 같은 수의 성분들로 이루어진 하나의 벡터임을 주의하기 바란다. 이번 장 전체에서 은닉층 단위 개수는 p이다. 이제 $\overline{a}_t$의 활성화 전 성분들의 평균 μ_t와 표준편차 σ_t를 계산한다.

$$\mu_t = \frac{\sum_{i=1}^{p} a_{ti}}{p}, \ \sigma_t = \sqrt{\frac{\sum_{i=1}^{p} a_{ti}^2}{p} - \mu_t^2}$$

여기서 a_{ti}는 벡터 $\overline{a}_t$의 i번째 성분이다.

배치 정규화에서처럼 층 정규화에서도 각 단위에 추가적인 학습 매개변수들을 둔다. 좀 더 구체적으로 말하면, t번째 시간층의 단위 p개에 대해 **이득 매개변수**(gain parameter)들로 이루어진 p차원 벡터 $\overline{\gamma}_t$와 **치우침 매개변수**(bias parameter)들로 이루어진 p차원 벡터 $\overline{\beta}_t$를 둔다. 이 매개변수들은 §3.6의 배치 정규화를 위한 매개변수 γ_i 및 β_i와 비슷하다. 이 매개변수들은 정규화된 값 재비례와 치우침 항 추가의 학습을 가능하게 만드는 수단으로 쓰인다. 다음은 이런 요소들을 이용해서 은닉 단위의 활성화 값 $\overline{h}_t$를 계산하는 새로운 공식이다.

$$\overline{h}_t = \tanh\left(\frac{\overline{\gamma}_t}{\sigma_t} \odot (\overline{a}_t - \overline{\mu}_t) + \overline{\beta}_t\right) \tag{7.6}$$

여기서 $\odot$ 연산자는 성분별 곱셈을 뜻하고, $\overline{\mu}_t$는 p개의 스칼라 μ_t로 이루어진 벡터이다. 층 정규화는 기본적으로 시간에 따라 활성화 값들의 크기가 계속해서 증가하거나 계속해서 감소하는(그러면 기울기가 폭발하거나 소실될 수 있다) 일을 방지하는 효과를 내지만, 학습 가능한 매개변수들 덕분에 어느 정도의 유연성도 생긴다. [14]에 따르면, RNN의 경우 층 정규화가 배치 정규화보다 더 나은 성과를 낸다. 층 정규화와 관련된 몇 가지 정규화 방법들을 온라인/스트리밍 학습에도 사용할 수 있다.[294]

7.4 반향 상태 신경망

반향 상태 신경망, 줄여서 반향 상태망은 RNN을 단순화한 것이다. 반향 상태망은 입력의 차원이 작을 때 잘 작동한다. 이는 반향 상태망이 시간층 개수의 증가에는 잘 적응하지만 입력 차원의 증가에는 잘 적응하지 않기 때문이다. 따라서 반향 상태망은 비교적 긴 시간 구간에 대한 하나 또는 적은 수의 실숫값 시계열 자료의 회귀 기반 모형화에 아주 적합하다. 입력 차원이 문서의 어휘 크기와 같은(단어들을 원핫 벡터로 부호화한다고 할 때) 텍스트 모형화에는 그리 적합하지 않다. 그런 텍스트 모형화의 경우에는 반향 상태망을 그 자체로 사용하는 대신 본격적인 RNN의 가중치 초기화에 사용하는 것이 실용적이다. 반향 상태망을 액체 상태 기계(liquid-state machine)[304]라고 부르기도 하지만, 액체 상태 기계는 이진값을 출력하는 스파이킹 뉴런spiking neuron들을 사용하는 반면 반향 상태망은 S자형 함수나 tanh 함수 같은 통상적인 활성화 함수를 사용한다.

반향 상태망에서는 은닉 대 은닉 연결 가중치들을 그냥 **무작위로** 설정하고, 입력층 대 은닉층 가중치들조차도 무작위로 설정한다. 단, 은닉 상태의 차원은 거의 항상 입력 상태의 차원보다 훨씬 크다. 하나의 입력 순차열에 대해 차원이 약 200인 은닉 상태를 사용하는 것도 드물지 않다. 가중치 학습은 출력층에서만 일어난다. 보통의 경우 출력층은 실숫값들을 출력하는 선형층이다. 서로 다른 출력 노드들이 가중치들을 공유하긴 하지만, 출력층의 훈련은 모든 출력 노드의 오차를 취합하는 식으로 간단히 진행된다. 그래도 목적함수는 여전히 선형회귀에 해당한다. 이처럼 출력층을 역전파 없이 아주 간단한 방식으로 훈련할 수 있기 때문에, 반향 상태망의 훈련은 아주 빠르다.

전통적인 RNN처럼 은닉층들은 로그 S자형 함수 같은 비선형 활성화 함수를 사용

한다. 단, 필요하다면 tanh 활성화 함수를 사용할 수도 있다. 은닉 대 은닉 가중치들을 초기화할 때 조심해야 할 점은, 가중치 행렬 W_{hh}의 최대 고윳값이 1이어야 한다는 것이다. 이를 보장하는 간단한 방법은 행렬 W_{hh}의 가중치들을 표준 정규분포에서 추출하고 각 성분을 최대 절대 고윳값 $|\lambda_{\max}|$로 나누는 것이다.

$$W_{hh} \Leftarrow W_{hh}/|\lambda_{\max}| \tag{7.7}$$

이런 식으로 행렬을 정규화하면 최대 고윳값이 1이 된다. 이 최대 고윳값은 이 가중치 행렬의 **스펙트럼 반경**(spectral radius)에 해당한다. 그런데 스펙트럼 반경이 1이면 비선형 활성화 함수가 상태 값들을 감쇠(damping)하는 효과를 낸다. 예를 들어 S자형 함수의 편미분은 0.25를 넘지 않으므로, S자형 함수를 활성화 함수로 사용할 때는 스펙트럼 반경을 4보다 훨씬 큰 값(이를테면 10)으로 두어도 된다. tanh를 활성화 함수로 사용할 때는 스펙트럼 반경을 2나 3으로 두는 것이 적당하다. 이렇게 해도 시간에 따라 어느 정도의 감쇠 효과가 생기긴 하지만, 시계열 자료에서 아주 긴 장기 관계가 단기 관계보다 훨씬 약하다는 점에서, 그러한 감쇠는 유용한 정칙화에 해당한다. 예비 자료에 대해 비례 계수 γ를 여러 가지로 바꾸어 가면서 $W_{hh} = \gamma W_0$(여기서 W_0은 무작위로 초기화한 가중치 행렬)으로 두고 측정한 성과에 기초해서 스펙트럼 반경을 선택할 수도 있다.

은닉 대 은닉 연결의 가중치들은 희소하게 설정하는 것이 권장된다. 무작위 투영을 포함한 변환이 관여하는 응용에서는 이런 설정이 드물지 않다. 가중치 행렬을 희소하게 만드는 간단한 방법은 W_{hh}의 일부 성분들만 0이 아닌 값이 되게 하고 나머지는 모두 0으로 설정하는 것이다. 일반적으로 그 '일부 성분들'의 개수는 은닉 단위 개수에 비례하는 값으로 설정한다. 흔히 쓰이는 또 다른 방법은 각 은닉층의 은닉 단위들에 1 ... K의 색인을 부여하고, 색인이 같은 은닉 단위들만 연결하는 것이다. 이런 접근 방식이 반향 상태망들로 이루어진 앙상블 모형의 훈련과 동등함을 증명할 수 있다 (연습문제 2).

입력층 대 은닉층 연결 가중치 행렬 W_{xh}의 설정과 관련해서 주의할 점 하나는, 각 시각의 입력이 이전 시각의 은닉 상태들에 담긴 정보를 망가뜨리게 하지 않으려면 이 행렬의 비례에 신경을 써야 한다는 것이다. 먼저 행렬 W_{xh}를 무작위 가중치 행렬 W_1로 설정하고, 초매개변수 β(비례 계수)를 변경해 가면서 예비 자료에 대한 정확도를 측정해서 가장 나은 성과를 낸 $W_{xh} = \beta W_1$을 최종적인 입력층 대 은닉층 연결 가중치 행렬로 사용하면 된다.

반향 상태망은 자료 집합의 특징 개수를 비선형 변환을 이용해서 확장하면 입력 표현의 표현력이 증가할 때가 많다는 아주 오래된 착안에 기초한다. 예를 들어 RBF 신경망(제5장)과 핵 기반 지지 벡터 기계는 바탕 특징 공간을 커버의 패턴 분리성 정리를 이용해서 확장함으로써 표현력을 높인다.[84] 이들과 반향 상태망의 유일한 차이점은, 반향 상태망은 무작위 투영을 통해서 특징 공간을 확장한다는 것이다. 반향 상태망이 이런 접근 방식을 처음으로 사용한 것은 아니다. 기계 학습에서 무작위 변환을 핵 기반 방법들의 빠른 대안으로 사용한 전례가 있다.[385, 516] 특징 확장은 기본적으로 비선형 변환을 통해서 효과를 내며, 신경망에서 비선형성은 은닉층들의 활성화 함수들을 통해서 제공됨을 주의하기 바란다. 어떤 면에서 반향 상태망은 RBF 신경망에 쓰인 원리를 시간적 영역(순차열/시계열 자료)에 적용한 것이라고 할 수 있다. 이는 순환 신경망이 순방향 신경망의 시간적 버전에 해당하는 것과 비슷하다. RBF 망처럼 반향 상태망도 학습을 거의 수행하지 않고 대신 특징 공간의 무작위 확장에 기초해서 은닉 특징들을 추출한다.

이러한 접근 방식을 시계열 자료에 적용한 모형은 먼 미래의 값들을 아주 잘 예측한다. 미래 예측의 핵심은 시각 t에서의 목표 출력값을 시각 $t + k$에서의 시계열 입력값들에 대응되는 값으로 선택하는 것이다. 여기서 k는 얼마나 멀리 예견(lookahead)하는가를 결정하는 매개변수이다. 다른 말로 하면, 반향 상태망은 시계열 자료의 훌륭한 비선형 자기회귀 모형이다. 단, 시계열 자료의 성분이 아주 많을 때는 이 방법이 적합하지 않다. 그런 경우에는 예측 모형에 필요한 은닉 상태들의 차원이 아주 커지기 때문이다. 반향 상태망을 시계열 자료의 모형화에 사용하는 방법은 §7.7.5에서 좀 더 자세히 논의한다. §7.7.5에서는 또한 전통적인 시계열 예측 모형에 비한 반향 상태망의 장단점도 논의한다.

텍스트처럼 차원이 아주 큰(즉, 성분이 아주 많은) 입력에는 이 접근 방식을 사용하는 것이 비실용적이지만, 그런 입력을 다루는 순환 신경망의 초기화에 사용하는 것은 여전히 아주 유용하다.[478] 간단히 말하면, 순환 신경망에 대응되는 반향 상태망의 출력층을 훈련해서 W_{hh}와 W_{xh}를 구하고, 앞에서 언급한 방식으로 비례 계수 β와 γ의 여러 값으로 예비 자료를 시험해서 두 행렬을 적절히 비례한다. 그런 다음에는 전통적인 역전파를 이용해서 순환 신경망을 훈련한다. 이러한 접근 방식은 순환 신경망을 위한 가벼운 사전훈련이라 할 수 있다.

마지막으로, 앞에서 은닉 대 은닉 연결 가중치 행렬 W_{hh}를 희소하게 설정하는 것이 권장된다고 했지만, 이에 모두 동의하는 것은 아님을 주의하기 바란다. 초창기부터 반향 상태망의 연결 희소성이 권장되긴 했지만,[219] 그 이유가 아주 명확하지는 않다. 반향 상태망에 관한 원논문 [219]는 연결들이 희소하면 개별 부분망들이 분리되어서 각각의 학습이 좀 더 원활하게 진행된다고 주장한다. 이는 반향 상태망이 좀 더 다양한 특징들을 학습한다는 주장으로 보인다. 그러한 분리가 목표이면, 은닉 상태들을 여러 개의 연결되지 않은 그룹들로 나누는 식으로 분리를 명시적으로 강제하는 것이 나을 수 있다. 이는 앙상블 접근 방식에 가깝다. 한편, 무작위 투영이 관여하는 방법들에서는 계산의 효율성을 위해서도 연결의 희소성이 권장될 때가 많다. 그러나 연결들이 희소하면 서로 다른 은닉 단위 활성화 값들이 많은 수의 가우스 확률변수들의 곱셈적 잡음 안에 내장되며, 따라서 은닉 상태를 추출하기가 좀 더 어려워진다.

7.5 장단기 기억(LSTM)

§7.3에서 논의했듯이 순환 신경망은 기울기의 소실 및 폭발과 관련된 문제를 가지고 있다.[205, 368, 369] 이 문제는 가중치 행렬의 거듭된 곱셈 때문에 불안정성이 생기는 모든 종류의 신경망에서 흔히 나타나는 문제이다. 역전파 과정에서 가중치 행렬의 곱셈이 거듭됨에 따라 기울기가 사라지거나 큰 값으로 발산하게 된다. 순환 신경망에서 이런 종류의 불안정성은 여러 시각에서의 거듭된 가중치 행렬 곱셈의 직접적인 결과이다. 이 문제를, 갱신에 곱셈만 쓰이는 순환 신경망은 오직 짧은 순차열의 학습에만 적합하다고 해석할 수 있다. 즉, 그런 순환 신경망은 단기 기억 능력은 좋지만 장기 기억 능력은 나쁘다고 할 수 있는 것이다.[205] 이 문제를 해결하는 한 가지 방법은 장기 기억을 활용하는 갱신 공식을 이용해서 은닉 벡터를 갱신하는 것이다. 그런 식으로 만들어진 순환 신경망을 장단기 기억(LSTM) 신경망이라고 부른다. LSTM 신경망의 연산들은 장기 기억에 기록되는 자료를 세밀하게 제어하도록 고안되었다.

이전 절에서처럼 $\overline{h}_t^{(k)}$는 다층 LSTM 신경망의 k번째 층의 은닉 상태들을 뜻한다. 편의상 입력 벡터 $\overline{x}_t$도 $\overline{h}_t^{(0)}$으로 표기하기로 하자(물론 입력층이 은닉층은 아니지만). 순환 신경망에서처럼 입력 벡터 $\overline{x}_t$는 d차원 벡터이고 은닉 상태들은 p차원 벡터이다. LSTM 망은 기본적으로 그림 7.6의 순환 신경망과 같은 구조를 따르되, 은닉 상태 $\overline{h}_t^{(k)}$의 갱신에 쓰이는 점화식이 다르다. LSTM 망에서는 p차원 은닉 벡터가 하나 더 있다. 이를 **세포 상태**(cell state)라고 부르고 $\overline{c}_t^{(k)}$로 표기한다. 세포 상태는 이전 상태들에 담긴 정보의 일부 또는 전부를 이전 상태들에 대한 부분적인 '망각'과 '보강' 연산의 조합을 통해서 유지하는 일종의 장기 기억 장치라고 할 수 있다. [233]이 보였듯이, LSTM을 문학 작품 같은 텍스트 자료에 적용하는 경우 $\overline{c}_t^{(k)}$에 담긴 기억을 유의미하게 해석할 수 있을 때가 종종 있다. 예를 들어 어떤 문장에서 왼쪽 따옴표가 나왔을 때 $\overline{c}_t^{(k)}$에 담긴 p개의 값들의 부호가 변하고, 이후 그 따옴표와 짝을 이루는 오른쪽 따옴표가 나올 때만 그 부호들이 다시 원래대로 복원되는 현상을 관찰할 수 있다. 이러한 현상은 LSTM 망이 언어에 존재하는 장기적인 의존관계들을 모형화할 수 있으며, 심지어는 더 많은 수의 토큰들에 펼쳐져 있는 특정한 패턴(인용문 등)까지도 모형화할 수 있음을 암시한다. LSTM의 이러한 능력은 시간에 따라 세포 상태들을 계속 갱신함으로써 특정 정보를 좀 더 오랫동안 유지하는 것에 기인한다. 이러한 상태 값들의 지속성 (persistence) 덕분에, 기울기 소실 및 폭발을 일으키는 불안정성이 줄어든다. 이 점을, 장기 기억 덕분에 서로 다른 시간층들의 상태들이 아주 비슷해져서 내향(진입) 가중치들에 대한 기울기들 역시 차이가 별로 크지 않게 되며, 결과적으로 불안정성이 감소한다고 이해해도 될 것이다.

다층 순환 신경망에서처럼 LSTM 망의 가중치 행렬을 $W^{(k)}$로 표기한다. 이 가중치 행렬을 열벡터 $[\overline{h}_t^{(k-1)}, \overline{h}_{t-1}^{(k)}]^T$에 곱한다. 그런데 이 $W^{(k)}$는 크기가 $4p \times 2p$이다.[2] 이것을 $2p$차원 열벡터에 곱하면 $4p$차원 벡터가 나온다. 그 벡터를 네 개의 임시 p차원 벡터 변수 $\overline{i}, \overline{f}, \overline{o}, \overline{c}$로 나누어 취급한다. 임시 벡터 변수 $\overline{i}, \overline{f}, \overline{o}$를 세포 상태와 은닉 상태 갱신 시의 역할에 따라 각각 **입력**, **망각**(forget), **출력** 변수라고 부른다. 이 임시 변수들을 먼저 계산하고, 그 변수들을 이용해서 은닉 상태 벡터 $\overline{h}_t^{(k)}$와 세포 상태 벡터 $\overline{c}_t^{(k)}$를 계산한다. 임시 변수 벡터 $\overline{c}$와 원래의 세포 상태 $\overline{c}_t^{(k)}$는 서로 다른 것임

---

2) 단, 첫 층에서는 행렬 $W^{(1)}$이 $(p+d)$차원 벡터에 곱해지므로 크기가 $4p \times (p+d)$이다.

을 주의하기 바란다. 둘은 역할이 완전히 다르다. 다음은 구체적인 갱신 공식들이다.

$$\begin{array}{ll} \text{입력 게이트:} \\ \text{망각 게이트:} \\ \text{출력 게이트:} \\ \text{새 세포 상태:} \end{array} \begin{bmatrix} \bar{i} \\ \bar{f} \\ \bar{o} \\ \bar{c} \end{bmatrix} = \begin{pmatrix} \text{sigm} \\ \text{sigm} \\ \text{sigm} \\ \text{tanh} \end{pmatrix} W^{(k)} \begin{bmatrix} \bar{h}_t^{(k-1)} \\ \bar{h}_{t-1}^{(k)} \end{bmatrix} \qquad \text{[임시 변수 설정]}$$

$$\bar{c}_t^{(k)} = \bar{f} \odot \bar{c}_{t-1}^{(k)} + \bar{i} \odot \bar{c} \qquad \text{[선택적 망각 및 장기 기억 보강]}$$

$$\bar{h}_t^{(k)} = \bar{o} \odot \tanh\left(\bar{c}_t^{(k)}\right) \qquad \text{[장기 기억을 선택적으로 은닉 상태들로 누출]}$$

여기서 '$\odot$' 연산자는 성분별 벡터 곱셈, 'sigm'은 S자형 함수(sigmoid)를 뜻한다. 첫 층 (즉, $k=1$)에서는 $\bar{h}_t^{(k-1)}$ 대신 $\bar{x}_t$가 쓰이고, 행렬 $W^{(1)}$의 크기가 $4p \times (p+d)$이다. 실제 구현에서는 흔히 이 갱신 공식들에 치우침 항도 추가하지만,[3] 여기서는 간결함 을 위해 생략했다. 이 갱신 공식들이 다소 난해하므로, 좀 더 설명이 필요할 것 같다.

상태 갱신 과정은 우선 임시 변수 벡터 $\bar{i}$, $\bar{f}$, $\bar{o}$, $\bar{c}$의 계산으로 시작한다. 처음 세 벡터는 **개념상으로는** 이진 벡터로 간주되지만, 실제로는 $(0, 1)$ 구간의 연속값들을 담 는다. 한 쌍의 이진값을 곱하는 것은 한 쌍의 부울(boolean) 값에 AND(논리곱) 게이트 를 적용하는 것과 동등하다. 벡터 $\bar{i}$, $\bar{f}$, $\bar{o}$를 입력 게이트, 망각 게이트, 출력 게이트라 고 부른다. 개념상으로 이 벡터들은 각각 (i) 세포 상태를 보강할 것인지, (ii) 세포 상 태를 망각할 것인지, (iii) 세포 상태의 정보를 은닉 상태로 누출할 것인지를 결정한다. 이 입력, 망각, 출력 변수들을 이진 변수로 간주하는 것이 갱신 시 이들이 수행하는 결정을 이해하는 데 도움이 된다. 실제 구현에서는 이 변수들이 $(0, 1)$ 구간의 연속값 들을 담으며, 따라서 출력을 확률로 해석해야 하는 경우에는 이진 게이트의 효과를 확률적으로 적용할 수 있다. 그리고 신경망에서는 미분 가능한 연속 함수를 사용하는 것이 중요한데, 그래야 경사 하강법을 적용할 수 있기 때문이다. 벡터 $\bar{c}$는 세포 상태 의 새로운 내용을 담는다. 그러나 새 내용이 어느 정도나 세포 상태에 적용되는지는 입력 게이트와 망각 게이트가 결정한다(이에 의해 장기 기억이 유지된다).

k번째 층에 대한 가중치 행렬 $W^{(k)}$를 이용해서 네 임시 변수 $\bar{i}$, $\bar{f}$, $\bar{o}$, $\bar{c}$를 계산하

---

3) 망각 게이트와 연관된 치우침 항이 특히나 중요하다. 일반적으로 망각 게이트의 치우침 항은 1보다 큰 값으로 초기화한다.[228] 그러면 초기화 시점에서 기울기 소실 문제를 피할 수 있는 것으로 보인다.

는 첫 공식은 딱히 설명할 것이 없다. 이 임시 변수 중 두 가지를 이용해서 세포 상태를 계산하는 둘째 공식을 좀 더 살펴보자.

$$\overline{c}_t^{(k)} = \underbrace{\overline{f} \odot \overline{c}_{t-1}^{(k)}}_{\text{망각?}} + \underbrace{\overline{i} \odot \overline{c}}_{\text{보강?}}$$

이 공식은 두 개의 항으로 구성된다. 첫 항은 벡터 $\overline{f}$ 에 있는 p개의 망각 게이트 비트들을 이용해서 이전 시각의 세포 상태 벡터의 성분 p개를 선택적으로 망각(0으로 설정)한다.[4] 둘째 항은 벡터 $\overline{i}$ 에 있는 p개의 입력 게이트 비트들을 이용해서 $\overline{c}$ 의 성분들을 선택적으로 세포 상태에 기록한다. 이런 세포 상태 갱신이 가산적인 형태임을 주목하기 바란다. 따라서 곱셈의 반복 때문에 기울기 소실 및 폭발 문제가 발생할 여지가 줄어든다. 세포 상태 벡터를 끊임없이 갱신되는 장기 기억으로 간주할 수 있다. 이때 망각 비트들과 입력 비트들은 각각 (i) 이전 시각의 세포 상태 성분을 0으로 설정함으로써 과거를 망각할 것인지와 (ii) 현재 단어에 맞게 세포 상태 성분들을 증가해서 장기 기억을 보강할 것인지를 결정한다. 벡터 $\overline{c}$ 에는 세포 상태 성분들의 증가량들이 담겨 있는데, 이들은 첫 공식에서 tanh 함수로 계산된 것이므로 $[-1, +1]$ 구간의 값이다.

마지막으로 세포 상태에서 누출된 정보를 이용해서 은닉 상태 $\overline{h}_t^{(k)}$ 를 갱신한다. 공식은 다음과 같다.

$$\overline{h}_t^{(k)} = \underbrace{\overline{o} \odot \tanh(\overline{c}_t^{(k)})}_{\overline{c}_t^{(k)} \text{를 } \overline{h}_t^{(k)} \text{로 누출}}$$

이 공식은 세포 상태의 성분 p개를 출력 게이트 $\overline{o}$ 의 해당 비트가 0이냐 1이냐에 따라 은닉 상태의 성분 p개에 선택적으로 복사한다. 물론 실제 응용에서는 이진 비트가 아니라 연속값이 쓰이므로, 출력 게이트의 각 성분은 세포 상태 성분의 복사 비율 역할을 한다. 그런데 이 공식에 반드시 tanh를 사용해야 하는 것은 아님을 주의하기 바란다. tanh를 생략한 다음 공식을 사용할 수도 있다.

---

4) 여기서는 망각 게이트의 성분들을 이진 비트들로 간주하지만, 실제로는 $(0, 1)$ 구간의 연속값(확률로 해석할 수 있는)이다. 앞에서 언급했듯이, 이러한 이진 추상은 LSTM 연산들의 개념적 성질을 이해하는 데 도움이 된다.

$$\overline{h}_t^{(k)} = \overline{o} \odot \overline{c}_t^{(k)}$$

다른 모든 신경망처럼 LSTM 망은 역전파 알고리즘으로 훈련한다.

LSTM의 기울기 흐름이 보통의 RNN보다 나은 이유의 이해를 돕기 위해, 은닉층이 하나이고 $p = 1$인 아주 간단한 LSTM의 갱신 과정을 살펴보자. 이 경우 세포 상태 갱신 공식은 다음으로 단순화된다.

$$c_t = c_{t-1}*f + i*c \tag{7.8}$$

즉, c_{t-1}에 대한 c_t의 편미분은 그냥 f이며, 따라서 c_t에 대한 역방향 기울기 흐름들에는 망각 게이트 f의 값이 곱해진다. 이 갱신들에는 성분별 연산이 쓰이므로, 이 결과는 상태 차원 p가 1보다 큰 경우로도 일반화된다. 일반적으로 망각 게이트의 치우침 항들을 큰 값으로 설정하기 때문에, 기울기 흐름들은 비교적 느리게 감쇠한다. 망각 게이트 f를 시각마다 다르게 둘 수도 있다. 그러면 기울기 감소 문제가 더욱 줄어든다. 은닉 상태를 세포 상태를 이용해서 $h_t = o*\tanh(c_t)$로 표현할 수도 있다. 그러면 h_t에 대한 편미분을 하나의 tanh 미분으로 계산할 수 있게 된다. 다른 말로 하면, 장기 기억 세포 상태는 은닉 상태들로 누출되는 일종의 기울기 고속도로(gradient super-highway)로 작용한다.

7.6 게이트 제어 순환 단위(GRU)

게이트 제어 순환 단위(gated recurrent unit, GRU)는 LSTM을 단순화한 버전에 해당한다. LSTM과는 달리 GRU는 세포 상태를 명시적으로 따로 두지 않는다. 또 다른 차이점은, LSTM은 은닉 상태의 갱신을 개별적인 망각 게이트와 출력 게이트를 이용해서 제어하는 반면 GRU는 하나의 재설정 게이트를 이용해서 제어한다는 것이다. 그러나 은닉 상태 갱신의 기본 원리는 GRU와 LSTM이 상당히 비슷하다. 이전 절들에서처럼 $\overline{h}_t^{(k)}$는 $k \geq 1$인 k번째 층의 은닉 상태이다. 표기의 편의상 입력 벡터 $\overline{x}_t$도 $\overline{h}_t^{(0)}$으로 표기한다(물론 입력층은 은닉층이 아니다). LSTM에서처럼 입력 벡터 $\overline{x}_t$는 d차원 벡터이고 은닉 상태는 p차원 벡터이다. p는 변환 행렬들의 크기를 결정한다(단, 첫 층의 행렬들의 크기는 d에도 의존한다).

GRU는 크기가 각각 $2p \times 2p$와 $p \times 2p$인 두 행렬 $W^{(k)}$와 $V^{(k)}$를 사용한다.[5] $W^{(k)}$를 $2p$차원 벡터에 곱하면 $2p$차원 벡터가 나온다. 여기에 S자형 활성화 함수를 적용해서 두 개의 임시 p차원 벡터 변수 $\bar{z}_t$와 $\bar{r}_t$를 얻는다. 임시 변수 $\bar{z}_t$와 $\bar{r}_t$를 각각 갱신 (update) 게이트와 재설정(reset) 게이트라고 부른다. 이들은 가중치 행렬 $V^{(k)}$를 이용해서 은닉 상태 벡터 $\bar{h}_t^{(k)}$를 갱신할 때 성분별 연산의 적용 여부를 결정하는 용도로 쓰인다.

$$\begin{array}{l}\text{갱신 게이트:} \\ \text{재설정 게이트:}\end{array} \begin{bmatrix} \bar{z} \\ \bar{r} \end{bmatrix} = \begin{pmatrix} \text{sigm} \\ \text{sigm} \end{pmatrix} W^{(k)} \begin{bmatrix} \bar{h}_t^{(k-1)} \\ \bar{h}_{t-1}^{(k)} \end{bmatrix} \qquad \textbf{[게이트 설정]}$$

$$\bar{h}_t^{(k)} = \bar{z} \odot \bar{h}_{t-1}^{(k)} + (1 - \bar{z}) \odot \tanh V^{(k)} \begin{bmatrix} \bar{h}_t^{(k-1)} \\ \bar{r} \odot \bar{h}_{t-1}^{(k)} \end{bmatrix} \quad \textbf{[은닉 상태 갱신]}$$

여기서 '$\odot$' 연산자는 성분별 벡터 곱셈이고 'sigm'은 S자형 함수(sigmoid)이다. 첫 층 (즉, $k=1$)에서는 $\bar{h}_t^{(k-1)}$ 대신 $\bar{x}_t$가 쓰이고, 행렬 $W^{(1)}$과 $V^{(1)}$의 크기는 각각 $2p \times (p+d)$와 $p \times (p+d)$이다. 이번에도 치우침 항들은 생략했지만, 실제 구현에서는 치우침 항들이 흔히 쓰인다. 그럼 이 공식들을 LSTM의 것들과 비교해서 좀 더 자세히 살펴보자.

LSTM이 이전 시각의 정보를 현재 시각의 상태에 얼마나 반영할 것인지를 입력, 출력, 망각 게이트들을 이용해서 제어하는 것과 비슷하게, GRU는 갱신 게이트와 재설정 게이트를 이용해서 이전 시각의 정보를 현재 상태에 반영한다. 단, GRU는 이전 시각의 정보를 개별적인 내부 기억 장소(세포 상태)에 담아두지 않으며, 한 은닉 상태에서 다른 은닉 상태로의 갱신에 필요한 게이트 수가 더 적다. 그렇다면 갱신 게이트와 재설정 게이트는 구체적으로 어떻게 작동하는 것일까? 재설정 게이트 $\bar{r}$은 행렬 기반 갱신(순환 신경망에 쓰이는 것 같은)에서 이전 시각의 은닉 상태가 어느 정도나 현재 은닉 상태에 반영되는지를 제어한다. 갱신 게이트 $\bar{z}$는 행렬 기반 갱신의 기여와 이전 시각에서의 은닉 벡터 $\bar{h}_{t-1}^{(k)}$의 좀 더 직접적인 기여의 **상대적 강도**를 결정한다. 즉, 갱신 게이트는 두 기여를 섞는 비율 역할을 한다. 이전 층의 은닉 상태들을 좀 더 직접적으로 복사되게 하면 역전파 과정에서 기울기 흐름이 좀 더 안정적이 된다. GRU의

---

5) 첫 층($k=1$)에서 이 행렬들의 크기는 각각 $2p \times (p+d)$와 $p \times (p+d)$이다.

갱신 게이트 $\bar{z}$는 갱신 공식에서 $1-\bar{z}$의 형태로도 쓰인다. 따라서 이 게이트는 LSTM의 입력 게이트와 망각 게이트의 역할을 동시에 수행한다고 할 수 있다. 그러나 GRU와 LSTM이 정확히 대응되는 것은 아니다. LSTM과는 달리 GRU는 이들을 은닉 상태들의 갱신에 직접 사용한다(세포 상태 같은 것은 없다). LSTM의 입력, 출력, 망각 게이트들처럼 갱신 게이트와 재설정 게이트는 계산 과정의 부산물로 존재하는 '임시' 변수들이다.

GRU가 보통의 RNN보다 나은 성과를 보이는 이유의 이해를 돕기 위해, 은닉층이 하나이고 $p=1$인 아주 간단한 GRU를 살펴보자. 그런 GRU에서는 갱신 공식이 다음으로 단순화된다.

$$h_t = z \cdot h_{t-1} + (1-z) \cdot \tanh[v_1 \cdot x_t + v_2 \cdot r \cdot h_{t-1}] \tag{7.9}$$

은닉층이 하나뿐이므로, 층을 구분하는 위 첨자는 생략했다. v_1과 v_2는 2×1 행렬 V의 두 성분이다. 이전 은닉 상태에 대한 현재 은닉 상태의 편미분은 다음과 같다.

$$\frac{\partial h_t}{\partial h_{t-1}} = z + (\text{추가 항들}) \tag{7.10}$$

역방향 기울기 흐름에는 이 편미분이 인수로서 곱해진다. 우변의 $z \in (0,1)$ 항은 기울기 흐름이 **방해받지 않고** 전달되게 하는, 그럼으로써 계산을 좀 더 안정적으로 만드는 효과를 낸다. 더 나아가서, 추가 항들은 $(1-z)$에 크게 의존하므로, 전체적인 곱셈 인수는 z가 아주 작을 때도 1에 가까워진다. 또한, z의 값과 곱셈 인수 $\frac{\partial h_t}{\partial h_{t-1}}$가 시각마다 다르다는 점도 주목하기 바란다. 이 덕분에 기울기 소실 및 폭발 문제가 줄어든다.

GRU가 LSTM을 단순화한 형태와 아주 비슷하긴 하지만, 그렇다고 GRU가 LSTM의 한 특수 사례는 아니다. LSTM과 GRU의 비교에 관해서는 [71, 228]을 보기 바란다. 이 두 모형은 대체로 비슷한 성과를 내며, 어느 쪽이 더 나은 성과를 내는지는 주어진 응용 과제에 따라 다르다고 알려져 있다. GRU는 구조가 단순해서 구현이 훨씬 쉽고 실행도 효율적이라는 장점이 있다. 가용 자료가 적을 때는 매개변수 요구량이 작은 GRU가 조금 더 낫고,[71] 자료의 양이 많으면 LSTM이 더 낫다. [228]은 LSTM의 실제 구현과 연관된 여러 문제점도 논의한다. GRU보다는 LSTM에 관한 연구 결과가 더 많지만, 이는 단지 LSTM이 더 오래된 구조라서 더 유명하기 때문일 것이다. 그래서 대체로 LSTM이 더 안전한 옵션으로 간주된다. 특히 순차열이 길고 자료 집합이 큰 경우에 그렇다. [160]에 따르면 LSTM의 여러 변형 중 LSTM보다 일관되게 나은 성과를 내는 것은 없다. 이는 LSTM이 명시적인 내부 기억 장소를 둔다는 점과 게이트들을 통해서 내부 기억 장소를 좀 더 잘 제어한다는 점 덕분이다.

7.7 순환 신경망의 응용

기계 학습 분야에서 순환 신경망은 정보 검색, 음성 인식, 필기 인식과 관련된 다양한 용도로 쓰인다. 특히 RNN은 자연어 텍스트와 관련해서 광범하게 쓰이지만, 계산생물학 분야에서도 쓰이고 있다. 대부분의 RNN 응용은 다음 두 범주로 나뉜다.

1. 조건부 언어 모형화: 순환 신경망을 하나의 언어 모형으로 사용하는 경우, 모형에 문맥을 제공해서 문맥과 연관된 출력을 얻는 식으로 언어 모형을 개선할 수 있다. 대부분의 경우 문맥은 다른 신경망이 산출한 출력이다. 한 예로 이미지 캡션 생성 과제에서 문맥은 합성곱 신경망으로 산출한 이미지 표현이고, 언어 모형은 주어진 이미지 표현에 어울리는 캡션(텍스트 설명)을 생성한다. 기계 번역의 경우 문맥은 원본 언어의 한 문장의 표현(다른 RNN이 산출한)이고 언어 모형은 그것을 대상 언어로 옮긴 번역문을 생성한다.

2. 토큰 고유 출력의 활용: 서로 다른 토큰에 대한 출력들을 이용해서 언어 모형의 것과는 다른 성질들을 학습할 수 있다. 예를 들어 서로 다른 시각에서의 분류명 출력들이 토큰의 서로 다른 특성들(이를테면 문장 안에서의 품사 등)에 대응될 수 있다. 필기 인식에서는 분류명들이 개별 문자들에 대응될 수 있다. 경우에 따라서는 모든 시각에서 출력이 산출되는 것이 아니라 문장의 끝을 나타내는 종료 토큰에서 문장 전체에 대한 하나의 분류명이 산출될 수도 있다. 이런 접근 방식을 문장 수준 분류라고 부르며, 감정 분석에 흔히 쓰인다. 그런 응용들에서는 한 단어의 양쪽 문맥이 모두 유용하므로 양방향 순환 신경망이 적합하다.

이번 절에서는 순환 신경망의 여러 응용 방법을 개괄한다. 대부분의 경우에는 설명과 도식 표시의 편의를 위해 단층 순환 신경망을 예로 든다. 그러나 실제 응용에서는 다층 순환 신경망, 특히 다층 LSTM이 흔히 쓰이는데, 양방향 LSTM이 더 나은 성과를 내는 상황에서는 양방향 LSTM이 쓰이기도 한다. 단층 RNN에 대한 이하의 논의를 다층/양방향 LSTM에 적용하는 것은 어렵지 않다. 이번 절의 목표는 단층/다층/양방향을 포괄하는 RNN 범주의 모형들을 여러 용도로 활용하는 방법을 개괄하는 것이다.

7.7.1 자동 이미지 캡션 생성

이미지 캡션 생성에서 하나의 훈련 견본은 이미지와 캡션(텍스트)의 쌍으로 이루어진다. 그림 7.9는 이미지 캡션 생성을 위한 RNN의 예로, 왼쪽에 나온 이미지는 NASA(미국 항공우주국) 웹사이트에서 가져온 것이다.[6] 이 이미지에는 'cosmic winter wonderland'라는 캡션이 달려 있다. 이런 이미지-캡션 쌍이 수십만 개 있는 훈련 자료 집합을 이용해서 RNN의 가중치들을 학습한다. 훈련이 끝나면 미지의 시험 견본(이미지로만 있는)을 RNN에 입력해서 캡션을 예측한다. 따라서 이 접근 방식은 이미지 대 순차열 학습의 일종이라 할 수 있다.

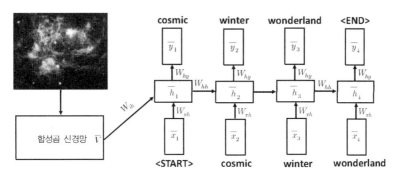

그림 7.9: 순환 신경망을 이용한 이미지 캡션 생성의 예. 이미지의 표현 학습을 위해 추가적인 합성곱 신경망이 필요하다. 합성곱 신경망은 이미지 표현을 담은 벡터 $\overline{v}$를 출력한다. 그림에 나온 이미지는 NASA(미국 항공우주국) 웹사이트에서 구한 것이다.

RNN을 이용한 자동 이미지 캡션 생성에서는 개별적인 신경망으로 이미지 표현을 산출해야 한다. 이미지 표현을 산출하는 데는 **합성곱 신경망**이 흔히 쓰인다. 합성곱 신경망에 관해서는 제8장에서 자세히 논의한다. 지금 논의에는 합성곱 신경망이 주어진 이미지를 표현하는 q차원 벡터 $\overline{v}$를 출력한다는 가정으로 충분하다. 이 벡터가

---

6) https://www.nasa.gov/mission_pages/chandra/cosmic-winter-wonderland.html

RNN의 입력이 된다. 단, 이 벡터는 첫 시간층에만 입력된다.[7] 이러한 추가 입력을 처리하기 위해 또 다른 $p \times q$ 행렬 W_{ih}가 필요하다. 이 행렬은 이미지 표현을 은닉층의 은닉 상태로 사상하는 역할을 한다. 다음은 이러한 설정에 맞게 RNN의 여러 층에 대한 갱신 공식들을 적절히 수정한 것이다.

$$\overline{h}_1 = \tanh(W_{xh}\overline{x}_1 + W_{ih}\overline{v})$$
$$\overline{h}_t = \tanh(W_{xh}\overline{x}_t + W_{hh}\overline{h}_{t-1}) \qquad \forall\, t \geq 2$$
$$\overline{y}_t = W_{hy}\overline{h}_t$$

이러한 접근 방식에서 중요한 점은 합성곱 신경망과 순환 신경망을 따로 훈련하지는 않는다는 것이다. 초기화를 위해 둘을 따로 훈련할 수는 있지만, 최종 가중치들은 항상 각 이미지로 두 신경망을 돌리고 산출된 캡션을 훈련 견본의 캡션과 비교하는 식으로 두 신경망을 결합적으로 훈련해서 학습한다. 다른 말로 하면, 각 이미지-캡션 쌍에 대해 두 신경망의 가중치들을 함께 갱신한다(캡션의 특정 토큰에 대한 예측이 틀린 경우). 실제 응용에서는 각 위치의 토큰을 확률적으로 예측하므로, 캡션 예측 오차는 연속값이다. 이러한 결합된 훈련 덕분에, 학습된 이미지 표현 $\overline{v}$는 특정한 캡션 예측을 반영하게 된다.

가중치들을 모두 배운 후에는 시험 이미지를 합성곱 신경망에 입력해서 캡션 생성 과정을 시작한다. 순환 신경망의 첫 시간층에는 생성할 순차열(캡션 문구)의 시작을 알리는 <START> 토큰과 합성곱 신경망이 산출한 이미지 표현이 입력된다. 이후의 시간층들은 이전 시간층이 산출한 가장 그럴듯한 토큰을 입력받아서 가장 그럴듯한 다음 토큰을 출력한다. 또한, 빔 검색을 이용해서 각 시각에서 전개할 가장 그럴듯한 접두 순차열 b개도 계속 갱신한다. 이 접근 방식은 §7.2.1.1에서 논의한 문장 생성 언어 모형의 접근 방식과 그리 다르지 않다. 주된 차이점은 첫 시각에 입력된 이미지 표현이 문장 생성의 조건으로 작용한다는 것이다. 결과적으로 RNN은 이미지에 어울리는 캡션 문구를 생성하게 된다.

---

7) 원칙적으로는 이미지 표현을 모든 시간층에 입력하는 것도 가능하지만, 그러면 성과가 나빠질 뿐이라는 실험 결과가 있다.

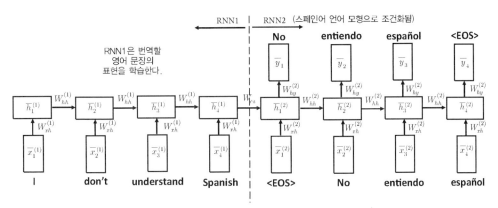

그림 7.10: 순환 신경망을 이용한 기계 번역. 각자 다른 가중치 집합을 가진 개별적인 두 순환 신경망이 쓰인다. $\overline{h}_4^{(1)}$의 출력은 4단어 영어 문장을 고정 길이 벡터로 부호화한 것이다.

7.7.2 순차열 대 순차열 학습과 기계 번역

합성곱 신경망과 순환 신경망을 연결해서 이미지 캡션을 생성하는 것과 비슷하게, 두 순환 신경망을 연결해서 한 언어를 다른 언어로 번역할 수 있다. 한 언어로 된 순차열을 다른 언어의 순차열로 사상한다는 점에서 이런 방법을 **순차열 대 순차열**(sequence-to-sequence) 학습이라고 부르기도 한다. 원칙적으로 이러한 순차열 대 순차열 학습은 기계 번역 이외의 분야에도 적용할 수 있다. 예를 들어 질의응답(QA) 시스템을 하나의 순차열 대 순차열 학습 응용 프로그램으로 볼 수 있다.

여기서는 RNN을 이용한 간단한 기계 번역 시스템을 설명하지만, 실제 응용에서 보통의 RNN 두 개로 이루어진 간단한 시스템이 본격적인 기계 번역에 쓰이는 경우는 거의 없다. 실제 응용에서는 RNN의 한 변형인 LSTM(장단기 기억)이 흔히 쓰인다. §7.5에서 논의했듯이 LSTM 망은 장기 의존관계를 훨씬 잘 학습하기 때문에 긴 문장들에 대해 잘 작동한다. 그러나 RNN 활용의 일반적인 원리들이 LSTM에도 적용되므로, 여기서는 단순한 RNN을 이용한 기계 번역을 논의한다. 이 논의를 LSTM을 이용한 기계 번역에 일반화하는 것은 어렵지 않다.

기계 번역 시스템은 서로 다른 두 RNN의 끝과 끝을 연결한다. 이는 이미지 캡션 생성에서 합성곱 신경망의 한끝을 RNN의 한끝에 연결하는 것과 비슷한 방식이다. 첫 RNN은 원본 언어로 된 문장의 단어들을 입력받는다. 첫 RNN의 은닉 단위들은 아무것도 출력하지 않고 그냥 시간에 따라(즉, 문장의 다음 단어들이 입력됨에 따라) 은닉 상태들을 갱신해서 원본 문장에 대한 지식을 축적한다. 이후 문장의 끝을 뜻하는 토큰이 입력되면 둘째 RNN이 작동을 시작해서 대상 언어 문장의 첫 단어를 출력한다. 둘째 RNN의 상태 집합이 계속 갱신되면서 대상 언어 문장의 다음 단어들이 하나씩 출력된다. 훈련 과정에서는 훈련 견본들에 있는 대상 언어 단어들도 둘째 RNN의 단위들에 입력된다(시험 견본에는 그런 단어들이 없으므로, 시험(예측) 과정에서는 이전 시간층이 예측한 토큰을 대신 사용한다). 이러한 구조가 그림 7.10에 나와 있다.

그림 7.10의 구조는 자동부호기의 구조와 비슷하다. 그리고 한 언어의 한 문장을 양 RNN에 입력해서 그 문장의 고정 길이 표현을 생성하는 것도 가능하다. 두 순환 신경망(RNN1과 RNN2)의 가중치 행렬은 서로 다르다. RNN1의 인접한 두 시각에서의 두 은닉 단위 사이의 가중치 행렬을 $W_{hh}^{(1)}$로 표기하고, RNN2의 해당 가중치 행렬을 $W_{hh}^{(2)}$로 표기한다. 두 순환 신경망을 연결하는 가중치 행렬 W_{es}는 특별하다. 이 행렬은 두 순환 신경망과는 독립적일 수 있다. 예를 들어 두 RNN의 은닉 벡터 크기가 서로 다른 경우에는 W_{es}의 크기가 $W_{hh}^{(1)}$와도, $W_{hh}^{(2)}$와도 다르다. 구조를 단순하게 만들고 싶다면, 두 신경망의 은닉 벡터 크기를 동일하게 두고 $W_{es} = W_{hh}^{(1)}$로 설정하면 된다.[8] RNN1의 가중치들은 원본 언어 입력의 부호화를 학습하는 데 쓰이고 RNN2의 가중치들은 그러한 부호화를 이용해서 대상 언어의 문장을 생성하는 데 쓰인다. 합성곱 신경망과 RNN의 조합이 아니라 두 RNN의 조합이라는 점만 제외하면 이 구조는 이미지 캡션 생성 모형의 구조와 비슷하다. RNN1의 마지막 은닉 노드의 출력은 원본 언어 문장의 고정 길이 부호화이다. 따라서 원본 문장을 부호화한 벡터의 길이는 원본 문장의 길이와는 무관하게 은닉 표현의 차원에 의존한다.

원본 문장의 구문 구조와 길이가 대상 문장의 것과는 다를 수 있다. 대상 언어의 문법에 맞는 문장을 출력하려면 RNN2가 대상 언어의 언어 모형을 학습해야 한다. 그림 7.10에서 대상 언어와 연관된 RNN2 단위들의 출력들과 입력들이 언어 모형화 RNN(이를테면 그림 7.4)과 동일한 방식으로 배치되어 있음을 주목하기 바란다. 그렇지만 RNN2의 출력은 RNN1에서 받은 입력들로 조건화되며, 결과적으로 한 언어의 문장이 다른 언어로 번역된다. 이를 위해서는 원본 언어와 대상 언어의 문장 쌍으로 이루어진 훈련 견본들이 필요하다. 훈련 과정에서는 원본-대상 쌍들을 그림 7.10의 구조를

---

8) 원논문 [478]이 이런 방식을 사용하는 것으로 보인다. 현재 구글 번역(Google Translate)에 쓰이는 구글의 신경망 기계 번역 시스템[579]에서는 이 가중치가 빠져 있다.

통과시키고 역전파 알고리즘을 이용해서 모형 매개변수들을 학습한다. RNN2의 노드들만 출력값이 있으므로, 대상 언어 단어 예측의 오차들만 역전파해서 두 RNN의 가중치들을 학습한다. 이처럼 두 RNN을 결합적으로 훈련하므로, 두 RNN의 가중치들은 RNN2의 출력(번역 결과)에 대한 오차들로 최적화된다. 실제 구현의 관점에서 이는, RNN1이 학습한 원본 언어 문장의 내부 표현은 기계 번역 응용에 고도로 최적화되며, RNN1로 원본 문장에 대해 언어 모형화를 수행했다면 나왔을 표현과는 아주 다르다는 뜻이다. 매개변수들을 학습한 후에는 원본 언어 문장만 RNN1에 입력하고, RNN1의 출력을 RNN2에 하나의 문맥(조건화) 정보로서 입력한다. 또한 RNN2의 첫 단위에 특별한 <EOS> 토큰도 입력한다. 그러면 RNN2는 대상 언어의 첫 토큰의 확률들을 출력한다. 가장 그럴듯한 토큰을 빔 검색(§7.2.1.1 참고)을 이용해서 선택하고, 그것을 다음 시각에서의 단위에 입력한다. 이러한 과정을 RNN2의 한 단위가 <EOS> 토큰을 출력할 때까지 반복한다. 즉, 대상 언어의 문장을 생성하는 방식은 §7.2.1.1에서 논의한 언어 모형화 접근 방식과 거의 같다. 차이점은 원본 문장에서 얻은 내부 표현으로 대상 언어 문장 생성을 조건화한다는 것이다.

기계 번역에 신경망을 사용하게 된 것은 비교적 최근의 일이다. 순환 신경망 모형들은 전통적인 기계 번역 모형들을 훨씬 능가하는 정교함을 가지고 있다. 전통적인 기계 번역 모형들은 문구(phrase) 중심적 기계 학습 기법을 사용하는데, 그런 기법들은 정교함이 떨어져서 두 언어의 미묘한 문법 차이를 잘 학습하지 못한다. 실제 응용에서는 심층 신경망 모형들을 이용해서 번역 성능을 개선한다.

RNN 기반 기계 번역 모형들의 한 가지 약점은 문장이 길면 성과가 나쁠 때가 많다는 것이다. 이에 대해 여러 가지 해결책이 제안되었다. 최근 나온 한 해법은 원본 언어 문장의 단어들을 **역순**으로 입력하는 것이다.[478] 그러면 순환 신경망의 시간 흐름 상에서 원본 언어 문장의 처음 단어들이 대상 언어 문장의 단어들과 가까워져서 대상 언어 문장의 처음 단어들이 좀 더 잘 예측되며, 이후의 단어들 역시 대상 언어 모형(둘째 RNN)이 좀 더 잘 예측하게 된다. 결과적으로 더 나은 번역 문장이 만들어진다.

7.7.2.1 질의응답 시스템

질의응답 시스템은 순차열 대 순차열 학습의 자연스러운 응용 대상의 하나이다. 질의응답(question answering, QA; 또는 질문 답변) 시스템은 어떤 종류의 훈련 자료로 훈련하는가에 따라 여러 부류로 나뉜다. 특히, 흔히 쓰이는 질의응답 시스템들은 다음 두 부류 중 하나에 해당한다.

1. 질문 문장의 문구들과 핵심 단어들로부터 직접 추론을 수행하는 부류
2. 질문 문장을 먼저 데이터베이스 질의문(query)으로 변환해서, 사실관계들로 이루어진 구조적 지식 베이스(knowledge base)를 조회하는 부류

순차열 대 순차열 학습은 두 부류 모두에 도움이 된다. 그럼 첫 부류부터 살펴보자. 이런 종류의 질의응답 시스템에는 다음과 같은 질문-답변 쌍들이 훈련 자료로 주어진다.

What is the capital of China? <EOQ> The capital is Beijing. <EOA>

이런 종류의 훈련 자료 쌍은 기계 번역에 쓰이는 것과 그리 다르지 않다. 따라서 기계 번역에 쓰이는 기법들을 이런 질의응답 시스템에도 적용할 수 있다. 그러나 질의응답 시스템은 기계 번역 시스템에 비해 그 추론의 수준이 훨씬 높다. 대체로, 질의응답을 위해서는 여러 개체(사람, 장소, 기관 등) 사이의 관계를 시스템이 이해할 필요가 있다. 이 문제는 기계 학습의 본질적인 과제인 **정보 추출**(information extraction)과 관련이 있다. 질문이 어떤 **명명된 개체**(named entity)들, 즉 **개체명**(entity name)이 주어진(인식된) 개체들의 관계에 관한 것일 때가 많으므로, 질의응답 시스템은 정보 추출 기법들을 다양한 방식으로 활용한다. 정보 추출의 유용함은 "무엇을/누가/어디서/언제" 부류의 질문에 답해야 할 때 명백하게 드러난다. 그런 경우 개체들에는 이를테면 사람, 장소, 조직, 날짜 등의 개체명이 주어지며, **관계 추출**(relationship extraction) 기법은 그런 개체들 사이의 상호작용에 관한 정보를 제공하기 때문이다. 질문 문장의 토큰들에 관한 메타 특성(이를테면 개체의 종류 등)을 추가적인 입력으로 두어서 학습 모형에 포함할 수도 있다. 그런 메타 특성 입력 단위의 예가 §7.7.4의 그림 7.12에 나온다(단, 그 그림은 질의응답과는 다른 토큰 수준 분류 응용에 관한 구조를 나타낸 것이다).

질의응답 시스템과 기계 번역 시스템의 또 다른 중요한 차이점은, 질의응답 시스템은 방대한 문서 집합(이를테면 Wikipedia 같은 거대한 지식 베이스)을 기초로 한다는 것이

다. 질의 해소 과정은 그런 문서 집합에서 특정 사실을 찾아내는 일종의 개체 지향적 검색으로 간주할 수 있다. 심층 학습의 관점에서 볼 때 QA 시스템 구축의 중요한 난제는 저장해야 할 지식의 양이 일반적인 순환 신경망이 감당할 수 있는 수준보다 훨씬 많다는 것이다. 이런 요구에 잘 맞는 심층 학습 구조는 **기억망**(memory network)[528]이다. 질의응답 시스템의 구체적인 설정은 훈련에 쓰이는 자료의 종류와 답변을 생성하고 평가하는 방식에 따라 달라진다. 이런 맥락에서, [527]은 서로 다른 질의응답 시스템 설정들을 평가하는 데 유용한 여러 과제 틀(template task)들을 논의한다.

자연어로 된 질문 문장을 직접 해석하는 대신 질문 문장을 개체 지향적 검색에 적합한 질의문으로 변환해서 검색을 수행하는 접근 방식도 있다. 기계 번역과는 달리 질의응답은 질문 자체를 이해하는 것이 질문의 답을 구하는 것보다 다소 더 어려운 다단계 과정으로 간주될 때가 많다. 질의문 변환을 거치는 질의응답 시스템에서 훈련 쌍은 자연어로 된 비형식적 문장과 그에 해당하는 형식적인 질의문으로 구성된다. 다음이 그러한 예이다.

$$\underbrace{\text{What is the capital of China? <EOQ1>}}_{\text{자연어 질문}} \quad \underbrace{\textbf{CapitalOf(} \ \{\textit{China, }?) \ \text{<EOQ2>}}_{\text{형식적 표현}}$$

오른쪽의 표현은 하나의 구조화된 질의문으로, 사람이나 장소, 기관 같은 다양한 종류의 개체들에 관한 질의를 수행하는 데 쓰인다. 질의문 기반 질의응답 시스템은 이런 훈련 견본들로 훈련된 RNN을 이용해서 미지의 질문 문장을 그에 대응되는, 개체 지향적 검색 질의문으로 변환한다. 그런 다음에는 그 질의문을 이용해서 개체들의 관계에 관한 정보를 담은 데이터베이스에서 답을 조회한다. 따라서 이런 종류의 질의응답 시스템을 위해서는 적절한 데이터베이스를 미리 구축해 두어야 한다(이를테면 관계 추출 기법을 이용해서). 이상의 접근 방식은 해석 가능한 질문의 구문 복잡도 면에서 한계가 있으며, 답변 역시 단답형(단어 한두 개)일 수 있다는 점을 주의하기 바란다. 그래서 이런 접근 방식은 좀 더 제한된 응용 영역에서 쓰일 때가 많다. 때에 따라서는, 다음 예처럼 복잡한 형태의 질문을 먼저 좀 더 단순한 형태의 질문으로 정리한 후 구조적 질의문으로 변환할 수도 있다.[115, 118]

How can you tell if you have the flu? <EOQ1> What are the signs of the flu? <EOQ2>

복잡한 질문 정리된 질문

질문 문장을 단순하게 정리하는 방법은 순차열 대 순차열 학습으로 배울 수 있다. 그러나 [118]은 그런 접근 방식을 사용하지 않는 것으로 보인다. 질문 문장을 깔끔하게 정리하고 나면 구조적 질의문으로 변환하기가 쉬워진다. 또 다른 방법은, 처음부터 구조적인 형태의 질문 문장을 입력하는 것이다. 질의응답 훈련 쌍들로 훈련한 RNN으로 유사사실(factoid) 질의응답을 수행하는 예가 [216]에 나온다. 그러나 순수한 순차열 대 순차열 학습 방법과는 달리 이 논문의 방법은 질문의 의존관계 파스 트리(dependency parse tree)를 입력 표현으로 사용한다. 즉, 질문의 형식적 이해가 부분적으로 입력에 이미 부호화되어 있는 셈이다.

7.7.3 문장 수준 분류

문장 수준 분류(sentence-level classification)에서는 개별 문장을 분류 과제를 위한 훈련 견본(또는 시험 견본)으로 취급한다. 대체로 문장 수준 분류가 문서 수준 분류보다 어려운데, 이는 문서보다 문장이 짧기 때문이다. 그러면 해당 벡터 공간 표현이 분류를 정확하게 수행하기에 충분한 증거를 제공하지 못한다. 그러나 문장 중심적 관점이 더 강력하며, 분류 결과가 더 정확할 때가 많다. 문장 수준 분류를 위한 RNN 구조가 그림 7.11에 나와 있다. 보통의 RNN 구조(그림 7.2의 (b) 참고)와의 주된 차이점은 출력(이 경우는 분류명)이 마지막 시각으로 미뤄진다는 것이다. 다른 말로 하면, 문장 수준 분류를 위한 RNN은 문장의 마지막 토큰에 해당하는 시각에서만 하나의 분류명을 출력한다.

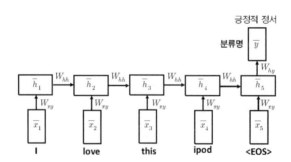

그림 7.11: 감정 분석 응용 프로그램을 위한 문장 수준 분류 RNN의 예. 이 RNN은 주어진 문장을 두 부류('긍정적 정서'와 '부정적 정서')로 분류한다.

훈련 과정에서는 그 분류명에 대한 오차를 역전파해서 가중치들을 학습한다.

문장 수준 분류는 **감정 분석**에 흔히 쓰인다. 감정 분석은 특정 대상에 관한 이용자의 문장을 분석해서 그 대상에 대한 이용자의 감정이 긍정적인지 아니면 부정적인지를 판단한다.[6] RNN의 경우 문장 수준 분류 방법으로 긍정 또는 부정에 해당하는 분류명을 출력함으로써 감정 분석을 수행할 수 있다. 그림 7.11에 나온 문장은 긍정적인 정서를 뚜렷하게 나타내고 있다. 그러나 문장의 벡터 공간 표현에 '*love*'라는 단어가 포함되어 있다고 해서 그 즉시 그 문장이 긍정적이라고 판단해서는 안 된다. '*love*' 앞에 '*don't*'나 '*hardly*' 같은 단어가 있다면 그 문장은 긍정적이 아니라 부정적일 가능성이 크다. 그런 단어들을 **문맥적 평가 이동 단어**(contextual valence shifter)라고 부른다.[377] 이런 단어의 효과는 문장 수준 분류에서만 모형화할 수 있다. 순환 신경망은 주어진 문장의 단어들을 거치면서 누적된 증거에 기초해서 분류명을 예측하므로, 이런 단어들의 효과가 결과에 반영된다. 또한, 이런 접근 방식에 언어적 특징을 도입할 수도 있다. 다음 절에서는 토큰 수준 분류에서 언어적 특징들을 활용하는 방법을 살펴보는데, 문장 수준 분류에도 그런 방법을 적용할 수 있다.

7.7.4 언어적 특징을 활용한 토큰 수준 분류

토큰 수준 분류(token-level classification)의 용도는 정보 추출과 텍스트 분할(text segmentation)을 비롯해 다양하다. 정보 추출에서는 주어진 대상(사람, 장소, 기관 등)에 대응되는 특정 단어 또는 특정 단어 조합을 식별한다. 통상적인 언어 모형화나 기계 번역에 비해 이런 응용에서는 단어의 언어적 특징(품사, 철자, 대소문자 구성 등)이 좀 더 중요하다. 그렇긴 하지만, 이번 절에서 논의하는 언어적 특징 활용 방법을 이전 절들에서 논의한 응용들에도 적용할 수 있다. 이번 절에서는 정보 추출의 일종인 **개체명 인식**(named-entity recognition) 문제를 예로 삼아서 토큰 수준 분류와 언어적 특징 활용을 논의한다. 이 예에서는 모든 개체를 인명(person), 지명(location), 기타(ohter)라는 세 범주 중 하나로 분류한다. 세 범주를 각각 P, L, O라는 개체명(분류명)으로 표기하겠다. 훈련 견본의 각 토큰에는 해당 개체명이 연관되어 있다. 다음이 그러한 훈련 견본의 예이다.

$$\underbrace{\text{William}}_{P} \quad \underbrace{\text{Jefferson}}_{P} \quad \underbrace{\text{Clinton}}_{P} \quad \underbrace{\text{lives}}_{O} \quad \underbrace{\in}_{O} \quad \underbrace{\neq w}_{L} \quad \underbrace{\text{York}}_{L} .$$

실제 응용에서는 개체명이 같은 일련의 토큰들의 시작과 끝에 관한 정보까지도 부호화하기 때문에 분류명들이 이보다 더 복잡하게 붙는다. 시험 견본의 경우에는 각 토큰에 개체명이 붙지 않는다.

이러한 분류를 위한 순환 신경망은 언어 모형화를 위한 순환 신경망과 비슷하되, 각 시간층이 주어진 단어의 다음 단어를 출력하는 것이 아니라 분류명(개체명)을 출력한다는 점이 다르다. 각 시각 t에서 입력은 주어진 토큰을 원핫 벡터로 부호화한 $\overline{x}_t$이고 출력은 그 토큰의 분류명인 $\overline{y}_t$이다. 또한, 각 시각에는 해당 토큰의 언어적 특징들을 담은 q차원 벡터 $\overline{f}_t$도 주어진다. 이 언어적 특징들은 이를테면 대소문자 구성, 철자, 품사 같은 정보를 부호화한 것이다. 정리하자면, 각 시간층(특정 시각에 대한 은닉층)은 토큰을 부호화한 원핫 벡터와 토큰에 대한 언어적 특징들을 담은 벡터를 입력받는다. 이상의 설명에 해당하는 구조가 그림 7.12에 나와 있다. W_{fh}는 특징 벡터 $\overline{f}_t$를 은닉 상태들로 사상하는 데 쓰이는 추가적인 $p \times q$ 가중치 벡터이다. 각 시각 t에서 은닉 상태와 출력은 다음과 같이 계산된다.

$$\overline{h}_t = \tanh(W_{xh}\overline{x}_t + W_{fh}\overline{f}_t + W_{hh}\overline{h}_{t-1})$$
$$\overline{y}_t = W_{hy}\overline{h}_t$$

기존 갱신 공식과의 중요한 차이점은 언어적 특징을 위한 가중치 행렬이 추가되었다는 것이다. 출력의 종류가 토큰에서 분류명으로 달라졌다는 점은 전반적인 모형에 그리 큰 영향을 미치지 않는다. 일부 변형들에서는 언어적 특징들과 토큰별 특징들을

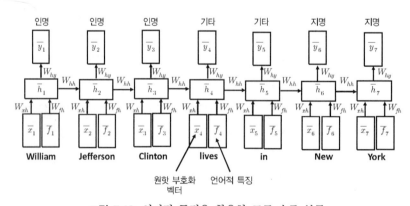

그림 7.12: 언어적 특징을 활용한 토큰 수준 분류

그냥 더하는 대신 **결합**해서 개별적인 하나의 **내장층**(embedding layer)으로 두는 것이 도움이 될 수도 있다. [565]는 추천 시스템에서 그런 접근 방식을 사용하는 예를 제공하는데, 같은 원리를 지금 설명하는 개체명 인식 과제에도 적용할 수 있다. 전체적인 학습 과정 역시 기존의 RNN 학습과 그리 다르지 않다. 토큰 수준 분류에는 순환이 과거와 미래 양방향으로 진행되는 양방향 순환 신경망이 도움이 될 때도 있다.[434]

7.7.5 시계열 예상 및 예측

순환 신경망은 시계열 예상 및 예측(time-series forecasting and prediction)※ 과제에 잘 맞는다. 텍스트 자료와는 달리 시계열 자료에서는 입력이 (이산적인) 원핫 부호화 벡터가 아니라 실숫값 벡터이다. 그리고 실숫값 예측에서 출력층은 항상 소프트맥스 함수가 아니라 선형 함수를 활성화 함수로 사용한다. 출력이 이산적인 값(이를테면 특정 사건의 식별자)일 때는 이산 출력들에 소프트맥스 함수를 적용해서 실숫값 출력을 얻을 수도 있다. RNN의 그 어떤 변형(LSTM이나 GRU)도 시계열 예상 및 예측에 사용할 수 있지만, 시계열 분석에서는 순차열이 대단히 길 수 있다는 점을 고려할 필요가 있다. LSTM이나 GRU는 순차열이 특정 길이 이상이 되면 성능이 떨어지기 시작한다. 많은 경우 시계열 자료는 대단히 많은 수의 시각(timestamp)들로 구성되며, 그 시각들 사이에 다양한 장·단기 관계들이 존재한다. 그러면 예측과 예상이 특히나 어렵다.

예상할 시계열이 아주 길지는 않을 때 시계열 예상 및 예측에 사용할 수 있는 방법이 여럿 있다. 가장 효과적인 예상 및 예측 방법은 §7.4에서 설명한 반향 상태망을 사용하는 것이다. 반향 상태망을 이용하면 적은 수의 시계열 자료들로 실수 관측값은 물론 이산 관측값도 효과적으로 예상 및 예측할 수 있다. 반향 상태망은 은닉 단위들을 통해서 특징 공간을 무작위로 확장하는 기법에 의존하므로(§7.4 참고), 입력 개수가 많지 않아야 한다는 제약이 중요하다. 원래의 시계열 자료 수가 너무 많으면, 그런 자료의 특징들이 제대로 반영될 정도로 은닉 공간의 차원을 확장하는 것이 사실상 불가능해진다. 실제로, 시계열 연구 문헌들에 나오는 대부분의 예상 모형은 단변량 모형이다. 전형적인 예가 **자기회귀**(autoregressive, AR) 모형인데, 이 모형은 시계열 자료의 현재

※ **역주** 예상(또는 예보)은 확률값을 산출하는 것(이를테면 "내일 비가 올 확률은 60%이다"), 예측은 이산적인 값을 산출하는 것(이를테면 "내일은 비가 올 것이다")이라고 구분하기도 하지만, 지금 논의에서 예상은 몇 시각 이후의 결과를 추정하는 것이고 예측은 바로 다음 결과를 추정하는 것이다.

성분 직전의 역사(일정 개수의 과거 성분들)를 이용해서 예상을 수행한다.

반향 상태망을 이용해서 시계열 회귀 및 예상을 수행하는 것은 간단하다. 각 시각에서 입력은 서로 다른 d개의 시계열 성분들을 담은 하나의 d차원 벡터이다. 이때 d개의 시계열 성분들이 동기화되었다고 가정하는데, 이 가정을 위해 흔히 자료를 보간하는 전처리 과정을 수행한다. 각 시각에서의 출력은 해당 예측값이다. 예상의 경우 예측값은 k시각 이후를 예견해서 얻은 시계열 성분(들)이다. 이러한 접근 방식을 이산 순차열에 대한 언어 모형화의 실숫값 버전으로 생각할 수도 있다. 이러한 접근 방식을 좀 더 확장해서, 자료에는 없는 시계열 성분에 해당하는 출력을 선택하거나(이를테면 한 주식의 가격에서 다른 주식의 가격을 예측하는 등) 이산적인 사건(장비의 고장 등)에 해당하는 출력을 선택할 수도 있다. 이런 여러 변형의 주된 차이점은 출력에 대한 손실 함수의 종류이다. 시계열 예상의 경우에는 자기회귀 모형과 반향 상태망 사이에 깔끔한 관계가 존재하는데, 이를 좀 더 자세히 살펴보자.

자기회귀 모형과의 관계

자기회귀(AR) 모형은 어떠한 선형 함수의 값을 길이가 p인 직전 역사(즉, 그 직전의 함숫값 p개)를 이용해서 예측한다. 이를 위해 자기회귀 모형은 p개의 매개변수를 선형회귀를 이용해서 학습한다. 은닉 대 은닉 연결 가중치들을 특정한 방식으로 추출하는 반향 상태 신경망이 이러한 자기회귀 모형과 밀접하게 관련되어 있음을 증명할 수 있다. 자기회귀 모형보다 반향 상태망이 더 강력한데, 반향 상태망의 추가적인 위력은 은닉층들의 상호작용에 의한 비선형성에서 비롯한다. 입력이 하나의 시계열 자료이고 은닉층들이 선형 활성화 함수를 사용하는 반향 상태망을 예로 삼아서 이 점을 좀 더 자세히 살펴보기로 하자. 은닉 대 은닉 연결 가중치들이 적절히 설정된다면, 각 시각에서의 은닉 상태 값들이 최근 p 시각들에서의 시계열 성분들과 정확히 같아진다. 그런 가중치 행렬을 어떻게 만들어 내야 할까?

우선, 은닉 상태는 p차원 벡터이므로, 그러한 은닉 대 은닉 가중치 행렬 W_{hh}의 크기는 $p \times p$이다. 이 행렬 W_{hh}를 은닉 상태 벡터에 곱했을 때 은닉 상태의 성분들이 한 자리 뒤로 이동하고 이동으로 생긴 빈자리에 입력값이 들어가도록 행렬의 성분들을 설정할 수 있다. 그렇게 해서 나온 새 은닉 상태는 이전 p개의 값들과 새 입력값으로 구성된다. 좀 더 구체적으로, 각 $i \in \{1 \dots p-1\}$에 대한, 좌표가 $(i, i+1)$ 형태인 성분들(총 $(p-1)$개)만 그 값이 0이 아닌 행렬 W_{hh}를 p차원 열벡터 $\overline{h}_t$에 곱하면 $\overline{h}_t$의 성분들이 오른쪽으로 한 자리 이동하게 된다. 1차원 시계열 자료에 대한 반향 상태망의 경우 시각 t에서 시계열 성분 x_t가 반향 상태망의 t번째 은닉층에 입력되며, 행렬 W_{xh}의 크기는 $p \times 1$이다. $(p, 0)$ 성분만 1이고 나머지 성분은 모두 0으로 설정한 W_{xh}로 은닉 상태를 갱신하면 x_t가 $\overline{h}_t$의 첫 성분으로 복사된다. 은닉층에서 출력층으로의 연결 가중치들을 담은 행렬 W_{hy}는 $1 \times p$ 행렬인데, 이 행렬의 가중치들은 **학습된 가중치**들이다. 따라서 $W_{hy}\overline{h}_t$는 관측값 y_t의 예측값 $\hat{y}_t$를 산출한다. 자기회귀 모형에서는 y_t의 값이 그냥 x_{t+k}이다. 여기서 k는 예견 거리인데, 흔히 1로 설정한다. 행렬 W_{hh}와 W_{xh}는 미리 고정되며, W_{hy}만 학습하면 된다는 점을 주의하기 바란다. 이상이 시계열 자기회귀 모형을 구축하는 방법이다.[3]

시계열 자기회귀 모형과 반향 상태망의 주된 차이는, 반향 상태망에서는 W_{hh}와 W_{xh}를 무작위로 설정해서 고정한다는 점과 은닉 상태들의 차원이 훨씬 크다는 점이다. 또한, 은닉 단위들이 비선형 활성화 함수를 사용한다는 점도 중요한 차이점이다. W_{hh}의 스펙트럼 반경이 1보다 (약간) 작은 경우, W_{hh}와 W_{xh}를 무작위로 설정하고 은닉 단위들이 선형 활성화 함수를 사용하는 반향 상태망을 자기회귀의 감쇄 기반 변형으로 간주할 수 있다. W_{hh} 행렬이 이전 은닉 상태를 무작위로 변환(약간의 감쇄를 동반해서)할 뿐이라는 점에서 그렇다. 이전 상태를 무작위로 변환, 감쇄하는 것은 이전 상태를 한 자리 이동하는 것과 비슷한 효과를 낸다. W_{hh}의 스펙트럼 반경은 감쇄의 속도를 결정한다. 은닉 상태들이 충분히 많다면, 행렬 W_{hy}는 최근 역사에 대한 임의의 감쇄 기반 함수를 모형화하기에 충분한 정도의 자유도를 제공한다. 더 나아가서, W_{xh}를 적절히 비례함으로써 가장 최근 성분에 너무 크거나 너무 작은 가중치가 적용되는 일을 방지할 수 있다. 실제로 반향 상태망은 입력값의 효과가 은닉 상태들의 기여를 덮어버리지 않도록 W_{xh}의 서로 다른 비례들을 점검한다는 점을 주목하기 바란다. 이 측면에서 자기회귀 모형보다 반향 상태망의 비선형 활성화 함수가 훨씬 강력하다. 어떤 면에서, 기존의 미리 고정된 자기회귀 모형과는 달리 반향 상태망은 시계열 자료의 복잡한 비선형 동역학을 모형화할 수 있다고 말할 수 있다.

7.7.6 시간적 추천 시스템

최근 추천 시스템을 위한 시간적(temporal) 모형화 방법이 여러 개 제안되었다.[465, 534, 565] 이용자의 시간적 측면을 활용하는 방법도 있고, 이용자와 항목(제품)의 시간적 측면을 활용하는 방법도 있다. 여기서 한 가지 주목할 점은, 시간이 지나면서 이용자의 특성들은 크게 변하지만 항목의 특성들은 잘 변하지 않는 경향이 있다는 것이다. 따라서 이용자 수준의 시간적 모형화만으로 충분할 때가 많다. 그러나 이용자 수준과 항목 수준 모두에서의 시간적 모형화를 수행하는 방법들도 존재한다.[534]

이번 절에서는 [465]의 모형을 단순화한 예를 논의한다. 시간적 추천 시스템은 이용자가 제공한 평점들에 연관된 시각들을 활용해서 추천 결과를 산출한다. 이용자 i가 시각 t에서 제품 j를 평가한 평점을 r_{ijt}로 표기하자. 간결함을 위해 시각 t가 실제 시간이 아니라 해당 평점이 이용자가 제공한 몇 번째 평점인지를 가리킨다고 가정한다(단, 실제 응용에서는 실제 시간을 사용하는 모형들도 많이 있다). 정리하자면, 이 예에서 RNN이 모형화하는 순차열은 평점을 제공한 이용자와 평가 대상 항목의 내용 중심적 표현과 연관된 평점 값들의 순차열이다. 따라서 RNN은 평점 값을 각 시각에서 내용 중심적 입력들의 함수로서 모형화해야 한다.

그럼 이러한 내용 중심적 표현을 좀 더 자세히 살펴보자. 이 시스템은 평점 r_{ijt}의 예측값이 (i) 항목의 정적 특징들, (ii) 사용자의 정적 특징들, (iii) 사용자의 동적 특징들에 의존한다고 가정한다. 항목의 정적 특징으로는 제품명이나 설명 등이 있다. 그러한 특징들로 하나의 단어 모음 표현을 구성한다고 하겠다. 이용자의 정적 특징으로는 이용자 프로파일, 이용자가 평가한 제품들의 고정된 역사 등이 있다. 이러한 정적 특징들은 주어진 훈련 자료 집합 내에서 변하지 않는다. 이용자의 정적 특징들 역시 하나의 단어 모음으로 표현할 수 있으며, 심지어는 항목-평점 쌍을 일종의 가상 키워드로 두어서 사용자가 지정한 키워드들을 평가 활동과 결합할 수도 있다. 평가 활동을 사용하는 경우에는 항상 이용자의 고정된 조회 역사를 정적 특징들의 설계에 활용한다. 사용자의 동적 특징들은 동적으로 변하는 사용자의 조회 역사에 기초한다는 점에서 좀 더 흥미롭다. 이 경우 항목-평점 쌍들의 짧은 역사를 가상 키워드로 사용할 수 있다. 동적 특징들 역시 단어 모음으로 표현할 수 있는데, 각 시각 t에 대해 개별적인 단어 모음이 필요하다.

그런데 제품에 대한 이용자의 구체적인 평점이 아니라 암묵적인 제품 피드백 자료 (이를테면 이용자의 제품 페이지 클릭 여부 등)만 주어질 때도 있다. 암묵적 피드백 자료에 기초한 추천 시스템에서는 이용자의 활동이 없었던 항목과의 이용자-항목 쌍들을 순차열에 무작위로 포함하는 형태의 부정 표집을 사용해야 한다. 이런 접근 방식은 내용 기반 접근 방식과 협업 필터링 접근 방식을 혼합한 것에 해당한다. 이런 접근 방식도 전통적인 추천 시스템에서처럼 사용자-항목-평점 세값쌍을 사용하며, 각 시각에서의 입력은 사용자와 항목의 내용 중심적 표현이다. 그러나 서로 다른 시각에서의 입력은 서로 다른 사용자-항목 쌍이므로, 전통적인 추천 시스템과는 달리 이 접근 방식은 서로 다른 이용자들의 평점 패턴들의 협동적 능력도 활용한다.

이러한 추천 시스템의 전체적인 구조가 그림 7.13에 나와 있다. 그림에서 보듯이 이 구조는 서로 다른 세 가지 부분망으로 구성된다. 세 부분망은 각각 항목의 정적 특징들, 이용자의 정적 특징들, 이용자의 동적 특징들로부터 특징 내장들을 생성한다. 처음 두 부분망은 순방향 신경망이고 마지막 것은 순환 신경망이다. 시각 t에서 이 시스템은 두 이용자 중심적 부분망의 내장들을 벡터 연결(concatenation) 또는 성분별 벡터 곱셈을 이용해서 합친다. 성분별 곱셈을 사용하려면 이용자 정적 특징 내장과 이용자 동적 특징 내장의 차원이 같아야 함을 주의하기 바란다. 그런 다음에는, 융합된 두 내장과 정적 항목 특징 내장을 이용해서 시각 t에서의 평점을 예측한다. 암묵적 피드백 자료를 사용하는 경우에는 특정 이용자-제품 쌍에 대한 이용자의 긍정적 활동 확률들

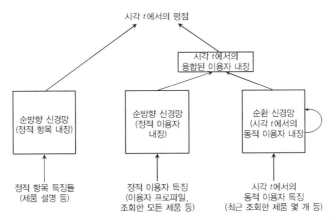

그림 7.13: 순환 신경망을 이용한 추천 시스템. 각 시각에서 입력은 정적/동적 이용자 특징들과 정적 항목 특징들이고 출력은 이용자-제품 조합에 대한 평점이다.

을 예측할 수 있다. 출력에 적용할 손실함수의 종류는 예측할 평점의 성격에 맞게 결정해야 한다. 훈련 알고리즘은 세값쌍 형태의 훈련 견본들로 이루어진 순차열(어떤 고정된 미니배치 크기의)로 예측값을 산출하고, 그 오차를 전체 구조의 정적 부분과 동적 부분에 동시에 역전파해야 한다.

앞의 논의는 [465]에 나온 훈련 과정을 여러모로 단순화한 것이다. 예를 들어 앞의 논의에서는 각 시각 t에서 하나의 평점이 산출된다고 가정했으며, 고정된 시간 구간으로도 시간적 모형화를 충분히 수행할 수 있다고도 가정했다. 그러나 실제로는 모형이 모형화 대상의 시간적 측면을 상황에 따라 서로 다른 입도(granularity)로 다룰 수 있어야 한다. 그래서 [465]는 모형화 과정에서 다양한 수준의 입도들을 처리하는 방법들도 제시한다. 또한, 내용 중심적 특징들을 전혀 사용하지 않고 전적으로 협업 필터링 접근 방식만으로 추천을 수행하는 것도 가능하다. 예를 들어 제2장의 §2.5.7에서 설명한 추천 시스템을 RNN에 맞게 변형할 수 있다(연습문제 3).[9]

또 다른 최근 연구 성과로, [565]는 이 문제를 쇼핑몰 사이트의 제품-활동-시간 세값쌍들을 다루는 문제로 취급한다. 쇼핑몰 사이트는 여러 제품에 대한 각 이용자의 일련의 활동들을 기록한다. 그러한 활동 기록에는 이를테면 이용자가 어디에서 제품 페이지로 들어왔는지(이를테면 메인 페이지, 제품 분류 페이지, 할인 상품 페이지 등등), 제품을 실제로 구매했는지 등이 포함된다. 각 활동에는 **체류 시간**(dwell time)이 연관되는데, 이는 사용자가 그 활동을 수행하는 데 걸린 시간이다. 체류 시간은 일단의 시간 구간들로 이산화된다. 시간 구간들은 주어진 응용 대상에 따라 균일할 수도 있고 길이가 점차 길어질 수도 있다. 논문의 방법은 체류 시간을 길이가 기하적으로(등비수열 형태로) 증가하는 구간들로 이산화한다.

추천 시스템은 이용자당 하나의 순차열을 수집한다. 이용자 순차열은 이용자가 특정 제품에 대해 수행한 행동들로 구성된다. 순차열의 r번째 성분을 $(\overline{p}_r, \overline{a}_r, \overline{t}_r)$로 표기하자. 여기서 $\overline{p}_r$은 제품을 부호화한 원핫 벡터이고 $\overline{a}_r$은 활동을 부호화한 원핫 벡터, 그리고 $\overline{t}_r$은 이산화된 시간 구간을 부호화한 원핫 벡터이다. 하나의 내장층(embedding layer)에 세 가중치 행렬 W_p, W_a, W_t가 관여한다. 이들은 내장층의 표현 $\overline{e}_r = (W_p \overline{p}_r,$

---

9) §2.5.7을 이런 식으로 응용하는 것이 대단히 자연스럽고 자명하지만, 이런 방식을 언급한 연구 문헌은 보지 못했다. 그런 만큼 연습문제 3이 요구하는 추천 시스템을 독자가 직접 구현해 보는 것은 의미 있는 일일 것이다.

$W_a \overline{a_r}, W_t \overline{t_r}$)을 생성하는 데 쓰인다. 이 행렬들은 쇼핑몰 사이트에서 추출한 순차열들에 미리 *word2vec* 훈련을 적용해서 얻은 것이다. 그러한 사전훈련을 마친 후에는, 순환 신경망에 $\overline{e_1} \dots \overline{e_T}$를 입력한다. 그러면 순환 신경망은 출력 $\overline{o_1} \dots \overline{o_T}$를 산출한다. 시각 t에서의 출력 성분은 그 시각에서 사용자가 다음에 취할 행동을 예측한 것이다. 그림 7.13에서 보듯이, 내장층이 순환 신경망에 연결되어 있음을 주목하기 바란다. 따라서 역전파 과정에서 내장층의 가중치들도 조정된다(초기화를 위한 *word2vec* 사전훈련과는 별도로). 원논문 [565]의 시스템에는 주의층(attention layer)도 포함되어 있지만, 그 층이 없어도 좋은 결과를 얻을 수 있다.

7.7.7 2차 단백질 구조 예측

단백질 구조 예측에서 순차열은 20종의 아미노산에 대응되는 기호들로 구성된다. 텍스트 응용에 비유하자면, 이 스무 가지 아미노산들은 문장을 구성하는 단어들에 해당한다고 할 수 있다. 따라서 순차열의 각 성분(아미노산)은 하나의 원핫 벡터로 부호화하는 것이 효과적이다. 순차열의 각 위치는 구체적인 2차 단백질 구조에 대응되는 분류명과 연관된다. 2차 단백질 구조는 알파나선(alpha-helix) 구조, 베타병풍(beta-sheet) 구조, 무작위 코일(random coil) 구조로 나뉜다. 따라서 이 문제는 토큰 수준 분류 문제에 해당한다. 출력층에는 3중 소프트맥스 함수가 쓰인다. [20]은 예측에 양방향 순환 신경망을 사용했다. 이는 순차열의 특정 위치의 양쪽 성분을 모두 아는 것이 단백질 구조 예측에 도움이 되기 때문이다. 일반적으로 단방향이냐 양방향이냐의 선택에는 예측이 과거 역사에 대한 인과성을 띠느냐 아니면 양쪽 모두의 문맥에 의존하느냐가 큰 영향을 미친다.

7.7.8 종단간 음성 인식

종단간 음성 인식(end-to-end speech recognition)에서는 원본 음성 파일에 담긴 음향 파형 자료를 일정 구간으로 끊어서 처리하면서 문자열(문자들의 순차열)을 생성해 나간다. 순환 신경망에 대한 입력 순차열을 만들기 위해서는 음성 파일에 어느 정도의 전처리를 가할 필요가 있다. 예를 들어 [157]은 파이썬 도구 모음 *matplotlib*의 *specgram* 함수를 이용해서 원본 음성 파일에서 얻은 스펙트로그램spectrogram들을 입력 자료로 사용한다. 그 논문은 127개의 프레임이 겹치는 푸리에 구간 254개 크기의 구간을 사용했다(한 프레임의 입력 성분은 128개). 출력은 주어진 음성을 전사(transcription)한 하나의 문자인데, 가능한 문자로는 영문자, 문장부호, 빈칸은 물론이고 널 문자도 포함된다. 응용의 성격에 따라서는 다른 종류의 분류명들을 사용할 수도 있다. 예를 들어 문자 대신 음소 기호를 출력할 수도 있고, 심지어는 음표를 출력할 수도 있다. 이런 종류의 응용에서는 현재 문자 양쪽의 문맥이 인식의 정확도에 도움이 되므로 양방향 순환 신경망이 적합하다.

이런 종류의 응용에서 한 가지 어려운 점은 음성의 프레임 표현과 전사 순차열을 정합(alignment)해야 한다는 것이다. 이런 종류의 정합 설정을 미리 파악하는 것은 불가능하다. 사실 이는 시스템의 출력 중 하나이다. 그래서 음성을 구간별로 나누려면(구획화) 음성을 인식해야 하고, 음성을 인식하려면 음성을 적절히 구획화해야 한다는 딜레마에 빠진다. 이를 세이어의 역설(Sayre's paradox)이라고 부른다. 이 문제는 연결주의 시간적 분류(connectionist temporal classification) 기법으로 해결할 수 있다. 이 접근 방식에서는 동적 계획법 알고리즘[153]과 순환 신경망의 (소프트맥스) 확률값 출력들을 결합해서 전체적인 인식 확률이 최대가 되는 정합 설정을 결정한다. 자세한 사항은 [153, 157]을 보기 바란다.

7.7.9 필기 인식

음성 인식과 밀접한 연관된 응용으로 필기 인식(handwriting recognition)이 있다.[154, 156] 필기 인식에서 입력은 좌표쌍 (x, y)들의 순차열인데, 각 좌표쌍은 각 시각에서의 펜 촉의 위치를 나타낸다. 출력은 그러한 펜으로 쓴 문구에 해당하는 문자열이다. 필기 인식 시스템은 좌표쌍들로부터 여러 가지 특징을 추출한다. 그러한 특징들에는 펜이 필기 표면(종이 등)에 닿았는지의 여부나 근처 선분들의 각도, 필기의 속도, 그리고 좌표성분을 정규화한 값 등이 포함된다. [154]는 총 25종의 특징을 추출한다. 당연한 말이지만, 하나의 글자를 만들려면 여러 개의 좌표쌍이 필요하다. 그런데 글자마다 형태가 다를 뿐만 아니라 사람마다 글씨체가 다르므로, 하나의 글자에 정확히 몇 개의 좌표쌍이 필요한지를 알아내기란 어려운 일이다. 즉, 좌표쌍들을 적절히 나누기 위해서는 음성 인식에서 발생하는 세이어의 역설과 동일한 성격의 딜레마를 극복해야 한다.

무제약(unconstrained) 필기 인식에서는 입력이 일단의 획(stroke)들로 구성된다. 하나의 글자를 구성하는 획들을 식별하고 그 획들로 문자를 인식하는 것도 가능하지만, 정확도는 그리 좋지 않다. 한 글자를 구성하는 획들을 식별하는 과제 자체에서 실수를 저지를 가능성이 크기 때문이다. 그러한 실수에 의한 오차는 이후 과정에서 점점 누적되는 경향이 있으므로, 필기 인식을 획 인식과 문자 인식으로 분리해서 처리하는 것은 대체로 좋은 생각이 아니다. 근본적인 수준에서 필기 인식은 음성 인식과 다를 것이 없다. 유일한 차이는 입력과 출력의 표현 방식이다. 음성 인식에서처럼 필기 인식에서도 연결주의 시간적 분류 기법(동적 계획법 접근 방식과 순환 신경망의 소프트맥스 출력들에 결합한)으로 세이어의 역설을 극복한다. 즉, 정합과 분류명 예측을 동적 계획법을 이용해서 동시에 수행함으로써 특정 입력 순차열에 대해 특정 출력 순차열이 산출될 확률을 최대화한다. 좀 더 자세한 사항은 [154, 156]을 보기 바란다.

7.8 요약

순환 신경망은 순차열 모형화에 쓰이는 신경망이다. 순환 신경망을 시간층들로 펼쳐진 순방향 신경망으로 표현할 수 있는데, 이때 시간층들은 같은 가중치들을 공유한다. 대체로 순환 신경망은 기울기 소실 및 폭발 문제 때문에 훈련하기가 어렵다. 그런 문제를 제3장에서 논의한 고급 훈련 방법들로 어느 정도 해결할 수 있지만, 좀 더 안정적인 훈련을 위해 순환 신경망을 개선한 변형들도 있다. 특히 최근에는 장단기 기억 (LSTM) 신경망이 주목을 받고 있다. 장단기 기억망은 은닉 상태들을 좀 더 온건한 방식으로 갱신함으로써 기울기 소실 및 폭발 문제를 피해간다. 순환 신경망과 그 변형들은 이미지 캡션 생성, 토큰 수준 분류, 문장 수준 분류, 감정 분석, 음성 인식, 기계 번역, 계산생물학 등 다양한 용도로 쓰이고 있다.

7.9 문헌 정보

초창기 순환 신경망 중 하나로 엘먼 망(Elman network)이 있다.[111] 엘먼 망은 현대적인 순환 신경망의 전신에 해당한다. 웨어보스는 시간 역전파의 최초 버전을 제안했다.[526] 순환 신경망에 대한 초기 역전파 알고리즘으로는 [375]의 것도 있다. 순환 신경망에 관한 연구는 대부분 기호 자료에 대한 것이지만, 실숫값 시계열 자료에 관한 것들도 있다.[80, 101, 559] [552]는 순환 신경망의 정칙화를 논의한다.

[220]은 기울기 소실 및 폭발 문제에 대한 은닉 대 은닉 가중치 행렬의 스펙트럼 반경의 효과를 논의한다. [368, 369]는 순환 신경망의 기울기 소실 및 폭발 문제와 기타 문제점들을 상세히 논의한다. 순환 신경망과 그 변형들은 2010년쯤부터 인기를 끌기 시작했는데, 여기에는 관련 방법 및 알고리즘들의 발전뿐만 아니라 하드웨어의 개선과 가용 자료의 증가도 영향을 미친 것으로 보인다. [140, 205, 368]은 순환 신경망을 비롯한 여러 심층 신경망의 기울기 소실 및 폭발 문제를 논의한다. 기울기 절단 규칙은 미콜로프의 Ph.D 학위논문 [324]에 나온다. [271]은 ReLU를 사용하는 순환 신경망의 초기화 문제를 논의한다.

순환 신경망의 초기 변형으로는 반향 상태 신경망[219]이 있다. 반향 상태망을 액체 상태 기계(liquid-state machine)라고 부르기도 한다.[304] 반향 상태망은 **저장소 컴퓨팅**(reservoir computing)이라고 부르는 패러다임을 따른다. [301]은 저장소 컴퓨팅 원리의 맥락에서 반향 상태망을 개괄한다. [214]는 배치 정규화를 논의한다. [105]는 교사 강제 방법(teacher forcing method)들을 논의한다. [140]은 기울기 소실 및 폭발 문제를 줄이기 위한 초기화 선략들을 논의한다.

LSTM은 [204]가 처음 제안했다. [476]은 장단기 기억을 언어 모형화에 사용하는 방법을 논의한다. [205, 368, 369]는 순환 신경망의 훈련과 관련된 어려움들을 논의한다. [326]은 기울기 소실 및 폭발과 관련된 일부 문제점을 은닉 대 은닉 연결 가중치 행렬에 적절한 제약을 가해서 줄일 수 있음을 보였다. 구체적으로 말하면, 그 행렬의 한 블록을 단위행렬에 가깝게 제한함으로써 그 부분에 해당하는 은닉 변수들이 느리게 갱신되게 만든다(LSTM의 내부 메모리가 느리게 갱신되는 것과 비슷한 방식으로). LSTM을 비롯한 순환 신경망의 여러 변형을 언어 모형화에 사용하는 방법을 논의하는 문헌으로는 [69, 71, 151, 152, 314, 328]이 있다. 양방향 순환 신경망은 [434]가 제안했다. 이번 장의 LSTM 논의는 [151]에 기초한 것이고, 대안적인 게이트 제어 순환 단위(GRU)는 [69, 71]에 나온다. [233]은 순환 신경망의 이해를 위한 지침을 제공한다. 순환 신경망의 순차열 중심적 응용과 자연어 처리 응용에 관한 추가적인 논의를 [143, 298]에서 볼 수 있다. LSTM 망은 순차열 분류(sequence labeling)에도 쓰였다.[150] 이는 감정 분석에 유용하다.[578] [225, 509]는 이미지 캡션 생성을 위한 합성곱 신경망과 순환 신경망의 조합을 논의한다. [69, 231, 480]은 기계 번역을 위한 순차열 대 순차열 학습 방법을 논의한다. 단백질 구조 예측, 필기 인식, 기계 번역, 음성 인식을 위한 양방향 순환 신경망과 LSTM에 관한 논의를 [20, 154, 155, 157, 378, 477]에서 볼 수 있다. 최근에는 순환 신경망이 시간적 협업 필터링에도 쓰였다. 이를 처음 소개한 것은 [258]이다. [465, 534, 560]은 다양한 시간적 협업 필터링 방법들을 논의한다. [439, 440]은 순환 신경망을 이용한 대화(dialogue) 생성 모형을 논의한다. [504]는 동작 인식에 순환 신경망을 활용하는 방법을 논의한다.

순환 신경망은 자료에 존재하는 임의의 구조적 관계를 모형화하기 위한 재귀 신경망(recursive neural network)으로 일반화되었다.[379] 재귀 신경망은 순환 신경망의 용도를 트리(순차열이 아니라) 자료 구조로 일반화한 것으로, 트리 형태의 계산 그래프를 사용한다. [144]는 과제 의존적 표현의 발견에 재귀 신경망을 사용하는 방법을 논의한다. 신경망의 입력을 트리 형태의 자료 구조로 간주할 수 있다면 재귀 신경망을 사용할 수 있다.[121] 순환 신경망은 의존관계들이 단선적으로 연결된 트리 구조에 해당하는 재귀 신경망의 한 특수 사례이다. [459, 460, 461]은 재귀 신경망을 여러 종류의 자연어 처리 및 장면 처리에 응용하는 방법을 논의한다.

7.9.1 소프트웨어 정보

Caffe[571], *Torch*[572], *Theano*[573], *TensorFlow*[574]를 비롯한 여러 소프트웨어 프레임워크가 순환 신경망과 그 변형들을 지원한다. *DeepLearning4j* 같은 프레임워크들은 LSTM의 구현도 지원한다.[617] [578]은 LSTM 망을 이용한 감정 분석의 구현을 제공한다. 이 구현은 [152]에 나온 순차열 분류 기법에 기초한 것이다. [580]의 문자 수준 RNN 구현은 순환 신경망을 공부하는 데 대단히 유익하다. 이 구현 코드를 이해하는 데는 [233, 618]의 개념적 설명이 유용할 것이다.

연습문제

1. [580]에서 문자 수준 RNN과 'tiny Shakespeare' 자료 집합을 내려받아서, 그 자료 집합으로 문자 수준 RNN을 훈련하라. 훈련을 각각 (i) 5세(epoch), (ii) 50세, (iii) 500세 반복한 후 문장들을 출력해 보고, 세 출력의 유의미한 차이점이 무엇인지 논하라.

2. 은닉 단위들이 K개의 그룹으로 나뉜 반향 상태망을 생각해 보자. 각 그룹의 단위는 p/K개이고, 한 그룹의 은닉 단위들은 다음 시각의 같은 그룹의 은닉 단위들하고만 연결된다. 이러한 접근 방식을, K개의 개별적인 반향 상태망들의 출력을 평균해서 예측값을 산출하는 앙상블 방법과 비교하라.

3. 제2장 §2.5.7의 순방향 신경망 구조를 시간적 추천 시스템에 해당하는 순환 신경망으로 변경하는 방법을 제시하라. 그러한 순환 신경망을 구현하고, Netflix Prize 자료 집합에 대한 순환 신경망의 성과와 순방향 신경망의 성과를 비교하라.

4. 은닉 상태의 차원이 2인 순환 신경망을 생각해 보자. 은닉 대 은닉 연결의 2×2 가중치 행렬 W_{hh}의 모든 성분을 3.5로 설정한다고 하자. 그리고 은닉 단위들이 S자형 활성화 함수를 사용한다고 하자. 이러한 순환 신경망이 기울기 소실 및 폭발 문제를 일으키기 쉬울까?

5. 핵염기 $\{A, C, T, G\}$로 이루어진 염기서열에 해당하는 기호 순차열들을 담은 커다란 생물학 정보 데이터베이스가 있다고 하자. 그런 염기서열 중 일부는 비정상적인 돌연변이 때문에 일부 염기 기호가 다른 것으로 바뀐 결과이다. 그런 염기서열들을 검출하기 위한 RNN 구조와 비지도 학습 방법을 제안하라.

6. 염기서열에 돌연변이 위치가 표시된 훈련 자료 집합과 표시되지 않은 시험 자료 집합이 주어진다면 연습문제 5의 구조와 학습 방법을 어떻게 변경해야 할까?

7. 순차열 대 순차열 학습 기반 기계 번역 모형의 입력층과 출력층의 사전훈련 방법들을 추천하라.

8. SNS 사이트의 이용자들이 주고받은 메시지들로 이루어진 커다란 자료 집합이 있다고 하자. 이 문제에서 관심의 대상은 해시태그(hashtag)라고 부르는 식별용 키워드를 포함한 메시지들이다. 주어진 한 메시지에 대해, 메시지 발신자와 수신자 모두가 흥미를 느낄 해시태그를 추천하는 실시간 RNN 모형을 설계하라. 그러한 RNN을 점진적으로 훈련하기에 충분한 계산 자원이 있다고 가정할 것.

9. 훈련 자료 집합을 특정한 비례 계수로 재비례해서 가중치들을 학습하면 재비례하지 않았을 때와는 다른 가중치들이 나올까? 훈련에 배치 정규화를 사용할 때와 층 정규화를 사용할 때로 나누어서 답하라. 만일 훈련 자료 집합의 일부만 재비례하면 어떻게 될까? 각 정규화 방법에서, 자료 집합의 중심을 이동하면 가중치들이 어떻게 변할까?

10. 언어가 서로 다른 두 문장의 쌍들로 이루어진 큰 자료 집합이 있다고 하자. 언어는 셋 이상이고 각 언어의 문장들이 자료 집합에 충분히 많이 존재하지만(원본 언어 문장으로든, 대상 언어 문장으로든), 모든 가능한 언어 조합이 자료 집합에 존재하지는 않는다. 그러한 훈련 자료를 이용해서 (i) 특정 문장을 모든 언어에 대해 동일하게 표현할 수 있는 범용적인 부호를 만드는 방법과 (ii) 자료 집합에 존재하지 않는 언어 조합의 번역도 수행할 수 있는 능력을 갖추는 방법을 제시하라.

8

합성곱 신경망

"영혼은 심상 없이 사고하지 않는다."

— 아리스토텔레스

8.1 소개

합성곱 신경망(convolutional neural network)은 격자(grid) 구조의 입력 자료를 처리하도록 설계된 신경망이다. 그런 자료의 중요한 특징은 격자의 국소 영역 안에 강한 공간적※ 의존관계가 존재한다는 것이다. 격자 구조 자료의 가장 두드러진 예는 2차원 이미지이다. 이미지 자료는, 특정 영역에 색상이 비슷한 픽셀들이 모여 있을 때가 많다는 점에서 국소 영역 안의 강한 공간적 의존관계도 가지고 있다. 이미지를 구성하는 서로 다른 색상들을 또 다른 하나의 차원으로 간주할 수 있으며, 따라서 하나의 이미

※ **역주** §8.2에서 좀 더 명확해지겠지만, 합성곱 신경망의 문맥에서 '공간적(spatial)'이라는 단어는 합성곱 연산의 대상이 되는, 유한한 크기의 2차원 격자를 함의한다. 예를 들어 '공간적 크기'는 2차원 격자의 너비와 높이이다. 합성곱 신경망의 한 층은 3차원 볼륨을 형성하는데, 이 볼륨은 온전한 3차원이라기보다는 2+1차원이라 할 수 있다. 여기서 2가 '공간적'에 해당하고, 1은 깊이에 해당한다. 간단히 말하면, 깊이 차원은 하나의 볼륨을 구성하는, 겹겹이 쌓인 2차원 격자들을 식별하는 색인으로 작용한다. 이처럼 3차원 볼륨을 2+1차원으로 해석하는 것은, 사람이 인식할 수 있는 4차원 시공간 연속체를 온전한 4차원 공간이 아니라 3+1차원, 즉 3차원 공간에 시간 차원이 추가된 것으로 간주하는 것과 비슷하다.

지 자료는 하나의 3차원 **볼륨**^{volume}을[※] 형성하게 된다. 이미지 외에 텍스트나 시계열 자료, 염기서열 같은 순차적인 자료도 구성 성분들 사이에 다양한 관계가 존재하는 격자 구조 자료의 특별한 형태로 볼 수 있다. 합성곱 신경망은 주로 이미지 자료에 쓰이지만, 시간적 자료나 공간적 자료, 또는 시공간적 자료에도 합성곱 신경망을 적용할 수 있다.

이미지 자료의 중요한 성질 하나는, 다른 종류의 격자 구조 자료들과는 달리 어느 정도의 **이동 불변성**(translation invariance)을 가지고 있다는 것이다. 예를 들어 어떤 사진의 왼쪽 윗부분에 있는 바나나를 사진 오른쪽 아랫부분으로 이동한다고 해도 바나나가 아닌 어떤 것이 되지는 않는다. 합성곱 신경망은 비슷한 패턴을 가진 국소 영역들에 대해 비슷한 특징들을 산출하는 경향이 있다. 이미지 자료의 한 가지 장점은 특징 표현에 대한 특정 입력의 효과를 사람이 직관적으로 이해하기 쉬운 형태로 서술할 수 있다는 것이다. 그래서 이번 장에서는 주로 이미지 자료를 예로 합성곱 신경망을 설명한다. 그러나 다른 종류의 자료에 합성곱 신경망을 적용하는 문제도 간략하게나마 논의할 것이다.

합성곱 신경망을 특징짓는 중요한 특성 하나는 합성곱 신경망이 수행하는 **합성곱 연산**이다. 합성곱 연산은 일종의 내적(dot-product) 연산으로, 합성곱 신경망은 격자 형태로 배치된 가중치들과 그와 비슷한 격자 구조의 입력 성분들(입력 볼륨의 여러 위치에서 추출한)에 그러한 내적 연산을 적용한다. 이런 종류의 연산은 이미지처럼 높은 수준의 공간적 국소성(응용에 따라서는 다른 종류의 국소성)을 가진 자료에 유용하다. 적어도 하나의 층에서 합성곱 연산을 수행하는 신경망은 모두 합성곱 신경망이라 할 수 있지만, 실제 응용에서 대부분의 합성곱 신경망은 다수의 층에서 합성곱 연산을 수행한다.

8.1.1 역사 및 생물학의 영향

심층 학습의 역사에서 최초의 성공 사례 중 하나가 합성곱 신경망이다. 합성곱 신경망은 최근 훈련 기법의 발전 덕분에 다른 종류의 신경망들의 성과가 크게 개선되기 훨씬 전에 상당한 성과를 거두었다. 사실 심층 학습이 지금처럼 주목받게 된 데에는

※ **역주** 일상적인 의미에서 'volume'은(그리고 그에 대응되는 우리말 '부피' 또는 '체적'은) 3차원 입체가 차지하는 공간의 크기를 뜻하는 스칼라값이지만, 지금 맥락에서 볼륨은 너비, 높이, 깊이를 가진 3차원 입체 자체를 뜻한다.

2011년 이후에 이미지 분류 공모전들에서 몇몇 합성곱 신경망이 거둔 눈길을 끄는 성공들이 크게 기여했다. 2011년과 2015년 사이에, 유서 깊은 벤치마크인 *ImageNet*[581]의 상위 다섯 범주(top-5)에 대한 분류 오류율이 25% 이상에서 4% 미만으로 크게 떨어졌다. 합성곱 신경망은 깊이의 장점을 이용해서 위계적 특징 공학을 처리하는 데 아주 적합하다. 실제로, 모든 응용 영역에서 가장 깊은 신경망들은 합성곱 신경망 분야에서 나왔다. 더 나아가서, 그런 심층 신경망들은 생물학에서 얻은 영감이 종종 획기적인 성과 개선으로 이어질 수 있음을 보여주는 좋은 예이다. 오늘날 최상의 합성곱 신경망은 사람과 동등하거나 능가하는 성과를 낸다. 불과 20년 전만 해도 대부분의 컴퓨터 시각 전문가들은 이 정도의 성공이 가능하리라고 생각하지 못했다.

최초의 합성곱 신경망은 고양이의 시각피질에 관한 허블Hubel과 비셀Wiesel의 실험 결과에서 동기를 얻었다.[212] 시각피질의 특정 영역의 신경세포들은 시야의 특정 영역에 민감하게 반응한다. 다른 말로 하면, 시야의 특정 영역이 자극되면 그에 대응되는 시각피질의 특정 영역의 신경세포들이 활성화된다. 또한, 시야에 맺힌 물체의 형태와 방향도 시각 세포들의 활성화에 영향을 미친다. 예를 들어 수직 경계선에 대해 잘 활성화되는 신경세포들과 수평 경계선에 대해 잘 활성화되는 신경세포들이 다르다. 신경세포들은 층별 구조로 연결되어 있다. 이러한 발견에 기초해서 생물학자들은 포유류가 서로 다른 신경세포 층들을 이용해서 이미지의 여러 부분을 서로 다른 추상 수준으로 구축한다고 추측했다. 기계 학습의 관점에서 이러한 원리는 위계적(hierarchical; 계통 구조적) 특징 추출의 원리와 비슷하다. 차차 보겠지만, 합성곱 신경망은 기본적인 도형들을 앞쪽 층들에서 부호화하고 좀 더 복잡한 도형들은 뒤쪽 층들에서 부호화함으로써 이와 비슷한 위계적 특징 추출을 수행한다.

이러한 생물학적 영감에 기초해서 나온 최초의 모형이 네오코그니트론neocognitron이다.[127] 그런데 이 모형과 현재의 합성곱 신경망은 여러모로 다르다. 가장 중요한 차이점은, 네오코그니트론은 가중치 공유 개념을 사용하지 않았다는 것이다. 이후 네오코그니트론의 구조에 기초해서 최초의 완전한 합성곱 신경망 구조인 *LeNet-5*[279]가 개발되었다. LeNet-5는 은행들이 수표에 필기된 숫자들을 인식하는 데 쓰였다. 이후로 합성곱 신경망의 구조 자체는 그리 달라지지 않았다. 주된 변화는 더 많은 층을 추가한 것과 ReLU 같은 안정적인 활성화 함수를 사용하게 된 것이다. 또한, 다양한 훈련 요령들과 강력한 하드웨어 옵션들 덕분에 더 큰 자료 집합과 더 깊은 신경망으로 더 나은 성과를 낼 수 있게 되었다.

합성곱 신경망의 인기가 높아진 데에는 연례 *ImageNet* 공모전[582]이 큰 역할을 했다. 이 공모전의 좀 더 공식적인 명칭은 *ImageNet Large Scale Visual Recognition Challenge* (ILSVRC; ImageNet 대규모 시각 인식 대회)이다. 이 ILSVRC 공모전은 제1장의 §1.8.2에서 소개한 *ImageNet* 자료 집합[581]을 사용한다. 2012년부터 합성곱 신경망이 꾸준히 이 공모전에서 우승을 차지했다. 이미지 분류에서 합성곱 신경망이 얼마나 주도적인지는 최근 몇 해의 공모전에서 거의 모든 출품작이 합성곱 신경망에 속한다는 점으로 짐작할 수 있다. 초기 합성곱 신경망 방법의 하나인 *AlexNet*은 2012년 *ImageNet* 공모전에서 2위를 크게 따돌리고 우승을 차지했다.[255] 지난 몇 년간 합성곱 신경망이 정확도를 엄청나게 개선한 덕분에 이 분야의 지평이 크게 바뀌었다. 대부분 2012년부터 눈길을 끄는 성과 개선이 있었지만, 최근 우승작들과 초기* 합성곱 신경망의 구조적 차이는 그리 크지 않다(적어도 개념적 수준에서). 그렇지만 어떤 종류의 신경망이든 전반적인 구조뿐만 아니라 세부 사항들도 대단히 중요하다.

8.1.2 좀 더 넓은 관점에서 본 합성곱 신경망

그 어떤 신경망이든 성공의 비결은 주어진 문제 영역에 관한 통찰에 기초해서 신경망의 구조를 다듬는 것이다. 문제 영역에 대응되는 방식으로 매개변수들을 적극적으로 공유함으로써 연결들을 희소화한다는 점에서 합성곱 신경망은 그러한 원리에 크게 의존한다고 할 수 있다. 좀 더 구체적으로 말하자면, 합성곱 신경망에서는 인접한 두 층의 노드들을 무조건 모두 연결하지는 않는다. 대신 한 층의 한 노드를 이전 층의 특정 국소 영역에 해당하는 노드들하고만 연결한다. 그리고 이미지의 공간 전체에 대해 일단의 매개변수들을 공유한다. 이런 종류의 구조를 일종의 영역 대응 정칙화(domain-aware regularization)로 볼 수 있는데, 그런 정칙화는 허블과 비셀의 초기 연구에서 얻은 생물학적 통찰에서 유도한 것이다. 합성곱 신경망의 성공은 대체로 다른 종류의 자료 영역에도 중요한 교훈이 되었다. 자료 항목들 사이의 의존관계를 이용해서 매개변수 요구량을 줄이도록 세심하게 설계된 구조야말로 정확도 높은 결과를 얻는 비결이다.

여러 시간층이 매개변수들을 공유하는 순환 신경망에서도 의미 있는 수준의 영역

※ **역주** 참고로 네오코그니트론은 1980년대에, LeNet-5는 1998년에 후반에 나왔다.

대응 정칙화가 가능하다. 그러한 매개변수 공유는 시간이 흘러도 순차열 성분들 사이의 시간적 의존관계는 별로 변하지 않는다는 가정에 기초한다. 순환 신경망은 시간적 관계에 관한 직관적 통찰을 구조에 반영하는 반면 합성곱 신경망은 공간적 관계에 관한 직관적 통찰을 반영한다. 그리고 후자의 통찰은 고양이의 시각피질에 있는 생물학적 신경세포들의 조직화에서 직접 얻은 것이다. 합성곱 신경망의 성공은 신경망 분야에서 생물학, 특히 신경과학의 연구 결과들을 신경망 설계에 현명하게 활용하는 방법을 연구하는 계기가 되었다. 비록 인공 신경망은 생물학적 뇌의 진정한 복잡성을 수박 겉핥기식으로 모방하는 수준이지만, 신경과학의 기본 원리들을 연구해서 얻을 수 있는 직관적 통찰들을 과소평가해서는 안 된다.[176]

이번 장의 구성

이번 장의 구성은 다음과 같다. 다음 절에서는 합성곱 신경망의 기본적인 사항들을 소개한다. 특히 합성곱 신경망이 어떤 연산들을 수행하고 그 연산들을 어떤 식으로 조합하는지 설명한다. §8.3에서는 합성곱 신경망의 훈련 과정을 논의한다. §8.4에서는 최근 공모전들에서 우승한 주요 합성곱 신경망 몇 개를 소개한다. §8.5에서는 합성곱 기반 자동부호기를 논의한다. §8.6에서는 합성곱 신경망의 다양한 응용 방법을 논의한다. §8.7에서는 이번 장의 내용을 요약한다.

8.2 합성곱 신경망의 기본 구조

합성곱 신경망에서 각 층의 단위들은 입력 자료의 공간적 격자 구조에 맞게 배치된다. 각 단위는 이전 층의 작은 국소 공간 영역의 단위들과 연결되며, 결과적으로 입력 자료에 존재하는 공간적 관계들이 층을 거쳐서 계속 전달된다. 다음 층에 대한 합성곱 연산과 변환은 격자 칸들 사이의 공간적 관계들에 크게 의존하기 때문에, 층과 층에서 그러한 공간적 관계들을 유지하는 것이 중요하다. 합성곱 신경망의 각 층은 하나의 3차원 격자 구조이다. 3차원 격자의 세 차원을 **높이**(height)와 **너비**(width), **깊이**(depth)라고 칭한다. 한 층의 깊이를 합성곱 신경망 자체의 깊이와 혼동하면 안 된다. 입력층의 경우 층의 깊이는 입력 이미지의 **채널**(channel) 개수인데, 여기서 채널은 색상을 구성하는 개별 성분(적, 청, 녹)을 뜻한다. 은닉층에서 층의 깊이는 은닉층이 표현하는 특징 맵들의 개수이다. 한편 합성곱 신경망 자체의 깊이는 계산층의 개수를 말한다. 합성곱 신경망 분야에서 두 종류의 수치를 '깊이'라는 하나의 용어로 지칭하는 것은 다소 아쉬운 점이지만, 대부분의 경우 문맥으로 둘을 명확히 구분할 수 있을 것이다.

합성곱 신경망은 전통적인 순방향 신경망과 비슷한 방식으로 작동하되, 층과 층이 공간적 관계에 기초해서(그리고 세심한 설계에 따라) 희소하게 연결된다는 점이 다르다. 합성곱 신경망의 층들은 흔히 **합성곱** 층과 **풀링**pooling 층, *ReLU* 층으로 나뉜다. ReLU 층은 ReLU(정류 선형 단위)들을 사용하는 층으로, 보통의 신경망에 쓰이는 ReLU 층과 다를 바 없다. 이전 은닉층들과는 달리 마지막 은닉층은 출력층과 완전히 연결될 때가 많은데, 구체적인 연결 방식은 응용에 따라 다를 수 있다. 이번 절에서는 합성곱 신경망에 쓰이는 여러 가지 연산과 층들을 차례로 살펴보고, 그런 층들을 연결해서 합성곱 신경망을 구성하는 방법도 논의한다.

그런데 합성곱 신경망의 각 층에 깊이가 필요한 이유, 즉 각 층이 3차원이어야 하는 이유는 무엇일까? 합성곱 신경망에 대한 입력이 어떻게 구성되는지 살펴보면 그 이유를 알 수 있다. 합성곱 신경망의 입력 자료는 하나의 2차원 격자 구조로 조직화된다. 그러한 격자의 개별 격자점 또는 '칸'을 픽셀(pixel)이라고 부른다. 따라서 각 픽셀은 이미지 안의 특정 공간적 위치에 대응된다. 그런데 한 픽셀의 색상을 정확히 부호화하려면 적어도 세 개의 값으로 이루어진 다차원 배열이 필요하다. RGB 색상 부호화 방식은 하나의 색상을 빛의 삼원색에 해당하는 세 가지 성분(채널), 즉 적색, 녹색, 청색 성분을 이용해서 부호화한다. 따라서, 예를 들어 크기가 32×32이고 각 픽셀을 RGB 세 성분으로 부호화한 이미지는 총 $32 \times 32 \times 3$개의 성분 값들로 정의된다. 참고로 32×32라는 크기가 실제로 상당히 많이 쓰이는데, 특히 CIFAR-10[583]이라는 유명한 벤치마크용 자료 집합의 이미지들이 이 크기이다. 그림 8.1(a)에 이러한 입력 자료 조직화 방식이 나와 있다. 입력층을 이처럼 3차원 구조로 표현하는 것은 자연스러운 방식이다. 두 차원으로 공간적 관계들을 표현하고 세 번째 차원으로 각 채널의 독립적인 성질들을 나타낼 수 있다는 점에서 그렇다. 예를 들어 첫 층에서는 삼원색 성분 세기들이 독립적인 성질들이고, 은닉층들에서는 이미지의 국소 영역들에서 추출한 여러 종류의 도형들이 독립적인 성질들이다. 이하의 논의에서 q번째 층의 입력이 $L_q \times B_q \times d_q$ 크기의 3차원 격자 구조라고 가정한다. 여기서 L_q는 높이이고 B_q는 너비, d_q는 깊이이다.※ 거의 모든 경우에서 L_q와 B_q는 값이 같다. 그러나 일반성을 유지하기 위해 두 수치를 이처럼 구분해서 표기하기로 한다.

첫 층(입력층)에서 이 수치들은 입력 자료의 크기와 그 전처리 방식에 따라 결정된다. 앞의 예에서는 $L_1 = 32$, $B_1 = 32$, $d_1 = 3$이다. 이후의 층들도 입력층과 정확히 동일한 3차원 구조를 가진다. 그러나 이후의 층에서 d_q개의 2차원 격자들에 담긴 성분들은 더 이상 입력 이미지 픽셀들의 색상 값들이 아니다. 더 나아가서, 은닉층들에서는 d_q가 3보다 훨씬 클 수 있다. 이는 주어진 한 국소 영역에 분류와 관련된 독립 성질들이 상당히 많이 있을 수 있기 때문이다. $q > 1$인 경우 이러한 격자 값을 **특징 맵**(feature map) 또는 **활성화 맵**(activation map)이라고 부른다. 이 값들은 순방향 신경망의 은닉층에 있는 값들에 대응된다.

합성곱 신경망에서 매개변수들은 **필터** 또는 **핵**(kernel)이라고 부르는 일단의 3차원 자료 구조들로 조직화된다. 일반적으로 하나의 필터는 2차원 정사각(즉, 높이와 너비가 같은) 격자들이 겹쳐진 3차원 구조인데, 대체로 높이와 너비는 필터를 적용할 층의 높이와 너비보다 훨씬 작다. 반면 필터의 **깊이**는 항상 적용할 층의 깊이와 같다. q번째 층에 적용되는 필터가 $F_q \times F_q \times d_q$ 격자라고 하자. 그림 8.1(a)는 $F_1 = 5$이고 $d_1 = 3$인 필터의 예이다. 일반적으로 F_q는 작은 홀수로 설정한다. F_q로 흔히 쓰이는 값은 3과 5이지만, 몇몇 흥미로운 사례들에서는 $F_q = 1$로 두기도 한다.

합성곱 연산은 이미지(또는 은닉층)의 모든 가능한 위치에 필터가 적용되도록 필터들을 적절히 배치하고, 각 필터의 $F_q \times F_q \times d_q$개의 매개변수들과 해당 입력 볼륨(역시 $F_q \times F_q \times d_q$ 크기의)의 내적 연산을 수행한다. 이때 내적은 서로 대응되는 입력 볼륨과 필터의 성분들을 $F_q \times F_q \times d_q$차원의 벡터들로 취급해서 수행되는데, 대응되는 두 벡터의 성분들의 순서는 격자 구조 볼륨의 위치 관계를 그대로 따른다. 이미지 전체를 포괄하기 위해 몇 개의 필터들을 배치해야 할까? 필터 위치들은 각각 다음 층의 공간적 '픽셀'(좀 더 정확히는 하나의 **특징**)을 정의한다는 점에서, 그런 위치들의 개수를 결정하는 것은 중요한 문제이다. 다른 말로 하면, 필터와 이미지 사이의 위치 정합 개수는 다음 층의 공간적 높이와 너비를 결정한다. 다음 층 특징들의 상대적 공간 위치들은 이전 층 격자의 왼쪽 위 격자점을 기준으로 정의된다. q번째 층에서 합성곱 연산을 수행

※ **역주** 참고로 높이를 height의 h 대신 length의 L로 표기한 것은 은닉 상태 h와 혼동을 피하려는 의도로 보인다. 너비를 width의 w 대신 breath의 B로 표기한 것도 가중치 w와의 혼동을 피하려는 의도일 것이다.

할 때 필터들을 배치하는 한 가지 방법은 이미지의 높이 방향으로 $L_{q+1} = (L_q - F_q + 1)$개, 너비 방향으로 $B_{q+1} = (B_q - F_q + 1)$개의 필터들을 배치하는 것이다. 이렇게 하면 이미지의 테두리에서 필터의 일부가 "삐져나오는" 현상을 피할 수 있다. 결과적으로 이미지에 총 $L_{q+1} \times B_{q+1}$개의 필터가 배치되며, 이는 곧 다음 층의 크기가 된다. 그림 8.1(a)의 예에서 L_2와 B_2는 각각 다음과 같다.

$$L_2 = 32 - 5 + 1 = 28$$
$$B_2 = 32 - 5 + 1 = 28$$

그다음 층의 크기는 28×28이다. 그런데 이 은닉층의 깊이는 $d_2 = 5$이다. 이 5라는 수치는 어디에서 온 것일까? 이 깊이는 한 필터 위치에 대해 각자 다른 매개변수 집합을 가진 서로 다른 다섯 개의 필터들을 적용한다는 가정에서 나온 것이다. 한 필터 위치에 대해 한 번의 합성곱으로 산출한 특징들의 집합은 그다음 층의 해당 위치의 한 **특징 맵**이 된다. 지금 예에서는 필터가 다섯 가지이므로, 하나의 필터 위치에서 다섯 개의 특징 맵이 산출된다. 즉, 다음 층은 각 위치에서 다섯 개의 특징 맵을 가진다. 필터가 많을수록 특징 맵도 당연히 많아진다. q번째 층의 특징 맵은 $F_q^2 \cdot d_q \cdot d_{q+1}$개이다. 특징 맵이 많으면 매개변수도 낳아신다. 즉, 각 층에 적용하는 필터 개수는 매개변수 개수에 직접적인 영향을 미치며, 따라서 모형의 수용력에 직접적인 영향을 미친다. 층마다 필터 수를 달리 둘 수 있다. 즉, 층마다 특징 맵의 개수를 다르게 둘 수 있는 것이다. 예를 들어 이미지의 경우 입력층은 일반적으로 색상 채널(은닉층의 특징 맵에 해당)이 단 셋이다. 그러나 합성곱 신경망 뒤쪽 층들에서는 깊이, 즉 특징 맵 개수가 500을 넘을 수도 있다. 이러한 합성곱 연산에서 필터의 역할은 이미지의 작은 영역에서 어떤 특정한 종류의 공간적 패턴을 식별하는 것이다. 따라서, 이미지에 존재하는 종류의 도형(패턴)들을 인식하고 그것들로 최종 이미지를 합성하려면 많은 수의 필터가 필요하다(물론 입력층에서는 세 개의 RGB 채널들로 충분하다). 일반적으로 합성곱 신경망의 뒤쪽 층으로 갈수록 높이와 너비(특징 공간 크기)는 줄어들고 깊이(특징 맵 개수)는 커진다. 즉, 점점 더 작은 2차원 격자들이 점점 더 많이 중첩된 형태가 된다. 예를 들어 그림 8.1(b)는 채널이 하나인 회색조(grayscale) 이미지에서 수평 윤곽선(edge; 경계선)을 검출하기 위한 필터를 보여준다. 이 필터를 수평 윤곽선이 포함된 이미지 영역에 적용하

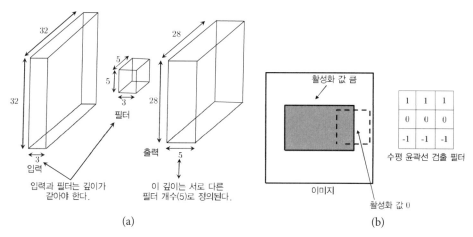

그림 8.1: (a) 크기가 $32 \times 32 \times 3$인 입력층과 크기가 $5 \times 5 \times 3$인 필터의 합성곱으로 너비와 높이가 28×28인 출력이 산출된다. 이 출력의 깊이는 입력층이나 필터의 크기가 아니라 서로 다른 필터의 개수로 정의된다. (b) 필터로 이미지를 훑으면서 이미지의 여러 국소 영역에서 어떤 특정한 특징(윤곽선 등)을 찾는다.

면, 윤곽선에 해당하는 픽셀들에서 활성화 값이 크게 나온다. 완전히 수직인 윤곽선에서는 활성화 값이 0이 되고, 기울어진 윤곽선에서는 기울어진 정도에 비례하는 중간 정도의 활성화 값이 나온다. 이러한 하나의 필터를 이미지 전체에 적용하면, 특징 맵에 수평 윤곽선 정보가 들어 있는, 이미지의 특징적인 윤곽을 어느 정도 반영한 출력 볼륨이 산출된다. 여러 개의 필터를 적용하면 여러 가지 특징 맵을 가진 출력 볼륨이 산출된다. 예를 들어 여기에 수직 윤곽선 검출을 위한 필터를 추가한다면, 다음 층은 이미지에 있는 여러 사물의 대략적인 윤곽을 반영한 표현을 가지게 된다.

그림 합성곱 연산을 수학적으로 정의해 보사. q번째 층의 p번째 필터의 매개변수들을 하나의 3차원 텐서tensor $W^{(p,q)} = [w_{ijk}^{(p,q)}]$로 표기한다. 여기서 색인(아래 첨자) i, j, k는 이 텐서 성분이 필터의 높이, 너비, 깊이 방향으로 각각 i, j, k번째에 있는 매개변수에 해당함을 뜻한다. q번째 층에 있는 특징 맵들은 3차원 텐서 $H^{(q)} = [h_{ijk}^{(q)}]$로 표기한다. $q = 1$인 입력층은 은닉층이 아니지만, 일관성을 위해 입력층의 특징 맵들도 그냥 $H^{(1)}$로 표기한다. 이러한 표기법에서, q번째 층에서 $(q+1)$번째 층으로의 합성곱 연산은 다음과 같이 정의된다.

$$h_{ijp}^{(q+1)} = \sum_{r=1}^{F_q} \sum_{s=1}^{F_q} \sum_{k=1}^{d_q} w_{rsk}^{(p,q)} h_{i+r-1,j+s-1,k}^{(q)} \qquad \forall i \in \{1 \dots, L_q - F_q + 1\}$$

$$\forall j \in \{1 \dots B_q - F_q + 1\}$$

$$\forall p \in \{1 \dots d_{q+1}\}$$

꽤 복잡해 보이는 공식이지만, 잘 살펴보면 그냥 필터 볼륨 전체에 대한 간단한 내적을 모든 유효한 공간 위치 (i,j)와 각각의 필터(각각 색인 p로 지칭되는)에 반복하는 것일 뿐이다. 그림 8.1(a)의 첫 층의 모든 가능한 28×28가지 공간 위치들에 필터를 놓고 필터의 $5 \times 5 \times 3 = 75$개의 값들로 이루어진 벡터와 $H^{(1)}$의 해당 75개의 값으로 이루어진 벡터의 내적을 수행해 보면 이 합성곱 연산을 좀 더 잘 이해할 수 있을 것이다. 그림 8.1(a)의 입력층은 크기가 32×32이지만, 5×5 필터를 배치할 수 있는 위치는 $(32 - 5 + 1) \times (32 - 5 + 1)$개뿐임을 주목하기 바란다.

이러한 합성곱 연산은 고양이의 시야(visual field)의 작은 영역의 활성화가 특정 뉴런의 활성화로 이어진다는 허블과 비셀의 실험을 떠올리게 한다. 합성곱 신경망에서 시야는 필터로 정의되며, 이미지의 모든 곳에 필터를 적용함으로써 각각의 작은 영역에 특정 패턴이 존재하는지를 검출한다. 또한, 앞쪽 층들에서는 필터들이 좀 더 기본적인 도형들을 검출하는 반면 뒤쪽으로 갈수록 그런 기본 도형들로 이루어진 좀 더 복잡한 패턴을 검출하게 된다. 이러한 위계적 특징 공학 능력은 합성곱 신경망을 비롯한 대부분의 심층 신경망이 가지고 있다.

합성곱의 주목할 만한 특성 하나는 **이동 등변성**(translation equivariance)이다. 입력의 픽셀들을 임의의 방향으로 한 자리 이동해서 합성곱을 적용하면 해당 특징들도 그만큼 이동한다. 이러한 이동 등변성은 합성곱 전체에서 필터의 매개변수들을 공유하는 덕분에 생긴다. 특정 도형이 이미지의 어느 위치에 있더라도 같은 방식으로 처리되어야 한다는 점에서 이동 등변성은 중요한 속성이며, 이를 위해서는 이처럼 합성곱 전체에서 필터 매개변수들을 공유할 필요가 있다.

그럼 그림 8.2의 예를 이용해서 간단한 합성곱 연산을 실제로 수행해 보자. 간단함을 위해 입력과 필터 둘 다 깊이를 1로 두었다(색상 채널이 단 하나인 회색조 이미지를 다룰 때는 실제로 이런 설정이 쓰인다). 이처럼 한 층의 깊이와 그에 적용되는 필터/핵의 깊이가 반드시 일치해야 한다. 그리고 깊이가 1보다 클 때는 모든 특징 맵에 대한 내

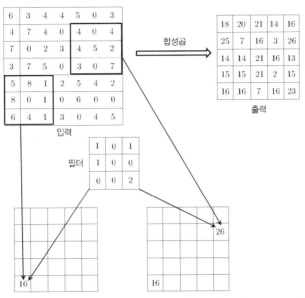

그림 8.2: $7 \times 7 \times 1$ 입력과 $3 \times 3 \times 1$ 필터의 합성곱 연산들을 1의 보폭으로 수행하는 예. 표시의 간결함을 위해 입력과 필터 모두 깊이를 1로 두었다. 깊이가 1보다 클 때는 각 특징 맵의 기여들을 합한 하나의 값을 출력한다. 하나의 필터는 그 깊이와는 무관하게 항상 하나의 특징 맵을 산출한다.

적들의 기여들을 합해서 하나의 특징 값(다음 층에 전달되는)을 산출해야 한다. 그림 8.2에는 하나의 $3 \times 3 \times 1$ 필터를 하나의 $7 \times 7 \times 1$ 층의 두 위치에 적용한 예를 보여준다. 이 두 합성곱 연산의 출력은 각각 16과 26이다. 다음에서 보듯이, 이 값들은 그냥 해당 영역의 값들과 필터 매개변수들의 내적(성분별 곱들을 모두 합한 것)일 뿐이다.

$$5 \times 1 + 8 \times 1 + 1 \times 1 + 1 \times 2 = 16$$
$$4 \times 1 + 4 \times 1 + 4 \times 1 + 7 \times 2 = 26$$

간결함을 위해 0과의 곱은 생략했다. 층과 필터의 깊이가 1보다 클 때는 각 특징 맵에 대해 이러한 내적 연산을 수행해서 그 결과들을 합해야 한다.

합성곱에 의해 한 특징이 다음 층으로 넘어가면서 그 특징의 수용 영역(receptive field)이 커진다. 다른 말로 하면, 다음 층의 각 특징은 이전 층보다 더 큰 공간 영역을 반영하게 된다. 예를 들어 인접한 세 개의 층에 대해 3×3 필터 합성곱을 적용하면 세 층은 차례로 원래의 입력 이미지에 있는 3×3, 5×5, 7×7 크기의 픽셀 영역들에 존재하는 특징들을 표현하게 된다. 따라서 뒤쪽 층들은 앞쪽 층들에서 검출된 좀 더 단순한 도형들의 조합으로 이루어진 좀 더 복잡한 패턴을 검출한다.

q번째 층에서 $(q+1)$번째 층으로의 합성곱 연산을 수행할 때, $(q+1)$번째 층의 깊이 d_{q+1}은 q번째 층의 변환에 적용한 필터들의 개수이다. 이 깊이는 q번째 층 필터의 깊이와는(그리고 높이나 너비와도) 무관하다. 간단히 말해서 $(q+1)$번째 층의 깊이 d_{q+1}은 항상 q번째 층의 필터 개수와 같다. 예를 들어 그림 8.1(a)의 둘째 층의 깊이는 5인데, 이는 첫 층의 변환에 다섯 개의 필터가 쓰였다는 가정 때문이다. 첫째 층을 변환할 (둘째 층의 생성을 위해) 때는 깊이가 3인 필터들을 사용했지만, 둘째 층의 깊이가 5이므로 둘째 층을 변환하려면(셋째 층의 생성을 위해) 깊이가 5인 필터들을 사용해야 함을 주의하기 바란다.

8.2.1 여백 채우기

q번째 층에 합성곱 연산을 적용해서 산출된 $(q+1)$번째 층은 q번째 층보다 크기가 작다. 일반적으로 이런 종류의 크기 축소는 이미지의(또는, 은닉층의 경우에는 특징 맵의) 가장자리에서 정보가 손실되는 경향이 있다는 점에서 바람직하지 않다. 이 문제를 여백 채우기(padding) 기법으로 해결할 수 있다. 여백 채우기란 특징 맵의 각 가장자리에 $(F_q - 1)/2$ 픽셀 두께로 픽셀들을 덧붙여서 특징 맵의 공간적 크기를 유지하는 것을 말한다. 물론 은닉층의 경우 '픽셀'은 특징 맵을 구성하는 특징 값이다. 입력층이든 은닉층이든, 채워 넣을 특징 값으로는 그냥 0을 사용한다. 이러한 여백 채우기에 의해 입력 볼륨의 너비와 높이가 각각 $(F_q - 1)$만큼 증가하는데, 이는 합성곱 연산에 의해 출력 볼륨의 너비와 높이가 줄어드는 양과 정확히 일치한다. 채워진 부분은 모두 값이 0이므로 내적의 결과에는 기여하지 않는다. 어떤 면에서 이러한 여백 채우기는 필터의 일부가 층 가장자리 밖으로 "삐져나올" 수 있게 하되, 값들이 실제로 설정된 부분에 대해서만 내적을 수행하게 만드는 것이라 할 수 있다. 필터를 가장자리 끝에 배치한 경우의 필터의 (거의) 절반이 바깥으로 삐져나온다는 점에서, 지금까지 말한 종류의 여백 채우기를 **절반 채우기**(half-padding)라고 부른다. 절반 채우기는 층에서 층으로 넘어갈 때 특징 맵의 크기가 그대로 유지되게 한다.

여백 채우기를 사용하지 않고 합성곱 연산들에 의해 특징 맵이 줄어들게 놔두는 것

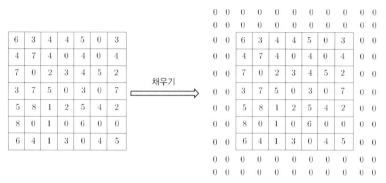

그림 8.3: 여백 채우기의 예. q번째 층에 있는 d_q개의 특징 맵들 모두에 대해 이러한 여백 채우기를 적용해야 한다.

을 유효 채우기(valid padding)라고※ 부르기도 한다. 실험의 관점에서, 유효 채우기는 일반적으로 잘 작동하지 않는다. 절반 채우기를 사용하면 층의 가장자리에 있는 중요한 정보가 그 자체로 표현된다. 그러나 유효 채우기에서는 다음 층의 계산에 대한 가장자리 픽셀들의 기여가 중앙 픽셀들에 비해 과소평가된다. 게다가 이러한 과소평가는 층이 거듭될수록 누적된다. 따라서 절반 채우기 같은 실질적인 채우기를 모든 층에(공간적 위치들이 입력 이미지와 직접 대응되는 첫 층뿐만 아니라) 적용할 필요가 있다. 한 층이 $32 \times 32 \times 3$이고 필터가 $5 \times 5 \times 3$인 상황을 생각해 보자. 절반 채우기의 경우 층의 네 가장자리에 각각 $(5 - 1)/2 = 2$픽셀 두께의 0 값들을 추가한다. 이에 의해 32×32 이미지가 36×36으로 커지며, 합성곱 연산을 적용하면 다시 32×32로 줄어든다. 하나의 특징 맵에 대한 여백 채우기의 예가 그림 8.3에 나와 있다. 그림에서 보듯이 이미지(또는 특징 맵)의 네 가장자리에 각각 두 줄의 0들이 추가되었다. 지면 관계상 그림에는 앞에서 말한 32×32보다 훨씬 작은 이미지가 나와 있지만, 채워지는 두께(필터 크기에 의존)는 같음을 주목하기 바란다.

※ **역주** 여백 채우기를 아예 적용하지 않는 것을 '유효하다(valid)'라고 표현하는 것이 좀 의아할 텐데, 이 valid padding은 TensorFlow 같은 심층 학습 패키지에서 여백 채우기를 적용하지 않는 옵션의 이름이 "VALID"라는 점에서(예를 들면 tf.nn.conv2d(... padding='VALID')) 비롯된 것으로 보인다. 그리고 이 옵션 이름 자체는 MatLab 같은 기존 수학 패키지에서 순수한 합성곱으로 산출된 부분을 'valid subsection'이라고 부르는 관례를 따른 것으로 보인다.

또 다른 유용한 여백 채우기 방법으로 **완전 채우기**(full-padding)가 있다. 완전 채우기에서는 입력의 가장자리들에 필터의 높이나 너비와 거의 같은 두께로 여분의 값들을 덧붙인다. 좀 더 구체적으로 말하면, 이 방법은 각 가장자리에 (F_q-1) 픽셀 두께로 0들을 추가한다. 다른 말로 하면, 이 방법은 이미지의 각 가장자리에서 필터가 (F_q-1) 픽셀만큼 삐져나올 수 있게 한다, 결과적으로 이미지의 한 모퉁이에서는 이미지와 필터가 단 하나의 픽셀에서만 겹치게 된다. 이러한 채우기에 의해 이미지(또는 특징 맵)는 가로와 세로로 각각 $2(F_q-1)$만큼 증가한다. 즉, 이미지의 높이와 너비가 L_q와 B_q라고 할 때, 완전 채우기를 수행하면 입력 볼륨의 너비와 높이는 $L_q+2(F_q-1)$과 $B_q+2(F_q-1)$이 된다. 여기에 합성곱을 적용해서 나온 $(q+1)$번째 층의 특징 맵은 높이와 너비가 각각 L_q+F_q-1과 B_q+F_q-1이다. 보통의 경우 합성곱 연산은 특징 맵의 크기를 줄이지만, 완전 채우기에서는 오히려 크기가 늘어난다. 흥미롭게도, 완전 채우기와 합성곱의 조합에 의한 각 방향의 크기 증가량은 여백 채우기를 전혀 사용하지 않았을 때의 합성곱에 의한 감소량 F_q-1과 같다. 이러한 관계는 우연히 나타난 것이 아니라 의도적으로 설정한 것이다. 이 둘을 같게 둠으로써, 적절히 정의된 같은 크기의 **필터**를 이용해서 완전 채우기가 적용된 합성곱 출력에 대해 '역' 합성곱 연산을 수행할 수 있게 된다. 그런 '역' 합성곱은 합성곱 신경망의 역전파와 자동부호기 알고리즘에서 자주 쓰인다. 역합성곱 연산을 요구하는 몇몇 종류의 합성곱 자동부호기에는 이러한 완전 채우기가 꼭 필요하다.

8.2.2 보폭

합성곱 신경망에서 이미지(또는 은닉층)의 크기를 줄이는 방법은 앞에서 말한 것 외에도 여러 가지가 있다. 앞의 방법은 특징 맵의 모든 공간적 위치에서 합성곱 연산을 수행한다. 그런데 꼭 그렇게 모든 위치에서 합성곱을 계산할 필요는 없다. **보폭**(stride)이라는 개념을 이용해서 합성곱 연산의 조밀도를 줄이는 것이 가능하다. 앞에서 설명한 방법은 보폭이 1인 경우에 해당한다. q번째 층에 대한 합성곱 보폭이 S_q라고 할 때, 합성곱 연산들은 이미지의 높이 방향과 너비 방향 각각에서 1부터 시작해서 그 보폭만큼 건너뛴 위치들(즉, 1, S_q+1, $2S_q+1$, ...)에서만 수행된다. 따라서 전체적인 합성곱 연산은 높이가 $(L_q-F_q)/S_q+1$, 너비가 $(B_q-F_q)/S_q+1$인 특징 맵을 산출한다.[1) 즉, 각 축 방향의 크기는 약 S_q분의 1로 줄어들고, 전체 면적은 약 S_q^2분의 1로 줄어든다. 실제 응용에서는 보폭을 그냥 1로 두는 경우가 많고, 종종 2로 두기도 한다. 보통의 상황에서 3 이상의 보폭을 사용하는 경우는 드물다. 2012년 ILSVRC 공모전의 우승작이 입력층에 보폭 4를 사용한 사례가 있긴 하지만,[255] 그다음 해의 우승작은 보폭 2를 사용해서 정확도를 더욱 개선했다.[556] 입력 이미지의 해상도가 비정상적으로 높고 메모리가 제한된 환경에서는 보폭을 키우는 것이 과대적합을 줄이는데 도움이 될 수 있다. 보폭을 키우면 은닉층 각 특징의 수용 영역이 빠르게 커지고, 전체 층의 공간 크기는 줄어든다. 큰 수용 영역은 이미지의 커다란 공간 영역에 있는 복잡한 특징을 검출하는 데 도움이 된다. 차차 보겠지만, 위계적 특징 공학 과정 때문에 합성곱 신경망은 뒤쪽 층으로 갈수록 더 복잡한 도형을 포착하게 된다. 예전에는 **최댓값 풀링**(max-pooling)이라는 또 다른 기법으로 수용 영역을 키웠지만, 최근에는 최댓값 풀링 대신 보폭 증가 기법이 쓰였다.[184, 466] 최댓값 풀링은 §8.2.5에서 소개한다.

8.2.3 전형적인 설정

대부분의 경우 보폭은 1로 둔다. 1보다 큰 보폭을 사용한다고 해도, 보폭이 2를 넘는 경우는 드물다. 또한, $L_q = B_q$로 두는 것이 일반적이다. 즉, 많은 경우 입력 이미지는 정사각형이다. 원본 이미지들이 정사각형이 아닐 때는 전처리 과정을 통해서 정사각형으로 만든다. 이를테면 원본 이미지에서 정사각형 영역을 추출해서 훈련 자료를 생성하는 방법이 쓰인다. 각 층의 필터 개수는 2의 거듭제곱일 때가 많다. 그러면 합성곱 연산을 좀 더 효율적으로 수행할 수 있기 때문이다. 필터 개수가 2의 거듭제곱이면 자연스럽게 은닉층의 깊이도 2의 거듭제곱이 된다. 필터의 높이와 너비(둘 다 F_q로)로는 3이나 5가 흔히 쓰인다. 일반적으로 필터가 작으면 더 나은 결과를 내지만, 필터가 너무 작으면 구현과 실행 시 문제가 발생할 수 있다. 대체로, 두 합성곱 신경망의 매개변수 개수가 같다고 할 때 작은 필터를 사용하는 합성곱 신경망이 큰 필터를 사용하는 쪽보다 더 깊으며, 따라서 좀 더 강력하다. 실제로 ILSVRC 공모전에서 상위의 성적을 차지한 *VGG*라는 합성곱 신경망은[454] 모든 층에서 필터의 높이와 너비가 단 3이

---

1) 여기서는 $(L_q - F_q)$가 S_q로 나누어떨어진다고 가정한다. 그런 가정에서는 합성곱 신경망 필터가 원본 이미지에 딱 맞는다. 실제 응용에서 그런 가정이 성립하지 않을 때에는 적절한 임시방편을 동원해서 필터 가장자리에서의 상황들을 처리할 필요가 있다. 그러나 일반적으로 이는 그리 바람직하지 않은 해결책이다.

다($F_q = 3$). 작은 필터로 좋은 성과를 낸 것은 VGG가 최초이다. 이 접근 방식은 더 큰 크기의 필터들에 필적하는 좋은 성과를 냈다.

치우침 항

다른 모든 신경망처럼 합성곱 신경망에서도 순방향 연산들에 치우침 항을 추가할 수도 있다. 이를 위해, 각 층의 각 필터에 개별적인 치우침 항을 연관시킨다. q번째 층의 p번째 필터의 치우침 항을 $b^{(p,q)}$로 표기하기로 하자. q번째 층의 p번째 필터로 합성곱 연산을 수행할 때는 내적에 $b^{(p,q)}$를 더한다. 치우침 항을 사용한다고 해도 각 필터의 매개변수 개수는 하나만 증가하므로 큰 부담이 되지 않는다. 다른 모든 매개변수처럼 치우침 항들도 역전파를 통해서 학습한다. 치우침 항을 값이 항상 $+1$인 입력에 대한 가중치로 취급할 수 있다. 이 특별한 입력은 합성곱이 적용되는 위치와는 무관하게 모든 합성곱 연산에 쓰인다. 결과적으로 입력 이미지에 값이 항상 1인 특별한 픽셀이 추가되며, q번째 층의 입력 특징들은 $1 + L_q \times B_q \times d_q$개가 된다. 이상은 모든 종류의 기계 학습에서 치우침 항을 처리하는 데 쓰이는 표준적인 특징 공학 요령에 해당한다.

8.2.4 ReLU 층

합성곱 신경망에서, 합성곱 연산들 사이에 풀링과 ReLU 연산들을 끼워 넣을 수 있다. 합성곱 신경망의 ReLU 활성화 방식은 전통적인 신경망의 것과 그리 다르지 않다. 한 층에 있는 $L_q \times B_q \times d_q$개의 값들 각각에 대해 ReLU 활성화 함수를 적용해서 $L_q \times B_q \times d_q$개의 문턱값들을 산출하고, 그 값들을 다음 층으로 전달하는 것이 전부이다. 이처럼 ReLU는 그냥 활성화 값들을 일대일로 사상하는 것일 뿐이므로 층의 차원들은 변하지 않는다. 전통적인 신경망에서는 활성화 값들을 가중치 행렬을 이용해서 선형변환해서 다음 층의 활성화 값들을 산출한다. 그와 비슷하게, 합성곱 신경망에서는 합성곱 연산(이는 전통적인 신경망의 선형변환과 대응된다) 다음에 ReLU 활성화 함수를 적용해서 다음 층의 활성화 값들을 산출한다. 합성곱 신경망을 그림으로 표시할 때는 이러한 ReLU 층을 생략할 때가 많다.

ReLU 활성화 함수를 사용한다는 것이 신경망 설계 분야에서 최근 일어난 혁신에 해당함을 주의하기 바란다. 예전에는 S자형 함수나 tanh 같은 포화(saturating) 활성화 함수들을 사용했다. 그러나 [255]는 ReLU를 사용하는 것이 속도와 정확도 면에서 그런 함수들을 사용하는 것보다 훨씬 이득이 됨을 보였다. 속도 증가는 정확성과도 연관되는데, 속도가 빠르면 더 깊은 모형들을 더 오래 훈련할 수 있기 때문이다. 최근 합성곱 신경망 설계에서는 ReLU 활성화 함수가 다른 활성화 함수들을 거의 완전히 대체했을 정도이다. 이번 장에서도, 다른 특별한 언급이 없는 한 합성곱 신경망의 기본 활성화 함수는 ReLU이다.

8.2.5 풀링

풀링 연산은 ReLU와는 성격이 상당히 다르다. 합성곱 신경망에서 풀링 연산은 각 층의 $P_q \times P_q$ 크기의 작은 격자 영역들에 적용되며, 필터와는 달리 그 층과 같은 깊이의 또 다른 층을 산출한다. 흔히 쓰이는 풀링 방법은 **최댓값 풀링**인데, 이 풀링 방법에서는 d_q개의 특징 맵(활성화 맵) 각각에 있는 $P_q \times P_q$ 크기의 각 정사각 영역에 대해, 그 영역에 있는 특징 값들의 **최댓값**을 구한다. 보폭이 1이라고 할 때, 이러한 최댓값들로 $(L_q - P_q + 1) \times (B_q - P_q + 1) \times d_q$ 크기의 새로운 층이 만들어진다. 그런데 풀링에서는 1보다 큰 보폭을 사용할 때가 많다. 보폭이 $S_q > 1$이라고 할 때, 새 층의 높이는 $(L_q - P_q)/S_q + 1$이고 너비는 $(B_q - P_q)/S_q + 1$이다. 이처럼 풀링은 특징 맵의 공간 크기를 크게 줄인다.

합성곱 연산과는 달리 풀링은 각 특징 맵에 대해 수행된다. 합성곱 연산은 d_q개의 특징 맵 전부를 하나의 필터로 동시에 처리해서 하나의 특징 값을 산출하지만, 풀링은 각 특징 맵을 따로 처리해서 그 개수만큼의 특징 맵들을 산출한다. 즉, 풀링 연산은 특징 맵의 개수를 바꾸지 않는다. 다른 말로 하면, 풀링으로 생성된 새 층의 깊이는 원래의 층과 깊이가 같다. 그림 8.4에 보폭이 각각 1과 2인 풀링 연산들의 예가 나와 있다. 그림의 예에서는 각 풀(풀링 대상 영역)의 크기가 3×3이지만, 실제 응용에서 흔히 쓰이는 것은 2×2이다. 풀의 크기가 2×2인 경우 보폭을 2로 하면 풀들이 서로 겹치지 않는다. 실제 응용에서도 이런 설정이 상당히 흔히 쓰인다. 그러나 풀들이 어느 정도 겹치게 하면 과대적합이 덜 일어난다는 연구 결과도 있다.

지금은 거의 쓰이지 않지만, 다른 종류의 풀링들도 있다. 예를 들어 초창기 합성곱 신경망 중 하나인 *LeNet-5*는 평균값 풀링(average pooling)의 한 변형인 **부표집**(subsampling)

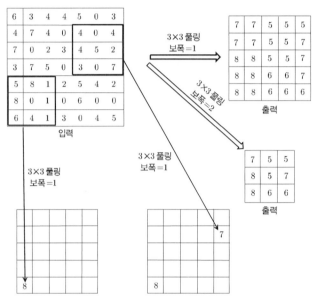

그림 8.4: 7×7 크기의 활성화 맵에 대한 최댓값 풀링의 예. 보폭이 1인 경우와 2인 경우가 나와 있다. 보폭이 1일 때 출력된 5×5 특징 맵을 보면 성분들이 많이 중복되는데, 이는 최댓값을 산출하는 풀들이 많이 겹치기 때문이다. 보폭이 2일 때는 겹침이 없어서 중복이 적은 3×3 활성화 맵이 나온다. 합성곱 연산과는 달리 풀링은 각 특징 맵을 따로 처리하므로, 출력의 특징 맵 개수가 입력의 특징 맵 개수와 같다.

기법을 사용했다.[2) 현재는 평균값 풀링보다 최댓값 풀링이 더 많이 쓰인다. 합성곱/ReLU 층들 사이사이에 이러한 최댓값 풀링 층들을 끼워 넣어서 합성곱 신경망을 구성할 수 있지만, 심층 구조에서는 그런 방법이 별로 쓰이지 않는다. 풀링은 특징 맵의 공간 크기를 극적으로 줄이므로, 특징 맵을 특정한 상수 크기로 줄이는 데는 그리 많지 않은 풀링 연산들로 충분하기 때문이다.

특징 맵의 공간 크기를 줄이는 것이 목적일 때 보폭을 2로 하고 풀 크기는 2×2로 하는 설정이 흔히 쓰인다. 이미지를 이동해도 풀링으로 산출된 특징 맵이 별로 변하지 않는다는 점에서, 풀링은 어느 정도의 **이동 불변성**을 가지고 있다. 이러한 이동 불변성은 동일한 특징적인 패턴이 서로 다른 위치에 있는 두 이미지를 같은 부류로 분류하는 데 도움이 된다. 예를 들어 새(bird)가 왼쪽에 치우쳐 있는 이미지와 오른쪽에 치우

---

2) 최근에는 공간 요구량을 줄이는 다른 종류의 연산들을 부표집이라고 부르기도 한다. 즉, 이 용어는 시기에 따라 의미가 다를 수 있다.

쳐 있는 이미지 둘 다 새 이미지라고 분류해야 마땅하다.

보폭이 1보다 큰 풀링의 또 다른(층의 공간 크기를 줄이는 것 이외의) 중요한 목적은 수용 영역의 크기를 키우는 것이다. 수용 영역을 키우면 뒤쪽 층들에서 좀 더 큰 영역에 존재하는 복잡한 특징들을 포착할 수 있게 된다. 층의 공간 크기를 가장 빠르게 줄이는(그리고 그에 비례해서 특징들의 수용 영역을 빠르게 키우는) 기법은 풀링이다. 보폭이 1보다 큰 합성곱 연산도 수용 영역을 키우긴 하지만, 증가량은 그리 크지 않다. 그러나 최근에는 풀링이 항상 필요한 것은 아니라는 연구 결과도 나왔다. [184, 466]에 따르면, 합성곱 연산의 보폭을 크게 잡으면, 합성곱 연산과 ReLU 연산만으로도 수용 영역을 충분히 키울 수 있다. 그래서 최근에는 합성곱 신경망에 최댓값 풀링 층을 전혀 두지 않는 경향도 나타났다. 그렇지만 이 책을 쓰는 현재 이러한 경향이 아직 완전히 확립, 검증된 것은 아니다. 최댓값 풀링을 옹호하는 일부 논거들은 여전히 유효한 것으로 보인다. 보폭이 1보다 큰 합성곱 연산에 비해 최댓값 풀링은 신경망에 비선형성을 도입하고 좀 더 큰 이동 불변성을 제공한다는 장점이 있다. 물론 ReLU 활성화 함수도 비선형성을 제공하지만, 여기서 핵심은 최댓값 풀링의 효과를 보폭이 1보다 큰 합성곱 연산으로 온전하게 대체할 수는 없다는 것이다. 적어도, 두 연산이 서로 완전히 호환되지는 않는다는 점만큼은 확실하다.

8.2.6 층들의 완전 연결

합성곱 신경망의 마지막 공간 층(합성곱이 적용된 층) 다음에 하나 이상의 은닉층들을 둘 수 있다. 마지막 공간 층과 첫 은닉층은 완전히 연결된다. 즉, 마지막 공간 층의 모든 특징이 첫 은닉층의 모든 특징과 연결된다. 이 은닉층들은 전통적인 순방향 신경망에서와 정확히 같은 방식으로 작동한다. 실제 응용에서는 전체적인 계산 과정 막바지의 계산 능력을 높이기 위해 이런 완전 연결(fully connected; 또는 전결합) 은닉층들을 둘 이상 둘 때가 많다. 그런 층들 사이의 연결 구조는 전통적인 순방향 신경망의 것과 정확히 같다. 완전 연결 층들은 그 연결이 조밀하므로, 엄청나게 많은 수의 매개변수들이 쓰인다. 예를 들어 각각 4,096개의 은닉 단위로 이루어진 두 은닉층이 완전히 연결되면, 둘 사이에는 1천 6백만 개가 넘는 연결 매개변수들이 필요하다. 마찬가지로, 마지막 공간 층과 첫 번째 완전 연결 은닉층 사이에도 많은 수의 연결들이 존재한다. 합성곱 층들은 **활성화 값**들이 많고(즉, 메모리 요구량이 높고), 완전 연결 층들은 연결들이 많다(즉, 매개변수 요구량이 높다). 활성화 값이 많으면 메모리 요구량이 높은 이유는, 역전파의 순방향 단계와 역방향 단계에서 활성화 값 개수에 미니배치의 크기가 곱해지기 때문이다. 특정 종류의 자원 제약에 기초해서 신경망 설계를 선택할 때는 이러한 절충 관계를 고려하는 것이 도움이 된다. 또한, 완전 연결 층의 성격은 주어진 응용의 성격에 좌우됨을 주의하기 바란다. 예를 들어 분류를 위한 신경망의 완전 연결 층은 구획화(segmentation)를 위한 신경망의 완전 연결 층과 다를 수밖에 없다. 앞의 논의에는 합성곱 신경망을 분류에 적용한다는 가정이 깔려 있다.

합성곱 신경망의 출력층은 주어진 응용 과제에 고유한 방식으로 설계된다. 이하의 논의에서는 합성곱 신경망이 분류 과제를 수행한다고 가정한다. 그런 경우 출력층의 모든 단위는 바로 앞 은닉층의 모든 단위와 연결되며, 각 연결에 하나의 가중치가 부여된다. 출력 단위의 활성화 함수 역시 응용 과제의 성격에 따라(이를테면 분류냐 회귀냐에 따라) 다르다. 이를테면 로그 함수나 소프트맥스 함수, 선형 함수를 사용할 수 있다.

합성곱 신경망의 끝부분에 완전 연결 층들을 사용하는 대신, 마지막 특징 맵들이 차지하는 공간 전체에 대해 평균값 풀링을 적용해서 특징 맵당 하나의 값을 산출하는 것도 가능하다. 마지막 공간 층의 특징 개수는 필터 개수와 정확히 같다. 예를 들어 마지막 활성화 맵들의 크기가 $7 \times 7 \times 256$이면 총 256개의 서로 다른 특징들이 생성된다. 그러한 각 특징은 49개의 값을 평균한 결과이다. 이런 종류의 접근 방식을 이용하면 완전 연결 층들을 사용할 때에 비해 매개변수 요구량이 크게 줄어들며, 일반화 능력 면에서도 어느 정도 장점이 있다. 이 접근 방식은 *GoogLeNet*[485]에 쓰였다. 각 픽셀에 분류명을 부여하는 이미지 구획화(영역 분할) 같은 과제에서는 완전 연결 층들을 사용하지 않는다. 한편, 출력 공간 맵을 생성하는 데는 1×1 합성곱 연산을 수행하는 완전 연결 합성곱 신경망이 쓰인다.

8.2.7 서로 다른 층들의 교대 구성

전형적인 합성곱 신경망은 합성곱 층과 풀링 층, ReLU 층들이 교대로 반복된 형태이다. 이런 교대 구성은 신경망의 표현력을 개선하기 위한 것이다. 일반적으로 합성곱 층 다음에는 ReLU 층이 온다(전통적인 신경망에서 비선형 활성화 함수 다음에 선형 내적 연산을 두는 것과 비슷하다). 다른 말로 하면, 보통의 경우 합성곱 층과 ReLU 층은 쌍을 이루어서 배치된다. 그런데 선형 합성곱 층 다음에 항상 ReLU 층이 올 때가 많기 때문에, 합성곱 신경망을 도식화할 때는 ReLU 층들을 아예 생략하기도 한다. [255]에 나온 *AlexNet* 구조의 그림이 그러한 예이다. 이러한 몇 개의 합성곱-ReLU 쌍들 다음에 하나의 최댓값 풀링 층을 둘 수도 있다. 다음은 가능한 층 조합 패턴의 예인데, C는 합성곱 층이고 R은 ReLU 층, P는 최댓값 풀링 층이다.

CRCRP

CRCRCRP

또한, 이런 패턴 자체를 여러 번 반복해서 더욱 깊은 신경망을 구성할 수도 있다. 예를 들어 다음은 위의 첫 패턴을 세 번 반복하고 하나의 완전 연결 층(F)을 둔 구조이다.

CRCRPCRCRPCRCRPF

이는 단지 층의 종류별 구성을 나타낸 것일 뿐, 각 층의 크기와 주요 설정(보폭, 여백 채우기 방식 등)은 생략했다. 최댓값 풀링 층은 특징 맵의 공간 크기를 줄이는 데 아주 효과적이다. 단, 그러려면 보폭을 1보다 큰 값으로 설정해야 한다. 최댓값 풀링을 두는 대신 합성곱의 보폭을 1보다 크게 설정해도 공간 축소 효과가 생긴다. 이런 형태의 신경망은 상당히 깊을 때가 많다. 깊이가 15 이상인 합성곱 신경망도 드물지 않다. 최근 합성곱 신경망 구조들은 층들 사이의 일부 연결들을 생략하는 **연결 건너뛰기**(skip connection) 기법을 사용하기도 한다. 이런 기법은 신경망의 깊이가 증가함에 따라 점점 더 중요해지고 있다(§8.4.5 참고).

LeNet-5

초기 합성곱 신경망들은 상당히 얕았다. 초창기 합성곱 신경망의 예로 *LeNet-5*[279]가 있다. 이 합성곱 신경망의 입력은 색상 채널이 단 하나인 회색조 이미지이다. *LeNet-5* 는 하나의 입력 이미지에 ASCII 문자 집합에 속하는 하나의 문자가 들어 있다고 간주하고, 이미지를 해석해서 그 문자가 무엇인지 예측한다. 간결함을 위해 여기서는 문자가 총 10가지라고 가정한다. 따라서 합성곱 신경망은 총 10개의 분류명 중 하나를 예측해야 한다. 물론 이 논의의 접근 방식을 임의의 개수의 분류명들에 적용할 수 있다.

이 논의의 합성곱 신경망에는 합성곱 층과 풀링 층이 각각 두 개 있고, 그다음에 세 개의 완전 연결 층들이 있다. 앞의 층들에서 다수의 필터를 적용하기 때문에, 그

완전 연결 층들은 다수의 특징 맵을 담는다. 이러한 합성곱 신경망의 구조가 그림 8.5에 나와 있다. 원논문은 첫 번째 완전 연결 층(그림의 C5)도 합성곱 층으로 간주했는데, 이는 *LeNet-5*가 그 층을 더 큰 입력 맵들을 위한 공간 특징들로 일반화하는 능력을 갖추고 있기 때문이다. 그러나 *LeNet-5*의 실제 구현은 C5를 그냥 하나의 완전 연결 층으로만(필터가 입력과 같은 크기라는 점에서) 사용했다. 이 논의에서 C5를 완전 연결 층으로 간주하는 것은 그러한 이유에서이다. 그림 8.5가 *LeNet-5*를 두 가지 형태로 표시했음을 주목하기 바란다. (a)에는 부표집층들이 명시적으로 표시되어 있다. 원논문의 해당 도식도 이런 형태였다. 반면 (b)는 부표집층들을 생략한 좀 더 간결한 형태이다. 좀 더 최근의 *AlexNet*[255] 같은 심층 구조를 도식화할 때는 그려야 할 층이 너무 많아서 흔히 이런 식으로 부표집층이나 최댓값 풀링 층을 생략한다. 활성화 함수 층들은 (a)와 (b) 모두에서 생략되었다. 원래의 *LeNet-5*는 부표집 연산 바로 다음에 S자형 활성화 함수를 적용하지만, 최근 구조들에서는 연산들을 그런 순서로 수행하는 경우가 드물다. 최근 구조들은 대부분 부표집 대신 최댓값 풀링을 사용하며, 최댓값 풀링 층을 합성곱 층보다 적게 둔다. 더 나아가서, 활성화 함수를 항상 각 합성곱 연산 바로 다음에 적용한다(최댓값 풀링 다음이 아니라).

한 합성곱 신경망 구조의 층 개수를 셀 때는 가중 공간 필터들이 적용되는 층들과 완전 연결 층들만 고려할 때가 많다 즉, 부표집/최댓값 풀링 층들과 활성화 함수 층들은 따로 세지 않는다. *LeNet-5*의 부표집은 보폭이 2, 개별 표집 영역의 크기가 2×2이다. 하나의 최댓값을 선택하는 최댓값 풀링과는 달리 부표집에서는 추출된 값들의 평균을 하나의 가중치(학습 가능)로 비례한 후 치우침 항을 더한다. 현대적인 구조들에서는 이러한 선형 비례 및 치우침 항 추가가 굳이 필요하지 않다. 그림 8.5(b) 같은 간결한 형태의 도식에는 최댓값 풀링/부표집 필터의 크기 같은 세부 사항이 빠져 있기 때문에, 초보자는 이런 도식에서 합성곱 신경망의 구조를 제대로 파악하기 어려울 수 있다. 사실 그런 구조적 세부 사항을 표현하는 어떤 하나의 표준적인 방법이 있는 것은 아니며, 저자에 따라 다양한 변형이 쓰이고 있다. 이번 장의 여러 예에서 다양한 형태의 구조 도식화 접근 방식들을 만나게 될 것이다.

현대적인 기준에서 볼 때, 이상의 합성곱 신경망은 상당히 얕다. 그렇긴 하지만 *LeNet-5*에 쓰인 기본 원리들은 지금도 여전히 유효하다. 요즘 구조들과의 주된 차이점은, 당시에는 ReLU 활성화 함수가 쓰이지 않았다는 것과 그 대신 S자형 활성화 함수

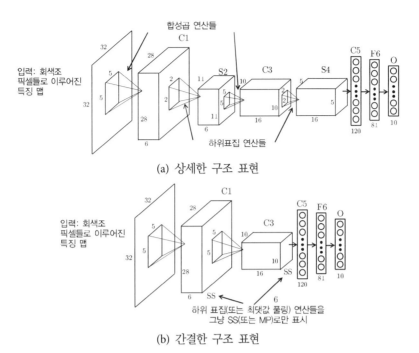

(a) 상세한 구조 표현

(b) 간결한 구조 표현

그림 8.5: 초창기 합성곱 신경망 중 하나인 LeNet-5

가 자주 쓰였다는 것이다. 더 나아가서, 요즘은 당시의 평균값 풀링 대신 최댓값 풀링이 쓰인다. 최근 몇 년 사이에는 최댓값 풀링이나 부표집을 아예 생략하고 대신 보폭이 1보다 큰 합성곱들을 사용하는 경향이 생겼다. *LeNet-5*는 마지막 층에서 열 개의 방사상 기저 함수(RBF) 단위(제5장)들도 사용했다. 각 RBF 단위는 자신의 원형 벡터를 입력 벡터와 비교해서, 둘 사이의 유클리드 거리의 제곱을 출력했다. 이는 각 RBF 단위가 표현하는 가우스 분포의 음의 로그가능도를 사용하는 것과 동등하다. RBF 단위들의 매개변수 벡터는 분석가(사람)가 직접 설정했는데, 각 매개변수 벡터는 해당 문자(분류 대상)를 양식화한 7×12 비트맵을 펼친 하나의 $7 \times 12 = 84$차원 벡터에 해당했다. 마지막 층 직전 층의 단위 수는 정확히 84였는데, 그렇게 설정한 이유는 그 층에 해당하는 매개변수 벡터와 RBF 단위의 매개변수 벡터 사이의 유클리드 거리를 계산하기 위해서였다. 최종층은 분류 대상 문자 수(지금 예에서는 10)에 해당하는 개수의 출력값들을 산출한다. 각 출력값은 각 문자의 점수이다. 그중 점수가 가장 작은 문자가 최종 예측값이 된다. 현대적인 합성곱 신경망에서는 RBF를 이런 식으로 사용하는 경우가 별로 없다. 요즘 추세는 출력층에서 소프트맥스 단위들과 다항 분류명 출력에 대한 로그가능도 손실함수를 사용하는 것이다. *LeNet-5*는 문자 인식에 널리 쓰였으며, 특히 여러 은행이 수표 판독에 *LeNet-5*를 활용했다.

8.2.8 국소 반응 정규화

[255]는 국소 반응 정규화(local response normalization)라고 하는 기법을 소개했다. 이 기법은 항상 ReLU 층 바로 다음에 쓰인다. 생물학적 원리들에서 영감을 얻은 이 정규화 접근 방식은 서로 다른 필터들을 경쟁시킴으로써 일반화 능력을 개선하려 한다. 먼저 모든 필터를 사용하는 국소 반응 정규화 방법을 소개한 후, 일부 필터들만으로도 같은 결과를 얻는 방법을 설명하겠다. 하나의 층이 N개의 필터를 적용한다고 하자. 그리고 특정 공간 위치 (x,y)에 적용된 필터들의 활성화 값들이 $a_1 \dots a_N$이라고 하자. 국소 반응 정규화는 각 a_i를 다음과 같은 공식을 이용해서 정규화된 값 b_i로 변환한다.

$$b_i = \frac{a_i}{\left(k + \alpha \sum_j a_i^2\right)^\beta} \tag{8.1}$$

[255]에서는 $k = 2$, $\alpha = 10^{-4}$, $\beta = 0.75$를 사용했다. 그러나 실제 응용에서는 N개의 필터 모두에 대해 이런 공식을 적용하지는 않는다. 그 대신, 미리 필터들에 임의로 순서를 매기고 필터들 사이의 '인접 관계'를 정의한다. 그런 다음에는 n개의 '인접한' 필터들에 대해서만 정규화를 수행한다. [255]에서는 n으로 5를 사용했다. 다음은 그러한 일부 필터들만 정규화에 사용하는 공식이다.

$$b_i = \frac{a_i}{\left(k + \alpha \sum_{j = i - \lfloor n/2 \rfloor}^{i + \lfloor n/2 \rfloor} a_i^2\right)^\beta} \tag{8.2}$$

이 공식을 실제로 구현할 때는, $i - n/2$가 0보다 작으면 0으로 설정하고 $i + n/2$가 N보다 크면 N으로 설정한다. 이런 종류의 정규화는 요즘에는 거의 쓰이지 않지만, 역사적인 의미가 있기 때문에 여기서 소개했다.

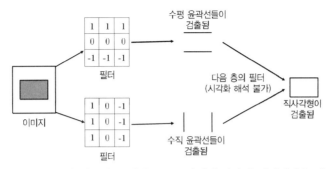

그림 8.6: 필터들이 검출한 윤곽선들을 조합해서 하나의 직사각형을 만든다.

8.2.9 위계적 특징 공학

여러 층에서 필터들이 생성한 특징 맵들을 살펴보면 합성곱 신경망의 작동 방식을 이해하는 데 도움이 된다. 추출된 특징들을 시각화하는 구체적인 방법은 §8.5에서 논의한다. 여기서는 사람이 직관적으로 이해할 수 있는 모습을 제공하는 시각화 방법을 이미 갖추었다고 가정한다. 저수준(앞쪽) 층의 필터들은 윤곽선 같은 저수준 특징들을 담은 특징 맵을 산출하고, 고수준(뒤쪽) 층들은 그런 저수준 특징들을 조합해서 좀 더 복잡한 특징을 생성한다. 예를 들어 중간 수준 층들은 저수준 층들이 잡아낸 윤곽선들을 조합해서 육각형을 만들고, 고수준 층들은 그러한 육각형들로 벌집을 만든다. 앞쪽 필터들이 어떻게 윤곽선을 검출하는지는 비교적 이해하기 쉽다. 주어진 이미지가 두 가지 색으로 이루어져 있으며, 하나의 직선을 기준으로 두 색이 나뉜다고 하자. 그러면 그 직선을 경계로 인접한 두 픽셀의 색상 차이만 0이 아니고 그 외의 픽셀들의 색상 차이는 0이다. 해당 저수준 필터의 가중치들을 적절히 선택하면 그러한 직선(윤곽선)에 해당하는 픽셀들을 검출할 수 있다. 수평 윤곽선을 검출하는 필터와 수직 윤곽선을 검출하는 필터의 가중치들이 서로 다르다는 점을 주의하기 바란다. 이는 서로 다른 윤곽선들이 고양이의 시각피질의 서로 다른 뉴런들을 활성화했다는 허블과 비셀의 연구 결과를 떠올리게 한다. 그림 8.6에 수평, 수직 윤곽선을 검출하는 필터들의 예가 나와 있다. 다음 층의 필터들은 이러한 수평, 수직 윤곽선들을 조합해서 하나의 직사각형을 검출한다. 그러나 다음 층의 필터들은 은닉 특징들을 다루기 때문에 직관적으로 시각화해서 이해하기가 좀 더 어렵다.

실제 이미지의 작은 영역들이 활성화한 서로 다른 은닉 특징들을 시각화하는 방법은 §8.5에서 논의한다. 어쨌거나, 합성곱 신경망이 이미지에서 특징들을 검출하는 방식은 허블과 비셀이 밝힌, 서로 다른 도형이 서로 다른 뉴런을 활성화하는 생물학적 모형과 상당히 비슷하다. 합성곱 신경망의 위력은 기본적인 도형들에서 시작해서 층에서 층으로 넘어가면서 점차 복잡한 도형들을 형성해 나가는 데 있다. 첫 합성곱 층은 $F_1 \times F_1$보다 큰 특징(패턴)을 검출할 수 없음을 주의하기 바란다. 일반적으로 F_1로는 3이나 5 같은 작은 값이 쓰인다. 그러나 그다음 합성곱 층은 그런 여러 국소 영역을 합쳐서 좀 더 큰 특징을 검출할 수 있다. 합성곱 신경망은 앞쪽 층들에서 검출된 기본적인 특징들을 그 의미가 일관되게 이어질 수 있는 방식으로 조합함으로써 점점 더 복잡하고 유의미하게 해석 가능한 시각적 특징들을 검출한다. 어떤 기본 특징들이 검출되는지는 역전파가 그 특징들을 주어진 손실함수의 요구에 적응시키는 방식에 영향을 받는다. 예를 들어 이미지에서 자동차를 식별하도록 합성곱 신경망을 훈련할 때는 원호(arc)들을 검출해서 원을 형성하고, 그러한 원과 기타 도형들을 조합해서 자동차의 바퀴를 검출할 수 있도록 해야 할 것이다. 그러한 능력은 모두 지금까지 말한 심층 합성곱 신경망의 위계적 성격에서 비롯한다.

최근의 *ImageNet* 공모전들을 보면, 이미지 인식 능력의 획기적인 개선이 신경망의 깊이 증가 덕분임을 알 수 있다. 층들이 충분히 많지 않으면 신경망은 이미지에 존재하는 위계적 패턴들을 학습하지 못하며, 따라서 저수준 특징들을 조합해서 의미 있는 고수준 특징을 검출하지 못하게 된다. 또한, 학습되는 특징들의 성격은 주어진 응용 과제와 자료 집합의 특성에 의존한다는 점도 중요하다. 예를 들어 트럭을 인식하기 위해 학습하는 특징들과 당근을 인식하기 위해 학습하는 특징들은 다를 수밖에 없다. 그렇지만 몇몇 자료 집합(*ImageNet* 등)들은 대단히 다양한 견본들을 담고 있기 때문에, 그런 자료 집합을 훈련에 사용하면 여러 가지 응용 문제에 적용할 수 있는 범용적인 의미를 가진 특징들을 학습하는 것도 가능하다.

8.3 합성곱 신경망의 훈련

다른 여러 신경망처럼 합성곱 신경망의 훈련에도 역전파 알고리즘이 쓰인다. 합성곱 신경망은 합성곱 층, ReLU 층, 최댓값 풀링 층이라는 세 종류의 층으로 이루어진다. 이번 절에서는 이 세 종류의 층에 대한 역전파 알고리즘을 각각 설명한다. ReLU 층은 전통적인 신경망과 다르지 않으므로 역전파가 비교적 간단하다. 최댓값 풀링 층의 경우, 풀들이 겹치지 않는다면 그냥 주어진 한 풀에서 활성화 값이 최대인 단위를 찾고 풀링된 상태 흐름들에 대한 손실함수의 편미분을 그 단위로 역전파하기만 하면 된다. 최대 성분 이외의 모든 격자 성분은 그냥 0으로 설정한다. 제3장의 표 3.1에서도 최댓값 연산을 통한 역전파를 설명했었다. 풀들이 겹치는 최댓값 풀링 층의 경우에는 약간 더 복잡하다. 각각 h개의 단위를 풀링하는 r개의 풀들을 $P_1 \dots P_r$로 표기하고, 그에 대응되는 다음 층의 활성화 값들을 $h_1 \dots h_r$로 표기하자. 풀 P_i의 최댓값이 h라고(따라서 $h_i = h$라고) 할 때(최댓값 단위가 여러 개이면 한 단위를 임의로 선택하거나, 최댓값을 그런 단위들의 개수로 나눈 값을 사용한다), 최댓값 풀링 층에 대한 역전파 알고리즘은 h_i에 대한 손실함수의 기울기를 h로 역전파한다. h에 해당하는 단위에 대한 기울기를 계산할 때는 겹친 풀들의 기여들(다음 층의 $h_1 \dots h_r$로부터의)을 모두 더한다. 이상의 설명에서 보듯이, 최댓값 풀링 층과 ReLU 층에 대한 역전파는 전통적인 신경망의 것과 그리 다르지 않다.

8.3.1 합성곱 층에 대한 역전파

합성곱 층에 대한 역전파도 선형변환(즉, 행렬 곱셈)을 사용하는 순방향 신경망의 역전파와 크게 다르지 않다. 합성곱 연산을 행렬 곱셈의 형태로 표현하면 이 점이 더욱 명백해진다. 기억하겠지만, 순방향 신경망에서 층 $(i+1)$에서 층 i로 역전파를 수행할 때는 층 $(i+1)$에 대한 오차 미분을 층 i와 $(i+1)$ 사이의 순전파 행렬의 전치행렬에 곱한다(제3장의 표 3.1 참고). 이와 비슷하게, 합성곱 신경망의 합성곱 층에 대한 역전파도 전치된 합성곱(transposed convolution) 연산, 줄여서 전치 합성곱 연산으로 간주할 수 있다.

우선 간단한 성분별 역전파 과정을 살펴보자. 층 $(i+1)$의 격자 칸들의 손실함수 기울기들은 이미 계산했다고 가정한다. 층 $(i+1)$의 한 칸에 대한 손실함수 기울기는 그 단위의 은닉 변수에 대한 손실함수의 편미분으로 정의된다. 합성곱 연산은 층 i의 활성화 값들과 필터 성분들을 곱해서 다음 층의 성분들을 산출한다. 좀 더 구체적으로, 층 $(i+1)$의 한 칸은 층 i의 성분 중 그 층의 필터 크기 $F_i \times F_i \times d_i$에 해당하는 한 3차원 볼륨에 속하는 성분들이 기여한 값들을 취합한 하나의 값을 받게 된다. 층 i의 관점에서 본다면, 층 i의 한 칸 c는 층 $(i+1)$의 여러 성분에 기여한다. 그러한 성분들의 집합을 S_c로 표기하겠다. 이 집합의 크기(성분 개수)는 다음 층의 깊이와 보폭에 따라 다르다. 이러한 '순전파 집합'을 구하는 것이 합성곱 층에 대한 역전파의 관건이다. 합성곱 층 역전파에서 중요한 점은, 순전파에서 격자 칸 c의 기여(활성화 값에 필터 성분을 곱해서 나온)들이 S_c의 각 성분에 가산적인 방식으로 적용된다는 것이다. 따라서 역전파 과정에서는 S_c의 각 성분의 해당 필터 성분에 대한 손실함수 미분을 곱해서 합한 값을 c로 전달하기만 하면 된다. 다음은 층 $(i+1)$의 기존 미분들을 층 i의 한 격자 칸 c로 역전파하는 과정을 나타낸 의사코드이다.

층 i의 칸 c가 기여하는 층 $(i+1)$의 모든 칸을 식별해서 집합 S_c를 만든다;
각 칸 $r \in S_c$에 대해, δ_r이 칸 r에 대한 손실함수 기울기(이미 역전파된)라고 하자;
각 칸 $r \in S_c$에 대해, w_r이 c에서 r로의 기여에 쓰인 필터 성분의 가중치라고 하자;
$$\delta_c = \sum_{r \in S_c} \delta_r \cdot w_r$$

손실함수 기울기들을 계산한 후에는 그 값들에 $(i-1)$번째 층의 은닉 단위들의 해당 값들을 곱해서 $(i-1)$번째 층과 i번째 층 사이의 가중치들에 대한 기울기들을 얻는다. 다른 말로 하면, 한 가중치의 한 끝점에서의 은닉 활성화 값에 다른 끝점에서의 손실함수 기울기(해당 가중치에 대한)를 곱한다. 그런데 이러한 계산은 모든 가중치가 다르다는 가정을 둔 것이다. 그러나 실제로는, 필터의 가중치들은 그 층의 모든 공간 차원(너비, 높이, 깊이)에서 공유된다. 따라서, 그러한 공유 가중치들을 고려해서 한 공유 가중치의 모든 복사본의 편미분을 합산할 필요가 있다. 다른 말로 하면, 일단은 각 위치에 쓰이는 필터가 모두 서로 다르다고 '가장'하고 각 공유 가중치의 각 복사본에 대한 편미분을 계산한 후, 각 가중치의 모든 복사본에 대한 손실함수 편미분들을 합해야 한다.

이상의 접근 방식이 전통적인 역전파에서처럼 기울기들의 단순한 선형 누적(그냥 합하는 것)을 사용함을 주목하기 바란다. 전통적인 역전파에 비해 까다로운 부분은 한 칸이 기여하는 다음 층의 칸들을 식별하는 것이다. 이러한 역전파를 텐서 곱셈 연산을 이용해서 구현할 수도 있다. 그리고 텐서 곱셈을 행렬 곱셈으로 변환해서 계산을 더욱 단순화하는 것도 가능하다. 이러한 관점은 순방향 신경망의 여러 측면을 합성곱 신경망으로 일반화하는 데 대한 다양한 통찰을 제공한다. 그런 만큼, 다음 두 절에서 이 관점을 좀 더 살펴보기로 하자.

8.3.2 역/전치 필터를 이용한 합성곱 연산으로서의 역전파

전통적인 신경망에서 하나의 역전파 연산은 층 $(q+1)$의 기울기 벡터에 층 q와 $(q+1)$ 사이의 가중치 행렬의 전치행렬(간단히 가중치 전치행렬)을 곱해서 층 q의 기울기 벡터를 산출한다(표 3.1). 합성곱 신경망에서, 역전파된 미분들은 층들의 공간적 위치들과도 연관되어 있다. 한 층으로 역전파된 미분들의 공간적 위치들에 적용해서 그 이전 층의 공간적 위치들을 구할 수 있는 '역(inverse)' 합성곱 연산은 없을까? 실제로 그런 연산이 있다.

합성곱 도중의 필터   역전파 도중의 필터

그림 8.7: 역전파를 위한 역 필터

층 q의 활성화 값들에 하나의 필터로 합성곱 연산을 적용해서 $(q+1)$의 활성화 값들을 얻었다고 하자. 간결함을 위해, 입력층의 깊이 d_q와 출력층의 깊이 d_{q+1}이 둘 다 1이라고 가정한다. 더 나아가서, 합성곱의 보폭을 1로 두기로 한다. 이 경우 층 $(q+1)$에서 층 q로의 역전파에는 그러한 필터를 세로, 가로로 뒤집은 역 필터가 쓰인다. 그런 역 필터의 예가 그림 8.7에 나와 있다. 이 역 필터로 $(q+1)$번째 층의 미분들(이미 역전파된)에 합성곱 연산을 수행하면 q번째 층의 미분들이 나온다. 합성곱 과정이 **필터**가 입력 볼륨의 공간적 영역을 "훑으면서" 내적을 계산하는 것이라면, 역전파 과정은 역 필터가 합성곱 과정에서와 반대 방향으로 영역을 훑으면서 입력 볼륨에 대한 역전파된 미분들의 집합을 산출하는 것이라고 할 수 있다고 할 수 있다. 합성곱 필터의 제일 왼쪽 위 성분이 출력 볼륨의 제일 왼쪽 위 성분에 기여하지 않을 수도 있지만(여백 채우기 때문에), 그래도 출력 볼륨의 제일 오른쪽 아래 성분에는 거의 항상 기여함을 주목하기 바란다. 이는 역 필터에서도 마찬가지이다(물론 방향은 반대). 어쨌든 핵심은 $(q+1)$번째 층의 역전파된 미분 집합에 대해 역 필터로 합성곱을 수행해서 q번째 층의 역전파된 미분 집합이 산출된다는 것이다. 순전파 합성곱의 여백 채우기 설정이 역전파 합성곱의 여백 채우기 설정과는 어떻게 연관될까? q번째 층 필터의 한 변의 길이가 F_q라고 할 때, 보폭이 1이면 순전파와 역전파 모두 채우기 두께는 $F_q - 1$ 이다.

이번에는 깊이 d_q와 d_{q+1}이 1보다 큰 임의의 값일 때를 생각해 보자. 이 경우에는 추가적인 텐서 전치 연산이 필요하다. 층 q의 p번째 필터의 (i,j,k)번째 가중치를 $\mathcal{W} = [w_{ijk}^{(p,q)}]$로 표기하자. 여기서 i와 j는 공간적 위치이지만 k는 가중치의 깊이 중심적 위치임을 주의하기 바란다. 층 $q+1$에서 q로의 역전파 필터에 해당하는 5차원 텐서를 $\mathcal{U} = [u_{ijk}^{(p,q+1)}]$로 표기한다고 할 때, 이 텐서의 성분들은 다음과 같이 주어진다.

$$u_{rsp}^{(k,q+1)} = w_{ijk}^{(p,q)} \tag{8.3}$$

여기서 $r = F_q - i + 1$이고 $s = F_q - j + 1$이다. 식 8.3을 잘 보면 $\mathcal{W}$와 $\mathcal{U}$ 사이에서 필터 식별자의 p와 필터 안의 깊이 k가 맞바뀌었음을 주목하기 바란다. 이것이 텐서의 전치이다.

이러한 전치 및 역 연산의 이해를 돕는 예로, 3채널 RGB 볼륨에 20개의 필터를 적용해서 깊이가 20인 출력 볼륨을 산출하는 합성곱 층의 역전파를 생각해 보자. 이 역전파에서는 깊이가 20인 하나의 기울기 볼륨(gradient volume)을 깊이가 3인 기울기 볼륨으로 변환해야 한다. 따라서 역전파 합성곱에 필요한 필터는 세 개(각각 적, 녹, 청 채널에 대한)이다. 각 채널에 대해, 그 채널에 적용된 20개의 필터(2차원)들을 그림 8.7 과 같은 방식으로 변환해서 역 필터 20개를 얻고, 그 역 필터들로 깊이가 20인 하나의 역전파 필터를 만들고, 그것으로 합성곱 연산을 수행해서 그 채널에 대한 기울기들을 역전파한다. 식 8.3의 전치 및 역 연산은 바로 이러한 연산들에 대응된다.

8.3.3 행렬 곱셈으로서의 합성곱 및 역전파

합성곱 연산을 하나의 행렬 곱셈으로 바라보는 것은 전치 합성곱(transposed convolution), 역합성곱(deconvolution), 부분 합성곱(fractional convolution) 같은 여러 관련 개념을 정의하는 데 도움이 된다는 점에서 유용하다. 이런 개념들은 역전파의 이해뿐만 아니라 합성곱 자동부호기의 구현에 필요한 구성요소들을 개발하는 데에도 도움이 된다. 전통적인 순방향 신경망의 역전파 단계에서 한 층의 편미분들을 그 이전 층으로 역전파할 때, 순전파 단계에서 은닉 상태들을 변환하는 데 쓰인 행렬의 전치행렬이 쓰인다 (표 3.1 참고). 그와 비슷하게, 전통적인 자동부호기의 복호기 부분은 부호기에 쓰인 행렬의 전치행렬을 이용해서 복호화(재구축) 작업을 수행할 때가 많다. 합성곱 신경망에서는 층들의 공간 구조 때문에 기반 연산들이 행렬보다 구조가 복잡한 대상들을 사용하지만, 그런 공간 구조를 "평평하게" 펼쳐서 기반 연산들을 행렬 연산들로 바꾸어 수행하고, 그런 다음 행렬 성분들의 알려진 공간 위치를 이용해서 원래의 공간 구조를 복원하는 것이 가능하다. 이러한 다소 간접적인 접근 방식은 아주 근본적인 수준에서 합성곱 연산이 순방향 신경망의 행렬 곱셈과 비슷하다는 사실을 이해하는 데 도움이 된다. 더 나아가서, 실제 응용에서 합성곱 연산을 행렬 곱셈들로 구현하는 경우도 많다.

간결한 논의를 위해, 일단은 q번째 층과 그에 해당하는 합성곱 필터의 깊이가 둘 다 1이라고 가정한다. 더 나아가서, 합성곱 연산의 보폭이 1이고 여백 채우기는 사용하지 않는다고 가정한다. 그러면 입력 볼륨은 $L_q \times B_q \times 1$이고 출력 볼륨은 $(L_q - F_q + 1) \times (B_q - F_q + 1) \times 1$이다. 또한, 흔히 쓰이는 설정대로 각 공간이 정사각형이라고, 즉 $L_q = B_q$라고 가정한다. 그러면 입력 크기는 $A_I = L_q \times L_q$이고 출력 크기는 $A_O = (L_q - F_q + 1) \times (L_q - F_q + 1)$이다. 이 A_I와 A_O는 각각 입력 행렬과 출력 행렬의 공간 크기이기도 하다. A_I에 해당하는 영역을 평평하게 만들어서, 즉 해당 행들을 위에서 아래로 연결해서 만든 하나의 A_I차원 열벡터를 $\overline{f}$로 표기하자. 그림 8.8은 3×3 영역에 2×2 필터를 적용하는 예를 나타낸 것이다. 이 경우 출력은 2×2이고 $A_I = 3 \times 3 = 9$, $A_O = 2 \times 2 = 4$이다. 3×3 입력을 평평하게 해서 만든 9차원 열벡터가 그림 8.8에 나와 있다. 행렬 곱셈으로서의 합성곱 연산의 핵심은, 이 열벡터에 2×2 필터를 적용하는 대신 하나의 희소 행렬 C를 곱한다는 것이다. 이 $A_O \times A_I$ 크기의 희소 행렬의 각 행은 A_O개의 합성곱 위치 중 하나에 대응된다. 그러한 행들은 해당 입력 행렬의 합성곱 대상 영역의 왼쪽 상단 모퉁이 위치와 연관된다. 각 행의 각 성분은 입력 행렬의 A_I개의 위치 중 하나에 대응되는데, 그 행의 합성곱 연산에 관여하지 않은 입력 행렬 위치에 대응되는 성분은 값이 0이고 합성곱 연산에 관여하

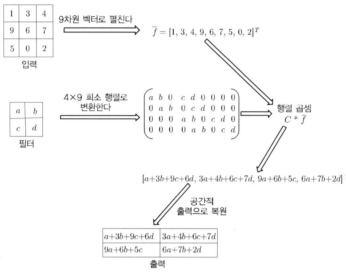

그림 8.8: 행렬 곱셈으로서의 합성곱

는 위치에 대응되는 성분은 필터의 해당 값과 같다. 따라서 그 값이 행렬 곱셈에 쓰인다. 한 행의 성분 순서는 입력 행렬을 A_I차원 벡터로 평평하게 만들 때 사용한 입력 행렬 위치들의 공간 순서를 따른다. 일반적으로 필터가 입력보다 훨씬 작으므로, 행렬 C의 성분들은 대부분 0이며, 필터의 각 성분은 C의 모든 행에 등장한다. 좀 더 구체적으로, 필터의 모든 성분은 C에 각각 A_O번 등장하며, 따라서 이들은 A_O번의 곱셈에 쓰인다.

4×9 행렬 C의 예가 그림 8.8에 나와 있다. 이 C와 $\overline{f}$를 곱하면 하나의 A_O차원 벡터가 나온다. 그림 8.8에는 해당 4차원 벡터의 예도 나와 있다. C의 A_O개의 행들이 각각 하나의 공간 위치와 연관되므로, $C\overline{f}$도 그 위치들을 물려받는다. 이러한 공간 위치들은 이후 $C\overline{f}$를 다시 공간적인 행렬로 복원하는 데 쓰인다. 4차원 벡터를 2×2 행렬로 복원하는 예도 그림 8.8에 나와 있다.

이상의 논의는 깊이가 1인 단순한 상황에 대한 것이었다. 깊이가 1보다 클 때에도 그냥 동일한 접근 방식을 각각의 2차원 조각에 적용해서 그 결과들을 합치면 된다. 다른 말로 하면, 모든 조각 색인 p에 대해 $\sum_p C_p \overline{f}_p$를 계산하고 그 결과로부터 2차원 행렬을 복원하면 된다. 이러한 접근 방식은 텐서 곱셈에 해당한다. 텐서 곱셈은 행렬 곱셈의 직접적인 일반화이다. 실제 응용에서는 필터가(따라서 출력 특징 맵도) 여러 개일 때가 많다. 그런 경우 k번째 필터는 희소 행렬 $C_{p,k}$로 변환되며, 출력 볼륨의 k번째 특징 맵은 $\sum_p C_{p,k} \bar{f}_p$가 된다.

이러한 행렬 중심적 접근 방식은 역전파를 수행할 때 대단히 유용하다. 같은 접근 방식을 역방향으로 적용해서 기울기들을 역방향으로 전파할 수 있기 때문이다. 단, 출력 기울기 볼륨의 한 2차원 조각을 펼친 벡터와 곱하는 것이 **전치행렬** C^T라는 점이 다르다. 역전파 단계에서 한 공간적 특징 맵에 대한 하나의 기울기를 펼치는 방법은 순전파 단계에서 벡터 $\bar{f}$를 얻는 데 사용하는 방법과 비슷하다. 입력 볼륨과 출력 볼륨 모두 깊이가 1인 간단한 경우를 생각해 보자. 공간적 출력 특징 맵에 대한 손실함수의 기울기를 펼친 벡터가 $\bar{g}$라고 할 때, 공간적 입력 특징 맵에 대한 펼쳐진 기울기 벡터는 $C^T \bar{g}$이다. 이러한 접근 방식은 순방향 신경망에 쓰이는, 순전파를 위한 행렬의 전치를 역전파에 사용하는 접근 방식과 부합한다. 이상은 입력 볼륨과 출력 볼륨의 깊이가 둘 다 1인 단순한 경우에 해당하는데, 깊이가 1이 아닌 일반적인 경우에서는 어떨까?

출력 볼륨의 깊이가 $d > 1$이고 출력 맵에 대한 기울기가 $\bar{g}_1 \ldots \bar{g}_d$라고 하자. 그러면 입력 볼륨의 p번째 2차원 조각에 있는 특징들에 대한 해당 기울기는 $\sum_{k=1}^d C_{p,k}^T \bar{g}_k$이다. 여기서 행렬 $C_{p,k}$는 k번째 필터의 p번째 조각을 앞에서 논의한 방식대로 희소 행렬로 변환한 것이다. 이러한 접근 방식은 식 8.3에서 유도된 것이다. 이런 종류의 전치 합성곱은 합성곱 자동부호기의 역합성곱 연산에도 유용한데, 이에 관해서는 §8.5에서 논의한다.

8.3.4 자료 증강

합성곱 신경망의 과대적합을 줄이는 데 흔히 쓰이는 요령으로 **자료 증강**(data augmentation)이 있다. 제4장에서도 간략하게 논의한 자료 증강은, 간단히 말해서 원래의 훈련 견본들을 적절히 변환해서 새로운 훈련 견본들을 생성하는 것이다. 자료 증강의 효과는 응용 영역에 따라 다른데, 이미지 처리는 자료 증강이 특히나 잘 맞는 영역 중 하나이다. 이는 이동, 회전, 패치 추출, 반사(뒤집기) 같은 여러 변환이 이미지에 담긴 물체의 속성을 근본적으로 바꾸지는 않기 때문이다. 그러면서도, 증강된 자료 집합으로 훈련하면 모형의 일반화 능력이 증가한다. 예를 들어 바나나가 있는 이미지들을 뒤집고

반사해서 증강한 자료 집합으로 훈련하면 모형은 서로 다른 방향의 바나나들을 좀 더 잘 인식하게 된다.

자료 증강을 위한 변환 연산 중에는 계산량이 아주 작은 것들도 많다. 따라서 이미지들을 미리 변환해서 자료 집합을 실제로 키우는 대신, 그냥 훈련 시점에서 직접 변환해서 사용하는 것이 가능하다. 예를 들어 이미지를 특정 축에 대해 반사하는 것은 아주 간단하므로 그냥 훈련 시점에서 그러한 변환을 직접 수행해서 신경망에 입력하면 된다. 또한, 같은 물체가 이미지에 따라 색상의 강도가 다르게 표현되어 있을 수도 있으므로, 이미지의 색상 강도들을 변환해서 자료를 증강하는 것도 훈련에 도움이 된다. 그리고 원본 이미지에서 패치patch라고 부르는 작은 조각들을 추출해서 훈련 자료 집합을 만드는 것도 도움이 될 수 있다. ILSVRC 공모전에서 우승하면서 심층 학습 분야에서 주목을 받은 중요한 신경망으로 *AlexNet*이 있다. 이 신경망은 이미지들에서 추출한 $224 \times 224 \times 3$(이는 입력 크기이기도 하다) 패치들로 훈련되었다. 이 신경망이 ILSVRC에서 우승한 후 몇 년 동안은 비슷한 방식으로 패치들을 추출해서 훈련해 사용하는 신경망들이 출품되었다.

대부분의 자료 증강 방법이 상당히 효율적이지만, 주성분분석(PCA)을 사용하는 일부 변환들은 계산량이 꽤 클 수 있다. 이미지 처리에서 PCA는 이미지의 색상 강도를 변경하는 데 쓰인다. 계산 비용이 높은 경우에는 미리 이미지들을 변환해서 저장해 두는 것이 바람직하다. PCA를 이용한 자료 증강에서는 먼저 각 픽셀의 3×3 공분산 행렬을 이용해서 주성분들을 계산하고, 각 주성분에 평균이 0이고 분산이 0.01인 가우스 잡음을 더한다(한 이미지의 모든 픽셀에 대해 같은 종류의 잡음을 사용한다). 이러한 접근 방식은 색상과 조명의 강도가 변해도 물체의 정체가 변하지 않는다는 가정에 의존한다. [255]에 따르면, 이런 식으로 자료를 증강하면 오류율이 1% 감소한다.

자료 증강을 적용할 때는 주어진 자료 집합과 응용 문제에 적합한 자료 증강 방법을 사용하는 것이 중요하다. 예를 들어 MNIST 자료 집합[281]에 있는 필기 숫자 이미지들은 모두 비슷한 방향으로 배치되어 있으므로, 회전을 이용해서 MNIST 자료 집합을 증강하는 것은 바람직하지 않다. 또한, 모양이 비대칭적인 숫자를 반사하면 유효하지 않은 숫자가 되며, '6'을 180도 회전하면 '9'가 된다. 자료 증강 방법을 선택할 때 핵심은 전체 자료 집합의 자연스러운 분포를 고려하는 것, 그리고 자료 증강을 위한 변환이 분류명에 미치는 영향을 고려하는 것이다.

8.4 합성곱 신경망 구조의 사례 연구

이번 절에서는 합성곱 신경망 구조의 몇 가지 사례 연구(case study)를 살펴본다. 이 사례 연구들은 최근 ILSVRC 공모전에서 좋은 성적을 얻은 실제 신경망들에서 뽑은 것이다. 이들은 성과 좋은 신경망의 설계에서 중요한 요인들을 이해하는 데 도움이 된다. 비록 최근 설계에 몇 가지 변화가 있었지만(이를테면 ReLU 활성화 함수의 도입 등), 현대적인 구조들은 예전의 *LeNet-5*에 쓰인 기본 설계와 놀랄 만큼 비슷하다. *LeNet-5* 와의 주된 차이점은 깊이의 폭발적 증가, ReLU 활성화 함수 사용, 그리고 현대적인 하드웨어/최적화 개선에 의한 훈련 효율성 증가이다. 현대적인 신경망 구조들은 더 깊으며, 대량의 자료로 신경망을 훈련하기 위해 계산 측면에서나 구조 측면, 그리고 하드웨어 측면에서 다양한 요령을 활용한다. 하드웨어의 발전을 결코 과소평가해서는 안 된다. 현세대 GPU 기반 플랫폼들은 *LeNet-5*가 제안된 당시의 (비슷한 가격의) 시스템들보다 1만 배 정도 빠르다. 그러나 이러한 현세대 플랫폼들에서도, ILSVRC에서 경쟁할 수 있을 정도의 정확도를 갖추려면 합성곱 신경망 하나를 훈련하는 데 1주 정도 걸릴 때가 많다. 하드웨어의 개선과 가용 자료 증가, 알고리즘의 개선은 어느 정도 연관되어 있다. 자료와 계산 능력이 충분하지 않으면 새로운 알고리즘 요령을 실험해 보기가 대단히 어렵다. 복잡한/깊은 모형에 대한 실험이 상당히 오래 걸릴 수 있기 때문이다. 그런 만큼, 가용 자료과 계산 능력이 증가하지 않았다면 최근의 심층 합성곱 신경망 혁명은 불가능했을 것이다.

이번 절에서는 이미지 분류를 위한 훈련 알고리즘의 설계에 자주 쓰이는 잘 알려진 모형 몇 개를 개괄한다. 일부 모형은 *ImageNet*으로 미리 훈련한 버전들을 웹에서 구할 수 있음을 알아 두기 바란다. 그런 비전들을 이미지 분류 이외의 용도로도 사용할 수 있다. 이처럼 미리 훈련된 모형을 활용하는 것은 일종의 전이 학습에 해당하는데, 이에 관해서는 §8.4.7에서 좀 더 논의한다.

8.4.1 AlexNet

*AlexNet*은 2012년 ILSVRC 공모전의 우승작이다. *AlexNet*의 구조가 그림 8.9의 (a)에 나와 있다. 그림 8.9(a)에는 표시되어 있지 않지만, 원논문[255]의 구조도에는 두 개의 병렬 처리 파이프라인이 있다. 이 두 파이프라인은 메모리를 공유하는 두 대의 GPU가

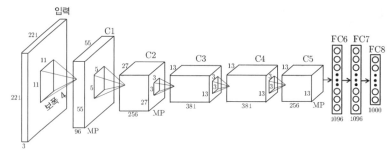

(a) GPU 분할 사용하지 않음

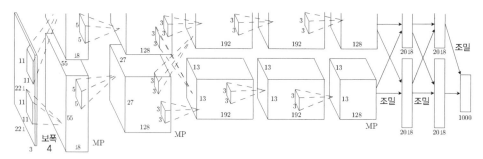

(b) GPU 분할 사용함(원래의 구조)

그림 8.9: *AlexNet*의 구조. 각 합성곱 층 다음에 ReLU 활성화 층이 있지만 그림에는 표시하지 않았다. MP는 최댓값 풀링을 뜻한다. 일부 합성곱-ReLU 조합 층 다음에는 최댓값 풀링 층이 있다. (b)의 구조도는 [255]에서 전재한 것이다. ©2012 A. Krizhevsky, I. Sutskever, G. Hinton.

협동해서 모형을 좀 더 빠르게 훈련하는 기법에서 비롯된 것이다. 저자들은 원래 이 신경망을 메모리가 3GB인 GTX 580 GPU 한 대로 훈련하려 했지만, 메모리가 모자라서 중간 계산들을 수행할 수 없었다. 그래서 신경망을 두 대의 GPU로 분할해야 했다. 그림 8.9(b)가 계산 작업을 두 GPU로 분할한 구조(원논문에 나온)이다. 이것은 구현상의 요구에 의한 구조이며, *AlexNet*의 기본적인 구조를 이해하고 이번 장에서 논의한 다른 합성곱 신경망 구조와 비교하기에는 단일 파이프라인으로 이루어진 그림 8.9(a)의 구조가 더 편할 것이다. (b)에서 GPU들이 일부 층들에 대해서만 서로 연결됨을 주목하기 바란다. 이 때문에, 실제로 구축된 모형의 관점에서 (a)와 (b) 사이에는 어느 정도 차이가 존재한다. 구체적으로 말하면, GPU 분할을 사용하는 구조는 모든 층이 서로 연결되어 있지 않기 때문에 가중치들이 더 적다. 일부 연결을 생략하면 GPU들의 통신 시간이 줄어들어서 효율성이 좋아진다.

*AlexNet*에는 $224 \times 224 \times 3$ 크기의 이미지(입력 볼륨)가 입력된다. 첫 합성곱 층(그림 8.9(a)의 C1)은 여기에 $11 \times 11 \times 3$ 크기의 필터 96개를 적용해서 $55 \times 55 \times 96$ 크기의 출력 볼륨을 산출한다. 그 볼륨에 최댓값 풀링 층이 적용된다. 그림 8.9(a)에 이 층이 'MP'로 표시되어 있다. 그림 8.9(a)의 구조는 그림 8.9(b)에 나온 원래의 구조(두 병렬 파이프라인이 명시된)를 단순화한 것임을 주의하기 바란다. 예를 들어 그림 8.9(a)의 구조는 GPU 활용을 가정하지 않기 때문에 최댓값 풀링 층의 너비가 명시적으로 96으로 표시되어 있다. 각 합성곱 층 다음에는 ReLU 활성화 함수가 적용되며, 그다음에는 반응 정규화(response normalization)와 최댓값 풀링이 적용된다. 그림에 최댓값 풀링 층이 표기되어 있긴 하지만, 그 연산이 하나의 블록으로 배정되진 않았다. 그리고 ReLU 층과 반응 정규화 층도 명시적으로 표시되어 있지 않다. 신경망 구조를 도식화할 때는 이런 간결한 표현이 흔히 쓰인다.

둘째 합성곱 층(C2)은 반응 정규화와 최댓값 풀링을 거친 첫 층의 출력 볼륨에 $5 \times 5 \times 96$ 크기의 필터 256개를 적용한다. 셋째, 넷째, 다섯째 합성곱 층에는 풀링이나 정규화 층이 끼어들지 않는다. 셋째, 넷째, 다섯째 합성곱 층은 각각 $3 \times 3 \times 256$ 크기 필터 384개, $3 \times 3 \times 384$ 크기 필터 384개, $3 \times 3 \times 384$ 크기 필터 256개를 적용한다. 모든 최댓값 풀링 층은 3×3 필터를 보폭 2로 적용한다. 따라서 풀들이 어느 정도 겹치게 된다. 완전 연결 층들의 뉴런 수는 4,096개이다. *AlexNet*의 최종층은 1000중 소프트맥스 함수를 이용해서 분류를 수행한다. 마지막 완전 연결 층(그림 8.9(a)의 FC7)에 있는 4,096개의 활성화 값을 이미지의 4096차원 표현으로 간주해서 분류 이외의 용도로 활용할 수도 있다. 예를 들어 표본 외 이미지에서 이러한 특징들을 추출해서 훈련된 신경망에 입력할 수도 있을 것이다. 이런 특징들은 다른 자료 집합이나 다른 응용 과제로도 잘 일반화될 때가 많다. 합성곱 신경망의 최종층 바로 앞 층에서 뽑은 특징들을 *FC7 특징*(FC7 feature)이라고 부르기도 하는데, 이는 *AlexNet* 구조도의 표기법을 따른 것이다. 합성곱 망의 층수는 다양하므로 마지막 이전 층이 반드시 일곱 번째 층인 것은 아니지만, 최종층 앞 층의 특징들을 활용하는 기법이 *AlexNet* 덕분에 유명해졌기 때문에 합성곱 신경망의 실제 깊이와는 무관하게 마지막 이전 층을 FC7이라고 부르게 되었다. 중간층들의 특징 맵 개수가 입력 볼륨의 초기 깊이(RGB 색상들에 해당하는 3밖에 되지 않는다)보다 훨씬 크다는 점에 주목하기 바란다. 초기 깊이는 RGB 색상 성분들에만 해당하지만 이후 층들은 특징 맵의 다양한 의미론적 특징들을 포착하기 때문에 이처럼 깊이가 증가한 것이다.

이 구조에 쓰인 여러 설계상의 결정들이 이후의 구조들에서 일종의 표준이 되었다. 구체적인 예가 S자형 함수나 tanh 함수 대신 ReLU를 활성화 함수로 사용하는 것이다. 오늘날 대부분의 합성곱 신경망은 거의 예외 없이 ReLU를 활성화 함수로 사용하지만, *AlexNet*이 나오기 전에는 그렇지 않았다. 그리고 지금 쓰이는 몇 가지 훈련 요령이 당시에도 알려져 있었지만, 그것들을 대중화한 것은 *AlexNet*이다. 좋은 예가 자료 증강이다. *AlexNet*은 자료 증강 기법이 정확도 개선에 대단히 유용함을 입증했다. 또한 *AlexNet*은 큰 자료 집합으로 신경망을 훈련할 때 GPU 같은 특화된 하드웨어가 중요하다는 점도 여실히 보여주었다. *AlexNet*은 드롭아웃과 L_2 가중치 감쇄를 이용해서 일반화를 개선했다. 오늘날 드롭아웃은 거의 모든 종류의 신경망 구조에 흔히 쓰이는데, 이는 대부분의 경우에서 드롭아웃이 일반화 능력을 추가적으로 개선해 주기 때문이다. 한편, *AlexNet*이 사용한 국소 반응 정규화는 이후의 구조들에서는 사실상 폐기되었다.

*AlexNet*에 쓰인 (초)매개변수들에 관해서도 언급할 필요가 있겠다. *AlexNet*의 전체 코드와 매개변수 파일들이 [584]에 있으니 관심 있는 독자는 참고하기 바란다. *AlexNet*에 쓰인 L_2 정규화 매개변수는 5×10^{-4}이고, 드롭아웃의 단위 표집 확률은 0.5이다. 훈련에 쓰인 운동량 기반(미니배치) 확률적 경사 하강법의 매개변수는 0.8이고 배치 크기는 128이다. 초기 학습 속도는 0.01이지만, 학습의 수렴이 시작되면서 두 번 감소되었다. GPU를 사용했음에도, *AlexNet*의 훈련에는 몇 주가 걸렸다.

ILSVRC 대회에서 *AlexNet*의 최종 상위 5범주 오류율(top-5 error rate)은 약 15.4%였다.[3] 여기서 상위 5범주 오류율이란, 주어진 입력 이미지에 대한 신경망의 실제 분류 결과가 그 이미지가 속할 가능성이 높은 상위 다섯 범주(분류명)에 해당하지 않는 경우의 비율을 말한다. 이전 ILSVRC 대회 우승자들의 상위 5범주 오류율은 25%가 넘었으며, 그리고 동대회 2위작의 오류율도 그 정도였다. 합성곱 신경망 하나만 사용했을 때의 상위 5범주 오류율은 18.2%이었지만, 그런 모형 일곱 개로 구성한 앙상블을 사용했을 때는 언급한 15.4%가 나왔다. 다른 대부분의 구조들에서도 이런 종류의 앙상블 기반 요령으로 오류율을 2%에서 3% 정도로 일관되게 개선할 수 있음을 주목하

---

3) 상위 5범주 오류율은 하나의 이미지에 분류명이 서로 다른 여러 개의 물체가 들어 있는 이미지 자료에 좀 더 합당하다. 특별한 언급이 없는 한, 이번 장 전체에서 '오류율'은 상위 5범주 오류율을 뜻한다.

기 바란다. 더 나아가서, 대부분의 앙상블 방법들은 병렬화하기가 대단히 쉽기 때문에, 충분한 하드웨어 자원이 주어진다면 손쉽게 병렬적으로 실행해서 성능을 개선할 수 있다. ILSVRC 공모전에서 2위 우승작과 기존 우승작들을 큰 격차로 따돌렸다는 점에서, *AlexNet*은 컴퓨터 시각 분야에서 근본적인 개선으로 간주된다. 이러한 성공은 심층 학습 전반에 대한, 그리고 특히 합성곱 신경망에 대한 관심이 증가하는 계기가 되었다.

8.4.2 ZFNet

2013년 ILSVRC에서는 *ZFNet*[556]의 한 변형이 우승했다. 이 합성곱 신경망의 구조는 *AlexNet*과 아주 비슷하지만, 정확도 개선을 위해 몇 가지가 바뀌었다. 그런 변화들은 대부분 초매개변수 선택과 관련이 있기 때문에, 근본적인 수준에서 *ZFNet*은 *AlexNet*과 그리 다르지 않다. *ZFNet*이 *AlexNet*과 다른 점 하나는 첫 층 필터의 크기가 $11 \times 11 \times 3$이 아니라 $7 \times 7 \times 3$이라는 점이다. 또한 보폭이 4가 아니라 2이다. 둘째 층은 *AlexNet*처럼 5×5 필터를 사용한다(보폭은 2). 세 개의 최댓값 풀링 층을 사용한다는 점도 *AlexNet*과 같다. 최댓값 풀링 필터의 크기도 동일하다. 그러나 처음 두 최댓값 풀링 층을 첫째, 둘째 합성곱 층(둘째, 셋째 합성곱 층이 아니라) 다음에 적용한다는 점은 다르다. 그래서 셋째 층의 크기는 27×27이 아니라 13×13이다. 그밖의 층들은 *AlexNet*과 같은 크기이다. *AlexNet*과 *ZFNet*의 여러 층의 크기가 표 8.1에 나와 있다.

ZFNet의 셋째, 넷째, 다섯째 합성곱 층은 *AlexNet*보다 많은 수의 필터를 사용한다. 그 세 층의 필터 개수는 $(384, 384, 256)$에서 $(512, 1024, 512)$로 증가했다. 결과적으로, *AlexNet*과 *ZFNet*의 대부분의 층은 공간 크기가 서로 같거나 비슷하지만, 마지막 세 합성곱 층은 깊이가 다르다. 전체적으로 볼 때 *ZFNet*은 *AlexNet*과 비슷한 원리를 사용하며, 주된 개선은 *AlexNet*의 구조 매개변수(초매개변수)를 변경한 데에서 비롯된다. *ZFNet*은 상위 5범주 오류율을 15.4%에서 14.8%로 끌어내렸으며, 너비와 깊이를 증가한 동저자들의 이후 모형은 오류율을 11.1%로까지 줄였다. *AlexNet*과 *ZFNet*이 사소한 설계상의 선택에서만 차이가 난다는 점에서, 이러한 개선 사례는 심층 학습 알고리즘을 다룰 때 작은 세부 사항이 중요하다는 점을 보여준다. 즉, 최고의 성과를 얻으려면 신경망 구조를 광범위하게 실험하는 것이 중요할 때가 종종 있다. 2013년 ILSVRC에는 *ZfNet*의 구조를 더 넓고 깊게 만든 *Clarifai*라는 모형이 출품되었는데,

*Clarifai*는 [556]의 제1 저자가 창립한 회사4)의 이름이기도 하다. *Clarifai*와 *ZFNet*의 차이점 중 하나는 신경망의 너비와 깊이인데,5) 구체적인 수치는 아직 발표되지 않았다. *Clarifai*는 2013년 ILSVRC 공모전에서 우승을 차지했다. 이 구조의 세부 사항과 구조도를 [556]에서 볼 수 있다.

표 8.1: *AlexNet*과 *ZFNet*의 비교

	AlexNet	*ZFNet*
볼륨: 연산:	$224 \times 224 \times 3$ 합성곱 11×11(보폭 4)	$224 \times 224 \times 3$ 합성곱 7×7(보폭 2), 최댓값 풀링
볼륨: 연산:	$55 \times 55 \times 96$ 합성곱 5×5, MP	$55 \times 55 \times 96$ 합성곱 5×5(보폭 2), 최댓값 풀링
볼륨: 연산:	$27 \times 27 \times 256$ 합성곱 3×3, MP	$13 \times 13 \times 256$ 합성곱 3×3
볼륨: 연산:	$13 \times 13 \times 384$ 합성곱 3×3	$13 \times 13 \times 512$ 합성곱 3×3
볼륨: 연산:	$13 \times 13 \times 384$ 합성곱 3×3	$13 \times 13 \times 1024$ 합성곱 3×3
볼륨: 연산:	$13 \times 13 \times 256$ 최댓값 풀링, 완전 연결	$13 \times 13 \times 512$ 최댓값 풀링, 완전 연결
FC6: 연산:	4096 완전 연결	4096 완전 연결
FC7: 연산:	4096 완전 연결	4096 완전 연결
FC8: 연산:	1000 소프트맥스	1000 소프트맥스

8.4.3 VGG

VGG[454]는 신경망의 깊이를 증가한다는 개발 경향을 더욱 강조한 결과이다. 저자들은 층의 수를 11에서 19로 늘려가면서 여러 구조를 실험했는데, 층이 16개 이상일 때 가장 좋은 성과가 나왔다. *VGG*는 2014년 ISLVRC에서 순위권에 들었지만 우승하지는 못했다. 우승작인 *GoogLeNet*의 상위 5범주 오류율은 6.7%이었지만 *VGG*의 오류율은 7.3%이었다. 그러지만 *VGG*는 이후의 구조들에서 표준이 된 몇 가지 중요한 설계 원리들을 보여주었다는 점에서 중요하다.

---

4) http://www.clarifai.com
5) 매슈 차일러Matthew Zeiler와의 사적인 대화에서 알게 되었다.

VGG의 주된 혁신 하나는 필터 크기를 줄이는 대신 깊이를 늘렸다는 것이다. 필터 크기를 줄이면 깊이를 반드시 늘려야 한다는 점을 이해하는 것이 중요하다. 이는, 작은 필터는 이미지의 작은 영역만 반영하므로, 신경망이 깊지 않으면 이미지 전체의 특징들을 온전하게 파악하지 못하기 때문이다. 예를 들어 3×3 필터로 7×7 크기의 이미지 영역에서 하나의 특징을 추출하려면 세 개의 합성곱 층이 필요하다. 반면 7×7 필터를 사용한다면 하나의 합성곱 층으로 충분하다. 그런데 여기서 중요한 것은, 전자는 $3 \times 3 \times 3 = 27$개의 매개변수를 사용하는 반면 후자는 $7 \times 7 \times 1 = 49$개의 매개변수를 사용한다는 점이다. 즉, 작은 필터로 합성곱을 여러 번 수행하는 쪽이 매개변수 요구량이 적다. 게다가 합성곱을 여러 번 수행하는 쪽이 합성곱을 한 번 수행할 때보다 좀 더 흥미롭고 복잡한 특징들을 포착할 수 있다. 예를 들어 한 번의 합성곱으로는 수직선이나 수평선 같은 단순한 도형만 포착할 수 있으므로, 7×7 필터를 한 번만 사용하는 방법은 작은 영역에 있는 정교한 도형들은 포착하지 못한다.

일반적으로, 합성곱 신경망의 깊이가 증가하면 비선형성과 정규화가 강해진다. 이는 합성곱 신경망이 깊을수록 합성곱 연산이 더 많이 반복되며, ReLU 층과 정칙화도 더 많이 적용되기 때문이다. 앞에서 논의했듯이, 더 깊고 필터가 작은 합성곱 신경망이 더 얕고 필터가 큰 합성곱 신경망보다 매개변수가 적다. 부분적으로 이는 각 층의 매개변수 개수가 필터 크기의 제곱(이차)에 비례하지만 매개변수 개수와 층 개수는 그냥 선형(일차) 비례 관계이기 때문이다. 따라서 필터 크기를 줄임으로써 매개변수 개수를 크게 줄일 수 있으며, 그만큼의 '절약된' 매개변수들을 깊이 증가에 소비할 수 있다. 또한, 깊이를 늘리면 비선형 활성화 함수들을 더 많이 사용할 수 있게 되며, 그러면 모형의 판별력이 증가한다. 이 때문에 VGG는 항상 3×3 크기의 필터와 2×2 크기의 풀을 사용했다. 합성곱 연산의 보폭은 1이었고 여백 채우기 두께도 1이었다. 풀링의 보폭은 2였다. 여백 채우기 두께가 1이고 필터가 3×3이면 출력 볼륨의 크기가 유지된다. 그러나 풀링은 항상 출력 볼륨을 압축한다. VGG는 항상 겹치지 않은 공간 영역들에 대해 풀링을 수행했으며(이는 이전의 두 구조와는 다른 점이다), 결과적으로 볼륨의 각 차원 크기(너비와 높이)가 절반으로 줄어들었다. 최댓값 풀링 다음에 필터 개수를 두 배로 늘리는 것도 VGG의 흥미로운 설계상의 결정 중 하나이다. 이는 차원 크기들이 절반으로 줄 때마다 깊이를 두 배로 늘리기 위한 것이었다. 이 설계상의 결정은 층들의 계산량을 어느 정도 균등화하는 효과를 냈으며, ResNet 같은 이후 구조들에도 쓰였다.

 *VGG*의 심층 구성의 한 가지 문제점은, 깊이가 증가하면서 초기화에 대한 민감도가 더 커졌다는 것이다. 모형이 초기화에 민감하면 학습이 불안정해진다. *VGG*는 사전훈련을 이용해서 이 문제를 해결했는데, 먼저 더 얕은 구조를 훈련하고 그에 기초해서 층들을 더 추가해 나가는 식이었다. 그런데 사전훈련을 한 층씩 수행하지는 않았다. 대신 전체 구조에서 층 11개만 뽑아서 먼저 훈련한 후 그 결과로 다른 층들을 초기화했다. ISLVRC 공모전에서 *VGG*는 단 7.3%의 상위 5범주 오류율을 달성했는데, 비록 우승은 못 했지만 상위권에 속하는 성적이었다. 표 8.2에 *VGG*의 여러 설정이 정리되어 있다. ISLVRC 공모전에서 가장 좋은 성적을 낸 것은 D 열이다. 각 최댓값 풀링 후에 필터 개수가 두 배로 증가했음을 주목하기 바란다. 즉, 이 설정은 최댓값 풀링 때문에 너비와 높이가 절반으로 줄어든 것을 깊이를 두 배로 증가해서 벌충한다. 채우기가 1인 3×3 필터로 합성곱을 수행하면 차원 크기(너비와 높이)는 변하지 않는다. 따라서, D열의 서로 다른 최댓값 풀링 사이에서 볼륨의 차원 크기들은 224, 112, 56, 28, 14이다. 마지막 최댓값 풀링은 완전 연결 층 바로 앞에서 수행되는데, 이에 의해 차원 크기가 7로 줄어든다. 결과적으로 첫 번째 완전 연결 층은 $7 \times 7 \times 512$ 크기의 볼륨과 4096개의 뉴런이 조밀하게 연결된 형태가 된다. 이후에 보겠지만, 합성곱 신경망의 매개변수들은 대부분이 연결들에 들어 있다.

 [236]은 대부분의 매개변수들과 활성화 값들이 어디에 저장되어 있는지를 묻는 흥미로운 연습문제를 제시한다. 답을 간단히 말하면, 활성화 값들과 기울기들(순전파 및 역전파 단계들에서의)을 위한 **메모리 요구량**이 가장 큰 것은 합성곱 신경망 앞쪽 부분에 있는, 공간 차원 크기가 가장 큰 층들이다. 이 점은 미니배치에 필요한 메모리가 미니배치의 크기에 비례한다는 점에서 중요하다. 예를 들어 [236]은 각 이미지에 약 93MB의 메모리가 필요함을 보여준다. 따라서 하나의 미니배치가 128개의 이미지로 구성된다면, 총 메모리 요구량은 약 12GB이다. 앞쪽 층들이 공간 차원 크기가 크기 때문에 대부분의 메모리를 소비하긴 하지만, 연결들이 희소하고 가중치들이 공유되기 때문에 매개변수 요구량은 크지 않다. 사실 대부분의 매개변수는 합성곱 신경망 끝쪽의 완전 연결 층들에 있다. 마지막 $7 \times 7 \times 512$ 층(표 8.2의 D 열 참고)을 4096개의 뉴런에 연결하려면 $7 \times 7 \times 512 \times 4096 = 102,760,448$개의 매개변수가 필요하다. 모든 층의 전체 매개변수 개수는 약 138,000,000개이다. 즉, 전체 매개변수의 약 75%가 단 한 층의 연

표 **8.2:** *VGG*에 쓰인 설정들. C3D64는 3×3 크기의 필터 64개로 수행하는 합성곱 연산을 뜻한다(가끔은 1×1 크기의 필터가 쓰이기도 한다). 필터 개수는 해당 층의 깊이와 일치한다. 각 필터의 여백 채우기 두께는 해당 층의 공간 차원 크기가 유지되는 수치로 선택된 것이다. 각 합성곱 연산 다음에는 ReLU 활성화 함수가 적용된다. M은 최댓값 풀링, LRN은 국소 반응 정규화(local response normalization), S는 소프트맥스를 뜻한다. FC는 완전 연결 층을 뜻하며, 그 뒤의 숫자는 뉴런 개수이다. 즉, FC4096은 뉴런이 4096개인 완전 연결 층이다. 마지막 합성곱 층 그룹을 제외한 합성곱 층 그룹들에서는 최댓값 풀링 이후에 필터 개수가 두 배로 증가한다. 따라서 공간 차원 크기가 감소하는 대신 깊이가 증가한다.

이름:	A	A-LRN	B	C	D	E
층수	11	11	13	16	16	19
	C3D64	C3D64	C3D64	C3D64	C3D64	C3D64
		LRN	C3D64	C3D64	C3D64	C3D64
	M	M	M	M	M	M
	C3D128	C3D128	C3D128	C3D128	C3D128	C3D128
			C3D128	C3D128	C3D128	C3D128
	M	M	M	M	M	M
	C3D256	C3D256	C3D256	C3D256	C3D256	C3D256
	C3D256	C3D256	C3D256	C3D256	C3D256	C3D256
				C1D256	C3D256	C3D256
						C3D256
	M	M	M	M	M	M
	C3D512	C3D512	C3D512	C3D512	C3D512	C3D512
	C3D512	C3D512	C3D512	C3D512	C3D512	C3D512
				C1D512	C3D512	C3D512
						C3D512
	M	M	M	M	M	M
	C3D512	C3D512	C3D512	C3D512	C3D512	C3D512
	C3D512	C3D512	C3D512	C3D512	C3D512	C3D512
				C1D512	C3D512	C3D512
						C3D512
	M	M	M	M	M	M
	FC4096	FC4096	FC4096	FC4096	FC4096	FC4096
	FC4096	FC4096	FC4096	FC4096	FC4096	FC4096
	FC1000	FC1000	FC1000	FC1000	FC1000	FC1000
	S	S	S	S	S	S

결들에 쓰인다. 게다가 나머지 약 25%의 매개변수들도 대부분 그 앞의 두 완전 연결 층들이 차지한다. 합성곱 신경망 전체의 매개변수 요구량 중 약 90%가 완전 연결 층들의 조밀한 연결에 쓰이는 것이다. *VGG*의 이러한 매개변수 요구량 편중은 몇 가지 혁신을 이용해서 마지막 층들의 매개변수 요구량을 줄인 *GoogLeNet*이 *VGG*보다 좋은 성적을 냈다는 점에서 의미가 있다.

VGG 구조의 일부에서 1×1 합성곱이 쓰이기도 했다는 점도 주목하기 바란다. 1×1 합성곱이 공간적으로 인접한 특징들의 활성화 값들을 결합하지는 않지만, 볼륨의 깊이가 2 이상일 때 서로 다른 채널들의 특징 값들을 결합하는 효과는 낸다. 1×1 합성곱은 또한 구조를 공간 수준에서 근본적으로 변경하지 않으면서 추가적인 비선형성을 도입하는 수단이기도 하다. 그러한 추가적인 비선형성은 각 합성곱 층에 부착된 ReLU 활성화 함수들을 통해서 도입되는데, 자세한 사항은 [454]를 보기 바란다.

8.4.4 GoogLeNet

*GoogLeNet*은 **인셉션 구조**(inception architecture)라고 부르는 혁신적인 개념을 제시했다. 인셉션 구조는 **신경망 안의 신경망**이다.※ 이 구조의 앞부분은 전통적인 합성곱 신경망과 비슷하다. 이 부분을 **줄기**(stem)라고 부른다. 이 구조의 핵심부는 **인셉션 모듈**inception module이라고 부르는 하나의 중간층이다. 인셉션 모듈의 예가 그림 8.10(a)에 나와 있다. 인셉션 모듈은 이미지의 핵심 정보가 다양한 세부 수준(level of detail)으로 주어진다는 착안에 기초한다. 큰 필터를 사용하면 큰 영역에서 변동(다양성)이 제한된 정보를 얻게 되고, 작은 필터를 사용하면 작은 영역에서 세부적인 정보를 얻게 된다. 다수의 작은 필터를 파이프로 연결함으로써 큰 영역에서 세부적인 정보를 추출하는 것이 가능하지만, 큰 영역에서 덜 세부적인 패턴을 얻는 것으로도 충분한 경우에는 그런 접근 방식이 매개변수와 깊이 면에서 낭비일 수 있다. 문제는, 이미지의 각 영역에 적합한 세부 수준을 미리 알 수 없다는 것이다. 따라서 합리적인 접근 방식은 모형 자신이 이미지의 여러 영역의 적절한 세부 수준 또는 '입도(granularity)'에 유연하게 적응하게

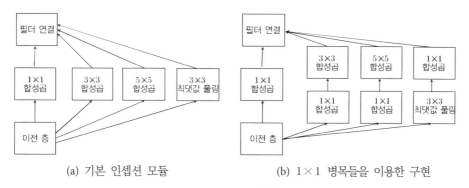

(a) 기본 인셉션 모듈   (b) 1×1 병목들을 이용한 구현

그림 8.10: *GoogLeNet*의 인셉션 모듈

하는 것이다. 인셉션 모듈의 역할이 바로 그것이다. 인셉션 모듈은 크기가 다른 세 가지 필터를 이용해서 세 가지 합성곱을 병렬로 수행한다. 필터 크기는 1×1, 3×3, 5×5이다. 같은 물체가 서로 다른 이미지에서 서로 다른 비율로 존재하는 경우 같은 크기의 필터를 직렬로 연결하는 것으로는 충분하지 않다. 인셉션 모듈의 모든 필터는 학습이 가능하므로, 신경망은 출력에 가장 큰 영향을 미치는 필터가 무엇인지 알아낼 수 있다. 서로 다른 경로를 따라 서로 다른 크기의 필터를 선택함으로써, 신경망은 이미지의 서로 다른 영역을 각각에 적합한 세부 수준으로 표현할 수 있게 된다. *GoogLeNet*에는 총 아홉 개의 인셉션 모듈이 직렬로 배치된다. 각 모듈에서 어떤 크기의 필터가 선택되느냐에 따라 수많은 서로 다른 경로가 만들어지며, 각 경로는 서로 다른 공간 영역의 특징들을 산출하게 된다. 예를 들어 3×3 필터 네 개 다음에 하나의 1×1 필터를 거치는 경로는 비교적 작은 공간 영역의 특징을 포착하지만, 다수의 5×5 필터들을 거치는 경로는 상당히 큰 영역을 반영한다. 이러한 구조에서, 서로 다른 은닉 특징들에 포착된 도형의 축척(scale) 차이는 이후의 층들로 갈수록 증폭된다. 최근에는 인셉션 구조에 배치 정규화를 결합해서 구조를 좀 더 단순하게 만든 버전도 등장했다.[6]

한 가지 주목할 점은, 인셉션 모듈들이 서로 다른 크기의 합성곱 연산들을 많이 수행하기 때문에 계산 비용이 커진다는 것이다. 그림 8.10(b)는 1×1 크기의 합성곱 필터들로 특징 맵의 깊이를 줄임으로써 계산 효율성을 높이는 구현 방법을 보여준다. 필터가 더 늘어나긴 했지만, 1×1 합성곱 필터들의 개수가 입력 볼륨의 깊이보다 적

---

6) 원래의 구조에도 보조적인 분류기가 포함되어 있었지만, 최근까지는 주목받지 못했다.

절한 비율로 더 작기 때문에 전체적으로는 이득이 손실보다 크다. 예를 들어 64개의 서로 다른 1×1 필터를 이용해서 입력의 깊이를 256에서 64로 줄일 수 있다. 인셉션 모듈의 이런 추가적인 1×1 합성곱 연산을 **병목 연산**(bottleneck operation)이라고 부른다. 저렴한 1×1 합성곱을 이용해서 특징 맵의 깊이를 미리 줄이면 이후 더 큰 크기의 합성곱 연산들의 계산 효율성이 높아진다. 이러한 1×1 합성곱 연산들을, 더 큰 크기의 필터들을 적용하기 전에 수행하는 일종의 지도 학습 기반 차원 축소로 간주할 수 있다. 이러한 차원 축소가 지도 학습 방식인 것은, 병목 필터들의 매개변수들을 역전파 과정에서 학습하기 때문이다. 병목 연산은 풀링 층 이후에 깊이를 줄이는 데도 도움이 된다. 이러한 병목 층 활용은 계산 효율성 개선과 출력 깊이 감소가 필요한 다른 구조에서도 쓰인다.

*GoogLeNet*의 출력층에서도 몇 가지 흥미로운 설계상의 결정을 볼 수 있다. 출력층 근처에서 완전 연결 층을 사용하는 것은 다른 구조들에서도 흔히 볼 수 있다. 그러나 *GoogLeNet*은 마지막 활성화 맵들의 공간 영역 전체에 대해 평균값 풀링을 적용해서 하나의 값을 산출한다. 따라서 마지막 층이 생성하는 특징들의 개수는 필터 개수와 정확히 같다. 여기서 주목할 점은, 매개변수들의 대부분이 마지막 합성곱 층과 첫 완전 연결 층 사이의 연결에 쓰인다는 것이다. 그냥 분류명 하나만 예측하면 되는 응용에서는 이런 종류의 조밀한 연결이 필요하지 않다. *GoogLeNet*이 평균값 풀링을 사용하는 것은 이 때문이다. 그렇지만 평균값 풀링을 거치면 모든 공간적 정보가 완전히 사라지므로, 응용의 성격에 따라서는 이러한 방법이 바람직하지 않다는 점도 주의해야 한다. *GoogLeNet*의 한 가지 중요한 속성은 *VGG*에 비해 매개변수들이 훨씬 적다는 것이다. 평균값 풀링 덕분에 *GoogLeNet*의 매개변수 개수는 *VGG*의 매개변수 개수의 몇십분의 1 수준이다. 이러한 접근 방식은 이후의 여러 구조에서 표준이 되었다. 그렇지만 전체적인 계산 비용은 *GoogLeNet*이 더 크다.

*GoogLeNet*의 유연성은 축척이 서로 다른 대상들을 적절한 크기의 필터들로 처리하는 22층 인셉션 구조에서 기인한다. 인셉션 모듈들에 의한 이러한 다중 입도 분해의 유연성은 *GoogLeNet*이 좋은 성과를 낸 핵심 원인 중 하나이다. 또한, 완전 연결 층을 평균값 풀링으로 대체해서 매개변수 요구량을 크게 줄인 것도 중요한 성과 개선 요인이다. 이 구조는 2014년 ILSVRC 공모전에서 *VGG*를 근소한 차이로 제치고 우승했다. 비록 *GoogLeNet*이 *VGG*보다 우월한 성과를 냈지만, *VGG*는 구조가 단순하다는 점에서

실무자들의 사랑을 받기도 한다. 두 구조 모두 합성곱 신경망의 중요한 설계 원리들을 잘 보여준다. [486, 487]이 나온 후 연구자들은 인셉션 구조에 상당한 연구 노력을 기울였으며, 다양한 성능 개선안을 제시했다. 몇 년 후에 이 구조의 한 변형인 *Inception-v4*[487]가 나왔다. *ResNet*(다음 절)에 쓰인 착안 몇 가지를 인셉션 구조에 도입해서 만든 이 75층 구조의 오류율은 단 3.08%이었다.

8.4.5 ResNet

ResNet[184]은 이전의 다른 구조들에 쓰인 층수의 몇십 배에 해당하는 152개의 층을 사용했다. 이 구조는 2015년 ILSVRC 공모전에서 3.6%의 상위 5범주 오류율로 우승을 차지하면서 인간 수준의 성과를 뛰어넘은 최초의 분류 모형으로 기록되었다. 오류율 3.6%는 단일 *ResNet*이 아니라 여러 *ResNet*의 앙상블로 얻은 결과이다. 일반적으로 층이 152개가 되는 심층 신경망을 훈련하는 것은 비현실적인 일이지만, 몇 가지 중요한 혁신 덕분에 훈련이 가능했다.

그런 깊은 신경망을 훈련할 때 주된 어려움은 층들 사이의 기울기 흐름을 깊은 층들에서 수행되는 다수의 연산이 방해한다는 것이다. 깊은 층들의 연산들이 기울기의 크기를 키울 수도 있고 줄일 수도 있다. 제3장에서 논의했듯이, 깊이가 증가하면 기울기 소실 및 폭발 같은 문제점이 발생한다. 그러나 [184]는 기울기 소실 및 폭발 문제가 심층 합성곱 신경망의 훈련에서 주된 문제점은 아님을(특히 배치 정규화를 사용하는 경우) 보여준다. 주된 문제점은, 학습 과정이 적당한 시간 안에 수렴하게 만드는 것이 어렵다는 것이다. 그런 수렴 문제는 손실함수의 표면이 복잡한 신경망들에서 흔히 발생한다. 훈련 오차와 시험 오차의 격차가 큰 심층 신경망도 있긴 하지만, 대다수의 심층 신경망들은 두 오차 모두 높다. 이는 최적화 과정이 충분히 진척되지 않았다는 징표이다.

위계적 특징 공학이 심층 신경망 학습의 성배이긴 하지만, 위계적 특징 공학의 층별 구현은 이미지의 모든 개념에 대해 같은 수준의 추상을 강제한다는 문제가 있다. 개념 중에는 얕은 신경망으로도 배울 수 있는 것들도 있고 좀 더 조밀한 연결들이 필요한 것들도 있다. 예를 들어 정사각형 발판 위에 서커스 코끼리가 서 있는 이미지를 생각해 보자. 코끼리의 세밀한 특징들을 인식하려면 다수의 층이 필요하겠지만, 정사각형 발판을 인식하는 데는 몇 개의 층만 있으면 된다. 얕은 구조로도 배울 수 있는 여러 개념이 존재함에도 모든 경로의 깊이를 동일하게 고정해서 아주 깊은 신경망의 학습을 진행한다면, 수렴에 도달하기까지의 시간이 대단히 길 것이다. 그보다는, 각 특징을 배우는 데 사용할 층들의 개수를 신경망이 스스로 결정하게 만드는 것이 낫다.

*ResNet*은 층들에 건너뛰기 연결(skip connections; 또는 연결 건너뛰기)들을 두어서 층들 사이의 복사를 가능하게 한다. 이는 **반복적 관점의**(위계적 관점이 아니라) 특징 공학에 해당한다. 장단기 기억망과 게이트 제어 순환 단위도 순차열 자료에 대해 비슷한 원리를 적용한다. 장단기 기억망은 한 층의 일부 상태들을 조정 가능한 **게이트들**을 이용해서 다음 층으로 복사한다. *ResNet*은 그러한 '게이트'(물론 실제로는 존재하지 않는다)들이 항상 완전히 열려 있는 상황이라 할 수 있다. 대부분의 순방향 신경망에서는 인접한 층들만, 즉 층 i와 층 $(i+1)$만 연결된다. 그러나 *ResNet*에서는 $r > 1$인 층 i와 층 $(i+r)$ 사이의 연결이 허용된다. *ResNet*의 기본 구축 요소에 쓰이는 건너뛰기 연결의 예가 그림 8.11(a)에 나와 있다. 그림에 나온 것은 $r = 2$인 경우이다. 이러한 건너뛰기 연결은 그냥 층 i의 입력을 복사해서 층 $(i+r)$의 출력에 더한다. 이런 건너뛰기 연결들이 있으면 역전파 알고리즘이 기울기들을 좀 더 직접적으로 이전 층들에 전파할 수 있으므로 기울기 흐름이 좋아진다. 그림 8.11(a)에 나온 기본 구축 요소를 **잔차 모듈**(residual module)이라고 부른다. 전체적인 *ResNet* 구조는 이런 모듈들을 여러 개 조합해서 구성한 것이다. 대부분의 층들에는 필터를 1의 보폭으로 적용하는데,[7] 이때 입력의 공간 차원 크기와 깊이가 변하지 않도록 여백 채우기 두께를 적절히 설정한다. 공간 차원 크기가 변하지 않으므로 i번째 층의 입력을 $(i+r)$번째 층의 것에 더하기가 쉽다. 그러나 일부 층들은 1보다 큰 적절한 보폭으로 합성곱을 수행해서 각 공간 차원 크기를 절반으로 줄인다. 그런 경우에는 건너뛰기 연결들에 그냥 항등함수를 사용할 수 없고, 차원 크기들을 고려해서 적절한 선형 투영 행렬을 사용할 필요가 있다. 그러한 투영 행렬은 공간 차원 크기를 절반으로 줄이기 위한, 보폭이 2인 1×1 합성곱 연산들의 집합을 정의한다. 이 투영 행렬의 성분들은 역전파를 통해서 학습해야 한다.

*ResNet*은 층 i와 층 $(i+r)$ 사이에만 건너뛰기 연결들을 둔다. 예를 들어 $r = 2$이면 홀수 번째 층들 사이에만 건너뛰기 연결이 있다. 그러나 *DenseNet* 같은 이후 개선안들은 모든 층 사이에 건너뛰기 연결을 두어서 성과를 개선할 수 있음을 보여주었다. 그

---

[7] 일반적으로 보폭과 여백 채우기 두께가 1인 3×3 필터가 쓰인다. 이는 *VGG*의 원리들에서 시작해서 *ResNet*이 이어받은 관례이다.

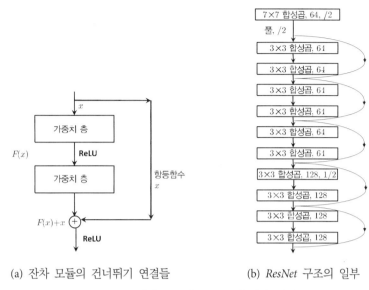

(a) 잔차 모듈의 건너뛰기 연결들　　　(b) *ResNet* 구조의 일부

그림 8.11: 잔차 모듈과 *ResNet*의 처음 몇 층들

림 8.11(a)에 나온 기본 구축 요소가 *ResNet*에 반복해서 쓰이므로, 건너뛰기 연결들을 따라 몇 번의 순전파 계산만 수행하면 입력이 출력에 전파된다. 그림 8.11(b)에 *ResNet* 의 일부 구조가 나와 있다. 이 그림은 34층 구조의 처음 몇 층을 표시한 것이다. 대부분의 건너뛰기 연결이 실선으로 표시되어 있는데, 이는 그 연결에 항등함수가 쓰임을 (따라서 필터 볼륨이 변하지 않음을) 뜻한다. 그러나 보폭이 2라서 공간 차원 크기와 깊이가 변하는, 따라서 항등함수 대신 투영 행렬이 필요한 연결도 있는데, 그런 연결은 점선으로 표시했다. 원논문 [184]는 층이 각각 34, 50, 101, 152개인 네 가지 구조를 시험했다. 그중 152층 구조가 최고의 성과를 냈지만, 34층 구조도 논문이 나온 전해의 ILSVRC 공모전 우승작보다 나은 성과를 보였다.

　건너뛰기 연결이 존재하면 방해 없이 기울기가 흘러가는 경로가 생겨서 역전파 알고리즘의 실행이 유의미한 수준으로 변하게 된다. 건너뛰기 연결은 일종의 '고속도로'로 작용해서 기울기의 흐름을 원활하게 할 뿐만 아니라, 입력에서 출력에 이르는 다양한(길이가 서로 다른) 경로를 만든다. 대부분의 특징은 가장 짧은 경로에서 학습되고, 더 긴 경로들은 나머지 특징들의 학습을 담당한다. 이러한 다중 경로 덕분에 학습 알고리즘은 주어진 특정한 입력에 대해 적절한 비선형성 수준을 선택할 수 있게 된다.

낮은 수준의 비선형성으로도 분류할 수 있는 입력은 다수의 층을 건너뛰는 짧은 경로로도 충분하고, 좀 더 복잡한 구조를 가진 입력은 해당 특징들을 추출하기 위해 더 많은 층을 거치게 된다. 긴 경로를 따르는 학습이 짧은 경로에서 배운 것을 세부 조정하는 것에 해당한다는 점에서, 이런 접근 방식을 잔차 학습(residual learning)이라고도 부른다.※ 다른 말로 하면, 이 접근 방식은 복잡도의 수준이 서로 다른 여러 측면이 존재하는 이미지들을 분류하는 데 적합하다. [184]는 더 깊은 층들의 잔차 반응이 비교적 작을 때가 많음을 보여준다. 이는 깊이를 고정하는 것이 학습에 방해가 된다는 직관을 지지하는 결과이다. 그런 경우, 기울기 흐름을 방해받지 않는 짧은 경로들이 학습의 상당 부분을 수행하므로 수렴 속도는 별로 문제가 되지 않는다. [505]는 이러한 구조에 짧은 길이의 여러 대안 경로들이 존재한다는 점에서 *ResNet*이 마치 얕은 신경망들의 앙상블처럼 행동한다는 흥미로운 통찰을 제공한다. 더 긴 경로들은 학습의 작은 일부만을 오직 꼭 필요할 때만 수행한다. 실제로 [505]는 *ResNet*의 구조를 풀어헤쳐서 서로 다른 경로들을 하나의 병렬 파이프라인에 명시적으로 표시한 도식도 제시한다. 풀어헤친 도식을 보면 *ResNet*과 앙상블 중심적 설계 원리들의 유사점을 명확하게 이해할 수 있다. 이런 관점은 훈련된 *ResNet*의 일부 층들을 생략해서 예측을 수행해도 *VGG* 같은 다른 구조들의 경우에 비하면 정확도가 그리 떨어지지 않는다는 통찰로도 이어진다.

넓은 잔차 신경망(wide residual network)에 관한 논문 [549]를 읽으면 더 많은 통찰을 얻을 수 있다. 이 논문은 잔차 신경망의 깊이를 증가하는 것이 항상 도움이 되지는 않음을 제시한다. 이는, 어차피 극히 깊은(긴) 경로들은 대부분 쓰이지 않기 때문이다. 건너뛰기 연결들을 도입하면 대안적인 경로들이 생기므로 신경망의 너비가 증가한다. [549]에 따르면, 전체 층 개수를 어느 정도 제한하고(이를테면 150 대신 50으로) 대신 각 층의 필터 개수를 늘리면 더 나은 결과를 얻을 수 있다. *ResNet* 이전 구조들을 기준으로 하면 50이라는 깊이도 상당히 크지만, 잔차 신경망의 최근 실험들에 쓰인 깊이에 비하면 작다. 이 접근 방식은 병렬화에도 도움이 된다.

※ **역주** 이 문장만 본다면 residual learning을 '나머지 학습' 또는 '보충 학습'으로 옮기는 게 더 낫겠지만, 원래 residual learning이라는 용어는 관측값과 예측값(모형의 출력)의 차이인 'error(오차)'가 아니라 입력과 예측값의 차이 'residual(잔차)'을 학습에 이용하는 것을 뜻하므로 그냥 잔차 학습으로 옮긴다.

건너뛰기 연결의 변형들

ResNet 구조가 제안된 후로, 더 나은 성과를 보이는 여러 변형이 제안되었다. 예를 들어, *ResNet*과는 독립적으로 제안된 **고속도로망**(highway network)[161]은 게이트 제어 건너뛰기 연결(gated skip connection)이라는 개념을 도입했다. *ResNet*의 건너뛰기 연결 구조보다 더 일반적인 구조로 간주되는 고속도로망은 건너뛰기 연결에 항등함수 대신 게이트를 사용하는데, 닫힌 게이트는 정보를 전달하지 않는다. 그런 경우 고속도로망은 잔차망과는 다르게 행동한다. 그러나 잔차망은 게이트들이 항상 열려 있는 게이트 제어망의 한 특수 사례로 간주할 수 있다. 고속도로망은 *ResNet*뿐만 아니라 LSTM과도 밀접하게 관련이 있다. 이미지 인식 과제의 경우에는 여전히 *ResNet*이 더 나은 성과를 보이는데, 이는 *ResNet*의 초점이 기울기를 여러 경로로 흐르게 하는 데 있기 때문이다. 원래의 *ResNet* 구조는 건너뛰기 연결들 사이에서 합성곱 층들이 그냥 모여 있는 형태였다. 그러나 건너뛰기 연결 사이에 인셉션 모듈(§8.4.4)들을 둔 *ResNext*[537]라는 변형도 있다.

표 8.3: 여러 ILSVRC 공모전 상위 입상작의 층수

이름	연도	층수	상위 5범주 오류율
	2012년 이전	≤ 5	$> 25\%$
AlexNet	2012	8	15.4%
ZfNet 및 *Clarifai*	2013	8 및 > 8	14.8% 및 11.1%
VGG	2014	19	7.3%
GoogLeNet	2014	22	6.7%
ResNet	2015	152	3.6%

모든 층 사이에 건너뛰기 연결을 두는 대신 합성곱 변환을 적용할 수도 있다. *DenseNet*[211]이 바로 그러한 구조이다. 층이 L개인 순방향 신경망은 L회의 변환을 수행하지만, 같은 깊이의 *DenseNet*은 $L(L-1)/2$회의 합성곱 변환을 수행한다. 다른 말로 하면, l번째 층은 그 이전에 있는 $(l-1)$개의 층들의 특징 맵들을 모두 결합한 결과를 사용한다. 건너뛰기 연결과 비슷하게, 이러한 구조는 각 층이 학습에 적합한 추상 수준을 선택하게 하는 것을 목표로 한다.

확률적 깊이(stochastic depth)를 사용하는 흥미로운 변형도 잘 작동하는 것으로 보인

다.[210] 이 변형은 훈련은 건너뛰기 연결들 사이의 일부 블록을 무작위로 생략해서 진행하고, 시험(예측)은 전체 신경망을 사용한다. 드롭아웃 기법도 노드들을 생략하긴 하지만, 드롭아웃은 신경망을 더 얕게 만드는 것이 아니라 더 좁게 만든다. 드롭아웃은 특징들의 공적응을 피하려는 것이지만 이 변형이 사용하는 층별 노드 생략은 기울기 흐름을 개선하기 위한 것이므로 목적이 다르다.

8.4.6 깊이의 효과

최근 ILSVRC 공모전에서 일어난 의미 있는 성능 개선은 계산 능력 향상, 가용 자료 증가, 그리고 더 깊어진 신경망을 효과적으로 훈련할 수 있는 구조 설계의 변화 덕분이다. 더 나은 구조를 원활하게 실험하려면 충분한 자료와 계산 능력이 필요하다는 점에서, 이 세 측면은 상보적이라 할 수 있다. 이 세 측면은 또한 알려진 문제점들을 가진 비교적 오래된 구조들(순환 신경망 등)의 세부 조정과 조율이 최근에 와서야 진행된 이유 중 하나이기도 하다.

여러 신경망 구조의 층수와 오류율이 표 8.3에 정리되어 있다. 2012~2015 사이의 비교적 짧은 기간에 정확도가 크게 증가한 것이 상당히 인상적이다. 이미지 인식 같은 잘 연구된 기계 학습 응용들 대부분에서 이런 획기적인 개선은 흔치 않다. 또한, 신경망의 깊이 증가가 오류율 개선과 밀접하게 상관된다는 점도 주목하기 바란다. 이 때문에 최근 연구들은 신경망의 깊이 증가에 맞게 알고리즘을 수정하는 데 중점을 두었다. 또 하나 주목할 점은, 모든 종류의 신경망 중 가장 깊은 것은 합성곱 신경망이라는 점이다. 흥미롭게도, 분류 같은 대부분의 응용에서 전통적인 순방향 신경망들은 아주 깊을 필요가 없다. 사실 '심층 학습'이라는 용어가 대중화된 데에는 합성곱 신경망의 인상적인 성과와 증가된 깊이에 의한 구체적인 개선들의 영향이 컸다.

8.4.7 미리 훈련된 모형들

이미지 영역의 분석가가 극복해야 할 난제 중 하나는 일부 응용의 경우 **분류명 붙은** (labeled) 훈련 자료, 즉 분류명들이 미리 주어진 훈련 자료를 구할 수 없다는 것이다. 예를 들어 사용자가 입력한 문구(텍스트)에 부합하는 이미지들을 찾는 이미지 검색 응용 프로그램을 개발할 때, 검색 대상 이미지들에 미리 적절한 분류명이 붙어 있지는 않다. 검색을 위해서는 그런 이미지들을 분석해서 이미지의 특징들에 맞는 적절한 문구를 생성해야 한다. 또한, 이미지들에 분류명들이 붙어 있긴 하지만 모든 이미지에 붙어 있는 것은 아닐뿐더러 *ImageNet* 같은 대형 자료 집합에 비하면 분류명들의 종류가 제한적일 수도 있다. 신경망을 구축하려면 대량의 훈련 자료가 필요하다는 점에서 이런 상황은 분석가에게 골칫거리가 된다.

그러나 이미지 자료의 멋진 특성 하나는 특정 자료 집합에서 추출할 특징들을 다른 자료 집합들에 재사용할 수 있을 가능성이 크다는 것이다. 예를 들어 픽셀 수와 색상 수가 같다고 할 때 고양이를 표현하는 특징들이 이미지마다 크게 다르지는 않다. 따라서 다양한 범주의 이미지들을 대표하는 일반적인 자료 집합 하나를 여러 용도로 재사용하는 것이 가능하다. 한 예로 *ImageNet* 자료 집합[581]에는 일상생활에서 마주치는 1000가지 범주의 이미지들이 백만 장 이상 들어 있다. 이 자료 집합에 있는 1,000가지 범주의 다양한 이미지들은 일상생활의 여러 측면을 충분히 잘 대표하기 때문에, 이 이미지들에서 추출한 특징들을 다양한 용도로 사용할 수 있다. 예를 들어 *ImageNet*에서 추출한 특징들을 미리 훈련된 합성곱 신경망(*AlexNet* 등)에 통과시키고 완전 연결 층들에서 다차원 특징들을 추출함으로써 *ImageNet*과는 전혀 다른 이미지 자료 집합을 표현하는 것도 가능하다. 그러한 새 표현은 분류와는 전혀 다른 응용(군집화, 검색 등)에 사용할 수 있다. 요즘은 이런 접근 방식이 아주 흔하게 쓰여서, 합성곱 신경망을 처음부터 훈련하는 경우가 거의 없을 정도이다. 마지막 이전 층에서 추출한 특징들을 FC7 특징이라고 부르는데, 이 이름은 *AlexNet*의 층 명명 방식에서 비롯된 것이다. 모든 합성곱 신경망의 마지막 이전 층이 *AlexNet*에서처럼 일곱 번째 층인 것은 아니지만, 어쨌든 FC7이라는 이름이 관례가 되었다.

ImageNet 같은 공공 자원에서 추출한 특징들을 훈련 자료가 충분치 않은 다른 종류의 문제를 푸는 데 사용한다는 점에서, 이런 '기성품(off-the-shelf)' 특징 추출 접근 방식[390]을 일종의 전이 학습(transfer learning)으로 간주할 수 있다. 이런 접근 방식은 여러 이미지 인식 과제에서 표준적인 관행이 되었으며, *Caffe*를 비롯한 여러 소프트웨어 프레임워크들이 이런 기능을 지원한다.[585, 586] 예를 들어 *Caffe*는 그런 미리 훈련된 모형들의 모음을 '동물원(zoo)'이라고 부른다. *Caffe*의 모형 동물원을 [586]에서 내려받을 수 있다. 추가적인 훈련 자료가 있다면, 그것을 더 깊은(즉, 출력층에 가까운 쪽의) 층들의 세부 조정에만 사용하면 된다. 즉, 앞쪽(입력층에 가까운 쪽) 층들의 가중치들은 고정하고 뒤쪽 층들의 가중치들만 갱신하는 것이다. 이렇게 하는 이유는, 앞쪽 층들은 윤

곽선 같은 기본적인 특징들만 포착하지만 뒤쪽 층들은 더 복잡한 특징들을 포착하기 때문이다. 기본 특징들은 응용의 종류에 크게 의존하지 않지만, 더 깊은 특징들은 주어진 응용 문제에 따라 크게 다를 수 있다. 예를 들어 그 어떤 이미지 자료 집합이든 하나의 물체가 여러 방향의 윤곽선들(앞쪽 층들이 포착하는)로 구성된다는 점은 공통이지만, 트럭의 바퀴에 해당하는 특징은 트럭 이미지들이 포함된 특정한 이미지 자료 집합에 고유한 것이다. 다른 말로 하면, 앞쪽 층들은 다양한 컴퓨터 시각 자료 집합으로 일반화하기 쉬운 특징들을 포착하는 반면 뒤쪽 층들은 주어진 자료 집합에 고유한 특징들을 포착하는 경향이 있다. [361]은 여러 자료 집합과 응용 과제에 대한 합성곱 신경망의 특징 전이 능력을 논의한다.

8.5 시각화와 비지도 학습

합성곱 신경망의 흥미로운 속성 하나는 합성곱 신경망이 학습할 수 있는 특징들을 사람이 이해하기가 비교적 쉽다는 것이다. 그러나 그런 특징들을 실제로 해석하려면 어느 정도의 노력이 필요하다. 해석을 돕는 직접적인 방법은 필터들의 2차원 성분들을 그대로 시각화해보는 것이다. 그러면 합성곱 신경망의 첫 층이 학습한 기본적인 선분들과 윤곽선들을 어느 정도 파악할 수 있다. 그러나 이런 접근 방식은 뒤쪽 층들에는 그리 유용하지 않다. 첫 층에서 필터들을 그런 식으로 시각화할 수 있는 것은 첫 층이 입력 이미지에 직접 작용하기 때문이다. 이 덕분에 이미지의 기본적인 특징들(윤곽선 등)을 실제로 볼 수 있다. 그러나 뒤쪽 층들의 필터는 합성곱 연산들을 거쳐서 추상화된 입력 볼륨들에 작용하기 때문에 시각화하기가 간단하지 않다. 사람이 해석할 수 있는 시각적 표현을 얻으려면 모든 연산의 영향을 거슬러 추적해서 입력층의 실제 이미지에 대응시키는 방법을 찾아야 한다. 그래서 많은 경우 합성곱 신경망 시각화의 목표는 특정 은닉 특징에 대응되는 이미지의 한 영역을 찾아서 그것을 강조하는 것이다. 예를 들어 어떤 은닉 특징의 값은 이미지에서 트럭의 바퀴에 해당하는 부분의 변화에 민감하지만 어떤 은닉 특징의 값은 트럭의 후드(엔진 뚜껑)에 해당하는 부분의 변화에 민감할 수 있다. 따라서, 은닉 특징과 이미지 영역 사이의 대응 관계를 파악하는 자연스러운 방법은 이미지의 각 픽셀에 대한 한 은닉 특징의 민감도(기울기)를 계산해 보는 것이다. 차차 보겠지만, 이런 종류의 시각화는 역전파와 비지도 학습, 전치 합성곱 연산과 밀접히 관련되며, 전치 합성곱 연산은 합성곱 기반 자동부호기의 복호기 부분에도 쓰인다. 이번 장의 나머지 부분은 이러한 밀접히 연관된 주제들을 일관된 흐름을 따라 설명한다.

시각화를 위해 하나의 이미지를 부호화하고 복호화하는 접근 방식은 크게 두 가지로 나뉜다. 하나는 압축된 특징 맵들을 이전 절들에서 논의한 임의의 지도 학습 기반 모형들로 학습하는 것이다. 지도 학습 방식으로 모형을 훈련한 후에는 주어진 한 특징의 활성화 값에 가장 크게 기여한 이미지 영역들을 재구축한다. 더 나아가서, 특정 은닉 특징 또는 특정 분류명을 활성화할 가능성이 가장 큰 이미지 영역들도 식별한다. 이후에 보겠지만, 이런 재구축와 식별을 가능하게 하는 역전파 및 최적화 방법은 다양하다. 또 다른 접근 방식은 합성곱 신경망(부호기)을 역합성곱 신경망(복호기)에 연결하는 순수한 비지도 방식이다. 나중에 설명하겠지만, 후자는 전치 합성곱에 해당한다. 이 방식은 역전파와 비슷하되, 부호기와 복호기의 가중치들을 결합적으로 학습함으로써 재구축 오차를 최소화한다는 점이 다르다. 첫 접근 방식이, 부호기를 지도 학습 방식으로 훈련한다는 점과 여러 은닉 특징에 대한 입력 이미지의 여러 영역의 영향만 학습하면 된다는 점에서 더 간단하다. 둘째 접근 방식에서는 가중치 학습을 위한 전체적인 신경망 훈련을 처음부터 끝까지 수행해야 한다.

8.5.1 훈련된 합성곱 신경망의 특징 시각화

이번에는 *ImageNet* 같은 커다란 자료 집합으로 미리 훈련한 합성곱 신경망의 특징들을 시각화하는 문제를 살펴보자. 시각화의 목표는 입력 이미지의 여러 영역(시신경 체계의 수용 영역에 비유할 수 있는)이 은닉층의 여러 특징과 출력층의 여러 특징(이를테면 *AlexNet*의 소프트맥스 출력 1000개)에 미치는 영향을 파악하는 것이다. 좀 더 구체적으로, 다음과 같은 목표를 달성하려고 한다.

1. 특정 입력 이미지에 대한 신경망의 임의의 한 특징에 대해, 그 특징의 활성화 값에 가장 많이 기여한 이미지 영역들을 시각화한다. 여기서 한 특징은 공간적으로 배치된 층들의 한 은닉 특징일 수도 있고 완전 연결 은닉층(이를테면 FC7)의 한 특징일 수도 있으며, 심지어는 출력층의 한 소프트맥스 출력값일 수도 있다. 출력층 특징의 시각화에서는 특정 입력 이미지와 분류명 사이의 구체적인 관계에 관한 통찰을 얻을 수 있다. 예를 들어 입력 이미지가 '바나나'로 분류되었을 때, 시

각화는 입력 이미지 중 바나나의 형태를 구성하는 영역들을 강조해야 한다.

2. 신경망의 임의의 한 특징에 대해, 자료 집합의 이미지 중 그 특징을 활성화할 가능성이 가장 큰 이미지를 찾는다. 1번 목표에서처럼 특징은 은닉 특징일 수도 있고 소프트맥스 출력일 수도 있다. 예를 들어 훈련된 신경망이 '바나나'라고 인식할 가능성이 가장 큰 이미지를 찾는다.

두 목표 모두, 가장 간단한 해법은 기울기에 근거해서 특정 특징의 영향을 파악하는 것이다. 둘째 목표는 상당히 어려운 편이며, 세심한 정규화 없이는 만족스러운 시각화 결과를 얻지 못할 때가 많다.

활성화된 특징의 기울기 기반 시각화

신경망 훈련에 쓰이는 역전파 알고리즘들은 기울기 기반 시각화에도 유용하다. 합성곱 신경망의 경우 역전파 기반 기울기 계산이 일종의 전치 합성곱임을 주목하기 바란다. 전통적인 자동부호기에서는 부호기 층에 쓰이는 가중치 행렬의 전치행렬을 복호기 층에 사용할 때가 많다. 이처럼 역전파와 특징 재구축은 밀접하게 관련되어 있으며, 그런 관계를 모든 신경망 구조에 적용할 수 있다. 전통적인 역전파 상황과 지금 논의의 주된 차이는, 지금 논의하는 목표를 달성하기 위해서는 가중치들에 대한 특징의 기울기가 아니라 **입력 이미지의 픽셀들에 대한 특징의 기울기(민감도)**를 계산해야 한다는 것이다. 그런데 전통적인 역전파 역시 중간 과정에서 여러 층에 대한 출력의 민감도를 계산하므로, 두 경우 모두 거의 동일한 역전파 알고리즘을 적용할 수 있다.

입력 픽셀들에 대한 출력 o의 민감도를 계산할 때, 해당 픽셀들에 대한 민감도를 시각화한 것을 **돌출 맵**(saliency map; 또는 관심 영역 지도)이라고 부른다.[456] 예를 들어 출력 o가 분류명 '바나나'의 소프트맥스 확률(또는, 소프트맥스를 적용하기 전의 정규화되지 않은 점수)이라고 하자. 돌출 맵을 만들려면 이미지의 각 픽셀 x_i에 대해 $\frac{\partial o}{\partial x_i}$의 값을 구해야 한다. 이 값들은 그냥 출력층에서 입력층까지 역전파를 수행해서 구할 수 있다.[8] 바나나의 식별과 무관한 이미지 영역들의 작은 변화에 대해서는 '바나나'의 소

---

8) 보통의 훈련 상황에서는 역전파를 은닉층까지만 수행할 뿐(해당 가중치들에 대한 기울기를 계산하기 위해) 입력층까지 진행하지는 않는다. 그러나 입력층으로의 역전파는 은닉층으로의 역전파와 다를 바 없으므로, 이를 위해 역전파 알고리즘을 크게 수정할 필요는 없다.

프트맥스 확률이 크게 변하지 않을 것이다. 따라서 그런 무관한 영역들에 대한 $\frac{\partial o}{\partial x_i}$ 의 값은 0에 가까울 것이다. 반면 바나나 형태를 형성하는 이미지 영역들에 대해서는 그 크기(절댓값)가 클 것이다. 예를 들어 *AlexNet*의 경우 **역전파된 기울기** $\frac{\partial o}{\partial x_i}$ 들은 하나의 $224 \times 224 \times 3$ 볼륨을 정의하는데, 이 볼륨의 일부 영역들에는 이미지의 바나나에 해당하는 큰 크기의 기울기들이 있다. 이 볼륨을 시각화하는 한 가지 방법은 기울기들로 구성된 3차원 볼륨을 RGB 세 채널로 이루어진 2차원 이미지로 간주해서 그것을 회색조 값들로만 이루어진 $224 \times 224 \times 1$ 회색조 이미지로 변환하는 것이다. RGB 색상을 회색조 값으로 변환하는 방법은 여러 가지이지만, 지금 목적에서는 그냥 세 채널의 절댓값 중 가장 큰 것을 회색조 값으로 선택하면 된다. 그러면 음이 아닌 값들로 이루어진 회색조 이미지가 나온다. 이 회색조 이미지에서 밝은 부분은 입력 이미지 중 주어진 분류명(바나나 등)과 유관한 영역들에 해당한다. 분류명의 활성화에 기여한 이미지 영역들을 회색조로 시각화한 예가 그림 8.12에 나와 있다. 예를 들어 그림 8.12(a)의 밝은 부분은 이미지의 동물 모양에 해당하는 특징들을 활성화했으며, 그 특징들은 동물의 분류명을 대표한다. 제2장의 §2.4에서 논의했듯이 이런 종류의 접근 방식은 합성곱 신경망뿐만 아니라 전통적인 신경망의 해석성과 특징 선택에도 쓰인다.

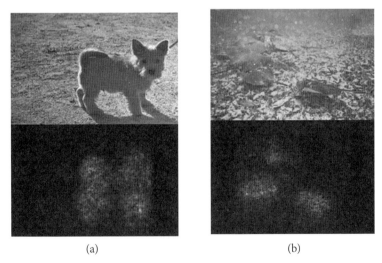

(a)　　　　　　　　　　　　　　　　(b)

그림 8.12: 특정 분류명의 예측에 기여한 이미지 영역들을 시각화한 예. 시모니언, 베달디, 지서만의 논문 [456]에 나온 이미지들을 허락하에 전재했음. ©2014 Simonyan, Vedaldi, Zisserman.

이러한 일반적인 접근 방식은 특정 은닉 특징의 활성화 값들을 시각화하는 데에도 쓰였다. 특정 입력 이미지에 대한 은닉 단위 h의 활성화 값을 생각해 보자. 현재의 활성화 수준에서 이 변수가 입력 이미지에 대해 어떻게 반응할까? 여기서 핵심은, 픽셀들의 색상 강도를 약간 증가하거나 감소한다고 할 때, 어떤 픽셀들에 대해서는 h가 좀 더 민감하게 반응할 것이라는 점이다. 은닉 단위 h의 값은 이미지의 작은 직사각형 영역, 즉 수용 영역에 영향을 받는다. 신경망의 앞쪽 층들에서는 은닉 단위의 수용 영역이 상당히 작고, 뒤쪽 층들에서는 훨씬 커진다. 예를 들어 VGG의 경우 첫 은닉층에 있는 한 은닉 단위의 수용 영역은 3×3밖에 되지 않는다. 은닉층의 특정 뉴런을 고도로 활성화한 특정 수용 영역에 해당하는 이미지 영역들의 예가 그림 8.13의 오른쪽에 나와 있다. 각 행의 이미지 영역들이 대체로 비슷한 모습임을 주목하기 바란다. 이는 우연이 아니라, 각 행이 특정 은닉 특징에 대응되기 때문이다. 한 행의 이미지 영역들의 차이는 입력 이미지 자체가 다르기 때문에 생긴 것이다. 한 행의 이미지들이 무작위로 선택된 것이 아니라는 점도 주목하기 바란다. 한 행의 이미지들은 해당 특징을 가장 크게 활성화한 이미지들이다. 해당 은닉 특징의 활성화에 관련된 비슷한 시각

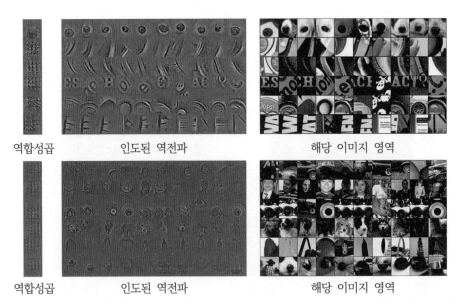

역합성곱　　　　인도된 역전파　　　　　해당 이미지 영역

역합성곱　　　　인도된 역전파　　　　　해당 이미지 영역

그림 8.13: 스프링겐베르크 외의 논문 [466]에 나온 활성화 값 시각화 예. 허락하에 전재했음.
©2015 Springenberg, Dosovitskiy, Brox, Riedmiller.

적 특징들을 가진 이미지들이 선택되기 때문에, 거기서 잘라낸 이미지 영역들 역시 대체로 비슷한 모습이다. 특징의 민감도에 대응되는 회색조 시각화 결과(가운데 열)는 해당 이미지 영역의 픽셀 값들에 대한 특징들의 민감도를 보여준다.

은닉 변수 h의 활성화 수준이 높은 경우 h는 수용 영역의 일부 픽셀들에 대해 다른 픽셀들보다 더 민감하게 반응한다. h의 민감도가 높은 픽셀들을 식별해서 해당 영역을 시각화하면 특정 은닉 특징에 가장 큰 영향을 준 입력 영역을 파악할 수 있다. 좀 더 구체적으로 말하면, 각 픽셀 x_i에 대한 은닉 특징의 기울기 $\frac{\partial h}{\partial x_i}$를 계산해서 그러한 기울기들이 큰 픽셀들을 선택하면 된다. 그런데 이를 위해 보통의 역전파 대신 'deconvnet' [556]이나 **인도된 역전파**(guided backpropagation)[466]를 사용하기도 한다. 역합성곱(deconvolution) 연산에 기초한 'deconvnet'(역합성곱 신경망을 뜻하는 deconvolution network를 줄인 것이다) 접근 방식은 합성곱 자동부호기에도 쓰인다. 이들은 ReLU 비선형 함수의 기울기를 역방향으로 전파하는 방식이 보통의 역전파와 다르다. 제3장의 표 3.1에 나와 있듯이, 역전파 과정에서 ReLU의 편미분은 ReLU의 **입력**이 양수일 때는 그대로 복사되지만 양수가 아니면 0으로 설정된다. 반면 'deconvnet' 방법에서는 ReLU의 편미분 자체가 0보다 크면 ReLU의 편미분이 복사된다. 이는 ReLU 함수를 역전파 단계에서 전파된 기울기에 적용하는 것과 비슷하다. 다른 말로 하면, 'deconvnet'은 표 3.1의 $\bar{g}_i = \bar{g}_{i+1} \odot I(\bar{z}_i > 0)$ 대신 $\bar{g}_i = \bar{g}_{i+1} \odot I(\bar{g}_{i+1} > 0)$을 사용한다. 여기서 $\bar{z}_i$는 순방향 활성화 값이고 $\bar{g}_i$는 ReLU 단위들로만 이루어진 i번째 층에 대해 역전파된 기울기이다. 함수 $I(\cdot)$는 성분별 지시함수로, 출력 벡터의 각 성분은 입력 벡터의 해당 성분이 주어진 조건을 만족하면 1이고 그렇지 않으면 0이다. 인도된 역전파는 $\bar{g}_i = \bar{g}_{i+1} \odot I(\bar{z}_i > 0) \odot I(\bar{g}_{i+1} > 0)$으로 두어서 전통적인 역전파에 쓰이는 조건들과 ReLU를 결합한다.

전통적인 역전파와 이 두 가지 역전파 변형이 그림 8.14에 나와 있다. [466]에 따르면, 전통적인 역전파보다 'deconvnet'의 시각화가 더 낫고, 'deconvnet'보다 인도된 역전파가 더 낫다.

전통적인 역전파와 'deconvnet'의 차이를 해석하는 한 가지 방법은 기울기 역전파를 복호기가 수행하는 역합성곱(부호기 합성곱의 전치) 연산으로 간주하는 것이다.[456] 단, 이 경우 복호기는 ReLU가 함의하는 기울기 기반 변환이 아니라 ReLU 함수를 다시 사용한다. 사실 모든 형태의 복호기는 부호기와 동일한 활성화 함수를 사용한다. [466]

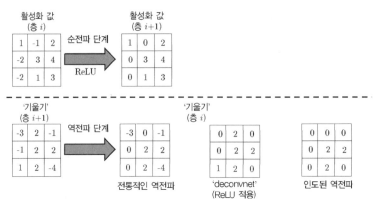

그림 8.14: 시각화를 위한 세 가지 ReLU 역전파 방법의 차이

에 나온 시각화 접근 방식의 또 다른 특성은 합성곱 신경망의 풀링 층들을 모두 무시하고 대신 보폭 있는 합성곱들에 의존한다는 것이다. [466]은 특정 이미지 입력에 대응되는 특정 층들의 여러 고활성화 뉴런들을 식별하고 그 은닉 뉴런들의 수용 영역에 대응되는 이미지 영역들을 시각화한 결과를 제시했다. 그림 8.13의 오른쪽에 은닉층의 특정 뉴런들에 대응되는 입력 영역들이 나와 있다는 점은 앞에서 언급했다. 그림 8.13의 왼쪽 부분은 그 뉴런들을 활성화한 이미지 영역들의 구체적인 특성을 보여준다. 그 부분에 'deconvnet' 방법과 인도된 역전파 방법으로 얻은 시각화 결과들이 나와 있다. 두 가지 인도된 역전파 시각화 결과 중 위쪽 것은 합성곱 신경망의 여섯 번째 층에 대응되고 아래쪽은 아홉 번째 층에 대응된다. 아래쪽 결과가 좀 더 복잡한 도형들을 담은 더 큰 이미지 영역들에 대응됨을 확인할 수 있을 것이다.

그림 8.15도 훌륭한 시각화의 예를 보여준다. 이 이미지들은 [556]에 나온 것인데, 'deconvnet' 대신 인도된 역전파에 기초한 [556]의 시각화 방법은 [466]과는 달리 최댓값 풀링 층들도 사용한다. 이 방법은 각 특징 맵에서 활성화 값 순으로 상위 아홉 개의 은닉 변수를 선택하고, 각 은닉 변수에 대해 그에 대응되는 이미지 영역을 식별해서 시각화한다. 그림에서 보듯이 앞쪽 층들의 은닉 특징들은 기본적인 선들에 대응되며, 뒤쪽으로 갈수록 형태가 점점 복잡해진다. 이는 합성곱 신경망을 위계적 특징들을 생성하는 수단으로 보는 이유 중 하나이다. 대체로 앞쪽 층들의 특징들은 좀 더 일반적이며, 따라서 다양한 범위의 자료 집합에 재사용할 수 있다. 뒤쪽 층들의 특징들은 주어진 개별 자료 집합에 좀 더 특화된 형태이다. 전이 학습 응용은 바로 이러한 점에

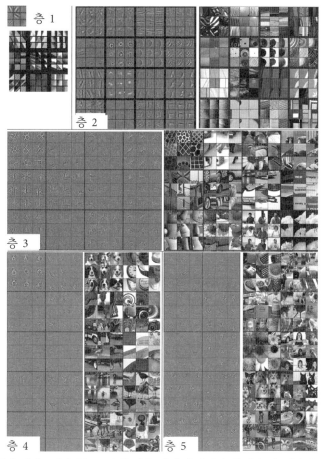

그림 8.15: 질러와 퍼거스의 논문 [556]에 나온 여러 층에서의 활성화 값 시각화 예. 허락하에 전재했음. ©2014 Springer International Publishing Switzerland.

착안해서, 널리 쓰이는 미리 훈련된 모형의 뒤쪽 층들만 주어진 응용에 고유한 자료 집합(비교적 작은)으로 세부 조정한다.

특징을 활성화하는 이미지의 생성

이상의 시각화 방법들은 특정한 하나의 이미지에서 특정 뉴런에 가장 큰 영향을 미친 영역들을 보여준다. 이보다 좀 더 일반적인 문제로, 여러 이미지 중 특정 뉴런을 활성화할 가능성이 가장 큰 것을 찾아보고 싶을 수도 있다. 논의의 편의를 위해 여기서는 특정 분류명의 출력 o(소프트맥스를 적용하기 전의 정규화되지 않은 값)에 가장 큰 영향을 미치는 이미지를 찾는 문제를 살펴본다. 예를 들어 o의 값은 '바나나'에 대한 정규화되지 않은 점수일 수 있다. 물론, 최종 출력(분류명 점수) 대신 중간 은닉층의 뉴런들에도 이런 접근 방식을 적용할 수 있지만, 명확한 설명을 위해서는 출력을 사용하는 것이 낫다. 그런 이미지를 찾는 문제는 o와 정칙화된 입력 이미지 $\overline{x}$의 차이가 최대가 되는 $\overline{x}$를 구하는 문제에 해당한다.

$$\text{Maximize}_{\overline{x}} J(\overline{x}) = (o - \lambda \|\overline{x}\|^2)$$

여기서 λ는 정칙화 매개변수이다. 의미론적으로 해석 가능한 이미지를 추출하기 위해서는 정칙화가 필요하다. 역전파와 경사 상승법(최대화 문제이므로 경사 하강법이 아니라 경사 상승법이라고 표현했다)의 조합을 이용하면 위의 목적함수를 최대화하는 입력 이미지 $\overline{x}$를 학습할 수 있다. 우선 0들로만 이루어진 초기 입력 이미지 $\overline{x}$로 시작해서, 역전파와 위의 목적함수에 대한 경사 상승법을 이용해서 $\overline{x}$를 갱신한다. 구체적인 갱신 공식은 다음과 같다(α는 학습 속도).

$$\overline{x} \Leftarrow \overline{x} + \alpha \nabla_{\overline{x}} J(\overline{x}) \tag{8.4}$$

이러한 접근 방식에서 중요한 것은, 보통의 역전파 기반 학습과는 달리 이 경우에는 (이미 학습된) 가중치들을 고정한 채로 **이미지 픽셀들을** 갱신하는 용도로 역전파를 사용한다는 것이다. 세 가지 분류명에 대해 이런 식으로 생성(합성)한 이미지들의 예가 그림 8.16에 나와 있다. [358]은 분류명들에 기초해서 좀 더 사실적인 이미지를 생성하는 다른 여러 고급 방법을 논의한다.

8.5.2 합성곱 자동부호기

전통적인 신경망에 기초한 자동부호기는 제2장과 제4장에서 논의했다. 기억하겠지만, 자동부호기는 입력 자료점들을 압축(부호화)했다가 재구축(복호화)한다. 자료를 압축하지 않고 희소 표현을 생성하는 경우도 있다. 자동부호기 구조에서 가장 압축된 층의 앞부분을 부호기(encoder), 뒷부분을 복호기(decoder)라고 부른다. 독자의 편의를 위해 전통적인 자동부호기의 구조를 그림 8.17(a)에 다시 표시해 두었다. 합성곱 자동부호기도 비슷한 원리에 따라 이미지들을 압축했다가 다시 재구축한다. 전통적인 자동부호기와 합성곱 자동부호기의 주된 차이점은, 후자는 자료점들 사이의 공간적 관계를 이용해서 시각적으로 해석 가능한 특징들을 추출하는 데 초점을 둔다는 것이다. 중간 층들에서 수행되는 공간적 합성곱 연산들이 그러한 특징 추출을 담당한다. 합성곱 자동부호기의 구조가 그림 8.17(b)에 나와 있다. 그림 8.17(a)에 나온 전통적 자동부호기의 구조와 비교해 보기 바란다. 전통적인 자동부호기와는 달리 합성곱 자동부호기가 입체적으로 묘사되어 있는데, 이는 합성곱 자동부호기의 부호기와 복호기가 3차원 볼륨들을 다룬다는 점을 강조하기 위한 것이다. 그림 8.17(b)의 기본 구조를 다양한 방식으로 변형할 수 있다. 예를 들어 응용에 따라서는 중간 부분에 완전 연결 층들을 도입해서 3차원 볼륨을 평평하게 펼칠 수도 있다. 그런 완전 연결 층은 주어진 응용이 요구하는 다차원 부호 벡터(특징들 사이의 공간적 제약에서 벗어난)를 생성하는 역할을 한다. 그러나 이하의 논의에서는 간결함을 위해 중간의 압축된 부호가 원래의 공간적 볼륨 형태라고 가정한다.

압축을 수행하는 부호기가 합성곱 연산을 사용하는 것과 대칭으로, 복호기는 **역합성곱** 연산을 사용한다. 또한, 부호기의 풀링 연산은 복호기의 **역풀링**(unpooling) 연산에 대응된다. 역합성곱을 **전치 합성곱**이라고 부르기도 한다. 흥미롭게도, 이 전치 합성곱 연산은 합성곱 신경망의 역전파에 쓰이는 연산이기도 하다. 이 역합성곱이라는 용어는 조금 오해의 소지가 있다. 사실 역합성곱도 그냥 합성곱 연산이다. 단지, 원래의 합성곱에 쓰인 필터에 해당하는 텐서를 뒤집어서(전치; 그림 8.7과 식 8.3 참고) 만든 필터를 사용하는 것일 뿐이다. 앞에서 'deconvnet'이 역전파와 비슷한 원리를 사용한다는 점을 이야기했다. 역전파와의 주된 차이점은 ReLU 함수의 처리 방식에 있다. 이런 측면에서 합성곱 자동부호기의 역합성곱은 시각화를 위한 'deconvnet'이나 **인도된** 역전파에 좀 더 가깝다. 실제로 합성곱 자동부호기의 복호기는 기울기 기반 시각화의 역전파 단계와 비슷한 연산들을 수행한다. 일부 합성곱 자동부호기 구조들은 풀링 및 역풀링을 완전히 생략하고 합성곱 연산들만(활성화 함수들과 함께) 사용한다. 대표적인 예가 **완전 합성곱 신경망**(fully convolutional network, FCN)[449, 466]이다.

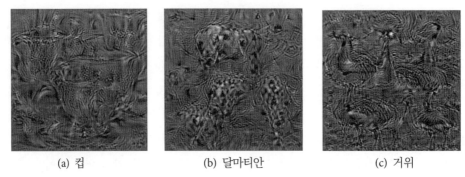

(a) 컵   (b) 달마티안   (c) 거위

그림 8.16: 특정 분류명에 대해 생성한 이미지들의 예. 시모니언, 베달디, 지서만의 논문 [456]에 나온 이미지들을 허락하에 전재했음. ©2014 Simonyan, Vedaldi, Zisserman.

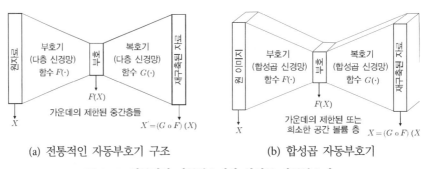

(a) 전통적인 자동부호기 구조   (b) 합성곱 자동부호기

그림 8.17: 전통적인 자동부호기와 합성곱 자동부호기

    역합성곱 연산이 합성곱 연산과 그리 다를 바 없다는 것은 놀랄 일이 아니다. 전통적인 순방향 신경망에 기초한 자동부호기에서도, 복호기는 부호기의 행렬 곱셈과 같은 종류의 행렬 곱셈을 수행한다. 다만 전치된 가중치 행렬을 사용한다는 점이 다를 뿐이다. 표 8.4는 전통적인 자동부호기와 합성곱 자동부호기의 유사성을 정리한 것이다. 두 자동부호기에서 순전파와 역전파의 관계가 비슷하다는(해당 행렬 연산들의 대칭적인 수행 방식 측면에서) 점을 주목하기 바란다. 부호기와 복호기의 관계 역시 마찬가지이다.

표 8.4: 역전파와 복호기의 관점에서 본 전통적인 신경망과 합성곱 신경망의 유사성

선형 연산	전통적인 신경망	합성곱 신경망
순전파	행렬 곱셈	합성곱
역전파	전치된 행렬 곱셈	전치 합성곱
복호기 층	전치된 행렬 곱셈(역전파와 동일)	전치 합성곱(역전파와 동일)

합성곱 신경망에는 세 가지 연산, 즉 합성곱, 최댓값 풀링, ReLU 비선형 함수가 쓰인다. 합성곱 신경망에 기초한 자동부호기의 복호기 부분은 부호기 부분에서 수행된 세 가지 연산의 역을 수행해야 한다. 그런데 최댓값 풀링과 ReLU의 역연산을 정확히 수행하는 것은 쉽지 않다. 다행히, 근사적인 역연산을 사용한다고 해도 구조를 현명하게 설계하면 이미지를 훌륭하게 재구축할 수 있다. 그럼 부호기 부분의 합성곱 층, ReLU 층, 최댓값 풀링 층이 각각 하나씩인 간단한 자동부호기를 먼저 설명하고, 그것을 다층 구조로 일반화하는 방법을 논의하기로 하자.

원칙적으로 복호기는 부호기가 수행한 연산들을 정확히 거꾸로 수행해야 하지만, ReLU는 애초에 가역 함수가 아니다. 출력이 0이 되는 입력들이 무수히 많기 때문이다. 다른 방법도 있지만, 여기서는 그냥 복호기 층에 부호기의 것과는 다른 ReLU 함수를 사용한다. 이 예의 간단한 자동부호기의 전체적인 구조는 다음과 같다.

$$\underbrace{\text{합성곱} \Rightarrow \text{ReLU} \Rightarrow \text{최댓값 풀링}}_{\text{부호기}} \Rightarrow \text{부호} \Rightarrow \underbrace{\text{언풀링} \Rightarrow \text{ReLU} \Rightarrow \text{역합성곱}}_{\text{복호기}}$$

부호기와 복호기의 층들이 대칭적으로 배치되어 있음을 주목하기 바란다. 그런데 이러한 기본 구조를 다양한 방식으로 변형할 수 있다. 예를 들어 ReLU를 역합성곱 다음에 둔 변형도 있고, 부호기 부분이 복호기 부분보다 더 깊은, 비대칭적인 구조를 가진 변형도 있다.[310] 그러나 이 기본 구조에 대칭적으로 층들을 더 추가한 변형에서는, 하나의 분류 출력층과 함께(그리고 *ImageNet* 같은 지도 학습용 훈련 자료 집합으로) 부호기 부분만 훈련한 후 복호기 부분(전치된 필터들을 적용하는)을 이용해서 'deconvnet' 방식의 시각화를 수행하는 것이 가능하다.[556] 이런 자동부호기 초기화 방법 외에, 비지도 학습 방식으로 부호기와 복호기를 결합해서 훈련하는 개선된 학습 방법도 나중에 논의하겠다.

여기서는 합성곱 층과 ReLU 층을 개별적인 층으로 간주한다. 따라서 이 자동부호기

는 입력층과 출력층을 포함해서 총 7개의 층으로 이루어진다. 이 예에서는 부호기와 복호기가 합성곱 층을 각각 하나씩만 사용하지만, 실제 응용에서는 층들을 더 추가해서 좀 더 강력한 구조를 만든다. 그러나 풀링과 언풀링, 합성곱과 역합성곱의 관계를 설명하기에는 이처럼 단순화된 구조를 예로 드는 것이 편하다. 또한, 압축된 부호가 공간적 볼륨 형태를 유지한다는 점도 설명을 위해 단순화한 부분이다. 실제 응용에서는 완전 연결 층을 도입해서 다른 형태의 표현을 만드는 것이 더 유용하다. 그렇긴 하지만, 기운데 층의 공간적 볼륨은 시각화에 사용할 수 있다는 장점이 있다.

부호기 부분의 첫 층(합성곱 층)이 $F_1 \times F_1 \times d_1$ 크기의 정사각 필터 d_2개를 사용한다고 하자. 그리고 첫 층의 입력 볼륨의 크기가 $L_1 \times L_1 \times d_1$이라고 하자. 첫 층의 p번째 필터의 (i, j, k)번째 성분에 부여된 가중치를 $w_{ijk}^{(p,1)}$로 표기한다. 이러한 표기법은 §8.2에서 합성곱 연산을 설명할 때 사용한 것과 동일하다. 합성곱 연산을 수행할 때는 여백 채우기 두께를 적절히 설정해서 다음 층의 특징 맵이 현재 층의 입력 볼륨과 같은 크기가 되게 할 때가 많다. 지금 예에서 둘째 층 특징 맵의 너비와 높이가 L_1이 되게 하려면 첫 층의 여백 채우기 두께를 $F_1 - 1$로 두어야 한다. 이런 방식의 여백 채우기를 **절반 채우기**(half-padding)라고 부른다. 그런데 합성곱 층에서 여백 채우기를 전혀 수행하지 않을 수도 있다. 그런 경우 해당 역합성곱 층에서는 완전 채우기를 수행해야 한다. 일반화하자면, 복호기가 원래의 입력 볼륨과 같은 크기의 결과를 산출하려면 짝을 이루는 합성곱 층과 역합성곱 층의 채우기 두께들의 합이 반드시 $F_1 - 1$이어야 한다.

이 예에서는 각 $W^{(p,1)} = [w_{ijk}^{(p,1)}]$이 하나의 3차원 텐서이지만, 색인 p를 추가해서 4차원 텐서를 만드는 것도 가능하다는 점을 기억하기 바란다. 역합성곱 연산은 이 텐서의 전치를 사용하는데, 이는 역전파(§8.3.3)에 쓰이는 접근 방식과 비슷하다. 이 예에서 부호기의 합성곱 연산에 대응되는 역합성곱 연산은 층 6에서 층 7로 넘어가는 과정에서 수행된다(층 번호들은 중간의 ReLU/풀링/언풀링 층들을 포함해서 매긴 것이다). 따라서, $W^{(p,1)}$에 대응되는 역합성곱 텐서는 $U^{(s,6)} = [u_{ijk}^{(s,6)}]$이다. 층 6에는 d_2개의 특징 맵들이 있다. 이 특징 맵 개수는 첫 층의 합성곱 연산의 필터 개수에서 비롯된 것이다 (풀링/언풀링/ReLU 연산들은 특징 맵 개수를 바꾸지 않는다). 복호기는 d_2개의 특징 맵들을 d_1개의 2차원 격자로 사상해야 하는데, 지금 예처럼 입력 이미지가 세 가지 색상 채널(RGB)로 이루어진 경우 d_1은 3이다. 정리하자면, 역합성곱 층의 필터 개수는 합성곱 층의 필터 깊이와 같고, 그 역도 마찬가지이다. 이러한 형태상의 변화를 필터들이 생성한 4차원 텐서의 전치 및 공간 뒤집기의 결과로 생각하면 될 것이다. 수식으로 표현하자면, 두 4차원 텐서 성분들의 관계는 다음과 같다.

$$u_{ijk}^{(s,6)} = w_{rms}^{(k,1)} \qquad \forall\, s \in \{1 \ldots d_1\}, \;\; \forall\, k \in \{1 \ldots d_2\} \tag{8.5}$$

여기서, 첫 층의 격자 크기가 $n \times n$이라 할 때 $r = n - i + 1$이고 $m = n - j + 1$이다. 이 관계식에서 색인 s와 k가 놓인 위치의 변화를 잘 살펴보기 바란다. 이러한 관계는 식 8.3의 것과 같다. 단, 부호기와 복호기에 반드시 가중치들을 연관시켜야 하는 것은 아니며, 심지어 부호기와 복호기가 반드시 대칭적인 형태이어야 하는 것도 아니라는 점을 기억하기 바란다.[310]

층 6은 필터 $U^{(s,6)}$들을 다른 합성곱 연산에서과 같은 방식으로 적용해서 활성화 값들로 이루어진 특징 맵을 RGB 색상으로 이루어진 이미지로 변환한다. 즉, 역합성곱 연산은 그냥 합성곱 연산이며, 단지 전치되고 공간적으로 뒤집힌 필터를 이용한다는 점이 다를 뿐이다. §8.3.2에서 논의했듯이 이런 종류의 역합성곱 연산은 역전파에도 쓰인다. 그 절에서는 합성곱과 역합성곱 연산을 행렬 곱셈 형태로 수행할 수 있다는 점도 이야기했다.

합성곱·역합성곱과는 달리 풀링 연산은 정확한 역연산이 불가능하다. 풀링 결과를 언풀링하면 반드시 정보가 손실된다. 이는 풀링(최댓값 풀링) 연산이 풀링 영역의 최댓값 하나만 보존하기 때문이다. 흔히 쓰이는 최댓값 언풀링 접근 방식은 **스위치**switch 변수들을 이용한다. 이 접근 방식에서는 풀링 수행 시 최댓값들의 정확한 위치를 저장해 둔다. 예를 들어 풀이 2×2이고 보폭이 2인 일반적인 상황을 생각해 보자. 이 경우 풀링은 겹치지 않는 풀링 영역들 각각에서 $2 \times 2 = 4$개의 값 중 가장 큰 값을 선택한다. 결과적으로 풀링은 볼륨의 각 차원(너비와 높이)을 각각 절반으로 줄인다. 스위치 기반 언풀링에서는 풀링 연산 시 각 최댓값의 정확한 위치를 스위치 변수에 저장해 둔다. 언풀링은 각 차원을 두 배로 늘리는데, 이때 저장해 둔 스위치 위치를 이용해서 각 값을 원래 위치의 성분에 복사한다. 그 외의 성분들은 모두 0으로 설정한다. 따라서, 풀들이 겹치지 않는 2×2 최댓값 풀링-언풀링에 의해 원래 층에 있던 성분들의 정확히 75%는 원래의 값을 잃고 그냥 0이 되어버린다.

전통적인 자동부호기와 비슷하게, 합성곱 기반 자동부호기의 손실함수는 입력 전체 (지금 예에서는 $L_1 \times L_1 \times d_1$개의 픽셀)에 대한 재구축 오차로 정의된다. 첫 층(입력 층)의 각 픽셀 값이 $h_{ijk}^{(1)}$이고 층 7(출력층)에서 재구축된 해당 픽셀 값이 $h_{ijk}^{(7)}$이라고 할 때, 재구축 손실 E의 정의는 다음과 같다.

$$E = \sum_{i=1}^{L_1} \sum_{j=1}^{L_1} \sum_{k=1}^{d_1} (h_{ijk}^{(1)} - h_{ijk}^{(7)})^2 \tag{8.6}$$

이와는 다른 종류의 오차함수(L_1 손실함수나 음의 로그가능도 등)들도 쓰인다.

이러한 자동부호기를 보통의 역전파 알고리즘으로 훈련할 수 있다. 역합성곱이나 ReLU에 대한 역전파는 합성곱에 대한 역전파와 다르지 않다. 최댓값 언풀링의 경우에는 그냥 최댓값(스위치 변수에 위치를 저장해 둔)들에 대해서만 기울기들을 통과시키면 된다. 부호기와 복호기의 매개변수들이 묶여 있으므로, 경사 하강법 과정에서 서로 묶인 매개변수들의 기울기들을 합산할 필요가 있다. 또한, 역합성곱 층에 대한 역전파에 쓰이는 연산들이 합성곱 층에 대한 순전파의 연산들과 거의 동일하다는 점도 주목하기 바란다. 이는 역전파와 역합성곱 모두 4차원 텐서의 전치를 이용해서 변환을 수행하기 때문이다.

실제 응용에는 이러한 기본적인 자동부호기에 합성곱/풀링/ReLU 층들을 더 추가해서 만든 모형이 쓰인다. [554]는 그러한 다층 자동부호기의 몇 가지 문제점을 논의하고 성능을 개선하는 여러 요령을 제시한다. 성능 개선을 위해 단순히 층을 더 추가하는 것 이외의 구조 변경을 시도하는 경우도 많다. 특히, 최댓값 풀링 대신 보폭이 1보다 큰 합성곱을 이용해서 자동부호기의 볼륨 크기를 줄이는 방법이 흔히 쓰이는데, 이 경우 복호기에서 볼륨 크기를 복원하려면 반드시 보폭이 **분수**(소수)인 합성곱을 사용해야 한다. 부호기에서 보폭 S와 적절한 여백 채우기 두께를 적용해서 볼륨 크기를 줄인다고 할 때, 복호기에서 볼륨 크기를 복원하는 한 가지 요령은 다음과 같다. 복호기에서 합성곱(역합성곱)을 수행할 때, 모든 성분이 0인 행 $S-1$개를 복호기에 대한 입력 볼륨의 각 행 다음에 끼워 넣는다.9) 또한, 모든 성분이 0인 열 $S-1$개를 마찬가지로 각 열 다음에 끼워 넣는다. 그러면 입력 볼륨은 너비와 높이 모두 약 S배로 커진

---

9) http://deeplearning.net/software/theano/tutorial/conv_arithmetic.html의 예제와 도식들을 참고하기 바란다.

다. 또한, 전치된 필터로 합성곱을 수행하기 전에 볼륨 가장자리의 여백을 적절한 두께로 채운다. 이상의 요령을 적용하면, 결과적으로 보폭이 분수인 합성곱을 이용해서 출력 볼륨을 원래 크기로 복원한 것과 같은 효과가 생긴다. 이 요령을 조금 변형해서, 입력 볼륨의 크기를 키울 때 모든 성분이 0인 행을 끼워 넣는 대신 입력 볼륨의 인접한 행들의 값을 보간한 값들로 이루어진 행들을 끼워 넣을 수도 있다(열들도 마찬가지). 이때 보간은 인접한 네 개의 값들의 볼록 결합(convex combination)으로 구하되, 값들 사이의 거리를 보간의 가중치(비례 계수)로 사용한다.[449] 입력 볼륨뿐만 아니라 필터도 같은 방식으로(0들을 채워서) 크기를 키우는 접근 방식도 있다.[449] 이처럼 필터를 키우는 접근 방식을 **팽창된 합성곱**(dilated convolution)이라고 부르는데, 분수 보폭 합성곱만큼 흔히 쓰이지는 않는다. [109]는 합성곱 산술을 상세히 논의한다(분수 보폭 합성곱도 포함해서). 전통적인 자동부호기에 비해 합성곱 자동부호기는 구현이 다소 까다로우며, 성능 개선을 위한 변형도 많이 있다. 좀 더 공부하고 싶은 독자는 이번 장 끝의 문헌 정보를 보기 바란다.

지도 학습 방식의 자동부호기의 성과를 비지도 학습 방법을 이용해서 개선하는 것도 가능하다. 가장 두드러진 방법은 제4장의 §4.7에서 논의한 **사전훈련**이다. 합성곱 신경망에 대한 사전훈련은 전통적인 신경망에 대한 사전훈련과 원칙적으로 그리 다르지 않다. 훈련된 **심층 믿음 합성곱 신경망**(deep-belief convolutional network)의 가중치들을 추출하는 형태의 사전훈련도 가능하다.[285] 이는 전통적인 신경망에 대한 사전훈련 초창기에 중첩된 볼츠만 기계들을 사전훈련용으로 사용한 것과 비슷하다.

8.6 합성곱 신경망의 응용

합성곱 신경망은 물체 검출, 위치 추정(국소화), 동영상 처리, 텍스트 처리 등 다양한 용도로 쓰인다. 이런 응용 중에는 합성곱 신경망을 특징 공학에 사용하고, 그에 기초해서 다층 신경망을 구축하는 형태도 많다. 합성곱 신경망은 거의 모든 다른 신경망을 훨씬 능가하는 성공을 거두었다. 심지어 최근에는, 전통적으로 순환 신경망의 영역이었던 순차열 대 순차열 학습에 합성곱 신경망을 활용하는 방안들도 제안되었다.

8.6.1 내용 기반 이미지 검색

내용 기반 이미지 검색(content-based image retrieval)에서는 먼저 각 이미지에 적절한 분류 모형을 적용해서 다차원 특징 집합을 얻는다. 이때, *ImageNet* 같은 거대한 자료 집합을 이용해서 미리 훈련해 둔 합성곱 신경망(*AlexNet* 등)을 그러한 분류 모형으로 사용하는 것이 일반적이다. 그런 용도로 사용할 수 있는 미리 훈련된 여러 분류 모형을 [586]에서 구할 수 있다. 그러한 분류 모형의 완전 연결 층들에서 추출한 특징들로 이미지의 다차원 표현을 만들고, 그러한 다차원 표현들에 대해 임의의 다차원 검색(조회) 시스템을 적용해서 사용자가 제시한 내용에 부합하는 이미지를 찾는다. 이러한 접근 방식으로 고품질의 검색 결과를 얻을 수 있다. [16]은 이미지 검색에 신경망 부호(neural code; 이미지에서 추출한, 이미지를 서술하는 고수준 특징)를 활용하는 방법을 논의한다. 이러한 접근 방식은 *AlexNet*에서 추출한 특징들이 자료 집합에 존재하는 다양한 종류의 도형들에 대해 의미론적 유의성을 가지고 있기 때문에 가능한 것이다. 결과적으로, 이런 특징들을 이용해서 검색을 수행하면 상당히 높은 품질의 검색 결과가 나온다.

8.6.2 물체 위치 추정

물체 위치 추정(object localization)은 이미지에 있는 물체들을 식별해서 각 물체가 있는 직사각형 영역을 파악하는 것을 말한다. 일반적으로 물체 위치 추정은 **고정된** 개수의 물체들을 대상으로 한다. 이하의 논의에서는 이미지에 하나의 물체가 존재하는 간단한 경우를 살펴보겠다. 보통의 경우 이미지 물체 위치 추정은 분류 문제와 통합된다.

그림 8.18: 이미지 분류/위치 추정의 예. 분류명 '물고기'에 해당하는 이미지 영역이 흰색 경계 상자로 강조되어 있다. 이 그림은 단지 설명을 위해 만든 것일 뿐이다.

즉, 먼저 이미지에 있는 물체를 분류하고, 그것이 위치 추정 대상이면 그 물체 주변에 직사각형 경계 상자를 표시한다. 그림 8.18에 이미지 물체 분류 및 위치 추정의 예가 나와 있다. 그림은 시스템이 이미지 안의 물체를 '물고기'로 분류하고 그 주변에 직사각형 경계 상자를 배치한 모습을 보여준다.

2차원 이미지 안의 한 경계 상자(bounding box)를 네 개의 수치로 정의할 수 있다. 흔히 쓰이는 관례는 경계 상자의 왼쪽 위 모퉁이의 좌표와 경계 상자의 크기를 사용하는 것이다. 하나의 2차원 좌표가 두 개의 수치로 정의되고 직사각형의 크기 역시 두 개의 수치(너비와 높이)로 정의되므로, 총 네 개의 수치로 하나의 경계 상자를 정의할 수 있다. 경계 상자의 네 수치를 추정하는 것은 목푯값이 여러 개인 회귀 문제에 해당한다. 여기서 핵심은, 분류와 회귀를 위한 모형들이 거의 동일하다는 것이다. 단지 마지막 두 완전 연결 층의 구성이 다를 뿐이다. 이는 합성곱 신경망에서 추출한 의미론적 특징들이 아주 다양한 과제에 잘 일반화되는 경향 덕분이다. 정리하자면, 물체 위치 추정 과정은 다음과 같다.

1. 우선 *AlexNet* 같은 분류 모형을 훈련한다. 이 단계에서는 이미지-분류명 쌍으로 이루어진 자료 집합으로 분류 모형만 훈련하면 된다. 실제 응용에서는 이 단계를

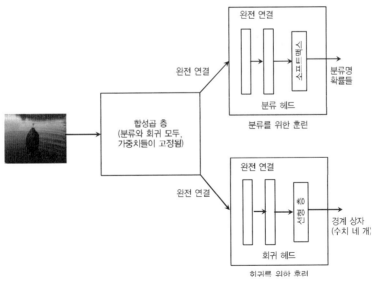

그림 8.19: 분류 및 위치 추정 시스템의 전체적인 구조

아예 생략하고, *ImageNet* 같은 대규모 자료 집합으로 미리 훈련한 모형을 사용하는 경우도 많다.

2. 모형에서 마지막 두 완전 연결 층과 소프트맥스 층들을 제거한다. 제거된 층들을 **분류 헤드**(classification head)라고 부른다. 그런 다음 새로운 완전 연결 층 두 개와 회귀 층 하나를 모형에 추가한다. 이 세 개의 층을 **회귀 헤드**(regression head)라고 부른다. 이제 위치를 추정할 물체가 있는 이미지와 해당 경계 상자 수치로 이루어진 훈련 견본들로 회귀 헤드의 세 층만 훈련한다. 이 훈련 과정에서 합성곱 층들의 가중치들은 고정됨을(즉, 변하지 않음을) 주의하기 바란다. 분류 헤드와 회귀 헤드가 그림 8.19에 나와 있다. 분류 헤드와 회귀 헤드는 완전히 분리되어 있으므로, 이들을 따로 훈련할 수 있다. 합성곱 층들은 분류와 회귀 모두에서 시각적 특징들을 생성하는 역할을 한다.

3. 필요하다면 분류와 회귀 모두에 민감한 합성곱 층들을 세부 조정한다. 생략 가능한 이 단계는 애초에 합성곱 층들이 분류를 위해서만 훈련되었다는 점을 보충하기 위한 것이다. 분류 헤드와 회귀 헤드를 모두 모형에 부착하고 이미지와 분류명, 경계 상자로 이루어진 훈련 견본들로 모형을 훈련한다.

4. 분류 헤드와 회귀 헤드가 모두 부착된 전체 구조(그림 8.19)에 시험 이미지를 입력한다. 이에 대해 분류 헤드는 분류명 확률들을 산출하고, 회귀 헤드는 경계 상자 수치들을 산출한다.

영역 이동(sliding window; 또는 구간 이동) 접근 방식을 이용해서 검색 품질을 더 높이는 것도 가능하다. 영역 이동 접근 방식의 핵심은 이미지 위에서 인식 영역(window)을 이동하면서 여러 장소에 대해 위치 추정을 수행한 결과들을 취합한다는 것이다. [441]에 나온 *Overfeat* 방법이 이러한 접근 방식의 예이다. 그 밖의 위치 추정 방법에 관해서는 §8.8에 제시된 문헌 정보들을 보기 바란다.

8.6.3 물체 검출

물체 검출(object dectection)은 물체 위치 추정과 아주 비슷하나, 이미지에 있는, **미리 고정되지 않은** 개수의 물체들을 식별한다는 점이 다르다. 즉, 물체 검출에서는 한 이미지에 있는 식별 가능한 모든 물체를 찾아내려고 한다. 그림 8.20에 물체 검출의 예가 나

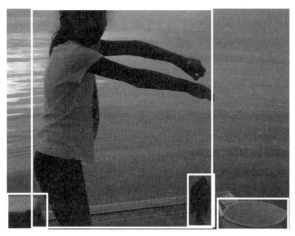

그림 8.20: 물체 검출의 예. 네 종류의 분류명 '물고기', '소녀', '양동이', '의자'에 해당하는 물체들이 경계 상자로 표시되어 있다. 이 이미지는 단지 설명을 위한 것일 뿐이다.

와 있다. 이 그림은 각각 '물고기', '소녀', '양동이', '의자'로 분류된 네 개의 물체를 찾아낸 결과를 보여준다. 찾아낼 물체들의 개수가 가변적이라는 점에서, 물체 검출이 일반적으로 물체 위치 추정보다 더 어려운 문제이다. 무엇보다도, 물체 검출에서는 이미지에서 몇 개의 물체를 찾아야 하는지도 미리 알려지지 않는다. 앞에서 본 물체 위치 추정용 모형에서 분류 헤드와 회귀 헤드가 각각 하나씩인 것은, 검출할 물체가 하나임이 미리 정해져 있었기 때문이다. 그러나 물체 검출에서는 헤드들을 몇 개나 부착해야 할지 미리 알 수 없다.

이 문제에 대한 가장 간단한 해결책은 영역 이동 접근 방식을 이용하는 것이다. 영역 이동 접근 방식에서는 이미지의 모든 가능한 경계 상자에 대해 물체 위치 추정 방법을 적용해서 각각 하나의 물체를 검출해 본다. 결과적으로, 한 이미지의 여러 경계 상자에서 여러 물체를 검출하거나, 또는 서로 겹치는 경계 상자들에서 같은 물체를 검출하게 된다. 그런 식으로 여러 경계 상자에서 검출한 결과들을 조합해서 최종 결과를 산출한다. 그러나 안타깝게도 이러한 접근 방식은 비용이 상당히 클 수 있다. $L \times L$ 크기의 이미지에 존재할 수 있는 모든 가능한 경계 상자는 L^4개이다. 그러한 시험 시점에서 L^4개의 경계 상자 각각에 대해 분류/회귀를 수행하는 것은 그리 효율적이지 않다. 일반적으로 사용자는 검색 결과를 거의 실시간으로 얻길 바란다는 점에서, 이는 중요한 문제이다.

이 문제에 대한 해결책으로 **영역 제안 방법**(region proposal method)들이 제시되었다. 영역 제안 방법의 기본 착안은, 비슷한 픽셀들을 가진 여러 영역을 합쳐 좀 더 큰 영역을 만들어서 분류/회귀 대상 영역들의 수를 줄인다는 것이다. 따라서 영역 제안 방법은 일종의 범용 물체 검출기의 역할을 한다고 할 수 있다. 영역 제안 방법이 비슷한 영역들을 합쳐서 일단의 후보 경계 상자들을 생성하면, 그 경계 상자들 각각에 대해 물체 분류/위치 추정을 수행한다. 영역 제안 방법이 제안한 후보 영역 중에는 유효한 물체가 들어 있지 않은 것들도 있고, 물체의 일부만 포함한 것들도 있을 것이다. 후자의 것들도 적절히 통합해서 최종적인 결과를 산출한다. 이러한 일반적인 접근 방식이 *MCG*,[172] *EdgeBoxes*,[568] *SelectiveSearch*[501] 등의 여러 기법에 쓰였다.

8.6.4 자연어 처리와 순차열 학습

텍스트 순차열과 관련된 기계 학습에는 주로 순환 신경망이 쓰이지만, 최근 이 분야에서 합성곱 신경망의 인기가 높아지고 있다. 언뜻 생각하면 합성곱 신경망이 텍스트 마이닝 과제에 그리 적합하지 않을 것 같다. 이미지 자료의 경우에는 이미지 안에서 물체의 위치나 방향이 달라도 그 의미는 그리 달라지지 않는다. 그러나 텍스트 자료에서는, 특히 영어처럼 단어의 품사가 문장 안에서의 위치에 크게 의존하는 언어로 된 텍스트에서는, 단어의 위치가 바뀌면 문장의 의미가 크게 달라질 수 있다. 또한, 이미지에서는 인접한 픽셀들이 대체로 비슷하지만, 텍스트에서는 같은 단어가 인접해서 나오는 경우가 거의 없다. 이런 차이가 있음에도, 최근 합성곱 신경망에 기초한 자연어 처리 시스템들이 더 개선된 성과를 보여주었다.

이미지를 2차원 객체(격자)에 깊이 차원(색상 채널 수만큼의)이 추가된 볼륨으로 표현하는 것과 비슷하게, 하나의 텍스트 순차열을 1차원 객체에 표현의 차원만큼의 깊이가 추가된 형태로 표현할 수 있다. 텍스트 문장을 원핫 벡터 방식으로 부호화한다고 할 때, 텍스트 문장의 표현의 차원은 어휘의 크기(텍스트 자료 전체에 쓰인 단어들의 개수)와 같다. 즉, 이미지 자료에 대한 합성곱 필터는 격자 크기(너비와 높이)와 깊이(색상 채널 또는 특징 맵 개수)로 정의되는 3차원 볼륨의 형태이지만, 텍스트에 대한 합성곱 필터는 순차열을 훑으면서 이동하는 구간(sliding window)의 크기와 어휘 크기로 정의되는 2차원 격자의 형태이다. 더 나아가서, 주어진 한 층의 필터 개수는 그다음 층의 특징 맵 개수를 정의한다(이는 이미지 자료의 경우와 같다). 이미지 자료에서는 모든 입력 볼륨의 모든 2차원 위치에 대해 합성곱을 수행하는 반면, 텍스트 자료에서는 문장의 모든 1차원 위치들에 대해 같은 필터로 합성곱을 수행한다. 이러한 접근 방식의 한 가지 난제는, 원핫 벡터 부호화를 사용하는 경우 첫 층의 깊이(어휘 개수)가 아주 클 수 있다는 것이다. 그러면 필터가 아주 커져서, 합성곱 연산에서 수많은 필터 매개변수를 처리해야 한다. 전형적인 말뭉치의 어휘 크기가 몇백만 개 정도인 경우도 드물지 않다. 그래서 개별 단어의 원핫 부호화 대신 *word2vec*이나 *GLoVe*[371] 같은 미리 훈련된 단어 내장들(제2장 참고)을 사용하기도 한다. 그런 단어 내장들은 의미론적으로 풍부하며, 표현의 차원을 수백만에서 수천 수준으로 줄여준다. 결과적으로 첫 층의 매개변수 개수를 자릿수가 달라질 정도로 줄일 수 있다. 거기에 의미론적으로 풍부한 표현을 사용할 수 있다는 장점도 추가된다. 이상의 차이점들을 제외할 때, 텍스트 자료에 대한 합성곱 신경망의 나머지 연산들(최댓값 풀링, 합성곱 등)은 이미지 자료의 것들과 그리 다르지 않다.

8.6.5 동영상 분류

동영상은 일련의 2차원 이미지들에 시간 차원이 추가된 형태라는 점에서 이미지 자료의 한 일반화로 간주할 수 있다. 이런 종류의 자료는 **시공간 자료**(spatio-temporal data)에 해당한다. 시공간 자료를 합성곱 신경망으로 처리하려면 2차원 공간에 대한 합성곱을 3차원 시공간에 대한 합성곱으로 일반화할 필요가 있다. 동영상의 각 프레임을 하나의 이미지로 간주할 수 있으므로, 동영상 분류를 위한 합성곱 신경망은 이미지들의 순차열을 입력받는다고 할 수 있다. 각 이미지가 $224 \times 224 \times 3$이고 하나의 입력 동영상이 총 10개의 프레임으로 구성된다고 하자. 그러면 입력 동영상의 크기는 $224 \times 224 \times 10 \times 3$이다. 동영상 처리에서는 2차원 공간 필터(세 색상 채널에 해당하는 깊이 차원을 가진)로 공간 합성곱을 수행하는 대신, 3차원 시공간 필터(세 색상 채널에 해당하는 깊이 차원을 가진)로 시공간 합성곱을 수행한다. 이러한 차이는 합성곱 신경망의 필터의 성격이 주어진 자료 집합에 따라 달라진다는 점을 잘 보여준다. 순수한 순차적 자료 집합(텍스트 등)에는 1차원 합성곱(대상 구간을 이동하는 방식의)이 필요하고, 이미지 자료 집합에는 2차원 합성곱이 필요하고, 동영상 자료 집합에는 3차원 합성곱이 필요하다. 3차원 합성곱을 이용한 비디오 분류에 관한 문헌 정보들이 §8.8에 제시되어 있으니 참고하기 바란다.

동영상 분류에서 한 가지 흥미로운 점은, 3차원 합성곱을 사용해서 분류를 수행하는 것이 개별 프레임에 대해 2차원 합성곱을 수행하고 그 결과를 평균해서 분류를 수행하는 방식보다 낫긴 하지만, 그 개선 정도가 그리 크지는 않다는 점이다. 3차원 합성곱을 이용하면 물체의 움직임과 관련된 특징들을 포착할 수 있지만, 동영상 분류가 목적일 때 그러한 특징들이 제공하는 정보가 개별 프레임에서 추출한 특징들이 제공하는 정보보다 크게 유용하지는 않다. 더 나아가서, 이미지와는 달리 동영상은 충분히 큰 자료 집합을 구하기가 어렵다. 3차원 합성곱은 2차원 합성곱보다 훨씬 많은 자료를 요구하기 때문에, 동영상이 100만 개인 자료 집합도 충분히 크다고는 말할 수 없다. 마지막으로, 현재 기술 수준에서 3차원 합성곱 신경망은 아주 짧은 동영상 조각(0.5초 정도)에나 적합할 뿐, 그보다 긴 동영상에는 적합하지 않다.

더 긴 동영상의 경우에는 순환 신경망(또는 LSTM)과 합성곱 신경망의 조합을 사용하는 것이 낫다. 예를 들어 2차원 합성곱 신경망으로 개별 프레임을 처리하고, 순환 신경망으로는 한 프레임에서 다음 프레임으로 상태들을 전달하는 접근 방식이 가능하다. 또한, 짧은 동영상 조각에 대해 3차원 합성곱 신경망을 적용하고, 그 결과를 순환 단위들에 연결하는 방법도 있다. 그런 접근 방식은 좀 더 오래 지속되는 동작들을 식별하는 데 도움이 된다. 합성곱 신경망과 순환 신경망을 조합하는 방법들에 관해서는 §8.8에 나오는 문헌 정보들을 보기 바란다.

8.7 요약

이번 장에서는 주로 이미지 처리에 초점을 두어서 합성곱 신경망과 그 응용 방법을 설명했다. 생물학에서 영감을 얻은 합성곱 신경망은 신경망 역사에서 초창기 성공 사례에 해당한다. 이번 장은 분류 문제를 중점적으로 살펴보았지만, 분류 외에 비지도 특징 학습, 물체 검출, 물체 위치 추정 같은 응용에도 합성곱 신경망이 쓰인다. 보통의 경우 합성곱 신경망은 여러 층에 걸쳐서 위계적인 특징들을 학습하는데, 앞쪽 층들은 기본적인 도형들을 학습하는 반면 뒤쪽 층들은 좀 더 복잡한 도형들을 배운다. 합성곱 신경망의 훈련에 쓰이는 역전파 방법들은 역합성곱 및 시각화와 밀접하게 연관된다. 최근에는 합성곱 신경망이 텍스트 처리에도 쓰였는데, 순환 신경망과 견줄 만한 성과를 보였다.

8.8 문헌 정보

합성곱 신경망의 기원은 고양이의 시각피질에 대한 허블과 비셀의 실험[212]으로 거슬러 올라간다. 그 실험에서 밝혀진 원리들을 기초로 네오코그니트론이 제안되었으며, 이후 네오코그니트론의 착안들을 일반화한 최초의 합성곱 신경망인 *LeNet-5*[279]가 나왔다. 합성곱 신경망의 모범 관행과 원리에 관한 초기 논의를 [452]에서 볼 수 있다. [236]은 합성곱 신경망을 훌륭하게 개괄한다. 합성곱 연산에 관한 튜토리얼로는 [109]가 있다. [283]은 합성곱 신경망 응용 방법들을 간략하게 논의한다.

초창기 합성곱 신경망의 훈련에는 필기 숫자 이미지들을 담은 MNIST 데이터베이스[281]가 많이 쓰였다. 이후 *ImageNet*[581] 같은 좀 더 큰 자료 집합이 인기를 끌었다. 최근 몇 년간은 최고 수준의 알고리즘들이 *ImageNet* 공모전(*ILSVRC*)[582] 같은 여러 공모전에서 나왔다. 여러 공모전에서 좋은 성적을 낸 합성곱 신경망으로는 *AlexNet*[255], *ZFNet*[556], *VGG*[454], *GoogLeNet*[485], *ResNet*[184]이 있다. *ResNet*은 고속도로망[505]과 밀접히 연관되며, 특징 공학에 대한 반복적 관점을 제시한다. *GoogLeNet*의 전신인 NiN(Network-in-Network) 구조를 소개한 [297]은 인셉션 모듈과 관련된 몇 가지 유용한 설계 원리들(이를테면 병목 연산의 사용 등)을 제시한다. [185, 505]는 *ResNet*이 좋은 성과를 내는 몇 가지 이유를 설명한다. 건너뛰기 연결들 사이에 인셉션 모듈을 사용하는 방법은 [537]이 제안했다. [210]은 확률적 깊이를 잔차 신경망과 함께 사용하는 방안을 논의한다. 넓은 잔차망은 [549]가 제안했다. 이와 관련된 구조인 *FractalNet*[268]은 짧은 경로와 긴 경로를 모두 사용하지만, 건너뛰기 연결은 사용하지 않는다. 훈련은 부분 경로들을 생략한 신경망으로 진행하되, 예측은 완전한 신경망으로 수행한다.

[223, 390, 585]는 미리 훈련된 모형을 이용한 '기성품' 특징 추출 방법들을 논의한다. *ImageNet* 자료 집합과는 성격이 아주 다른 응용의 경우에는 미리 훈련된 모형의 앞쪽 층들에서만 특징들을 추출하는 것이 나을 수 있다. 이는, 앞쪽 층들이 윤곽선이나 기본 도형 같은 좀 더 일반적이고 원초적인 특징들을 부호화할 때가 많기 때문이다. 그런 특징들은 광범위한 응용에 잘 일반화되는 경향이 있다. 국소 반응 정규화 접근 방식은 [221]에 나온 대비 정규화와 밀접한 관련이 있다.

[466]은 최댓값 풀링 층을 보폭이 1보다 큰 합성곱 층으로 대체하는 것이 낫다는 결과를 제시한다. 자동부호기를 구축할 때는 최댓값 풀링 층을 사용하지 않는 것이

좋은데, 왜냐하면 복호기에서 분수 보폭 합성곱으로 풀링-언풀링을 대신할 수 있기 때문이다.[384] 출력 볼륨의 크기를 유지하기 위한 분수 보폭 합성곱에서는 입력 볼륨의 행들과 열들에 0들을 끼워 넣은 후 합성곱을 수행한다. 입력 볼륨이 아니라 필터의 행들과 열들에 0들을 끼워 넣는 **팽창된 합성곱**[544]도 종종 쓰인다. [456, 466]은 역합성곱 신경망(deconvnet)과 기울기 기반 시각화의 관계를 논의한다. [104]는 합성곱 신경망이 산출한 특징들을 뒤집는(invert) 간단한 방법들을 논의한다. [308]은 주어진 특징 표현으로부터 이미지를 최적의 방식으로 재구축하는 방법을 논의한다. [387]은 최초의 합성곱 자동부호기 응용 사례를 논의한다. [318, 554, 555]는 기본적인 자동부호기 구조의 여러 변형을 제시한다. 제한 볼츠만 기계(RBM)의 착안들을 이용해서 비지도 특징 학습을 수행할 수도 있다. 심층 믿음망(DBN)에 그런 착안을 적용한 초기의 예가 [285]에 나온다. [130, 554, 555, 556]은 여러 종류의 역합성곱, 시각화, 재구축 용법을 논의한다. [270]은 대규모 비지도 학습을 이용한 이미지 특징 추출 사례를 보고한다.

특징 표현들을 비지도 방식으로 학습하는 방법들이 여럿 있는데, 그중 몇 가지는 상당히 잘 작동하는 것으로 보인다. [76]의 방법은 작은 이미지 패치들을 k-평균 알고리즘으로 군집화해서 후, 군집의 무게중심들을 이용해서 특징들을 추출한다. [85, 221, 425]는 무작위 가중치들을 필터로 사용해서 특징들을 추출하는 또 다른 방법을 제시한다. [425]는 이 문제에 관한 몇 가지 통찰을 제시한다. [425]에 따르면, 무작위 가중치들을 사용하는 경우에도 합성곱과 풀링의 조합은 도수(빈도)에 적응하며 이동 불변성을 가진다.

[16]은 이미지 검색을 위한 신경망 특징 공학을 논의한다. 최근 몇 년 사이에 이미지 물체 위치 추정을 위한 여러 방법이 제안되었다. 이 문제에서 특히 주목할 만한 시스템은 *Overfeat*[441]이다. *Overfeat*는 2013년 *ImageNet* 공모전에서 우승했다. *Overfeat*는 영역 이동 접근 방식을 이용해서 검색 결과의 품질을 높였다. *AlexNet*과 *VGG*, *ResNet*의 변형들도 *ImageNet* 공모전에서 좋은 성적을 거두었다. 물체 검출의 초기 방법 몇 가지가 [87, 117]에 나온다. 물체 검출을 예전에는 **변형 가능 부품 모형**(deformable parts model)이라고 부르기도 했다.[117] 변형 가능 부품 모형은 신경망이나 심층 학습을 사용하지 않지만, [163]이 보여주듯이 합성곱 신경망과 어느 정도 관계가 있다. 심층 학습 시대로 넘어와서 다양한 물체 추출 방법이 제안되었는데, 이를테면 *MCG*,[172] *EdgeBoxes*,[568] *SelectiveSearch*[501]가 있다. 이런 방법들의 주된 문제점은 속도가 다소

느리다는 것이다. 최근 빠른 물체 추출 방법인 *Yolo* 방법[391]이 제안되었다. 이 방법은 속도를 높이는 대신 정확도를 희생하긴 하지만, 전체적으로 볼 때 상당히 효과적이다. [180]은 이미지의 영역 분할(segmentation; 또는 구간화)에 합성곱 신경망을 사용하는 방법을 논의한다. [131, 132, 226]은 텍스처(재질) 합성 및 스타일(양식) 전달 방법들을 제안한다. 최근 신경망을 이용한 안면(얼굴) 인식 분야에서 엄청난 진전이 있었다. 안면 인식에 합성곱 신경망을 사용하는 방법에 관한 초기 문헌으로는 [269, 407]이 있다. [367, 474, 475]는 그런 방법들의 심층 버전들을 논의한다.

[78, 79, 102, 227, 240, 517]은 자연어 처리에 합성곱 신경망을 사용하는 방법들을 논의한다. 이 방법들은 *word2vec*이나 *GLoVe* 같은 미리 훈련된, 풍부한 특징들을 갖춘 단어 내장들을 활용할 때가 많다.[325, 371] 합성곱 신경망을 순환 신경망과 조합해서 텍스트 분류를 수행하는 방법도 제안되었다.[260] [561]은 문자 수준 합성곱 신경망을 이용한 텍스트 분류를 논의한다. [225, 509]는 이미지 캡션 생성을 위해 합성곱 신경망과 순방향 신경망을 조합하는 방법을 논의한다. [92, 188, 243]은 그래프 구조의 자료를 처리하는 데 합성곱 신경망을 사용하는 방법을 논의한다. [276]은 시계열 자료와 음성(speech) 자료에 대해 합성곱 신경망을 사용하는 방법을 논의한다.

전통적인 신경망의 관점에서 동영상 자료는 이미지 자료의 시공간 일반화로 간주된다.[488] [17, 222, 234, 500]은 대규모 동영상 분류에 3차원 합성곱 신경망을 활용하는 문제를 논의한다. 3차원 합성곱을 이용한 신경망 동영상 분류 방법들이 최초로 제안된 것은 [17, 222]이다. 이미지 분류를 위한 모든 신경망 구조는 자연스럽게 3차원 버전으로 확장된다. 예를 들어 [500]은 *VGG*를 동영상 처리에 맞게 일반화한 3차원 합성곱 신경망을 논의한다. 놀랍게도, 3차원 합성곱 신경망의 성과는 동영상의 각 프레임을 2차원 합성곱으로 처리해서 분류를 수행하는 합성곱 신경망보다 약간만 더 나을 뿐이다. 이는, 동영상의 분류에 중요한 정보가 개별 프레임들에 이미 들어 있으며, 일반적으로 '움직임'에 관한 정보가 동영상의 분류에 큰 도움이 되지는 않기 때문이다(애초에 움직임 정보가 분류에 핵심적인 경우를 제외할 때). 동영상 분류의 또 다른 어려움은, 대규모 분류 시스템을 구축하는 데 충분한 크기의 동영상 훈련 자료 집합을 구축하기가 어렵다는 것이다. [234]는 수백만 편의 유튜브 동영상들로 비교적 큰 자료 집합을 구축했지만, 그 정도 규모도 동영상 처리의 맥락에서는 충분하지 않은 것으로 보인다. 동영상 처리에는 이미지 처리의 2차원 합성곱보다 훨씬 복잡한 3차원 합성곱이 필요하다는 점을 생각하면 이러한 높은 요구수준을 수긍할 수 있을 것이다. 그래서 동영상 처리에서는 사람이 직접 선택한 특징들을 합성곱 신경망과 결합하는 것이 도움이 된다.[514] 최근에는 빛 흐름(optical flow)[53]이라는 개념을 활용한 구조들도 등장했다. 짧은 동영상의 분류에는 3차원 합성곱 신경망이 유용하다. 동영상 분류에 합성곱 신경망과 순환 신경망의 조합을 사용하는 방법도 흔히 쓰인다.[17, 100, 356, 455] 합성곱 신경망과 순환 신경망의 조합을 처음으로 다룬 문헌은 [17]이다. 좀 더 긴 동영상을 분류해야 할 때는 순환 신경망을 도입하는 것이 도움이 된다. 최근 제안된 [21]의 방법은 순환 신경망과 합성곱 신경망을 아예 하나의 구조로 통합한다. 이 방법의 핵심은 합성곱 신경망의 모든 뉴런을 순환 단위로 만드는 것이다. 이 접근 방식은 합성곱 신경망 자체를 순환 버전으로 확장하는 것이라고 할 수 있다.

8.8.1 소프트웨어 및 자료 집합 정보

합성곱 신경망의 심층 학습을 지원하는 소프트웨어 패키지는 다양하다. 이를테면 *Caffe*,[571] *Torch*,[572] *Theano*,[573] *TensorFlow*[574]가 있다. *Caffe*는 파이썬과 MATLAB 확장 기능을 제공한다. [585]는 *Caffe*의 특징 추출을 논의한다. 미리 훈련된 *Caffe* 모형들을 모아 둔 '모형 동물원'이 [586]에 있다. *Theano*는 파이썬 기반 소프트웨어로, *Keras*[575]와 *Lasagne*[576] 같은 고수준 패키지들을 인터페이스로 제공한다. 합성곱 신경망의 오픈소스 MATLAB 구현인 *MatConvNet*을 [503]에서 구할 수 있다. *AlexNet*의 구현 코드와 매개변수 파일들을 [584]에서 구할 수 있다.

합성곱 신경망을 시험할 때 가장 즐겨 쓰이는 자료 집합은 *MNIST*와 *ImageNet*이다. 이 자료 집합들은 제1장에서 설명했다. *MNIST* 자료 집합은 분류 대상(필기 숫자)이 이미지 중심에 오도록 적절히 정규화된 이미지들을 담고 있기 때문에, 전통적인 기계 학습 방법으로도 정확히 분류된다. 굳이 합성곱 신경망을 사용할 필요가 없을 정도이다. 그러나 *ImageNet*은 훨씬 다양한 형태의 이미지들을 담고 있기 때문에 분류를 위해서는 합성곱 신경망을 사용할 필요가 있다. *ImageNet*은 1000가지 범주의 수많은 이미지로 이루어진 대규모 자료 집합이라서 실험용으로 사용하려면 계산 효율성 문제에 신경을 써야 한다. 좀 더 적당한 크기의 자료 집합으로는 *CIFAR-10*[583]이 있다. 이 자료 집합은 열 가지 범주(부류)의 이미지들을 담고 있는데, 각 범주는 6,000장의 컬러 이미지로 구성된다. 따라서 전체 이미지는 6만 장밖에 되지 않는다. 각 이미지의 크기는 $32 \times 32 \times 3$이다. *CIFAR-10*은 이름과는 달리 무려 8,000만 장의 이미지를 담은 *tiny images data set*[642]이라는 이미지 자료 집합의 한 부분집합이라는 점도 기억하기 바란다. *CIFAR-10* 자료 집합은 *ImageNet*으로 대규모 실험을 하기 전에 소규모 실험을 수행할 때 즐겨 쓰인다. *CIFAR-100* 자료 집합은 *CIFAR-10*처럼 더 큰 자료 집합의 부분집합인데, 범주가 100개이고 범주당 이미지는 600장이다. 그리고 100개의 범주는 10개의 상위 범주로 묶인다.

연습문제

1. 1차원 시계열 자료 2, 1, 3, 4, 7에 대해 여백 채우기 없이 1차원 필터 1, 0, 1로 합성곱을 수행하라.

2. 길이가 L인 시계열 자료에 대해 크기가 F인 필터로 합성곱 연산을 수행한 결과의 길이는 얼마인가? 결과의 길이가 원 시계열 자료의 길이와 같게 하려면 여백을 얼마나 채워야 하는가?

3. 입력 볼륨의 크기가 $13 \times 13 \times 64$이고 필터의 크기가 $3 \times 3 \times 64$라고 하자. 보폭이 2, 3, 4, 5일 때 합성곱 수행이 가능한지를 각각 밝히고, 가능한(또는 불가능한) 이유를 논하라.

4. 표 8.2의 각 열에 대한 공간 합성곱 층의 크기를 구하라. 각 경우에서 입력 이미지의 볼륨은 $224 \times 224 \times 3$이라고 가정할 것.

5. 표 8.2의 D 열에 나온 각 공간 합성곱 층의 매개변수 개수를 구하라.

6. 독자가 주로 사용하는 심층 학습 라이브러리에 맞는 *AlexNet* 구현 코드를 구하고, *ImageNet* 자료 집합에서 다양한 크기의 부분집합들을 추출한 후 그것들로 *AlexNet*을 훈련하라. 각 부분집합에 대한 상위 5범주 오류율을 측정해서 그래프로 표현하라.

7. 그림 8.2 왼쪽 위에 나온 입력 볼륨에 대해 그림 8.1(b)의 수평 윤곽선 검출 필터로 여백 채우기 없이 보폭이 1인 합성곱을 수행하라.

8. 그림 8.4 왼쪽 위 입력 볼륨에 보폭이 1인 4×4 최댓값 풀링을 적용하라.

9. 제7장의 §7.7.1에서 논의한 이미지 캡션 생성에 적용할 만한 여러 가지 사전훈련 방법들을 논의하라.

10. 다양한 이미지에 대한 사용자들의 평가를 담은 대량의 자료가 있다고 하자. 합성곱 신경망과 제2장에서 논의한 협업 필터링을 조합해서 협업 기반 추천 시스템과 내용 중심적 추천 시스템을 혼합한 추천 시스템을 구축하는 방법을 제시하라.

9

심층 강화 학습

"고생의 보상은 경험이다."
— 해리 S. 트루먼

9.1 소개

사람이 훈련 자료에 있는 어떤 구체적인 개념에서 뭔가를 배우지는 않는다. 인간의 학습은, 뭔가를 결정하고 행동했을 때 그에 대해 **환경**이 제공하는 어떤 보상 또는 징벌에 기초해서 이후의 결정을 조정하는 형태의, 연속적인 경험 주도적 과정이라고 할 수 있다. 다른 말로 하면, 지적 존재의 학습은 보상(reward)을 지침으로 삼은 **시행착오** 과정이다. 더 나아가서, 인간 지능과 본능의 상당 부분은 유전자에 부호화되어 있으며, 그 유전자는 수백만 년 동안 **진화**라고 부르는 또 다른 환경 주도적 과정을 거쳐 진화한 결과이다. 현재 밝혀진 바로 거의 모든 생물학적 지능(자연 지능)은 시행착오 과정, 즉 환경과의 상호작용 과정을 통해서 형성되었다. 허버트 사이먼Herbert Simon이 쓴 인공지능에 관한 흥미로운 책 [453]에는 다음과 같은 개미 가설(ant hypothesis)이 나온다.

"행동 시스템으로서의 인간은 상당히 단순하다. 시간의 경과에 따른 인간 행동의 외견상의 복잡성은 대부분 인간이 처한 환경의 복잡성이 반영된 것일 뿐이다."

전체적으로 볼 때 인간은 1차원적이고 이기적이며 보상에 끌리는 개체라는 점에서 단순한 존재이며, 사실 모든 생물학적 지능에도 이러한 단순한 사실이 적용된다. 인공지능의 목표는 생물학적 지능을 흉내 내는 것이므로, 생명체가 보상에 기초한 탐욕적인 행동을 통해서 성공적으로 진화해 왔다는 사실에서 얻은 영감들을 이용해서 고도로 복잡한 학습 알고리즘의 설계를 단순화하는 것은 자연스러운 일이다.

복잡한 환경과 상호작용하면서 보상을 얻음으로써 뭔가를 배우는 보상 주도적 시행착오 과정을 기계 학습 분야에서는 **강화 학습**(reinforcement learning)이라고 부른다. 강화 학습에서 시행착오 과정은 시간의 경과에 따른 기대 보상을 최대화하려는 욕구에 의해 진행된다. 강화 학습은 진정으로 지능적인 **에이전트**agent(대행자)를 만든다는 궁극의 목표로 가는 하나의 관문일 수 있다. 이를테면 사람처럼 게임을 플레이하는 알고리즘이나 자율주행차(무인 자동차), 심지어는 환경과 상호작용하는 지능적인 로봇이 그러한 지능적 에이전트의 예이다. 간단히 말하면, 강화 학습은 어떤 문제도 풀 수 있는 일반 인공지능(범용 인공지능 또는 강 인공지능)으로 가는 관문이다. 물론 그런 인공지능은 아직 등장하지 않았다. 그러나 최근 몇 년 동안 대단히 큰 폭의 진전이 있었는데, 특히 다음과 같은 주목할 만한 결과가 나왔다.

1. 심층 학습 모형을 비디오 게임 콘솔 화면의 원본 픽셀들만으로 훈련해서 비디오 게임을 플레이하게 했다. 고전적인 예는 다양한 게임을 지원하는 플랫폼인 아타리Atari 2600 콘솔로 학습한 모형이다. 이 설정에서 심층 학습 모형은 게임의 현재 상태를 표현한 픽셀들을 입력받는다. 강화 학습 알고리즘은 그 픽셀들에 기초해서 다음 행동을 결정하고, 그에 해당하는 게임 조종 신호를 아타리 콘솔에 입력한다. 초기에는 강화 학습 알고리즘이 실수를 자주 저지르며, 따라서 게임의 상황이 나빠진다. 이는 심층 학습 모형에게 부정적 보상으로 작용하며, 그로부터 뭔가를 학습한 강화 학습 알고리즘은 점차 더 나은 결정을 내리게 된다. 이는 사람이 비디오 게임을 플레이하는 방법을 배우는 과정과 정확히 동일하다. 아타리 플랫폼에 대한 최근 강화 학습 알고리즘은 아주 많은 게임에서 인간 수준의 성과를 넘어섰다.[165, 335, 336, 432] 다양한 의사결정 상황에서 지능이 내려야 할 선택들을

고도로 단순화해서 표현한다는 점에서, 비디오 게임은 강화 학습 알고리즘을 실험하기에 아주 적합한 수단이다. 간단히 말해서, 비디오 게임은 현실 세계의 장난감 버전에 해당하는 소우주를 표현한다고 할 수 있다.

2. 딥마인드^{DeepMind}사는 **알파고**^{AlphaGo}라는 인공지능 바둑 프로그램을 사람들 사이의 대국 및 컴퓨터가 자신을 대상으로 둔 대국에 있는 수들의 보상-결과 자료를 이용해서 훈련했다.[445] **바둑**은 상당한 수준의 직관을 요구하는 복잡한 게임이며, 가능한 수手들의 트리가 대단히 크기 때문에(체스 같은 다른 게임들에 비해 훨씬 크다) 쓸 만한 게임 플레이 알고리즘을 짜기가 대단히 어렵다. 알파고는 단지 세계 정상급 바둑 기사들을 너끈히 이겨서[602, 603] 일반 대중을 놀라게 했을 뿐만 아니라, 정석을 벗어난 혁신적인 전략들로 승리를 거두었다는 점에서 프로 기사들에게도 깊은 인상을 남겼다. 알파고의 혁신적인 수들은 여러 번 대국을 진행하면서 보상 주도적 체험을 쌓은 결과이다. 최근에는 알파고의 접근 방식이 체스로도 일반화되어서, 기존의 최상급 체스 엔진 중 하나를 이긴 성과를 거두었다.[447]

3. 최근에는 심층 강화 학습이 자동차에 장착된 여러 감지기의 주변 환경에 대한 피드백을 이용해서 차를 스스로 운전하는 자율주행 시스템에 쓰였다. 현재 자율주행차에는 지도 학습(또는 **모방 학습**)이 주로 쓰이지만, 자율주행에 대한 강화 학습의 가능성이 예전부터 언급되었다.[604] 요즘의 자율주행차들은 주행 중에 사람보다 실수를 덜 저지른다.

4. 자기 학습(self-learning) 로봇을 만드는 것도 강화 학습의 한 과제이다.[286, 296, 432] 예를 들어 로봇이 민첩하게 이동하게 만드는 것은 놀랄 만큼 어려운 문제이다. 바람직한 보행 방식을 미리 제시하지 않고 로봇이 보행 방법을 배우게 하는 것은 강화 학습에 속한다. 강화 학습 패러다임에서는 그냥 로봇이 자신의 팔다리 또는 이동 수단을 어떻게든 활용해서 A 지점에서 B 지점으로 최대한 효율적으로 이동하는 데 대한 보상과 징벌을 제공할 뿐, 보행 방법의 견본을 제시하지는 않는다.[432] 이러한 보상 주도적 시행착오 과정을 통해서 로봇은 구르고 기어가다가 결국에는 제대로 걷게 된다.

강화 학습은 **평가는 간단하지만 명시는 어려운** 과제에 적합하다. 예를 들어 체스 같은 복잡한 게임의 끝에서 체스 선수의 성과를 평가하는 것은 쉽지만, 매 상황에서 구체적인 체스 수를 명시하는 것은 어렵다. 생명체의 학습처럼, 강화 학습에서는 그냥 보상을 정의해 주기만 하면 그러한 보상을 최대화하는 행동을 에이전트가 스스로 터득한다. 즉, 강화 학습은 **복잡한 행동의 학습을 단순화하는 수단**으로 작용한다. 에이전트가 배운 행동의 복잡성은 주어진 환경의 복잡성이 저절로 반영된 것이다. 이것이 바로 이번 장 도입부에서 언급한 허버트 사이먼의 개미 가설[453]의 핵심이다. 복잡한 과제를 더 작은 구성요소들로 분해하는 대신 단순한 보상의 관점에서 바라본다는 점에서, 강화 학습 시스템은 본질적으로 **종단간 시스템**(end-to-end system)에 해당한다.

강화 학습의 성격을 잘 말해 주는 가장 간단한 예는 **여러 팔 강도 문제**(multi-armed bandit problem)이다.※ 이것은 도박꾼이 최대한 많은 돈을 따기 위해 여러 슬롯머신 중 하나를 선택하는 문제인데, 이 문제에서 도박꾼은 여러 슬롯머신의 기대 보상이 서로 다르다고, 따라서 어떤 슬롯머신을 돌리느냐에 따라 자신의 보상이 달라진다고 가정한다. 도박꾼은 슬롯머신들의 기대 보상을 미리 알지 못하므로, 여러 슬롯머신을 실제로 돌려 봐야 한다. 이를 **탐색**(exploration; 또는 탐험)이라고 부른다. 또한, 탐색으로 얻은 정보를 이용해서 특정 슬롯머신에서 최대한 많은 돈을 따기도 해야 한다. 이를 **활용**(exploitation)이라고 부른다. 한 슬롯머신을 탐색하면 그 슬롯머신의 보상에 대한 정보를 얻을 수 있지만, 다른 슬롯머신을 활용했을 때보다 더 적은 보상을 얻을 위험도 있다. 즉, 이 문제는 탐색과 활용의 균형을 찾는 문제라 할 수 있다. 여러 팔 강도 문제를 푸는 알고리즘들은 탐색과 활용의 절충점을 최적화하는 전략을 사용한다. 그런데 슬롯머신을 선택하는 각각의 결정이 서로 독립적이라는 점에서, 이는 다소 단순화된 설정이다. 비디오 게임이나 감지기가 여러 개인 자율주행차 같은 설정은 이보다 복잡하다. 비디오 게임이나 자율주행차의 경우에는 화면 픽셀들이나 감지기들이 감지한 도로 상황들로 정의된 시스템 **상태**(state)들을 고려해야 한다. 심층 학습 시스템들은 탐색·활용의 틀 안에서 자신의 학습 과정을 수행함으로써, 그러한 감지기 입력들로부터 상태에 민감한 동작들을 능숙하게 산출한다.

※ **역주** 참고로 이 이름은 길쭉한 레버('팔')를 당기면 슬롯들이 돌아가는 형태의 슬롯머신에 붙은 별명인 '외팔이 강도(one-armed bandit)'에서 비롯되었다.

이번 장의 구성

이번 장의 구성은 다음과 같다. 다음 절은 강화 학습에서 가장 단순한 '상태 없는' 설정에 해당하는 여러 팔 강도 문제를 소개한다. §9.3에서는 상태 개념을 소개한다. §9.4에서는 Q 학습 방법을 소개한다. §9.5에서는 정책 기울기 방법들을 논의한다. §9.6에서는 몬테카를로 트리 검색 전략들을 논의한다. §9.7에서는 몇 가지 사례 연구를 살펴본다. §9.8에서는 심층 강화 학습 방법들과 연관된 안전 문제를 논의한다. §9.9에서는 이번 장의 내용을 요약한다.

9.2 상태 없는 알고리즘: 여러 팔 강도

앞에서 언급한, 이전의 경험에 기초해서 슬롯머신을 선택하는 과정을 반복하는 도박꾼의 문제를 좀 더 살펴보기로 하자. 도박꾼은 슬롯머신들의 기대 보상이 서로 다르다고 의심하고, 슬롯머신들을 한편으로는 탐색하고 한편으로는 활용함으로써 최대한 많은 돈을 따려고 한다. 슬롯머신들을 무작위로 시험해 보는 것은 돈을 잃을 위험이 있지만, 경험을 쌓는 데 도움이 된다. 아주 적은 수의 슬롯머신들만 시험해 보고 그중 제일 나은 것만 돌리는 방법은 장기적으로는 나쁜 성과를 얻을 위험이 있다. 탐색과 활용의 최선의 절충점을 어떻게 찾아내야 할까? 이 문제에서 한 동작의 시행이 제공하는 보상은 그 이전 시행들과 동일한 확률분포를 따른다고 가정한다. 즉, 이 여러 팔 강도 시스템에는 상태라는 것이 없다. 이는 단순화된 설정이며, 통상적인 강화 학습 문제들에서는 상태가 존재함을 기억하기 바란다. 예를 들어 비디오 게임에서 캐릭터를 한 방향으로 이동하는 시행의 보상은 그 게임의 현재 상태가 어떤가에 따라 크게 다르다.

검색 공간에서 도박꾼이 탐색과 활용의 절충을 제어하는 데 사용할 수 있는 전략은 여러 가지이다. 이번 절에서는 여러 팔 강도 시스템에 흔히 쓰이는 몇 가지 전략을 간략히 설명한다. 좀 더 일반적인 강화 학습 설정들로 일반화되는 기본적인 착안들과 틀을 배울 수 있다는 점에서, 이 방법들을 살펴보는 것은 강화 학습의 공부에 도움이 된다. 실제로, 아래에서 논의하는 상태 없는 알고리즘 중 일부는 일반적인 형태의 강화 학습에서 서브루틴으로 쓰인다. 따라서 이 단순화된 예를 잘 살펴보는 것이 중요하다.

9.2.1 단순한 알고리즘

이 접근 방식에서 도박꾼은 먼저 각 슬롯머신을 고정된 횟수로 시행하는 탐색 단계를 수행한다. 그런 다음에는 활용 단계로 들어가서, 탐색 단계에서 가장 나은 보상을 보인 슬롯머신 하나만 계속 시행한다. 언뜻 생각하면 합리적인 전략 같지만, 몇 가지 단점이 있다. 첫째로, 각 슬롯머신의 시행 횟수를 정하는 것, 다시 말해 특정 슬롯머신이 다른 것들보다 낫다고 확신할 수 있으려면 각 슬롯머신을 몇 번이나 돌려 봐야 하는지 결정하는 것이 쉽지 않다. 슬롯머신들의 보상 수준을 평가하려면 긴 시간이 필요할 수 있다. 특히, 지급 사건(특정 슬롯 조합이 나와서 돈을 따는 것)이 비지급 사건보다 드물게 발생하는 시스템에서는 더욱 그렇다. 최적에 못 미치는 전략에서는 탐색 시행 횟수가 많으면 상당한 낭비가 발생한다. 더 나아가서, 이 접근 방식에서 도박꾼은 선택한 하나의 슬롯머신을 계속 돌린다. 잘못된 전략 때문에 보상이 낮은 슬롯머신이 선택된 경우에도 계속 그것을 돌리게 되는 것이다. 실제 응용 문제에서 이처럼 특정 전략을 영원히 고집하는 것은 비현실적이다.

9.2.2 ϵ 탐욕 알고리즘

ϵ 탐욕(ϵ-greedy) 알고리즘은 시행들을 크게 낭비하지 않고 최적의 전략을 사용하기 위한 것이다. 간단히 설명하자면, 이 알고리즘은 전체 시행 중 비율 ϵ만큼의 시행들을 탐색에 사용한다. 탐색 시행들 역시 전체 시행 중에서 무작위로(ϵ의 확률로) 선택한다. 따라서 탐색 시행들과 활용 시행들이 섞인 형태가 된다. 전체의 $(1-\epsilon)$ 비율에 해당하는 나머지 활용 시행들은 그때까지 평균 지급액이 가장 큰 슬롯머신을 돌리는 데 사용한다. 이 접근 방식의 중요한 장점 하나는 잘못된 전략에 영원히 발이 묶이는 일이 없다는 것이다. 또한, 활용 단계가 일찍 시작하기 때문에 전체 과정 중 상당 부분에서 최선의 전략을 사용하게 될 가능성이 크다.

ϵ의 값은 알고리즘의 한 매개변수이다. 예를 들어 실제 응용에서는 $\epsilon = 0.1$로 두기도 한다. 그러나 최적의 ϵ 값은 주어진 응용에 따라 다르다. 주어진 응용에 대한 최적의 ϵ 값을 구하는 것이 어려울 때가 많다. 그러나 활용 부분에서 큰 이득을 얻기 위해서는 대체로 ϵ의 값을 작게 잡을 필요가 있다는 점은 거의 확실하다. 단, ϵ의 값이 작으면 좋은 슬롯머신을 찾아내기까지의 시간이 오래 걸릴 수 있다. 그래서 ϵ을 큰 값으로 시작해서 점차 줄여나가는 **정련**(annealing) 기법이 흔히 쓰인다.

9.2.3 상계 방법

동적인 설정에서 ϵ 탐욕 알고리즘이 단순한 알고리즘보다 낫긴 하지만, 새 슬롯머신의 보상 수준을 배우는 데는 여전히 비효율적이다. 상계 방법(upper bounding method)에서는 평균 지급액을 기준으로 슬롯머신을 선택하지 않는다. 그 대신, 아직 충분히 시험해 보지 않은 슬롯머신들을 좀 더 낙관적으로 취급해서, 지급액의 **통계적 상계**(statistical upper bound)가 가장 큰 슬롯머신을 선택한다. i번째 슬롯머신의 지급액 상계가 U_i이고 총 기대 보상이 Q_i, 한쪽 신뢰구간(단측 신뢰구간)의 길이가 C_i라고 할 때, 이들 사이에는 다음과 같은 관계가 성립한다.

$$U_i = Q_i + C_i \tag{9.1}$$

C_i의 값은 도박꾼이 염두에 두고 있는 슬롯머신에 관한 불확정성이 증가하는 것을 보충하는 일종의 보너스이다. C_i의 값은 지금까지의 시행들의 **평균** 보상의 표준편차에 비례한다. 중심극한정리에 따르면, 이 표준편차는 슬롯머신 i의 시행 횟수의 제곱근에 반비례한다. i번째 슬롯머신의 평균 μ_i와 표준편차 σ_i를 추정했다고 했다고 할 때 C_i의 값을 $K \cdot \sigma_i / \sqrt{n_i}$로 계산할 수 있는데, 여기서 n_i는 i번째 슬롯머신의 시행 횟수이고 K는 신뢰구간의 길이에 영향을 주는 계수이다. 따라서, 아직 많이 시행되지 않은 슬롯머신은 신뢰구간이 길어져서 그 상계가 커지며, 결과적으로 좀 더 자주 시행된다.

ϵ 탐욕 알고리즘과는 달리 상계 방법의 시행들은 탐색과 활용으로 구분되지 않는다. 상계가 가장 큰 슬롯머신을 선택하는 과정은 하나의 시행 안에 탐색의 측면과 활용의 측면을 모두 반영하는 이중의 효과를 낸다. 탐색과 활용의 절충은 해당 시행 개수들이 아니라 확률적 신뢰도 수준을 통해서 제어한다. $K = 3$으로 두면 가우스 분포 하에서 상계에 대해 99.99% 신뢰구간을 사용하는 것이 된다. 일반적으로 K를 키우면 불확실성에 대한 보너스 C_i가 커지며, 따라서 알고리즘은 탐색에 좀 더 치중하게 된다.

9.3 강화 학습의 기본 틀

앞에서 살펴본 여러 팔 강도 문제는 상태 없는 시스템에 해당한다. 다른 말로 하면, 각 시각에서의 결정은 이전 시각들에서의 결정과 동일한 환경에서 일어나며, 에이전트가 취한 행동은 오직 에이전트의 지식(경험)에만 영향을 미칠 뿐 환경 자체에는 영향을 미치지 않는다. 그러나 비디오 게임이나 자율주행차 같은 일반적인 강화 학습 설정에서는 상태라는 것이 존재한다.

강화 학습 설정에서 각 행동(동작)에는 보상이 따른다. 그런데 예를 들어 비디오 게임을 플레이할 때 플레이어가 받는 보상은 방금 수행한 동작 하나만으로 결정되는 것이 아니다. 한 동작에 대한 보상은 이전에 수행한 동작들 모두에 의존한다. 그런 동작들은 환경의 현재 상태에 포함된다. 그리고 같은 동작이라도 시스템 상태에 따라 그 보상이 다를 수 있다. 예를 들어 자동차의 방향을 급하게 꺾는 동작의 보상은 차가 정상적으로 주행하던 상태였느냐 아니면 뭔가 충돌하기 직전의 상태였느냐에 따라 다르다. 다른 말로 하면, 좋은 동작을 선택하려면 주어진 시스템 상태에 대한 각 동작의 보상을 평가하는 수단이 필요하다.

강화 학습에서, 환경과 상호작용하는 주체를 에이전트라고 부른다. 에이전트는 동작(action)을 통해서 환경과 상호작용한다. 예를 들어 비디오 게임의 경우 플레이어가 에이전트이고, 조이스틱을 특정 방향으로 움직이는 행동이 동작이다. 환경은 비디오 게임이 플레이어에게 제공하는 전체 설정, 간단히 말해 비디오 게임 자체이다. 플레이어의 동작들은 환경을 바꾸며, 그러면 비디오 게임이 새로운 상태로 전이한다. 비디오 게임에서 하나의 상태는 특정 시점에서 플레이어의 현재 상황을 서술하는 모든 변수의 조합이다. 환경은 에이전트가 학습 목표를 얼마나 충족했는지에 따라 적절한 보상을 에이전트에게 제공한다. 예를 들어 비디오 게임에서 플레이어가 점수를 따는 것이 하나의 보상이다. 그런데 보상이 특정한 동작 하나가 아니라 어느 정도 과거에 일어난 동작들과의 조합에 대해 주어지기도 한다는 점을 주의하기 바란다. 예를 들어 플레이어가 그냥 A 지점에 도달한 것이 아니라 먼저 B 지점에서 어떤 아이템을 주운 후 A 지점에 도달했을 때만 어떤 보상이 주어지는 상황도 있을 것이다. 더 나아가서, 애초에 특정 상태에 대한 동작의 보상이 결정론적이지 않을 수 있다(이를테면 슬롯머신의 레버를 당기는 동작). 강화 학습의 주목표 중 하나는 서로 다른 상태들에서의 동작들의 본

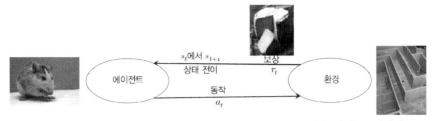

1. 에이전트(쥐)는 상태 s_t에서 하나의 동작 a_t(미로에서 왼쪽으로 방향 전환)를 취한다.

2. 환경은 쥐에게 보상 r_t(치즈 있음/없음)을 제공한다.

3. 에이전트의 상태가 s_{t+1}로 변한다.

4. 치즈를 얻었느냐에 따라 쥐의 뉴런들의 시냅스 연결 가중치들이 갱신된다.

전반적인 효과: 시간이 흐르면서, 에이전트는 보상을 받을 수 있도록 상태에 맞는 동작을 선택하는 법을 배우게 된다.

그림 9.1: 강화 학습의 전체적인 틀

질적인 가치(동작의 타이밍이나 보상의 확률성과는 무관한)를 식별하는 것이다.

학습 과정을 통해 에이전트는 여러 상태에서의 동작들의 본질적인 가치에 기초해서 적절한 동작을 선택하는 방법을 배우게 된다. 이러한 일반적인 원리는 생명체가 수행하는 모든 형태의 강화 학습에 적용된다. 예를 들어 쥐가 미로를 통과해서 치즈를 얻는 방법을 배우는 것도 이러한 강화 학습의 원리로 설명할 수 있다. 쥐가 얻는 보상은 마지막 동작이 아니라 일련의 동작들 전체에 의존한다. 보상을 얻으면 쥐의 시냅스 연결 가중치들이 적절히 갱신되며, 결과적으로 쥐는 주어진 감각 입력들에 기초해서 미로에서 다음에 어떤 행동을 해야 하는지 선택하는 방법을 배우게 된다. 마찬가지로, 심층 강화 학습에서는 보상에 기초해서 신경망의 가중치들을 갱신함으로써 감각 입력 (이를테면 비디오 게임의 픽셀들)을 적절한 동작으로 사상하는 방법을 학습한다. 에이전트와 환경의 이러한 관계가 그림 9.1에 나와 있다.

시스템의 상태와 규칙, 그리고 에이전트의 동작에 기초해서 한 상태에서 다른 상태로 전이하는 과정을 **마르코프 결정 과정**(Markov decision process)이라고 부른다. 마르코프 결정 과정의 중요한 특징은, 임의의 시점에서의 상태가 환경의 상태 전이 및 에이전트의 동작에 대한 보상을 결정하는 데 필요한 모든 정보를 가지고 있다는 것이다. 틱택토(삼목) 게임처럼 최종 상태에 도달하는 단계 수가 유한한 경우에 대한 마르코프 결정 과정을 유한(finite) 마르코프 결정 과정이라고 부르며, 유한한 단계들로 최종 상태에 도달한 과정 전체를 에피소드^{episode} 또는 일화^{逸話}라고 부른다. 유한 마르코프 결정 과정의 특정한 하나의 에피소드는 유한한 개수의 동작, 상태, 보상들로 이루어진 하나의 순차열이다. 길이가 $(n+1)$인 하나의 에피소드를 다음과 같이 표현할 수 있다.

$$s_0 a_0 r_0 s_1 a_1 r_1 \dots s_t a_t r_t \dots s_n a_n r_n$$

s_t는 동작 a_t가 수행되기 전의 상태이다. 동작 a_t를 수행한 에이전트는 r_t의 보상을 받으며, 환경은 상태 s_{t+1}로 전이된다. 이번 장은(그리고 다른 여러 문헌도) 이러한 시간 색인 관례를 사용하지만, 서턴^{Sutton}과 바토^{Barto}의 책 [483]은 상태 s_t에서 동작 a_t를 수행해서 얻은 보상을 r_{t+1}로 표기한다(따라서 관련된 모든 공식에서 색인들이 이번 장의 것들과는 좀 다르다). 한편, 유한한 길이의 에피소드가 존재하지 않는 마르코프 결정 과정(이를테면 계속해서 작동하는 로봇에 대한)을 무한 마르코프 결정 과정 또는 **비일화적** (non-episodic) 마르코프 결정 과정이라고 부른다.

예

원칙적으로 하나의 시스템 상태는 환경을 완결적으로 서술하지만, 실제 응용에서는 상태가 환경을 근사적으로만 서술하는 경우도 많다. 예를 들어 아타리 비디오 게임에 대한 강화 학습에서는 고정된 개수의 게임 화면 스냅숏들로 하나의 상태를 정의할 수 있다. 다음은 시스템 상태, 동작, 보상의 몇 가지 예이다.

1. **틱택토, 체스, 바둑**: 이런 게임에서 상태는 임의의 한 시점에서의 게임판의 국면(기물들의 특정 구성)이고 동작은 에이전트가 둔 수이다. 그리고 보상은 **게임이 끝났을 때** 에이전트가 받는 점수 $+1$(승리), 0(무승부), -1(패배) 중 하나이다. 전략적으로 중요한 수를 두었다고 해도 그 즉시 보상이 주어지지는 않을 때가 많음을 주의하기 바란다.

2. **로봇 이동**: 상태는 로봇의 위치와 로봇 관절들의 구성이다. 동작은 로봇 관절들에 가하는 토크에 해당한다. 각 시각에서 보상은 로봇이 제대로 서 있는지와 A 지점에서 B 지점까지 얼마나 나아갔는지의 함수이다.

3. **자율주행차**: 상태는 차량의 감지기 입력들로 정의되며, 동작은 조타(방향 변경), 가속, 제동이다. 보상은 차가 목적지까지 얼마나 이동했으며 얼마나 안전하게 가고 있는지가 적절히 반영되도록 사람이 설계한 함수이다.

상태 표현과 해당 보상을 정의하려면 어느 정도 노력이 필요하다. 그러나 일단 상태와 보상을 적절히 정의하고 나면, 강화 학습 시스템은 하나의 종단간 시스템으로 작동한다.

9.3.1 강화 학습의 어려움

강화 학습은 전통적인 형태의 지도 학습보다 어려운데, 그 이유는 다음과 같다.

1. 에이전트가 보상을 받았을 때(예를 들어 체스 게임에서 이겼을 때), 이전의 각 동작이 그 보상에 얼마나 기여했는지 정확하게 파악하기 어렵다. **기여도 배정(할당) 문제**(credit-assignment problem)라고 부르는 이 문제는 강화 학습에서 반드시 해결해야 할 과제에 해당한다. 더 나아가서, 보상이 확률적일 수도 있다(이를테면 슬롯머신의 레버를 당기는 등). 이 경우에는 보상을 자료 주도적인 방식으로 **추정**할 수밖에 없다.

2. 강화 학습 시스템의 상태가 대단히 많을 수 있다. 예를 들어 바둑의 가능한 게임 국면의 수는 대단히 많다. 따라서 강화 학습 알고리즘은 처음 접한 상태에 대해 의미 있는 결정을 내려야 하는 상황에 자주 처하게 된다. 즉, 강화 학습 시스템은 일반화 능력을 갖추어야 하는데, 현대적인 강화 학습 시스템에서는 이 부분을 심층 학습 모형이 담당한다.

3. 특정한 한 동작의 선택은 이후 동작들이 어떤 자료를 수집하게 되느냐에 영향을 미친다. 따라서, 여러 팔 강도 문제에서처럼 탐색과 활용의 절충 문제가 제기된다. 보상을 알아내기 위해서만 동작들을 취하는 것은 비용의 낭비일 수 있고, 반대로 보상을 알고 있는 동작들만 선택하면 전체적인 보상을 극대화하지 못할 위험이 있다.

4. 강화 학습은 자료 수집과 학습을 병합한다. 로봇이나 자율주행차 같은 커다란 물리적 시스템을 실제로 운용하려면, 실질적인 실패의 위험이 존재하는 상황에서 동작을 물리적으로 구동하고 그 동작에 대한 반응을 수집해야 한다. 이러한 실질적인 구동의 어려움은 학습을 제한하는 요소가 된다. 많은 경우 학습 과정의 초반에는 성공보다는 실패를 더 많이 겪는다. 아마도, 모의 실행 환경 또는 게임 중심적 환경에서 벗어나서 실질적인 환경에서 충분한 자료를 수집하는 것이야말로 강화 학습의 가장 큰 어려움일 것이다.

다음 두 절에서는 간단한 강화 학습 알고리즘을 살펴보고 강화 학습에서 심층 학습 방법들의 역할을 논의한다.

9.3.2 틱택토 게임을 위한 간단한 강화 학습

§9.2.2에서 소개한 상태 없는 ϵ 탐욕 알고리즘을 이용해서 에이전트가 틱택토tic-tac-toe 게임을 플레이하는 방법을 배우게 해 보자. 이 예에서 상태는 게임판의 각 국면이고 동작은 게임판의 유효한 위치에 'X'나 'O'를 두는 것이다. 틱택토의 게임판은 3×3 격자이고 9개의 칸 각각에 대해 세 가지 가능성('X', 'O', 빈칸)이 있으므로, 유효한 상태는 최대 $3^9 = 19683$가지이다. 그런데 여러 팔 강도 문제에서처럼 각각의 (상태 없는) 동작의 가치를 평가하는 대신, 이 예에서는 각 상태-동작 쌍 (s, a)의 가치를 추정한다. 이 추정은 이전에 고정된 적수(상대방 플레이어)에 대항해서 상태 s에서 동작 a를 수행했을 때 얻은 보상들에 기초한 것이다. 게임을 더 빨리 이길수록 좋다는 가정하에서, 할인 계수(discount factor) $\gamma < 1$을 이용해서 상태-동작 쌍의 가치를 정규화한다. 구체적으로, 에이전트가 r수만에※ 게임을 이겼다면 상태 s에서의 동작 a의 **정규화되지 않은 가치**를 γ^{r-1}만큼 증가하고, r수만에 졌다면 $-\gamma^{r-1}$만큼 증가(즉, γ^{r-1}만큼 감소)한다. 무승부의 경우에는 가치를 변경하지 않는다. 이러한 '할인'은 실제 응용에서 한 동작의 중요성이 시간이 지날수록 약해진다는 사실도 반영한다. 이 예에서는 상태-동작 쌍의 가치(간단히 동작 가치)들로 이루어진 참조표를 게임이 끝났을 때 한꺼번에 갱신한다(나중에 수마다 가치들을 갱신하는 온라인 방법도 소개할 것이다). 정규화된 동작 가치는 정규화되지 않은 동작 가치를 상태-동작 쌍의 갱신 횟수(이는 동작 가치들과는 따로 관리한다)로 나눈 것이다. 작은 난수들로 초기화한 상태-동작 가치 참조표로 시작해서, 상태 s에 대해 정규화된 가치가 가장 큰 동작 중에서 $1 - \epsilon$의 확률로 하나의 동작 a를 탐욕적으로 선택해서 수행하는 과정을 반복한다. 동작 가치들이 아직 평가되지 않은 상태에 대해서는 그냥 무작위로 하나의 동작을 선택한다. 이 과정을 반복해서 틱택토 게임의 승패가 결정되면 모든 동작의 기여도를 평가한다. 이런 식으로 게임을 여러 번 실행하면 결국에는 모든 상태-동작 쌍의 가치가 학습되며, 알고리즘은 고정된

※ **역주** 참고로 이번 장의 수식들에서 아래 첨자 없는 r은 수(move)의 개수이다. r_0이나 r_t처럼 아래 첨자가 붙은 보상과 혼동하지 말기 바란다.

적수의 플레이에 적응하게 된다. 더 나아가서, 알고리즘이 자신을 상대로 게임을 플레이해서 가치 참조표를 최적으로 생성하는 것도 가능하다. 그러한 자기 학습에서는 해당 수들을 둔 플레이어의 관점에서 본 승/무/패 결과에 해당하는 $\{-\gamma^r, 0, \gamma^r\}$의 값으로 동작 가치들을 갱신한다. 학습을 마친 후 실제로 게임을 플레이할 때는, 정규화된 가치가 가장 큰(현재 수를 두는 플레이어의 관점에서 보았을 때) 수를 선택한다.

9.3.3 심층 학습의 역할과 잠정적 알고리즘

앞에서 설명한 틱택토 알고리즘은 신경망이나 심층 학습을 사용하지 않는다. 사실 기존의 여러 강화 학습 알고리즘들도 심층 학습을 사용하지 않는다.[483] 틱택토를 위한 ϵ 탐욕 알고리즘의 가장 중요한 목표는 각 상태-동작 쌍의 고유한 **장기적 가치**를 학습하는 것이다. 장기적 가치를 학습하려는 것은, 틱택토 설정에서 가치 있는 수를 둔 지 한참 후에 그에 대한 보상이 주어지기 때문이다. 훈련 과정의 목표는 주어진 한 상태에 대해 장기적으로 이득이 되는 동작들을 식별하는 것이다. 이를 **가치 발견**(value discovery)이라고 부른다. 예를 들어 틱택토에는 적이 어떤 수를 두든 반드시 이길 수 있는 수가 존재한다. 그림 9.2(a)에 그런 시나리오 두 가지가 나와 있다(오른쪽의 예는 다소 명백하지 않지만, 잘 살펴보면 필승 전략임을 알 수 있을 것이다). 이런 수들이 마지막 수가 아님을 주목하기 바란다. 따라서, 한 게임이 끝난 후에 상태-동작 쌍들의 참조표를 갱신할 때는 마지막 한 수뿐만 아니라 승리에 결정적으로 기여한 과거의 **전략적으로 좋은 수**를 식별할 필요가 있다. §9.3.2에서 설명한 ϵ 탐욕 알고리즘에 기초한 시행착오 기법은 실제로 그런 교묘한 수에 높은 가치를 부여한다. 그런 참조표에서 볼 수 있는 전형적인 가치 값들이 그림 9.2(b)에 나와 있다. 그림 9.2(a)의 오른쪽에 나온 덜 명백한 수에 대한 가치가 약간 낮은 것은 그 수로부터 승리까지의 단계가 더 길어서 γ에 의한 할인 폭이 더 크기 때문이다. 이처럼 ϵ 탐욕 알고리즘 기반 시행착오 기법은 좀 더 일찍 주어진 결정적인 수의 가치를 온전하게 평가하지 못할 수 있다.

이러한 강화 학습 접근 방식의 주된 문제점은 계산 비용이다. 응용의 성격에 따라서는 상태의 수가 아주 많을 수 있으며, 그러면 수많은 상태-동작 쌍 가치들을 평가하고 배워야 한다. 예를 들어 체스의 가능한 상태는 대단히 많으며, 수 세기 동안 사람들이 둔 체스 게임에서 발생한 모든 체스판 국면은 모든 유효한 체스판 국면의 작은 부분집합일 뿐이다. 그래서 §9.3.2에서 설명한 알고리즘을 **암기 학습**(rote learning)의 형태로

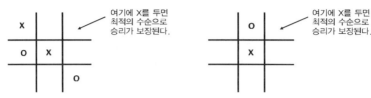

(a) 틱택토에서 승리가 보장되는 수의 두 가지 예

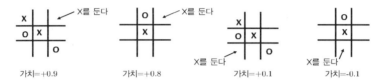

(b) 틱택토 상태-동작 가치 참조표의 네 항목. 강화 학습 모형은 시행착오를 통해서 가치가 높은 승리 보장 수순을 배우게 된다.

(c) *Alpha Zero*(백)와 *Stockfish*(흑)가 둔 두 게임.[447] 왼쪽 게임에서 백은 폰(졸) 하나를 희생하고 통과한 폰(passed pawn) 하나를 양보하는 대신 흑의 흰색 칸 비숍을 흑 자신의 폰 뒤로 몰아 넣었다. 이 전략 덕분에 백은 *Stockfish* 같은 전통적인 체스 프로그램의 지평선(내다볼 수 있는 수의 한계)보다 훨씬 많은 수를 두어서 게임을 이겼다. 오른쪽의 게임(왼쪽과는 다른 게임임) 에서는 백이 자신의 기물들을 희생하면서 흑을 점차 궁지로(어떤 수를 두어도 상황이 나빠지 기만 하는) 몰아넣었다. 기물에 연연하는 대신 전체적인 국면을 점차 자신에게 유리한 쪽으로 몰아가는 것은 *Stockfish* 같은 체스 프로그램에서는 보기 힘든, 최고의 인간 플레이어들에서나 볼 수 있는 행동이다. 기존 체스 프로그램들은 국면의 미묘한 차이를 정확하게 잡아내지 못할 때가 있다. 반면 국면, 즉 체스판 전체의 상태를 하나의 입력으로 받는 강화 학습 신경망은 그 어떤 사전 가정 없이 체스판 국면들을 통합적으로 평가한다. 시행착오로 얻은 경험만으로도 강화 학습 모형은 아주 복잡한 평가 함수를 배우게 된다. 결과적으로 훈련된 신경망은 학습된 경험을 새 체스판 국면에도 일반화할 수 있다. 이는 사람이 이전 게임들의 경험에 기초해서 체스판을 좀 더 잘 평가하게 되는 것과 비슷하다.

그림 9.2: 보드게임에 강화 학습을 응용한 예

정련한 기법도 존재한다. 이 기법의 핵심은 **경험한** 상태들의 장기적 가치들을 몬테카를로 모의 실행(Monte Carlo simulation)을 통해서 정련하고 기억(암기)하는 것이다. 틱택토 게임의 경우 이 기법을 이용한 학습 모형은 **필승의 수를 두는 구체적인 상태**에 대해여러 번의 몬테카를로 시뮬레이션을 돌리고 그로부터 승리를 경험함으로써 그러한 수의 가치를 학습한다. 체스 같은 좀 더 어려운 설정에서는 이전 경험들에서 배운 지식을 아직 경험하지 못한 상태로 **일반화**해야 한다. 강화 학습을 포함한 모든 종류의 학습은 배운 지식을 미지의 상황으로 일반화할 때 그 유용성이 가장 잘 발휘된다. 그러나 앞에서 말한, 상태와 동작의 모든 가능한 조합의 가치를 평가해서 저장하는 접근 방식은 이러한 일반화의 요구에 전혀 적합하지 않다. 그런 요구에 좀 더 적합한 것은 **함수 근사기로서의 심층 학습 모형**이다. 심층 학습을 이용한 강화 학습에서는 보상 주도적 시행착오를 통해서 모든 가능한 상태-동작 쌍의 가치를 구하려 하는 대신, 각 동작의 가치를 입력 상태의 한 **함수**로 간주하고 그 함수를 정의하는 매개변수들을 동작의 결과에 기초해서 **학습**하려 한다. 강화 학습이 틱택토 같은 장난감 수준의 설정을 벗어나기 위해서는 이런 접근 방식이 꼭 필요하다.

예를 들어 체스를 위한 하나의 잠정적 알고리즘(아주 좋지는 않은)은 §9.3.2의 ϵ 탐욕 알고리즘과 비슷하되, 체스판 상태를 합성곱 신경망의 입력으로 사용해서 동작의 가치들을 계산하는 형태가 될 것이다. 출력은 현재 체스판 국면을 평가한 점수이다. ϵ 탐욕 알고리즘으로 게임을 끝까지 실행해서 출력값들을 산출한다. 이 모의 실행에서 각 수의 할인된 실측(ground-truth) 가치는 게임의 결과(승·무·패)에 따라 $\{\gamma^{r-1}, 0, -\gamma^{r-1}\}$ 중 하나인데, r은 게임의 길이(게임이 끝날 때까지 둔 수들의 개수)이다. 상태-동작 쌍 가치들의 참조표를 갱신하는 대신, 이 잠정적 알고리즘에서는 각 수를 하나의 훈련 자료점으로 취급해서 신경망 매개변수들을 갱신한다. 이때 신경망의 입력은 체스판 국면이고 출력은 해당 수의 가치($\{\gamma^{r-1}, 0, -\gamma^{r-1}\}$ 중 하나)이다. 이 출력과 실측 가치의 오차를 이용해서 매개변수들을 갱신한다. 추론 시점에서는 체스판 국면 점수가 가장 높은 수를 선택한다(어느 정도의 최소최대 예견을 적용해서).

그러나 이러한 접근 방식은 너무 단순하다. 최근에는 몬테카를로 트리 검색 기법을 포함한 좀 더 정교한 강화 학습 시스템인 *Alpha Zero*를 체스용으로 훈련한 사례가 있었다.[447] *Alpha Zero*와 전통적인 체스 프로그램 *Stockfish-8.0*이 둔 두 대국의 예가 그림 9.2(c)에 나와 있다. 왼쪽의 체스판 국면에서 강화 학습 시스템(백)은 기물을 하나

잃는 대신 상대(흑)의 비숍을 오도 가도 못하는 위치로 묶는, **전략적으로 교활한 수**를 두었다. 사람이 일일이 규칙들을 설정해서 만든 체스 프로그램들은 이런 수를 선호하지 않는다. 오른쪽의 예에서 *Alpha Zero*(백)는 폰을 두 개 희생하는 대신, 상대의 모든 기물을 얼어붙은(어떤 기물을 움직여도 피해를 보는) 상태로 만들었다. 훈련 과정에서 *Alpha Zero*가 이런 상황을 경험하지는 않았지만(아마도), 그래도 이 심층 학습 모형은 다른 체스판 상황들에서 시행착오를 통해 배운 경험으로부터 유용한 특징과 패턴을 추출하는 능력을 갖추고 있다. 특히, 오른쪽의 예는 이 강화 학습 시스템이 미묘한 국면상의 요인을 즉각적인 기물 이득 요인보다 우선시함을 보여준다(이는 인간의 신경망과 비슷한 특징이다).

실질적인 응용들에서는 상태가 감각 입력들로 구성될 때가 많다. 강화 학습 신경망은 상태의 그러한 입력 표현으로부터 특정 동작의 가치를 학습하는데, 이러한 학습은 틱택토의 예에서처럼 상태-동작 쌍들의 참조표를 갱신하는 것이 아니라 신경망의 매개변수들을 갱신함으로써 실현된다. 상태의 입력 표현이 상당히 원시적일 때도(이를테면 카메라로 찍은 이미지의 픽셀들이 주어진다고 해도), 신경망은 그로부터 의미 있는 통찰들을 잘 뽑아낸다. 인간도 이와 비슷한 방식으로 원시적인 감각 입력들을 자신의 생물학적 신경망으로 처리해서 세계의 **상태**를 정의하고 적절한 **동작**을 선택한다. 우리가 실생활의 모든 가능한 상황에 대한 상태-동작 가치들의 참조표를 만들어서 외우고 다니지는 않는다. 심층 학습 패러다임은 구현이 불가능할 정도로 큰 상태-동작 가치들의 참조표를, 상태 동작 쌍을 가치로 사상(대응)하는 하나의 매개변수적 모형으로 변환한다. 그런 모형은 역전파를 이용해서 손쉽게 훈련할 수 있다.

9.4 가치 함수 학습의 부트스트래핑

틱택토용 ϵ 탐욕 알고리즘(§9.3.2)을 단순한 방식으로 일반화한다면, 비일화적 설정에서는 작동하지 않는 알고리즘이 될 것이다. 틱택토는 한 게임('에피소드')의 수가 9를 넘지 않는다는 점에서 일화적 설정에 해당한다. 로봇 운용 같은 비일화적 설정에서는 마르코프 결정 과정이 유한하지 않거나 아주 길 수 있다. 그런 경우 몬테카를로 표집을 이용해서 실측 보상 견본을 생성하는 것이 아주 어려울 수 있으며, 따라서 **온라인**이 바람직하다. 온라인 갱신에 사용할 수 있는 한 방법으로 **부트스트래핑**bootstrapping이 있다.

직관 9.4.1(부트스트래핑) 각 시각에서 마르코프 결정 과정을 이용해서 어떤 가치(이를테면 장기적 보상)를 예측한다고 하자. 부분적인 미래를 모의 실행함으로써 현재 시각에서의 예측을 개선할 수만 있다면, 현재 시각에서의 실측 가치가 없어도 마르코프 결정 과정을 수행할 수 있다. 미래에 관한 지식이 없는 모형이라도, 모의 실행으로 개선한 예측을 현재 시각에서의 실측 가치로 사용하면 된다.

예를 들어 새뮤얼Samuel의 체커 프로그램[421]은 하나의 평가 함수를 이용해서 계산한 현재 게임판 국면의 평가치와, 이후의 몇 수를 최초최대 기법으로 모의 실행해서 구한 (동일한 평가 함수를 이용) 평가치의 차이를 '예측 오차'로 사용해서 그 평가 함수를 갱신한다. 여기서 핵심은 그러한 예견(lookahead) 모의 실행으로 얻은 최소최대 평가치가 예견 없이 구한 평가치보다 나으며, 따라서 그것을 오차 계산을 위한 '실측' 가치로 사용할 수 있다는 것이다.

마르코프 결정 과정을 위한 상태·동작·보상 순차열을 다음과 같이 표현한다고 하자.

$$s_0 a_0 r_0 s_1 a_1 r_1 \ldots s_t a_t r_t \ldots$$

예를 들어 비디오 게임이라면 각 상태 s_t는 이전 몇 프레임을 대표하는 화면 픽셀들의 집합일 것이다.[335] 신경망에서 이 픽셀들은 하나의 특징 $\overline{X}_t$로 표현된다. 어떤 동작의 보상이 당장 주어지는 것이 아니라 얼마 후에 주어질 수도 있다는 점을 고려하기 위해, 시각 t에서의 누적 보상 R_t를 다음과 같이 이후의 모든 시각에서의 즉시 보상 $r_t, r_{t+1}, r_{t+2}, \ldots r_\infty$의 할인된 합으로 정의한다.

$$R_t = r_t + \gamma \cdot r_{t+1} + \gamma^2 \cdot r_{t+2} + \gamma^3 \cdot r_{t+3} \ldots = \sum_{i=0}^{\infty} \gamma^i r_{t+i} \tag{9.2}$$

할인율 $\gamma \in (0,1)$은 보상들이 어느 정도나 근시안적으로 취합되는지를 결정한다. γ의 값이 1보다 작은 이유는, 미래의 보상(지연 보상)이 지금의 보상(즉시 보상)보다는 가치가 낮기 때문이다. $\gamma = 0$으로 두면 즉시 보상 r_t가 곧 전체 누적 보상 R_t인, 극도로 근시안적인 설정이 된다. γ가 1에 너무 가까우면, 아주 긴 마르코프 결정 과정의 경우 모형의 학습이 불안정해질 수 있다.

상태-동작 쌍 (s_t, a_t)의 가치를 뜻하는 Q 함수 또는 Q 가치를 $Q(s_t, a_t)$로 표기한

다. 이것은 상태 s_t에서 동작 a_t를 취하는 것의 **본질적인**(즉, 장기적인) 가치이다. 즉, Q 함수 $Q(s_t, a_t)$는 상태 s_t에서 a_t를 수행한 덕분에 게임의 끝에서 얻을 수 있는 최상의 보상에 해당한다. 수식으로 표현하자면, $Q(s_t, a_t)$는 $\max\{E[R_{t+1}|a_t]\}$와 같다. 모든 가능한 동작의 집합이 A라고 할 때, 시각 t에서 강화 학습 모형은 $Q(s_t, a_t)$가 최대가 되는 동작 a_t^*를 선택한다.* 즉,

$$a_t^* = \text{argmax}_{a_t \in A} \, Q(s_t, a_t) \tag{9.3}$$

이다. 이 예측 동작을 그대로 사용해도 좋은 성과를 얻을 수 있지만, 여기에 탐색적 요소(이를테면 ϵ 탐욕 정책)를 결합해서 장기 훈련 결과를 좀 더 개선하는 방법도 흔히 쓰인다.

9.4.1 함수 근사기로서의 심층 강화 학습 모형

논의의 간결함을 위해, 여기서는 고정된 개수의 지난 몇 프레임(화면 스냅숏)을 대표하는 픽셀들이 상태 s_t를 정의하는 아타리 비디오 게임 설정[335]의 예를 들기로 한다. 상태 s_t의 특징 표현을 $\overline{X}_t$로 표기하겠다. 심층 신경망은 이 $\overline{X}_t$를 입력으로 삼아서, 상태 s_t에서 취할 수 있는 모든 유효한 동작의 가치 $Q(s_t, a)$들을 산출한다.

그림 9.3: 아타리 비디오 게임 설정을 위한 Q 신경망(Q-network).

신경망이 가중치들의 벡터 $\overline{W}$로 매개변수화된다고 하자. 모든 가능한 동작의 집합이 A라고 할 때, 신경망은 $|A|$개의 출력을 산출한다. 이 출력들은 A에 속하는 여러 동작의 Q 값들이다. 좀 더 구체적으로, 각 동작 $a \in A$에 대해 신경망은 가치 평가 함수 $F(\overline{X}_t, \overline{W}, a)$를 계산하는 방법을 배운다. 이 가치 평가 함수는 다음과 같이 $Q(s_t, a)$의 학습된 추정값(learned estimate)으로 정의된다.

※ **역주** 이처럼 학습 모형 또는 학습 '에이전트'의 동작을 선택하는 데 사용하는 함수(또는 규칙, 절차 등)를 강화 학습의 용어로 '정책(policy; 또는 방침)'이라고 부른다. 정책을 "상태를 동작으로 사상하는 함수"라고 정의하기도 한다.

$$F(\overline{X}_t, \overline{W}, a) = \hat{Q}(s_t, a) \tag{9.4}$$

함수 Q 위에 모자(^)가 표시되어 있음을 주목하기 바란다. 이는 이 수량이 관측값이 아니라 예측값(학습된 매개변수 $\overline{W}$로 추정한)임을 뜻한다. 이 모형을 이용해서 주어진 한 시각에서 어떤 동작을 취할 것인지 선택하려면 반드시 $\overline{W}$를 학습해야 한다. 예를 들어 한 비디오 게임에서 플레이어가 취할 수 있는 동작이 캐릭터를 상("UP"), 하("DOWN"), 좌("LEFT"), 우("RIGHT")로 이동하는 것뿐이라고 하자. 이 경우 신경망은 그림 9.3에 나온 네 가지 출력을 산출한다. 아타리 2600 게임 학습의 예에서 신경망에는 $m = 4$개의 회색조(grayscale) 픽셀 맵이 입력되는데, 이들은 지난 m회의 이동을 나타낸다.[335, 336] 이 픽셀들을 합성곱 신경망을 이용해서 Q 값들로 변환한다. 이러한 신경망을 Q 신경망(Q-network)이라고 부른다. 이 구조에 대해서는 이번 장에서 나중에 좀 더 자세히 설명하겠다.

Q 학습 알고리즘

신경망의 가중치들($\overline{W}$)은 훈련을 통해서 학습해야 한다. 여기서 한 가지 흥미로운 문제가 제기된다. 가중치들의 벡터를 학습하려면 반드시 Q 함수의 **관측값**들이 필요하다. Q 함수의 관측값들이 있으면 각 동작에 대해 $Q(s_t, a) - \hat{Q}(s_t, a)$ 형태의 손실함수를 이용해서 가중치들을 갱신할 수 있다. 그런데 문제는, Q 함수가 현재 동작이 아니라 이후(미래)의 모든 동작의 조합에 대한 최대 할인 보상을 나타낸다는 것이다. 따라서 현재의 동작만으로는 Q 함수의 관측값을 구하는 것이 불가능하다.

다행히, 손실함수를 교묘한 방식으로 설정함으로써 이 딜레마를 극복할 수 있다. 직관 §9.4.1에 따르면, 미래에 대한 부분적인 지식을 이용해서 Q 값들의 추정값을 개선할 수만 있다면, 관측된 Q 값들이 없어도 손실함수를 설정할 수 있다. 그리고 그러한 개선된 추정값을 이용해서, 실측 관측값 대신 사용하는 대용(surrogate) 관측값을 만들어 낼 수 있다. 이 대용 '관측값'은 Q 함수가 충족하는 동적 계획법 관계식인 **벨먼 방정식**(Bellman equation)[26]으로 정의된다. 그리고 미래에 대한 부분적인 지식은 각 동작에 대한, 현재 시각에서 관측된 보상이다. 벨먼 방정식에서 대용 관측값은 다음과 같이 정의되는, 한 단계 이후의 시각인 s_{t+1}에서의 예측값이다.

$$Q(s_t, a_t) = r_t + \gamma \max_a \hat{Q}(s_{t+1}, a) \tag{9.5}$$

참고로, 이 관계식이 옳다는 것은 Q 함수가 할인된 미래의 보상을 최대화하도록 설계되었다는 사실에서 출발해서 증명할 수 있다. 어쨌든 이 방법의 핵심은, 한 단계 이후의 모든 동작을 예견함으로써 $Q(s_t, a_t)$의 추정치를 개선한다는 것이다. 계산 과정이 제대로 끝나게 하기 위해서는, 한 에피소드의 마지막 동작 a_t를 수행한 후 $\hat{Q}(s_{t+1}, a)$를 0으로 설정해야 한다는 점도 기억하기 바란다. 이 관계식을 신경망 예측의 관점에서 다시 표현하면 다음과 같다.

$$F(\overline{X}_t, \overline{W}, a_t) = r_t + \gamma \max_a F(\overline{X}_{t+1}, \overline{W}, a) \tag{9.6}$$

그런데 식 (9.6)의 우변에 있는, 시각 t에서의 대용 관측값을 계산하려면 먼저 동작 a_t를 수행해서 상태 $\overline{X}_{t+1}$과 보상 r_t를 관측할 필요가 있음을 주의하기 바란다. 따라서, 신경망의 시각 t에서의 손실함수 L_t를 다음과 같이 시각 t에서의 예측값과 대용 관측값의 차이를 이용해서 정의할 수 있다.

$$L_t = \left\{ \underbrace{[r_t + \gamma \max_a F(\overline{X}_{t+1}, \overline{W}, a)]}_{\text{상수 실측값으로 취급}} - F(\overline{X}_t, \overline{W}, a_t) \right\}^2 \tag{9.7}$$

이제 계산 가능한 손실함수가 만들어졌으므로, 이 손실함수에 대한 역전파를 이용해서 가중치들의 벡터 $\overline{W}$를 갱신하면 된다. 여기서 한 가지 중요한 점은, 역전파 알고리즘이 시각 $(t+1)$에서의 입력들을 고정된 실측값들로 취급해서 목푯값들을 추정한다는 것이다. 따라서, 비록 그러한 추정값들이 입력이 $\overline{X}_{t+1}$인, 매개변수화된 신경망으로 산출한 것이긴 하지만, 손실함수의 미분을 구할 때는 이 추정값들을 상수로 취급하게 된다. $F(\overline{X}_{t+1}, \overline{W}, a)$를 상수로 취급하지 않으면 학습의 성과가 나빠진다. 이는 애초에 시각 $(t+1)$에서의 예측값을 (부트스트래핑 원리에 기초해서) 개선된 실측값 추정치로 간주하기 때문에 생긴 결과이다. 정리하자면, 역전파 알고리즘은 다음과 같은 공식으로 가중치들을 갱신한다.

$$\overline{W} \Leftarrow \overline{W} + \alpha \left\{ \underbrace{[r_t + \gamma \max_a F(\overline{X}_{t+1}, \overline{W}, a)]}_{\text{상수 실측값으로 취급}} - F(\overline{X}_t, \overline{W}, a_t) \right\} \frac{\partial F(\overline{X}_t, \overline{W}, a_t)}{\partial \overline{W}} \tag{9.8}$$

행렬 산술 표기법에서 벡터 $\overline{W}$에 대한 함수 $F()$의 편미분은 본질적으로 기울기

$\nabla_{\overline{W}}F$에 해당한다. 애초에 $\overline{W}$의 가중치들이 무작위로 초기화되므로, 갱신 과정의 시작에서는 Q 값들이 무작위로 추정된다. 그러나 과정이 반복됨에 따라 추정값들이 점차 정확해지며, 따라서 가중치들도 보상이 최대화되는 쪽으로 점차 변하게 된다.

임의의 시각 t에서 취한 동작이 a_t이고 그 동작의 결과로 관측된 보상이 r_t라고 할 때, 가중치 벡터 $\overline{W}$의 학습을 위한 전체적인 훈련 과정은 다음과 같다.

1. 입력 $\overline{X}_{t+1}$을 신경망에 통과시켜서(순전파) Q 값 $\hat{Q}_{t+1} = \max_a F(\overline{X}_{t+1}, \overline{W}, a)$를 산출한다. a_t가 마지막 동작인 경우에는 갱신 과정의 종료를 위해 이 Q 값을 0으로 설정한다. 이처럼 **종료 상태를 특별하게 취급하는 것이 중요하다**. 벨먼 방정식을 충족하려면, 이전 시각 t에서 관측된 동작 a_t에 대한 Q 값은 반드시 $r_t + \gamma\hat{Q}_{t+1}$이어야 한다. 이 단계는 시각 t에서 실제로 관측한 목푯값 대신 그것을 추정한 **대용** 관측값을 구해서 실측 관측값인 것처럼 사용하는 것에 해당한다.

2. 입력 $\overline{X}_t$를 신경망에 통과시켜서(순전파) 이전 시각의 $F(\overline{X}_t, \overline{W}, a_t)$를 계산한다.

3. 역전파를 위해, 입력 $\overline{X}_t$에 대한 손실함수 $L_t = (r_t + \gamma Q_{t+1} - F(\overline{X}_t, \overline{W}, a_t))^2$을 계산한다. 이 손실함수는 동작 a_t에 해당하는 신경망 출력 노드에 관한 것이며, 다른 모든 동작에 대한 손실값은 0임을 주의하기 바란다.

4. 이제 이 손실함수에 대한 역전파를 수행해서 가중치 벡터 $\overline{W}$를 갱신한다. 손실함수의 $r_t + \gamma Q_{t+1}$ 항 역시 입력 $\overline{X}_{t+1}$에 대한 예측으로 얻은 것이지만, 역전파 과정에서 기울기를 계산할 때는 그 항을 하나의 상수 관측값으로 취급한다.

이 과정이 훈련과 예측을 동시에 수행함을 주목하기 바란다. 즉, 동작들의 가치는 가중치를 갱신하는 데 쓰일 뿐만 아니라 다음 동작을 선택하는 데에도 쓰인다. 예측 시 Q 값이 가장 큰 동작을 다음 동작으로 선택하는 것이 바람직할 것 같지만, 실제로는 그렇지 않다. 그런 방식으로는 검색 공간을 제대로 탐색하지 못할 위험이 있기 때문이다. 그 대신, ϵ 탐욕 알고리즘 같은 정책에 기초한 최적성 예측 기법을 결합해서 다음 동작을 선택하는 것이 낫다. 즉, 예측 보상이 가장 큰 동작을 $(1 - \epsilon)$의 확률로 선택하되, 확률이 빗나가면 그냥 무작위로 하나의 동작을 선택하는 것이다. 이때 최적의 ϵ 값은 큰 값으로 시작해서 점차 줄여나가는 식의 정련 과정으로 구할 수 있다. 이런 방식에서 신경망의 **목표 예측값**은 벨먼 방정식을 충족하는 최선의 동작에 해당한다.

궁극적으로 이 동작은 ϵ 탐욕 정책에 근거해서 선택한 관측 행동 a_{t+1}과는 다를 수 있다. 신경망 갱신을 위한 목표 예측값을 미래에 실제로 관측될 동작과는 다른 동작을 이용해서 계산한다는 점에서, Q 학습 알고리즘은 **정책 외**(off-policy) 알고리즘에 속한다.

이러한 기본적인 접근 방식을 수정해서 학습을 좀 더 안정화하는 방법이 여럿 있는데, 대부분 아타리 비디오 게임 설정[335]의 맥락에서 제안되었다. 학습의 안정성과 관련해서 우선 주목할 점은, 훈련 견본들을 원래 순서대로(즉, 해당 동작들이 게임에서 실제로 발생한 순서대로) 신경망에 공급하면 훈련 견본들 사이의 강한 유사성 때문에 학습 과정이 국소 최적해에 빠질 위험이 있다는 것이다. 그보다는, 고정된 개수의 동작들과 보상들을 하나의 풀pool로 두고, 거기서 동작들과 보상들을 뽑아서 사용하는 것이 바람직하다. 그러한 풀을 일종의 '경험들의 역사(history of experiences)'로 생각할 수 있다. 이 풀에서 여러 개의 경험을 뽑아서 미니배치를 만들고 그것으로 미니배치 확률적 경사 하강법을 수행하면 국소 최적해 문제를 피할 수 있다. 특별한 제약을 두지 않는다면 같은 동작이 여러 번 뽑힐 수 있는데, 그러면 학습 자료가 좀 더 효율적으로 활용된다. 훈련을 진행하면서 오래된 동작들을 제거하고 새 동작들을 추가해서 풀을 계속 갱신한다는 점을 주의하기 바란다. 결과적으로 훈련은 엄밀한 의미에서는 아니라도 근사적인 의미에서는 시간적(temporal)인 방식으로 진행된다. 경험들을 원래와는 다소 다른 순서로 여러 번 사용한다는 점에서, 이런 접근 방식을 **경험 재현**(experience replay)이라고 부른다.

또 다른 수정 방법은, 앞의 단계 1에서 벨먼 방정식으로 목표 Q 값을 추정하는 데 사용하는 신경망과 단계 2에서 Q 값을 예측하는 데 사용하는 신경망을 다르게 두는 것이다. 목표 Q 값 추정을 위한 신경망을 좀 더 느리게 갱신하면 안정성이 개선된다. 마지막으로, 이런 학습 시스템의 한 가지 문제점은 보상들이 희소하다는 것인데, 특히 동작들이 대체로 무작위로 선택되는 학습 과정의 초기 단계에서는 더욱 그렇다. 그런 경우 **우선순위 기반 경험 재현**(prioritized experience replay)[428] 같은 요령들이 유용하다. 간단하게만 이야기하면, 이런 부류의 기법들은 더 많은 것을 배울 수 있는 동작들을 우선시함으로써 강화 학습 과정에서 수집된 훈련 자료를 좀 더 효율적으로 활용한다.

9.4.2 응용 사례: 아타리 설정을 위한 강화 학습 심층 신경망

[335, 336]의 합성곱 신경망은 게임 화면을 갈무리한 84×84 크기의 회색조 픽셀 맵을 입력으로 사용했다. 따라서 합성곱 신경망의 첫 합성곱 층의 높이와 너비 역시 각각 84였다. 픽셀이 단채널 회색조였기 때문에 하나의 갈무리 화면을 표현하는 데 하나의 특징 맵만 있으면 되지만, 하나의 입력이 이전 네 프레임의 역사를 나타내는 것이었으므로 입력층의 깊이는 4였다. 입력층 다음에는 필터 크기가 각각 8×8, 4×4, 3×3인 세 개의 합성곱 층이 쓰였다. 첫 합성곱 층은 해당 크기의 필터 32개를 적용했으며, 그다음 두 층은 각각 64개의 필터를 적용했다. 합성곱의 보폭은 순서대로 4, 2, 1이었다. 합성곱 층 블록 다음에는 두 개의 완전 연결 층이 쓰였는데, 첫 완전 연결 층의 뉴런은 512개였고 신경망의 출력층인 둘째(마지막) 완전 연결 층의 뉴런 개수는 가능한 동작의 개수와 같았다. 구체적인 동작 개수는 학습한 게임의 종류에 따라 4에서 18로 다양했다. 이 합성곱 신경망의 전체적인 구조가 그림 9.4에 나와 있다.

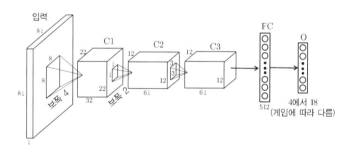

그림 9.4: 아타리 설정을 위한 합성곱 신경망

　모든 은닉층은 ReLU 활성화 함수를 사용했고, 출력층은 선형 활성화 함수를 사용해서 실수 Q 가치 값을 예측했다. 풀링은 쓰이지 않았으며, 합성곱 연산들에서 1보다 큰 보폭을 사용해서 공간 크기를 줄였다. 아타리 플랫폼은 다양한 게임을 지원하는데, 동일한 구조를 이용해서 여러 게임을 학습함으로써 이 구조의 일반화 능력을 입증했다. 게임마다 성과가 좀 다르긴 했지만, 사람의 성과를 넘어선 경우가 많았다. 장기적인 전략이 필요한 게임들에서는 알고리즘이 큰 어려움을 겪었다. 그렇긴 하지만, 같은 프레임워크를 큰 변형 없이 여러 게임에 적용해서 대체로 좋은 성과를 얻었다는 것은 고무적인 일이었다.

9.4.3 정책 내 방법 대 정책 외 방법: SARSA

Q 학습 방법론은 시간차 학습(temporal difference learning; TD 학습)이라고 부르는 부류의 방법에 속한다. Q 학습에서는 ϵ 탐욕 정책에 따라 동작을 선택한다. 그러나 신경망의 매개변수들을 갱신할 때는 각 단계에서 벨먼 방정식에 따라 최선의 동작을 선택한다. 각 단계에서 선택한 최선의 동작이 모의 실행 시 ϵ 탐욕 정책으로 선택한 동작과 다를 수 있다. Q 학습처럼 훈련에 사용하는 정책과 예측에 사용하는 정책이 같지 않은 방법을 가리켜 **정책 외**(off-policy) 강화 학습 방법이라고 부른다. 예측을 위한 정책과 갱신을 위한 정책이 달라도 최적해를 찾는 능력(가중치 갱신의 목표인)이 나빠지지는 않는다. 오히려, 무작위한 정책들로 탐색을 좀 더 많이 수행하므로 국소 최적해를 피하게 된다는 장점이 생긴다.

반대로, **정책 내**(on-policy) 강화 학습 방법에서는 예측 시 선택하는 동작이 매개변수 갱신 시 선택하는 동작과 부합한다. 따라서 갱신 과정에서 수행하는 것은 **최적화**라기보다는 정책의 **평가**에 해당한다고 할 수 있다. 이 점의 이해를 돕기 위해, SARSA(State-Action-Reward-State-Action; 상태-동작-보상-상태-동작)라고 하는 알고리즘을 살펴보기로 하자. SARSA 알고리즘은 다음 단계의 최적 보상을 갱신 계산에 사용하지 않는다. 대신, 다음 단계를 동일한 ϵ 탐욕 정책을 이용해서 갱신해서 동작 a_{t+1}을 선택하고, 그것으로 목푯값을 계산한다. 다음 단계의 손실함수는 다음과 같이 정의된다.

$$L_t = \left\{ r_t + \gamma F(\overline{X}_{t+1}, \overline{W}, a_{t+1}) - F(\overline{X}_t, \overline{W}, a_t) \right\}^2 \tag{9.9}$$

함수 $F(\cdot, \cdot, \cdot)$는 §9.4.1에 나온 것과 같다. 이 손실함수를 이용해서 가중치 벡터를 다음과 같이 갱신한 후 동작 a_{t+1}을 실행한다.

$$\overline{W} \Leftarrow \overline{W} + \alpha \left\{ \underbrace{[r_t + \gamma F(\overline{X}_{t+1}, \overline{W}, a_{t+1})]}_{\text{상수 실측값으로 취급}} - F(\overline{X}_t, \overline{W}, a_t) \right\} \frac{\partial F(\overline{X}_t, \overline{W}, a_t)}{\partial \overline{W}} \tag{9.10}$$

이 갱신 공식을 식 9.8에 나온 Q 학습의 갱신 공식과 비교해 보면 배울 점이 있을 것이다. Q 학습에서는 각 상태에 대해 **가능한 최선**의 동작을 선택해서 매개변수들을 갱신하지만, 실제 예측 시에는 ϵ 탐욕 정책(탐색 측면을 보강한)을 이용해서 동작을 선택한다. 반면 SARSA에서는 ϵ 탐욕 정책으로 선택한 동작을 매개변수 갱신에 사용한다.

이처럼 동일한 정책을 벗어나지 않는 방법을 가리켜 **정책 내(on-policy) 방법**이라고 부른다. Q 학습 같은 정책 외 방법은 탐색과 활용을 분리할 수 있지만, 정책 내 방법은 그렇지 않다. ϵ 탐욕 정책의 ϵ을 0으로 두면(즉, 보통의 탐욕법과 같게 만들면) Q 학습과 SARSA는 같은 알고리즘이 된다. 그러나 그러면 탐색 요소가 사라지므로 좋은 성과를 얻을 수 없다. SARSA는 학습을 예측과 분리할 수 없을 때 유용하다. Q 학습은 먼저 오프라인으로 학습을 수행하고, 학습된 정책을 $\epsilon = 0$인 보통의 탐욕법을 이용해서 활용할 수 있을 때 유용하다. Q 학습으로 추론(예측)을 수행할 때 ϵ 탐욕 정책을 사용하는 것은 위험하다. 이 정책은 탐색 요소에 보상을 제공하지 않으며, 따라서 탐색을 안전하게 유지하는 방법을 배우지 못하기 때문이다. 예를 들어 로봇이 A 지점에서 B 지점으로 이동한다고 할 때, Q 학습 기반 로봇은 최단 경로가 절벽 가장자리에 걸쳐 있어도 무조건 최단 경로를 따르지만 SARSA로 훈련한 로봇은 그런 경로를 피한다.

함수 근사기 없는 학습

함수 근사기 없이 Q 가치들을 학습하는 것도 가능하다. 단, 그러려면 **상태 공간이 아주 작아야** 한다. 예를 들어 틱택토 같은 장난감 수준의 게임에서는 강한 적수를 상대로 게임을 플레이하면서 시행착오를 통해서 $Q(s_t, a_t)$를 명시적으로 학습할 수 있다. 이 경우, 수를 둘 때마다 벨먼 방정식(식 9.5)을 이용해서 $Q(s_t, a_t)$의 명시적인 값들을 담은 하나의 **배열(array)**을 갱신한다. 이때 식 9.5를 직접 사용하는 것은 너무 과하다. 대신, 학습 속도 $\alpha < 1$을 도입해서 갱신을 좀 더 완만하게 수행한다.

$$Q(s_t, a_t) \Leftarrow Q(s_t, a_t)(1 - \alpha) + \alpha \left(r_t + \gamma \max_a Q(s_{t+1}, a) \right) \tag{9.11}$$

$\alpha = 1$로 두면 식 9.5와 같아진다. Q 가치들의 배열을 계속 갱신하다 보면 모든 수의 정확한 **전략적 가치**를 담은 참조표가 완성된다. 전략적 가치라는 개념을 이해하는 데는 그림 9.2(a)가 도움이 될 것이다. 한편, 그림 9.2(b)는 이런 식으로 구축한 가치 참조표의 네 성분을 보여준다.

SARSA 알고리즘 역시 함수 근사기 없이 실행할 수 있다. 이 경우에는 ϵ 탐욕 정책에 근거한 동작 a_{t+1}을 사용하면 된다. 정책 p에 대한 정책 평가 연산을, p를 위 첨자로 두어서 $Q^p(\cdot, \cdot)$의 형태로 표기하기로 하자(지금 예에서 정책 p는 ϵ 탐욕 정책이다).

$$Q^p(s_t, a_t) \Leftarrow Q^p(s_t, a_t)(1-\alpha) + \alpha(r_t + \gamma Q(s_{t+1}, a_{t+1})) \qquad (9.12)$$

이 접근 방식은 §9.3.2에서 논의한 ϵ 탐욕 방법보다 좀 더 정교한 대안이다. 일화적 설정에서, 상태 s_t의 동작 a_t가 전체 과정의 마지막 동작인 경우에는 $Q^p(s_t, a_t)$를 그냥 r_t로 설정한다는 점을 주의하기 바란다.

9.4.4 상태의 모형화 대 상태-동작 쌍

이전 절들을 관통하는 주제를 살짝 변형해서, 상태에 대한 동작의 가치가 아니라 상태 자체의 가치를 학습할 수도 있다. 실제로, 지금까지 이야기한 모든 학습 방법을 상태-동작 쌍이 아니라 상태의 가치를 갱신하는 형태로 구현하는 것이 가능하다. 예를 들어 SARSA를 그런 식으로 구현한다면, 각각의 가능한 동작에서 나오는 모든 상태의 가치를 평가하고 ϵ 탐욕 정책 같은 기존 정책에 근거해서 좋은 동작을 선택하면 된다. 사실 초기 TD 학습(시간차 학습) 방법들은 상태-동작 쌍이 아니라 상태의 가치들을 관리했다. 효율성 측면에서는, 가치 기반 의사결정 시 모든 동작의 가치를 단번에 출력하는 것이(각 순방향 상태를 반복해서 평가하는 것보다) 더 편리하다. 상태-동작 쌍 대신 상태 가치를 사용하는 것은 정책을 상태-동작 쌍을 이용해서 깔끔하게 표현할 수 없을 때만 유용하다. 체스 프로그램을 예로 들면, 다음 수들의 트리에서 유망한 수들을 평가해서 부트스트래핑에 사용할 어떤 평균값을 산출하는 식으로 프로그램을 구현할 수 있다. 그런 경우에는 상태-동작 쌍 대신 상태의 가치를 평가하는 것이 바람직하다. 이번 절에서는 이처럼 상태의 가치를 직접 평가하는 형태의 시간차 학습 방법을 논의한다.

상태 s_t의 가치를 $V(s_t)$로 표기하자. 그리고 관측된 특성들(이를테면 아타리 게임의 설정에서는 최근 네 프레임의 화면 픽셀들)의 벡터 $\overline{X}_t$를 입력으로 하는, 매개변수화된 합성곱 신경망이 있다고 하자. 이 신경망은 $\overline{X}_t$에 해당하는 상태 s_t의 가치 $V(s_t)$를 추정한다. 즉, 신경망이 계산하는 함수가 $G(\overline{X}_t, \overline{W})$이고 매개변수 벡터가 $\overline{W}$라고 할 때, 다음이 성립한다.

$$G(\overline{X}_t, \overline{W}) = \hat{V}(s_t) \qquad (9.13)$$

그림 9.5에 이러한 신경망의 예가 나와 있다. 동작 선택 시 미래의 상태들을 예견하고 그 가치를 평가하는 정책을 이용할 수도 있음을 주의하기 바란다. 지금 예에서도, 미

그림 9.5: 상태 가치 평가에 기초한 시간차 학습

래의 상태 가치들을 이용해서 동작을 선택하는 어떤 적당한 발견법적 정책이 갖추어져 있다고 가정한다. 예를 들어 한 동작의 결과로 생길 수 있는 모든 미래 상태를 각각 평가하고 미리 정의된 정책(ϵ 탐욕 정책 등)을 이용해서 그중 하나를 선택한다면, 앞에서 논의한 SARSA와 비슷한 학습 방법이 된다.

동작 a_t에 대한 보상이 r_t이고, 동작에 의해 만들어진 다음 상태가 s_{t+1}, 그 가치가 $V(s_{t+1})$이라고 하자. 다음은 그러한 미래 상태의 가치로 부트스트래핑해서 실측 가치 $V(s_t)$를 추정하는 공식이다.

$$V(s_t) = r_t + \gamma V(s_{t+1}) \tag{9.14}$$

이 추정 가치를 신경망의 매개변수들로 표현하면 다음과 같다.

$$G(\overline{X_t}, \overline{W}) = r_t + \gamma G(\overline{X}_{t+1}, \overline{W}) \tag{9.15}$$

훈련 과정에서는, $G(\overline{X_t}, \overline{W})$를 개선된 '실측' 가치 $r_t + \gamma G(\overline{X}_{t+1}, \overline{W})$의 쪽으로 밀어붙이기 위해 가중치들을 적절히 이동(shift)할 필요가 있다. Q 학습에서처럼 이 예에서도 부트스트래핑의 원리에 따라 $r_t + \gamma G(\overline{X}_{t+1}, \overline{W})$를 마치 실제로 관측한 가치로 취급한다. 결과적으로, 학습은 다음과 같은 *TD* 오차를 최소화하는 문제가 된다.

$$\delta_t = \underbrace{r_t + \gamma G(\overline{X}_{t+1}, \overline{W})}_{\text{"관측된" 가치}} - G(\overline{X_t}, \overline{W}) \tag{9.16}$$

이에 기초해서 손실함수 L_t를 유도하면 다음과 같다.

$$L_t = \delta_t^2 = \left\{ \underbrace{r_t + \gamma G(\overline{X}_{t+1}, \overline{W})}_{\text{"관측된" 가치}} - G(\overline{X_t}, \overline{W}) \right\}^2 \tag{9.17}$$

Q 학습에서처럼, 먼저 시각 t에서의 "관측된" 상태 가치 $r_t + \gamma G(\overline{X}_{t+1}, \overline{W})$를 신경망 입력 $\overline{X}_{t+1}$을 이용해서 계산한다. 이 계산은 동작 a_t가 수행된 후에, 즉 상태 s_{t+1}에

서 관측된 특징 벡터 $\overline{X}_{t+1}$이 주어진 후에야 가능하다. 상태 s_t에서의 이러한 "관측된" 가치 $r_t + \gamma G(\overline{X}_{t+1}, \overline{W})$를 구한 다음에는, 그것을 하나의 (상수) 목푯값으로 사용해서 신경망의 가중치들을 갱신한다. 이때 입력 $\overline{X}_t$는 상태 s_t의 가치를 예측하는 데 쓰인다. 따라서, 신경망의 가중치들을 다음과 같은 손실함수의 기울기에 기초해서 이동해야 한다.

$$\overline{W} \Leftarrow \overline{W} - \alpha \frac{\partial L_t}{\partial \overline{W}}$$

$$= \overline{W} + \alpha \left\{ \underbrace{[r_t + \gamma G(\overline{X}_{t+1}, \overline{W})]}_{\text{"관측된" 가치}} - G(\overline{X}_t, \overline{W}) \right\} \frac{\partial G(\overline{X}_t, \overline{W})}{\partial \overline{W}}$$

$$= \overline{W} + \alpha \delta_t (\nabla G(\overline{X}_t, \overline{W}))$$

이상의 알고리즘은 $TD(\lambda)$ 알고리즘의, λ가 0인 특수 사례에 해당한다. 이러한 특수 사례는 현재 시각에 대해 부트스트래핑된 '실측' 가치를 다음 시각의 평가 결과에 기초해서 추정한 결과만 이용해서 신경망의 매개변수들을 갱신한다. 본질적으로 이런 종류의 실측 가치는 근시안적인 **근삿값**이다. 예를 들어 이 알고리즘을 이용한 강화 학습 시스템으로 체스 게임을 플레이하는 경우, 여러 수 전에 저지른 실수 때문에 뒤늦게 부트스트래핑된 예측값의 오차가 크게 나올 수 있다. 부트스트래핑된 예측값의 오차는 각각의 과거 상태 $\overline{X}_k$에 대한 새로운 정보가 주어졌으며, 그러한 정보를 이용해서 해당 예측값을 수정할 수 있음을 뜻한다. 실수가 뒤늦게 반영되는 문제에 대한 한 가지 해결책은 여러 수를 예견해서 부트스트래핑을 수행하는 것이다(연습문제 7). 그리고 $TD(\lambda)$ 알고리즘을 이용해서 완전한 몬테카를로 실측과 평활도 감소를 수반한 단일 단계 근사 사이의 연속체를 탐색하는 것도 해법이 될 수 있다. 이 경우 기존 예측값들의 수정 폭은 점차, $\lambda < 1$의 비율로 할인된다. 다음은 그러한 해법을 위한 가중치 갱신 공식이다.[482]

$$\overline{W} \Leftarrow \overline{W} + \alpha \delta_t \underbrace{\sum_{k=0}^{t} (\lambda \gamma)^{t-k} (\nabla G(\overline{X}_k, \overline{W}))}_{\overline{X}_k\text{의 예측값을 수정}} \tag{9.18}$$

$\lambda = 1$일 때 이 접근 방식이 한 번의 몬테카를로 롤아웃^{rollout}(하나의 에피소드를 끝까지 모의 실행하는 것)을 이용해서 실측 가치를 계산하는 것에 해당함을 증명할 수 있

다.[482] $\lambda = 1$일 때는 오차들에 관한 새로운 정보를 이용해서 기존 예측을 할인 없이 완전하게 수정할 수 있으므로, 결과적으로 불편추정값(unbiased estimate; 또는 비편향추정값)을 얻게 된다. λ는 갱신 단계들에서 할인에만 쓰이지만 γ는 식 9.16에 따라 TD 오차 δ_t를 계산할 때도 쓰인다는 점을 주의하기 바란다. 이 λ는 알고리즘에 고유한 매개변수인 반면 γ는 환경에 고유한 매개변수이다. $\lambda = 1$ 또는 몬테카를로 표집을 사용하면 편향이 감소하고 분산이 증가한다. 예를 들어 한 체스 게임에서 에이전트 A와 에이전트 B가 각자 세 번 실수했지만 결국 에이전트 A가 이겼다고 하자. 이러한 한 번의 몬테카를로 롤아웃은 개별 실수의 영향을 구별하지 못하며, 최종 게임 결과에 대한 할인된 기여도를 각 체스판 국면에 배정할 뿐이다. 반면 n단계 시간차 방법(즉, n중 체스판 평가)은 에이전트가 실수를 저지른 체스판 국면들(n단계 예견으로 검출한)의 TD 오차를 고려한다. 몬테카를로 방법으로 서로 다른 종류의 오차들을 구분할 수 있으려면 자료가 충분해야 한다(즉, 게임을 더 많이 실행해 보아야 한다). 그렇다고 λ를 아주 작게 잡으면 장기적인 영향을 가진 오차들이 검출되지 않기 때문에 게임의 오프닝(이를테면 체스 게임의 처음 몇 수)을 학습할 때 편향이 커지는 문제가 생긴다. 오프닝과 관련된 문제점들은 [22, 496]에 잘 문서화되어 있다.

시간차 학습은 새뮤얼의 유명한 체커 프로그램에 쓰였으며,[421] 테소로Tesauro가 백거먼 프로그램 TD-Gammon을 개발하는 동기가 되었다.[492] TD-Gammon은 신경망을 이용해서 상태의 가치를 평가했는데, 신경망의 매개변수들의 갱신에는 연속된 수들에 대한 시간차 부트스트래핑을 적용했다. 최종적인 추론 결과는 깊이가 2나 3인 얕은 신경망에 대한 개선된 평가 함수에 미니맥스 알고리즘을 적용해서 얻었다. TD-Gammon은 여러 전문 백거먼 플레이어를 꺾었다. TD-Gammon은 또한 독특한 전략들을 보여주었는데, 그중 일부는 최상급 플레이어들이 자신의 플레이에 채용하기까지 했다.

9.5 정책 기울기 방법

Q 학습 같은 가치 기반 방법들은 한 동작의 가치를 신경망을 이용해서 예측하고, 그것을 일반적인 정책(ϵ 탐욕 등)과 결합한다. 반면 정책 기울기 방법(policy gradient method)들은 각 단계에서 각 동작의 **확률**을 추정하고, 그에 기초해서 전체적인 보상을 최대화

그림 9.6: 아타리 비디오 게임 설정을 위한 정책망. 이것을 그림 9.3의 Q 신경망과 비교해 보기 바란다.

하려 한다. 즉, 가치 기반 방법에서는 가치 추정이 동작 선택을 위한 수단일 뿐이지만, 정책 기울기 방법에서는 정책 자체가 매개변수화된다.

정책의 추정을 위한 신경망을 **정책 신경망**, 줄여서 **정책망**(policy network)이라고 부른다. 하나의 정책망에서 입력은 시스템의 현재 상태이고 출력은 가능한 동작들의 확률 값이다. Q 신경망에서처럼 입력은 에이전트가 관측한 상태일 수 있다. 예를 들어 아타리 비디오 게임의 설정에서 정책망의 입력, 즉 관측된 상태는 최근 네 프레임의 화면 픽셀들이고, 출력은 상("UP"), 하("DOWN"), 좌("LEFT"), 우("RIGHT") 이동 동작의 확률 값들이다. 그러한 정책망의 전반적인 구조가 그림 9.6에 나와 있다. 이 정책망을 그림 9.3의 Q 신경망과 비교해 보기 바란다. 정책망의 경우에는 여러 동작의 확률들에 따라 편향된 주사위를 던져서 하나의 동작을 선택한다. 공식화해서 말하자면, 각각의 동작 a와 관측된 상태 표현 $\overline{X_t}$, 현재 매개변수 집합 $\overline{W}$에 대해, 신경망은 동작 a가 수행될 확률을 산출하는 함수 $P(\overline{X_t}, \overline{W}, a)$를 계산한다. 그러한 확률들에 기초해서 하나의 동작을 추출(선택)하고, 그 동작에 대한 보상을 관측한다. 학습의 초기에는 정책이 아직 정련되지 않았기 때문에, 신경망이 선택한 동작은 실수일 가능성이 크다. 따라서 보상도 낮을 것이다. 그러나 한 동작을 수행해서 얻은 보상에 기초해서 정책의 매개변수들을 갱신하는 과정을 거듭하면 좀 더 나은 정책이 만들어진다. 정책 매개변수(가중치)를 갱신하는 과정에서는 가중치 벡터 $\overline{W}$에 대한 정책 기울기라는 개념이 쓰인다. 정책 기울기를 추정할 때 어려운 점은 한 동작의 보상이 즉시 관측되지 않을 때가 많다는 것이다. 대체로 한 동작의 보상은 이후 보상들의 순차열에 밀접하게 통합된다. 따라서 **몬테카를로 정책 롤아웃**을 수행할 필요가 있다. 여기서 몬테카를로 정책 롤아웃이란 특정한 하나의 정책에 따라 에피소드 끝까지 또는 지평선(horizon; 예견하고자 하는 가장 먼 미래의 수)까지 게임을 모의 실행해서 할인된 보상들을 추정하는 것을 말한다.

신경망의 가중치 벡터는 보상이 증가하는 쪽의 기울기를 따라 갱신해야 한다. Q 학습에서처럼 할인된 보상의 기댓값(기대 보상)은 다음과 같이 주어진다.

$$J = E[r_0 + \gamma \cdot r_1 + \gamma^2 \cdot r_2 + ... + \gamma^H \cdot r_H] = \sum_{i=0}^{H} E[\gamma^i r_i] \qquad (9.19)$$

여기서 H는 지평선 거리, 즉 예견한 단계의 개수이다. 이에 기초한 가중치 갱신 공식은 다음과 같다.

$$\overline{W} \Leftarrow \overline{W} + \alpha \nabla J \qquad (9.20)$$

그런데 기울기 ∇J를 추정하려면 신경망이 확률값들만 출력한다는 문제를 극복해야한다. 관측된 보상들은 그 출력들의 몬테카를로 표본일 뿐이고, 우리가 계산해야 할 것은 기대 보상(식 9.19)의 기울기이다. 이를 극복하는 데 흔히 쓰이는 방법으로는 유한차분법(finite difference method), 가능도비 방법(likelihood ratio method), 자연 정책 기울기 (natural policy gradient) 방법이 있다. 여기서는 처음 두 방법만 논의한다.

9.5.1 유한차분법

유한차분법은 확률값 문제를 실험적 모의 실행을 통해 보상 기울기를 추정함으로써 극복한다. 보상 기울기 추정에는 가중치 섭동(perturbation) 기법이 쓰인다. 간단하게 이야기하면, 신경망의 가중치들을 s개의 서로 다른 섭동 오프셋들을 이용해서 섭동하고, 그에 따른 보상 기울기 ΔJ의 기대 차이를 조사한다. 이를 위해서는 섭동된 정책을 지평선까지 실행해서 보상의 변화량을 추정해야 함을 주목하기 바란다. 그런 지평선까지의 단계들 자체 또는 그러한 단계들까지 신경망을 실행하는 것을 **롤아웃**이라고 부른다. 지평선 거리(단계 수)가 H라고 할 때, 아타리 비디오 게임 설정의 경우 s개의 서로 다른 섭동된 가중치 벡터 각각에 대해 게임의 캐릭터를 H번 이동해서 보상의 변화를 추정해야 한다. 훈련에 사용할 충분히 강한 적수를 찾기 어려운 게임의 경우에는 몇 단계 이전까지 학습한 매개변수들로 만든 가상의 적수를 대상으로 게임을 실행해서 학습을 진행하는 방법도 있다.

일반적으로 H의 값은 게임의 끝에 도달할 정도로 클 수 있으며, 그런 경우 롤아웃으로 구한 보상은 게임 종료 시의 보상이 된다. **바둑** 같은 게임에서는 게임이 끝나야 보상(이겼으면 1, 비겼으면 0, 졌으면 -1 등)이 주어진다. 그런 경우에는 롤아웃이 게임의 끝에 도달할 수 있도록 H를 충분히 크게 잡는 것이 중요하다. 이러한 롤아웃들을 마치고 나면 s개의 서로 다른 가중치 변화량(섭동) 벡터 $\Delta \overline{W}_1 \ldots \Delta \overline{W}_s$와 그에 대응되는 보상 변화량 $\Delta J_1 \ldots \Delta J_s$가 생긴다. 각각의 가중치 변화량 벡터-보상 변화량 쌍은 대체로 다음과 같은 관계를 만족한다.

$$(\Delta \overline{W}_r)\nabla J^T \approx \Delta J_r \qquad \forall r \in \{1 \ldots s\} \tag{9.21}$$

목적함수(보상) 변화량들을 순서대로 나열해서 하나의 s차원 열벡터 $\overline{y} = [\Delta J_1 \ldots \Delta J_s]^T$를 만들고, $\Delta \overline{W}_r$들을 행벡터로 간주해서 차례로 쌓아 하나의 $N \times s$ 행렬 D를 만들 수 있다. 여기서 N은 신경망의 매개변수 개수이다. 이들에 대해 다음이 성립한다.

$$D[\nabla J]^T \approx \overline{y} \tag{9.22}$$

이제 목적함수 변화량에 대해 간단한 선형회귀를 수행하면 가중치 벡터의 변화량에 대한 정책 기울기가 나온다. 선형회귀 공식(제2장의 §2.2.2.2 참고)을 이용해서 다음과 같은 보상 기울기 공식을 유도할 수 있다.

$$\nabla J^T = (D^T D)^{-1} D^T \overline{y} \tag{9.23}$$

이 기울기를 식 9.20의 갱신 공식에 사용하면 된다. 이러한 갱신을 위해서는 s개의 표본 각각에 대해 정책을 H단계만큼 실행해서 기울기들을 추정해야 하므로, 전체적인 과정이 꽤 느릴 수 있다.

9.5.2 가능도비 방법

가능도비(또는 우도비) 방법은 윌리엄스가 REINFORCE 알고리즘[533]의 맥락에서 제안했다. 확률 벡터가 $\overline{p}$인 정책을 따라, 상태 s와 신경망으로 선택한 각 동작 a의 장기적 기대 보상 $E[Q^p(s,a)]$를 최대화한다고 하자. 동작 a가 추출될 확률은 $p(a)$(신경망의 출력)이다. 이 기대 보상을 최대화하는 한 가지 방법은 신경망의 가중치 벡터 $\overline{W}$에 대한 $E[Q^p(s,a)]$의 기울기에 기초한 확률적 경사 상승법을 이용해서 그 가중치 벡터를 갱신하는 것이다. 그런데 확률적으로 표집된 사건들의 기댓값의 기울기를 구하기가 그리 쉽지 않다. 다행히, 로그가능도 요령을 이용하면 그러한 기댓값의 기울기가 상태-동작 쌍들의 표본에 대해 가산적인 기울기의 기댓값으로 변한다.

$$\nabla E[Q^p(s,a)] = E[Q^p(s,a)\nabla \log(p(a))] \qquad (9.24)$$

a가 이산변수라고 가정한다면, 이 등식을 하나의 신경망 가중치 w에 대한 편미분을 통해서 다음과 같이 증명할 수 있다.

$$\frac{\partial E[Q^p(s,a)]}{\partial w} = \frac{\partial \left[\sum_a Q^p(s,a)p(a)\right]}{\partial w} = \sum_a Q^p(s,a)\frac{\partial p(a)}{\partial w}$$

$$= \sum_a Q^p(s,a)\left[\frac{1}{p(a)}\frac{\partial p(a)}{\partial w}\right]p(a)$$

$$= \sum_a Q^p(s,a)\left[\frac{\partial \log(p(a))}{\partial w}\right]p(a) = E\left[Q^p(s,a)\frac{\partial \log(p(a))}{\partial w}\right]$$

a가 연속변수일 때도 증명이 가능한데, 연습문제 1을 보기 바란다. 연속적인 동작들은 로봇공학에서 자주 등장한다(예를 들어 팔을 움직이는 거리는 연속값이다).

신경망 매개변수 추정에 이러한 요령을 적용하는 것은 간단하다. 모의 실행을 통해 추출한 각 동작 a의 장기 보상이 $Q^p(s,a)$라고 하자. 이 장기 보상은 몬테카를로 모의 실행을 통해서 구한다. 앞의 관계식에서 보듯이, 기대 보상의 기울기는 해당 동작의 로그가능도 $\log(p(a))$의 기울기에 장기 보상 $Q^p(s,a)$(몬테카를로 모의 실행으로 구한)를 곱해서 구할 수 있다.

게임의 끝에서 승리·무승부·패배에 따른 보상이 주어지는 체스 게임을 생각해 보자. 할인율이 γ이고 게임 끝까지의 수가 r개라고 할 때, 각 수의 장기 보상은 승무패에 따라 $\{+\gamma^{r-1}, 0, -\gamma^{r-1}\}$ 중 하나이다. 즉, 보상은 게임의 승무패에 따라, 그리고 게임이 얼마나 오래 걸렸느냐에 따라 달라진다. 최대 H수로 끝나는 게임을 생각해 보자. 기대 보상을 구하려면 몬테카를로 롤아웃을 여러 번 수행해야 하며, 여러 번의 롤아웃에 의해 신경망의 다양한 입력 상태와 출력 확률들로 이루어진 풍부한 훈련 견본들이 만들어진다. 예를 들어 모의 실행에서 롤아웃을 100번 수행한다면 최대 100 $\times H$개의 서로 다른 견본을 얻게 된다. 이 각각의 견본에는 $\{+\gamma^{r-1}, 0, -\gamma^{r-1}\}$ 중 하나에 해당하는 장기 보상이 연관된다. 그리고 그러한 장기 보상은 추출된 동작의 로그가능도에 대한 경사 상승법 갱신 과정에서 가중치로 쓰인다. 가중치 갱신 공식은 다음과 같다(식 9.20의 것과 비슷한 형태이다).

$$\overline{W} \Leftarrow \overline{W} + Q^p(s,a)\nabla\log(p(a)) \qquad (9.25)$$

여기서 $p(a)$는 추출된 동작에 대한 신경망의 출력 확률값이다. 기울기들은 역전파를 통해서 계산된다. 이상의 동작 선택 및 갱신 과정을 수렴에 이를 때까지 반복한다.

참고로, 소프트맥스 출력층과 교차 엔트로피 손실함수를 사용하는 분류 신경망에서도 정확한 분류명의 확률을 높이기 위해 실측 분류명의 로그가능도 기울기를 신경망의 갱신에 흔히 사용한다. 그런 경우의 갱신 방식도 지금 예의 갱신 방식과 직관적으로 비슷하다. 차이점은, 지금 예에서는 신경망 매개변수들을 보상이 높은 동작들 쪽으로 적극적으로 밀어붙이기 위해 Q 가치들을 갱신의 가중치로 사용한다는 것이다. 롤아웃들로 선택한 동작들에 대해 미니배치 경사 상승법을 적용할 수도 있다. 그리고 각 롤아웃에서 잇달아 추출한 동작들 사이에 강한 상관관계가 존재하기 때문에 국소최적해 문제가 발생할 수 있는데, 이를 피하는 데에는 서로 다른 롤아웃들에서 무작위로 동작들을 추출하는 기법이 도움이 된다.

기준 가치를 이용한 분산 감소

지금까지는 장기 보상 $Q^p(s,a)$가 최적화 대상이었지만, 실제 응용에서는 장기 보상에서 어떤 기준 가치(baseline value)를 뺀 이익(advantage) 값을 최적화하는 접근 방식이 더 자주 쓰인다. 여기서 이익은 기댓값에 대한 동작의 미분 영향(differential impact)이다. 기준 가치는 상태에 따라 다른 것이 이상적이지만, 그냥 상수로 둘 수도 있다. REINFORCE 알고리즘의 원논문 [533]에서는 상수 기준 가치를 사용했다(흔히 모든 상태에 대한 평균 장기 보상에 기초해서 상수 기준 가치로 정한다). 간단한 상수 기준 가치를 사용해도 학습이 빨라지는데, 이 기법이 평균 이하의 성과를 내는 동작들의 확률이 줄어들고 평균 이상의 성과를 내는 동작들의 확률이 커지는 효과를 내기 때문이다(두 확률 모두 미분 비율로 증가하는 것이 아니라). 상수 기준 가치를 사용해도 절차의 편향이 변하지는 않는다. 그러나 분산은 줄어든다. **상태에 고유한** 기준 가치 방식에서는 동작 a를 추출하기 **직전의** 상태 s의 가치 $V^p(s)$를 기준 가치로 사용한다. 이 경우 이익 $(Q^p(s,a) - V^p(s))$는 시간차 오차(TD 오차)와 같아진다. TD 오차가 한 동작의 미분 보상에 관한 **추가적인**(동작을 선택하기 전에는 알 수 없는) 정보를 담고 있다는 점을 생각하면 이러한 결과를 직관적으로 이해할 수 있을 것이다. 기준 가치 선택에 관한 논의로는 [374, 433]이 있다.

아타리 게임을 플레이하는 에이전트의 예에서, 한 번의 롤아웃에서 동작 UP이 추출되었으며, UP의 출력 확률이 0.2였다고 하자. 기준 가치(상수)가 0.17이고 동작 UP의 장기 보상이 +1(게임 승리에 해당)이라고 가정할 때, 그 롤아웃의 모든 동작의 이익은 장기 보상 1에서 기준 가치 0.17을 뺀 0.83이다. 그러면 해당 시각에서 UP 동작 이외의 모든 동작의 이익은 0이며, UP에 해당하는 출력 노드와 연관된 이익은 $0.83 \times \log(0.2)$ 이다. 여기까지의 계산을 마친 후에는, 이 이익을 역전파해서 신경망의 매개변수들을 갱신한다.

상태에 고유한 기준 가치를 이용한 수정 방법은 직관적으로 이해하기 쉽다. 에이전트 A와 B가 체스를 두는 예를 생각해 보자. 기준 가치가 0이면 모든 수의 기여도는 최종 결과의 보상 하나로만 결정되며, 따라서 좋은 수와 나쁜 수의 차이가 잘 드러나지 않는다. 서로 다른 체스판 국면을 구별하기 위해서는 게임을 훨씬 많이 수행해야 한다. 그러나 상태(동작을 수행하기 전의)의 가치를 기준 가치로 사용하면 (좀 더 정련된) 시간차 오차가 동작의 이익으로 쓰이게 된다. 그런 경우 상태에 대한 영향이 더 큰 수들의 이익이 더 커지므로, 결과적으로 학습에 필요한 게임 횟수가 줄어든다.

9.5.3 지도 학습과 정책 기울기 방법의 결합

지도 학습은 강화 학습을 적용하기 전에 정책망의 가중치들을 초기화하는 데 유용하다. 예를 들어 체스 게임에서는 좋은 수들임이 밝혀진 체스 전문가의 수들을 훈련 견본들로 사용할 수 있다. 그런 경우 동일한 정책망에 경사 상승법을 적용하되, 식 9.24로 기울기를 평가할 때 전문가의 수의 기여도를 항상 1로 고정한다. 더 나아가서, 나쁜 수임이 밝혀진 수의 기여도를 음수로 설정해서 훈련에 사용함으로써 훈련 자료의 품질을 더 높일 수도 있다. 모의 실행으로 생성한(강화 학습에서 흔히 하는 방식으로) 자료가 아니라 기존의 실측 자료를 사용해서 학습을 진행한다는 점에서, 이런 접근 방식은 강화 학습이 아니라 지도 학습에 해당한다고 할 수 있다. 이러한 일반적인 접근 방식을 체스뿐만 아니라 그 어떤 강화 학습 문제에도 적용할 수 있다. 이런 식으로 지도 학습을 이용해서 초기화를 진행하는 방법이 아주 흔하게 쓰이는데, 이는 강화 학습 과정의 초기 단계에서 고품질의 자료를 얻기가 쉽지 않기 때문이다. 지도 학습과 강화 학습을 번갈아 수행해서 자료의 효율성을 더욱 높이는 방법을 제시한 연구 논문

들도 많이 있다.[286]

9.5.4 행위자-비평자 방법

지금까지 논의한 방법들은 **행위자**(actor)와 **비평자**(critic) 중 하나가 학습 과정을 지배한다. 좀 더 구체적으로 말하면,

1. Q 학습과 $TD(\lambda)$ 방법은 가치 함수를 최적화한다. 이 가치 함수가 비평자이고, 행위자가 사용하는 정책(ϵ 탐욕 등)은 이 비평자에서 직접 유도된다. 따라서 이 방법들에서는 행위자가 비평자에 종속적이며, 그런 의미에서 이런 방법들은 **비평자 유일**(critic-only) 방법으로 간주된다.

2. 정책 기울기 방법은 가치 함수를 전혀 사용하지 않고, 정책 동작 확률들을 직접 학습한다. 가치들은 몬테카를로 표집으로 추정할 때가 많다. 그런 의미에서 이런 방법들은 **행위자 유일**(actor-only) 방법으로 간주된다.

정책 기울기 방법에서는 중간 동작들의 이익을 평가할 필요가 없다. 그런데 지금까지의 논의에서는 가치를 몬테카를로 모의 실행을 이용해서 추정했음을 주목하기 바란다. 몬테카를로 모의 실행의 주된 문제점은, 그 과정이 너무 복잡해서 온라인 설정에서는 사용할 수 없다는 것이다.

다행히, 중간 동작들의 이익을 가치 함수 방법으로 학습하는 것이 가능하다. 이전 절에서처럼, 정책망이 따르는 정책 p로 선택한 동작 a의 가치를 $Q^p(s_t, a)$로 표기하자. 지금 논의에서 학습 시스템은 두 개의 신경망, 즉 정책망과 Q 신경망을 결합한 형태이다. 정책망은 동작들의 확률들을 배우고, Q 신경망은 여러 동작의 가치 $Q^p(s_t, a)$들을 배운다. 그래서 행위자-비평자 구조의 Q 신경망을 가치망(value network)이라고 부르기도 한다. 가치망이 학습한 가치들은 정책망이 동작의 이익들을 계산하는 데 쓰인다. 좀 더 구체적으로, 정책망은 $Q^p(s_t, a)$에서 기준 가치를 뺀 이익을 가중치로 삼아서 경사 상승법을 진행한다. 한편, Q 신경망은 SARSA에서처럼 정책 내 방법으로 갱신하는데, 이때 정책은 정책망이 제공한다(ϵ 탐욕 같은 하나의 고정된 정책을 사용하는 것이 아니라). 원래의 Q 학습과는 달리 정책이 외부(정책망)에서 결정되므로, 이 Q 신경망은 동작을 직접 선택하지 않는다. 즉, 이 설정에서 Q 신경망은 비평자이고, 정책망은 행

위자이다. 이후의 수식들에서 정책망과 Q 신경망을 구분하기 위해, 정책망의 매개변수 벡터는 $\overline{\Theta}$로, Q 신경망의 매개변수 벡터는 $\overline{W}$로 표기하겠다.

이전처럼 시각 t에서의 상태를 s_t로, 그리고 신경망에 입력된 상태의 관측 가능한 특징들을 $\overline{X}_t$로 표기한다. 둘은 사실상 같은 것이며, 이하의 논의에서 s_t와 $\overline{X}_t$를 섞어서 사용한다. t번째 시각의 상태 s_t에서 취한 동작 a_t의 보상이 r_t라고 할 때, $(t+1)$번째 시각에 대해 다음과 같은 단계들을 적용한다.

1. 정책망 매개변수들의 현재 상태를 이용해서 동작 a_{t+1}을 추출한다. 동작 a_t가 이미 관측되었으므로, 현재 상태는 s_{t+1}이다.

2. Q 신경망을 이용해서 $Q^p(s_t, a_t)$와 $Q^p(s_{t+1}, a_{t+1})$을 추정하고, TD 오차를 다음과 같이 계산한다. 여기서 $F(\overline{X}_t, \overline{W}, a_t) = \widehat{Q}^p(s_t, a_t)$는 Q 신경망이 상태의 관측된 표현 $\overline{X}_t$와 매개변수 벡터 $\overline{W}$를 이용해서 $Q^p(s_t, a_t)$의 값을 추정한 결과를 뜻한다.

$$\delta_t = r_t + \gamma \widehat{Q}^p(s_{t+1}, a_{t+1}) - \widehat{Q}^p(s_t, a_t)$$
$$= r_t + \gamma F(\overline{X}_{t+1}, \overline{W}, a_{t+1}) - F(\overline{X}_t, \overline{W}, a_t)$$

3. **[정책망 매개변수 갱신]**: 정책망의 매개변수들을 다음과 같이 갱신한다.

$$\overline{\Theta} \Leftarrow \overline{\Theta} + \alpha \widehat{Q}^p(s_t, a_t) \nabla_{\Theta} \log(P(\overline{X}_t, \overline{\Theta}, a_t))$$

$P(\overline{X}_t, \overline{\Theta}, a_t)$는 정책망이 예측한 동작 a_t의 확률이고 α는 정책망의 학습 속도이다. 그리고 $\widehat{Q}^p(s_t, a_t) = F(\overline{X}_t, \overline{W}, a_t)$는 Q 신경망이 제공한 추정 가치이다.

4. **[Q 신경망 매개변수 갱신]**: Q 신경망의 매개변수들을 다음과 같이 갱신한다.

$$\overline{W} \Leftarrow \overline{W} + \beta \delta_t \nabla_W F(\overline{X}_t, \overline{W}, a_t)$$

여기서 β는 Q 신경망의 학습 속도이다. 일반적으로 Q 신경망의 학습 속도를 정책망의 학습 속도보다 높게 둔다는 점을 주의하기 바란다.

4번까지 마쳤으면, 선택된 a_{t+1}을 수행해서 상태 s_{t+2}를 관측하고, t의 값을 증가해서 이 단계들을 다시 실행한다. 이러한 과정을 수렴이 일어날 때까지 반복한다.

$\hat{Q}^p(s_t, a_t)$의 값이 $\hat{V}^p(s_{t+1})$과 같으면 수렴된 것이다.

$\hat{V}^p(s_t)$를 기준 가치로 사용하는 경우 이익 $\hat{A}^p(s_t, a_t)$는 다음과 같이 정의된다.

$$\hat{A}^p(s_t, a_t) = \hat{Q}^p(s_t, a_t) - \hat{V}^p(s_t)$$

그러면 갱신 공식은 다음과 같이 변한다.

$$\overline{\Theta} \Leftarrow \overline{\Theta} + \alpha \hat{A}^p(s_t, a_t) \nabla_{\Theta} \log(P(\overline{X}_t, \overline{\Theta}, a_t))$$

원래의 알고리즘의 단계 3에 쓰인 갱신 공식에서 $\hat{Q}(s_t, a_t)$가 $\hat{A}(s_t, a_t)$로 바뀌었음을 주목하기 바란다. $\hat{V}^p(s_t)$의 값을 추정하는 한 가지 방법은, Q 신경망과는 개별적인 가치망을 두어서 해당 매개변수들을 따로 갱신하는 것이다. 이 가치망의 매개변수들은 TD 알고리즘으로 갱신하면 된다. 그런데 굳이 또 다른 가치망을 도입하지 않고 하나의 가치망으로도 이익을 계산할 수 있음이 판명되었다. 그냥 $\hat{Q}(s_t, a_t)$ 대신 $r_t + \gamma \hat{V}^p(s_{t+1})$을 사용하면 된다. 결과적으로, 이익 함수는 TD 오차와 같아진다.

$$\hat{A}^p(s_t, a_t) = r_t + \gamma \hat{V}^p(s_{t+1}) - \hat{V}^p(s_t)$$

이렇게 하면 비평자 역할을 하는 하나의 가치망(그림 9.5 참고)으로 충분하다. 이상의 접근 방식을 임의의 λ 값에 대한 $TD(\lambda)$ 알고리즘에도 일반화할 수 있다.

9.5.5 연속 동작 공간

지금까지 논의한 방법들은 모두 동작 공간이 이산적이었다. 예를 들어 아타리 비디오 게임 설정에서는 조이스틱을 상, 하, 좌, 우로 조작하는 이산적인 동작들이 쓰였다. 그러나 로봇 응용 분야에서는 동작을 이산적인 값이 아니라 연속적인 값으로 서술해야할 수 있다(이를테면 팔을 일정한 거리만큼 이동하는 등). 그런 경우 한 가지 방법은 연속적인 동작 공간을 일정 간격의 구간들로 분할해서 동작들을 이산화하는 것이다. 그러나 이것이 아주 만족스러운 해결책은 아니다. 무엇보다도, 이 방법은 본질적으로 순서가 있는 수치 값들을 이산적인 범주형 자료로 취급하기 때문에 서로 다른 동작들 사이에 존재하는 순서 관계가 사라진다. 둘째로, 이 방법은 모든 가능한 동작의 일부분만 표현할 수 있다. 이 점은 동작 공간이 다차원일 때(예를 들어 하나의 동작이 로봇의 팔과 다리를 동시에 특정 거리만큼 이동하는 등) 더욱 두드러진다. 이런 방법을 사용하면 과대적합이 발생할 수 있으며, 과대적합을 피하려면 훨씬 더 많은 훈련 자료가 필요하다.

흔히 쓰이는 접근 방식은 신경망이 한 연속 분포의 매개변수들(이를테면, 가우스 분포의 경우 분포의 평균과 표준편차)을 출력하게 하고, 그 연속 분포에서 값들을 추출해서 다음 단계의 동작을 결정하는 것이다. 로봇 팔 동작의 예라면, 신경망은 로봇 팔 이동 거리의 가우스 분포를 결정하는 평균 μ와 표준편차 σ를 출력하고, 가우스 분포 $\mathcal{N}(\mu, \sigma)$로부터 실제 동작 a를 추출하면 된다.

$$a \sim \mathcal{N}(\mu, \sigma) \tag{9.26}$$

이 경우 동작 a는 로봇 팔을 움직일 거리를 나타낸다. μ와 σ의 값은 역전파로 학습할 수 있다. 표준편차 σ를 하나의 초매개변수로 취급해서 미리 고정해 두고, 평균 μ만 학습하는 변형도 가능하다. 이 경우에도 가능도비 요령을 적용할 수 있는데, §9.5.2와는 달리 동작 a의 이산 확률이 아니라 a의 확률 밀도의 로그를 사용해야 한다.

9.5.6 정책 기울기 방법의 장단점

정책 기울기 방법은 상태들과 동작들이 연속적인 로봇공학 응용 같은 분야에서 가장 자연스러운 선택에 해당한다. 다차원 연속 동작 공간에서는 가능한 동작의 수가 대단히 많을 수 있다. Q 학습 방법은 그런 모든 동작에서 가장 큰 Q 가치를 구해야 하므로, 동작이 대단히 많은 경우에는 계산 비용이 비현실적으로 커질 수 있다. 더 나아가서, 정책 기울기 방법은 안정적이고 수렴이 잘되는 편이다. 그러나 정책 기울기 방법은 국소 최적해에서 멈추기 쉽다. 안정성과 수렴 습성의 측면에서 Q 학습은 정책 기울기 방법보다 못하다. 또한, Q 학습은 특정 해의 주변에서 진동하기도 한다. 그러나 전역 최적해에 다가가는 능력은 Q 학습이 더 낫다.

정책 기울기 방법의 또 다른 장점은 확률적 정책을 배울 수 있다는 것이다. 정책 기울기 방법에서는 이산적인 동작들이 아니라 가능한 동작들의 확률분포를 학습하고, 그 분포에서 확률적으로 동작을 추출할 수 있다. 반면 Q 학습은 결정론적인 정책만 제공한다. 상대방이 결정론적 정책의 고지식한 측면을 활용할 수 있는 경우(이를테면 추측 게임 등)에는 확률적 능력이 있는 정책 기울기 방법이 더 나은 성과를 낸다.

9.6 몬테카를로 트리 검색

몬테카를로 트리 검색은 추론 과정에 예견 기반 탐색을 도입함으로써 정책(이미 학습된)과 가치를 개선하는 한 방법이다. 또한, 몬테카를로 트리 검색은 시간차 학습 같은 예견 기반 부트스트래핑의 초기화를 개선하는 용도로도 쓰이고, 전통적인 게임 플레이 소프트웨어가 사용하는 결정론적 최소최대 트리(minimax tree) 검색의 확률적 버전으로 쓰이기도 한다(물론 게임에만 적용할 수 있는 것은 아니다). 몬테카를로 트리 검색에서 트리^{tree} 자료 구조의 각 노드(마디)는 하나의 상태이고, 노드에서 뻗어 나온 각 가지(branch)는 그 상태에서 할 수 있는 동작이다. 검색이 진행되면서 새로운 상태가 관측됨에 따라 트리가 계속 성장한다. 트리 검색의 목표는 각 가지(동작)를 평가해서 에이전트가 다음에 수행할 최선의 동작을 선택하는 것이다. 각 가지에는 트리 검색의 이전 결과에 기초한 하나의 가치가 연관되며, 또한 그 가지에 부여되는 '보너스'의 상계도 연관된다. 이 상계는 탐색이 진행되면서 점차 감소한다. 보너스 값은 탐색 도중 가지들의 우선순위를 결정하는 용도로 쓰인다. 학습된 가지의 가치는 각 탐색 이후 조정되기 때문에, 이후의 탐색들에서는 긍정적인 결과로 이어진 가지들이 우선시된다.

그럼 알파고^{AlphaGo}에 쓰인 몬테카를로 트리 검색을 예로 들어서 몬테카를로 트리 검색을 설명해 보겠다. 우선, 상태(바둑판의 국면) s에서의 각 동작(즉, 바둑의 한 수) a의 확률 $P(s,a)$를 추정하는 정책망이 갖추어져 있다고 가정한다. 상태 s에서의 수 a의 품질이 $Q(s,a)$라고 하자. 예를 들어 여러 모의 실행들에서 상태 s에서 수 a를 두었을 때 결과적으로 게임을 이긴 횟수가 많으면 $Q(s,a)$가 커진다. 실제의 알파고 시스템은 몇 수 후의 바둑판 국면을 신경망으로 평가하는 등의 좀 더 정교한 알고리즘을 사용한다(§9.7.1 참고). 트리 검색의 각 반복에서, 상태 s에서의 수 a의 품질의 '상계' $u(s,a)$는 다음과 같이 주어진다.

$$u(s,a) = Q(s,a) + K \cdot \frac{P(s,a)\sqrt{\sum_b N(s,b)}}{N(s,a)+1} \tag{9.27}$$

여기서 $N(s,a)$는 몬테카를로 트리 검색 과정에서 상태 s에 대해 동작 a가 선택된 횟수, 즉 해당 가지가 방문된 횟수이다. 이 상계는 품질 $Q(s,a)$에 하나의 '보너스'를 더한 형태인데, 이 보너스는 $P(s,a)$ 및 해당 가지가 방문된 횟수에 의존한다. 방문 횟수가 분모에 있으므로, 자주 방문된 가지일수록 보너스가 작다. 결과적으로 탐색(덜 방문한 가지들로의)이 강해진다. 이처럼 보너스 상계가 더 큰 가지들을 선택하는 몬테카를로 트리 검색의 접근 방식은 여러 팔 강도 방법(§9.2.3)의 전략과 비슷하다. 식 9.27 우변의 두 번째 항은 상계 계산의 신뢰구간을 제공하는 역할을 한다. 주어진 가지가 많이 방문될수록 해당 신뢰구간의 너비가 줄어들며, 따라서 그 가지의 탐색 '보너스'가 줄어든다. 초매개변수 K는 탐색의 정도를 제어한다.

주어진 상태 s에 대해 트리 검색 알고리즘은 $u(s,a)$가 가장 큰 동작 a를 선택한다. 그러한 과정을 기존 노드로 이어지지 않는 최적의 동작이 선택될 때까지 재귀적으로 반복한다. 그 동작을 수행해서 새 상태 s'을 트리의 잎 노드(말단 노드)로 추가하는데, 노드의 값 $N(s',a)$와 $Q(s',a)$는 둘 다 0으로 설정한다. $P(s,a)$와 $Q(s,a)$가 결정론적으로 계산되는 값들이므로, 하나의 잎 노드에 도달하기까지의 모의 실행이 완전히 결정론적이며, 그 어떤 무작위화도 관여하지 않음을 주목하기 바란다. 확률적인 몬테카를로 모의 실행은 새로 추가된 잎 노드 s'의 가치를 추정하는 데만 쓰인다. 구체적으로 말하면, 정책망에 대해 한 번의 몬테카를로 롤아웃을 실행해서(이를테면 $P(s,a)$를 이용해서 동작들을 추출해서) $+1$ 또는 -1의 가치를 얻는다. §9.7.1에서는 이러한 잎 노드 평가를 가치망을 이용해서 수행하는 방법도 논의한다. 잎 노드를 평가한 다음에는, 현재 상태 s에서 잎 노드 상태 s'으로 이어지는 경로의 모든 가지 (s'',a'')의 $Q(s'',a'')$과 $N(s'',a'')$을 갱신한다. 이때 각 가지의 $Q(s'',a'')$은 몬테카를로 트리 검색 도중 그 가지로부터 도달할 수 있는 모든 잎 노드의 평균 품질로 설정한다. 상태 s로부터 이러한 모의 실행과 갱신을 여러 번 수행해서 값들을 갱신한 후에는, 가장 많이 방문된 가지에 해당하는 동작을 검색 결과로 제시한다.

부트스트래핑에 활용

전통적으로 몬테카를로 트리 검색은 훈련이 아니라 추론에 쓰였다. 그러나 몬테카를로 트리 검색은 상태-동작 쌍의 개선된(예견 덕분에) 가치 추정값 $Q(s,a)$를 제공하므로, 부트스트래핑(직관 §9.4.1)에도 몬테카를로 트리 검색을 활용할 수 있다. 몬테카를로 트리 검색은 n단계 시간차 방법의 훌륭한 대안이 된다. n단계 시간차 방법은 n개의 동작으로 된 하나의 순차열을 ϵ 탐욕 정책으로 탐색하기 때문에 그 효과가 너무 약한 경향이 있다(탐색의 깊이는 증가하지만 너비는 증가하지 않는다). n단계 시간차 방법의 위력을 높이는 한 가지 방법은 정책 외 기법(벨먼의 1단계 접근 방식을 일반화한)을 이용해서 모든 가능한 n 동작 순차열을 조사해서 최적의 하나를 선택하는 것이다. 실제로 이 접근 방식은 새뮤얼의 체커 프로그램에 쓰였다.[421] 그 프로그램은 최소최대 트리로 선택한 최상의 수를 부트스트래핑에 사용했다(약 40년 후 [22]는 이 기법에 *TDLeaf*라는 이름을 붙였다). 그러나 이렇게 하면 모든 가능한 n 동작 순차열의 탐색 복잡도가 증가한다. 몬테카를로 트리 검색은 한 노드에서 시작하는 여러 가지를 탐색해서 목푯값들의 평균을 구하는 방식이기 때문에 좀 더 안정적인 부트스트래핑이 가능하다. 예를 들어 주어진 한 노드에서 시작하는 모든 탐색에 대한 평균 성과를 예견 기반 실측에 사용할 수 있다.

알파고 제로 AlphaGo Zero는 상태 가치가 아니라 정책들에 부트스트래핑을 적용하는데, 이런 예는 극히 드물다. 알파고 제로는 각 노드의 가지들의 상대적 방문 확률들을 그 상태에서 선택할 수 있는 동작들의 **사후확률들**로 사용한다. 이 사후확률들은 정책망의 출력 확률값들로 갱신하는데, 방문할 가지를 선택할 때 미래에 관한 지식(몬테카를로 트리의 더 깊은 노드들에서 평가한 가치들)이 쓰인다는 점 덕분에, 그러한 갱신들에 의해 사후확률들이 점점 개선된다. 결과적으로 이 사후확률들은 정책망 확률들에 대한 실측값들로서 부트스트래핑되며, 가중치 매개변수들을 갱신하는 데 쓰인다(§9.7.1.1 참고).

9.7 사례 연구

이번 절에서는 강화 학습의 여러 설정을 보여주는 다양한 실제 응용 사례를 살펴본다. 우선 바둑에 강화 학습을 적용한 사례를 설명한 후, 대화 시스템, 자율주행차, 신경망 초매개변수 학습에 관한 사례들을 소개한다.

9.7.1 알파고: 세계 최고 수준의 인공지능 바둑 기사

바둑은 체스처럼 두 사람이 두는 보드게임이다. 2인용 보드게임의 복잡성은 게임판의 크기와 각 게임판 국면에 대해 유효한 수手의 개수에 크게 의존한다. 아주 단순한 보드게임인 틱택토의 게임판은 3×3이고, 대부분의 사람은 컴퓨터 없이도 최적의 수순을 파악할 수 있다. 체스는 게임판이 8×8이라서 틱택토보다 훨씬 복잡하지만, 전수 조사법(brute force; 또는 무차별 대입법)을 교묘하게 변형해서 가능한 수들의 최소최대 트리를 특정 깊이까지 **선택적으로** 탐색하는 알고리즘으로 오늘날 최고의 인간 체스 플레이어보다 훨씬 나은 성과를 낼 수 있다. 복잡도의 한쪽 끝에 있는 것은 바둑이다. 바둑판은 19×19이다.

바둑 게임 플레이어, 즉 '기사'들은 바둑판 옆의 바둑통에 있는 검은 돌과 흰 돌을 바둑판에 둔다. 바둑판의 예가 그림 9.7에 나와 있다. 처음에는 빈 바둑판으로 시작해서, 기사들이 번갈아 검은 돌과 흰 돌로 바둑판을 채워 나간다. 흑(검은 돌을 사용하는 기사)이 먼저 두는데, 게임 시작 시 각 바둑통의 검은 돌은 181개, 흰 돌은 180개이다. 두 기사의 전체 바둑돌 개수는 바둑판 격자의 교점 개수와 같다. 한 번 놓은 돌은 이동하지 못하며, 상대의 돌들을 자신의 돌들로 감싸서 따낼(바둑판에서 제거) 수 있다. 게임의 목적은 자신의 돌들로 바둑판의 영역들을 감싸서 "더 많은 땅을 차지하는 것"이다.

체스판의 한 국면에서 둘 수 있는 다음 수의 개수(트리 검색의 어법으로 말하자면, 한 노드의 분기 계수)는 약 35개이다. 그러나 바둑에서 가능한 수의 평균 개수는 약 250으로, 체스의 약 10배에 달한다. 게다가 한 바둑 게임이 끝날 때까지의 수들의 개수(즉, 트리의 깊이)는 약 150인데, 이는 체스의 두 배 정도이다. 따라서 바둑을 자동으로 두는 프로그램을 만드는 것은 체스의 경우보다 훨씬 어렵다. 체스 플레이 소프트웨어들이 흔히 사용하는 전략은 플레이어들이 둘 수 있는 모든 수의 최소최대 트리를 특정

그림 9.7: 돌들이 놓인 바둑판의 예

깊이까지 탐색하면서 각 체스판 국면을 체스에 특화된 발견법적 평가 방법(이를테면 남은 기물 개수나 기물의 안전성 등을 고려하는)을 이용해서 평가하는 것이다. 또한, 좋은 결과가 나올 가능성이 없는 트리 가지들을 역시 발견법적인 방법으로 선별해서 탐색에서 제외하는 '가지치기(pruning)' 기법도 흔히 쓰인다. 이러한 접근 방식은 그냥 모든 가능한 체스판 국면을 특정 깊이까지 일일이 조사하는 전수조사 전략을 개선한 것에 해당한다. 그러나 바둑의 경우 최소최대 트리의 노드가 엄청나게 많다. 트리의 깊이를 적당한 수준으로(기사당 20수까지만 내다보는 정도로) 제한해도, 노드 개수는 관측 가능한 우주의 원자 개수보다 크다. 결과적으로, 전수조사법으로는 사람보다 바둑을 잘 둘 수 없으며, 사람처럼 어떤 공간적 직관을 활용할 필요가 있다. 바둑에 대한 강화 학습은 사람이 바둑을 두는 방식과 비슷하다. 대부분의 경우 사람은 모든 가능한 수를 조사하려 드는 대신, 바둑판에서 좀 더 유리한 상황으로 이어질 만한 패턴들을 인식해서 자신의 이익이 커지는 쪽으로 수를 두려 한다.

알파고는 유리한 결과를 암시하는 공간적 패턴을 자동으로 학습하는 목적으로 합성곱 신경망을 사용한다. 시스템의 상태는 특정 시점에서의 바둑판 국면을 부호화한 값인데, 알파고의 경우에는 바둑판 국면뿐만 아니라 돌들의 연결 상태나 하나의 돌을 둔 후의 몇 수가 지났는지 같은 추가적인 특징들도 상태에 포함된다. 상태를 완전하게 표현하기 위해서는 여러 개의 공간적 특징 맵들이 필요하다(이를테면 각 교점의 상태를 나타내는 특징 맵과 한 돌이 두어진 후 진행된 수의 개수를 담은 특징 맵 등). 그러한 정수 특징 맵들을 여러 개의 원핫 평면들로 부호화한다. 알파고는 하나의 바둑판 상태를 19×19픽셀 크기의 이진 평면 48개로 표현한다.

알파고는 대국을 거듭하면서(프로 기사들의 기보에 나온 수들을 이용한 대국뿐만 아니라 자신을 상대로 한 대국들도 포함) 얻은 승패 경험들을 이용해서 다양한 국면에서 적절한 수를 산출하는 좋은 정책들을 배워 나간다. 이러한 정책 학습에는 정책망이 쓰이고, 각 바둑판 국면의 평가에는 가치망이 쓰인다. 최종적으로 하나의 수를 선택하는 데는 몬테카를로 트리 검색이 쓰인다. 따라서 알파고 시스템은 다단계(multi-stage) 모형에 해당한다. 그럼 이 다단계 모형의 여러 구성요소를 좀 더 자세히 살펴보자.

정책망

정책망은 앞에서 언급한 시각적 바둑판 표현을 입력받고 상태 s에서의 동작 a의 확률을 출력한다. 이 출력 확률을 $p(s,a)$로 표기하자. 바둑에서 하나의 동작은 바둑판의 유효한 위치들에 하나의 돌을 놓을 확률값들이다. 이러한 확률값들을 산출하기 위해, 정책망의 출력층은 소프트맥스 활성화 함수를 사용한다. 알파고는 두 개의 개별적인 정책망을 각자 다른 방식으로 훈련한다. 이 두 정책망의 구조는 같다. 둘 다 ReLU 비선형 활성화 함수가 붙은 합성곱 층들을 사용한다. 각 정책망의 층수는 13이다. 처음과 마지막을 제외한 합성곱 층들은 3×3 필터로 합성곱을 수행한다. 처음과 마지막 합성곱 층들의 필터는 각각 5×5와 1×1이다. 각 합성곱 층은 192개의 필터를 적용하는데, 특징 맵 크기가 줄어들지 않도록 적절한 두께로 0들을 채운다. 합성곱 결과에 대해 ReLU 비선형 함수를 적용하며, 풀링은 적용하지 않는다(따라서 특징 맵 크기가 유지된다).

이 두 정책망을 다음과 같이 각각 다른 방법으로 훈련한다.

- **지도 학습**: 한 정책망은 프로 기사들의 기보에서 무작위로 선택한 표본들로 훈련한다. 이 경우 정책망의 입력은 바둑판의 상태이고 출력은 프로 기사가 둔 수이다. 이 훈련은 정책망이 프로 기사의 수들을 **모방**하게 만드는 것이므로, 각 수의 점수(이익)는 항상 $+1$이다. 역전파 과정에서는 선택된 수의 확률의 로그가능도를 그 수의 이익으로 사용해서 정책망의 매개변수들을 갱신한다. 이런 식으로 훈련하는 정책망을 알파고 문헌에서는 SL 정책망이라고 불렀다(SL은 supervised learning, 즉 지도 학습을 뜻한다). 강화 학습에서 소위 느린 시동(콜드스타트cold-start) 문제를 피하기 위해 이런 지도 방식의 모방 학습이 자주 쓰인다. 그러나 학습의 이 부분을 생략하는 게 더 낫다는 연구 결과도 있다.[446]

- **강화 학습**: 다른 한 정책망은 강화 학습 방법으로 훈련한다. 바둑은 두 기사가 두는 게임이므로, 정책망이 자신을 상대로 게임을 진행하게 해서 수들을 산출한다. 현재 버전의 정책망은 몇 단계 이전에서 무작위로 선택한 버전의 정책망을 상대로 수를 둔다. 따라서 강화 학습 과정에서 여러 버전의 정책망들이 존재하게 된다. 이런 식으로 승패가 갈릴 때까지 게임을 진행하고, 승패에 따라 각 수에 $+1$ 또는 -1의 이익을 부여한다. 그런 다음에는 이 이익 값들로 정책망의 매개변수들을 갱신한다. 이 정책망을 RL 정책망이라고 불렀다.

이러한 정책망들만으로도 당시 최고 수준의 바둑 프로그램과 맞설 수 있었지만, 알파고 개발자들은 여기에 몬테카를로 트리 검색을 결합해서 바둑 실력을 더욱 높였다.

가치망

가치망도 합성곱 신경망인데, 입력은 바둑판의 상태이고 출력은 다음 기사가 둘 수를 예측한 점수이다. 예측 점수의 값은 $[-1, +1]$ 구간에 속하는데, $+1$은 완벽한 확률 인 1에 해당한다. 다음 기사가 흑일 수도 있고 백일 수도 있으므로, 입력에는 다음 기사가 흑인지 백인지를 나타내는 특징도 포함된다. 가치망의 구조는 정책망과 아주 비슷하지만, 입력과 출력 부분이 조금 다르다. 앞에서 말했듯이, 입력에는 다음 기사 가 흑인지 백인지를 나타내는 특징도 포함된다. 예측 점수는 신경망의 끝에서 하나의 tanh 단위로 산출한다. 따라서 그 값의 범위는 $[-1, +1]$이다. 가치망의 앞쪽 합성곱 층들은 정책망의 것들과 같다. 단, 합성곱 층이 하나 더 추가되었다(층 12). 그 마지막 합성곱 층 다음에는 256개의 ReLU 단위들로 이루어진 완전 연결 층이 있다. 이 합성 곱 신경망을 훈련할 때 기존 기보[606]의 국면들을 사용할 수도 있었지만, 알파고 개발 자들은 SL 정책망과 RL 정책망으로 자신과의 게임을 끝까지 진행해서 얻은 상태-결과 쌍들로 합성곱 신경망을 훈련하는 접근 방식을 선호했다. 한 게임의 국면들은 서로 연관되어 있으므로 그런 국면들을 순서대로 훈련에 사용하면 과대적합이 발생하게 된다. 상관관계가 강한 훈련 견본들에 의한 과대적합을 피하기 위해서는 서로 다른 게임들의 국면들을 추출하는 것이 중요했기 때문에, 개발자들은 알파고가 스스로와 둔 서로 다른 게임들에서 훈련 견본들을 추출했다.

몬테카를로 트리 검색

탐색에는 식 9.27을 각 노드 s에 대해 $K = 1/\sqrt{\sum_b N(s,b)}$로 두어서 단순화한 공식 이 쓰인다. §9.6에서 RL 정책망만으로 잎 노드들을 평가하도록 변형된 몬테카를로 트 리 검색 방법을 설명했다. 알파고는 두 가지 접근 방식을 결합해서 사용했는데, 하나 는 잎 노드에서부터 빠른 몬테카를로 롤아웃을 수행해서 잎 노드를 평가하는 것이다 (이 평과 결과를 e_1이라고 하자). 이 롤아웃에 정책망을 사용할 수도 있지만, 알파고는 단순화된 소프트맥스 분류망을 사람들이 둔 기보들로 훈련해서 롤아웃을 수행했다. 또한, 롤아웃의 속도를 높이기 위해 개발자들이 직접 선정한 특징 몇 가지도 추가했다. 다른 하나는 가치망을 이용해서 잎 노드를 평가하는 것이다. 이 결과를 e_2라고 하자. 최종적인 평가치 e는 두 평가치의 선형결합이다. 즉, $e = \beta e_1 + (1 - \beta)e_2$인데, $\beta = 0.5$일 때 최고의 성과가 나왔다. 그러나 가치망만으로 잎 노드를 평가했을 때도 그와 비슷한 성과가 나왔다. 따라서 가치망만으로 잎 노드를 평가하는 것도 유효한 대안이다. 이런 식으로 몬테카를로 트리 검색을 수행한 후, 가장 자주 방문된 가지를 다음에 둘 수로 선택했다.

9.7.1.1 알파고 제로와 알파제로: 인간의 지식에 의존하지 않는 인공지능

알파고를 좀 더 개선한 알파고 제로AlphaGo Zero는 인간 프로 기사들의 기보 데이터베이스에(즉, SL 정책망에) 전혀 의존하지 않는다.[446] '제로'는 인간의 개입이 필요하지 않음을, 즉 필요한 사전 지식의 양이 '0'임을 뜻한다. 알파고 제로는 정책망과 가치망을 따로 두지 않고, 하나의 신경망으로 정책(동작 확률들) $p(s,a)$와 국면 가치 $v(s)$를 산출한다. 출력층의 손실함수는 교차 엔트로피 손실값에 출력에 대한 제곱 손실을 더한 형태이다. 원래의 알파고는 훈련된 신경망으로 다음 수를 추론할 때만 몬테카를로 트리 검색을 사용했지만, 알파고 제로는 몬테카를로 트리 검색의 가지 방문 횟수들을 훈련에 활용하기까지 한다. 트리 검색 시 각 가지의 방문 횟수들을, $p(s,a)$에 대한 정책을 예견 기반 탐색을 통해 개선하는 연산자로 볼 수 있다. 이는 신경망 훈련을 위해 부트스트래핑된 실측 가치들을 생성하는 기초가 된다(직관 9.4.1). 시간차 학습은 상태 가치들을 부트스트래핑하지만, 이 접근 방식은 정책 학습을 위해 방문 횟수들을 부트스트래핑한다. 몬테카를로 트리 검색으로 예측한, 상태 s에서의 동작 a의 확률은 $\pi(s,a) \propto N(s,a)^{1/\tau}$이다. 여기서 τ는 '온도' 매개변수이다. $N(s,a)$의 값은 알파고에 쓰였던 것과 비슷한 몬테카를로 검색 알고리즘으로 계산하는데, 식 9.27의 계산에는 신경망이 출력한 사전확률 $p(s,a)$들이 쓰인다. 식 9.27의 $Q(s,a)$는, 새로 생성된 잎 노드(상태 s에서 동작 a를 수행해서 도달한 새 상태에 해당하는) s'에 대해 신경망이 출력한 평균 가치 $v(s')$과 같게 설정한다.

알파고 제로의 신경망은 $\pi(s,a)$를 부트스트래핑한 값들을 실측값들로 취급해서 갱신한다. 한편, 실측 상태 가치들은 몬테카를로 모의 실행으로 생성한다. 각 상태 s의 확률 $\pi(s,a)$들과 가치 $Q(s,a)$들, 방문 횟수 $N(s,a)$들을, 상태 s에서 시작하는 몬테카를로 트리 검색 절차를 반복 실행해서 갱신한다. 트리 검색 과정에서 가지를 선택할 때는 이전 반복에서 산출된 신경망과 보너스 상계(식 9.27)들을 기준으로 한다. 이러한 과정을 트리에 존재하지 않는 상태 또는 게임 종료 상태에 도달할 때까지 반복한다. 트리에 존재하지 않는 상태에 도달한 경우에는 그에 해당하는 새 노드를 트리에 추가하되, 새 노드의 Q 가치와 방문 횟수는 0으로 초기화한다. 그리고 상태 s에서 새 잎 노드로 가는 경로의 모든 가지의 Q 가치와 방문 횟수를, 신경망으로 새 잎 노드를 평가한 결과에 기초해서 갱신한다(게임 종료 상태의 경우에는 게임의 규칙에 따라 갱신한다). 노드 s에서 시작하는 검색을 여러 번 수행한 후, **사후확률**(posterior probability) $\pi(s, a)$를 이용해서 다음 동작(자신과의 게임에서 다음에 둘 수)을 선택하고, 그 동작을 수행해서 다음 노드 s'에 도달한다. 이제 노드 s'에서 이상의 과정을 다시 반복해서 s''에 도달한다. 이런 식으로 계속 진행해서 게임의 종료 상태에 해당하는 노드에 도달하면, 승패에 따라 $\{-1, +1\}$의 한 값을 산출한다. 그리고 그 값을, 게임 경로에서 고르게 추출한 상태 s들에 대한 $z(s)$의 실측값으로 사용한다. 이 $z(s)$는 상태 s에서 수를 둔 플레이어의 관점에서 정의됨을 주의하기 바란다. 실측 확률값들은 a의 다양한 값들에 대한 $\pi(s,a)$들로 이미 주어져 있으므로, 이제 상태 s의 입력 표현과 $\pi(s,a)$의 부트스트래핑된 실측 확률값들, 그리고 몬테카를로 실측값 $z(s)$로 하나의 훈련 견본을 만들 수 있다. 이 훈련 견본으로 신경망의 매개변수들을 갱신한다. 신경망이 출력한 확률과 가치가 각각 $p(s,a)$와 $v(s)$이고 신경망의 가중치 벡터가 $\overline{W}$라고 할 때, 신경망의 손실함수는 다음과 같이 정의된다.

$$L = [v(s) - z(s)]^2 - \sum_a \pi(s,a)\log[p(s,a)] + \lambda \|\overline{W}\|^2 \qquad (9.28)$$

여기서 $\lambda > 0$은 정칙화 매개변수이다.

바둑뿐만 아니라 일본 장기(쇼기), 체스 등 여러 게임을 배울 수 있도록 알파고 제로의 알고리즘을 개선한 알고리즘도 제안되었는데, 그 이름은 **알파제로**AlphaZero이다.[447] 알파제로는 최고의 체스 프로그램 Stockfish를 가볍게 물리쳤으며, 최고의 일본 장기 프로그램인 Elmo도 물리쳤다. Stockfish를 이긴 것은 대부분의 최상위 체스 기사들이 예상치 못했던 일이었다. 체스를 잘 두려면 체스에 고유한 전문 지식이 너무 많이 필요하기 때문에, 사람이 직접 설계한 평가 함수를 사용하는 소프트웨어를 강화 학습 시스템이 이기기는 힘들다는 것이 그때까지의 중론이었기 때문이다.

알파고의 성과와 성능

알파고는 다양한 인간 기사와 컴퓨터 프로그램을 상대해서 아주 좋은 성적을 냈다. 여러 프로그램과의 대국에서 알파고는 495전 494승의 성적을 냈다.[445] 상대가 넉 점을 미리 깔고 두는 접바둑에서도 알파고는 좋은 성적을 냈는데, 세 가지 바둑 프로그램(*Crazy Stone, Zen, Pachi*)과의 접바둑에서 승률이 각각 77%, 86%, 99%였다. 알파고는 또한 세계 최고수와 유럽 최고수를 포함해 주목할 만한 최상급 인간 기사들도 꺾었다.

알파고의 성과에서 좀 더 주목할 만한 측면은 대국을 승리로 이끈 방식이었다. 자신과의 여러 게임에서 알파고는 정석을 벗어난, 재기 넘치는 독창적인 수를 여러 번 제시했다. 몇몇 수는 대국 후 복기 과정에서야 사람들이 그 진가를 알아챌 수 있을 정도였다.[607, 608] 알파고는 자신과 둔 한 대국에서 통상적인 지혜와는 모순되는, 그러나 나중에 다시 검토해 보니 혁신적인 수였음이 드러난 수들을 선보였다. 심지어, 그 대국 이후 바둑 자체에 대한 자신의 접근 방식을 다시 생각해 본 최상급 바둑 기사들도 있었다.

체스에서 알파제로가 거둔 성과도 이와 비슷했다. 알파제로는 자신의 기물을 희생하면서 국면을 유리하게 이끌고 상대방을 불리한 위치로 몰아넣는 수들을 보여주었다. 예전에는 이런 종류의 행동이 사람만이 할 수 있는 행동으로 간주되었고, 전통적인 체스 소프트웨어(이미 사람보다 체스를 훨씬 잘 두는)에서는 이런 행동을 보기 힘들었다. 사람이 설계한 가치 평가 알고리즘과는 달리, 알파제로는 기물의 가치에 대한 선입견이 전혀 없는 것으로 보였다. 또한, 킹이 체스판 중앙에 있으면 위험하다는 선입견도 없는 것 같았다. 그런데도 알파제로는 자신과의 대국을 통해서 잘 알려진 체스 오프닝 수순들을 발견했으며, 어떤 오프닝이 "더 나은지"에 관한 자신만의 의견을 가지고 있는 것처럼 보였다. 강화 학습과 지도 학습의 핵심 차이는, 강화 학습은 보상이 이끄는 시행착오를 통해서 이미 알려진 지식 이상의 것을 스스로 만들어 내는 능력을 갖추고 있다는 것이다. 이런 능력 덕분에, 강화 학습은 게임 플레이 이외의 분야에서도 좋은 성과를 낼 가능성이 크다.

9.7.2 스스로 배우는 로봇

자기학습(self-learning) 로봇, 즉 스스로 배우는 로봇은 인공지능의 중요한 미개척 영역 중 하나이다. 그런 로봇은 보상 주도적 접근 방식을 통해서 이동, 기계 수리, 물건 배달 같은 과제들을 수행하는 방법을 스스로 배울 수 있다. **물리적인 이동**(locomotion)이 가능한 이족보행 로봇을 만든다고 하자. 로봇이 A 지점에서 B 지점까지 넘어지지 않고 이동하려면, 그에 필요한 일련의 동작들을 정확하게 **선택**할 수 있어야 한다. 사람은 자신의 걷는 행동에 특별하게 신경을 쓰지 않아도 넘어지지 않고 두 다리로 잘 걸어 다닌다. 그러나 이족보행 로봇에게는 걷기가 그리 쉬운 문제가 아니다. 관절 운동을 한 번만 잘못 선택해도 넘어지기 쉽다. 목표 지점으로 가는 경로의 지형과 장애물을 미리 알지 못하는 경우에는 더욱 어려운 문제가 된다.

로봇이 잘 걷는지를 판정하기는 쉽지만 잘 걷기 위해 주어진 상황에서 어떤 동작을 선택해야 하는지에 관한 규칙을 만들기는 어렵다는 점에서, 이런 종류의 문제에는 강화 학습이 딱 맞다. 로봇 보행 문제에 보상 주도적 강화 학습 접근 방식을 적용해 보자. 로봇은 A 지점에서 B 지점으로 나아갈 때마다 가상의 보상을 받는다. 로봇은 자유로이 동작을 선택하며, 균형을 유지하고 잘 걸어 다니는 데 좋은 동작이 무엇인지에 대한 사전 지식은 전혀 없다. 단지 A 지점에서 B 지점으로 나아가는 데 도움이 되는 동작을 선택한다면 보상을 받게 된다는 점만 알 뿐이다. 목표 지향적 보상을 얻는 데 도움이 되는 일련의 동작들을 선택하는 방법을 배워야 한다는 점에서, 이는 강화 학습의 전형적인 예에 해당한다. 여기서는 로봇의 이동을 예로 들지만, 이러한 일빈 원리를 다른 종류의 로봇 학습에도 적용할 수 있다. 예를 들어 물체를 집거나 병뚜껑을 돌려서 닫는 등의 로봇 조작에도 이러한 원리가 적용된다. 로봇 이동 문제를 살펴본 후, 로봇 조작 문제들도 간단하게 언급하겠다.

9.7.2.1 이동 능력의 심층 학습

여기서는 [433]에 나온, 가상 로봇이 이동 능력을 학습한 예를 소개한다. 이 로봇은 물리적인 로봇이 아니라 *MuJoCo*라는 물리 엔진[609]에 기초한 가상의 로봇이다. 참고로 *MuJoCo*는 *Multi-Joint Dynamics with Contact*(접촉 있는 다관절 동역학)의 약자이다. 이 물리 엔진은 로봇공학, 생물역학, 컴퓨터 그래픽, 애니메이션의 연구 및 개발을 촉진하기 위해 만들어진 것으로, 이 엔진을 이용하면 로봇을 실제로 제작하지 않고도 로봇의 행동을 빠르고 정확하게 시뮬레이션할 수 있다. [433]에는 인간형 로봇과 사족보행(quadruped) 로봇이 쓰였다. 인간형 이족보행 로봇의 예가 그림 9.8에 나와 있다. 이런 종류의 시뮬레이션을 이용하면 로봇 구축 비용이 절약될 뿐만 아니라 실험 환경에서의 물리적 피해에 따른 위험과 비용도 피할 수 있다(실제 로봇을 훈련하다 보면 로봇이 실수를 저지르거나 사고를 일으킬 가능성이 크다). 물론, 실제 물리적 로봇보다는 덜 사실적인 결과를 제공한다는 단점도 있다. 대체로 이러한 시뮬레이션은 물리적 로봇을 구축하기 전에 좀 더 작은 규모로 실험을 진행할 때 흔히 쓰인다.

그림 9.8: 가상 인간형 로봇의 예. 원본 이미지는 [609]에서 볼 수 있다.

인간형 모형의 상태는 33차원이고 운동의 자유도는 10이었다. 한편 사족보행 모형의 상태는 29차원이고 운동의 자유도는 8이었다. 훈련 과정에서 목표 지점을 향해 나아간 동작에 대해 보상이 주어졌으며, 로봇의 무게중심이 특정 높이 이하가 되면 하나의 에피소드가 끝났다. 로봇의 동작들은 관절 토크(회전력)들로 제어했다. 로봇은 여러 감지기를 통해서 장애물의 위치나 각 관절의 위치와 각도 같은 여러 가지 정보를 얻었으며, 그러한 정보는 신경망의 입력 특징들로 쓰였다. 하나의 로봇에 두 개의 신경망이 있었는데, 하나는 가치 추정에 쓰였고 다른 하나는 정책 추정에 쓰였다. 즉, 이 예는 정책 기울기 방법으로 정책을 학습하되 가치망으로 이익을 추정하는 형태이다. 이런 접근 방식은 §9.5.4에서 논의한 행위자-비평자 방법의 한 사례에 해당한다.

두 신경망은 각각 은닉층이 세 개인 순방향 신경망이었다. 세 은닉층은 각각 100, 50, 25개의 tanh 단위들로 이루어졌다. [433]의 접근 방식에서는 정책 함수와 가치 함수를 둘 다 추정해야 한다. 두 신경망의 은닉층들은 구성이 동일하지만, 가치 추정을 위한 신경망은 출력이 하나인 반면 정책 추정을 위한 신경망은 동작 개수만큼의 출력들이 필요했다. 즉, 두 신경망은 출력층과 손실함수에서 차이가 났다. 두 신경망에는 일반화된 이익 추정(GAE) 기법과 신뢰 영역 정책 최적화(TRPO) 기법이 쓰였는데, 이들에 대한 좀 더 구체적인 사항은 이번 장 끝의 문헌 정보에 제시된 문헌들을 보기 바란다. 강화 학습 과정을 1,000번 반복해서 이 신경망들을 훈련하고 나니 로봇이 꽤 그럴듯한 걸음걸이로 걸을 수 있게 되었다. 최종적인 로봇 보행 결과를 [610]에서 볼 수 있다. 이후 Google DeepMind도 비슷한 결과를 발표했는데, 이들의 로봇은 장애물을 피하거나 기타 어려움들을 극복하는 좀 더 확장된 능력도 갖추었다.[187]

9.7.2.2 시각-운동 통합 능력의 심층 학습

[286]은 강화 학습의 또 다른 흥미로운 사례를 제공한다. 이 예의 로봇은 옷걸이를 걸개에 걸거나, 블록 맞추기 상자(아동 교재)에 알맞은 형태의 블록을 끼우거나, 장난감 장도리(못을 뽑는 연장)로 특정 형태의 못을 뽑거나, 병뚜껑을 돌려서 병을 닫는 등의 일상적인 과제들을 수행하도록 훈련되었다. 로봇이 이런 과제들을 수행하는 몇 가지 예가 그림 9.9(a)에 나와 있다. 하나의 동작은 일련의 7차원 관절 모터 토크 명령들로 이루어졌다. 이 예는 가상의 시뮬레이션 모형이 아니라 물리적 로봇을 실제로 훈련했다. 로봇은 카메라로 찍은 이미지로 물체의 위치를 파악하고 조작했다. 카메라 이미지는 로봇의 눈에 해당하며, 시각피질에 관한 것과 동일한 개념적 원리(허블과 비셀의 실험에 기초한)에 따라 합성곱 신경망을 이용해서 이미지의 물체들을 식별했다. 이러한 설정이 앞에서 논의한 단순한 아타리 비디오 게임 설정과는 아주 다르다고 느낄 수도 있겠지만, 이미지 프레임들이 정책 동작들로 사상되는 근본적인 방식은 대단히 비슷하다. 예를 들어 아타리 설정의 경우에도 원본 픽셀들을 합성곱 신경망으로 처리하는 방식이 가능하다. 그러나 이 예에서는 로봇과 물체의 위치에 관한 추가적인 입력 특징들도 쓰였다. 언급한 과제들을 로봇이 수행하려면 시각 인지, 눈과 손(시각과 운동)의 협동, 접촉 동역학 측면에서 높은 수준의 학습이 필요하다. 게다가, 그러한 학습을 인간의 개입 없이 로봇 스스로 진행해야 한다.

이를 위한 자연스러운 접근 방식 하나는, 합성곱 신경망을 이용해서 이미지 프레임들을 동작들로 사상하는 것이다. 아타리 게임의 경우처럼, 합성곱 층들은 과제와 관련된 보상들을 얻기에 적합한 공간적 특징들을 학습해야 한다. 이 예에 쓰인 합성곱 신경망은 층이 7개, 매개변수가 92,000개였다. 처음 세 층은 합성곱 층이고 넷째 층은

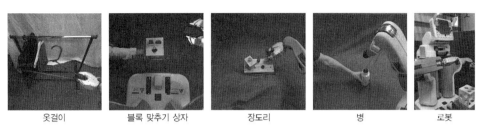

(a) 로봇이 학습하는 시각-운동 통합 능력 과제

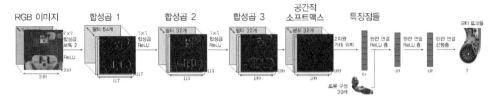

(b) 합성곱 신경망의 구조

그림 9.9: 시각-운동 통합 능력의 심층 학습. [286]의 그림들을 전재했다. © 2016 Sergey Levine, Chelsea Finn, Trevor Darrell, Pieter Abbeel.

공간적 소프트맥스 층, 다섯째 층은 공간적 특징 맵들을 2차원 좌표쌍으로 축약하는 고정된 변환 층이었다. 이 신경망에서 핵심은 공간적 특징 맵의 반응 값들에 하나의 소프트맥스 함수를 적용해서, 특징 맵의 각 위치의 확률을 산출하는 것이었다. 그러한 확률분포로 얻은 기대 위치에 해당하는 특징 맵의 값을 **특징점**(feature point)이라고 부른다. 합성곱 층의 각 공간적 특징 맵에서 하나의 특징점이 만들어지므로, 특징점의 개수는 특징 맵의 개수와 같다. 이러한 특징점을, 공간적 확률분포에 대한 소프트맥스 함수를 최대화하는 값으로 생각할 수 있다. 다섯째 층은 합성곱 신경망에 흔히 쓰이는 층들과는 상당히 다르다. 이 층은 로봇의 피드백 제어에 적합한, 시각적 장면의 정확한 표현을 생성하도록 설계되었다. 이 예의 시스템은 공간적 특징점들을 로봇의 구성(관절들의 위치와 각도)과 결합하는데, 로봇의 구성은 합성곱 층들 다음의 층들에만 주어지는 추가적인 입력이다. 결합된 특징 집합은 합성곱 층들 다음에 있는 두 완전 연결 층들에 입력되는데, 각각은 40개의 ReLU 단위들로 이루어진다. 그 두 층의 출력 40개를 그다음에 있는 선형 완전 연결 층이 일곱 개의 관절 모터 토크들로 변환한다. 합성곱 신경망의 첫 층에는 카메라 이미지에 해당하는 관측값들만 입력되고, 첫 완전 연결 층에서 로봇의 구성에 해당하는 관측값들이 입력됨을 주목하기 바란다. 로봇 구성 특징들을 뒤쪽 층들에 입력하는 이유는, 합성곱 층들에는 로봇 구성 특징들이 별로 쓸모가 없기 때문이다. 로봇 구성 특징들은 합성곱 층들이 시각 입력을 처리한 후에야 의미가 있다. 전체 합성곱 신경망의 매개변수는 약 92,000개인데, 그중 86,000개가 합성곱 층들에 쓰인다. 이 합성곱 신경망의 전체 구조가 그림 9.9(b)에 나와 있다. 관측 값들은 RGB 카메라 이미지와 관절 부호기 계측 수치, 속도, 말단 장치(end-effector) 자세로 이루어진다.

전체 로봇 상태의 차원은 14에서 32 사이인데, 여기에는 관절 각도들, 말단 장치 자세, 물체 위치들, 그리고 해당 속도들이 포함된다. 이 모든 특징으로 로봇의 실제 상태가 정의된다. 다른 모든 정책 기반 방법들처럼, 이 시스템의 출력은 로봇이 수행할 수 있는 여러 동작(모터 토크들)에 대응된다. [286]의 접근 방식에서 한 가지 흥미로운 측면은 그 접근 방식이 강화 학습 문제를 지도 학습 문제로 변환한다는 것이다. [286]은 이번 장에서는 설명하지 않는 **인도된 정책 검색**(guided policy search)을 이용해서 강화 학습 부분을 지도 학습으로 변환했다. 관심 있는 독자는 [286]을 보기 바란다. 이 책 끝에 있는 참고문헌 목록의 [286] 항목에 이 시스템으로 훈련한 로봇의 실제 작동 모습을 담은 동영상의 주소도 나와 있다.

9.7.3 대화 시스템 구축: 챗봇을 위한 심층 학습

챗봇chatbot 또는 채팅봇은 대화 시스템(conversational system 또는 dialog system)을 친근하게 일컫는 용어이다. 챗봇 개발의 궁극적인 목표는 다양한 주제를 두고 사람과 자연스럽고 자유롭게 대화를 나누는 에이전트를 구축하는 것이다. 현재의 챗봇들은 그런 수준과는 아직 거리가 멀다. 그렇지만 특정 주제에 국한된 좁은 범위의 대화를 위한 챗봇(이를테면 협상이나 쇼핑 도우미 등)의 경우에는 상당한 진전이 있었다. 비교적 범용적인 대화 시스템의 예로는 애플Apple의 시리Siri가 있다. 디지털 개인 비서로 불리는 시리는 광범위한 주제로 대화를 진행할 수 있다는 점에서 열린 영역(open-domain) 시스템에 해당한다. 시리를 사용해 본 독자는 알겠지만, 어려운 질문에 대해서는 이 디지털 비서가 그리 만족스러운 답을 하지 못한다. 몇몇 일반적인 질문에 대해서는 웃음을 자아내는 대답을 하기도 하는데, 그런 대답들은 개발자가 미리 입력해 둔('하드 코딩') 것일 가능성이 크다. 시리는 비교적 범용적인 대화 시스템이라서 어려운 질문에 제대로 답을 하지 못하는 것은 어쩌면 당연한 일이다. 아직 인간 수준의 대화 시스템을 구축하기까지는 갈 길이 멀다. 그러나 특정 주제에 특화된 닫힌 영역 시스템은 안정적인 방식으로 비교적 쉽게 훈련할 수 있다.

이번 절에서는 페이스북Facebook이 구축한, 협상(negotiation) 능력의 종단간 학습을 위한 시스템[290]을 소개한다. 이 시스템은 협상이라는 특정한 목적을 위해 설계되었다는 점에서 닫힌 영역(closed-domain) 시스템에 해당한다. 이 시스템에서 두 에이전트는 여러 종류의 항목으로 구성된 컬렉션(이를테면 책 두 권, 모자 하나, 공 세 개)을 검토한다. 에이전트들은 이 항목들을 어떻게 나누어 가질지를 두고 서로 협상한다. 이 협상에서 중요한 점은, 한 종류의 항목에 부여하는 가치가 에이전트마다 다르며, 각 에이전트는 상대가 그 항목에 부여하는 가치를 알지 못한다는 것이다. 실생활의 협상에서도 이런 일이 자주 발생한다. 협상의 당사자들은 자신에게 가치가 큰 항목들을 최대한 많이 가져가는 결과가 나올 때까지 협상을 진행한다.

협상 초기에 각 항목의 가치는 다음과 같은 몇 가지 제약에 따라 음이 아닌 난수로 결정한다. 우선, 한 사용자에 대한 모든 항목의 가치 총합은 10이어야 한다. 둘째로, 각 항목의 가치는 적어도 한 에이전트에 대해서는 0보다 커야 한다. 두 에이전트 모두에게 가치가 0인 항목은 그냥 무시될 것이기 때문이다. 마지막으로, 두 에이전트 모두에게 가치가 0보다 큰 항목들이 존재한다. 이런 제약들 때문에 두 사용자 모두 최대의 가치(10)를 달성하지는 못한다. 따라서 협상은 경쟁적인 과정이 된다. 협상을 10번 시도한 후 각 에이전트는 합의 없이 협상을 끝낼 것인지 결정한다. 두 에이전트 모두 협상이 무산되었다고 결정하면 두 에이전트는 아무런 항목도 받지 못한다(즉, 둘 다 가치는 0이다). 페이스북의 시스템은 책, 모자, 공이라는 세 종류의 항목을 사용했으며, 하나의 협상 테이블 위에 총 5개에서 7개의 항목을 두었다. 같은 항목이라도 에이전트에 따라 그 가치가 다르며, 각 에이전트는 상대가 그 항목에 부여한 가치를 알지 못한다는 점이 중요하다. 협상을 통해서 상대보다 더 큰 가치의 항목들을 챙긴 에이전트가 더 나은 협상가이다. 훌륭한 협상가라면 총 가치가 10이 넘는 항목들을 가져올 수도 있다.

이러한 강화 학습 문제의 보상 함수는 에이전트가 챙긴 항목들의 최종 가치이다. 이 문제에서, 이전에 협상을 진행한 대화 기록에 대해 지도 학습을 적용해서, 특정 발화(utterance)의 가능도를 최대화하는 방법도 가능하다. 그러나 순환 신경망을 직접 적용해서 발화의 가능도를 최대화하는 방식의 에이전트는 너무 쉽게 양보하는 경향이 있었다. 그래서 개발자들은 지도 학습에 강화 학습을 결합했다. 지도 학습에 강화 학습을 결합한 덕분에 인간의 언어에서 크게 벗어나지 않는 모형을 만들 수 있었다. 이를 위해 그들은 **대화 롤아웃**(dialog roll-out)이라는 일종의 대화 계획(예견) 방법을 도입했다. 이 접근 방식은 부호기-복호기 순환 신경망을 사용했는데, 복호기 부분은 발화의 가능도가 아니라 보상 함수를 최대화한다. 이러한 부호기-복호기 구조는 제7장의 §7.7.2에서 논의한 순차열 대 순차열 학습에 기초한다.

지도 학습을 위해 개발자들은 **아마존 메커니컬 터크**^{Amazon Mechanical Turk}에서 대화 기록을 수집해서 훈련 자료를 구축했다. 이 훈련 자료에서 하나의 시나리오는 특정한 항목 가치들의 집합을 배정하는 것으로 정의된다. 개발자들은 526개의 대화 기록에서 252개의 시나리오를 추출할 수 있었다. 하나의 시나리오를 두 에이전트의 관점에서 정리해서 두 개의 훈련 견본을 만들었다. 하나의 훈련 견본은, 이를테면 책 세 권과 모자 두 개, 공 하나를 어떻게 두 에이전트에게 나누었는지를 말해준다. 그러한 정보가 각 에이전트의 입력의 일부가 된다. 입력에는 또한 에이전트가 각 항목에 부여한 가치들도 포함된다. 이를테면 (i) 에이전트 A는 책에 1, 모자에 3, 공에 1의 가치를 부여하고 (ii) 에이전트 B는 책에 2, 모자에 1, 공에 2의 가치를 부여한다고 하자. 그러면 에이전트 A는 암암리에 모자를 최대한 많이 가지려 하고, 에이전트 B는 책과 공에 집중할 것이다. 다음은 두 에이전트가 협상 과정에서 나눈 대화의 예이다.[290]

> 에이전트 A: I want the books and the hats, you get the ball. (내가 책과 모자를 모두 가질 테니 당신은 공을 가져가세요.)
> 에이전트 B: Give me a book too and we have a deal. (책 한 권을 양보하면 합의하겠습니다.)
> 에이전트 A: Ok, deal. (좋아요, 합의하죠.)
> 에이전트 B: ⟨choose⟩ (대화 종료 토큰)

결과적으로 에이전트 A는 책 두 권과 모자 두 개를, 에이전트 B는 책 한 권과 공 하나를 가졌다. 각 에이전트에는 각자의 입력과 출력이 주어지며, 대화 역시 각 에이전트 자신의 관점(각 발화를 누가 말하고 누가 듣는지에 관한)에서 본 형태가 된다. 따라서 하나의 시나리오에서 두 개의 훈련 견본이 나온다. 두 에이전트는 동일한 순환 신경망을 이용해서 발화를 생성하고 최종 출력을 산출한다. 하나의 대화 x는 토큰 목록 $x_0 \ldots x_T$의 형태인데, 각 토큰에는 해당 발화가 누구의 것인지를 말해주는 표식이 붙어 있다. 마지막의 특별한 토큰은 합의 도달을 한 에이전트가 확인했음을 뜻한다.

시스템의 지도 학습 부분은 네 종류의 게이트 제어 순환 단위(gated recurrent unit, GRU)를 사용한다. 첫 게이트 제어 순환 단위 GRU_g는 입력 목표들을 부호화하고, 둘째 단위 GRU_q는 대화의 용어(term)들을 생성한다. 나머지 두 단위는 순방향 출력을 제어하는 $GRU_{\vec{o}}$와 역방향 출력을 제어하는 $GRU_{\overleftarrow{o}}$이다. 출력은 본질적으로 하나의 양방향 GRU가 산출한다. 이 GRU들을, 한 단위의 출력을 다른 한 단위의 입력에 연결하는 식으로 연결한다. 이런 식으로 구성한 지도 학습 모형의 매개변수들을 훈련 자료의 입력, 대화, 출력을 이용해서 갱신한다. 지도 학습 모형의 손실함수는 대화의 토큰 예측 손실과 항목의 출력 선택 예측 손실의 가중합이다.

강화 학습 부분은 앞에서 언급한 대화 롤아웃을 사용한다. 지도 학습 모형에 쓰이는 일단의 GRU들은 본질적으로 확률값들을 출력한다. 따라서, 그냥 손실함수만 교체하면 같은 모형을 강화 학습에도 사용할 수 있다. 다른 말로 하면, GRU 조합을 일종의 정책망으로 간주할 수 있다. 이 정책망으로 여러 대화의 몬테카를로 롤아웃을 수행해서 최종 보상들을 산출한다. 그 과정에서 추출된 동작들과 해당 롤아웃의 최종 보상들로 지도 학습 모형을 위한 훈련 견본들을 만들 수 있다. 다른 말로 하면, 이 접근 방식은 에이전트가 자신과 협상을 진행하는 **자가 플레이**(self-play)를 통해서 더 나은 협상 전략을 배운다. 하나의 롤아웃으로 산출한 최종 보상으로 정책망 매개변수들을 갱신한다. 이 보상은 대화의 끝에서 얻은 항목들의 가치에 기초해서 계산한다. 이상의 접근 방식을 REINFORCE 알고리즘[533]의 한 사례로 볼 수 있다. 자가 플레이의 한 가지 문제점은, 에이전트가 자신만의 언어(인간의 자연어에서 벗어난)를 배우는 경향이 있다는 것이다. 이는 두 협상 당사자 모두 강화 학습을 사용하기 때문에 생기는 현상이므로, 둘 중 하나는 지도 학습 모형을 사용할 필요가 있다.

최종 예측(발화)을 산출하는 한 가지 방법은 GRU가 출력한 확률들에 기초해서 직접 표본을 추출하는 것이지만, 그러면 순환 신경망과의 연동 시 최적의 성과가 나오지 않을 때가 많다. 그 대신 개발자들은 일단 표본추출을 이용해서 c개의 후보 발화들을 생성하고, 각 후보 발화의 기대 보상을 계산해서 기대 보상이 가장 큰 것을 선택하는 형태의 2단계 접근 방식을 사용했다. 기대 보상을 계산할 때는 출력을 대화의 확률로 비례했는데, 이는 확률이 낮은 대화는 두 에이전트 모두 선택하지 않을 가능성이 크다는 점을 고려한 것이다.

이러한 접근 방식의 성과에 관한 여러 흥미로운 관찰이 [290]에 나온다. 첫째로, 지도 학습 방법은 협상을 좀 더 쉽게 포기하는 경향이 있었고, 강화 학습 방법은 좋은 결과를 얻기 위해 좀 더 끈질기게 시도하는 경향이 있었다. 둘째로, 강화 학습 방법은 사람이 할 만한 협상 전략을 보일 때가 많았다. 자신이 원하는 항목을 얻기 위해 별로 가치를 높게 부여하지 않은 다른 항목에 관심이 있는 척할 때도 있었다.

9.7.4 자율주행차

로봇 이동 과제에서처럼 자동차의 자율주행 과제에서도, 차가 별 사고 없이 A 지점에 B 지점으로 나아가면 보상이 주어진다. 자율주행차는 여러 동영상, 청각, 근접, 운동 감지기들이 제공한 정보를 입력받는다. 자율주행 강화 학습 시스템의 목표는 도로가 어떤 조건이든 자동차를 A 지점에서 B 지점으로 안전하게 이동하는 것이다.

차가 잘 나아가는지 평가하기는 쉽지만 주어진 상황에서 적절한 동작을 선택하는 규칙을 만들기는 어렵다는 점에서, 자율주행은 강화 학습의 좋은 응용 대상이다. 완전한 자율주행차에는 다양한 종류의 감지기 수치들로 구성된 거대한 입력 배열이 필요하겠지만, 여기서는 [46, 47]에 쓰인, 카메라 하나만 사용하는 단순한 시스템을 살펴본다. 강화 학습을 이용하면 전면 카메라 하나만 있는 시스템으로도 상당한 성과를 거둘 수 있음을 보여주었다는 점에서, 이 시스템을 살펴보는 것은 강화 학습의 공부에 도움이 된다. 흥미롭게도 이 연구는 포멜로Pomerleau의 1989년 연구[381]에서 영감을 얻었다. 당시 포멜로는 *ALVINN*(Autonomous Land Vehicle in a Neural Network; 신경망 자율 육상 차량)이라는 시스템을 구축했다. [46, 47]의 시스템이 합성곱 신경망 분야의 몇 가지 발전된 기법을 모형화에 사용하긴 했지만, 두 시스템의 좀 더 중요한 차이는 후자의 경우 25년 전에 비해 훨씬 많은 자료와 강력한 계산 능력을 활용할 수 있었다는 것이다. 즉, 이 사례는 강화 학습 시스템의 구축에서 가용 자료와 계산 능력의 증가가 얼마나 중요한지를 보여준다고 할 수 있다.

훈련 자료는 촬영 차량을 다양한 도로에서, 그리고 다양한 조건에서 주행해서 수집했다. 주로는 미국 뉴저지주 중부에서 훈련 자료를 수집했지만, 일리노이주와 미시간주, 펜실베이니아주, 뉴욕주의 간선도로들에서도 훈련 자료를 수집했다. 의사결정 시에는 운전석에 둔 전면 카메라만을 주된 자료원으로 사용했지만, 훈련 도중에는 차 앞쪽의 다른 위치들에 카메라 두 대를 더 부착해서 회전, 이동된 이미지들을 얻었다.

이러한 보조 카메라들은 최종 의사결정에는 쓰이지 않았지만, 추가적인 자료를 수집하는 데는 유용했다. 이 보조 카메라들을 촬영 차량의 적절한 위치에 적절한 방향으로 부착해서 주 카메라의 이미지에 비해 이동, 회전된 이미지들을 얻었는데, 그 이미지들을 이용해서 차가 도로에서 벗어나거나 잘못된 방향으로 가는 경우를 식별하도록 시스템을 훈련할 수 있었다. 간단히 말하면 이 보조 카메라들은 자료 증강에 유용했다. 자율주행을 위한 신경망은 신경망이 출력한 조타(steering; 방향 조정) 명령과 인간 운전자의 조타 명령 사이의 오차를 최소화하도록 훈련되었다. 사실 이런 접근 방식은 강화 학습보다는 지도 학습에 더 가깝다. 이런 종류의 학습을 **모방 학습**(imitation learning)[427]이라고 부르기도 한다. 모방 학습은 강화 학습 시스템에서 흔히 볼 수 있는 느린 시동(콜드스타트) 문제를 완화하는 첫 단계로 흔히 쓰인다.

　모방 학습과 관련된 시나리오들은 강화 학습의 시나리오들과 비슷할 때가 많다. 지금의 자율주행 시나리오에 강화 학습을 적용하는 것은 비교적 간단하다. 사람의 개입 없이 차가 목적지에 더 다가갔으면 보상을 제공하면 된다. 차가 목적지에 더 다가가지 못했거나 사람의 개입이 필요했던 경우에는 벌점을 제공한다. 그런데 [46, 47]의 자율주행 시스템은 이런 식으로 훈련되지 않았다. 자율주행차 같은 시나리오에서는 훈련 과정에서 안전(safety) 문제를 반드시 고려해야 한다. 현재 출판된 자율주행차 관련 문헌들은 대부분 훈련 과정의 교통안전 문제를 상세하게 이야기하지 않지만, 자율주행차의 훈련에 강화 학습 대신 지도 학습을 주로 사용하는 이유는 짐작컨대 교통안전 문제 때문일 것이다. 그렇긴 해도, 훈련에 유용한 신경망의 좀 더 일반적인 구조의 관점에서 보면 지도 학습과 강화 학습의 차이가 그리 크지 않다. 자율주행차를 위한 강화 학습의 일반적인 논의가 [612]에 나온다.

　[46, 47]의 시스템이 사용한 합성곱 신경망의 구조가 그림 9.10에 나와 있다. 이 신경망은 아홉 개의 층으로 이루어졌는데, 합성곱 층이 5개, 완전 연결 층이 3개, 그리고 정규화 층이 하나이다. 첫 합성곱 층은 5×5 필터들을 2의 보폭으로 적용하고, 그다음 두 합성곱 층은 3×3 필터들을 보폭 없이 적용한다. 이 합성곱 층들 다음에는 세 개의 완전 연결 층이 있다. 마지막 출력은 자동차를 제어하는 명령인데, 구체적으로는 회전 반지름의 역수이다. 신경망 전체의 연결은 2,700만 개이고 매개변수는 25만 개이다. 심층 신경망으로 자동차의 진행 방향을 상세한 방법이 [47]에 나온다.

　저자들은 이러한 시스템에 기초한 자동차를 모의 실행 환경뿐만 아니라 실제 도로

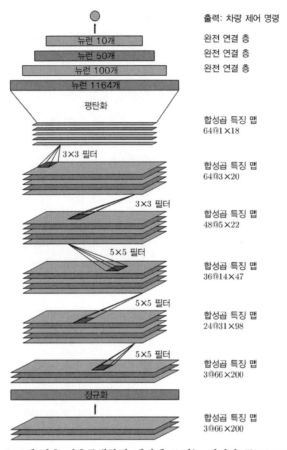

출력: 차량 제어 명령

뉴런 10개 — 완전 연결 층
뉴런 50개 — 완전 연결 층
뉴런 100개 — 완전 연결 층
뉴런 1164개

평탄화

합성곱 특징 맵
64@1×18

3×3 필터

합성곱 특징 맵
64@3×20

3×3 필터

합성곱 특징 맵
48@5×22

5×5 필터

합성곱 특징 맵
36@14×47

5×5 필터

합성곱 특징 맵
24@31×98

5×5 필터

합성곱 특징 맵
3@66×200

정규화

합성곱 특징 맵
3@66×200

그림 9.10: [46]에 나온 자율주행차의 제어에 쓰이는 신경망 구조(NVIDIA 제공)

에서도 시험해 보았다. 도로 주행 시험에서는 항상 인간 운전자가 같이 타서 필요에 따라 운전에 개입했다. 저자들은 시험 주행 과정에서 사람이 개입한 시간의 비율을 계산했는데, 시스템은 전체 시간의 98%에서 자율적으로 차를 주행했다. 이런 종류의 자율주행을 시연하는 동영상이 [611]에 있다. 저자들은 훈련된 합성곱 신경망의 활성화 맵들을 시각화해서(제8장에서 논의한 방법을 이용해서) 몇 가지 흥미로운 사항을 관찰했다. 무엇보다도, 입력 이미지 중 운전에 중요한 측면들을 학습하는 쪽으로 특징들이 크게 편향되었음이 드러났다. 숲을 통과하는 비포장도로에서는 특징 맵들이 잡음으로 가득했다. *ImageNet*으로 훈련한 합성곱 신경망에서는 이런 현상이 나타나지 않음을 주목하기 바란다. 그런 신경망의 특징 맵에는 나뭇잎과 나무를 비롯한 여러 유용한 특징들이 들어 있었을 것이다. 두 설정의 이러한 차이는 자율주행차의 합성곱 신경망이 목표 주도적 방식으로 훈련되었기 때문에, 그래서 신경망이 주행에 중요한 특징들을 검출하는 방법을 학습했기 때문에 생긴 것이다. 숲에 있는 나무들의 구체적인 특성은 주행에 그리 중요하지 않다.

9.7.5 강화 학습을 이용한 신경망 구조의 추론

강화 학습의 한 가지 흥미로운 응용은 특정 과제를 수행하기 위한 신경망 구조 자체를 학습하는 것이다. 여기서는 CIFAR-10[583] 같은 자료 집합의 분류를 위한 합성곱 신경망의 구조를 학습하는 문제를 살펴보기로 하겠다. 당연한 말이지만, 신경망의 구조는 필터의 너비와 높이, 필터 개수, 가로·세로 보폭 같은 여러 초매개변수에 의존한다. 이 초매개변수들은 서로 의존하는데, 특히 뒤쪽 층들의 초매개변수들이 앞쪽 층들의 것들에 의존한다.

이 강화 학습 방법은 하나의 순환 신경망을 이용해서 합성곱 신경망의 초매개변수들을 학습한다. 전자를 제어기(controller) 신경망, 줄여서 제어망이라고 부르고 후자를 자식망(child network)이라고 부른다.[569] 제어기 역할을 하는 순환 신경망의 재귀적인 구조가 그림 9.11에 나와 있다. 순환 신경망을 제어망으로 사용하는 이유는 초매개변수들의 의존관계가 순서적이기 때문이다. 각 층의 소프트맥스 분류기는 자신의 분류 결과를 하나의 이산적인 토큰으로(연속값이 아니라) 출력하며, 그 토큰은 다음 층의 입력이 된다. 이러한 연결 관계가 그림 9.11에 점선으로 표시되어 있다. 이처럼 초매개변수들을 토큰 형태로 출력하는 것은 강화 학습에서 연속 동작 공간보다 더 흔히 쓰이는 이산 동작 공간을 형성하기 위한 것이다.

이런 식으로 자식망의 초매개변수들을 산출한 다음에는, CIFAR-10에서 뽑은 검증 집합으로 자식망의 성과를 측정하고, 그에 기초해서 보상을 구한다. 자식망의 정확도를 시험하려면 자식망을 CIFAR-10으로 훈련해 두어야 함을 주의하기 바란다. 즉, 이 방법에서는 먼저 자식망에 대해 완전한 훈련 과정을 실행할 필요가 있는데, 이는 상당히 비용이 많이 드는 일이다. 보상을 구한 다음에는 그것으로 REINFORCE 알고리즘을 실행해서 제어망의 매개변수들을 갱신한다. 따라서 제어망은 사실상 정책망(일련의 상호의존적 초매개변수들을 생성하는)으로 작용한다.

이러한 시스템에서 핵심은 자식망의 층수다(제어망의 층수도 이 개수에 의존한다). 이

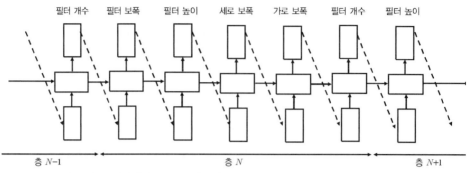

그림 9.11: 자식 합성곱 신경망의 구조를 학습하는 제어기 신경망.[569] 제어기 신경망은 REINFORCE 알고리즘으로 학습한다.

개수는 상수가 아니라, 훈련이 진행되면서 변한다. 훈련 과정의 초기 반복들에서는 이 층수가 작다. 즉, 학습된 자식망은 얕은 합성곱 신경망에 해당한다. 그러나 훈련이 진행되면서 이 개수가 점차 증가한다. 이 학습에 대한 정책 기울기 방법은 §9.5에서 논의한 것과 그리 다르지 않다. 주된 차이는 보상 신호로 훈련하는 것이 순방향 신경망이 아니라 순환 신경망이라는 점이다. [569]에는 병렬성을 효율적으로 활용하는 방법 등의 여러 최적화 방법과 건너뛰기 연결 같은 좀 더 진보된 구조를 학습하는 방법들도 논의한다.

9.8 안전과 관련된 실무적인 어려움들

강화 학습을 이용하면 고도로 복잡한 학습 알고리즘을 단순화할 수 있지만, 가끔은 예기치 못한 결과가 나오기도 한다. 강화 학습 시스템은 다른 학습 시스템보다 자유도가 높기 때문에, 안전과 관련된 문제들이 발생할 수 있다. 단순함은 보상 주도적 학습의 최대 강점이지만, 생물학적 시스템에서는 가장 큰 함정이기도 하다. 인공지능의 관점에서도, 그런 시스템을 모의 실행하다 보면 생물학적 시스템에서 볼 수 있는 함정에 빠질 수 있다. 강화 학습 시스템은 보상을 이미 아는 동작을 활용할 뿐만 아니라 아직 경험하지 못한 동작들도 탐색하므로, 보상을 잘못 설계하면 시스템이 예기치 못한 방식으로 행동할 수 있다. 설계가 완벽하지 않은 비디오 게임을 배울 때 강화 학습 시스템이 알려지지 않은 '속임수' 또는 '해킹' 방법을 터득할 때가 자주 있다. 현실 세계 역시 그런 비디오 게임만큼이나 불완전하므로, 로봇이나 자율주행차 같은 물리적인 강화 학습 시스템 역시 그런 속임수나 해킹 방법을 터득할 수 있다. 예를 들어 인간 또는 자동화된 평가 시스템이 완벽하지 않으면, 로봇은 병뚜껑을 닫는 척만 해서 보상을 좀 더 빠르게 얻는 방법을 터득하게 된다. 간단히 말해서, 보상 함수를 설계하는 것이 항상 쉬운 일은 아니다.

더 나아가서, 시스템이 가상의 보상을 "비도덕적인" 방식으로 얻으려 할 수도 있다. 예를 들어 로봇 청소기가 일부러 자신이 바닥을 더럽힌 후에 청소해서 더 많은 보상을 얻으려 할 수 있다.[10] 로봇 간호사가 그와 비슷한 시도를 한다면 좀 더 심각한 상황이 벌어질 것이다. 흥미롭게도, 이런 종류의 행동은 사람들에게서도 볼 수 있다. 인간과 로봇의 이러한 바람직하지 않은 유사성은 생명체의 생존과 진화에 적용되는 단순한 탐욕 중심적 원리를 기계 학습 과정의 단순화에 사용한 직접적인 후과이다. 단순함을 추구하다 보면 학습의 제어권이 기계에 더 많이 넘어가며, 그러면 예기치 못한 결과가 빚어질 수 있다. 예를 들어 사고를 피할 수 없는 상황에서 자율주행차는 탑승자를 구할 것인가, 아니면 두 보행자를 구할 것인가? 대부분의 사람은 이런 상황에서 생물학적 본능(반사신경)에 따라 자신의 목숨을 구할 것이다. 그러나 그런 상황에서 기계 학습 시스템이 어떻게 반응해야 하는지는 전혀 다른 문제이다. 반대로, 자율주행차의 학습 시스템이 탑승자의 생명을 우선시하지 않는다면, 그 자율주행차에 타려는 사람이 별로 없을 것이다. 강화 학습 시스템에는 또한 훈련 과정을 관장하는 인간 운영자가 바탕 보상 함수의 효과를 조작할 위험이 존재한다. 챗봇이 공격적인 또는 인종주의적인 발언을 하도록 인간 운영자가 조작한 사례들이 있었다.

대체로 학습 시스템들은 이전에 접해 보지 못한 미지의 상황에 대해 자신의 경험을 일반화하는 데 어려움을 겪는다. 훈련 과정의 자료 분포와 시험 시점의 자료 분포가 달라서 생기는 문제라는 점에서 이런 문제를 **분포 변화**(distributional shift) 문제라고 부른다. 예를 들어 한 나라에서 훈련한 자율주행차가 다른 나라에서는 잘 작동하지 않을 수 있다. 마찬가지로, 강화 학습의 탐색 측면이 위험한 결과를 초래하기도 한다. 열에 약한 전자부품들이 있는 전자장비의 배선을 로봇이 납땜한다고 하자. 그런 상황에서 로봇이 탐색 위주로 동작을 선택하면 부품이 망가지거나 회로가 단선될 수 있다. 이처럼 AI 시스템에는 항상 안전 문제가 연관된다. 실제로 인공지능의 안전 문제를 우려하고 안전 보장을 고민하는 단체들이 있는데, 이를테면 *OpenAI*[613]가 주도적인 단체이다. [10]은 좀 더 넓은 틀에서 이런 몇 가지 문제를 논의하고 그 해결책을 제시한다. 많은 경우, 안전 보장을 위해서는 인간이 어느 정도 개입할 필요가 있는 것으로 보인다.[424]

9.9 요약

이번 장에서는 에이전트가 보장 주도적인 방식으로 환경과 상호작용해서 최적의 행동 방식을 학습하는 강화 학습을 논의했다. 강화 학습 방법은 여러 부류로 나뉘는데, 가장 흔히 쓰이는 것은 Q 학습 방법과 정책 주도적 방법이다. 최근에는 정책 주도적 방법이 점점 인기를 끌고 있다. 이런 방법 중에는 심층망들을 통합해서 감각 입력에 기초해 보상을 최적화하는 정책들을 배워 나가는 종단간 시스템이 많다. 강화 학습 알고리즘은 비디오 게임이나 보드게임, 로봇공학, 자율주행차 같은 다양한 설정에 쓰인다. 경험과 보상을 통한 학습 능력 덕분에, 이런 알고리즘들은 다른 종류의 학습으로는 얻지 못했을 혁신적인 해법을 산출할 때가 많다. 그러나 보상 함수를 이용해서 학습 과정을 필요 이상으로 단순화한다는 측면 때문에, 이런 학습 알고리즘은 안전과 관련된 독특한 어려움들을 제기하기도 한다.

9.10 문헌 정보

강화 학습의 훌륭한 입문서로는 서턴과 바토의 책 [483]이 있다. [293]은 심층 강화 학습 방법을 개괄한다. 데이비드 실버의 무료 강화 학습 강연 동영상들이 유튜브에 있다.[619] 시간차 학습은 새뮤얼이 체커 프로그램의 맥락에서 제안했고,[421] 이후 서턴이 공식화했다.[482] Q 학습은 왓킨스Watkins가 [519]에서 제안했으며, 수렴 증명은 [520]에 나온다. [412]는 SARSA 알고리즘을 소개한다. [296, 349, 492, 493, 494]는 신경망을 강화 학습에 사용하는 초기 방법들을 논의한다. 백거먼 프로그램인 TD-Gammon에 관해서는 [492]를 보기 바란다.

　[335, 336]은 원본 픽셀들에 대한 합성곱 신경망을 이용해서 심층 Q 학습 알고리즘을 수행하는 시스템을 제안했다. [335]는 그 논문의 접근 방식을 우선순위 기반 일소

(prioritized sweeping)[343] 같은 잘 알려진 착안들로 개선할 수 있음을 제시했다. [337]은 다수의 에이전트로 학습을 수행하는 비동기 방법들을 논의한다. 여러 개의 비동기 스레드thread를 활용하면 한 스레드 안의 상관관계 문제를 피할 수 있으며, 따라서 학습이 더 품질 좋은 해로 수렴하게 된다. 이런 종류의 비동기 접근 방식이 경험 재현 기법 대신 흔히 쓰인다. [337]은 또한 n단계(1단계가 아니라)의 예견을 통해서 Q 가치들을 예측하는 n단계 기법도 제안했다.

Q 학습의 한 가지 단점은 특정 상황에서 동작들의 가치를 과대평가한다는 것이다. [174]는 이와 관련해서 Q 학습을 개선한 이중 Q 학습(double Q-learning) 방법을 제안했다. 원래의 Q 학습에서는 하나의 동작을 선택할 때와 평가할 때 동일한 가치들이 쓰인다. 그러나 이중 Q 학습에서는 두 경우의 가치들이 별개이다. 즉, 동작의 선택과 평가에 서로 다른 가치들을 사용한다. 그러면 과대평가 문제가 줄어든다. [428]은 자료가 희소한 상황에서 우선순위 기반 경험 재현을 이용해서 강화 학습의 성과를 개선하는 방법을 논의한다. 그런 접근 방식으로 아타리 게임에 대한 강화 학습 시스템의 성과를 크게 개선할 수 있었다.

최근에는 정책 기울기 방법이 Q 학습 방법보다 인기가 많다. [605]는 아타리 콘솔의 퐁Pong 게임에 정책 기울기 방법을 적용하는 문제를 재미있고도 간결하게 설명한다. 정책 기울기 방법을 위한 유한차분법의 초기 논의로는 [142, 355]가 있다. 정책 기울기 방법을 위한 가능도비 방법은 REINFORCE 알고리즘[533]에서 시작되었다. [484]는 이런 부류의 여러 알고리즘에 대한 분석 결과를 제공한다. 정책 기울기 방법은 [445]의 바둑 학습 시스템에 쓰였지만, 이 시스템은 정책 기울기 방법 외에도 다양한 요소로 구성되었다. [230]은 자연 정책 기울기 방법을 제안했다. 자연 정책 기울기 방법에 속하는 한 방법이 로봇의 이동 능력 학습에서 좋은 성과를 냈다.[432] [433]은 GAE(generalized advantage estimation; 일반 이익 추정)를 연속 보상과 함께 사용하는 문제를 논의한다. [432, 433]의 접근 방식들은 자연 정책 기울기 방법을 최적화에 사용하는데, 그러한 접근 방식을 TRPO(trust region policy optimization; 신뢰 영역 정책 최적화)라고 불렀다. 기본적으로 TRPO는 학습 과정에서 에이전트가 나쁜 동작을 선택하면 지도 학습에서보다 더 가혹한 벌점을 부여한다(가혹한 벌점을 부여하는 것은, 나쁜 동작이 수집된 자료의 품질을 더 나쁘게 만들기 때문이다). 즉, TRPO 방법은 켤레기울기와 2차 방법(제3장)에 가까우며, 결과적으로 갱신이 좋은 신뢰 영역에서 머무르는 경향이 생긴다. [162]는 행위자

-비평자 방법 같은 좀 더 구체적인 여러 강화 학습 방법들을 개괄한다.

몬테카를로 트리 검색은 [246]이 제안했다. 이후 몬테카를로 트리 검색은 바둑 시스템들에 쓰였다.[135, 346, 445, 446] [52]가 이런 방법들을 개괄한다. 알파고의 이후 버전들은 지도 학습 부분이 완전히 제거되었으며, 바둑뿐만 아니라 체스와 일본 장기에도 적용되었다. 이 버전들은 사전 지식 없이도 사람보다 더 나은 성과를 보였다.[446, 447] 알파고 접근 방식은 정책망, 몬테카를로 트리 검색, 합성곱 신경망 등 다양한 착안을 결합한다. 바둑에 합성곱 신경망을 활용하는 문제는 [73, 307, 481]에서 논의된 바 있다. 이런 방법 중에는 지도 학습을 이용해서 전문 바둑 기사를 흉내 내는 것들이 많다. *NeuroChess*[496], *KnightCap*[22], *Giraffe*[259] 등은 체스에 TD 학습 방법을 적용했지만, 합성곱 신경망을 이용한 시스템만큼 성공적이지는 않았다. 바둑이나 체스 같은 공간적 게임들을 위한 이런 여러 방법에 비한 알파제로만의 새로운(그리고 성공적인) 비결은 합성곱 신경망과 강화 학습을 결합했다는 것이다. [286, 432, 433]은 자기학습 로봇의 여러 훈련 방법을 제시한다. [291]은 대화 생성을 위한 심층 강습 학습 방법들을 개괄한다. [440, 508]은 지도 학습과 순환 신경망의 조합만으로 된 대화 모형들을 논의한다. 이번 장의 협상 챗봇에 관한 논의는 [290]에 나온다. 그리고 자율주행차에 관한 논의는 [46, 47]에 기초한 것이다. 자율주행차에 관한 MIT 강좌를 [612]에서 볼 수 있다. 강화 학습은 자연어 문장으로부터 구조적 질의문을 생성하거나[563] 다양한 과제를 위한 신경망 구조 자체를 학습하는 데에도 쓰였다.[19, 569]

강화 학습을 기존 심층 학습 모형을 개선하는 용도로 사용할 수도 있다. 이 경우 강화 학습은 주의(attention)[338, 540] 개념을 이용해서 학습 모형이 자료에서 주의를 기울여야 할 부분을 제시하는 역할을 맡는다. 이러한 주의 메커니즘은 자료의 상당 부분이 학습과는 무관할 때가 많으며, 자료의 특정 부분에 집중함으로써 학습 성과를 크게 개선할 수 있다는 착안에 기초한 것이다. 강화 학습은 학습에 유관한 부분을 선택하는 데 쓰인다. 주의 메커니즘은 제10장의 §10.2에서 논의한다. 이러한 응용 사례는 강화 학습이 보기보다 심층 학습에 좀 더 밀접하게 관련되어 있음을 보여준다.

9.10.1 소프트웨어와 실험 환경 정보

최근 강화 학습 알고리즘 설계 분야가 크게 발전하긴 했지만, 이번 장에서 논의한 방법들을 지원하는 상용 소프트웨어는 그리 많지 않다. 그렇긴 해도, 다양한 알고리즘을 실험해 볼 수 있는 소프트웨어 실험 환경들은 여럿 존재한다. 아마도 강화 학습 알고리즘들의 고품질 구현을 구할 수 있는 최고의 출처는 *OpenAI*의 *Baselines*[623]일 것이다. 그 외에 *TensorFlow*[624]와 *Keras*[625]도 강화 학습 알고리즘 구현들을 제공한다.

강화 학습 알고리즘의 개발과 시험을 위한 프레임워크들은 대부분 특정 종류의 강화 학습 설정에 특화되어 있다. 그중에는 빠른 속도가 요구되는 시험에 사용할 수 있는 가벼운 프레임워크들도 있다. 예를 들어 페이스북이 만든 ELF 프레임워크[498]는 실시간 전략(RTS) 게임을 위한 오픈소스 경량 강화 학습 프레임워크이다. *OpenAI Gym*[620]은 아타리 게임과 로봇 모의 실행을 위한 강화 학습 알고리즘 개발 환경을 제공한다. *OpenAI Universe*[621]를 이용하면 강화 학습 프로그램을 Gym 환경으로 변환할 수 있다. 예를 들어 자율주행차 모의 실행 프로그램들이 이 환경에 추가되었다. [25]는 아타리 게임용 에이전트 개발 환경인 *ALE*(Arcade Learning Enviroment)를 서술한다. Multi-Joint dynamics with Contact(접촉 있는 다관절 동역학)의 약자인 *MuJoCo*[609]는 로봇 모의 실행을 위한 물리 엔진이다. 이번 장에서 *MuJoCo*의 한 응용 사례를 소개했다. *ParlAI*[622]는 페이스북이 개발한 대화 생성 연구용 오픈소스 프레임워크로, 파이썬으로 구현되었다. 바이두Baidu는 자사의 자율주행차 프로젝트를 위한, *Apollo*[626]라는 이름의 오픈소스 플랫폼을 만들었다.

연습문제

1. 본문에 나온 가능도비 요령(식 9.24 참고)의 증명은 동작들이 이산적인 경우에 대한 것이었다. 그 증명을 연속값 동작들로 일반화하라.

2. 본문에서는 정책망이라고 부르는 신경망을 이용해서 정책 기울기 방법을 구현했다. 서로 다른 설정들에서 정책망 구조의 선택의 중요성을 논하라.

3. 각각 전구 100개로 구성된 슬롯머신 두 대가 있다고 하자. 슬롯머신을 가동하면 켜진 전구들과 꺼진 전구들의 패턴이 미리 정해진, 그러나 사용자는 알지 못하는 (그리고 아마도 슬롯머신마다 다른) 함수에 따라 변한다. 각 패턴의 보상 역시 사용자는 알지 못한다. 이러한 슬롯머신들에서 보상을 최대화하는 방법을 배우는 문제가 여러 팔 강도 문제보다 어려운 이유를 논하라. 안정 상태에서 시행당 평균 보상이 최대가 되도록 각 시행에서 슬롯머신을 최적으로 선택하는 방법을 배우는 심층 학습 시스템을 설계하라.

4. 잘 알려진 가위바위보 게임을 생각해 보자. 사람은 이전 수들의 역사를 이용해서 다음 수를 추측하곤 한다. Q 학습 방법이나 정책 기울기 방법으로 가위바위보 게임을 배울 수 있을까? 있다면 왜 가능할까? 에이전트와 상대한 사람이 세 수(가위, 바위, 보) 중 하나를 에이전트는 알지 못하는 어떤 함수에 따라 선택하는데, 그 함수는 양쪽의 이전 10수의 역사에 기초한 확률분포에서 하나의 수를 추출한다고 하자. 그런 상대방을 상대로 가위바위보 게임을 하는 방법을 배우는 심층 학습 방법을 고안하라. 잘 설계된 심층 학습을 이용하면 이 사람 플레이어를 이길 수 있을까? 평균적으로 심층 학습 에이전트보다 나은 성적을 내려면 사람 플레이어는 어떤 정책을 사용해야 할까?

5. 에이전트가 게임 종료 시 결과에 따라 $\{-1, 0, +1\}$ 중 하나를 보상으로 받는 틱택토 게임을 생각해 보자. 에이전트가 모든 상태의 가치를 배웠다고 할 때(두 플레이어 모두 최적의 방식으로 플레이했다고 가정), 게임 종료가 아닌 국면에서 상태의 가치가 0이 아닌 이유를 논하라. 그 이유가 게임 종료 시의 보상에 대한 중간 수들의 기여도 배정 문제에 어떤 통찰을 제공하는가?

6. 독자가 원하는 프로그래밍 언어와 프레임워크를 이용해서 틱택토 게임을 위한 Q 학습 시스템을 구현하라. 이 시스템은 사람과 틱택토 게임을 반복해서 모든 상태-동작 쌍의 가치를 배울 수 있어야 한다. 즉, 가치 추정 신경망은 사용하지 말고, 식 9.5로 구한 Q 가치들로 상태-동작 쌍 참조표를 완전히 채워야 한다. 처음에 참조표의 각 Q 가치를 0으로 초기화해도 된다.

7. 2단계 TD 오차는 다음과 같이 정의된다.

$$\delta_t^{(2)} = r_t + \gamma r_{t+1} + \gamma^2 V(s_{t+2}) - V(s_t)$$

(a) 이 2단계 오차를 이용하는 TD 학습 알고리즘을 제안하라.

(b) SARSA 같은 정책 내 n단계 학습 알고리즘을 제안하라. 해당 갱신 공식이 식 9.16을 $\lambda = 1$로 두어서 단순화한 형태임을 보여라. $n = \infty$일 때 어떤 일이 발생하는가?

(c) Q 학습 같은 정책 외 n단계 학습 알고리즘을 제안하고, (b)의 알고리즘에 비한 장단점을 논하라.

10

심층 학습의 고급 주제들

"성인(어른)의 정신을 흉내 내는 프로그램을 만들 게 아니라 아이의 정신을 흉내 내는 프로그램을 만드는 게 낫지 않을까? 그런 프로그램이 있다면, 적절한 교육 과정을 통해서 어른의 뇌를 얻을 수 있을 것이다."

— 앨런 튜링Alan Turing, 〈계산 기계와 지능〉

10.1 소개

이번 장에서는 이전 장들의 초점에 조금 벗어나거나, 해당 문맥에서 이야기하기에는 좀 복잡해서 따로 빼두는 것이 낫다고 판단한 심층 학습의 몇 가지 고급 주제들을 논의한다. 이번 장에서 논의할 주제들은 다음과 같다.

1. **주의 모형**: 의사결정의 순간에 사람은 환경에서 얻은 모든 정보를 능동적으로 사용하는 대신, 주어진 과제와 관련이 있는 특정 부분에 집중한다. 이러한 생물학적 개념을 **주의**(attention; 또는 주목)라고 부른다. 비슷한 원리를 인공지능에도 적용할 수 있다. 주의 메커니즘을 갖춘 학습 모형은 강화 학습(또는 다른 방법)을 이용해서 주어진 과제와 유관한 자료의 작은 부분에 집중한다. 최근 이런 접근 방식으로

학습의 성과를 개선한 사례들이 있었다.

2. **내부 메모리에 대한 선택적 접근**: 이런 방법을 이용하는 모형은 주의 메커니즘을 갖춘 모형과 비슷하나, 기본적으로 저장된 자료의 특정 부분에 초점을 둔다는 특성이 있다. 이는 사람이 어떤 과제를 수행할 때 과제에 도움이 되는 특정한 기억을 떠올리는 것과 비슷하다. 사람의 뇌에 있는 기억 세포들에는 방대한 양의 자료가 들어 있다. 마찬가지로, 현대적인 컴퓨터는 방대한 양의 메모리를 갖추고 있다. 그러나 컴퓨터 프로그램은 변수와 주소라는 개념을 이용해서 좀 더 선택적이고 제어된 방식으로 기억에 접근한다. 이를 간접적 **주소 접근**(addressing) 메커니즘이라고 부른다. 반면, 신경망의 모든 기억은 은닉 상태들로 존재할 뿐만 아니라 그 은닉 상태들이 신경망이 수행하는 계산과 밀접하게 통합되어 있어서 계산과 자료 접근을 분리하기가 어렵다. 신경망에도 신경망 내부 메모리의 읽기와 쓰기를 좀 더 선택적이고 명시적으로 제어하는 주소 접근 메커니즘을 도입할 수 있다. 그러면 신경망은 사람이 프로그래밍하는 방식과 좀 더 가까운 방식으로 계산을 수행하게 된다. 특히, 그런 신경망은 표본 외 자료에 대한 일반화 능력이 전통적인 신경망보다 뛰어날 때가 많다. 선택적 메모리 접근을, 일종의 주의를 신경망 메모리에 **내부적으로** 적용하는 것으로 생각할 수도 있다. 이런 접근 방식을 사용하는 신경망을 **기억망**(memory network) 또는 **신경 튜링 기계**(neural Turing machine)라고 부른다.

3. **생성 대립 신경망**: 흔히 GAN으로 줄여서 표기하는 생성 대립 신경망(generative adversarial network; 또는 생성적 적대 신경망)은 표본으로부터 자료의 생성 모형을 산출하도록 고안된 심층 신경망이다. GAN은 서로 대립하는 두 신경망을 이용해서 주어진 자료로부터 사실적인 모습의 표본들을 생성할 수 있다. 한 신경망은 생성자로 작용해서 하나의 견본을 합성하고, 다른 한 신경망은 판별자로 작용해서 생성자의 견본이 실제 자료에 있는 것인지 아니면 합성한 것인지 구분한다. 그 결과에 따라 둘을 갱신하는 과정을 거듭하면 생성자가 점점 개선되어서, 판별자가 더 이상 생성자가 제시한 견본을 실제 표본과 구분하지 못하는 지경에 이른다. 더 나아가서, 특정 종류의 문맥(이를테면 이미지 캡션)을 조건으로 제시함으로써 특정 종류의 바람직한 견본을 생성하는 쪽으로 생성자를 이끄는 것도 가능하다.

주의 메커니즘은 자료에서 주의를 기울여야 할 부분을 결정해야 하는데, 그것이 쉽지 않을 때가 많다. 이는 강화 학습 알고리즘에 요구되는 선택과 비슷하다. 실제로, 주의 기반 모형을 구축하는 방법 중에는 강화 학습에 크게 의존하는 것들도 있다. 따라서, 이번 장의 주의 메커니즘에 관한 논의를 읽기 전에 먼저 제9장의 내용을 숙지하길 강력히 권한다.

신경 튜링 기계는 기억망이라고 부르는 부류의 구조들과 밀접한 관련이 있다. 최근에는 이런 구조들이 질의응답 시스템의 구축에 유망하다는 점이 밝혀졌지만, 아직 주목할 만한 성과는 없다. 신경 튜링 기계의 구축은 인공지능이 아직 완전히 실현하지 못한 여러 능력으로 이어지는 하나의 관문에 해당한다. 신경망의 지난 역사에서 보듯이, 신경 튜링 기계의 잠재력이 실현되는 데에는 가용 자료량과 계산 능력의 증가가 큰 역할을 할 것이다.

이 책에서 논의한 심층 학습 방법들은 대부분 오차를 이용해서 신경망의 가중치들을 갱신한다는 개념에 기초한다. 이와는 전혀 다른 학습 방법으로 **경쟁 학습**(competitive learning)이 있다. 경쟁 학습에서는 뉴런들이 주어진 입력 자료의 한 부분집합에 반응할 권리를 두고 경쟁한다. 가중치들은 이 경쟁에서 이긴 뉴런에 기초해서 수정된다. 이런 접근 방식은 제6장에서 논의한 헵 학습의 한 변형으로, 군집화나 차원 축소, 압축 같은 비지도 학습 응용에 유용하다. 이런 학습 패러다임도 이번 장에서 논의한다.

이번 장의 구성

이번 장의 구성은 다음과 같다. 다음 절에서는 심층 학습의 주의 메커니즘을 논의한다. 주의 기반 방법 중 일부는 심층 학습 모형들과 밀접한 관련이 있다. §10.3에서는 외부 메모리를 이용해서 신경망을 증강하는 방법을 논의한다. §10.4에서는 생성 대립 신경망을 논의한다. §10.5에서는 경쟁 학습 방법들을 논의한다. §10.6에서는 신경망의 한계를 소개한다. §10.7은 이번 장의 내용을 요약한다.

10.2 주의 메커니즘

사람이 어떤 과제를 수행할 때, 주어진 모든 감각 입력을 활용하지는 않는다. 거리를 걸으면서 건물에 붙은 주소 명판을 보고 특정 건물을 찾는다고 하자. 이때 중요한 것은 주소 명판의 숫자들이다. 망막 전체에는 표지판을 포함한 좀 더 넓은 범위의 영상이 맺히지만, 이 상황에서 사람이 그 영상 전체에 주의를 기울이는 경우는 드물다. 망막에는 **황반**(macula)이라고 하는 작은 영역이 있고, 그 중심에는 **중심와**(fovea)라고 하는 더 작은 영역이 있다. 중심와는 망막의 다른 부분보다 해상도(분해능)가 훨씬 높다. 이 영역에는 색을 감지하는 원추세포가 **빽빽하게** 들어차 있다. 반면 중심와 바깥 부분은 해상도가 낮고, 주로는 색을 감지하지 않는 간상세포들로 채워져 있다. 눈의 여러 영역이 그림 10.1에 나와 있다. 주소 명판을 읽을 때 중심와는 숫자들에 **고정된다.** 숫자들의 영상은 대체로 황반에, 특히 중심와에 맺힌다. 사람은 이 시야 중심부 바깥의 물체들도 인식하지만, 세부 사항이 중요한 과제에서 그런 주변 영역의 정보는 거의 쓰이지 않는다. 중심와 영역은 망막 전체의 극히 일부분으로, 지름이 1.5mm밖에 되지 않는다. 사실상 뇌가 받아들이는 것은 이미지 전체의 0.5%에 못 미치는 작은 고해상도 버전이다. 세심하게 선택된 작은 고해상도 이미지만 전달하는 덕분에 뇌는 **주어진 당면 과제**를 더 적은 계산량으로 처리할 수 있다. 이는 생물학적으로 이득이 된다. 여기서는 직관적으로 이해하기 쉽다는 이유로 시각 입력에 대한 선택적 주의를 예로 들었지

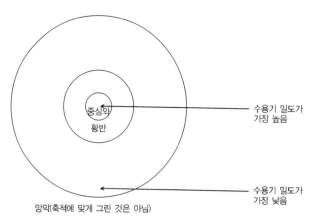

그림 10.1: 사람 눈의 여러 영역의 해상도. 눈에 또렷하게 보이는 부분은 대부분 중심와 부근에 맺힌다.

만, 이러한 선택성이 시각 입력에만 적용되는 것은 아니다. 청각이나 후각 등 인간의 다른 대부분의 감각도 주어진 상황에 맞게 특정 측면에 고도로 집중될 때가 많다. 이 점을 고려해서, 이번 절에서는 먼저 컴퓨터 시각의 맥락에서 주의 메커니즘을 설명한 후, 텍스트 같은 다른 영역들도 언급하겠다.

주의 메커니즘의 흥미로운 응용 사례로 **구글 스트리트 뷰**Google Street View의 이미지 갈무리 작업이 있다. 구글이 만든 구글 스트리트 뷰는 사용자가 세계 여러 나라의 다양한 거리를 웹에서 검색, 조회할 수 있는 시스템이다. 이런 종류의 검색을 위해서는 건물 사진과 해당 주소를 연관 지을 수 있어야 한다. 이미지 촬영 과정에서 사람이 주소 번호를 직접 입력하는 것도 한 방법이겠지만, 그보다는 이미지에 있는 주소 번호 자체를 인식하는 것이 더 효율적이다. 건물 전면을 찍은 커다란 이미지에서 도로명주소나 건물 번호에 해당하는 숫자들을 체계적으로 식별하려면 건물 번호가 있을 만한 작은 영역에 자동으로 초점을 맞추는 능력이 꼭 필요하다. 그런데 특별한 사전 지식 없이 이미지를 처음 보았을 때 그런 영역을 찾아내는 것은 거의 불가능하다. 따라서 여러 번 시도하면서 이전 시도에서 얻은 지식에 따라 영역을 점차 좁히는 반복적 접근 방식이 필요한데, 이 부분에 생명체의 작동 방식에서 얻은 영감이 유용하다. 생명체는 현재 눈에 들어온 장면에서 몇 가지 시각적 단서를 포착해서 **다음에 바라볼 지점**을 식별한다. 예를 들어 건물을 보다가 우연히 현관문 손잡이가 눈에 띄었다면, 우리는 지난 경험에 근거해서 그 위의 오른쪽이나 왼쪽에서 명판을 찾아본다. 이런 종류의 반복적 과정은 제9장에서 논의한 강화 학습 방법과 비슷하다. 즉, 주소 명판을 찾는 반복 과정을 이전 반복 단계의 시각적 단서에 기초해서 초점 영역을 이동함으로써 **보상을 최대화**하려는 과정으로 볼 수 있다. 차차 보겠지만, 실제로 주의 메커니즘과 강화 학습을 결합한 응용 사례가 많이 있다.

주의 개념은 우리가 찾으려는 정보가 긴 텍스트 안에 숨어 있는 자연어 처리 분야에도 잘 맞는다. 문장 전체를 순환 신경망을 이용해서 고정 길이 벡터로 부호화하는 기계 번역이나 질의응답 시스템(제7장의 §7.7.2 참고)에서 그런 상황이 흔히 발생한다. 그런 순환 신경망은 임의의 길이의 문장을 고정된 길이의 벡터로 부호화하기 때문에, 원본 문장에서 대상 문장으로 번역해야 할 적절한 부분에 초점을 맞추지 못할 때가 많다. 그런 경우, 번역 과정에서 대상 문장을 원본 문장의 적절한 부분과 일치시키는 것이 이득이 된다. 대상 문장의 특정 부분을 생성하기에 '적절한 부분'을 찾는 데 유용한 것이 바로 주의 메커니즘이다. 이 예는 주의 메커니즘이 반드시 강화 학습과 결합하는 것은 아님을 잘 보여준다. 사실 자연어 처리에서 주의 메커니즘들은 대부분 강화 학습과 함께 쓰이는 것이 아니라, 입력의 특정 부분을 좀 더 유연한 방식으로 강조하는 데 쓰인다.

10.2.1 시각적 주의의 순환 모형

시각적 주의의 순환 모형[338]은 강화 학습을 이용해서 이미지의 중요한 부분을 식별한다. 이러한 시스템의 핵심은, 특정 위치를 중심으로 한 이미지의 특정 영역만 해상도가 높다는 특성을 가진 (비교적 간단한) 신경망을 사용하는 것이다. 학습이 진행되면서 어떤 부분이 더 중요한지가 달라질 수 있으므로, 그러한 초점 영역도 점차 달라질 수 있다. 주어진 한 시각에서 특정 위치를 선택하는 것을 가리켜 **일별**(glimpse; 또는 일견)이라고 칭한다. 이 시스템은 순환 신경망을 각 시각에서 특정 위치를 식별하는 제어기로 사용한다. 이 순환 신경망은 이전 시각의 일별 결과를 입력받아서 좀 더 나은 위치를 일별한다. [338]에 따르면, 간단한 신경망('일별망'이라고 부르는)과 강화 학습 기반 훈련의 조합으로 분류용 합성곱 신경망보다 나은 성과를 얻을 수 있다.

여기시는 이미지가 부분적으로만 관측될 수 있으며 관측되는 부분이 시각 t에 따라 다를 수 있는 동적인 설정을 살펴본다. 이는 실제 응용에서 흔히 마주치는 일반적인 설정이다. 그러나 경우에 따라서는 이미지 $\overline{X}_t$가 시간에 따라 변하지 않는 좀 더 특화된 설정도 있을 수 있다. 시스템의 전체 구조를 신경망의 개별 부분들을 일종의 블랙박스로 취급해서 모듈식으로 서술할 수 있다. 시스템은 다음과 같은 모듈들로 구성된다.

1. **일별 감지기**: 주어진 이미지 표현 $\overline{X}_t$에 대해 일별 감지기(glimpse sensor)는 이미지의 망막 비슷한 표현을 생성한다. 개념적으로, 이 일별 감지기가 이미지 전체에는 접근하지 못하며(대역폭 제약 때문에), 전체 이미지 중 위치 l_{t-1}을 중심으로 한 작은 고해상도 부분에만 접근할 수 있다고 가정한다. 이는 사람의 눈이 세상을 보는 방식과 비슷하다. 해당 초점 영역 안의 각 지점의 해상도는 일별 위치 l_{t-1}에서 멀수록 낮다. 이러한 이미지의 축소된 표현을 $\rho(\overline{X}_t, l_{t-1})$로 표기하자. 다수의 일별 감지기(그림 10.2의 왼쪽 위)가 모여서, 다음 항목에서 설명하는 일별망을 구성한다.

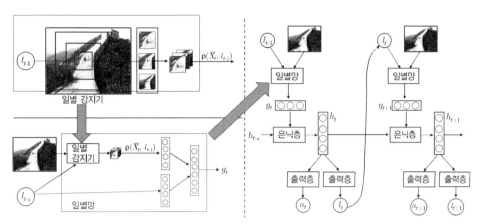

그림 10.2: 시각적 주의를 활용하는 순환 구조

2. **일별망:** 여러 일별 감지기로 이루어진 일별망(glimpse network)은 일별 위치 l_{t-1}과 일별 표현 $\rho(\overline{X}_t, l_{t-1})$을 선형층들을 이용해서 은닉 공간으로 부호화한다. 그런 다음 또 다른 선형층을 이용해서 일별 위치와 일별 표현을 하나의 은닉 표현으로 결합한다. 그 결과인 g_t가 순환 신경망의 시각 t에 대한 은닉층(t번째 시간층)에 입력된다. 일별망은 그림 10.2의 왼쪽 아래에 나와 있다.

3. **순환 신경망:** 순환 신경망은 이 시스템의 주된 신경망으로, 각 시각의 동작(보상을 얻기 위한)을 출력하는 역할을 한다. 앞의 일별망은 이 순환 신경망에 포함되며, 따라서 일별 감지기들 역시 순환 신경망에 포함된다. 시각 t에서 순환 신경망이 출력한 동작을 a_t라고 하자. 그러한 각 동작에는 보상이 연관되는데, 가장 간단한 형태에서 이 보상은 어떤 대상의 분류명이다. 구글 스트리트 뷰의 예라면 하나의 숫자가 보상이다. 순환 신경망은 위치 l_t(다음 시각에서 일별망이 초점을 둘)도 출력한다. 동작 출력은 동작 a_t가 선택될 확률을 뜻하는 $\pi(a_t)$의 형태인데, 이 확률은 정책망에 흔히 쓰이는(제9장의 그림 9.6 참고) 소프트맥스 함수로 구한다. 순환 신경망의 훈련은 REINFORCE 알고리즘의 목적함수를 이용해서 시간에 따른 기대 보상을 최대화하는 방식으로 진행한다. 각 동작의 보상은 $\log(\pi(a_t))$에 그 동작의 이익(advantage)을 곱한 것이다(제9장의 §9.5.2 참고). 따라서, 전체적으로 이 시스템은 강화 학습 방법을 이용해서 주의 위치와 동작 출력을 동시에 학습하는 것이라 할 수 있다. 여기서 주목할 점은, 이 순환 신경망이 동작들의 역사를 은닉 상태

h_t들로 부호화한다는 것이다. 이 순환 신경망의 전체 구조가 그림 10.2의 오른쪽에 나와 있다. 일별망이 순환 신경망의 일부임을 주목하기 바란다. 순환 신경망은 이미지의 일별 표현(즉, 장면의 현재 상태)을 이용해서 각 시각의 계산을 수행한다.

이런 응용에서 순환 신경망이 유용하긴 하지만, 반드시 순환 신경망을 사용해야 하는 것은 아니라는 점도 기억하기 바란다.

강화 학습

이 접근 방식은 강화 학습 방법에 속하므로, 그 어떤 시각적 강화 학습 과제(특정 목표를 달성하기 위해 로봇이 동작을 선택하는 등의)에도 통상적인 이미지 인식 또는 분류 기법 대신 적용할 수 있다. 그렇긴 하지만, 지도 학습은 이 접근 방식의 간단한 특수 사례이다.

동작 a_t를 선택하는 것은 소프트맥스 예측값을 이용해서 분류명을 선택하는 것에 해당한다. 시각 t에서 동작 a_t의 보상 r_t는, 만일 해당 분류가 옳았다면(동작에서 롤아웃을 수행해서 판정) 1, 그렇지 않으면 0이다. 시각 t의 전체 보상 R_t는 이후 시각들에 대한 모든 할인된 보상의 합이다. 물론 구체적인 동작은 응용에 따라 다를 수 있다. 예를 들어 이미지 캡션 생성 문제라면 동작은 캡션의 다음 단어를 선택하는 것에 해당할 것이다.

이 시스템의 훈련은 제9장의 §9.5.2에서 논의한 방식과 비슷하다. 시각 t의 기대 보상의 기울기는 다음과 같이 주어진다.

$$\nabla E[R_t] = R_t \nabla \log(\pi(a_t)) \tag{10.1}$$

이 기울기와 정책 롤아웃을 이용해서 순환 신경망에 대해 역전파를 수행한다. 가능한 동작이 여러 개이므로 여러 번의 롤아웃이 필요하다. 따라서 모든 동작(또는 동작들의 한 미니배치)에 대한 기울기들을 더해서 최종적인 상승 방향을 구해야 한다. 정책 기울기 방법에서 흔히 하듯이, 분산을 줄이기 위해 보상에서 기준 가치를 뺀다. 각 시각에서 출력은 분류명이므로, 한 갱신에 일별이 많이 쓰일수록 정확도가 높아진다. 자료의 종류에 따라 여섯에서 여덟 개의 일별들을 사용하면 꽤 좋은 성과를 얻을 수 있다.

10.2.1.1 이미지 캡션 생성에 응용

여기서는 앞에서 논의한 시각적 주의 접근 방식을 이미지 캡션 생성에 응용하는 문제를 살펴본다. 이미지 캡션 생성 자체는 제7장의 §7.7.1에서 논의했다. 순환 신경망을 이용한 보통의 이미지 캡션 생성에서는 전체 이미지의 특징 표현 $\bar{v}$를 순환 신경망의 첫 시간층에 입력한다. 전체 이미지의 특징 표현은 캡션 생성 시작 시점에서 첫 시간층에 대한 입력으로만 쓰인다. 그러나 지금 예에서는 주의 메커니즘을 이용해서, 전체 이미지 중 다음에 생성할 단어에 해당하는 영역에만 초점을 두려고 한다. 따라서 각 시간층에 대해 서로 다른 주의 중심적 입력들을 제공하는 것이 바람직하다. 예를 들어 주어진 이미지의 캡션이 다음과 같다고 하자.

"Bird flying during sunset."

주의 메커니즘은 단어 *"flying"*을 생성할 때는 새의 날개에 해당하는 이미지 영역을 찾아야 하고, *"sunset"*을 생성할 때는 저무는 해에 해당하는 영역을 찾아야 한다. 즉, 순환 신경망의 각 시간층은 해당 일별 영역의 표현을 입력받아서 해당 단어를 출력해야 한다. 또한, 각 시간층은 다음 시간층이 초점을 둘 일별 위치도 출력해야 한다.

이러한 접근 방식을 그냥 10.2에 나온 구조로도 구현할 수 있음을 주목하기 바란다. 이 경우 각 시각의 동작 선택은 캡션 단어를 예측하는 것에 해당한다. 물론 각 시각에서는 다음 시각에서 초점을 둘 일별 위치 l_t도 산출해야 한다. 그러나 여기서는 [540]에 나온, 앞에서와 같은 접근 방식을 따르되 좀 더 복잡한 문제를 풀 수 있도록 여러 부분을 수정한 시스템을 소개하겠다. 이 시스템의 전반적인 구조가 그림 10.3에 나와 있다. 첫째로, 이 시스템의 일별망은 좀 더 복잡한 합성곱 연산을 이용해서 14×14 특징 맵을 산출한다. 이 일별망은 각 시각에서 하나의 일별 감지기가 제공한 이미지의

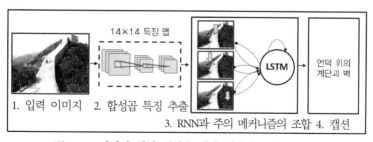

그림 10.3: 이미지 캡션 생성을 위한 시각적 주의 메커니즘

일별 표현을 입력받는 대신, 이미지를 서로 다른 방식으로 전처리한 L개의 버전을 입력받는다. 각 전처리 버전은 서로 다른 위치를 초점으로 두어서 얻은 것이며, 주의 메커니즘은 전처리에 쓰인 그 위치 중에서 하나를 확률적으로 선택한다. 순환 신경망의 $(t-1)$번째 시간층은 다음 시각에 쓰일 하나의 일별 위치 l_t를 산출하는 대신, 전처리 버전들에 쓰인 위치 L개가 선택될 각각의 확률들을 담은 길이 L의 확률 벡터 $\overline{\alpha}_t$를 산출한다. 엄격한(hard) 주의 모형에서는 L개의 위치 중 하나를 확률 벡터 $\overline{\alpha}_t$를 이용해서 추출하고, 그 위치에 해당하는 전처리 버전을 다음 시각에서의 순환 신경망 은닉 상태 h_t의 입력으로 제공한다. 다른 말로 하면, 이 시스템은 분류를 위한 순환 주의 모형의 일별망을 확률적 표집 메커니즘으로 대체한 것이라 할 수 있다. 한편 유연한 (soft) 주의 모형에서는 $\overline{\alpha}_t$의 성분들을 일종의 가중치로 취급해서, L개의 표현을 가중 평균한 결과를 다음 시간층의 입력으로 제공한다. 유연한 주의 모형의 훈련에는 그냥 보통의 역전파를 사용하면 되고, 엄격한 주의 모형에서는 REINFORCE 알고리즘(제9장의 §9.5.2 참고)을 사용한다. 두 경우 모두의 좀 더 자세한 사항이 [540]에 나와 있다.

10.2.2 기계 번역을 위한 주의 메커니즘

제7장의 §7.7.2에서 논의했듯이 기계 번역에는 순환 신경망이 자주 쓰이는데, 특히 장단기 기억(LSTM) 방식의 순환 신경망 구현이 흔히 쓰인다. 이번 절에서는 모든 종류의 순환 신경망에 대응되는 일반적인 표기법을 사용하지만, 실제 응용에서는 거의 항상 LSTM이 쓰인다는 점도 기억하기 바란다. 논의와 표현의 간결함을 위해 여기서는 단층 순환 신경망을 예로 든다. 실제 응용에서는 다층 구조가 쓰이지만, 이번 절의 단순화된 논의를 다층 구조로 일반화하는 것은 그리 어렵지 않다. 기계 번역을 위한 신경망에 주의 메커니즘을 도입하는 방법은 여러 가지이다. 여기서는 루옹^{Luong} 외의 [302]에 나온 방법을 소개한다. 이 방법은 바다나우^{Bahdanau} 외의 [18]에 제안된 원래의 메커니즘을 개선한 것이다.

이 방법은 제7장의 §7.7.2에서 논의한 구조에 기초한다. 독자의 편의를 위해 §7.7.2에 나온 신경망 구조도를 그림 10.4(a)에 다시 표시해 두었다. 전체 시스템은 순환 신경망 두 개로 구성되는데, 하나는 원본 언어의 문장을 고정 길이 표현으로 부호화하고 다른 하나는 그 표현을 대상 언어의 문장으로 복호화한다. §7.7.2에서처럼, 원본 RNN과 대상 RNN의 은닉 상태들을 각각 $h_t^{(1)}$과 $h_t^{(2)}$로 표기한다. $h_t^{(1)}$은 원본 문장의 t번째 단어의 은닉 상태에 해당하고, $h_t^{(2)}$는 대상 문장의 t번째 단어의 은닉 상태에 해당한다.

이 시스템은 은닉 상태 $h_t^{(2)}$를 **주의층**(attention layer)으로 처리해서 좀 더 개선된 상태 $H_t^{(2)}$를 만든다. 주의층은 원본 은닉 상태들의 문맥 정보를 대상 은닉 상태들에 추가해서 대상 은닉 상태들을 좀 더 개선하는 역할을 한다.

이러한 주의 기반 처리를 위해서는 현재 처리 중인 대상 은닉 상태 $h_t^{(2)}$와 가까운 원본 표현을 구해야 한다. 이를 위해, 원본 벡터들의 유사도(similarity) 기반 가중 평균으로 하나의 문맥(context) 벡터 $\bar{c}_t$를 만든다.

$$\bar{c}_t = \frac{\sum_{j=1}^{T_s} \exp(\bar{h}_j^{(1)} \cdot \bar{h}_t^{(2)}) \bar{h}_j^{(1)}}{\sum_{j=1}^{T_s} \exp(\bar{h}_j^{(1)} \cdot \bar{h}_t^{(2)})} \tag{10.2}$$

여기서 T_s는 원본 문장의 길이이다. 이 문맥 벡터 계산 공식은 [18, 302]에 나온 여러 문맥 벡터 계산 공식 중 가장 단순한 것에 해당한다. 이 공식 말고도 여러 대안이 있는데, 일부는 매개변수화된 형태이다. 이러한 가중(weighting) 계산을, 대상 단어 t에 대한 원본 단어 s의 중요도를 뜻하는 다음과 같은 **주의 변수**(attention variable) $a(t,s)$의 관점에서 표현할 수 있다.

$$a(t,s) = \frac{\exp(\bar{h}_s^{(1)} \cdot \bar{h}_t^{(2)})}{\sum_{j=1}^{T_s} \exp(\bar{h}_j^{(1)} \cdot \bar{h}_t^{(2)})} \tag{10.3}$$

이러한 주의 변수들의 벡터 $[a(t,1),\, a(t,2),\, \dots a(t,T_s)]$를 $\bar{a}_t$로 표기하기로 하자. 이 주의 벡터는 대상 단어 t에 고유한 것이다. 이 벡터를 그 합이 1인 확률 가중치들의 집합으로 간주할 수 있으며, 이 벡터의 길이는 원본 문장 길이 T_s에 의존한다. 식 10.2는 이 벡터의 성분들을 가중치로 하는 원본 은닉 벡터들의 가중합에 해당한다. 즉, $a(t,s)$는 대상 단어 t에 대한 원본 단어 s의 주의 가중치(attention-weighted sum)이며, 식 10.2는 이 주의 가중치들을 이용해서 원본 은닉 상태들의 가중합을 계산한다. 따라서 식 10.2를 다음과 같은 형태로 표현할 수 있다.

$$\overline{c}_t = \sum_{j=1}^{T_s} a(t,j) \overline{h}_j^{(1)} \tag{10.4}$$

본질적으로 이 접근 방식은 현재 대상 은닉 상태와 가장 유관한 원본 은닉 상태의 문맥 표현을 식별한다. 원본 은닉 상태들과 대상 은닉 상태들의 내적 유사도로 정의되는 유관성의 정도는 주의 벡터에 이미 반영되어 있다. 정리하자면, 문맥 정보와 원래의

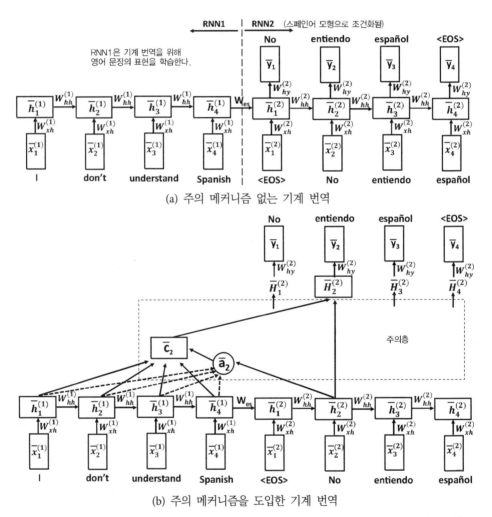

(a) 주의 메커니즘 없는 기계 번역

(b) 주의 메커니즘을 도입한 기계 번역

그림 10.4: (a)의 신경망 구조는 제7장의 그림 7.10에 나온 것과 동일하다. (b)는 거기에 주의층을 하나 추가한 구조이다.

대상 은닉 상태를 결합해서 새 은닉 상태 $H_t^{(2)}$를 만드는 공식은 다음과 같다.

$$\overline{H}_t^{(2)} = \tanh\left(W_c \begin{bmatrix} \overline{c}_t \\ \overline{h}_t^2 \end{bmatrix} \right) \qquad (10.5)$$

이 새 은닉 표현 $\overline{H}_t^{(2)}$를 구한 다음에는 이것을 원래의 은닉 표현 $\overline{h}_t^{(2)}$ 대신 사용해서 예측을 수행한다. 이런 방식으로 주의 메커니즘을 도입한 전체 구조가 그림 10.4(b)에 나와 있다. 이 구조는 그림 10.4(a)의 구조에 주의층을 추가한 형태임을 주목하기 바란다. [302]는 이 모형을 **전역 주의 모형**(global attention model)이라고 불렀다. 원본 단어 중 대상 단어와 가장 유관한 하나만 선택하는 것이 아니라 모든 원본 단어의 확률적 가중 계산으로 결과를 산출한다는 점에서, 이 모형은 **유연한** 주의 모형에 해당한다. 원논문 [302]는 이와는 다른 **국소**(local) 모형도 하나 논의하는데, 그 모형은 대상 단어의 유관성을 엄격하게(hard) 판정한다. 그 모형의 자세한 사항은 [302]를 보기 바란다.

개선 방법

이상의 기본적인 주의 모형을 다양한 방식으로 개선할 수 있다. 첫째로, 주의 벡터 $\overline{a}_t$를 식 10.3에서처럼 $\overline{h}_t^{(1)}$과 $\overline{h}_s^{(2)}$의 내적에 대한 지수함수(exp)로 계산하는 방법이 있다. 이 내적을 **점수**(score)라고 부르기도 한다. 사실 실제 번역에서, 원본 문장과 대상 문장에서 비슷한 위치에 있는 단어들의 은닉 상태들이 서로 비슷해야 할 이유는 없다. 심지어, 원본 RNN의 은닉 표현과 대상 RNN의 은닉 표현의 차원이 같아야 하는 것도 아니다(비록 실제 응용에서는 차원을 같게 둘 때가 많지만). 어쨌거나, [302]에 따르면 이러한 내적 기반 유사도 점수 계산 방식이 전역 주의 모형에 아주 잘 맞으며, 매개변수화된 다른 어떤 대안보다도 나은 성과를 낸다. 이런 간단한 접근 방식이 좋은 성과를 내는 것은 모형에 대한 정칙화 효과 때문일 수도 있다. 국소 모형(여기서는 자세히 이야기하지 않은)에서는 매개변수화된 다른 유사도 점수 계산 방식들이 더 나은 성과를 냈다.

유사도 점수를 다른 방식으로 계산하는 모형들은 대부분 매개변수를 이용해서 계산을 정칙화한다. 그러한 정칙화는 원본 위치 및 대상 위치와 관련해서 추가적인 유연성을 제공한다. 다음은 점수를 계산하는 세 가지 방법이다.

$$
\text{Score}(t,s) = \begin{cases} \overline{h}_s^{(1)} \cdot \overline{h}_t^2 & \text{내적} \\ (\overline{h}_t^{(2)})^T W_a \overline{h}_s^{(1)} & \text{일반: 매개변수 행렬 } W_a \\ \overline{v}_a^T \tanh\left(W_a \begin{bmatrix} \overline{h}_s^{(1)} \\ \overline{h}_t^{(2)} \end{bmatrix} \right) & \text{연결: 매개변수 행렬 } W_a \text{와 벡터 } \overline{v}_a \end{cases} \tag{10.6}
$$

첫 방법은 앞에서 이야기한, 식 10.3에 따라 점수를 계산하는 내적 기반 계산 방식이다. 나머지 둘은 각각 **일반**(general) 방식과 **연결**(concatenation) 방식이라고 부른다. 이 둘은 매개변수화된 형태인데, 매개변수로 쓰이는 가중치 행렬과 벡터를 식 10.6에 표시해 두었다. 유사도 점수들을 계산한 후에는 주의 값들을 내적 방식과 비슷한 방식으로 계산한다.

$$
a(t,s) = \frac{\exp(\text{Score}(t,s))}{\displaystyle\sum_{j=1}^{T_s} \exp(\text{Score}(t,j))} \tag{10.7}
$$

이 주의 변수 값들 역시 내적 유사도 점수의 경우와 비슷한 방식으로 쓰인다. 매개변수 W_a와 $\overline{v}_a$는 훈련을 통해서 배워야 한다. **연결** 방식은 더 이전의 논문 [18]이 제안했으며, **일반** 방식은 엄격한 주의 모형에서 잘 작동하는 것으로 보인다.

지금까지 이야기한 모형(루옹 외의 [302]에 나온)과 바다나우 외의 [18]에 나온 모형은 여러 면에서 다르다. 여기서 이 모형을 예로 든 것은 이것이 더 단순하고 기본 개념들을 좀 더 직접적으로 말해주기 때문이다. 또한, [302]의 실험 결과에 따르면 이 모형이 성과도 더 좋다. 두 모형은 신경망 설계 측면에서도 차이가 있는데, 이 모형은 단방향 순환 신경망을 사용하지만 [18]에는 양방향 순환 신경망의 용법이 강조되어 있다.

이전 절의 이미지 캡션 생성 응용과는 달리 기계 번역 접근 방식은 유연한 주의 모형에 해당한다. 엄격한 주의 모형이 강화 학습의 본성에 좀 더 잘 맞지만, 유연한 주의 모형은 미분 가능이기 때문에 역전파를 적용하기 쉽다는 장점이 있다. [302]는 또한 문맥의 작은 구간에 집중하는 국소 주의 메커니즘도 제안했다. 그런 접근 방식은 엄격한 주의 메커니즘($10.2.1에서 논의한, 이미지의 작은 영역에 집중하는)과 비슷한 면이 있다. 그러나 국소 주의 메커니즘은 주의 메커니즘이 산출한 중요도들의 가중합을 이용해서 문장의 더 작은 부분에 집중하므로, 전적으로 엄격한 접근 방식은 아니다. 이런 접근 방식에서는 강화 학습에 따르는 훈련상의 어려움 없이도 국소 주의 메커니즘을 구현할 수 있다.

10.3 외부 메모리가 있는 신경망

최근 몇 년 사이에는 **지속성 기억**(persistent memory)으로 신경망을 증강한 구조들이 여럿 제안되었다. 그런 구조에서는 기억과 계산이 명시적으로 분리되며, 계산 부분이 특정 기억 장소에 선택적으로 접근해서 기억 내용을 수정할 수 있다. 제7장에서 논의한 LTSM도 지속성 기억을 가진다고 할 수 있지만, 계산과 기억이 명확히 분리되지는 않는다. 이는 그런 신경망의 계산이 은닉 상태들과 밀접히 통합되며, 계산을 위한 중간 결과들('기억')이 은닉 상태들 자체에 저장되기 때문이다.

신경망 튜링 기계는 **외부 메모리**(external memory)를 갖춘 신경망이다. 신경 튜링 기계의 기본 신경망은 외부 메모리(기억 저장소)를 읽거나 쓸 수 있으며, 따라서 계산 과정을 이끄는 하나의 제어기 역할을 한다. LSTM을 제외할 때, 대부분의 신경망에는 오랜 시간 유지되는 지속적인 기억이라는 개념이 없다. 사실 전통적인 신경망(LSTM도 포함)에서는 계산과 기억이 명확하게 분리되지 않는다. 지속성 기억을 읽고 쓰는 능력과 계산과 기억의 명확한 분리를 결합함으로써, 신경망을 입력과 출력의 견본들을 통해서 임의의 알고리즘을 실행할 수 있는 **프로그램 가능 컴퓨터**(programmable computer)로 사용할 수 있게 된다. **신경 튜링 기계**[158] 및 그와 밀접히 연관된 **미분 가능 신경 컴퓨터**(differentiable neural computer)[159]와 **기억망**[528]은 그러한 착안에서 비롯된 것이다.

입력과 출력의 견본(exmaple; 또는 사례)들로부터 배우는 것이 왜 유용할까? 거의 모든 범용 인공지능에 깔린 가정은, 비록 생명체의 행동을 결정하는 구체적인 알고리즘이나 함수를 정확하게 파악할 수는 없지만, 대신 생명체의 입력(감각 입력 등)과 출력(동작 등) 견본들을 통해서 그러한 알고리즘이나 함수를 최대한 배워서 생명체의 행동을 흉내 낼 수 있다는 것이다. 견본 기반 학습의 어려움을 이해하는 데 도움이 되도록, 정렬(sorting) 알고리즘을 신경망으로 구현하는 예를 살펴보기로 하자. 정렬 문제의 정의와 알고리즘들은 이미 잘 알려져 있지만, 여기서는 그러한 정의와 알고리즘을 알지 못한다고 가정한다. 즉, 정렬을 위한 신경망이 정렬이라는 것이 무엇인지 모르는 상태에서 출발한다고 하자. 신경망에게는 입력(정렬되지 않은 수열)과 출력(정렬된 수열)의 견본들만 주어진다.

10.3.1 가상 정렬 게임

알려진 정렬 알고리즘(빠른정렬[quicksort] 등)을 이용해서 일단의 수들을 정렬하는 것은 간단한 문제이지만, 정렬에 관해 아무것도 모르는 상태에서 신경망이 유효한 정렬 알고리즘을 배우는 것은 어려운 문제이다. 신경망에는 정렬되지 않은 수열(입력)과 정렬된 수열(출력)로 이루어진 훈련 **견본**들만 주어진다. 신경망은 임의의 주어진 입력 수열을 견본들에서 배운 것이 반영된 출력으로 변환하는 **일련의 동작들**을 자동으로 배워야 한다. 정렬 문제의 경우 구체적인 목표는, 미리 정의된 특정한 동작들로 정렬된 훈련 견본들로부터 정렬 방법을 배우는 것이다. 이는 입력과 출력의 형식(이를테면 픽셀, 음향 파형 등)에 제한이 거의 없는, 그리고 목표는 일련의 **동작**들을 통해서 입력을 출력으로 변환하는 방법을 배우는 것인, 기계 학습에 대한 일반화된 관점에 해당한다. 정렬 문제에서 그런 동작들은 정렬 알고리즘이 수행할 수 있는 기본적인 연산들이다. 이러한 동작 주도적 접근 방식이 제9장에서 논의한 강화 학습 방법론과 밀접하게 관련된 것임은 더 말할 필요가 없을 것이다.

간결함을 위해 여기서는 네 개의 수로 이루어진 수열만 정렬한다고 하겠다. 그리고 이 문제를 제9장에서 자주 사용한 비디오 게임 설정으로 변환해서, 에이전트가 가상

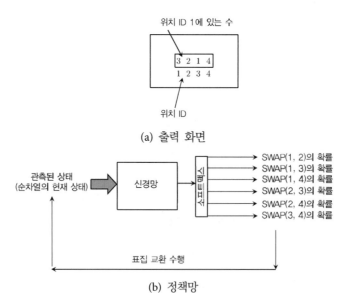

그림 10.5: 가상 정렬 게임의 출력 화면과 정렬 알고리즘 학습을 위한 정책망

의 '정렬 게임'을 플레이하는 방법을 배운다고 하자. 그림 10.5(a)에서 보듯이 이 가상 정렬 게임의 화면은 현재까지 정렬된 수(값)들과 수 위치들을 보여준다. 에이전트(게임 플레이어)가 할 수 있는 동작은 특정 위치의 두 수를 교환(swap)하는 것이다. 위치 i와 j의 수들을 교환하는 동작을 $\mathrm{SWAP}(i,j)$로 표기하자. i와 j로 가능한 값이 각각 4이므로, 가능한 동작의 수는 총 $\binom{4}{2} = 6$이다. 이 가상 비디오 게임의 목표는 교환을 최소한의 횟수로만 수행해서 수들을 정렬하는 것이다. 에이전트가 적절한 순서로 수들을 교환해서 수들을 정렬하는 방법을 배운다면, 하나의 유효한 정렬 알고리즘을 배운 셈이 된다. 에이전트에게는 그 어떤 사전 지식도, 심지어 수들을 정렬하는 것이 목표라는 사실도 제공하지 않는다. 에이전트는 정렬되지 않은 수열을 정렬된 수열로 변환하는 정책을 입력과 출력의 견본들만으로 배워야 한다. 더 나아가서, 에이전트는 입력에 대한 자신의 출력을 보지 못하며, 단지 교환들이 적절해서 출력이 정답(정렬된 수열)과 가까우면 그에 대한 보상을 받을 뿐이다.

이러한 설정은 제9장에서 논의한 아타리 비디오 게임 설정과 거의 동일하다. 예를 들어 제9장에서 이야기한 정책망을 거의 그대로 사용할 수 있는데, 지금 예에서 정책 망의 입력은 현재의 수열(수 네 개)이고 출력은 여섯 동작 각각의 확률이다. 그러한 정책망의 구조가 그림 10.5(b)에 나와 있다. 이 구조를 제9장의 그림 9.6에 나온 정책망과 비교해 보기 바란다. 지금 예에서 각 동작의 이익은 발견법적인 방식으로 모형화할 수 있는데, 구체적인 방법은 다양하다. 간단하게는, T개의 교환 동작들로 정책을 롤아웃해서, 만일 수들이 제대로 정렬되면 보상을 $+1$로 설정하고 그렇지 않으면 -1로 설정할 수도 있다. T를 작게 잡으면 속도가 빨라지지만 대신 정확도는 낮아진다. 아니면, 일련의 동작들을 적용한 결과가 알려진 출력(정렬된 수열)과 얼마나 가까워졌는 가에 따라 보상을 계산하는 방식의 좀 더 정교한 보상 함수를 정의할 수도 있다.

이 문제에 정책 기울기 방법을 적용하려면, 동작 $a = \mathrm{SWAP}(i,j)$의 기대 이익을 목적함수 J_a로 두면 된다. 제9장의 §9.5에서 설명했듯이, 동작 a의 확률이 $\pi(a)$(신경망 소프트맥스 함수의 출력)이고 이익이 $F(a)$라고 할 때, 정책망의 매개변수들에 대한 이 기대 이익의 기울기는 다음과 같이 주어진다.

$$\nabla J_a = F(a) \cdot \nabla \log(\pi(a)) \tag{10.8}$$

훈련 과정에서는 여러 롤아웃의 동작들로 이루어진 미니배치에 대해 이 기울기를 누적(합산)하고, 그 결과로 정책망의 가중치들을 갱신한다. 이상의 예에서 보았듯이, 강화 학습을 이용하면 신경망이 견본들로부터 알고리즘을 배우게 할 수 있다.

10.3.1.1 교환 연산을 메모리 연산으로 구현

앞에서 설명한 가상 정렬 비디오 게임을, 외부 메모리를 읽고 쓰는 능력을 가진 신경망으로 구현할 수도 있다. 이 경우에는 메모리 읽기/쓰기를 최소한으로만 수행해서 수열을 정렬하는 것이 목표이다. 이 문제를 수열의 정렬 상태를 외부 메모리에서 관리하고, 수들의 교환 역시 외부 메모리의 추가 공간에서 수행하는 식으로 풀 수 있다. 차차 보겠지만 교환 동작을 메모리 읽기/쓰기로 손쉽게 구현할 수 있다. 그리고 순환 신경망은 한 시각에서 다음 시각으로 상태들을 복사하는 능력을 가지고 있다. $SWAP(i, j)$를 메모리 읽기/쓰기로 구현하는 방법은 이렇다. 우선 메모리의 두 장소(메모리 칸) i와 j에 있는 값들을 읽어서 임시 레지스터들에 저장한다. 그런 다음, i에 대한 레지스터를 메모리 장소 j에 쓰고, j에 대한 레지스터를 메모리 장소 i에 쓴다. 이처럼 일련의 메모리 읽기/쓰기 연산들로 교환 동작을 구현할 수 있다는 것은, 읽고 쓸 메모리 장소들을 결정하는 '제어기' 순환 신경망을 훈련함으로써 정렬 알고리즘(정책)을 구현할 수 있다는 뜻이다. 더 나아가서, 순환 신경망을 이러한 메모리 연산들을 명시적으로 수행할 수 있는 형태로 일반화한다면, 단순한 교환 동작들로 이루어진 것보다 더 효율적인 정책을 배울 수도 있을 것이다. 여기서 중요한 것은, 수열의 현재 정렬 상태를 신경망의 은닉 상태들에 일시적으로 저장하는 대신 어떤 지속성 기억의 형태로 외부 메모리에 명시적으로 저장하는 것이 왜 유용한지 이해하는 것이다. 하나의 신경망(보통의 순환 신경망도 포함해서)의 은닉 상태들은 너무나 일시적이기 때문에, 이런 종류의 정보를 저장하기에는 적합하지 않다.

가용 메모리 용량이 크면 아키텍처의 능력과 정교함도 높아진다. 정렬 문제의 경우, 가용 메모리가 충분하지 않으면 교환 연산들로만 이루어진 단순한 $O(n^2)$ 정렬 알고리즘들만 배울 수 있을 것이다. 그러나 가용 메모리가 넉넉하면 정책망은 메모리 읽기, 쓰기 연산들을 이용해서 좀 더 다양한 연산을 수행할 수 있으며, 따라서 훨씬 효율적인 정렬 알고리즘을 배울 가능성이 있다. 애초에, T번의 동작으로 정확한 정렬 결과를 얻는 정책에 대해 보상을 제공하는 보상 함수는 동작이 더 적은 정책을 선호하는 경향이 있다.

10.3.2 신경 튜링 기계

내부 변수들(즉, 은닉 상태들)과 계산(신경망 내부에서 일어나는)이 명확하게 분리되지 않는다는 것은 오래전부터 지적된 신경망의 약점이다. 이 때문에, 생명체의 기억이나 컴퓨터의 메모리와는 달리 신경망의 기억은 일시적(transient)이다. 외부 메모리의 여러 장소(위치)를 통제된 방식으로 읽고 쓸 수 있는 능력을 갖춘 신경망은 매우 강력하다. 그런 신경망은 현대적인 컴퓨터에서 구현할 수 있는 일반적인 부류의 알고리즘들을 구현하는 잠재력을 가지고 있다. 그런 구조를 신경 튜링 기계 또는 **미분 가능 신경 컴퓨터**(differentiable neural computer)라고 부른다. 이 이름의 **미분 가능**은 이 구조가 연속 최적화(continuous optimization)를 이용해서 알고리즘(이산적인 단계들로 이루어진)을 학습한다는 점 때문에 붙은 것이다. 연속 최적화는 **미분 가능**이므로, 역전파를 이용해서 입력에 대해 최적화된 알고리즘 단계들을 학습할 수 있다.

전통적인 신경망 역시 은닉 상태들로 뭔가를 기억하며, LSTM 같은 특별한 구조는 은닉 상태들의 기억을 계속 유지하는 능력도 갖추고 있다. 그러나 신경 튜링 기계는 외부 메모리와 신경망 내부 은닉 상태들이 명확히 분리된다는 점에서 그런 구조들과 다르다. 신경망 내부의 은닉 상태들은 일시적인 계산에 쓰인다는 점에서 CPU의 레지스터들과 비슷하다. 반면 외부 메모리는 계산의 결과를 필요한 만큼 오래 유지한다. 외부 메모리 덕분에 신경 튜링 기계는 인간 프로그래머가 현대적인 컴퓨터에서 자료를 다루는 것과 좀 더 비슷한 방식으로 계산을 수행할 수 있다. 그래서 신경 튜링 기계는 LSTM 같은 지속성 기억 능력을 갖춘 다른 모형보다 학습의 일반화 능력이 좋다. 이러한 접근 방식은 또한 신경망의 계산과는 잘 분리된, 지속성 자료 구조를 정의하는 능력으로도 이어진다. 오래전부터, 프로그램 변수와 계산을 명확하게 분리하지 못하는 것은 전통적인 신경망의 주된 약점 중 하나로 인식되었다.

신경 튜링 기계의 전체적인 구조가 그림 10.6에 나와 있다. 신경 튜링 기계의 핵심부는 제어기(controller)인데, 이 제어기는 일종의 순환 신경망으로 구현된다(다른 구조를 사용하는 것도 가능하다). 한 시각에서 다음 시각으로 상태를 넘겨주는 순환 신경망의 능력이 신경 튜링 기계가 임의의 알고리즘이나 정책을 구현하는 데 유용하다. 정렬 게임의 예에서는 수열의 현재 정렬 상태가 한 시각에서 다음 시각으로 전달된다. 각 시각에서 제어기는 환경에서 입력을 읽어 들이고 환경에 출력을 기록한다. 더 나아가

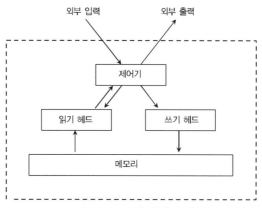

외부 입력　　　　　외부 출력

제어기

읽기 헤드　　　　쓰기 헤드

메모리

그림 10.6: 신경 튜링 기계

서, 제어기는 읽기 헤드^{head}와 쓰기 헤드를 이용해서 외부 메모리를 읽거나 쓴다. 외부 메모리는 $N \times m$ 행렬의 형태인데, 여기서 N은 메모리 칸(memory cell; 생명체의 비유로는 기억 세포)의 개수이고 m은 한 칸의 길이(한 칸에 저장할 수 있는 성분들의 개수)이다. 시각 t에서 메모리의 i번째 행(메모리 칸)에 담긴 m차원 벡터를 $\overline{M_t}(i)$로 표기한다.

헤드들은 시각 t의 i번째 메모리 칸과 연관된 특별한 **가중치** $w_t(i) \in (0, 1)$을 출력하는데, 이 가중치는 해당 칸에서 읽거나 쓴 값의 비례 계수로 작용한다. 예를 들어 읽기 헤드의 가중치가 0.1이면, i번째 메모리 칸에 담긴 값의 10분의 1이 그 칸의 읽기 결과가 된다. 그리고 시각 t에서의 읽기 결과는 여러 i에 대한 비례된 값들의 합이다. 쓰기 헤드의 가중치 역시 같은 방식으로 작용한다. 시각 t가 헤드 가중치의 아래 첨자로 쓰였음을 주목하기 바란다. 이는 시각마다 헤드 가중치들이 다를 수 있음을 뜻한다. 앞에서 본 가상 정렬 게임의 예와 비교하자면, 이 가중치는 한 교환 동작에 대한 소프트맥스 확률과 비슷하다. 즉, 이 가중치들도 하나의 이산 동작을 유연하고 미분 가능한 연속값으로 변환하는 역할을 한다. 단, 신경 튜링 기계는 이전 절의 정책 망과는 달리 확률적으로 정의되지 않는다. 다른 말로 하면, 헤드 가중치 $w_t(i)$를 메모리 칸을 확률적으로 추출하는 데 사용하지는 않는다. 헤드 가중치는 메모리 칸의 내용을 어느 정도나 읽을 것인지 또는 어느 정도나 삭제할 것인지를 결정한다. 그럼 이를 수식을 이용해서 좀 더 공식적으로 설명해 보겠다.

가중치 $w_t(i)$들이 정의되어 있다고 할 때, 시각 t에서 외부 메모리를 읽는 연산의 결과는 다음과 같이 여러 메모리 칸 i에 담긴 m차원 벡터들의 가중합으로 정의된다.

$$r_t = \sum_{i=1}^{N} w_t(i)\overline{M}_t(i) \tag{10.9}$$

가중치 $w_t(i)$들은 다음을 만족하도록 정의된다. 즉, 마치 확률처럼, 모든 N개의 메모리 벡터에 대한 가중치들의 합은 1이어야 한다.

$$\sum_{i=1}^{N} w_t(i) = 1 \tag{10.10}$$

쓰기 연산은 먼저 메모리의 일부를 삭제(erase; 또는 삭감)하고, 거기에 다시 값을 추가(증가)한다. 시각 t에서 쓰기 헤드는 가중치 $w_t(i)$들과 길이가 m인 삭제 벡터 $\overline{e}_t$ 및 추가 벡터 $\overline{a}_t$를 출력한다. 쓰기 연산에서 하나의 메모리 칸은 그러한 삭제 연산과 추가 연산의 조합으로 갱신된다. 삭제 연산의 정의는 다음과 같다.

$$\overline{M}_t'(i) \Leftarrow \underbrace{\overline{M}_{t-1}(i) \odot (1 - w_t(i)\overline{e}_t(i))}_{\text{부분적 삭제}} \tag{10.11}$$

여기서 $\odot$ 연산자는 성분별 곱셈을 뜻한다. 즉, 연산자 좌변에 있는 메모리 행렬의 i번째 행(m차원 행벡터)의 각 성분에 우변의 값이 곱해진다. 삭제 벡터 $\overline{e}_t$의 각 값은 $(0,1)$ 범위의 실수(연속값)이다. m차원 삭제 벡터는 m차원 행벡터의 특정 성분들을 원하는 정도로 삭제하는 능력을 제공한다. 한 신경 튜링 기계에 여러 개의 쓰기 헤드를 둘 수도 있는데, 곱셈은 교환법칙과 결합법칙을 만족하므로 곱셈의 순서가 문제가 되지는 않는다. 다음으로, 추가 연산은 다음과 같이 정의된다.

$$\overline{M}_t(i) = \underbrace{\overline{M}_t'(i) + w_t(i)\overline{a}_t}_{\text{부분적 추가}} \tag{10.12}$$

삭제의 경우와 마찬가지 이유로, 쓰기 헤더가 여러 개라도 추가 연산들의 순서는 문제가 되지 않는다. 단, 모든 삭제 연산이 반드시 모든 추가 연산보다 먼저 일어나야 한다. 그래야 추가 연산들의 순서와 무관하게 일관된 결과를 얻을 수 있다.

여기서 한 가지 주목할 점은, 가중치들의 합이 1인 덕분에 메모리 칸의 변화가 극히 완만하다는 것이다. 앞에서 설명한 갱신들을, 메모리의 행 N개 중 하나를 $w_t(i)$의 확률로 선택하고 개별 성분들을 $\overline{e}_t$의 확률들로 추출(표집)하는 하나의 확률적 갱신 과정으로 볼 수도 있다. 그러나 그런 확률적 갱신은 미분 가능이 아니다(강화 학습의 정책 기울기 요령으로 매개변수화하지 않는 한). 반면 신경 튜링 기계는 모든 메모리 칸이 조금씩만 변하는 온건한 갱신을 통해서 미분 가능성을 유지한다. 한편, 쓰기 헤드가 여러 개일 때는 갱신이 좀 더 급격할 수 있다. 더 나아가서, 신경 튜링 기계의 가중 메모리 연산들은 LSTM에서 은닉 상태와 메모리 상태가 정보를 선택적으로 교환할 때 S자형 함수들을 이용해서 각 장기 메모리 장소에 대한 읽기 또는 쓰기의 정도를 제어하는 방식(제7장 참고)과 비슷하다.

주소 접근 메커니즘으로서의 가중 연산

앞의 가중 연산들을 특정 메모리 칸에 대한 주소 접근(addressing) 메커니즘에 비유할 수도 있다. 예를 들어 메모리 행렬의 i번째 행을 $w_t(i)$의 확률로 읽거나 쓰는 것은 **엄격한(hard)** 주소 접근 메커니즘에 해당한다. 그와는 달리, 신경 튜링 기계의 방식은 모든 메모리 칸을 읽고 쓰되 그 내용을 조금 변경한다는 점에서 **유연한(soft)** 메커니즘에 해당한다. 그런데 $w_t(i)$들을 적절히 설정함으로써 주소 접근을 수행하는 **구체적인 방법**은 아직 이야기하지 않았다. 주소 접근은 내용(content)을 통해서도 가능하고 장소(location; 위치)를 통해서도 가능하다.

내용 기반 주소 접근에서는 길이가 m인 키 벡터$^{\text{key vector}}$ $\overline{v}_t$와 비슷한 내용이 담긴 메모리 칸을, $\overline{v}_t$와의 내적 유사도(dot-product similarity)를 이용해서 찾아낸다. 다음은 그러한 메모리 칸이 선택되게 하는 가중치들을 구하는 공식인데, 지수함수는 내적 유사도(dot-product similarity)가 얼마나 중요하게 반영되게 할 것인지를 결정한다.

$$w_t^c(i) = \frac{\exp(\cos(\overline{v}_t, \overline{M_t}(i)))}{\sum_{j=1}^{N} \exp(\cos(\overline{v}_t \cdot \overline{M_t}(j)))} \tag{10.13}$$

$w_t^c(i)$의 위 첨자 c는 이것이 내용 기반 가중 메커니즘을 위한 가중치임을 뜻한다. 더 나아가서, 지수함수 안에 온도(temperature) 매개변수 β_t를 도입해서 주소 접근의 엄격함 수준을 조정할 수 있는 좀 더 유용한 공식도 가능하다. 다음이 그러한 공식이다.

$$w_t^c(i) = \frac{\exp(\beta_t \cos(\overline{v_t}, \overline{M_t}(i)))}{\sum\limits_{j=1}^{N} \exp(\beta_t \cos(\overline{v_t} \cdot \overline{M_t}(j)))} \qquad (10.14)$$

β_t를 키우면 엄격한 주소 접근에 가까워지고, β_t를 줄이면 유연한 주소 접근에 가까워진다. 내용 기반 주소 접근만 사용하는 경우에는 $w_t(i) = w_t^c(i)$로 두어서 메모리 읽기/쓰기 연산을 수행하면 된다. 그런데 이러한 순수한 내용 기반 접근 방식은 임의 접근(random access)과 거의 같은 것임을 주목하기 바란다. 예를 들어 메모리 칸 $\overline{M_t}(i)$의 내용에 그 칸의 위치 정보가 포함되어 있다면, 이 키 기반 조회는 유연한 메모리 임의 접근과 비슷하다.

장소 기반 주소 접근에서는 이전 시각의 장소에 기초해서 순차적으로 특정 메모리 장소에 접근한다. 이 방식에서는 이전 반복의 최종적인 가중치 $w_{t-1}(i)$들과 현재 반복의 내용 기반 가중치 $w_t^c(i)$를 출발점으로 삼아서 필요한 가중치들을 구한다. 개념적으로 말하자면, 우선 **보간**을 이용해서 이전 반복에서 접근한(내용 가중치를 통해서) 장소에 임의 접근 요소를 일정 수준으로 혼합한다. 그런 다음 **이동**(shift) 연산을 이용해서 순차 접근 요소를 추가한다. 마지막으로는 이러한 주소 접근의 유연함을 온도 비슷한 매개변수를 이용해서 좀 더 **선명하게**(엄격하게) 만든다. 정리하자면, 장소 기반 주소 접근의 전체 과정은 다음과 같다.

$$\text{내용 가중치}(\overline{v_t}, \beta_t) \Rightarrow \text{보간}(g_t) \Rightarrow \text{이동}(\overline{s_t}) \Rightarrow \text{선명화}(\gamma_t)$$

이 과정의 각 단계는 제어기의 관련 출력을 입력 매개변수로 사용한다. 내용 가중치 $w_t^c(i)$의 계산 방식과 관련 입력, 출력은 앞에서 이야기했으므로, 나머지 세 단계만 설명하겠다.

1. **보간**: 이 단계는 이전 반복의 벡터와 현재 반복에서 생성된 내용 가중치 $w_t^c(i)$들을 제어기가 출력한 하나의 보간 가중치 $g_t \in (0,1)$을 이용해서 결합한다. 수식으로 표현하면 다음과 같다.

$$w_t^g(i) = g_t \cdot w_t^c(i) + (1-g_t) \cdot w_{t-1}(i) \qquad (10.15)$$

   g_t가 0이면 내용이 전혀 사용되지 않음을 주목하기 바란다.

2. **이동:** 이 단계는 앞 단계에서 정규화한 벡터를 정수 이동 오프셋 s_t들을 이용해서 순환 자리이동(rotational shift)한다. 예를 들어 $s_t[-1] = 0.2$, $s_t[0] = 0.5$, $s_t[1] = 0.3$이라고 할 때, 이 단계는 가중치들을 -1의 방향으로(뒤로) 게이트 가중치(gating weight) 0.2만큼 이동하고, 1의 방향으로(앞으로) 게이트 가중치 0.3만큼 이동한다. 정리하자면, 이동된 가중치 $w_t^s(i)$는 다음과 같이 정의된다.

$$w_t^s(i) = \sum_{i=1}^{N} w_t^g(i) \cdot s_t[i-j] \tag{10.16}$$

여기서 $s_t[i-j]$의 색인 $i-j$에는 나머지식 산술이 적용된다. 즉, $i-j$가 어떤 값이든, 결과적인 색인은 -1과 $+1$을(또는, $s_t[i-j]$가 정의되는 다른 정수 구간을) 순환한다.[※]

3. **선명화:** 선명화(sharpening) 단계에서는 현재 가중치들을 0 또는 1쪽으로 치우치게 만든다. 단, 크기 순서가 변할 정도로 가중치들을 변경하지는 않는다. 이 선명화에는 $\gamma_t \geq 1$이라는 매개변수가 쓰이는데, 이 γ_t의 값이 크면 더 선명한 값들이 만들어진다.

$$w_t(i) = \frac{\left[w_t^s(i) \right]^{\gamma_t}}{\sum_{j=1}^{N} \left[w_t^s(j) \right]^{\gamma_t}} \tag{10.17}$$

매개변수 γ_t는 내용 기반 가중치 엄격화의 온도 매개변수 β_t와 비슷한 역할을 한다. 이동 연산에서 가중치들이 어느 정도 흐릿해지므로, 이런 종류의 선명화가 꼭 필요하다.

이 단계들의 의미는 다음과 같다. 우선 주목할 점은, 게이트 제어 가중치 g_t를 1로 두면 순수한 내용 기반 주소 접근 메커니즘이 된다는 것이다. 내용 기반 주소 접근은 키 벡터를 이용한 일종의 메모리 임의 접근에 해당한다. 보간 단계에서 이전 반복의 가중치 벡터 $w_{t-1}(i)$를 사용하는 것은, 이전 단계의 기준점에서 출발하는 순차 접근을 가능하게 하기 위해서이다. 이동 벡터는 보간 벡터가 제공한 기준점으로부터 얼마

[※] **역주** 시곗바늘이 12시를 지나면 다시 1시가 되는(그 반대 방향도 마찬가지) 방식을 연상하면 이해가 될 것이다.

나 나아갈 것인지를 결정한다. 마지막으로, 선명화 단계는 주소 접근의 유연함 정도를 제어하는 수단으로 작용한다.

제어기의 구조

신경 튜링 기계의 설계에서 중요한 선택사항 하나는 제어기로 사용할 신경망의 구조이다. 자연스러운 선택은 순환 신경망인데, 이는 순환 신경망이 시간별 상태라는 개념을 이미 가지고 있기 때문이다. 더 나아가서, 순환 신경망의 한 변형인 LSTM을 제어기로 사용하면 외부 메모리뿐만 아니라 내부 메모리도 사용할 수 있게 된다. 신경망 내부의 은닉 상태들은 내부 계산 결과를 임시로 저장하는 데 쓰일 뿐 지속적이지 않다는(외부 메모리와는 달리) 점에서 레지스터와 비슷하다. 외부 메모리가 있으면 꼭 순환 신경망을 사용할 필요는 없다는 점도 기억하기 바란다. 시간별 상태들을 외부 메모리에 담아 두면 되기 때문이다. 제어기가 동일한 외부 메모리 칸들을 일련의 시각들에서 읽고 쓰면 순환 신경망이 각 시각의 상태를 다음 시각으로 넘겨주는 것과 사실상 같은 효과가 생긴다. 따라서 순방향 신경망을 제어기로 사용하는 것도 가능하다. 순환 신경망에 비해 순방향 신경망은 은닉 상태들이 좀 더 투명하다는 장점이 있다. 순환 신경망의 주된 한계는 각 시각에서의 읽기·쓰기 연산 횟수가 읽기·쓰기 헤드들의 개수로 제한된다는 점이다.

신경 튜링 기계와 순환 신경망(그리고 LSTM)의 비교

모든 순환 신경망은 튜링 완전(Turing complete)임이 알려져 있다.[444] 순환 신경망이 튜링 완전이라는 것은, 순환 신경망으로 그 어떤 알고리즘도 실행할 수 있다는 뜻이다. 따라서, **이론적으로는** 신경 튜링 기계와 순환 신경망(LSTM노 포함)의 능력에 차이가 없다. 그러나, 비록 순환 신경망이 튜링 완전이긴 하지만, 더 긴 순차열들을 담은 자료 집합에 대해서는 실행 성능 면에서나 일반화 능력 면에서나 심각한 한계가 존재한다. 예를 들어 특정 길이의 순차열들로 순환 신경망을 훈련한 후 그와는 크기 분포가 다른 시험 자료로 순환 신경망을 실행하면 훈련 때보다 나쁜 성과가 나온다.

신경 튜링 기계는 외부 메모리를 통제된 방식으로 읽고 쓸 수 있기 때문에, 일시적인 은닉 상태들이 계산과 밀접하게 통합된 순환 신경망보다 실행 성능 면에서 유리하다. LSTM은 보통의 순환 신경망보다 오래 지속되는 내부 메모리를 가지고 있지만, 계산과 메모리 접근이 명확하게 분리되지 않았다는(현대적인 컴퓨터와는 달리) 점은 순환 신경망과 마찬가지이다. 사실, 모든 순환 신경망에서는 계산량(활성화 개수)과 메모리 용량(은닉 단위 개수)도 밀접하게 통합되어 있다. 계산과 메모리가 명확하게 분리되면 메모리 연산을 사람이 좀 더 이해하기 쉬운 방식, 그러니까 인간 프로그래머가 만든 보통의 컴퓨터 프로그램이 내부 자료 구조를 읽고 쓰는 방식과 어느 정도 비슷한 방식으로 제어할 수 있다. 예를 들어 질의응답 시스템은 하나의 질문 문장을 읽고 그에 대한 답변 문장을 생성해야 하는데, 대화 내용을 메모리에 담아 두고 갱신, 조회할 수 있으면 그런 시스템을 만들기가 훨씬 수월하다.

[158]의 한 비교 실험에 따르면, 보통의 경우보다 훨씬 더 긴 문장들이 입력될 때 신경 튜링 기계가 LSTM보다 더 나은 성과를 냈다. 이 실험에서 LSTM과 신경 튜링 기계에는 동일한 입력·출력 문장 쌍들이 주어졌다. 목표는 입력을 출력으로 복사하는 것이었다. 대체로 신경 튜링 기계가 LSTM보다 나은 성과를 냈는데, 입력들이 길 때는 특히 더 나았다. LSTM의 연산들은 이해하기가 상당히 어렵지만 신경 튜링 기계의 연산들은 그보다 훨씬 이해하기 쉬웠으며, 신경 튜링 기계가 암묵적으로 배운 복사 알고리즘은 인간 프로그래머가 작성했을 알고리즘과 비슷한 단계들을 수행했다. 그 덕분에, 신경 튜링 기계의 복사 알고리즘은 훈련 과정에서 본 적이 없는 더 긴 문장들로도 일반화되었다(LSTM의 것은 그렇지 않았다). 어떤 면에서, 신경 튜링 기계가 한 시각에서 다음 시각으로 메모리를 직관적으로 갱신하는 방식은 유용한 정칙화로도 작용한다. 인간 프로그래머의 복사 알고리즘 구현 스타일과 비슷한 신경 튜링 기계의 복사 알고리즘이 시험 시점에서 더 긴 문장들에 대해 더 나은 성과를 내는 것은 부분적으로 그 때문일 것이다.

[158]은 또한 신경 튜링 기계가 **연상 재현**(associative recall), 즉 연상을 통해서 기억을 떠올리는 과제에도 능숙하다는 실험 결과를 제시했다. 연상 재현 과제에서 입력은 여러 항목으로 이루어진 순차열과 그 순차열에서 무작위로 선택한 하나의 항목으로 구성된다. 출력은 선택된 항목과 연관된 순차열의 다음 항목이다. 신경 튜링 기계는 LSTM보다 이 과제를 더 잘 학습했다. 또한, [158]은 신경 튜링 기계로 정렬 알고리즘을 구현한 응용 사례도 제시했다. 제시한 응용들이 모두 상당히 간단하긴 하지만, 이 논문은 이런 접근 방식의 **잠재력**(이런 구조를 좀 더 세심하게 조율하면 복잡한 과제들도 수행할 수 있을 것이라는 측면에서)을 보여주었다는 데 의미가 있다. 실제로, [159]는 미

분 가능 신경 컴퓨터를 이용해서 그런 잠재력을 어느 정도 실현했다. [159]의 구조는 그래프 구조나 자연어 문장을 추론하는 복잡한 과제에 쓰였다. 전통적인 신경망으로는 그런 과제들을 해내기 힘들다.

10.3.3 미분 가능 신경 컴퓨터 개괄

미분 가능 신경 컴퓨터는 메모리 할당과 시간적 쓰기 순차열 관리를 위한 추가적인 구조를 도입해서 신경 튜링 기계의 주된 약점 두 가지를 개선한 것이다. 두 약점은 다음과 같다.

1. 신경 튜링 기계가 내용 기반 주소 접근과 장소 기반 주소 접근을 모두 수행할 수 있긴 하지만, 이동 기반 메커니즘으로 연속된 메모리 장소 블록들에 접근할 때 겹친 블록들을 덮어쓰는 일을 피할 수 없다. 현대적인 컴퓨터 프로그램이 이 문제를 실행 시점에서 적절한 메모리 할당으로 해결하는 것처럼, 미분 가능 신경 컴퓨터는 메모리 할당 메커니즘을 도입해서 이 문제를 해결한다.
2. 신경 튜링 기계는 메모리 장소들이 기록되는 순서를 관리하지 않는다. 메모리 쓰기 순서는 명령들의 순서를 유지하는 등의 여러 경우에 유용하다.

이번 절에서는 이 두 추가 메커니즘의 구현을 간략하게만 설명한다. 좀 더 상세한 설명은 [159]를 보기 바란다.

　미분 가능 신경 컴퓨터의 메모리 할당(memory allocation) 메커니즘은 (i) 방금 기록되었지만 아직 읽히지는 않은 메모리 장소가 다음 반복에 유용할 가능성이 크다는 착안과 (ii) 메모리 장소를 읽으면 그 장소의 유용함이 줄어든다는 착안에 기초한다. 메모리 할당 메커니즘은 한 장소의 **사용량**(usage)이라는 수량을 관리한다. 장소가 기록되면 그 장소의 사용량이 자동으로 증가한다. 한편, 장소가 읽히면 사용량이 확률적으로 감소한다. 메모리 장소에 뭔가를 기록하기 전에 제어기의 각 읽기 헤드는 일단의 해제 게이트(free gate) 가중치들을 출력한다. 해제 게이트 가중치들은 가장 최근 읽은 장소들의 해제※ 여부를 결정한다. 이 가중치들은 이전 시각의 사용량 벡터를 갱신하는 데 쓰인다. 이 사용량 값들을 이용해서 쓰기 장소를 식별하는 방법은 여러 가지인데,

---

※ **역주** 여기서 해제(free)는 할당의 반대이다. 즉, 해제는 해당 장소가 기존의 할당에서 벗어나서 자유로운 (역시 free) 상태가 되게 만든다. 자유로운 장소는 다른 용도를 위해 할당될 수 있다.

[159]에 이를 위한 다양한 알고리즘이 나온다.

다음으로, 미분 가능 신경 컴퓨터가 메모리 장소 쓰기 순서를 관리하는 메커니즘을 살펴보자. 여기서 중요한 점은, 메모리 장소들을 쓰는 연산이 유연하다는 것이다. 따라서 하나의 엄격한 순서를 정의할 수는 없다. 대신, 모든 장소 쌍 사이에는 유연한 순서가 존재한다. 이러한 순서 관계들을 각 성분이 $L_t[i,j]$인 하나의 $N \times N$ 시간적 연결 행렬(temporal link matrix)로 관리한다. 항상 $(0,1)$ 범위에 속하는 $L_t[i,j]$의 값은 $N \times m$ 메모리 행렬의 행 j가 기록된 직후에 행 i가 기록되는 정도를* 나타낸다. 이러한 시간적 연결 행렬의 갱신에는 메모리 행들의 모든 장소에 대한 하나의 우선순위 (precedence) 가중치들이 쓰인다. 좀 더 구체적으로 말하면, 우선순위 가중치 $p_t(i)$는 시각 t에서 장소 i가 마지막으로 기록된 장소인 정도를 정의한다. 이러한 우선순위 관계는 각 시각에서 시간적 연결 행렬을 갱신하는 데 쓰인다. 이론적으로는 시간적 연결 행렬을 저장하는 데 $O(N^2)$의 공간이 필요하겠지만, 이 행렬은 대단히 희소하기 때문에 $O(N \cdot \log(N))$의 공간에 저장할 수 있다. 시간적 연결 행렬의 관리에 관한 추가적인 세부 사항은 [159]를 보기 바란다.

신경 튜링 기계와 기억망, 그리고 주의 메커니즘의 여러 착안이 서로 밀접하게 관련되어 있음을 주목하기 바란다. 신경 튜링 기계와 기억망은 비슷한 시기에 독립적으로 제안되었다. 이 주제들에 대한 초기 논문들은 이들을 서로 다른 과제로 실험했다. 예를 들어 신경 튜링 기계는 복사나 정렬 같은 단순한 과제로 실험되었지만, 기억망은 질의응답 같은 과제들로 실험되었다. 그렇지만 이후에는 응용상의 차이가 흐려져서, 예를 들어 질의응답 과제에 미분 가능 컴퓨터가 쓰이기도 했다. 전반적으로 볼 때 이런 응용들은 여전히 초기 단계에 있으며, 상업적으로 유용한 수준이 되려면 해결해야 할 것들이 많다.

※ **역주** 이 '정도(degree)'를 '확률'이나 '가능성'으로 대체하면 의미가 좀 더 명확해 보이겠지만, 이 과정이 반드시 확률적(stochastic)인 것은 아니라는 점에서 가능하면 확률이라는 용어는 사용하지 않기로 한다.

10.4 생성 대립 신경망(GAN)

흔히 GAN으로 줄여서 표기하는 생성 대립 신경망(generative adversarial network; 또는 생성적 적대 신경망)을 소개하기 전에, **생성 모형**(generative model)과 **판별 모형**(discriminative model)이라는 개념부터 설명할 필요가 있겠다. 하나의 GAN은 이 두 가지 모형으로 구성되기 때문이다.

1. **판별 모형**: 판별 모형은 분류명 y의 조건부 확률 $P(y\,|\,\overline{X})$를 $\overline{X}$에 담긴 특징 값들을 이용해서 직접 추정한다. 로지스틱 회귀 모형이 판별 모형의 예이다.

2. **생성 모형**: 생성 모형은 한 자료 견본의 생성 확률에 해당하는 결합확률 $P(\overline{X}, y)$를 추정한다. 이 결합확률로 $\overline{X}$를 조건으로 한 y의 조건부 확률을 추정할 수 있음을 주목하기 바란다. 이 추정에는 다음과 같은 베이즈 법칙이 쓰인다.

$$P(y\,|\,\overline{X}) = \frac{P(\overline{X}, y)}{P(\overline{X})} = \frac{P(\overline{X}, y)}{\sum_z P(\overline{X}, z)} \tag{10.18}$$

단순 베이즈 분류기(naïve Bayes classifier)가 생성 모형의 예이다.

판별 모형은 지도 학습에만 쓰이지만, 생성 모형은 지도 학습과 비지도 학습 모두에 쓰인다. 예를 들어 다중 분류 과제의 경우에는 각 분류명에 대해 적절한 사전확률분포(간단히 사전분포)를 정의하고 그 분포에서 표본을 추출해서 그 분류명에 대한 견본들을 생성하는 생성 모형을 만들 수 있다. 비슷하게, 특정 사전분포를 따르는 확률 모형을 이용해서 전체 자료 집합에서 각 자료점을 추출함으로써 특정 자료 분포를 따르는 자료 집합을 생성할 수도 있다. 제4장의 §4.10.4에서 설명한 변분 자동부호기(variational autoencoder)는 이런 접근 방식을 이용해서 가우스 분포에서 자료점들을 추출하고, 그 자료점들을 복호기에 입력해서 원래의 자료와 비슷한 표본을 생성한다.

생성 대립 신경망(줄여서 생성 대립망)에서는 두 신경망이 동시에 작동한다. 한 신경망은 실제 자료 견본들과 비슷한 견본을 합성하는 생성 모형이다. 이 생성 모형은 훈련된 관찰자가 원래의 자료 집합에 있는 견본과 구별할 수 없을 정도로 사실적인 견본을 합성하려 한다. 예를 들어 원본 자료 집합이 자동차 이미지들로 구성된 경우, 생성 모형은 진짜 같은 가상의 자동차 이미지를 합성하려 한다. 다른 한 신경망은 판별 모형으로, 주어진 입력이 진짜인지 아니면 생성 모형이 합성한 것인지 판별한다(그리고 판별 결과에 따라 지도 학습 방식으로 훈련된다). 어떤 면에서, 생성 대립망의 생성 모형 신경망(줄여서 생성망)은 수표를 위조하는 '위조범'이고 판별 모형 신경망(줄여서 판별망)은 위조범을 잡으려는 '경찰'에 해당한다. 즉, 두 신경망은 적대적인 대립 관계이다. 훈련을 통해서 둘은 더 나은 적수가 되며, 결국에는 평형 상태에 도달한다. 이후에 보겠지만, 이러한 대립적인 훈련을 결국 하나의 최소최대 문제로 축약할 수 있다.

　판별망이 합성된 자료를 제대로 판별했는지의 여부는 생성망의 가중치 갱신에 쓰인다. 생성망은 갱신된 가중치들로 다시 견본을 합성해서 판별망에 제공하며, 판별망은 그것을 판별해서 그 결과를 제시한다. 이런 과정이 반복되면 생성망은 점점 더 그럴듯한 위조품을 만들어 내고, 판별망은 위조품을 판별하기가 점점 어려워진다. 결국에는 판별망이 합성된 항목과 진짜 항목을 구별할 수 없는 지경에 도달한다. 그 시점에서 생성망의 매개변수들이 최소최대 게임의 내시 평형(Nash equilibrium)에 해당함을 증명할 수 있다. 이 내시 평형 상태에서 생성망이 생성한 자료점들의 분포는 원본 자료 표본의 분포와 같다. 이러한 접근 방식이 제대로 작동하려면 판별망의 수용력이 높아야 하며, 대량의 자료가 필요하다.

　이런 식의 자료점 합성은 기계 학습 알고리즘을 위한 대량의 가상 자료를 생성하는 데 유용할 때가 많으며, 자료 증강의 용도로도 쓰일 수 있다. 더 나아가서, 문맥 정보를 제공함으로써 생성 대립망이 원본과는 다른 속성을 가진 결과를 생성하게 만들 수도 있다. 예를 들어 "*spotted cat with collor*"라는 텍스트 캡션을 입력하면 실제로 목걸이를 찬 점박이 고양이의 모습이 담긴 가상의 이미지를 합성할 수도 있는 것이다.[331, 392] 이런 접근 방식으로 예술 작품이라고 할 만한 결과를 만든 경우도 있었다. 최근에는 이런 방법들이 이미지-이미지 변환에도, 이를테면 입력 이미지에 누락된 어떤 특성들을 사실적인 방식으로 채워 넣는 용도로도 쓰였다. 이런 응용들을 논의하기 전에, 먼저 생성 대립망의 훈련 방법을 살펴보자.

10.4.1 생성 대립 신경망의 훈련

생성 대립망의 훈련 과정은 생성망의 매개변수들과 판별망의 매개변수들을 번갈아 갱신하는 식으로 진행된다. 생성망과 판별망은 특정한 구조의 신경망들이다. 판별망은 d차원 견본을 입력받아서 $(0,1)$ 범위의 값(스칼라) 하나를 출력한다. 이 출력은 d차원 입력 견본의 진위를 뜻하는데, 주어진 입력이 진본이라고 판단했으면 1, 합성이라고 판단했으면 0이다. 입력 $\overline{X}$에 대한 판별망의 출력을 $D(\overline{X})$로 표기하자.

생성망은 p차원 확률분포에서 추출한 잡음 표본을 입력받아서 d차원 자료 견본을 생성(합성)한다. 이 생성망은 변분 자동부호기의 복호기 부분과 비슷하다(제4장의 §4.10.4 참고). 그 복호기는 가우스 분포(이는 사전분포이다)에서 추출한 p차원 자료점들을 입력받아서 실제 견본과 비슷한 분포를 따르는 하나의 d차원 자료점을 산출한다. 그러나 생성망의 훈련은 변분 자동부호기의 훈련과 아주 다르다. 생성망의 훈련에는 재구축 오차가 아니라 판별 오차가 쓰인다.

판별망의 목표는 생성망이 제공한 입력을 정확하게 판별해서, 그것이 진짜 견본이면 분류명 1을, 합성된 견본이면 분류명 0을 출력하는 것이다. 한편 생성망의 목표는 자신이 합성한 견본으로 판별망을 속이는 것, 다른 말로 하면 자신이 만든 견본에 대해 판별망이 분류명 1을 출력하게 만드는 것이다. R_m이 진짜 자료 집합에서 무작위로 추출한 m개의 견본으로 이루어진 집합이고 S_m이 생성망이 만든 m개의 합성 견본들로 이루어진 집합이라고 하자. 그리고 이 합성 견본들의 생성에 쓰인 p차원 잡음 표본 $\{\overline{Z}_m \,...\, \overline{Z}_m\}$을 N_m으로 표기하자. 생성망은 이 잡음 표본을 입력으로 삼아서 자료 표본 $S_m = \{G(\overline{Z}_1)\,...\,G(\overline{Z}_m)\}$을 생성한다. 판별망은 입력을 최대한 잘 분류해야 하므로, 판별망의 훈련은 다음과 같이 목적함수 J_D를 **최대화**하는 최적화 문제에 해당한다.

$$\text{Maximize}_D\,J_D = \underbrace{\sum_{X \in R_m} \log\big[D(\overline{X})\big]}_{\text{진짜 견본 } m\text{개로 이루어진 표본}} + \underbrace{\sum_{X \in S_m} \log\big[1 - D(\overline{X})\big]}_{\text{합성 견본 } m\text{개로 이루어진 표본}}$$

판별망이 입력을 정확히 분류했을 때, 즉 진짜 견본에 대해 분류명 1을 예측하거나 합성 견본에 대해 분류명 0을 예측했을 때 이 목적함수가 최대가 된다는 점은 쉽게 증명할 수 있다.

다음으로는 생성망의 목적함수를 살펴보자. 앞에서 언급했듯이 생성망의 목표는 판별망을 속이는 것이다. 합성 견본을 만드는 것이 바로 생성망이므로, 생성망은 진짜 견본에는 신경을 쓰지 않는다. 생성망은 m개의 합성 자료점들로 이루어진 합성 표본 S_m을 생성한다. 판별망이 합성 표본을 진짜라고 판별하게 만드는 것이 생성망의 목표이므로, 생성망의 목적함수는 판별망이 합성 표본을 가짜라고 분류할 가능성을 최소화하기 위한 것이어야 한다. 즉, 생성망의 훈련은 다음과 같은 최소화 문제에 해당한다.

$$\text{Minimize}_G J_G = \underbrace{\sum_{\overline{X} \in S_m} \log[1 - D(\overline{X})]}_{\text{합성 견본 } m \text{ 개로 이루어진 표본}}$$

$$= \sum_{\overline{Z} \in N_m} \log[1 - D(G(\overline{Z}))]$$

목적함수 J_G가 판별망이 합성 표본을 진짜라고 잘못 분류했을 때(즉, 분류명 1을 예측했을 때) 최소가 된다는 점도 쉽게 증명할 수 있다. 이 목적함수가 최소가 되도록 생성망의 매개변수들을 갱신하면 판별망은 진짜 자료 집합의 표본과 생성망이 만든 합성 표본을 분간하지 못하는 지경에 이른다. 이처럼 $\log[1 - D(\overline{X})]$를 최소화하는 대신 각 $\overline{X} \in S_m$에 대해 목적함수 $\log[D(\overline{X})]$를 최대화해도 같은 결과를 얻을 수 있는데, 훈련의 초기 단계에서는 이 목적함수가 더 나을 때가 종종 있다.

생성 대립 신경망 전체의 최적화 문제는 J_D에 대한 하나의 최소최대 게임에 해당한다. 생성망 G의 매개변수들에 대해 J_G를 최소화하는 것은 J_D를 최대화하는 것과 같음을 주목하기 바란다. 이는 $J_D - J_G$에 생성망 G의 그 어떤 매개변수도 포함되지 않기 때문이다. 정리하자면, 전체적인 최적화 문제(생성망과 판별망 모두에 대한)를 다음과 같이 표현할 수 있다.

$$\text{Minimize}_G \text{Maximize}_D J_D \tag{10.19}$$

이런 최소최대 최적화로 얻은 해는 **안장점**(saddle point)에 해당한다. 손실함수의 위상 공간에서 안장점이 어떤 모습인지가 제3장의 그림 3.17에 나와 있다.[1]

판별망의 매개변수 갱신에는 확률적 경사 상승법, 생성망의 매개변수 갱신에는 확률적 경사 하강법을 사용한다. 두 종류의 기울기 갱신을 번갈아 수행해야 하는데, 실제 응용에서는 두 갱신을 공평하게 한 번씩 수행하는 것이 아니라 생성망의 갱신

---

1) 제3장의 예는 지금과는 문맥이 다르다. 그렇긴 하지만, 그림 3.17(b)의 손실함수가 지금 논의의 J_D에 해당한다고 치고 해당 그림을 살펴보면 지금 논의의 이해에 도움이 될 것이다.

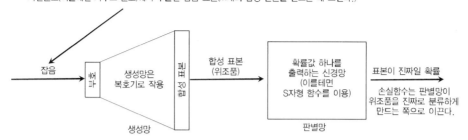

사전분포(이를테면 가우스 분포)에서 추출한 잡음 표본(m개의 합성 견본을 만드는 데 쓰인다.)

잡음

생성망은
복호기로 작용

합성 표본
(위조품)

확률값 하나를
출력하는 신경망
(이를테면
S자형 함수를 이용)

표본이 진짜일 확률

손실함수는 판별망이
위조품을 진짜로 분류하게
만드는 쪽으로 이끈다.

생성망

판별망

생성망의 출력까지 역전파를 진행해서 기울기들을 계산하되, 생성망의 매개변수들만 갱신한다.

그림 10.7: 생성망과 판별망을 연결하고 경사 하강법으로 생성망을 갱신한다.

1회당 판별망을 k번 갱신하는 방법이 흔히 쓰인다. 그러한 과정을 정리하면 다음과 같다.

1. **(k회 반복):** 진짜 견본 m개와 합성 견본 m개로 크기가 $2 \cdot m$인 미니배치를 구성한다. 합성 견본들은 생성망으로 생성하고(입력 잡음에 기초해서 사전분포로부터 추출), 진짜 견본들은 원래의 자료 집합에서 추출한다. 판별망이 진짜 견본과 합성 견본을 둘 다 정확히 분류할 가능성을 최대화하기 위해 판별망의 매개변수들에 확률적 경사 상승법을 적용해야 한다. 이 경사 상승법의 각 갱신 단계에서 $2 \cdot m$개의 진짜 견본 및 합성 견본으로 이루어진 미니배치에 대한 역전파를 판별망에 적용한다.

2. **(한 번만 수행):** 그림 10.7에 나온 것처럼 판별망을 생성망의 끝에 연결한다. 생성망에 m개의 잡음을 입력해서 m개의 합성 견본을 생성한다(이것이 이 단계의 미니배치이다). 판별망이 합성 견본들을 가짜라고 정확히 판별할 가능성을 최소화하기 위해, 생성망의 매개변수들에 대해 확률적 경사 하강법을 수행한다. 손실함수의 $\log\left[1 - D(\overline{X})\right]$를 최소화함으로써, 판별망이 합성 표본을 진짜라고 오분류할 가능성이 높아진다.

　판별망이 생성망과 연결되긴 하지만, 역전파 도중의 기울기 갱신은 생성망의 매개변수들에 대해서만 수행한다. 판별망을 이런 식으로 연결할 구성에서는 역전파가 자동으로 생성망과 판별망 모두에 대한 기울기들을 계산하지만, 생성망의 매개변수들만 갱신한다.

k의 값은 일반적으로 1보다 크고 5보다 작은 값으로 설정하지만 $k = 1$로 둘 수도 있다. 이러한 교대 갱신 과정을 수렴할 때까지, 즉 내시 평형에 도달할 때까지 반복한다. 내시 평형에 도달하면 판별망은 진짜 견본과 합성 견본을 구별하지 못한다.

훈련 시 주의할 점이 몇 가지 있다. 첫째로, 판별망을 갱신하지 않고 생성망을 너무 많이 훈련하면 생성망이 아주 비슷한 표본을 거듭 생성하는 현상이 생길 수 있다. 다른 말로 하면, 생성망이 산출한 표본의 다양성이 떨어진다. 생성망과 판별망을 동시에 교대로 훈련하는 것은 이 때문이다.

둘째로, 초기 반복에서는 생성망이 저품질 표본을 생성하며, 따라서 $D(\overline{X})$가 0에 가깝다. 그러면 손실함수도 0에 가까워서 기울기들이 그리 크지 않게 된다. 이런 종류의 포화가 발생하면 생성망 매개변수들의 훈련이 느려진다. 이 점을 생각하면, 생성망 매개변수 훈련의 초기 단계에서 $\log[1 - D(\overline{X})]$를 최소화하는 대신 $\log[D(\overline{X})]$를 최대화하는 것이 합리적이다. 이러한 접근 방식은 발견법적인 착안에 근거한 것일 뿐이고 이 접근 방식으로는 식 10.19 같은 최소최대 문제를 구성하지 못한다는 단점이 있지만, 실제 응용에서는 이 접근 방식이 잘 통할 때가 많다(특히 판별망이 모든 합성 견본을 가짜로 정분류하는 훈련 초기에).

10.4.2 변분 자동부호기와 비교

변분 자동부호기와 생성 대립 신경망은 비슷한 시기에 독립적으로 개발되었다. 둘 사이에는 흥미로운 유사점과 차이점이 있다. 이번 절에서는 이 두 모형을 비교한다.

변분 자동부호기와는 달리 생성 대립망의 훈련에서는 복호기 부분(즉, 생성망)만 학습하고 부호기 부분(판별망)은 학습하지 않는다. 즉, 변분 자동부호기와는 달리 생성 대립망은 특정 입력 견본을 충실하게 재구축하는 것을 목표로 하지 않는다. 그러나 기본 자료와 비슷한 이미지를 생성한다는 점은 두 모형이 같다. 이는 두 모형 모두 그 은닉 공간에 알려진 구조(흔히 가우스 분포)가 존재하고, 그로부터 자료점들을 추출하기 때문이다. 일반적으로 생성 대립망이 변분 자동부호기보다 더 나은 품질의 표본(이를테면 좀 더 선명한 이미지)을 산출한다. 기본적인 이유는, 생성 대립망이 애초에 사실적인 이미지를 산출하도록 설계된 것이기 때문이다. 변분 자동부호기는 정칙화 때문에 출력의 품질이 나빠진다. 또한, 변분 자동부호기는 재구축 오차에 근거해서 특정 이미지에 대한 출력을 생성하기 때문에, 결과적으로 모든 가능한 출력의 평균을 최종 결과로 제시하게 된다. 모든 가능한 출력은 그 위치가 서로 조금씩 엇나가 있을 때가 많으며, 그런 출력들을 평균하면 이미지가 흐릿해질 수밖에 없다. 반면 판별망을 속일 수 있는 고품질 결과를 산출하도록 고안된 생성 대립망은 여러 구성요소가 조화를 이루는(따라서 좀 더 사실적인) 하나의 결과를 만들어 낸다.

변분 자동부호기는 방법론 측면에서 생성 대립망과 상당히 다르다. 변분 자동부호기가 사용하는 재매개변수화 접근 방식은 확률적 성격을 가진 신경망의 훈련에 아주 유용하다. 그런 접근 방식은 생성적인 은닉층을 가진 다른 종류의 신경망에도 유용할 가능성이 있다. 최근에는 변분 자동부호기의 착안들과 생성 대립망의 착안들을 결합하는 시도들도 있었다.

10.4.3 GAN을 이용한 이미지 자료 생성

GAN은 다양한 맥락에서 이미지 객체를 생성하는 데 흔히 쓰인다. 지금까지 GAN의 주된 용도가 이미지 생성임은 사실이다. 이미지 생성을 위한 생성 대립망의 생성망으로는 **역합성곱 신경망**(deconvolutional network)이 주로 쓰인다. [384]는 GAN을 위한 역합성곱 신경망을 설계할 때 가장 즐겨 쓰이는 방법을 논의한다. 역합성곱 신경망을 사용하는 GAN을 DCGAN이라고 부르기도 한다. 그러나 최근에는 deconvolutional이라는 용어에 오해의 소지가 있다는 이유로 deconvolutional 대신 transposed convolution(전치된 합성곱, 줄여서 전치 합성곱)이라는 용어를 사용하는 것이 더 일반적이라는 점도 기억하기 바란다.

[384]의 시스템은 100차원 가우스 잡음을 입력받는다. 이 잡음은 복호기의 출발점으로 쓰인다. 복호기는 이 100차원 가우스 잡음을 4×4 크기의 특징 맵 1024개로 변환한다. 이 과정에는 100차원 입력과의 완전 연결 행렬 곱셈이 쓰인다. 그 곱셈 결과를 하나의 텐서 형태로 만든다. 그다음의 합성곱 층들이 있는데, 출력 쪽으로 가면서 각 합성곱 층의 깊이가 절반으로 줄고 너비와 높이는 두 배로 증가한다. 예를 들어 둘째 층의 깊이(특징 맵 개수)는 512지만 셋째 층의 깊이는 256이다.

그런데 원래 합성곱 연산은 심지어 보폭이 1일 때도 특징 맵의 너비와 높이를 줄인다(추가적인 여백 채우기를 사용하지 않는다고 할 때). 그렇다면 이 합성곱 층들의 너비와 높이가 두 배가 되는 이유는 무엇일까? 이유는, 이 합성곱 층들이 보폭이 0.5인 **분수 보폭 합성곱**(fractionally strided convolution) 연산 또는 **전치 합성곱**(transposed convolution)

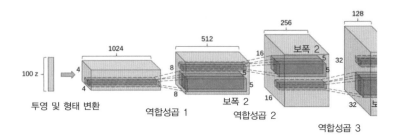

(a) DCGAN의 합성곱 구조

(b) 각 행에서 입력 잡음의 변화에 따른 매끄러운 이미지 전이를 볼 수 있다.

(c) 입력 잡음에 대한 산술 연산에 의미론적 유의성이 존재한다.

그림 10.8: DCGAN의 합성곱 구조 및 생성된 이미지들. [384]의 이미지들을 허락하에 전재했다. ©2015 Alec Radford.

연산을 사용한다는 것이다. 전치 합성곱에 대해서는 제8장의 §8.5.2 끝에서 설명했다. 보폭이 분수인 합성곱은 보폭이 정수인 경우와 그리 다르지 않으며, 개념적으로는 입력 볼륨의 행들과 열들 사이에 0(또는, 이웃 칸들을 보간한 값)들을 채운 후 정수 보폭 합성곱을 적용하는 것과 같다. 즉, 0들을 채워서 입력 볼륨을 일정 배율로 확장한 상태에서 보폭이 1인 합성곱을 적용하는 것은 그 배율의 역수에 해당하는 분수 보폭으로 합성곱을 적용하는 것과 동등하다. 분수 보폭 합성곱을 사용하는 대신 풀링과 언풀링을 적용해서 공간 크기를 제어할 수도 있지만, 분수 보폭 합성곱을 사용하면 그런 풀링과 언풀링이 필요하지 않다. DCGAN에 쓰이는 생성망의 전반적인 구조가 그림 10.8에 나와 있다. 분수 보폭 합성곱 연산의 구체적인 사항은 [109]를 보기 바란다.

DCGAN은 입력된 잡음 표본에 민감하게 반응하는 이미지들을 생성한다. 서로 다른 잡음 표본으로 생성한 이미지들의 예가 그림 10.8(b)에 나와 있다.[384] 여섯 번째 행이 특히 흥미로운데, 창이 없는 방이 점차 커다란 창이 있는 방으로 변한 모습을 볼 수 있다. 이런 매끄러운 전이는 변분 자동부호기에서도 볼 수 있다. 잡음 표본들에 벡터 산술을 적용하는 것도 가능한데, 그러한 산술은 의미론적인 해석 가능성을 가지고 있다. 예를 들어 웃는 여성 이미지 표본에서 무표정한 여성 이미지 표본을 뺀 후 무표정한 남성 이미지 표본을 더하면 웃는 남성 이미지들이 산출된다. 그러한 예[384]가 그림 10.8(c)에 나와 있다.

판별망에도 합성곱 신경망 구조가 쓰이지만, ReLU 대신 누출(leaky) ReLU가 쓰인다는 점이 생성망과 다르다. 판별망의 마지막 합성곱 층은 입력 볼륨을 평평하게 만들어서 출력층에 넘겨주고, 출력층은 S자형 함수를 이용해서 하나의 확률값을 산출한다. 생성망과 판별망 모두, 완전 연결 층은 전혀 사용하지 않는다. 다른 여러 합성곱 신경망처럼 활성화 함수로는 ReLU를 사용한다. 기울기 소실 및 폭발 문제를 피하기 위해 배치 정규화를 사용한다는 점도 다른 여러 합성곱 신경망과 비슷하다.[214]

10.4.4 조건부 생성 대립 신경망

조건부 생성 대립 신경망(conditional generative adversarial network, CGAN)에서는 생성망과 판별망 모두 추가적인 입력으로 조건화(conditioning)된다. 추가적인 입력은 분류명일 수도 있고 캡션일 수도 있으며, 생성할 객체와 같은 종류의 자료일 수도 있다. 조건부 생성 대립망에서 훈련 입력 견본은 **목표 객체와 문맥의 연관** 쌍으로 구성된다. 일반적으로 문맥은 목표 객체와 응용 영역에 고유한 어떤 방식으로 연관될 때가 많다. 조건부 생성 대립망은 그러한 연관 관계를 배운다. 목표 객체가 이미지이고 문맥이 캡션이라고 할 때, 예를 들어 '웃는 여성'이라는 캡션을 제공하면 CGAN은 웃는 여성의 모습을 담은 이미지를 생성한다. 여기서 주목할 점은, CGAN이 웃는 여성 이미지를 생성하는 데 사용할 수 있는 이미지가 다수이며, 그중 어떤 이미지가 선택되느냐는 잡음 입력의 값에 좌우된다는 것이다. CGAN은 자신의 창조성과 상상력에 기초해서 다양한 목표 객체를 생성할 수 있는데, CGAN이 생성할 수 있는 모든 가능한 목표 객체들의 집합을 모집단(universe)이라고 부른다. 일반적으로 문맥이 목표 출력보다 복잡하면 목표 객체들의 모집단이 줄어드는 경향이 있으며, 심지어는 생성망이 주어진 잡음 입력과는 무관하게 고정된 객체들만 출력하는 경우도 발생한다. 그래서 문맥 입력을 생성할 객체보다 단순하게 두는 것이 훨씬 일반적이다. 예를 들어 이미지를 문맥으로 제공해서 캡션을 생성하는 것보다 캡션을 문맥으로 제공해서 이미지를 생성할 때가 훨씬 많다. 그러긴 하지만, 기술적으로는 두 방식 모두 가능하다.

조건부 GAN의 여러 조건화 응용 예가 그림 10.9에 나와 있다. 문맥은 조건화에 필요한 추가 입력으로 쓰인다. 일반적으로 어떤 종류의 자료도 문맥이 될 수 있으며, 출력 역시 어떤 종류의 자료라도 가능하다. 대체로 CGAN의 흥미로운 용례들은 입력 문맥이 출력 객체보다 훨씬 덜 복잡한(이를테면 문맥이 캡션이고 출력이 이미지인) 경우에 해당한다. 그런 경우 CGAN은 누락된 세부 사항을 독창적으로 채우는 능력을 보여줄 때가 많다. 그런 세부 사항은 생성망에 입력된 잡음에 따라 달라질 수 있다. 다음은 객체-문맥 쌍의 몇 가지 예이다.

1. 각 이미지 객체에 하나의 분류명을 연관시킨다. 분류명은 이미지 생성의 조건화를 위한 문맥으로도 작용한다. 예를 들어 MNIST 자료 집합(제1장 참고)에 대해 0에서 9까지의 숫자에 해당하는 분류명들을 문맥으로 사용하면, 생성망은 주어진 분류명으로 생성을 조건화해서 그에 해당하는 숫자를 담은 이미지를 생성할 것이다. 마찬가지로, 캡션들이 부여된 이미지 자료 집합으로 훈련한 CGAN을 '당근' 같은 캡션으로 조건화하면 CGAN은 당근 이미지를 생성할 것이다. 조건부 생성 대립망을 제안한 원논문 [331]은 0에서 9까지의 분류명에 해당하는 숫자의 784차원 표현을 생성하는 예를 제시했다. 원본 숫자 견본들은 MNIST 자료 집합(제1

장의 §1.8.1 참고)에 있는 것들이었다.

2. 목표 객체와 문맥이 같은 종류의 자료이되, 문맥에는 목표 객체의 풍부한 세부

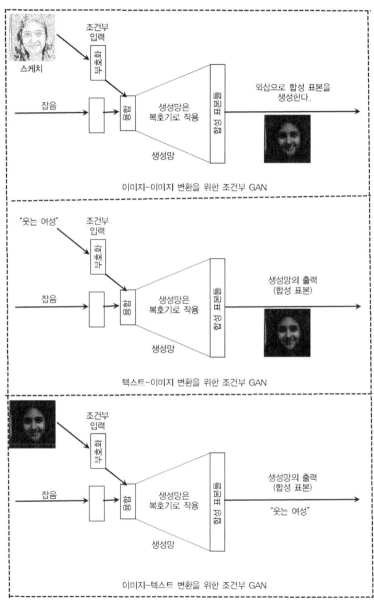

그림 10.9: 생성 대립망을 위한 여러 종류의 조건부 생성망. 이들은 설명을 위한 예일 뿐, 실제 CGAN의 출력을 반영한 것은 아니다.

사항이 빠져 있다. 예를 들어 어떤 지갑을 화가가 간략하게 스케치한 이미지를 문맥으로 제시하면 생성망은 지갑을 실제로 찍은 듯한 이미지를 생성한다. 또 다른 예로, 어떤 범행의 용의자를 화가가 스케치한 그림을 문맥으로 제공하면 생성망은 실제 용의자 사진들을 외삽(extrapolation)해서 스케치와 부합하는 진짜 같은 용의자 사진을 생성한다. 이런 예들에서 생성망의 목표는 문맥에는 없는 세부 사항들이 채워진 사실적인 표본을 생성하는 것이다. 이에 해당하는 예가 그림 10.9의 제일 위에 나와 있다. 문맥이 이미지나 텍스트 문장 같은 복잡한 형태의 자료일 때는 문맥의 표현을 부호기를 이용해서 하나의 다차원 표현으로 변환해야 한다. 그래야 그것을 다차원 가우스 잡음과 융합(fusion)할 수 있다. 문맥이 이미지이면 합성곱 신경망을 그러한 부호기로 사용하면 되고, 문맥이 텍스트일 때는 순환 신경망이나 *word2vec* 모형을 부호기로 사용하면 된다.

3. 각 객체에 텍스트 설명을 연관시킨다. 텍스트 설명이 문맥에 해당한다. 이미지 생성의 경우, 이미지에 대한 캡션을 문맥으로 제공해서 그 캡션에 부합하는 이미지를 생성한다. 예를 들어 "날카로운 발톱을 가진 파랑새"라는 캡션을 제공하면 생성망은 그런 모습의 새 이미지를 생성한다. 그림 10.9의 중간은 "웃는 여성"이라는 캡션을 문맥으로 해서 이미지를 생성하는 예를 보여준다. 반대로, 이미지를 문맥으로 해서 이미지를 설명하는 캡션을 생성할 수도 있다. 그림 10.9의 제일 아래가 그러한 예이다. 그러나 단순한 문맥(텍스트 캡션 등)으로부터 복잡한 객체(이미지 등)를 생성하는 것이 더 일반적이다. 이는, 단순한 객체에서 복잡한 객체를 생성하는 문제를 위한 지도 학습 방법들이 그 반대 방향의 방법들보다 더 정확하고 다양하기 때문이다.

4. 문맥은 흑백 이미지 또는 동영상(이를테면 고전 영화)이고, 목표 객체는 그것의 컬러 버전이다. 이 경우 GAN은 그런 목표 객체-문맥 쌍으로부터 흑백 장면을 가장 자연스럽게 채색하는 방법을 배운다. 예를 들어 생성 대립망은 문맥 이미지의 나무들을, 기본적인 윤곽은 변경하지 않고 내부 색상만 훈련 자료에 있는 나무 색상들로 채울 것이다.

이 모든 사례는 GAN이 **누락 정보를 채우는** 데 아주 능숙함을 보여준다. 조건부가 아닌 GAN은 문맥이 전혀 제공되지 않는, 조건부 GAN의 한 특수 사례에 해당한다. 즉,

무조건부(unconditional) GAN은 그 어떤 정보나 힌트도 없이 이미지를 생성해야 한다. 응용의 관점에서는 조건부 GAN이 더 흥미로울 것이다. 실제 응용에서는 바람직한 결과에 대한 추가 정보가 어느 정도 주어질 때가 많기 때문이다. 누락된 세부 사항을 채우려면 상당히 많은 문맥 정보가 필요하므로, 문맥 정보가 아주 적을 때는 그런 누락 자료 분석 방법들이 잘 작동하지 않는다. 자동부호기나 행렬 인수분해 방법들과는 달리 GAN은 원본 자료를 충실하게 재구축하는 데는 그리 능숙하지 않다. 대신 GAN은 누락된 세부 사항들을 사실적이고 조화로운 방식으로 채워 넣는 훌륭한 외삽 능력을 갖추고 있다. 그 덕분에 GAN은 재구축 평균에 의한 흐릿한 추정 결과 대신 고품질의 선명한 견본을 생성한다. 생성 결과가 주어진 문맥을 완벽하게 반영하지는 않더라도, 여러 개의 견본을 생성함으로써 같은 문맥에 대한 다양한 외삽 결과를 탐색하는 것이 항상 가능하다. 예를 들어 범죄 용의자의 스케치가 주어졌을 때, 스케치에는 없는 세부 사항을 다양한 방식으로 채워서 다양한 용의자 사진들을 생성할 수 있을 것이다. 이런 측면에서, 생성 대립망은 전통적인 자료 재구축 방법들에는 없는 어느 정도의 예술성 또는 창조성을 보여준다. 이런 창조성은 문맥 정보의 양이 적기 때문에 누락된 세부 사항들을 신경망이 알아서 최대한 그럴듯하게 채워야 할 수밖에 없을 때 꼭 필요한 속성이다.

아주 다양한 기계 학습 문제(분류를 포함해서)를 이러한 누락 자료 보충 문제로 볼 수 있다는 점에 주목하기 바란다. 따라서, 이론적으로는 CGAN으로 지금까지 이야기한 것보다 훨씬 다양한 문제들을 풀 수 있다. 그러나 CGAN은 누락된 부분이 너무 커서 원본을 충실하게 재구축하는 것이 사실상 불가능한 경우에 좀 더 유용하다. CGAN을 분류나 이미지 캡션 생성에 사용할 수는 있지만, 그것이 CGAN의 최상의 용도는 아니다.[2] 조건부 생성 대립망 같은 생성 모형들은 기본적으로 창조성에 중점을 둔다. 조건화를 위한 객체가 출력 객체보다 훨씬 복잡한 경우에는 CGAN이 입력 잡음과는 무관하게 고정된 출력을 생성하게 될 수도 있다.

CGAN의 훈련 과정에서, 생성망의 입력은 잡음 분포와 조건화 객체로부터 생성된 하나의 자료점과 그에 대한 하나의 은닉 부호로 구성된다. 이 입력으로부터 생성망(복

---

2) 판별망이 출력 분류명들('위조품'에 해당하는 분류명도 포함해서)을 출력하도록 수정하면, 분류명의 종류가 아주 적은 문제에 대한 최고 수준의 준지도 분류 모형이 된다.[420] 반면 생성망이 분류명들을 출력하도록 수정하는 것은 그리 좋은 선택이 아니다.

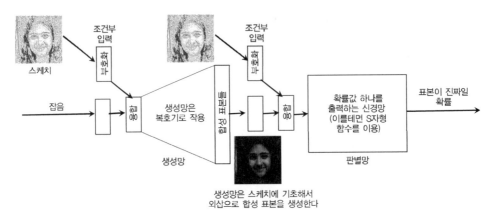

그림 10.10: 조건부 생성 대립망의 훈련을 위해 판별망과 생성망을 연결한 구조. 이를 그림 10.7에 나온 무조건부 생성 대립망 훈련을 위한 구조와 비교해 보기 바란다.

호기)은 조건화된 자료 표본을 생성한다. 한편, 판별망의 입력은 자료 견본과 그에 대한 문맥으로 구성된다. 판별망은 자료 견본과 문맥(조건화 객체)을 융합해서 하나의 은닉 표현을 만들고, 그에 기초해서 자료가 진짜인지 아니면 합성인지 판별한다. CGAN의 훈련을 위해 생성망과 판별망을 연결한 구조가 그림 10.10에 나와 있다. 이 구조를 그림 10.7에 나온 무조건부 GAN의 해당 구조와 비교해 보기 바란다. 주된 차이점은, CGAN의 경우에는 추가적인 조건부 입력이 존재한다는 것이다. 손실함수와 은닉층들의 전체적인 배치는 두 경우에서 아주 비슷하다. 따라서 무조건부 GAN을 위한 훈련 방법을 조금만 수정해서 조건부 GAN을 위한 훈련 방법을 만들 수 있다. 신경망에서 조건화 입력과 관련된 부분의 갱신을 위해 추가적인 가중치들이 필요하다는 점을 제외하면, 역전파 부분은 별로 수정할 필요가 없다.

GAN으로 다양한 자료 형식을 다룰 때 한 가지 주의할 점은, 부호화와 복호화를 자료의 형식에 맞는 방식으로 수행하려면 신경망들의 구조를 수정해야 할 수도 있다는 것이다. 지금까지의 논의에서는 주로 이미지와 텍스트 영역의 예를 사용했지만, 관련 문헌들은 일반적인 다차원 자료(이미지나 텍스트 같은 특정 형식의 자료가 아니라)를 기준으로 알고리즘을 설명할 때가 많다. 따라서, 예를 들어 단순한 분류명을 문맥으로 사용할 때도 분류명을 다차원 표현(이를테면 원핫 부호화 벡터)으로 부호화할 필요가 있다. 그림 10.9와 그림 10.10에서 문맥의 부호화를 위한 구성요소를 명시한 것은 이 때문이다. 조건부 GAN에 관한 초기 연구[331]는 *ImageNet* 데이터베이스로 미리 훈련한

AlexNet 합성곱 신경망[255]을 이미지 문맥을 위한 부호기로 사용했다(최종 분류명 예측 층은 제외하고). [331]은 이미지와 텍스트 주석(annotation)을 결합한 입력을 사용하는 다중 모드 설정도 사용했다. 이 경우 출력은 이미지를 좀 더 자세하게 설명하는 일단의 텍스트 꼬리표들이다. 텍스트 주석을 부호화하는 데는 미리 훈련된 *word2vec*(스킵그램) 모형을 사용했다. 생성망의 가중치들을 갱신할 때 그런 미리 훈련된 부호기의 가중치들까지 좀 더 조정할 수도 있다는(생성망을 넘어 부호기까지 역전파를 진행해서) 점에 주목하기 바란다. 이런 접근 방식은 GAN이 객체를 생성하는 데 사용하는 자료 집합의 성격이 부호기의 사전훈련에 사용한 자료 집합의 성격과 아주 다를 때 특히나 유용하다. 그러나 [331]은 미리 훈련된 부호기들을 추가 갱신 없이 그대로 사용했으며, 그런데도 상당히 높은 품질의 결과를 산출했다.

[331]은 텍스트 주석의 부호화에 *word2vec* 모형을 사용했지만, 그 밖의 옵션도 여럿 있다. 하나는 순환 신경망을 사용하는 것인데, 이 경우 입력은 하나의 단어가 아니라 문장 전체이다. 단어를 부호화하는 경우에는 문자 수준 순환 신경망을 사용하면 된다. 어떤 경우이든, 미리 적절히 훈련된 부호기로 시작해서 CGAN 훈련 과정에서 그것을 좀 더 조정하는 접근 방식을 적용할 수 있다.

10.5 경쟁 학습

이 책에서 지금까지 논의한 대부분의 학습 방법은 오차가 줄어들도록 신경망의 가중치들을 갱신하는 것에 기초한다. 그러나 이번 절에서 소개하는 경쟁 학습은 그와는 완전히 다른 학습 패러다임으로, 입력을 오차 없이 출력으로 사상하는 것이 목표가 아니다. 경쟁 학습에서는 신경망의 뉴런들이 입력 자료에 대해 반응할 권리를 두고 서로 경쟁하면서 자신의 가중치들을 하나 이상의 입력 자료점들과 좀 더 가까워지도록 갱신한다. 이런 차이 때문에, 경쟁 학습을 위한 훈련 방법은 다른 신경망에 쓰이는 역전파 알고리즘과 아주 다르다.

경쟁 학습 훈련 과정의 전반적인 개념은 다음과 같다. 한 출력 뉴런의 활성화 값은 그 뉴런의 가중치 벡터가 입력과 비슷할수록 크다. 경쟁 학습에서는 뉴런의 가중치 벡터가 입력과 차원이 같다고 가정한다. 가중치 벡터와 입력 자료점의 유사도는 흔히 유클리드 거리(Euclidean distance)를 이용해서 측정한다. 그 거리가 작을수록 뉴런의 활성화 값이 커진다. 주어진 입력에 대해 활성화 값이 가장 큰 출력 단위가 승자로 선택되며, 그 뉴런의 가중치들이 입력에 좀 더 가까워지도록 갱신된다.

이러한 승자독식 접근 방식에서는 승자, 즉 활성화 값이 가장 큰 뉴런 하나만 갱신되며 나머지 뉴런들은 변하지 않는다. 이를 변형해서, 미리 정의된 이웃 관계에 기초해서 승자 주변의 뉴런들도 어느 정도 갱신하는 접근 방식도 있다. 더 나아가서, 뉴런이 다른 뉴런을 억제하는 변형도 있다. 그런 메커니즘을 미리 정의된 특정한 구조를 따르는 표현을 학습하기 위한 일종의 정칙화로 활용하는 것이 가능하다(이를테면 은닉 특징들의 2차원 시각화 등에서). 그럼 승자독식 접근 방식을 사용하는 기본적인 경쟁 학습 알고리즘부터 살펴보자.

입력 벡터가 $\overline{X}$이고 i번째 뉴런의 가중치 벡터가 $\overline{W}_i$라고 하자. 둘 다 d차원 벡터라고 가정한다. 그리고 신경망의 뉴런은 총 m개라고 가정한다. 일반적으로 m은 자료 집합의 크기 n보다 훨씬 작다. 다음은 입력 자료에서 뽑은 하나의 $\overline{X}$에 대해 뉴런들을 갱신하는 단계들이다. 학습은 이 단계들을 여러 번 반복하는 식으로 진행된다.

1. 각 i에 대해 유클리드 거리 $\|\overline{W}_i - \overline{X}\|$을 계산하고, 그 거리가 가장 작은 뉴런을 승자로 선언한다.

2. p번째 뉴런이 승자라고 할 때, 그 뉴런의 가중치 벡터만 다음과 같이 갱신한다.

$$\overline{W}_p \Leftarrow \overline{W}_p + \alpha(\overline{X} - \overline{W}_p) \tag{10.20}$$

여기서 $\alpha > 0$은 학습 속도이다. 일반적으로 α 값을 1보다 훨씬 작게 둔다. 학습이 진행됨에 따라 α를 점차 줄이는 경우도 있다.

경쟁 학습의 기본 착안은 가중치 벡터를 일종의 원형(prototype)으로 간주해서(k-평균 군집화의 무게중심처럼), 승자의 원형(가중치 벡터)을 훈련 견본 쪽으로 조금 이동한다는 것이다. 학습 속도 α는 승자의 가중치 벡터 $\overline{W}_p$를 입력 자료점 쪽으로 이동하는 거리를 결정한다. 방법이 조금 다르긴 하지만, k-평균 군집화도 이와 비슷한 효과를 가진다. 크게 보면, 경쟁 학습 역시 어떤 한 자료점이 승자에 해당하는 무게중심에 배정되었을 때 반복의 끝에서 그 무게중심을 훈련 견본 쪽으로 조금 이동한다는 큰 틀의 자연스러운 변형이라 할 수 있다. 따라서 경쟁 학습을 군집화나 차원 축소 같은 비지도 학습 응용에 사용할 수 있다.

10.5.1 벡터 양자화

벡터 양자화(vector quantization)는 경쟁 학습의 가장 간단한 변형이다. 벡터 양자화 알고리즘은 기본적인 경쟁 학습 패러다임을 **민감도**(sensitivity)라는 개념을 이용해서 조금 변경한 형태이다. 벡터 양자화에서 각 노드에는 하나의 민감도 $s_i \geq 0$이 부여된다. 이 민감도는 자료점들이 서로 다른 군집들에 좀 더 균형 있게 속하게 하는 데 도움이 된다. 벡터 양자화의 단계들은 경쟁 학습 알고리즘의 것들과 비슷하되, s_i를 갱신하고 그것을 승자 선택에 활용하는 부분에서 차이가 난다. 처음에는 각 자료점의 s_i를 0으로 초기화한다. 한 번의 갱신에서, 승자가 아닌 단위에 대해서는 s_i를 $\gamma > 0$만큼 증가하고, 승자의 경우에는 0으로 설정한다. 승자 선택 시에는 유클리드 거리에서 민감도를 뺀 값, 즉 $\|\overline{W_i} - \overline{X}\| - s_i$를 기준으로 사용한다. 이렇게 하면 자료점들이 좀 더 균형 있게 군집화되는 경향이 생긴다(심지어 서로 다른 영역들의 밀도 차이가 아주 큰 경우에도). 이 접근 방식에서는 밀집된 영역의 자료점들이 가중치 벡터 중 하나와 아주 가까워지며, 희소한 영역의 자료점들은 가중치 벡터들로 잘 근사되지 않는다. 이런 성질은 차원 축소나 압축 같은 응용에서 흔히 볼 수 있다. γ 값은 민감도의 효과를 제어한다. γ를 0으로 두면 앞에서 논의한 기본적인 경쟁 학습이 된다.

벡터 양자화의 주된 용도는 압축이다. 압축에서는 각 자료점이 그와 가장 가까운 가중치 벡터 $\overline{W_i}$로 표현되는데, 여기서 i는 1에서 m까지의 뉴런 색인이다. 일반적으로 m이 자료 집합의 크기(자료점 개수) n보다 훨씬 작다는 점을 기억하기 바란다. 벡터 양자화의 첫 단계는 모든 가중치 벡터 $\overline{W_1} \ldots \overline{W_m}$을 담은 하나의 부호책(codebook 코드북; 또는 부호록)을 구축하는 것인데, 자료점의 차원이 d라고 할 때 이 부호책에는 $m \cdot d$만큼의 공간이 필요하다. 벡터 양자화는 자료점들을 직접 저장하는 대신 자료점의 부호(해당 가중치 벡터의 색인)를 저장함으로써 자료를 압축한다. 하나의 부호를 저장하는 데 필요한 공간은 m의 비트수인 $\log_2(m)$이므로, 전체적인 공간 저장 요구량은 $m \cdot d + n \log_2(m)$이다. 일반적으로 이는 자료 집합을 그대로 저장하는 데 필요한 $n \cdot d$보다 훨씬 작은 공간이다. 예를 들어 100차원 자료점 100억 개를 담은 자료 집

합을 저장하려면, 각 차원에 4바이트가 필요하다고 할 때 약 4TB의 공간이 필요하다. 그러나 $m = 10^6$으로 이를 양자화하는 경우, 각 자료점에 20비트가 필요하므로 부호책을 약 0.5GB 이하의 공간에 저장할 수 있다. 부호책과 자료 집합을 합해도 3.5GB에 못 미친다. 이런 종류의 압축은 손실 압축임을 주의하기 바란다. 자료점 $\overline{X}$의 근사오차는 $\|\overline{X} - \overline{W_i}\|$이다. 밀집한 영역의 자료점들은 아주 잘 근사되지만, 희소한 영역의 자료점들은 잘 근사되지 않는다.

10.5.2 코호넨 자기조직화 지도

코호넨 자기조직화 지도(Kohonen self-organizing map; 또는 코호넨 자기조직화 맵) 역시 경쟁 학습의 한 변형으로, 1차원 순차열 또는 2차원 격자 비슷한 구조를 뉴런들에 가한다. 좀 더 일반적인 논의를 위해 여기서는 2차원 격자 비슷한 구조를 뉴런들에 가하는 경우를 논의한다. 차차 보겠지만, 이런 격자 구조를 이용하면 모든 자료점을 2차원 공간으로 사상할 수 있다. 따라서 시각화에 유용하다. 25개의 뉴런을 5×5 크기의 2차원 사각 격자 형태로 배치한 구조가 그림 10.11(a)에 나와 있다. 그림 10.11(b)는 같은 수의 뉴런들을 육각 격자 구조로 배치한 모습이다. 격자의 형태는 군집들이 사상될 2차원 영역의 형태에 영향을 미친다. 1차원 순차열 비슷한 구조의 경우도 이와 비슷하다. 이러한 격자 구조는 인접한 뉴런들의 가중치들이 비슷하다는 성질을 활용하기 위한 것이다. 이때, 가중치 사이 거리 $\|\overline{W_i} - \overline{W_j}\|$와 격자 상의 뉴런 사이 거리를 구분하는 것이 중요하다. 격자 상에서 인접한 두 뉴런의 거리는 항상 1이다. 예를 들어 그림 10.11(a)에서 뉴런 i와 j 사이의 격자 상 거리는 1이고, 뉴런 i와 k 사이의 거리는 $\sqrt{2^2 + 3^2} = \sqrt{13}$이다. 원래의 입력 공간에서의 벡터 거리(이를테면 $\|\overline{X} - \overline{W_i}\|$ 또는 $\|\overline{W_i} - \overline{W_j}\|$)를 $Dist(\overline{W_i}, \overline{W_j})$처럼 표기하고, 격자에서 뉴런 i와 j 사이의 거리는 $LDist(i, j)$로 표기한다. 이 $LDist(i, j)$의 값은 색인 쌍 (i, j)에만 의존할 뿐 벡터 $\overline{W_i}$와 $\overline{W_j}$의 값과는 무관함을 기억하기 바란다.

자기조직화 지도의 학습 과정은 뉴런 i와 j가 격자 거리를 기준으로 가까울수록 해당 가중치 벡터들도 서로 비슷해지는 방식으로 진행된다. 다른 말로 하면, 자기조직화 지도의 격자 구조는 학습 과정에서 하나의 정칙화로 작용한다. 차차 보겠지만, 학습되는 가중치들에 이런 종류의 2차원 구조를 가하는 것은 원래의 자료점들을 2차원 내

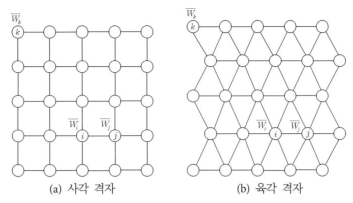

(a) 사각 격자   (b) 육각 격자

그림 10.11: 자기조직화 지도를 위한 5×5 격자 구조의 예. 자기조직화 지도의 학습 과정은 인접한 뉴런들(이 예에서 뉴런 i와 j)의 가중치 벡터들(이 예에서 $\overline{W_i}$와 $\overline{W_j}$)을 좀 더 비슷하게 만든다. 사각 격자를 사용하면 사각형으로 군집화된 영역들을 담은 2차원 표현이 만들어지고, 육각 격자를 사용하면 육각형으로 군집화된 영역들을 담은 2차원 표현이 만들어진다.

장으로 시각화하는 데 도움이 된다.

자기조직화 지도의 전반적인 훈련 알고리즘은 경쟁 학습의 것과 비슷하다. 즉, 훈련 자료에서 추출한 $\overline{X}$에 대한 유클리드 거리에 기초해서 승자 뉴런을 선택하고 그 뉴런의 가중치들을 갱신한다. 단, 승자 뉴런의 가중치만 선택하는 것이 아니라 격자에서 그 뉴런 근처의 다른 뉴런들의 가중치들도 갱신한다는(갱신량을 적절히 감쇠해서) 점이 다르다. 심지어, 자기조직화 지도의 좀 더 유연한 변형은 이웃 뉴런들뿐만 아니라 신경망의 모든 뉴런을 승자 뉴런과의 거리에 따라 적절히 감쇠해서 갱신한다. 이때 $[0,1]$ 구간의 감쇠율을 산출하는 감쇠(damping) 함수는 흔히 다음과 같이 가우스 핵 (kernel)으로 정의된다.

$$Damp(i,j) = \exp\left(-\frac{LDist(i,j)^2}{2\sigma^2}\right) \tag{10.21}$$

여기서 σ는 가우스 핵의 너비이다. σ를 극히 작은 값으로 두면 순수한 승자독식 접근 방식과 같아지고, σ가 클수록 정칙화의 정도, 즉 격자 상의 인접 뉴런들의 가중치들이 비슷해지는 정도가 커진다. σ가 작을 때 감쇠 함수는 승자 뉴런에 대해서는 항상 1이 되고 그 외의 모든 뉴런에 대해서는 0이 된다. 따라서 σ는 조정 가능한 하나의 초매개변수라고 할 수 있다. 정칙화와 감쇠에 사용할 수 있는 핵 함수가 가우스 핵뿐인 것은 아님을 기억하기 바란다. 예를 들어 이런 매끄러운 가우스 감쇠 함수 대신, 문턱값 단계 핵(thresholded step kernel)을 이용해서 $LDist(i,j) < \sigma$일 때는 1, 그 외에는 0을 산출하는 감쇠 함수를 사용할 수도 있다.

훈련 알고리즘은 훈련 자료에서 $\overline{X}$를 뽑고, $\overline{X}$와 각 가중치 벡터 $\overline{W_i}$의 거리를 계산하고, 승자와 주변 뉴런을 갱신하는 과정을 반복한다. 승자 뉴런의 색인이 p라고 할 때, $\overline{W_p}$만(승자독식에서처럼) 갱신하는 대신 각 $\overline{W_i}$를 다음과 같이 갱신한다.

$$\overline{W_i} \Leftarrow \overline{W_i} + \alpha \cdot Damp(i,p) \cdot (\overline{X} - \overline{W_i}) \qquad \forall\, i \tag{10.22}$$

여기서 $\alpha > 0$은 학습 속도이다. 학습이 진행됨에 따라 α를 점차 감소하는 접근 방식이 흔히 쓰인다. 이러한 과정을 수렴에 도달할 때까지 반복한다. 격자에서 서로 가까이 있는 뉴런들의 가중치들은 그 갱신량이 비슷하기 때문에, 시간이 지나면서 점차 비슷해진다. 즉, 학습 과정에 의해 비슷한 자료점들이 격자 상에서 인접한 군집들로 모이게 되는데, 이는 시각화에 유용하다.

학습된 자기조직화 지도를 2차원 내장에 활용

자기조직화 지도의 한 응용으로, 자료점들의 2차원 내장(embedding)을 구하는 방법을 살펴보자. $k \times k$ 크기의 격자에서 모든 2차원 격자점은 양의 사분면에 있는 정점 $(0,0)$, $(0,k-1)$, $(k-1,0)$, $(k-1,k-1)$로 정의되는 하나의 정사각형에 놓인다. 격자의 각 격자점은 좌표성분들이 정수인 정점임을 주의하기 바란다. 가장 단순한 2차원 내장은 그냥 각 자료점 $\overline{X}$를 그에 가장 가까운 격자점(승자 뉴런에 해당)으로 표현한 것이다. 그러나 그런 접근 방식에서는 자료점들의 표현들이 겹치게 된다. 이 접근 방식에서 각 표현은 $\{0 \dots k-1\} \times \{0 \dots k-1\}$에 속하는 $k \times k$개의 좌표 중 하나에 해당한다. 즉, 각 표현(격자점)의 좌표성분들은 항상 정수이다. 이 때문에 자기조직화 지도를 이산화된(discretized) 차원 축소 방법이라고 부르기도 한다. 같은 정수 좌표 격자점으로 표현된 서로 다른 자료점들을 구분하기 위해 다양한 발견법적 방법들이 고안되었다. 고차원 문서 자료의 경우, 시각화를 수행하면 특정 주제의 문서들이 특정한 국소 영역들로 사상된 모습을 볼 수 있다. 또한, 관련된 주제들(이를테면 정치와 선거)에 관한 문서들은 인접한 영역들로 사상되는 경향이 있다. 네 가지 주제의 문서들을 자기조직화 지도를 이용해서 사각 격자와 육각 격자로 사상한 예가 그림 10.12의

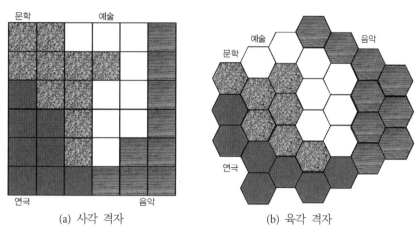

文学　　　　예술

예술　　　　음악
문학

연극

음악

연극

(a) 사각 격자　　　　　　　　　(b) 육각 격자

그림 10.12: 네 가지 주제의 문서들을 2차원 격자들로 시각화한 예

(a)와 (b)에 나와 있다. 각 영역(칸)의 색상은 그 영역에 속한 문서들의 주된 주제를 반영한다.

자기조직화 지도는 신경생물학의 영향을 크게 받았다. 자기조직화 지도는 포유류의 뇌가 조직화된 방식과 관련이 있다. 포유류의 뇌에서는 다양한 종류의 감각 입력(촉각 등)이 뇌세포들로 이루어진 주름진 평면(시트^{sheet}라고 부르는)에 사상된다.[129] 신체에서 서로 가까이 있는 부분들이 하나의 입력(촉각 입력 등)을 받으면, 뇌에서도 서로 가까이 있는 일단의 세포들이 함께 활성화된다. 즉, 입력(감각)의 근접성이 뉴런들의 근접성으로 사상되는데, 이는 자기조직화 지도에서도 마찬가지이다. 신경생물학에서 영감을 받은 합성곱 신경망의 경우에서처럼, 이런 종류의 생물학적 통찰은 항상 정칙화의 형태로 활용된다.

요즘 심층 학습에서는 코호넨 자기조직화 지도가 그리 많이 쓰이지 않지만, 비지도 학습에서는 여전히 상당한 잠재력을 가지고 있다. 또한, 자기조직화 지도에 깔린 경쟁 학습이라는 기본 개념을 다층 순방향 신경망에 도입하는 것도 가능하다. 실제로 경쟁 원리가 좀 더 전통적인 순방향 신경망에 도입된 사례가 여럿 있다. 예를 들어 r-희소 자동부호기와 승자독식 자동부호기(제2장의 §2.5.5.1 참고) 둘 다 경쟁 원리에 기초한다. 마찬가지로, 국소 반응 정규화(제8장의 §8.2.8 참고) 역시 뉴런들 사이의 경쟁에 기초한다. 심지어 이번 장에서 논의한 주의 메커니즘(§10.2)도 활성화 값들의 한 부분집합에 초점을 두는 부분에서 경쟁 원리를 사용한다. 비록 최근에는 자기조직화 지도가 별로 쓰이지 않지만, 그에 깔린 경쟁이라는 기본 원리는 이처럼 전통적인 순방향 신경망에 도입할 수 있다.

10.6 신경망의 한계

최근 몇 년 사이에 심층 학습이 크게 발전했으며, 이미지 분류 같은 여러 과제에서는 사람의 수준을 뛰어넘는 성과를 올리기까지 했다. 그와 비슷하게, 강화 학습은 순차적인 계획 수립이 필요한 몇몇 게임들에서 세계 최고 수준의 인간 플레이어들을 능가하는 주목할 만한 성과를 보였다. 따라서 인공지능이 좀 더 일반적인 과제들에서도 인간의 능력을 뛰어넘는 시절이 언젠가는 올 것이라고 예상하는 것도 무리가 아니다. 그러나 사람처럼 배우고 생각하는 기계를 만들려면 몇 가지 근본적인 기술적 장애물을 극복해야 한다.[261] 특히, 신경망이 고품질의 결과를 내려면 대량의 훈련 자료가 필요하다. 사람은 훨씬 적은 자료로도 그보다 훨씬 나은 성과를 낸다. 또한, 여러 과제에서 신경망이 요구하는 에너지 역시 사람이 비슷한 과제들을 수행할 때 소비하는 에너지보다 훨씬 크다. 이런 요인들은 사람보다 나은 능력을 갖춘 신경망을 구축하는 데 있어 근본적인 제약으로 작용한다. 이번 절에서는 이런 문제들을 살펴보고, 몇 가지 최근 연구 방향도 소개한다.

10.6.1 대담한 목표: 단발 학습

최근 심층 학습에 관심이 높아진 것은 심층 학습 방법들이 대규모 학습 과제들에서 성공적인(더 작은 자료 집합에 대한 예전의 평범한 성과에 비해) 결과를 냈기 때문이다. 그런데 이런 성공 사례들은 현재의 심층 학습 기술의 중요한 약점 하나도 보여준다. 이미지 분류처럼 심층 학습이 인간의 성과를 넘어선 과제들에서, 심층 학습은 **표본 효율성이 낮은** 방식으로 학습을 진행한다. 예를 들어 *ImageNet* 데이터베이스는 백만 개 이상의 이미지로 구성되어 있으며, 신경망이 한 부류의 이미지들을 정확히 분류하려면 그 부류의 견본 수천 개가 필요하다. 사람이 트럭을 식별하는 데는 수천 장의 트럭 이미지가 필요하지 않다. 트럭을 한두 번 본 아이는 이전에 본 것과는 다른 색상과 모델의 트럭들도 인식한다. 이는 배운 것을 새로운 설정들로 일반화하는 능력 면에서 인간이 인공 신경망보다 우월함을 의미한다. 하나 또는 몇 개의 견본으로 이루어진 작은 표본만으로도 뭔가를 배우는 것을 가리켜 **단발 학습**(one-shot learning)이라고 부른다.

사람이 적은 수의 견본으로도 일반화를 수행할 수 있는 것은, 진화를 통해서 인간의 뇌의 뉴런들이 비교적 성기게(희소하게), 그리고 효율적인 방식으로 연결되었기 때문이다. 인간 뇌의 구조는 수백만 년에 걸쳐 세대를 거듭하면서 진화했다. 간접적인 의미로, 인간 뇌의 연결 구조에는 수백만 년의 '진화 경험'으로 얻은 일종의 '지식'이 이미 부호화되어 있다고 할 수 있다. 더 나아가서, 인간은 살아가면서 다양한 과제들에서 지식을 획득하며, 그러한 지식은 특정 과제들을 좀 더 빠르게 학습하는 데 도움이 된다. 즉, 어떤 **특정한** 과제(트럭 인식 등)를 수행하는 방법을 배우는 것은 그냥 타고난, 그리고 살면서 얻은 지식에 해당하는 부호화를 세부 조정하는 문제일 뿐이다. 다른 말로 하면, 인간은 자기 자신과의, 그리고 세대 간의 전이 학습(transfer learning)에 능통하다.

일반화된 형태의 전이 학습을 개발하는 것, 그럼으로써 특정 과제의 학습에 소비한 훈련 시간을 그냥 날려버리는 것이 아니라 재사용할 수 있게 만드는 것은 기계 학습의 중요한 연구 과제 중 하나이다. 전이 학습의 장점은 심층 학습에서 이미 어느 정도 발현되었다. 제8장에서 논의했듯이, *AlexNet*[255] 같은 합성곱 신경망은 *ImageNet* 같은 대형 이미지 데이터베이스로 미리 훈련된다. 어떤 새로운 이미지 자료 집합에 대한 과제를 수행할 때는 미리 훈련된 *AlexNet*의 가중치들을 새 자료 집합으로 좀 더 세부 조정하기만 하면 된다. 더 나아가서, 미리 학습된 신경망의 뒤쪽 층들을 제거하고 주어진 과제에 특화된 층들을 추가함으로써 미리 학습된 특징들을 좀 더 다양한 과제들로 일반화할 수 있을 때도 많다. 이러한 일반 원리들은 텍스트 마이닝에도 쓰인다. 예를 들어 *word2vec* 같은 여러 텍스트 특징 학습 모형이 다양한 텍스트 마이닝 과제에 재사용되는데, 주어진 과제의 것과는 다른 말뭉치로 미리 훈련한 모형을 사용하기도 한다. 일반적으로, 추출된 특징들과 모형 매개변수들, 기타 문맥 정보를 통해서 지식을 전달할 수 있다.

과제 간 학습(learning across tasks)이라는 개념에 기초한 형태의 전이 학습도 있다. 이런 형태의 전이 학습에서는 한 과제에 대해 완전히 또는 부분적으로 훈련한 모형을 다른 과제에 대한 학습 능력의 개선에 사용한다. 이런 원리를 **학습 방법의 학습**(learning-to-learn)이라고 부른다. 스런Thrun과 플랫Platt은 학습 방법의 학습을 다음과 같이 정의했다.[497] 과제 모임(family of tasks)과 그 모임에 속하는 각 과제에 대한 훈련 경험, 그리고 각 과제에 대한 성과 측도가 주어졌을 때, 만일 각 과제에 대한 한 알고리즘의 성과가 경험의 양이 많을수록, 그리고 과제가 많을수록 개선된다면, 그 알고리즘을 가리켜 학습 방법을 학습하는 알고리즘이라고 칭한다. 학습 방법의 학습에서 주된 어려움은 과제들이 다소 다르기 때문에 과제 사이에서 경험을 전달하기가 쉽지 않다는 것이다. 이런 형태의 전이 학습에서는 여러 과제에 걸쳐서 점진적으로 획득한 지식을 개별 과제의 학습을 가속화하는 데 활용한다. 여러 과제에서 획득한 지식은 대상 영역에 대한 다양한 과제들의 구조가 어떤 식으로 변하는지를 반영한다고 할 수 있다.[416] 다른 말로 하면, 이런 전이 학습에는 과제들의 학습이 두 수준으로 조직화된다. 이런 개념을 메타 학습(meta-learning)이라고 부르기도 하지만, 기계 학습의 다른 여러 개념 역시 메타 학습이라고 부르므로 오해의 소지가 있다. 학습 방법의 학습 능력은 생명체의 고유한 특성이기도 하다. 생명체는 여러 과제에서 쌓은 경험을 심지어는 기존의 것들과 관련이 약한 과제의 학습을 개선하는 데에도 활용한다. 크게 보면 신경망의 사전훈련도 이러한 학습 방법의 학습의 예이다. 특정 과제를 위해 특정 자료 집합으로 훈련한 신경망 가중치들을 그와는 다른 과제와 자료 집합에 대한 학습을 가속화하는 용도로 사용한다는 점에서 그렇다. 예를 들어 합성곱 신경망의 앞쪽 층들에 남긴 특징들은 대체로 기본 도형(윤곽선 등)에 해당하는데, 그런 특징들은 다른 종류의 과제와 자료 집합에도 유용할 가능성이 크다. 반면 합성곱 신경망의 뒤쪽 층들은 과제에 고도로 특화된 특징들을 담을 때가 많다. 그렇긴 해도 적은 수의 층들만 훈련하는 것이 신경망 전체를 훈련하는 것보다 필요한 자료의 양이 적다.

단발 학습에 관한 초기 연구[116]는 베이즈 확률을 이용해서 한 범주에서 배운 지식을 다른 범주로 전달했다. 주의, 재귀, 지속적 기억 개념을 활용하는 구조화된 아키텍처에 기초한 메타 학습에서 어느 정도 성공을 거두었는데, 특히 신경 튜링 기계[416]를 이용한 범주 간 학습에서 좋은 결과를 얻었다. 외부 메모리로 신경망을 보강하면 적은 양의 자료로 학습이 가능하다는 점은 오래전부터 알려져 있었다. 예를 들어 LSTM처럼 내부 메모리를 가진 신경망도 이전에는 본 적이 없는 이차 함수를 적은 수의 견본들로 학습하는 문제에서 인상적인 성과를 냈다. 이 측면에서는 신경 튜링 기계가 더 나은 구조인데, [416]은 신경 튜링 기계를 메타 학습에 활용하는 방법을 제시했다. 신경 튜링 기계는 또한 단발 학습을 위한 부합망(matching network)을 구축하는 데에도 쓰였다.[507] 이런 연구들이 단발 학습 수행 능력의 개선 방법을 보여주긴 했지만, 사람에 비해 그런 방법들의 능력은 여전히 초보적인 수준이다. 따라서 이 주제는 향후 연구 영역으로 남아 있다.

10.6.2 대담한 목표: 에너지 효율적 학습

표본 효율성과 밀접히 관련된 개념으로 에너지 효율성(energy efficiency)이 있다. 고성능 하드웨어에서 돌아가는 심층 학습 시스템은 실행 시 대량의 전력을 요구한다는 점에서 에너지 효율성이 낮다. 예를 들어 계산량이 많은 과제를 수행하기 위해 다수의 GPU를 돌리면 시간당 1000W 이상의 전력이 소비된다. 반면 인간의 뇌는 시간당 약 20W 정도로 작동한다. 이는 형광등 하나에 필요한 전력보다도 낮다. 또한, 인간의 뇌는 상세한 계산을 정확하게 수행하는 대신 그냥 결과를 추정할 때가 많다는 점도 주목할 필요가 있다. 많은 경우 그런 추정값으로 충분하며, 그러한 추정이 오히려 일반화에 도움이 되기도 한다. 이 점은 정확성보다 일반화 능력을 더 강조하는 구조가 에너지 효율성이 더 좋을 수 있음을 시사한다.

최근에는 계산의 정확성을 희생하는 대신 전력 효율을 개선하는 알고리즘이 여럿 개발되었다. 그런 방법 중에는 저정밀도 계산의 잡음 효과 덕분에 일반화가 개선된 결과를 보이는 것들도 있다. [83]은 이진 가중치들을 이용해서 계산의 효율성을 높이는 방법들을 제안했다. [289]는 서로 다른 표현 부호화 방식이 에너지 효율성에 미치는 영향을 분석한 결과를 보여준다. 스파이킹 뉴런spiking neuron들을 담은 특정 종류의 신경망이 에너지 효율이 높다는 연구 결과도 있다.[60] 스파이킹 뉴런 개념은 포유류 뇌의 생물학적 모형에서 직접 유도한 것이다. 이 개념의 핵심은, 각 전파 주기에서 뉴런들이 매번 발화(활성화)하는 것이 아니라, 막 전위(membrane potential)가 특정 수준에 도달할 때만 발화한다는 것이다. 막 전위는 뉴런의 전하(electrical charge)와 관련된, 각 뉴런의 고유한 속성이다.

신경망이 작으면, 그리고 중복된 연결들을 제거하면 에너지 효율이 높을 때가 많다. 중복 연결 제거는 정칙화에도 도움이 된다. [169]는 중복 연결들을 제거함으로써 신경망의 가중치들과 연결들을 동시에 학습할 것을 제안한다. 특히, 0에 가까운 가중치들은 제거해도 된다. 제4장에서 논의했듯이, L_1 정칙화를 사용하면 훈련 과정에서 신경망의 가중치들이 0에 가까운 값이 된다. 그런데 [169]에 따르면 L_2 정칙화를 사용할 때 정확도가 더 높다. 그래서 [169]는 L_2 정칙화를 사용하되 특정 문턱값 이상의 가중치들을 제거하는 방법을 사용했다. 이러한 가중치 삭제 또는 '가지치기'는 반복적인 방식으로, 그러니까 삭제된 가중치들이 다시 살아나기도 하고, 살아난 가중치들이 다시 삭제되기도 하는 방식으로 진행된다. 각 반복은 이전 단계에서 훈련된 가중치들을 다음 단계의 계산에 사용한다. 결과적으로, 원래는 연결들이 조밀했던 신경망이 연결이 훨씬 적은 희소한 신경망으로 변한다. 더 나아가서, 입력과 출력이 없는 죽은 연결들이 제거된다. [168]은 여기에 허프먼 부호화와 양자화를 결합해서 이를 더욱 개선한 접근 방식을 제시했다. 양자화는 각 연결을 표현하는 데 필요한 비트수를 줄이는 데 쓰였다. 이 접근 방식으로 *AlexNet*[255]의 저장에 필요한 공간을 정확도 손실 없이 약 240MB에서 6.9MB로, 그러니까 35분의 1 수준으로 줄였으며, 그 덕분에 해당 모형을 칩 바깥의 DRAM 메모리가 아니라 칩의 SRAM 캐시에 담을 수 있었다. 그러면 속도와 에너지 효율성에서 이득이 있을 뿐만 아니라, 내장형 기기에서 계산을 수행할 수 있다는 장점도 생긴다. 특히 [168]은 하드웨어 가속기를 이용해서 성능을 개선했는데, 칩의 SRAM 캐시에 모형을 담지 못했다면 그런 가속이 불가능했다.

하드웨어와 관련해서 또 다른 연구 주제는 신경망에 특화된 하드웨어를 개발하는 것이다. 사람의 지능에서는 소프트웨어와 하드웨어의 구분이 없음을 주목하기 바란다. 이러한 구분이 컴퓨터 유지보수의 관점에서는 도움이 되지만, 한편으로는 인간의 두뇌에서는 볼 수 없는 비효율성의 근원이 되기도 한다. 간단히 말하자면, 인간의 뇌에서 영감을 받은 계산 모형에서는 하드웨어와 소프트웨어가 밀접하게 통합되어 있다. 최근에는 **신경 모방 컴퓨팅**(neuromorphic computing)[114] 분야에서 진전이 있었다. 신경 모방 컴퓨팅이라는 개념은 스파이킹 뉴런들과 저정밀도 시냅스로 이루어진 새로운 칩 아키텍처와 규모가변적(scalable) 통신망에 기초한다. 신경 모방 컴퓨팅에 기초한, 최고 수준의 이미지 인식 능력을 갖춘 합성곱 신경망 구조에 관한 설명을 [114]에서 볼 수 있다.

10.7 요약

이번 장에서는 심층 학습의 여러 고급 주제를 다루었다. 우선 이번 장에서는 주의 메커니즘을 논의했다. 주의 메커니즘은 이미지 관련 응용과 텍스트 관련 응용 모두에 쓰였다. 두 경우 모두, 주의 메커니즘 덕분에 바탕 신경망의 일반화 능력이 개선되었다. 주의 메커니즘을 외부 메모리로 신경망을 증강하는 용도로도 사용할 수 있다. 이론적으로 메모리 증강 신경망은 튜링 완전이라는 점에서 순환 신경망과 비슷하다. 그러나 순환 신경망보다 좀 더 해석 가능한 방식으로 계산을 수행하기 때문에, 훈련 자료 집합과는 다소 다른 시험 자료 집합으로도 잘 일반화된다. 예를 들어 메모리 증강 신경망은 분류 과제에서 훈련 자료 집합에 있던 순차열보다 더 긴 순차열들을 좀 더 정확하게 분류한다. 메모리 증강 신경망의 가장 간단한 예는 신경 튜링 기계이다. 신경 튜링 기계는 미분 가능 신경 컴퓨터라는 개념으로 일반화되었다.

생성 대립 신경망은 생성망과 판별망의 대립적인 상호작용 과정을 통해서 원본 자료 집합에 있는 진짜 견본과 흡사한 견본을 합성하는 능력을 학습한다. 생성 대립망을 기계 학습 알고리즘을 시험하는 데 사용할 입력 표본을 생성하는 용도로 사용할 수 있다. 또한, 생성 과정을 조건화함으로써 기존 견본들과는 다른 종류의 문맥에 대한 견본을 생성하는 것도 가능하다. 이런 착안들이 텍스트-이미지 변환이나 이미지-이미지 변환 같은 다양한 용도에 적용되었다.

이번 장에서는 또한 단발 학습이나 에너지 효율적 학습 같은 최근 연구 중인 여러 고급 주제들도 언급했다. 이런 연구 주제들은 신경망의 능력이 인간에 훨씬 못 미치는 영역들을 대표한다. 최근 몇 년간 인공지능이 크게 발전하긴 했지만, 이런 영역들에는 아직도 연구할 것이 많이 남아 있다.

10.8 문헌 정보

주의 메커니즘을 신경망 훈련에 활용하는 초기 기법들은 [59, 266]이 제안했다. 이번 장에서 논의한 시각적 주의의 순환 모형은 [338]에 기초한 것이다. [15]는 시각적 주의를 이용해서 한 이미지 안의 여러 물체를 식별하는 방법을 논의한다. [18, 302]는 주의 메커니즘을 이용하는 잘 알려진 기계 번역 모형 두 가지를 논의한다. 주의 개념은 이미지 캡션 생성으로도 확장되었다. 예를 들어 [540]은 유연한 주의 모형과 엄격한 주의 모형에 기초한 이미지 캡션 생성 방법들을 논의한다. [413]은 주의 모형을 텍스트 요약에 활용하는 방법을 논의한다. 주의 개념은 이미지의 특정 부분에 초점을 두어서 시각적 질의응답을 수행하는 용도로도 유용하다.[395, 539, 542] 주의 메커니즘에 유용한 구조로 **공간 변형 신경망**(spatial transformer network)이 있다. 이 신경망은 이미지의 특정 부분을 선택적으로 잘라내거나 그런 부분으로 초점을 이동할 수 있다. [299]는 시각적 질의응답에 주의 모형을 활용하는 방법을 논의한다.

신경 튜링 기계[158]와 기억망[473, 528]은 비슷한 시기에 제안되었다. 이후 신경 튜링 기계는 미분 가능 신경 컴퓨터로 일반화되었는데, 미분 가능 신경 컴퓨터는 더 나은 메모리 할당 메커니즘을 사용하며 쓰기 연산들의 순서를 관리한다. 신경 튜링 기계와 미분 가능 신경 컴퓨터는 복사, 연상 기억, 정렬, 그래프 질의, 자연어 질의 같은 다양한 과제에 적용되었다. 한편, 기억망은 주로 자연어 이해와 질의응답에 쓰였다.[473, 528] 그렇지만 두 구조는 상당히 비슷하다. 주된 차이는, [473]의 모형(기억망)은 장소(위치) 기반 주소 접근이 아니라 내용 기반 주소 접근 메커니즘에 초점을 둔다는 것이다. 따라서 신경 튜링 기계 등에 비해 선명화의 필요성이 적다. [257]은 질의응답 문제에 좀 더 집중한 연구 결과를 보여준다. [393]은 신경 프로그램 통역기(interpreter; 해석기) 개념을 제안한다. 이것은 프로그램을 표현하고 실행하는 방법을 배우는 순환 합성 신경망이다. [550, 551]은 강화 학습 기법으로 신경 튜링 기계를 구현하는 흥미로운 방법을 제시한다. 이런 종류의 신경 튜링 기계는 다양한 종류의 복잡한 과제를 해결하는 방법을 학습할 수 있다. [551]은 견본들로부터 간단한 알고리즘을 학습하는 것이 가능함을 보여준다. [229]는 이런 방법들을 GPU들을 이용해서 병렬화하는 방법을 논의한다.

생성 대립 신경망(GAN)은 [149]가 제안했다. 이 주제에 관한 훌륭한 튜토리얼을 [145]에서 볼 수 있다. 이 주제의 초기 연구 성과로, 생성 대립망과 비슷한 구조의 합성곱 신경망으로 의자 이미지를 합성하는 방법이 [103]에 나온다. [420]은 개선된 훈련 알고리즘들을 논의한다. 생성 대립망 훈련에서는 주로 **불안정성**과 **포화**가 문제가 된다. [11, 12]는 이런 문제들을 이론적으로 설명하고 근거 있는 해결책 몇 가지를 제시한다. [562]는 에너지 기반 GAN을 제안하고, 에너지 기반 GAN이 더 안정적이라는 주장을 제시한다. 두 신경망의 대립이라는 개념은 자동부호기 구조[311]로도 일반화되었다. 생성 대립 신경망은 이미지 분야에서 다양한 성질을 가진 사실적인 이미지를 생성하는 데 자주 쓰인다.[95, 384] 그런 응용에서는 역합성곱 신경망이 생성망으로 쓰이기 때문에, 해당 GAN을 DCGAN이라고 부른다.* [331, 392]는 조건부 GAN(CGAN)의 개념과 문맥에 따른 객체 생성에 조건부 GAN을 활용하는 방법을 논의하다. 그러한 접근 방식은 최근 이미지 대 이미지 변환에도 쓰였다.[215, 370, 518] 생성 대립 신경망이 이미지 분야에 자주 쓰이긴 하지만, 최근에는 순차열에 대한 응용으로도 확장되었다.[546] [319]는 동영상의 다음 프레임을 예측하는 용도로 CGAN을 사용하는 방법을 논의한다.

경쟁 학습에 관한 초기 연구로는 [410, 411]이 있다. 거쇼^{Gersho}와 그레이^{Gray}의 [136] 은 벡터 양자화 방법들을 훌륭하게 개괄한다. 벡터 양자화 방법들을 희소 부호화 기법 대신 사용할 수 있다.[75] 코호넨 자기조직화 지도를 소개한 것은 [248]이다. 그리고 좀 더 상세한 논의가 동저자의 [249, 250]에 나온다. 신경 기체(neural gas)를 비롯해서 이 기본 구조의 다양한 변형들이 증분 학습(incremental learning; 또는 점진적 학습)에 쓰였다.[126, 317]

'학습 방법의 학습'에 관한 논의를 [497]에서 볼 수 있다. 이 분야의 초기 방법들은 베이즈 모형을 사용했다.[116] 이후의 방법들은 여러 종류의 신경 튜링 기계들에 초점을 두었다.[416, 507] [364, 403, 462]는 단발 학습에서 한 걸음 더 나아간 무발 학습(zero-shot learning) 방법을 제안한다. 진화적 방법들도 장기적인 학습의 수행에 사용할 수 있다.[543] 심층 학습의 에너지 효율성을 높이는 여러 방법도 제안되었는데, 이를테면 이진 가중치를 이용하는 방법과[83, 389] 특별하게 설계된 칩을 사용하는 방법,[114] 압축을 활용하는 방법이[213, 168, 169] 있다. 순환 신경망에 특화된 에너지 효율 개선 방법들도 개발되었다.[68]

10.8.1 소프트웨어 정보

[627]에 시각적 주의의 순환 모형의 구현 코드가 있다. [628]에는 이번 장에서 논의한, 기계 번역을 위한 주의 메커니즘을 위한 MATLAB 코드가 있다(관련 논문의 원저자들이 작성한 코드이다). [629, 630]에는 신경 튜링 기계의 두 가지 *TensorFlow* 구현 코드가 있다. 두 구현은 서로 연관되어 있는데, [630]의 접근 방식이 [629]의 일부를 채용했기 때문이다. 원래의 구현에는 LSTM 제어기가 쓰였다. [631, 632, 633]은 *Keras*, *Lasagne*,

---

※ **역주** 참고로, DCGAN을 deconvolutional GAN(역합성곱 GAN)의 약자로 간주하는 문헌들도 있긴 하지만, 일반적으로 DCGAN은 deep convolutional GAN(심층 합성곱 GAN)의 약자이다.

Torch 구현들을 제공한다. 페이스북의 여러 기억망 구현을 [634]에서 구할 수 있다. [635]에는 기억망의 *TensorFlow* 구현이 있고, [636]에는 동적 기억망의 *Theano* 구현과 *Lasagne* 구현이 있다.

　　DCGAN의 *TensorFlow* 구현을 [637]에서 구할 수 있다. 또한, [638]에는 [637]의 개발자가 만든, GAN의(그리고 이번 장에서 논의한 다른 여러 주제의) 다양한 변형들이 있다. [639]에는 GAN의 *Keras* 구현이 있다. [640]에는 바서슈타인^{Wasserstein} GAN과 변분 자동부호기를 비롯해 다양한 종류의 GAN 구현들이 있다. 이 구현들은 *PyTorch*와 *TensorFlow*로 실행된다. [641]은 텍스트-이미지 변환 GAN의 *TensorFlow* 구현을 제공한다. 이 구현은 앞에서 언급한 [637]의 DCGAN 구현에 기초한다.

연습문제

1. 엄격한 주의 모형과 유연한 주의 모형의 훈련에 쓰이는 접근 방식들의 주된 차이점은 무엇인가?

2. 주의 메커니즘을 이용해서 제7장의 토큰별(token-wise) 분류 모형을 개선하는 방법을 제시하라.

3. k-평균 알고리즘과 경쟁 학습의 관계를 논하라.

4. 코호넨 자기조직화 지도를 (i) 사각 격자와 (ii) 육각 격자를 이용해서 각각 구현하라.

5. GAN처럼 두 플레이어가 대립하는 게임에 대한 신경망의 목적함수가 $f(x, y)$이고, $\min_x \max_y f(x, y)$를 구해야 하는 상황을 생각해 보자. $\min_x \max_y f(x, y)$와 $\max_y \min_x f(x, y)$의 관계를 논하라. 둘이 같아지는 때는 언제인가?

6. 함수 $f(x, y) = \sin(x + y)$를 x에 대해 최소화하고 y에 대해 최대화한다고 하자. 본문의 생성 대립망 부분에서 논의한 경사 상승 단계와 경사 하강 단계를 번갈아 수행해서 이 함수를 최적화하는 과정을 구현하라. 서로 다른 초기점에서 출발해도 항상 같은 해에 도달하는가?

[1]   D. Ackley, G. Hinton, T. Sejnowski. A learning algorithm for Boltzmann machines. *Cognitive Science*, 9(1), pp. 147–169, 1985.

[2]   C. Aggarwal. Data classification: Algorithms and applications, *CRC Press*, 2014.

[3]   C. Aggarwal. Data mining: The textbook. *Springer*, 2015.

[4]   C. Aggarwal. Recommender systems: The textbook. *Springer*, 2016.

[5]   C. Aggarwal. Outlier analysis. *Springer*, 2017.

[6]   C. Aggarwal. Machine learning for text. *Springer*, 2018.

[7]   R. Ahuja, T. Magnanti, J. Orlin. Network flows: Theory, algorithms, and applications. *Prentice Hall*, 1993.

[8]   E. Aljalbout, V. Golkov, Y. Siddiqui, D. Cremers. Clustering with deep learning: Taxonomy and new methods. *arXiv:1801.07648*, 2018.
       https://arxiv.org/abs/1801.07648

[9]   R. Al-Rfou, B. Perozzi, S. Skiena. Polyglot: Distributed word representations for multilingual nlp. *arXiv:1307.1662*, 2013.
       https://arxiv.org/abs/1307.1662

[10]   D. Amodei *at al.* Concrete problems in AI safety. *arXiv:1606.06565*, 2016.
       https://arxiv.org/abs/1606.06565

[11]   M. Arjovsky, L. Bottou. Towards principled methods for training generative adversarial networks. *arXiv:1701.04862*, 2017.

https://arxiv.org/abs/1701.04862

[12] M. Arjovsky, S. Chintala,, L. Bottou. Wasserstein gan. *arXiv:1701.07875*, 2017.

https://arxiv.org/abs/1701.07875

[13] J. Ba, R. Caruana. Do deep nets really need to be deep? *NIPS Conference*, pp. 2654–2662, 2014.

[14] J. Ba, J. Kiros, G. Hinton. Layer normalization. *arXiv:1607.06450*, 2016.

https://arxiv.org/abs/1607.06450

[15] J. Ba, V. Mnih, K. Kavukcuoglu. Multiple object recognition with visual attention. *arXiv: 1412.7755*, 2014.

https://arxiv.org/abs/1412.7755

[16] A. Babenko, A. Slesarev, A. Chigorin, V. Lempitsky. Neural codes for image retrieval. *arXiv:1404.1777*, 2014.

https://arxiv.org/abs/1404.1777

[17] M. Baccouche, F. Mamalet, C. Wolf, C. Garcia, A. Baskurt. Sequential deep learning for human action recognition. *International Workshop on Human Behavior Understanding*, pp. 29–39, 2011.

[18] D. Bahdanau, K. Cho, Y. Bengio. Neural machine translation by jointly learning to align and translate. *ICLR*, 2015. *arXiv:1409.0473*, 2014.

https://arxiv.org/abs/1409.0473

[19] B. Baker, O. Gupta, N. Naik, R. Raskar. Designing neural network architectures using reinforcement learning. *arXiv:1611.02167*, 2016.

https://arxiv.org/abs/1611.02167

[20] P. Baldi, S. Brunak, P. Frasconi, G. Soda, G. Pollastri. Exploiting the past and the future in protein secondary structure prediction. *Bioinformatics*, 15(11), pp. 937–946, 1999.

[21] N. Ballas, L. Yao, C. Pal, A. Courville. Delving deeper into convolutional networks for learning video representations. *arXiv:1511.06432*, 2015.

https://arxiv.org/abs/1511.06432

[22] J. Baxter, A. Tridgell, L. Weaver. Knightcap: a chess program that learns by

combining td (lambda) with game-tree search. *arXiv cs/9901002*, 1999.

[23] M. Bazaraa, H. Sherali, C. Shetty. Nonlinear programming: theory and algorithms. *John Wiley and Sons*, 2013.

[24] S. Becker, Y. LeCun. Improving the convergence of back-propagation learning with second order methods. *Proceedings of the 1988 connectionist models summer school*, pp. 29–37, 1988.

[25] M. Bellemare, Y. Naddaf, J. Veness, M. Bowling. The arcade learning environment: An evaluation platform for general agents. *Journal of Artificial Intelligence Research*, 47, pp. 253–279, 2013.

[26] R. E. Bellman. Dynamic Programming. *Princeton University Press*, 1957.

[27] Y. Bengio. Learning deep architectures for AI. *Foundations and Trends in Machine Learning*, 2(1), pp. 1–127, 2009.

[28] Y. Bengio, A. Courville, P. Vincent. Representation learning: A review and new perspectives. *IEEE TPAMI*, 35(8), pp. 1798–1828, 2013.

[29] Y. Bengio, O. Delalleau. Justifying and generalizing contrastive divergence. *Neural Computation*, 21(6), pp. 1601–1621, 2009.

[30] Y. Bengio, O. Delalleau. On the expressive power of deep architectures. *Algorithmic Learning Theory*, pp. 18–36, 2011.

[31] Y. Bengio, P. Lamblin, D. Popovici, H. Larochelle. Greedy layer-wise training of deep networks. *NIPS Conference*, 19, 153, 2007.

[32] Y. Bengio, N. Le Roux, P. Vincent, O. Delalleau, P. Marcotte. Convex neural networks. *NIPS Conference*, pp. 123–130, 2005.

[33] Y. Bengio, J. Louradour, R. Collobert, J. Weston. Curriculum learning. *ICML Conference*, 2009.

[34] Y. Bengio, L. Yao, G. Alain, P. Vincent. Generalized denoising auto-encoders as generative models. *NIPS Conference*, pp. 899–907, 2013.

[35] J. Bergstra 외. Theano: A CPU and GPU math compiler in Python. *Python in Science Conference*, 2010.

[36] J. Bergstra, R. Bardenet, Y. Bengio, B. Kegl. Algorithms for hyper-parameter

optimization. *NIPS Conference*, pp. 2546–2554, 2011.

[37] J. Bergstra, Y. Bengio. Random search for hyper-parameter optimization. *Journal of Machine Learning Research*, 13, pp. 281–305, 2012.

[38] J. Bergstra, D. Yamins, D. Cox. Making a science of model search: Hyperparameter optimization in hundreds of dimensions for vision architectures. *ICML Confererence*, pp. 115–123, 2013.

[39] D. Bertsekas. Nonlinear programming *Athena Scientific*, 1999.

[40] C. M. Bishop. Pattern recognition and machine learning. *Springer*, 2007.

[41] C. M. Bishop. Neural networks for pattern recognition. *Oxford University Press*, 1995.

[42] C. M. Bishop. Bayesian Techniques. Chapter 10 in "Neural Networks for Pattern Recognition," pp. 385–439, 1995.

[43] C. M Bishop. Improving the generalization properties of radial basis function neural networks. *Neural Computation*, 3(4), pp. 579–588, 1991.

[44] C. M. Bishop. Training with noise is equivalent to Tikhonov regularization. *Neural computation*, 7(1), pp. 108–116, 1995.

[45] C. M. Bishop, M. Svensen, C. K. Williams. GTM: A principled alternative to the self-organizing map. *NIPS Conference*, pp. 354–360, 1997.

[46] M. Bojarski 외. End to end learning for self-driving cars. *arXiv:1604.07316*, 2016.
https://arxiv.org/abs/1604.07316

[47] M. Bojarski 외. Explaining How a Deep Neural Network Trained with End-to-End Learning Steers a Car. *arXiv:1704.07911*, 2017.
https://arxiv.org/abs/1704.07911

[48] H. Bourlard, Y. Kamp. Auto-association by multilayer perceptrons and singular value decomposition. *Biological Cybernetics*, 59(4), pp. 291–294, 1988.

[49] L. Breiman. Random forests. *Journal Machine Learning archive*, 45(1), pp. 5–32, 2001.

[50] L. Breiman. Bagging predictors. *Machine Learning*, 24(2), pp. 123–140, 1996.

[51] D. Broomhead, D. Lowe. Multivariable functional interpolation and adaptive networks. *Complex Systems*, 2, pp. 321–355, 1988.

[52] C. Browne 외. A survey of monte carlo tree search methods. *IEEE Transactions*

on *Computational Intelligence and AI in Games*, 4(1), pp. 1–43, 2012.

[53] T. Brox, J. Malik. Large displacement optical flow: descriptor matching in variational motion estimation. *IEEE TPAMI*, 33(3), pp. 500–513, 2011.

[54] A. Bryson. A gradient method for optimizing multi-stage allocation processes. *Harvard University Symposium on Digital Computers and their Applications*, 1961.

[55] C. Bucilu, R. Caruana, A. Niculescu-Mizil. Model compression. *ACM KDD Conference*, pp. 535–541, 2006.

[56] P. Bühlmann, B. Yu. Analyzing bagging. *Annals of Statistics*, pp. 927–961, 2002.

[57] M. Buhmann. Radial Basis Functions: Theory and implementations. *Cambridge University Press*, 2003.

[58] Y. Burda, R. Grosse, R. Salakhutdinov. Importance weighted autoencoders. *arXiv:1509.00519*, 2015.
https://arxiv.org/abs/1509.00519

[59] N. Butko, J. Movellan. I-POMDP: An infomax model of eye movement. *IEEE International Conference on Development and Learning*, pp. 139–144, 2008.

[60] Y. Cao, Y. Chen, D. Khosla. Spiking deep convolutional neural networks for energy-efficient object recognition. *International Journal of Computer Vision*, 113(1), 54–66, 2015.

[61] M. Carreira-Perpinan, G. Hinton. On Contrastive Divergence Learning. *AISTATS*, 10, pp. 33-40, 2005.

[62] S. Chang, W. Han, J. Tang, G. Qi, C. Aggarwal, T. Huang. Heterogeneous network embedding via deep architectures. *ACM KDD Conference*, pp. 119–128, 2015.

[63] N. Chawla, K. Bowyer, L. Hall, W. Kegelmeyer. SMOTE: synthetic minority over-sampling technique. *Journal of Artificial Intelligence Research*, 16, pp. 321–357, 2002.

[64] J. Chen, S. Sathe, C. Aggarwal, D. Turaga. Outlier detection with autoencoder ensembles. *SIAM Conference on Data Mining*, 2017.

[65] S. Chen, C. Cowan, P. Grant. Orthogonal least-squares learning algorithm for radial basis function networks. *IEEE Transactions on Neural Networks*, 2(2), pp. 302–309,

1991.

[66] W. Chen, J. Wilson, S. Tyree, K. Weinberger, Y. Chen. Compressing neural networks with the hashing trick. *ICML Confererence*, pp. 2285–2294, 2015.

[67] Y. Chen, M. Zaki. KATE: K-Competitive Autoencoder for Text. *ACM KDD Conference*, 2017.

[68] Y. Chen, T. Krishna, J. Emer, V. Sze. Eyeriss: An energy-efficient reconfigurable accelerator for deep convolutional neural networks. *IEEE Journal of Solid-State Circuits*, 52(1), pp. 127–138, 2017.

[69] K. Cho, B. Merrienboer, C. Gulcehre, F. Bougares, H. Schwenk, Y. Bengio. Learning phrase representations using RNN encoder-decoder for statistical machine translation. *EMNLP*, 2014.
https://arxiv.org/pdf/1406.1078.pdf

[70] J. Chorowski, D. Bahdanau, D. Serdyuk, K. Cho, Y. Bengio. Attention-based models for speech recognition. *NIPS Conference*, pp. 577–585, 2015.

[71] J. Chung, C. Gulcehre, K. Cho, Y. Bengio. Empirical evaluation of gated recurrent neural networks on sequence modeling. *arXiv:1412.3555*, 2014.
https://arxiv.org/abs/1412.3555

[72] D. Ciresan, U. Meier, L. Gambardella, J. Schmidhuber. Deep, big, simple neural nets for handwritten digit recognition. *Neural Computation*, 22(12), pp. 3207–3220, 2010.

[73] C. Clark, A. Storkey. Training deep convolutional neural networks to play go. *ICML Confererence*, pp. 1766–1774, 2015.

[74] A. Coates, B. Huval, T. Wang, D. Wu, A. Ng, B. Catanzaro. Deep learning with COTS HPC systems. *ICML Confererence*, pp. 1337–1345, 2013.

[75] A. Coates, A. Ng. The importance of encoding versus training with sparse coding and vector quantization. *ICML Confererence*, pp. 921–928, 2011.

[76] A. Coates, A. Ng. Learning feature representations with k-means. *Neural networks: Tricks of the Trade*, Springer, pp. 561–580, 2012.

[77] A. Coates, A. Ng, H. Lee. An analysis of single-layer networks in unsupervised

feature learning. *AAAI Conference*, pp. 215–223, 2011.

[78] R. Collobert, J. Weston, L. Bottou, M. Karlen, K. Kavukcuoglu, P. Kuksa. Natural language processing (almost) from scratch. *Journal of Machine Learning Research*, 12, pp. 2493–2537, 2011.

[79] R. Collobert, J. Weston. A unified architecture for natural language processing: Deep neural networks with multitask learning. *ICML Conference*, pp. 160–167, 2008.

[80] J. Connor, R. Martin, L. Atlas. Recurrent neural networks and robust time series prediction. *IEEE Transactions on Neural Networks*, 5(2), pp. 240–254, 1994.

[81] T. Cooijmans, N. Ballas, C. Laurent, C. Gulcehre, A. Courville. Recurrent batch normalization. *arXiv:1603.09025*, 2016.
https://arxiv.org/abs/1603.09025

[82] C. Cortes, V. Vapnik. Support-vector networks. *Machine Learning*, 20(3), pp. 273–297, 1995.

[83] M. Courbariaux, Y. Bengio, J.-P. David. BinaryConnect: Training deep neural networks with binary weights during propagations. *arXiv:1511.00363*, 2015.
https://arxiv.org/pdf/1511.00363.pdf

[84] T. Cover. Geometrical and statistical properties of systems of linear inequalities with applications to pattern recognition. *IEEE Transactions on Electronic Computers*, pp. 326–334, 1965.

[85] D. Cox, N. Pinto. Beyond simple features: A large-scale feature search approach to unconstrained face recognition. *IEEE International Conference on Automatic Face and Gesture Recognition and Workshops*, pp. 8–15, 2011.

[86] G. Dahl, R. Adams, H. Larochelle. Training restricted Boltzmann machines on word observations. *arXiv:1202.5695*, 2012.
https://arxiv.org/abs/1202.5695

[87] N. Dalal, B. Triggs. Histograms of oriented gradients for human detection. *Computer Vision and Pattern Recognition*, pp. 886–893, 2005.

[88] Y. Dauphin, R. Pascanu, C. Gulcehre, K. Cho, S. Ganguli, Y. Bengio. Identifying and attacking the saddle point problem in high-dimensional non-convex optimization.

NIPS Conference, pp. 2933–2941, 2014.

[89] N. de Freitas. Machine Learning, University of Oxford (Course Video), 2013.
https://www.youtube.com/watch?v=w20twL5T1ow&list=PLE6Wd9FR-EdyJ5lbFl8UuGjecvVw66F6

[90] N. de Freitas. Deep Learning, University of Oxford (Course Video), 2015.
https://www.youtube.com/watch?v=PlhFWT7vAEw&list=PLjK8ddCbDMphIMSXn-w1IjyYpHU3DaUYw

[91] J. Dean 외. Large scale distributed deep networks. *NIPS Conference,* 2012.

[92] M. Defferrard, X. Bresson, P. Vandergheynst. Convolutional neural networks on graphs with fast localized spectral filtering. *NIPS Conference,* pp. 3844–3852, 2016.

[93] O. Delalleau, Y. Bengio. Shallow vs. deep sum-product networks. *NIPS Conference,* pp. 666–674, 2011.

[94] M. Denil, B. Shakibi, L. Dinh, M. A. Ranzato, N. de Freitas. Predicting parameters in deep learning. *NIPS Conference,* pp. 2148–2156, 2013.

[95] E. Denton, S. Chintala, R. Fergus. Deep Generative Image Models using a Laplacian Pyramid of Adversarial Networks. *NIPS Conference,* pp. 1466–1494, 2015.

[96] G. Desjardins, K. Simonyan, R. Pascanu. Natural neural networks. *NIPS Congference,* pp. 2071–2079, 2015.

[97] F. Despagne, D. Massart. Neural networks in multivariate calibration. *Analyst,* 123(11), pp. 157R–178R, 1998.

[98] T. Dettmers. 8-bit approximations for parallelism in deep learning. *arXiv: 1511.04561,* 2015.
https://arxiv.org/abs/1511.04561

[99] C. Ding, T. Li, W. Peng. On the equivalence between non-negative matrix factorization and probabilistic latent semantic indexing. *Computational Statistics and Data Analysis,* 52(8), pp. 3913–3927, 2008.

[100] J. Donahue, L. Anne Hendricks, S. Guadarrama, M. Rohrbach, S. Venugopalan, K. Saenko, T. Darrell. Long-term recurrent convolutional networks for visual recognition and description. *IEEE conference on computer vision and pattern recognition,* pp. 2625–2634, 2015.

[101] G. Dorffner. Neural networks for time series processing. *Neural Network World,*

1996.

[102] C. Dos Santos, M. Gatti. Deep Convolutional Neural Networks for Sentiment Analysis of Short Texts. *COLING*, pp. 69–78, 2014.

[103] A. Dosovitskiy, J. Tobias Springenberg, T. Brox. Learning to generate chairs with convolutional neural networks. *CVPR Conference*, pp. 1538–1546, 2015.

[104] A. Dosovitskiy, T. Brox. Inverting visual representations with convolutional networks. *CVPR Conference*, pp. 4829–4837, 2016.

[105] K. Doya. Bifurcations of recurrent neural networks in gradient descent learning. *IEEE Transactions on Neural Networks*, 1, pp. 75–80, 1993.

[106] C. Doersch. Tutorial on variational autoencoders. *arXiv:1606.05908*, 2016.
https://arxiv.org/abs/1606.05908

[107] H. Drucker, Y. LeCun. Improving generalization performance using double backpropagation. *IEEE Transactions on Neural Networks*, 3(6), pp. 991–997, 1992.

[108] J. Duchi, E. Hazan, Y. Singer. Adaptive subgradient methods for online learning and stochastic optimization. *Journal of Machine Learning Research*, 12, pp. 2121–2159, 2011.

[109] V. Dumoulin, F. Visin. A guide to convolution arithmetic for deep learning. *arXiv:1603.07285*, 2016.
https://arxiv.org/abs/1603.07285

[110] A. Elkahky, Y. Song, X. He. A multi-view deep learning approach for cross domain user modeling in recommendation systems. *WWW Conference*, pp. 278–288, 2015.

[111] J. Elman. Finding structure in time. *Cognitive Science*, 14(2), pp. 179–211, 1990.

[112] J. Elman. Learning and development in neural networks: The importance of starting small. *Cognition*, 48, pp. 781–799, 1993.

[113] D. Erhan, Y. Bengio, A. Courville, P. Manzagol, P. Vincent, S. Bengio. Why does unsupervised pre-training help deep learning?. *Journal of Machine Learning Research*, 11, pp. 625–660, 2010.

[114] S. Essar 외. Convolutional neural networks for fast, energy-efficient neuromorphic computing. *Proceedings of the National Academy of Science of the United States of*

America, 113(41), pp. 11441–11446, 2016.

[115] A. Fader, L. Zettlemoyer, O. Etzioni. Paraphrase-Driven Learning for Open Question Answering. *ACL*, pp. 1608–1618, 2013.

[116] L. Fei-Fei, R. Fergus, P. Perona. One-shot learning of object categories. *IEEE TPAMI*, 28(4), pp. 594–611, 2006.

[117] P. Felzenszwalb, R. Girshick, D. McAllester, D. Ramanan. Object detection with discriminatively trained part-based models. *IEEE TPAMI*, 32(9), pp. 1627–1645, 2010.

[118] A. Fader, L. Zettlemoyer, O. Etzioni. Open question answering over curated and extracted knowledge bases. *ACM KDD Conference*, 2014.

[119] A. Fischer, C. Igel. An introduction to restricted Boltzmann machines. *Progress in Pattern Recognition, Image Analysis, Computer Vision, and Applications*, pp. 14–36, 2012.

[120] R. Fisher. The use of multiple measurements in taxonomic problems. *Annals of Eugenics*, 7: pp. 179–188, 1936.

[121] P. Frasconi, M. Gori, A. Sperduti. A general framework for adaptive processing of data structures. *IEEE Transactions on Neural Networks*, 9(5), pp. 768–786, 1998.

[122] Y. Freund, R. Schapire. A decision-theoretic generalization of online learning and application to boosting. *Computational Learning Theory*, pp. 23–37, 1995.

[123] Y. Freund, R. Schapire. Large margin classification using the perceptron algorithm. *Machine Learning*, 37(3), pp. 277–296, 1999.

[124] Y. Freund, D. Haussler. Unsupervised learning of distributions on binary vectors using two layer networks. *Technical report*, Santa Cruz, CA, USA, 1994

[125] B. Fritzke. Fast learning with incremental RBF networks. *Neural Processing Letters*, 1(1), pp. 2–5, 1994.

[126] B. Fritzke. A growing neural gas network learns topologies. *NIPS Conference*, pp. 625–632, 1995.

[127] K. Fukushima. Neocognitron: A self-organizing neural network model for a mechanism of pattern recognition unaffected by shift in position. *Biological*

Cybernetics, 36(4), pp. 193–202, 1980.

[128] S. Gallant. Perceptron-based learning algorithms. *IEEE Transactions on Neural Networks*, 1(2), pp. 179–191, 1990.

[129] S. Gallant. Neural network learning and expert systems. *MIT Press*, 1993.

[130] H. Gao, H. Yuan, Z. Wang, S. Ji. Pixel Deconvolutional Networks. *arXiv:1705.06820*, 2017.

https://arxiv.org/abs/1705.06820

[131] L. Gatys, A. S. Ecker, M. Bethge. Texture synthesis using convolutional neural networks. *NIPS Conference*, pp. 262–270, 2015.

[132] L. Gatys, A. Ecker, M. Bethge. Image style transfer using convolutional neural networks. *IEEE Conference on Computer Vision and Pattern Recognition*, pp. 2414–2423, 2015.

[133] H. Gavin. The Levenberg-Marquardt method for nonlinear least squares curve-fitting problems, 2011.

http://people.duke.edu/hpgavin/ce281/lm.pdf

[134] P. Gehler, A. Holub, M. Welling. The Rate Adapting Poisson (RAP) model for information retrieval and object recognition. *ICML Confererence*, 2006.

[135] S. Gelly 외. The grand challenge of computer Go: Monte Carlo tree search and extensions. *Communcations of the ACM*, 55, pp. 106–113, 2012.

[136] A. Gersho, R. M. Gray. Vector quantization and signal compression. *Springer Science and Business Media*, 2012.

[137] A. Ghodsi. STAT 946: Topics in Probability and Statistics: Deep Learning, *University of Waterloo*, Fall 2015.

https://www.youtube.com/watch?v=fyAZszlPphs&list=PLehuLRPyt1Hyi78U0kMPWCGRxGcA9NV0E

[138] W. Gilks, S. Richardson, D. Spiegelhalter. Markov chain Monte Carlo in practice. *CRC Press*, 1995.

[139] F. Girosi, T. Poggio. Networks and the best approximation property. *Biological Cybernetics*, 63(3), pp. 169–176, 1990.

[140] X. Glorot, Y. Bengio. Understanding the difficulty of training deep feedforward

neural networks. *AISTATS*, pp. 249–256, 2010.

[141] X. Glorot, A. Bordes, Y. Bengio. Deep Sparse Rectifier Neural Networks. *AISTATS*, 15(106), 2011.

[142] P. Glynn. Likelihood ratio gradient estimation: an overview, *Proceedings of the 1987 Winter Simulation Conference*, pp. 366–375, 1987.

[143] Y. Goldberg. A primer on neural network models for natural language processing. *Journal of Artificial Intelligence Research (JAIR)*, 57, pp. 345–420, 2016.

[144] C. Goller, A. Küchler. Learning task-dependent distributed representations by backpropagation through structure. *Neural Networks*, 1, pp. 347–352, 1996.

[145] I. Goodfellow. NIPS 2016 tutorial: Generative adversarial networks. *arXiv:1701.00160*, 2016.
https://arxiv.org/abs/1701.00160

[146] I. Goodfellow, O. Vinyals, A. Saxe. Qualitatively characterizing neural network optimization problems. *arXiv:1412.6544*, 2014. [*International Conference in Learning Representations*, 2015에도 게재됨.]
https://arxiv.org/abs/1412.6544

[147] I. Goodfellow, Y. Bengio, A. Courville. Deep learning. *MIT Press*, 2016.

[148] I. Goodfellow, D. Warde-Farley, M. Mirza, A. Courville, Y. Bengio. Maxout networks. *arXiv:1302.4389*, 2013.

[149] I. Goodfellow 외. Generative adversarial nets. *NIPS Conference*, 2014.

[150] A. Graves, A. Mohamed, G. Hinton. Speech recognition with deep recurrent neural networks. *Acoustics, Speech and Signal Processing (ICASSP)*, pp. 6645–6649, 2013.

[151] A. Graves. Generating sequences with recurrent neural networks. *arXiv:1308.0850*, 2013.
https://arxiv.org/abs/1308.0850

[152] A. Graves. Supervised sequence labelling with recurrent neural networks *Springer*, 2012.
https://www.cs.toronto.edu/~graves/preprint.pdf

[153] A. Graves, S. Fernandez, F. Gomez, J. Schmidhuber. Connectionist temporal

classification: labelling unsegmented sequence data with recurrent neural networks. *ICML Confererence*, pp. 369–376, 2006.

[154] A. Graves, M. Liwicki, S. Fernandez, R. Bertolami, H. Bunke, J. Schmidhuber. A novel connectionist system for unconstrained handwriting recognition. *IEEE TPAMI*, 31(5), pp. 855–868, 2009.

[155] A. Graves, J. Schmidhuber. Framewise Phoneme Classification with Bidirectional LSTM and Other Neural Network Architectures. *Neural Networks*, 18(5–6), pp. 602–610, 2005.

[156] A. Graves, J. Schmidhuber. Offline handwriting recognition with multidimensional recurrent neural networks. *NIPS Conference*, pp. 545–552, 2009.

[157] A. Graves, N. Jaitly. Towards End-To-End Speech Recognition with Recurrent Neural Networks. *ICML Conference*, pp. 1764–1772, 2014.

[158] A. Graves, G. Wayne, I. Danihelka. Neural turing machines. *arXiv:1410.5401*, 2014.
https://arxiv.org/abs/1410.5401

[159] A. Graves 외. Hybrid computing using a neural network with dynamic external memory. *Nature*, 538.7626, pp. 471–476, 2016.

[160] K. Greff, R. K. Srivastava, J. Koutnik, B. Steunebrink, J. Schmidhuber. LSTM: A search space odyssey. *IEEE Transactions on Neural Networks and Learning Systems*, 2016.
http://ieeexplore.ieee.org/abstract/document/7508408/

[161] K. Greff, R. K. Srivastava, J. Schmidhuber. Highway and residual networks learn unrolled iterative estimation. *arXiv:1612.07771*, 2016.
https://arxiv.org/abs/1612.07771

[162] I. Grondman, L. Busoniu, G. A. Lopes, R. Babuska. A survey of actor-critic reinforcement learning: Standard and natural policy gradients. *IEEE Transactions on Systems, Man, and Cybernetics*, 42(6), pp. 1291–1307, 2012.

[163] R. Girshick, F. Iandola, T. Darrell, J. Malik. Deformable part models are convolutional neural networks. *IEEE Conference on Computer Vision and Pattern Recognition*, pp. 437–446, 2015.

[164] A. Grover, J. Leskovec. node2vec: Scalable feature learning for networks. *ACM KDD Conference*, pp. 855–864, 2016.

[165] X. Guo, S. Singh, H. Lee, R. Lewis, X. Wang. Deep learning for real-time Atari game play using offline Monte-Carlo tree search planning. *Advances in NIPS Conference*, pp. 3338–3346, 2014.

[166] M. Gutmann, A. Hyvarinen. Noise-contrastive estimation: A new estimation principle for unnormalized statistical models. *AISTATS*, 1(2), pp. 6, 2010.

[167] R. Hahnloser, H. S. Seung. Permitted and forbidden sets in symmetric threshold-linear networks. *NIPS Conference*, pp. 217–223, 2001.

[168] S. Han, X. Liu, H. Mao, J. Pu, A. Pedram, M. Horowitz, W. Dally. EIE: Efficient Inference Engine for Compressed Neural Network. *ACM SIGARCH Computer Architecture News*, 44(3), pp. 243–254, 2016.

[169] S. Han, J. Pool, J. Tran, W. Dally. Learning both weights and connections for efficient neural networks. *NIPS Conference*, pp. 1135–1143, 2015.

[170] L. K. Hansen, P. Salamon. Neural network ensembles. *IEEE TPAMI*, 12(10), pp. 993–1001, 1990.

[171] M. Hardt, B. Recht, Y. Singer. Train faster, generalize better: Stability of stochastic gradient descent. *ICML Confererence*, pp. 1225–1234, 2006.

[172] B. Hariharan, P. Arbelaez, R. Girshick, J. Malik. Simultaneous detection and segmentation. *arXiv:1407.1808*, 2014.
https://arxiv.org/abs/1407.1808

[173] E. Hartman, J. Keeler, J. Kowalski. Layered neural networks with Gaussian hidden units as universal approximations. *Neural Computation*, 2(2), pp. 210–215, 1990.

[174] H. van Hasselt, A. Guez, D. Silver. Deep Reinforcement Learning with Double Q-Learning. *AAAI Conference*, 2016.

[175] B. Hassibi, D. Stork. Second order derivatives for network pruning: Optimal brain surgeon. *NIPS Conference*, 1993.

[176] D. Hassabis, D. Kumaran, C. Summerfield, M. Botvinick. Neuroscience-inspired artificial intelligence. *Neuron*, 95(2), pp. 245–258, 2017.

[177] T. Hastie, R. Tibshirani, J. Friedman. The elements of statistical learning. *Springer*, 2009.

[178] T. Hastie, R. Tibshirani. Generalized additive models. *CRC Press*, 1990.

[179] T. Hastie, R. Tibshirani, M. Wainwright. Statistical learning with sparsity: the lasso and generalizations. *CRC Press*, 2015.

[180] M. Havaei 외. Brain tumor segmentation with deep neural networks. *Medical Image Analysis*, 35, pp. 18–31, 2017.

[181] S. Hawkins, H. He, G. Williams, R. Baxter. Outlier detection using replicator neural networks. *International Conference on Data Warehousing and Knowledge Discovery*, pp. 170–180, 2002.

[182] S. Haykin. Neural networks and learning machines. *Pearson*, 2008.

[183] K. He, X. Zhang, S. Ren, J. Sun. Delving deep into rectifiers: Surpassing human-level performance on imagenet classification. *IEEE International Conference on Computer Vision*, pp. 1026–1034, 2015.

[184] K. He, X. Zhang, S. Ren, J. Sun. Deep residual learning for image recognition. *IEEE Conference on Computer Vision and Pattern Recognition*, pp. 770–778, 2016.

[185] K. He, X. Zhang, S. Ren, J. Sun. Identity mappings in deep residual networks. *European Conference on Computer Vision*, pp. 630–645, 2016.

[186] X. He, L. Liao, H. Zhang, L. Nie, X. Hu, T. S. Chua. Neural collaborative filtering. *WWW Conference*, pp. 173–182, 2017.

[187] N. Heess 외. Emergence of Locomotion Behaviours in Rich Environments. *arXiv:1707.02286*, 2017.
https://arxiv.org/abs/1707.02286
동영상 1: https://www.youtube.com/watch?v=hx_bgoTF7bs
동영상 2: https://www.youtube.com/watch?v=gn4nRCC9TwQ&feature=youtu.be

[188] M. Henaff, J. Bruna, Y. LeCun. Deep convolutional networks on graph-structured data. *arXiv:1506.05163*, 2015.
https://arxiv.org/abs/1506.05163

[189] M. Hestenes, E. Stiefel. Methods of conjugate gradients for solving linear systems.

Journal of Research of the National Bureau of Standards, 49(6), 1952.

[190] G. Hinton. Connectionist learning procedures. *Artificial Intelligence*, 40(1–3), pp. 185 –234, 1989.

[191] G. Hinton. Training products of experts by minimizing contrastive divergence. *Neural Computation*, 14(8), pp. 1771–1800, 2002.

[192] G. Hinton. To recognize shapes, first learn to generate images. *Progress in Brain Research*, 165, pp. 535–547, 2007.

[193] G. Hinton. A practical guide to training restricted Boltzmann machines. *Momentum*, 9(1), 926, 2010.

[194] G. Hinton. Neural networks for machine learning, *Coursera Video*, 2012.

[195] G. Hinton, P. Dayan, B. Frey, R. Neal. The wake–sleep algorithm for unsupervised neural networks. *Science*, 268(5214), pp. 1158–1162, 1995.

[196] G. Hinton, S. Osindero, Y. Teh. A fast learning algorithm for deep belief nets. *Neural Computation*, 18(7), pp. 1527–1554, 2006.

[197] G. Hinton, T. Sejnowski. Learning and relearning in Boltzmann machines. *Parallel Distributed Processing: Explorations in the Microstructure of Cognition*, MIT Press, 1986.

[198] G. Hinton, R. Salakhutdinov. Reducing the dimensionality of data with neural networks. *Science*, 313, (5766), pp. 504–507, 2006.

[199] G. Hinton, R. Salakhutdinov. Replicated softmax: an undirected topic model. *NIPS Conference*, pp. 1607–1614, 2009.

[200] G. Hinton, R. Salakhutdinov. A better way to pretrain deep Boltzmann machines. *NIPS Conference*, pp. 2447–2455, 2012.

[201] G. Hinton, N. Srivastava, A. Krizhevsky, I. Sutskever, R. Salakhutdinov. Improving neural networks by preventing co-adaptation of feature detectors. *arXiv:1207.0580*, 2012.
https://arxiv.org/abs/1207.0580

[202] G. Hinton, O. Vinyals, J. Dean. Distilling the knowledge in a neural network. *NIPS Workshop*, 2014.

[203] R. Hochberg. Matrix Multiplication with CUDA: A basic introduction to the CUDA programming model. *Unpublished manuscript*, 2012.
http://www.shodor.org/media/content/petascale/materials/UPModules/
matrixMultiplication/moduleDocument.pdf

[204] S. Hochreiter, J. Schmidhuber. Long short-term memory. *Neural Computation*, 9(8), pp. 1735–1785, 1997.

[205] S. Hochreiter, Y. Bengio, P. Frasconi, J. Schmidhuber. Gradient flow in recurrent nets: the difficulty of learning long-term dependencies, *A Field Guide to Dynamical Recurrent Neural Networks*, IEEE Press, 2001.

[206] T. Hofmann. Probabilistic latent semantic indexing. *ACM SIGIR Conference*, pp. 50–57, 1999.

[207] J. J. Hopfield. Neural networks and physical systems with emergent collective computational abilities. *National Academy of Sciences of the USA*, 79(8), pp. 2554–2558, 1982.

[208] K. Hornik, M. Stinchcombe, H. White. Multilayer feedforward networks are universal approximators. *Neural Networks*, 2(5), pp. 359–366, 1989.

[209] Y. Hu, Y. Koren, C. Volinsky. Collaborative filtering for implicit feedback datasets. *IEEE International Conference on Data Mining*, pp. 263–272, 2008.

[210] G. Huang, Y. Sun, Z. Liu, D. Sedra, K. Weinberger. Deep networks with stochastic depth. *European Conference on Computer Vision*, pp. 646–661, 2016.

[211] G. Huang, Z. Liu, K. Weinberger, L. van der Maaten. Densely connected convolutional networks. *arXiv:1608.06993*, 2016.
https://arxiv.org/abs/1608.06993

[212] D. Hubel, T. Wiesel. Receptive fields of single neurones in the cat's striate cortex. *The Journal of Physiology*, 124(3), pp. 574–591, 1959.

[213] F. Iandola, S. Han, M. Moskewicz, K. Ashraf, W. Dally, K. Keutzer. SqueezeNet: AlexNet-level accuracy with 50x fewer parameters and < 0.5MB model size. *arXiv:1602.07360*, 2016.
https://arxiv.org/abs/1602.07360

[214] S. Ioffe, C. Szegedy. Batch normalization: Accelerating deep network training by reducing internal covariate shift. *arXiv:1502.03167*, 2015.

[215] P. Isola, J. Zhu, T. Zhou, A. Efros. Image-to-image translation with conditional adversarial networks. *arXiv:1611.07004*, 2016.
https://arxiv.org/abs/1611.07004

[216] M. Iyyer, J. Boyd-Graber, L. Claudino, R. Socher, H. Daume III. A Neural Network for Factoid Question Answering over Paragraphs. *EMNLP*, 2014.

[217] R. Jacobs. Increased rates of convergence through learning rate adaptation. *Neural Networks*, 1(4), pp. 295–307, 1988.

[218] M. Jaderberg, K. Simonyan, A. Zisserman. Spatial transformer networks. *NIPS Conference*, pp. 2017–2025, 2015.

[219] H. Jaeger. The "echo state" approach to analysing and training recurrent neural networks – with an erratum note. *German National Research Center for Information Technology GMD Technical Report*, 148(34), 13, 2001.

[220] H. Jaeger, H. Haas. Harnessing nonlinearity: Predicting chaotic systems and saving energy in wireless communication. *Science*, 304, pp. 78–80, 2004.

[221] K. Jarrett, K. Kavukcuoglu, M. Ranzato, Y. LeCun. What is the best multi-stage architecture for object recognition? *International Conference on Computer Vision (ICCV)*, 2009.

[222] S. Ji, W. Xu, M. Yang, K. Yu. 3D convolutional neural networks for human action recognition. *IEEE TPAMI*, 35(1), pp. 221–231, 2013.

[223] Y. Jia 외. Caffe: Convolutional architecture for fast feature embedding. *ACM International Conference on Multimedia*, 2014.

[224] C. Johnson. Logistic matrix factorization for implicit feedback data. *NIPS Conference*, 2014.

[225] J. Johnson, A. Karpathy, L. Fei-Fei. Densecap: Fully convolutional localization networks for dense captioning. *IEEE Conference on Computer Vision and Pattern Recognition*, pp. 4565–4574, 2015.

[226] J. Johnson, A. Alahi, L. Fei-Fei. Perceptual losses for real-time style transfer and

super-resolution. *European Conference on Computer Vision*, pp. 694–711, 2015.

[227] R. Johnson, T. Zhang. Effective use of word order for text categorization with convolutional neural networks. *arXiv:1412.1058*, 2014.
https://arxiv.org/abs/1412.1058

[228] R. Jozefowicz, W. Zaremba, I. Sutskever. An empirical exploration of recurrent network architectures. *ICML Confererence*, pp. 2342–2350, 2015.

[229] L. Kaiser, I. Sutskever. Neural GPUs learn algorithms. *arXiv:1511.08228*, 2015.
https://arxiv.org/abs/1511.08228

[230] S. Kakade. A natural policy gradient. *NIPS Conference*, pp. 1057–1063, 2002.

[231] N. Kalchbrenner, P. Blunsom. Recurrent continuous translation models. *EMNLP*, 3, 39, pp. 413, 2013.

[232] H. Kandel, J. Schwartz, T. Jessell, S. Siegelbaum, A. Hudspeth. Principles of neural science. *McGraw Hill*, 2012.

[233] A. Karpathy, J. Johnson, L. Fei-Fei. Visualizing and understanding recurrent networks. *arXiv:1506.02078*, 2015.
https://arxiv.org/abs/1506.02078

[234] A. Karpathy, G. Toderici, S. Shetty, T. Leung, R. Sukthankar, L. Fei-Fei. Large-scale video classification with convolutional neural networks. *IEEE Conference on Computer Vision and Pattern Recognition*, pp. 725–1732, 2014.

[235] A. Karpathy. The unreasonable effectiveness of recurrent neural networks, *Blog post*, 2015.
http://karpathy.github.io/2015/05/21/rnn-effectiveness/

[236] A. Karpathy, J. Johnson, L. Fei-Fei. Stanford University Class CS321n: Convolutional neural networks for visual recognition, 2016.
http://cs231n.github.io/

[237] H. J. Kelley. Gradient theory of optimal flight paths. *Ars Journal*, 30(10), pp. 947–954, 1960.

[238] F. Khan, B. Mutlu, X. Zhu. How do humans teach: On curriculum learning and teaching dimension. *NIPS Conference*, pp. 1449–1457, 2011.

[239] T. Kietzmann, P. McClure, N. Kriegeskorte. Deep Neural Networks In Computational Neuroscience. *bioRxiv, 133504*, 2017.

https://www.biorxiv.org/content/early/2017/05/04/133504

[240] Y. Kim. Convolutional neural networks for sentence classification. *arXiv:1408.5882*, 2014.

[241] D. Kingma, J. Ba. Adam: A method for stochastic optimization. *arXiv:1412.6980*, 2014.

https://arxiv.org/abs/1412.6980

[242] D. Kingma, M. Welling. Auto-encoding variational bayes. *arXiv:1312.6114*, 2013.

https://arxiv.org/abs/1312.6114

[243] T. Kipf, M. Welling. Semi-supervised classification with graph convolutional networks. *arXiv:1609.02907*, 2016.

https://arxiv.org/pdf/1609.02907.pdf

[244] S. Kirkpatrick, C. Gelatt, M. Vecchi. Optimization by simulated annealing. *Science*, 220, pp. 671-680, 1983.

[245] J. Kivinen, M. Warmuth. The perceptron algorithm vs. winnow: linear vs. logarithmic mistake bounds when few input variables are relevant. *Computational Learning Theory*, pp. 289-296, 1995.

[246] L. Kocsis, C. Szepesvari. Bandit based monte-carlo planning. *ECML Conference*, pp. 282-293, 2006.

[247] R. Kohavi, D. Wolpert. Bias plus variance decomposition for zero-one loss functions. *ICML Conference*, 1996.

[248] T. Kohonen. The self-organizing map. Neurocomputing, 21(1), pp. 1-6, 1998.

[249] T. Kohonen. Self-organization and associative memory. *Springer*, 2012.

[250] T. Kohonen. Self-organizing maps, *Springer*, 2001.

[251] D. Koller, N. Friedman. Probabilistic graphical models: principles and techniques. *MIT Press*, 2009.

[252] E. Kong, T. Dietterich. Error-correcting output coding corrects bias and variance. *ICML Conference*, pp. 313-321, 1995.

[253] Y. Koren. Factor in the neighbors: Scalable and accurate collaborative filtering. *ACM Transactions on Knowledge Discovery from Data (TKDD)*, 4(1), 1, 2010.

[254] A. Krizhevsky. One weird trick for parallelizing convolutional neural networks. *arXiv:1404.5997*, 2014.
https://arxiv.org/abs/1404.5997

[255] A. Krizhevsky, I. Sutskever, G. Hinton. Imagenet classification with deep convolutional neural networks. *NIPS Conference*, pp. 1097–1105. 2012.

[256] M. Kubat. Decision trees can initialize radial-basis function networks. *IEEE Transactions on Neural Networks*, 9(5), pp. 813–821, 1998.

[257] A. Kumar 외. Ask me anything: Dynamic memory networks for natural language processing. *ICML Confererence*, 2016.

[258] Y. Koren. Collaborative filtering with temporal dynamics. *ACM KDD Conference*, pp. 447–455, 2009.

[259] M. Lai. Giraffe: Using deep reinforcement learning to play chess. *arXiv:1509.01549*, 2015.

[260] S. Lai, L. Xu, K. Liu, J. Zhao. Recurrent Convolutional Neural Networks for Text Classification. *AAAI*, pp. 2267–2273, 2015.

[261] B. Lake, T. Ullman, J. Tenenbaum, S. Gershman. Building machines that learn and think like people. *Behavioral and Brain Sciences*, pp. 1–101, 2016.

[262] H. Larochelle. Neural Networks (Course). Universite de Sherbrooke, 2013.
https://www.youtube.com/watch?v=SGZ6BttHMPw&list=
PL6Xpj9I5qXYEcOhn7TqghAJ6NAPrNmUBH

[263] H. Larochelle, Y. Bengio. Classification using discriminative restricted Boltzmann machines. *ICML Conference*, pp. 536–543, 2008.

[264] H. Larochelle, M. Mandel, R. Pascanu, Y. Bengio. Learning algorithms for the classification restricted Boltzmann machine. *Journal of Machine Learning Research*, 13, pp. 643–669, 2012.

[265] H. Larochelle, I. Murray. The neural autoregressive distribution estimator. *International Conference on Artificial Intelligence and Statistics*, pp. 29–37, 2011.

[266] H. Larochelle, G. E. Hinton. Learning to combine foveal glimpses with a third-order Boltzmann machine. *NIPS Conference*, 2010.

[267] H. Larochelle, D. Erhan, A. Courville, J. Bergstra, Y. Bengio. An empirical evaluation of deep architectures on problems with many factors of variation. *ICML Confererence*, pp. 473–480, 2007.

[268] G. Larsson, M. Maire, G. Shakhnarovich. Fractalnet: Ultra-deep neural networks without residuals. *arXiv:1605.07648*, 2016.
https://arxiv.org/abs/1605.07648

[269] S. Lawrence, C. L. Giles, A. C. Tsoi, A. D. Back. Face recognition: A convolutional neural-network approach. *IEEE Transactions on Neural Networks*, 8(1), pp. 98–113, 1997.

[270] Q. Le 외. Building high-level features using large scale unsupervised learning. *ICASSP*, 2013.

[271] Q. Le, N. Jaitly, G. Hinton. A simple way to initialize recurrent networks of rectified linear units. *arXiv:1504.00941*, 2015.
https://arxiv.org/abs/1504.00941

[272] Q. Le, T. Mikolov. Distributed representations of sentences and documents. *ICML Conference*, pp. 1188–196, 2014.

[273] Q. Le, J. Ngiam, A. Coates, A. Lahiri, B. Prochnow, A. Ng, On optimization methods for deep learning. *ICML Conference*, pp. 265–272, 2011.

[274] Q. Le, W. Zou, S. Yeung, A. Ng. Learning hierarchical spatio-temporal features for action recognition with independent subspace analysis. *CVPR Conference*, 2011.

[275] Y. LeCun. Modeles connexionnistes de l'apprentissage. *Doctoral Dissertation*, Universite Paris, 1987.

[276] Y. LeCun, Y. Bengio. Convolutional networks for images, speech, and time series. *The Handbook of Brain Theory and Neural Networks*, 3361(10), 1995.

[277] Y. LeCun, Y. Bengio, G. Hinton. Deep learning. *Nature*, 521(7553), pp. 436–444, 2015.

[278] Y. LeCun, L. Bottou, G. Orr, K. Muller. Efficient backprop. in G. Orr, K. Muller

(엮음) *Neural Networks: Tricks of the Trade*, Springer, 1998.

[279] Y. LeCun, L. Bottou, Y. Bengio, P. Haffner. Gradient-based learning applied to document recognition. *Proceedings of the IEEE*, 86(11), pp. 2278–2324, 1998.

[280] Y. LeCun, S. Chopra, R. M. Hadsell, M. A. Ranzato, F.-J. Huang. A tutorial on energy-based learning. *Predicting Structured Data*, MIT Press, pp. 191–246,, 2006.

[281] Y. LeCun, C. Cortes, C. Burges. The MNIST database of handwritten digits, 1998.
`http://yann.lecun.com/exdb/mnist/`

[282] Y. LeCun, J. Denker, S. Solla. Optimal brain damage. *NIPS Conference*, pp. 598–605, 1990.

[283] Y. LeCun, K. Kavukcuoglu, C. Farabet. Convolutional networks and applications in vision. *IEEE International Symposium on Circuits and Systems*, pp. 253–256, 2010.

[284] H. Lee, C. Ekanadham, A. Ng. Sparse deep belief net model for visual area V2. *NIPS Conference*, 2008.

[285] H. Lee, R. Grosse, B. Ranganath, A. Y. Ng. Convolutional deep belief networks for scalable unsupervised learning of hierarchical representations. *ICML Conference*, pp. 609–616, 2009.

[286] S. Levine, C. Finn, T. Darrell, P. Abbeel. End-to-end training of deep visuomotor policies. *Journal of Machine Learning Research*, 17(39), pp. 1–40, 2016.
동영상: `https://sites.google.com/site/visuomotorpolicy/`

[287] O. Levy, Y. Goldberg. Neural word embedding as implicit matrix factorization. *NIPS Conference*, pp. 2177–2185, 2014.

[288] O. Levy, Y. Goldberg, I. Dagan. Improving distributional similarity with lessons learned from word embeddings. *Transactions of the Association for Computational Linguistics*, 3, pp. 211–225, 2015.

[289] W. Levy, R. Baxter. Energy efficient neural codes. *Neural Computation*, 8(3), pp. 531–543, 1996.

[290] M. Lewis, D. Yarats, Y. Dauphin, D. Parikh, D. Batra. Deal or No Deal? End-to-End Learning for Negotiation Dialogues. *arXiv:1706.05125*, 2017.
`https://arxiv.org/abs/1706.05125`

[291] J. Li, W. Monroe, A. Ritter, M. Galley,, J. Gao, D. Jurafsky. Deep reinforcement learning for dialogue generation. *arXiv:1606.01541*, 2016.

https://arxiv.org/abs/1606.01541

[292] L. Li, W. Chu, J. Langford, R. Schapire. A contextual-bandit approach to personalized news article recommendation. *WWW Conference*, pp. 661–670, 2010.

[293] Y. Li. Deep reinforcement learning: An overview. *arXiv:1701.07274*, 2017.

https://arxiv.org/abs/1701.07274

[294] Q. Liao, K. Kawaguchi, T. Poggio. Streaming normalization: Towards simpler and more biologically-plausible normalizations for online and recurrent learning. *arXiv:1610.06160*, 2016.

https://arxiv.org/abs/1610.06160

[295] D. Liben-Nowell, J. Kleinberg. The link-prediction problem for social networks. *Journal of the American Society for Information Science and Technology*, 58(7), pp. 1019–1031, 2007.

[296] L.-J. Lin. Reinforcement learning for robots using neural networks. *Technical Report*, DTIC Document, 1993.

[297] M. Lin, Q. Chen, S. Yan. Network in network. *arXiv:1312.4400*, 2013.

https://arxiv.org/abs/1312.4400

[298] Z. Lipton, J. Berkowitz, C. Elkan. A critical review of recurrent neural networks for sequence learning. *arXiv:1506.00019*, 2015.

https://arxiv.org/abs/1506.00019

[299] J. Lu, J. Yang, D. Batra, D. Parikh. Hierarchical question-image co-attention for visual question answering. *NIPS Conference*, pp. 289–297, 2016.

[300] D. Luenberger, Y. Ye. Linear and nonlinear programming, *Addison-Wesley*, 1984.

[301] M. Lukosevicius, H. Jaeger. Reservoir computing approaches to recurrent neural network training. *Computer Science Review*, 3(3), pp. 127–149, 2009.

[302] M. Luong, H. Pham, C. Manning. Effective approaches to attention-based neural machine translation. *arXiv:1508.04025*, 2015.

https://arxiv.org/abs/1508.04025

[303] J. Ma, R. P. Sheridan, A. Liaw, G. E. Dahl, V. Svetnik. Deep neural nets as a method for quantitative structure-activity relationships. *Journal of Chemical Information and Modeling*, 55(2), pp. 263–274, 2015.

[304] W. Maass, T. Natschlager, H. Markram. Real-time computing without stable states: A new framework for neural computation based on perturbations. *Neural Computation*, 14(11), pp. 2351–2560, 2002.

[305] L. Maaten, G. E. Hinton. Visualizing data using t-SNE. *Journal of Machine Learning Research*, 9, pp. 2579–2605, 2008.

[306] D. J. MacKay. A practical Bayesian framework for backpropagation networks. *Neural Computation*, 4(3), pp. 448–472, 1992.

[307] C. Maddison, A. Huang, I. Sutskever, D. Silver. Move evaluation in Go using deep convolutional neural networks. *International Conference on Learning Representations*, 2015.

[308] A. Mahendran, A. Vedaldi. Understanding deep image representations by inverting them. *IEEE Conference on Computer Vision and Pattern Recognition*, pp. 5188–5196, 2015.

[309] A. Makhzani, B. Frey. K-sparse autoencoders. *arXiv:1312.5663*, 2013.
https://arxiv.org/abs/1312.5663

[310] A. Makhzani, B. Frey. Winner-take-all autoencoders. *NIPS Conference*, pp. 2791–2799, 2015.

[311] A. Makhzani, J. Shlens, N. Jaitly, I. Goodfellow, B. Frey. Adversarial autoencoders. *arXiv:1511.05644*, 2015.
https://arxiv.org/abs/1511.05644

[312] C. Manning, R. Socher. CS224N: Natural language processing with deep learning. *Stanford University School of Engineering*, 2017.
https://www.youtube.com/watch?v=OQQ-W_63UgQ

[313] J. Martens. Deep learning via Hessian-free optimization. *ICML Conference*, pp. 735–742, 2010.

[314] J. Martens, I. Sutskever. Learning recurrent neural networks with hessian-free

optimization. *ICML Conference*, pp. 1033–1040, 2011.

[315] J. Martens, I. Sutskever, K. Swersky. Estimating the hessian by back-propagating curvature. *arXiv:1206.6464*, 2016.
https://arxiv.org/abs/1206.6464

[316] J. Martens, R. Grosse. Optimizing Neural Networks with Kronecker-factored Approximate Curvature. *ICML Conference*, 2015.

[317] T. Martinetz, S. Berkovich, K. Schulten. 'Neural-gas' network for vector quantization and its application to time-series prediction. *IEEE Transactions on Neural Network*, 4(4), pp. 558–569, 1993.

[318] J. Masci, U. Meier, D. Ciresan, J. Schmidhuber. Stacked convolutional auto-encoders for hierarchical feature extraction. *Artificial Neural Networks and Machine Learning*, pp. 52–59, 2011.

[319] M. Mathieu, C. Couprie, Y. LeCun. Deep multi-scale video prediction beyond mean square error. *arXiv:1511.054*, 2015.
https://arxiv.org/abs/1511.05440

[320] P. McCullagh, J. Nelder. Generalized linear models *CRC Press*, 1989.

[321] W. S. McCulloch, W. H. Pitts. A logical calculus of the ideas immanent in nervous activity. *The Bulletin of Mathematical Biophysics*, 5(4), pp. 115–133, 1943.

[322] G. McLachlan. Discriminant analysis and statistical pattern recognition *John Wiley & Sons*, 2004.

[323] C. Micchelli. Interpolation of scattered data: distance matrices and conditionally positive definite functions. *Constructive Approximations*, 2, pp. 11–22, 1986.

[324] T. Mikolov. Statistical language models based on neural networks. *Ph.D. thesis, Brno University of Technology*, 2012.

[325] T. Mikolov, K. Chen, G. Corrado, J. Dean. Efficient estimation of word representations in vector space. *arXiv:1301.3781*, 2013.
https://arxiv.org/abs/1301.3781

[326] T. Mikolov, A. Joulin, S. Chopra, M. Mathieu, M. Ranzato. Learning longer memory in recurrent neural networks. *arXiv:1412.7753*, 2014.

https://arxiv.org/abs/1412.7753

[327] T. Mikolov, I. Sutskever, K. Chen, G. Corrado, J. Dean. Distributed representations of words and phrases and their compositionality. *NIPS Conference*, pp. 3111–3119, 2013.

[328] T. Mikolov, M. Karafiat, L. Burget, J. Cernocky, S. Khudanpur. Recurrent neural network based language model. *Interspeech*, Vol 2, 2010.

[329] G. Miller, R. Beckwith, C. Fellbaum, D. Gross, K. J. Miller. Introduction to WordNet: An on-line lexical database. *International Journal of Lexicography*, 3(4), pp. 235–312, 1990.

https://wordnet.princeton.edu/

[330] M. Minsky, S. Papert. Perceptrons. An Introduction to Computational Geometry, *MIT Press*, 1969.

[331] M. Mirza, S. Osindero. Conditional generative adversarial nets. *arXiv:1411.1784*, 2014.

https://arxiv.org/abs/1411.1784

[332] A. Mnih, G. Hinton. A scalable hierarchical distributed language model. *NIPS Conference*, pp. 1081–1088, 2009.

[333] A. Mnih, K. Kavukcuoglu. Learning word embeddings efficiently with noise-contrastive estimation. *NIPS Conference*, pp. 2265–2273, 2013.

[334] A. Mnih, Y. Teh. A fast and simple algorithm for training neural probabilistic language models. *arXiv:1206.6426*, 2012.

https://arxiv.org/abs/1206.6426

[335] V. Mnih 외. Human-level control through deep reinforcement learning. *Nature*, 518 (7540), pp. 529–533, 2015.

[336] V. Mnih, K. Kavukcuoglu, D. Silver, A. Graves, I. Antonoglou, D. Wierstra, M. Riedmiller. Playing atari with deep reinforcement learning. *arXiv:1312.5602.*, 2013.

https://arxiv.org/abs/1312.5602

[337] V. Mnih 외. Asynchronous methods for deep reinforcement learning. *ICML Confererence*, pp. 1928–1937, 2016.

[338] V. Mnih, N. Heess, A. Graves. Recurrent models of visual attention. *NIPS Conference*, pp. 2204–2212, 2014.

[339] H. Mobahi, J. Fisher. A theoretical analysis of optimization by Gaussian continuation. *AAAI Conference*, 2015.

[340] G. Montufar. Universal approximation depth and errors of narrow belief networks with discrete units. *Neural Computation*, 26(7), pp. 1386–1407, 2014.

[341] G. Montufar, N. Ay. Refinements of universal approximation results for deep belief networks and restricted Boltzmann machines. *Neural Computation*, 23(5), pp. 1306–1319, 2011.

[342] J. Moody, C. Darken. Fast learning in networks of locally-tuned processing units. *Neural Computation*, 1(2), pp. 281–294, 1989.

[343] A. Moore, C. Atkeson. Prioritized sweeping: Reinforcement learning with less data and less time. *Machine Learning*, 13(1), pp. 103–130, 1993.

[344] F. Morin, Y. Bengio. Hierarchical Probabilistic Neural Network Language Model. *AISTATS*, pp. 246–252, 2005.

[345] R. Miotto, F. Wang, S. Wang, X. Jiang, J. T. Dudley. Deep learning for healthcare: review, opportunities and challenges. *Briefings in Bioinformatics*, pp. 1–11, 2017.

[346] M. Müller, M. Enzenberger, B. Arneson, R. Segal. Fuego - an open-source framework for board games and Go engine based on Monte-Carlo tree search. *IEEE Transactions on Computational Intelligence and AI in Games*, 2, pp. 259–270, 2010.

[347] M. Musavi, W. Ahmed, K. Chan, K. Faris, D. Hummels. On the training of radial basis function classifiers. *Neural Networks*, 5(4), pp. 595–603, 1992.

[348] V. Nair, G. Hinton. Rectified linear units improve restricted Boltzmann machines. *ICML Conference*, pp. 807–814, 2010.

[349] K. S. Narendra, K. Parthasarathy. Identification and control of dynamical systems using neural networks. *IEEE Transactions on Neural Networks*, 1(1), pp. 4–27, 1990.

[350] R. M. Neal. Connectionist learning of belief networks. *Artificial intelligence*, 1992.

[351] R. M. Neal. Probabilistic inference using Markov chain Monte Carlo methods. *Technical Report CRG-TR-93-1*, 1993.

[352] R. M. Neal. Annealed importance sampling. *Statistics and Computing*, 11(2), pp. 125–139, 2001.

[353] Y. Nesterov. A method of solving a convex programming problem with convergence rate $O(1/k^2)$. *Soviet Mathematics Doklady*, 27, pp. 372–376, 1983.

[354] A. Ng. Sparse autoencoder. *CS294A Lecture notes*, 2011.
https://nlp.stanford.edu/socherr/sparseAutoencoder_2011new.pdf
https://web.stanford.edu/class/cs294a/sparseAutoencoder_2011new.pdf

[355] A. Ng, M. Jordan. PEGASUS: A policy search method for large MDPs and POMDPs. *Uncertainity in Artificial Intelligence*, pp. 406–415, 2000.

[356] J. Y.-H. Ng, M. Hausknecht, S. Vijayanarasimhan, O. Vinyals, R. Monga, G. Toderici. Beyond short snippets: Deep networks for video classification. *IEEE Conference on Computer Vision and Pattern Recognition*, pp. 4694–4702, 2015.

[357] J. Ngiam, A. Khosla, M. Kim, J. Nam, H. Lee, A. Ng. Multimodal deep learning. *ICML Conference*, pp. 689–696, 2011.

[358] A. Nguyen, A. Dosovitskiy, J. Yosinski, T., Brox, J. Clune. Synthesizing the preferred inputs for neurons in neural networks via deep generator networks. *NIPS Conference*, pp. 3387–3395, 2016.

[359] J. Nocedal, S. Wright. Numerical optimization. *Springer*, 2006.

[360] S. Nowlan, G. Hinton. Simplifying neural networks by soft weight-sharing. *Neural Computation*, 4(4), pp. 473–493, 1992.

[361] M. Oquab, L. Bottou, I. Laptev, J. Sivic. Learning and transferring mid-level image representations using convolutional neural networks. *IEEE Conference on Computer Vision and Pattern Recognition*, pp. 1717–1724, 2014.

[362] G. Orr, K.-R. Müller (엮음). Neural Networks: Tricks of the Trade, *Springer*, 1998.

[363] M. J. L. Orr. Introduction to radial basis function networks, *University of Edinburgh Technical Report, Centre of Cognitive Science*, 1996.
ftp://ftp.cogsci.ed.ac.uk/pub/mjo/intro.ps.Z

[364] M. Palatucci, D. Pomerleau, G. Hinton, T. Mitchell. Zero-shot learning with semantic output codes. *NIPS Conference*, pp. 1410–1418, 2009.

[365] J. Park, I. Sandberg. Universal approximation using radial-basis-function networks. *Neural Computation*, 3(1), pp. 246–257, 1991.

[366] J. Park, I. Sandberg. Approximation and radial-basis-function networks. *Neural Computation*, 5(2), pp. 305–316, 1993.

[367] O. Parkhi, A. Vedaldi, A. Zisserman. Deep Face Recognition. *BMVC*, 1(3), pp. 6, 2015.

[368] R. Pascanu, T. Mikolov, Y. Bengio. On the difficulty of training recurrent neural networks. *ICML Conference*, 28, pp. 1310–1318, 2013.

[369] R. Pascanu, T. Mikolov, Y. Bengio. Understanding the exploding gradient problem. *CoRR, abs/1211.5063*, 2012.

[370] D. Pathak, P. Krahenbuhl, J. Donahue, T. Darrell, A. A. Efros. Context encoders: Feature learning by inpainting. *CVPR Conference*, 2016.

[371] J. Pennington, R. Socher, C. Manning. Glove: Global Vectors for Word Representation. *EMNLP*, pp. 1532–1543, 2014.

[372] B. Perozzi, R. Al-Rfou, S. Skiena. Deepwalk: Online learning of social representations. *ACM KDD Conference*, pp. 701–710.

[373] C. Peterson, J. Anderson. A mean field theory learning algorithm for neural networks. *Complex Systems*, 1(5), pp. 995–1019, 1987.

[374] J. Peters, S. Schaal. Reinforcement learning of motor skills with policy gradients. *Neural Networks*, 21(4), pp. 682–697, 2008.

[375] F. Pineda. Generalization of back-propagation to recurrent neural networks. *Physical Review Letters*, 59(19), 2229, 1987.

[376] E. Polak. Computational methods in optimization: a unified approach. *Academic Press*, 1971.

[377] L. Polanyi, A. Zaenen. Contextual valence shifters. *Computing Attitude and Affect in Text: Theory and Applications*, pp. 1–10, Springer, 2006.

[378] G. Pollastri, D. Przybylski, B. Rost, P. Baldi. Improving the prediction of protein secondary structure in three and eight classes using recurrent neural networks and profiles. *Proteins: Structure, Function, and Bioinformatics*, 47(2), pp. 228–235, 2002.

[379] J. Pollack. Recursive distributed representations. *Artificial Intelligence*, 46(1), pp. 77–105, 1990.

[380] B. Polyak, A. Juditsky. Acceleration of stochastic approximation by averaging. *SIAM Journal on Control and Optimization*, 30(4), pp. 838–855, 1992.

[381] D. Pomerleau. ALVINN, an autonomous land vehicle in a neural network. *Technical Report*, Carnegie Mellon University, 1989.

[382] B. Poole, J. Sohl-Dickstein, S. Ganguli. Analyzing noise in autoencoders and deep networks. *arXiv:1406.1831*, 2014.
https://arxiv.org/abs/1406.1831

[383] H. Poon, P. Domingos. Sum-product networks: A new deep architecture. *Computer Vision Workshops (ICCV Workshops)*, pp. 689–690, 2011.

[384] A. Radford, L. Metz, S. Chintala. Unsupervised representation learning with deep convolutional generative adversarial networks. *arXiv:1511.06434*, 2015.
https://arxiv.org/abs/1511.06434

[385] A. Rahimi, B. Recht. Random features for large-scale kernel machines. *NIPS Conference*, pp. 1177–1184, 2008.

[386] M.' A. Ranzato, Y-L. Boureau, Y. LeCun. Sparse feature learning for deep belief networks. *NIPS Conference*, pp. 1185–1192, 2008.

[387] M.' A. Ranzato, F. J. Huang, Y-L. Boureau, Y. LeCun. Unsupervised learning of invariant feature hierarchies with applications to object recognition. *Computer Vision and Pattern Recognition*, pp. 1–8, 2007.

[388] A. Rasmus, M. Berglund, M. Honkala, H. Valpola, T. Raiko. Semi-supervised learning with ladder networks. *NIPS Conference*, pp. 3546–3554, 2015.

[389] M. Rastegari, V. Ordonez, J. Redmon, A. Farhadi. Xnor-net: Imagenet classification using binary convolutional neural networks. *European Conference on Computer Vision*, pp. 525–542, 2016.

[390] A. Razavian, H. Azizpour, J. Sullivan, S. Carlsson. CNN features off-the-shelf: an astounding baseline for recognition. *IEEE Conference on Computer Vision and Pattern Recognition Workshops*, pp. 806–813, 2014.

[391] J. Redmon, S. Divvala, R. Girshick, A. Farhadi. You only look once: Unified, real-time object detection. *IEEE Conference on Computer Vision and Pattern Recognition*, pp. 779–788, 2016.

[392] S. Reed, Z. Akata, X. Yan, L. Logeswaran, B. Schiele, H. Lee. Generative adversarial text to image synthesis. *ICML Conference*, pp. 1060–1069, 2016.

[393] S. Reed, N. de Freitas. Neural programmer-interpreters. *arXiv:1511.06279*, 2015.

[394] R. Rehurek, P. Sojka. Software framework for topic modelling with large corpora. *LREC 2010 Workshop on New Challenges for NLP Frameworks*, pp. 45–50, 2010.
https://radimrehurek.com/gensim/index.html

[395] M. Ren, R. Kiros, R. Zemel. Exploring models and data for image question answering. *NIPS Conference*, pp. 2953–2961, 2015.

[396] S. Rendle. Factorization machines. *IEEE ICDM Conference*, pp. 995–100, 2010.

[397] S. Rifai, P. Vincent, X. Muller, X. Glorot, Y. Bengio. Contractive auto-encoders: Explicit invariance during feature extraction. *ICML Conference*, pp. 833–840, 2011.

[398] S. Rifai, Y. Dauphin, P. Vincent, Y. Bengio, X. Muller. The manifold tangent classifier. *NIPS Conference*, pp. 2294–2302, 2011.

[399] D. Rezende, S. Mohamed, D. Wierstra. Stochastic backpropagation and approximate inference in deep generative models. *arXiv:1401.4082*, 2014.
https://arxiv.org/abs/1401.4082

[400] R. Rifkin. Everything old is new again: a fresh look at historical approaches in machine learning. *Ph.D. Thesis*, Massachusetts Institute of Technology, 2002.

[401] R. Rifkin, A. Klautau. In defense of one-vs-all classification. *Journal of Machine Learning Research*, 5, pp. 101–141, 2004.

[402] V. Romanuke. Parallel Computing Center (Khmelnitskiy, Ukraine) represents an ensemble of 5 convolutional neural networks which performs on MNIST at 0.21 percent error rate. Retrieved 24 November 2016.

[403] B. Romera-Paredes, P. Torr. An embarrassingly simple approach to zero-shot learning. *ICML Confererence*, pp. 2152–2161, 2015.

[404] X. Rong. word2vec parameter learning explained. *arXiv:1411.2738*, 2014.

https://arxiv.org/abs/1411.2738

[405] F. Rosenblatt. The perceptron: A probabilistic model for information storage and organization in the brain. *Psychological Review*, 65(6), 386, 1958.

[406] D. Ruck, S. Rogers, M. Kabrisky. Feature selection using a multilayer perceptron. *Journal of Neural Network Computing*, 2(2), pp. 40–88, 1990.

[407] H. A. Rowley, S. Baluja, T. Kanade. Neural network-based face detection. *IEEE TPAMI*, 20(1), pp. 23–38, 1998.

[408] D. Rumelhart, G. Hinton, R. Williams. Learning representations by back-propagating errors. *Nature*, 323 (6088), pp. 533–536, 1986.

[409] D. Rumelhart, G. Hinton, R. Williams. Learning internal representations by back-propagating errors. In *Parallel Distributed Processing: Explorations in the Microstructure of Cognition*, pp. 318–362, 1986.

[410] D. Rumelhart, D. Zipser, J. McClelland. Parallel Distributed Processing, *MIT Press*, pp. 151–193, 1986.

[411] D. Rumelhart, D. Zipser. Feature discovery by competitive learning. *Cognitive science*, 9(1), pp. 75–112, 1985.

[412] G. Rummery, M. Niranjan. Online Q-learning using connectionist systems (Vol. 37). *University of Cambridge, Department of Engineering*, 1994.

[413] A. M. Rush, S. Chopra, J. Weston. A Neural Attention Model for Abstractive Sentence Summarization. *arXiv:1509.00685*, 2015.
https://arxiv.org/abs/1509.00685

[414] R. Salakhutdinov, A. Mnih, G. Hinton. Restricted Boltzmann machines for collaborative filtering. *ICML Confererence*, pp. 791–798, 2007.

[415] R. Salakhutdinov, G. Hinton. Semantic Hashing. *SIGIR workshop on Information Retrieval and applications of Graphical Models*, 2007.

[416] A. Santoro, S. Bartunov, M. Botvinick, D. Wierstra, T. Lillicrap. One shot learning with memory-augmented neural networks. *arXiv: 1605:06065*, 2016.
https://www.arxiv.org/pdf/1605.06065.pdf

[417] R. Salakhutdinov, G. Hinton. Deep Boltzmann machines. *Artificial Intelligence and*

Statistics, pp. 448–455, 2009.

[418] R. Salakhutdinov, H. Larochelle. Efficient Learning of Deep Boltzmann Machines. *AISTATs*, pp. 693–700, 2010.

[419] T. Salimans, D. Kingma. Weight normalization: A simple reparameterization to accelerate training of deep neural networks. *NIPS Conference*, pp. 901–909, 2016.

[420] T. Salimans, I. Goodfellow, W. Zaremba, V. Cheung, A. Radford, X. Chen. Improved techniques for training gans. *NIPS Conference*, pp. 2234–2242, 2016.

[421] A. Samuel. Some studies in machine learning using the game of checkers. *IBM Journal of Research and Development*, 3, pp. 210–229, 1959.

[422] T Sanger. Neural network learning control of robot manipulators using gradually increasing task difficulty. *IEEE Transactions on Robotics and Automation*, 10(3), 1994.

[423] H. Sarimveis, A. Alexandridis, G. Bafas. A fast training algorithm for RBF networks based on subtractive clustering. *Neurocomputing*, 51, pp. 501–505, 2003.

[424] W. Saunders, G. Sastry, A. Stuhlmueller, O. Evans. Trial without Error: Towards Safe Reinforcement Learning via Human Intervention. *arXiv:1707.05173*, 2017.
https://arxiv.org/abs/1707.05173

[425] A. Saxe, P. Koh, Z. Chen, M. Bhand, B. Suresh, A. Ng. On random weights and unsupervised feature learning. *ICML Confererence*, pp. 1089–1096, 2011.

[426] A. Saxe, J. McClelland, S. Ganguli. Exact solutions to the nonlinear dynamics of learning in deep linear neural networks. *arXiv:1312.6120*, 2013.

[427] S. Schaal. Is imitation learning the route to humanoid robots? *Trends in Cognitive Sciences*, 3(6), pp. 233–242, 1999.

[428] T. Schaul, J. Quan, I. Antonoglou, D. Silver. Prioritized experience replay. *arXiv:1511.05952*, 2015.
https://arxiv.org/abs/1511.05952

[429] T. Schaul, S. Zhang, Y. LeCun. No more pesky learning rates. *ICML Confererence*, pp. 343–351, 2013.

[430] B. Schölkopf, K. Sung, C. Burges, F. Girosi, P. Niyogi, T. Poggio, V. Vapnik.

Comparing support vector machines with Gaussian kernels to radial basis function classifiers. *IEEE Transactions on Signal Processing*, 45(11), pp. 2758–2765, 1997.

[431] J. Schmidhuber. Deep learning in neural networks: An overview. *Neural Networks*, 61, pp. 85–117, 2015.

[432] J. Schulman, S. Levine, P. Abbeel, M. Jordan, P. Moritz. Trust region policy optimization. *ICML Conference*, 2015.

[433] J. Schulman, P. Moritz, S. Levine, M. Jordan, P. Abbeel. High-dimensional continuous control using generalized advantage estimation. *ICLR Conference*, 2016.

[434] M. Schuster, K. Paliwal. Bidirectional recurrent neural networks. *IEEE Transactions on Signal Processing*, 45(11), pp. 2673–2681, 1997.

[435] H. Schwenk, Y. Bengio. Boosting neural networks. *Neural Computation*, 12(8), pp. 1869–1887, 2000.

[436] S. Sedhain, A. K. Menon, S. Sanner, L. Xie. Autorec: Autoencoders meet collaborative filtering. *WWW Conference*, pp. 111–112, 2015.

[437] T. J. Sejnowski. Higher-order Boltzmann machines. *AIP Conference Proceedings*, 15(1), pp. 298–403, 1986.

[438] G. Seni, J. Elder. Ensemble methods in data mining: Improving accuracy through combining predictions. *Morgan and Claypool*, 2010.

[439] I. Serban, A. Sordoni, R. Lowe, L. Charlin, J. Pineau, A. Courville, Y. Bengio. A hierarchical latent variable encoder-decoder model for generating dialogues. *AAAI*, pp. 3295–3301, 2017.

[440] I. Serban, A. Sordoni, Y. Bengio, A. Courville, J. Pineau. Building end-to-end dialogue systems using generative hierarchical neural network models. *AAAI Conference*, pp. 3776–3784, 2016.

[441] P. Sermanet, D. Eigen, X. Zhang, M. Mathieu, R. Fergus, Y. LeCun. Overfeat: Integrated recognition, localization and detection using convolutional networks. *arXiv:1312.6229*, 2013.
https://arxiv.org/abs/1312.6229

[442] A. Shashua. On the equivalence between the support vector machine for

classification and sparsified Fisher's linear discriminant. *Neural Processing Letters*, 9(2), pp. 129–139, 1999.

[443] J. Shewchuk. An introduction to the conjugate gradient method without the agonizing pain. *Technical Report, CMU-CS-94-125*, Carnegie-Mellon University, 1994.

[444] H. Siegelmann, E. Sontag. On the computational power of neural nets. *Journal of Computer and System Sciences*, 50(1), pp. 132–150, 1995.

[445] D. Silver 외. Mastering the game of Go with deep neural networks and tree search. *Nature*, 529.7587, pp. 484–489, 2016.

[446] D. Silver 외. Mastering the game of go without human knowledge. *Nature*, 550.7676, pp. 354–359, 2017.

[447] D. Silver 외. Mastering chess and shogi by self-play with a general reinforcement learning algorithm. *arXiv*, 2017.

https://arxiv.org/abs/1712.01815

[448] S. Shalev-Shwartz, Y. Singer, N. Srebro, A. Cotter. Pegasos: Primal estimated sub-gradient solver for SVM. *Mathematical Programming*, 127(1), pp. 3–30, 2011.

[449] E. Shelhamer, J., Long, T. Darrell. Fully convolutional networks for semantic segmentation. *IEEE TPAMI*, 39(4), pp. 640–651, 2017.

[450] J. Sietsma, R. Dow. Creating artificial neural networks that generalize. *Neural Networks*, 4(1), pp. 67–79, 1991.

[451] B. W. Silverman. Density Estimation for Statistics and Data Analysis. *Chapman and Hall*, 1986.

[452] P. Simard, D. Steinkraus, J. C. Platt. Best practices for convolutional neural networks applied to visual document analysis. *ICDAR*, pp. 958–962, 2003.

[453] H. Simon. The Sciences of the Artificial. *MIT Press*, 1996.

[454] K. Simonyan, A. Zisserman. Very deep convolutional networks for large-scale image recognition. *arXiv:1409.1556*, 2014.

https://arxiv.org/abs/1409.1556

[455] K. Simonyan, A. Zisserman. Two-stream convolutional networks for action

recognition in videos. *NIPS Conference*, pp. 568–584, 2014.

[456] K. Simonyan, A. Vedaldi, A. Zisserman. Deep inside convolutional networks: Visualising image classification models and saliency maps. *arXiv:1312.6034*, 2013.

[457] P. Smolensky. Information processing in dynamical systems: Foundations of harmony theory. *Parallel Distributed Processing: Explorations in the Microstructure of Cognition*, Volume 1: Foundations. pp. 194–281, 1986.

[458] J. Snoek, H. Larochelle, R. Adams. Practical bayesian optimization of machine learning algorithms. *NIPS Conference*, pp. 2951–2959, 2013.

[459] R. Socher, C. Lin, C. Manning, A. Ng. Parsing natural scenes and natural language with recursive neural networks. *ICML Confererence*, pp. 129–136, 2011.

[460] R. Socher, J. Pennington, E. Huang, A. Ng, C. Manning. Semi-supervised recursive autoencoders for predicting sentiment distributions. *Empirical Methods in Natural Language Processing (EMNLP)*, pp. 151–161, 2011.

[461] R. Socher, A. Perelygin, J. Wu, J. Chuang, C. Manning, A. Ng, C. Potts. Recursive deep models for semantic compositionality over a sentiment treebank. *Empirical Methods in Natural Language Processing (EMNLP)*, p. 1642, 2013.

[462] Socher, Richard, Milind Ganjoo, Christopher D. Manning, and Andrew Ng. Zero-shot learning through cross-modal transfer. *NIPS Conference*, pp. 935–943, 2013.

[463] K. Sohn, H. Lee, X. Yan. Learning structured output representation using deep conditional generative models. *NIPS Conference*, 2015.

[464] R. Solomonoff. A system for incremental learning based on algorithmic probability. *Sixth Israeli Conference on Artificial Intelligence, Computer Vision and Pattern Recognition*, pp. 515–527, 1994.

[465] Y. Song, A. Elkahky, X. He. Multi-rate deep learning for temporal recommendation. *ACM SIGIR Conference on Research and Development in Information Retrieval*, pp. 909–912, 2016.

[466] J. Springenberg, A. Dosovitskiy, T. Brox, M. Riedmiller. Striving for simplicity: The all convolutional net. *arXiv:1412.6806*, 2014.

https://arxiv.org/abs/1412.6806

[467] N. Srivastava, G. Hinton, A. Krizhevsky, I. Sutskever, R. Salakhutdinov. Dropout: A simple way to prevent neural networks from overfitting. *The Journal of Machine Learning Research*, 15(1), pp. 1929–1958, 2014.

[468] N. Srivastava, R. Salakhutdinov. Multimodal learning with deep Boltzmann machines. *NIPS Conference*, pp. 2222–2230, 2012.

[469] N. Srivastava, R. Salakhutdinov, G. Hinton. Modeling documents with deep Boltzmann machines. *Uncertainty in Artificial Intelligence*, 2013.

[470] R. K. Srivastava, K. Greff, J. Schmidhuber. Highway networks. *arXiv:1505.00387*, 2015.

https://arxiv.org/abs/1505.00387

[471] A. Storkey. Increasing the capacity of a Hopfield network without sacrificing functionality. *Artificial Neural Networks*, pp. 451–456, 1997.

[472] F. Strub, J. Mary. Collaborative filtering with stacked denoising autoencoders and sparse inputs. *NIPS Workshop on Machine Learning for eCommerce*, 2015.

[473] S. Sukhbaatar, J. Weston, R. Fergus. End-to-end memory networks. *NIPS Conference*, pp. 2440–2448, 2015.

[474] Y. Sun, D. Liang, X. Wang, X. Tang. Deepid3: Face recognition with very deep neural networks. *arXiv:1502.00873*, 2013.

https://arxiv.org/abs/1502.00873

[475] Y. Sun, X. Wang, X. Tang. Deep learning face representation from predicting 10,000 classes. *IEEE Conference on Computer Vision and Pattern Recognition*, pp. 1891–1898, 2014.

[476] M. Sundermeyer, R. Schluter, H. Ney. LSTM neural networks for language modeling. *Interspeech*, 2010.

[477] M. Sundermeyer, T. Alkhouli, J. Wuebker, H. Ney. Translation modeling with bidirectional recurrent neural networks. *EMNLP*, pp. 14–25, 2014.

[478] I. Sutskever, J. Martens, G. Dahl, G. Hinton. On the importance of initialization and momentum in deep learning. *ICML Confererence*, pp. 1139–1147, 2013.

[479] I. Sutskever, T. Tieleman. On the convergence properties of contrastive divergence. *International Conference on Artificial Intelligence and Statistics*, pp. 789–795, 2010.

[480] I. Sutskever, O. Vinyals, Q. V. Le. Sequence to sequence learning with neural networks. *NIPS Conference*, pp. 3104–3112, 2014.

[481] I. Sutskever, V. Nair. Mimicking Go experts with convolutional neural networks. *International Conference on Artificial Neural Networks*, pp. 101–110, 2008.

[482] R. Sutton. Learning to Predict by the Method of Temporal Differences, *Machine Learning*, 3, pp. 9–44, 1988.

[483] R. Sutton, A. Barto. Reinforcement Learning: An Introduction. *MIT Press*, 1998.

[484] R. Sutton, D. McAllester, S. Singh, Y. Mansour. Policy gradient methods for reinforcement learning with function approximation. *NIPS Conference*, pp. 1057–1063, 2000.

[485] C. Szegedy, W. Liu, Y. Jia, P. Sermanet, S. Reed, D. Anguelov, D. Erhan, V. Vanhoucke, A. Rabinovich. Going deeper with convolutions. *IEEE Conference on Computer Vision and Pattern Recognition*, pp. 1–9, 2015.

[486] C. Szegedy, V. Vanhoucke, S. Ioffe, J. Shlens, Z. Wojna. Rethinking the inception architecture for computer vision. *IEEE Conference on Computer Vision and Pattern Recognition*, pp. 2818–2826, 2016.

[487] C. Szegedy, S. Ioffe, V. Vanhoucke, A. Alemi. Inception-v4, Inception-ResNet and the Impact of Residual Connections on Learning. *AAAI Conference*, pp. 4278–4284, 2017.

[488] G. Taylor, R. Fergus, Y. LeCun, C. Bregler. Convolutional learning of spatio-temporal features. *European Conference on Computer Vision*, pp. 140–153, 2010.

[489] G. Taylor, G. Hinton, S. Roweis. Modeling human motion using binary latent variables. *NIPS Conference*, 2006.

[490] C. Thornton, F. Hutter, H. H. Hoos, K. Leyton-Brown. Auto-WEKA: Combined selection and hyperparameter optimization of classification algorithms. *ACM KDD Conference*, pp. 847–855, 2013.

[491] T. Tieleman. Training restricted Boltzmann machines using approximations to the

likelihood gradient. *ICML Conference*, pp. 1064–1071, 2008.

[492] G. Tesauro. Practical issues in temporal difference learning. *Advances in NIPS Conference*, pp. 259–266, 1992.

[493] G. Tesauro. Td-gammon: A self-teaching backgammon program. *Applications of Neural Networks*, Springer, pp. 267–285, 1992.

[494] G. Tesauro. Temporal difference learning and TD-Gammon. *Communications of the ACM*, 38(3), pp. 58–68, 1995.

[495] Y. Teh, G. Hinton. Rate-coded restricted Boltzmann machines for face recognition. *NIPS Conference*, 2001.

[496] S. Thrun. Learning to play the game of chess *NIPS Conference*, pp. 1069–1076, 1995.

[497] S. Thrun, L. Platt. Learning to learn. *Springer*, 2012.

[498] Y. Tian, Q. Gong, W. Shang, Y. Wu, L. Zitnick. ELF: An extensive, lightweight and flexible research platform for real-time strategy games. *arXiv:1707.01067*, 2017.
https://arxiv.org/abs/1707.01067

[499] A. Tikhonov, V. Arsenin. Solution of ill-posed problems. *Winston and Sons*, 1977.

[500] D. Tran 외. Learning spatiotemporal features with 3d convolutional networks. *IEEE International Conference on Computer Vision*, 2015.

[501] R. Uijlings, A. van de Sande, T. Gevers, M. Smeulders. Selective search for object recognition. *International Journal of Computer Vision*, 104(2), 2013.

[502] H. Valpola. From neural PCA to deep unsupervised learning. *Advances in Independent Component Analysis and Learning Machines*, pp. 143–171, Elsevier, 2015.

[503] A. Vedaldi, K. Lenc. Matconvnet: Convolutional neural networks for matlab. *ACM International Conference on Multimedia*, pp. 689–692, 2005.
http://www.vlfeat.org/matconvnet/

[504] V. Veeriah, N. Zhuang, G. Qi. Differential recurrent neural networks for action recognition. *IEEE International Conference on Computer Vision*, pp. 4041–4049, 2015.

[505] A. Veit, M. Wilber, S. Belongie. Residual networks behave like ensembles of

relatively shallow networks. *NIPS Conference*, pp. 550–558, 2016.

[506] P. Vincent, H. Larochelle, Y. Bengio, P. Manzagol. Extracting and composing robust features with denoising autoencoders. ICML Confererence, pp. 1096–1103, 2008.

[507] O. Vinyals, C. Blundell, T. Lillicrap, D. Wierstra. Matching networks for one-shot learning. *NIPS Conference*, pp. 3530–3638, 2016.

[508] O. Vinyals, Q. Le. A Neural Conversational Model. *arXiv:1506.05869*, 2015.
https://arxiv.org/abs/1506.05869

[509] O. Vinyals, A. Toshev, S. Bengio, D. Erhan. Show and tell: A neural image caption generator. *CVPR Conference*, pp. 3156–3164, 2015.

[510] J. Walker, C. Doersch, A. Gupta, M. Hebert. An uncertain future: Forecasting from static images using variational autoencoders. *European Conference on Computer Vision*, pp. 835–851, 2016.

[511] L. Wan, M. Zeiler, S. Zhang, Y. LeCun, R. Fergus. Regularization of neural networks using dropconnect. *ICML Conference*, pp. 1058–1066, 2013.

[512] D. Wang, P. Cui, W. Zhu. Structural deep network embedding. *ACM KDD Conference*, pp. 1225–1234, 2016.

[513] H. Wang, N. Wang, D. Yeung. Collaborative deep learning for recommender systems. *ACM KDD Conference*, pp. 1235–1244, 2015.

[514] L. Wang, Y. Qiao, X. Tang. Action recognition with trajectory-pooled deep-convolutional descriptors. *IEEE Conference on Computer Vision and Pattern Recognition*, pp. 4305–4314, 2015.

[515] S. Wang, C. Aggarwal, H. Liu. Using a random forest to inspire a neural network and improving on it. *SIAM Conference on Data Mining*, 2017.

[516] S. Wang, C. Aggarwal, H. Liu. Randomized feature engineering as a fast and accurate alternative to kernel methods. *ACM KDD Conference*, 2017.

[517] T. Wang, D. Wu, A. Coates, A. Ng. End-to-end text recognition with convolutional neural networks. *International Conference on Pattern Recognition*, pp. 3304–3308, 2012.

[518] X. Wang, A. Gupta. Generative image modeling using style and structure adversarial

networks. *ECCV*, 2016.

[519] C. J. H. Watkins. Learning from delayed rewards. *PhD Thesis*, King's College, Cambridge, 1989.

[520] C. J. H. Watkins, P. Dayan. Q-learning. *Machine Learning*, 8(3–4), pp. 279–292, 1992.

[521] K. Weinberger, B. Packer, L. Saul. Nonlinear Dimensionality Reduction by Semidefinite Programming and Kernel Matrix Factorization. *AISTATS*, 2005.

[522] M. Welling, M. Rosen-Zvi, G. Hinton. Exponential family harmoniums with an application to information retrieval. *NIPS Conference*, pp. 1481–1488, 2005.

[523] A. Wendemuth. Learning the unlearnable. *Journal of Physics A: Math. Gen.*, 28, pp. 5423–5436, 1995.

[524] P. Werbos. Beyond Regression: New Tools for Prediction and Analysis in the Behavioral Sciences. *PhD thesis, Harvard University*, 1974.

[525] P. Werbos. The roots of backpropagation: from ordered derivatives to neural networks and political forecasting (Vol. 1). *John Wiley and Sons*, 1994.

[526] P. Werbos. Backpropagation through time: what it does and how to do it. *Proceedings of the IEEE*, 78(10), pp. 1550–1560, 1990.

[527] J. Weston, A. Bordes, S. Chopra, A. Rush, B. van Merrienboer, A. Joulin, T. Mikolov. Towards ai-complete question answering: A set of pre-requisite toy tasks. *arXiv:1502.05698*, 2015.
https://arxiv.org/abs/1502.05698

[528] J. Weston, S. Chopra, A. Bordes. Memory networks. *ICLR*, 2015.

[529] J. Weston, C. Watkins. Multi-class support vector machines. *Technical Report CSD-TR-98-04*, Department of Computer Science, Royal Holloway, University of London, May, 1998.

[530] D. Wettschereck, T. Dietterich. Improving the performance of radial basis function networks by learning center locations. *NIPS Conference*, pp. 1133–1140, 1992.

[531] B. Widrow, M. Hoff. Adaptive switching circuits. *IRE WESCON Convention Record*, 4(1), pp. 96–104, 1960.

[532] S. Wieseler, H. Ney. A convergence analysis of log-linear training. *NIPS Conference*, pp. 657–665, 2011.

[533] R. J. Williams. Simple statistical gradient-following algorithms for connectionist reinforcement learning. *Machine Learning*, 8(3–4), pp. 229–256, 1992.

[534] C. Wu, A. Ahmed, A. Beutel, A. Smola, H. Jing. Recurrent recommender networks. *ACM International Conference on Web Search and Data Mining*, pp. 495–503, 2017.

[535] Y. Wu, C. DuBois, A. Zheng, M. Ester. Collaborative denoising auto-encoders for top-n recommender systems. *Web Search and Data Mining*, pp. 153–162, 2016.

[536] Z. Wu. Global continuation for distance geometry problems. *SIAM Journal of Optimization*, 7, pp. 814–836, 1997.

[537] S. Xie, R. Girshick, P. Dollar, Z. Tu, K. He. Aggregated residual transformations for deep neural networks. *arXiv:1611.05431*, 2016.
https://arxiv.org/abs/1611.05431

[538] E. Xing, R. Yan, A. Hauptmann. Mining associated text and images with dual-wing harmoniums. *Uncertainty in Artificial Intelligence*, 2005.

[539] C. Xiong, S. Merity, R. Socher. Dynamic memory networks for visual and textual question answering. *ICML Confererence*, pp. 2397–2406, 2016.

[540] K. Xu 외. Show, attend, and tell: Neural image caption generation with visual attention. *ICML Confererence*, 2015.

[541] O. Yadan, K. Adams, Y. Taigman, M. Ranzato. Multi-gpu training of convnets. *arXiv:1312.5853*, 2013.
https://arxiv.org/abs/1312.5853

[542] Z. Yang, X. He, J. Gao, L. Deng, A. Smola. Stacked attention networks for image question answering. *IEEE Conference on Computer Vision and Pattern Recognition*, pp. 21–29, 2016.

[543] X. Yao. Evolving artificial neural networks. *Proceedings of the IEEE*, 87(9), pp. 1423–1447, 1999.

[544] F. Yu, V. Koltun. Multi-scale context aggregation by dilated convolutions. *arXiv:1511.07122*, 2015.

https://arxiv.org/abs/1511.07122

[545] H. Yu, B. Wilamowski. Levenberg–Marquardt training. *Industrial Electronics Handbook*, 5(12), 1, 2011.

[546] L. Yu, W. Zhang, J. Wang, Y. Yu. SeqGAN: Sequence Generative Adversarial Nets with Policy Gradient. *AAAI Conference*, pp. 2852–2858, 2017.

[547] W. Yu, W. Cheng, C. Aggarwal, K. Zhang, H. Chen, and Wei Wang. NetWalk: A flexible deep embedding approach for anomaly Detection in dynamic networks, *ACM KDD Conference*, 2018.

[548] W. Yu, C. Zheng, W. Cheng, C. Aggarwal, D. Song, B. Zong, H. Chen, W. Wang. Learning deep network representations with adversarially regularized autoencoders. *ACM KDD Conference*, 2018.

[549] S. Zagoruyko, N. Komodakis. Wide residual networks. *arXiv:1605.07146*, 2016.
https://arxiv.org/abs/1605.07146

[550] W. Zaremba, I. Sutskever. Reinforcement learning neural turing machines. *arXiv:1505.00521*, 2015.

[551] W. Zaremba, T. Mikolov, A. Joulin, R. Fergus. Learning simple algorithms from examples. *ICML Confererence*, pp. 421–429, 2016.

[552] W. Zaremba, I. Sutskever, O. Vinyals. Recurrent neural network regularization. *arXiv:1409.2329*, 2014.

[553] M. Zeiler. ADADELTA: an adaptive learning rate method. *arXiv:1212.5701*, 2012.
https://arxiv.org/abs/1212.5701

[554] M. Zeiler, D. Krishnan, G. Taylor, R. Fergus. Deconvolutional networks. *Computer Vision and Pattern Recognition (CVPR)*, pp. 2528–2535, 2010.

[555] M. Zeiler, G. Taylor, R. Fergus. Adaptive deconvolutional networks for mid and high level feature learning. *IEEE International Conference on Computer Vision (ICCV)|*, pp. 2018–2025, 2011.

[556] M. Zeiler, R. Fergus. Visualizing and understanding convolutional networks. *European Conference on Computer Vision*, Springer, pp. 818–833, 2013.

[557] C. Zhang, S. Bengio, M. Hardt, B. Recht, O. Vinyals. Understanding deep learning

requires rethinking generalization. *arXiv:1611.03530*.

https://arxiv.org/abs/1611.03530

[558] D. Zhang, Z.-H. Zhou, S. Chen. Non-negative matrix factorization on kernels. *Trends in Artificial Intelligence*, pp. 404–412, 2006.

[559] L. Zhang, C. Aggarwal, G.-J. Qi. Stock Price Prediction via Discovering Multi-Frequency Trading Patterns. *ACM KDD Conference*, 2017.

[560] S. Zhang, L. Yao, A. Sun. Deep learning based recommender system: A survey and new perspectives. *arXiv:1707.07435*, 2017.

https://arxiv.org/abs/1707.07435

[561] X. Zhang, J. Zhao, Y. LeCun. Character-level convolutional networks for text classification. *NIPS Conference*, pp. 649–657, 2015.

[562] J. Zhao, M. Mathieu, Y. LeCun. Energy-based generative adversarial network. *arXiv:1609.03126*, 2016.

https://arxiv.org/abs/1609.03126

[563] V. Zhong, C. Xiong, R. Socher. Seq2SQL: Generating structured queries from natural language using reinforcement learning. *arXiv:1709.00103*, 2017.

https://arxiv.org/abs/1709.00103

[564] C. Zhou, R. Paffenroth. Anomaly detection with robust deep autoencoders. *ACM KDD Conference*, pp. 665–674, 2017.

[565] M. Zhou, Z. Ding, J. Tang, D. Yin. Micro Behaviors: A new perspective in e-commerce recommender systems. *WSDM Conference*, 2018.

[566] Z.-H. Zhou. Ensemble methods: Foundations and algorithms. *CRC Press*, 2012.

[567] Z.-H. Zhou, J. Wu, W. Tang. Ensembling neural networks: many could be better than all. *Artificial Intelligence*, 137(1–2), pp. 239–263, 2002.

[568] C. Zitnick, P. Dollar. Edge Boxes: Locating object proposals from edges. *ECCV*, pp. 391–405, 2014.

[569] B. Zoph, Q. V. Le. Neural architecture search with reinforcement learning. *arXiv:1611.01578*, 2016.

https://arxiv.org/abs/1611.01578

[570] https://deeplearning4j.org/

[571] http://caffe.berkeleyvision.org/

[572] http://torch.ch/

[573] http://deeplearning.net/software/theano/

[574] https://www.tensorflow.org/

[575] https://keras.io/

[576] https://lasagne.readthedocs.io/en/latest/

[577] http://www.netflixprize.com/community/topic_1537.html

[578] http://deeplearning.net/tutorial/lstm.html

[579] https://arxiv.org/abs/1609.08144

[580] https://github.com/karpathy/char-rnn

[581] http://www.image-net.org/

[582] http://www.image-net.org/challenges/LSVRC/

[583] https://www.cs.toronto.edu/ kriz/cifar.html

[584] http://code.google.com/p/cuda-convnet/

[585] http://caffe.berkeleyvision.org/gathered/examples/feature_extraction.html

[586] https://github.com/caffe2/caffe2/wiki/Model-Zoo

[587] http://scikit-learn.org/

[588] http://clic.cimec.unitn.it/composes/toolkit/

[589] https://github.com/stanfordnlp/GloVe

[590] https://deeplearning4j.org/

[591] https://code.google.com/archive/p/word2vec/

[592] https://www.tensorflow.org/tutorials/word2vec/

[593] https://github.com/aditya-grover/node2vec

[594] https://www.wikipedia.org/

[595] https://github.com/caglar/autoencoders

[596] https://github.com/y0ast

[597] https://github.com/fastforwardlabs/vae-tf/tree/master

[598] https://science.education.nih.gov/supplements/webversions/BrainAddiction/

guide/lesson2-1.html

[599] https://www.ibm.com/us-en/marketplace/deep-learning-platform

[600] https://www.coursera.org/learn/neural-networks※

[601] https://archive.ics.uci.edu/ml/datasets.php

[602] http://www.bbc.com/news/technology-35785875

[603] https://deepmind.com/blog/exploring-mysteries-alphago/

[604] http://selfdrivingcars.mit.edu/

[605] http://karpathy.github.io/2016/05/31/rl/

[606] https://github.com/hughperkins/kgsgo-dataset-preprocessor

[607] https://www.wired.com/2016/03/two-moves-alphago-lee-sedol-redefined-future/

[608] https://qz.com/639952/googles-ai-won-the-game-go-by-defying-millennia-of-
basic-human-instinct/

[609] http://www.mujoco.org/

[610] https://sites.google.com/site/gaepapersupp/home

[611] https://drive.google.com/file/d/0B9raQzOpizn1TkRIa241ZnBEcjQ/view

[612] https://www.youtube.com/watch?v=1L0TKZQcUtA&list=
PLrAXtmErZgOeiKm4sgNOknGvNjby9efdf

[613] https://openai.com/

[614] http://jaberg.github.io/hyperopt/

[615] http://www.cs.ubc.ca/labs/beta/Projects/SMAC/

[616] https://github.com/JasperSnoek/spearmint

[617] https://deeplearning4j.org/lstm

[618] http://colah.github.io/posts/2015-08-Understanding-LSTMs/

[619] https://www.youtube.com/watch?v=2pWv7GOvuf0

[620] https://gym.openai.com

[621] https://universe.openai.com

※ **역주** Coursera의 강의 동영상들은 2019년 초에 제프리 힌턴 본인의 요청으로 삭제되었다. 2019년 8월 현재 https://www.cs.toronto.edu/~hinton/coursera_lectures.html에서 원래의 강의 동영상들을 볼 수 있다.

[622] https://github.com/facebookresearch/ParlAI

[623] https://github.com/openai/baselines

[624] https://github.com/carpedm20/deep-rl-tensorflow

[625] https://github.com/matthiasplappert/keras-rl

[626] http://apollo.auto/

[627] https://github.com/Element-Research/rnn/blob/master/examples/

[628] https://github.com/lmthang/nmt.matlab

[629] https://github.com/carpedm20/NTM-tensorflow

[630] https://github.com/camigord/Neural-Turing-Machine

[631] https://github.com/SigmaQuan/NTM-Keras

[632] https://github.com/snipsco/ntm-lasagne

[633] https://github.com/kaishengtai/torch-ntm

[634] https://github.com/facebook/MemNN

[635] https://github.com/carpedm20/MemN2N-tensorflow

[636] https://github.com/YerevaNN/Dynamic-memory-networks-in-Theano

[637] https://github.com/carpedm20/DCGAN-tensorflow

[638] https://github.com/carpedm20

[639] https://github.com/jacobgil/keras-dcgan

[640] https://github.com/wiseodd/generative-models

[641] https://github.com/paarthneekhara/text-to-image

[642] http://horatio.cs.nyu.edu/mit/tiny/data/

[643] https://developer.nvidia.com/cudnn

[644] http://www.nvidia.com/object/machine-learning.html

[645] https://developer.nvidia.com/deep-learning-frameworks

진솔한 서평을 올려주세요!

이 책이나 이미 읽은 제이펍의 다른 책이 있다면, 책의 장단점을 잘 보여주는 솔직한 서평을 올려주세요.
매월 다섯 분을 선별하여 원하시는 제이펍 도서 1부씩을 선물해드리겠습니다.

■ **서평 이벤트 참여 방법**
　- 제이펍의 책을 읽고 자신의 블로그나 인터넷 서점에 서평을 올린다.
　- 서평이 작성된 URL을 적어 아래의 계정으로 메일을 보낸다.
　　review.jpub@gmail.com

■ **서평 당선자 발표**
　매월 첫 주 제이펍 홈페이지(www.jpub.kr) 및 페이스북(www.facebook.com/jeipub)에 공지하고 당선
　된 분에게는 개별 연락을 드리겠습니다.

독자 여러분의 응원과 질타를 통해 더 나은 책을 만들 수 있도록 최선을 다하겠습니다.

찾아보기